행복의 과학

웰빙: 쾌락심리학 핸드북

Well-Being

The Foundation of Hedonic Psychology

edited by Daniel Kahneman, Ed Diener, and Norbert Schwarz

행복의 과학

웰빙: 쾌락심리학 핸드북

대니얼 카너먼 · 에드 디너 · 노르베르트 슈바르츠 엮음

임종기 옮김

Well-Being:
The
Foundation
of **Hedonic**
Phychology

아카넷

감사의 말

우리는 이 프로젝트를 위해 아낌없이 후원해 준 러셀 세이지 재단(Russell Sage foundation)과 재단의 회장, 에릭 워너(Eric Wanner) 박사께 깊이 감사드린다. 러셀 세이지 재단은 이 저작의 각 장(章)의 초안을 발표할 기회를 마련한 학회를 지원해 주었다. 각 장의 원고와 그에 대한 비평집을 준비할 수 있도록 재단이 지원해 준 덕분에 우리는 수월하게 편집을 마칠 수 있었다. 러셀 세이지 재단은 이 저작이 향유와 웰빙(well-being) 연구 과정상 다양한 조사 분야들의 통합을 증진할 것이며 사회 과학자들과 궁극적으로는 연구생들과 정책입안자들이 이용할 수 있는 이 연구 조사 결과물을 내놓을 거라는 희망을 품고 지원해 주었다. 우리는 이 저작이 러셀 세이지 재단의 기대를 충족시킬 수 있기를 바랄 뿐이다.

프린스턴 대학교 우드로 윌슨 공공국제정책 대학원의 유능한 스태프가 학회의 관리 책임을 맡았다. 우리는 그들의 도움에 깊이 감사드린다.

프린스턴 대학교 심리학과의 랭펠드 기금은 이 저작 구상의 실질적인 계기가 되었던 웰빙 문제에 대한 첫 워크숍을 지원했다.

일리노이 대학교의 크리스 이튼(Kris Eaton)은 늘 밝은 표정을 잃지 않고 저자들과 편집자들의 부족한 결점을 끈질기게 참으며 대단히 뛰어난 편찬 솜씨로 이 책을 정리하는 어려운 과제를 충실히 수행했다.

우리는 각 장을 맡은 저자들에게 통찰력 있는 논평과 제언을 아낌없이 해준 분들 — 줄리언 발링(Julian Barling), 조너선 브라운(Jonathan Brown), 찰스 카버(Charles Carver), 마거릿 클라크(Margaret Clark), 마틴 데일리(Martin Daly), 폴 디매지오(Paul DiMaggio), 로버트 에몬스(Robert Emmons), 랜디 갈리스텔(Randy Gallistel), 이언 고틀립(Ian Gotlib), 리처드 그레이슬리(Richard Gracely), 제롬 케이건(Jerome Kagan), 리처드 쾨스트너(Richard Koestner), 조지 쿱(George Koob), 조지프 르두(Joseph LeDoux), 조지 로웬스타인(George Loewenstein), 콜린 마틴데일(Colin Martindale), 산드라 머레이(Sandra Murray), 랜덜프 네스(Randolph Nesse), 제리 패럿(Jerry Parrott), 아이라 로즈맨(Ira Roseman), 루트 베인호번(Ruut Veenhoven), 데이비드 왓슨(David Watson), 티모시 윌슨(Timothy Wilson), 한스 비트헨(Hans Wittchen), 그리고 앨버트 우(Albert Wu) — 께 깊이 감사한 마음을 전하고 싶다.

대니얼 카너먼
에드 디너
노르베르트 슈바르츠

서문

대니얼 카너먼 · 에드 디너 · 노르베르트 슈바르츠

　우리가 이 책을 편집한 목적은 결코 가볍지 않았다. 우리는 새로운 심리학 분야가 존재함을 알리고 싶었다. 이름하여 쾌락(Hedonic) 심리학은 경험과 삶을 유쾌하게 만들거나 불쾌하게 만드는 것에 관한 학문이다. 쾌락 심리학은 쾌락과 고통, 흥미와 지루함, 기쁨과 슬픔, 만족과 불만족 등의 감정과 관련이 있다. 또한 생물학적인 환경에서 사회적인 환경에 이르기까지, 고통과 즐거움을 야기하는 전 범위의 환경과도 관련이 있다. 형용사 'hedonic'이 흔히 쾌락만을 언급하는 데 사용되지만, 쾌락 심리학은 『웹스터 신 일반 대사전』(1989)에서 "만족스러운 의식 상태나 불만족스러운 의식 상태를 다루는 심리학의 분과"로 언급한 '쾌락론(hedonics)'에 대한 정의와 일맥상통하는, 만족에서 불만족에 이르는 전 영역을 아우른다. 우리는 의식 상태 외의 심리학적 분석 수준까지도 포괄하기 위해서 그 용어를 훨씬 더 폭넓게 적용하고 있다.

　즐거움과 고통은 지금까지 주의나 기억과 같은 다른 많은 심리적 기능들에 비해 훨씬 덜 체계적인 조사 대상이었다. 입문서들의 색인을 보면 쾌락론이 무시되고 있다는 사실이 확연히 드러난다. 고통(통증)에 관한 서술이나 쾌락 중추와 쾌락 원칙에 대한 언급은 몇 페이지를 넘지 못한다. 일반적으로 행복이나 웰빙(안녕, 복지)에 대한 기초적인 소개조차 없기 마련이다. 이러한 경향은 사람들의 삶에서 차지하는 그와 같은 주제의 중요성을 반영하지 않은 채, 현대 심리학의 지배적인 논지의 역사만을 반영하고 있는 것이다.

우선 역사적으로 행동주의가 있었고 그다음에는 인지혁명이 있었다. 그러나 쾌락론에 관한 학문은 어느 쪽이었든 그러한 지적 체제 아래에서는 발전할 수 없었다. 감정은 행동주의적 과학철학의 정당한 연구 대상으로는 단호히 거부되었고, 정보처리 접근법에서도 거의 관심을 받지 못했다. 쾌락론에 대한 연구 조사는 실제로는 중단되지 않았지만 그 결과는 당시의 지배적인 이론적 언어로는 고상하게 기술될 수 없었다. 그 결과, 이 연구 조사는 여러 주변 영역들로 전락했고, 그 각각의 영역에 속한 작은 집단의 연구자들은 쾌락의 상이한 양상에 초점을 맞추고, 자신들만의 특정한 문제에 대해서 언급할 때 쓰는 개별적인 통용어를 발전시켰다. 음식의 쾌락 연구가들과 관절염 통증 연구가들은 공통된 인식 체계를 가지고 있지 않으며, 따라서 서로에게 할 말이 별로 없었다. 또한 기분 및 웰빙 연구가들은 자신들의 연구의 상호 연관성을 인식하지 못하고 있는 것으로 보였다. 그리고 생리학과 심리학은 쾌락 상태를 개별적으로 연구했다.

과거 연구 조사의 또 하나의 특징은 부정적인 것을 지나칠 정도로 크게 강조했다는 사실이다. 쾌락이나 웰빙을 전혀 언급하지 않는 교과서들은 불안과 우울증의 임상 현상에 많은 페이지를 할애한다. 이처럼 부정적인 감정에 초점을 맞추는 경향은 많은 원인에서 기인한다. 이를테면, 비정상적인 감정에서 항상 느껴지는 매혹이나 임상 심리학자들이 부정적인 감정에 직업적으로 쏟는 관심은 하나의 원인일 수 있다. 그러한 경향은 부정적인 감정 상태의 결정 요인들이 흔히 아주 위급한 상황과 연관이 있다는 사실, 그리고 그러한 감정 상태의 생리학적, 행동적 표현이 흔히 명확하고 극적이라는 사실과 밀접히 관련되어 있다. 이러한 원인을 비롯한 기타 여러 원인들 때문에 흔히 행동을 파악하는 경우에 고통 회피가 쾌락 추구의 관점보다 훨씬 더 설득력 있는 설명력을 제공해 준다.

우리의 목적은 이처럼 쾌락과 관련한 공통된 주제를 종합하여, 모든 쾌락 경험들의 예시화로 그 경험들에 대한 하나의 통합적 관점을 조성하고자 하는 것이다. 미래의 쾌락 심리학은 우리가 상상하듯이, 감각적 쾌락에서 창의적인 희열에 이르기까지, 순간적인 불안에서 장기적인 우울증에 이르기까지, 고통에서 기쁨에 이르기까지, 전 영역의 평가적 경험을 분석할 것이다. 또한 이 쾌락 심리학은 유전적인 요인에서 사회적 요인에 이르기까지, 생화학적 요인에서 문화적 요인에 이르기까지 쾌락 경험의 결정 요인들을 다룰 것이다. 연구자들은 필연적으로 전문화될 수밖에 없을 테지만, 자신의 위치를 좀 더 폭넓은 상황에 놓고 인식할 것이고 상이한 영역에서 존재하는 현상들 사이의 유익한 비교의 가능성을 경계할 것이다.

우리는 새로운 접근법들을 주요하게 다루고 흔히 과거의 연구 조사에서는 빛을 보지 못했던 여러 특성들을 강조함으로써 향후 발전 양상을 예측해 보고자 했다. 우리가 주요하게 다루고 있는 새로운 접근법들은 과거 경험에 대한 기억에 근거한 전체적인 회고적 평가에 전적으로 의존하기보다는 시간의 흐름에 따라 겪는 쾌락 경험들의 여러 측정치를 포괄한다. 이 책의 편집을 마감한 현재, 경험의 온라인 측정법과 실시간 생리적 측정에 관한 연구는 초기 단계에 있다. 하지만 우리는 그러한 지표들의 유용성이 앞으로 점점 더 증대될 것이며, 결국 그 지표들은 개인의 삶의 쾌락과 고통(통증)을 정확히 측정하게 해주는 표준과 전체적인 웰빙에 대해서 더 객관적으로 측정할 수 있게 해주는 표준을 규정할 것이라고 믿는다.

실시간 경험과 전체적인 회고적 평가 사이의 차이는 지금까지 주목을 받지 못했지만 주목할 가치가 충분히 있는 새로운 문제들을 제기한다. 삶의 한 단면, 혹은 총체적인 삶에 대한 전반적인 평가가 한 개인이 시간의 흐름에 따라 경험한 쾌락 및 고통과 어떤 관련이 있을까? 이러한 회고적 평가가 얼마나 정확할까? 동일한 질문들은 사람들의 장래의 쾌락과 고통에 대한 예측의 정확성과 관련해서도, 그리고 쾌락 심리학의 법칙에 대한 사람들의 직관적인 이해와 관련해서도 제기될 수 있다. 미래의 취향 및 경험에 대한 예측력은 많은 사회과학의 이론화와 정책 적용에 토대를 제공하는 합리적 선택이라는 경제 모델의 핵심이다. 사익 추구는 상이한 행동 과정에 따르는 가능성 있는 단기적인 쾌락의 결과와 장기적인 쾌락의 결과에 대한 적절한 예측을 필요로 한다. 하지만 사람들이 어떻게 그러한 예측에 이르는지에 대한 문제는 지금껏 심리학적인 연구 조사에서는 거의 다뤄지지 않았다. 유력한 증거가 제시하는 바에 따르면, 사람들은 자신들의 장래의 취향과 쾌락적인 경험을 경제적 모델이 요구하는 대로 정확하게 예측할 수 있는 능력을 가지고 있지 않을 수 있다.

쾌락 심리학의 범위

좋은 삶의 요건은 무엇인지에 대한 문제는 다양한 기준에서 연구될 수 있다. 그림 P.1의 상단에서부터 우리는 삶의 질에 대한 어떤 평가든 평가자와 피평가자 모두의 문화적, 사회적 환경 속에서 이루어진다는 사실을 지적하고자 한다. 좋은 삶의 구성 요소에 대한 대안적인 견해가 분석의 일부여야 한다. 특히, 진지한 웰빙 연구가는 곧 삶의 질이 쾌락과 고통의 균형이나, 주관적인 삶의 만족도 평가로 환원될 수 없다는 사

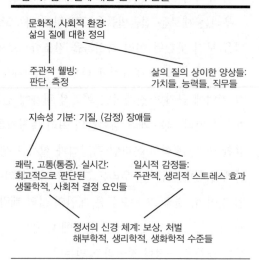

그림 P.1 삶의 질에 대한 분석 수준들

문화적, 사회적 환경:
삶의 질에 대한 정의

주관적 웰빙:
판단, 측정

삶의 질의 상이한 양상들:
가치들, 능력들, 직무들

지속성 기분: 기질, (감정) 장애들

쾌락, 고통(통증), 실시간:
회고적으로 판단된
생물학적, 사회적 결정 요인들

일시적 감정들:
주관적, 생리적 스트레스 효과

정서의 신경 체계: 보상, 처벌
해부학적, 생리학적, 생화학적 수준들

실을 알게 된다. 다른 가치들도 삶의 질에 대한 판단에 기여하기 마련이다. 게다가, 빈곤, 유아 사망률, 범죄율, 혹은 오염 등과 같은 사회의 객관적인 특성들은 삶의 질 분석 수준에서 도드라져 보인다. 비록 이러한 조건들이 중요하지만, 쾌락 경험, 그리고 웰빙에 대한 주관적인 의식의 성취가 여전히 이야기의 핵심이다.

두 번째 수준에 위치한 주관적 웰빙은 판단의 구성 요소, 그리고 이상, 열망, 다른 사람들, 자신의 과거 등과의 비교를 포괄한다. 몇십 년 전, 사회과학자들은 자신의 삶과 자신이 속한 사회에 대한 개인의 만족도를 광범위하게 조사하기 시작했다. 이 조사에서 나온 확고한 결과들 중 하나가 삶의 질에 대한 전체적인 판단과 삶의 객관적인 조건 간의 상관관계가 흔히 아주 낮다는 사실이었다. 프랭크 앤드루스(Frank Andrews), 앵거스 캠벨(Angus Campbell), 노먼 브래드번(Norman Bradburn), 제럴드 구린(Gerald Gurin) 등과 같은 이 분야의 선구자들은 우리가 그러듯이, 유쾌한 정서를 포함해 긍정적인 삶의 양상들에 대한 평가가 필요하다는 점을 강조했다. 이 책에 우리가 선정한 장들은 그러한 전통에 입각한 것이지만 여러 가지 측면에서 과거의 연구들과 다르다. 아마도 가장 중요한 차이점이라면, 우리는 삶에 대한 전체적인 판단을 본질적으로 보완하는 역할로 지속적인 쾌락 경험에 대한 주관적 측정법과 생리적 측정법을 강조한다는 사실일 것이다.

전체적인 웰빙 바로 밑의 한 수준에서 우리는 지속성, 그리고 개별적인 사건들과의 약한 관련성이라는 특성을 지닌 기분 상태를 발견한다. 사람들의 웰빙을 평가할 때, 상당한 비중이 부여될 수밖에 없는 사람들 특유의 기분은 개인차가 크다. 다음으로 우리는 현재 상황과 좀 더 밀접하게 관련이 있는 감정 상태와 조우한다. 이러한 감정 상태에는 다양한 많은 쾌락 및 고통과 일시적인 정서 상태가 있다. 각각의 감정 반응은 그 순간의 주관적 경험 이상의 다양한 양상을 보인다. 현재 감정에 대한 인지부호화와 과거 감정에 대한 회고적 부호화가 존재한다. 또한 일시적인 생리적, 화학적 변화와 함께 영속적인 적응이 있기 마련이다.

그다음으로 볼 수 있는 환원 수준으로는 모든 수준의 감정 반응과 관련이 있는 동기 체계를 조절하는 신경 체계와 호르몬 및 신경전달물질의 생화학적 조성이 있다. 최근 몇 년 사이에 얻게 된 중요한 교훈들 중 하나는 분석의 생리적, 생화학적 수준들의 특징으로 대립 체계 및 복잡한 피드백 회로 — 흔히 친숙한 '러너스 하이(runner's high)'[1]와 같이 역설적으로 보이는 효과를 가지고 있는 — 가 유력하다는 사실이다. 그리고 아마도 이러한 수준들에서 중독과 쾌감 상실과 우울증을 이해하는 데 핵심적인 열쇠를 발견할 수 있을 것이다.

이러한 분석 수준들에 대한 개괄적인 설명은 좀 더 상위의 수준을 이해하려면 보통 하위 수준을 신중하게 고찰할 필요가 있다는 점을 시사한다. 하지만 그러한 점과는 정반대되는 중요한 작용들 역시 존재한다. 가장 극적인 작용들 중에는 전쟁의 부상에서, 혹은 정서가 고양된 상태에서 겪는 고통의 거의 완전한 억제와 함께, 생리적 반응에 미치는, 잘 입증된 정신 상태의 효과들이 있다. 우리는 단 한 권의 책에 상이한 분석 수준들을 다룬 논문들을 모아놓은 것이 그러한 수준들 사이의 관계를 추적하는 연구 조사에 도움이 되기를 희망한다. 또한 중요한 사실은 이 저작은 여러 수준에서 제기되는 문제들을 이해하는 데 도움이 될 수도 있으며, 종합적으로 연계된 해답들을 수록하고 있을 수 있다는 점이다. 그런 문제들 중 하나는 긍정적인 감정과 부정적인 감정 사이의 관련성이다. 이 관련성은 한 종류의 감정을 일으키는 요인들이 정반대로 작동하는 요인들의 효과를 상쇄할 수 있는, 단일성의 양극 차원일까? 혹은 우리는 긍정적인 감정과 부정적인 감정을 개별적인 경험의 속성

1   30분 이상 달릴 때, 혹은 격렬한 운동을 한 후에 얻어지는 도취감.

으로 이해해야 할까? 이러한 의문은 자기보고된 감정 수준에서 제기될 수 있으나 그것은 또한 쾌락과 고통이 상이한 신경전달물질에 의해서 조절되는 것으로 보이는 생화학적 수준에서도 제기될 수 있다.

관련된 다차원적인 의문은 고통과 쾌락의 상대적 효과들 사이의 명확한 불균형에 관한 것이다. 의사결정 연구 조사의 맥락에서 부정적인 결과에 과도한 비중을 두는 것은 손실회피라고 불려왔다. 이러한 현상은 다양한 쾌락 경험 수준에 상응하는 것일까? 또 다른 일반적인 의문은 적응에 관한 것이다. 이 적응이란 것은 가끔 세포 내 환경에서의 부정적인 피드백 회로에 적용되어 왔다. 적응은 또한 수입에 대한 평균적인 만족 수준이 왜 평균 수입이 두 배 가까이 오른 15년이라는 기간이 흐르는 동안에 거의 변하지 않았는지 설명하는 데 이용되어 왔다. 상이한 수준에서의 적응 과정들에 중요한 공통성이 있는가? 적응하기에 쉽거나 빠르게 적응할 수 있는 자극의 일반적인 특징이 있는가? 우리는 교차 수준의 유추를 추구하는 일이 향후 연구 조사에 유용한 가설을 산출해 낼 수 있으리라 믿는다. 그리고 이러한 수준들에 대한 토론을 한 권의 책에 함께 수록하는 일이 그러한 과정을 향상시키리라 희망한다.

분석 수준들을 이용해 이러한 구조를 교차 편집해 보면, 원인과 환경에 따른 하나의 구조가 존재한다. 사람들이 웰빙이나 불행을 경험할 가능성이 가장 높은 환경을 아는 것은 유용하다. 예컨대, 사람들은 친구들 앞에서 가장 행복한 순간을 많이 경험하는 반면에 더 친밀한 가족관계는 흔히 상당한 양가 정서를 띤다는 사실을 나타내는 연구 결과는 어떤 의미가 있을까? 그리고 미래에 대한 불안전성은 (예컨대, 건강보험을 들지 않은 사람들의) 웰빙에 어떤 영향을 미칠까? 지금까지 이러한 문제들은 심리학 연구에서 거의 거론되지 않았다. 하지만 그러한 문제들에 대한 연구 조사는 심리학의 사회와의 관련성뿐만 아니라 쾌락 경험에 대한 우리의 이해에도 기여할 것이다.

정책 관련성

우리는 쾌락 심리학이 정책과 관련성을 지니기를 바란다. 우리는 아주 창피하지만, 이 분야의 과학적 이해가 현재의 국가 정책에 강한 기반을 제공하는 데 대단히 부적절하다는 사실을 인정할 수밖에 없다. 하지만 우리는 앞으로 수십 년 내에 쾌락론을 훨씬 더 많이 이해할 수 있을 것이며, 정책 입안자들이 바로 그 쾌락론의 원리를 이용할 수 있게 될 것이라고 믿는다. 우리는 특히 쾌락 경험에 대한 과학적 이해 덕분에 사람들이 일상 경험에서 느끼는 삶의 즐거움을 반영하는, 타당성을 갖춘 쾌락 지표들이 개발될 수 있기를 기대한다. 현재, 경제 지표들은 정책 그룹에서 가장 큰 영향력을 발휘한다. 하지만 경제적 접근법은 여러 가지 면에서 한계가 있다. 우선, 그것은 시장에서 거래될 수 있는 삶의 양상들에 초점을 맞춘다. 따라서 사랑, 정신적 도전, 스트레스 등과 같은 욕망 상품은 별로 중요시되지 않는다. 사람들은 로널드 잉글하트(Ronald Inglehart)가 '탈물질주의자(postmaterialist)'라고 명명한 수준 — 기본적인 물질적 욕구가 충족된 — 에 이르면, 점차 덜 물질적인 영역에서의 성취에 관심을 가지게 된다. 둘째, 경제적 관점은 개인들이 자신들에게 가장 유용한 것을 선택할 것이라는 점을 전제로 한다. 하지만 현재, 많은 증거들에 의하면 그러한 전제는 틀렸다. 셋째, 경제학은 다른 것, 즉 주관적인 충족의 간접적인 지표일 뿐인 변수를 평가한다. 그러한 지표로는 사람들이 더 행복해지고 있는지 아니면 덜 행복해지고 있는지 알 수 없다. 또한 어떤 상황에서 사람들이 가장 지속적인 쾌락을 경험하는지도 알 수 없다. 사실 그러한 점을 파악하기 위해서는 국가가 표본 응답자들을 대상으로 온라인 경험 기록을 이용해서 쾌락과 고통을 모니터링하기 시작해야 한다고 우리는 제안한다. 그러한 모니터링을 통해서 현재의 사회적 지표들을 보완하고, 사람들이 가장 신경을 쓰는 최종 결과에 대한 좀 더 직접적인 평가를 제시할 수 있을 것이다.

다행히도, 이미 쾌락 심리학 분야에서 중요한 진전이 있었다. 신경 영역은 쾌락 및 고통과 관련이 있을 뿐만 아니라, 쾌락 현상의 호르몬 기반과 마찬가지로, 점차 명확히 밝혀지고 있는 특정한 정서와도 관련이 있다. 과학자들은 장기적인 유쾌한 경험 양상을 밝혀줄 것으로 보이는 감정 — 기분과 정서 — 에 관한 지식을 점차 축적해 가고 있다. 우리는 쾌감과 불쾌감에 강하게 영향을 미칠 수 있는 적응과 같은 요인들을 이해하기 시작했고, 유쾌한 경험과 성격의 상관관계는 점점 더 경험적으로 주목받고 있다. 따라서 우리가 상대적으로 미약하게 이해하고 있음에도 불구하고, 쾌락론에 관한 과학은 지난 몇십 년 사이에 진보해 왔다.

다음에 이어지는 장들은 지금까지 축적된 쾌락론에 관한 지식을 개괄적으로 밝히고 있다. 우리는 저자들에게 교양을 갖춘 일반 독자들이 이해하기 쉽게 각 장들을 저술해 줄 것을 청했다. 우리는 모든 분석 수준에서 이해를 종합하는 접근법을 통해서만 쾌락론을 잘 이해할 수 있다는 인식을 근거로 주제를 선택했다. 비록 이 책에 눈에 띄는 누락이 여럿 있음에도 불구하고, 우리는 가장 중요한 주제들은 모두 수록되어 있다고 믿는다. 그리고 우리는 이 책을 읽는 각 독자들에게 나름의 만족감을 줄 수 있기를 희망한다.

차례

5부

생물학적 관점

일러두기

— 이 책은 Daniel Kahneman, Ed Diener, and Norbert Schwarz가 엮은 *Well-Being: The Foundation of Hedonic Psychology*(Russell Sage Foundation, 1999)를 완역한 것이다.

— 분문의 주석은 옮긴이의 설명이며, 지은이의 설명은 "(지은이)"라고 밝혀 두었다.

우리는 누가 행복한지
어떻게 알 수 있을까?

개념적 쟁점 및 방법론적인 쟁점

1장

객관적인 행복

대니얼 카너먼

일정 기간 동안 사람의 객관적인 행복에 대한 평가는 각각의 순간의 효용 경험의 질을 면밀히 기록한 자료로부터 도출할 수 있다. 논리적인 분석이 제시하는 바에 의하면 에피소드들은 순간 효용 시간의 총합으로 평가되어야만 한다. 객관적 행복은 일정 기간 동안에 경험한 효용의 평균으로 정의된다. 순간 효용이라는 개념은 행복을 평가할 때 제 역할을 입증할 수 있을 만큼 뚜렷해야 한다. 순전한 쾌락의 개념은 적절하지 않을 것이다. 두뇌는 좋은/나쁜(Good/Bad, GB)의 차원에서 현재 상태를 평가하는 감정의 실황 방송을 구성한다. 감정의 실황 방송은 생리적, 행동적 표현을 담고 있다. '좋은'과 '나쁜'이 동시에 활성화할 수 있는 개별 체계들에 의해서 조정되는 것처럼 보이지만, 단일한 GB 가치에 의해서 각 순간을 설명하는 일은 여전히 유용하다. GB 차원에선 '유쾌하지도 불쾌하지도 않은' 자연적인 영점(零點)이 있다. 그것은 다양한 맥락(상황)에 걸쳐 쾌락의 유의성(有意性)을 지니며, 긍정적 감정과 부정적 감정의 상대적인 빈도와 지속 시간의 측정을 허용한다. 기대치와의 비교가 쾌락과 고통의 중요한 원천이지만, 일반적인 것이 반드시 감정적으로 중립적이지는 않다. 새로운 환경에의 적응은 변화의 쾌락 효과를 감소시키는 '쾌락의 쳇바퀴(hedonic treadmill)'로 귀인되기 마련이다. 쾌락의 쳇바퀴에 대한 몇 가지 증거는 사람들이 만족감을 표명하는 데 적용하는 기준이 변하는, 만족의 쳇바퀴로부터 연유한다. 사람들은 흔히 상태의 웰빙 효과를 '그 상태로의 변화'의 감정 가치를 이용해서 평가한다. 그러한 판단은 적응을 무시한다. 변화된 환경이 웰빙에 미치는 효과를 평가하려는 시도들은 새로운 환경의

21

중요성을 과장하는 초점 착각[1]에 빠지기 쉽다. 선호하는 것에서 실제 쾌락 경험을 추론하는 것은 위험하다. 손실에 대한 반응과 이득에 대한 반응의 불균형은 아마도 경험보다는 의사결정에서 훨씬 더 두드러지게 나타날 것이다. 에피소드들에 대한 회고적 평가는 정점 감정과 종점 감정[2]에 특별히 중요성을 부여하고 에피소드의 지속 시간에는 둔감하다. 이러한 평가의 특징들은 불합리한 선호를 유발할 수 있다. 삶의 영역이나 전체적인 행복에 대한 만족도를 묻는 질문에 대한 대답은 특정한 편향과 연관이 있는 휴리스틱(heuristic)[3]의 적용을 받기 마련이다.

헬렌은 3월에 얼마나 행복했을까　두 명의 심리학자가 함께 아는 한 친구에 관해서 대화를 나누던 중에 한 가지 질문을 제기한다. "헬렌은 3월에 행복했을까?" 일상 대화 상황에서라면, 이 질문은 보통 별 어려움 없이 이해되고 답해질 것이다. 만일 헬렌을 잘 알며 3월에 종종 봐왔다면, 우리는 우리 자신이 그녀가 3월에 행복했는지 어땠는지 안다고 믿을 것이고 그녀 스스로도 자신이 그때 행복했는지 어땠는지 안다고 우리는 거의 확신할 것이다. 또한 우리는 그녀가 그때 그 점을 알고 있었다고 훨씬 더 확신할 것이다. 우리는 또한 우리의 답변이 거의 의도했던 바대로 이해되길 기대한다. 하지만 우리는 일상적 대화상에서 직관적인 판단의 역할에 머물러 있는 동안에만 이러한 믿음을 유지한다. 우리는 과학적 역할을 맡자마자, 그 질문이 무엇을 의미하는지 혹은 그 질문에 답하려면 어떤 정보가 필요한지 더 이상 확신하지 못한다. 이 장의 목적은 일반인의 지식과 전문가적인 무지 사이의 간극을 좁히는 것이다. 나는 객관적 행복의 개념을 탐구한다. 이 탐구는 객관적인 관찰자가 헬렌이 3월에 얼마나 행복했는지 결정하기 위해서 알 필요가 있는 지식과 그 지식의 이용 규칙을 구체적으로 밝히고자 하는 시도이다.

1　어느 한 측면에 지나치게 중요성을 둔 나머지 그 이외의 부분을 간과하게 되는 현상.
2　정점 감정은 과거에 있었던 에피소드를 회고할 때, 최고로 고조된 순간의 감정이고, 종점 감정은 마지막 순간의 감정이다.
3　고정관념이나 선입견에 기초한 추론적 판단으로, 쉽게 말해 어림짐작이라 할 수 있다.

웰빙 분석의 상향식 접근법

"나는 이 경험을 즐기고 있고, 계속 쭉 즐기고 싶다", "지난밤은 재밌었다", "나는 내 직업에 만족한다", "나는 무척 행복하다" 등의 발언은 모두 존재의 양호한 상태를 나타낸다. 이 모든 표현은 여기에서 일반적으로 사용되는 '평가'라는 용어의 과도한 함축적 의미를 피하고자 GB(좋은/나쁜)로 명명되는 폭넓은 차원에서 긍정적 가치를 함의한다. GB 차원의 네 가지 상이한 요인들은 관련된 통합(총계) 수준에 따라 차이를 보인다.

1. 유쾌한 일이나 고통스러운 일은 특정한 순간에서 겪는 경험의 한 속성이다. 나는 이러한 속성을 벤담(1789/1948)의 용어인 '효용'에서 빌려와 '순간 효용 (instant utility)'이라고 명명할 것이다.[4] 순간 효용은 현재의 경험을 지속시키고자 하거나 아니면 중단시키고자 하는 경향의 힘으로 가장 잘 이해할 수 있다.

2. '기억 효용(remembered utility)'은 특정한 과거의 에피소드 혹은 '유사한 경험이 회상되는 상황'에 회고적으로 부여하는 전체적인 평가이다. 이 전체적인 평가는 "그 에피소드(상황)가 좋았어"와 "그 에피소드(상황)가 싫었어"와 같은 말로 표현되거나, 혹은 회상되려고 할 때면 공포나 간절한 기대감이라는 정서 반응으로 표현될 수 있다.

3. 만족도에 대한 질문들은 가족생활이나 일처럼 좀 더 포괄적인 생활 영역과 관련이 있다.

4. 최고의 통합 수준에서 우리는 행복이나 삶의 전 영역을 아우르는 웰빙과 같은 차원들을 발견하게 된다.

이 장의 목적은 더 높은 통합 수준에 대한 이해를 증진시키고자 하는 것이다. 우리는 헬렌의 행복을 이해하고 평가하고 싶다. 이 장의 관점은 상향식이다. 이러한 관점은 분석의 기본 단위로서 특정 순간의 순간 효용을 택하고, 주로 순간 효용에 관한 정보에 근거를 두고 있는 '진정한' 웰빙에 대한 객관적

---

4   (지은이) '효용'이란 용어는 다양한 의미를 지닌다. 이 장의 뒷부분에서는 효용을 결과에 대한 경험보다는 선택 및 선호와 관련시키는 '결정 효용'의 개념에 관해 논의할 것이다.

이고 규범적으로 타당한 정의를 추구한다.[5] 헬렌이 3월에 경험한 객관적 행복에 대한 평가는 단일한 가치(값)로 순간 효용에 관한 정보를 요약하는 명확한 규칙을 적용해서, 3월 동안에 그녀가 경험한 삶의 관련 양상들을 근거로 하여 이루어져야 한다. 3월에 자신이 얼마나 행복했는지에 대한 헬렌의 평가는 자신의 객관적인 웰빙에 대한 그릇된 평가로 여겨진다. 객관적인 웰빙이란 개념은 헬렌이 자신의 삶에 대해서 내리는 평가의 중요성을 부정하지는 않는다. 자신이 현재 행복한지 우울한지에 대한 그녀의 생각은 그 자체 쾌락과 고통의 원인이며, 빈번히 떠오르고 정서적으로 자극적이라면, 중요할 수 있다. 하지만 현재의 구조에서, 헬렌이 자신의 행복에 대해서 생각하는 것은 그녀의 생각이 인생의 특정한 순간에 느끼는 유쾌함이나 불쾌함에 영향을 미치는 한에서만, 그녀의 '진정한' 혹은 객관적인 웰빙 차원에서 중요성을 지닌다.

그림 1.1은 단순한 사례의 기본적인 접근법을 설명하고 있다. 그림은 대장내시경 검사를 받은 두 명의 환자가 보고한 통증의 기록을 나타낸다(Redelmeier and Kahneman, 1996). 환자들은 60초마다 각 순간에 겪는 통증의 강도를 보고할 것을 요구받았다. 그들은 10은 '참을 수 없는 통증'이고 0은 '전혀 통증이 없음'을 나타내는 척도를 사용했다. 나중에 환자들은 그 경험을 전체적으로 평가해, 다른 불쾌한 경험과 비교했고, 대장내시경 검사의 반복 경험과 바륨 관장 중에서 하나를 가상적으로 선택했다.

우리는 이러한 자료를 이용해, "환자 A의 전체적인 대장내시경 검사 경험은 얼마나 나빴는가?", "환자 A와 환자 B 중 어느 쪽이 더 나쁜 경험을 했는가?" 등과 같은 질문에 답할 수 있기를 바란다. (다음에서 밝혀지게 될) 이러한 질문들에 대한 접근법은 순간적인 통증에 대한 환자들의 평정을 타당한 것으로 받아들이지만, 통증 경험에 대한 환자들의 전체적인 평가를 액면 그대로 받아들이지는 않는다. 이 장의 후반부에 제시되겠지만, 환자들의 회고적 평가는 의심스럽다. 왜냐하면, 환자들은 편향된 기억을 하기 십상이며, 이따금씩 기본적인 논리적 규칙을 위반하는 평가 과정을 거치기 쉽기 때문이다. 환자들의 판단에 의존하는 대신에, 우리는 에피소드들에 대한 평가를 통제하게 될 규정 원칙을 확인한다. 이때 이 원칙들은 그림 1.1에서 예시되어 있는 것

---

5   (지은이) 파두치(Parducci, 1995)는 "각각의 순간에 느끼는 쾌락과 고통의 이론적 종합"(11)이라는 말로 행복에 대해서 유사한 정의를 내린다.

그림 1.1 대장내시경 검사를 받은 두 명의 환자가 보고한 통증 강도

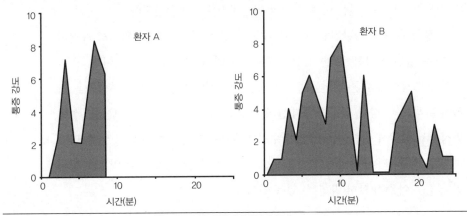

출처: Redelmeier and Kahneman(1996: 4). 세계통증연구학회의 승인하에 전재.

과 같은, 개별적인 에피소드를 나타낸 프로파일을 평가하는 데 적용된다. 경험에 대한 개인의 회고적 평가(경험에 대한 '기억 효용')는 에피소드에 대한 '총효용'이라고 하는 이 구성 평가에 대한 그릇된 추정으로 여겨진다(Kahneman, Walker and Sarin, 1997).

이 장은 전체적인 평가의 상향식 해석이라는 개념을 짧은 에피소드들보다 높은 통합의 수준들 — 삶의 영역과 전체적인 행복에 대한 만족도를 판단하는 일을 포괄하는 — 로 확장한다. 우리는 (이 장에서 교환 가능한 용어로 사용하고 있는) 행복 혹은 웰빙을 두 가지 개념으로 구별한다. 우선 '주관적 행복'은 응답자들에게 얼마나 행복한지 진술해 달라고 요구하는 것을 통해서 평가된다. 그리고 '객관적 행복'은 특정한 해당 기간 동안의 순간 효용의 기록으로부터 도출된다. 주관적 행복과 객관적 행복 간의 관계는 에피소드에 대한 기억효용과 총효용 간의 관계와 아주 유사하다. 대장내시경 검사의 총효용과 마찬가지로, 3월에 겪은 헬렌의 객관적인 행복은 3월 동안 얻은 순간 효용의 기록으로부터 적절한 규칙에 따라 도출될 것이다.

물론 객관적인 행복은 궁극적으로 주관적인 자료, 즉 삶의 특정한 순간에 겪은 좋은/나쁜 경험에 근거한다. '객관적인'이라고 명명한 이유는 순간 효용의 종합이 논리적 규칙의 지배를 받으며, 원칙적으로 시간적 순간 효용의 프로파일을 이용할 수 있는 관찰자에 의해서 수행되기 때문이다(Kahneman, Wakker and Sarin, 1997). 객관적인 행복은 누군가의 삶의 환경에 대한 평가에 해당되는 객관적인 행운과 혼동되어서는 안 된다. 행운이나 불운, 객관적 행

복이나 객관적 불행, 주관적 행복이나 주관적 불행의 수준들을 모두 결합할 수 있으며, 그 모든 것은 아주 흔히 일어날 수 있는 일일 것이다.

이 장의 목적은 객관적인 행복에 대한 측정을 실제로 하기 위해서 해결해야 하는 일부 논리적, 기술적 문제들을 명확히 밝히고자 하는 것이다. 또한 자신들의 경험에 대한 개인들의 전체적인 판단에 영향을 미치는 편향들을 명확히 밝히고, 상향식 접근법에 대한 설명을 제시하고자 하는 것이다. 그 설명 과정에서 상향식 접근법을 어떻게 수정해야 하는지에 대한 논의를 아주 명료하게 증진시키거나, 아마도 그 접근법을 폐기해야 할 원인일 수 있는 치명적인 결점을 아주 명확히 밝힐 수 있을 것이다.

객관적인 행복의 논리

이 장의 발상은 관찰자가 그림 1.1의 그래프대로, 좋은/나쁜 차원으로 나타낸 헬렌의 상태에 대한 지속적인 기록에 근거해서 3월에 겪은 그녀의 객관적인 행복을 평가할 수 있다는 것이다. 이 접근법은 새로운 것은 아니다. 1세기도 더 전에, 경제학자 프랜시스 에지워스(Francis Edgeworth, 1881)는 그와 같은 방식으로 '쾌락측정기(hedonimeter)'를 이용한 사실에 대해서 썼다. 그런 기록을 이용하는 하나의 자연스러운 방법은 특정한 범위의 시간 동안 경험한 전체 효용을 순간 효용의 시간적 총계로 정의하는 것이다. 시간의 총계(통합) 개념은 에지워스(1881)가 공식화한 개념으로, 최근에는 파핏(Parfit, 1984), 브룸(Broome, 1991), 파두치(Parducci, 1995)가 거론하는 것을 찾아볼 수 있고, 효용 분석(Glover, 1990)에서 암암리에 혹은 명시적으로 언급되고 있다.

시간의 총계에 이르는 핵심 개념은 간단하며, 대장내시경 검사의 예로 그 개념을 설명할 수 있다. 고통스러운 의료 시술을 더욱 심화시키는 방법에는 확실히 두 가지가 있다. 하나는 통증 수준을 높이는 것이고 하나는 시술 시간을 늘리는 것이다. 그런 점에서, 통증 강도의 변화와 지속 시간의 변화 사이에는 등가성이 성립될 수 있다. 더욱이 지속 시간은 물리적 단위의 비율 척도로 측정되기 때문에, 원칙적으로 지속 시간의 측면에서 통증 강도를 재척도화할 수 있다.

카너먼과 와커, 사린(Kahneman, Wakker and Sarin, 1997)은 순간 효용의 시

간적 총계를 결과의 총효용 측정값으로 정당화시킬 논리적 조건을 연구했다. 그 이론은 자신의 경험을 기록한 한 피험자에 의해 제시된 그림 1.1의 예시와 같은 순간 효용의 프로파일과 관련이 있다. 피험자의 순간 효용 평정에 대한 가정은 엄격하다. 이러한 평정은 순간 효용의 시간적 총계가 연장된 기간의 타당한 총효용 측정값이 되기 위해서 요구되는 모든 해당 정보를 포함해야 한다. 또한 그 척도에는 안정적이고 변별적인 ('좋지도 나쁘지도 않은', '접근하지도 회피하지도 않는') 영(零)점이 존재하며, 영점에서 벗어난 양의 편차와 음의 편차의 측정치는 서수라고 가정한다. 피험자의 평정은 '좋은'이나 '나쁜'의 강도로 경험을 정확하게 등급화하지만, 평정들 사이의 간격은 임의적인 것이라 할 수 있다. 7점의 통증 평정이 6점보다 나쁜 것은 신뢰할 만한 사실이지만, 7점과 6점 사이의 간격이 3점과 2점 사이의 간격과 심리적으로 동등하다고 할 수는 없다.

이 이론은 피험자 이외에, 피험자의 척도 이용에 관해서 잘 파악하고 있는 관찰자도 필요로 한다. 관찰자와 피험자는 같은 사람일 수도 있다. 관찰자의 직무는 효용 프로파일들에 대해 비교판단을 내리는 것이다. 이러한 판단은 다소 따분한 원칙[6]을 만족시킨다면, 원래의 효용 척도와 지속 시간 사이의 등가성을 효과적으로 결정한다. 원칙상, 적어도 이러한 양자의 균형은 다음에 피험자의 보고를 재척도화하는 데 이용될 수 있다. 예를 들어, 관찰자가 1분간 7 수준의 통증이 2분간 6 수준의 통증의 나쁜 정도와 동등하다고 판정한다고 가정해 보자. 이론상, 이러한 판정은 7 수준에 6 수준에 할당된 값보다 2배 높은 값을 부여해서 원래의 통증 보고를 재척도화해야 한다는 것을 의미한다. 만일 관찰자의 판정이 원칙을 따른다면, 이론은 일관된 재척도화가 가능하며, 그 재척도화는 지속 시간과 관련해서 조정되는 순간 효용의 비율 척도를 산출한다고 주장한다. 이러한 재척도화 절차는 정상적인 건강 수준에서의 생존 연수와 낮은 건강 수준에서의 생존 연년수 사이의 등가를 설정함으

---

6 (지은이) 이 원칙은 다음과 같다. (1) 효용 프로파일상의 전체 효용은 중립적인 효용 프로파일과의 연계성의 영향을 받지 않는다. (2) 순간 효용의 증가는 효용 프로파일상의 전체 효용을 감소시키지 않는다. (3) 두 효용 프로파일의 연계 속에서 한 효용 프로파일을 더 높은 전체 효용을 가지는 다른 효용 프로파일로 대체하는 것은 그 연계성의 전체 효용을 증가시킨다. 피터 와커는 다음과 같은 원칙을 입증했다. "이 세 가지 원칙에 따르면, 0에 0 값을 부여하는 순간 효용의 감소하지 않는('값) 변환함수가 존재한다는 필요 충분조건하에서 그러한 전체 효용은 시간의 흐름에 따른 순간 효용의 값의 총계에 따라 효용 프로파일을 결정한다."

로써 질보정생존연수(Quality-Adjusted Life Years, QALYs)를 산정하는 의료 연구에서 이용하는 방법과 가까운 사촌뻘이다(Weinstein, Fineberg et al., 1980).

형식적 분석은 실질적인 절차가 아닌 이론적 가능성을 기술한다. 그것의 기여는 순간 효용의 프로파일에 대한 평가에 적용되는 논리를 명료화한 것이다. 주목해야 할 중요한 사실은 시간의 총계 법칙은 원래의 프로파일에는 적용되지 않을 수도 있다는 것이다. 그 법칙은 강도와 지속 시간의 등가에 관한 판단을 구체화시킨 재척도화를 한 이후에야 적용된다. 그 법칙이 순간 효용의 재척도화에 의해서 구체화되든 안 되든 그것과는 상관없이 시간의 총계 원칙은 지속 시간의 중요성을 강조한다. 그 원칙은 장기간에 걸쳐 겪는 가벼운 통증을 대가로 얻는 짧고 강렬한 쾌락을 추구하는 일은 경솔하다는 직관과 일치한다. 그 이론은 또한 기억의 소비가 중시되는 사례에 직관적으로 매력적인 설명력을 제공한다. 그 이론이 제시하는 바에 의하면, 예컨대 케냐 사파리 투어의 전체 효용에 대한 평가는 쭉 이어지는 슬라이드 상영과 스토리텔링의 에피소드들을 적절히 포함하고 있어야만 한다.

효용 프로파일은 그림 1.1이 예시하듯이, 짧은 에피소드들이나, 헬렌의 3월의 경우처럼 좀 더 긴 기간을 설명하는 데 이용될 수 있다. 두 사례군은 확연히 눈에 띌 수 있다. 대장내시경 검사와 카리브해 유람선 여행과 같은 사례에서는 지속 시간이 평가될 결과의 하나의 관련 지표이다. 특정한 한 유람선 여행이 비교적 더 길다는 점에서 다른 유람선 여행보다 좋다는 것은 말이 되는 얘기이다. 그런 경우에, 총효용에 대한 정의가 의미하는 바처럼 재척도화한 프로파일상의 시간 총계(곡선아래면적)는 지속 시간 면에서 상이한 결과들을 비교하는 데 사용하는 해당 지수이다. 다른 경우에서는, 재척도화한 프로파일상의 지속 시간은 임의적인 것이다. 3월 달이 3월 첫 주보다 길다고 해서 더 좋았다고 말하는 것은 이치에 맞지 않다. 상이한 시간 양의 기간 동안 이러한 유형의 프로파일들을 비교할 때 해당 지수는 재척도화한 프로파일의 평균 높이이다. 따라서 헬렌의 객관적인 행복은 적절히 재척도화를 한 이후에 그녀가 그 기간 동안에 경험한 순간 효용의 평균으로 측정되어야만 한다.

순간 효용의 개념은 총효용에 대한 정의와 객관적인 행복에 대한 정의 내에서 제안된 역할로 크게 제약을 받는다. 한순간을 좋거나 나쁘게 만드는 것이 무엇인지에 대한 개념은 총계와 평균화가 타당성을 갖도록 충분히 선명해야 한다. 웰빙의 측정에 관한 철학적 논쟁(유용한 입문서로는 Brock, 1993을 참조)는 우리에게 행복에 대한 평가가 부분적으로는, 좋은 삶이라는 개념을 환기시키는 도덕적 판단이라는 공통적인 직관을 상기시킨다. 음식과 성의 쾌락에 강하게 반응하지만, 음악에는 미약한 반응만을 보이는 생리적 지표는 그러한 철학적 근거에 기반한 순간 효용의 측정치로는 인정받지 못할 것이다. 또한 그 지표는 음악 애호가들을 행복하게 해주는 것에 관한 그들의 직관에 부합하지 못할 거라는 점에서도 그렇다.[7]

순간 효용의 개념에 무엇을 포함시켜야 할까? 현재의 감각 경험의 쾌락의 질이 물론 첫 번째 후보이지만 그것만으로는 충분하지 않다. 미래의 경험에 대한 기대감 및 과거에 대한 기억과 연관된 쾌락과 고통은 반드시 그 개념에 포함되어야만 한다(Elster and Loewenstein, 1992). 다른 정신적인 쾌락(과 고통)들 또한 포함되어야만 한다(Kubovy, 이 책). 특히, 순간 효용의 측정은 '몰입' 상태(Csikszentmihalyi, 1990)를 고려해야 한다. 개인이 몰입 상태에서 경험이나 활동에 깊이 빠져들면 쾌락의 가치는 희미해져 경험의 배경이 되어버린다. 더 일반적으로, 순간 효용의 지수는 직무와 활동에 대한 참여에 충분히 민감해야 한다(Cantor and Sanderson, 이 책). 그리고 물론 한순간 동안의 GB 가치 개념은 현재의 자원과 수요 간의 균형을 반영한 것으로 해석되는 기분에 대한 평가와 밀접히 관련되어 있다(Morris, 이 책). 웰빙에 관한 공통된 직관을 이해하려면, 적절한 측정법이 향상 초점이나 예방 초점[8]을 가지는 활동들을 구분해야 한다(Higgins, Grant and Shah, 이 책). 또한 적절한 측정법은 개인의 통제력 정도가 상이한 상황들을 구분해야 한다(Peterson, 이 책).

좋은 상태와 나쁜 상태의 다양성은 위협적이다. 그리고 그 모든 좋은 상태와 나쁜 상태에 적용될 수 있는 순간 효용의 비율 척도 측정을 표준화하는 일은 무척 어렵고 아마도 버거울 것이다. 하지만 순간 효용에 대한 훨씬 더 미

---

7 (지은이) 다른 도덕적인 문제는 경험 효용의 원천과 관련이 있다. 예컨대, 헬렌이 기분 전환 약물로 평소답지 않게 도취 상태를 지속한다면, 그녀의 가장 중요한 경험이 매우 기쁜 환각이라면, 혹은 그녀가 그처럼 부자연스럽고 활기를 잃은 환경 ─ 그녀가 지금껏 정상적인 일련의 바람과 열망을 얻지 못한 ─ 에서 산다면, 그녀를 행복하다고 설명하는 데 반감이 있을 것이다(Dasgupta, 1991; Sen, 1993).

8 사람마다 나름의 전략으로 쾌락 추구와 고통 회피를 조절한다고 하는 히긴스 등의 '자기 조절 초점 이론'에 의하면, 향상 초점은 긍정적인 결과에 초점을 두고 목표를 추구하는 경향을, 예방 초점은 목표 추구 과정에서 부정적인 결과에 초점을 두고 이를 회피하고자 하는 경향을 말한다.

약한 측정으로도 객관적인 행복에 대한 연구를 유용하게 추구할 수 있다. 앞으로 논의하겠지만, 좋은 순간과 나쁜 순간, 중립적인 순간을 구분하는 것은 특별히 어렵지는 않다. 또한 좋은 상태와 나쁜 상태에서 몇 개 범주의 강도를 구분하는 것이 더 어렵지는 않을 것이다. 그리고 첫 추정을 해보자면, 만일 헬렌이 3월에 대부분의 시간을, 중단하고 싶기보다는 지속하고 싶은 활동을 하며 보냈고, 도피하고 싶은 상황에서 시간을 보낸 적은 거의 없으며, 어느 쪽이든 (그녀 입장에서는) 개의치 않았을 중립적인 상태에서 그리 많은 시간을 보낸 적이 없다면, ─ 인생은 짧다는 점에서 매우 중요하다 ─ 헬렌은 '객관적으로 행복했다고' 판정하는 것은 타당할 것이다. 이것이 여기에서 제안하는 접근법의 핵심이다.

좋은/나쁜 차원

순간의 경험 기록에서 얻은 객관적인 행복의 상향식 해석의 경우, 각각의 순간은 좋은/나쁜 차원에서 특정한 값을 갖는 고유한 특징을 보일 필요가 있다. 두 가지 개별적인 추정은 다음 요건을 수반한다. 두뇌는 현재의 상황에 대한 감정적이거나 쾌락적인 실황 방송을 계속해서 해석하고, 그러한 실황 방송은 단일 값으로 적절하게 요약된다. 첫 번째 추정은 상당히 많은 증거의 뒷받침을 받고 있다. 두 번째 추정은 분명 지나친 단순화라고 할 수 있지만 아마도 나름 괜찮은 추정일 것이다. 두 가지 추정은 이 절과 다음 절에서 차례로 논의될 것이다.

GB 차원의 만성성은 오래전부터 알려져 있었다. 프리자(Frijda)는 이렇게 썼다. "분트(1903), 티치너(1908), 그 밖의 연구자들에 따르면, '감정'은 일종의 환원할 수 없는 근본적인 정신 요소이다 … 감정은 감각의 존재를 전제로 한다. 다시 말해, 감정은 상대하는 어떤 대상을 전제로 한다. 감정의 속성은 주관성이다. 감정은 대상의 속성을 단언하는 것을 통해서보다는 개인의 주관적인 반응으로 경험된다. 감정은 평가하는 것이다. 감정은 자극 혹은 경험 자체의 수용이나 거부를 의미한다"(179). 프리자는 유쾌한 향기와 불쾌한 향기에 관한 내성(內省) 연구에 참여한 한 실험 참가자의 말을 인용한다(Young, 1927). "내가 '유쾌한'이라고 말할 때, 그 말은 내가 그 냄새를 가능한 한 더 맡을 수 있는 것 이상을 의미하지는 않는다." 심리학의 고전에서 인용한 이러한 말이 설명하듯이, GB 차원은 두 가지 양상을 가진다. 즉, 그것은 주관적인 경험 속성과 행동 성향 — 이를테면 계속 해야 할지 말아야 할지 하는 성향 — 속성을 모두 내포한다.

좋은/나쁜 차원에서의 평가가 계속해서 자동적으로 일어난다는 견해는 차후에 여러 중요한 연구 조사들을 통해 밝힐 것이다. 문헌 연구에서 바그(Bargh, 1997)와 자욘스(Zajonc, 1997)는 모두 어의 분별에 관한 초기 연구들(Osgood, Suci and Tannenbaum, 1957)의 연관성에 주목했다. 그 연구들은 대부분의 자극이 ('좋은-나쁜', '아름다운-못생긴', '친절한-잔인한' 등의 척도로 나타낸) 하나의 평가 요인에 대해서 뚜렷이 긍정적이거나 부정적인 가치를 유발한다는 사실을 보여주었다. 자욘스(1980, 1997)와 바그(1997)는 모든 자극은 감정적인 평가를 일으키며, 그러한 평가는 무의식적으로 일어난다는 주장을 뒷받침하는 유력한 실험적 증거를 설명한다. 더 나아가 자욘스(1980)는 자신의 한 에세이의 유명한 부제("선호도는 추론이 필요 없다")가 암시하듯이, 평가는 적어도 부분적으로는 자극에 대한 인지적 정보 처리와는 무관하다는 사실을 제시했다. 그는 나중에 여러 정서를 조정하고, 일반적으로 의식적 정보처리에 기여하는 시스템을 회피하는 직접적인 신경연결통로의 발견(LeDoux and Armony, 이 책)이 그 주장의 타당성을 뒷받침한다고 주장했다(Zajonc, 1997).

랭(Lang, 1995)은 동시에 발생한 자극들의 상호작용 효과에 관한 연구들을 보고했다. 그 연구들은 자극들을 좋거나 나쁜 것으로, 유쾌한 것이거나 위협적인 것으로 평가하는 공통 메커니즘이 존재한다는 사실을 강력하게 뒷받침해 준다. 따라서 큰 소음의 폭발이 유발하는 눈 깜박임의 빈도는 혐오스러운 사진들(예를 들어, 독사, 겨눠진 총)을 보고 있을 때는 많아지는 반면에 유쾌한 사진들(예를 들어, 행복한 아기들, 식욕을 돋우는 음식)을 보고 있을 때는 확연히 억제된다. 또한 먼저 제시된, ('물'과 같은) 긍정적으로 평가된 단어는 ('금요일'과 같은) 긍정적으로 평가된 다른 단어를 선택적으로 신속하게 발음할 수 있도록 도움을 주는 것으로 밝혀진 한 실험(Bargh et al., 1996)은 평가 과정의 일반성을 증명해 준다.

GB 차원과 접근 경향이나 회피 경향 사이의 직접적인 밀접한 관계는 여러 실험에서 증명되어 왔다. 예컨대, 바그(1997)는 인상적인 한 연구의 반복 실험(Solarz, 1960)을 들어 그러한 관계를 설명한다. 그 실험에서 피험자들은 레버를 움직여 스크린에서 한 단어를 없애라는 지시를 받는다. 피험자들 중 절반은 레버를 자신들 쪽으로 당겼고 절반은 레버를 밀어젖혔다. 피험자들은 매력적인 자극에 대한 반응으로 레버를 자기 쪽으로 당기는 행위(접근)에서 상대적으로 더 빨랐고, 혐오스러운 단어일 경우 레버를 밀어젖히는 행위(회피)에서 상대적으로 더 빨랐다. 카치오포와 프리스터, 베른트슨(Cacioppo, Priester and Berntson, 1993) 그리고 푀르스터와 슈트랙(Förster and Strack, 1996)도 감정적 평가와 접근이나 회피를 표현하는 운동 사이의 관계를 증명한 다른 연구들을 설명해 왔다.

평가의 여러 생리적인 상관관계성이 밝혀졌다(이 책 Ito and Cacioppo; Davidson, 1992, 1994를 참조). 그러한 상관성의 한 예로 안면 근육 — 긍정적인 감정을 나타내는 관골의 활동과 부정적인 감정을 나타내는 추미근 활동의 기능을 가진 — 의 미묘한 근전도 변화를 들 수 있다. 일련의 중요한 실험에서 데이비드슨과 그의 동료들(이 실험을 재고찰하고자 한다면 Davidson, 1992를 참조)은 왼쪽 전두엽 피질과 오른쪽 전두엽 피질의 활성화 차이가 경험의 질과 상관관계가 있다는 사실을 발견했다. 유아기 때부터(Davidson and Fox, 1989), 왼쪽 전두엽의 활성화 우세는 긍정적인 상태와 연관이 있는 반면에 오른쪽 전두엽의 활성화 우세는 부정적인 감정과 연관이 있다. 더한층 근본적인 수준에서는 전체적인 보상 가치의 계산을 처리하는 특정한 신경연결통로(이 책 Shizgal 참조)와 접근/회피 경향의 통제와 관련이 있는 것으로 보이는 특정한 신경전달물질(이 책 Hoebel)에 관한 논의들이 있다.

내성(內省)에서 생화학적인 증거에 이르기까지, 이처럼 잇따른 모든 증거는 다양한 수준에서의 생리적 반응으로, 감정 표현으로, 그리고 직접적인 접근이나 회피의 성향으로 표현하는 계속적인 평가 과정이 존재함을 암시한다. 계속적으로 이어지는 '좋은'/'나쁜' 실황 방송은 반드시 의식적인 것은 아니다. 그것이 의식적인 것이라면, 상응하는 자극의 수용이나 거부를 동반하는 쾌락이나 고통으로 경험될 것이다. 수용과 거부의 개념은 GB 실황 방송이 어떤 경험의 예기치 않은 중단에 정서적이고 도구적으로 반응하려는 경향과 연관이 있다는 것을 의미한다. 유쾌한 활동의 중단은 좌절감을 유발할 것이고 저항감을 불러일으킬지도 모른다. 그에 반해 고통스러운 상태의 중단은 안도감과 함께 수용될 것이다. GB 실황 방송은 잠재적으로 지속적인 측정을 할 수 있는 다양한 생리적, 행동적 표현을 하는 것이다. 순간적인 GB 값의 유용한 측정에 대한 전망은 뒤이어 나오는 절들에서 훨씬 더 상세하게 검토될 것이다.

각각 개별적인 하나의 GB 값이 있는가

지금까지의 논의는 어떠한 순간은 GB 차원 — 긍정적, 중립적, 부정적 — 의 특정 값으로 특징지어질 수 있다는 사실을 전제했다. 하지만 평가가 동시에 좋거나 나쁠 수 있다는 연구 결과나 GB 차원의 중요한 표현들이 서로 관련이 없을 수도 있다는 연구 결과로 보건데, 앞서의 가정에 의구심이 제기될 수밖에 없다.

GB 차원의 좋은 영역과 나쁜 영역은 경험의 상이한 질에 따라 주관적으로 구별된다. 그 두 영역은 또한 상이한 메커니즘에 의해서 조정되는 것으로 보인다(Cacioppo and Berntson, 1994). 접근과 회피는 상이한 신경전달물질과 관련이 있고(Hoebel, 이 책), 보상과 처벌은 개별적인 신경연결통로와 관련이 있고(Gray, 1994), 부정적인 감정과 긍정적인 감정은 전두엽 피질의 상이한 측면 활성화와 관련이 있다(Davidson, 1992, 1994). 또한 접근과 회피 성향은 동시에 혹은 빠르게 번갈아 일어나며 내면적인 갈등을 유발할 수도 있다는 증거가 충분히 있다. 더 나아가, 개인차에 관한 연구들이 제시하는 바에 의하면, 좋은 감정과 나쁜 감정의 빈도와 강도는 서로 부적인 상관관계가 있기보다는 상호 독립적이다(Diener and Emmons, 1985). 카치오포와 베른트슨(Cacioppo and Berntson, 1994)은 그와 같은 증거와 기타 증거를 근거로 평가를 양극단적인 것보다는 이가(二價)적인 것으로 더 잘 기술할 수 있다는 결론을 내렸다(이 책, Ito and Cacioppo 또한 참조).

좋은/나쁜 시스템의 이가적 특성은 대부분의 순간들이 양극의 좋은/나쁜 차원상의 단일 값(가치)으로 유효하게 특징지어질 수 있다는 개념과 반드시 모순되는 것은 아니다. 만일 '좋은'과 '나쁜'을 조정하는 개별적인 메커니즘들이 상호간에 서로를 억제하거나 자극한다면(Lang, 1995), 혹은 이가적 시스템의 해당 산출이 두 메커니즘의 활동 수준 차이라면(예로는 Davidson, 1992), 이가적 시스템은 양극 차원을 유발한다. 유쾌한 사진들이 놀람반사에 미치는 효과에 관한 랭의 연구는 억제성 연결을 입증한다. 데이비드슨(1992)은 두뇌가 긍정적인 감정과 부정적인 감정을 조정하는 개별 시스템상의 활동 수준들의 합계와 차이 모두를 계산할 수 있다는 점을 제시했다. 그에 따르면, GB 값은 차이에 해당되고, 감정적 각성은 두 시스템상에서 총 활동에 해당된다.

요컨대, 대부분의 경험 순간들은 GB 차원에서 단일한 요약 값으로 적절히 특징지어질 수 있다. 이러한 요약은 경우에 따라서는 조잡하고 오해의 소지가 있다. 달리는 데 한계에 이른 주자나 비극을 관람하는 관객의 경험과 같은 경험은 훨씬 더 차별화된 기술(記述)을 필요로 한다. 하지만 심지어 그런 경우에도, 일반적으로 중단이 환영받을지 아니면 거부될지에 대한 추가적인 기준을 적용함으로써 경험 순간을 중립 지점에서 좋은 쪽으로 혹은 나쁜 쪽으로 위치시킬 수 있다. 주자는 경주가 취소된다는 발표에 안도할까? 관객은 공연의 예기치 않은 종료를 환영할까?

좋은/나쁜 차원의 양극성은 몇 가지 까다로운 문제를 제기한다. 첫째, 그러한 문제는 쾌락과 감소하는 고통 간의 관계와 관련이 있다. 예를 들어, 추운 밤 동안에 당신이 얇은 옷을 걸치고 시골에 가서, 폭우에 옷이 흠뻑 젖었다고 가정해 보자.[9] 설상가상으로 매서운 찬바람이 불어닥친다. 당신은 이리저리 헤매다가 거센 바람을 막아 줄 피난처가 되어 주는 커다란 바위와 우연히 마주친다. 이 사건은 고통의 감소와 분명히 관련이 있다. 카바낙(1992)은 그 순간의 경험을 강렬한 쾌감을 주는 경험으로 여겼을 것이다. 왜냐하면 그는 쾌락의 기능은 생물학적으로 중요한 변화의 방향을 나타내기 위한 것이라고 믿기 때문이다. 하지만 그 경험은 또한 쾌락과 고통의 혼합으로 기술될 수도 있다. 혹은 어쩌면 (감소된) 고통 덕분에 빠르게 만족스러운 위안을 안겨주는 연속적인 감정적 사건으로 기술될 수도 있을 것이다. 이러한 문제를 내성으로 해결할 수 있으리라는 희망은 거의 없다. 하지만 감소한 고통과 쾌락 사이의 관계는 결국에는 관련된 뇌 활동 연구로 명확해질 것이라고 믿을 만한 타당한 이유가 있다.

카너먼(1992)이 논한 또 하나의 유익한 예는 큰 폭으로 인상되길 바라지만 결과적으로 예상보다 적은 폭이 인상된 희망 봉급 인상에 대한 반응이다. 우연히 하게 되는 내성이 제시하는 바에 의하면, 만일 당신이 3,000달러의 인상을 예상하고 더 적게 인상된 봉급을 받았다면, 예상 인상 폭과 실제 인상 폭의 중간 금액은 이득과 손실 모두를 포함한다. 감정 반응이 중립성을 띠는 중

---

9   (지은이) 이는 미카엘 카바낙(Michel Cabanac)이 든 예이다.

간 값은 없다. 가능한 해결책은 이 상황이 네커 큐브(Necker cube)[10]나 리퍼의 아내/장모 그림과 같은 쌍안정 지각 조직화의 친숙한 예들과 닮아 있다는 사실이다. 네커 큐브는 결코 동시에 두 방향으로 보이지는 않지만 그 두 방향은 교대로 우세함을 보인다. 쌍안정 인물에 대한 지각은 교대 비율과 각각의 지각이 우세한 시간의 상대적인 비율을 상세히 밝힘으로써 통계학적으로 가장 잘 설명된다. 한 가지 유사한 유형의 설명이 많은 감정적 이가(二價)와 양면성의 상황에서 유용하다는 것을 증명할 수도 있을 것이다.

힐가드(Hilgard, 1977)가 보고한 최면성 해리에 대한 관찰 결과에 의하면, 상반되는 감정 과정들은 동시에 일어날 수도 있고 서로로부터 상대적으로 고립된 채 일어날 수도 있다. 힐가드의 실험에 참여한 피험자들은 '무슨 일이 일어날지 알고' 있었고, 가끔 지시자가 자신들의 어깨를 가볍게 두드릴 때마다 '숨은 관찰자'가 되어 그 역할을 계속 수행했다. 한 입증 실험에서, 최면에 걸린 한 피험자는 경험으로 맛있는 오렌지라는 걸 알게 될 레몬을 빨아먹으라는 지시를 받았다. 예상대로 그 피험자는 매번 기쁨의 증거로 레몬을 빨아먹었다. 하지만 지시자의 손이 자신의 어깨에 닿았을 때, 그 피험자는 즉각 손으로 입을 치며 소리쳤다. "요놈, 내 입안에서 신맛을 내뿜었어!" 그러한 경험에 대한 어떠한 단순한 기술도 다소 임의적인 것이라 할 수 있다.

최면 무통에 관한 연구들의 결과에 의하면, 최면성 지시는 주관적 경험에 대한 보고와 수의적인 통제 아래 있는 표현 움직임에 가장 강력한 영향을 미치는 것으로 나타났다. 힐가드는 다음과 같이 진술한다. "본질적으로 불수의적인(원본은 이탤릭체) 지표들은 최면 무통하에서 일관적인 감소를 거의 보이지 않는다. 전혀 고통이 없고, 줄곧 편안함을 느낀 한 피험자는 최면 무통 상태에서도 여전히 심박동수의 증가와 혈압 상승을 보일 수 있다는 사실을 시사해 주었다"(Hilgard and Hilgard, 1975: 75. 이 책 Berridge 참조). 이러한 관찰은 하향식 고통 통제의 다른 사례들의 해석에 관한 문제들을 제기한다(Melzack and Wall, 1965). 중상을 입은 병사들이 계속되는 전투와 후송 중에도 전혀 고통을 호소하지 않은 사례에 관한 관련 증거는 많다. 종종 관찰자들을 넋이 나가게 만드는 한 흥미진진한 영화에서는 뭉툭해 보이는 돌을 이

---

10 보는 방식에 따라 선으로 만들어진 육면체의 앞뒤, 상하 면이 역전되어 보이는 정육면체로 1832년 스위스의 결정학자 네커가 발견했다.

용해 의식이 있는 상태에서도 고통을 전혀 느끼지 않는 한 아프리카 부족민의 두개골을 상대로 두부 절개술을 하는 장면이 나온다. 그러한 고통의 통제 기술은 진정한 고통의 감소 혹은 고통 표현의 억제를 의미하는 걸까?(Eich et al., 이 책; Hilgard, 1977을 참조).

일반적인 GB 값 측정 기준에 관하여

이 논의에서 언급된 단일한 GB 차원의 논지로부터 추정해 보면, 익은 체리를 먹는 것과 좋아하는 팀이 우승하는 것을 보는 것은 '좋은 상태'의 중요한 속성을 공유하는 것이며, 관절염의 통증과 죄의식의 고통은 모두 '나쁜 상태'이다. GB 값의 기록으로부터 객관적인 행복을 추정하는 프로젝트에는 다양한 상황(맥락)에서 나타나는 GB 값들의 비교를 허용하는 측정 방법이 필요하다.

일반적인 GB 측정 기준의 견해에 대한 분명한 반론으로는, 질적인 차이가 있는 경험들 간의 강도를 유의미하게 비교할 수 없다는 것이다. 이러한 문제의 특별한 사례에 대해서는 고통 연구의 한 중요한 프로그램에서 직접적으로 다뤘다(Melzack, 1983; 이 책 Eich et al.를 참조). 그 사례의 연구 결과는 고통 경험들의 질적인 차이가 존재한다는 사실, 그리고 상이한 종류의 고통에 '전체적인 강도에 대한 단일한 척도'를 적용할 수 있다는 사실을 확증한다. 맥길 통증 질문지(McGill Pain Questionnaire, MPQ)(Melzack, 1983)는 20가지의 개별 세트의 형용사들 — 상이한 고통의 질 혹은 상이한 경험의 속성을 표현한 — 로 이루어져 있다. 그 형용사 범주들은 네 가지 그룹, 즉 감각적 그룹, 감정적 그룹, 평가적 그룹, 기타 그룹으로 분류된다. 그 형용사들은 각각의 세트 내에 강도에 따라 배열되고, 환자는 각각의 형용사가 자신의 상태와 꼭 들어맞는지 진술하는 방식으로 그것에 반응한다. 예컨대, 척도 1세트는 '실룩거리는, 떨리는, 맥박이 뛰는, 두근거리는, 마구 뛰는, 쿵쾅쿵쾅 뛰는' 등의 형용사들로 구성된다. 또 다른 감각 척도(7세트)는 '뜨거운, 화끈거리는, 델 것 같은, 타는 듯한' 등의 형용사들로 구성된다. 평가 척도 중 하나(16세트)는 '성가신, 귀찮은, 비참한, 극심한, 참을 수 없는' 등의 형사들을 포함하고 있다. 질문지는 또한 전체적인 현재의 통증 강도(Present Pain Intensity, PPI)를 기술한

한 세트의 형용사, 즉 '고통이 전혀 없는, 미약한, 불쾌한, 고통스러운, 지독한, 극도로 고통스러운'을 포함하고 있다.

멜작(Melzack)과 그의 동료들이 MPQ를 개발하기 위해 적용했던 전형적인 방법론은 원칙적으로 다른 영역들로 확장될 수 있었다. 그들은 통증을 표현하는 데 자주 사용하는 형용사들을 수집하고, 판정자들에게 그 형용사들을 강도에 따라 배열할 수 있는 세트별로 분류하고, 정신측정법을 이용해 각각의 기본적인 척도에 개별 값을 나타내는 기술어들을 선택하라고 요구했다. 마지막으로 그들은 환자들에게 질문지를 완성하게 하고, 개별 척도들로부터 합계 점수를 산출하는 다양한 방법을 연구했다. 그들은 매우 유망한 결과를 얻었다. 모든 척도에 걸쳐 순위들의 단순한 합계는 PPI 측정치와 매우 높은 상관관계를 보이는 하나의 척도를 산출했다. 이러한 연구 결과는 하나의 공통 척도로 용납할 수 없는 왜곡이나 정보의 손실 없이 상이한 종류의 GB 경험들을 측정할 수 있을 거라는, 보다 보편적인 희망을 견지한다.

이제 3월 달에 겪은 헬렌의 GB 경험을 측정하는 과제를 생각해 보자. 분명 그녀에게서 순간 효용의 지속적인 기록을 얻을 수는 없다. 하지만 경험 표진 기법(이 책, Stone, Shiffman and DeVries)을 이용해 유용한 평가를 할 수 있다. 특별한 손목시계에 장착된 무선 호출기를 이용해 불규칙적인 간격으로 헬렌을 탐지할 수 있을 것이다. 그 장치는 하나의 척도를 보여줄 것이고, 그녀는 그 척도에서 그 순간의 GB 값을 기술한 하나의 값을 선택할 수 있을 것이다. 순간 효용의 평균으로 그녀의 객관적인 행복에 대한 측정을 뒷받침하기 위해서는 헬렌은 그 척도를 아주 폭넓은 범위의 상황과 자극 — 곤혹스러움과 발가락을 찧은 상황, 미식요리와 농담 등 — 에 적용할 수 있어야 한다.

많은 유형의 자극들에 적용될 수 있는 하나의 척도를 고안하는 것은 어렵지 않다. 예를 들어, 헬렌은 질적으로 다양한 경험을 이를테면, 형용사, '참을 수 없는'과 '아주 신나는'을 평가 기준으로 하는 하나의 척도로 확실히 평가할 수 있었다.[11] 근본적인 문제는 그녀가 그 척도를 상이한 여러 상황에서 일

---

11 (지은이) 이 척도는 아마도 문화적 편향을 받아들일 것이다. 여러 저자들(Higgins, 1977; Higgins, Grant and Shah, 이 책; Russell, 1980; Warr, 이 책)은 좋은 상태와 나쁜 상태는 각성 차원에서 다르다는 사실을 주목해 왔다. 워(Warr)의 용어상, 유쾌한 상태는 기쁨이고, 불쾌한 상태는 우울과 불안이다. '아주 신나는'과 '참을 수 없는'을 기준으로 하는 척도는 은연중에 평온보다 기쁨에 더 높은 값을 부여한다.

관적으로 사용할 수 있는지의 여부, 따라서 주어진 평정, 이를테면, '아주 좋은'이 동일한 순간 효용에도 부합한다는 점을 보증할 수 있는지의 여부이다. 이러한 목적을 성취하기 위해서 헬렌은 현재의 자극이 아닌 자신의 주관적인 경험을 평가하라는 지시를 받아야 했다. 자극들을 판정하는 것은 각각의 대상을 그것의 가장 자연스러운 준거 틀에 관련시키려는 강한 경향을 유발한다. 형용사 '키 큰(tall)'은 아이와 성인에게 각각 적용될 때 같은 의미를 지니지 않은 것처럼, '아주 좋은(quite good)'은 아침 오믈렛과 미식 요리에 각각 적용될 때 동일한 쾌락적 의미를 지니지 않는다. 하지만 이러한 경향은 극복될 수 있다. 지시와 환경이 요구하는 대로 사람들이 척도의 이용을 조정하는 능력에 관한 증거는 많다(Parducci, 1995). 따라서 헬렌은 결국에는 다양한 종류의 좋은 순간들이 공유한 경험의 속성을 반영하는 GB 평정을 하는 방법을 익힐 수 있었을 것이다.

GB 척도가 적합하게 이용된다는 걸 확인할 방법이 있을까? 경제학자라면 GB 평정이 선호도에 부합하도록 일관성 있는 선택안들로 척도의 평가 기준을 정하고 싶어 할지도 모른다. 두 가지 상이한 경험의 순간에 동일한 평점을 부여한 개인은 그러한 순간들을 기꺼이 동동하게 받아들여야 한다. 불행히도 단 한순간은 유의미한 선택의 단위가 아니다. 의미 있는 결과들은 일반적으로 시간의 경과와 함께 확대되고, 특정한 순간들은 분리될 수 없는 것이다. 앞으로 살펴보겠지만, 경험의 가치(값)에 대한 최종 기준으로서 선호도를 거부하는 다른 이유들이 있다.

GB 값의 주관적 보고의 타당성, 그리고 더 일반적으로 이러한 차원의 측정에 대한 더 유망한 접근법은 감정의 신경 심리학 및 정신 심리학 연구에서 나온 결과일 것이다(Davidson, 1994, Ito and Cacioppo, 이 책). 가능성은 없지만, 결국에 GB 반응의 복합적인 생리적 측정치가 측정될 수 있다면 그 측정은 쾌락과 고통의 주관적 경험과 아주 높은 상관관계를 보일 것이라고 예상할 수 있다. 감정 상태의 지속적인 기록은 아마도 국부적인 뇌 활동의 비침입(非侵入)적인 측정으로부터 얻을 수 있을 것이고 그 결과, 시간의 흐름에 따라 겪는 웰빙의 정확한 평가로 이어질 수 있을 것이다. 과학소설에서부터 실질적인 응용에 이르기까지 그러한 움직임은 이 분야에서 빠르게 진행될 수 있을 것으로 보인다.

0점의 GB 차원이 있는가

우리가 다음에 고찰할 문제는 ('좋지도 나쁘지도 않은') GB 척도의 0점이 음식의 질, 수입, 혹은 건강과 같은 어떠한 특정한 영역에서든, 또한 상이한 모든 경험 영역에서든, 환경이 변해도 동일한 해석을 유지할 수 있는지의 여부이다.

헬렌의 재정 환경이 최근 들어 좋아졌으며, 그에 따라 식습관도 바뀌었다고 가정해 보자. 그녀는 햄버거와 참치 통조림과 결별하고 필레미뇽과 희귀한 참치 스테이크를 먹었다. 이러한 음식에 대한 헬렌의 평점 순위는 변하지 않았다. 심지어 그녀는 가난했던 시절에도 참치 샐러드보다 참치 스테이크를 선호했다. 하지만 그녀의 음식에 대한 이야기는 그녀가 이제는 어떤 질의 음식을 먹더라도 그 만족감이 예전만 못하다는 것을 암시한다. 그녀는 훌륭한 샐러드와 보통의 스테이크의 만족감이 모두 줄었다고 진술한다. 특히 그녀가 '좋지도 나쁘지도 않은' 것이라고 라벨을 붙인 음식의 질 또한 변했다. 그녀는 이제 그러한 라벨을 자신이 예전에 '아주 만족스러운' 음식이라고 불렀던 항목에 붙였다. 헬렌의 음식에 대한 쾌락적 경험에서 생긴 일을 우리는 어떻게 해석해야 할까? 헬렌은 개선된 환경 효과를 완전히 무효화하는 '쾌락의 쳇바퀴'(Brickman and Campbell, 1971; Frederick and Loewenstein, 이 책)에 갇혀 있는가?

헬렌의 음식에 대한 변화된 쾌락적 반응을 해석하기 위해서 우리는 그 반응을 두 가지 표준적인 심리학적 실험 증명, 즉 색채 잔존 효과와 길이에 대한 절대 판단과 비교해 보고자 한다. 두 시기로 나눠 시행된 색채 지각 실험을 상상해 보자. 첫 시기에 시행된 각 실험에서 피험자는 맨 처음에 강한 녹색 광원에 노출되고, 그다음에는 조절된 녹색과 빨간색의 혼합 광원에 노출된다. 피험자의 과제는 강한 빨간색에서 불그스름한 색을 거쳐, '빨간색도 녹색도 아닌 색'(혹은 흰색), 초록빛이 감도는 색, 그리고 강한 녹색에 이르는 척도상의 다양한 혼합 색채를 기술하는 것이다. 두 번째 시기에 시행된 실험은 각 실험의 첫 단계를 제외하고는 첫 번째 시기의 실험과 유사하다. 그 첫 단계에서 피험자는 이번에는 강한 빨간색 광원에 노출된다. 결국 색채 잔존 효과가 관찰될 것이다. '흰색'으로 기술된 혼합 광원 중에 빨간색 광원의 비율은 첫 번째 시기의 실험보다 두 번째 시기의 실험에서 훨씬 더 높을 것이다.

이제 피험자가 다른 길이의 선들에 노출되는 두 시기의 실험을 고찰해 보

자. 그 선들의 길이는 '매우 긴'에서 '길지도 짧지도 않은'을 거쳐 '매우 짧은'에 이르는 척도로 기술된다. 첫 번째 시기에 피험자는 3밀리미터에서 20밀리미터에 이르는 선들에 노출된다. 두 번째 시기에서는 선들이 10밀리미터에서 50밀리미터에 이르렀다. 결국 맥락 효과가 관찰될 것이다. 첫 번째 시기에 '길지도 짧지도 않은'으로 기술된 선은 두 번째 시기에서는 '짧은' 혹은 '매우 짧은'으로 판단될 것이다.

우리는 이제 이 장의 논의의 중심이 되는 두 가지 문제를 고찰하고자 한다. 두 가지 실험에서 판단 척도의 변화를 유발하는 과정들 사이에 본질적인 차이가 있는가? 차이가 있다면, 두 가지 실험 중 어느 것이 헬렌의 음식에 대한 태도 변화를 설명하는 데 더 좋은 모델이 될 수 있을까?

척도화 연구의 행동주의적인 전통 때문에 두 가지 실험에서 관찰되는 맥락 효과는 일반적으로 동일하지는 않더라도 유사한 것으로 간주된다. 두 실험은 모두 이상하게 라벨이 붙은 절대 판단 과제의 사례이다. 그 과제의 표준적인 처리가 두 실험을 구분 짓지는 않는다(Birnbaum, 1982; Helson, 1964; Parducci, 1995). 실은, 색깔과 길이 실험은 세 가지 중요한 양상에서 다르다.

1. 두 실험의 한 가지 차이는 척도의 성질에 있다. 길이의 척도는 단극이며, '짧은'은 대략적으로 '그리 길지 않은'에 상응한다. 이와 반대로, 빨간색과 녹색으로 규정된 색조 차원은 그 자체 특정한 성질 — '흰색' 혹은 '빨간색도 녹색도 아닌 색' — 을 띤 0점의 양쪽으로 상이한 감각적 성질을 가진 양극이다. 양극 척도는 빨간색과 녹색 광원에 선택적으로 민감하며 대립 과정과 연관이 있는 두 개의 개별적인 메커니즘과 관련되어 있다. 온도 감각, 즉 상이한 시스템들이 차가운 것과 뜨거운 것에 대한 반응을 조절하는 양극 차원에서 유사한 구조가 발견된다.

2. 색채와 길이 실험에서 관찰된 유사한 결과는 서로 다른 과정에 의해서 나온 것이다. 색채 적응은 감각 메커니즘의 변화를 반영하는 반면에 크기 판단에서 관찰되는 맥락 효과는 효과적인 커뮤니케이션의 필요조건에 의해서 발생한다. (파두치가 자신의 1995년 저작에서 행복에 대한 분석과 관련해서 기술한) 파두치의 범위빈도이론은 응답자들이 어떻게 진술된 판단의 정보성을 가장 효율적으로 활용하는 데 도움이 되는 방법으로 일련의 척도 라벨의 용도를 적합하게 조정해서, 관찰 결과를 분류하는지 설명한다. 이는 또한 작은 코끼리의

몸통에 기어오르는 커다란 생쥐의 친숙한 예에서 보듯, 사람들이 범주에 맞게 라벨을 조정하는 경향이 있다는 것을 의미한다.

3. 두 실험의 눈에 띄는 차이는 현상학적으로는 분명하지만 척도를 다룬 문헌에서는 예상 외로 간과되고 있다. 색채 실험의 피험자는 두 시기에 '흰색'이라고 불렸던 혼합 광원들이 사실상 같아 보였다고 보고할 것이다. 이에 반해, 길이 실험의 피험자는 '길지도 짧지도 않다고'한 선들이 서로 아주 달라 보였다고 보고할 것이다. 길이 실험에서 피험자들은 어떤 특정한 자극에 대한 변함없는 경험에 새로운 라벨들을 붙이는 법을 터득했지만, 색채 실험에서는 변하는 것은 바로 경험이다.[12]

이러한 차이의 필연적인 결과로, 색채의 경우에는 지각 0점에 척도의 중립적인 가치라는 라벨이 적절히 붙게 되지만, 길이의 경우에는 그렇지 않다. 우리는 이제 좋은/나쁜 차원이 색채에 더 가까울지 아니면 길이에 더 가까울지에 대한 문제에 답할 준비가 되어 있다. 그 답은 명료하다. 앞서 언급한 세 가지 모든 양상에서, 쾌락 차원은 크기보다는 색채를 더 닮았다. 빨간색-녹색 척도처럼, 쾌락 척도는 양극이다. 통증이나 고통은 쾌락과는 질적으로 다르다. 긍정적인 감정과 부정적인 감정을 조정하는 분명한 메커니즘에 대한 증거가 있다("Is Three One GB Value at a Time"의 초반 논의; Cacioppo and Berntson, 1944를 참조). 결국 피험자에게 어떠한 정보를 요구하지 않고도 접근과 회피 행동을 관찰함으로써 쾌락 적응을 관찰할 수 있다. 헬렌의 음식 소비의 변화로 되돌아가 보면, 색채 잔존 효과의 사례는 헬렌이 '좋지도 싫지도 않은'이라는 라벨을 붙이는 (혹은 그렇게 취급하는) 음식들에 대한 쾌락 경험은 그녀의 소비 변화가 바뀌어도 여전히 그대로 존재한다는 점을 시사한다. 하지만 헬렌이 자신의 개선된 환경에 적응함에 따라, 그와 같은 경험을 지속하려면 음식의 질을 개선해야 한다. 이러한 유형의 적응에는 '쾌락의 쳇바퀴'라는 명칭이 적절히 붙는다(Brickman and Campbell, 1971).

어떤 경험들이 결코 흔적을 바꾸지 않는다는 사실 역시 GB 척도의 0점은

---

12   (지은이) 두 눈을 상이한 색깔들에 동시에 전적응(前適應)시키는 것도 가능하다. 전적응은 나란히 있는 두 개의 원형 광원의 노출을 동반한다. 한 광원은 왼쪽 눈에 보이고 한 광원은 오른쪽 눈에 보인다. 빨간색과 녹색의 상이한 혼합 광원들은 각각의 눈이 적응된 색깔에 따라 두 개의 패치에서 흰색이라는 인상을 유발한다. 높은 수준의 인지 과정은 수반되지 않는다.

임의적인 것도 변하기 쉬운 것도 아니라는 점을 지적해 준다. 파두치(1995)는 면도하다 베이는 일이 즐거운 경험일 수 있는 상황(맥락)은 없다는 사실에 주목했다. 물론 매일 아침마다 보통 세 번 베이는 한 개인은 면도를 끝냈을 때 딱 한 번 베인 걸 관찰하고는 기뻐할지도 모른다. 하지만 이는 전체적으로 면도날에 베인 자국에 대한 직접적인 반응이기보다는 면도에 대한 맥락의존적인 평가이다.

앞에서는 다양한 맥락에 걸쳐 비교할 수 있게 해주는 GB차원의 양적 측정치를 얻는 야심적인 목표에 대해서 논의했다. 여기서 재고찰했던 논거는 GB값의 정확한 양적 측정이 어려움에도 불구하고 객관적인 행복에 대한 유용한 측정을 여전히 해낼 수 있다는 점을 시사한다. 우리는 대부분의 경험들은 별 어려움 없이 좋은 경험, 나쁜 경험, 중립적인 경험으로 분류될 수 있으며, 중립적인 감정 경험은 그것을 일으키는 자극이 변해도 동일한 의미를 유지한다는 결론을 내렸다. 접근과 회피가 상이한 사람들에게 동일한 의미를 지닌다는 점에서 개인 간에 척도의 중립적인 점수를 비교할 수 있다고 합리적으로 추정할 수 있을 것으로 보인다(Kahneman and Varey, 1991). 중립적인 감정 경험의 개인 내의 안정성과 개인 간 비교 가능성은 적어도 초보적인 수준에서는 GB 차원의 측정을 실행할 수 있음을 보증한다. 앞서 언급했듯이, 헬렌이 GB 0점, 혹은 0의 양쪽에서 보낸 시간의 상대적인 양은 그녀의 객관적인 행복에 관해 중요한 정보를 제공해 준다(유사한 견해에 대해서는 Diener Sandvik and Pavot, 1991, 그리고 Parducci, 1995를 참조).

규범과 기준

앞에서는 판단에서의 비교 과정과 지각에서의 비교 과정을 구분했다. 하나의 선이 길거나 짧다는 판단은 현재의 선을 전에 경험한 일련의 관련 자극들과 명확히 비교하는 것에서 비롯된다. 비교 세트가 변하면 판단도 변하지만 현재의 자극에 대한 지각은 변함이 없다. 하지만 지각 그 자체 또한 본질적으로 상대적이다. 불그스레한 색이나 초록빛을 띤 색과 같은 파장의 특별한 혼합 색채에 대한 지각은 현재의 자극을 예전의 자극에 대한 '기억'과 은연중에 비교하는 것에서 유발되는 것으로 볼 수 있다. 색조나 온도에 대한 적응 수준은 그와 같은 기억이다. 이러한 양상들에 대한 적응 수준의 변화는 모든 맥락의 적응에 걸쳐 ('하얀'이나 '따뜻한'의) 매칭 경험의 가능성이 보여주듯이 지각의 변화를 동반한다. 우리는 GB 척도의 0점이 지각에 해당되고, 미각의 진정한 변화는 가능하며, 그 변화는 동일한 자극으로 하여금 다른 쾌락 경험을 일으키게 하고 다른 자극으로 하여금 동일한 GB 값을 산출하도록 한다는 결론을 내렸다.

판단의 비교는 쾌락적인 삶과는 거의 관계가 없다. 정말로, 그러한 비교는 흔히 유의미한 쾌락과 고통의 원인이다. 비교의 감정적 결과에 대한 다음의 논의는 규범 이론에 의존하고 있다(Kahneman and Miller, 1986). 규범 이론의 핵심적인 견해는 각각의 자극이 가정상 실제의 그것과는 다른 것일 수도 있는 자극 및 기대했던 자극에 대한 표상을 환기함에 따라 현실이 관련된 사후 가정적 대안들의 맥락에서 끊임없이 경험된다는 것이다. 이러한 표상은 환기된 자극이 자동적으로 비교되는 규범을 제공한다. 물론 대부분의 경우, 자극은 그것의 규범에 걸맞고 따라서 정상적인 것으로 경험된다. 규범과는 확연히 다른 자극은 놀랄 만한 것이나 신기한 것으로 지각된다. 규범 이론의 중요한 원칙 중 하나는 '정서의 증폭'이다. 비정상적인 사건에 대한 정서적인 반응은 정상적이고 기대했던 바의 동일한 사건에 대한 반응과는 상대적으로 강화된다.

정서의 증폭은 새로운 사건들이 유독 강한 좋은/나쁜 가치를 이끌어 낸다는 것을 시사한다. 예를 들어, 최근 들어 풍족해진 헬렌이 오랫동안 소비해 왔던 시리얼보다 훨씬 더 좋아하는 새 시리얼로 아침 식사를 바꿨다고 가정해 보자. 처음 몇 차례 아침 동안에는, 새 시리얼에 대한 경험이 불러낸 규범은 주로 낮은 수준의 시리얼에 대한 기억들로 구성되어 있다. 규범으로부터의 현재 사실의 정적 편차 — 이 편차가 그러한 규범을 불러일으킨다. — 는 새 시리얼의 소비가 주는 만족감을 확실히 높인다. 하지만 규범이 헬렌의 새로운 일상을 반영하는 쪽으로 점차 변함에 따라 그처럼 비정상적인 것에서 얻는 특별한 만족은 불가피하게 사라질 것이다. 앞에서 소개한 용어로 보면, 쾌락의 최신 구성 요소의 사라짐이 진정한 쾌락 적응이다. 쾌락 적응은 경험을 기술하는 데 이용될 척도의 기술적인 라벨뿐만 아니라 경험 그 자체에도 영향을 미친다. 하지만 최신 만족감(쾌락)의 소거는 시리얼 섭식 경험이 더 이상 만족감을 주지 않는다는 것을 의미하지는 않는다. 비교가 만족(쾌락)의 유일한 원천은 아니며, 정상성이 감정적인 중립성을 의미하는 것은 아니다.

새로움은 비교로 감정을 야기하는 여러 요인들 중 하나일 뿐이다. 가정상 존재하거나 일어날 수도 있었던 자극, 일이나 사건과의 비교는 후회와 좌절, 죄책감과 질투와 같은 사후 가정적 정서를 불러일으킬 수 있다(Kahneman and Miller, 1986; Roese and Olson, 1995). 자신을 다른 사람들과 비교하는 것에서 오는 강한 고통과 쾌락은 많은 사람들의 삶의 핵심을 이룬다(Wheeler and Miyake, 1992). 규범적인 기준 및 열망 수준과의 비교는 만족에 대한 질문들이 일반적으로 제기되는 웰빙 연구의 맥락에서 특히 중요하다. 만족과 GB 차원은 두 가지 개별적인 점에서 서로 관련이 있다. 첫째, 높은 GB 값은 만족감을 낳는다. 둘째, 개인이 만족감을 느낀다는 판단은 쾌락의 결과일 뿐만 아니라 쾌락의 원인이다. 하지만 만족-불만족 척도의 0점('만족스럽지도 불만족스럽지도 않은')이 중립적인 GB 값과 반드시 부합하는 것은 아니다. 미식가는 아주 맛있는 요리를 즐기지만, 충분히 만족하지 않을 수도 있다.

쾌락의 쳇바퀴

한 획기적인 에세이에서 브릭만과 캠벨(Brickman and Campbell, 1971)은 헬슨의 인간의 행복 및 좋은 사회 계획에 대한 적응 수준 이론의 함축적 의미를 탐구했다. 그들은 '쾌락의 쳇바퀴'라는 아주 골치 아픈 개념을 개발했다. 만일 사람들이 감정적 중립성 수준까지 개선된 환경에 적응한다면, 그러한 개선은 실질적인 혜택을 가져오지 않는다. 후속 관찰의 결과, 실질 소득의 증가가 소득 및 삶의 기타 영역들에 대한 만족도에 미치는 효과가 확연히 미비한 것(Duncan, 1975; Easterlin, 1974)으로 밝혀졌는데, 이는 쾌락의 쳇바퀴 가설에 대한 강력한 증거로 작용하는 듯 보인다. 아마도 이 가설에 대한 가장 극적인 증거는 브릭만과 코티스, 야노프-불먼(Brickman, Coates and Janoff-Bulman, 1978)의 연구 결과, 즉 복권 당첨자들은 특별히 행복하지는 않았다는 사실과 하반신 마비 환자들은 대부분의 독자들이 예상하는 것보다는 훨씬 덜 불행하다는 사실일 것이다. 스키토프스키(Scitovsky, 1976)가 자신의 유명한 책, 『기쁨 없는 경제(The Joyless Economy)』에서 밝힌 쾌락과 안락 간의 구분은 바로 그 저작에서 많은 직관적인 호소력을 발휘한다. 자극적인 경험인 쾌락과는 대조적으로, 안락은 궁극적으로 유의미한 쾌락적 경험을 전혀 산출하지 않는다. 이와 비슷한 사실을 밝힌 이론으로는 파두치의 정신물리학적인 행복 이론(Parducci, 1968, 1995)과 트버스키와 그리핀의 소유/대비 모델(Tversky and Griffin, 1991)이 있다. 소유/대비 모델에서는 어떠한 유쾌한 자극이든 그것은 동일한 종류의 후속 자극과 연관이 있는 쾌락(만족)을 감소시킨다.

쾌락의 쳇바퀴 가설과 그 가설을 둘러싼 많은 연구 결과들과 개념들은 커다란 영향을 미쳤다(Frederick and Loewenstein, 이 책). 그 연구 결과들과 개념들이 행복의 상대성 및 치열한 경쟁의 무익성이라는 친숙한 주제와 관련되어 있기 때문이었고, 그것들이 경제적 발전에 따른 복지 성과에 던진 의구심 때문이었다. 하지만 그 매력적인 개념에 대해서는 신중하게 해석해야 한다. 예를 들어, 그 쳇바퀴 개념에 대한 급진적인 해석에 따르면, 일상적이고 완전히 예상되는 경험은 감정적으로 중립적일 수밖에 없을 것이다. 하지만 앞서 지적했듯이 정상성은 감정적 중립성을 의미하지는 않는다. 아침식사는 전적으로 일상적인 일인데도 거의 항상 유쾌하고, 매일 아침마다 면도기에 베이기 일쑤인, 서툴게 면도하는 사람에게 그처럼 면도하다 베이는 일은 늘 불쾌할 것이다. 이런 점에서 쳇바퀴 개념에 대한 극단적인 해석을 고수할 필요는 없다.

그 쳇바퀴 가설에 대한 상대적으로 소극적인 해석은 브릭만과 캠벨의 분석(1971), 즉 생활수준의 향상은 적어도 적정 1인당 소득의 역치 이상으로 인간의 운명을 거의 향상시키지 않는다는 점의 가장 도발적인 함축성을 충분히 뒷받침해 줄지도 모른다(이 책, Diener and Suh를 참조). 예컨대, 쾌락이 욕구 감소와 밀접하게 결부되어 있다는 견해가 제시하는 바에 의하면, 동일한 욕구를 충족시키는 다른 방법들은 결국 동일한 GB 값을 산출할 수 있다. 만일 이러한 견해가 옳다면, 헬렌은 아침식사를 할 때마다 늘 기쁠 것이다. 아침식사가 늘 식욕을 돋울 테니 말이다. 하지만 그녀는 궁극적으로 질 낮은 브랜드의 시리얼을 먹을 때와 마찬가지로 질 좋은 브랜드의 시리얼을 먹을 때도 더는 만족감을 얻지 못할 것이다.

쳇바퀴 개념의 또 다른 해석은 헤디와 웨어링(Headey and Wearing, 1992)이 밝혔는데, 그들은 특별한 경험과 전체적인 웰빙의 쾌락적인 질은 다양한 환경에서 GB 값들 — 반드시 중립적인 것만은 아닌 — 의 유사한 분포를 복원하는 경향이 있는 항상성 과정의 지배를 받는다고 주장했다. 그들이 재고찰한 증거에 따르면, 삶을 변화시키는 사건들을 접한 개인들은 때로는 자신의 성격의 특성 수준을 복원하는 좋은 결과나 나쁜 결과를 야기함으로써, 결국에는 자신의 성격 특유의 웰빙 수준으로 회귀한다. 행복은 아마도 객관적, 주관적으로 다양한 양상에서 광범위한 유전적 구성 요인을 가진 성격 특성이라고 하는 견해를 뒷받침하는 다른 증거도 있다(Diener and Lucas, 이 책). 각 개인은 제 각각의 환경 변화 이후에 웰빙을 사전에 설정되어 있는 지점으로 복원하는 경향을 보이는 자기만의 쳇바퀴에 갇혀 있는지도 모른다.

쾌락의 쳇바퀴 가설은 객관적인 환경의 변화가 자극의 GB 값에 예측 가능한 변화를 일으킨다고 가정한다. 쳇바퀴와 같은 결과를 유발하는 두 가지 메커니즘은 앞서 예로 든 음식 질의 향상에 대한 헬렌의 반응을 통해 설명되었다. 한 가지 시사할 만한 점을 들면, 더 맛있는 음식에 대한 적응은 색채 적응 효과와 유사하게 맛의 기호성의 순위를 바꾸지 않고도 쾌락의 0점의 위치를 움직일 수 있다는 것이다. 이 메커니즘은 진정한 쾌락의 적응이다. 다른 관찰 결과에 따르면, 환경의 변화가 새로운 환경과 사전의 기대감 간의 대비와 특별히 연관되어 있는 쾌락과 고통을 유발했다. 쾌락의 경험에 미치는 새로움의 증폭 효과는 새로운 일상적인 일이 확립됨에 따라 결국에는 사라지기 마련이다.

만족의 쳇바퀴

이번에는 쾌락 경험의 어떠한 변화 없이도 쳇바퀴 같은 효과를 일으킬 수 있는 메커니즘의 가능성을 고찰해 보고자 한다. 이 메커니즘에는 '만족의 쳇바퀴'라는 가장 잘 어울리는 이름이 붙는다. 그것은 GB 값의 분포와 척도 — 개인들이 만족과 주관적 행복을 보고하는 데 이용하는 — 간의 관계상의 변화를 수반한다. 수입이 늘었기 때문에, 혹은 심각한 사고 때문에 자신의 환경이 변한 한 개인을 가정해 보자. 새로운 환경은 많은 생활 영역에서 좋은 경험과 나쁜 경험의 새로운 분포를 야기한다. 이러한 변화에 대해서 있을 수 있는 한 가지 반응은 각 생활 영역에 대한 전체적인 만족의 판단 기준을 변화시키는 것이다. 하반신 마비 환자는 사고가 나기 전에 필요했던 음식보다 더 검소한 음식으로 흡족감을 느낄 수 있는 자신에 만족한다고 단언할 수도 있고, 수입이 늘어난 개인은 전과 같은 만족감을 표명하려면, 더 좋은 GB 값의 분포를 필요로 할 수도 있다.

브릭만과 캠벨(1971)은 헬슨의 적응 수준 개념(1964)에서 쾌락의 쳇바퀴를 도출해 냈다. 만족의 쳇바퀴는 또 다른 친숙한 개념, 즉 만족의 성취와 불만족의 성취 사이의 경계를 규정하는 열망 수준에서 도출될 수 있다. 열망 수준에 관한 고전적인 관찰 결과에 의하면, 비록 열망이 일반적으로 기대보다 다소 높더라도 열망 수준은 실제 성취와 기대되는 성취 모두와 매우 높은 상관관계를 지닌다(Irwin, 1944). 흔히 수입에 대한 사람들의 열망 수준은 그들의 실제 수입보다 적당히 높다. 연구는 현재의 수입은 만족할 만한 수입의 가장 중요한 결정 요인임을 확증한다(van Praag and Frijters, 이 책).

여기서 말하는 만족의 쳇바퀴는 흔히 말하는 수입보다는 GB 값의 분포에 영향을 미칠 것이다. 만족의 쳇바퀴 가설에 따르면, 수입의 경우처럼 환경이 개선되면, 사람들이 쾌락의 삶에 대한 동일한 만족 수준을 유지하기 위해서는 더 자주, 더 강렬한 쾌락이 필요할 수 있다. 앞서 소개한 조건에서 보면, 만족의 쳇바퀴 때문에 주관적인 행복은 객관적인 행복이 향상될 때조차 그대로 계속 유지되기 마련이다.

물론, 쾌락의 적응과 열망 수준의 변화가 모두 일어날 수도 있다. 관찰된 새로운 환경에의 적응은 두 메커니즘의 접합 효과이다. 두 종류의 쳇바퀴 효과의 상대적인 기여도는 객관적인 행복에 대한 평가를 통해서만 적절히 연구될 수 있다. 쾌락의 쳇바퀴 가설이 공식화된 이후 첫 25년 동안 필요한 연구가 주관적인 행복과 객관적인 행복 사이의 명확한 구분이 없었기 때문에 이루어지지 않았다는 점은 주목할 만하다. 그 결과 브릭만과 캠벨(1971)이 제기한 문제는 여전히 풀리지 않고 있다.

관찰된 쳇바퀴 효과가 쾌락의 적응 때문이라고 보아야 하는지 아니면 열망의 상승 때문이라고 보아야 하는지의 문제는 브릭만과 캠벨이 관심을 둔 공공 정책의 문제에서 중요한 의미를 지닌다. 그들의 분석이 추정하는 바에 의하면 사람들의 환경을 개선시키는 정책들은 만족과 주관적 행복의 향상을 가져오지 않는 한 쓸모없다. 하지만 현재의 체제에서 중요한 것은 객관적인 행복이다. 설사 사람들이 더 행복하다거나 더 만족한다고 인정하지 않더라도 좋은 경험의 빈도를 향상시키고 나쁜 경험의 발생률을 줄이는 정책들이 시행되어야 한다. 열망 수준은 적응한다는 인식과 사람들은 결코 충분히 만족하지 않을 거라는 인식은 사람들이 (객관적으로) 더 행복해질 수 없음을 의미하지는 않는다. 이러한 분석의 함축적 의미에 따르면, 정책의 목표는 만족이나 주관적인 행복의 측정값을 높이는 것이 아니라 객관적인 웰빙의 측정값을 높이는 것이어야 한다.

상태의 예측 효용: 변화에 따른 평가

지속 시간은 특정한 결과의 효용을 평가할 때, 그리고 보다 포괄적으로 웰빙을 평가할 때, 종종 무시되고는 하는 기본적인 차원이다. 쾌락과 고통은 단일한 순간의 특성이고, 따라서 순간 효용은 경험의 흐름 속에서 한순간에 귀속된다. 하지만 쾌락적으로 중요한 모든 결과들 — 치아에 구멍을 뚫는 드릴링에서부터 정사(情事)에 이르기까지 — 은 시간의 흐름과 함께 연장된다. 게다가 웰빙에서 일반적으로 가장 중요하다고 여겨지는 결과들은 비교적 안정적인 부, 건강, 직업, 가족 상황이다. 하지만 앞으로 살펴보겠지만, 그처럼 시간적으로 지속적인 결과들을 평가하는 과제는 꽤 어렵고 부자연스럽다.

사고(思考) 실험은 보다 폭넓은 관점에서 지속적인 에피소드들을 평가하는 일의 어려움을 밝힐 것이다. 시각 실험에서 한 관찰자가 일련의 테스트에서 매번 한 환한 패널에 노출되는 상황을 가정해 보자. 각 테스트의 지속 시간은 다양하다. 패널의 밝기는 각 테스트 내에서, 그리고 모든 테스트에 걸쳐 다르다. 이제 관찰자가 부여받게 될 세 가지 과제를 생각해 보자.

1. "현재 패널의 밝기에 값을 부여해라." 이것은 지각 경험의 강도를 척도상의 값에 맞추기를 요구하는 표준적인 정신물리학적 과제이다.
2. "마지막 테스트의 패널 밝기에 값을 부여해라." 이 문제에 대해서도 경험의 대표적인 순간을 머릿속에 떠올리고 그 순간과 연관된 밝기를 평가함으로써 별 어려움 없이 답할 수 있다.
3. "이번 테스트에서 경험한 전체 밝기에 값을 부여해라." 이 과제는 어렵고 부자연스러워 보인다. 왜냐하면 시간의 흐름에 따라 경험한 전체 밝기는 지각의 대표성에 해당되는 양이 아니기 때문이다. 이러한 유형의 과제에 대한 비공식적인 관찰이 제시하는 바에 의하면, 많은 관찰자들은 주로 대표적인 순간의 밝기를 근거로 대답할 것이다.

사례는 두 가지 일반적인 원칙, 즉 지각은 현재의 사건과 대상의 속성에 관한 것이라는 원칙과 시간의 흐름에 따른 지각 경험의 통합을 요하는 판단 과제는 어렵다는 원칙을 강조하고 있다. 두 원칙은 시간적으로 지속적인 에피소드의 효용에 대한 평가에 적용된다. 밝기와 같은 GB 값 (혹은 순간 효용)은 특정한 한 경험 순간의 속성이다. 한 테스트 동안 경험한 전체 밝기처럼, 한 에피소드의 전체 효용은 직접적인 지각 대표성을 지니지 않으며 쉽게 평가되지 않는다. 하지만 밝기와 효용 사이에는 중요한 차이가 있다. 전체 밝기를 평가할 수 없는 것은 아마도 개인의 적응에는 그리 중요하지 않을 것이다. 하지만 시간적인 지속 결과의 전체 효용을 평가할 수 없는 것은 만일 그로 인해서 사람들이 자신들의 경험 효용을 최대화하지 않는 선택을 하게 된다면 훨씬 더 중요할 수 있다.

　다음에서는 사람들이 대표적인 순간을 회상하거나 구성함으로써, 그리고 그 순간의 효용을 평가함으로써 시간적인 지속 결과 및 상태의 효용을 평가한다고 하는 일반적인 가설 — '순간 평가'라는 이름이 붙은 — 을 탐구한다. 경험의 시간적 차원은 평가되는 대표적 순간에 직접적으로 포함되지는 않는다. 그 결과, 시간적인 지속 결과 및 상태의 주관적인 효용은 평가의 논리 — 한 에피소드의 전체 효용은 평균 순간 효용과 지속 시간의 산물이라고 하는 — 에서 체계적으로 이탈한다(Kahneman, Wakker and Sarin, 1997).

　순간 평가 가설은 대표적인 순간의 선택이나 구성에 관한 보다 명확한 가설에 의해 보완될 필요가 있다. 이러한 대표성을 지배하는 규칙은 시간적인 관점에 달려 있는 듯 보인다. 하나의 에피소드나 상태가 사전적(事前的)인 것으로 인식될 경우에는, 그 에피소드의 초기 순간, 그리고 새로운 상태로의 변화가 평가를 지배한다. 따라서 변화의 주관적인 효용에 대한 평가는 에피소드와 기간에 대한 예측 효용과 결정 효용을 지배한다. 하지만 다른 순간들은 한 에피소드의 효용이 사후적으로 인식될 때 가장 부각될 것이다. 앞으로 제시되겠지만, 증거에 의하면 에피소드의 종점 및 에피소드의 감정적 정점의 순간 효용은 흔히 에피소드의 기억 효용을 지배한다.

　사람들이 미래의 상태로의 변환을 평가하는 것으로 미래의 상태의 효용을 평가한다는 가설은 웰빙 문헌상 가장 유명한 논문에 대한 물음에 답하는 데 도움을 준다. 왜 브릭만과 코티스, 야노프-불면(1978)의 하반신 마비 환자들과 복권 당첨자에 관한 연구는 즉시 고전이 되었을까? 왜 그 연구는 그 지위를 고수해 왔을까? 그 답은 이 연구의 주요한 결과가 하반신 마비 환자들이 전적으로 비참하다는 강력한 직관을 위반한다는 것이다. 또한 그러한 직관이 하반신 마비 환자가 되어 있는 상태와 하반신 마비 환자가 되는 사건을 적절하게 구별하지 못함을 반영한다는 것이다. 하반신 마비 환자 상태로의 변화가 가져온 비극에 맞춘 초점은 앞서 논의했던 적응 과정에 대한 무시와 필연적으로 연관된다.

통념적인 웰빙 이론에 관한 이러한 가설을 테스트하기 위해서 카너먼과 슈케이트(Kahneman and Schkade, 1998)는 피험자들에게 새로운 거주지의 상이한 특징들이 웰빙에 미치는 효과를 평가하라고 요구했다. 한 통제집단은 그 특징들을 각각 (예컨대, 짧고 쉬운 통근거리 혹은 길고 어려운 통근거리 등으로) 평가했다. 여러 실험 집단들은 한 가족이 예기치 않게 이사를 해서 다른 두 거주지에서 살아 보았다는 이야기를 듣고, 통근거리 따위의 새로운 특징이 그 가족의 웰빙에 미치는 영향을 평가하라는 요구를 받았다. 각 집단들은 상이한 시간 관점을 부여받았다. 한 집단은 '이사를 기대하는 상황에서', 다른 한 집단은 '이사 하고 첫 몇 달이 지나는 사이에', 또 다른 한 집단은 '이사한 지 3년이 되는 해에' 새로운 특징이 미치는 영향에 대해 평가했다. 두 추가 집단은 '첫 5년 사이의 전체적인' 새로운 특징이 미치는 영향을 평가했다. 이 두 집단들 중 한 집단에게는 '이러한 특징들에 대해서 생각할 때, 그 특징들의 영향이 그 5년간 어떤 변화를 일으켰을지 잠시만 상상해 보라'는 점을 특별히 상기시켰다. 피험자들이 지시에 따라 독립적으로 평가해야 하는 24쌍의 특징이 있었다.

웰빙에 특징들이 미치는 영향의 평균 평점은 기존 특징의 개별적인 값과 새로운 특징의 개별적인 값의 단순 선형 결합에 의해서 아주 정확히(R = .99) 예측되었다.

$$V (X \rightarrow Y) = 0.47\ V(Y) - 0.23\ V(X)$$

예상대로 이 공식은 이전의 상태와 대비되는 상태는 새로운 상황에서 겪는 웰빙에 영향을 미친다는 직관을 반영한다. 지극히 합리적으로 새로운 상태의 직접적인 기여는 이 대비 효과보다 더 중요해 보인다. 이 방정식은 환경 변화에 대한 반응의 그럴듯한 대표성을 제공한다.

대비 효과의 강도가 영원히 그대로 유지될 수 없으리라는 것은 자명해 보인다. 하지만 놀라운 연구 결과에 의하면, 같은 공식의 데이터는 시간적 관점과 관계없이 모든 실험 집단에 똑같이 잘 적용되는 것으로 나타났다. 응답자들이 초기 상황이 이사 후 3년이 지난 시점의 웰빙보다 이사 후 첫 몇 달이 지난 현재의 웰빙에 더 중요할 거라는 사실을 자연스럽게 깨달았다고 하는 유의미한 지표는 없었다. 이러한 연구 결과들은 사람들은 '변화'의 쾌락적 영향에 대한 평가를 새로운 상태의 영향에 대한 평가의 대용으로 이용한다는 가설을 뒷받침해 준다.

순간의 상태 평가의 휴리스틱에 의해 유발되는 예측 효용의 오류는 일반적으로 새로운 상태의 독특한 양상들에 대한 체계적인 과도한 중시, 즉 '초점 착각'(Schkade and Kahneman, 1998)이라는 명칭이 붙은 효과에 의해 강화된다. 점진적인 주의의 변화는 새로운 상황에의 적응의 중요한 메커니즘이다. 시간이 지나감에 따라, 하반신 마비 환자나 사별을 당한 사람은 분명히 점점 더 비극 이외의 다른 삶의 양상들에 주의를 쏟으며 일상을 보낸다. 슈케이트와 카너먼은 이러한 적응의 양상이 웰빙에 대한 예측에 통합되기가 특별히 어렵다는 점에 주목했다. "당신은 하반신 마비 환자라면 얼마나 비참하겠는가?" 혹은 "캘리포니아에서 산다면 얼마나 행복하겠는가?"라는 질문을 생각해 보자. 이러한 질문에 하반신 마비 환자로서의 삶 혹은 캘리포니아에서의 삶이라는 특별한 양상에 초점을 맞춰 답하는 것은 자연스럽다. 하지만 그러한 초점은 시간이 흐르며 적응하고 자신들의 주의를 다른 삶의 양상들로 돌리는 사람들의 실제 경험을 반영하는 데는 불가피하게 실패할 수밖에 없다. 따라서 어떠한 의미 있는 새로운 환경에 주의가 쏠릴 경우에는 그러한 환경이 웰빙에 미치는 영향이 과대평가될 가능성이 높다.[13] 슈케이트와 카너먼은 이러한 점을 캘리포니아나 미국 중서부에서의 삶의 웰빙에 영향을 미치는 예상효과와 실제 효과를 비교한 연구를 통해 설명했다. 연구 결과에 의하면, (비록 캘리포니아의 학생들이 자기 지역의 기후에 훨씬 더 만족했지만) 두 지역에서 자기 보고한 학생들의 웰빙 수준에는 차이가 없었다. 하지만 미국 중서부와 캘리

---

13 (지은이) 슈바르츠와 슈트랙은 기분 귀인의 미묘한 조작에 대해서 논했다. 그러한 조작을 통해, 주의를 기분에 영향을 미치는 현재 상황의 양상(예컨대 날씨)으로 돌리면, 판단된 행복에 현재의 상황이 미치는 효과는 줄어들 수도 있다. 이러한 연구 결과와 초점 착각 — 주의가 삶의 중요한 영역으로 쏠릴 때 발생하는 — 사이에는 모순이 없다.

포니아의 거주자들은 모두 캘리포니아 사람들이 더 많이 행복할 거라고 예측했다. 이는 아마도 그들이 일상생활에서 차지하는 지역 특수적 경험의 비중을 과장했기 때문일 것이다.

초점 착각은 웰빙 측정에서 단순히 인위적인 것이 아니다. 그것은 사람들의 삶에 실질적인 결과를 초래할 수 있다. 어떤 사람들은 캘리포니아로 이사를 가면, 자신의 웰빙이 향상되리라고 쉽게 설득 당해서, 궁극적인 결과에 대한 자신의 예측이 옳은 것으로 입증될지 분명하지 않음에도 불구하고 실제로 그곳으로 이사를 갈지도 모른다. 더 일반적으로, 개인은 어떤 변화는 삶의 질에 중요한 영향을 미친다는 믿음에 집착할 수도 있다. 그리고 그 결과로 이러한 믿음은 원동력을 획득할 수도 있다. 그처럼 주의의 고착은 사적인 영역과 공적인 영역 모두에서 많은 열정의 원천일 수도 있다. 현 분석이 옳다면, 이러한 열정들의 대부분은 물론 착각을 기반으로 하고 있을 것이다.

변화의 결정 효용: 이득과 손실

결정의 상황에서 결과의 바람직성에 부여한 비중은 결과의 '결정 효용'이라 불린다. 결정 효용은 선택으로부터 추론되며, 선택을 설명하는 데 이용된다. 의사결정과 효용에 대한 많은 연구들은 관찰할 수 있는 선택에 초점을 맞추고 경험 효용과 같은 주관적인 개념을 피하는 합리적이고 행동주의적인 전통 내에서 행해져 왔다. 이러한 전통에서 함축적으로 추정할 수 있는 사실은 결과의 결정 효용으로부터 결과의 경험 효용을 추론해 낼 수 있다는 것이다. 왜냐하면 합리적인 의사결정자들은 자신들이 무엇을 좋아할지 확실히 알기 때문이다. 이 절과 다음 절에서 우리는 이러한 추론에 의문을 제기할 것이다 (이 책, Berridge를 참조). 우리는 또한 순간 평가 가설은 결정 효용 — 여기에서 관련 순간은 한 상태에서 다른 상태로의 변환인 — 에 적용된다는 점을 제시하고자 한다.

결과는 일반적으로 나타낼 수 있으며 변화나 상태로 평가된다. 예를 들어, 금융 거래의 결과는 이득을 보거나 손실을 본 액수(자산의 변화) 측면 혹은 거래 직후 개인의 자산 상태 측면에서 진술될 수 있다. 베르누이의 기대 효용 이론(Bernoulli, 1738/1954)에 관한 고전적인 진술 이래, 의사결정에 관한 표준적인 경제적 분석들은, 사람들은 자신들의 선택권을 자신들이 산출할 수 있는 자산 상태로 평가한다고 추정해 왔다. 베르누이의 분석은 100년 이상이나 앞서서 베버와 페히너[14]를 예견한 역작이었다. 하지만 그의 의사결정에 관한 분석은 결정적인 점에서 심리학적으로는 틀렸다. 그의 분석의 주요한 추정과는 대조적으로, 사람들은 일반적으로 자산이나 소득 수준의 측면에서 결과를 생각하지 않는다. 베르누이가 제안한 분석은 과거의 결과가 전혀 중요하지 않다면 타당할 것이다. 하지만 물론 과거의 결과는 중요할 수밖에 없다. 사실상, 주어진 자산이나 수입 수준의 효용은 그것이 비교되는 기준에 달려 있다. 6만 달러의 소득은 최근에 4만 달러나 8만 달러의 소득을 얻었던 개인들에게 동일한 효용을 가지지 않는다.

전망 이론(Kahneman and Tversky, 1979, 1984)이라 불리는 위험한 선택에 관한 분석은 자산에 대한 태도로 결정을 설명하는 전통과는 정반대의 입장을 취한다. 전망 이론에서, 결정 효용의 운반체는 흔히 현재의 상황인 준거 수준과 비교되는 이득과 손실이다. 이 이론에서 주어진 상태는 그것에 앞선 상태에 따라 아주 다른 효용들을 부여받을 수 있고, 아주 다른 상태들은 만일 준거 수준과 비교해 동일한 변화를 나타낸다면 거의 동일한 효용을 부여받을 수 있다.

전망 이론의 주된 특징은 (그림 1.2에서 설명되어 있는) 돈의 이득과 손실의 가치함수라는 데 있다. 그리고 이 함수의 아주 중요한 특징은 이득의 영역보다 손실의 영역의 기울기가 가파르다는 것이다. 손실과 이득에 대한 차별적인 민감도는 손실 회피라고 불린다. 손실 회피율은 두 영역에서의 가치 함수의 기울기 비율이다. 그림 1.2는 손실 회피율이 2.5인 가치 함수를 설명하고 있다. 예컨대, 참가자들에게 10달러를 잃거나 아니면 X 달러를 딸 수 있는 동전 던지

그림 1.2 전형적인 가치 함수

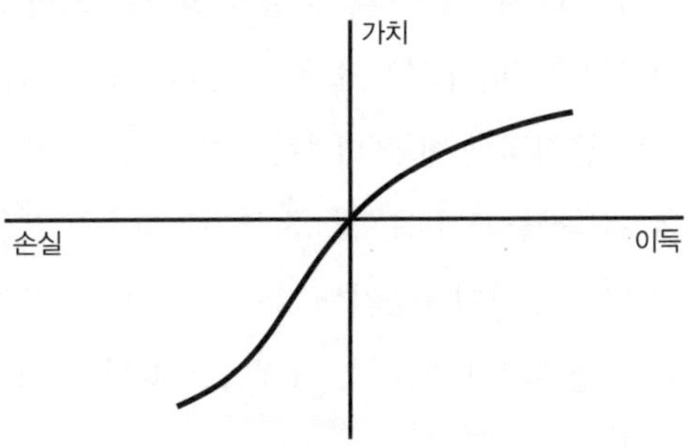

14　독일의 해부, 생리학자인 에른스트 하인리히 베버(Ernst Heinrich Weber, 1795~1878)와 독일의 심리학자인 구스타프 페히너(Gustav Theodor Fechner, 1801~1887)는 베버-페히너의 법칙(Weber-Fechner law) — 변화를 감지하기 위해 증가돼야 하는 자극 강도는 표준 자극의 강도에 비례한다는 법칙 — 을 발견했다.

기 내기를 제안함으로써 손실 회피율을 추정해 볼 수 있다. X가 10달러를 초과하도록 하는 요인이 대략적인 손실 회피의 측정치를 제공한다. 교실에서 실험 증명된 중앙값은 25달러에 가깝다.

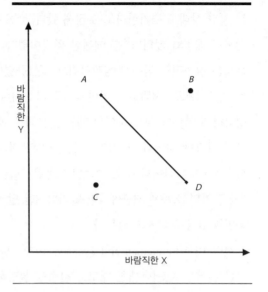

그림 1.3 A와 D 간의 선택에 따른 다수의 준거점들

또한 피험자들이 상이한 상황에서 동일한 대상에 부여한 금전적 가치를 비교함으로써 손실 회피율을 추정할 수 있다. 이러한 효과에 대한 표준적인 교실에서의 실험 증명에서, 그 대상은 장식된 커피 머그잔이다. 두 가지 실험 조건이 있다. (1) 일부 피험자들은 머그잔을 받고 그것을 포기하는 조건으로 받을 수 있는 최소 금액을 표시하라는 요구를 받는다. (2) 다른 일부 피험자들은 머그잔과 돈 중 하나를 택할 수 있는 선택권을 받고, 머그잔 말고 돈을 선택할 경우 적당한 최소 금액을 표시하라는 요구를 받는다. 이 실험의 전형적인 결과에서 조건 1의 피험자들은 머그잔에 7.12달러의 가치를 평가했던 반면에 조건 2의 중앙값을 나타내는 피험자들은 3.50달러의 돈을 선호하는 쪽으로 마음을 바꾸었다(Kahneman, Knetsch and Thaler, 1991). 이와 같은 결과는 그림 1.3을 참고로 설명될 수 있다. 그림을 해석하기 위해 바람직한 X는 돈이고 바람직한 Y는 머그잔이라고 가정해 보자. (A점과 D점 간의) 동일한 선택은 조건 1의 A점과 조건 2의 C점으로부터 평가된다. '머그잔의 소유' 상태와 '머그잔의 비소유' 상태의 차이는 C점으로부터 긍정적인 변화('머그잔을 얻는 것')로 평가되고, A점으로부터 부정적인 변화('머그잔을 포기하는 것')로 평가된다. 두 경우 모두에서, 그 차이의 가치는 돈의 이득의 가치(바람직한 X)와 일치한다. '포기'는 가치 함수의 가파른 가지 형태로 평가되기 때문에, 그것을 상쇄하기 위해 요구되는 이득은 거의 두 배나 크다.

결정 효용의 성질이 결과에 대한 실질적인 경험을 반영한다고 추정하고픈 생각이 든다. 그림 1.2에서 이끌어 낼 수 있는, 특별히 솔깃한 두 가지 추론은 다음과 같다. (1) 준거점의 GB 값은 0이다. (2) 손실 회피는 고통과 쾌락에 대한 차별적인 민감도를 반영한다. 불행히도 두 가지 추론은 의심스럽다.

전망 이론은 부정적인 결과와 긍정적인 결과를 구분하는 준거점에 0값을 부여한다. 준거점은 흔히 현재의 상황이기 때문에, 전망 이론은 쾌락의 쳇바퀴 개념의 극단적인 버전을 구체화한 것처럼 보이지만, 이러한 추론은 정당화될 수 없다.[15] 그림 1.2의 함수는 가까운 미래에 나타나는 결정의 가능한 결과와 연관된 이득과 손실의 '결정 효용'을 표현하고 있다. 그것은 준거 상황의 '경험 효용'에 대해서는 아무것도 말해 주지 않는다. 따라서 전망 이론은 어떤 상황은 쾌락적인 중립 없이 정상적일 수 있다고 앞서 (아침 시리얼과 면도하다가 베이는 일에 관한 논의에서) 내린 결론에 전적으로 부합한다.

그림 1.2에서 도출할 수 있는 또 다른 솔깃한 추론은 긍정적인 영역과 부정적인 영역에서 가치 함수의 다른 기울기들은 상대적인 고통과 쾌락에 대한 민감도의 차이를 반영한다는 것이다. 하지만 이러한 추론 또한 정당화될 수 없다. 손실 회피에 대한 두 가지 가능한 해석이 있으며, 그 해석들은 서로 양립할 수 없는 것이 아니다. 손실 회피는 쾌락 경험에서의 긍정적인 감정에 대한 부정적인 감정의 일반적인 우선권이나 의사결정에서의 깊이 뿌리박힌 보수적 경향으로 나타날 수 있다. 두 가지 효과의 상대적 중요성에 관한 증거는 부족하다. 하지만 갈란터(Galanter, 1992)가 시행한 정신물리학적 실험이 제시하는 바에 의하면 고통과 쾌락 사이의 비대칭성은 결정에서보다는 경험에서 훨씬 더 작을 수 있는 것으로 보인다. 갈란터는 직접적인 크기 척도화 기법을 돈의 이득과 손실을 포함한 긍정적인 사건 및 부정적인 사건에 적용했다. 그는 이득과 손실의 척도 값은 이득이나 손실 양의 멱함수[16]라는 사실을 발견했다. 비록 이득에 대한 반응과 손실에 대한 반응 사이에 차이가 있었지만 그 차이는 아주 작았다. 전형적인 한 실험에서, 이득과 손실에 대한 멱(冪)지수는 각각 .54와 .58이었다. 이 차이는 선택 실험에서 관찰된 광범위한 손실 회피를 설명하지는 못할 것이다.

이러한 결정 효용에 대한 논의의 세 가지 중요한 결론은 (1) 변화는 상태의 대체로 평가된다는 가설은 의사결정의 맥락에서 유지된다. (2) 결정에서의 이득과 손실의 가중치에는 뚜렷한 비대칭성이 존재하지만, 경험에서도 발견되

15 (지은이) 여기에서 기술한 불합리한 추론은 과거에 내가 해봤던 추론이다. 그러한 추론 때문에 나는 예전 저작들에서 쾌락의 쳇바퀴 가설에 대해서 적절히 비판하지 못했다(Kahneman and Varey, 1991).
16 한 수(數)가 다른 수의 거듭제곱으로 표현되는 두 수의 함수적 관계.

는 손실 회피는 아직 그 정도까지는 알려져 있지 않다. 그리고 (3) 더 일반적으로 결정 효용에서 경험 효용에 이르기까지의 추론은 매우 신중하게 이루어져야만 한다. 다음에서는 후자의 결론에 대한 추가적인 논점을 다룰 것이다.

기억 효용: 에피소드와 순간

다음의 두 가지 질문을 생각해 보자. "지금 기분이 어때요?" 그리고 "지난 밤에 기분이 어땠어요?" 정상적인 상황에서라면 우리는 두 질문에 대한 대답을 똑같이 수월하고 자신 있게 구할 것이다. 하지만 가만히 생각해 보면, 그 두 질문은 그것들의 인지적 요구에 있어서 크게 다르다. 그리고 두 질문이 불러일으키는 대답에 따라붙을 수밖에 없는 근거에 있어서도 상응하는 차이가 있다. 회고적 질문에 대한 대답을 내놓는 것에는 현재의 감정을 보고할 때는 필요가 없는 두 가지 작업, 즉 기억으로부터 GB 값(가치) 기록을 회상하는 일과 그러한 기록을 단일한 기술적인 반응으로 요약하는 통합 평가 행위가 있다.

앞서의 논의('객관적인 행복의 논리')에서는 (적절히 측정된) GB 값 프로파일에 대한 평가를 좌우해야 하는 표준 원칙으로 시간의 총계를 제안했다. 하지만 순간 평가 가설은 순간적인 감각들의 시간적 총계는 의식적인 인식에 직접적으로 유용한 것은 아니기 때문에 사람들이 총계 법칙을 따를 가능성이 없다는 것을 의미한다. 정말로, 여러 연구들이 제시하는 바에 의하면, 자신들의 경험, 그리고 다른 사람들의 경험에 대한 사람들의 직관적인 평가는 시간의 총계에서 심하게 벗어나 있다. 이 연구들의 참가자들은 일반적으로 한 에피소드 동안에 겪은 경험에 대해서 실시간 보고를 했고, 나중에 전체 에피소드에 대한 종합적인 평가를 제공하거나 여러 에피소드 중에서 선택해 다시 반복할 마음이 있는 하나의 에피소드를 진술했다. 연구 상황에는 그림 1.1이 그려낸 대장내시경 검사(Redelmeier and Kahneman, 1996)를 포함해 고통스러운 의료시술, 아프리카 풍경 위를 날고 있는 저공 비행과 같은 즐거운 주제들, 혹은 절단과 같은 불쾌한 주제들에 관한 줄거리 없는 단편영화(Fredrickson and Kahneman, 1993), 찬물에 한 손 담그기(Kahneman et al., 1993), 소리의 세기와 지속 시간을 변화시킨 혐오스러운 소리(Schreiber and Kahneman, 1998)

가 있다. 모든 이러한 연구들은 여러 중요한 특징을 공유한다. 즉, 참가자들은 비교적 짧은 에피소드 — 경험의 유발성이 변하지 않으며 주요 과제는 단순히 경험을 참고 (일부 피험자들의 경우) 그것을 실시간으로 평가하는 것으로 짜여 있는 — 동안에 본질적으로 수동적인 모습을 보인다. 이 연구들의 결론은 이러한 연구 상황의 범위 밖으로 확대되어서는 안 된다.[17]

이러한 연구들에서 관찰되는 회고적 평가와 선택은 일반적으로 단순한 정점 및 종점 평가의 법칙을 따른다. 에피소드 동안에 보고된 정점(혐오 에피소드의 경우, 최악의 순간)의 감정 반응의 단순한 평균과 에피소드의 종료 직전에 보고된 종점 값의 단순한 평균으로 전체적인 회고적 평가들을 수월하게 예측할 수 있다. 예를 들어, 그림 1.1의 그림으로 표현된 연구에서, 환자들의 대장 내시경 검사 경험의 정점 평점 및 종점 평점의 평균과 전체적인 평가의 여러 측정값 간에 보이는 상관관계는 .56에서 .67 사이에 걸쳐 있었다(Redelmeier and Kahneman, 1996). 프레드릭슨과 카너먼(Fredrickson and Kahneman, 1993)이 수행한 연구에서 피험자들은 지속 시간과 감정적 충격 양상에서 본질적으로 다른 단편 영화들에 노출되었다. (피험자 내의) 전체적인 평가와 정점 및 종점 평가의 평균 간의 평균 상관관계는 즐거운 영화의 경우는 .78이었고 불쾌한 영화의 경우는 .69였다. 동일한 법칙이 관찰자들에게도 적용된다. 의료시술을 이행한 내과 의사들 또한 정점 및 종점 법칙에 따라 환자들의 전체 경험을 평가했다(Redelmeier and Kahneman, 1996). 결국 정점과 종점의 시점에 느낀 불쾌의 평균은 피험자들이 다른 사람들에 의해 제시된 이른바 경험 프로파일에 대한 전체적인 혐오성을 평가했던 실험에서 체계적 변량의 93퍼센트를 차지했다(Varey and Kahneman, 1992).

정점 및 종점 평가의 중요한 필연적 결과는 지속 시간을 무시한다는 것이다. 지속 시간은 지금까지 언급한 모든 연구들과 동일 계열의 다른 연구들에서 하나의 요인이었지만, 이 변인은 회고적 전체 평가에는 거의 혹은 전혀 영향을 미치지 않았다. 예컨대, 대장내시경 검사 연구에서 시술의 지속 시간은 환자들에 따라 폭넓게 달랐다. 평균은 23분이었고 표준 편차(standard

---

17 (지은이) 목표 지향적인 활동의 에피소드들에 대한 평가는 다른 법칙을 따를지도 모른다. 목표를 성취하거나 포기할 때 경험하는 감정은 그러한 활동이 진행되고 있는 동안에 경험하는 감정보다 훨씬 더 회고적 평가에 있어 중요할지도 모른다(Carmon and Kahneman, 1996).

deviation, SD)는 13분이었다. 하지만 정점과 종점을 제외하면, 지속 시간은 차후의 전체 평가에서 중요한 예측 변인이 아니었다. 프레드릭슨과 카너먼 (1993)은 정서적으로 각성을 일으키는 영화들에 대한 연구에서 유사한 결과를 밝혀냈다. 다른 연구들에서는 지속 시간의 효과는 유의미했지만 작은 편이었다(Schreiber and Kahneman, 1998; Varey and Kahneman, 1992, 실험 2). 이러한 연구 결과들은 순간 평가의 개념과 모순되지 않는다. 사람들은 대표적인 순간을 구성하고 평가하고, 그 순간에 대한 평가로 전 에피소드에 대한 평가를 대체한다. 이처럼 정점과 종점이 특별히 중시되는 대표성으로부터 지속 시간은 배제된다. 지속 시간 무시는 인간 피험자들에게만 국한되지 않는다. 모러와 솔로몬(Mowrer and Solomon, 1954)이 관찰한 실험 결과에 의하면, 전기 충격에 노출된 쥐가 느끼는 공포는 충격의 지속 시간이 아닌 충격의 강도에 달려 있다. 시즈갈(Shizgal, 이 책)은 쥐의 뇌에 존재하는 '쾌락 중추'에 전기 자극을 가해서 유사한 결론을 얻었다고 기술했다.

인간 피험자들을 대상으로 한 연구의 세 번째 결과는 단조성을 크게 위반했다. 혐오 에피소드에 대한 회고적 전체 평가는 만일 그 에피소드의 증분(增分)이 정점 값과 종점 값의 비교적 낮은 평균을 산출한다면, 그처럼 에피소드의 연장을 통해 사실상 개선될 수 있다. 카너먼과 그의 동료들(1993)이 보고한 한 실험에서 참가자들은 두 가지 냉압박검사 상황 테스트에 노출되었다. 짧은 테스트에서, 피험자는 한 손을 섭씨 14도의 물에 60초간 넣고 있었다. 긴 테스트에서는 그 물에 손을 담그고 있는 일은 총 90초간 지속되었다. 물의 온도는 처음 60초 동안은 섭씨 14도를 유지했다. 그러고는 그 이후에 실험자는 (피험자가 모르는 사이에) 30초 동안 물의 온도를 14도에서 15도로 점차 올렸다. 두 번째 테스트를 끝내고 7분 후에, 또 다른 테스트에 투입된 피험자는 이전의 두 테스트 중 하나를 똑같이 반복할 거라는 소식을 듣고, 두 테스트 중에서 어떤 것을 다시 반복할지에 대한 선택권을 받았다. 이 연구의 명확한 결과에 의하면, 참가자들의 약 65퍼센트가 짧은 테스트보다는 긴 테스트를 반복할 것을 선택했다. 또한 긴 테스트의 마지막 30초 동안에 고통이 크게 감소되었음을 보여주는 실시간 평정을 한 하위집단의 참가자들 사이에서는 80퍼센트가 긴 테스트의 반복을 선택했다.

이러한 차가운 물 실험의 결과는 큰 혐오 소음을 자극으로 이용한 한 연구에서 확증되었고, 확대되었다(Schreiber and Kahneman, 1998). 피험자들이 쌍을 이룬 소리들에 연이어 노출된 다음, 후속 실험 단계에서 두 소리 중에 어느 소리를 다시 듣겠느냐는 질문을 받았다. 예를 들어, 피험자들이 들었던 자극 쌍들의 하나는 10초간 78데시벨의 불쾌한 소리와 그것에 이어 들은 4초간의 좀 더 낮은 강도(66데시벨)의 같은 불쾌한 소리였다. 피험자들은 그처럼 쌍을 이룬 소리들 중에서 긴 소리를 다시 듣는 쪽을 유의미하게 더 선호했다. 카츠와 레델마이어, 카너먼(Katz, Redelmeier and Kahneman, 1996)이 시행했던 임상 실험에서, 대장내시경 검사를 받은 많은 환자들의 절반이 검사가 끝난 이후에 전혀 정보를 받지 않은 채 시술 시간이 짧게 연장된 조건에 무작위로 배정되었다. 대장내시경은 추가 시간(약 1분) 동안 정지 상태에 있었는데, 그것은 약간 불편함을 주었지만, 많은 환자들이 시술 초기에 경험했던 것보다는 통증이 적었다. 뚜렷한 불쾌감이 있었음에도 불구하고, 대장내시경 검사 시간의 연장은 시술에 대한 차후의 전체적인 평가에서 매우 유의미한 개선을 보였다. 이와 같은 조정의 임상 응용이 환자들이 치료에 꼭 필요한 경우에 긴 대장내시경 검사를 기꺼이 받아들이는 쪽을 선택하는 경향을 증가시킨다면, 그런 임상 응용은 정당화될 수 있을 것이다.

이 일련의 결과들에 대한 가장 단순한 설명은 피험자들이 정점 및 종점 법칙에 따라 에피소드에 대한 전체적인 평가를 한다는 것이다. 이러한 결과가 의미하듯이, 통증을 감소시키는 추가 시간은 대부분의 피험자들로 하여금 전체 에피소드에 대해서 좀 더 호의적인 기억을 가지게 만든다. 선택권이 주어졌을 때 피험자들은 덜 혐오스러운 기억과 연관이 있는 테스트를 반복하기를 선호한다. 따라서 과거 에피소드에 대한 기억 효용은 그 에피소드의 반복에 대한 결정 효용을 결정한다. 이러한 결과는 삶의 한 일반적 사실을 설명해 준다. 현재의 고통에서 벗어나는 행동(불꽃에서 손을 빼는 일)을 제외하고, 사람들이 하고자 하는 일을 결정하는 두 군주는 쾌락과 고통[18]이 아니라, 쾌락과 고통에 대한 오류를 범하기 쉬운 기억들이다. 사람들(그리고 다른 유기체들)이 개인적인 경험에서 최대한 활용하는 방법을 배울 수 있는 유일한 효용은 그들이 기억에 저장하는 효용이다. 회고적 평가가 실제 경험을 왜곡하는 한, 차후의 선호는 경험보다는 왜곡된 평가의 지배를 받는다.

---

18 공리주의자 제러미 벤담(Jeremy Bentham, 1748~1832)은 "자연은 인류를 고통과 쾌락이라는 두 군주의 지배 아래 두었다"라고 했다.

웰빙의 측정 맥락에서, 이러한 결과는 절망적인 메시지를 전한다. 회고적 경험 평가는 과거 경험의 '진짜' 전체 효용에 대한 그릇된 평가를 제시할 가능성이 높다. 결국 자신의 삶의 질에 대한 헬렌의 회고적 평가를 그녀의 객관적인 행복의 타당한 표현이라고 추정할 수 없다. 하지만 그 분석은 과거에 대한 전체적인 평가에 의존하는 방법들의 대안을 제시하기도 한다. 한 가지 제안은 이미 몇 차례 언급된 바 있다. 경험의 질에 대한 직접적인 보고는 기억 및 총계(통합)의 난제를 피하기 때문에 경험 표집법들은 유의미한 장점을 지니며, 가능하다면 이용되어야 한다(Stone et al., 이 책).

하지만 경험 표집은 성가신 일이고 비용이 많이 든다. 그리고 그 방법은 회고적 방법을 완전히 대체할 수도 없을 것이다. 따라서 인간 공학의 근본적인 원칙을 따르는 기억을 탐지하는 방법을 개발할 필요가 있을 것이다. 그저 사람들에게 그들이 잘할 수 있는 것을 하라고 요구해 볼 수 있다. 예를 들어, 헬렌이 어제 얼마나 행복했는지 평가하는 과제를 생각해 보자. 헬렌은 아마도 어제를 유의미한 부분들로 나눠서, 그러한 각 부분들의 지속 시간을 아주 정확하게 추정하고 각 부분의 평균 GB 값을 평가할 수 있을 것이다. 어제의 전체 시간의 평균 경험 효용은 이러한 판단들로부터 각 부분의 평균 효용에 지속 시간별 가중치 ─ 그녀 스스로는 하기 쉽지 않은 연산인 ─ 를 둠으로써 쉽게 얻어질 수 있다. 이러한 이론적인 사례가 설명하듯이 행복에 대한 새로운 평가 방법은 평가적 기억의 장단점에 관한 상세한 연구에 기반을 두어야 한다.

만족과 행복에 있어서의 휴리스틱과 편향

사람들은 자신들에 대한 많은 질문에 대해서 이미 준비된 대답을 가지고 있다. 사람들은 자신들의 이름, 주소, 소속 정당을 알고 있다. 하지만 사람들은 자신들이 얼마나 행복한지 일반적으로 모르며, 그러한 질문이 제기될 때마다 대답을 구상해야 한다. 재빠른 대답을 요하는 다른 복잡한 질문들을 처리할 때처럼, 사람들은 단순화하는 휴리스틱을 행복에 관한 질문에 적용할 가능성이 높다. 문제를 단순화하는 다른 휴리스틱의 경우와 마찬가지로, 만족과 주관적 행복의 휴리스틱 또한 필연적으로 특정한 편향과 관련이 있다.

판단의 편향과 그 편향을 일으키는 휴리스틱을 확증하는 두 가지 일반적인 방법이 있다(Kahneman and Tversky, 1996). 한 가지 방법은 판단을 참값과 비교하는 것이다. 현재 상황에서 이 방법은 주관적 행복을 객관적 행복에 대한 독립적인 평가와 비교해 볼 필요가 있을 것이다. 편향을 입증하는 좀 더 쉬운 방법으로는 하나의 판단은 규범적으로 무관한 요인의 영향을 받는다는 사실을 보여주는 것이다. 슈바르츠와 슈트랙(이 책)은 후자의 접근법의 많은 예를 제시한다.

상이한 여러 회상 용이성 휴리스틱은 "당신은 당신의 주택에 얼마나 만족하는가?" 혹은 "당신은 얼마나 행복한가?"나 "현재의 삶의 양상은 당신의 웰빙에 얼마나 중요한가?"와 같은 질문들에 대답할 수 있는 자연스러운 후보들이다. 최근 평가적 사고들에 대한 기억들을 표집하거나 기준이나 열망 수준과 그 순간 비교되는 관련 사건들을 회상하고 평가함으로써 만족의 문제들에 답할 수 있다. 이러한 방식으로 내린 만족에 대한 판단은 최근의 사건들과 특히 기억에 남는 사건들의 과도한 영향을 받을 것이다(Tanur, 1992). 좀 더 일반적인 행복의 문제에 대해서는 삶의 영역들을 표집하고 그것들의 상태를 평가함으로써 답할 수도 있다. 이러한 휴리스틱은 현재의 주의가 집중되는 영역들에 대해 편향을 일으킨다. 그러한 영역들에서 느끼는 만족은 특별히 높거나 낮기 때문일 것이다.

앞에서 주장했듯이, 순간의 감정 척도의 중립점은 정말로 중립적이고 주관적으로 특유한 것이지만, 이런 주장은 만족이나 행복에 대한 판단으로 확대되지는 않는다. 그 주장에 의하면 '유쾌하지도 불쾌하지도 않은'은 '하얀'이나 '뜨겁지도 차갑지도 않은'처럼 특정한 순간에 겪는 특유의 경험을 나타낸다. 중립적인 감정 점은 감각 적응이나 지각 적응의 다른 케이스와 유사한 쾌락 적응 과정에 의해 결정되는 것으로 알려져 있다. 이에 반해, 만족 판단은 전형적으로 단일한 경험보다는 삶의 폭넓은 영역과 관련이 있고, 만족 척도의 기준점은 적응 수준의 기준이 아닌 수용성이나 열망 수준의 기준이다. 행복에 대한 판단의 기준은 전혀 명확하지 않다. 대부분의 사람들은 스스로 행복하다고 기술한다(Diener and Diener, 1996). 하지만 이러한 연구 결과의 의미는 분명하지 않다. 왜냐하면 '행복하지도 불행하지도 않은'이라는 표현은 분명히 부정적인 의미를 함축하고 있기 때문이다.

다른 휴리스틱들도 행복에 대한 판단에 영향을 미친다. 슈바르츠와 슈트랙

(이 책)은 현재의 기분, 그리고 심지어 현재의 날씨가 주관적인 행복에 대한 자기보고에 영향을 미치는 커다란 효과의 증거를 재고찰했다. 그들이 제시한 바에 의하면, 그 증거의 재고찰 결과는 개인들이 자신들의 행복을 판단할 때 영향을 미치는 '내 기분은 어떻지' 휴리스틱의 역할을 확증한다(재고찰하고자 한다면 Schwarz and Clore, 1996을 참조). 그러한 해석을 뒷받침해 주는 주목할 만한 연구 결과에 의하면, 응답자에게 날씨에 주의할 것을 환기시킴으로써 보고된 행복에 영향을 미치는 악천후의 효과를 줄이거나 제거할 수 있다. 이러한 조작은 현재의 기분이 날씨 탓이라는 것을 피험자에게 정확히 인식시켜 주고, 현재의 기분을 전체적인 행복에 귀속시키는 오류를 줄여준다.

주관적 행복에 대한 보고는 특정한 삶의 영역으로 주의를 돌리게 하는 조작의 영향을 크게 받기 쉽다. 잘 알려진 한 사례에서, 슈트랙과 마틴, 슈바르츠(1988)는 학생들에게 제공한 설문지에 다음의 두 가지 문제를 연속적으로 제시했다. 즉, "당신은 얼마나 행복합니까?" 그리고 "지난달에 당신은 몇 번이나 데이트를 했습니까?" 두 질문 간의 상관관계는 그 질문들이 제시되는 순서에 따라 달랐다. 일반적인 행복에 관한 질문이 먼저 제시됐을 때는 두 질문 사이의 상관관계가 .12였지만, 데이트에 관한 질문이 먼저 제시되었을 때는 그 상관관계가 .66으로 상승했다. 다양한 모집단으로, 그리고 다양한 삶의 영역에서 여러 차례 반복했던 이 연구의 결과로부터 두 가지 중요한 결론을 추론해 낼 수 있다(Schwarz and Strack, 이 책). 첫째, 사람들은 주관적 행복에 대한 질문과 관련해 기억으로부터 준비된 대답을 생각해 내기보다는 확실히 그때그때 상황을 봐가며, 그에 대한 대답을 산정해 낸다. 둘째, 응답자들은 주의가 쏠린 어떤 중요한 삶의 영역에 대한 만족을 평가 기준으로 삼아 웰빙을 보고하는 것으로 보인다. 앞서 논의된 초점 착각의 예에서 보듯이, 삶의 한 중요한 영역을 향한 선택적 주의는 전체적인 주관적 웰빙을 보고할 때, 그 영역에 실질적으로 과도한 비중을 두는 결과를 초래한다.

현재의 체계에서, 객관적인 웰빙에 대한 평가 자료의 최적의 출처는 시간의 흐름에 따른 GB 값의 지속적인 기록일 것이다. 비록 필요한 세부적 수준에서의 감정 기록이 장시간 동안 여전히 보기 드문 것이라고 하더라도, 그런 기록을 웰빙 평가의 이상적인 기준으로 채택하는 것은 개념상, 방법론상 함축적 의미를 지닌다. 자기보고된 만족과 행복에 대한 방법론적인 분석(Schwarz and Strack, 이 책)이 주관적인 행복에 대한 보고를 객관적인 '진'점수

(眞點數)에 대한 잘못된 평가로 취급한다면, 그 분석의 초점은 틀림없이 변할 것이다. 만일 진점수가 있다면, 조작적 과제는 그 점수에 대한 신뢰할 수 있고 편향이 없는 측정을 산출하는 실질적인 방법을 개발하는 것일 것이다. 객관적인 행복이 잘 정의되고 측정될 수 있다는 가정은 설사 지나치게 낙관적일지라도, 연구의 길잡이로서 유용할 수 있다.

최종 논평

현재는 순간이지만, 과거에 대한 기억과 평가는 지속되고 마음속에 살아 있다. 따라서 사람들은 자신의 삶에 대해 생각할 때, 기억하고 있는 평가들과 과거 기억에 대한 평가들 외에는 고려할 대상이 없다. 이 장의 핵심 주장은 기쁨과 고통에 대한 과학적 연구가 그와 같은 제약을 받을 필요는 없다는 것이었다. 실시간 경험 측정치를 얻을 수 있고 오류 없이 저장할 수 있다. 실시간 경험 측정치들은 종합되어 오류를 동반할 수 있는 과거의 재구성과 과거에 대한 평가가 아닌 현재 경험의 현실을 평가 기준으로 삼는 객관적인 웰빙의 측정법을 산출한다.

객관적인 웰빙의 개념은 방법론적으로든 실질적으로든 복잡한 연구 의제를 제시한다. 첫째, 다양한 유형의 실시간 측정치에 관해서, 그리고 그러한 측정치들이 서로 얼마나 관련이 있는지에 대해서 배워야 할 게 많다. 두 번째 과제로는 타당하면서도 효율적인 객관적인 행복의 측정을 위해서 회고적 평가의 편향을 최소화하는 방법들을 개발해야 한다. 결국 여러 방법의 결합은 개인 및 집단의 객관적인 웰빙을 특징짓는 데 유용할 뿐만 아니라, 새로운 환경에의 적응의 본질을 결정하고 상이한 환경에서 경험하는 기쁨과 고통을 평가하는 데도, 경제적, 사회적 정책의 평가 기준을 제공하는 데도 유용할 것이다.

참고문헌

Bargh, J. A. (1997). The automaticity of everyday life. In R. S. Wyer, Jr. (Ed.), *Advances in social cognition*(vol. 10). Mahwah, N. J.: Erlbaum.

Bargh, J. A., Chaiken, S., Raymond, P., and Hymes, C.(1996). The automatic evaluation effect: Unconditional automatic attitude activation with a pronunciation task. *Journal of Experimental Social Psychology*, *32*(*P*), 104~28.

Bentham, J. (1948). *An introduction to the principle of morals and legislation.* Oxford: Blackwell. (Originally published in 1789)

Bernoulli, D. (1954). Exposition of a new theory on the measurement of risk. *Econometrica*, *22*, 23~36. (Originally published in 1738).

Birnbaum M. H. (1982). Controversies in psychological measurement. In B. Wegener (Ed.), *Social attitudes and psychophysical measurement* (pp. 401~85). Hillsdale, N. J.: Erlbaum.

Brickman, P., and Campbell, D. T. (1971). Hedonic relativism and planning the good society. In M. H. Apley (Ed.), *Adaptation—level theory: A symposium* (pp. 287~302). New York: Academic Press.

Brickman, P., Coates, D., and Janoff—Bulman, R. (1978). Lottery winners and accident victims: Is happiness relative? *Journal of Personality and Social Psychology*, *37*, 917~27.

Brock, D. (1993). Quality—of—life measures in health care and medical ethics. In M. C. Nussbaum and A. Sen (Eds.), *The quality of life* (pp. 95~132). Oxford: Clarendon.

Broome, J. (1991). *Weighing goods.* Oxford: Blackwell.

Cabanac, M. (1992). Pleasure: The common currency. *Journal of Theoretical Biology*, *155*, 173~200.

Cacioppo, J. T., and Bemtson, G. G. (1994). Relationships between attitudes and evaluative space: A critical review with emphasis on the separability of positive and negative substrates. *Psychological Bulletin*, *115*, 401~23.

Cacioppo, J. T., Priester, J. R., and Bemtson, G. G. (1993). Rudimentary determinants of attitudes: II. Arm flexion and extension have differential effects on attitudes. *Journal of Personality and Social Psychology*, *65*, 5~17.

Carmon, Z., and Kahneman, D. (1996). The experienced utility of queuing: Experience profiles and retrospective evaluations of simulated queues. Working paper. Durham, N.C.: Fuqua School of Business, Duke University.

Csikszentmihalyi, M. (1990). *Flow: The psychology of optimal experience.* New York: Harper and Row.

Dasgupta, P. (1993). *An inquiry into well—being and destitution.* Oxford: Clarendon.

Davidson, R. J. (1992). Anterior cerebral asymmetry and the nature of emotion. *Brain and Cognition, 6*, 245~68.

_____. (1994). On emotion, mood, and related affective constructs. In P. Ekman and R. Davidson (Eds.), *The nature of emotion* (pp. 51~55). New York: Oxford University Press.

Davidson, R. J., and Fox, N. A. (1989). Frontal brain asymmetry predicts infant response to maternal separation. *Journal of Abnormal Psychology, 98*, 127~31.

Diener, E., and Diener, C. (1996). Most people are happy. *Psychological Science, 7*, 181~85.

Diener, E., and Emmons, R. A. (1985). The independence of positive and negative affect. *Journal of Personality and Social Psychology, 50*, 1031~38.

Diener, E., Sandvik, E., and Pavot, W. (1991). Happiness is the frequency, not the intensity, of positive versus negative affect. In F. Strack, M. Argyle, and N. Schwarz (Eds.), *Subjective well-being* (pp. 119~40). New York: Pergamon Press.

Duncan, O. (1975). Does money buy satisfaction? *Social Indicators Research, 2*, 267~74.

Easterlin, R. A. (1974). Does economic growth improve the human lot? Some empirical evidence. In P. A. David and M. W. Reder (Eds.), *Nations and Households in Economic Growth* (pp. 89~125). New York: Academic Press.

Edgeworth, F. Y. (1967). Mathematical psychics: An essay on the application of mathematics to the moral sciences. New York: M. Kelly (Originally published in 1881).

Elster, J., and Loewenstein, G. (1992). Utility from memory and anticipation. In J. Elster and G. Loewenstein (Eds.), *Choice over time* (pp. 213~24). New York: Russell Sage Foundation.

Forster, J., and Strack, F. (1996). Influence of overt head movements on memory for valenced words: A case of conceptual-motor compatibility. *Journal of Personality and Social Psychology, 71*, 421~30.

Fredrickson, B. L., and Kahneman, D. (1993). Duration neglect in retrospective evaluations of affective episodes. *Journal of Personality and Social Psychology, 65*, 45~55.

Frijda, N. (1986). *The emotions*. Cambridge: Cambridge University Press.

Galanter, E. (1992). Utility functions for nonmonetary events. *American Journal of Psychology, 103*, 449~70.

Glover, J. (1990). *Utilitarianism and its critics*. New York: Macmillan.

Gray, J. A. (1994). Three fundamental emotion systems. In P. Ekman and R. Davidson (Eds.), *The nature of emotion* (pp. 243~47). New York: Oxford University Press.

Headey, B., and Wearing, A. (1992). *Understanding happiness: A theory of subjective well−being.* Melbourne: Longman Cheshire.

Helson, H. (1964). *Adaptation level theory: An experimental and systematic approach to behavior.* New York: Harper and Row.

Higgins, E. T. (1997). Beyond pleasure and pain. *American Psychologist, 52,* 1280~1300.

Hilgard, E. (1977). *Divided consciousness: Multiple controls in human thought and action.* New York: Wiley.

Hilgard, E. R., and Hilgard, J. R. (1975). *Hypnosis in the relief of pain.* Los Altos, Calif.: William Kaufmann.

Irwin, F. W. (1944). The realism of expectations. *Psychological Review, 51,* 120~26.

Kahneman, D. (1992). Reference points, anchors, norms, and mixed feelings. *Organizational Behavior and Human Decision Processes, 51,* 296~312.

Kahneman, D., Fredrickson, B. L., Schreiber, C. A., and Redelmeier, D. A. (1993). When more pain is preferred to less: Adding a better end. *Psychological Science, 4,* 401~5.

Kahneman D., Knetsch J. L., and Thaler R. H. (1991). The endowment effect, loss aversion, and status quo bias. *Journal of Economic Perspectives. 5,* 193~206.

Kahneman, D., and Miller, D. (1986). Norm theoty: Comparing reality to its alternatives. *Psychological Review, 93,* 136~53.

Kahneman, D., and Schkade, D. (1998). Predicting the well−being effect of new circumstances: Changes are proxies for states. Working paper. Princeton, N. J.: Princeton University.

Kahneman, D., and Tversky, A. (1979). Prospect theory: An analysis of decisions under risk. *Econometrica, 47,* 313~27.

_____. (1984). Choices, values, and frames. *American Psychologist, 39,* 341~50.

_____. (1996). On the reality of cognitive illusions: A reply to Gigerenzer's critique. *Psychological Review, 103,* 582~91.

Kahneman, D., and Varey, C. (1991). Notes on the psychology of utility. In J. Elster and J. E. Roemer(Eds.), *Interpersonal comparisons of well−being* (pp.127~63). New York: Cambridge University Press.

Kahneman, D., Wakker, P. P., and Sarin, R. (1997). Back to Bentham? Explorations of experienced utility. *Quarterly Journal of Economics, 112,* 375~405.

Katz, J., Redelmeier, D. A., and Kahneman, D. (1996). Memories of painful medical procedures (abstract). Fifteenth annual scientific meeting of the American Pain Society, Washington (November 14~17, 1996).

Lang, P. (1995). The emotion probe: Studies of motivation and attention. *American Psychologist, 50*, 372~85.

Melzack, R. (1983). The McGill Pain Questionnaire. In R. Melzack (Ed.), *Pain measurement and assessment*. New York: Raven Press.

Melzack, R., and Wall, P. D. (1965). Pain mechanisms: A new theory. *Science, 150*, 971~79.

Mowrer, O. H., and Solomon, L. N. (1954). Contiguity versus drive—reduction in conditioned fear: The proximity and abruptness of drive reduction. *American Journal of Psychology, 67*, 15~25.

Osgood, C., Suci, G., and Tannenbaum, P. (1957). *The measurement of meaning*. Urbana: University of Illinois Press.

Parducci, A. (1968). The relativism of absolute judgments. *Scientific American, 219*, 84~90.

_____. (1995). *Happiness, pleasure, and judgment: The contextual theory and its applications*. Hillsdale, N. J.: Erlbaum.

Parfit, D. (1984). *Reasons and persons*. Oxford: Oxford University Press.

Redelmeier, D., and Kahneman, D. (1996). Patients' memories of painful medical treatments: Real—time and retrospective evaluations of two minimally invasive procedures. *Pain, 116*, 3~8.

Roese, N. J., and Olson, J. M. (Eds.) (1995). *What might have been: The social psychology of counterfactual thinking*. Mahwah, N. J.: Erlbaum.

Russell, J. A. (1980). A circumplex model of affect. *Journal of Personality and Social Psychology, 39*, 1161~78.

Schkade, D. A., and Kahneman, D. (1998). Does living in California make people happy? A focusing illusion in judgments of life satisfaction. *Psychological Science, 9*, 340~46.

Schreiber, C. A., and Kahneman, D. (1998). Beyond the peak—end hypothesis: Exploring the relation between real—time displeasure and retrospective evaluation. Working paper. Princeton University.

Schwarz, N., and Clore, G. L. (1996). Feelings and phenomenal experiences. In T. E. Higgins, and A. W. Kruglanski (Eds.), *Social psychology: Handbook of basic principles* (pp. 433~65). New York: Guilford.

Scitovsky, T. (1976). *The joyless economy: The psychology of human satisfaction*. New York: Oxford University Press.

Sen, A. K. (1993). Capability and well—being. In M. C. Nussbaum and A. K. Sen (Eds.), *The quality of life* (pp. 30~53). Oxford: Clarendon.

Solarz, A. (1960). Latency of instrumental responses as a function of compatibility with the meaning of eliciting verbal signs. *Journal of Experimental Psychology, 59*, 239~45.

Strack, F., Martin, L., and Schwarz, N. (1988). Priming and communication:

Social determinants of information use in judgments of life satisfaction. *European Journal of Social Psychology, 18,* 429~42.

Tanur, J. M. (Ed.). (1992). *Questions about questions: Inquiries into the cognitive bases of surveys.* New York: Russell Sage Foundation.

Tversky, A., and Griffin, D. (1991). Endowment and contrast in judgments of well-being. In F. Strack, M. Argyle, and N. Schwarz (Eds.), *Subjective well-being: An interdisciplinary perspective* (pp. 101~18). Oxford: Pergamon Press.

Varey, C., and Kahneman, D. (1992). Experiences extended across time: Evaluation of moments and episodes. *Journal of Behavioral Decision Making, 5,* 169~86.

Weinstein. M. C., and Fineberg, H. V. (1980). *Clinical decision making.* Philadelphia: W. B. Saunders.

Wheeler, L., and Miyake, K. (1992). Social comparisons in everyday life. *Journal of Personality and Social Psychology, 62,* 760~73.

Young, P. T. (1927). Studies in affective psychology. *American Journal of Psychology, 38,* 157~93.

Zajonc, R. B. (1980). Feeling and thinking: Preferences need no inferences. *American Psychologist, 35,* 151-75.

_____. (1997). Emotions. In D. T. Gilbert, S. T. Fiske, and Lindzey, G. (Eds.), *Handbook of social psychology* (4th ed., pp. 591~632). New York: Oxford University Press.

2장

생태순간평가

아서 A. 스톤 · 사울 S. 시프먼 · 마르텐 W. 드브리스

이 장의 목적은 표준적인 회고 질문지법과 관련한 중요한 문제들과 그와 같은 보고의 타당도에 도전하는 면접법과 관련한 중요한 문제들을 기술하는 데 있다. 인지과학 연구로부터 나온 정보는 우리가 과거 경험을 기억하고/기억하거나 요약하려 할 때, 회상에 영향을 미칠 수 있는 과정들을 강조한다. 자기보고 평가에서는 이러한 정보가 고려되는 경우가 거의 없다. 우리의 견해로는 한 가지 대안적인 정확한 자료 수집 방법은 전형적인 환경에 있는 사람들에게서 다수의 직접적인 보고를 받는 것에 목적을 두는 것이다. 이러한 연구의 많은 사례들은 이와 같은 자료 수집 방법론들이 제공하는 상세하고 역동적인 정보를 증거로 입증하기 위해서 제시되어 있다. 우리는 생태순간평가(Ecological Momentary Assessment: EMA) 방법들이 장래에 더 일반적으로 이용될 것이며, 일상생활에 대한 새로운 통찰력을 제공할 것이라고 기대한다.

매년 자기보고 질문지 및 면접 방법론을 이용한 행동과학 연구, 특히 심리학 연구가 무수히 진행되고 있다. 사람들에게 자신들의 태도, 현재 기분, 정신 건강 상태, 다양한 문제들에 관한 견해, 그리고 그 외의 많은 주제에 대해 보고하도록 요구해서 정보를 수집하는 것은 유용하고 실용성이 있는 것으로 입증되었고, 높은 안면 타당도[1]의 장점을 지닌다. 이러한 장점들과 그 방법들

의 전면적인 수용에도 불구하고 최근의 연구가 보여주듯이 현재 시행되고 있는 자기보고 방법은 많은 잠재적인 문제가 있다. 사람들이 상당 기간 동안에 걸쳐 자신들의 생각과 기분을 요약할 수 있는 능력에 의존하지 않는 정보 수집 방법이 하나의 대안을 제시한다. '순간' 방법에 의하면, 개인들은 자신들의 전형적인 환경에서 바로 지금 일어나고 있는 일을 보고하도록 요구받는다.

경험 표집법(Experience Sampling Method: ESM)은 개인들의 자연적인 환경에서 신호에 따라 하는 무작위적인 평가를 이용해 개인의 경험을 연구하기 위한 방법으로 개발되었다. 각각의 평가는 짧은 질문지를 완성하는 일이 수반된다. 이 평가의 전형적인 방법은 하루에 여러 번, 여러 날 동안 질문지를 완성하는 것이다. 1994년에 스톤과 시프먼은 또 하나의 용어인 생태순간평가(Ecological Momentary Assessment: EMA)를 소개했다. 그것은 경험뿐만 아니라 피험자들의 자연적인 환경에서 한순간을 기준으로 측정된 모든 현상까지도 이해하고자 하는 의도를 가지고 있었다(Stone and Shiffman, 1994). 특히, 기술적인 진보 덕분에 휴대용 기기로 많은 생리 검사를 측정할 수 있게 되었다. (차후에 여러 사례가 논의될 것이다.) ESM의 초점이 EMA의 초점보다 다소 협소하지만, 두 가지 용어는 자연적 환경에서 순간의 현상을 검사하고 측정 시간에 각별히 주의를 기울인다는 동일한 근본적인 개념을 의미한다.

우리는 우선 순간 보고 전략의 출현에 이르기까지 ESM과 EMA 개발의 역사를 간략하게 살펴보고자 한다. 그다음으로는 순간 보고 방향으로 향하게 된 주요한 이유들 중 하나인, 회고적 회상 편향을 강조하는 연구를 대략적으로 살펴볼 것이다. 그런 다음, 짧은 절에서 EMA의 잠재적인 용도를 다룰 것이고, 여러 가지 EMA 연구들에 대해서 기술하는 것으로 이 장의 결론을 맺을 것이다.

역사적 전망

경험 표집의 개발은 심리학과 의학, 사회과학 연구 내의 다양한 흐름에 대한 반응이었다. 연구의 관점에서 보면, 경험 표집은 점차 증명되었듯, (차후에 훨씬 더 많이 논의되겠지만) 자신들의 일상적 행동과 경험에 관한 정확한 회고적 정보를 제공할 수 있는 능력이 사람들에게 없는 것에 대한 불만에서 비롯되었다. 임상적인 관점에서 보면, 실험실 검사뿐만 아니라 면접법과 중요한 정보 접근법을 넘어서는, 생태학적으로 타당한 정보를 지향할 필요성이 긴급히 요구되었다.[2] 임상 연구의 단점은 환자들과 그들의 증상이 일상적인 공동체 생활의 맥락에서 불충분하게 이해되었고, 따라서 장소와 사회적 맥락이 임상적인 추론에는 유용하지 않았다는 점이었다. 시카고 대학교에서 이루어진 청소년(Csikszentmihalyi and Larson, 1984)과 최적 경험 혹은 '몰입'(Csikszentmihalyi, 1994)에 대한 기념비적인 연구들은 최적 경험 상태와 회피적 경험 상태 간의 상호작용을 이해하기 위해서 일상생활에서의 의식의 정상 상태를 연구하는 도전을 감행했다.

ESM의 다른 직접적인 선례는 발달심리학(Barker, 1978), 동물행동학(Hinde, 1992), 사회학(Szalai, Converse and Feldheim, 1972), 그리고 인류학(Gross, 1984)에서 나왔다. 말리노프스키(Malinowski, 1935)[3]의 민족지학(民族誌學)에서, 사회적 패턴과 규칙성을 파악하기 위해서 시간 운영 분석[4]과 표집을 이용한 것은 이미 분명한 사실이었다. 시간 관찰은 20세기 중반 동안 동물들을 상대로 한 생물학적, 동물행동학적 연구의 토대를 이루었다. 동물 연구에 뒤이어 곧 인간을 대상으로 한 자연주의적인 현장 연구에서 체계적인 시간 관찰 기법이 활용되었다(Chapple, 1970; Monroe and Monroe, 1971). 예컨대, 캔자스 생태학 연구 스쿨(The Kansas School of Ecological Research)은 아이들의 사회화에 중요한 행동적 배경을 관찰하는 데 시간 할당 관찰 기법의 이용을 선도했다(Barker, 1978). 동물행동학과 민족지학이 1970년대에 서로 영향을 미침에 따라 이러한 연구들은 그 이후 비교문화적으로 확대되었다(Whiting and Whiting, 1975; Monroe and Monroe, 1971). 임상 정신의학에서는 레이놀즈(Reynolds, 1965)와 맥과이어와 폴스키(McGuire and Polsky, 1979)가 그러한 접근법을 적용해서 임상 상황의 정신 질환을 연구하고, 공공시설에 수용된 정신지체자의 행동을 모니터했다(Nelson, 1977). 의료계에서는 활동성 혈압 검

---

2   (지은이) 이는 1960년대 동안의 임상 현장에서 일기 접근법을 이용했던 연구들이 제공하는 대부분의 정보에 기인했다(Meyer and Haggerty, 1962). 이러한 초기 연구들은 생활양식과 스트레스가 개인 및 가족의 건강과 질병에 크게 영향을 미친다는 인식을 높이게 되었다.

3   브로니슬라브 말리노프스키(Bronislaw Malinowski, 1884~1942). 폴란드 출신의 영국 인류학자.

4   응답자들에게 자신의 일상적 활동의 정확한 일과를 기록할 것을 요구해서 얻은 자료로 개인들의 활동에 대한 시간 운영, 시간 배분을 분석하는 방법.

사(ambulatory blood pressure monitoring: ABPM)가 경계성 고혈압 환자를 평가하는 데 유용한 도구로 자리 잡게 되었다(Pickering et al., 1985; Weber and Drayer, 1984). 활동성 혈압 검사 덕분에 환자의 익숙한 일상생활의 패턴 내에서 나타나는, 역동적으로 활동하고 있는 그 사람의 순환계를 엿볼 수 있게 되었다(Egeren and Madarasmi, 1992).

이러한 접근법들의 한 중요한 전신은 시간 운영 조사였다. 이러한 연구 전통의 좋은 예는 국제적인 시간 운영 연구이다. 이 대규모 과업으로 12개 국가의 2만 5,000명이 기록한 24시간 동안의 일기를 얻었으며, 그 일기는 64만 개 이상의 사건들을 기술한 것으로 나타났다. 사람들이 한 일, 그 일이 일어난 시간, 그 일이 일어난 장소, 그 일의 사회적 맥락 등에 관한 자료를 수집한 정보였다. 이 조사는 사건의 빈도, 사건의 지속 시간, 사건이 일어난 일련의 환경에 관한 정보를 제공해 주었고(Szalai, Converse and Feldheim, 1972), 문화적, 정치적 요인, 계급 요인, 혹은 직업적, 개인적 요인 등에 근거하여 모집단을 구별할 수 있는 시간 사용의 차이를 증명해 주었다(Stone and Nicolson, 1987). 경험 표집의 개발에 미친 또 다른 영향은 서캐디언 리듬(circadian rhythm)[5]에 관한 연구였다. 이 연구는 위 운동의 리듬성을 기술했던 와다(Wada, 1992)의 초기 연구에서 차후 상이한 수면 단계 동안에 주기적으로 일어나는 급속 안구 운동(rapid eye movement: REM)에 관한 상세한 연구(Kleitman, 1963)로 발전했다. 이 연구자들(Kripke, 1983)은 깨어 있는 사람의 각성과 행동의 비교 가능한 리듬성 주기를 찾으려 했지만, 실제로는 다양한 생물학적, 행동적 측정치에 미치는 차이트게버들(zeitgebers, 일상적 환경의 시간 설정자)[6]의 커다란 영향과 상황적 영향을 발견했다(Minors and Waterhouse, 1981; Monk et al., 1990).

ESM 연구자들은 이처럼 역동적인 일상이 행위와 정신적 상태에 미치는 영향을 연구할 필요성에 반응했다. 그들은 이미 설명됐거나 실험실이나 진료소에서 발견된 현상의 생태학적 타당도(Bronfenbrenner, 1979)를 찾는 데 첫 발을 내딛었다. ESM은 임상 증례를 넘어 확대될 수 있고 본질적으로 주관적인

---

5   24시간 낮과 밤의 변화에 맞추어 모든 생물체의 내부에서 주기적으로 일어나는 생리, 화학, 행동상의 흐름.
6   생체시계의 움직임, 생체리듬에 영향을 주는 요소.

경험에 관한 경험적 자료를 과거 생체의학에서만 가능했던 수준만큼 정확하게 수집할 수 있는 수단을 제공했다. ESM은 이러한 연구들을 수용하기 위해 요구되는 논리적 단계였다. 왜냐하면 우리는 실험실에서처럼 연구하고 싶은 인간의 행동을 조성하고자 자연 환경에서 중요한 사회적 변인들을 실험적으로 조작할 수는 없기 때문이다. 따라서 실제 인간의 웰빙과 고통의 역동적 과정을 이해하고자 한다면, 우리는 일상생활의 환경에서 이용할 수 있는 자연적 경험을 기회를 살려 이용해야 한다.

생태순간평가

우리는 이제 EMA에 대해 더 형식적인 정의를 내리려 한다. EMA를 규정하는 세 가지 특징이 있다(Stone and Shiffman, 1994). 첫째, 피험자들이 일반적으로 거주하는 환경에서 그들을 연구한다. 이러한 EMA의 필요조건은 피험자들이 자신들이 일반적으로 속한 환경과는 상당히 다른 환경에서 다양한 과제에 반응하는 실험실 기반 연구와는 대조적이다. 실험실 기반 연구와 비슷한 방법으로, 임상의(臨床醫)의 직무실에서 수집된 자료는 (대부분의 사람들 입장에서는) 일상 환경과는 적합하지 않은 것이다. 환경적 특징들이 행동적, 생리적 측면에서 개인들의 반응에 영향을 미치기 때문에 측정의 생태학적 타당도는 쟁점이 되고 있다. 좋은 예로는 (보통 흰색 진료실 가운을 입은) 의료인의 손에 몸을 맡겨 혈압을 잴 때면 혈압이 상승하는 경우인 백의 고혈압(white-coat hypertension)을 들 수 있다. EMA는 응답자들로 하여금 정상적인 환경에서 얻은 자료를 제공할 수 있도록 함으로써 생태학적 타당도를 최대한 높인다.

둘째, EMA는 자료의 회고적인 왜곡을 피하기 위해서 순간적인 상태 혹은 거의 즉각적인 상태에 대한 자료수집에 의존한다. 이러한 EMA의 핵심 요소를 뒷받침해 주는 유력한 증거가 있다. 이런 문제의 중요성을 감안해서, 우리는 다음 절에서는 좀 더 중요한 여러 가지 회고적 편향에 대해서 논할 것이다.

셋째, 전형적인 EMA 표집 전략으로 하루에 여러 순간마다 수집하는 방식은 두 가지 목적을 지닌다. 즉 현상을 합리적으로 특징짓는 일을 확보하고자 하며, 연구자로 하여금 시간의 흐름에 따른 현상의 변동을 검사할 수 있도록 한다. 표집을 반복해서, 많은 환경적, 사회적, 심리학적 상황에서 일어나는 현상 — 환경적 영향을 반영하는 견해를 제시하는 — 과 전형적인 상황에 놓여 있는 개인을 평가한다. 자료를 통합하고 종합하는 다양한 방법은 EMA 정보의 특징을 나타내는 데 이용될 수도 있다. 반복적인 표집의 개념은 또한 조사자로 하여금 시간 흐름에 따른 현상의 역동적 과정을 조망할 수 있게 해 준다. 예를 들어, 그 표집 기법을 이용해서 환경적, 사회적, 심리학적, 생물학적 상태의 일일 주기를 검토할 수도 있다. 또한 EMA로 일주일, 한 달, 그 밖에 더 긴 주기의 생체리듬을 충분히 조사할 수 있다. 하지만 독자는 EMA를 설계하는 데 반복적인 표본이 반드시 필요하지는 않다는 사실을 주목해야 한다. 아주 많은 피험자들을 대상으로 단 한순간을 표집하는 연구 설계를 생각할 수도 있다. 그 설계의 개인 내 특성이 상실되고 그 설계가 매우 비능률성을 띠게 될지라도, 그런 연구로 많은 현안들을 검토할 수 있을 것이다.

현재의 자기보고 방법들에 내재된 편향

인지과학자들과 조사 연구자들은 자기보고 자료의 한계를 고찰하려는 노력에 앞장서 왔다. 우리는 이 광범위한 문헌을 면밀히 개괄하기(관심 있는 독자라면 슈바르츠와 서드맨의 자서전적 기억에 관한 1994년 책을 참조)보다는 가장 관련이 있는 일부 연구 결과들을 조명할 생각이다. 과거 경험에 대한 망각 현상이 단순한 시간의 선형 함수가 아니라는 사실을 처음부터 인정하는 것이 중요하다. 그렇다면, 조정이 회상 평가에 개입되어, 경험 이후로 흐른 시간을 교정할 수도 있을 것이다. 대신에, 훨씬 더 복잡한 과정이 회상 정보의 질에 영향을 미친다.

피험자들이 일정 기간 동안의 경험을 요약하라는 요구를 받을 때, 연구자는 더 최근의 경험일수록 시간적 거리가 먼 경험에 비해 회상에 더 큰 영향을 미친다는 점을 제시한다(Schwarz and Sudman 1994). 예를 들어, 일주일간의 기분에 대한 평정을 내리기 전 날에 특별히 기분이 좋은 날을 경험했다면, 그 경험은 일주일간을 긍정적인 방향으로 치우쳐 평가하는 편향을 보일 가능성이 높다. 특정한 사건들에 대한 회상에 영향을 미치는 또 다른 현상으로 '의미를 찾으려는 노력'이라고 불리는 것이 있다(Brown and Harris, 1978). 예를 들어, 한 개인이 자기 직장의 관리자와 언쟁을 벌인 직후에 스트레스의 정도를 평가받았다면, 스트레스는 매우 높게 평가됐을 것이다. 하지만 그다음 날, 관리자가 전날의 언쟁 덕분에 새로운 관점에서, 더 긍정적인 관점에서 직원을 보게 되는 상황을 가정해 보자. 일주일 후에, 관리자와 언쟁을 벌였던 직원이 그 언쟁에 대해서 질문을 받을 경우, 그는 그 언쟁을 그냥 보통 수준의 스트레스로 평가할지도 모른다. 언쟁 뒤에 일어난 사건들이 긍정적이었기 때문이다. 이처럼 경험 회상은 이후의 경험에 의해서도 영향을 받을 수 있다.

최근 사건과 의미를 찾으려는 노력을 제외하면 사람들이 일정 기간 동안 겪은 경험을 어떻게 요약하는지 알려진 바가 거의 없다. 연구자들과 임상의들은 종종 환자들에게 일정한 기간 동안, 예컨대, 지난주나 지난달에 겪은 고통을 보고할 것을 요구한다. 우리는 평소 환자들이 특정한 기간 동안 겪은 고통을 어떻게 요약하는지에 대한 질문에 대해서 별로 생각하지 않는다. 하지만 우리는 그러한 환자들의 보고가 의미하는 바에 대해선 분명 뭔가 추정하게 된다. 아마도 그처럼 환자들이 보고한 내용은 주어진 기간 동안 겪은 경험의 평균을 나타낼 것이라고 추정할 것이다. 사람들이 심지어 자신들의 고통 경험의 평균을 인지적으로 계산할 수 있는지의 문제를 제쳐놓더라도, 그들이 자신들의 경험을 요약할 수 있는 대안적인 방법은 많다. 아마도 그들의 회고적 회상은 대단히 고통스러운 에피소드들의 빈도 혹은 심지어 전 기간 중에 가장 고통스러웠던 에피소드의 가혹성에 전적으로 근거할 것이다. 그것이 아니면, 고통의 가변성이 회상에 영향을 미치는 요인일지도 모른다. 요점은 현재로서는 요약 과정에 대한 정보가 많지 않으며, 사람들이 경험을 요약하는 방법은 연구와 의료행위 모두에 영향을 미칠 수 있다는 것이다. 카너먼과 그의 동료들은 고통(통증)과 쾌락에 대한 지속적인 평가를 이용해서 이러한 과정을 조사했다(Redelmeier and Kahneman, 1996). 그들은 고통과 쾌락에 대한 회상은 일정한 간격 동안의 정점 경험과 가장 최근 경험의 결합과 가장 커다란 관련이 있다는 사실을 발견했다. 이 문제를 역설한 EMA 연구는 이 장의 말미에 제시되어 있다. 불행히도, 개인들이 경험을 요약하는 방법은 저마다 다를지도 모른다. 하지만 우리는 그 가능성을 뒷받침할 만한 자료에 대해서 아는 바가 없다.

여러 연구 결과들에 의하면, 평가 시점에서 그 사람의 상태가 회상에 영향을 미치는 것으로 보인다. 예컨대, 회상 시에 높은 수준의 부정적인 감정을 경험한 피험자들은 부정적인 유의성(誘意性)[7]을 지닌 사건들에 대한 기억에 더 잘 접근할지도 모른다. 이 과정은 우울증 문헌에서 인정되고 있지만(고통 회상에 대한 논의는 Salovery et al., 1994를 참조) 그러한 연구는 회상 과정에 대한 우리의 이해에 미미한 영향을 미칠 뿐이었다.

자서전적인 기억 연구 또한 사람들이 특별한 사건과 사건 발생 날짜를 기억하는 데 사용하는 전략을 강조한다(재고찰하고자 하면 Schwarz and Sudman, 1994를 참조). 잘 알려진 세밀한 연구 사례로는 '망원경 효과'로 알려진 것을 들 수 있다. 이 효과에 의하면, 사람들은 사건을 사건이 일어났던 객관적인 날짜보다 더 최근에 일어난 것으로 회상하려 한다. 사람들은 드문 사건을 보고하기 위해서는 계산 전략을 이용하지만 빈번한 사건을 회상할 때는 어림 전략을 사용한다는 증거 또한 많이 존재한다. 휴리스틱 전략의 발견은 조사 설계와 면접법의 향상에 대한 통찰력을 제공해 왔다(Bradburn and Shevell, 1987). 예를 들어, 사람들은 흔히 다른 사건들의 날짜를 추정하기 위한 비교 시점으로, 발생한 날짜가 잘 알려진, 특별히 부각되는 사건들을 이용한다. 이런 정보에 근거해서, 어떤 설문 조사들은 이러한 비교 과정을 강화하고 따라서 사건의 날짜 추정을 향상시키기 위해서 특별히 인상에 남는 날짜의 명확한 확인을 포함시킨다. 그럼에도 불구하고 회상 정보에 관한 실질적인 문제들은 여전히 남아 있다. 이 장에서 앞으로 논의될 접근법은 현상이 일어나는 대로 하게 될 현상에 대한 평가, 즉 순간 평가를 이용해서 회상 편향을 최소화한다.

행동과학 및 의학의 도구로서의 EMA

많은 EMA에 대한 연구의 예를 제기하기에 앞서 우리는 행동과학 및 의학에서 이용할 수 있는 EMA 방법론의 잠재력에 대해 논하고자 한다.

EMA는 회상 편향을 줄이기 때문에 그 기법의 활용은 새롭고 아마 놀랄 만한 결과 — 예전에는 회고적 방법들로 자료를 수집했던 — 를 낳을지도 모른

---

7   개인이 특정한 대상에 끌리거나 반발하는 성질, 혹은 개인이 특정한 결과에 대해 갖는 선호 정도.

다. 많은 심리학적 특징들은 개인들에게 모종의 특징, 이를테면, 얼마나 행복한지, 얼마나 말이 많은지, 혹은 얼마나 사교적인지에 대해서 스스로를 평가하도록 요구하는 방법을 통해 평가된다. 회고적 전략 그리고/또는 요약 전략은 한 개인이 이러한 특징들을 보고하는 것에 영향을 미칠지도 모른다. 이러한 편향을 감소시키기 때문에 동일한 현상에 대한 EMA 평가는 다른 결과를 낳을지도 모른다. 차후에 기술할 연구들 중 하나가 보여주는 바에 의하면, 사람들이 스트레스 유발 사건에 어떻게 잘 대처하는지 평가하는 두 가지 상이한 방법은 평가의 시간 프레임에 따라 다르다.

자연적인 EMA 응용은 일상적인 현상의 역학에 관한 연구이다. 한 가지 흥미로운 양상으로는 다양한 순간 평가들로 과정을 검사할 수 있는 능력을 들 수 있다. 환경적, 혹은 심리학적 변인들의 변동은 예컨대, 결과의 예측 변인으로 이용될 수 있었다. 자료의 상관적인 특성이 주어진다고 하면, EMA 자료로 문제들을 분석하는 강력한 기법은 앞으로의 전망 보고를 이용한다. 시차 변인들을 계산함으로써 시간 2에서의 결과들에 대한 예측은 시간 1 혹은 그 이전에서 수집된 변인들로부터 만들어질 수 있다. 이것은 연구 변인들 사이의 시간적 관계에 대한 연구자의 신뢰를 향상시킬 수 있다.

이러한 양상들은 EMA 활용 기법의 매우 긍정적인 속성이지만, 우리는 이 기법의 많은 한계점 또한 언급할 수밖에 없다. EMA 연구들은 흔히 참가자들에게 부담을 주기 때문에 개인들이 자발적으로 참여하고 있는 시간의 지속은 제한될 수밖에 없고, 사실상 자발적으로 참여하는 개인들의 대표 표본을 수집하기에는 어려울 수밖에 없다. 결국 대표 표본 수집의 어려움은 EMA 연구들이 산출한 결과의 일반화 가능성에 중대한 영향을 미칠 수 있다. 리트와 쿠니의 최근 연구(Litt and Cooney, 1998)는 현저히 낮은 신뢰도를 증명했다. 하지만 하루 동안에 많은 평가를 수반하는 EMA 연구들은 여러 주 동안 성공적으로 이루어졌으며, 어떤 사람의 눈에는 연구에 잘 응하지 않을 자들(예컨대, 마약 중독자들)로 여겨질 수도 있었던 참가자들이 놀라울 정도로 좋은 자료를 산출했다는 사실을 지적해야겠다. 또 다른 문제는 빈번한 신호와 질문지 작성이 불러일으킬 수 있는 반응 준비와 관련이 있다. 예컨대, 만성적으로 아픈 환자들에게 고통에 대해서 빈번하게 질문하는 것이 그들의 고통 수준을 변화시킬 수 있었을까? 이는 중요한 문제가 아니라는 증거(Cruise et al., 1996)가 있지만, 추가 연구는 그러한 질문에 대해서 올바른 답변을 내놓아야만 할 것이다.

EMA 연구, 특히 높은 수준의 기술 혁신, 팜톱 컴퓨터를 활용한 연구를 이행하는 데는 연구 참가자들에 대한 부담 외에, 많은 재정 투입이 요구된다. 이와 같은 연구들은 자료 수집을 전산화할 수 있는 장점이 있지만, 과학기술에 속하는 다수의 기술적이고 기호 논리학적인 문제들을 수반한다. 결국, EMA 자료에 대한 적절한 분석은 연구자에게 많은 도전을 제기한다(Schwartz and Stone, 1998을 참조).

이 모든 요점은 EMA 설계를 활용하기 위해 심사숙고한 결정으로 이어져야 한다. 모종의 연구 문제들에 대한 대안은 전혀 없다. 하지만 좀 더 전통적인 방법들로 충분하다면, 연구자는 이용할 수 있는 방법들의 장단점을 잘 따져봐야 할 것이다.

현재 행동과학에서 이루어지고 있는 EMA 연구

우리는 이제 데이터 분석의 기본 양식으로 EMA를 이용한 선택적 연구들을 고찰하고자 한다. 이는 이 장에 할애하기에는 너무 길 것으로 보이는 EMA 문헌에 대한 포괄적인 재고찰은 아니다. 우리는 그보다는 우리 자신과 동료들이 무수히 수행한 다양한 연구들을 제시하는 쪽을 선택했다. 연구에서 다루어지는 연구 문제들에 대한 간략한 기술은 선택적 결과에 대한 설명으로 이어지면서, EMA 이용이 허용한 유일한 연구 결과를 강조할 것이다. 그리고 만성 질환의 통증과 증상, 흡연 행위의 결정 요인, 정신 질환 증상, 기분의 상황적 결정 요인, 기분 및 사소한 사건, 생리적, 행동적 변인들, 그리고 활동성 혈압과 심박수 등과 관련된 자료들이 제시될 것이다.

만성질환 환자의 통증과 증상

여러 연구들은 류머티즘 관절염과 만성 피로 증후군과 섬유근육통의 진단을 받은 환자들을 포함한 만성질환 환자들이 겪는 통증을 조사했다. 변인과 일부 환자들이 겪는 통증 경험의 발생 패턴을 감안할 경우에, EMA 기법들로 통증을 측정하는 것은 아주 적절해 보인다. 임상의들은 통증에 대한 순간 평가의 효용을 인식해 왔고, 종종 통증 일기를 환자의 평가에 결합시킨다. 하지만 일기와 환자들에게 고통을 보고하도록 신호를 보내는 방법 및 보고 스케줄상의 EMA 실시 요강 사이에는 중요한 차이가 있다. 환자들은 일기를 이용해 정기적인 스케줄로 통증을 평가할 수도 있다. (즉 하루 3시간마다 혹은 그들이 통증의 변화를 지각할 때마다 통증을 평가할 수 있다.) 반면에 EMA는 신호에 대한 환자의 예상을 최소화하고, (식사와 같은) 정기적인 환경적인 사건들이 기록된 스케줄에 맞춰 결정된 것이 아니라는 점을 보증하고, 통증 강도의 '변화'를 보고하는 시기와 같은 어려운 인지적 결정을 최소화하기 위해서 무작위적인, 혹은 거의 무작위적인 평가 간격을 이용한다.

스톤과 동료들(Stone et al., 1995, 1996)은 류머티즘성 관절염(rheumatoid arthritic: RA) 환자 34명의 일주일 동안의 통증 경험을 조사했다. 환자들은 미리 프로그램된 손목시계를 통해서 하루 일곱 번의 신호를 받고, 자신들이 겪는 통증을 0~10점 척도로 평가했다. 여덟 번째 날에, 환자들은 류머티즘 전문의와 예정된 약속을 가졌다. 그때마다 그 전문의는 지난 일주일 동안 환자들이 겪은 전체 통증 수준을 평가했다. 환자들 또한 전 주 동안에 자신들이 겪은 통증을 평가했다. 결국 이러한 평정 덕분에 회고적 평가를 다양한 조합의 EMA 데이터와 비교할 수 있다.

평균, 최빈수, 극소점, 극대점, 범위, 가변성, 7일간 일일 평균, 7일간 매일 아침, 오후, 저녁 동안의 각각의 평균, 그리고 정점의 통증과 가장 최근의 통증의 결합 등을 비롯해, 49개의 EMA 통증 보고를 요약하는 많은 상이한 방법들이 조사되었다. 연구자들과 임상의들은 회고적 평가가 평균 통증을 나타내는 것은 아닐까 하고 생각했다. 이는 완벽하게 합리적인 가정이다. 그리고 연구 결과에 의하면, 평균 EMA 평점은 변량의 약 50퍼센트를 설명해 주었다. 하지만, 다른 EMA 통계는 훨씬 더 큰 변량을 설명해 주었다. 최고 통증 수준이 한 주 내내 보고되었고, 6일째 아침에 보고된 통증은 상위 10퍼센트였고 정점 및 최근 통계치는 모두 회고적 통증에 대한 훨씬 더 좋은 예측 변인이었다. 이 자료는 회고적 통증 평가가 단순한 통증 경험의 평균이 아니라 (극단적인 통증 경험 및 최근의 통증의 영향을 강조하는) 특정한 기억 과정을 반영하고 있다는 견해를 뒷받침해 주는 것으로 해석될 수 있다. 흥미로우면서도 다소 혼란스러운 문제이지만 향후 연구에서는 상이한 환자들이 자신들의 통증을 요약하는 데 상이한 휴리스틱을 사용할 수 있을 가능성을 조사해야 한다. 우리는 또한 이러한 연구 결과들을 감정 상태와 웰빙으로 일반화할 수 있지 않을까 생각하고 있다.

이 연구가 완결되기 전까지는 이 환자 집단이 겪는 통증의 일일 패턴에 관해 알려진 것이 거의 없었다. 임상의들은 일반적으로 통증은 하루의 어느 때보다도 아침에 악화된다고 생각했고, 이러한 일일 주기는 우리의 연구에서도 발견되었다. 그럼에도 불구하고, 특히 흥미롭게도 그 집단의 50퍼센트만이 그러한 패턴을 보이는 것으로 관찰되었다. 나머지에게서는 일반적으로 어떤 뚜렷한 패턴이 보이지 않았다. 이러한 연구 결과는 개인차를 확인하는 데 있어, 개인 내 데이터의 중요성을 강조한다. 두 번째 흥미로운 결과는 신호음이 울릴 때마다 보고한 통증과 스트레스 유발 사건들 사이의 연관성이었다. 스트레스 정도와 통증 수준 사이에는 RA 환자들의 일과 종료 연구(Affleck et al., 1992)로부터 나온 앞서의 스트레스와 통증의 연관성을 확증해 주는 단순 관계가 명확히 존재했다. 우리는 섬유근육통 환자들(Affleck et al., 1996)과 만성 피로 증후군 환자들(Stone et al., 1994)에 대한 유사한 EMA 연구들이 있었다는 사실도 주목한다.

천식의 종합적 증상 역시 EMA 기법으로 검사되어 왔다. 우리의 실험은 30명의 천식 환자, 그리고 증상과 폐 기능에 영향을 미치는 '테이프에 녹음된 이완 중재의 효과'를 연구했다(Smyth, Soefer, et al., 저널에 실릴 예정인 논문). 오랜 세월 동안 휴대용 장치들은 최대호기유량(peak expiratory flow: PEF, 숨을 내쉬는 능력), 즉 폐 기능과 밀접한 관련이 있는 폐활량을 측정하는 데 이용되어 왔다. 한 환자는 작은 장치를 휴대하고 신호음이 울릴 때마다 그 장치에 숨을 크게 내쉬는 것으로 PEF를 기록한다. 이 연구의 피험자들은 지속적으로 약 10일(통제 기간) 동안, 하루에 (하루 전체의 대표성을 확보하기 위해 일일 시간대 내) 무작위적인 간격으로 다섯 번 신호음을 받았다. 그리고 나서 그들은 매일 테이프에 녹음된 이완 중재에 귀를 기울이기 시작했고 또다시 약 10일 동안 같은 방식의 신호음을 받았다. 신호음을 받을 때마다, 환자들은 자신들의 천식 증상과 기분, 상황을 기록했고, 숨을 내쉬어 PEF를 기록했다. (또한 피험자들은 여기에서 논의되지 않은 다른 생화학적 분석을 위해서 타액 샘플을 채취했다.)

연구 결과, 중재의 효과가 나타났다. 통제 기간 동안에 보이는 증상 및 PEF의 안정적인 패턴과 비교해 보면, 중재 이후에 명확하게 PEF의 수준이 향상되고 증상의 수준이 감소된 결과를 보였다. 더욱이, 분석결과에 의하면, 모든 중재 날에 수준의 변화가 나타났을 뿐만 아니라, 그 날들 동안에 종합적인 증상이 점진적으로 줄어드는 쪽으로 기울기의 변화가 나타나기도 했다. 추가 분석은 스트레스와 폐질환이 연관되어 있음을 보여주었다. 일상적인 사소한 스트레스 요인으로도 폐 기능이 악화될 수 있었다.

흡연과 흡연 욕구의 결정 요인들

시프먼과 그의 동료들은 특별히 포괄적인 흡연에 대한 EMA 연구를 시행했다. 흡연은 다양한 측면에서 EMA 방법에 의한 연구에 이상적으로 적합하다. 흡연은 상습적인 습관이고 쉽게 구별할 수 있으며, 다양한 환경적인 자극 및 내면적인 자극(예컨대, 다른 흡연자들, 기분)과 연관이 있는 것으로 보인다. 재흡연 에피소드 또한 내면 상태 및 주변 환경과 연관이 있다(Shiffman et al., 1996). 재흡연은 감정적 혼란, 음주, 흡연 단서에 노출 등의 조건에서 일어나는 경향이 있다. 이러한 연관성을 평가하는 자기보고 질문지법이 있지만, 그 측정법은 타당도가 부족할 수도 있다(Shiffman, 1993). 흡연의 순전한 빈도(하루에 담배 한 갑을 피는 흡연자는 1년에 7,300번 핀다)를 생각하면, 흡연자들이 자신들의 흡연 패턴에 대한 정확한 개요를 제공하고자 자신들의 흡연에 관한 정보를 부호화하고 처리할 수 있을 거라는 점이 믿기지 않는다.

한 연구에서 시프먼은 두 흡연자 집단, 즉 골초(로 아마도 니코틴에 의존하는) 흡연자들과 니코틴에 의존하지 않는 가벼운 흡연자들('이따금 담배를 피우는 사람들')에게서 보이는 흡연의 상황적, 감정적 상관관계를 평가하고자 무작위 EMA 평가를 추가한 흡연의 전산화 자기 모니터링을 이용했다(Shiffman, 1997). 가장 눈에 띄는 연구 결과는 이따금 담배를 피우는 사람들의 흡연은 훨씬 더 자극 구속적인 면을 보인다는 것이다. 즉, 가벼운 흡연자의 흡연은 훨씬 더 환경적, 감정적 자극과 밀접하게 연관되어 있는 것으로 보인다. 흥미롭게도, 이따금 담배를 피우는 사람들의 흡연을 통제하는 특정한 자극은 특별하며, 개개의 흡연자마다 다르다. 이러한 연구 결과는 중독의 모델과 일치하며, 개별 사례 분석에 수반하는 집중적인 피험자 내 평가의 효용을 증명해 준다.

또한 시프먼은 재흡연 연구에 EMA 방법을 적용했다. 대부분의 금연 노력이 재흡연으로 끝나기 때문에 재흡연과 그 선례를 이해할 필요성은 시급하다. 한 가지 접근법은 최근 담배를 끊은 사람들이 처음 다시 흡연을 시작하게 되는 상황의 특징에 관한 자료를 수집하는 것이었다. 그러한 자료는 전형적인 회고적 방법(예로 O'Connell and Martin, 1987을 참조)으로, 관련 변인의 기저율[8]에 대한 어떠한 통제도 없이 수집되었다. 흡연 일탈 상황의 어떤 양상들이 특유한 것인지 결정하기 위해서, 시프먼과 그의 동료들(1996)은 흡연 일탈 상황의 특징들을 두 비교 기준 ― (담배를 피우고 싶은 충동은 강하지만, 개인이 흡연 일탈을 하지 않았을 때의) 흡연 유혹의 에피소드, 그리고 무작위로 선택된 순간의 에피소드 ― 과 비교했다. 두 비교 상황은 흡연 일탈 에피소드 지표보다 며칠 앞선 시점에서 선택되었다. 흡연 일탈 상황은 부정적 감정, 흡연 단서의 존재, 음주 등의 특징으로 나타난다. 대부분의 경우, 흡연 유혹 상황은 흡연 일탈 상황과 무작위 표집 상황 사이의 중간 상황이었다. 하지만 피험자들이 대처 반응[9]을 하지 못했다고 보고했을 때 흡연 일탈을 보일 가능성이 더 높았다.

앞선 흡연 일탈 에피소드와 흡연 유혹 에피소드에 대한 분석은 필연적으로 흡연 일탈 행동을 보였던 흡연자들로부터 수집한 흡연 일탈 에피소드와 일반적으로 금연을 유지하고 있던 흡연자들로부터 수집한 흡연 유혹 에피소드 간의 대조로 행해졌다. 따라서 그 분석은 피험자 간 변량과 피험자 내 (상황적) 변량을 혼동했다. 이러한 분석들은 집중적인 피험자 내 EMA 평가를 활용함으로써, 흡연 유혹과 재흡연에 미치는 상황적 영향을 고립시켜, 그것들의 중요성을 증명했다.

시프먼과 그의 동료들 또한 순간 EMA 평가가 어떻게 더 큰 단위들로 통합될 수 있는지를 증명했다. 재흡연에 대한 흡연 갈망의 영향을 평가하기 위해서 다양한 EMA 평가들은 일일 평균으로 통합되었다. 그 분석의 한 가지 목적은 시간의 흐름에 따른 자연스러운 흡연 갈망의 이력을 측정하는 것이었다. 흡연자들의 그 과정에 대한 전체적인 평가에 근거한 임상 지식이 제시하는 바에 따르면, 흡연 갈망은 금연을 한 이후 처음에는 증가하다가 점차 정상 상태로 돌아온다. 하지만 개개의 피험자마다 행해진 다양한 일일 EMA 평가들에 근거한 일상적 흡연 갈망에 대한 개요는 흡연 갈망이 일반적으로 금연 이

---

8   판단 및 의사결정에 필요한 사건들의 상대적 빈도.
9   생명체가 유해한 자극을 회피하거나 최소화하는 반응.

후에는 증가하지 않았음을 보여준다. 그보다는 오히려 흡연 갈망은 피험자들이 흡연을 중단한 이후에 꾸준히 감소하는 것으로 나타났다. 또한 자료는 흡연자들의 금연 경험이 주기적인 심한 갈망의 에피소드로 인해서 간간이 중단되었다는 점을 확증했다. 이러한 에피소드들은 시간의 흐름에 따라 그 빈도가 감소했다. 흡연자들은 흔히 금연 초기에 며칠간은 흡연 갈망을 지속적으로 느낀다고 보고하는 데 반해, 자료가 보여주는 바에 의하면, 심지어 초기에도 흡연 갈망은 특정한 상황적 자극과 연합되어서 일시적으로 증가하는 것으로 나타났다(Shiffman et al., 1997a). 이 외에도 분석은 일정한 날에 느끼는 흡연 갈망이 가까운 앞날에 일어날 재흡연의 위험성을 예측해 주는지에 대해서도 검토했다. 분석의 초점은 흡연 갈망의 동적인 변화에 맞춰져 있었다. 흡연 갈망을 더 경험하는 개인들일수록 재흡연을 할 가능성이 높다는 사실은 상대적으로 잘 알려져 있기 때문에, 여기서는 흡연 갈망의 매일매일의 역동적인 변화가 재흡연 위험성의 매일매일의 변화를 예측해 주는지에 초점을 맞췄다. 이러한 분석은 니코틴 의존성과 흡연 갈망의 개인차가 밝혀진 이후에도 재흡연 위험성을 정말로 그러한 역동적인 자료로부터 예측할 수 있다는 사실을 증명했다. 흥미롭게도 시프먼과 그의 동료들(1997a)이 발견한 사실에 따르면, (흡연자가 잠에서 깨어난 직후인) 아침에 맨 먼저 얻은 흡연 갈망 보고는 재흡연 위험에 대한 가장 강력한 예측 변인으로 전체적인 일일 평균치를 훨씬 더 초과했다. 이러한 연구 결과는 평가의 시점과 표집의 중요성을 설명해 준다.

정신 증상

네덜란드 마스트리히트에서 시행된 ESM 연구들은 스트레스와 정신병을 경험한 개인들의 삶을 집중적으로 연구했다(DeVries, 1992; Van Eck, Nicolson et al., 1996; Delespaul, 1995). 조현병, 스트레스, 불안, 우울증, 약물 남용, 트라우마, 고통 등을 경험한 피험자들은 10만 일 이상의 ESM 데이터를 제공했다. 이 연구들은 하루에 여러 차례 부분적인 무작위 신호를 보내 증상, 정신 상태, 상황에 대해서 묻는 표준적인 6일 표집 형식을 이용했다. 정신병 진단을 상황에 맞게 재정립하기 위해서, 피험자들에게 묻는 네 가지 기본적인 질문은 다음과 같다(DeVries, 1997). (1) 정신 질환이 있는 사람들이나 정신 질환이 없는 사람들이 실제로 하루 종일 무엇을 할까? (2) 그 사람들은 인지적, 정서적으로 이 기간 동안 무엇을 경험할까? (3) 그 사람들의 정신 상태에 특정한 환경이 미치는 효과는 무엇인가? (4) 증상 및 정신 상태의 시간 패턴, 즉 발병, 에피소드, 회복은 어떤가?

마스트리히트에서, 경험 표집된 데이터는 다중방법인 실험 민족지적 접근법 — ESM을 역학조사, 표적 표집(예컨대, 눈덩이 표집[10]), 초점 집단, 사회적 네트워크 분석 등과 같은 다른 방법들 및 자료 수준, 그리고 자연환경에서의 실험과 결합시키는 — 으로 통합된다(DeVries, 1997). 이러한 방법들을 이용하는 연구는 개인들과 특정 모집단의 요구에 맞춰 진단을 개선하고 치료를 정하기 위해서 정신 질환의 행동적, 상황적 양상을 명확히 밝히는 데 초점을 맞췄다. 급성 정신 질환과 노인의 우울증을 제외하면 ESM을 수용한 결과는 대단히 좋았다. 이와 같은 많은 연구들은 흥미로운 결과로 이어졌다. 그 연구 결과들은 약물 욕구가 기분 및 사회적 환경과 관련이 있다는 사실을 증명했다(Kaplan, 1992). 우발성 공황 장애를 동반한 불안은 우발적으로 일어나고 역동성을 띠는 것으로 밝혀졌다. 우울증은 하루 동안에도 매우 변화가 잦은 질환으로 보이며 남성과 여성에 따라 형태와 상황이 다른 것으로 밝혀졌다. 항우울제 치료에 응한 사람들은 치료 이후에 확연히 다른 동기적, 정서적 프로파일과 시간 운영 프로파일을 보였다. 그리고 조현증적, 청각적, 시각적 환각들의 지속 시간은 대략 2시간으로 상대적으로 짧으며, 환경적 자극에 의해서 유발되지 않는다(Delespaul, 1995).

ESM 연구의 다른 대상으로는 노인들에 대한 폭넓은 연구, 해독과 중독 상황을 조사하는 약물 남용에 관한 연구, 치료 효과에 대한 연구, 그리고 스트레스와 조현병 및 조울병 증상과의 관련성에 대한 연구가 있다. 이러한 연구는 치료와 치료법 개발에 이용할 수 있도록 정신 질환에 대한 더 명확한 설명을 제시하는 데 목적을 두고 있다. 그리고 최근 들어 이 연구들은 매우 다양한 상황에서 정신 질환의 새로운 양상들을 평가하는 데 이용할 수 있는, 새롭고 덜 노동집약적인 방법을 찾는 것을 목표로 하고 있다.

---

10 처음에는 소규모의 응답자 집단을 조사하고, 그다음에는 그 응답자들을 통해 비슷한 속성을 가진 다른 사람들을 소개받아 조사하는 표집 방법.

기분의 상황적 결정 요인

기분은 행동과학에서 널리 쓰이는 개념이다. 기분은 기능의 일반적인 지표로 개념화될 수 있을 것이며, 웰빙과 연관되어 있다. 기분은 그 자체가 정신질환과 밀접하게 관련되어 있으며, 흔히 신체 건강과 연관 있는 생리 체계로 통하는 매개 경로로 여겨진다(Stone, 1995). 비록 기분에 대한 일부 사고방식이 기분을 피험자 내에서 가변성이 적은 비교적 안정적인 척도로 여기지만, 다른 개념화들은 기분의 일시적인 특성에 초점을 맞춘다. 특히, 기분의 일시적인 특성에 대한 견해와 관련해, 기분과 기타 행동적 변인들에 대한 EMA 연구들은 상황과 감정의 역동적인 상호작용을 더 충실하게 이해할 수 있는 잠재력을 제공한다. 더욱이 기분과 관련된 측정 문제들은 특히 고통 평가에 관한 것일 수 있다. EMA는 구성 개념의 안정성과 그것의 심리적, 상황적 결정요인들을 통찰하는 유용한 방법일 것이다.

한 연구는 기분 자료를 해석하는 데는 상황 요인들을 고려하는 것이 중요하다는 점을 증명했다(Stone et al., 1996). 우리는 활동(예컨대 일, TV 시청, 식사)과 장소(집, 차안, 일터 등등)의 일일 주기뿐만 아니라 기분의 일일 주기도 조사했다. 대부분의 활동과 마찬가지로 대부분의 기분은 일일 주기를 정말로 증명했다. 흥미롭게도, 활동과 장소를 통계적으로 통제한 이후에 기분 패턴을 검사했을 때, 일부 기분들(행복)은 일일 주기를 상실했던 반면에 다른 기분들(권태)은 그대로 일일 주기를 유지했다. 그럼, 일과 종료 시의 기분은 무엇을 반영할까? 왜 어떤 기분들은 상황의 결정적인 영향을 덜 받는 것으로 보일까? 우리는 EMA 방법들이 이와 같은 현상을 밝히고 이해할 수 있는 문을 열었다고 믿는다.

또 다른 연구에서 펜네르와 그의 동료들(Penner et al., 1994)은 흡연 연구의 일환으로 흡연자들로부터 수집한 순간적인 기분을 이용해, 기분의 순간순간의 가변성의 개인차를 분석했다. 그들의 발견에서 눈에 띄는 점은 그러한 가변성 자체가 안정적인 개인차를 보인다는 사실이다. 그들의 연구 결과에 의하면, 그러한 개인차는 반응 유형의 차로 설명될 수 없으나, 기분의 불안정성의 실제 개인차를 나타내는 것으로는 볼 수 있었다. 각 개인마다 다양한 평가를 할 수 있기 때문에 피험자 내에서의 가변성에 대한 분석은 특히 EMA 방법들에 의한 연구에 유용하다.[11]

기분 포착과 작은 사건들

많은 연구들은 피험자들이 하루 동안 겪은 경험을 요약하는 데 일기를 이용했다(예컨대, Stone, Neale and Shiffman, 1993). 하지만 단 하루 동안의 경험을 요약하는 것조차 결과 데이터에 편향이 개입될 수도 있는 실질적인 인지 과정이 필요하다. 예를 들어, 연구가 제시하는 바에 따르면, 피험자들의 가장 최근 경험은 눈에 띄는 그것의 부각성 때문에 그들의 일일 요약에 가장 큰 영향을 미칠 수 있다. 그 부각 효과를 평가하기 위해서, 우리는 '피험자들의 일과 종료 시의 스트레스 요약'과 '일일 요약 마감 시간에서 지속적으로 멀어지는 3시간 구간들에서 그들이 느끼는 순간적 기분' 사이의 상관관계를 밝혔다(Shiffman, 미출간).

가설에 따르면, 일과 종료 시의 요약은 가장 최근의 정서 경험에 아주 민감했다. 특히, 현저히 부정적인 사건이 발생한 날들에는 일일 요약은 거의 전적으로 최근 경험의 지배를 받는 것으로 보였다. (하루의 첫 세 시간처럼) 요약 마감 시점에서 시간적으로 먼 경험일수록 일일 요약에서 완전히 무시되기 쉬운 것으로 보였다. 이런 점 때문에 일일 경험을 포착하는 데 일일 요약이 순간 평가를 대체할 수 없는 것이다.

반대로, 또 하나의 연구는 EMA 측정치가 경험의 순간적 변화 정도를 포착

---

11 (지은이) 분명, 이러한 종류의 EMA 연구는 막대한 노력을 요하며, 단순 자기보고 질문지로부터도 동일한 정보를 얻을 수 있다면, 그 노력은 정당화될 수 없을 것이다. 흡연 문헌에는 흡연 패턴에 대한 질문지 평가의 긴 역사가 있다(Shiffman, 1988). 따라서 그러한 '흡연 유형 분류 체계'의 질문지에 EMA 자료와 동일한 정보가 포함되어 있는지의 여부를 결정하는 것은 중요해 보인다. 시프먼과 그의 동료들(저널에 실릴 예정인 논문)은 흡연 유형 분류 체계의 질문지와 EMA 자료의 상관관계성을 입증했다. 그 상관관계는 0에 가까웠다. 따라서 질문지는 EMA 자료를 대체할 수 없다.

이 연구 이전의 재흡연 에피소드에 관한 대부분의 문헌은 보통 대상 사건이 발생하고 몇 달 후, 회고적으로 추적 수집한 그 사건의 에피소드에 대한 회상에 의존했다. 그러한 에피소드들이 상대적으로 특별한 속성을 지닌 중요한 생활사건이기 때문에 피험자들은 그 에피소드들을 잘 회상할 수도 있다. 그와 같은 회상이 재흡연 에피소드들의 세부적인 내용을 정확히 포착할 수 있는지 밝히고자, 시프먼과 그의 동료들(1977b)은 재흡연 에피소드들에 대한 회상 보고와 실시간 EMA 기록을 비교했다. 둘 사이의 상관관계는 평균 0.32로 일치성이 적은 것으로 밝혀졌다. 게다가 다른 자료가 제시한 바에 따르면, 이 일부 작은 일치성마저 사실상 '도식적인 회상' ─ 즉, 경험 시기에 부호화된 자료에 대한 특별한 회상으로부터 에피소드를 재구성하는 것이 아닌 계급과 같은 근거에 관한 일반적인 지식으로부터 에피소드를 재구성할 수 있는 능력 ─ 에 기인했다.

할 수 있다는 사실을 제시했다. 이 연구에서 피험자들은 팜톱 컴퓨터를 이용해서 자신들의 순간적 경험을 모니터했다. 또한 매일 일과 종료 시에, 그들은 자신들이 경험한 (즐거운 저녁식사나 교통체증이 풀리기를 기다리는 일과 같은) 긍정적이거나 부정적인 사건을 아주 작은 것이라도 (회고 방식으로) 보고했다. 그 보고에는 사건의 발생 시간도 포함되었다. 우리는 흔히 단 하루 사이에, 긍정적인 사건 시기 동안 수집한 EMA 평가를 부정적인 사건 시기 동안 수집한 EMA 평가와 비교했다. 이 분석 결과에 따르면, EMA 기분과 활동 데이터가 그러한 작은 사건들과 관련된 하루 사이의 작은 변화 정도를 구분할 수 있었다.

스트레스 유발 상황에 대한 대처

스트레스 유발 상황에 대한 대처는 행동 의학과 사회심리학에서 오랫동안 핵심 과정, 즉 이론상 스트레스의 부정적인 영향을 조정하는 과정으로 생각되어 왔다. 대처 측정에 아주 유력한 접근법은 1970년대에 여러 연구자들에 의해서 개발되었다. 그 접근법은 참가자들에게 최근에 경험한 스트레스 유발 사건(보통 지난달에 일어난 사건)을 기술하고 (위협 정도와 같은) 스트레스 요인의 여러 가지 성질을 평가하고 최종적으로 스트레스 요인에 대처하기 위해서 긴 목록의 여러 전략들 중에서 어느 것을 썼는지 표시할 것을 요구한다. 이러한 평가 절차와 관련해 한 가지 분명히 우려되는 점은 보고에 영향을 미칠 수 있는 회고적 편향의 존재 가능성이다. 일부 연구자들은 편향을 줄이고 대처의 역학을 고찰하는 방향으로 나가는 첫걸음으로, 일과 종료 시의 대처 측정 방법(예컨대, Stone and Neale, 1984)을 개발했다. 하지만 적어도 한 연구는 일일 보고조차도 그리 정확하지 않을 수 있다는 사실을 지적했다(Ptacek et al., 1994).

스톤과 그의 동료들(1998)은 팜톱 컴퓨터를 이용해 스트레스와 대처를 측정하는 EMA 방법을 탐구했다. 첫 번째 연구에서 우리는 전화 인터뷰로 높은 수준의 업무 스트레스나 부부관계 스트레스를 보고했던 100명의 지역 거주자들을 이틀 반 동안 집중적으로 연구했다. 대략 40분마다 피험자들은 신호를 받고서 그 순간에 발생하고 있거나 그들이 생각하고 있는 모든 스트레스 요인을 보고했다. 피험자들은 긍정적으로 대답할 경우에는 어떻게 스트레스 문제를 대처하고 있는지에 대한 일련의 질문들을 받았다. 일일 참가에 뒤이은 보고 시간 동안 피험자들은 앞서 이틀 반 동안에 자신들이 대면했던 가장 커다란 스트레스 유발 문제에 관한 회고적 질문지를 완성했다. 그와 동시에 연구 보조원은 순간의 데이터를 업로드하고 보고된 각각의 문제를 인쇄물로 출력했다. 컴퓨터로 프로그램된 동일한 대처 질문지를 포함한 회고적 질문지를 완성한 후에, 연구 보조원과 피험자는 회고적 질문지에 언급되어 있는 문제에 부합하는 순간 평가를 확인했다. 이리하여 순간적 보고와 회고적 보고를 직접적으로 비교할 수 있었다.

아주 상세히 검토하지 않고도, 우리는 순간적 보고와 회고적 보고 간의 일치점이 작다는 사실을 알게 되었다(Stone et al., 1998). 불일치는 과실과 누락 모두에서 발견되었다. 그리고 놀랍게도 그러한 불일치를 예측하는 유력한 개인적 요인(개인차)은 없었다. 또한 우리는 특별히 불일치성이 높은 특정한 대처 항목들을 확인하고자 했으나 뚜렷한 패턴은 나타나지 않았다. 이러한 데이터에 대한 다른 분석이 대처에 대한 새로운 통찰력을 제공했다. 예컨대, 스트레스 유발 업무를 맞닥뜨린 상황에서 대처 노력은 순간적 기분을 수정할 방법을 거의 제공하지 않는 것으로 보인다(Marco et al., 저널에 실릴 예정인 논문). 이것은 스트레스와 기분의 관련성에서 차지하는 대처의 핵심적인 위치를 고려할 때 아주 놀랄 만한 연구 결과였다. 그러한 연구 결과에 대한 가능한 설명들은 많은 데 반해서, 그 연구 결과는 우리로 하여금 신중을 기하도록 하며, EMA 연구들로부터 나올 수 있는 새로운 종류의 결과들을 강조한다. 우리는 또한 EMA 데이터에 기초하여 특성 측정을 구성하는 개념에 대해 검토했다(Schwartz et al., 저널에 실릴 예정인 논문). 우리는 피험자들에 의존해 그들의 행동 안정성을 평가 — 앞서 언급했듯이 의심스러운 과제인 — 하기보다는 피험자들의 대처 노력에 관한 그들의 여러 순간 보고로부터 안정성을 평가했다. 대처의 전형적인 특성 측정과는 연관이 없는 이 새로운 측정은 EMA가 이러한 연구 영역을 밝혀줄 수 있다는 새로운 관점을 제시하기도 했다. 우리는 이 연구 결과가 대처에 제한될 것인지 의구심을 가지며, 특성을 측정할 수 있는 새로운 방법들이 다른 행동과학 분야에서 어떻게 작용할지 궁금하다.

시프먼 집단에서 얻은 재흡연 에피소드 관련 데이터는 구조적 평가(질문지법)보다는 대처 평가 — 질적, 내러티브적인 대처 데이터를 수집하는 EMA 방법을 이용한 — 에 대한 또 하나의 EMA 접근법을 설명한다. 금연의 성공은 피험자들이 유혹 상황을 능숙하게 대처할 수 있는 능력에 달려 있다고 제시되어 왔다. 하지만 사람들이 어떻게 그러한 상황을 대처하는지에 대해서는 상대적으로 잘 알려져 있지 않다. 게다가 대처에 대한 데이터를 수집하기 위한 폐쇄형 질문은 두 가지 중대한 난제를 제기한다. 첫째, 피험자들은 종종 아주 추상적인, 의미 있는 범주들에 따라 자신들이 이행하는 대처의 특징을 기술할 수 있어야 한다. 이는 해결하기 쉽지 않은 어려운 난제로 밝혀졌다. 둘째, 흡연자들이 코딩 시스템의 사용법을 익힐 수 있다고 하더라도 그들에게 코딩 시스템을 가르치는 일은 그 자체가 개입이라 할 수 있다. 범주 목록을 반복적으로 제시하다 보면, 피험자들은 어떤 대처를 선택할지 떠올리게 된다.

이러한 난제를 피하기 위해서 오코넬과 그녀의 동료들(O'Connell et al., 1987)은 제약이 없는 내러티브로 대처 데이터를 수집하는 쪽을 선택했다. 이 연구에서 피험자들은 팜톱 컴퓨터뿐만 아니라 소형 녹음기도 휴대했다. 피험자들은 컴퓨터를 이용해 구조화된 평가를 완성했다. 그리고 피험자들은 유혹의 에피소드를 보고할 때, 연구자의 지시에 따라 녹음기에 자신들이 그 에피소드에 어떻게 대처했는지 설명했다. 나중에 그들의 제약이 없는 내러티브를 재고찰하고 범주들로 코딩했다. 분석결과, 대처는 개인적 특성뿐만 아니라 상황 변인에 따라 달랐다. 예컨대, 예전에 금연을 시도했으나 실패한 피험자들은 인지적 대처 전략에 덜 의존한 점을 보고했다.

생리 과정 및 행동 변인들

생화학적 분석 기술의 발전 덕분에 타액에 있는 많은 호르몬을 측정할 수 있게 되었다. 시험관과 같은 장치로 타액을 편리하게 수집하는 기술 또한 이용할 수 있다. 수집 방법과 분석의 결합 덕분에 생태학적으로 타당한 연구들에서 우리는 행동과 호르몬의 상호작용에 대한 이해를 개선할 수 있었다. 생물행동적인 문제들을 검토하는 데 이용했던 EMA를 증명하기 위해서 우리가 예증한 특별한 연구들은 시상하부-뇌하수체-부신축과 그것의 중요한 최종 산출물인 코르티솔[12]과 관련한 것이다. 이 호르몬은 많은 신체의 신진대사 및

---

12 부신 피질에서 생기는 스테로이드 호르몬의 일종으로 스트레스에 대항하는 신체에 필요한

염증성 시스템과 연관 있으며, 흔히 두 가지 중요한 스트레스 호르몬 중 하나로 여겨진다.

마스트리흐트에서 판에크와 그녀의 동료들(van Eck, Berkhof, et al., 1996)은 타액의 코르티솔과 심리사회적 환경을 대변하는 많은 변인들 사이의 연관성을 검토했다. 97명의 성인들은 5일 연속, 하루에 열 번 신호를 받고, 스트레스 유발 사건들, 기분, 그리고 비교적 안정적인 개인의 특성들(지각된 스트레스, 특성불안, 우울증)을 측정했다. 참가자의 절반은 지각된 스트레스 수준이 높은 점 때문에 선택되었기에, 스트레스가 높은 개인들과 스트레스가 낮은 개인들의 코르티솔을 검사할 수 있었다. 전체적인 코르티솔 수준과 코르티솔의 일일 주기 모두 낮은 스트레스 수준을 가진 개인들과 높은 스트레스 수준을 가진 개인들에 있어서 다르지 않았다. 순간적 변인들과 관련해서 보면, 부정적인 기분은 상대적으로 높은 수준의 코르티솔과 관련이 있었지만, 긍정적인 감정은 그러한 관련성이 없었다. 하루 중에 일어난 스트레스 유발 사건들은 코르티솔 수준을 증가시켰고, 평가 시간에도 지속되고 있는 사건들은 훨씬 더 큰 영향력을 발휘했다. 놀랍게도 연구의 이론적 근거를 고려하면, 스트레스 요인이나 그것의 평가 내용은 코르티솔의 산출과는 관련성이 없었다. 또한 분석결과가 보여주듯이, 스트레스 유발 사건들이 코르티솔에 미치는 영향은 기분 변화를 통해서 크게 조정되었다.

방금 기술한 연구의 자연 관찰[13] 양상에 더하여, 판에크는 피험자들을 실험실 스트레스 반응 관찰기록에 참가시켰다(van Eck, Nicolson, et al., 1996). 참가자들은 보통의 스트레스 수준을 유발하는 것으로 보인 스피치 과제에 노출되었고, 과제 수행 중에 코르티솔 분석용 타액이 수집되었다. 이러한 분석에서 나온 하나의 중요한 결과는 실험실 과제에 대한 코르티솔의 반응은 자연 관찰 연구에서 나온 반응 측정치와는 연관이 없다는 것이었다. 이러한 연구 결과는 종종 피험자들의 전형적인 일상적 반응을 나타내기 위해 의도한 실험실 실험에서 나온 결과의 해석에 중대한 영향을 미친다.

유사한 연구가 스토니 브룩에서 진행되었다(Okenfels et al., 1995). 이 연구에서 제기된 주요한 질문은 만성적인 스트레스를 받고 있는 개인들과 스트레

에너지를 공급해 주는 역할을 한다.

13   실험실이 아닌 자연적인 상황에서 체계적으로 진행하는 관찰.

스를 받지 않는 개인들의 코르티솔 분비 수준이 다를 것인가 하는 것이었다. 이 문제에 관한 문헌들은 서로 상충된다. 어떤 연구들에 의하면 스트레스 상황에서 코르티솔의 분비가 증가하고, 어떤 연구들에 의하면 코르티솔의 분비가 감소하고, 또 다른 연구들에 의하면 스트레스를 받을 때와 받지 않을 때, 코르티솔의 분비에는 차이가 전혀 없다. 이 연구에서는 만성적인 스트레스를 적어도 6개월 동안 실직 상태에 있는 것으로 규정했다. 가족, 재정, 인간관계 등에 걸쳐 많은 문제들이 실직과 관련되어 있기 때문에 실직은 사실상 만성적인 스트레스 요인이 된다. 60명의 실직한 지역 거주자들과 60명의 직업을 가진 지역 거주자들이 이틀 연속 하루에 일곱 번씩 자신들의 기분과 스트레스 수준과 (자신들이 어디에 있거나 누구와 함께 있거나 하는 등등의) 상황에 대해서 EMA 녹음을 했다. 매번 EMA 녹음을 하고 20분 후에, 솜뭉치가 들어 있는 작은 시험관과 같은 장치인 살리베트(salivette)로 타액 샘플을 채취했다. 솜뭉치를 입 속에 2분여 동안 넣는 방식으로 타액을 채취했다.

앞서 논의된 연구에서처럼 코르티솔 분비의 전체적인 수준이 두 집단 간에 상이하다는 증거는 없는 것으로 밝혀졌다. 하지만 하루 동안에 분비되는 코르티솔의 일일 주기에서는 유의미한 차이가 있었다. 코르티솔은 뚜렷한 일일 주기를 보인다. 그 수치는 잠에서 깨어났을 때 가장 높고, 하루 동안 내내 크게 감소한다. 만성적인 스트레스를 겪고 있는 개인들은 통제 피험자들보다 아침에 더 높은 코르티솔 수준을 보였고, 저녁에 더 낮은 코르티솔 수준을 보였다(Okenfels et al., 1995). 이러한 연구 결과는 앞선 연구들의 상반된 결과를 설명하는 데 도움이 될 수도 있다. (관측된 코르티솔의 증가와 감소는 모두 연구된 날의 시간에 달려 있었다.) 그리고 연구 결과는 이 피험자들에게서 시상하부-뇌하수체-부신 축의 조절 장애가 엿보였음을 제시한다. 추가적인 분석은 판에크와 니컬슨과 그들의 동료들(van Eck, Nicolson et al., 1996)의 연구 결과가 옳았음을 증명했다. 일일 스트레스 유발 사건들은 높은 코르티솔 수준과 연관성이 있었다(Smyth, Okenfels, et al., 1997).

활동성 혈압과 구급의료대원들의 심박동수

잼너와 그의 동료들(Jamner et al., 1991; Goldstein, Jamner and Shapiro, 1992)은 이틀 동안 구급의료대원들로 이루어진 작은 집단을 모니터하는 것을 통해서 심장혈관 기능에 영향을 미치는 상황적 효과를 연구했다. 연구자들은 스트레스 상황이 일으키는 다양한 강도의 심리적 스트레스가 심장혈관 기능과 연관이 있을 것이라는 가설을 세웠다. 그 외에, 그들은 두 가지 성격 특성, 즉 냉소적인 적대감과 사회적 바람직성이 환경 조건에 대한 피험자들의 반응을 조정할 것이라고 추정했다. 매일 휴대용 모니터는 (정확한 평가 타이밍상으로는 약간의 변동이 있을 수 있는) 20분마다 심장혈관 매개변수를 기록했다. 그리고 2시간마다 피험자들은 카운트다운 타이머의 신호를 받고 기분과 불안증상과 상황적 특징을 짧게 평가했다. 각각 전형적인 근무일과 비근무일인 이틀 동안 연구가 진행되었다. 근무일 동안, 상황은 활동에 따라서 응급 현장에 있는 상황, 응급 현장으로 구급차를 타고 가는 상황, 응급구조센터에서 호출을 기다리고 있는 상황, 수면 상황으로 분류되었다.

연구자들은 가설로 내세운 일련의 연관성을 뒷받침하는 증거를 얻었다. 심장혈관 기능은 상황에 따라 체계적으로 변했다. 혈압과 심박동수는 응급 현장에서 가장 높고 수면 중일 때가 가장 낮았다. 적대감은 상황과 심장혈관 기능 간의 연관성을 어느 정도 조정했지만, 균일하지는 않았다. 냉소적인 적대감이 높은 피험자들은 낮은 수준의 적대감을 가진 피험자들보다 혈압이 높았다. 흥미롭게도 심장혈관 기능은 근무일과 비근무일 간에 크게 다르지 않았다.

심박동수와 혈압은 매우 변하기 쉽고 환경의 개입에 반응하기 때문에 피험자들의 자연 환경에서의 매개변수 평가는 혈압에 대한 타당한 평가를 얻기 위해서는 필수적인 것으로 여겨져 왔다. 일부 사람들은 스트레스에 더 민감하게 반응하는 것으로 보인다. 이 분야의 연구자들도 피험자들의 혈압이 환경적 상황에 따라 어떻게 변하는지 평가하는 것에 관심을 가져왔다. 카마크와 시프먼과 그들의 공동 연구자들은 EMA 방법을 이용해, 일상생활에서 나타나는 혈압의 심리사회적인 결정 요인들을 조사했다(Kamarck et al., 1998a, 1998b). 이 연구에서, 120명의 건강한 지역사회 성인들은 6일간 깨어 있는 동안에 45분마다 심혈관과 일상을 평가했다. 혈압 측정 띠의 팽창을 통해 신호를 받거나 (만일 피험자가 그 신호를 놓쳤다면) 모든 자기보고 반응마저도 기록했던 팜톱 컴퓨터를 통해 신호를 받을 때마다 평가를 했다. 109명의 평가의 평균은 해당 기간 동안 각 개인에게서 얻어낸 결과였다. 그 데이터가 보여주는 바에 의하면, 부정적인 감정(슬픔, 불안, 분노, 혹은 일반적인 혼란 등의 느낌)

과 각성(정신이 맑고 피로감을 느끼지 않는 상태)은 태도, 활동, 최근 음식 섭취나 약물 복용, 기온 등에 적응한 이후에도 일상생활에서 영향을 미치는, 심혈관 활동 변동에 대한 독립 예측 변인이었다(Kamarck et al., 1998a, 1998b). 흥미롭게도, 그 데이터는 부정적인 감정의 유의미한 독립적인 지체 효과 또한 보여주며, 심혈관 반응에 부정적인 기분이 미치는 효과가 45분간 지속된다는 점을 알려준다. 활동성 혈압의 독특한 예후의 일부 유의미성은 심리사회적인 결정 요인들에 대한 민감성에 있을 수 있다. 그렇다면, EMA 방법은 그러한 효과들의 유의미성을 탐구하는 데 특히 적합할 것이다.

결론

EMA 방법은 연구자와 임상의에게 경험과 행동과 생리 과정을 연구할 수 있는 방법을 제공한다. EMA 방법과 같은 보고는 회고적 회상이 영향을 미칠 수 있는 편향을 크게 우려하지 않아도 된다. 그 방법은 시간의 흐름에 따른 변인들 사이의 역동적인 상호작용을 연구할 수 있는 기회를 제공해 주기도 한다. 이 방법은 상대적으로 최근에 나온 것으로 과학 공동체가 충분히 수용할 수 있기 전까지는 많은 정보가 요구된다. 지속적으로 제기되는 몇 가지 우려 사항, 즉 반복적인 평가들에 대한 참가자들의 반응, 과제에 대한 반응의 특성, 반복적인 측정 데이터의 분석상의 문제들, 그리고 순간적 정보와 다른 형태의 자기보고 데이터와의 관련성 등의 문제가 있다. 그럼에도 불구하고 우리는 이러한 문제들을 다루는 연구들을 간절히 기다리며, EMA가 행동과학 및 의학 연구자들과 임상의들에게 유용한 도구들 사이에서 중요한 위치를 차지하길 기대하고 있다.

참고문헌

Affleck, G., Urrows, S., Tennen, H., and Higgins, P. (1992). Daily coping with pain from rheumatoid arthritis: Patterns and correlates. *Pain, 51*, 221~29.

Affleck, G., Urrows, S., Tennen, H., Higgins, P., and Abeles, M. (1996). Sequential daily relations of sleep, pain intensity, and attention to pain among women with fibromyalgia. *Pain, 68,* 363~68.

Barker, R. G. 1978. *Habitats, environments and human behavior: Studies in the ecological psychology and eco-behavioral science of the Midwest Psychological Field Station: 1947~1972.* San Francisco: Jossey-Bass.

Bradburn, N. M., and Shevell, S. K. (1987). Answering autobiographical questions: The impact of memory and inference on surveys. *Science, 236,* 157~61.

Bronfenbrenner, U. (1979). *The ecology of human development.* Cambridge, Mass.: Harvard University Press.

Brown, G. W., and Harris, T. (1978). *Social origins of depression: A study of psychiatric disorder in women.* New York: Wiley.

Chapple, E. D. (1970). *Culture and the biological man: Explanations in behavioral anthropology.* New York: Holt, Rinehart and Winston.

_____. (1987). Validity and reliability of the Experience Sampling Method. *Journal of Nervous and Mental Disease, 175,* 526~36.

Cruise, C. E., Broderick, J., Porter, L., Kaell, A. T., and Stone, A. A. (1996). Reactive effects of diary self-assessment in chronic pain patients. *Pain, 67,* 253~58.

Csikszentmihalyi, M. (1994). *Flow: The Psychology of Optimal Experience.* New York: HarperCollins.

Csikszentmihalyi, M., and Larson, R. (1984). *Being adolescent: Conflict and growth in the teenage years.* New York: Basic.

Delespaul, P. A. E. G. (1995). *Assessing schizophrenia in daily life: The Experience Sampling Method.* Maastricht: University of Limburg.

DeVries, M. W. (Ed.). (1992). *The experience of psychopathology: Investigating mental disorders in their natural settings.* Cambridge: Cambridge University Press.

_____. (1997). Recontextualizing psychiatry: Toward ecologically valid mental health research. *Transcultur al Psychiatry, 34,* 185~218.

Egeren, L. F. van, and Madarasmi, S. (1992). Blood pressure and behavior: Mood, activity, and blood pressure in daily life. In M. W. DeVries (Ed.), *The experience of psychopathology: Investigating mental disorders in their natural settings* (pp. 240~52). Cambridge: Cambridge University Press.

Goldstein, I., Jamner, L., and Shapiro, D. (1992). Ambulatory blood pressure and heart rate in healthy male paramedics during a workday and a non-workday. *Health Psychology, 11,* 48~54.

Gross, D. R. (1984). Time allocation: A tool for the study of cultural behavior. *American Review of Anthropology, 13,* 519~58.

Hinde, R. A. (1992). Developmental psychology in the context of other behavioral sciences. *Developmental Psychology, 28,* 1018~29.

Jamner, L., Shapiro, D., Goldstein, I., and Rozanne Hug, B. (1991). Ambulatory blood pressure and heart rate in paramedics: Effects of cynical hostility and defensiveness. *Psychosomatic Medicine, 53,* 393~406.

Kamarck, T. W., Shiftman, S., Smithline, L., Goodie, J., Paty, J. A., Gnys, M., and Jong, J. (1998a). Effects of task strain, social conflict, and emotional activation on ambulatory cardiovascular activity: Daily fife consequences of recurring stress in a multiethnic adult sample. *Health Psychology, 17,* 17~29.

Kamarck, T. W., Shiftman, S., Smithline, L., Goodie, J. L., Thompson, H. S., Ituarte, J. J., Pro, V., Paty, J. A., Kassel, J. S., Gnys, M., and Perz, W. (1998b). The diary of ambulatory behavioral states: A new approach to the assessment of psychosocial influences on ambulatory cardiovascular activity. In D. S. Krantz and A. Baum (Eds.), *Technology and methods in behavioral medicine* (pp. 163~94). Mahwah, N. J.: Erlbaum.

Kaplan, C. D. (1992). Drug craving and drug use in the daily life of heroin addicts. In M. W. DeVries (Ed.), *The experience of psychopathology: Investigating mental disorders in their natural settings* (pp. 193~218). Cambridge: Cambridge University Press.

Kleitman, N. (1963). *Sleep and wakefulness.* 2nd ed. Chicago: University of Chicago Press.

Kripke, D. F. (1983). Phase advance theories for affective illnesses. In T. Wehr and F. Goodwin (Eds.), *Circadian rhythms in psychiatry: Basic and clinical studies.* Pacific Grove, Calif.: Boxwood.

Litt, M. D., and Cooney, N. L. (1998). Ecological Momentary Assessment (EMA) with treated alcoholics: Methodological problems and potential solutions. *Health Psychology, 17,* 48~52.

Malinowski, B. (1935). *Coral gardens and their magic: Soil tilling and agricultural rites.* Vol. 1. Bloomington: Indiana University Press.

Marco, C. A., Schwartz, J. E., Neale, J. M., Shiftman, S., and Stone, A. A. (in press). Do appraisals of daily problems and how they are coped with moderate mood in everyday life? *Journal of Counseling and Clinical Psychology.*

McGuire, M. T., and Polsky, R. H. (1979). Behavioral changes in hospitalized acute schizophrenics: An ethological perspective. *Journal of Nervous and Mental Disease, 167,* 651~57.

Meyer, E., and Haggerty, R. T. (1962). Streptococcal infections in families: Factors altering individual susceptibility. *Pediatrics, 29,* 539~49.

Minors, D. S., and Waterhouse, J. M. (1981). *Circadian rhythms and the human.* Bristol, Eng.: Wright and Sons.

Monk, T. H., Flaherty, J. F., Frank, E., Hoskinson, K., and Kupfer, D. J. (1990). The social rhythm metric: An instrument to quantify the daily rhythms of life.

Journal of Nervous and Mental Disease, 178, 120~26.

Monroe, R H., and Monroe, R. L. (1971). Household density and infant care in an East African society. *Journal of Social Psychology, 83*, 9~13.

Nelson, R. O. (1977). Assessments and therapeutic functions of self-monitoring. In M. Hersen, R. M. Eisler, and P. Miller (Eds.), *Progress in behavior modification* (vol. 5, pp. 3~41). New York: Academic Press.

O'Connell, K. A., and Martin, E. J. (1987). Highly tempting situations associated with abstinence, temporary lapse, and relapse among participants in smoking cessation programs. *Journal of Consulting and Clinical Psychology, 55*, 367~71.

Okenfels, M. C., Porter, L., Smyth, J., Kirschbaum, C., Hellhammer, D. H., and Stone, A. A. (1995). The effect of chronic stress associated with unemployment on salivary cortisol: Overall cortisol levels, diurnal rhythm, and acute stress reactivity. *Psychosomatic Medicine, 57*, 460~67.

Penner, L. A., Shiftman, S., Paty, J. A., and Fritzsche, B. A. (1994). Individual differences in intraperson variability in mood. *Journal of Personality and Social Psychology, 66*, 712~21.

Pickering, T. S., Harshfield, G. A., Devereux, R. B., and Laragh, J. H. (1985). What is the role of ambulatory blood pressure monitoring in the management of hypertensive patients? *Hypertension, 7*, 171~77.

Ptacek, J., Smith, R., Espe, K., and Raffety, B. (1994). Limited correspondence between daily coping reports and retrospective coping recall. *Psychological Assessment, 6*, 41~49.

Redelmeier, D., and Kahneman, D. (1996). Patients' memories of pain medical treatments: Real-time and retrospective evaluations of two minimally invasive procedures. *Pain, 66*, 3~8.

Reynolds, T. D. (1965). Fluctuations in schizophrenic behavior. *Medical Annals of the District of Columbia, 34*, 520~49.

Salovey, P., Sieber, W. J., Jobe, J. B., and Willis, G. B. (1993). The recall of physical pain. In N. Schwarz and S. Sudman (Eds.), *Autobiographical memory and the validity of retrospective reports* (pp. 89~106). New York: Springer-Verlag.

Schwartz, J. E., Neale, J. M., Marco, C. A., Shifiman, S., and Stone, A. A. (in press). Are there really trait-like ways of coping? *Journal of Personality and Social Psychology*.

Schwartz, J. E., and Stone, A. A. (1998). Data analysis for EMA studies. *Health Psychology, 17*, 6~16.

Schwarz, N., and Sudman, S. (1994). *Autobiographical memory and the validity of retrospective reports*. New York: Springer-Verlag.

Shiffman, S. (1988). Behavioral assessment. In D. M. Donovan and G. A. Marlatt

(Eds.), *Assessment of addictive behaviors: Behavioral, cognitive, and physiological procedures* (pp. 139~81). New York: Guilford.

_____. (1993). Assessing smoking patterns and motives. *Journal of Consulting and Clinical Psychology, 61*, 732~42.

_____. (1997). Individual differences in nicotine addiction: The case of tobacco "chippers." In D. Malin (Chair), *Research models of nicotine dependence: Data from laboratory and research clinic.* Plenary symposium presented at the annual meeting of the Society for Research on Nicotine and Tobacco, Nashville (June).

_____. (in press). Real-time self-report of momentary states in the natural environment: Computerized ecological momentary assessment. In A. A. Stone, J. Turkkan, J. Jobe, C. Bachrach, H. Kurtzman, and V. Cain (Eds.), *The science of self-report: Implicates for research and practice.* Mahwah, N. J.: Erlbaum.

Shiffman, S., Engberg, J., Paty, J. A., Perz, W., Gnys, M., Kassel, and Hickcox, M. (1997a). A day at a time: Predicting smoking lapse from daily urge. *Journal of Abnormal Psychology, 106*, 104~16.

Shiffman, S., Hufford, M., Hickcox, M. Paty, J. A., Gnys, M., and Kassel, J. D. (1997b). Remember that? A comparison of real-time versus retrospective recall of smoking lapses. *Journal of Consulting and Clinical Psychology, 65*, 292~300.

Shiffman, S., Paty, J. A., Gnys, M., Kassel, J. D., and Hickcox, M. (1996). First lapses to smoking: Within subjects analysis of real time reports. *Journal of Consulting and Clinical Psychology, 64*, 366~79.

Smyth, J. M., Okenfels, M. C., Gorin, A. A., Catley, D., Porter, L. S., Kirschbaum, C., Hellhammer, D. H., and Stone, A. A. (1997). Individual differences in the diurnal cycle of cortisol. *Psychoneuroendocrinology, 22*, 89~105.

Smyth, J., Okenfels, M., Port, L., Kirschbaum, C., Hellhammer, D. H., and Stone, A. A. (1998). Stressors and mood measured on a momentary basis are associated with salivary cortisol secretion. *Psychoneuroendocrinology, 23*, 353~70.

Smyth, J., Soefer, M. H., Hurewitz, A., and Stone, A. A. (in press). The effect of tape-recorded relaxation training on well-being, symptoms, and peak expiratory flow in adult asthmatics. *Psychology and Health.*

Stone, A. A. (1995). Measures of affective response. In S. Cohen, R. Kessler, and L. Gordon (Eds.), *Measuring stress: A guide for health and social scientists* (pp. 148~71). New York: Cambridge University Press.

Stone, A. A., Broderick, J. B., Kaell, A. T., and Porter, L. (1995). Retrospective reports of pain do not correspond well to momentary reports of pain over one week in rheumatoid arthritis patients. *Arthritis and Rheumatism, 38,* 8227 (abstract).

Stone, A. A., Broderick, J. B., Porter, L. S., Krupp, L., Gyns, M., Paty, J., and Shiftman, S. (1994). Fatigue and mood in chronic fatigue syndrome patients: Results of a momentary assessment protocol examining fatigue and mood levels and diurnal patterns. *Annals of Behavioral Medicine, 16,* 228~34.

Stone, A. A., and Neale, J. M. (1984). A new measure of daily coping: Development and preliminary results. *Journal of Personality and Social Psychology, 46,* 892~906.

Stone, A. A., Neale, J. M., and Shiftman, S. (1993). How mood relates to stress and coping: A daily perspective. *Annals of Behavioral Medicine, 15,* 8~16.

Stone, P. J., and Nicolson, N. A. (1987). Infrequently occurring activities and contexts in time use data. *Journal of Nervous and Mental Diseases, 175,* 519~25.

Stone, A. A., Schwartz, J. E., Neale, J. M., Shiffman, S., Marco, C. A., Hickcox, M., Paty, J., Porter, L. S., and Cruise, L. J. (1998). How accurate are current coping assessments? A comparison of momentary versus end–of–day reports of coping efforts. *Journal of Personality and Social Psychology, 74,* 1670~80.

Stone, A. A., and Shiffman, S. (1994). Ecological Momentary Assessment (EMA) in behavioral medicine. *Annals of Behavioral Medicine, 16,* 199~202.

Stone, A. A., Smyth, J. M., Pickering, T., and Schwartz, J. (1996). Daily mood variability: Form of diurnal patterns and determinants of diurnal patterns. *Journal of Applied Social Psychology, 26,* 1286~1305.

Szalai, A., Converse, P., Feldheim, P., et al. (1972). *The use of time.* The Hague: Mouton.

Van Eck, M., Nicolson, N., Berkhof, H., and Sulon, J. (1996). Individual differences in cortisol responsiveness to a laboratory speech task and their relationship to responses to stressful daily events. *Biological Psychiatry, 43,* 69~84.

Van Eck, M., Berkhof, H., Nicolson, N., and Sulon, J. (1996). The effects of perceived stress, traits, mood states, and stressful events on salivary cortisol. *Psychosomatic Medicine, 58,* 447~58.

Wada, T. (1922). An experimental study of hunger and its relation to activity. *Archives Psychology Monographs, 8,* 1~65.

Weber, M. A., and Drayer, J. M. (1984). *Ambulatory blood pressure monitoring.* Darmstadt: Steinkopf.

Whiting, B., and Whiting, J. (1975). *Children of six cultures.* Cambridge, Mass.: Harvard University Press.

3장

정서 연구의 측정 문제

랜디 J. 라슨 · 바바라 L. 프레드릭슨

우리는 연구자들이 측정법을 선택하기에 앞서 자신들의 연구 안건에 가장 적합한 정서(들)에 대한 작업적 정의를 구성한다는 사실을 소개하는 것으로 측정 문제에 관해 다룬 이 장을 시작하고자 한다. 그다음에는 신뢰도와 타당도뿐만 아니라 타이밍과 맥락(상황)과 같은 모든 유형의 정서 측정에 영향을 미치는 문제들에 대해서 논할 것이다. 그러고 나서, 우리는 특정한 측정 기법들에 대해서 선택적으로 재고찰하며, 주관적 경험에 대한 자기보고, 관찰자 평가, 안면 측정, 자율신경계 측정, 뇌 기반 측정, 음성 측정, 그리고 정서 민감성 과제에 대한 반응에 대해서 간단히 다룰 것이다. 이처럼 선택적으로 재고찰하려는 우리의 목적은 상이한 유형의 정서 측정들과 연관이 있는 어떤 특정한 장점과 약점, 측정 문제들을 조명하고자 하는 것이다. 결국, 정서는 단지 확률적으로만 정서 측정치와 연결되어 있기 때문에, 우리는 가능한 최대 범위 내에서 연구자들이 선택하고 상호 참조하는 다중 정서 측정도 소개할 것이다.

심적인 고통과 쾌락에 대한 경험, 그리고 이 쾌락 주제의 지속적인 변주가 정서 영역을 규정한다. 한 개인의 정서적 생활의 내용은 그러한 생활의 질에 대한 판단에 강한 영향을 미친다. 게다가 한 개인의 삶의 '재료'와의 정서적인 교전은 '원할 수 있는 능력', 그리고 삶에 질의 부여, 다른 것 대신에 어떤 하나의 일을 하기로 한 결정, 자신이 선택한 결과에 대한 만족 등에 대한 삶의 재료의 효용을 규정한다. 확실히 삶의 질은 시간의 흐름에 따라 한 개인의 삶이 겪는 불쾌한 정서보다 더 유쾌한 정서에만 그치지 않고 그것보다 훨씬 포괄적인 것을 의미한다. 그럼에도 불구하고, 이 책의 서문에서 지적했듯이, 우리는 정서처럼 삶의 질을 형성하는 낮은 수준의 구성 요소이자 필수 요소들을 고찰함으로써 삶의 질에 대한 이해에 다가갈 수 있다.

정서 연구들은 삶의 질을 이해하는 데 어떤 도움이 될까? 우리는 허용된 지면상 몇 가지 예만 들 수밖에 없다. 한 가지 질문은 쾌락과 고통의 관계, 긍정적인 정서와 부정적인 정서 간의 관계에 관한 것이다. 유쾌한 정서를 유발하는 조건과 불쾌한 정서를 유발하는 조건은 서로 상반되는 조건일 뿐인가? 유쾌함을 낳은 상황은 불쾌한 상태를 없앨 수 있고, 불쾌함을 낳는 상황은 유쾌한 상태를 없앨 수 있는가? 우리는 쾌락과 고통을 연속체의 종점이나 완전히 개별적이고 독립적인 차원으로 생각해야 할까? 정서는 삶의 질에 기여하는 과정으로의 투입으로, 그리고 그 과정이 어떻게 작동하고 있는지에 대한 피드백을 제공하는 결과로 여겨질 수 있다. 삶의 질에 관한 또 하나의 의문은 정서 반응의 습관화와 관련된 것이다. 좋은 일과 나쁜 일은 모든 사람들에게 일어나기 마련이다. 그리고 우리는 사람들이 다른 비율로 좋은 일과 나쁜 일에 익숙해진다는 것을 안다. 불쾌한 사건들에 익숙해지는 방법과 긍정적인 사건들에 천천히 익숙해지는 방법이 있을까? (신체적 반응과 주관적 기분과 같은) 정서 반응의 상이한 구성 요소는 다르게 습관화될까? 삶의 질을 이해하는 데 유용한 또 하나의 정서 원리는 정서 반응의 상황적, 개인적 차이와 관련이 있다. 예를 들어, 대부분의 사람들이 기쁨이나 고통을 경험할 가능성이 높은 조건에는 어떤 것이 있을까? 왜 기쁨과 행복의 많은 에피소드는 지금껏 피해온 비극이 임박한 상황에서 일어날까? 유사한 의문이 개인차에도 적용될 수 있을 것이다. 왜 어떤 사람들은 쉽게 걱정과 두려움을 느끼는 반면에 어떤 사람들은 그러한 불쾌한 정서에 덜 상처를 받을까? 사람들은 동일한 사건에 대한 정서적 반응의 크기뿐만 아니라 정서 유발의 역치 수준에 있어서도 서로 다르다. 정서가 삶의 질에 기여하기 때문에, 이처럼 정서 반응에 있어서의 개인적, 상황적 차이는 삶의 질을 이해하는 데 도움이 될 수 있다.

연구 조사상의 이러한 몇 가지 질문들은 삶의 질을 이해하는 데 중요할 수 있는 정서에 대한 많은 종류의 조사가 있다는 사실을 명확히 해야 한다. 경험적 조사는 측정을 필요로 하기 때문에 이 책의 편집자들은 우리에게 정서에 대한 평가를 다루어 줄 것을 요구했다. 우리가 연구 조사 문헌상에 있는 상이한 모든 정서 측정 방법들을 단순히 인위적인 형식으로 열거할지라도, 이는 벅찬 과제이다. 우리는 특정한 측정법 그 자체보다는 측정 문제에 초점을 맞추는 쪽을 택했다. 비록 우리가 어떤 특정한 측정 기법들을 재고찰하더라도, 우리의 이러한 고찰은 철저한 재고찰을 의도한 것은 아니다. 그보다는 실례로 의도된 사례들을, 우리가 특정한 정서 평가 기법들의 장점 및 약점과 함축적 의미에 대한 논의를 위해서 수단으로 이용한 사례들을 보여주고자 한다. 하지만, 특정한 기법들을 살펴보기에 앞서 고려해야 할 문제들을 우선 고찰해 보고자 한다.

측정 문제에 대한 서설

정서란 정확히 무엇인가? 정서 연구자들은 이 근본적인 질문에 대한 일치된 답변을 내놓지는 않는다(Ekman and Davidson, 1994를 참조). 사실상, 클레인지나와 클레인지나(Kleinginna and Kleinginna, 1981)는 정서에 대한 상이한 정의를 90개 넘게 발견했다. 하지만 이는 정서에 대한 연구가 출발점에서 앞으로 나가지 못한 채 정의를 두고 옥신각신하고 있다는 걸 의미하지는 않는다. 그렇더라도 그렇게 정의가 제각각이라는 것은 연구자들이 연구 작업을 계획하고 소통할 때 정서(들)에 대한 자신들만의 '작업적 정의'를 분명히 밝히고 연구를 시작해야 한다는 것을 의미한다. 우리는 두 가지 이유로 이 단계를 추천한다. 첫째, 작업적 정의는 있을 수 있는 결과에 대한 오독을 제한할 수 있다. 둘째, 아마도 좀 더 결정적인 측면에서, 그것은 다양한 정서 측정들 중에서 좀 더 수월한 과제를 선택할 수 있도록 해준다. 작업적 정의는 정서의 특성에 관한 새로운 연구 결과가 필연적으로 나오면서 시간의 흐름에 따라 개정되고 개선된다는 의미를 함축하고 있다는 점에서 적절한 것이다.

우리의 정서에 대한 작업적 정의는 정서를 시간의 흐름에 따라 전개되는 다면적인 과정으로 인식하는 하나의 시스템 관점에서 도출된 것이다. 정서는 다중 채널들을 통해서 표현되며 그 채널들 자체는 느슨하게 서로 연결되어 있고 복합적인 방식으로 상호작용을 한다(Venables, 1984). 이러한 채널들은 주관적 행복, 안면 움직임, 중추신경계 및 말초신경계 활성화, 인지 혹은 정보처리의 변화, 행동의 활동성 경향 등을 포괄하는 심리적 영역과 생리적 영역 모두에 걸쳐 있다. 이상적인 경우로 보면, 정서의 차트 작성은 이 모든 다양한 구성 요소들의 조직화된 변화를 동시에 평가할 필요가 있다. 이러한 다양한 영역에서 얻은 데이터 스트림은 정서의 기본적인 구성 개념에 수렴될 수 있고, 우리가 정서의 존재와 크기를 탐색할 수 있는 신뢰성을 높일 수 있다. 하지만 다양한, 동시적 측정치에도 불구하고, 기본적이고 심리적인 '정서'의 구성 개념은 그것이 산출할 수 있는 더 명확한 자료와는 동떨어져 있는 어떤 추론 단계에 여전히 머물러 있다. 다시 말해, 우리는 정서를 추론적인 구성 개념으로 간주하며, 정서에 대한 순수한 조작적 (혹은 환원주의적인) 정의를 경계한다. '정서'라는 용어는 어떤 일련의 정서 측정치 이상의 잉여적 의미를 내포하고 있다.

연구자들이 작업적 정의를 구성할 때 고려해야 하는 다른 문제는 그들이 정서를 (a) 개별적, 그리고/혹은 차원적인 (b) 상태와/혹은 특성 그리고 (c) 사건 관련 상태와/혹은 확산적인 상태로 개념화할 것인가 하는 점이다(이러한 문제들에 대한 논의를 살펴보고자 한다면 이 책 Frijda; Lazarus, 1991; 이 책, Morris 등을 참조). (b)와 (c) 문제는 주로 정서 경험의 기대 강도 및 지속 시간에 영향을 미칠 수 있는 반면에 (a) 문제는 정서 측정에 직접적인 영향을 미칠 수 있다. 정서가 두세 가지 경험 차원으로 혹은 일곱 가지 이상의 개별적인 명확한 경험 범주로 조작되는가에 대한 논의는 이미 100년도 더 전부터 (Darwin, 1872/1965) 있었고 오늘날까지도 이어져 오고 있다(재고찰하고자 한다면 Izard, 1993; Lazarus, 1991을 참조). 한 가지 널리 받아들여지고 있는 정서에 대한 차원적인 관점으로는 대표적으로 원형 모델(circumplex model)을 들 수 있다(Russell, 1980; Watson and Tellegen, 1985; 재고찰하고자 한다면, Larsen and Diener, 1992를 참조). 이 모델은 다양한 정서가 긍정과 부정의 유의성과 각성도를 나타내는 원형 공간의 좌표를 지닌 원형 배열을 따른다고 단정한다. 서로 유사한 정서(예컨대, 분노와 비통함)는 원형 영역 내에서 서로 가까이 위치하는 반면에 소위 대립적인 정서(예컨대 행복과 슬픔)는 서로 180도 떨어진 지점에 위치한다. 이에 반해, 개별적인 관점의 주창자들(Ekman, 1992; Izard, 1977; Lazarus, 1991)은 차원적 관점은 종종 인접한 정서(예컨대, 공포 대 분노 대 혐오) 간의 중요한 차이점을 모호하게 만든다고 주장한다. 최근 들어서, 바렛(Barrett, 1995; 저널에 실릴 예정인 논문)이 수행한 연구 결과에 의하면, 개인들은 자신들의 감정 상태를 개별적인 관점에서 기술할지 아니면 차원적인 관점에서 기술할지의 여부에 따라 확실히 차이를 보이는 것으로 나타났다. 현재의 담화에 내포되어 있는 측정의 문제는 특이성과 관련이 있다. 개별적인 정서에 적합한 측정치는 이 이후에 차원적 배열로 환원될 수 있는 반면에 그 역은 거의 불가능하다. 이러한 이유 때문에 연구자들은 특정한 부정적 혹은 긍정적 정서 간의 차이가 자신들의 이론적이고 경험적인 안건에 영향을 미칠 수 있는지 여부를 연역적으로 생각해야 한다.

요컨대, 이 장에서 논의된 정서 측정 문제와 정서 측정의 유형이 어떤 일정한 연구 조사의 안건에 적용될지의 여부와 그 적용 방법은 그 연구 조사의 안건 범위 내에서 채택된 정서(들)에 대한 작업적 정의로부터 도출된다. 이러한 이유로 우리는 정서 연구 조사를 착수하는 사람들은 정서를 어떻게 정의할지를 우선적으로 고려한다는 사실을 제시하고자 한다.

측정 문제

특정한 측정 영역을 살펴보기에 앞서, 우리는 모든 유형의 정서 평가에 영향을 미치는 일련의 문제들에 대해서 논하고자 한다. 신뢰도와 타당도의 전통적인 측정 문제뿐만 아니라, 정서 연구 조사 시에 특히 어려운 문제인 시간성과 상황(맥락)에 대해서도 논할 것이다.

시간성

정서는 시간을 갖는다. 정서는 시간의 흐름과 함께 전개되고 지속되고, 때로는 점진적으로, 때로는 순식간에 사라지는 역동적인 과정이다. 게다가 정서는 연쇄적인 상이한 반응 시스템들을 수반하며, 그 각각의 시스템은 제 각각 시작 시간과 지속 시간을 지닌다. 예컨대, 자동차 경적과 같은 갑작스러운 큰 소음에 깜짝 놀라는 일을 겪는다면, 당신은 약 4만분의 1초 사이에 눈을 깜박이고, 당신의 심박동수는 약 50만분의 1초 사이에 빨라지기 시작하고, 당신의 땀샘은 2, 3초 후에 활동하게 되고, 호르몬 반응이 몇 분 후면 일어날 수 있을 것이다. 또한 정서의 성질은 그것들을 판단하는 시간적 시점에 따라 변한다. 예컨대, 실시간 측면에서 보면, 정서는 다양한 생리 시스템과 관련될 수 있는 반면에 회고적 측면에서 보면, 이 유사한 신체적 변화들은 그리 뚜렷하지 않으며, 종종 측정 범위를 완전히 벗어난다. 이와 마찬가지로, 실시간으로, 주관적인 정서 경험들에 아주 미묘한 차이가 있을 수 있는지, 주관적 정서 경험들이 특정한 정서 용어로 가장 잘 표현될 수 있는지의 여부, 이에 반해 회고적 방법으로 단 하나의 유의성 차원(좋은-나쁜)이 실시간 주관적인 정서 경험과 유사한 경험을 충분히 나타낼 수 있는지의 여부와 같은 공공연한 실증적인 문제가 있다(이 책, Kahneman을 참조).

한 가지 결정적인 측정 문제는 대상으로 삼은 정서 에피소드를 어떻게 분리시킬지의 문제이다. 정서 에피소드는 언제 시작하고, 언제 끝날까? 그 순간을 정확하게 밝히는 것은 연구자들이 정서와 관련된 변화를 관찰할 수 있는 기회를 크게 높일 수 있다. 이 단계의 부정확성은 사실상 대상으로 삼은 정서 에피소드를 정서와 무관한 순간들의 흐름 속에서 약화시킬 수 있다 (Levenson, 1988).

두 번째 결정적인 측정 문제는 제시된 정서 측정이 연구 중에 개념의 역동적인 양상들을 포착할 수 있는 충분한 '시간 해상도'를 가진다는 사실을 어떻게 보증할지의 문제이다. 어떤 정서의 표지들 — 예컨대, 심박출량의 증가 — 의 지속 시간은 단지 1분 이하일 수 있다. 하지만 정서적 각성의 주관적 경험은 훨씬 더 오래 지속될 것이다. 따라서 15분마다 한 번씩 행하는 심박출량에 대한 판독이 정서와 관련된 변화를 포착할 가능성은 희박하다. 이에 반해, 그와 같은 시간 범위에서 얻은 자기보고 측정치는 특정한 정서 효과를 성공적으로 포착할 수도 있다. 만일 작업적 정의가 대상으로 삼은 정서 개념을 빠르게 변하는 상태로 간주한다면, 측정치는 적절히 세밀해야 하고, 예측한 정서 관련 변화의 지속 시간보다 적은 (신뢰성 있는 전체 측정치를 제시하기 위해서 이상적으로 훨씬 적은) 시간 해상도를 보여야 한다.

세 번째 문제는 정서 측정치와 정서 경험의 '시간적 근접성'과 관련이 있다. 온라인으로 얻거나 정서 경험을 하는 동안에 얻은 측정치는 생각보다 훨씬 더 흔하게 이용된다. 이는 비디오 기록으로부터 얻는 측정치와 생리적 기록 장치를 통해 얻는 측정치에 분명히 해당된다. 하지만 자기보고를 통해 얻는 측정치도 마찬가지이다(이 장의 후반부 논의를 참조). (정서 경험을 중단시킨 대가로 얻은 측정치를 제외하고는) 정서 경험과 동시에 얻은 정서 측정치는 타당도와 정확도를 최대한 높인다. 동시 발생 측정치가 유효하거나 실용적이지 않을 경우에는 정서 경험과 정서 측정 간의 시간차를 최소화한 지연 측정을 추구해야 한다. 정서에 대한 회상이 연구 대상인 경우를 제외하고는, 시간차가 짧을수록 측정치는 더 좋다(Levenson, 1988).

상황(맥락)

정서는 주관적, 신체적 경험의 보다 폭넓은 심리적 상황(맥락) 내에서 발생한다. 이러한 상황의 다른 특징들은 의심할 여지없이 정서 측정에 영향을 미친다. 모든 참가자들에게 특정한 정서(예컨대, 분노나 슬픔)를 유도하는 것을 목표로 삼는 연구는 정서 유도의 성공이 주변 분위기(예컨대, 성마르거나 우울한 분위기), 정서와 관련된 성격적 특성(예컨대, 적대감이나 비관주의), (지각된 개인적인 부정행위나 손실과 같은) 최근 생활 사건들 혹은 기존의 각성 상태(그 참가자는 방금 커피 4잔을 마셨는가?) 등처럼 개인마다 각기 다른 상황 요인들에 달려 있다는 사실을 밝혀낼 수 있다. 기분에 미치는 주간과 24시간 주기와 일주일의 영향도 정서 경험을 변화시킬 수 있다. 연구자들의 목적이 모든 참가자들을 대상으로 비교할 수 있는 정서 상태를 만들어 내는 것이라면, 이와 같은 상황적 영향은 잡음으로 간주될 수 있다. '잡음을 만들어 내는' 구성 개념을 막는 두 가지 방어책이 있다. 즉 잡음 변량을 일정하게 잡거나 제한하는 것, 혹은 그것을 측정하는 것이다. 첫 번째 전략에서의 성공은 조사 영역에서의 친숙성과 훌륭한 실험 설계로부터 나온다. 두 번째 전략에서의 성공은 연구자들에게 어떤 참가자들이 주변 분위기나 최근 생활 사건들과 관련해서 극단적인 특이치인지, 그리고/또는 정서와 관련된 성격적 특성이 어떻게 연구 중의 현상과 함께 변하는지 결정하도록 해준다. 하지만 한 연구자의 잡음은 또 다른 연구자에게는 데이터일 수도 있다. 정서, 기분, 특성, 비특이성 각성과 같은 주관적 경험의 비슷한 양상들이 다른 연구자의 데이터에 미치는 범위는 여러 연구 프로그램들의 연구 대상이다.

신뢰도

많은 연구자들은 측정 신뢰도를 높은 검사—재검사 상관관계로 생각한다.

측정 개념으로서 신뢰도는 사실상 관찰된 점수가 측정된 구성 개념의 '진' 양 (量)을 반영하는 정도를 나타낸다. 우리는 결코 '진' 점수에 접근할 수 없기 때문에 신뢰도를 추정할 수 있을 뿐이다. 어떤 심리적 구성 개념에 대해서 검사-재검사 상관관계는 신뢰도에 대한 좋은 추정 방법이다. 검사-재검사는 관심 대상의 변량이 참가자들 간에 나타나며 우리가 추정하기로, 참가자 내의 변량이 작거나 유의미하지 않은 정도로 보이는 피험자 간 구성 개념(특성)의 신뢰도를 추정할 수 있는 적절한 방법이다. 지능은 피험자 간 구성 개념의 좋은 예이다. 우리는 어떤 한 개인의 지능은 안정적이며 적어도 몇 주나 몇 달 동안에는 쉽게 변하지 않는다고 추정한다. 신뢰할 수 있는 지능 측정치는 그 자체가 높은 검사-재검사 상관관계를 증명한다.

하지만 정서는 좀 더 일반적으로 피험자 내 구성 개념(하나의 상태)으로 해석되며, 우리는 그것은 어떤 한 개인 내에서 빈번하게 급변할 수도 있다고 가정한다. 설상가상으로 정서는 피험자 간 구성 개념이 될 수도 있으며, 그럴 경우, 관심 대상의 변량은 동일한 정서 유발 사건들에 대한 반응에서 보이는 개인차일 수도 있다. 정서는 복잡한 상태-특성(state-trait)의 구성 개념이기 때문에, 우리는 측정 신뢰도 추정으로 단순한 검사-재검사 상관관계를 이용할 수 없다.

신뢰도를 추정하는 두 번째 방법으로는 알파 계수나 홀수-짝수 항목의 복합적 상관관계와 같은 내적 일관성의 추정을 통해서 하는 방법이 있다. 알파 계수나 홀수-짝수 항목의 복합적 상관관계는 사실상 항목 동질성 측정치이다. (비록 알파가 부분적으로 척도 길이에 따라서 커지지만) 그것들은 다양한 항목들이 동일한 근본적인 구성 개념을 측정하고 있는 정도를 평가한다(Clark and Watson, 1995를 참조). 왜냐하면 많은 자기보고 정서 측정치는 요인 분석으로 구성되기 때문에, 내적 일관성이나 항목 동질성은 척도 구성 과정 중에 형성된다. 따라서 내적 일관성 분석은 신뢰도를 추정하는 하나의 방법이며, 상태 측정치와 특성 측정치 모두에 동등하게 잘 적용된다. 하지만 신뢰도의 내적 일관성 평가는 단지 다중 항목 척도에만 적용된다. 정서 연구에 널리 보급되어 있는 단일 항목 측정을 내적 일관성의 측면에서 단순하게 검사할 수는 없다.

그렇다면, 단일 항목 측정법을 사용하는 연구자는 무엇을 하려는 걸까? 한 가지 접근법은 신뢰도 문제를 아예 무시하고 대신에 타당도에 대한 문제에 초점을 맞추는 것이다. 이는 합리적이다. 왜냐하면, (진 점수 변량으로 인한 관찰된 점수들에서 나타나는 변량의 비율이란 의미에서) 측정 신뢰도는 타당도의 상관관계에 상한을 설정하기 때문이다. 다시 말해, 하나의 측정치는 내적 타당도 준거보다 외적 타당도 준거와 높은 상관관계를 보일 수는 없다. 타당한 측정치는 그 자체로 실질적인 신뢰성이 있다. 신뢰도 문제를 무시한 연구자는 분명 위험한 행위를 하고 있다. 그럼에도 불구하고 다중 수렴 방법들과 반복적 패턴의 연관성이 뒷받침해 주는 타당도에 대한 강력한 증거는 특정한 측정치가 신뢰할 만하다는 주장에 신뢰성을 더할 수 있다.

신뢰도는 귀무(歸無)가설[1]에 대한 반박 실패를 해석하는 데 가장 중요하다. 예컨대, 한 연구가 완결되고 예언된 효과가 전혀 발견되지 않는다면, 세 가지 분명한 이유가 고려되어야 한다. 즉, 이론은 틀렸고, 측정치는 신뢰성이 없고 연구의 예비 조건이 충족되지 못했다는 것이다(더 상세한 논의에 대해서는 Meehl, 1978을 참조). 만일 한 연구가 실패했으나, 연구에 이용한 측정치가 신뢰성이 있다고 확신한다면, 연구자는 이론을 의문시하거나 (데이터 관리와 분석을 포함해) 무엇인가 절차상에 오류가 생겼을 가능성을 찾아내야만 한다. 그러한 환경(무익한 연구 결과)에서는 확실히 신뢰도의 증거가 가장 중요하다.

타당도

우리가 이미 주장했듯이 정서는 관찰할 수 있는 지표와 확률적으로 연관되어 있을 뿐인 이론적인 구성 개념이다. 그처럼 '정서'란 용어에는 잉여적인 의미가 존재한다. 정서는 많은 상이한 측정치들로 표현될지라도, 어떤 단일한 측정치와도 같지 않으며 그것으로 환원될 수도 없다. 이는 정서 용어의 과학적인 의미를 이해하는 데 구성 타당도[2]가 중요하다는 점을 뒷받침한다 (Cronbach and Meehl, 1955).

구성 타당도에서는 ('정서'와 같은) 과학적인 용어에 다양한 주장들의 법칙적 네트워크에 의해서 의미가 부여되며, 그 네트워크 속에서 그 용어가 나온다.

---

1   설정한 가설이 진실일 확률이 극히 적어 처음부터 기각될 것이 예상되는 가설.
2   독립 변인과 종속 변인이 측정하고자 하는 것을 정확하게 반영하거나 측정하는 정도를 나타내는 타당도.

우리의 이론들과 측정 모델들은 정서 구성 개념을 둘러싸고 연관성 네트워크를 세우는 데 우리의 길잡이 역할을 한다. 구성 타당도에서 이론 검증과 측정 개발은 동시에 진행된다. 네트워크의 각각의 링크가 그 용어의 과학적 의미에 더해진다. 어떤 링크들은 긍정적인 연관성(수렴 타당도[3])을 나타내고 어떤 링크들은 부정적 연광성이나 무연관성(변별 타당도[4])을 나타낸다. 게다가 어떤 링크들은 정서가 유발될 가능성이 높은 조건들(예언 타당도[5])을 구체화한다.

'정서'의 구성 개념이나 특정한 정서를 둘러싸고 구축된 총체적인 관계망은 일종의 모자이크를 이룬 연구 결과들을 생성한다. 그러한 네트워크의 충분한 조각(구성 부분)들이 제자리를 차지하고 있을 때에야 우리는 '상황을 파악한다'. 즉, 어떤 것이 무엇이며, 어떤 것이 무엇이 아니며, 어떤 것이 무엇을 예측하는지에 대한 충분한 정보를 이용할 수 있을 때에야, 우리는 그 어떤 것을 '이해한다'고 느끼기 시작한다. 이는 현 시점에서 정서에 대한 우리의 이해가 완벽하다고 말하는 것은 아니다. 구성 타당도는 항상 미완 상태이며, 어떤 일들은 항상 '당분간 사실'이다. 그럼에도 불구하고, 하나의 구성 개념을 둘러싸고 연관성 네트워크에 추가되어야 할 새로운 링크들이 항상 존재할지라도, 우리가 정서와 같은 구성 개념의 과학적 의미에 대해 대체로 동의하게 되는 시점이 온다.

다시 말해, 정서는 복합적인 채널 혹은 구성 요소 시스템(예컨대, 안면 근육 활동, 자율신경계 활동, 주관적 경험, 활동성 경향)과 연관되어 있기 때문에, 우리가 이러한 상이한 구성 요소들의 측정치들 사이에 강한 수렴이 있을 것을 기대해야 할 것인지에 대한 문제가 제기된다. 대부분의 연구자들은 정서의 구성 요소들이 복잡한 방법으로 상호작용하는 느슨하게 결합된 시스템들이라는 견해를 가지고 있다(이 책, Frijda를 참조). 다양한 반응 시스템들은 분명, 정서를 지수화하는 일 이상의 다양한 과제를 수행한다. 예컨대, 자율신경계는 대사 요구량에 반응하며 항상성의 섬세한 균형을 유지하고 안면 근육은 의사소통과 음식 섭취를 하는 데 이용되고, 의식 경험은 사고의 흐름을 따른다. 비록 정서가 본질적으로 다른 구성 요소 시스템들을 동기화(同期化)시킬 수

---

3   동일한 개념들을 재는 서로 다른 여러 개의 측정 도구를 개발하고, 이 도구들에 따라 측정한 각 개념들 간의 상관관계가 높은지 또는 낮은지에 따라 타당도를 판별하는 방법.
4   어떠한 검사로서 미래의 어떤 기준 변인을 얼마만큼 예언하느냐 하는 정도를 나타내는 타당도.
5   검사가 특정 기준에 대해 성공적으로 예측할 수 있는 정도를 나타내는 타당도.

도 있지만, 구성 타당도를 위해 측정치들 사이에서 종합적인 수렴이 예상되지도 요구되지도 않는다. 사실상, 구성 요소 측정치들 간의 불일치는 현재의 이론들에 대한 도전일 수 있으며, 정서 시스템의 작동 방법에 대한 통찰력을 제공할 수 있다. 게다가 일부 연구자들은 정서의 구성 요소 측정치들 간의 불일치를 정서적 해리나 억압을 지수화하는 데 이용한다(Bonanno et al., 1995; Newton and Contrada, 1992를 참조).

아마도 타당도에 대한 가장 강력한 증거는 특정한 정서에 대한 이론이 특정한 정서가 유발되는 조건이나 특정한 정서를 가장 쉽게 일으키는 사람 유형에 대한 예측을 산출하는 데 이용될 수 있는 경우이다. 이러한 타당도를 측정 이론 및 구체적인 정서 측정법에 관한 지식과 결합시키면, 매우 특별한 예측이 나올 수 있을 것이다. 이제 우리는 정서 영역에서의 구체적인 측정법들에 대한 고찰로 주의를 돌리고자 한다.

정서 측정법의 유형

주관적 경험에 대한 자기보고

정서에 대한 자기보고 측정법은 널리 이용되고 있는 방법으로 폭넓은 범위의 평가 도구들을 구성한다. 이러한 측정법은 정서를 경험할 뿐만 아니라 평정 척도나 형용사 체크리스트를 사용해서 현상 인식을 정확히 반영해야 하는 참가자들에 의존한다. 자기보고를 제안한 연구자들은 참가자들이 자신들의 정서에 관한 정보를 모니터하고 평가하고 통합하는 특권적 위치에 있다고 가정한다. 자기보고 측정법을 통해, 참가자들은 어떠한 통합적이고 표준화된 방식으로 자신들만 접근할 수 있는 많은 정보를 표현할 수 있는 기회를 가진다.

비록 대단히 많은 도구들이 있지만, 그것들 사이에서 실질적인 유사성을 찾을 수 있다. 우리는 철저히 재고찰하기보다는 몇 가지 실례에 집중하고 공통적인 측정 주제와 문제들을 조명하고자 한다. 추가적인 도구에 대해서는 매카이(MacKay, 1980)와 스톤(1995)이 재고찰한 바 있다.

단일 항목 측정법 안면 타당도가 높은 이 기법은 단순히 연구 참가자들에게 단일한 정서 구성 개념에 초점을 맞추어, 어떤 느낌인지/어떤 느낌이었는지 묻는 방법이다. 그 구성 개념은 전체적인 정서 차원("얼마나 기분이 안 좋습니까?")일 수도 있고, 특정한 정서("얼마나 화가 납니까?")일 수도 있다. 그리고 응답 척도는 단극('전혀 화가 나지 않는'에서 '매우 화가 나는'까지)일수도 있고 양극('불쾌한'에서 '유쾌한'까지)일 수도 있다. 응답 선택은 흔히 5점, 7점, 혹은 9점 형식을 가진 리커트 유형의 척도이다. 단일 항목 측정법의 장점은 간단히 구성할 수 있고, 참가자들이 쉽게 이해할 수 있고, 간단히 관리할 수 있다는 점이다. 그것에 더해, 사실상 어떠한 정서 항(項)도 단일 항목 척도의 평가 기준이 될 수 있으며, 그런 점에서 이 자기보고 기법은 특정한 개별적인 정서를 연구하는 연구자들에게 반드시 필요한 측정법이라 할 수 있다(Ekman, Friesen and Ancoli, 1980; Gross and Levenson, 1993). 이 측정법의 단점은 측정이 아주 간결할 때면 직면하는 단점과 동일하다. 즉 진변량(眞變量)[6]에 대한 오차 변량의 비율, 대표성, 영역 특수성, 표집 오류 등의 문제가 있을 수 있다. 이러한 단점에도 불구하고, 단일 항목 측정법은 간결성이 중요한 실험 및 조사 문헌들에서 아주 자주 등장한다.

이러한 기법에서 또 하나의 중요한 점은 응답 척도를 '응답 선택안을 나타내는 수치의 시각적 상사형'으로 만드는 것이다. 이러한 시각적 상사(相似) 척도(Visual Analog Scales: VAS)는 전형적으로 두 가지 상반되는 형용사들을 구분해 놓은 가로선을 참가자에게 제시한다. 참가자들은 그 가로선에 표시를 해서 그 차원에서 어떻게 느끼는지/느꼈는지 기술할 것을 요구받는다. 연구자들은 단극성 응답 선택안을 갖추고 있는 VAS 방법을 이용하기도 했다. 그 직선상에는 특정한 정서 구성 개념(예컨대, 슬픈 정서)에 대해서 '전혀 느끼지 않은'에서 '매우 많이 느낀'에 이르는 선택안이 정해져 있다. 이와 연관이 있는 또 하나의 기법으로는 질문 그 자체를 평가받는 구성 개념의 시각적 상사형으로 만드는 방법이 있다. 예를 들어, 참가자들은 중립적인 얼굴 표정에서 매우 찌푸린 얼굴 표정에 이르는 일련의 다섯 가지 만화 얼굴을 제시받고 자신의 현재/과거 기분을 잘 나타내는 표정에 동그라미를 칠 것을 요구받을 수 있을 것이다. 이는 아주 어린 아이들이나 다른 언어 문화권에 속한 참가자들

6   진점수의 변산의 정도를 나타내는 변량.

과 같이 제시하는 형용사를 이해하지 못하는 참가자들을 대상으로 하는 검사에 유용한 장점을 지니고 있다.

최근에는 러셀과 그의 동료들이 '어펙트 그리드(감정 격자, Affect Grid)'라고 하는 단일 항목 질문지 측정법을 소개했다(Russell, Weiss and Mendelsohn, 1989). 정서 원형 모델(Larsen and Diener, 1992; Russell, 1980; Watson and Tellegen, 1985)에 기초한 '어펙트 그리드'는 가로 세로 각각 9칸으로 구성되어 있다. 정서 형용사들은 네 개의 모퉁이와 격자의 각 면의 중앙 지점에 위치한다. 이 형용사들은 (높은 각성에서 시작해, 사분면의 '즐거운'에 뒤이어 시계 방향으로 이어지면서) 흥분, 즐거움, 이완, 수면, 우울증, 불쾌감, 스트레스 그리고 높은 각성을 나타낸다. 참가자들은 즐거움과 각성 차원에서 자신들의 기분이 어떠한지/어떠했는지에 대해서 가장 잘 반영하는 격자 칸 안을 체크하라는 지시를 받는다. 이 척도의 개발자들은 이 척도의 성과가 더 길고 더 복잡한 다른 쾌락 및 각성 측정법들의 성과와 비슷한 결과를 보인다고 보고한다. 게다가 러셀과 그의 동료들(1989)은 이 측정법이 참가자들의 즐거움과 각성 수준을 변화시키는 설계 조작에 유리하다고 보고한다. 이 측정법의 한 가지 장점은 피로감 없이 여러 번 시행될 수 있다는 점이다.

다중 항목 측정법 많은 종류의 평가 도구들을 대표하는 다중 항목 측정법은 대부분 정서 상태를 기술한 형용사 목록들로 구성된다. 어떤 측정법은 체크리스트이다. 참가자들은 단순히 자신들이 느끼는/느꼈던 모든 감정을 체크하라는 지시를 받는다. 다른 측정법은 과제 평정이다. 참가자들은 특정한 정서를 느끼는/느꼈던 정도에 대해 각각의 형용사를 평가하라는 지시를 받는다. 수많은 다중 항목 도구들은 본질적으로 이러한 반응의 주제를 변화시킨 것이다. 차이는 주로 반응 척도, 정서 형용사의 수와 특성, 평점 및 척도 이름, 그리고 자기보고 과제에 동반하는 지시 사항과 관련된 것이다.

처음 공식적으로 고안된 형용사 평가 척도들 중 하나가 130개 항목의 '기분 형용사 체크리스트(Mood Adjective Check List: MACL)'였다(Nowlis and Green, 1957). MACL은 명칭에도 불구하고, 글자 그대로 체크리스트라고는 할 수 없다. 참가자들은 정서 형용사를 읽었을 때 느끼는 기분을 '확연히 느꼈다', '약간 느꼈다', '판정할 수 없다', '전혀 느끼지 않았다' 등의 척도로 평가하라는 요구를 받는다. 요인 분석 연구에 근거해서 MACL의 간단한 형식으로 36가지 항목이 선택되었다(Nowlis, 1965). 평점은 공격, 불안, 정열성, 고양성, 집중도, 피로감, 사회적 애착, 슬픔, 회의론, 자기중심주의, 활력, 무관심 등 12개의 요인 점수로 귀결된다. 다른 연구자들은 단순한 긍정적-부정적 유의성 척도 평점을 제안했다(Stone, 1981). MACL은 널리 이용되는 척도로 자리 잡지는 못했다. 아마도 저널에 실리거나 전문 심리검사 출판사에 의해 출간된 적이 없기 때문일 것이다. MACL의 최초 판본(Nowlis and Green, 1957)은 미출간 해군 기술 보고서에 실렸고, 나중에 축약본(Nowlis, 1965)이 한 편집 서적의 한 장에 수록되었다(Tomkins and Izard, 1965).

뒤이어 등장한 감정 체크리스트인 주커맨과 루빈(Zuckerman and Lubin: 1965)의 다중 감정 형용사 체크리스트(Multiple Affect Adjective Check List: MAACL) 때문에 MACL은 인기를 누리지 못했다. MAACL은 길이 면에서 MACL과 매우 유사하다. MACL의 항목은 130개이고 MAACL의 항목은 132개이다. 게다가, 많은 항목들은 두 가지 목록에서 동일하다. 이러한 유사성에도 불구하고, MACL은 이용이 크게 줄어들던 반면에 MAACL은 심리학 문헌에서 계속해서 가장 폭넓게 이용되어 온 자기보고 정서 평가 도구가 되었다(Larsen and Sinnett, 1991). 아마도 MAACL이 성공할 수 있었던 결정적인 요인은 전문 심리검사 출판사인 교육 및 산업 테스팅 서비스(Educational and Industrial Testing Service: EITS)가 그것을 배포한 결과일 것이다. 그 출판사의 MAACL 출판물에는 주석이 달린 참고문헌, 발전사, 심리 측정의 특성, 평점 해답지, 다양한 답안지를 전부 갖춘 사용자 편람이 딸려 있다. MAACL이 인기를 누리는 또 다른 이유로는 MACL에 비해 훨씬 더 빠르게 시행할 수 있게 해주는 체크리스트 방식에 있다. 그리고 마지막으로, MACL은 부척도가 12개인 반면에 MAACL은 세 개뿐이다. 비교적 특정한 정서 척도들도 나름의 유용성이 있지만, 더 전체적인 성격의 정서 척도들과 관련이 있는 간소함은 아마도 많은 사람들에게 호소력이 있을 것이다. MAACL의 세 개의 척도 점수는 우울, 불안, 적대감이다. 이 세 척도는 상관관계가 매우 높고 변별 타당도가 낮아 보인다. 고틀립과 메이어(Gotlib and Meyer, 1986)는 오리지널 MAACL의 항목들을 요인별로 구분하고, 긍정적인 감정과 부정적인 감정에 라벨을 붙인 두 요인을 보고했는데, 그 라벨은 몇 년 전에 왓슨과 텔레겐(Watson and Tellegen, 1985)이 제안한 라벨과 일치했다.

1985년에 주커맨과 루빈은 개정판 '다중 감정 형용사 체크리스트(Multiple

Affect Adjective Check List: MAACL-R)'를 출간했다. 이 개정판은 현재 주로 전체적인 긍정적 감정 및 부정적 감정과 감각 추구뿐만 아니라 여러 유쾌한 정서를 고려한 평점 방식에 관심을 두고 있다. 이러한 새로운 평점 방식은 여러 면에서 더 뛰어난 것으로 — (이는 비교적 최근의 정서 평가들에 대한 요인 분석 연구들에 부합한다) — 보이지만, 전혀 문제가 없는 것은 아니다. 예컨대, MAACL-R 편람에 수록되어 있는 표 10의 기록에 의하면, (1,000명이 넘는) 대규모 샘플에서 감각추구 척도의 알파 계수는 .09이다.

이쯤에서 지금까지의 논의를 멈추고 응답 형식의 문제를 거론하는 것이 좋을 것 같다. MAACL과 그것의 개정판은 체크리스트 형식을 갖추고 있다. 피험자는 네모 칸에 체크하는 방식으로 특별한 정서의 존재 혹은 부재만을 표시할 뿐이다. 어떤 연구자들은 체크리스트는 특히 반응 성향[7]의 영향을 받기 쉽고, 다른 형태의 비확률 오차[8]를 일으키기 쉽다고 주장했다. 거의 30년 전, 벤더(Bender, 1969)는 심리 측정 평가에서 체크리스트를 사용하는 것을 반대했다. 최근 들어, 그린과 골드만, 샐러베이(Green, Goldman and Salovey, 1993)는 체크리스트 기분 평가는 중대한 비확률 오차의 위험을 안고 있다는 점을 증명했다. "우리보다 앞서 연구했던 벤더(1969)와 마찬가지로 우리는 연구자들이 체크리스트 방식으로 얻은 데이터를 분석할 경우에는 신중을 기할 것을 충고하는 바이다"(1036). 초기의 기분 평가 목록상에서 인기가 있었던 불균형적이거나 비대칭적인 리커트 응답 선택안과 관련해서 논쟁이 될 만한 문제가 있다. 이 문제에 관한 연구는 매카이(1980)에 의해서 충분히 검토되었으니, 여기에서 다시 언급하지는 않겠다.

1967년, 테이어(Thayer)는 활성화—불활성화 형용사 체크리스트(Activation-Deactivation Adjective Check List: A-D ACL)를 출간했다. 그의 활성화와 각성, 감정에 관한 이론에 근거한 A-D ACL은 주로 활력적인, 생기 넘치는, 활동적인, 나른한, 지치고 긴장한, 초조한, 무섭고 조마조마한, 침착한, 조용한, 쉬는 등과 같은 유의성 있는 각성 상태를 나타내는 형용사들로 이루어져 있다. 검사 참가자들은 '전혀 느끼지 않는다'에서 '명확히 느낀다'에 이르기까지 4점

---

7 피험자가 검사를 받을 때 나타나는 태도로 검사가 측정하려고 의도한 어떤 특성의 측정을 모호하게 만들거나 왜곡시킬 수도 있다.

8 측정 대상, 혹은 측정하는 과정에 어떤 방해 요인이 일관성 있게 영향을 미침으로써 발생하는 오차.

척도로 형용사들을 평가한다. 요인 분석에 근거한 여러 가지의 평점 전략이 있지만 가장 폭넓게 이용되는 전략은 두 가지 점수, 즉 (매우 각성된 긍정적인 감정인) 활력적인 각성 점수와 (매우 각성된 부정적인 감정인) 긴장한 각성 점수로 귀결된다. A-D ACL 연구는 테이어가 재고찰한 바 있다(1986).

1977년, 아이자드(Izard)가 다양한 개별적인 정서를 평가하는 것에 목적을 둔 다중 항목 차별적 정서 척도(multi-item Differential Emotions Scale: DES)를 소개했다. 응답자들은 다양한 개별적인 정서를 얼마나 경험하고 있는지/경험했는지에 대해서 (5점 척도로) 세 가지 정서 언어군(예컨대, 겁먹은/무서운/두려운, 분개한/화가 치미는/짜증이 난, 기쁜/행복한/즐거운)을 평정하는 방식으로 평가하라는 요구를 받는다. 오리지널 DES는 이후에 자의식적인 정서를 구분할 수 있게끔 수정되었다(Mosher and White, 1981).

이처럼 많은 기분 형용사 평정 척도들 중에서 비교적 최근에 소개된 한 척도가 '긍정적인 감정 및 부정적인 감정 스케줄(Positive Affect Negative Affect Schedule: PANAS)'이다(Watson, Clark and Tellegen, 1988). PANAS는 감정 원형 모델에 근거를 두고 있다(Russell, 1980; Watson and Tellegen, 1985; Larsen and Diener, 1992). PANAS는 원형 모델에서 추론할 수 있는 여덟 개의 가능한 점수 가운데 두 가지 긍정적인 감정(positive affect: PA)(높은 각성의 유쾌한)과 부정적인 감정(negative affect: NA)(높은 각성의 불쾌한)에 초점을 맞추고 있다. PANAS는 두 개의 척도 각각에 10개의 항목을 포함하고 있다. 그 항목들은 기분 형용사이며, '전혀 혹은 약간', '미약하게', '조금', '보통', '많이', '아주 많이'의 라벨이 붙은 5점 척도로 평가된다. PA 척도와 NA 척도는 상관관계가 없도록 구성되었고, 일반적으로 긍정적인 감정과 부정적인 감정의 독립성을 가정하는 이론적인 모델을 따랐다.

이러한 작업의 대부분은 PANAS와 상관관계를 보인다. 또한 PANAS 척도는 타당도의 의미 면에서 외적 변인들과 상관관계가 있다. 예컨대, 외향성은 PA의 빈번한 보고와 상관관계가 있고, 신경증적 성향은 NA의 빈번한 보고와 상관관계가 있다. 몇몇 연구는 실험연구에 PANAS를 이용해 왔다. 라슨과 케텔라르(Larsen and Ketelaar, 1991)는 심상요법을 활용해, 유쾌한 기분과 불쾌한 기분을 유도한 한 실험에서 PANAS를 이용하기도 했다. 그들은 긍정적인 기분의 유도는 PA를 높이지만 NA를 낮추고, 부정적인 기분의 유도는 NA를 높이지만, PA를 낮춘다는 사실을 알아냈다. 이처럼 긍정적 정서 유도와 부정적인 정서 유도에 대한 차별적인 민감도는 PANAS의 구성 타당도를 실증적으로 뒷받침한다. 하지만 PANAS는 비판으로부터 자유롭지는 못했다. 원형 모델과 그것을 모델로 삼은 측정법으로서 PANAS가 지닌 잠재적인 문제점과 오류에 관한 논의를 파악하고 싶은 독자라면 라슨과 디너의 논문(1992)을 참조할 수 있을 것이다.

자기보고에 시간적 차원 추가 자기보고 정서 측정법은 단일 항목이든 다중 항목이든, 연구 참가자들에게 시간의 흐름과 함께 연장되는 정서적 에피소드를 전체적으로 보고할 것을 요구한다. 예컨대, 연구자들은 다음과 같이 물을 수 있을 것이다. "치과에 가는데 얼마나 만족스러웠거나 불만족스러웠습니까?", "출산 경험은 얼마나 만족스러웠거나 불만족스러웠습니까?" 혹은 "이 영화를 보면서 얼마나 공포를 느꼈습니까?" 이 측정 전략은 응답자들이 이러한 전체적인 자기보고를 완수하기 위해 불러내야 하는 정신적 과정이 왜곡되고 측정 오류를 유발할 수 있다는 사실을 인식하지 않고 빈번하게 사용된다. 구체적으로 말하면, 전체적인 자기보고를 제시하는 것은 (응답자들이 표적으로 삼은 에피소드를 회상하는) 기억 과정과 (응답자들이 다양하고 종종 변하기도 하는 순간적 경험들을 모종의 방법으로 전체적인 보고로 통합하는) 종합 과정을 모두 함축하고 있다. 이러한 정신적 과정들은 시간의 흐름에 따라 겪는 정서의 역동적인 변화를 모호하게 만들거나 왜곡시킬 수 있다. 예컨대, 프레드릭슨(Fredrickson)과 캐너먼이 증명한 연구 결과에 의하면, 지속적인 정서 에피소드들에 대한 사람들의 전체적인 보고는 에피소드 중에서 (이 책, Kahneman을 참조. 정점-종점 법칙으로 불리는) 가장 강하고 최종적인 순간에 경험한 순간적인 감정으로부터 대부분 도출되며, 정서 경험의 지속 시간은 대체로 무시된다(Fredrickson and Kahneman, 1993; Kahneman et al., 1993; 관련 논쟁점은 Thomas and Diener, 1990을 참조).

실시간 평가 전체적인 보고에 근본적으로 존재하는 문제들 중 일부를 피하는 한 가지 방법은 정서에 대한 실시간 평점들을 수집하는 것이다. 최근에, 그러한 기법들이 여러 가지 개발되었다. 그러한 기법들 전반의 일반적인 전략은 정서가 처음 경험되는 순간에 온라인으로든, 아니면 실시간 순간적인 자기보고들이 수집되는 사이에 원래의 에피소드의 시간적 차원이 '재현됨'에 따른 회상으로든, 순간순간마다 주관적 경험에 대한 자기보고를 수집하는 것이다. 순간적인 자기보고 측정법의 표본은 나중에 기술할 것이다.

개념적으로 볼 때, 가장 기본적인 실시간 자기보고 측정법은 (앞서 기술했듯이) 시간적 차원이 추가된 단일 항목 측정법으로 볼 수 있다. 응답자들은 회전 다이얼이나 슬라이딩 미터를 이용해서 필요하다면 언제든지 지시 바늘을 조정하라는 지시를 받는다. 지시 바늘은 지속적인 에피소드 내내 매 순간 그들이 느끼고 있는 정도를 항상 반영한다. 여러 연구자들은 이러한 종류의 지속적인 '평가 다이얼'을 기술해 왔다(Fredrickson and Kahneman, 1993; Fredrickson and Levenson, 저널에 실릴 예정인 논문; Gottman and Levenson, 1985; Bunce, Larsen and Cruz, 1993). 더 일반적인 단일 항목 측정법과 마찬가지로 평가 다이얼은 양극 용어 기준('매우 부정적'에서 '매우 긍정적'에 이르기까지)이나 단극 용어 기준('전혀 슬프지 않는'에서 '매우 슬픈'에 이르기까지)을 이용할 수도 있고, 리커트형이나 시각적 상사 척도를 이용할 수도 있다.

시간의 흐름에 따른 정서 경험의 기복을 파악하는 것 외에, 지속적인 평가 다이얼은 데이터 취득을 자동화하기도 한다. 다이얼 그 자체는 보통의 90볼트 배터리에서 출력되는 전압을 조절하는 분압기나 저항기 ─ (조명 기구로 가는 전기량을 조절하는 조광 스위치와 흡사한) ─ 와 연결되어 있다. 다이얼로부터의 전기 출력은 이제는 응답자들의 자기보고를 계속해서 기록하는 아날로그/디지털(analog-to-digital: A/D) 데이터 취득 장치에 의해서 조정된다. 그러한 기록을 산출할 때에 적절히 조정된 전기량은 응답자의 시시각각의 자기보고에 대한 직접적인 표시이다.

(예컨대, 정서에 호소하는 영화의 클립 영상 관람처럼) 실험 프로토콜의 요구 조건이 낮으면, 연구 참가자들은 실제 정서 에피소드가 일어나는 동안 '온라인'으로 정서에 대한 자기보고를 지속적으로 제공하는 데 평가 다이얼을 이용할 수 있다(Fredrickson and Kahneman, 1993; Fredrickson and Levenson, 저널에 실릴 예정인 논문). 그와 같은 온라인 측정이 너무 성가시거나 (예컨대, 실제 사회적 상호작용을 하는 동안에) 지장을 초래할 만한 상황이라면, 참가자들은 원래 경험의 시간적 차원이 평가 절차 중에 '재현되는' 한, 평가 다이얼을 이용해서 회고적인 자기보고 방식으로 정서 경험을 계속 제공할 수 있다. 예를 들어, 부부 상호작용에서의 정서에 대한 연구에서, 거트만과 레벤슨(Gottman and Levenson, 1985)은 비디오 회상 기법을 이용해서 정서 경험에 대한 지속적인 자기보고 데이터를 얻었다. 첫 연구 시기에서, 연구자들은 부부들에게 결혼

시의 갈등 영역에 대해 토론하도록 시켰고, 그러는 동안에 그들의 대화와 비언어적인 표현은 비디오로 녹화되었고, 각 배우자의 자율신경계의 반응은 생리적인 센서들에 의해서 기록되었다. (이번에도 비디오 녹화와 생리적 활동을 기록한) 후속 개인별 연구 시기에서, 배우자들은 각각 독립적으로, 자신들의 대화를 녹화한 비디오테이프 영상을 시청하고 양극 평가 다이얼을 이용해 '실제 상호작용이 있는 동안에' 매 순간 얼마나 긍정적이거나 부정적인 기분을 느끼고 있었는지를 표시했다. 이 비디오 회상 기법의 유효성을 입증했던 거트만과 레벤슨(1985)은 이후의 평가 시기 동안에 보인 각 배우자의 자율신경계 활동이 부부가 실제로 상호작용하는 동안에 보였던 것과 같은 활동 패턴을 뚜렷이 보인다고 보고하면서, 비디오테이프 영상 속 대화를 시청하는 것은 원래의 에피소드가 일어나는 동안에 경험한 감정을 (어느 정도) 재현하기에 충분하다는 점을 시사했다.

지금까지 기술한 자기보고 측정법의 한 가지 결점은 자기보고가 한두 가지 차원으로 제한된다는 점이다. 확실히 그러한 결점 때문에 일련의 전체적인 평가 다이얼, 즉 아마도 별개의 여러 정서 상태(분노, 공포, 슬픔, 혐오, 매력/사랑, 기쁨, 만족, 등등 — 에크만(Ekman, 1992)의 다양한 단일 항목 척도나 아이저드(1977)의 DES에 시간적 차원을 추가하는 것과 유사한)를 각각 반영하는 다이얼이 기술적으로 만들어질 수 있을 것이다. 하지만 다양한 개별적인 정서의 기복을 응답자가 실시간으로 동시에 추적할 수 있는 능력이 제한 요인이 될 수 있을 것이다. 이러한 장애물을 피하는 한 가지 방법으로는 비디오 회상 기법을 다양하게 반복해서 다양한 정서에 대한 자기보고를 수집하는 방법을 들 수 있을 것이다. 하지만 그러한 전략은 분명히 참가자들의 협력을 한계까지 내몰고/내몰거나 피로를 유발할 것이다.

이러한 장애물을 피하는 한 가지 더 합리적인 방법으로는 로젠버그와 에크만(Rosenberg and Ekman, 1994)이 도입한 '신호에 따른 재조사'라 불리는, 부분적으로 거트만과 레벤슨(1985)의 비디오 회상 기법에서 유래된 하이브리드 기법을 사용하는 것을 들 수 있다. 신호에 따른 재조사에서, 참가자들은 원래의 에피소드를 경험할 때 느꼈던 정서를 기억할 때마다 비디오 재생을 멈추라는 지시를 받는다. 그때, 그들은 다중 항목 정서 보고 방식을 사용해 바로 그 정확한 순간에 느꼈던 기분을 기억해 낸 것을 평가한다. 예컨대, 로젠버그와 에크만은 여덟 가지 정서 단어, 즉 분노, 경멸, 혐오, 당황, 공포, 행복,

슬픔, 놀람에 평가한 리커트형 평점을 수집했다. 일정한 평가 양식대로 평가를 마친 후에 참가자들은 비디오를 다시 재생했다. 그러고는 원래 에피소드를 경험하는 동안 (어느 정도든 어떤 유형이든) 정서 변화를 느꼈던 일을 기억할 때마다, 비디오 재생을 다시 멈추고는 그 순간에 해당되는 또 다른 정서 보고 양식을 완성했다. 그다음에는 이러한 절차를 전체 정서 에피소드와 관련해 반복했다. 정서 보고 양식이 다양한 별개의 정서에 대한 독립적인 평가를 포함할 수 있기 때문에, 신호에 따른 재조사 기법의 순간적인 자기보고는 1차원 척도나 2차원 원형 모델과는 다르다. 결과적인 자기보고 데이터는 순간적인 것이라고 할지라도, 연속적인 것도 균등한 시간 간격을 지닌 것도 아니다. 이 기법에 타당도를 부여한 로젠버그와 에크만은 신호에 따른 재조사를 통해 얻은 특정한 정서에 대한 순간적인 보고가 동일한 특정한 정서의 안면 지표와 시간적으로 일치한다는 점을 발견했다.

이러한 자동화된 기법의 장점은 관리가 용이하고 기록이 온라인 특성을 띠고 장시간 동안 계속해서 기록할 수 있으며, (데이터의 산출이 전산화된 A/D 장비에 의해서 판독된다면) 데이터 입력은 중요하지 않다는 것이다. 하지만 중요한 단점으로, 전문화된 장비가 필요하며, 참가자들은 사실상 장치에 속박되어 있다. (그렇지만 전파 원격 측정법이나 온 보드 메모리가 참가자들이 보고 기간 동안에 휴대할 수 있는 평가 장비를 갖출 수 있다면, 그러한 상황은 변할 수도 있을 것이다.) 그 외의 단점으로, 참가자들의 정서에 대한 지속적인 모니터링이 일종의 피로감을 낳을 수도 있고, 지나친 개입으로 참가자들의 정서를 사실상 변화시킬 수도 있다. 이러한 문제들은 연구자들에게 여전히 미해결 문제로 남아 있다.

자기보고법에 대한 평가 자기보고법은 아마도 가장 효율적이고 가장 손쉬운 정서 측정 기법일 것이다. 그렇지만, 자기보고법은 연구 참가자들이 자신들의 정서를 관찰, 보고할 수 있고, 기꺼이 그렇게 한다는 가정에 의존한다. 참가자들이 자신들의 정서를 보고할 수 있다는 가정에 흔히 자기보고가 사실상 개인의 정서 경험에 관한 정보의 최고의 원천이라는 가정이 더해진다. 하지만 이 두 가정은 모두 의문의 여지가 있다. 예를 들어, 만일 어떤 정서적인 에피소드들이 지각할 수 있는 인식을 벗어나 있거나, 작업 기억에 나타나지 않는다면, 참가자들은 기분 상태를 정확히 지각하거나 인지할 수 없을 것이며, 결과적으로 정확한 자기보고를 할 수 없을 것이다. 물론, 누군가는 지각할 수 없는 정서도 조금은 정서로 볼 수 있지 않을까 하는 의문을 제기할 수도 있을 것이다. 무의식적인 정서의 존재에 대한 토론을 충분히 하지 않고도, 어떤 사람은 하나의 비언어적인 채널(예컨대, 자율신경계의 활성화나 활동 경향)상에 하나의 정서를 '가지고' 있을 수 있지만, 그 경험을 결코 명시적으로 언급하지 않으며, 따라서 정서로 전혀 지각하지 않을 것으로 보인다(Tranel and Damasio, 1985). 게다가 어떤 사람들은 정서적인 경험을 억압하며, 정서에 대한 편향되거나 불완전한 기억을 야기할 수도 있다(Newton and Contrada, 1992). 몇몇 증거에 의하면, 이러한 억압적인 대처 방식은 정서가 기억으로 부호화되는 것을 막음으로써 작동된다(Cutler, Bunce and Larsen, 1996). 이러한 사례의 경우에는 분명 자기보고 이외의 측정법도 사용하는 것이 중요해 보인다.

참가자들이 자신의 정서를 관찰하고 보고할 수 있다는 가정에 깔려 있는 다른 문제들은 훨씬 더 실질적인 것이다. 여러 가지 이유로 인해, 어떤 모집단은 의미 정보에 대한 이해에 취약할 수도 있다. 한 가지 예로 아주 어린 아이들을 들 수 있다. 그리고 아주 나이 많은 노인들처럼 다른 모집단들은 MAACL과 같은 긴 자기보고 측정법을 전부 이행하는 데 필요한 집중력이나 주의력이 결여되어 있을 수도 있다. 그러한 표본들에서는 자기보고 질문지에 대한 응답이 정서 상태에 대한 정확한 평가를 제공하지 못할 수도 있다. 평가 척도의 도구를 전혀 이해하지 못하는 언어를 주로 쓰는 참가자들을 대상으로 그 평가 척도를 사용할 경우에는 측정의 정확도가 마찬가지로 위태롭게 될 수 있다. 정서의 경험과 이해와 언어적 표현과 관련해 문화적 변화를 고려하면, 번역은 항상 문젯거리이다. 문화 심리학자들은 더 나아가 어떤 문화는 다른 문화에서는 인식할 수 없는 정서나 정서 용어를 가지고 있다고 주장했다(예컨대 Mesquita and Frijda, 1992를 참조). 이 모든 이유들 때문에 자기보고 척도는 간결하고 이해하기 쉬워야 하며, 연구자들은 정확한 응답을 저해할 수도 있는 문화적, 인구통계학적, 상황적 요인들을 고려해야 한다.

참가자들이 자신들의 정서를 기꺼이 보고하고자 한다는 두 번째 가정으로 돌아가 보면, 주요한 문제는 반응 성향으로, 문항들에 답한 응답에 내용과는 무관한 모순적인 것도 포함될 수도 있다. 즉, 참가자들의 응답은 질문지 자체에 포함되어 있지 않은 것을 반영할 수도 있다. 가장 빈번히 논의되는 반응 성향은 사회적으로 바람직한 반응이다. 참가자들은 긍정적인 인상을 유발하거나 자신들이 대체로 긍정적인 속성을 지닌 존재로 보일 수 있는 방식으로 문항들에 응답하는 경향을 보인다. 사람들은 바람직하지 않은 속성이나 정서를 거부하고 긍정적인 속성이나 정서를 수용하도록 동기화될 수 있다. 사회적으로 바람직한 반응을 통제할 수 있는 한 가지 방법은 (예컨대 말로-크라운(Marlowe-Crowne) 척도와 같은) 사회적 바람직성 측정법을 이용해서 그러한 반응을 측정하고, 그 반응을 통계 분석에서 제거하는 것이다. 하지만 일부 연구자들은 이러한 접근법에, 주로 사회적 바람직성 측정법의 타당도의 근거에 의문을 제기한다(Diener, Smith and Fujita, 1995).

또 다른 반응 성향은 극단적인 반응이다. 참가자는 자신의 정서를 기술할 때 척도의 종점이나 가장 많은 수치를 사용하도록 동기화될 수 있다. 일부 연구자들이 이러한 반응 성향을 지적했지만, 정서 특성 질문지에 대한 극단적인 반응을 다룬 몇몇 연구들은 그 반응 성향이 문제가 된다는 증거를 별로 찾지 못했다(Larsen and Diener, 1987). 다른 연구자들은 아무리 작은 양의 극단적인 반응도 특히, 일련의 평가의 공변량 구조에 영향을 미치는 체계적인 왜곡을 일으킬 수 있다고 주장해 왔다(Bentler, 1969). 극단적인 반응의 효과는 양극의 상반되는 용어들 간의 부적 상관관계를 약화시킬 수 있다. 그린과 골드맨, 샐러베이(1993)는 최근에 논의되고 있는 감정 평정에서 나타나는 상관적 오류와 그에 대한 증거를 제시한다. 이 저자들은 비체계적 측정 오차와 체계적(반응 편향) 측정 오차를 설명하는 데 있어 우리도 추천한 바 있는 정서 측정법인 다중 측정법의 효용성을 증명한다.

자기보고에 있을 수 있는 또 하나의 문제는 반복적인 평가의 효과에 관한 것이다. 그 문제에 속하는 하나의 문제는 실제의 측정 과정이 측정되는 대상을 변화시킨다는 개념인 측정 반응성이다. 정서 형용사 평가 척도를 여러 번 이용하는 것은 사실상 관심 대상의 정서 상태를 만들어 내거나 변화시킬 수도 있다. 두 번째 문제는 측정의 독립성이다. 연구자들은 종종 실험, 특히 피험자 내 설계 실험을 하는 동안에 정서를 자주 평가하고 싶어 한다. 이론상, 각각의 측정 사건은 바로 전의 측정 사건으로부터 독립되어 있다. 반복적인 측정 실험에서 그 독립성을 성취할 수 있는 유일한 방법은 각각의 새로운 평가를 하기에 앞서 참가자의 기억에서 자기보고 문항들에 딸린 이전의 경험을 제거하는 것일 것이다. 이는 사실상 불가능하기 때문에, 반복적인 정서 측정의 한 가지 잠재적인 효과는 판에 박힌 응답이다(Stone, 1995). 참가자들은 평가 시마다 크게 변하지 않는 반응 프로파일을 보인다. 이는 매 평가 시마다 표준 편차를 검사하여 평가할 수 있다.

관찰자의 정서 평가

유용한 정보가 충분히 있으면, 사실 앞에서 서술했던 어떠한 자기보고의 측정치라도 제3자의 관점에서 수집할 수 있을 것이다. 그러한 관찰자 보고는 관찰 대상자의 정서적 경험을 관찰한 '전문적인' 관찰자들 — 배우자, 가장 친한 친구 또는 임상의와 같은 — 로부터 또는 특별한 훈련을 받지 않은, 그저 낯선 사람들로부터 얻을 수 있다. 관건은 관찰자–평가자에게 대상자의 경험에 관한 정서 관련 정보 — 시말서, 테이프에 녹음했거나 글로 기록한 대화, 안면 반응에 대한 비디오 기록물이나 사진, 혹은 이러한 자료들의 혼합 정보 — 를 제공하는 것이다. 관찰자들은 이러한 데이터를 보고, 전체적으로, 혹은 특정한 순간을 한정해, 대상자의 (정서 유형과/또는 정서 강도를 포함한) 적절한 정서 상태를 판단한다. 하지만 이와 같은 관찰자 보고는 관찰 대상자의 정서 상태에 대한 사회적 귀인을 나타내는 것으로, 다른 정서 측정법들과 비교하여 교차 검증돼야 한다는 점을 유념하는 것이 중요하다. 더 일반적인 귀인 과정처럼, 정서에 대한 귀인은 이용할 수 있는 정보로 제한되거나, 관찰자의 자기 위주 경향성에 따른 편향을 보이게 된다. (관찰자–평가자가 대상자와 친밀한 관계를 유지하고 있을 경우에는 관찰자 보고가 가장 진실에 가까울 것이다.)

개념적으로 관련이 있는, 관찰자 보고를 얻는 한 가지 방법은 특별히 훈련을 받은 관찰자를 이용해 정서를 코드화하는 것이다. 이 방법의 하나의 예가 거트만과 그의 동료들이 부부 간의 상호작용 시의 정서를 연구하기 위해 개발한 '특정한 감정 부호화 시스템(Specific Affect Coding System: SPAFF)'이다 (Krokoff, Gottman and Hass, 1989; Gottman, 1993). 이 시스템은 부부 사이에 주고받는 뚜렷한 정서를 특정한 긍정적 범주와 부정적 범주로 나눈다. SPAFF의 긍정적 감정 범주에는 관심, 애정, 유머, 확증, 흥분/기쁨이 있다. 반면에 SPAFF의 부정적 감정 범주에는 분노, 호전성, 오만, 경멸, 혐오, 긴장/공포/걱정, 슬픔, 불평, 방어적 태도가 있다. 정서 평정을 할 때면, 정서에 대해서 귀인을 하는, 특별한 훈련을 받지 않은 관찰자들과 마찬가지로, SPAFF 부호화를 하는 사람들은 말 내용, 목소리 톤, 문맥, 얼굴 표정, 제스처, 신체 움직임 등을 포함한 정보 형태를 고려한다. 이는 SPAFF를 물리적인 특성 부호화 시스템(예컨대, 앞으로 설명하게 될 에크만과 프라이센(Ekman and Freisen, 1978)의 얼굴 움직임 부호화 시스템(Facial Action Coding System: FACS))보다는 '문화 정보' 부호화 시스템으로 만드는 것이다. SPAFF의 부호화를 하는 사람들이 다른 관찰자들과 다른 점은 (a) 얼굴과 목소리에서 정서의 중요한 표지를 인식하는 특별한 훈련을 받았고, (b) 남다른 부호화 속도를 지니고 있다는 것이다. 거트만이 실시간 상호작용에 SPAFF 시스템을 이용하기 위해서 '감정 바퀴(Affect Wheel)'를 고안했지만, 더 일반적인 SPAFF는 비디오 기록물의 미시적 분석을 필요로 한다. 그 분석은 매 15분간 양자 상호작용마다 6시간에서 10시간의 부호화 시간이 소요된다.

관찰자 보고의 중요한 장점은 흔히 불필요하게 남의 관심을 끌지 않으며 자연스러운 사회적 교류를 추적할 수 있다는 점이다. 그리고 관찰자들에게 특별한 훈련이 요구되지 않을 경우에는 비용이 적게 들고 신속히 측정할 수 있다. 거트만(1993)은 정서의 부호화에 대한 형태주의적 접근이 (FACS와 같은) 물리적인 특성 부호화 시스템 내에 숨어 있는 가정 — 다른 정서 구성 요소나 채널들은 추가적으로 결합해서 정서적인 의미를 만들어 낸다는 — 을 교묘히 회피한다고 주장한다. SPAFF와 같은 관찰자 부호화 시스템의 단점 중 하나는 부호화하는 사람들에게 집중적인 훈련이 필요하다는 점이다. 게다가 SPAFF는 부부 간의 상호작용을 연구하기 위해서 특별히 개발된 것이기 때문에 친구들이나 동료들 간의 상호작용 또는 세대 간 관계와 같은 다른 유형의 상호작용에는 적합하지 않을 수 있다. 이처럼 다른 개인 간의 상황에 맞는 정서를 연구하려면, 완전히 새로운 부호화가 필요할 수도 있다.

최근의 다른 연구들은 관찰자 보고를 위해 상대적으로 특별한 훈련을 받지 않은 정보 제공자들을 이용하는 것의 효용성을 보여주었다. 예를 들어, 왓슨과 클라크(Watson and Clark, 1991)는 피험자들에게 친구들이나 지인들과 함께 자신들의 연구에 참여하도록 했다. 이처럼 피험자들과 잘 알고 있는 동료들을 이용한 연구에서, 왓슨과 클라크는 자기보고 방식으로 보고된 정서와 동료가 보고한 정서 간에 대체로 유의미한 상관관계 — 예를 들어, 슬픔의 경우는 .52, 긍정적인 감정의 경우는 .49, 공포의 경우는 .40, 적대감의 경우는 .31 — 가 있음을 발견했다. 이 연구와 유사한 방식으로 디너와 스미스, 후지타(Diener, Smith and Fujita, 1995), 그리고 루카스와 디너, 서(Lucas, Diener and Suh, 1996)는 훈련받지 않은 동료들을 이용했는데 유사한 수렴 결과가 나타났다. 이러한 연구 결과는 정서가 사적인 것이라 여겨짐에도 불구하고, 정서에는 훈련받은 관찰자들이나 심지어 훈련받지 않은 관찰자들을 통해서 간파될 수 있는 공적인 면이 있다는 견해를 뒷받침한다.

얼굴 정서 측정법

부호화 시스템   얼굴에 나타나는 정서를 부호화하는 데 가장 포괄적으로 널리 이용되는 시스템 중 하나는 '얼굴 움직임 부호화 시스템(Facial Action Coding System: FACS)'이다(Ekman and Friesen, 1975, 1978). FACS는 해부학적인 근거를 가진 46개의 '움직임 단위들(action units: AUs)'로 구성되어 있다. 각각의 AU는 얼굴에서 보이는 관찰 가능한 특별한 변화를 나타낸다. 예컨대, AU 1은 안쪽 눈썹이 올라가는 것이고, AU 9는 코를 찡그리는 것이고, AU 12는 바깥 입술 끝을 올리는 것이다. 이 시스템은 육안으로 관찰할 수 있는 얼굴 피부상의 모든 움직임을 기술한다. FACS 학습을 위한 광범위한 훈련과 인증 시스템이 존재한다(FACS 학습을 원한다면, 샌프란시스코의 캘리포니아 대학교에 있는 인간 상호작용 연구소(Human Interaction Lab)를 접촉하기 바람). 이 자기 진도 조절 훈련 프로그램에는 각 AU의 근육 및 외모에 관한 기초적인 학습, 46가지 AU에의 광범위한 노출, 사진과 비디오테이프에 기록된 그 AU들의 조합, 자신의 얼굴 표정으로 AU를 산출해 내는 훈련, 그리고 AU들을 평점매기고 조합하기 위해 미세한 변화들을 구체적으로 명시하는 법칙이 포함되어 있다. 수용할 수 있는 신뢰도를 성취하는 데 약 40시간의 초기 교육이 필요하다(Ekman and Friesen, 1975).

얼굴 부호화는 자연스럽고 확연한 얼굴 표정 변화가 사람들의 정서 반응에 동반되는 범위 내에서 정서를 측정하는 데 유용하다. 하지만 안면 근육은 수의(隨意) 신경계에 의해서도 약해질 수 있기 때문에, 관찰 가능한 얼굴의 움직임이 단순히 근원적인 정서 상태의 직접적인 판독 정보이거나 '표현'이라고 할 수는 없다. 예를 들어, 정서 관련 얼굴 움직임은 금지나 과장이나 가장을 통해서 통제될 수도 있다. 그럼에도 불구하고, FACS는 정서 연구에 매우 유용하다. 예컨대, FACS의 부호들로 자연스러운 긍정적 정서 표현인 소위 진짜 웃음('뒤센 미소[9])과 종종 긍정적인 정서를 느끼지 않을 때 그 정서를 느끼고 있는 듯이 보이기 위해서 고의적으로 짓는 가짜 웃음('비(非)뒤센 미소')을 확실히 구분해 낼 수 있다(Ekman, Friesen and O'Sullivan, 1988). 그리고 (에크만과 로젠버그의) 최근 편집판 책에는 FACS가 가장 중요한 요인이었던 다양한 연구 프로그램이 설명되어 있다(Ekman and Rosenberg, 1997).

FACS를 최대한 활용하면 실시간으로 얼굴 움직임을 빠짐없이 기술할 수 있다. FACS 또한 많은 시간과 노력을 요한다. 예컨대, 비디오테이프로 녹화된 얼굴에 대해 FACS의 평점을 매기려면, (물론 얼굴 움직임의 비중에 따라 다르지만) 비디오테이프의 1분마다 약 1시간의 부호화 작업이 요구된다. 많은 연구 현안에 있어서는, 얼굴 표정을 비교적 덜 세분화해서 부호화하는 것이 합리적일 수 있다. 그리고 (에크만과 그의 동료들을 포함한) 여러 연구자들은 얼굴 움직임을 부호화하기 위해서 선택적인 특정 정서 및/혹은 전체적인 정서 시스템(예컨대, EMFACS(정서 FACS)와 MAX(Maximally Discriminative Facial Movement Coding System))을 개발했다(EMFACS에 관해서는 Fridlund, Ekman and Oster, 1987을 참조 바라고, MAX에 관해서는 Izard, 1979를, 전체적인 부호화 시스템에 관해서는 Gross and Levenson, 1993과 Kring and Neale, 1996을 참조).

근전도 검사[10] 안면의 정서 측정치는 근육 수축의 생리적 측정법을 사용해서 얻을 수 있다. 얼굴 (그리고 신체의 다른 부위)의 가로무늬근의 신경 활성화는 근전도 검사(EMG)를 이용해 탐지될 수 있는 근육 활동 전위를 생성한다. EMG 기록은 관심 대상인 근육다발에 붙인 두 개의 전극을 이용해서 얻는다. 일반적인 실험실 환경에서의 안면 근육의 수축은 80마이크로볼트를 초과하는 경우는 거의 없지만, 수축하는 동안 근육이 발산하는 전기적 신호는 대략 몇 마이크로볼트에서 수백 마이크로볼트 정도에 이른다. 근육에서 탐지된 전기적 활동의 양은 수축과 관련된 운동뉴런 풀의 수와 직접적으로 관련이 있다. 안면 근전도 검사 기법에 대한 상세한 설명은 카치오포와 티파니의 1990

---

9 프랑스의 신경 심리학자인 기욤 뒤센(Guillamue Duchenne, 1806~1875)은 마음에서 우러나오는 진짜 웃음을 밝혀냈고, 폴 에크만(Paul Ekman, 1935~)은 억지 미소가 아닌 진정한 기쁨이나 행복한 순간에 웃는 그러한 진짜 웃음을 뒤센 미소라고 명명했다.

10 근전도 기기를 사용하여 근육의 전기적 활성도를 확인하는 검사 방법으로, 신경 자극에 대한 근육의 반응을 근육 내 전기적 변화를 감지하여 검사한다.

년 저작에서 찾을 수 있다. 일반적으로 EMG를 이용해 평가되는 근육은 (불쾌한 여러 정서를 느낄 때면 눈썹을 찌푸리는 역할을 하는) 추미근과 (귀 쪽을 향해 입꼬리를 뒤나 위로 올리는 역할을 하는) 대관골근이다. 혐오감을 느낄 때면 코를 찡그리는 역할을 하는 근육과 같은 다른 근육들도 때로는 평가되기도 한다. 안면의 EMG의 타당도에 대한 증거가 제시하는 바에 의하면, 이는 감정 반응의 유의성과 강도를 평가하기에 효과적인 기법이다(Cacioppo et al., 1986). 게다가 EMG 기법은 얼굴에 눈에 띄는 변화를 일으킬 수 없는 아주 미세한 신경근육 활동을 평가할 수 있다(Cacioppo et al., 1986). 그런 점에서 EMG는 FACS에 비해 얼굴의 정서 측정 부위는 훨씬 더 적지만 얼굴에 나타나는 정서에는 더 민감할 수 있다. 하지만 이러한 민감도는 EMG 평가 중에 관심 대상인 근육 이외의 다른 부위로부터의 전기적 신호 역시 탐지될 수 있다는 단점을 지니고 있다. 안면 EMG로 정서를 측정하는 것에 관심을 가지는 연구자들은 전기생리적 측정 훈련을 받아야 하고/받거나 적절한 전문기술을 갖춘 공동 협력자들을 구해야 한다.

자율신경계의 정서 측정법

정서는 종종 특별하게 행동하고자 하는 충동, 즉 경쟁자와 싸우고자 하거나 절박한 위험을 피하고자 하거나 사랑하는 사람과 가까워지고자 하는 충동과 긴밀하게 연결되어 있다. 많은 정서 이론가들은 정서와 행동 경향 간의 연결 관계를 정서에 대한 정의의 일부이자 한 부분으로 본다(Frijda, 1988; Lazarus, 1991). 그리고 정서를 '구체화'시키는 것은 바로 그러한 연합임이 분명하다(Lazarus, 1991). 다시 말해, 체신경계 활동, 그리고 감정이 강렬하고/강렬하거나 오래 지속될 때 일어나는 자율신경계(ANS) 활동, 이 모두의 경우에 정서를 명확하게 만드는 것은 그러한 연합이다(Cacioppo et al., 1993). 비록 다양한 이론가들이 정서와 ANS의 정확한 관계를 설명하려고 노력해 왔지만, 그들은 특정한 정서가 특정한 ANS와 연관되어 있다고 주장하는 이론가들(예컨대, Averill, 1969; Levenson, Ekman and Friesen, 1990)과 특정한 정서가 불특정적인 ANS 활동과 연관되어 있다고 주장하는 이론가들(예컨대, Cannon, 1927; Mandler, 1975; Schacter and Singer, 1962)로 요약될 수 있다. 여러 정서에 걸친 자율신경계의 특성화를 경험적으로 뒷받침해 주는 결과가 다양한 연구와 실험실에서 관찰되었지만, 추적된 데이터는 상이한 결과를 보여주기 때문에 확정적으로 결론을 내리지 못하고 있다(재고찰하려면, Cacioppo et al., 1993; Levenson, 1992; Zajonc and McIntosh, 1992를 참조).

정신생리적 추론 그래서 과학 양상은 특정한 정서를 지수화하거나 추론하고자 (단독으로 혹은 다른 측정법과 결합하여 쓰이는) 자율신경계 측정법을 이용하는 것을 찬성하지 않는다. 즉, 우리는 자율신경계 측정만을 이용해서는 공포와 분노 혹은 분노와 혐오 (혹은 다른 어떠한 정서와 정서)를 구별할 수 없다. 게다가 정서가 (충분히 강할 때) 자율신경계의 변화를 확실히 산출하더라도, 우리는 자율신경계 측정을 사용하는 것만으로는 정서 상태와 비정서 상태를 구별할 수 없다. 카치오포와 티파니(1990)가 언급했듯이 "생리적인 사건으로 특정한 심리적인 요인의 존재 대(對) 부재를 구별하는 경우, 생리적 사건이 발생하지 않은 상황이라면, 그러한 심리적 요인의 부재를 추론할 수 있으나, 생리적 사건이 발생한 상황이라면, 심리적 요인의 존재에 대해서 어떠한 것도 추론할 수 없다"(24). 이는 ANS 활동이 정서를 포괄하지만 그것에만 국한되지 않는 다양한 심리적 사건들을 지수화할 수 있고 (지수화하기) 때문이다. 사실 심리적 사건들은 개인차(Levenson, 1983)뿐만 아니라, 새로운 자극에 대한 적응(Graham and Clifton, 1966; Lacey et al., 1963), 기대 혹은 실제 신체 활동(Obrist et al., 1970), 호흡(Forges, 1995) 등과 같은 주의 상태를 포괄한다.

그렇다면, 현재 자율신경계 측정법은 정서를 지수화하는 데 어떻게 이용될 수 있을까? 이 질문에 대한 대답은 간단하다. 즉, 다른 (비(非)ANS) 정서 측정법과 결합해 이용하면 된다. 다시 말해, 우리가 이 장에서 논의한 다른 모든 측정법에 적용했던 동일한 경고 — 어떠한 단일한 정서 측정법도 불완전하고 불충분하다 — 는 자율신경계 측정법에도 적용된다. 연구자들은 다양한 측정법이 어떤 정서에 대한 독립적이고 수렴적인 증거를 제공하는 한에서, 정서의 존재에 대해 좀 더 확신 할 수 있다.

효과적인 자율신경계 측정법 지난 수십 년 동안 정서를 측정하는 데 이용되어 온 상이한 수십 가지의 자율신경계 측정법들 중에서 일부는 다른 측정법들에 비해 훨씬 더 효과적이었다. 한 방면의 측정은 피부 전기적 활성도(피부 전도성은 현재 인정받는 가장 신뢰할 만한 측정이다)를 지수화하고, 다른 방면의 측정은 호흡 활동을 지수화한다. 그리고 아마도 가장 폭넓게 이용되는 방면의 측정은 심혈관 활동을 지수화할 것이다. 가장 큰 범위의 이 마지막 방면에서, 측정의 범위는 종말 기관의 전체 반응(예컨대, 심박동수, 이완기 및 수축기 혈압)에서 이러한 종말 기관의 반응 — (심박출량, 일회박출량, 총말초저항[11]과 같은) — 을 담당하고 있는 다양한 기본 혈류 역학 과정에 대한 측정에 이른다. (심박출량, 일회박출량, 총말초저항 등에 관심을 가진 독자라면, 임피던스카디오그래피(impedance cardiography)[12]에 관한 정보를 담고 있는 Sherwood, 1993과 Sherwood et al., 1990을 참조). 여전히 다른 측정법으로는 호흡과 심혈관계 활동을 연결하는 방법이 있다. (예컨대, 소위 심장의 미주 신경 긴장도를 측정하는 호흡 동성 부정맥(Respiratory Sinus Arrhythmia, RSA)[13] 측정법을 들 수 있다. Grossman, van Beck and Wientjes, 1990; Forges, 1995.) 자율신경계 측정법을 자신들의 실증 프로젝트에 통합시키는 데 관심을 둔 연구자들은 특별한 훈련을 받아야 하고/받거나 경험이 있는 공동 협력자들을 구해야 한다.

이론과 추론의 문제 말고도 자율신경계 측정법의 이용을 고려할 경우에 염두에 두어야 할 실질적인 문제들이 많다. 첫째, 자율신경계 측정법은 얼마만큼 침습성이냐에 따라 크게 다르다. 결과적으로 어떤 자율신경계 측정법은 그 자체로 정서를 유도해 낼 수 있다. 낮은 수준의 침습성 측정법으로는 참가자의 손가락에 센서를 부착하기만 하면 되는 맥박수와 피부 전도성 측정이 있다. 이에 반해, 임피던스카디오그래피는 참가자의 목과 가슴의 여러 부위에 두르는 밴드 전극을 이용한다. 이러한 센서들을 부착하기 위해서는 참가자들은 일부 옷을 벗어야 한다. 이는 주관적인 반응을 일으킬 수 있는 요건이다. 혈압 측정은 달리 보면, 종종 침습성 검사일 수 있다. 혈압 측정은 대부분 상박이나 손가락을 압박하는 가압대를 이용한다. 이러한 가압대의 압력은 주의력을 끌 수도 있고 때로는 고통마저 유발할 수 있다. 다시 말해 그런 주의력이나 고통이 정서 반응을 유발할 수 있다. 이러한 종류의 침습성 검사는 정서 측정을 분명 어렵게 만든다. 둘째, 증폭기와 기록 장치들(예컨대 컴퓨터)

---

11 말초 혈관에 의해 발생한 혈류 저항.
12 비침습적으로 심박동에 수반하는 흉곽의 전기적 저항을 측정하고 그 기록파형에서 심박출량을 산출하는 방법.
13 숨을 들이마실 때 교감신경이 항진되어 심박수가 증가하고, 숨을 내쉴 때 미주신경이 항진되어 심박수가 감소하는 현상.

에 센서들을 연결하는 전선을 타고 자율신경계의 신호가 전송되기 때문에 자율신경계의 측정법은 일반적으로 참가자들의 가동성을 크게 제한해 왔다. 기다란 전선들과 신체의 움직임은 때로는 측정 소음을 증가시킬 수 있기 때문에 참가자들은 종종 짧은 범위 내에서 주로 움직임 없이 가만히 앉아 있어야만 한다. 휴대용 자율신경계 모니터를 얼마간 이용할 수 있지만, 그것의 신뢰도는 아직 실험실 기반 측정에 미치지 못하며, 여전히 움직임이 있을 수 있는 인공물의 영향을 받을 수 있다. 셋째, 다양한 자율신경계 측정의 시간 해상도는 크게 다르다. 자율신경계 측정법이 계속해서 점점 더 유용해지고 있지만, (예컨대, RSA와 임페던스카디오그래피와 같은) 일부 측정법은 신뢰할 수 있는 측정을 위해서는 좀 더 긴 지속 시간(아마도 1 분)을 필요로 하며, 다른 어떤 정서 에피소드의 지속 시간보다도 더 길 수 있다(앞에서 논한 '시간성'을 참조).

두뇌 기반 정서 측정법

지난 10여 년 동안, 연구자들은 신경생리학적인 정서 측정을 개선해 왔다. 두피에 기록된 뇌의 전기적 활동이나 뇌파(Electro-encephalogram, EEG)는 감정 양식에 있어서의 개인차뿐만 아니라 특정한 정서 상태를 구분해 주는 전측[14] 비대칭성의 패턴을 지수화할 수 있다(재고찰하고자 한다면, Davidson, 1993을 참조). 예컨대, 데이비드슨과 그의 동료들은 접근과 관련 있는 긍정적인 정서는 좌전측 활성화와 연관이 있는 반면에 회피와 관련이 있는 부정적인 정서는 우전측 활성화와 연관이 있다는 사실을 입증했다. 그 밖에 PET 스캔(양전자방사단층촬영)과 기능적 MRI를 비롯해 뇌에서 일어나는 정서와 관련된 변화에 대한 좀 더 국부적인 측정들도 본격적으로 이루어지고 있다(예컨대, Lang et al., 1998을 참조). 자율신경계의 정서 측정과 관련하여 논의된 것과 동일한 추론 및 측정 문제들의 대부분이 뇌 활동의 측정에도 적용된다. 뇌에서 일어나는 정서 관련 변화에 관심을 가지는 연구자들 또한 특별한 훈련을 받고/받거나 경험이 있는 공동 협력자들을 구해야 한다.

14 뇌의 앞쪽.

음성 정서 측정법

발성은 비교적 폭넓은 신체적 맥락(예컨대, 근육의 긴장, 호흡수, 혈압)에서 나타나는 정서 관련 변화에 민감한 신체 과정[15]이다. 그런 점에서, 대부분의 정보가 구두 내용(언어 사용)에서 비롯된 발성에 의해서 전달되지만, (음성의 높낮이, 강도, 음색, 음질, 속도 조절과 같은) 음성 문체 역시 화자의 정서 상태에 관한 정보를 전달할 수 있다. 따라서 화자의 정서 상태가 변하면, 종종 음성 문체에 상당한 변화가 생긴다.

정서 관련 음성의 변화는 저차원적인 기술과 첨단 기술 수단을 이용해 평가되어 왔다. 저차원적인 기술의 방침은 (특별한 훈련을 받거나 받지 않은 채) 오디오 녹화된 음성 샘플을 듣고 정서 차원에서 그것을 평가하는 것이다. 첨단 기술의 방침은 전기 음향 장비 및/또는 디지털 컴퓨터 — 음성의 음파를 일련의 음향 지표들로 나누는 기능을 하는 — 를 이용해 동일한 오디오 녹화 음성 샘플을 디지털화하고 분석하는 것이다. 우리는 이러한 각각의 측정 기법들을 차례로 설명하고자 한다.

여러 '해독' 연구들은 훈련받지 않은 청취자들이 화자들의 정서 상태를 정확히 인지하거나 추론할 수 있는지에 대해서 검사했다(초기의 연구를 재고찰하고자 한다면, Scherer, 1986; van Bezooijen, 1984를 참조). 일반적으로 이러한 연구들은 배우들에게 표준적이거나 의미 없는 문장을 분노, 공포, 혐오, 기쁨, 슬픔, 심지어 경멸, 자부심, 사랑, 질투 등과 같은 특정한 정서 상태를 전달하는 방식으로 읽도록 요구한다. (가끔 내용이 필터링된) 이러한 음성 샘플을 이와 같은 검사를 처음 경험해 보는 청취자들에게 들려주고, 강제 선택 대안 목록에서 의도된 정서 상태를 선택하도록 요구한다. 이러한 연구들에서 우연적인 추측과 표집 오차를 교정하고 나면, 정서 상태에 대한 인식률은 약 50퍼센트인데 이는 우연히 예측했을 확률의 4~5배에 해당되는 수치이다(Pittam and Scherer, 1993). 다양한 문화(와 언어)에 걸쳐 이 인식률은 우연성보다 높다. 이는 정서를 나타내는 보편적인 음성 패턴에 대한 주장과 일치한다(van Bezooijen, Otto and Heenan, 1984). 그럼에도 불구하고, 어떤 정서는 다른 정서에 비해 인식하기 쉽다. 사람들은 슬픔과 분노를 가장 쉽게 인식하는 반면

15 신체에서 일어나는 유기적 과정.

에 혐오와 경멸, 기쁨은 가장 어렵게 인식한다(Pittam and Scherer, 1993; van Bozooijen et al., 1983). 더욱이 이러한 해독 연구들에서 시행한 혼동 분석이 밝혀낸 바에 의하면, 음성 단서들이 평가 구성 요소(긍정적임 혹은 부정적임)에 비해 화자의 정서 상태의 각성 수준을 훨씬 더 잘 전달한다(Apple and Hecht, 1982; van Bozooijen et al., 1983).

음성 정서에 대한 청취자의 평가는 적대감의 감정적 특성에 대한 연구에 특히 유용하다. 이는 아마도 많은 사람들이 자기보고 도구로는 적대감의 자기정서 상태를 밝히길 꺼려하거나 밝힐 수 없는 경우가 있기 때문일 것이다(개인 간의 적대감 평가 기법(Interpersonal Hostility Assessment Technique; IHAT)에 관한 정보를 알고 싶으면, Barefoot, 1992; Haney et al., 1996을 참조). 흥미롭게도, 음성을 통해 평가된 적대감은 자기보고를 통해 평가된 적대감에 비해 유해한 건강 결과와 훨씬 더 크게 관련이 있는 것으로 나타났다(Barefoot et al., 1994).

정서의 음성 표현을 탐지하는 데 쓰인 저차원적인 기술 수단과 첨단 기술 수단을 비교한 바 있는 셰어(Scherer, 1986)는 다음과 같은 역설을 언급했다. "정서를 판단하는 사람들은 오히려 음성 단서들로부터 정서적 의미를 정확히 해독해 내는 것으로 보이지만, 음향 심리학 및 심리 음성학 연구자들은 지금까지 수많은 개별 정서를 확실히 구분해 주는 일련의 음성 지표들을 밝혀낼 수 없었다"(143-144). 일반적으로 첨단 기술 수단을 사용해 얻은 음향 지표들 중에는 (a) 기본 주파수(Fundamental Frequency; F0)(성대 주름이 진동하는 비율이며 전반적인 음성의 높낮이로 지각된다), (b) 기본 주파수의 작은 변화(두 가지 지표, 즉 '주파수변동률'과 '진폭변동률'은 기본 주파수의 빈도와 진폭 각각의 사이클 변동을 평가한다), (c) 강도(데시벨로 지수화한 에너지 값이며 음성의 크기로 지각된다), (d) 발화 속도 혹은 템포가 있다(좀 더 완벽한 음향 지표 목록에 관해서 알고 싶으면 Scherer, 1986을 참조). 디지털 방식으로 분석한 정서적 회화에서 나타나는 이러한 음향 지표들은 두 가지 유형으로 공변하고 두 가지 유형으로 분류되는 경향을 보인다. 한 유형의 패턴은 높고 가변적인 F0와 높은 강도와 빠른 템포를 결합시키고 기쁨과 분노와 공포처럼 높게 각성된 정서를 나타낸다. 두 번째 유형의 패턴은 낮고 안정적인 F0와 낮은 강도와 느린 템포를 결합시키고 슬픔과 지루함과 경멸처럼 낮게 각성된 정서를 나타낸다. 지금까지, 첨단 기술의 음향 분석은 정서가 아주 약한 경우에도 상이한 정서 상태와 연관된 각성 수준을 효과적으로 밝혀내고 있다(좋은 사례를 확인하려면, Bachorowski and Owren, 1995를 참조). 그럼에도 불구하고 이러한 첨단 기술 수단도 경험된 특정 정서를 밝히는 데 미흡하다. 아마도 가장 주목할 사실은 긍정적인 정서 상태와 부정적인 정서 상태는 종종 구분되지 않는다는 점이다. 하지만 셰어(1986; Pittam and Scherer, 1993도 참조)는 훈련받지 않은 특정한 청취자들이 화자의 특정한 정서 상태들, 즉 모든 음향 지표의 패턴들을 추론할 수 있는 능력이 이론상으로는 개별 정서를 구분할 수 있다고 주장했다. 셰어의 주장을 뒷받침하는 경험적인 증거는 여전히 부족하다.

음성 정서 측정법을 추구할지 여부를 고려할 때 연구자들은 다음 사항을 염두에 두어야 한다. 첫째, 음성의 정서 지표들은 항상 존재하는 것은 아니다. 얼굴 및 자율신경계 측정치와는 달리 음성은 사람들이 계속 말하지는 않는다는 단순한 이유 때문에 지속적인 변인이 아니다. 둘째, 긍정적인 정서와 부정적인 정서는 종종 음파로도 구분할 수 없고 때로는 인간 평가자들이 두 정서를 혼동하기도 한다. 그렇다면, 음성 측정법은 다른 정서 측정법과 함께 사용하는 것이 가장 좋을 것이다. 셋째, 얼굴 및 자기보고와 마찬가지로 음성은 정서적/생리적 '밀기' 효과와 사회문화적인 '당기기' 효과를 반영할 수 있다(Scherer, 1989). 즉, 내적인 생리 상태뿐만 아니라, 발성도 의식(儀式)화된 의사소통 패턴과 인상 관리와 대처 스타일을 반영한다. 밀기 효과와 당기기 효과를 구분하는 것은 쉬운 일이 아니다.

음성 정서 측정법은 아마도 음성이 (예컨대, 음성이 테이프에 녹음되는 전화 인터뷰처럼) 유일한 하나의 정서 관련 자료일 경우이거나 실험 상황이 (예컨대, 피부에 생리적 센서의 부착 혹은 시각적인 비디오카메라 촬영처럼) 침습성이 크거나 노출성이 많은 신체의 측정을 허용하지 않을 경우에 가장 유용할 것이다. 분명, 첨단 기술을 이용한 음성 측정은 현재 정서적인 회화와 연관된 음향 지표에 대한 지식의 축적에 발맞춰 발전해 나갈 것이다. 다시 한번 언급하건데, 음파 분석을 위해서는 훈련받았고/훈련받았거나 전문적인 노하우를 지닌 공동 협력자들을 갖출 필요가 있다.

정서의 영향을 받기 쉬운 과제

다양한 과제들이 감정 상태의 영향을 받기 쉬운 것으로 나타났다. 이처럼 정서에 민감한 과제는 반응 차이나 과제 수행 차이가 적어도 부분적으로는 정서 상태의 함수에 달려 있는 과제로 정의될 수 있다(Mayer, 1986; Mayer and Bremer, 1985; Mayer, Mamberg and Volanth, 1988). 이 정서에 민감한 과제들은 대부분 실험 패러다임에서 독립 변인과 종속 변인으로 쓰이기 시작했지만, 이제는 조작 점검으로 이용된다. 즉, 많은 연구자들은 하나의 정서가 어떤 조작을 통해서 유도됐다고 볼 수 있는 지표로 '정서에 민감한 과제들에 대한 반응'을 충분히 사용할 정도로 그러한 과제들과 정서 사이의 관계를 확신한다.

인지적 평가 많은 정서 연구자들의 견해에 따르면, 정서는 개인이 특정한 상황이나 사건의 의미를 특정한 방식으로 평가한 결과에 따른 것이다. 상이한 정서는 상이한 평가들에 의해서 구분되는 것이다. 예를 들어, 한 개인이 누군가로부터 자신이 부당한 대우를 받았다고 지각하며, 그것에 더해, 다른 사람이 정말로 자신을 그렇게 대우했다고 평가를 하게 된다면, 결과적으로 나타나는 정서는 분노일 가능성이 높다. 더욱이 상대적으로 작은 평가 차원(8 또는 10)이 정서 경험의 많은 부분을 차지하는 것으로 여겨진다. 이러한 평가 모델이 의미하는 바에 따르면, 정서를 측정하는 하나의 방법은 특정한 상황이나 사건에 대한 인지적 평가를 측정하는 것이다. 스미스와 엘즈워스(Smith and Ellsworth, 1985; 1987)는 특정한 정서를 구분하는 일련의 인지적 평가 차원들을 밝혔다. 평가는 자신들의 상황에 대한 해석을 목표로 삼기 때문에, 사람들은 주관적 경험에 대한 자기보고와 관련된 문제들을 피하기 마련이다. 따라서 상황에 대한 한 개인의 평가를 측정하게 되면, 간접적으로 그 사람의 정서 상태를 밝힐 수 있다. 예컨대, 만일 한 피험자가 어떤 다른 사람이 고의적으로 마음에 상처를 주는 사건을 일으켰다고 말했다면, 우리는 그 피험자가 화가 나 있다고 추론할 수 있을 것이다.

행동 경향 많은 연구들은 어떤 형태의 행동 경향 — (때로는 행동 준비성, 행동 성향, 혹은 행동 활성화라고 불리는) — 이 정서 경험의 가장 중요한 구성 요소라고 하는 핵심 개념으로 수렴되었다. (공포를 느꼈을 때 증가하는 심박동수와 같은) 생리적인 반응은 흔히 행동 준비성(공포에 뒤따르는 도주 경향)에 대한 예비로 간주된다. (회피와 슬픔 혹은 공격과 분노처럼) 다른 특정한 행동 경향은 다른 특정한 정서와 연합된다(행동 경향에 대한 더 상세한 논의는 이 책의 Fridja를 참조). 참가자들이 그러한 행동을 하거나 그러한 행동을 하고 싶다고 말할 수 있는 확률은 특정한 감정 상태와 관련이 있다(Frijda, Kuipers and ter Schure, 1989; 저널에 실릴 예정인 Fredrickson 등의 논문을 참조).

행동 경향과 관련 있는 하나의 판단 과제는 참가자들에게 좋은 친구와의 대화, 얼마간의 운동, 즐거운 식사 등 다양한 행동에 얼마나 참여하고 싶은지 질문하는 것이 요구된다. 티즈데일과 테일러, 포가티(Taylor, Teasdale and Fogarty, 1980)는 이러한 과제를 이용해서 그 과제가 우울한 기분의 영향을 받기 쉽다는 사실을 밝혀냈다. 슬픔은 회피하려는 행동 경향과 관련이 있기 때문에 그러한 과제 실험은 효과가 있었을 것이다. 그리고 이와 연관 있는 개념으로는 사람들이 우울할 때면, 전에 만족감을 얻었던 활동에 흥미를 잃는다는 것이다. 우울한 기분은 우울한 정신운동 기능과 연합되는 것으로 여겨진다. 그처럼 연합된 정신 운동 활동을 수반하는 과제는 슬픔이나 불쾌한 감정 상태의 영향을 받기 십상이다. 예를 들어, 필기 속도는 우울한 기분의 영향을 받는 것으로 알려진 일반적인 정신 운동 과제이다. 벨텐(Velten, 1968)은 자신의 '벨텐 기분 유도 방법'에 대한 타당성 연구에서 비자기보고식 감정 측정법으로 그러한 과제를 이용했다. 연구 결과, 벨텐의 기분을 고양시키는 진술문을 읽은 후에 비해 우울한 진술문을 읽은 후에 실험 참가자들의 필기 속도가 현저히 느려졌다. 정서 연구에 사용되어 온 다른 정신 운동 과제로는 문자 소거 과제와 원활 추종 운동 과제가 있다. 수행 속도는 일반적으로 우울한 정서 상태의 영향을 받기 쉬운 변인이며, 그 영향의 효과는 단극으로 나타난다(예컨대, 유쾌한 기분은 정신 운동 속도를 반드시 증가시키지는 않는다).

수행 측정법 정서의 영향을 받기 쉬운 수행을 측정하는 방법의 한 가지 범주는 다양한 판단 과제들로 이루어져 있다. 한 가지 일반적인 판단 과제로는 참가자들로 하여금 여러 가지의 좋은 사건과 나쁜 사건의 가능성에 대해서 확률 추정을 하도록 하는 것이 있다. 예를 들어, 참가자들은 일생 동안 토네이도로 사망하거나 비행기 추락 사고로 사망하거나 암에 걸려 사망할 확률에 대한 질문을 받을 수 있다. 불쾌한 정서 상태에 있는 사람들은 그러한 나쁜 사건들이 일어날 확률을 과대평가하는 것으로 나타났다(Johnson and Tversky, 1983). 게다가 감정 상태의 영향을 쉽게 받는 조건으로 그 사건들이 꼭 자신과 관련되어 있어야 하는 것은 아니다(Cunningham, 1988). 케텔라르(Ketelaar, 1989)가 밝힌 바에 의하면, 좋은 기분에 있는 사람들 또한 향후 1년 사이에 경제가 개선될 확률이나 전 생애 동안에 좋은 우정이 지속될 확률과 같은 유쾌한 사건의 확률을 과대평가하는 것으로 나타났다.

그러한 판단들이 기분의 영향을 받기 쉬운 이유에 대해서 몇 가지 이론적인 설명이 제시되었다(예컨대, Mayer, 1986을 참조). 그중에서 가장 중요한 설명을 꼽자면, 기분 일치 회상 효과와 활성화 확산 모형, 범주 경계 변화를 들 수 있다. 그런 과제들을 이용해서 감정 상태를 평가할 경우, 중요한 점은 실험 참가자들이 확률 평정을 이해한다는 사실이다. 한두 가지의 예를 들면 도움이 될 것이다(예컨대, "동전을 던진 후, 그것이 땅에 떨어져 앞면이 나올 확률은 50퍼센트이다".) 어떤 질문들은 "인구의 몇 퍼센트…"라는 용어로 표현될 수도 있다. 백분율은 종종 왜곡되기 때문에, 일부 데이터의 변환이 바람직할 수 있다. 또한 어떤 참가자들은 백분율에 대해서 전혀 모르면서도 평가를 내릴 것이기 때문에, 모든 확률 평가들에 걸쳐 참가자 내 데이터를 표준화하는 것이 유익할 수 있다.

또 하나의 유용한 수행 과제는 참가자들에게 긍정적 자극, 중립적 자극, 부정적 자극에 대해서 연상되는 것을 물어보는 방법이다. 예를 들어, 행복한, 낙담한, 관대한, 파괴하다, 평화, 고통 등등의 자극어를 각각 들을 때마다 60초 내에 머릿속에 떠오르는 단어를 가능한 한 많이 적으라는 요구를 할 수 있다. 메이어와 브레머(Mayer and Bremer, 1985)는 이 과제의 수행이 자연적으로 발생한 기분과 상관관계가 있다는 점을 보여주었다. 케텔라르(1989)가 밝힌 바에 의하면, 그러한 언어의 연상 과제는 유쾌하거나 불쾌한 기분 유도에 따른 자기보고된 기분과 상관관계가 있다. 세이들리츠와 디너(Seidlitz and Diener, 1993)는 이러한 과제를 변화시켜 이용했다. 참가자들은 주어진 시간 내에 인생에서 겪은 행복한 경험을 가능한 한 많이 회상하라는 요구를 받았다. 행복의 특성이 높은 참가자들은 행복의 특성이 낮은 참가자들에 비해 동일한 시간 내에 유쾌한 경험을 더 많이 회상했다. 또한 티즈데일과 동료들 (Teasdale and Fogarty, 1979; Teasdale and Russell, 1983)은 일시적인 정서 유도가 유쾌한 사건과 불쾌한 사건을 회상하는 데 예측 가능한 방향으로 영향을 미친다는 사실을 입증했다.

수행 측정법의 두 번째 범주는 정보처리 매개변수를 수반한다. 예를 들어,

어휘 결정 과제의 반응 시간은 감정 상태의 영향을 받기 쉬운 것으로 나타났다(Challis and Krane, 1988). 여기서 실험 참가자가 수행해야 할 과제는 컴퓨터 스크린에 제시된 일련의 문자들이 정확한 단어인지 부정확한 단어인지 판단하는 것이다. 각각의 테스트에서, 스크린에 등장하는 문자들은 부정확한 단어, 정서 단어(예컨대, 분노), 혹은 (집과 같은) 중립적인 단어를 나타낸다. 긍정적인 감정 상태에 있는 참가자들은 중립적인 감정 상태에 있는 참가자들에 비해 긍정적인 단어를 판단하는 데 더 빠르고, 때로는 더 정확했고, 불쾌한 기분 상태에 있는 참가자들의 동일한 판단은 그 반대의 결과가 나왔다(Niedenthal and Setterhind, 1994).

정보 처리를 수반하는 한 변형된 과제에서, 실험 참가자들은 불완전한 어간들을 제시받고 문자를 추가해 단어를 완성해야 했다. 어간은 정서 용어나 중립 용어로 완성될 수 있도록 선택되었다. 예를 들어, ANGᄋᄋ는 ANGER(분노), ANGLE(각도), ANGEL(천사), 혹은 ANGLO(앵글로)로 완성될 수 있었다. 이와 관련된 하나의 기법으로는 동음이의어(발음은 같지만 다른 뜻을 지닌 단어)를 사용하는 것이다. 이 기법을 사용할 경우, 피험자는 (예컨대, die나 dye 같은) 단어를 듣고 그 단어를 적을 것을 요구받는다. 연구 결과, 불쾌한 기분 상태에 있는 참가자들은 자신들의 기분과 일치하는 의미의 어간을 적거나 완성할 가능성이 더 높다(Halberstadt, Niedenthal and Kushner, 1995).

놀람의 상승작용 또 하나의 '정서의 영향을 받기 쉬운 과제'는 매우 단순한 행동─놀람 반사에 달려 있다. 놀람의 특징으로는 눈을 재빨리 감는 행위(눈을 깜박이는 행위), 턱을 아래로 잡아당기는 행위, 갑자기 숨을 들이마시는 행위를 들 수 있다. 이는 방어적인 반응이며, 이 반응에 보호적 가치(눈 감기)가 있음은 명백한 사실이다. 놀람 반사 또한 불시에 유발되는 커다란 음향 자극을 적용해서 쉽게 유도해 낼 수 있다. 놀람 반사는 반사이기 때문에, 많은 반사들처럼 반복적인 자극에의 노출에 의해서 적응될 수 있지만, 쉽게 통제되지는 않는다.

놀람의 상승작용은 어떠한 정서 상태에 의해서 야기되는 놀람 반응의 증가를 가리킨다(Vrana, Spence and Lang, 1988). 예를 들어 놀람 자극이 발생할 때 참가자가 회피 상태나 불쾌한 상태에 있다면, 중립적인 정서 상태에 있을 때보다 놀라서 눈을 깜빡이는 행위가 더 빠르고 강할 것이다. 만일 참가자가 이미 불안 상태에 있다면, 방어 반응의 증가는 진화론적으로 타당할 것이다. 연구자들은 일반적으로 놀람 반응을 보이는 동안에 일어나는 눈 깜박임의 원인이 되는 근육 수축을 측정한다. 그런 다음 연구자들은 세기(눈 깜박임을 유발하는 근육 수축의 세기)뿐만 아니라 대기 시간(놀람 소리에서 근육 수축 발생까지의 시간)으로 눈 깜박임 점수를 평정할 수 있다.

인간을 대상으로 이 기법을 개발하는 데 가장 큰 몫을 한 연구자는 피터 랭(Peter Lang)이다(예컨대, Lang, Bradley and Cuthbert, 1990을 참조). 랭은 중립적인 정서 상태와 비교해, 긍정적인 정서 상태 동안에 놀람이 감소한다는 사실뿐만 아니라 불쾌한 정서 상태 동안에 놀람 상승효과가 일어난다는 사실을 증명했다. 이 효과는 수십 년 동안 동물을 상대로 한 연구에서 잘 입증되었다. 크리스토퍼 패트릭(Christopher Patrick)은 사이코패스에 주안점을 두고 놀람 상승작용의 개인차를 연구했다(Patrick, 1994; Patrick, Cuthbert and Lang, 1994). 사이코패스들은 공포의 정서가 결핍되어 있고, 다른 부정적인 정서를 스스로 조절하는 능력이 결핍되어 있는 것으로 여겨진다. 패트릭의 연구 결과에 의하면, 사이코패스는 정상적인 표본에서 발견되는 긍정적인 정서 상태에 있는 동안에 예상되는 놀람의 감소를 보일지라도 공포나 불안 자극에 대한 놀람 상승작용의 예상 패턴은 보이지 않는다.

놀람 상승작용 기법의 장점은 그것이 내적인 감정 상태를 비언어적이고 비자발적인 방식으로 매우 빠르게 측정하는 기법이라는 것이다. 하지만 이 측정법은 감정 상태의 유쾌함-불쾌함 차원이나 접근-회피 차원을 평가하는 것에 한정될 수밖에 없어 보인다. 게다가, 이 기법을 사용하기 위해서 필요한 실험 장비와 전문 지식은 연구자에게 막대한 비용을 초래한다. 그럼에도 불구하고, 이 정서 측정법은 유망해 보인다. 이 기법의 사용이 유익할 것이라고 생각하는 연구자들은 훈련 및/혹은 눈 깜박임의 분석을 맡을 정신생리학자와의 협력을 고려해야 할 것이다.

결론

여러 가지 형태로 정서를 측정할 수 있으며, 우리의 견해로는 정서 측정치를 다양한 형태로 이용해야 한다. 아마도 가장 중요한 사실은 단 하나의 정서 측정법이 다른 정서 측정법들에 대한 '훌륭한 표준'으로 기여할 수 없다는 점이다. 각각의 측정 유형은 장점과 약점을 동시에 지니고 있으며, 단독으로 사용될 때는 정서 과정의 불완전한 그림만을 제공해 준다. 따라서 정서가 수많은 채널이나 구성 시스템에 변화를 불러일으킬 정도에 이를 때까지, 이러한 다양한 채널로부터 데이터 스트림을 동시에 수집해야 한다. 상호 참조하는 다중 정서 측정은 연구자들이 정서를 정확히 설명하고 정서의 전조와 효과를 분별할 수 있는 기회를 향상시킨다.

이 장에서, 우리는 비교적 새로운 최첨단의 정서 측정법과 함께 많은 고전적 정서 측정을 고찰해 보았다. 연구자들은 이러한 측정법을 선택하고 사용할 때, 이 장의 전체에 걸쳐 논의한 정서 측정에 근원적으로 존재하는 다양한 문제들을 고려해야 한다. 이러한 측정 문제를 이해함과 함께, 연구자들은 이론적으로 얻은 새로운 측정법을 자신들이 수집한 다양한 측정법에 거리낌 없이 추가해야 한다. 시간이 지나면서 정서의 구성 개념을 둘러싼 연합 네트워크에 새로운 링크가 추가됨에 따라, 타당한 정서 측정법의 목록은 반드시 업데이트되어야 할 것이다.

참고문헌

Apple, W., and Hecht, K. (1982). Speaking emotionally: The relation between verbal and vocal communication of affect. *Journal of Personality and Social Psychology.*, 42, 864~75.

Averill, J. R. (1969). Autonomic response patterns during sadness and mirth. *Psychophysiology*, 5, 399~414.

Bachorowski, J., and Owren, M. J. (1995). Vocal expression of emotion: Acoustic properties of speech are associated with emotional intensity and context. *Psychological Science*, 6, 219~24.

Barefoot, J. C. (1992). Recent developments in the measurement of hostility. In H. S. Friedman (Ed.), *Hostility, coping, and health* (pp. 13~31). Washington, D.C.: American Psychological Association.

Barefoot, J. C., Patterson, J. C., Haney, T. L., Cayton, T. G., Hickman, J. R., and Williams, R. B. (1994). Hostility in asymptomatic men with angiographically confirmed coronary artery disease. *American Journal of Cardiology*, 74, 439~42.

Bender, P. M. (1969). Semantic space is (approximately) bipolar. *Journal of*

Psychology, 71, 33~40.

Bonanno, G. A., Keltner, D., Holen, A., and Horowitz, M. J. (1995). When avoiding unpleasant emotions might not be such a bad thing: Verbal—autonomic response dissociation and mid—life conjugal bereavement. *Journal of Personality and Social Psychology, 69,* 975~89.

Bunce, S. C., Larsen, R. J., and Cruz, M. (1993). Individual differences in the excitation transfer effect. *Personality and Individual Differences, 15,* 507~14.

Cacioppo, J. T., Klein, D. J., Berntson, G. G., and Hatfield, E. (1993). The psychophysiology of emotion. In M. Lewis and J. M. Haviland (Eds), *Handbook of emotions (pp.* 119~42). New York: Guilford.

Cacioppo, J. T., Petty, R. E., Losch, M. E., and Kim, H. S. (1986). Electromyographic activity over facial muscle regions can differentiate the valence and intensity of affective reactions. *Journal of Personality and Social Psychology, 50,* 260~68.

Cacioppo, J. T., and Tassinary, L. G. (1990). Inferring psychological significance from physiological signals. *American Psychologist, 45,* 16~28.

Cannon, W. B. (1927). The James—Lange theory of emotions: A critical examination. *Psychological Review, 38,* 281~95.

Challis, B. H., and Krane, R. V. (1988). Mood induction and the priming of semantic memory in a lexical decision task: Asymmetric effects of elation and depression. *Bulletin of the Psychonomic Society, 26,* 309~12.

Clark, L. A., and Watson, D. (1995). Constructing validity: Basic issues in objective scale development. *Psychological Assessment, 7* (special issue: Methodological issues in psychological assessment research), 309~19.

Cronbach, L. J., and Meehl, P. (1955). Construct validity in psychological tests. *Psychological Bulletin, 52,* 281~302.

Cunningham, M. R. (1988). What do you do when you're happy or blue? Mood, expectancies, and behavioral interest. *Motivation and Emotion, 12,* 309~31.

Cutler, S. E., Bunce, S. C., and Larsen, R. J. (1996). Repressive coping style and its relation to daily emotional experience and remembered emotional experience. *Journal of Personality, 64,* 379~405.

Darwin, C. (1872/1965). *The expression of the emotions in man and animals.* Chicago: University of Chicago Press.

Davidson, R. J. (1993). The neuropsychology of emotion and affective style. In M. Lewis and J. M. Haviland (Eds.), *Handbook of emotions (pp.* 143~54). New York: Guilford.

Diener, E., Smith, H., and Fujita, F. (1995). The personality structure of affect. *Journal of Personality and Social Psychology, 69,* 130~41.

Ekman, P. (1992). An argument for basic emotions. *Cognition and Emotion, 6,*

169~200.

Ekman, P., and Davidson, R. (1994). *The nature of emotion*. New York: Oxford University Press.

Ekman, P., and Friesen, W. (1975). *Unmasking the face*. Englewood Cliffs, N. J.: Prentice—Hall.

_____. (1978). *Racial Action Coding System*. Palo Alto, Calif.: Consulting Psychologists Press.

Ekman, P., Freisen, W. V., and Ancoli, S. (1980). Facial signs of emotional experience. *Journal of Personality and Social Psychology, 39*, 1125~34.

Ekman, P., Friesen, W. V., and O'Sullivan, M. (1988). Smiles when lying. *Journal of Personality and Social Psychology, 54*, 414~20.

Ekman, P., and Rosenberg, E. L. (Eds.) (1997). *What the face reveals: Basic and applied studies of spontaneous facial expressions using the Facial Action Coding System (FACS)*. New York: Oxford University Press.

Feldman, L. (1995). Variations in the circumplex structure of emotion. *Personality and Social Psychology Bulletin, 21*, 806~17.

Feldman—Barrett, L. (in press). Discrete emotions or dimensions: The role of valence focus and arousal focus. *Cognition and Emotion*.

Fredrickson, B. L., and Kahneman, D. (1993). Duration neglect in retrospective evaluations of affective episodes. *Journal of Personality and Social Psychology, 65*, 45~55.

Fredrickson, B. L., and Levenson, R. W. (in press). Positive emotions speed recovery from the cardiovascular sequelae of negative emotions. *Cognition and Emotion*.

Fredrickson, B. L., Roberts, T., Noll, S. M., Quinn, D. M., and Twenge, J. M. (in press). That swimsuit becomes you: Sex differences in self—objectification, restrained eating, and math performance. *Journal of Personality and Social Psychology*.

Fridlund, A. J., Ekman, P., and Oster, H. (1987). Facial expressions of emotion. In A. W. Siegman and S. Feldstein (Eds.), *Nonverbal behavior and communication* (2nd ed., pp. 143~223). Hillsdale, NJ: Lawrence Erlbaum.

Frijda, N. H. (1988). The laws of emotion. *American Psychologist, 43*, 349~58.

Frijda, N. H., Kuipers, P., and ter Schure, E. (1989). Relations among emotion, appraisal, and emotional action readiness. *Journal of Personality and Social Psychology, 57*, 212~29.

Gotlib, I., and Meyer, J. (1986). Factor analysis of the Multiple Affect Adjective Check List: A separation of positive and negative affect. *Journal of Personality and Social Psychology, 50*, 1161~65.

Gottman, J. M. (1993). Studying emotion in social interaction. In M. Lewis and J. M. Haviland (Eds.), *Handbook of emotions* (pp. 475~87). New York:

Guilford.

Gottman, J. M., and Levenson, R. W. (1985). A valid measure for obtaining self-report of affect. *Journal of Consulting and Clinical Psychology, 53,* 151~60.

Graham, F. K., and Clifton, R. K. (1966). Heart rate change as a component of orienting response. *Pschological Bulletin, 65,* 305~20.

Green, D. P., Goldman, S. L., and Salovey, P. (1993). Measurement error masks bipolarity in affect ratings. *Journal of Personality and Social Psychology, 64,* 1029~41.

Gross, J. J., and Levenson, R. W. (1993). Emotional suppression: Physiology, self-report, and expressive behavior. *Journal of Personality and Social Psychology, 64,* 970~86.

Grossman, P., Van Beek, J., and Wientjes, C. (1990). A comparison of three quantification methods for estimation of respiratory sinus arrhythmia. *Psychophysiology, 27,* 702~14.

Halberstadt, J. B., Niedenthal, P. M., and Kushner, J. (1995). Resolution of lexical ambiguity by emotional state. *Psychological Science, 6,* 278~82.

Haney, T., Maynard, K. E., Houseworth, S. J., Scherwitz, L. W., Williams, R. B., and Barefoot, J. C. (1996). The Interpersonal Hostility Assessment Technique: Description and validation against the criterion of coronary artery disease. *Journal of Personality Assessment, 66,* 386~401.

Izard, C. E. (1977). *Human emotions.* New York: Plenum Press.

Izard, C. E. (1979). *Emotions in personality and psychopathology.* New York: Plenum.

Izard, C. E. (1993). Four systems for emotion activation: Cognitive and noncognitive processes. *Psychological Review, 100,* 68~90.

Johnson, E. J., and Tversky, A. (1983). Affect, generalization, and the perception of risk. *Journal of Personality and Social Psychology, 45,* 21~31.

Kahneman, D., Fredrickson, B. L., Schreiber, C. A., and Redelmeier, D. A. (1993). When more pain is preferred to less: Adding a better end. *Psychological Science, 4,* 401~5.

Ketelaar, T. (1989). Examining the circumplex model of affect in the domain of mood-sensitive tasks. Master's thesis, Purdue University.

Kleinginna, P. R., and Kleinginna, A. M. (1981). A categorized list of emotion definitions, with suggestions for a consensual definition. *Motivation and Emotion, 5,* 345~79.

Kring, A. M., and Neale, J. M. (1996). Do schizophrenic patients show a disjunctive relationship among expressive, experiential, and psycho physiological components of emotion? *Journal of Abnormal Psychology, 105,* 249~57.

Krokoff, L. J., Gottman, J. M., and Hass, S. D. (1989). Validation of a global rapid couples interaction scoring system. *Behavioral Assessment, 11*, 65~79.

Lacey, J. I., Kagan, J., Lacey, B. C., and Moss, H. A. (1963). The visceral level: Situational derterminants and behavioral correlates of automatic response patterns. In P. H. Kapp (Ed.), *Expression of the emotions in man* (pp. 161~96). New York International Universities Press.

Lang, P. J., Bradley, M. M., and Cuthbert, B. N. (1990). Emotion, attention, and the startle reflex. *Psychological Review, 97, 377~95*.

Lang, P. J., Bradley, M. M., Fitzsimmons, J. R., Cuthbert, B. N., Scott, J. D., Moulder, B., and Nangia, V. (1998). Emotional arousal and activation of the visual ortex: An fMRI analysis. *Psychophysiology, 35*, 199~210.

Larsen, R. J., and Diener, E. (1987). Affect intensity as an individual difference characteristic: A review. *Journal of Research in Personality, 21*, 1~39.

_____. (1992). Problems and promises with the circumplex model of emotion. *Review of Personality and Social Psychology, 13*, 25~59.

Larsen, R J., and Ketelaar, T. (1991). Personality and susceptibility to positive and negative emotional states. *Journal of Personality and Social Psychology, 61*, 132~40.

Larsen, R. J., and Sinnett, L. (1991). Meta—analysis of manipulation validity: Factors affecting the Velten mood induction procedure. *Personality and Social Psychology Bulletin, 17*, 323~34.

Lazarus, R. S. (1991). *Emotion and adaptation*. New York: Oxford University Press.

Levenson, R. W. (1983). Personality research and psychophysiology: General considerations. *Journal of Research in Personality, 17*, 1~21.

_____. (1988). Emotion and the autonomic nervous system: A prospectus for research on autonomic specificity. In H. L. Wagner (Ed.), *Social psychophysiology and emotion: Theory and clinical applications* (pp. 17~42). Chichester, Eng.: Wiley.

_____. (1992). Autonomic nervous system differences among emotions. *Psychological Science, 3, 23~27*.

Levenson, R. W., Ekman, P., and Friesen, W. V. (1990). Voluntary facial action generates emotion—specific autonomic nervous system activity. *Psychophysiology, 27*, 363~84.

Lucas, R. E., Diener, E., and Suh, E. (1996). Discriminant validity of well—being measures. *Journal of Personality and Social Psychology, 71*, 616~28.

MacKay, C. J. (1980). The measurement of mood and psychophysiological activity using self—report techniques. In I. Martin and P. Venables (Eds.), *Techniques in psychophysiology* (pp. 501~62). New York: Wiley.

Mandler, G. (1975). *Mind and emotion*. New York: Wiley.

Mayer, J. D. (1986). How mood influences cognition. In N. E. Sharkey (Ed.),

Advances in cognitive science (pp. 290~314). Chichester, Eng.: Ellis Horwood.

Mayer, J. D., and Bremer, D. (1985). Assessing mood with affect-sensitive tasks. *Journal of Personality Assessment, 49*, 95~99.

Mayer, J. D-, Mamberg, M. M., and Volanth, A. J. (1988). Cognitive domains of the mood system. *Journal of Personality, 56*, 453~86.

Meehl, P. E. (1978). Theoretical risks and tabular asterisks: Sir Karl, Sir Ronald, and the slow progress of soft psychology. *Journal of Consulting and Clinical Psychology, 46*, 806~34.

Mesquita, B., and Frijda, N. H. (1992). Cultural variations in emotions: A review. *Psychological Bulletin, 112*, 179~204.

Mosher, D. L. and White, B. B. (1981). On differentiating shame , and shyness. *Motivation and Emotion, 5*, 61~74.

Newton, T. L., and Contrada, R. J. (1992). Repressive coping and verbal-autonomic response dissociation: The influence of social context. *Journal of Personality and Social Psychology, 62*, 159~67.

Niedenthal, P. M., and Setterlund, M. B. (1994). Emotion congruence in perception. *Personality and Social Psychology Bulletin, 20*, 401~11.

Nowlis, V. (1965). Research with the Mood Adjective Check List. In S. S. Tomkins and C. E. Izard (Eds.), *Affect, cognition, and personality* (pp. 352~89). New York: Springer.

Nowlis, V., and Green, R. (1957). *The experimental analysis of mood*. Technical report, contract no. Nonr-668(12). Washington, D.C.: Office of Naval Research.

Obrist, P. A., Webb, R. A. Sutterer, J. R., and Howard, J. L. (1970). The cardiac-somatic relationship: Some reformulations. *Psychophysiology, 6*, 569~87.

Patrick, C. J. (1994). Emotion and psychopathy: Startling new insights. *Psychophysiology, 31*, 319~30.

Patrick, C. J., Cuthbert, B. N., and Lang, P. J. (1994). Emotion in the criminal psychopath: Fear image processing. *Journal of Abnormal Psychology, 103*, 523~34.

Pittam, J., and Scherer, K. R. (1993). Vocal expression and communication of emotion. In M. Lewis and J. M. Haviland (Eds.), *Handbook of emotions* (pp. 185~97). New York: Guilford.

Porges, S. W. (1995). Cardiac vagal tone: A physiological index of stress. *Neuroscience and Biobehavioral Reviews, 19*, 225~33.

Rosenberg, E. L., and Ekman, P. (1994). Coherence between expressive and experiential systems in emotion. *Cognition and Emotion, 8*, 201~29.

Russell, J. A. (1980). A circumplex model of affect. *Journal of Personality and*

Social Psychology, 39, 1161~78.

Russell, J. A., Weiss, A., and Mendelsohn, G. A. (1989). The Affect Grid: A single-item scale of pleasure and arousal. *Journal of Personality and Social Psychology, 57*, 493~502.

Schacter, S., and Singer, J. E. (1962). Cognitive, social, and physiological determinants of emotional state. *Psychological Review, 69, 379~99.*

Scherer, K. R. (1986). Vocal affect expression: A review and a model for future research. *Psychological Bulletin, 99*, 143~65.

_____. (1989). Vocal correlates of emotional arousal and affective disturbance. In H. L. Wagner and A. Manstead (Eds.), *Handbook of social psychophysiology* (pp. 165~97). Chichester, Eng.: Wiley.

Scherer, K. R., Banse, R., Wallbott, H. G., and Goldbeck, T. (1991). Vocal cues in emotion encoding and decoding. *Motivation and Emotion, 15*, 123~48.

Seidlitz, L., and Diener, E. (1993). Memory for positive versus negative life events: Theories for the difference between happy and unhappy persons. *Journal of Personality and Social Psychology, 64*, 654~63.

Sherwood, A. (1993). Use of impedance cardiography in cardiovascular reactivity research. In J. Blascovich and E. S. Katkin (Eds.), *Cardiovascular reactivity to psychological stress and disease* (pp. 157~99). Washington, D.C.: American Psychological Association.

Sherwood, A., Allen, M. T., Fahrenberg, J., Kelsey, R M., Lovallo, W. R, and van Doomen, L. J. P. (1990). Committee Report: Methodological guidelines for impedance cardiography. *Psychophysiology, 27*, 1~23.

Smith, C. A., and Ellsworth, P. C. (1985). Patterns of cognitive appraisal in emotion. *Journal of Personality and Social Psychology, 48*, 813~38.

_____. (1987). Patterns of appraisal and emotion related to taking an exam. *Journal of Personality and Social Psychology, 52*, 475~88.

Stone, A. A. (1981). The association between perceptions of daily experiences and self- and spouse-rated mood. *Journal of Research in Personality, 15*, 510~22.

_____. (1995). Measures of affective response. In S. Cohen, R. Kessler, and L. Gordon (Eds.), *Measuring stress: A guide for health and social scientists* (pp. 148~71). New York: Cambridge University Press.

Teasdale, J. D., and Fogarty, S. J. (1979). Differential effects of induced mood on retrieval of pleasant and unpleasant events from episodic memory. *Journal of Abnormal Psychology, 88*, 248~57.

Teasdale, J. D., and Russell, M. L. (1983). Differential effects of induced mood on the recall of positive, negative, and neutral words. *British Journal of Clinical Psychology, 22*, 163~71.

Teasdale, J. D., Taylor, R, and Fogarty, S. J. (1980). Effects of induced elationdepression of the accessibility of memories of happy and unhappy experiences. *Behavior Research and Therapy, 18,* 339~46.

Thayer, R. E. (1967). Measurement of activation through self-report. *Psychological Reports, 20,* 663~78.

_____. (1986). Activation-Deactivation Adjective Check List: Current overview and structural analysis. *Psychological Reports, 58,* 607~14.

Thomas, D. L. and Diener, E. (1990). Memory accuracy in the recall of emotions. *Journal of Personality and Social Psychology, 59,* 291~97.

Tomkins, S. S., and Izard, C. E. (1965). *Affect, cognition, and personality: Empirical studies.* New York: Springer.

Tranel, D., and Damasio, A. R. (1985). Knowledge without awareness: An autonomic index of facial recognition by prosopagnosics. *Science, 228,* 1453~54.

Van Bezooijen, R. (1984). *The characteristics and recognizability of vocal expression of emotions.* Dordrecht, the Netherlands: Foris.

Van Bezooijen, R., Otto, S. A., and Heenan, T. A. (1983). Recognition of vocal expressions of emotion: A three-nation study to identify universal characteristics. *Journal of Cross-cultural Studies, 14,* 387~406.

Velten, E. (1968). A laboratory task for the induction of mood states. *Behavior Research and Therapy, 6,* 473~82.

Venables, P. H. (1984). Arousal: An examination of its status as a concept. In M. G. H. Coles, J. R. Jennings, and J. A. Stem (Eds.), *Psychophysiological perspectives* (134~42). New York: Van Nostrand Reinhold.

Vrana, S. R., Spence, E. L., and Lang, P. J. (1988). The startle probe response: A new measure of emotion? *Journal of Abnormal Psychology, 97,* 487~91.

Watson, D., and Clark, L. A. (1991). Self-versus peer ratings of specific emotional traits: Evidence of convergent and discriminant validity. *Journal of Personality and Social Psychology, 60,* 927~40.

Watson, D., Clark, L. A., and Tellegen, A. (1988). Development and validation of brief measures of positive and negative affect: The PANAS scales. *Journal of Personality and Social Psychology, 54,* 1063~70.

Watson, D., and Tellegen, A. (1985). Toward a consensual structure of mood. *Psychological Bulletin, 98,* 219~35.

Zajonc, R. B. and McIntosh, D. N. (1992). Emotions research: Some promising questions and some questionable promises. *Psychological Science, 3,* 70~74.

Zuckerman, M., and Lubin, B. (1965). *The Multiple Affect Adjective Check List.* San Diego: Educational and Industrial Testing Service.

_____. (1985). *Manual for the Multiple Affect Adjective Check List-Revised.* San Diego: Educational and Industrial Testing Service.

주관적 웰빙 보고

판단 과정과 그 과정의 방법론적 함의

노르베르트 슈바르츠 · 프리츠 슈트랙

이 장은 행복과 전체적인 삶에 대한 만족에 관한 개인들의 보고의 기저가 되는 인지적 의사소통 과정을 검토할 것이다. 주관적 웰빙(subjective well-being: SWB)에 대한 보고가 웰빙의 안정적인 내적 상태를 반영하지는 않는다. 오히려, 그 보고는 개인들이 그 보고 시점에 지속적으로 접근할 수 있거나 일시적으로 접근할 수 있는 정보 — 맥락 효과를 야기하는 — 에 근거해서 즉각 내리는 판단이다. 한 개인의 삶에 관한 접근 가능한 정보가 판단에 영향을 미치는 방식은 그 정보가 어떻게 이용되는지에 달려 있다. 개인의 삶 전체나 일정하게 지속되는 에피소드에 대한 정신적 표상을 형성하는 데 사용되는 정보는 슬픈 사건보다는 행복한 사건이 머릿속에 떠오를 때, 높은 수준의 SWB를 보고하는 경향이 있듯이 동화 효과를 야기한다. 비교 기준을 만드는 데 이용되는 정보는 대비 효과를 일으킨다. 이런 경우에 개인의 삶은 행복한 사건과는 대조적으로 따분해 보인다. 동화 효과나 대비 효과를 결정하는 변인은 확인된다. 개인의 삶이나 하나의 기준에 대해서 해석할 때 개인의 SWB에 대한 판단을 어떻게 이용하느냐에 따라, 동일한 사건이 개인의 SWB에 대한 판단을 강화하거나 약화시킬 수 있다는 점을 고려하면, 객관적인 사건과 주관적인 평가 간의 관계는 필연적으로 약하다. 그러므로 해석 과정을 고려하지 않는 한, 객관적인 환경을 근거로 SWB를 예측할 수는 없다. 개인은 자신의 삶의 질을 평가하는 데 자신의 과거, 현재 혹은 미래에 관한 정보뿐만 아니라 다른 사람들의 삶에 관한 정보도 이용할 수 있다. 사람들이 자신보다 형편이 나쁜 다른 사람들과 자신을 비교할 때면 종종 기분이 나아진다고 하더라도, 구체적인 결과는 정신적인 해석의 구체적인 성질에 달려 있다. 개인들은 판단 시점의 느낌을 정보 출처로 이용함으로써 복잡한 자신들의 삶에 대한 평가를 단순화한다. 그러므로 개인들은 기분이 나쁠 때보다 좋을 때, 높은 수준의 SWB를 보고한다. (그리고 일시적으로 자신의 삶에 대한 만족감을 높이는 데 10센트짜리 동전 하나를 찾는 것만으로 충분하다.) 기분은 특정한 삶의 영역에 대한 판단보다는 일반적인 SWB에 대한 판단에 더 영향을 미치기 쉽다. 결과적으로 X 영역에서의 특별히 행복한 사건은 한 개인의 전체적인 삶에 대한 만족도를 높일 수 있지만 대조적으로 특정한 영역에 대한 만족도를 감소시킬 수 있다. 그러한 상반된 영향은 전체적인 SWB와 영역 만족도 간의 관계를 약화시킨다. SWB에 대한 공개적인 보고는 종종 자기 제시[1] 문제로 인해 부풀려진다. 이 장에서는 방법론적인 함의가 논의될 것이다.

우리가 개인의 주관적 웰빙(SWB)에 대해 알고 있는 것의 대부분은 행복과 삶의 만족도에 대한 자기보고에 근거를 두고 있다. 브래드번(Bradburn, 1969), 앤드루스와 위디(Andrews and Withey, 1976), 그리고 캠벨과 컨버스, 로저스(Campbell, Converse and Rodgers, 1976)의 획기적인 연구들 이후로, 전 세계에 걸쳐 있는 수십만의 조사 응답자들은 다음과 같은 질문을 받아왔다. "모든 점에서 미루어 볼 때, 당신은 요즘 상황이 어떻다고 말하겠습니까? — 당신은 매우 행복합니까, 아니면, 나름 행복합니까, 아니면, 별로 행복하지 않습니까?" 혹은 "당신은 요즘 전체적인 삶에 얼마나 만족합니까? 당신은 매우 만족합니까, 아니면, 만족합니까, 아니면 별로 만족하지 않습니까, 아니면, 전혀 만족하지 않습니까?" 이러한 유형의 질문은 사회적 변화의 주관적인 측면을 모니터하기 위한 목적으로 주관적인 삶의 질을 평가하기 위한 것이다. 이러한 '주관적인 사회적 지표들'은 오랫동안 사회 과학에서 복지 연구를 주도해 온 객관적인 삶의 기준에 대한 측정을 보완해 준다.

캠벨(1981)이 언급했듯이, "이러한 측정법의 이용은 사람들이 하루하루 겪는 수많은 모든 경험이 … 전체적인 웰빙에 대한 기분에 더해지고, 이러한 느낌은 장기간에 걸쳐 비교적 일정하게 유지되며, 사람들은 그 정서를 솔직하고 정확하게 기술할 수 있다는 가정에 근거를 두고 있다"(23). 하지만 이러한 가정은 경험적 연구가 진행됨에 따라 점점 더 의문시되기 시작했다. 첫째, 개

---

1   자신들이 원하는 이미지를 타인에게 투영하거나 타인에게 호의적으로 보이기 위해서, 자신의 상황과 인상, 행동 등을 선택하고 통제하려는 경향.

인들의 경험 및 삶의 객관적 조건과 그들의 주관적인 웰빙 감각 간의 관계는 흔히 약하고 때때로 직관에 반한다. 대부분의 객관적인 생활환경은 SWB 측정 변량 중 5퍼센트 미만만 설명해 주며, 10개 이상의 생활 영역에서 결합되어 있는 여러 환경들은 SWB 측정 변량 중 10퍼센트 미만만 설명해 줄 뿐이다(Andrews and Withey, 1976; Kammann, 1982; 재고찰하고자 한다면, 이 책의 Argyle를 참조). 둘째, 동일한 1시간 인터뷰 동안 같은 질문을 두 번 물을 경우에는 SWB 측정은 낮은 검사−재검사 신뢰도를 가진다. 보통 .40 주변을 맴돌며, .60을 넘지 않는다(Andrews and Withey, 1976; Glatzer, 1984). 게다가 이러한 측정은 상황적 요인의 영향을 크게 받기 쉽다. 따라서 10센트짜리 동전 하나를 발견하는 일이나 축구 경기의 결과와 같은 사소한 사건(Schwarz et al., 1987)이 자신의 전체적인 삶에 대해 보고한 만족도에 지대한 영향을 미칠 수 있다. 하지만 무엇보다도 중요한 점은 그 보고는 연구 도구의 기능이며, 앞선 질문의 내용, 응답 선택안의 특성, 그리고 질문지 설계의 상이한 '기술적' 양상들의 영향을 크게 받는다는 사실이다(Schwarz and Strack, 1991a, 1991b).

그러한 연구 결과는 주관적인 사회적 지표가 웰빙의 안정된 내적 상태를 직접적으로 반영한다는 가정(Campbell, 1981)이나 보고가 한 개인의 열망에 비추어 그의 객관적인 조건에 대한 신중한 평가에 기반을 두고 있다는 가정과 양립하기 쉽지 않다(Glatzer and Zapf, 1984). 그 대신에 연구 결과가 제시하는 바에 의하면, SWB에 대한 보고는 높은 맥락의존성을 지니는 판단 과정의 결과로 더 적절히 개념화될 수 있다. 이 장은 사람들이 자신들의 전체적인 삶에 대한 만족성 여부를 어떻게 결정하는지에 관해 알려져 있는 내용을 재고찰하고자 한다. 우리는 한 개인의 단일한 사건에 대한 평가보다는 전체적인 삶이나 지속적인 에피소드에 대한 평가에 초점을 맞추고자 한다(단일한 사건에 대한 평가는 이 책의 다른 장에서 다루고 있다. 예컨대, Kahneman을 참조). 앞으로 명확히 밝히겠지만, 상황적 요인의 영향력은 흔히 특정한 사건에 대한 평가와 지속적인 에피소드에 대한 평가 각각에 정반대의 영향을 미친다. 예컨대, 아주 끔찍한 어떤 한 사건은 그것을 포괄하고 있는 에피소드에 대해서는 낮게 평가하게 만들지만(Strack, Schwarz and Gschneidinger, 1985), 상대적으로 온건한 사건들에 대해서는 비교적 좋아 보이게 만든다(Parducci, 1995). 우리는 있을 수밖에 없는 그러한 모순을 지적하겠지만, 주로 조사 질문이 요구하는 대로 사람들이 자신의 '전체적인 삶'을 어떻게 평가하는지에 중점을 둘 것이다. 그리고 우리는 이 고찰에서 성격차가 관심 대상에 대한 판단 과정에 어떻게 영향을 미칠 수 있는지에 대해서는 다루지 않을 것이다. (하지만 이 책에서 Cantor and Sanderson, Diener and Lucas, Higgins, Grant, and Shah가 다루고 있는 장들을 참조 바란다.)

예비 검토

개인은 자신의 삶의 주관적인 질을 평가하라는 요구를 받을 때면, 당연히 폭넓고 다양한 정보를 활용할 수 있을 것이다. 로스와 에이만, 키시척(Ross, Eyman and Kishchuck, 1986)은 응답자들에게 어떻게 SWB에 대한 판단에 이르게 됐는지 묻는 방식으로 그들이 사용한 정보 출처를 조사했다. 이 연구자들의 조사 결과에 의하면, 다양한 표본의 성인 캐나다인들이 자신들의 웰빙을 보고하는 데 이용한 근거로 개인의 일시적인 감정 상태에 대한 명백한 참조가 41퍼센트에서 53퍼센트에 해당되었고 미래에 대한 기대감이 22퍼센트에서 40퍼센트, 과거의 사건이 5퍼센트에서 20퍼센트, 사회적인 비교가 5퍼센트에서 13퍼센트에 해당되었다. 이러한 다양한 정보 출처들의 관련성은 실험 문헌을 통해 확인할 수 있다. 우리는 그러한 정보의 출처를 차례로 설명할 것이다.

우리는 우선 과거 사건들이나 미래에 대한 기대감과 같은 자기 자신의 삶에 관한 정보의 영향을 탐구하고자 한다. 이 재고찰을 통해 우리는 사건과 관련된 정보가 판단을 내리는 데 어떻게 이용되느냐에 따라 동일한 사건이 전반적인 삶의 만족도를 높일 수도 있고 낮출 수도 있다는 사실을 지적하고자 한다. 다음으로, 우리는 개인이 자신의 운과 다른 사람들의 운을 비교하는, 그 비교의 역할을 대해서 살펴볼 것이다. 일반적으로 사람들은 자신보다 형편이 못한 다른 사람들과 자신을 비교할 때 기분이 나아지는 경향이 있지만 사회적 비교의 역동성은 초기의 이론화와 상식이 제시하는 것보다 훨씬 더 복잡하다. 이처럼 개인 내 비교와 개인 간 비교에 관한 논의에 뒤이어, 우리는 일시적인 기분 상태의 영향으로 주의를 돌려 한 개인의 순간적인 정서가 그의 삶과 관련된 다른 정보의 영향을 어떻게 무시할 수 있는지 설명하고자 한다. 그러고는 이 모든 과정을 SWB의 판단 모델에 통합시키고, 마지막으로

SWB에 대한 조사 연구의 방법론적 함의에 대해서 평가할 것이다.

자기 자신의 삶에 관한 정보 이용: 개인 내 비교

비교를 근거로 한 평가적 판단은 일반적으로 '표적'이라고 하는 판단 대상
에 대한 심적 표상뿐만 아니라 표적과 비교될 수 있는 타당한 '기준'에 대한
심적 표상도 필요로 한다. 선택된 기준은 '개인 내' 기준(예컨대, 예전의 개인의
삶이나 기대감 상태)일 수도 있고 '개인 간' 기준(가까운 다른 사람들이나 관련 준
거 집단의 상황)일 수도 있다. 비교 과정의 결과는 (b) 표적이나 (c) 기준을 구
성하는 데 이용하는 (a) 정보에 달려 있다(Schwarz and Bless, 1992a). 우리는
우선 개인의 삶의 많은 양상 중에서 어느 것이 판단을 내리는 데 이용될 가능
성이 높은지에 대해서 논할 것이다.

어떤 정보가 사용되나

"모든 점을 미루어 볼 때 당신은 요즘 상황이 어떻다고 말하겠습니까?"라
는 질문을 받을 경우, 응답자들은 자신의 삶의 무수한 관련 양상들을 재고찰
하고 전체적인 삶의 심적 표상으로 통합할 것이라고 이상적으로 가정할 수
있을 것이다. 하지만 사실상 개인들이 판단과 관련된 모든 정보를 회상하는
일은 거의 없다. 그 대신에 개인들은 충분한 주관적인 확실성을 가지고 판
단을 내리기에 충분한 정보가 머릿속에 떠오르면 곧바로 탐색 과정을 멈추
고 만다(Bodenhausen and Wyer, 1987). 따라서 판단은 그 시점에서 가장 '접
근하기 쉬운' 정보를 근거로 내리게 된다. 일반적으로 정보 접근 용이성은 정
보 이용의 최신성과 빈도에 달려 있다(재고찰하고자 한다면, Higgins, 1996을 참
조). 예를 들어, 질문지에서 앞선 질문에 답하기 위해 방금 이용한 정보는 이
후에 제한된 시간 동안만이더라도 머릿속에 떠오를 가능성이 아주 높다. 이
'일시적으로 접근할 수 있는' 정보는 조사 측정에서 대부분의 맥락 효과의 근
거가 되며 다른 시기에 동일한 질문을 받을 경우에는 판단이 달라질 수 있
다(Schwarz and Strack, 1991b; Strack, 1994a; Sudman, Bradburn and Schwarz,
1996, 3장에서 5장; Tourangeau and Rasinski, 1988 등을 참조). 하지만 예컨

4장
·
149

대 다른 정보가 응답자의 현재 관심사(Klinger, 1977)나 생활 과업(Cantor and Sanderson, 이 책)과 관련되어 있기 때문에 빈번하게 이용될 경우에는 그런 정보가 생각날 수도 있다. 그처럼 언제나 쉽게 접근할 수 있는 정보는 응답자의 삶의 양상의 중요성을 반영하며 시간의 흐름에 따른 판단에 안정성을 부여한다.

접근 용이성

한 예로 질문의 순서 관련 실험을 생각해 보자. 슈트랙과 마틴, 슈바르츠 (1988)의 관찰 결과에 의하면, 전체적인 만족도 질문이 응답자의 데이트 빈도에 대한 질문보다 선행할 경우에는 데이트 빈도와 학생들의 삶의 만족도 사이의 상관계수(r)는 -12로 두 요소는 상관관계가 없는 것으로 나타났다. 하지만, 질문의 순서를 바꾸었을 경우에는 r= .66으로 상관관계가 상승했다. 이와 마찬가지로, 다른 연구에서 전체적인 삶의 만족도에 대한 질문이 결혼 만족도에 대한 질문에 선행할 경우에는 r = .32로 결혼 만족도는 전체적인 삶의 만족도와 상관관계가 있는 것으로 나타났다(Schwarz, Strack and Mai, 1991). 하지만 이 경우에 질문의 순서를 바꾸자, r = .67로 상관관계가 상승했다. 이와 같은 유형의 연구 결과가 보여주는 바에 의하면, 선행하는 질문은 응답자가 다른 조건에서는 고려하지 않을 정보를 그에게 상기시킬 수 있다. 만일 이러한 정보가 응답자가 자기 삶을 형성하는 표상에 포함된다면, 결과적으로 동화 효과가 발생해 높은 상관관계에 반영되었을 것이다. 따라서 우리는 응답자에게 던지는 질문의 순서에 따라 데이트 빈도나 결혼 만족도가 전체적인 SWB에 미치는 영향에 대해서 전혀 다른 추론을 할 수밖에 없다.

이론적으로 보면, 판단을 내릴 때 언제나 접근할 수 있는 한 특정 정보의 영향은 그 정보의 극단성이 커짐에 따라 증가하고, 일시적으로 접근할 수 있거나 언제나 접근할 수 있는 다른 정보의 양이 많아지고 극단성이 커짐에 따라 감소한다(Schwarz and Bless, 1992a). 이러한 가정을 검증하기 위해, 슈바르츠와 슈트랙, 마이(Schwarz, Strack and Mai, 1991)는 응답자들에게 전체적인 삶의 만족도를 평가하기에 앞서 직업 만족도, 여가 시간 만족도, 결혼 만족도에 관해서 물었다. 이는 접근이 용이한 일련의 정보를 비교적 다양화시킨 것이다. 이 경우에, 결혼 만족도와 삶의 만족도 간의 상관관계는 (전체적인 삶의 만족도와 결혼 만족도 순서로 질문을 한 경우의) r = .32에서 r = .46으로 상승했지만, 이러한 상승은 결혼 만족도가 제시된 유일한 특정 영역이었던 경우에 보인 r = .67에 비해서는 낮았다.

이 연구 결과의 관점에서 보면, 질문 순서 효과의 발생에 대한 몇 가지 한계를 강조하는 것이 중요하다. 첫째, 여기에서 논의된 유형의 질문 순서 효과는 선행하는 질문에 대한 대답이 언제나 접근할 수는 없는, 일시적인 정보 접근 용이성을 어떻게든 높일 경우에만 일어나는 것으로 보인다. 예컨대, 현재 이혼 중인 응답자들은 선행하는 질문에서 결혼 생활이 언급되든 언급되지 않든, 자신들의 결혼 생활을 생각할 거라고 우리는 추정할 수 있다. 둘째, 선행하는 질문을 단서로 접근할 수 있는 정보의 영향은 경쟁 정보의 양이 많아지고 경쟁 정보의 극단성이 커짐에 따라서 감소한다. 그러므로 언제나 접근할 수 있는 현재의 관심사는 발생하는 질문 순서 효과의 크기를 제한할 것이고 그럴수록 현재의 관심사의 의미는 더욱더 최대한 커질 것이다. 이는 질문의 순서 효과가 현재의 관심사에 정신이 팔린 응답자에게는 상대적으로 작게 나타나겠지만, 그렇지 않은 응답자에게는 크게 나타날 것이라는 사실을 의미한다. 그렇다면, 맥락 효과의 차별적인 크기가 SWB의 실질적인 차이를 모호하게 만들 수도 있을 것이다. 불행히도 이 가능성과 관련된 자료는 없다. 마지막으로 뉴스에서 보도되는 사건과 같은 다른 예기치 않은 사건들을 통해서 일시적으로 정보에 접근할 수도 있다(Iyengar, 1987). 방법론적인 관점에서 보면, 그러한 예기치 않은 사건의 영향은 질문 순서의 영향에 비해서는 덜 문제가 된다. 대부분의 예기치 않은 사건들은 표본 가운데 작은 일부에게만 영향을 미친다. 조사의 경우, 일반적으로 그렇듯이 데이터 수집이 몇 주간 지속적으로 이어질 경우에는 특히 그렇다. 하지만 질문의 순서는 표본 대부분의 구성원들에게 영향을 미치면서, 체계적인 편향을 일으킨다.

대화 규범

선행하는 질문을 통해 접근할 수 있는 정보가 항상 사용될 수 있는 것은 아니라는 점은 상황을 더 복잡하게 만든다. 일상 대화에서, 화자는 청취자가 이미 가지고 있는 정보를 되풀이하기보다는 청취자에게 새로운 정보를 제공하기 마련이다(Grice, 1975; 더 상세한 논의를 살펴보고 싶다면, Schwarz, 1994, 1996;

Strack, 1994b를 참조). 예를 들어, 자신의 결혼 생활을 묻는 질문에 방금 답변을 한 여성 응답자는 마치 "당신의 결혼 생활 말고 당신의 다른 삶은 어떻습니까?"라는 질문을 받기라도 한 듯, 자신의 전반적인 삶에 관한 후속 질문이 자신의 삶의 새로운 양상에 관한 것이라고 추정할 수 있다. 전반적인 삶에 대한 질문이 이렇게 해석될 것인지 해석되지 않을 것인지는 그 질문이 좀 더 구체적인 삶에 대한 질문과 동일한 대화 맥락에 속하는지의 여부에 달려 있다.

일부 중복된 질문들 앞서 언급한 연구들(Strack et al., 1988; Schwarz ct al., 1991)의 경우, 질문지의 공통적인 도입부에서 응답자들에게 지금부터 그들의 웰빙에 관한 두 가지 질문을 할 것이라고 고지함으로써 비중복성의 대화 규범을 상기시켰다. 이 도입부의 설명에 따라 응답자들은 우선 (데이트 빈도나 결혼 만족도에 관한) 구체적인 질문에 답하고 뒤이어 자신들의 전체적인 삶의 만족도를 보고했다. 이 경우에 전에 관찰된 데이트 빈도와 삶의 만족도 간의 상관관계 r = .66 혹은 결혼 만족도와 삶의 만족도 간의 상관관계 r = .67은 각각 r = .15와 r =.18로 떨어졌다. 결국, 비중복성의 대화 규범을 설정함에 따라 질문 순서가 같더라도 극적으로 다른 상관관계가 초래되었다. 이러한 해석과 일치하는 연구 결과를 보면, 전체적인 삶에 대한 만족도 질문의 말을 바꾼 "당신이 우리에게 이미 들려준 결혼 생활 말고 당신은 삶의 다른 양상에 얼마나 만족합니까?"라는 질문을 했을 경우에, 결혼 만족도와 유사한 상관관계, r= .20이 나타났다(Schwarz et al., 1991). 다시 말하지만 우리는 두 가지 질문을 동일한 대화 맥락에 배정하는 공통적인 도입부의 유무와 질문 순서에 따라서, 획득된 데이터와는 매우 다른 최종 결론을 이끌어 낼 수 있을 것이다.

매우 유사한 질문들의 중복성 앞서 든 예들에서 관련 정보의 일부를 강조하는 더 구체적인 질문이 선행되었을 경우, 전체적인 삶의 만족도에 대한 질문은 부분적으로 중복될 수밖에 없었다. 하지만 같은 논리가 여러 개의 매우 유사한 질문들이 제시된 경우에도 적용된다. 슈트랙과 슈바르츠, 밴케(Strack, Schwarz and Wänke, 1991)는 응답자들에게 자신들의 삶에 대한 만족도뿐만 아니라 행복에 대해서 보고하도록 요구했다. 두 질문이 두 명의 다른 연구자가 제공한 두 가지 다른 질문지의 마지막 질문과 첫 번째 질문으로 제시됐을 때, 두 보고는 모두 행복과 삶에 대한 만족도의 상관관계가 r = .96으로 나타났다. 게다가, 응답자들의 평균 행복 평점(M = 8.0)은 평균 만족도 평점(M = 8.2)과 별반 다르지 않았다. 이는 응답자들이 행복과 만족도의 개념 간에 차이를 느끼지 않음을 시사한다. 아마도 응답자들은 두 명의 다른 연구자들이 다소 다른 표현으로 동일한 문제를 묻고 있다고 추정했을 것이다. 하지만 같은 연구자가 동일한 질문지에서 차례로 두 질문을 제시할 경우에는, 상관관계는 r = .75로 떨어지고, 응답자들은 삶의 만족도(M = 7.4)보다 높은 행복감(M = 8.2)을 보고했다. 따라서 동일한 대화 맥락에 두 질문을 배당하는 것이 차이를 이끌어 낸다고 볼 수 있다. 왜냐하면 그렇지 않은 경우에는 두 질문은 중복된 것으로 보이기 때문이다. 두 가지 질문이 다른 측면을 묻는 것이 아니라면, 왜 같은 연구자가 그런 두 가지 질문을 하겠는가? 이러한 과정이 행복에 대한 보고와 만족도에 대한 보고 사이의 관계에서 나타나는, 그리고 상이한 연구들에서의 그 보고 각각의 예측에서 보이는 뚜렷한 불일치의 근거가 될 수 있으며, 짧은 시간 내에 동일한 질문이 반복될 경우에는 낮은 검사-재검사 신뢰도의 원인이 될 수 있다.

요약

판단은 잠재적으로 접근이 용이한 정보 — 판단 당시에는 언제나 접근할 수 있거나 일시적으로 접근할 수 있는 — 의 일부에 근거해서 이루어진다. 하지만 접근이 용이한 정보의 반복적인 이용이 비중복성의 대화 규범을 위반할 경우에는 그 정보는 이용할 수 없다. 다음으로 우리는 접근이 용이한 정보가 다른 점에서 판단에 영향을 미칠 수 있다는 사실에 주목할 것이다.

개인의 삶에 대한 정신적 해석과 준거 기준: 현재 사건, 과거의 사건, 미래의 사건, 과거에 있을 수도 있었던 사건

언제나 접근할 수 있거나 일시적으로 접근할 수 있는, 자신의 삶에 대한 정보가 판단에 영향을 미치는 방법은 그 정보가 어떻게 이용되느냐에 달려 있다(Schwarz and Bless, 1992a; Strack, 1992). 매우 긍정적이거나 (부정적인) 생활 사건이 생각난다고 가정해 보자. 이 사건이 표적인 '현재 나의 삶'을 일시적으로 표상한다면, 앞서 논한 연구들에서 볼 수 있었던 상승한 상관관계가 보여주듯이, 이 사건은 '동화 효과'를 반영하며, 더 긍정적인 (혹은 부정적인) SWB 평가를 야기한다. 하지만 바로 동일한 사건은 또한 비교 기준을 구성하는 데 이용되어, 대비 효과를 유발할 수 있다. 매우 긍정적인(부정적인) 사건과 비교해 볼 때, 개인의 전반적인 삶은 비교적 평범하거나 (아주 온건해) 보일 수 있다. 이처럼 동일한 사건의 정반대의 영향들은 때로는 소유(동화) 효과와 '대비 효과'라고 일컬어진다(Tversky and Griffin, 1991). 이러한 각각의 사건의 발생 조건을 이해하기 위해서 우리는 개인들이 어떻게 접근이 용이한 정보를 사용하는지 이해할 필요가 있다.

기준 및 표적을 구성할 때 정보의 이용을 결정하는 변수는 응답자가 내려야 하는 여러 가지 광범위한 의사결정의 관점에서 개념화될 수 있다(더 상세한 논의를 살펴보고 싶다면 Schwarz and Bless, 1992a; Strack, 1992를 참조). 가장 중요한 점은 정보가 표적 범주(우리의 현재 목적에 비추어 볼 때는 '나의 현재 삶')에 속하는지, 그 범주를 표상하고 있는지의 여부이다. 예를 들어, 개인의 삶의 다른 에피소드와 관련되거나 극단적이고 특별해 보이는 정보는 표적의 대표성을 형성하는 데 이용되지 않을 것이며, 따라서 비교 기준 구성에는 유용할 것이다.

현재 사건, 과거의 사건, 미래의 사건: 그 정보는 나의 삶을 표상할까

특정한 생활 사건과 같은 자신의 삶에 관한 정보는 그것이 표적을 표상하는 것으로 여겨질 경우에만 자신의 현재 삶의 표상을 구성하는 데 이용될 것이다. 사건이 삶의 다른 에피소드에 관한 것이나 특별한 것으로 분류되는 경우, 몇 가지 예가 설명하듯이 비교 기준으로 이용될 수 있을 것이다.

시간적 거리 슈트랙과 슈바르츠, 구슈나이딩어(Strack, Schwarz and Gschnei-dinger, 1985, 실험 1)는 응답자들에게 세 가지 긍정적인 최근 생활 사건이나 세 가지 부정적인 최근 생활 사건들을 보고하도록 요구하여, 그러한 사건들에 일시적으로 접근할 수 있게 했다.

표 4.1의 상단 칸에서 보듯이, 이 응답자들은 현재의 부정적인 사건들보다

는 세 개의 긍정적인 사건을 회상한 후에 상대적으로 높은 현재의 삶의 만족도를 보고했다. 하지만 다른 응답자들은 적어도 5년 전에 일어났던 사건들을 회상해야 했다. 이 응답자들은 과거의 긍정적인 사건들보다는 부정적인 사건을 회상한 후에 높은 현재의 삶의 만족도를 보고했다. 이는 응답자들이 접근이 용이한 최근의 정보를 자신들의 현재의 삶을 구성하는 표상에 포함시켰지만, 비교 기준으로는 거리가 먼 사건들을 이용했다는 것을 의미한다(Dermer et al., 1979; Tversky and Griffin, 1991도 참조).

표 4.1 주관적 웰빙: 사건의 유의성과 시간 관점의 영향

	사건의 유의성	
	긍정적	부정적
시간 관점		
현재	8.9	7.1
과거	7.5	8.5
범주 경계		
부각되지 않는	8.7	7.4
부각되는	6.2	8.2

출처: 상단 칸은 Strack et al.(1985, Experiment 1)을 변환한 것임. Copyright 1985 by the American Psychological Association. 하단 칸의 출처는 Schwarz and Hippler의 미출간 자료.
참고: 행복 질문과 만족도 질문의 평균 점수의 범위는 1점에서 11점이며, 높은 평가는 높은 웰빙을 보고했다는 점을 나타낸다.

이 실험의 결과는 '대공황의 아이들'인 미국의 노인들이 젊은 시절에 나쁜 경제 상황을 더 혹독하게 겪었을수록 높은 주관적인 웰빙을 보고할 가능성이 더 높다는 사실을 보여주는 상관성 있는 데이터(Elder, 1974)와 일치한다. 어린 시절과 청소년기에 축적된 부정적인 경험들은 아마도 그 후에 겪은 모든 사건들을 상대적으로 좋아진 것으로 보게 만든 기준선을 설정했을 것이다. 이와는 상반되는 측면을 묘사한 루니언(Runyan, 1980)은 사회적 상향 이동을 한 사람들은 사회적 하향 이동을 한 사람들에 비해 자신들의 어린 시절을 상대적으로 만족스럽지 못했던 시절로 회상한다는 사실을 발견했다. 이는 아마도 그들이 자신들의 과거를 평가할 때 현재 상황을 이용했기 때문일 것이다.

삶의 흐름의 청킹(덩이 짓기)[2]: 범주 경계 생활 사건의 이용은 앞선 연구들에서는 시간적 거리에 의해 결정되었지만, 다른 변인들은 삶의 흐름이 어떻게 개별 단위들로 청킹될지에 유사한 영향을 미칠 수 있다. 이러한 변인들 중 하나가 관련 전환점의 부각성이다. 예를 들어, 슈바르츠와 히플러(Hippler)는 1학년생들에게 '2년 전에 있었던' 긍정적이거나 부정적인 사건을 보고하라고

---

2   청킹(Chunking, 덩이 짓기). 기억의 대상이 되는 자극이나 정보를 서로 의미 있게 연결시키거나 묶는 인지 과정.

요구했다. 표 4.1의 두 번째 칸에서 보듯이, 여기에서도 현재의 삶의 만족도에 동화 효과가 영향을 미쳤다. 하지만 다른 학생들은 중요한 역할 전환, 즉 고등학생에서 대학생으로의 신분 변화를 미묘하게 인식하게 됐다. 구체적으로 말하면, 그들은 '2년 전에, 즉 대학생이 되기 전에 일어난' 긍정적이거나 부정적인 사건을 보고하라는 요구를 받았다. 결과적으로 이 응답자들은 부정적인 사건보다는 긍정적인 사건을 회상한 후에 더 낮은 현재 삶의 만족도를 보고했다. 이는 그들이 회상 사건을 '고등학교' 때의 사건으로 인식한 것이 그 사건을 비교 기준으로 이용하는 결과를 초래했다는 사실을 시사한다.

이와 마찬가지로, 미래에 일어날 수도 있는 긍정적이거나 부정적인 사건에 대해서 생각을 해도, 현재 삶의 만족도에 동화 효과가 일어났다(Strack, Schwarz and Nebel의 미출간 자료). 그러나 학생 응답자들에게 한편으로 그들이 대학을 졸업하게 될 거라는 점을 상기시켜주자, 대비 효과가 초래되면서 패턴이 역전되었다. 그러므로 미래에 대한 긍정적인 기대감은 판단 과정에서 어떻게 이용되느냐에 따라서 현재의 SWB를 낮출 수도 높일 수도 있다.

극단성 극단적인 사건들 또한 특별해 보일 수 있으며, 자신의 전반적인 삶이 어떤 상태인지 표상해 주지 않는 것으로 여겨질 수 있다. 따라서 그러한 사건들은 형성된 표상에서 배제되고 비교 기준의 역할을 할 수 있다. 그렇다면, 극단적이고 특별한 사건들은 적어도 어느 정도의 시간이 지나가고 (따라서 시간적 거리를 제공하고), (나중에 다룰) 직접적인 정서적 영향력이 약해진 이후에는 대비 효과를 야기할 가능성이 높다. 비록 그러한 배제 과정이 다른 판단 영역에서 관찰되어 왔지만(Herr, Sherman and Fazio, 1983; Herr, 1986; 자세한 내용은 Schwarz and Bless, 1992a: 230~231을 참조), SWB 분야에서의 관련 연구들은 사람들의 전체적인 삶에 대한 평가가 아닌 삶에서 일어나는 다른 특정한 사건들에 대한 평가로 제한된다.

범주 폭: 특정한 사건들에 대한 판단 VS 전체적인 삶에 대한 판단 중요한 사실은 매우 긍정적인(부정적인) 사건은 다른 특정한 사건들에 대한 판단과 자신의 전체적인 삶에 대한 판단에 정반대 방향으로 영향을 미칠 가능성이 높다는 것이다. 이는 그러한 사건이 자신의 전반적인 삶을 형성한 표상('넓은' 표적 범주)에 속할 수 있으며 동화 효과를 유발할 수 있다는 점을 시사한다. 하지만

그러한 사건은 다른 특정한 사건을 형성하는 표상('좁은' 표적 범주)에 속할 수 없으며, 따라서 비교 기준의 역할을 하며 대비 효과를 일으킨다. 범주 폭의 영향에 대한 최초의 테스트에서 슈바르츠와 블레스(Schwarz and Bless, 1992b)는 응답자들에게 스캔들에 연루된 정치인(예컨대, 리처드 닉슨)에 대해서 생각해 보도록 했다. 이 과정은 일반적으로 정치인을 신뢰하는 판단을 감소시켰는데, 이는 표본이 집단을 형성하는 표상에 속할 수 있다는 것을 반영한다. 하지만, 이 과정은 평가된 다른 모든 정치인 개개인을 신뢰하는 판단을 증가시켰는데, 이는 주어진 하나의 표본은 다른 표본들에 대한 표상에는 속할 수 없다는 것을 반영한다. 결국 빌 클린턴은 리처드 닉슨이 아니며, 리처드 닉슨과 비교하면 빌 클린턴은 좋아 보이는 것이다.

이와 같은 관념과 일치하는 연구 결과를 보면, 사건의 시간적 거리나 범주 경계의 부각성으로 인해 부정적(긍정적) 사건이, 형성된 표상으로부터 배제되는 일이 없다면, 그러한 사건에 관한 생각은 앞서 살펴본 예들에서 든, 보고된 전체적인 삶의 만족도를 감소(증가)시켰다. 이와 반대로, 파두치(Parducci, 1995; Smith, Diener and Wedell, 1989도 참조)의 연구 결과에 의하면, 극히 부정적인(긍정적인) 사건은 뒤이어 일어나는 평범한 사건들에 대한 만족도를 감소(증가)시켰다(더 상세한 논의를 검토하고 싶다면 이 책의 Kahneman을 참조). 따라서 극히 부정적인 사건에 대한 간헐적인 경험은 우리의 삶의 대부분을 구성하는 평범한 사건들의 기쁨을 조장하는 반면에 극히 긍정적인 사건들에 대한 간헐적인 경험은 그러한 기쁨을 감소시킨다(폭넓은 재고찰을 원한다면, Parducci, 1995를 참조).

그러므로 우리가 극단적인 사건들이 개인들의 주관적인 웰빙에 미치는 영향에 관해 내리는 결론은 흔히, 우리가 사용하는 측정법에 달려 있을 것이다. 전체적인 삶의 만족도('넓은' 범주)에 대한 자기보고를 사용할 경우에 우리는 동화 효과를 관찰할 수 있을 것이다. 왜냐하면 극단적인 사건은 앞서 논한 변인들 중의 하나에 의해서 배제되지 않는 한, 형성된 표상에 속하게 될 것이기 때문이다. 따라서 우리는 극히 긍정적인 사건의 경험이 전체적인 삶의 만족도를 증가시키고 극히 부정적인 사건의 경험이 전체적인 삶의 만족도를 감소시킨다고 결론 내리게 될 것이다. 그러나 이에 대한 대안으로, 행복이 "고통보다 쾌락이 큰 상태"(9)라고 제안한 파두치(1995)(와 그 외 연구자들)가 제시한 바처럼, 우리는 쾌락 경험을 순간순간마다 측정할 수도 있다. 이 접근법은 대비 효과가 나타날 가능성이 높은 특정한 쾌락적 사건에 대한 평가에 근거를 두고 있다. 따라서 우리는 극히 긍정적인 경험이 고통에 대한 쾌락의 전체적인 우위 상태를 감소시키는 반면에 이따금씩 부정적인 경험이 그 우위 상태를 향상시키기 때문에 개인들로서는 극히 긍정적인 경험을 피하는 것이 더 좋다는 결론을 내리게 된다(우리가 추구하거나 피해야 할 경험에 대한 권고 사항에 대해서는 Parducci, 1995를 참조). 두 연구가 신뢰할 수 있을 만큼 반복적으로 같은 결과를 낼 수 있다는 점을 고려하면, 전체적인 웰빙에 대한 자기 평가와 순간순간의 쾌락 경험에 대한 측정은 다양한 조건에 따라 서로 다를 가능성이 높다.

요약 종합해 볼 때, 재고찰한 연구 결과에 의하면, 표적 '나의 현재 삶'과 관련해 비교 기준을 구성할 때 생활 사건을 어떻게 이용하느냐에 따라서 동일한 생활 사건이 SWB에 대한 판단에 정반대 방향으로 영향을 미칠 수 있다. 그러므로 생활 사건과 SWB에 대한 판단 간의 관계가 일반적으로 약하다는 것은 놀랄 일이 아니다. 오늘의 불행은 내일의 기준이 되어서, 접근이 용이한 정보의 이용을 결정하는 정신 과정을 고려하지 않고는 SWB를 예측하는 것을 불가능하게 만들 수도 있다. 우리의 실험 조작의 결과가 그러한 정신 과정의 힘을 설명해 주지만, 우리는 사람들이 어떻게 생활 사건의 흐름을 자연스럽게 개별적인 청크(덩이)들로 분석하는지 거의 알지 못한다. 이러한 문제에 대한 탐구는 자서적인 기억[3]과 사회적 판단의 접점에서의 향후 연구에 유망한 방법을 제공할 수 있다.

일어날 수도 있었던 사건: 사후 가정

지금까지 우리는 사람들이 실제 결과에 대해 생각하는 방식이 (다음에서 다루게 될 사람들의 일시적인 기분뿐만 아니라,) SWB에 대한 판단에도 영향을 미칠 수 있음을 확인했다. 다른 연구에서, 가상의 결과에 대한 정신적 구성은 유사한 효과를 가질 수 있다는 사실이 관찰되었다.

---

3   자신의 삶에 관한 개인적 기억으로, 개인의 역사적 사실에 대한 기억과 경험적 사건에 대한 기억으로 구성되어 있다.

한 여인이 어떤 사소한 이유로 예약한 비행기를 놓치는데, 곧 그 비행기가 불운하게 추락했다는 사실을 알게 된다고 가정해 보자. 그 비행기를 타지 않은 사람들 모두 안도할 만한 이유가 있을 테지만, 그 비행기를 놓쳤던 그녀는 하마터면 희생자가 될 뻔했기 때문에 훨씬 더 안도감을 느낄 가능성이 높다. 반대로, 한 운전자가 건설 현장을 지나치면서 인내심을 갖고 (교통 체증이 풀리길) 오랫동안 기다려야 하고 그 때문에 중요한 사업상의 약속을 놓친 경우를 가정해 보자. 이 운전자가 평소의 출근길에서 이탈하지 않았더라면, 제시간에 약속 장소에 도착했으리라는 가능성에 신경을 쓴다면 이 운전자는 분노와 자책에 빠질 수도 있다. 두 경우에, 일어날 수도 있었던 사건은 실제 사건의 평가에 영향을 미치는 판단 기준 역할을 한다.

일어날 수도 있었던 사건에 대한 우리의 해석의 선례와 결과(Roese and Olson, 1995a)는 사후 가정 사고[4]에 대한 연구 프로그램을 통해 연구되어 왔다(Kahneman and Miller, 1986; Miller, Tumbull and McFarland, 1990; Roese, 1997; Roese and Olson, 1995b; Wells and Gavanski, 1989). 이러한 연구 작업은 결과가 규범이나 기대치에서 빗나갔을 때, 사람들은 대안으로 규범적인 결과를 구성한다는 통찰에 기초하고 있다(Kahneman and Miller, 1986). 이처럼 규범적인 결과를 구성할 가능성은 실제의 비규범적인 사건이 사후 가정의 규범적인 결과로 정신적으로 쉽게 전환될 수 있느냐 하는 용이성에 달려 있다. 따라서 실제 결과의 근본적인 구성 요소를 변화시켜야 하는 경우에 비해 사소한 측면만 변경시키면 되는 경우에 사후 가정 사고가 일어날 가능성이 더 높다. 예를 들어, 우리의 운 좋은 승객이 자신을 비행기 추락 사고의 잠재적인 희생자로 이해할 가능성은 탑승 며칠 전에 신중하게 예약을 변경한 경우보다 비행기 탑승 직전에 자발적으로 예약 변경을 결정한 경우에 더 클 수밖에 없다. 결과적으로 전자의 경우보다는 후자의 경우에 더 안도감을 느끼게 될 것이다.

사후 가정 사고는 감정과 주관적 웰빙에 여러 방면으로 영향을 미칠 수 있다(Roese, 1997; Roese and Olson, 1995b를 참조). 첫째, 규범적인 결과에 대한 정신적인 구성은 실제 결과를 평가하는 데 '비교 기준'을 제공하고, 결과적으

---

4   어떤 사건을 경험한 후에, 결국에는 일어나지 않았지만, 일어날 수도 있었던 가상의 대안적 사건을 생각하는 것.

로 대비 효과를 초래한다. 이럴수록 사후 가정을 구성하기는 더 쉬워진다. 예를 들어, 아마도 올림픽 동메달 수상자들은 아무런 메달도 따지 못했을 상황('하향 사후 가정')을 상상하기 쉬운 반면에 은메달 수상자들은 금메달을 땄을 상황('상향 사후 가정')을 상상하기 쉽기 때문에 동메달 수상자들이 은메달 수상자들에 비해 더 만족감을 나타냈다(Medvec, Madey and Gilovich, 1995). 더 나아가, 이 비교의 결과로, 동메달 수상자들은 더 큰 기쁨을 느낄 것으로 예상되는 반면에 은메달 수상자들은 실망을 느낄 가능성이 더 크다.

둘째, 사후 가정 사고는 판단과 감정 경험에 영향을 미치는 특정한 '인과 관계'를 제시할 수도 있다(Roese, 1997). 많은 연구들(재고찰하고자 한다면 Weiner, 1985를 참조)에서 관찰되었듯이, 인과 귀인은 특정한 정서를 결정한다. 그러므로 비규범적인 결과의 규범적인 대안보다는 그런 결과가 왜 일어났는지에 대한 다른 설명이 다른 반응을 일으킬 수 있는 것은 놀라운 일이 아니다. 예를 들어, 놀랄 만한 실패가 안정적인 성격 특성보다는 일시적인 상황에 기인하는 경우라면, 그 실패는 미래의 개선에 대한 희망을 높일 가능성이 비교적 높다(Boninger, Gleicher and Strathman, 1994).

마지막으로, 우리의 감정은 비규범적인 결과에 대한 설명, 바로 그 설명 행위의 영향을 받을 수 있다. 구체적으로 말하면, 사후 가정 사고자들은 비규범적인 사건의 원인에 대해서 반추하며, 정신적으로, 일어난 사건을 원상태로 되돌리려 노력할 수 있다. "~이었더라면 좋았을 텐데…", "왜 내게 이런 일이…" 등처럼 끊임없이 이어지는 사고들은 당사자의 인지적 활동을 지배하며, 자기 연민과 우울증에 빠지게 할 수도 있다(Martin and Tesser, 1989를 참조). 그처럼 사후 가정의 반추가 우세한 것은 사후 가정 추론의 두 가지 관련 양상에서 기인할 수 있다. 한편으로, 사후 가정 사고는 규범적인 결과가 쉽게 형성될 때 생길 가능성이 높다. 따라서 비규범적인 결과가 생각날 때마다 사후 가정이 사람들의 사고에 침투할 수 있다. 다른 한편으로, 사후 가정적인 대안을 유도하는 비규범적인 사건의 표면적인 양상은 인과적 설명의 최상의 후보일 수는 거의 없다. 따라서 규범적인 결과로 주의를 돌림으로써 비규범적인 사건의 양상들은 그럴듯한 원인으로는 부정된다.

요약하면, SWB에 대한 판단은 일어날 수도 있었던 사건에 대한 정신적 구성에 크게 영향을 받을 수 있다. 그러므로 해당 사건의 영향력이 심하면 심할수록, 상황이 전혀 다르게 전개될 수도 있었다고 상상하기가 더 쉽다.

비교 방향

　지금까지, 우리는 현재의 사건, 과거의 사건, 미래의 사건과 관련해 상이한 개인 내의 비교 기준들을 검토했고, 표적이나 기준의 표상을 형성할 때 어떤 주어진 하나의 작은 정보를 이용하는지 여부를 결정하는 과정에 중점을 두었다. 이제 우리는 부가적이고 다소 직관에 반하는 까다로운 문제를 고려할 필요가 있다. 우리는 논리적인 근거로, X와 Y를 비교하면 Y와 X를 비교하는 것과 같은 결과를 얻는다고 가정해야 한다. 예를 들어 우리의 현재 상황(X)이 과거 상황(Y)보다 좋을 경우에 우리는 현재를 과거와 비교하든, 아니면 과거를 현재와 비교하든, 기뻐해야 할 것이다. 하지만 우리가 실제로 사용하는 특정한 정보는 이 두 경우에 다를 가능성이 있으며 다른 결과를 초래할 수도 있다.

　이러한 가능성은 트버스키의 유사성 판단에 대한 연구(Tversky, 1977; Tversky and Gati, 1978)에 의해서 제시되었고, 최근에 비교 과정 연구에서 확증되었다(Dunning, Madey and Parpal, 1995; Wänke, Schwarz and Noelle-Neumann, 1995; Schwarz, Wänke and Bless, 1994). 예를 들어, 그림 4.1에서 보는 바와 같이 한 응답자의 과거에 대한 표상에는 A에서 F까지의 양상이 있는 반면에 그녀의 현재에 대한 표상에는 D에서 K까지의 양상이 있다고 가정해 보자.

　트버스키의 유사성 판단 모델(1977)에 따르면, 과거를 현재와 비교하는 것은 A부터 F까지의 양상들이 현재의 일부이기도 한지의 여부에 대한 응답자의 평가를 수반할 것이다. 현재의 일부이지만 과거의 일부는 아닌 G에서 K까지의 양상은 이 경우에는 거의 주목을 받지 않을 가능성이 높다. 반대로 현재를

그림 4.1 양상 비교에서 보이는 불균형

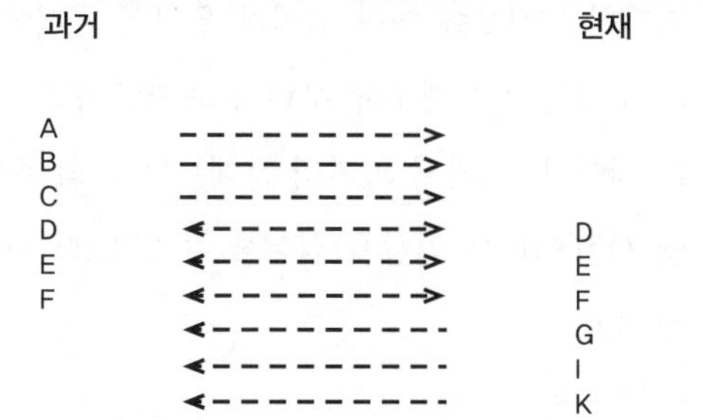

과거		현재
A	- - - - - - - - - ->	
B	- - - - - - - - - ->	
C	- - - - - - - - - ->	
D	<- - - - - - - - - -	D
E	<- - - - - - - - - -	E
F	<- - - - - - - - - ->	F
	<- - - - - - - - - -	G
	<- - - - - - - - - -	I
	<- - - - - - - - - -	K

과거와 비교하는 것은 D에서 K까지의 양상에 기초한 것일 터이다. 하지만 과거를 특징짓지만 현재를 특징짓지는 않는 A에서 C까지의 양상은 크게 주목받지 않을 것이다. 결과적으로 비교 과정의 결과는 우리가 과거를 현재와 비교했는지, 아니면 현재를 과거와 비교했는지에 따라 다를 것이다.

4장

이러한 판단의 불균형은 비교 대상이 차별적으로 상세하게 표상될 때 특히 두드러진다(Srull and Gaelick, 1984; Tversky, 1977). 예를 들어, 더닝과 그의 동료들(Dunning et al., 1995)이 제시했듯이, 사람들은 현재와 관련해서는 일련의 정보를 풍부하게 가지고 있을 수 있지만, 과거와 관련해서는 그와 같은 정보를 잊어버렸을 수도 있다. 만일 그렇다면, 현재에 대한 우리의 표상은 과거에 대한 표상에 비해 더 많은 일련의 독특한 양상들을 포괄할 것이다. 그러므로 우리는 과거를 현재와 비교할 때보다 현재를 과거와 비교할 때에 독특한 양상을 더 많이 발견할 것이다. 따라서 전자의 경우보다는 후자의 경우에 더 많은 변화가 있었다고 결론을 내려야 할 것이다. 더닝과 매디, 페이팔(Dunning, Madey and Parpal, 1995)의 연구 결과는 이러한 예측을 확증했다.

이러한 연구 결과는 우리에게 질문 표현 차이의 영향(방법론적인 논의에 대해서는 Wänke et al., 1995를 참조)에 대해서 주의를 환기시키는 동시에, 우리가 자의적으로 하기 쉬운 비교에 담겨 있는 까다로운 (하지만 아직 검증이 안 된) 함의를 시사한다. 물론, 자의적으로 평가할 때, 우리는 원칙적으로 어느 한쪽으로든 비교할 수 있다. 하지만 대부분의 경우, 우리가 삶의 질에 대해서 자의적으로 시도하는 평가 행위는 어떤 현재의 문제에 의해서 유발되기 십상이다. 그렇다면 우리의 관심의 초점은 현재의 문제 상황에 맞춰지며, 결과적으로 우리는 현재 상황을 예전의 상황 (혹은 사후 가정 상황)과 비교하는 경향을 보인다. 비교 과정의 논리 때문에 이러한 행위의 결과는 부정적이기 마련이다. 우리의 현재의 문제는 과거의 양상이 아닐 가능성이 있는 것이다. 하지만 과거의 양상들에 대한 고려가 우리의 현재에 대한 표상을 구성하는 양상들에 의해 제약되기 때문에 우리가 과거에 안고 있던 다른 문제들은 고려되지 않을 것이다. 따라서 과거의 문제는 우리의 주의를 피해가면서, 과거는 '좋았던 옛 시절'이라는 인상을 심어줄 수 있다(더 자세한 논의는 Schwarz et al., 1994를 참조).

비교의 결과: 손실과 이득의 차별적인 영향

마지막으로, 우리가 하는 비교의 결과로 주의를 돌려 보자. 앞서 소개한 기준들 중 우리가 어느 것을 사용하든 간에 비교가 우리에게 말해 줄 수 있는 것은 우리의 실제 상황은 선택된 기준에 못 미치거나 그것을 초과한다는 것이다. 불행하게도, 실제 상황이 선택된 기준에 못 미치는 점에 대한 관찰은 실제 상황이 선택된 기준을 초과하는 점에 대한 관찰보다 SWB에 대한 판단에 훨씬 더 뚜렷한 영향을 미칠 수 있는데, 이것은 일반적으로 지각된 이익보다는 손실에 더 비중을 두는 경향이 있다는 사실을 반영한다. 이러한 경향은 특히 우리가 다양한 시간에 걸쳐 개인 내 비교를 할 때 나타날 가능성이 높지만, 다른 사람들과 비교의 경우에서도 관찰된다(Rrandstatter, 1998). 카너먼과 트버스키의 전망 이론(1979)에 언급되어 있듯이, 이득보다는 손실 쪽으로 가치함수의 기울기가 더 가파르다. 그러므로 동등한 양의 이득과 손실이 '순(純) 제로(zero net) 변화'를 초래하지는 않는다. 오히려 가치함수의 기울기가 손실 쪽으로 더 가파르다는 것은 예를 들어, 한 개인이 지불하던 예전 임대료라는 준거점과 비교하여 손실이 되는 100달러의 임대료 인상이 개인의 예전 수입과 비교하여 이득이 되는 100달러 임금 인상 ― 임대료 인상분과 동일한 ― 에 비해서 '개인의 경제적 웰빙에 대한 주관적인 감각'에 더 큰 영향을 미친다는 사실을 의미한다. 결과적으로 두 변화의 순수 효과는 중립적이지 않고 부정적이다. 그러므로 전체적으로 향상됐다고 느끼기 위해서는 이득은 손실을 크게 초과해야 하고, 비교적 큰 향상은 비교적 적은 손실로 상쇄될 수 있다.

하지만 이번 경우에도 특정한 수입은 형성된 정신적인 표상에 달려 있을 가능성이 높다. 판단 과제를 설명하는 표현이 응답자들로 하여금 최종 결과를 평가하기에 앞서 임대료와 수입에 대한 개별적인 심적 계산(Thaler, 1985)을 저울질하도록 유도한다면, 그들은 정말로 제로 변화라고 인식할 수도 있다. 따라서 현실을 상이한 덩어리들로 나눠 분석하는 것은 앞선 논의에서 보았듯이, 판단 결과에 영향을 미칠 수 있다(Schwarz et al., 1994를 참조).

잃은 것: 지속 시간의 무시

종합해 볼 때, 앞선 논의에서 제시했듯이, 삶의 거의 모든 측면은 자신의 '현재 삶' 또는 준거 기준에 대한 표상을 구성하는 데 사용될 수 있으며, 많은 반(反)직관적인 연구 결과를 낳을 수 있다. 하지만 가끔 놀라운 점은 무엇인가가 어떤 식으로 사용되느냐가 아니라 무엇인가가 무시된다는 사실에 있다.

상식적으로 볼 때 수년 동안 지속된 불행은 불과 며칠 동안 지속되는 불행보다 더 나쁠 것이다. 따라서 특정한 에피소드에 대한 평가는 에피소드의 쾌

4장
·
163

락적 유의성뿐만 아니라 에피소드의 지속 시간에도 달려 있어야 할 것이다. 하지만 최근의 연구 결과에 의하면, 사람들은 주로 에피소드의 지속 시간을 무시하는 대신에 두 가지 별개의 데이터 지점, 즉 가장 강렬한 쾌락 순간('정점')과 쾌락의 종점에 집중하는 것으로 나타났다(Fredrickson and Kahneman, 1993; Varey and Kahneman, 1992). 그러므로 최악의 (혹은 가장 좋은) 순간과 종점이 상대적으로 강렬한 에피소드들은 지속 시간에 상관없이 똑같이 불쾌하거나 유쾌한 것으로 평가된다(더 자세한 논의에 대해서는 이 책, Kahneman를 참조).

이용할 수 있는 데이터는 짧은 기간의 에피소드로 제한됨에도 불구하고, 지속 시간의 무시가 비교적 장기간의 지속적인 에피소드에 대한 평가에 미칠 수 있는 영향에 대해서 추측해 보고 싶다. 장기간의 지속적인 에피소드에 지속 시간의 무시를 적용해 보면, 우리는 예컨대, 두 에피소드의 정점과 종점의 값이 비슷하다면, 회고했을 때 3년간의 경제적 어려움은 1년간의 경제적 어려움보다 훨씬 더 나쁠 것 같지는 않다고 예상할 수 있을 것이다. 게다가, 정점과 종점이 아닌 다른 지점에서 겪는 경제적 어려움의 수준은 상관없는 것으로 드러났다고 추측할 수도 있다. 같은 이유로, 변화가 점진적으로 일어나고 뚜렷이 부각되는 사건이 눈에 띄지 않는다면, 대체로 에피소드상에 변화가 없는 것으로 보일 것이다. 이와 반대로, 만일 변화가 뚜렷하거나 그 변화에 어떤 부각되는 사건이 눈에 띈다면, 에피소드는 각각 정점과 종점을 지닌 일련의 짧은 에피소드들로 세분될 수도 있을 것이다. 게다가 회고적인 평가는 각각의 에피소드의 종점에 경험한 쾌락적 가치에 결정적으로 달려 있어야 할 것이다. 따라서 10년간 지속된 빈곤 상황에서 마지막 해에 다른 해에 비해 훨씬 더 많은 이득을 얻을 수 있다면, 지난 가난했던 세월은 좋게 정당화될 수 있는 반면에 마지막 해에 쇠락했을 경우에는 상대적으로 웰빙이 좋았던 지난 긴 세월은 희석될 수밖에 없다. 시간이 지남에 따라 약간의 변화가 있다고 가정하면 에피소드의 종점에서 겪는 쾌락적 가치는 연구 상황에서 제시되는 맥락을 포함하여 다소 우연적인 다른 사건들의 작용일 수 있는 선택된 특정 경계에 따라 달라질 수 있다. 따라서 범주 경계의 선택은 앞서 논의한 바와 같이 우리가 각각의 에피소드에 대한 표상에 포함시키는 대상을 결정할 수 있다. 그뿐만 아니라 선택된 에피소드의 종점은 전체적인 에피소드 평가에 부여되는 특별한 가중치를 결정할 수도 있다. 유감스럽게도 이용할 수 있는 제한된 데이터로는 우리는 아직 이러한 가능성을 평가할 수 없다.

요약

우리의 선택적 재고(再考)가 설명하듯이, SWB에 대한 판단은 자신의 객관적인 삶의 조건과 자신의 경험의 쾌락적 가치의 직접적인 함수가 아니다. 오히려 그 판단은 판단의 시점에서 접근이 용이한 정보, 그리고 이 정보가 평가 대상인 에피소드 및 준거 기준에 대한 정신적인 표상을 구성하는 데 어떻게 사용되는지에 달려 있다. 준거 기준은 예전의 상황(과거에 있었던 일), 미래(앞으로 일어날 일)에 대한 기대감, 사후 가정적인 대안(과거에 일어날 수도 있었던 일) 혹은 (나중에 언급할) 그 외 다른 많은 일들을 반영한다고 할 수 있다. 우리가 반복적으로 살펴보았듯이, 개인들이 어떻게 삶의 흐름을 개별적인 단위들로 나눠 분석하는지에 따라 사건이 에피소드에 포함될지 아니면 에피소드에서 배제될지 결정된다. 사건이 에피소드에 포함될 경우에는 동화 효과가 일어나고 사건이 에피소드에서 배제될 경우에는 대비 효과가 일어난다. 더욱이, 질문의 표현에 의해 선택되었거나 유도된 비교의 방향은 고려될 수 있는 양상에 영향을 미친다. 회고적 평가에서 무시될 수 있는 한 가지 양상은 에피소드의 지속 시간이며, 이는 정점 및 종점의 법칙에 대한 의존성을 반영하는 것이다. 마지막으로, 자신의 현재 상황이 기준에 미치지 못한다는 인식은 기준을 동일한 정도로 초과한다는 인식보다 더 커다란 영향을 미칠 수 있는데, 이는 손실이 이득보다 커 보인다는 사실을 반영한다.

이러한 해석 과정의 결과로, SWB에 대한 판단은 매우 가변적이어서 객관적인 상황을 근거로 그것을 예측하기란 어렵다. 따라서 삶의 객관적 조건과 그것에 대한 주관적 평가 사이의 관계가 약하고 종종 반직관적이라는 사실은 놀라운 일이 아니다. 이론상, 우리는 이 관계가 심각한 질병과 같은 현재의 관심사에 마음이 사로 잡혀 있는 사람에게서 더 확고하고 더 명확해 보일 거라고 기대할 수 있다. 그러한 관심사는 아마도 기억에서 언제나 접근할 수 있는 것이며, 따라서 선행하는 질문에서 그것을 언급하는지의 여부와는 상관없이 머릿속에 떠오르는 것일 것이다. 또한 그 관심사는 자신의 현재 상황을 구성하는 표상에 속할 가능성이 높으며, 이러한 사실은 그 관심사가 일상생활의 다른 양상들과의 많은 연관성을 지니고 있다는 점을 반영한다. 하지만 이러한 상황에서도, 예를 들어, 그 관심사에 대한 반복적인 숙고가 대화 행위의 규범을 위반할 때는 현재의 관심사는 고의적으로 무시될 수 있다. 또한 사회적 비교에 대한 연구가 알려주듯이, 평가는 사용된 비교 기준의 함수에 따라 여전히 변할 것이다. 우리는 이 연구를 다음에 살펴볼 것이다.

다른 사람들에 관한 정보의 이용: 사회적 비교

잠재적으로 관련된 기준의 범위는 분명 과거에 있었던 일, 앞으로 일어날 일, 혹은 과거에 일어날 수도 있었던 일에 속하는 자신의 삶의 양상들 — 모두 개인 내 기준 역할을 하는 — 에 국한되지 않는다. 다른 사람들의 삶에 관한 정보가 제공하는 개인 간 기준 또한 SWB에 대한 판단에 확연한 영향을 미칠 수 있다. 여기서는 실생활과 연구 상황에서 나타나는 상이한 개인 간 기준들과 그것들을 사용할 시의 결정 요인들을 다룰 것이다.

다른 사람들과의 비교 선택: 하향 비교, 상향 비교, 유사 비교

놀랄 것도 없이, 우리는 자신을 우리보다 형편이 좋은 사람들과 비교('상향 비교')할 때보다는, 우리보다 형편이 좋지 못한 다른 사람들과 비교('하향 비교')할 때 우리의 삶에 더 만족감을 느낄 수 있다. 사실상, 그러한 상관적인 결과가 비교 과정의 인과적인 역할과 명확히 관련이 있지는 않지만, 사람들은 자신의 생활 조건이 다른 사람들의 생활 조건보다 더 좋다고 가정할수록 자신의 생활에 더 만족한다고 보고한다(Campbell et al., 1976; Carp and Carp, 1982 참조). 하지만 비교 과정의 인과적 영향은 관련 비교의 기준에 응답자들을 노출시키는 실험실 실험에서 명확히 증명되었으며, 더욱이 그 인과적 영향은 응답자들이 판단 시에 가장 접근하기 쉬운 정보를 이용할 가능성이 높다는 사실을 설명해 준다(재고찰하고자 한다면, Miller and Prentice, 1996; Wills, 1981; Wood, 1989를 참조). 예를 들어, 슈트랙과 그의 동료들(1990)이 관찰한 결과에 의하면, 장애가 있는 동료 피험자의 존재만으로 자기기입식 질문지의 조건에서 보고된 SWB의 수준을 높였다. 이는 아마도 그 동료 피험자가 눈에 띄는 비교 기준의 역할을 했기 때문일 것이다. 이러한 접근성의 원칙과 일치하는 수많은 연구 결과에 따르면, 일시적으로 접근할 수 있는 기준이 언제나 접근할 수 있는 기준보다 더 우선시될 수 있다(재고찰을 위해서는 Miller and Prentice, 1996을 참조). 예를 들면, 대부분의 사람들은 아마도 신체적 매력의 사회적 기준에 매우 익숙할 것이다. 그렇지만, 연구 참가자들에게 매우 매력적인 여성들의 사진을 보여주었을 경우, 남성들의 자기 연인에 대한 만족도(Kendrick and Gutierres, 1980)뿐만 아니라 여성들의 자신의 신체적 매력(Cash, Cash and Butters, 1983)에 대한 자기 평가 역시 낮아지는 것으로 밝혀졌다.

하지만 최근의 자연적 연구들은 한층 더 복잡한 사진을 제시한다(재고찰하고자 한다면 Taylor, Wayment and Carrillo, 1996을 참조). 자연스러운 조건하에서, 응답자들은 하향 비교, 상향 비교 또는 유사 비교를 할 수 있다. 더욱이 모든 비교 기준의 영향은 시간이 지남에 따라 변할 수 있고 여러 가지 상이한 종속 변인에 다양한 방식으로 영향을 미칠 수 있다. 이러한 복잡한 비교는 자기 주도적인 사회적 비교가 여러 가지 다양한 작용을 할 수 있음을 시사한다.

자기 평가 첫째, 페스팅거(Festinger, 1954)가 처음 제안한 바와 같이, 사회적 비교는 자기 평가 기능을 할 수 있다. 그는 자신의 능력과 결과에 대한 평가는 유사한 다른 사람들과의 비교(유사 비교)를 통해서 가장 잘 보증받을 수 있다고 추정했다. 다른 대상이 다른 사람들에게 관련 비교의 역할을 할 수 있을 정도로 충분히 유사한지 여부를 정확하게 결정하는 것을 상세히 설명하기란 사회적 비교 이론의 가장 모호한 점 중 하나이다. 그리고 사실상, 앞서 설명한 접근성의 원칙은 비교적 유사하지 않지만 매우 눈에 띄는 다른 대상이 종종 선택될 수 있음을 보여준다. 하지만 일반적으로 "비교 가능한 범위의 여러 인물들이 있을 경우, 성과와 견해와 관련이 있으며 그것들을 예측할 수 있게 해주는 특성들에 대한 자신의 입장을 고려해 볼 때 자신의 성과와 견해 면에서 가까운 사람이 비교 대상으로 선택될 것이다"(Goethals and Darley, 1977: 265). 어떤 속성이 "관련이 있고 예측성이 있는 것으로" 볼 수 있는지 선험적으로 자세히 설명하기란 일반적으로 어렵지만, 이 '관련 속성' 가설은 경험적으로 명확히 입증되었다(재고찰하고자 한다면 Miller and Prentice, 1996을 참조).

자기 고양 둘째, 사회적 비교는 자기 고양 기능을 할 수 있다. 장애가 있는 동료 피험자의 단순한 존재만으로 SWB에 대한 보고 수준을 높인다는 슈트랙과 그의 동료들(1990)의 연구 결과에서 보듯이, 자기 고양은 상대적으로 처지가 좋지 않은 사람과의 하향 비교(Wills, 1981)를 통해서 가장 쉽게 충족된다. 하지만 그러한 하향 비교는 우리가 다른 사람들의 불행한 상태가 우리 자신의 미래를 엿볼 수 있게 해주지는 않는다고 가정할 수 있을 때만 위안을 준다는 점을 명심해야 한다. 예를 들어, HIV 양성 진단을 받은 사람은 악화된 에이즈 환자를 보면 위안을 거의 받을 수 없다. 따라서 하향 비교의 결과는 사용한 시간 단위와 개인의 자존감뿐만 아니라 관련된 결과에 대한 인식 변화의 용이성과 통제 가능성에 달려 있다(Major, Testa and Bylsma, 1991; Taylor et al., 1996을 참조). 만일 결과를 바꿀 수 있고 통제할 수 있으며, 자존감이 개인에게 필요한 역량을 갖추고 있다고 느끼게 한다면, 하향 비교는 실제로 개인의 SWB에 대한 감각을 높인다. 이에 반해, 결과를 통제할 수 없거나, 개인이 자신에게 관련 역량이 부족하다고 인식한다면, 하향 비교는 단기간에만 위안을 줄 수 있고, 사실상 미래의 발전 가능성에 대해서 절망감을 유발할 수 있다. 우리가 지금껏 개인의 삶에 관한 정보의 영향에 대해서 파악했던 것과 마찬가지로, 결과를 결정하는 것은 다른 사람들의 상황에 대한 정보 그 자체가 아니라, 자신의 현재나 미래의 상황 및 준거 기준에 대한 표상을 구성하는 데 요구되는 그 정보의 이용이라 할 수 있다.

테일러와 웨이먼트, 카릴로(Taylor, Wayment and Carrillo, 1996)가 지적했듯이 연구자들은 하향 비교의 보편성을 과대평가했을 수도 있다. 비록 사람들은 매우 불행한 환경에서조차 자신들이 다른 사람들보다 형편이 더 좋다고 일반적으로 보고하지만(Taylor and Brown, 1988), 더 구체적인 연구들이 제시한 결과에 의하면, 이러한 보고들은 흔히 접촉을 회피하게 되는(Taylor and Lobel, 1989) 실제 개인들과의 비교(Taylor, Wood and Lichtman, 1983)보다는 상상해 낸 가상의 타인들과의 비교에 근거를 둔 것일 수 있다.

자기 개선 사회적 비교는 세 번째 기능으로서, 자기 개선의 목표 역할을 할 수 있으며, 그 자기 개선의 목표는 자신보다 상황이 더 좋은 개인들 — 이들의 성공이 관련성과 정보를 제공해 줄 수 있다 — 과의 상향 비교를 통해서 가장 잘 충족된다. 초기 연구는 상향 비교가 자신의 결점들을 강조하기 때문에 장기간의 자기 개선의 잠재력은 단기간의 불만족의 대가로 나타나는 것이라고 결론을 내렸다(Morse and Gergen, 1970; Salovey and Rodin, 1984). 이 결론을 입증한 웨이먼트와 테일러, 카릴로(1994)는 종단 연구에서 상향 비교를 했던 대학 신입생들의 기분이 단기간 동안 더 나빠진 사실을 관찰했다. 하지만 4개월 후에, 이 신입생들은 상향 비교를 하지 않은 신입생들에 비해 대학 생활에 적응을 더 잘했다. 이는 상향 비교가 조장한 실제 자기 개선의 긍정적인 장기적 효과가 나타났음을 시사한다.

게다가 상향 비교의 영향은 비교 대상인 상대가 얼마나 가깝고 유사한지에 달려 있고, 자기와 관련된 대상이 각각의 성과 차원을 어떻게 생각하는지에 달려 있다(Tesser, 1988; 최근 연구 현황을 재고찰하려면, Tesscr and Martin, 1996을 참조). 만일 친한 친구처럼 가깝고 유사한 상대가 자기 관련 속성 면에서 우리보다 우월하다면, 그 비교는 불만족을 야기하고 친구를 멀리하게 할 것이다. 하지만 만일 그 속성이 자기와 관련이 없다면, 우리는 친구의 성취에 기뻐할 수 있을 것이다. 결국 유사성이 별로 없는 상대는 관련 비교 기준으로 지각될 수 없으며 따라서 중대한 속성의 자기 관련성과는 별개로 특별히 위협이 되지 않는다. 우리는 이처럼 유사하거나 전혀 다른 타인들의 차별적인 영향이 사후 가정에 관한 내용에서 다루었던 과정을 부분적으로 반영한다고 추측한다. 타인이 우리와 유사할수록, 우리는 그와 유사한 결과를 얻을 수도 있었을 텐데 그리 하지 못했다고 상상하기 쉽다.

친교 마지막 기능으로 사회적 비교는 샤흐터(Schachter, 1959)가 처음 제안했듯이, 친교의 욕구를 충족시킬 수 있다. 최근 자연적인 연구들(예컨대, Helgeson and Taylor, 1993; Taylor and Lobel, 1989; Ybema and Buunk, 1995)이 제시하는 바에 의하면, "사람들은 자신의 정서적 경험을 평가하고자 할 뿐만 아니라 공동 운명을 주시하는 것에서 생기는 사회적 유대감과 위안 경험을 만들어 내고자 유사한 운명을 함께하는 다른 사람들과 자신을 비교할 수 있다"(Taylor et al., 1996: 5). 이러한 위안은 다르게 기대되는 평가 비교의 영향을 경감시킬 수 있다.

요약 이번 논의가 지적하듯이, SWB에 미치는 사회적 비교 과정의 영향은 초기 연구에서 제시된 것보다 훨씬 더 복잡하다. 전체적인 SWB에 대한 판단에 관한 한, 우리는 형편이 더 못한 사람에게 노출되면, 일반적으로 자신의 삶에 대해 더 긍정적인 평가를 하게 되고, 형편이 더 나은 사람에게 노출되면, 자신의 삶에 대해 더 부정적인 평가를 하게 된다고 예상할 수 있다. 하지만 다른 사람의 상황에 대한 정보가 비교 기준으로 항상 이용되지는 않을 것이다. 오히려 다른 사람의 상황에 대한 관련 정보는 자기 자신의 미래에 대한 표상에 파고들어, 이를테면, 대비 효과보다는 동화 효과를 초래할 수 있다. 그러므로 우리가 강조하고자하는 것은 그러한 정보가 관련된 정신적인 해석에 어떻게 이용되는지 알지 못하면, 우리로서는 개인들이 자신들과 비교하는 대상이 누구인지 안다고 하더라도, 개인들의 SWB에 대한 감각에 비교 대상인 다른 사람이 미치는 영향을 예측할 수는 없다는 것이다.

사회적 환경이 제공하는 기준

지금까지 사회적 비교 과정에 대한 논의는 확연하게 개인주의적이고 의지적인 양상을 띠었으며, 우리가 비교 대상으로 선택한 타인에 초점을 맞추었다. 이러한 관점은 우리 사회 환경의 더 안정적인 양상의 영향을 고려함으로써 보완될 필요가 있다.

첫째, 우리의 자유의 정도는 종종 실험적 연구가 제시한 것보다 더 제한될 수 있으며, 우리의 직접적인 사회적 환경은 우리에게 무시하기 힘든 기준을 강제할 수 있다. 이러한 경향은 학생들의 학교 내 지위가 그들의 자존감에 미치는 영향을 다룬 연구에서 가장 일관되게 관찰되었다. 표준화된 시험에서 일정 수준의 성적을 받은 학생들은 많은 학생들이 공부를 잘하는 수준 높은 학교보다는 많은 학생들이 공부를 못하는 낮은 수준의 학교에 다닐 때 자존감이 더 크다(Bachman and O'Malley, 1986; Marsh, 1993; Marsh and Parker, 1984). 이러한 연구 결과는 부분적으로는 그 학생들이 교사들로부터 차별적인 인정을 받을 가능성이 있음을 반영할 수도 있지만, 자신보다 공부를 못하는 다른 학생들을 비교 대상으로 선택함으로써 자기 고양을 지향하기 때문에 자신의 환경이 제공하는 규범을 벗어나기가 어렵다는 것을 보여주기도 한다. 비슷한 맥락에서 모라웨츠(Morawetz, 1977)가 관찰한 연구 결과에 의하면, 비교적 소득 분포가 동등한 지역사회의 시민들은, 수입의 절대 수준은 더 높지만 불평등한 소득 분포를 가진 지역사회의 시민들보다 높은 웰빙 수준을 보고했다. 지역사회 수준에서 보인 이러한 연구 결과는 특정한 지역 내의 소득 수준의 증가가 삶의 만족 향상에 대한 보고와 관련이 없다는 이스털린(Easterlin, 1974)의 결론과 일치한다. 오히려 이스털린의 연구 결과에 따르면,

소득의 효과는 주로 상대적인 것으로, 개인은 다른 사람들보다 더 많은 소득을 얻는다면 자신이 느끼는 웰빙의 기준을 높인다(하지만 이 가설과 모순되는 증거도 있다. 그 증거를 재고찰하고자 한다면, 이 책의 Diener and Suh를 참조). 마지막 예로, 세이드만과 랩킨(Seidman and Rapkin, 1983)이 발견한 사실에 의하면, 경기 침체기에 일반적으로 관찰되는 정신 질환 발병의 증가는 경기 침체가 모든 사람에게 동등하게 영향을 미치지 않는 이질적인 공동체들에서 가장 뚜렷하게 나타났다. 종합해 볼 때, 이러한 결과는 개인의 직접적인 환경이 제공하는 매우 접근하기 쉬운 기준의 위력을 실증적으로 설명해 준다. 이러한 기준은 아마도 앞서 논의된 비교 목표를 추구할 때 개인의 자유를 제한할 것이다. 그렇다면, 앞에서 검토한 건강 관련 연구에서 전형적인 양상을 보였듯이, 판단이 개인 환경상 비교 대상인 다른 사람들이 상이한 지위를 가진 특성과 관련된 것일 때, 우리는 비교 기준의 차별적인 해석을 보게 될 가능성이 가장 높다. 이와 대조적으로, (앞서 언급한 실업 및 소득의 예처럼) 개인의 사회적 환경이 동질성을 띠는 특성과 관련이 있는 판단은 차별적인 해석 과정에 덜 개방적일 수 있다.

둘째, 사회 구조에서의 개인의 지위는 준거 집단 이론이 제시하듯, 자신이 어떤 비교 대상인 다른 사람들과 관련이 있다고 생각하는지에 영향을 미칠 수 있다(Hyman and Singer, 1965). 예를 들어, 런시만(Runciman, 1966)은 적어도 1960년대, 영국 노동자들의 강한 사회 계급의식은 미국 노동자들의 경우에 비해 소득 수준을 비교할 때 그들이 관련 있다고 생각한 직업의 범위를 제한했다고 지적했다. 따라서 계급이나 기타 비교적 안정적인 사회적 속성들과 관련한 자기 범주화는 비교 대상인 다른 사람들의 범위를 동일하거나 가깝거나 관계가 있는 범주들로 제한할 수 있다. 중요한 점은 이러한 자기 범주화가 사회 이동에 따라 변하므로, 준거가 되는 비교 집단이 변할 수 있다는 것이다. 이러한 비교 기준의 변화는 객관적 상황이 개선되었음에도 불구하고 만족도를 감소시킬 수 있다(이 책, Frederick and Loewenstein을 참조). 예를 들어, 몇몇 연구자들의 연구 결과에서 보듯이, 여성들의 노동 환경의 객관적인 개선이 여전히 노동 환경이 더 나은 남성들과 비교하는 것의 정당함을 높였기 때문에, 그러한 개선은 만족도를 증가시키지 않았다(Elster, 1983; Walster, Walster and Berscheid, 1978).

마지막으로, 사회적으로 공유되는 규범이 특정한 비교 집단이나 개인을 대신해서 준거 기준이 될 수 있으며, 이는 예컨대 모든 시민은 특정한 성과를 받을 자격이 있음을 의미한다. 자격에 대한 인식 그 자체가 사회적 비교의 기능이지만(Major, 1994를 참조), 일단 형성되면 특정한 비교 대상인 다른 사람들에 대한 필요성을 없앨 수도 있다.

종합해 볼 때, 이 사례들은 개인의 직접적인 환경에서 볼 수 있는 확연히 눈에 띄는 비교 기준뿐만 아니라 사회적으로 공유된 규범도 뜻밖의 일시적인 영향력을 제한할 가능성이 있다고 주의를 환기시킨다. 현재, SWB에 대한 판단 기준들 ― 언제나 접근할 수 있는 판단 기준과 일시적으로 접근할 수 있는 판단 기준 ― 의 상호작용은 거의 주목을 받지 못했다. 이러한 상호작용에서 비롯될 수 있는 복잡성은 향후 연구를 위한 유망한 방법을 제공해 준다.

연구 도구가 함축하는 개인 간 기준

마침내 우리는 일시적으로 접근할 수 있는, 종종 간과되고는 하는 비교 정보의 원천을 다룸으로써 연구 도구의 영향 쪽으로 시각을 넓히고자 한다. 많은 연구에서 연구자들은 응답자들에게 제공된 응답 선택안 리스트에 적절한 답을 체크하도록 요구함으로써 응답자들의 경험, 객관적인 생활환경 또는 응답자들이 특정한 행동을 하는 빈도를 평가한다. 한 예로 표 4.2는 일일 텔레비전 시청 시간에 대한 질문의 일부로 제시된 상이한 응답 선택안을 보여주고 있다(Schwarz et al., 1985).

많은 연구들이 지적하듯이(재고찰하고자 한다면, Schwarz, 1996, ch. 5를 참조), 응답자들은 응답 선택안 리스트는 행동 분포에 대한 연구자의 인식을 반영한다고 추정한다. 또한 그들은 '평균' 또는 '통상적인' 행동 빈도가 척도의 중간 범위의 값으로 표현되고, 척도의 극값이 분포의 극단에 해당한다고 추정한다. 따라서 표 4.2에서 볼 수 있듯이, 응답자들은 자신의 행동 빈도를 평가할 때 응답 선택안의 범위를 준거 틀로 사용하여 자신들의 행동 빈도에 대한 상이한 평가를 하게 된다. 우리의 현재 목적에 비추어 더 중요한 점은 응답자들은 척도상의 자신들의 위치에서 비교 정보를 더 많이 얻어낸다는 사실이다. 낮은 텔레비전 시청 빈도의 척도에서 '2시간 30분'을 체크했다면, 그것은 자신의 텔레비전 시청 시간이 평균 이상이라는 것을 시사하는 반면에 높은 텔레비전 시청 빈도의 척도에서 동일한 텔레비전 시청 시간을 체크했다

표 4.2 응답 선택안 함수로 보고된 일일 텔레비전 시청 시간과 여가 시간 만족도

낮은 빈도 선택안 (퍼센트)		높은 빈도 선택안 (퍼센트)	
보고된 일일 텔레비전 시청 시간			
30분	11.5	2시간 30분	70.4
30분 ~ 1시간	26.9	2시간 30분 ~ 3시간	22.2
1시간 ~ 1시간 30분	26.9	3시간 ~ 3시간 30분	7.4
1시간 30분 ~ 2시간	26.9	3시간 30분 ~ 4시간	0.0
2시간 ~ 2시간 30분	7.7	4시간 ~ 4시간 30분	0.0
2시간 30분 이상	0.0	4시간 30분 이상	0.0
여가 시간 만족도			
	9.6		8.2

출처: Schwarz et al.(1985, Experiment 2)을 변환한 것임. 시카고 대학교 출판부의 승인하에 전재.

면, 그것은 자신의 텔레비전 시청 시간이 평균 이하라는 것을 시사한다. 따라서 이 연구의 응답자들은 높은 빈도의 척도가 응답자들의 TV 시청 시간이 다른 사람들에 비해 낮다는 것을 시사하는 경우보다는 낮은 빈도의 척도가 응답자들의 TV 시청 시간이 다른 사람들에 비해 더 높다는 것을 시사하는 경우 — 이 경우의 응답자들이 우선적으로 TV 시청을 비교적 덜 한다고 보고한 사실에도 불구하고 — 에 여가 시간에 하는 다양한 일들에 대한 만족도를 낮게 보고했다(표 4.2를 참조).

이와 유사한 결과가 신체 증상 빈도와 건강 만족도(Schwarz and Scheuring, 1992), 성 행위 빈도와 결혼 만족도(Schwarz and Scheuring, 1998), 다양한 소비 행위(Menon, Raghubir and Schwarz, 1995)와 관련한 연구에서 얻어졌다. 종합해 볼 때, 이 연구 결과들에 의하면, 응답 선택안들이 후속 평가 판단에 중대한 영향을 미칠 수 있는, 매우 확연히 눈에 띄는 비교 기준을 제시해 주는 것으로 보인다. 그러므로 연구자들은 응답자들의 행동이나 객관적인 환경에 대한 정보를 개방형 응답 형식으로 평가해서, 응답자들이 연구 도구가 없을 때는 이용하지 않을 비교 정보의 개입을 피하는 것이 현명하다.

요약

요약하면, 개인 간 비교 정보의 이용은 우리가 개인 내 비교에 관한 논의에서 강조한 인지적 접근 용이성의 원칙을 따른다. 언제나 접근할 수 있는 기준이 일시적으로 접근할 수 있는 정보의 영향을 약화시킬 수 있음에도 불구하고, 개인들은 종종 자신들의 판단 형성에 영향을 미칠 수 있는 연구 도구나 사회적 맥락을 통해 일시적으로 접근할 수 있는 비교 정보를 이용한다. 이러한 경고에도 불구하고 비교 기준의 선택은 준거 집단 지향성(Hyman and Singer, 1968; Runciman, 1966)이나 적응 수준(Brickman and Campbell, 1971)이나 열망 수준(Michalos, 1985)처럼 시간의 흐름과 함께 천천히 변할 것으로 예상되는 비교적 안정적인 응답자들의 속성에 의해서만 결정되는 것은 아니다. 그보다는 오히려 개인들은 판단 시점에서 가장 쉽게 접근할 수 있는 정보를 근거로 관련된 사회적 비교 기준을 구성한다. 게다가 이러한 구성은 자기 평가, 자기 고양, 자기 개선, 혹은 친교를 포괄하는 상이한 목적을 반영할 수 있다. 특정 시점에 이러한 목적들 중 어느 것이 추구되는지는 상황에 따라 달라지기 쉽기 때문에 일반적으로 예측하기는 어렵다.

기분 상태의 영향

앞에서 우리는 응답자들이 비교를 근거로 한 평가 전략에서 자신의 삶이나 다른 사람들의 삶에 관한 정보를 어떻게 이용하는지 고찰했다. 그러나 웰빙에 대한 판단은 판단 시점에서 개인이 생각하는 바뿐만 아니라 어떻게 느끼느냐 하는 것의 함수이기도 하다. 광범위한 실험 데이터는 이러한 직관을 확증해 준다. 복사기에서 10센트 동전을 발견하거나(Schwarz, 1987) 누추한 방보다는 쾌적한 방에서 시간을 보내거나(Schwarz et al., 1987, Experiment 2), 독일 축구팀이 챔피언십 경기에서 패하는 대신 우승하는 모습을 시청하는 것(Schwarz et al., 1987, Experiment 1)은 모두 행복과 전체적인 삶의 만족도 보고를 향상시켰다.

두 가지 다른 과정이 이러한 관찰 결과를 설명할 수 있다. 한편으로 기분이 기억상의 기분 일치 정보에 대한 접근 용이성을 증가시킬 수 있는 것으로 밝혀졌다(재고찰하고자 한다면, Blaney, 1986; Bower, 1981; Morris, 이 책; Schwarz and Clore, 1996을 참조). 즉, 행복한 기분 상태인 개인들은 기억으로부터 긍정적인 정보를 불러낼 가능성이 높은 반면에 슬픈 기분 상태의 개인들은 부정적인 정보를 불러낼 가능성이 높다. 따라서 좋은 기분 상태일 때 자신의 삶에 대해 생각하면, 자신의 삶의 긍정적 측면을 선택적으로 찾아낼 수 있고, 그에 따라 더 긍정적인 평가를 내릴 수 있다.

다른 한편, 기분의 영향은 더 직접적일 수 있다. 사람들은 판단 시의 순간적인 웰빙이 자신들의 전반적인 웰빙에 대한 합리적이고 간결한 지표라고 가정한다. 따라서 그들은 판단의 시점에서 자신들의 감정에 근거해서 삶에 대한 전반적인 평가를 할 수 있으며, 기분이 나쁘기보다는 좋을 때 자신들의 웰빙을 더 좋게 평가할 수 있다. 그렇게 할 때, 일반 사람들은 개인의 기분은 유기체의 전체적인 상태(Ewert, 1983)와 개인이 인생에서 겪은 수많은 경험(Bollnow, 1956)을 반영하는 '자아의 바로미터'(Jacobsen, 1957)의 역할을 한다고 가정하는 심리학자들과 동일한 논리를 따른다. 사실상, 행복한지 행복하지 않은지에 대해서 어떻게 결정하느냐는 질문을 받는다면, 대부분의 사람들은 현재의 감정 상태를 명확히 언급하며, 예를 들어, "음, 기분이 좋아요"라고 말할 가능성이 높다(Ross et al., 1986).

실험적인 증거는 그러한 가정을 뒷받침한다. 예컨대, 슈바르츠와 클로어(Schwarz and Clore, 1983, Experiment 2)는 화창한 날이나 비오는 날에 응답자들에게 전화를 걸어 전화 인터뷰로 SWB에 대한 보고를 평가했다. 예상대로 응답자들은 비오는 날보다는 화창한 날에 기분이 더 좋고 행복하며, 생활 전반에 만족한다고 보고했다. 하지만 현재 기분의 그럴듯한 원인으로, 응답자들의 주의가 미묘하게 날씨로 쏠릴 때는 그렇지 않았다. 한 가지 실험 조건에서 면접관들은 도시 밖에서 전화하는 척하면서, "그건 그렇고, 그쪽 날씨는 어때요?"라고 사적인 여담으로 물었다. 이러한 조건하에서는 비오는 날에 인터뷰한 응답자들은 화창한 날에 인터뷰한 응답자들만큼이나 행복하고 만족스럽다고 보고했다. 또한 인터뷰가 끝날 때 평가된 현재 기분의 측정치는 주의 조작의 영향을 받지 않았다. 그 측정치가 시사하는 바에 의하면, 기상 문제는 응답자들의 현재 기분 자체에는 영향을 미치지 않고 현재 기분에 근거를 두고 내린 그들의 추론에만 영향을 미쳤다. 따라서 기분의 측정치는 날씨를 언급했을 때 보고한 SWB보다는 날씨를 언급하지 않았을 때 보고한 SWB

와 더 큰 상관관계를 보였다.

이러한 사실과 이와 관련된 연구 결과들(Keltner, Locke and Audrain, 1993; Schwarz, 1987; Schwarz and Clore, 1983, Experiment 1을 참조)가 증명한 사실에 의하면, 응답자들은 자신들의 현재 기분에 대한 정보 가치가 의심스럽지 않은 한, 판단 시에 자신들의 감정 상태를 전반적인 웰빙에 대한 간결한 지표로 사용한다. 또한, 이 연구들에서 얻은 절감 효과[5](Kelley, 1972)는 기분 일치성 회상에 근거한 대안적인 설명을 배제한다. 기분 일치성 회상의 가설에 따르면 응답자들은 기분이 좋을 때보다는 기분이 좋지 않을 때 자신들의 삶에 대한 부정적인 정보를 더 많이 떠올릴 수 있으며, 따라서 선택적인 데이터 표본에 근거하여 평가할 수 있다. 그러나 선택 데이터베이스의 영향은 자신들의 현재 기분에 대한 응답자들의 귀인과는 별개여야 한다는 점을 주목해야 한다. 현재의 기분의 원인을 날씨에서 찾는 것은 현재의 기분 자체의 정보 가치만을 불신하는 것이지, 개인이 떠올릴 수 있는 긍정적인 사건이나 부정적인 사건의 평가적인 의미를 불신하는 것은 아니다. 따라서 선택적 회상을 근거로 한 추론은 현재의 기분에 대한 두드러진 설명의 영향을 받지 않아야 한다. 그러므로 고찰한 데이터가 증명하듯이, 기분 그 자체는 다른 판단 영역들에서 상당한 지지를 받아온 가설인 "어떤 느낌인 거지?" 휴리스틱에 따른 정보 기능의 역할을 할 수 있다(재고찰하고자 한다면 Schwarz and Clore, 1996을 참조).

사람들은 언제 다른 정보보다 자신의 기분에 의존하는가

개인들이 (개인 내 혹은 개인 간) 비교에 기초하거나 순간적인 기분에 기초해서 자신들의 웰빙을 평가할 수 있다는 관찰 결과는 하나의 문제를 분명히 제기한다. 개인들은 어떤 조건하에서 다른 조건보다도 자신들의 기분에 의존할까?

전반적인 삶의 만족 대 특정한 삶의 영역 이론적인 근거로 볼 때, 우리는 사

---

5   어떤 사건의 설명할 수 있는 잠재적 원인이 두 개일 경우 한 원인을 크게 보면, 다른 원인은 상대적으로 평가 절하되는 효과.

람들이 자신들의 감정 상태를 참고하는 단순화 전략을 사용하는 경향이 높을수록 비교 정보에 근거하여 판단을 내리는 것이 더욱더 부담스러워질 거라고 추정할 수 있다. 이러한 점에서 전반적인 삶의 만족도 평가는 불분명한 준거로 여러 차원에서 다수의 비교를 할 필요가 있으며, 그러한 다양한 비교 결과를 하나의 종합적인 판단으로 통합해야 하는 매우 복잡한 작업을 수행한다는 사실을 유념해야 한다. 반면에 특정한 삶의 영역에 대한 평가는 흔히 덜 복잡하다. 전반적인 삶의 만족도에 대한 판단과는 대조적으로, 비교 정보는 일반적으로 특정한 삶의 영역의 판단에 유용하며 평가 준거는 명확하다. 자신의 소득이나 자신의 '전체적인 삶'을 동료의 소득이나 전체적인 삶과 비교하려는 시도는 그 차이를 적절히 예증한다. 이러한 이유들로 인해, 특정한 삶의 영역의 만족도에 대한 판단은 개인 간 비교 및 개인 내 비교를 근거로 하는 경향이 있는 반면에 전체적인 삶의 만족도에 대한 판단은 개인의 순간적인 기분을 근거로 하는 경향이 있다. 이러한 추론을 뒷받침하는 1982년 독일 국가 대표 축구팀의 챔피언십 경기 결과는 응답자들의 전반적인 삶에 대한 만족도에 영향을 미쳤지만 일과 소득에 대한 만족도에는 영향을 미치지 않았다 (Schwarz et al., 1987, Experiment I).

전반적인 웰빙에 대한 판단이 응답자들의 감정 상태를 근거로 한 것인 반면에 특정한 삶의 영역의 만족도에 대한 판단이 비교 과정을 근거로 한 것이라면, 동일한 사건이 개인의 전체적인 삶에 대한 평가와 특정한 삶의 영역에 대한 평가에 정반대 방향으로 영향을 미칠 수 있을 것으로 보인다. 예컨대, X 영역에서 일어난 매우 긍정적인 사건은 좋은 기분을 유발하여 전체적인 SWB 수준을 높게 보고하는 결과를 가져올 수 있다. 하지만 동일한 사건은 X 영역을 평가할 때 이용된 비교 기준을 높여, 그 특정한 영역에 대한 만족도를 낮게 판단하는 결과를 가져올 수 있다. 이 경우에도 실험적인 증거는 이러한 추측을 뒷받침해 준다. 한 연구(Schwarz et al., 1987, Experiment 2)에서 학생들은 호감이 가는 방이나 불쾌한 방, 즉 친숙한 사무실이나 작고 불결한 실험실 — 불빛이 깜박거리고 악취가 풍기는 데다 너무 덥고 시끄러운 — 에서 검사를 받았다. 예상대로 참가자들은 실험실에서 유도된 기분에 따라 호감이 가는 방에서 있을 때보다 불쾌한 방에 있을 때 전반적인 삶에 대한 만족도를 낮게 보고했다. 이와는 반대로 참가자들은 호감이 가는 방보다 불쾌한 방에 있을 때 주거 만족도를 높게 보고 했다. 이는 방이 확연히 눈에 띄는 비교 기준의 역할을 한다는 가정과 일치한다.

요약하면, 동일한 사건은 전반적인 삶의 만족도에 대한 판단과 특정한 삶의 영역의 만족도에 대한 판단에 정반대 방향으로 영향을 미칠 수 있는데, 이는 전자의 판단이 사건에 의해서 유도된 기분에 근거해 이루어진 것인 반면에 후자의 판단은 비교 전략에 근거해서 이루어진 것임을 반영한다. 이처럼 동일한 객관적인 사건이 상이하게 미치는 영향은 앞서 언급했듯이 전체적인 평가와 객관적 상황에 대한 측정치 간에 약한 관계를 형성하는 원인이 된다. 그뿐만 아니라 전체적인 평가와 특정한 영역에 대한 평가 간에 약한 관계를 형성하는 원인이 되기도 한다.

기분 정보와 경쟁 정보의 상대적 부각성 결국 우리는 회상된 생활 사건들이 SWB에 대한 판단에 미치는 영향으로 다시 돌아간다. 개인 내 비교 과정에 대한 내용에서 우리는 동일한 사건이 표적 또는 기준의 표상을 구성하는 데 사용되는지 여부에 따라 동일한 사건이 대비 효과뿐만 아니라 동화 효과도 초래할 수 있다고 언급했다. 이러한 과정은 회상 과제가 정서적으로 관여하는 정도에 따라 더욱더 복잡해진다. 정서의 개입이 없는 상황에서 회상된 사건들의 영향은 앞서 기술한 정신적 해석의 논리를 따른다. 그러나 행복하거나 슬픈 생활 사건을 회상하는 것이 회상 시점에 행복하거나 슬픈 기분을 불러일으킨다면, 응답자들은 회상 내용보다는 자신들의 기분에 의존해 정보를 얻을 가능성이 높다. 이처럼 현재의 기분의 결정적인 영향은 앞서 논의한 정신적 해석의 변인들과는 무관하게 기분과 일치하는 SWB 보고를 야기할 가능성이 높다.

이러한 가정을 뒷받침하는 가장 뚜렷한 증거는 피험자들이 과거의 생활 사건에 대해서 생각하면서 경험하는 정서의 관여를 조작한 실험에서 나왔다. 한 실험(Strack et al., 1985, Experiment 2)에서 피험자들은 단 몇 단어로 짧게 설명하거나 1~2페이지 길이로 생생하게 설명할 것을 요구받았다. 또 하나의 연구(Strack et al., 1985, Experiment 3)에서 피험자들은 사건이 '왜' 일어났는지를, 혹은 사건이 '어떻게' 진행됐는지를 설명해야 했다. 사건이 일어난 '이유'를 설명하거나 짧게 설명하는 일은 피험자들의 현재 기분에 영향을 미치지 않았던 반면에 '진행 과정'을 설명하는 일과 생생하게 보고하는 일은 긍정적인 경험을 보고한 피험자들과 부정적인 경험을 보고한 피험자들 사이에 뚜렷한 기분 차이를 초래했다.

표 4.3은 연구 결과를 보여주고 있다. 뚜렷한 기분 상태가 유발되지 않았을 경우, 피험자들은 긍정적인 과거 사건보다는 부정적인 과거 사건을 회상한 후에 더 높은 수준의 SWB를 보고했다. 따라서 그들은 앞서 논의한 바 있는 대비 효과를 재현했다(표 4.1을 참조). 반면에 회상 과제가 뚜렷한 기분 상태를 유발했을 경우, 기분은 결정적인 영향을 미쳤다. 이 경우에 부정적인 과거 사건을 설명해야 했던 피험자들은 긍정적

인 과거 사건을 설명해야 했던 피험자들에 비해 낮은 수준의 웰빙을 보고했으며, 다른 연구들에서 발견되었던 기분 효과를 재현했다. 클라크와 그녀의 동료들(Clark and Collins 1993; Clark, Collins and Henry, 1994)의 후속 실험들은 이러한 연구와 개념적으로 동일한 결과들을 재현했다.

자신의 삶에 대한 정보에 관한 절에서 고찰한 연구와 함께, 이 연구들은 사건의 영향이란 것이 사건의 쾌락적인 성질, 표적과 (사건의 시간적 거리 혹은 뚜렷한 범주 경계와 같은) 기준을 정신적으로 해석할 때 정보의 사용을 통제하는 변인들, 그리고 개인이 그 사건에 대해서 사고하는 동안에 느끼는 정서의 관여가 형성하는 연합 함수라는 사실을 증명해 준다. 그러므로 객관적인 사건과 주관적인 웰빙 사이의 관계가 문헌이 입증해 주는 객관적 사건과 주관적인 지표 사이의 관계만큼 약하다는 것은 놀랄 일이 아니다. 다른 판단 변인들에 대한 지식이 없는 상황에서 한 사건의 쾌락적인 성질을 아는 것만으로는 그 사건이 보고된 웰빙에 미치는 영향을 예측할 수는 없다.

판단에 대한 보고

자신들의 기분을 근거해서 또는 비교 과정을 근거해서 일단 판단을 내리면, 응답자들은 연구자에게 그 사실을 알릴 필요가 있다. 보고 단계에서 자기제시 및 사회적 바람직성 문제가 제기될 수 있으며 응답자들은 자신들의 개인적인 판단을 알려주기 전에 그 판단을 교정할 수도 있다(좀 더 상세한 논의를

살펴보고자 한다면, Strack and Martin, 1987; Sudman et al., 1996, ch. 3을 참조).
일반적으로 사회적 바람직성의 영향은 전화 인터뷰보다 대면 인터뷰의 경우
에 더 뚜렷이 나타나며, 자기기입식 질문지의 비밀 조건하에서 가장 약하게
나타난다(재고찰하고자 한다면 DeMaio, 1984를 참조). 이와 같은 일반적인 경향
과 일치하는 스미스(Smith, 1979)의 메타 분석결과에 의하면, 메일 조사보다는
대면 인터뷰에서 더 높은 수준의 웰빙을 보고하는 것으로 나타났다.

실험적 연구는 이러한 결과를 확증했고(Strack et al., 1990), 자기 제시 효과
가 면접관의 특성에 의해서 완화된다는 점을 보여주었다. 구체적으로 말하
면, 응답자들은 자기기입식 질문지에서보다는 개인 인터뷰에서 더 높은 수준
의 웰빙을 보고했다. 더욱이 그러한 차이는 면접관이 이성(異性)일 경우에 더
두드러졌지만 면접관이 심한 신체적인 장애를 가지고 있을 경우에는 전혀 나
타나지 않았다. 응답자들은 불행한 상황에 처한 사람에게 자신들의 삶이 얼
마나 대단한지 말하기를 망설였다. 대조적으로, 장애인 동료가 면접관의 역
할이 아닌 자기 질문지를 작성하는 또 한 명의 연구 참여자로 같은 방에 있을
때, 그의 존재는 피험자들의 보고된 SWB 수준을 향상시켰다. 이는 아마도 장
애인 동료가 뚜렷이 부각되는 비교 기준의 역할을 했기 때문일 것이다.

요약하면, 유효한 연구 결과에 의하면, 공적인 SWB에 대한 보고가 응답자
들의 개인적인 판단보다 더 유리할 것으로 보인다. 다른 한편, 사회적 바람직
성의 개인차는 SWB의 측정치와 약한 관계성($r = .20$)을 보인다(Diener, 1984
를 참조). 종합해 볼 때, 이는 응답자들이 자신들의 보고를 교정하는 경향은
응답자들 간의 개인차보다는 인터뷰 상황의 특징으로부터 더 큰 영향을 받는
다는 것을 시사한다.

주관적인 웰빙에 대한 판단 모델

그림 4.2는 이 장에서 재고찰한 과정들을 요약한 것이다. 행복과 '전체적인
삶'에 대한 만족도를 보고하라는 요구를 받으면, 응답자들은 현재의 감정 상
태에 근거하여 판단을 하기 쉽다. 그렇게 하는 것이 판단 과제를 크게 단순화
시킨다. 그들의 감정 상태의 정보적인 가치가 의심스럽거나 그들의 감정 상
태가 뚜렷하지 않고 다른 정보가 더 부각된다면, 그들은 비교 전략을 사용할

그림 4.2 주관적인 웰빙에 대한 판단 모델

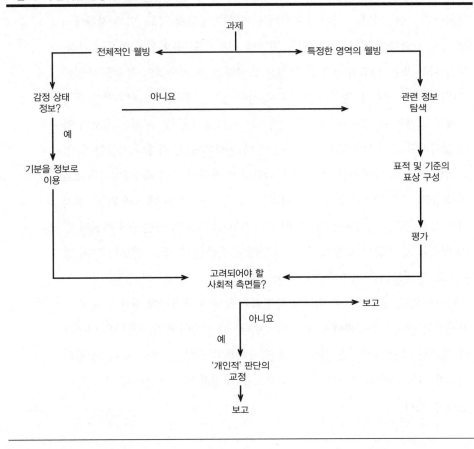

가능성이 높다. 이 비교 전략은 덜 복잡한 특정한 삶의 영역을 평가하는 데 이용될 가능성이 높은 전략이기도 하다.

비교 전략을 사용할 때, 개인들은 그 시점에서 언제나, 혹은 일시적으로 접근하기 가장 쉬운 정보를 이용한다. 대화의 상황이 이미 '주어진' 정보를 사용하는 것을 부적절하게 만드는 경우가 아닌 한, 가장 먼저 생각나고, 현재의 판단과 관련이 있는 것은 무엇이든지 가장 많이 사용될 가능성이 있다. 머릿속에 떠오르는 정보가 표적인 '현재 나의 삶'에 대한 표상을 구성하는 데 사용될지 여부는 정신적 해석 시에 정보의 이용을 통제하는 변인들에 달려 있다 (Schwarz and Bless, 1992a; Strack, 1992). 표적의 표상에 속한 정보는 동화 효과를 유발하는 반면에 기준을 구성하는 데 사용되는 정보는 대비 효과를 유발한다. 그러므로 동일한 정보라도 정신적 해석 과정에서 그것을 어떻게 이용하느냐에 따라 정반대 방향으로 판단에 영향을 미칠 수 있다.

4장

181

정보 접근 용이성이 질문지의 선행 질문과 같이 일시적인 영향에 근거한 것이라면, 내린 판단은 시간이 지남에 따라 불안정하게 되고, 다른 상황에서는 다른 판단을 내리게 될 것이다. 반면에 정보 접근 용이성이 현재의 관심, 생활 과제 또는 사회적 환경의 안정된 특성과 같은 지속적인 영향을 반영한다면, 판단은 상황에 덜 의존적일 가능성이 높다. 맥락(상황) 의존적인 동화 효과의 크기는 표적의 표상에 속하는, 일시적으로 접근할 수 있는 정보의 양이 많아지고 그 정보의 극단성이 커짐에 따라 확대되고, 언제나 접근할 수 있는 정보의 양이 많아지고 그 정보의 극단성이 커짐에 따라 축소된다. 반대로 맥락(상황) 의존적인 대비 효과의 크기는 기준을 구성하는 데 사용되는, 일시적으로 접근할 수 있는 정보의 양이 많아지고 그 정보의 극단성이 커짐에 따라 확대되고, 기준의 표상에 속하는, 언제나 접근할 수 있는 정보의 양이 많아지고 그 정보의 극단성이 커짐에 따라 축소된다.

마지막으로, 응답자들은 비교나 감정적인 상태에 근거하여 판단을 내린 후 자신들의 판단을 연구자에게 보고해야 한다. 이 단계에서 응답자들은 연구자가 제공한 응답 선택안을 통해서 답을 제시해야 한다. 그렇다 보니, 상황의 성격에 따라 사회적 기대감에 맞게 보고를 교정하거나 교정하지 않는 일이 있을 수 있다.

방법론적인 함의

우리는 이 재고찰을 통해 웰빙 보고가 여러 가지 일시적인 영향을 받는다는 점을 강조하고자 한다. 다른 사회적 판단들과 마찬가지로 웰빙에 대한 보고는 특정한 시기에 제기된 특정한 질문에 대한 응답으로 최대한 신중하게 내린 해석이다. 응답자들이 사용하는 정보는 그들이 살고 있는 현실을 반영함에도 불구하고, 판단을 내릴 때 그들이 고려하는 현실의 양상과 그 양상을 이용하는 방법은 연구 도구의 특성에 크게 영향을 받는다.

조사 연구의 함의

재고찰한 연구 결과는 심원한 방법론적인 함의를 지닌다. 첫째, 선행 질문들의 내용이 관련 정보에 대한 일시적인 접근 용이성에 영향을 미치기 때문에 SWB에 대해 받은 보고는 질문 순서의 영향을 받는다. 또한, 관련 질문들의 공통 도입부의 존재 여부와 같은 질문지 설계의 변인들은 응답자가 회상해 낸 정보를 이용하는 방법을 결정한다. 결과적으로 지금껏 살펴본 많은 예에서 볼 수 있듯이 보고된 평균적인 웰빙은 크게 다를 수 있다. 또한, (데이트 빈도와 같은) 삶의 객관적 조건과 보고된 SWB 간의 상관관계는 동일한 질문들이 제시되는 순서에 따라 $r = -.1$에서 $r = .6$에 걸쳐 나타날 수 있으며(Strack et al., 1988), 극적으로 다른 최종적 결론을 제시할 수도 있다.

둘째, 선행 질문이 불러낸 접근이 용이한 정보의 영향력은 정보가 언제나 접근할 수 있는 것일수록 약해진다(Schwarz and Bless, 1992a). 따라서 응답자의 건강에 관한 선행 질문은 심각한 건강 문제가 있는 응답자들보다 건강 문제가 미미하거나 전혀 없는 응답자들에게 큰 영향을 미칠 수 있다. 전자는 선행 질문들과는 무관하게 자신들의 건강 문제를 생각할 가능성이 높다. 그러므로 동일한 질문은 한 표본의 상이한 구성원들에게 다르게 영향을 미칠 수 있다.

셋째, 시간이 지남에 따른 SWB 보고의 안정성(즉, 검사-재검사 신뢰도)은 SWB가 평가되는 상황의 안정성에 달려 있다. 결과적 안정성이나 변화는 응답자들이 자발적으로 고려하는 정보를 반영할 때 의미가 있다. 왜냐하면 동일하거나 다른 관심사들이 다른 시점에서 의식되기 때문이다. 하지만 연구 도구가 응답자의 삶의 동일한 양상이나 다른 양상으로 주의를 돌리게 한다는 사실을 그러한 안정성이나 변화가 보여줄 경우에는 잠재적으로 오해의 소지가 있다. 응답자의 삶의 동일한 양상의 경우, 연구 도구의 영향은 응답자들의 삶의 다른 영역에서 일어난 실제 변화의 영향을 모호하게 만들 수 있다. 응답자의 삶의 다른 양상의 경우, 연구 도구의 영향은 응답자들이 서로 다른 시점에서 상이한 양상을 이용한다는 사실을 확증하는 것으로 지금껏 아무것도 일어나지 않은 점에 변화가 있었음을 제시할 수 있다.

넷째, 연구 도구의 영향과는 대조적으로, 판단 시점에서 응답자들의 기분의 영향이 체계적인 편향을 일으킬 가능성은 비교적 낮다. 한 응답자의 기분에 영향을 미치는 우연한 사건은 다른 많은 사람들의 기분에는 영향을 미치지 않을 것이다. 이 규칙의 예외는 대부분의 사람들에게 영향을 미칠 수 있는 중요한 국제 스포츠 경기의 결과(Schwarz et al., 1987)와 같은 국가적으로 중

4장

요한 이벤트이다. 그러나 이러한 이벤트의 영향조차도 데이터 수집의 전 기간 동안에 — 대규모 조사의 경우 몇 주는 아니더라도 며칠은 걸리는 — 지속될 가능성은 희박하다. 따라서 기분 효과는 불규칙적인 변화를 유발할 수 있는 반면에 도구 효과는 모집단 — 도구에 노출되지 않고 연구 결과를 일반화시켜야 할 대상인 — 에 비례하여 체계적인 편향을 유발한다.

다섯째, 우리의 재고찰이 지적하듯이, 대부분의 상황에서 삶의 객관적 조건과 웰빙에 대한 주관적인 평가 사이에 강한 관계가 있을 것으로 기대할 이유는 없다. 우선, 판단을 내릴 때 많은 양상들을 고려한다면, 그것들이 뚜렷한 영향을 미칠 수 있을 테지만, 사실상 많은 양상들을 고려하지는 않는다. 더욱이, 설사 많은 양상들을 고려한다고 하더라도 동일한 정보가 표적과 기준에 대한 해석에 사용되는 방법에 따라 상이한 방향으로 판단을 이끌 수 있다. 우리가 반복해서 보아왔듯이, 오늘의 비극은 정신적 해석에서 그것의 이용을 결정하는 변인들에 따라 내일의 기준이 될 수도 있다. 하지만 분석에서 우리는 삶의 객관적 조건과 웰빙에 대한 주관적인 평가 사이에 강한 관계가 관찰될 수 있는 조건을 제한할 수도 있다.

구체적으로 말하면, 대부분의 응답자들이 자신들의 삶으로 구성하고 다른 많은 양상들을 배제하는 표상에 관련 양상을 포함시킬 때, 주어진 객관적인 삶의 양상과 SWB에 대한 판단 사이에 강한 '긍정적인 관계'가 나타날 가능성이 있다. 이는 (a) 표적 범주가 좁기(예를 들어, 상대적으로 제한적인 에피소드)보다는 폭넓고('전체적인 나의 삶'), (b) 관련 양상이 매우 접근하기 쉬운 것이고, (c) 표적의 표상에 속할 수 있는 다른 정보가 비교적 접근하기 어려운 것인 경우에, 가장 있을 수 있는 일이다. 이러한 조건은 예컨대, 슈트랙과 마틴, 슈바르츠(1988)의 데이트 빈도 연구에서 충족되었다. 이 연구에서 데이트 빈도에 관한 질문은 그 빈도 정보를 매우 접근하기 쉽게 만들어 주었고, 그 결과 데이트 빈도는 응답자의 전체적인 삶에 대한 평가와 $r = .66$의 상관관계를 보였다. 그럼에도 불구하고, 이 예가 보여주듯이, 질문 순서가 뒤바뀌었을 때는 상관관계가 $r = .1$이었다는 사실에서 알 수 있듯이, 우리는 결과로 나타난 상관관계가 연구 도구의 영향만을 반영할 때는 그것을 진지하게 받아들이고 싶지는 않다.

마찬가지로, 주어진 삶의 객관적인 양상과 SWB에 대한 판단 사이의 강한 '부정적인 관계'는 대부분의 응답자들이 비교 기준을 구성할 때 관련 양상을 사용하고 이 표상을 형성할 때 다른 많은 양상들을 이용하지 않을 경우에 나타나기 쉽다. 이는 (a) 표적 범주가 넓기('전체적인 나의 삶'보다는 좁고(예컨대, 상대적으로 짧은 응답자의 삶의 에피소드), (b) 관련 양상이 매우 접근하기 쉬운 것이고, (c) 기준을 구성하는 데 이용할 수 있는 다른 정보가 비교적 접근하기 어려운 것인 경우에 가장 있을 수 있는 일이다. 이러한 조건은 예를 들어 예전에 실직한 바 있는 노동자들 — 예전의 실직 에피소드를 보고하고 나서 현재의 SWB를 평가하라는 요구를 받은 — 을 대상으로 한 추적 연구에서 충족될 수 있을 것이다.

그러나 도구가 응답자들의 사고 과정을 통제하지 않을 경우, 상이한 응답자들은 서로 다른 정보를 사용하고 동일한 정보를 다르게 해석하는 데 이용할 수 있다. 그 결과, 객관적인 조건과 SWB에 대한 조사 연구에서 일반적으로 얻어지는 주관적인 평가 사이에 약한 관계가 형성될 가능성이 높다. 따라서 이러한 약한 관계는 근본적인 판단 과정의 복잡성에 따른 자연스러운 결과이며, 이따금씩 강한 관계가 관찰될 경우에는 방법론적으로 의구심이 들 수밖에 없다.

마지막으로, 이 장에서 고찰한 맥락 효과가 다른 연구들에서 얻은 결과들의 비교 가능성을 제한한다는 점은 주목할 만한 가치가 있다. 불행하게도, 이 비교 가능성은 주관적인 사회적 지표를 많이 적용할 경우에, 특히 시간의 흐름에 따른 사회 변화의 주관적 측면을 모니터하는 데 주관적인 사회적 지표를 이용할 경우, 중요한 전제 조건이다(예로 Campbell, 1981; Glatzer and Zapf, 1984를 참조).

방법 효과를 심리적, 사회적 연구의 다른 영역뿐만 아니라 이 영역에서의 실질적인 효과로 잘못 해석하는 것을 피하고 싶으면, 우리는 응답자들이 제공하는 보고의 기초가 되는 인지 과정에 대해 더 많이 알아야 한다. 아마도 최근의 조사 방법론학자들과 심리학자들의 공동 연구는 사회 연구의 이러한 중요한 측면에 대한 우리의 지식을 향상시켜 줄 것이다(이 분야의 현황을 살펴보고자 한다면, Schwarz, Groves and Schuman, 1998; Sudman et al., 1996을 참조).

어떤 측정법을 사용해야 할까

아마도 지금까지 대부분의 독자들은 전체적인 웰빙에 대한 자기보고로부터 배울 만한 것이 거의 없다는 결론을 내렸을 것이다. 웰빙에 대한 자기보고는 주관적인 면에서는 의미 있는 평가를 반영한다고 할지라도, 평가 대상과 방법이 너무 맥락 의존적이기 때문에 공공 정책의 길잡이 역할을 할 수 있는 정보는 말할 것도 없고 주민의 웰빙에 대한 신뢰할 수 있는 정보도 제공하지 못할 것으로 보인다. (하지만 좀 더 낙관적인 관점을 살펴보고자 한다면, 이 책 Argyle를 참조). 몇몇 연구자들은 대안적인 접근법으로 벤담(Bentham, 1789/1948)의 행복에 대한 개념, 즉 고통보다 쾌락이 큰 상태라는 행복의 개념으로 되돌아갔다(예컨대, 이 책의 Kahneman; Parducci, 1995를 참조). 이러한 접근법은 응답자들에게 SWB에 대한 전체적인 평가를 제시할 것을 요구하기보다는 쾌락 경험에 대한 순간순간의 측정에 의존할 것이다. 이러한 측정법을 이용해 평가된 쾌락의 경험은 응답자들의 다른 삶의 경험들이 제공하는 상황에 따라 달라질 수 있는 반면에(Parducci, 1995를 참조), 자신의 일시적인 쾌락 상태에 대한 보고는 전체적인 삶에 대한 평가를 제시하는 것보다 덜 힘든 과제이다. 그러한 순간적인 보고는 무작위로 선택된 시간에 응답자들에게 그들의 현재 감정 상태를 보고하라고 알려주는 무선호출 장치와 같은 경험 표집 방법(이 책, Stone, Shiffman, DC Vries; Csikszentmihalyi and Wong, 1991; 방법론을 검토하고자 한다면, Hormuth, 1986을 참조)를 이용해 평가할 수 있다. 앞선 논의에서 파두치(1995: 13)가 지적했듯이, 동일한 사건이 상이한 특정한 사건들에 대한 평가와 지속적인 에피소드들에 대한 평가에 정반대 방향으로 영향을 미치기 쉽기 때문에 그러한 측정법은 SWB에 대한 전체적인 보고와 큰 상관관계가 없을 가능성이 높다. 순간적인 쾌락 상태에 대한 측정치가 객관적인 삶의 조건과 강하고 의미 있는 관계를 어느 정도까지 나타내 보이는지 현 상황에서는 결정하기가 어렵지만 확실히 낙관적으로 보인다(이 책, Kahneman을 참조). 하지만 경험 표집 방법은, 응답자들에게 전체적인 삶에 대한 종합 평가를 제시할 것을 요구하는 비교적 저렴한 비용이 드는 선택지 방법보다 상당히 많은 비용이 든다. 그러므로 대규모의 대표성 연구에서 이러한 측정법의 사용을 정당화하기 위해서는 그 이전에 상당한 방법론적인 노력을 투자해야 한다.

참고문헌

Andrews, F. M., and Withey, S. B. (1976). *Social indicators of well-being: Americans' perceptions of life quality.* New York: Plenum.

Bachman, J., and O'Malley, P. (1986). Self-concepts, self-esteem, and educational experiences: The frog pond revisited (again). *Journal of Personality and Social Psychology, SO,* 35~46.

Bentham, J. (1948). *An introduction to the principles of morals and legislation.* New York: Hafner. (Originally published in 1789).

Blaney, P. H. (1986). Affect and memory: A review. *Psychological/Bulletin, 99,* 229~46.

Bodenhausen, G. V., and Wyer, R. S. (1987). Social cognition and social reality: Information acquisition and use in the laboratory and the real world. In H. J. Hippier, N. Schwarz, and S. Sudman (Eds.), *Social information processing and survey methodology* (pp. 6~41). New York: Springer-Verlag.

Bollnow, O. F. (1956). *Das Wesen der Stimmungen* (The nature of moods). Frankfurt: Klostermann.

Boninger, D. S., Gleicher, F., and Strathman, A. (1994). Counterfactual thinking: From what might have been to what may be. *Journal of Personality and Social Psychology, 67,* 297~307.

Bower, G. H. (1981). Mood and memory. *American Psychologist, 36,* 129~48.

Bradburn, N. M. (1969) *The structure of psychological well-being.* Chicago: Aldine.

Brandstatter, E. (1998). *Ambivalente Zufriedenheit: Der Einfluss sozialer Vergleiche.* (Ambivalent satisfaction: The impact of social comparisons). Muenster: Waxmann.

Brewer, M. B. (1988). A dual process model of impression formation. In T. K. Srull and R. S. Wyer (Eds.), *Advances in Social Cognition, 1,* 1~36. Mahwah, NJ: Erlbaum.

Brickman, P., and Campbell, D. T. (1971). Hedonic relativism and planning the good society. In M. H. Appley (Ed.), *Adaptation-level theory* (pp. 215~31). New York: Academic Press.

Brickman, P., Coates, D., and Janoff-Bulman, R. (1978). Lottery winners and accident victims: Is happiness relative? *Journal of Personality and Social Psychology, 36,* 917~27.

Campbell, A. (1981). *The sense of well-being in America.* New York: McGraw-Hill.

Campbell, A., Converse, P. E., and Rodgers, W. L. (1976). *The quality of American life.* New York: Russell Sage Foundation.

Carp, F. M., and Carp, A. (1982). Test of a model of domain satisfaction and aging. *Research on Aging, 4,* 503~22.

Cash, T. F., Cash, D. W., and Butters, J. W. (1983). "Mirror, mirror, on the wall": Contrast effects in self—evaluation of physical attractiveness. *Personality and Social Psychology Bulletin, 9,* 351~58.

Clark, L. F., and Collins, J. E. (1993). Remembering old flames: How the past affects assessment of the present. *Personality and Social Psychology Bulletin, 19,* 399~408.

Clark, L. F., Collins, J. E., and Henry, S. M. (1994). Biasing effects of retrospective reports on current self—assessments. In N. Schwarz and S. Sudman (Eds.), *Autobiographical memory and the validity of retrospective reports* (pp. 291~304). New York: Springer—Verlag.

Csikszentmihalyi, M., and Wong, M. M. (1991). The situational and personal correlates of happiness: A cross—national comparison. In F. Strack, M. Argyle, and N. Schwarz (Eds.), *Subjective well—being: An interdisciplinary perspective (pp.* 193~212). Oxford: Pergamon.

DeMaio, T. J. (1984). Social desirability and survey measurement: A review. In C. F. Turner and E. Martin (Eds.), *Surveying subjective phenomena* (vol. 2, pp. 257~81). New York: Russell Sage Foundation.

Dermer, M., Cohen, S. J., Jacobsen, E., and Anderson, E. A. (1979). Evaluative judgments of aspects of life as a function for vicarious exposure to hedonic extremes. *Journal of Personality and Social Psychology, 37,* 247~60.

Diener, E. (1984). Subjective well—being. *Psychological Bulletin, 235,* 542~75.

Dunning, D., Madey, S. F., and Parpal, M. (1995). Frames and counterfactual thought: On comparing the "road taken" to hypothetical alternatives and the past. In N. J. Roese and J. M. Olson (Eds.), *What might have been: The social psychology of counterfactual thinking.* Mahwah, N. J.: Erlbaum.

Easterlin, R. A. (1974). Does economic growth improve the human lot? Some empirical evidence. In P. A. David and M. W. Reder (Eds.), *Nations and households in economic growth* (pp. 98~125). New York: Academic Press.

Elder, G. H. (1974). *Children of the Great Depression.* Chicago: University of Chicago Press.

Elster, J. (1983). *Sour grapes.* New York: Cambridge University Press.

Ewert, O. (1983). Ergebnisse und Probleme der Emotionsforschung (Finding problems in emotinal research). In H. Thomae (Ed.), *Theorien und Formen der Motivation. Enzyklopddie der Psychologie,* Series C., Part IV, Vol. 1. Gottingen: Hogrefe.

Festinger, L. (1954). A theory of social comparison processes. *Human Relations, 7,* 117~40.

Fredrickson, B. L., and Kahneman, D. (1993). Duration neglect in retrospective evaluations of affective episodes. *Journal of Personality and Social*

Psychology, 65, 45~55.

Glatzer, W. (1984). Lebenszufriedenheit und alternative Masse subjektiven Wohlbefindens (Life—satisfaction and altermative measures of SWB). In W. Glatzer and W. Zapf (Eds.), *Lebensqualitat in der Bundesrepublik* (Quality of life in Germany). Frankfurt: Campus.

Glatzer, W., and Zapf, W. (1984). Lebensqualitat in der Bundesrepublik (Quality of life in Germany). In W. Glatzer and W. Zapf (Eds.), *Lebensqualitat in der Bundesrepublik.* (Quality of life in Germany). Frankfort: Campus.

Goethals, G. R., and Darley, J. M.(1977). Social comparison theory: An attributional approach. In J. M. Sulls and T. A. Wills (Eds.), *Social comparison* (pp. 59~278). Washington, D. C.: Halstead.

Grice, H. P. (1975). Logic and conversation. In P. Cole and J. L. Morgan (Eds.), *Syntax and semantics,* vol. 3, *Speech acts* (pp. 41~58). New York: Academic Press.

Helgeson, V. S., and Taylor, S. E. (1993). Social comparisons and adjustment among cardiac patients. *Journal of Applied Social Psychology, 23,* 1171~95.

Herr, P. M. (1986). Consequences of priming: Judgement and behavior. *Journal of Personality and Social Psychology,* 51, 1106~1115.

Herr, P. M., Sherman, S. J., and Fazio, R. H. (1983). On the Consequences of priming: Assimilation and contrast effects. *Journal of Experimental Social Psychology, 19,* 323~40.

Higgins, E. T. (1996). Knowledge: Accessibility, applicability, and salience. In E. T. Higgins and A. Kruglanski (Eds.), *Social psychology: Handbook of basic principles* (pp. 133~68). New York: Guilford.

Hormuth, S. E. (1986). The sampling of experiences in situ. *Journal of Personality, 54,* 262~93.

Hyman, H. H., and Singer, E. (Eds.). (1968). *Readings in reference group theory and research.* New York: Free Press.

Iyengar, S. (1987). Television news and citizens' explanations of national affairs. *American Political Science Review, 81,* 815~31.

Jacobsen, E. (1957). Normal and pathological moods: Their nature and function. In R. S. Eisler, A. F. Freud, H. Hartman, and E. Kris (Eds.), *The psychoanalytic study of the child* (pp. 73~113). New York: International University Press.

Kahneman, D., and Miller, D. T. (1986). Norm theory: Comparing reality to its alternatives. *Psychological Review, 93,* 136~53.

Kahneman, D., and Tversky, A. (1979). Prospect theory: An analysis of decision under risk. *Econometrica, 47,* 363~91.

Kammann, R. (1982). Personal circumstances and life events as poor predictors of happiness. Paper presented at the annual convention of the American

Psychological Association, Washington, D.C. (August).

Kelley, H. H. (1972). *Causal schemata and the attributionprocess*. Morristown, N. J.: General Learning Press.

Keltner, D., Locke, K. D., and Audrain, P. C. (1993). The influence of attributions on the relevance of negative feelings to satisfaction. *Personality and Social Psychology Bulletin, 19*, 21~29.

Kendrick, D. T., and Gutierres, S. (1980). Contrast effects and judgments of physical attractiveness: When beauty becomes a problem. *Journal of Personality and Social Psychology, 38*, 131~40.

Klinger, E. (1977). *Meaning and void*. Minneapolis: University of Minnesota Press.

Major, B. (1994). From social inequality to personal entitlement: The role of social comparison, legitimacy appraisals, and group membership. In M. Zanna (Ed.), *Advances in experimental social psychology* (vol. 26, pp. 293~355). San Diego: Academic Press.

Major, B., Testa, M., and Bylsma, W. H. (1991). Responses to upward and downward social comparisons: The impact of esteem—relevance and perceived control. In J. Suls and T. A. Wills (Eds.), *Social comparison: Contemporary theory and research* (pp. 237~60). Hillsdale, N. J.: Erlbaum.

Marsh, H. W. (1993). Academic self—concept: Theory, measurement, and research. In J. Suls (Ed.), *Psychological perspectives on the self* (vol. 4, pp. 1~26). Hillsdale, N. J.: Erlbaum.

Marsh, H. W., and Parker, J. W. (1984). Determinants of student self—concept: Is it better to be a relatively large fish in a small pond even if you don't learn to swim as well? *Journal of Personality and Social Psychology, 47*, 213~31.

Martin, L. L., and Tesser, A. (1989). Toward a motivational and structural theory of ruminative thought. In J. S. Uleman and J. A. Bargh (Eds.), *Unintended thought* (pp. 306~26). New York: Guilford.

Medvec, V. H., Madey, S. F., and Gilovich, T. (1995). When less is more: Counterfactual thinking and satisfaction among Olympic medalists. *Journal of Person—ality and Social Psychology, 69*, 603~10.

Menon, G., Raghubir, P., and Schwarz, N. (1995). Behavioral frequency judgments: An accessibility—diagnosticity framework. *Journal of Consumer Research, 22*, 212~28.

Michalos, A. (1985). Multiple discrepancies theory. *Social Indicators Research, 16*, 347~413.

Miller, D. T., and Prentice, D. A. (1996). The construction of norms and standards. In E. T. Higgins and A. W. Kruglanski (Eds.), *Social psychology: Handbook of basic principles* (pp. 799~829). New York: Guilford.

Miller, D. T., Turnbull, W., and McFarland, C. (1990). Counterfactual thinking and social perception: Thinking about what might have been. In M. P. Zanna (Ed.), *Advances in experimental social psychology* (vol. 23, pp. 305~31). New York: Academic Press.

Morawetz, D. (1977). Income distribution and self—rated happiness: Some empirical evidence. *Economic Journal, 87*, 511~22.

Morse, H., and Gergen, K. J. (1970). Social comparison, self—consistency, and the concept of the self. *Journal of Personality and Social Psychology, 36*, 148~56.

Parducci, A. (1995). *Happiness, pleasure, and judgment: The contextual theory and its applications.* Hillsdale, N. J.: Erlbaum.

Roese, N. J. (1997). Counterfactual thinking. *Psychological Bulletin, 121*, 133~48.

Roese, N. J., and Olson, J. M. (Eds.). (1995a). *What might have been: The social psychology of counterfactual thinking.* Mahwah, N. J.: Erlbaum.

Roese, N. J., and Olson, J. M. (1995b). Counterfactual thinking: A critical overview. In N. J. Roese and J. M. Olson (Eds.), *What might have been: The social psychology of counterfactual thinking* (pp. 1~55). Mahwah, N. J.: Erlbaum.

Ross, M., Eyman, A., and Kishchuck, N. (1986). Determinants of subjective well—being. In J. M. Olson, C. P. Herman, and M. Zanna (Eds.), *Relative deprivation and social comparison* (pp. 78~103). Hillsdale, N. J.: Erlbaum.

Runciman, W. G. (1966). *Relative deprivation and social justice.* London: Roudedge and Kegan Paul.

Runyan, W. M (1980). The life satisfaction chart: Perceptions of the course of subjective experience. *International Journal of Aging and Human Development, 11*, 45~64.

Salovey, P., and Rodin, J. (1984). Some antecedents and consequences of social comparison jealousy. *Journal of Personality and Social Psychology, 47*, 780~92.

Schachter, S. (1959). *The psychology of affiliation.* Stanford, Calif.: Stanford University Press.

Schwarz, N. (1987). *Stimmung als Information: Untersuchungen zum Einflufi von Stimmungen auf die Bewertung des eigenen Lebens* (Mood as information on the impact of moods on evaluations of one's life). Heidelberg: Springer—Verlag.

_____. (1994). Judgment in a social context: Biases, shortcomings, and the logic of conversation. In M. Zanna (Ed.), *Advances in experimental social psychology* (vol. 26, pp. 123~62). San Diego: Academic Press.

_____. (1996). *Cognition and communication: Judgmental biases, research methods, and the logic of conversation.* Hillsdale, N. J.: Erlbaum.

Schwarz, N., and Bless, H. (1992a). Constructing reality and its alternatives: Assimilation and contrast effects in social judgment. In L. L. Martin and A. Tesser (Eds.), *The construction of social judgment* (pp. 217~45). Hillsdale, N. J.: Erlbaum.

_____. (1992b). Scandals and the public's trust in politicians: Assimilation and contrast effects. *Personality and Social Psychology Bulletin, 18,* 574~79.

Schwarz, N., and Clore, G. L. (1983). Mood, misattribution, and judgments of well-being: Informative and directive functions of affective states. *Journal of Personality and Social Psychology, 45,* 513~23.

_____. (1996). Feelings and phenomenal experiences. In E. T. Higgins and A. Kruglanski (Eds.), *Social psychology: A handbook of basic principles* (pp. 433~65). New York: Guilford.

Schwarz, N., Groves, R., and Schuman, H. (1998). Survey methods. In S. Fiske, D. Gilbert, and G. Lindzey (Eds.), *Handbook of social psychology* (4th ed., vol. 1, 143~79). New York: McGraw Hill.

Schwarz, N., Hippier, H. J., Deutsch, B., and Strack, F. (1985). Response categories: Effects on behavioral reports and comparative judgments. *Public Opinion Quarterly, 49,* 388~95.

Schwarz, N., and Scheuring, B. (1988). Judgments of relationship satisfaction: Inter- and intraindividual comparisons as a function of questionnaire structure. *European Journal of Social Psychology, 18,* 485~96.

_____. (1992). Selbstberichtete Verhaltens- und Symptomhaufigkeiten: Was Befragte aus Anwortvorgaben des Fragebogens lernen (Frequency reports of psychosomatic symptoms: What respondents leam from response alternatives.) *Zeitschrift fiir Klinische Psychologic, 22,* 197~208.

Schwarz, N., and Strack, F. (1991a). Evaluating one's life: A judgment model of subjective well-being. In F. Strack, M. Argyle, and N. Schwarz (Eds.), *Subjective well-being: An interdisciplinary perspective* (pp. 27~47). Oxford: Pergamon.

_____. (1991b). Context effects in attitude surveys: Applying cognitive theory to social research. In W. Stroebe and M. Hewstone (Eds.), *European Review of Social Psychology* (vol. 2, pp. 31~50). Chichester: Wiley.

Schwarz, N., Strack, F., Kommer, D., and Wagner, D. (1987). Soccer, rooms, and the quality of your life: Mood effects on judgments of satisfaction with life in general and with specific life domains. *European Journal of Social Psychology, 17,* 69~79.

Schwarz, N., Strack, F., and Mai, H. P. (1991). Assimilation and contrast effects in part-whole questions sequences: A conversational logic analysis. *Public Opinion Quarterly, 55,* 3~23.

Schwarz, N., Wänke, M., and Bless, H. (1994). Subjective assessments and evaluations of change: Some lessons from social cognition research. In M. Hewstone and W. Stroebe (Eds.), *European Review of Social Psychology* (vol. 5, pp. 181~210). Chichester: Wiley.

Seidman, E., and Rapkin, B. (1983). Economics and psychosocial dysfunction: Toward a conceptual framework and prevention strategies. In R. D. Feiner, L. A. Jason, J. N. Moritsugu, and S. S. Farber (Eds.), *Preventive psychology* (pp. 175~98). New York: Pergamon.

Smith, R. H., Diener, E., and Wedell, D. H. (1989). Intrapersonal and social comparison determinants of happiness: A range—frequency analysis. *Journal of Personality and Social Psychology, 56,* 317~25.

Smith, T. W. (1979). Happiness. *Social Psychology Quarterly, 42,* 18~30.

Srull, T. K., and Gaelick, L. (1984). General principles and individual differences in the self as an habitual reference point: An examination of self—other judgments of similarity. *Social Cognition, 2,* 108~21.

Strack, F. (1992). The different routes to social judgments: Experiential versus informational strategies. In L. L. Martin and A. Tesser (Eds.), *The construction of social judgments* (pp. 249~76). Hillsdale, N. J.: Eribaum.

_____. (1994a). *Zur Psychologic dor standardisierten Befragung* (The psychology of standardized interviews). Heidelberg: Springer—Verlag.

_____. (1994b). Response processes in social judgment. In R. S. Wyer and T. K. Srull (Eds.), *Handbook of social cognition* (2nd ed., vol. 1, pp. 287~322). Hillsdale, N. J.: Erlbaum.

Strack, F., and Martin, L. (1987). Thinking, judging, and communicating: A process account of context effects in attitude surveys. In H. J. Hippier, N. Schwarz, and S. Sudman (Eds.), *Social information processing and survey methodology* (pp. 123~48). New York: Springer—Verlag.

Strack, F., Martin, L. L., and Schwarz, N. (1988). Priming and communication: Social determinants of information use in judgments of life satisfaction. *European Journal of Social Psychology, 18,* 429~42.

Strack, F., Schwarz, N., Chassein, B., Kern, D., and Wagner, D. (1990). The salience of comparison standards and the activation of social norms: Consequences for judgments of happiness and their communication. *British Journal of Social Psychology, 29,* 303~14.

Strack, F., Schwarz, N., and Gschneidinger, E. (1985). Happiness and reminiscing: The role of time perspective, mood, and mode of thinking. *Journal of Personality and Social Psychology, 49,* 1460~69.

Strack, F., Schwarz, N., and Wänke, M. (1991). Semantic and pragmatic aspects of context effects in social and psychological research. *Social Cognition, 9,* 111~25.

Sudman, S., Bradbum, N., and Schwarz, N. (1996). *Thinking about answers:*

The application of cognitive processes to survey methodology. San Francisco: Jossey—Bass.

Taylor, S. E., and Brown, J. D. (1988). Illusion and well—being: A social psychological perspective on mental health. *Psychological Bulletin, 103,* 193~210.

Taylor, S. E., and Lobel, M. (1989). Social comparison activity under threat: Downward evaluation and upward contacts. *Psychological Review, 96,* 569~75.

Taylor, S. E., Wayment, H. A., and Carrillo, M. (1996). Social comparison, self—regulation, and motivation. In R. M. Sorrentino and E. T. Higgins (Eds.), *Handbook of motivation and cognition* (vol. 3, pp. 3~27). New York: Guilford.

Taylor, S. E., Wood, J. V., and Lichtman, R. R. (1983). It could be worse: Selective evaluation as a response to victimization. *Journal of Social Issues, 39,* 19~40.

Tesser, A. (1988). Toward a self—evaluation maintenance model of social behavior. In L. Berkowitz (Ed.), *Advances in experimental social psychology* (vol. 21, pp. 181~227). New York: Academic Press.

Tesser, A., and Martin, L. L. (1996). The psychology of evaluation. In E. T. Higgins and A. W. Kruglanski (Eds.), *Social psychology: Handbook of basic principles* (pp. 400~432). New York: Guilford.

Thaler, R. H. (1985). Mental accounting and consumer choice. *Marketing Science, 4,* 199~214.

Tourangeau, R., and Rasinski, K. A. (1988). Cognitive processes underlying context effects in attitude measurement. *Psychological Bulletin, 103,* 299~314.

Tversky, A. (1977). Features of similarity. *Psychological Review, 84,* 327~52.

Tversky, A., and Gati, I. (1978). Studies of similarity. In E. Rosch and B. B. Lloyd (Eds.), *Cognition and categorization* (pp. 81~98). Hillsdale, N. J.: Erlbaum.

Tversky, A., and Griffin, D. (1991). On the dynamics of hedonic experience: Endowment and contrast in judgments of well—being. In F. Strack, M. Argyle, and N. Schwarz (Eds.), *Subjective well—being* (pp. 101~18). Oxford: Pergamon.

Varey, C., and Kahneman, D. (1992). Experiences extended across time: Evaluation of moments and episodes. *Journal of Behavioral Decision Making, 5,* 169~95.

Walster, E., Walster, G. W., and Berscheid, E. (1978). *Equity theory and research.* Boston: Allyn and Bacon.

Wänke, M., Schwarz, N., and Noelle—Neumann, E. (1995). Asking comparative questions: The impact of the direction of comparison. *Public Opinion Quarterly, 59*, 347~72.

Wayment, H. A., Taylor, S. E., and Carrillo, M. (1994). The motivational and performance implications of upward and downward comparisons. University of California at Los Angeles. Unpublished paper.

Wells, G. L., and Gavanski, I. (1989). Mental simulation of causality. *Journal of Personality and Social Psychology, 49*, 1460~69.

Weiner, B. (1985). An attributional theory of achievement motivation and emotion. *Psychological Review, 89*, 548~73.

Wills, T. A. (1981). Downward comparison principles in social psychology. *Psychological Bulletin, 90*, 245~71.

Wood, J. V. (1989). Theory and research concerning social comparisons of personal attributes. *Psychological Bulletin, 106*, 231~48.

Ybema, J. F., and Buunk, B. P. (1995). The effects of social comparison direction and social comparison dimension upon affect and identification among disabled individuals. *British Journal of Social Psychology, 34*, 279~92.

5장

그러면 좋지 않겠니? 미래의 감정 예측

조지 로웬스타인 · 데이비드 슈케이드

쾌락론의 메커니즘(즉, 사람들을 행복하게 만드는 것)은 그림의 절반일 뿐이다. 나머지 절반은 사람들이 이러한 메커니즘을 인식하고 자신들의 삶에 적용할 수 있는지에 대한 문제이다. 모든 결정은 미래의 취향이나 감정에 대한 예측을 수반한다. 결정의 질은 결정적으로 그러한 예측의 정확성에 달려 있다. 대부분의 감정 예측은 아마도 상당히 정확할 테지만 사람들이 체계적인 예측 오류를 범하게 하는 많은 상황이 있는 것으로 보인다. 이 장에서는 그러한 오류가 발생하는 경우와 이유를 중점적으로 다룰 것이다. 감정 예측의 정확도를 측정하려면 사람들이 특정 상황에서 자신들이 어떻게 느낄 것인지에 대한 예측과 그 상황에서 궁극적으로 경험하는 감정을 대조해야 한다. 이러한 구조는 감정 측정의 어려움과 현상의 시점 간 특성 때문에 연구자들에게 중대한 방법론적 도전이 된다. 취향 및 감정 예측에 대한 연구는 폭넓은 여러 문헌에 나와 있으며, 매우 다양한 주제를 다뤄왔다. 이 재고찰에서 우리가 보여줄 취향과 감정에 대한 잘못된 예측의 상이한 예들은 감정을 예측할 때 주요한 오류의 원인으로 서로 다르면서도 관련이 있는 최소한 세 가지 메커니즘을 시사한다.

1. 사람들은 종종 행복의 결정 요인에 대한 부정확한 직관적 이론을 가지고 있다. 따라서 그런 이론에 근거해 예측할 때는 오류를 범하기 마련이다.
2. 미래의 감정을 예측할 때, 경험한 감정에 실제로 영향을 미치는 어떤 고려 대상들에 비해 다른 고려 대상들이 부각되어 보일 수 있다.

3. '차가운' 상태에 있을 때 사람들은 자신들이 흔히 '뜨거운' 상태 — 예컨대, 분노하거나 배고픔을 느끼거나 고통스럽거나 성적으로 흥분한 상태 — 에 있을 때 어떻게 느낄지, 뭘 할지 상상하기 어렵다. 또한 뜨거운 상태에 있을 때 사람들은 자신들이 필연적으로 식게 되리라는 것을 상상하기 어렵다. 이러한 '뜨거운/차가운 상태의 감정이입 차이'는 감정과 행동 모두를 예측하는 데 오류를 초래할 수 있다.

직관적인 이론은 흔히 변화에 저항하고, 경험에 대한 기억 자체는 종종 편향되어 있거나 불완전하고, 경험은 진단 패턴을 눈에 띄게 할 만큼 자주 반복적으로 일어나지는 않기 때문에 경험을 통한 학습은 예측 오류에 대한 폭넓은 해결책을 제공해 주지는 않는 것으로 보인다.

비치 보이스(Beach Boys)의 노래, "Wouldn't It Be Nice"에서 한 청년은 연인과의 결혼이 줄 행복에 대한 기대감을 훼방 놓는 부모의 심한 간섭을 한탄한다. 만일 청년의 소망이 실현된다면, 그는 자신이 믿었던 만큼 행복할까? 아니면 그의 부모는 미래의 그의 선호에 대해 그가 알지 못하는 뭔가를 알고 있는 걸까? 조지 버나드 쇼(George Bernard Shaw)라면 "인생에는 두 가지 비극이 있다. 하나는 우리의 마음속 소원을 이루지 못하는 것이고, 다른 하나는 마음속 소원을 이루는 것이다"라고 언젠가 했던 말을 다시 언급하며 부모의 편을 들었을 것이다.

이 책은 주로 쾌락론의 메커니즘, 즉 사람들을 행복하게 만드는 것에 관한 내용을 다루고 있다. 하지만 이것은 그림의 절반일 뿐이다. 나머지 절반은 사람들이 이러한 메커니즘을 인식하고 자신들의 삶에 적용할 수 있는지에 대한 문제이다. 마치(March, 1978)가 한 중요한 논문에서 언급했듯이, 모든 결정은 미래의 취향이나 감정에 대한 예측을 수반한다. 이를테면 결혼은 자신이 배우자에 대해서 장기간 가지게 될 감정을 예측하는 것을 수반한다. 석·박사 학위를 받기 위해 대학원에 입학하는 것은 장기간의 경력 선호에 대한 예측뿐만 아니라 학생 생활에 대한 느낌에 대한 예측도 수반한다. 차를 구입하는 일은 다른 차들을 운전하는 기분은 어떨지에 대한 예측을 수반한다. 이와 같은 각각의 예에서 결정의 질은 결정적으로 예측의 정확성에 달려 있다. 감정 예측의 오류는 이혼, 낙오, 경력 소진 및 소비자 불만 등의 단위로 측정된다. 자신의 감정에 대한 사람들의 예측의 정확성은 개인의 웰빙에 있어서 중요할 뿐만 아니라 공공 정책에 있어서도 점점 더 중요해지고 있다.[1] 최근 수십 년 동안 공적인 가치 측정에 기반을 두고 공공 정책을 펴려는 시도가 늘어나고 있다. 이러한 시도로 가장 잘 알려진 것은 오리건주의 건강관리 배급제도와 관련한 실험이지만 공적 가치에 기반을 둔 공공 정책을 펼치려는 시도는 교통안전과 환경 정책과 같은 다양한 분야에서 이루어져 왔다.[2] 공적 가치의 측정은 일반적으로 응답자들에게 자신들이 현재 상태와는 다른 건강 상태나 환경 상태에 있을 경우에 기분이 어떨지에 대해서 예측해 볼 것을 요구하는 조사를 필요로 한다. 그러므로 측정된 가치의 중요성과 그 가치를 기반으로 한 정책의 최적성은 부분적으로 감정에 대한 예측의 정확도에 달려 있다.

의심할 여지없이, 감정에 대한 대다수 예측은 합리적으로 정확하다. 사람들은 직장을 잃거나 실연당하거나 시험에 떨어질 경우에 기분이 좋지 않을 거라는 걸 안다. 새로운 직장을 잡을 경우에는 처음 며칠 동안은 스트레스를 받게 될 거라는 걸 알며, 조깅 이후에는 '기분이 고양되는' 경험을 할 거라는 걸 안다. 하지만 사람들이 자신의 미래 기분을 체계적으로 잘못 해석하는 많은 상황이 있는 것으로 보인다. 그러한 상황으로는 너무 어린 나이에 하는 결혼 말고도 배가 고파 식료품을 구매하는 일, 욕정의 순간의 사랑 고백, '딱 하나만 더 먹고' 더 이상 먹지 않을 수 있다는 믿음, 겨울에 여름이 오면 남부 지방에서 휴가를 보내겠다고 결심하는 일, 수입이 10퍼센트만 오르면, '행복한 삶'을 살 수 있으리라는 믿음 등을 들 수 있다.

이 장에서 우리는 감정을 예측할 때 그러한 오류가 발생하는 경우와 이유에 대한 물음에 답하고자 한다. 다음에서 우리는 감정에 대한 예측 연구와 관

---

1   (지은이) 미래의 감정에 대한 예측은 의사결정에 중요한 정보를 제공해 주는 것 외에도 다른 여러 이유로 중요하다. 기대는 그 자체로 쾌락과 고통의 중요한 원천이다(Bentham, 1789; Tiger, 1979; Loewenstein, 1987; Elster and Loewenstein, 1992). 미래에 기분이 좋을 거라고 기대하는 사람들은 일반적으로 현재 좋은 기분을 느낀다. 이와 마찬가지로 부정적인 기대감은 당장 부정적인 감정을 유발한다. 기대감은 후회 및 실망과 같은 결정 후의 감정의 중요한 결정 요인이기도 하다(Gillovich and Medvec, 1995; Loomes and Sugden, 1982). 왜냐하면 사람들은 자신들이 특정한 상황에서 느끼는 감정을 감정에 대한 자신들의 기대감과 자연스럽게 비교하기 때문이다.

2   (지은이) 환경 영역에서 '조건부 가치 측정' 방법은 다양한 환경 시설에 대한 공적 가치를 측정하는 데 사용되어 왔다. 이 측정은 석유 또는 화학 물질 유출과 같은 환경 피해와 관련된 소송에 대한 지침뿐만 아니라, 정부 지출의 배분 및 부지 계획에 대한 결정과 개발 결정을 하는 데 필요한 정보를 제공하기 위해서도 이용된다.

련한 여러 방법론적인 문제를 논할 것이다. 그다음으로는 그러한 예측의 정확도를 검토한 다양한 연구의 결과를 고찰할 것이다. 그다음에는 종합적으로 볼 때, 큰 부류의 예측 오류들을 설명할 수 있는 서로 다른 세 가지의 원인을 논할 것이다. 마지막으로 사람들이 자신들의 감정을 예측할 때 체계적인 오류를 범한다는 사실과 관련해, 의사결정과 사회 정책의 함의에 대해 논할 것이다.

감정 예측 연구에 관하여

감정 예측의 정확도를 측정하기 위해서는 특정한 상황에서 자신들이 어떻게 느낄지에 대한 사람들의 예측과 그들이 그러한 상황에서 궁극적으로 경험하는 감정을 대조해 볼 필요가 있다. 이 과제는 감정 측정의 어려움과 현상의 시점 간 특성 때문에 연구자들에게 중대한 도전이 될 수 있다. 이러한 장애를 극복하려는 시도로 연구자들은 다양한 연구 설계와 측정법을 사용해 왔다.

연구 설계 문제

예측된 감정과 실제 감정을 서로 비교하는 데 이용되는 상이한 연구 설계는 많다. 그중에 최고의 연구 설계는 일반적으로 장기 전향적(前向的) 연구이다. 예를 들어, 자신들이 얼마나 육아를 즐길지에 대해서 출산을 앞둔 부모들이 하는 예측의 정확도를 연구하기 위해, 우리는 그들에게 첫 아이를 출산하기 전에 자신들이 아기를 출산한 이후 어느 시점에서, 즉 아기의 첫 생일에 얼마나 행복감을 느낄지에 대해 0~100점의 '행복' 척도로 예측해 볼 것을 요구했다. 아기의 첫 번째 생일날이 오면, 부모는 앞서와 같은 척도로, 실제로 얼마나 행복감을 느끼는지 보고하라는 요구를 받았다. 하지만 그러한 장기 전향적 설계에는 여러 가지 문제가 뒤따른다.

첫째, 그 설계는 예측 가능한 중단 기간의 현상에만 적합하다. 그것은 연구자가 예측할 수 없는 사건(예컨대 매우 빈번히 지진이 발생하는 지역 이외의 지역에서 발생한 대형 지진들)에 대해 예측한 영향과 실제 영향을 연구하는 데는 적절하지 않다. 또한 지구의 기후 변화처럼 장기간 일어나는 과정에 대한 반응을 연구하는 데도 적합하지 않다.

두 번째 문제는 척도화와 관련이 있다. 사람들이 척도를 해석하는 방법은 시간의 흐름에 따라 변한다. 이는 자기 규범화(이 책, Frederick and Loewenstein을 참조)로부터 기인하거나 아니면 성숙과 같은 다른 효과들로부터 기인한다. 예를 들어, 양육이 극단적으로 고양된 감정 혹은 극단적으로 저조한 감정을 유발한다면, 부모들은 매우 행복하거나 매우 불행한 것이 의미하는 바의 개념을 바꿀 수도 있다. 그 결과 그들에게 0~100점의 행복 척도의 기준점은 양육의 기쁨이나 불행을 경험하기 전과 후에 다른 의미를 가질 수도 있다.

셋째, 예측되었던 시점에서 사람들이 실제로 느끼는 감정은 앞선 예측의 영향을 아주 다양하게 받을 수 있다. 예를 들어, 예측 행위는 이전 기대치를 크게 부각시켜, 낙담과 환희와 같은 대조적인 감정을 증폭시킬 수 있다. 따라서 양육은 계속해서 기쁨을 줄 것이라고 단호히 예측한 부모들은 사실상 온갖 잡다한 심정을 보고할 때 그런 예측을 하지 않았을 경우보다 더 기분이 좋지 않을지도 모른다. 그렇지 않으면, 그리고 아마도 가장 일반적으로, 예측은 심리학 문헌에서 논의되어 온 다양한 메커니즘을 통해 자기 충족적 예언(이를테면, Jones, 1977을 참조)의 한 유형이 될 수 있을 것이다. 결국, 사람들은 현재의 감정에 대해서 자기 성찰적으로 탐색하려는 노력을 피하고 단순히 이전의 예측을 보고할 수도 있다.

사람들로 하여금 단호히 예측하게 하는 것과 연관이 있는 이 세 가지 문제를, 한 집단의 예측을 다른 집단의 실제 보고와 대조하는 피험자 간 연구를 함으로써 제거할 수 있다. 하지만 피험자 간 설계는 상대적으로 훨씬 낮은 통계적 검증력을 지니며, 예측 오류들 — (각각의 피험자는 예측이나 경험을 제시할 수 있을 뿐이기 때문에 즉각적으로 측정할 수 없는 오류들) — 의 상관관계의 검증과 같은 다양한 흥미로운 분석들을 배제한다. 그렇다면, 아마도 최상의 설계는 피험자들의 절반은 예측을 하고 나머지 절반은 예측을 하지 않은 다음, 모두 자신들의 실제 행복감을 보고하는 피험자 간 설계와 피험자 내 설계의 혼합형일 것이다(예컨대, Loewenstein and Adler, 1995; Rachman and Eyrl, 1989를 참조).

다른 연구 설계도 가능하다. 일부 연구자들은 사람들에게 현재 감정이 어떤지 묻고 과거의 어떤 시점에서는 감정이 어떨 거라고 기대했는지 회상하도록 요구하는 후향(後向) 연구를 시행했다. 예를 들어, 수드펠드와 그의 동료들(Suedfeld et al., 1982)은 장기간 독방 감금 상태인 수감자들에게 현재 감정을 보고하고 자신들이 독방에 처음 수감될 때 어떻게 적응하리라 기대했는지 회상하도록 요구했다. 이 설계가 지닌 중요한 문제는 사람들이 실제로 느끼는 감정이 전에 기대했던 감정에 대한 회상을 아마 편향을 축소하는 방식으로 크게 왜곡시킬 가능성이 높다는 점이다. 이는 '사후 과잉 확신 편향'이다. 즉, 사람들은 자신들이 실제 감정 그대로 과거에 기대했다고 잘못 기억해 낼 가능성이 높다. 반면에 사람들은 확신하지 못한 기대감에 대해서는 꽤 잘 기억해 낼 수 있다(예컨대, Hastie, 1984; Mandler, 1975를 참조).

가능한 또 다른 설계는 어떠한 유형의 사건을 접한 한 피험자 집단에게 그 사건이 자신들에게 어떻게 영향을 미칠 것인지 예측해 보라고 요구하는 반면에 그것과 일치하는 사건을 이미 경험한 또 다른 집단에게는 그것이 어떤 영향을 미쳤는지 묻는 횡단 연구 설계이다. 로웬스타인과 프레더릭(1997)은 그러한 설계를 이용해서 다양한 장기 환경적인 사건(예컨대, 어류 자원의 고갈)과 (체중 증가와 같은) 비환경적인 사건이 주관적 웰빙(SWB)에 미치는, 예측 영향과 실제 (즉, 자기보고된) 영향을 연구했다. 일부 피험자들은 그 사건이 향후 10년 동안 자신들의 웰빙에 어떤 영향을 미칠지 예측하라는 요구를 받았고, 다른 일부 피험자들은 그 사건이 지난 10년 사이에 발생했는지의 여부와 그 사건이 자신들의 웰빙에 어떤 영향을 미쳤는지 보고하라는 요구를 받았다. 슈케이트와 카너먼(1997)은 유사한 설계를 이용해서 캘리포니아에 거주하는 대학생의 자기보고된 웰빙과 미국 중서부에 거주하는 학생들이 예측한 웰빙을 대조했다. (또한 그 반대의 조건으로 두 피험자 집단을 대조해 보았다.) 물론 이러한 설계에는 많은 한계가 있기 마련이다. 첫째, 그 설계는 장래의 사건과 회고적인 사건을 서로 연결시키기 어려울 수 있다. 둘째, 앞서 언급했듯이 회고적인 보고는 아주 부정확하다. 하지만 제한된 연구 기간 동안에 장기간의 효과를 연구하려면, 그러한 설계는 유일한 실용적 설계일 수 있다.

감정 측정

감정 예측의 정확도를 평가하는 가장 간단한 방법은 예측 감정과 실제 감정을 동일한 척도로 측정하는 것이다. 따라서 앞서 언급한 양육의 예에서, 예측된 행복과 실제 행복은 0~100점의 '행복 척도'로 측정될 수 있다. 이러한 유형의 주관적인 평정은 두 가지 이유에서 측정하려는 감정을 정당화하지 못할 수 있다. 즉, 단 하나의 평정 척도는 1차원적인 것인 반면에 감정은 다차원적인 것이기 때문이며, 응답자는 미래의 감정을 예측할 때 '차가운' 상태에 있는 반면에 감정은 그 특정상 '뜨거운' 것이기 때문이다. 이러한 어느 한 가지 또는 두 가지 모두의 이유 때문에, 양육이 70점의 행복감을 줄 거라고 예측하고 나서, 나중에 70점의 행복 수준을 보고한 개인은 동일한 점수에도 불구하고 자신이 양육을 어떻게 느낄지에 대해서 정확하게 예측하지 못했다고 느낄지도 모른다.

다차원성의 문제는 예측된 행복과 실제 행복을 측정하는 과제를 복잡하게 만들지만, 적어도 원칙적으로는 다차원 척도들을 사용하여 해결할 수 있다. 사람들은 이러한 척도들로 서로 다른 다양한 감정적 차원에서 자신들 (또는 자신들의 예측)을 평가하거나, 그들이 현재 어떻게 느끼는지 묘사한 다양한 형용사를 체크한다(Melzack, 1975; Niven and Brodie, 1995). 이러한 척도들의 중요한 문제점은 통계적으로 함께 작업하기가 어렵고 모든 척도에 걸쳐 일관되고 쉽게 해석할 수 있는 패턴을 거의 생성하지 못한다는 것이다. 반면에 1차원 척도의 경우에는 단순히 t-검정으로만 편향을 측정할 수 있으나 다차원상의 차이를 측정하기가 더 어렵다. 이는 부분적으로는 모든 차원들에 걸쳐 평균치의 변화를 찾아야 하기 때문이고 부분적으로는 축소된 통계적 검증력 때문이다.

뜨거운 상태/차가운 상태의 불일치와 관련된 문제는 비교적 해결이 어렵고, 우리가 아는 바로는 감정 예측과 관련한 문헌에서 논의된 적도 없다. 하지만 그 문제는 고통에 대한 기억과 관련한 문헌에서 약간 주목을 받았다. 고통 기억에 관한 많은 연구들은 피험자들에게 특정 시점에서 경험하는 고통을 일차원 또는 다차원 척도로 평가한 다음에 동일한 척도로 고통에 대한 기억을 보고하도록 요구한다. 이러한 연구의 대다수는 대부분의 사람들이 자신들의 고통에 대한 기억이 불명료하다고 사실상 믿더라도 고통에 대한 기억은 비교적 정확하다는 결론을 내렸다. 이처럼 불일치하는 이유에 대한 한 가지 설명으로 고통 기억에 대한 직관과 고통에 대한 기억 연구가 고통 기억의 상이한 측면을 다루고 있다는 점을 들 수 있다. 예컨대, 몰리(Morley, 1993)는 가능한 세 가지의 변형된 고통에 대한 기억 — 고통에 대한 감각적인 재경험, 재경험 없이 고통의 강렬하고 감각적이고 감정적인 속성에 대한 기억, 고통을 경험한 상황에 대한 기억 ─ 을 구별했다. 고통 기억에 대한 대부분의 연구가 두 번째 기억에 초점을 맞추고 있지만, 사람들이 고통에 대한 불명료한 기억을 보고할 때는 첫 번째 기억을 언급할 가능성이 높아 보인다.[3] 분노, 행복, 슬픔 등과 같은 다른 감정 유형에 대해 개괄적으로 말하면, '차가운' 지필 평정은 감정 상태의 '뜨거운' 차원을 포착하지 못할 실질적인 위험을 안고 있다.

리드와 로웬스타인(Read and Loewenstein, 1996)이 수행한 고통 기억에 대한 한 연구는 그러한 지필 평정에 대한 의존의 위험성을 실증적으로 보여준다. 그 위험성에는 고통 기억에 대한 두 가지 유형의 측정법이 있다. 첫째, 고통의 강도와 고통의 다른 차원들에 대한 전통적인 평정이고, 둘째, 보상을 받는 조건으로 고통을 기꺼이 수용할 의향, 즉 피험자들에게 상이한 보상 금액(1달러, 3달러, 5달러)에 대한 대가로 상이한 시간(1분, 3분, 5분) 동안에 얼음물에 손을 담그는 일을 택하는 선택권을 주는 것을 수반하는 '결단에 근거한 측정법'이다. 얼음물 시료를 피험자들의 일부는 방금 체험했고, 일부는 일주일 전에 체험했고, 일부는 체험하지 않았다. 고통 평정은 세 집단 간에 유의미한 차이가 없었지만, 보상을 대가로 고통을 기꺼이 체험하려는 의향은 현저하게 달랐다. 즉 고통 시료를 체험하지 않은 집단에서 그 의향이 가장 높았고, 방금 고통 시료를 체험한 집단에서 그 의향이 가장 낮았다. 결단에 근거한 고통 기억 측정이 고통 기억의 뜨거운 차원을 이용해서든, 아니면 어떤 다른 이유 때문이든, 그 측정은 지필 평정이 포착할 수 없었던 고통의 어떤 특정한 측면을 분명히 측정했다.

---

3 (지은이) 몰리(1993)는 한 연구에서 피험자들에게 고통 사건을 회상해 보라고 요구한 후, 그 사건에 대한 변형된 세 가지 고통 기억 차원의 범위를 측정하고자 설계한 질문을 했다. 피험자들이 두 번째 유형의 고통 기억에 관한 질문을 받았을 때 피험자들의 59퍼센트는 적어도 고통 감각의 일부를 회상할 수 있었던 반면에 나머지 41퍼센트는 고통 감각을 전혀 회상할 수 없으며 따라서 고통 경험의 생생함을 평정할 수 없다고 보고했다. 예를 들어, 한 피험자는 "나는 고통이 점점 더 악화되어 간 걸 기억하고 있지만, 고통이 어떠했는지는 전혀 기억할 수 없다"라고 보고했다. 그 고통을 실제로 재경험했다고 보고한 피험자는 단 한 명도 없었다. 스트롱맨과 켐프(Strongman and Kemp, 1991)는 고통에 대한 자발적인 설명은 몰리의 세 번째 유형의 고통 기억 ─ 고통을 경험한 상황에 대한 기억 ─ 에 맞는 경향이 있었다는 사실을 밝혔다. "그 묘사는 응답자들의 감정보다는 절대적으로 사건의 '객관적인' 세부 사항에 관한 것이었다."(195)

다른 연구들은 감정을 직접 측정하지 않고, 오히려 경험 이전의 상이한 시점들에서 취향이나 선호도를 측정했다. 특정한 조건 아래, 상이한 시점들에서 선호도가 불일치할 경우, 예측 오류가 발생할 수 있다. 예를 들어, 시몬슨(Simonson, 1990)은 피험자들에게 일주일 후나 몇 주 후에 먹을 간식을 선택하도록 요구하고 나서, 바로 간식을 먹을 수 있는 날이 왔을 때, 어떤 간식을 선호하는지 다시 선택하도록 요구했다. 시몬슨은 이 두 세트의 선호도를 비교함으로써 시간의 흐름에 따라 선호도들 사이에 체계적인 불일치가 일어났음을 확인할 수 있었다. 경험과 시간적으로 가까운 시점에서 평가했을 때조차 선호도가 감정의 직접적인 척도일 수는 없지만, 선호도 예측과 감정 예측은 밀접히 관련이 있는 과제라고는 할 수 있다.

감정 예측에 대한 경험적 연구

광범위하게 산재해 있는 감정 예측의 문헌에 대한 우리의 재고찰을 예측 감정을 연구해 온 다섯 가지 폭넓은 영역, 즉 대상에 대한 감정(즉, 취향), 변화된 생활환경(예컨대, 주관적 웰빙에 대한 예측), 건강 상태의 변화(예컨대, 의료 시술의 고통이나 결과), 유혹을 받거나 속박 상태에 있을 때의 행위(예컨대, 갈망, 사회적 압력), 기타 현상으로 정리할 수 있을 것이다.

대상에 대한 감정

여러 연구들은 포만 효과와 소유 효과와 같은 취향 — 대상에 대한 감정 — 의 변화와 관련하여 다양한 과정을 검토해 왔다. 카너먼과 스넬(1990, 1992)은 감정 예측에 명확히 초점을 맞춘 첫 번째 연구에서 피험자들에게 연이은 8일간, 음악을 듣는 동안에 아이스크림이나 플레인 요구르트 1인분을 섭취하게 했다. 카너먼과 스넬은 실험을 시작할 때, 피험자들에게 시간이 지남에 따라 섭취 경험을 어떻게 느끼는지 예측하고, 각각의 8일 동안 그 경험을 평가해 줄 것을 요구했다. 아이스크림을 먹은 피험자들은 포만감을, 즉 시간이 지남에 따라 아이스크림에 대한 만족도가 떨어질 거라는 걸 정확히 예측했다. 하지만 플레인 요구르트를 먹은 피험자들 또한 시간이 지남에 따라 그것을 덜 좋아하게 될 거라고 예상했지만, 실제는 그것을 더 좋아하게 됐다. (혹은 플레인 요구르트를 먹는 것을 혐오 경험으로 생각했던 피험자들은 그것을 덜 싫어하게 되었다.) 하지만 가장 인상적인 연구 결과는 경험에 대한 개개 피험자들의 예상 반응과 실제 반응 사이의 상관관계가 0에 가까웠다는 사실이다. 피험자들의 감정은 시간이 지남에 따라 상당히 변했지만, 그들은 처음에는 자신들의 감정이 어떻게 변할지 거의 알지 못했다.

카너먼과 스넬은 취향에 대한 예측이 일반적으로 부정확하지만 큰 편향은 없는 것으로 나타나는 연구 결과를 관찰했던 반면에 시몬슨(1990)은 그 예측이 심각한 편향을 띤 해석이 될 수 있다는 연구 결과를 관찰했다. 한 반의 학생들은 일정한 기간 간격을 두고 이어지는 세 개의 수업 동안에 먹을 수 있는 여섯 가지 간식 중에서 하나를 선택했다. '동시 선택' 조건에서 연구 첫날, 피험자들은 세 가지 스낵을 전부 선택했다. 즉, 첫날에, 피험자들은 그날 수업 동안 먹을 간식은 물론이고 둘째 날, 셋째 날 먹을 간식도 선택했다. '순차적인 선택' 조건에서 학생들은 먹게 될 예정인 바로 그날에 각각의 간식을 선택했다. 시몬슨은 학생들이 선택을 당일에 개별적으로 하는 경우(순차적인 선택 조건)에 비해 한 날에 함께 일괄적으로 하는 경우(동시 선택 조건)에 훨씬 더 다양하게 선택을 한다는 사실을 관찰했다. 그는 그 차이를 '다양화 편향'이라고 칭했다. 시몬슨의 연구 결과를 확장시킨 일련의 연구들에서 리드와 로웬스타인(1995)은 다양화 편향 결과를 똑같이 도출해 냈다. 다양한 인위적인 설명을 배제한 그들의 실험 결과에 의하면, 동시 선택 조건에서 피험자들은 결국 두 번째, 세 번째 주에 먹을 간식을 바꾸는 쪽을 선택한 걸 후회하게 되었다. 이는 피험자들이 자신들의 취향을 잘못 예측했다는 관념과 일치한다.

로웬스타인과 아들러(Loewenstein and Adler, 1995)는 자신이 소유한 대상들에 얼마나 애착을 갖게 될지에 대한 사람들의 예측을 연구했다. 그 결과 두 연구자는 자신들의 미래 감정에 대한 사람들의 예측에서도 중대한 편향이 개입됐음을 관찰했다. '소유 효과'(Thaler, 1980)에 대한 연구 결과에 의하면, 사람들은 자신이 소유한 대상에 대해 애착을 갖게 되는 경향을 보인다. 심지어 그 대상이 소유하지 않았더라면 특별히 갖고 싶지 않았을 물건이라고 하더라도 그렇다. 소유 효과에 대한 전형적인 증명 실험(예컨대, Kahneman, Knetsch and Thaler, 1990을 참조)에서 한 집단의 피험자(판매자)들은 물건 하나를 받고 그것을 다양한 금액으로 팔 수 있는 선택권을 얻는다. 그리고 또 한 집단의 피험자(선택자)들은 그 물건을 직접 받지 못하는 대신에 그 물건을 받는 것과 다양한 액수의 돈을 받는 것 중에서 선택할 수 있는 일련의 선택권을 얻는다. 두 집단의 객관적인 부의 지위가 같다고 하더라도, 선택권을 갖게 됐을 때, 물건을 받은 피험자들이 물건을 받지 않은 피험자들에 비해서 그 물건에 훨씬 더 높은 액수를 책정했다. 한 연구에서 로웬스타인과 아들러는 몇몇 피험자들에게 한 물건을 받을 것이라고 알려주고는 일단 그것을 갖게 되면, 그 물건을 실험자에게 얼마에 팔지 예측해 보라고 요구했다. 이 피험자들과 예측하지 않은 다른 피험자들은 곧 그 물건을 받은 다음에 그것을 실험자에게 다시 팔 기회를 얻었다. 결국 아직 물건을 받지 않은 피험자들은 자신이 소유한 이후에 팔 가격을 사실상 예측하지 못했다. 두 번째 실험에서, 물건을 실제로 받은 피험자들과 물건을 받은 확률이 50퍼센트가 될 거라는 말을 들은 다른 피험자들에게 판매 가격을 제시하라고 요구했다. 판매 가격은 전자의 집단이 훨씬 더 높게 나타났으며, 물건을 받을 거라고 확신하지 못했던 피험자들이 물건에 매긴 가격은 물건을 받지 못한 피험자들이 매긴 구매 가격과 별 차이가 없었다.

변화된 삶의 환경

의사결정의 관점에서 가장 중요한 문제들 중 하나는 자신의 통제하에 있는 삶의 환경이 자신의 SWB에 미치는 영향을 사람들이 예측할 수 있는가 하는 점이다. 예를 들어, 많은 사람들은 복권이 당첨되면 행복할 거라는 이유 때문에 복권을 살 것이다. 하지만 브릭만과 코티스, 야노프-불면(Brickman, Coates and Janoff-Bulman, 1978)에 따르면, 그 이유를 당연하게 받아들일 수 없다. 그들은 복권 당첨자들과, 비공식적으로 비교하는 통제 집단에 과거와 현재, 미래의 행복에 관해서 일련의 질문을 던졌다. 복권 당첨자 집단(n=22)은 최근에(1년 내) 일리노이주에서 5만 달러~100만 달러 상금의 복권이 당첨된 사람들로 구성되었다. 복권 당첨자들은 자신들의 행복을 5점 척도로 4.0을 평가했지만, 통제 집단의 사람들은 자신들의 행복을 동일한 척도로 거의 유사한 점수인 3.82를 평가했다. 브릭만과 그의 동료들(1978)은 지난 1년 사이에 하반신 마비나 사지 마비를 남긴 장애유발 사고를 당했던 29명으로 구성된 '피해자' 집단과 인터뷰를 하기도 했다. 사고의 피해자들은 현재 자신의 행복감을 통제 집단보다 상당히 낮은, 동일한 5점 척도상의 2.96점으로 평가했지만, 많은 사람들은 피해자들이 중증 장애를 입은 상황이라는 점을 감안하면, 자기 평가된 두 집단의 웰빙 차이가 놀라울 정도로 작다는 것을 인식하게 된다. 브릭만과 그의 동료들은 복권 당첨자들과 하반신 마비 환자들의 운명을 미리 확인할 수는 없기 때문에 사람들에게 자신의 경험의 효용성을 미리 예측해 보라고 요구하지는 않았지만, 복권 당첨과 하반신 마비라는 결과가 그들의 웰빙에 미치는 영향을 두 집단이 과대평가하게 될 가능성이 높아 보인다.

슈케이드와 카너먼(1997)이 밝힌 연구 결과에 따르면, 캘리포니아 대학교의 학생들과 중서부 대학교의 학생들이 자기 지역의 기후에 대해서 느끼는 만족도에 있어서 큰 차이를 보였음에도 불구하고 두 지역 학생들이 자기보고한 웰빙 간에는 큰 차이가 없었다. 하지만 자신들과 유사한 다른 학생들의 웰빙을 평가할 경우 학생들은 전체적인 웰빙과 기후에 대한 만족도 모두에 있어 지역들 간에 큰 차이를 보일 것이라고 예측했다. 따라서 학생들은 분명히 기후 만족도의 차이에 초점을 맞추고 그 차이를 정확히 인식한 반면에 두 지역에서 이미 살고 있는 개인들이 동일한 수준의 전체적인 웰빙을 보고한 사실에도 불구하고 기후 만족도에 대한 관찰을 과대평가해서 결국에는 캘리포니아에서 살면 훨씬 더 행복할 것이라고 결론을 내렸다.

로웬스타인과 프레더릭(1997)은 한쪽 피험자들에게 다양한 개인적 변화와 환경적 변화가 향후 10년 동안 자신들의 웰빙에 어떤 영향을 미칠지 예측해 보라고 요구한 반면에 다른 피험자들에게는 지난 10년 동안 비교되는 개인적 변화와 환경적 변화가 자신들의 웰빙에 어떤 영향을 미쳤는지 평가하도록 했다. 어떤 변화는 환경적인 것(지역의 대기 오염 수준, 열대우림의 파괴, 오염으로 인한 스포츠 낚시 제한, 멸종 위기에 처한 종의 복원)이고, 어떤 변화는 사회적인 것(커피숍과 카페 수의 증가, 텔레비전 채널 및 선택할 수 있는 비디오테이프 수의 증가, 핵전쟁 위험의 감소, 에이즈 위험성의 증가)이고, 어떤 변화는 개인적인 것(자유 시간의 변화, 고통을 유발하는 만성적인 건강 질환, 가계 소득의 변화, 체중의 증가)이다. 이러한 변화를 회고적으로, 전향적(前向的)으로 비교하는 데는 중대한 문제가 있다. 예를 들어, 모든 사람들은 체중 증가가 자신의 웰빙에 어떤 영향을 미치는지 예측하라는 요구를 받을 수는 있지만 체중 증가의 (보고된) 실제 영향에 대한 데이터는 지난 10여 년간 실제로 체중이 증가한 일부 피험자들로부터만 얻을 수 있는 것이다.[4] 하지만 이러한 문제들 때문에 유발되는 잡음에도 불구하고, 데이터에서 분명한 일반적인 패턴이 나타났다. 사람들은 비교되는 과거의 변화가 자신들의 웰빙에 영향을 미쳤다는 믿음보다 훨씬 더 미래의 변화가 자신들의 전체적인 웰빙에 영향을 미칠 것으로 기대했다. 사람들은 변화를 회고적으로 생각할 때는 자신들의 환경에서 차지하는 특정한 영역의 작은 변화가 웰빙에 미치는 비교적 작은 영향도 인식하는 것으로 보이지만, 변화를 전향적으로 생각할 때는 미래적인 관점에서 그러한 변화를 전망할 능력이 부족해 보인다.

소음에 대한 장기적인 반응에 관한 연구에서 웨인스타인(1982)은 적응에 대한 과도한 예측을 뒷받침하는 증거를 보고했다. 그는 새로운 고속도로 지선이 개장하고 4개월이 지난 시점과 16개월이 지난 시점에서 그 고속도로 지선에 인접한 지역에 사는 사람들을 인터뷰했다. 피험자들은 자신들이 소음에 적응하는 능력을 처음에는 과대평가했지만, 시간이 지나면서 점점 더 그 능력에 대해 회의적인 생각을 갖게 되었다. 4개월 이후 시점에서 인터뷰를 했을 때, 주민의 21퍼센트는 소음에 괴로움을 느끼지 않았고, 44퍼센트는 결국엔 소음에 적응할 수 있을 거라고 생각했고, 30퍼센트는 적응하지 못할 거라고 생각했다. 하지만 개장 후 16개월 후에는 16퍼센트만이 소음에 괴로움을 느끼지 않는다고 반응했고, 26퍼센트가 장래에 소음에 적응할 수 있을 거라고 여전히 생각했고, 52퍼센트가 적응하지 못할 거라고 생각했다.

하지만 앞서 언급한 수드펠드와 그의 동료들(1982)의 연구 결과에 의하면, 독방에 수감된 죄수들은 자신들의 적응력을 지나치게 낮게 예측하는 것으로 나타났다.

몇 명의 죄수들은 독방에 처음 수감됐을 때 정신적으로든 육체적으로든 심각하게 쇠약해질 것을 두려워했지만 이러한 예상은 전반적으로 빗나갔다고 지적했다. 마찬가지로 그 상황에 적응할 수 없으리라는 공포도 합당한 것이 아니었다. 많은 죄수들에게 처음 72시간은 아주 힘든 시간이었지만, 그 후로 적응해 감에 따라 독방 생활은 나름 참을 만했다(330).

---

4   (지은이) 이것은 잠재적 선택 효과를 낳는다. 왜냐하면 스스로 체중을 불리는 사람들은 체중이 늘어나는 데 별 신경을 쓰지 않는 사람들일 가능성이 있기 때문이다.

길버트와 그의 동료들(Gilbert et al., 1997)은 교수의 종신 재직권을 보장받은 이후에 여러 시점에서 어떤 감정을 가지고 있을지에 대한 조교수들의 예측을 연구하고 이들의 예측을 과거에 종신 재직권을 보장받은 다른 교수들의 자기보고된 웰빙과 비교했다. 표본 프레임은 10년 동안 한 주요 대학교의 인문과학 대학에서 종신재직 대상으로 고려되고 있는 모든 조교수들로 구성되어 있으며, 세 범주, 즉 현재 임용된 조교수들, 3~5년 전에 임용된 조교수들, 5년보다 더 오래전에 임용된 조교수들로 나뉘었다. 현재 임용된 조교수들은 긍정적인 결정이 내려진 이후로 처음 5년 동안은 지금보다 훨씬 더 행복할 테지만, 그러한 차이는 향후 5년이 지나는 동안에 소실되거나 없어질 거라고 예측했다. (즉 그들은 결국에는 현실에 적응하게 될 거라고 예상했다.) 그러나 놀랍게도, 종신 재직권을 보장받은 조교수들과 보장받지 못한 조교수들 사이에 처음 5년간이든, 5년 이후 다시 5년간이든, 보고된 웰빙에는 유의미한 차이가 없었다. 조교수들은 종신 재직권을 거부당한 후 5년 동안은 실제보다 덜 행복할 것이라고 전반적으로 예측했다. 또한 그들은 종신 재직권을 보장받으면, 향후 5년 동안, 실제로 종신 재직권을 보장받은 조교수들이 실제로 느꼈던 것에 비해 더 행복할 거라고 예측했다. (비록 p < .12일 경우에만 유의미하지만 말이다.) 종신 재직권을 보장받은 이후, 두 번째 5년 동안 그러한 추정 오류는 관찰되지 않았다.

건강 상태의 변화

감정 예측에 대한 많은 연구는 건강 분야에서 나온다. 의료 서비스 제공자들은 환자들이 자신의 몸 상태에 대한 현실적인 판단으로, 정보에 의각해서 의료 절차에 동의하는지 여부를 알고 싶어 하기 때문에 감정 예측 문제에 특히 관심을 가지고 있다(이 문제에 대한 논의를 살펴보고자 한다면, Ubel and Loewenstein, 1997을 참조).

르웰린-토마스와 서덜랜드, 틸(Llewelyn-Thomas, Sutherland and Thiel, 1993)은 후두암 환자 66명에게 그들이 곧 받게 될 방사선 치료에서 기대할 수 있는 결과 유형을 설명한 후에, 다른 객관적인 결과의 여부에 따라 방사선 치료 4주 후에 어떤 기분이 들지 예측해 보라고 했다. 치료가 끝난 후, 환자들은 실제 치료 종료 상태를 기술하고 그것에 효용성을 부여했다. 실제 기분과 예

1부
·
210

측된 기분은 직접적인 효용 평정 척도와 시간교환법 효용 측정을 활용해 측정되었다. 연구자들은 효용 평점이 치료 전에 예측된 값에 아주 가깝다는 사실을 발견했다.[5] 마찬가지로 라크만과 아일(Rachman and Eyrl, 1989)도 만성적인 두통을 앓는 사람들은 미래의 두통의 강도를 상대적으로 정확히 예측했으며, 더욱이 미래의 고통에 대한 기댓값을 적절히 수정하는 경향, 즉 너무 낮게 예상한 이후에는 기댓값을 높이고, 지나치게 높게 예상한 이후에는 기댓값을 낮추는 경향을 보인다는 사실을 발견했다.

그러나 의학 분야의 다른 연구들은 미래의 감정에 대한 예측에서 체계적인 오류를 나타냈다. 예를 들어, 라크만(1988)은 사람들이 어떤 상황에서 느끼는 공포의 수준을 과도하게 예측하는 경향이 있음을 보여주는 많은 연구를 개괄적으로 설명한다. 그러한 경향은 공포증이 있는 사람들(예컨대, Rachman and Lopatka, 1986을 참조)와 공황 장애 환자들(Rachman, Lopatka and Levitt, 1988)뿐만 아니라 정상적인 피험자들에게서도 나타난다. 예를 들어, 라크만(1983)이 밝힌 사실에 의하면, 낙하산 훈련 과정을 경험하고 있는 군인 훈련생들은 훈련 과정의 마지막 단계에서 치르는 가장 어려운 점프에서 경험할 공포 수준을 과도하게 높게 예측했다(McMillan and Rachman, 1988을 참조). 켄트(Kent, 1985)는 치과 환자 44명을 상대로 치과 진료 직전, 직후, 그리고 3개월 후에 인터뷰를 했다. 피험자들은 평균적으로 자신들이 경험할 고통의 정도를 지나치게 높게 예측했다. 아마도 이와 같은 경향은 놀랄 것도 없이 치과 진료를 염려하는 피험자들에게 특히 강할 것이다. 평균 통증의 예상 수준은 100센티미터의 시각적 상사 통증 척도로 16.5점이었고 보고된 실제의 경험 통증 수준은 9.0이었다. 예상된 통증과 경험된 통증 간의 상관관계는 .16이었다.[6] 안츠와 판에크, 헤이만스(Arntz, van Eck and Heijmans, 1990)의 관찰 결과에서도 치과 치료의 통증을 지나치게 높게 예측하는 경향이 강한 것으로 나타났다.

통증을 과도하게 높게 예측하는 것으로 관찰된 연구들과는 대조적으로 최

5   (지은이) 이 연구의 약점은 자신의 객관적인 상태에 대한 피험자들의 평가가 그들의 주관적인 기분의 영향을 받을 수 있다는 점이다. 즉, 그들은 '기분이 좋지 않으니 내 건강 상태는 나쁜 게 분명해'라고 마음속으로 생각할 수도 있다. 이처럼 일종의 혼란스러운 심정은 존재하는 모든 편향을 축소하거나 무시하게 된다.

6   (지은이) 켄트는 또한 진료 3개월 후의 통증에 대한 기억이 실제 보고된 통증($r = .42$)보다 예측된 통증($r = .49$)과 더 높은 상관관계를 지닌다는 사실을 밝혔다. 평균적으로, 사람들은 통증을 시각적 상사 척도상 27.9 — 예측치인 16.5에 가까운 — 로 기억했다.

소한 두 연구에서는 사람들이 통증을 과도하게 낮게 예측하는 결과를 보였다. 흥미롭게도 이 두 연구 모두 주관적 평정보다는 행동 척도를 사용했으며, 두 가지 방법이 체계적으로 다른 결론을 낼 수 있음을 시사했다. 크리스텐슨-스잘란스키(Christensen-Szalanski, 1984)는 임신부의 대다수가 출산 중에 마취를 사용하지 않겠다는 바람과 의도를 밝혔지만 산기(産氣)가 다가오자 예전에 그들이 경험하게 될 고통의 강도를 과소평가한 듯 이전의 결정을 번복했다. 선호도의 역전은 처음 출산하는 여성들뿐만 아니라 예전에 출산의 고통을 경험한 여성들 사이에서도 발생했다. 리드와 로웬스타인(1996)은 통증 시료를 경험한 사람들과 경험하지 않은 사람들 사이에서 보상에 대한 대가로 냉압박 통증에 순응하고자 하는 의지가 눈에 띄게 차이를 보이는 결과를 관찰했다. 통증 시료를 경험하지 않은 사람들은 그 통증의 강도를 과소평가하는 것으로 보였다.

또 다른 일련의 연구들은 질병 상태와는 대조적으로, 질병 예후에 관한 좋은 소식이나 나쁜 소식에 대한 사람들의 반응 예상과 실제 반응을 비교했다. 누군가 질병에 걸린 가능성이 $p < 1$인 상황에 직면한 경우는 질병에 걸렸다는 걸 확실히 아는 것만큼 나쁘지는 않을 것이라고 직관적으로 생각할 수 있을 것이다. 마찬가지로, 누구든 확정적인 발병에 대한 공포는 파괴적일 거라고 추정할 수 있을 것이다. 정말로 이러한 믿음 때문에 사람들은 헌팅턴 무도병(Mastromauro, Myers and Berkman, 1987)과 유방암(Kash et al., 1992)과 같은 질병의 검사를 받지 않으려 하는 듯 보인다. 하지만 몇몇 연구 결과에 의하면 헌팅턴 무도병과 같은 질병에 걸렸거나 걸릴 위험성이 높다는 사실을 알게 된 사람들 사이에 정신적인 고통이 거의 없었다(Brandt et al., 1989; Wiggins et al., 1992). 사람들이 그런 소식을 듣는 데 저항하지만, 막상 들었을 때는 그 소식에 크게 악영향을 받지는 않는 것으로 보였는데, 이러한 결과는 감정의 예측상의 오류를 암시하는 것이지 실제로 그것을 증명하지는 못한다.

예측 정확성 문제를 좀 더 명확하게 설명하기 위해, 시에프와 도스, 로웬스타인(Sieff, Dawes and Loewenstein, 저널에 실릴 예정인 논문)은 HIV 검사를 받기 위해 진료소에 온 사람들을 대상으로 그 검사 결과를 받고나서 약 5주 후에 어떤 기분이 들지 스스로 예측하는 연구를 시행했다. 피험자들은 음성(좋은) 검사 결과를 받을 경우 5주 내에 예상되는 기분에 기초한 21가지 기분 항목으로 구성된 하나의 질문지와 양성(나쁜) 검사 결과를 받을 경우 5주 내에 예상되는 기분에 기초한 두 번째 동일한 질문지를 작성 완료했다. 이 연구는 예상되는 감정과 그 이후에 보고된 감정을 피험자 내 비교를 하려는 의도였지만, 양성 HIV 검사 결과의 매우 낮은 비율 때문에 양성 결과를 받은 피험자들을 상대로 그러한 비교를 할 수 없었다. 이 문제에 대한 불완전한 해결책으로 연구자들은 지역 신문의 광고를 통해 지난 4주에서 10주 사이에 양성 HIV 검사 결과를 받은 비교 집단을 모집했다. 양성 검사 결과를 예측했던 피험자들이 실제 양성 검사 결과로부터 예측하는 불행 수준은 양성 HIV 검사 결과를 받은 피험자들이 보고한 감정보다 평균적으로 더 컸다. 이는 사람들이 나쁜 소식에 직면했을 때 자신의 강인함을 지나치게 과소 예측한다는 견해와 일치한다.[7] 음성 검사 결과를 받은 사람들을 대상으로 한 피험자 내 분석이 보여주는 바에 의하면, 사람들은 앞선 결과와 유사하게 좋은 검사 결과로부터 느낄 환희 수준을 실제로 경험하는 감정보다 훨씬 더 크게 예측했다.

뉴욕타임스의 한 기사에서 콜라타(Kolata, 1997)는 건강한 사람과 아픈 사람이 불치병 환자의 생명을 연장하기 위한 '최후의 조치'에 대해서 보이는 태도 차이에 관해 언급했다. 많은 건강한 미국인들은 요양원이나 병원에서, 또는 더 나쁜 경우에는 중환자실에서 죽고 싶지 않다고 말하지만, 대부분 급성 환자 치료 병원에서 사망하는 임종 환자의 90퍼센트는 자신들이 받는 치료를 호의적으로 여겼다. 한 연구(Slavin et al., 1990; 콜라타의 1997년 글에서 인용)에서 상이한 집단의 응답자들은 3개월까지 생명 연장이 가능하다면 화학 요법의 힘든 과정을 받아들일 것인지에 대한 질문을 받았다. 화학 요법을 받아들일 거라고 말한 방사선 치료사는 단 한 명도 없었다. 종양 전문의의 6퍼센트와 건강한 사람들의 10퍼센트만이 화학 요법을 받아들일 것이라고 말했을 뿐이었다. 하지만 현재 암 환자의 42퍼센트는 화학 요법을 받아들일 거라고 말한다. 또 다른 연구(Danis et al., 1996)의 결과에 의하면, 중병을 앓고 있는 환자의 58퍼센트는 죽음이 임박했을 때 단 일주일만이라도 수명을 연장할 수 있다면 치료를 원할 것이라고 말했다. 최첨단 의료 기술을 적용받아 왔고 장기적으로 거의 이득을 얻지 않은 이후에도 사망한 환자의 가족 대다수는 광범위한 집중 치료를 다시 겪었다. 대니스(Danis)는 이렇게 논평한 바 있

7　(지은이) 그러나 집단들 간의 비교 불가능함을 감안할 때, 양성 검사 결과는 회의적으로 취급될 수밖에 없다.

다. "[살아 있는 유언장과 같은] 사전의료의향서가 기초를 두고 있는 모든 전제는 당신은 미래에 사전의료의향서에 담긴 바람대로 당신에 대해 적절한 조치가 취해질 수 있도록 어떤 인물이 그 바람의 내용을 분명히 밝혀주기를 원한다는 것이다. 하지만 그 전제는 오늘 표현한 당신의 바람이 당신의 건강이 정말로 달라진 시기에 적용될 수 있을 거라는 사실을 가정한다"(콜라타의 1997년 글에서 인용). 물론 건강한 사람들은 자신의 선호가 바뀔 것이라는 사실을 깨닫지만, 그럼에도 불구하고 미래의 병든 자신에게 건전한 선호를 부여하고 싶어 할 수도 있다. 하지만 건강한 사람들이 병이 들면, 생명 연장 치료를 기꺼이 그만두고자 하는 마음에는 부분적으로 미래의 감정을 잘못 해석한 점이 있다는 사실이 밝혀지기 십상이다.

건강한 사람들이 미래의 최후의 조치에 대한 욕망을 지나치게 과소 예측하는 데 기여할 수 있는 예측 오류의 한 가지 유형은 병자의 삶의 질에 대한 과소평가이다. 그러한 과소평가에 대한 매우 실증적인 증거가 있다. 펄맨과 울만(Pearlman and Uhlmann, 1988)이 다섯 가지 만성 질환(관절염, 허혈성 심질환, 만성 폐질환, 당뇨병, 암)을 앓고 있는 노인 외래 환자 126명을 대상으로 시행한 한 연구 결과에 의하면, 환자들은 일반적으로 자신들의 삶의 질을 '좋음, 큰 불만 없음'보다 약간 나쁘게 평가했지만, 그들을 담당한 의사들은 환자들의 삶의 질을 아주 더 나쁘게 평가했다. 이러한 패턴은 다섯 가지 질병 모두의 경우에서 일관되게 나타났다. 사켓과 토렌스(Sackett and Torrance, 1978)는 신장 투석 환자들의 (시간교환법 측정을 활용해 측정한) 삶의 질에 대한 자신들의 평가와 일반 모집단 구성원의 평가를 비교했다. 다섯 가지의 상이한 신장 투석 시나리오(예컨대, 3개월간 병원에서 투석)에 대해서 일반 대중은 실제로 그러한 상황을 경험하고 있는 사람들보다 더 나쁘게 평가했다. 보이드와 그의 동료들(Boyd et al., 1990)은 직장암 때문에 인공항문형성술을 받은 환자들이 (다양한 측정법에 기초해서) 시행한 삶의 질에 대한 자기 평가를 네 개의 '대리' 집단들(직장암 전문 외과의사들, 두 개 집단의 건강한 피험자들, 그리고 방사선치료는 받았지만 인공항문형성술은 받지 않은 직장암 환자들)이 시행한 인공항문형성술 이후의 삶의 질에 대한 평가와 비교했다. 결국, 네 개의 대리 집단들은 모두 환자들의 삶의 질을 환자들이 스스로 평가한 것보다 더 나쁘게 평가했다.

이러한 불일치는 부분적으로 환자의 기능적 상태에 대한 환자의 평가와 비환자의 평가 간의 차이를 반영할 수 있다. 자신의 기능적인 상태에 대한 환자의 보고는 일반적으로 대리인들, 특히 간호사들이 하는 평가보다 훨씬 더 호의적이다(Magaziner et al., 1988; Rubenstein et al., 1984; Epstein et al., 1989를 참조).

유혹/속박 상태의 행동

사람들이 자신의 감정을 예측하는 하나의 특별한 범주의 상황은 '차가운' 상태에 있는 사람들이 자신이 '뜨거운' 상태에서 — 예를 들어, 어떤 유형의 유혹이나 자신의 행동에 대한 강력한 영향력에 직면해서 — 어떻게 행동할 것인지 예측하려고 할 때 발생한다(Loewenstein, 1996a, 저널에 실릴 예정인 논문). 예컨대, 회복 중인 알코올 중독자는 자신이 크리스마스 파티에 별 탈 없이 참석할 수 있을는지 여부를 결정해야 하며, 라스베이거스를 방문할까 고려 중인 사람은 도박을 하지 않을 자신이 있는지 자문해 보는 게 좋을 것이다. 마찬가지로 홀로코스트 시기에 일어난 만행과 용감한 행위에 관해 들은 사람들은 그러한 상황에 처했다면 자신들이 어떻게 행동했을지, 또는 미래에 비슷한 상황에 직면했을 때 어떻게 행동할 것인지 종종 궁금해 한다. 이 분야의 연구 결과들은 매우 일관된 패턴을 보인다. 사람들은 뜨거운 상태에서 보일 수 있는 자신의 의지력을 과대평가하는 경향이 있고, 자신의 행동에 미치는 영향력을 과소평가하는 경향이 있다.

사회적 영향 두 연구는 사회적 영향이 자신의 행위에 미치는 영향을 일반적으로 과소평가하는 경향을 지적하고 있다. 밀그램(Milgram, 1965)은 자신의 유명한 전기충격 실험에 편승해 한 연구를 시행했다. 그는 피험자들에게 (알지 못하는) 실험에 참여한 경우, 자신이 무엇을 했는지 예측해 보라고 요구했다. 대부분의 피험자들은 자신이 강한 충격이라고 믿었던 자극을 전달한 행위를 인식했음에도 불구하고 충격을 주라는 압박에 자신이 굴복했으리라고는 생각하지 않았다. 이와 밀접한 관련이 있는 한 연구에서는 우로신과 셔먼, 캔(Wolosin, Sherman and Cann, 1975)이 보여주었듯이, 피험자들은 순응을 요구하는 사회 압력에 대한 자신들의 취약성을 과소 예측했다.

성적 욕망 소설 독자라면 누구든 사람이란 흔히 자신의 성적 욕망의 힘을 과소 예측한다고 하는 논쟁의 여지가 없는 관념을 발견할 것이다. 사람들은 섹스를 자제하기로 마음먹고 데이트에 나가고, 전희에 빠져들 때는 다음 단계에서는 콘돔을 사용하겠다고 생각하고, 절정의 순간이 오기 전에 '중단'할 마음을 갖고 섹스를 하기 시작한다. 하지만 골드(Gold, 1993)가 '안전한 섹스를 하려는 시도'에 관해서 게이들과 가진 인터뷰에서 알아낸 바와 같이, 그러한 결심은 흔히 '순간 흥분'해서 무너지고 만다. 다움(Daum, 1996)은 뉴욕타임스 매거진에 기고한 〈안전한 섹스라는 거짓말〉이라는 제목의 기사에서 안전한 섹스를 하라는 권고의 어리석음을 폭로한다.

로웬스타인과 나긴, 패터노스터(Loewenstein, Nagin and Paternoster, 1996)는 젊은 남성들은 자신이 성적으로 흥분하지 않았을 때보다 성적으로 흥분했을 때 데이트 성폭행을 저지를 확률이 더 높을 것으로 판단할 거라고 가정했다. 연구자들은 무작위로 배정된 남자 대학생들에게 성적인 자극을 주는 사진이나 성적인 자극을 주지 않는 사진을 보여주고, 내용상 그들의 '데이트 상대'가 그들에게 성행위를 그만하라고 요구하는 생생한 1인칭 시나리오에 노출시켰다. 성적으로 흥분한 피험자들은 흥분하지 않은 피험자들보다 성적으로 공격적인 행동을 할 가능성이 훨씬 높다고 보고했다. 이는 성적으로 흥분하지 않은 피험자들이 성적으로 흥분했을 경우에 자신들이 무슨 일을 할 수 있을지를 상상하는 데 어려움을 겪을 거라는 예측과 일치하는 결과이다.

약물 갈망 담배와 알코올 소비를 비롯한 기분 전환용 약물 소비를 고심하는 사람들의 입장에서 중요한 예측은 중독될 위험성이다. 이러한 예측은 결과적으로 약물을 일정 기간 동안 복용하고 멈추려 할 때 경험하게 될 갈망의 강도에 대한 개인의 인식에 따라 다를 것이다. 로웬스타인(1996a, 저널에 실릴 예정인 논문)은 그러한 갈망에 대한 과소평가가 약물 중독에 기여하는 중요한 요소 중 하나라고 주장하며 그것을 뒷받침하는 산발적인 증거를 제시한다. 예를 들어 린치와 보니(Lynch and Bonnie, 1994)는 고등학교 학생들에게 자신들이 5년 내에 담배를 피울 것인지의 여부를 예측해 보라고 요구한 종단적 연구의 결과를 제시한다. 가끔 담배를 피웠던(하루에 한 개비 미만을 피웠던) 응답자들 중 15퍼센트만이 5년 안에 자신들이 흡연자가 될 것으로 예측했지만, 실제로는 5년 후 43퍼센트가 흡연자가 되어 있었다. 또한 적어도 하루에 한 갑을 피웠던 학생들 중 32퍼센트만이 앞으로 5년이 흐르는 사이에도 여전히 담배를 피우고 있을 거라고 예측했지만, 실제로는 5년 후에 70퍼센트가 하루 한 갑 이상을 피우고 있었다.[8] 우리가 알기로는, 누구도 예측 갈망의 강도와 실제 강도 사이의 관계를 구체적으로 연구하지 않았다.

호기심 로웬스타인과 프렐렉, 샤토(Loewenstein, Prelec and Shatto, 1996)는 사람들이 자신들의 행동에 미치는 호기심의 영향력을 과소 예측하는 일반적인 경향을 지적하는 연구들을 시행했다(Loewenstein, 1994도 참조). 한 대표적인 연구에서 피험자들은 (11개 질문으로 이루어진 한 그룹에서 선택한) 10개의 지리 질문에 답했고, 그 질문들에 대한 해답을 얻거나 매우 먹음직한 초코바를 얻는 것 중에서 하나를 선택할 수 있었다. 절반의 피험자는 처음에 11개 질문으로 구성된 그룹에서 무작위로 선정된 한 개의 샘플 지리 질문을 받았고 남은 10개의 질문에 대답하기 전에 해답과 초코바 중에서 하나를 선택하라는 요구를 받았다. 나머지 절반의 피험자들은 단순히 10개의 질문을 받은 다음에 해답과 초코바 중 하나를 선택하라는 요구를 받았다. 10개의 질문에 대답하기 전에 선택을 한 피험자들은 마치 자신들이 경험하게 될 호기심을 과소평가라도 한 듯, 초코바를 선택할 가능성이 훨씬 더 높다. 후속 실험에서 동일한 연구자들은 피험자들에게 질문들에 대답하기 전에 실제로 어떤 것을 선택하기보다는 어떤 것을 선택할지를 예측할 것을 요구하는 조건을 포함시켰다. 이 조건에서 피험자들은 차후에 해답을 선택할 가능성을 과소평가했다.

소비 충동 오스벨(Ausubel)은 많은 신용카드 사용자들이 신용카드 계좌 잔

8　(지은이) 갈망의 강도에 대한 과소 예측을 뒷받침하는 일화적 증거도 있다. 예컨대, 시버거(Seeburger, 1993)는 중독에 관한 최근 책에서, 약물을 삼가고자 하는 동기는 "불쾌한 결과에 대한 기억이 강하게 남아 있는 한 지속된다. 그러나 … 머지않아, 중독으로 인해 겪은 고통에 대한 기억은 즉시 중독에 다시 빠지게 하는 만족감에 대한 기대감 앞에서 무색해지기 시작한다"(152). 오시아틴스키(Osiatynski)는 알코올 중독의 힘을 평가하고자 알코올 중독자의 앞에 놓인 험난한 길을 언급한다. "많은 알코올 중독자들은 바닥을 치고 정신을 차린 후에, 자신의 무력함을 깨닫고 그것을 결코 잊지 않기 위해서, 한 번이 아닌 여러 번에 걸쳐 다시 술에 취해야 한다"(128). 오브라이언과 그의 동료들(O'Brien et al., 1988)의 보고에 의하면, 코카인 중독 치료를 받는 환자들은 "흔히 짧은 치료 기간 후에 기분 좋은 마음으로, 다시는 마약을 복용하지 않을 거라고 확신하며 집으로 돌아간다. 하지만 종종 자신의 예전 마약 복용과 관련된 사람들이나 장소를 접할 때면 놀랍게도 갑자기 갈망, 금단, 심지어 '고양감'을 느끼고는 한다"(18).

고 0원을 유지할 것으로 기대하지만 그렇게 하지 못한다고 지적했다. 그들은 분명히 자신들의 미래의 소비 욕구를 과소평가하고 있다는 것이다. 이러한 자기 예측 오류는 신용카드 발급 기관들 간의 경쟁 실패로 인해 유발되는 신용카드 이자율의 하락을 설명할 수 있다. 신용카드 계좌 잔고 0원을 유지할 것으로 기대하는 소비자는 신용카드 이자율에는 신경 쓰지 않을 것이다.

배고픔 배고픈 상황에서 쇼핑을 하면 지나치게 많이 소비하기 마련이다. 하지만 우리가 알기로, 이러한 효과를 보여주는 연구는 단 하나뿐이다. 니스벳과 카노즈(Nisbett and Kanouse, 1968)는 슈퍼마켓에 들어가는 구매자들에게 무엇을 살 것인지를 예측해 보라고 요청했고, 또한 음식을 마지막으로 언제 먹었는지 말해 달라고 요청했다. 쇼핑객들이 계획했거나 예상했던 것보다 더 많은 물품을 구입했는지 확인하기 위해 계산대를 통과할 때, 연구자들은 그들을 관찰했다. 연구자들의 관찰 결과에 의하면, 정상 체중인 쇼핑객의 경우, 마지막으로 음식을 먹은 시점을 기준으로 측정한 배고픔과 과도한 쇼핑 ─ 즉, 계획했던 것보다 더 많은 물품의 구입 ─ 사이에 정적 상관관계가 나타났다. 놀랍게도, 그러한 관련성은 과체중인 쇼핑객들에게서는 관찰되지 않았다. 정상 체중 쇼핑객들에게서 보인 결과는 배고픔이 야기한 일종의 예측 오류로 해석될 수 있다.

기타 현상

입증되어 온 다른 유형의 예측 오류는 앞서 언급한 범주에 딱 들어맞지는 않는다. 미첼과 동료들(Mitchell et al., 1996)은 유럽 여행을 한 관광객들, 추수감사절 연휴 동안에 귀향한 학생들과 3주 동안 자전거 여행을 한 학생들의 행복에 대한 기대와 실제 보고, 회상을 연구했다. 응답자들은 그러한 사건이 일어나는 동안에 느끼는 행복에 대해서 지나치게 낙관적인 예측을 하는 경향이 있었고, 그 사건을 실제로 즐긴 정도보다 좀 더 즐겁게 즐길 것으로 회상하는 경향이 있었다.[9]

---

9   (지은이) 불행히도 미첼과 그의 동료들(1996)은 피험자들의 긍정적인 기대감을 검사한 것으로 보인다. 그에 따라 결과를 평균으로의 회귀로 해석할 여지를 주었다.

니콜스와 그의 동료들(Nichols et al., 1994)은 엘런 랭거(Ellen Langer)의 '통제의 환영(幻影)'이라는 개념을 토대로 실험을 실행했다. 그 실험에서 복권 추첨에 참가한 학생들은 베팅할 수 있는 번호를 받거나 아니면 번호를 직접 선택한 다음에, 그 번호 티켓을 실험자에게 다시 판매할 수 있는 기회를 얻었다. 그 결과, 그 판매 가격은 피험자들이 직접 자신의 번호를 선택했을 때 더 높았는데, 이는 랭거의 연구 결과와 일치하는 것이다. 하지만 다른 집단의 피험자들은 그 실험 설계를 제시받고 번호의 선택이 판매 가격에 어떤 영향을 미칠지 예측해 보라는 요구를 받았을 때, 두 조건 간에 차이가 없을 것이라고 예측했다. 비록 이 연구자들은 이 영역에서 자기 예측을 연구하지는 않았지만, 피험자들이 두 조건에서의 판매 가격 차이를 과소 예측했을 가능성이 높아 보인다.

마지막으로, 태트와 커닝햄, 바바커스(Tat, Cunningham and Babakus, 1988)는 소비자들이 구매할 때 환불 제안에 매우 민감하지만 궁극적으로 환불을 받기 위해서 필요한 양식을 보내는 사람은 거의 없다는 점을 관찰했다. 이러한 연구 결과로부터 논리적으로 추론할 수 있는 사실은 소비자들이 물건을 구매하는 시점에서 향후에 자신들이 쿠폰을 사용할 가능성을 과대평가한다는 것이다.

감정 예측 시에 발생하는 오류의 원인들

방금 논한 취향과 감정에 대한 잘못된 예측을 보여주는 다른 사례들은 감정을 예측할 때 생기는 오류의 중요한 원인으로 서로 다르면서도 서로 관련이 있는 적어도 세 가지 메커니즘을 지적한다. 첫째, 사람들은 흔히 행복의 결정 요인에 관한 부정확한 직관적 이론을 갖고 있다. 예컨대, 관찰되는 패턴과는 대조적으로, 결혼하면 여성이 더 행복하고 독신이면 남성이 더 행복하다고 일반적으로 여겨지고 있다. 이러한 부정확한 직관적인 이론은 여성과 남성 모두의 결혼 행복도 예측에 오류를 초래할 수 있다. 둘째, 미래의 감정을 예측할 때, 경험된 감정에 실제로 영향을 미치는 고려 대상보다 다른 고려 대상들이 부각될 수 있다. 예를 들어, 재미있는 놀이기구들의 이미지와 디즈니 캐릭터와의 만남이 디즈니 월드 방문에 대한 기대감을 지배할 테지만, 현실은 길게 이어진 대기 시간, 찌는 듯한 더위, 돈 걱정, 부부 싸움 등으로 특징지어질 가능성이 더 높다(Sutton, 1992). 마지막으로, 사람들은 굶주림, 고통, 분노와 같은 충동과 감정의 영향을 예측하는 데 어려움을 겪는 것처럼 보인다. 맹세 및 자기 기대와 상충되는 안전하지 않은 섹스는 그러한 과소 예측의 전형적인 예이다.

부적합한 직관적 이론들

사람들은 감정을 어떻게 예측할까? 이 과제의 해결에 웰빙에 관한 직관적인 이론들이 꼭 필요할 듯이 보인다. 과거의 감정에 대한 회상에 관한 한, 사람들은 흔히 과거를 그럴듯하게 해석해 재현하는 데 실제 개인적인 경험보다는 직관적인 이론에 의존한다는 것은 기정사실이나 다름없다(Ross, 1989). 예를 들어, 여성들의 생리 통증에 대한 기억은 그들의 일기 평정보다는 그 통증의 시간 경과 및 강도에 대한 개인적인 이론에 더 가깝게 들어맞는다(McFarland, Ross and DeCourville, 1989). 직관적 이론들이 감정에 대한 기억에서 그와 같은 역할을 한다면, 사람들이 이용할 수 있는 관련된 과거 경험을 실제로 가지고 있을 경우 감정 예측에 관한 한 직관적 이론들은 필연적으로 훨씬 더 중요한 역할을 할 수밖에 없다. 실제로 자신의 새로운 경험에 대한 취향과 감정을 예측하는 것에 관한 한, 사람들은 자신의 직관적인 쾌락 이론 외에 딱히 판단의 근거로 삼을 만한 것이 없다. 기억과 기대 모두에서 이론의 역할에 대해서는 사람들이 나이가 들수록 정치적 견해가 더욱더 엄격해지는 경향이 있다고 하는 흔히 갖고 있는 믿음으로 설명할 수 있다. 그러한 믿음 때문에 젊은 사람들은 과거에 견해를 바꾸었던 정도를 과장하게 되고 앞으로는 자신들의 견해가 훨씬 더 엄격해질 것이라고 예측하게 된다. 사실, 정치적 신념에 대한 장기적인 연구로부터 나온 증거는 사람들이 나이가 들수록 정치적으로 더욱더 엄격해지는 경향이 있다는 관념을 뒷받침해 주지는 않는다(Marcus, 1986; Ross, 1989).

쾌락에 관한 직관적 이론들은 매우 다양하다. 사람들은 어떤 유형의 활동들이 그들을 행복하거나 불행하게 만드는지에 관한 이론들(예컨대, 좋은 음식, 인간관계, 돈, 수면, 성관계, 알코올음료), 현재의 경험이 미래의 취향에 어떤 영향을 미치는지에 관한 이론들(만족, 중독, 취향 형성), 상이한 시점의 기분들 간의 일련의 상관관계에 관한 이론(예컨대, 감정 기복에 대한 이론, 월간 및 연간 주기에 대한 이론)을 가지고 있다. 또한 사람들을 행복하게 만드는 것과 행복하게 만드는 것에 대한 사람들의 직관적인 이론은 사람들에 따라 다르다. 바로 이런 이유 때문에 그런 직관의 정확성에 대한 연구는 매우 복잡해질 수밖에 없다. 사회과학자들조차도 흔히 웰빙의 결정 요인에 대한 근본적인 방식에 관해 같은 견해를 가지고 있지 않으며, 지배적인 견해는 예컨대 지난 반세기 동안 개인의 웰빙의 사회적 비교에 대한 인식의 중요성이 증가하거나 감소한 것에서 보이듯이, 흔히 시간이 지나면서 극적으로 변하고는 한다(가장 최근의 역사적 발전 과정에 대해서 알고 싶으면 Diener and Fujita, 1996을 참조). 이처럼 다양한 사람들의 이론들을 유도해 내기 위해 시도한 연구는 거의 찾아볼 수 없다. 아마도 이는 학문적인 공감대가 부족하여 연구의 정확성을 판단하는 것이 불가능하기 때문일 것이다. 스넬과 기브스, 베리(Snell, Gibbs and Varey, 1995)는 저자들이 논란의 여지가 없는 것으로 여기는 쾌락 과정에 대한 응답자들의 직관을 유도해 냄으로써 연구자들 사이의 공감대가 부족해서 생기는 문제를 해결하려는 시도를 했다. 그러한 쾌락 과정에는 고전적인 조건 형성 효과, 베버−페히너의 법칙, 대립 과정, 적응, 단순한 노출, 인지 부조화 효과 등이 있다. 응답자들은 고전적 조건 형성과 베버−페히너의 법칙과 같은 일부 과정들을 인식하지만 단순 노출 효과와 같은 다른 과정에 대해서 인식하지 못하는 것으로 밝혀졌다.

로웬스타인(1996b)은 소득 불평등에 대한 인식을 주로 조사한 질문지 조사에서 피츠버그 국제공항의 방문객들에게 가장 중요한 (1)에서 가장 덜 중요한 (5)까지 '사람들을 행복하게 만든 것과 관련해 중요하다고 볼 수 있는 것들'의 목록에 순위를 매길 것을 요구했다. 그러고 나서 피험자들은 다시 목록을 살펴보고 '각 요인들이 상대적으로 얼마나 중요한지를 나타나기 위해 100점을 나눠 각기 다른 요인들에 배점을 하라'는 요구를 받았다. ('기타' 범주를 제외한) 목록, 순위, 중요도 평점은 다음과 같다.

항목	평균 순위	평균 점수
가족생활	1.7	37
친구	2.4	22
직업 만족	2.5	26
고소득	3.6	15

중요도 평점은 논리적으로 특정 항목의 예상 차이에 의존해야 하기 때문에 상이한 요인의 중요도 순위를 매기는 것은 이론적으로 어렵다(Goldstein and Mitzel, 1992). 그럼에도 불구하고 '고소득'이 다른 모든 항목보다 낮은 순위로 중요도가 떨어진다고 평가된 것은 흥미로운 사실이다. 피험자들이 다른 범주들에 비해 소득에 중요도를 낮게 부여한 것은 수입의 중요도를 경시하는 SWB에 관한 문헌의 결과와 대략 일치하는 것으로 보인다(예컨대, Diener et al., 1993; Easterlin, 1995; Lykken and Telligen, 1996을 참조). 반면에 이러한 순위와 평점에서 명백한 행복의 근원으로 소득을 경시하는 것은 사람들이 다른 목표들에 비해서 고소득을 얻으려고 더 애쓰는 노력과는 다소 불일치하는 것처럼 보인다. 이러한 모순은 평점과 행동 척도가 연구자들에게 다른 결론을 내리게 할 수 있는 또 하나의 사례를 제공한다.

앞에서 개략적으로 설명한 많은 예측 오류는 아마도 이론의 부적합성을 토대로 설명될 수 있었을 것이다. 예를 들어, 선호에 미치는 소유권의 영향을 예상하지 못하는 것(Loewenstein and Adler, 1995)은 사람들이 기부 효과를 전혀 인식하지 못한다는 사실로 설명될 수 있다. 사실, 대상을 선택하는 효과에 대한 인지 부조화 이론가들의 상당한 연구에도 불구하고, 사회 과학자들은 최근에야 그 효과를 발견했다. 사람들은 앨런 랭거(Ellen Langer)의 '통제의 환상' 효과를 예상하지 못한다는 니콜스와 그의 동료들의 연구 결과(Nichols et al., 1994)는 마찬가지로 대부분의 사람들이 그 효과를 인식하지 못한다는 사실에 의해서 설명될 수 있다. 사실, 이것은 실제로 그 저자들이 제시한 설명이다. "랭거 효과에 대한 정보는 민족 심리학에 속해 있지 않기 때문에, 예측자들은 그 효과를 잘못 이해한다"(19).

길버트와 동료들(1997)은 부정적인 사건에 대한 감정적 예측에서 관찰된 오류는 피험자가 부정적인 감정을 완화시키거나 심지어 제거할 때 자신들의 '심리적 면역 체계'의 효력(정보를 변형하거나 조작하거나 무시할 수 있는 능력)에 대한 인식이 부족해서 유발되었다고 이론화했다. 앞에서 언급한 낭만적인 관계와 종신 재직권의 변화에 관한 두 가지 연구 외에도 그들은 1994년 텍사스 주지사 선거의 한 투표소에서 출구 인터뷰 조사를 실시하였다. 이 연구자들은 막 투표를 마친 사람들에게 그들이 전반적으로 얼마나 행복한지 물었고, 두 후보자(조지 부시 2세와 앤 리처즈)에 대한 평가를 요구했고, 그들이 지지하는 후보자가 당선되거나 낙선할 경우에 기분이 어떨지에 대해서 물었다. 리처즈 지지자들(대부분 민주당원들)은 부시가 (최종 결과) 승리하고 그의 승리가 그에 대한 자신들의 평가에 영향을 미치지 않는다면 훨씬 덜 행복할 것이라고 예측했던 반면에 부시 지지자들은 결과가 어떻든 달라질 게 없을 거라고 예상했다. 한 달 후에 연구자들은 같은 유권자들에게 전화를 걸어 동일한 질문을 던졌다. 두 집단의 전반적인 행복에는 변화가 없었지만, (리처즈 지지자들은 부시 지지자들에 비해서는 여전히 그를 덜 좋아했지만,) 그들의 부시에 대한 평가는 크게 향상되어 있었다. 저자들은 이러한 향상을 심리적 면역 체계가 부정적 감정을 줄이는 작용을 한 증거로 해석했다. 이는 리처즈 지지자들이 투표 당시에는 분명히 인식하지 못한 효과였다.[10] 추가적인 두 가지 실험은 거짓 부정적 피드백 효과를 검사함으로써 이 가설을 좀 더 탐구했다. 피험자들은 더 믿을 만한 출처와 덜 믿을 만한 출처, 모두로부터의 부정적 피드백이 자신들의 웰빙에 동일한 영향을 미칠 것으로 예상했지만, 실제로는 이후에 피드백이 덜 믿을 만한 출처에서 왔을 경우에 더 좋게 느꼈다. 저자들은 오류가 있는 출처로부터의 피드백이 피험자들이 사전에 믿었던 것에 비해, 심리적 면역 체계에 의해 더 쉽게 합리화되거나 무시되었다고 주장했다. 이때 저자들이 말하고자 하는 전체적인 주제의 요점은, 사람들은 부정적인 사건에 대한 자신들의 감정적 반응을 예측할 때, 부정적인 감정을 완화하거나 제거할 수 있는 자신들의 능력을 별로 인식하지 못하거나 그것에 집중하지 않는다는 것이다. 그처럼 적응 능력에 대한 인식 부족(Loewenstein and Frederick, 1997)은 만성적으로 아픈 사람의 삶의 질에 대해서 건강한 사람들이 일반적으로 과소평가하는 이유를 설명하는 데도 도움을 줄 수 있다(Boyd et al., 1990; Pearlman and Uhlmann, 1988; Sackett and Torrance, 1978).

다른 예측 오류들은 사람들이 가지고 있는 이론을 과도하게 적용하려는 경향 때문에 발생할 수 있다. 시몬슨(1990)이 증명한 다양화 편향은 그 용어로 설명될 수 있다. 사람들은 한 일정한 기간 사이에 같은 간식을 반복적으로 먹으면 그 맛이 점점 더 없어질 거라는 (정확한) 이론을 가지고 있다. 그러나 일주일에 한 번만 간식을 먹게 되는 상황에 놓이면, 사람들은 이론을 과도하게 적용해서 포만감의 영향을 과장하기 마련이다. 하지만 실제로는 그러한 상황

---

10   (지은이) 대안적인 해석을 들면, 결과적으로 부시는 상대 후보가 예측했던 것보다 더 선거를 잘 치렀다.

에서 포만감의 영향은 매우 적을 것이다. 이러한 해석과 일치하는 리드와 로웬스타인(1995)의 연구 결과가 있다. 그들은 첫 학급회의를 시작하면서 피험자들에게 세 차례의 학급회의 때 간식을 모두 즉시 먹어야 할 경우 어떤 간식을 선택할지 말하라고 요구했다. 이는 각 학급회의 사이의 시간 간격을 부각시키고 연달아 이어지는 세 차례의 학급회의 때 먹을 간식을 선택하라고 요구한 것이다. 그 결과, 순차적인 선택과 동시 선택 간의 불일치는 상당히 감소했다. 공포에 대한 과대 예측을 보여주는 라크만과 그의 동료들의 많은 연구들 또한 정확한 직관적인 이론의 과장된 적용을 반영하고 있는 것으로 보인다. 예를 들어, 뱀 공포증이 있는 사람들은 자신들이 뱀을 극도로 두려워한다는 것을 알고 있다. 그러나 아마도 공포증이 자신들에게 매우 부각되어 보이기 때문에 그들은 그런 공포감의 빈도와 강도를 과장하는 경향이 있을 것이다.

마지막으로 어떤 상황에서 사람들은 특정한 직관적인 이론의 적용 가능성을 제한하는 경계 조건을 인식하지 못할 수도 있다. 따라서 예컨대, 적어도 어떤 상황에서는 사람들이 소음에 적응하지 못한다는 증거가 있지만(이 책, Frederick and Loewenstein을 참조), 사람들은 자신들이 적응하지 못한다는 것을 인식하지 못한다. 적응의 편재성을 감안할 때 규칙에는 몇 가지 예외가 있기 마련이라는 걸 사람들이 알지 못하는 사실은 놀라운 일이 아닌 것 같다.

차별적인 부각성

필자들 중 한 명은 최근에 알래스카의 야생에서 한 친구와 야영을 하고 있었다. 여행을 하면서 그들은 스크래블(Scrabble) 게임을 여러 번 했는데 한 번은 그 필자의 친구가 '펑고(fungo)'(야구 코치가 야수에게 하는 연습 타구)라는 단어를 냈다. 그 단어가 낯설었고 찾아볼 사전이 없었기 때문에 그 필자는 그 단어를 인정하지 않았다. 그들은 문명 세계로 돌아가면 곧바로 그 단어를 찾아보기로 결심했다. (그 당시에는 꼭 그렇게 할 것이라고 예상했다.) 그 여행 중에 그들은 집으로 돌아가면 어류 도감을 구해서 자신들이 어떤 종류의 물고기를 잡아먹었는지 확인해 보기로 마음먹었다. 물론, 그들이 문명 세계로 돌아왔을 때는 스크래블 게임과 물고기 모두는 훨씬 덜 부각되었다. 그 필자는 이 장의 집필 작업을 하는 동안에 머릿속에 떠오르기 전까지는 물고기를 확인하지 않았고, 스크래블 게임의 단어를 찾아보지 않았다. 상이한 이슈와 사건과 속성의 부각성은 시간의 흐름에 따라 종종 변하기 마련이며, 그러한 부각성의 변화는 예측 오류를 초래할 수 있다. 실제로 사건을 경험할 때와는 대조적으로, 사건을 예측할 때 어떤 유형의 특징이 부각되는 경향이 있는지에 대해서 체계적으로 말할 수 있을까?

차별적인 부각성의 개념은 최근 문헌에서 크게 주목받았다. 예컨대, 길로비치와 메드벡(Gillovich and Medvec, 1995)은 사람들이 현재 혹은 방금 전의 사건에 대해 생각할 때는 저지른 행위 ─ 예컨대 사람들에게 말하지 말았어야 하는 걸 말한 것과 같이 하지 않았더라면 좋았을 것을 한 일 ─ 를 후회하는 경향이 있다고 주장한다. 하지만 훨씬 먼 자신들의 과거를 생각할 때는, 사람들은 하지 않은 행위 ─ 꼭 했어야 하는데 하지 못한 일 ─ 를 후회하는 경향이 있다. 이러한 패턴은 시간의 흐름에 따라 발생하는 부각성의 변화로 해석될 수 있다. 예를 들어 한 소녀에게 데이트 신청을 고심하고 있는 소년에게는 거절당하는 고통이 매우 부각되어 보일 수 있다. 그러나 그 고통은 몇 년 후, 용기를 내어 소녀에게 데이트 신청을 하지 못한 것에 대한 기억에 비하면 사소한 것이다. 마찬가지로, 외국어를 배우는 데 필요한 시간은 오늘의 관점에서 볼 때는 엄청나게 비용이 많이 드는 일처럼 보이지만, 5년 후에는 외국어를 배우지 못한 점이 외국어를 배우며 알차게 보냈을 시간보다 훨씬 더 부각되어 보일 것이다. 카너먼과 그의 동료들은 장기 지속적인 경험에 대한 기억 연구들을 통해 발표한 여러 논문에서 차별적인 부각성과 밀접한 관련이 있는 몇 가지 견해를 논했다. 예를 들어, 그들은 사람들이 장기 지속적인 에피소드를 되돌아볼 때, 에피소드의 정점과 종점은 매우 부각되는 경향이 있는 반면에 경험의 지속 시간은 부각되지 않는다고 주장했다(예컨대, Fredrickson and Kahneman, 1993; Kahneman et al., 1993; Varey and Kahneman, 1992를 참조).

어떤 대상이든 자신들의 주의가 향하는 것에 사람들이 지나치게 중점을 두는 것은 하나의 일반적인 규칙인 것 같다. 로웬스타인과 프레더릭(1997)이 자신들의 연구 결과를 설명하면서 논평했듯이, "응답자들은 아마도 특정한 유형의 변화에 주의를 집중할 때면 ─ 이를테면, 물고기를 낚을 기회가 올 때면 ─ 그 변화의 전체적인 중요성을 과장할 것이다." 슈케이트와 카너먼(1998)은 이러한 현상을 '초점 착각'이라고 언급하며, 초점 착각으로 자신들의 연구 결

과, 즉 사람들의 예측이 SWB에 미치는 기후의 영향을 과장하는 경향을 설명할 수 있다고 주장한다.[11]

카너먼과 슈케이트(1996)는 논점을 훨씬 더 명확하게 밝힌 또 다른 연구를 실행했다. 그들은 큰 표본의 피험자들에게 새로운 장소의 다양한 특징이 그곳으로 갑자기 이사를 와야만 했던 한 부부의 웰빙에 지속적으로 어떤 영향을 미칠지를 물었다. 피험자 내 조건에서는 피험자들에게 이사 온 후 첫 몇 개월 동안에 그리고 이사 온 후 3년 동안에 새로운 장소의 각각의 특징이 부부의 웰빙에 미칠 영향을 평가하도록 요구했다. 피험자 간 조건에서는, 피험자들에게 '이사 오기 전'에서 '이사 이후 처음 5년간'에 이르기까지 단 한 기간에 대해서만 질문을 던졌다. 피험자 내 조건의 피험자들은 새로운 곳의 특징에 대한 소박한 이야기가 쉽게 환기될 경우 변화를 예상하겠지만, 그렇더라도 처음 3년 동안 부부의 웰빙이 크게 바뀔 거라고 예상하지는 않았다. 예를 들어, '종종 저녁 식사 자리에 들르겠다고 조르는' 밉살스러운 친척의 집과 가까이 사는 장소에서 벗어날 때면 처음엔 무척 감격스러울 테지만, 3년 후에는 그러한 감격스러움은 사라지기 마련이다. 피험자 간 조건에서는 모든 특정 시기들 사이에는 차이가 없었다. 피험자 내 설계에서 피험자들의 주의가 적응의 영향에 쏠릴 경우에는 피험자들은 적응에 대한 믿음을 반영한 예측을 내놓았지만, 피험자 간의 설계에서 피험자들의 주의가 적응의 영향에 쏠리지 않을 경우에는 피험자들의 예측은 적응을 감안하지 않는 것 같았다.

차별적인 부각성은 시간의 흐름에 따른 비교점의 변화로부터도 발생할 수 있다. 이러한 변화는 자신이 물건을 구입한 후에 할인을 받기 위해 우편으로 할인 쿠폰을 보낼 가능성을 과장하려는 경향과 같은 예측 오류를 낳을 수 있다(Mitchell et al., 1996). 6달러짜리 속옷을 구매할 때는 2달러의 환불액이 커

---

11 (지은이) 초점 착각은 미래의 감정에 대한 예측 이상의 결과를 낳는다. 예를 들어, 슈트랙과 마틴, 슈바르츠(1996)는 학생들에게 전체적인 웰빙에 대해서 물은 다음에 최근에 얼마나 데이트를 했는지 묻기도 하고, 그 질문 순서를 바꿔 그 두 가지 질문을 하기도 했다. 먼저 SWB에 대한 전체적인 질문을 했을 경우에는, 두 가지 응답의 상관관계가 0.12에 불과했지만, 데이트에 대한 질문을 먼저 했을 경우에는 그 상관관계가 0.66으로 크게 상승했다. 분명히 데이트에 대한 질문을 먼저 하는 것이 피험자들의 주의를 자신들의 삶의 양상에 집중시켰고 그 인식의 중요성을 증가시켰다. 초점 착각은 또한 사람들이 특정한 시점에 무엇을 생각하든 간에 그것을 기억할 수 있는 가능성을 과대평가하는 경향이 있다는 사실을 보여주는 '메타 기억'에 관한 연구와 관련이 있다.

보이지만, 며칠 후 할인 쿠폰을 우편으로 보낼 때가 되면 6달러와 분리된 2달러의 환불액은 하찮아 보인다. 미래의 감정에 대한 예측은 미래의 사건에 대한 양식화된 표상 유형을 필연적으로 수반한다. 예를 들어, 미래의 휴가 및 휴일에 대한 심상에는 일반적으로 비, 모기, 서비스를 무례하게 하는 사람들과 같은 특색들이 포함되어 있지 않은데, 이는 여행 중에 종종 경험하게 되는 부정적인 감정을 예측하지 못하는 이유를 설명하는 데 도움이 될 수 있다(Mitchell et al., 1996). 마찬가지로, 복권 당첨에 대한 심상에는 일반적으로 반갑지 않은 언론의 주목이나 갑자기 더 친해지려는 친구들의 동기에 대한 의구심(Brickman et al., 1978)이 포함되어 있지 않으며, 마비에 대한 심상에는 새로운 취미, 관심, 그리고 사람들이 장애에 대처하기 위해서 개선한 대인관계는 포함되어 있지 않다.

마지막으로 디너와 후지타(1996)가 주장하듯이, 사회과학자들이 지난 반세기 동안 SWB에 대한 사회적 비교의 중요성을 과장해 왔다면, 이러한 과장 역시 차별적인 부각성에 기인한다고 할 수 있다. 대부분의 사람들에게 사회적 비교는 주기적으로 뿌리 깊은 불행의 원천이 된다. 이러한 사실로부터 사회적 비교가 SWB의 중요한 원인이라고 추론하는 경향은 사회적 비교에서 유발되는 그러한 불행의 감정을 실제로 경험하는 경우가 아주 드물다는 점을 고려하지 않는 데서 기인할 수 있다.

뜨거운/차가운 감정이입 격차

로웬스타인(1996a)이 언급했듯이, '차가운' 상태에 있을 때 사람들은 흔히 '뜨거운' 상태 — 예컨대, 분노, 허기, 고통 혹은 성적으로 흥분된 상태 — 에 있을 때 어떻게 느낄 것인지, 어떻게 행동할 것인지 상상하기 힘들다. '뜨거운' 상태에 있을 때 사람들은 자신들이 필연적으로 차가워질 거라는 사실을 상상하기가 종종 어려울 수도 있다. 이러한 두 유형의 뜨거운/차가운 감정 이입 격차는 감정과 행동을 예측할 때 오류를 유발한다.

뜨거운/차가운 감정이입 격차의 원인은 차가운 지필 평정으로 뜨거운 감정을 측정하는 것과 연관된 측정 문제와 밀접한 관련이 있을 것이다. 충동과 감정을 불러일으킬 수 있는 우리의 능력이 매우 제한되어 있기 때문에 사람들은 그러한 충동과 감정의 영향하에서 자신들이 어떻게 행동할 것인지 예측할 수는 없다. 예외적인 상황을 제외하고는 감정, 충동 상태, 기타 '내장 요인들'에 대한 기억(Loewenstein, 1996a)은 다른 형태의 기억과 질적으로 다를 것으로 보인다. 인간의 기억은 시각적 이미지와 단어, 어의의 의미를 저장하는 데는 적합하지만, 내장 감각[12]에 대한 정보를 저장하는 데는 적합하지 않은 것으로 보인다. 예컨대, 시각적 회상은 시각 지각과 관련이 있는 두뇌 시스템을 활성화시킨다(Kosslyn et al., 1993). 시각적인 장면을 상상하는 것은 매우 실질적인 의미에서 장면을 다시 '보는' 것이다. 음악과 단어의 경우도 마찬가지이다. 사람들은 어떠한 외부적인 가청음을 생성하지 않고도 머릿속에서 곡을 연주하거나 단어를 분명히 발음할 수 있다. 반면에 내장 상태의 기억은 몰리(Morley)의 기억에 대한 첫 번째 개념, 즉 감정이 경험되는 상황에 대한 기억에 주로 부합하는 것으로 보인다. 따라서 스캐리(Scarry, 1985)는 통증에 대한 기술은 통증 자체를 기술하는 것이 아니라 오히려, 통증의 외적인 동인(예컨대, '마치 망치가 내 등뼈를 내리치는 것만 같다')이나 통증과 관련된 객관적인 신체 손상('마치 내 팔의 관절이 몽땅 부러지고 송곳이 피부 속을 마구 찌르는 것만 같다')에 초점을 맞추는 경향이 있다고 지적한다(15). 피엔버그와 로프터스, 타누르(Fienberg, Loftus and Tanur, 1985)는 통증 기억을 다룬 문헌들을 재고찰하고 그 결론을 내리며 다음과 같은 질문을 던졌다. "그것은 사람들이 회상하는 통증인가, 아니면 사실상 상해 및 중병과 같은 사건인가?"

'유혹/속박 상태의 행동'이라는 제목 아래 분류된 감정을 예측할 때 생기는 모든 오류는 차가운/뜨거운 감정이입 격차의 결과로 이해될 수 있다. 예컨대, 출산의 고통이란 것은 실제로 경험하기 전까지는 '실감'나지 않기 때문에 임신한 여성들은 마취를 회피할 수도 있다. 사람들은 밀그램 실험(Milgram, 1965)에서 자신이라면 가했을 전기충격을 과소 예측하며, 자신이 나치 독일 치하에 있었다면, 얼마나 명예롭게 행동했을지를 과대평가한다. 왜냐하면 사람들은 그러한 상황에서 행사될 수 있는 강압적인 힘을 실제로 경험하고 있지 않기 때문이다. 또한 성적으로 흥분하지 않은 사람들은 그러한 흥분의 영향을 과소평가하고(Gold, 1993, 1994; Loewenstein, Nagin and Paternoster, 1996), 마약을 갈망하지 않는 사람들은 그 갈망의 힘을 과소평가하며(Lynch

---

12 내장에 분포하는 지각 신경이 일으키는 감각을 말하며, 기갈감(飢渴感), 만복감(滿腹感), 피로감, 권태감, 상쾌감, 불쾌감, 요의(尿意), 변의(便意), 성감(性感) 등이 있다.

and Bonnie, 1994; Loewenstein, 1997), 호기심이 없는 사람들은 호기심의 힘을 과소평가한다(Loewenstein et al., 1996). 그리고 현재 쇼핑을 하고 있지 않는 사람들은 쇼핑몰에 들어가면 경험하게 될 '과시욕'(Hoch and Loewenstein, 1991)을 과소평가한다(Ausubel, 1991). 이외의 기타 결과들도 타당하게 차가운/뜨거운 감정이입 격차에서 기인할 수 있다. 예를 들어, 호탕한 삶의 흔적을 남기며 살아가는 사람은 임박한 죽음에 대한 예감이 야기하는 감정의 강도를 과소평가하고 있을지도 모르고, 어떤 대상을 가지고 있지 않은 사람들은 그것의 소유로부터 생기는 애착심의 강도를 과소평가할지도 모른다.

기타 메커니즘

취향 예측의 정확성에 의문을 제기한 다른 연구로는 해리슨과 마치(Harrison and March, 1984)가 '사후 결정의 놀람'이라고 부른 것을 이론적으로 분석한 연구가 있다. 기본적인 생각에 의하면 결정권자가 선택항의 바람직성을 평가하는 경우, 그 평가가 실제 평균값과 오류 항을 조합한 것이며, 가장 높은 기대 수익을 가진 대안이 선택된다면, 선택 옵션 또한 평균적으로 긍정 오류 항을 가진 옵션이 될 것이다. 따라서 선택된 좋은 쪽의 실제 바람직성은 예측된 바람직성보다 낮은 경향이 있을 것이며, 실제 얻은 만족도는 예측 만족도 이하로 떨어질 것이다. 사후 결정의 놀람 현상은 더 잘 알려진 '승자의 저주'[13]의 일인용이라 할 수 있으며, 이 현상에 따라 경매에서 물품을 구매한 사람은 그 물품의 가치를 가장 과대평가한 사람이 될 가능성이 높다(Bazerman and Samuelson, 1983). 우리가 아는 한 지금까지 기대 인플레이션에 대한 경험적인 검사는 없었다.

논의

이 장에서 우리는 미래의 감정을 예측할 때 생기는 오류들을 설명할 수 있는 몇 가지 메커니즘을 검토하고 제안했다. 이러한 다양한 오류들은 실제로

---

13 경쟁에서는 이겼지만 승리를 위해 과도한 비용을 치르는 바람에 오히려 위험에 빠지거나 커다란 후유증을 겪게 되는 상황.

증명되어 왔다. 하지만 서문에서 언급했듯이, 긴 오류 리스트만을 감안해서 사람들은 일반적으로 자신의 감정을 잘못 예측한다고 결론짓는 것은 어리석은 일이다. 사람들은 저녁 식사와 영화 관람 중에 어느 것이 더 즐거울지 잘 판단하지 못하는 반면에 치과에 가는 것은 저녁 식사와 영화 관람, 그 어느 쪽보다도 확실히 못하다는 것을 분명히 이해한다.[14] 이처럼 크게 대비되는 경향을 바로잡는 의사결정 시스템은 비교적 작은 범주들 내에서 생기는 비일관성은 어쩔 수 없지만 높은 수준에서는 제 기능을 다할 수 있다. 감정을 예측할 때 생길 수 있는 편향과 오류를 찾는 연구들의 큰 이견은 아마도 대부분의 연구자들이 저마다 오류가 발견될 것으로 예상되는 영역에서 예측의 정확도를 검증한다는 사실을 반영할 것이다.

그럼에도 불구하고, 감정을 예측할 때 생기는 오류들이 대수롭지 않거나 중요하지 않다고 결론을 내리는 것은 옳지 않을 것이다. 오류가 발생하는 일은 드물지만, 발생할 경우에는 그것이 중대한 오류일 수도 있다. 이를테면, 당신은 미래에 있을 자신의 갈망에 저항할 수 있다고 생각하기 때문에 기회를 실험하거나, '반발로' 혹은 일시적인 열정에 사로잡혀 있는 동안에 결혼하거나, 당신이 현재 느끼고 있는 분노를 영원히 느낄 것이라고 확신하기 때문에 부적절한 발언을 터뜨릴 수 있다. 혹은 당신은 다시는 행복을 느끼지 못할 거라고 확신하기 때문에 자살을 할 수도 있다. 이러한 사례들은 감정을 예측할 때 생길 수 있는 오류가 유발하는 다양하고 중대한 결과의 단지 몇 가지 예일 뿐이다.

경험 학습의 한계 감정을 예측할 때 생기는 오류는 왜 개인적인 경험을 통한 학습으로 교정되지 않는 걸까? 사람들은 때때로 후속 예측을 적절히 조정하여 오류에 대응하지만(Hoch and Loewenstein, 1989; Rachman and Eyrl, 1989를 참조) 다양한 메커니즘이 그러한 경험을 통한 학습을 방해하는 것으로 보인다. 첫째, 중요한 연구 결과에 의하면, 예측을 주도하는 직관적인 이론들은 개인의 경험에 근거한 교정을 거부한다. 경험적 관찰을 받아들이려 하지 않는 이론의 저항은 부분적으로 확증 편향, 즉 이론을 확증하는 증거에만 초점을 맞추고(Klayman and Ha, 1987) 이론과 일치하지 않는 관찰의 증거적인 가

14 (지은이) 우리는 이 사례를 제안한 에드 디너(Ed Diener)에게 감사를 드린다.

치를 무시하거나 폄하하는(Lord, Ross and Lepper, 1979) 경향에 기인한다.

둘째, 이론이 경험과 함께 변할 때조차도, 이러한 변화의 근거가 되는 경험에 대한 기억 자체가 편향될 수 있다. 예를 들어 피슈호프(Fischhoff, 1975, 1982)를 비롯한 다른 여러 연구자들(Marcus, 1986)이 수행한 수많은 실험이 증명하듯이, 사람들은 자신의 과거 예측을 잊어버리고 무엇이든 일어났다고 알려진 대로 과거에 예측했던 것으로 회상하는 경향이 있다. 결과가 현실화될 때 원래 자신들이 예측했던 바를 기억하지 못하면, 사람들은 예측 오류를 인식하지 못하고, 따라서 교정할 수도 없다. 마찬가지로 앞서 언급 한 바와 같이, 지속적인 경험을 정점과 종점의 측면에서 기억하고 지속 시간을 무시하는 경향은 매우 제한된 경험 표상만을 처리하고자 한다(Kahneman, 1994).

셋째, 예측에 대한 자기 교정을 위해서는 오류를 반복적으로 관찰해야 하지만 상황이 정확하게 반복되는 일은 거의 없다. 만일 어떤 사람이 어떤 때는 자신의 굶주림을 과소 예측하고, 또 어떤 때는 자신의 성욕을 과소 예측하고, 세 번째에는 자신의 호기심을 과소 예측한다면, 그가 이 세 사건 사이의 어떤 연관성을 도출해 낼 가능성이 있을까? 굶주림이 세 경우 모두에서 활성화된 충동 상태에 있다손 치더라도, 각각의 상황은 오류의 반복적인 성질을 숨길 수 있을 정도로 크게 다를 수 있다. 더 폭넓게 보면, 클라인문츠와 슈케이드 (Kleinmuntz and Schkade, 1993)가 주장했듯이, 상황에 따른 성공 기준의 차이가 판단 및 결정 전략의 정확성에 관한 학습을 방해하는 것으로 볼 수 있다.

무엇이 도움이 될 수 있을까

사람들은 자신의 미래 감정과 선호를 예측하는 데 체계적인 오류를 범한다는 사실을 보여주는, 우리가 재고찰한 증거는 온정주의적인 개입이 정당화될 수 있을지에 대한 의문을 제기한다. 예를 들어, 한 의사는 의료 시술의 종료 시점에 의학적으로 불필요하지만, 통증을 줄여줄 수 있는 한 단계를 추가하면 사람들이 고통스러운 의료 시술을 좀 더 긍정적으로 기억할 거라는 사실을 경험적으로 알고 있다고 가정해 보자. 환자가 사전에 옵션을 거부하더라도 그 의사는 환자의 미래 웰빙을 위해서 그 특별한 통증을 추가해야 할까? 사람들은 적응을 과소평가한다는 점에서 자신들이 생각하는 것보다 더 행복할 것이므로, 정부는 지구 온난화에 대한 현재의 공포를 무시해야 할까? 한

편, 이미 시행 중인 많은 온정주의적인 정책들 — 예컨대, 사회 보장, 자살 예방, 마약 사용의 범죄화, 소비자 보호 조항 등 — 은 사람들이 자신의 감정과 선호를 예측하는 데 오류를 범한다는 정책 입안자들의 인식을 반영하고 있다. 이에 반해, 쾌락 예측의 오류에 대한 우리의 이해는 온정주의적 개입을 더 정당화하기에는 너무 예비적인 수준에 머물러 있다. 어쨌든 '미끄러운 비탈'의 위험을 감안할 때 이러한 정책은 심각한 환경에서만 시행되어야 한다.

아마도 교육적인 개입은 이론의 불완전성으로 인해 발생하는 오류와 같은 특정한 유형의 예측 오류에 도움이 될 수 있다. 사람들이 자신의 향후 감정을 예측할 수 있도록 돕기 위해 고안된 교육적인 개입은 현재로서는 주로 의학 분야에만 국한되어 있다. 환자들이 실제로 정보에 근거해서 의료 시술에 대해 동의하는지의 여부와 관련된 문제에 관심이 있는 연구자들은 상호작용 비디오디스크와 같은 최신 기술을 이용한 정교한 의사결정 지원 도구를 개발하기 시작했는데, 그 도구의 가치가 현재 연구의 주요한 대상이 되고 있다 (일반적인 이 문제에 대한 논의를 살펴보고자 한다면 Agre, Kurtz and Krauss, 1994; Hopper et al., 1994; Ubel and Loewenstein, 1997을 참조). 교육적인 접근 방식은 뜨거운/차가운 감정이입 격차 — 그 존재 자체가 인지적 개입에 대한 저항을 시사하는 — 로 인해서 발생하는 오류에 대해서는 그리 유망하지 않을 것으로 보인다.[15] 다른 한편으로, 의사결정자가 위험한 유혹이 발생할 수 있는 상황을 피하기 위해서 뜨거운/차가운 감정이입 격차에 대한 지식을 활용한다면, 뜨거운/차가운 감정이입 격차에 대한 교육은 부분적으로 효과를 보일 수

---

15 (지은이) 차가운 상태에 있는 사람들이 뜨거운 상태에 있을 경우에 어떨지 상상할 수 있도록 돕기 위해 많은 상이한 유형의 개입이 시도되었다. 예를 들어, 최근의 운전자 교육 도구에는 교육생이 가죽 끈을 매고 타는 카트가 있다. 카트는 짧은 경사를 굴러 내려가며 속도를 내고, 고무 장벽에 부딪치며 탑승자에게 시속 5마일의 충돌을 동반하는 운전 체감을 제공한다. 이제 여러 자동차 회사들은 경쟁적으로 현실적인 음주 운전 시뮬레이터를 제작하고 있다. 그러한 시뮬레이터는 핸들과 컨트롤 페달에 반응하는 데 시간 지연을 도입함으로써, 시뮬레이션에서 취기에 따르는 통제력 상실을 부각시키고자 한다. 마찬가지로 뉴저지주에서 처음 도입된 이후 다른 지역에서도 시행하기에 이른 '비행청소년 교화' 프로그램은 비행청소년들을 중범죄 교도소로 데려와, 수감자들에게 학대당하거나 간수들에게 폭언을 듣는 일을 현장 견학시켰다. 이러한 모든 개입은 추상적인 결과에 대한 지식이 바람직하지 않은 행동을 억지하기에는 불충분하다는 견해를 전제로 하는 것으로 보인다. 개인들은 실제로 결과와 그것과 관련된 감정을 경험해야 한다. 불행히도 그러한 개입의 효과는 일반적으로 약하고 일시적이거나 심지어 역효과를 낳는 것으로 밝혀졌다. 대부분의 경우 그러한 프로그램에 의해 유발된 감정은 빠르게 사라지고 행동에 미치는 영향 역시 마찬가지인 것으로 보인다.

있다. 성공적인 교육적 개입을 위해서는 직접적인 경험과 고도로 구조화된 피드백이 가능해야 할 것이다.

최종 논평

끝으로, 마치(1978)가 표현했듯이, "모든 결정은 미래의 취향이나 감정에 대한 예측을 수반한다"라고 한 이 에세이의 초기 전제를 되돌아보며 의문을 제기해 볼 가치가 있을 것이다. 사실상, 랭거(1989)를 비롯한 다른 여러 연구자들이 지적했듯이 많은 결정들은 의식적인 숙고를 거의 수반하지 않는다. 사람들은 미래의 감정에 대한 명확한 예측을 수반하지 않는 법칙(Anderson, 1987; Prelec, 1991)과 습관(Ronis, Yates and Kirscht, 1989)과 직감(Damasio, 1994)에 근거해서 결정을 한다. 그러므로 경험적 놀라움의 가장 보편적인 원천은 무엇보다도 명시적인 예측의 부재일 수 있다.

사실은, 정확하든 부정확하든 간에 미래의 결정에 대한 명시적인 예측이 잘못된 결정 결과로 이끄는 상황이 있을 수 있다. 예를 들어, 이 장의 한 필자는 가족을 위해 요리를 할 때면 요리의 질에 대해 낙관적인 예측을 하고 미리 알리는 습관이 있다. (이를테면, 이렇게 말한다. "맛있는 요리를 먹을 준비를 해!"). 이런 경우, 결과적인 음식의 질로 판단하건데, 그러한 예측을 하거나 적어도 그 예측을 누설하는 것은 큰 실수이다. 하지만 이러한 유형의 반례(反例)에도 불구하고, 우리는 다양한 상황에서 취향에 대한 명시적 예측이 의사결정의 질을 향상시키지 않을까 하는 생각을 한다(예컨대, Frisch and Jones, 1993을 참조). 많은 의사결정 상황에서, 자신의 취향을 잘못 예측하는 것보다 더 나쁜 것은 전혀 예측하지 않는 것뿐이다.

우리는 유익한 논평과 제안을 해준 것에 대해 에드 디너, 도나 하쉬(Donna Harsch), 대니얼 카너먼, 존 밀러(John Miller), 피터 위벨(Peter Ubel), 티모시 윌슨(Timothy Wilson)에게 감사드린다. 그리고 카네기멜론 대학교 지구 변화에 대한 인간 차원 통합연구 센터(Center for Integrated Study of the Human Dimensions of Global Change)의 로웬스타인과 텍사스 대학교 경영 대학원 교수단 연구 위원회(Graduate School of Business Faculty Research Committee)의 슈케이드에 대한 지지를 기꺼이 표명하는 바이다.

참고문헌

Agre, P., Kurtz, R. C., and Krauss, B. J. (1994). A randomized trial using videotape to present consent information for colonoscopy. *Gastrointestinal Endoscopy*, *40*, 271~76.

Anderson, J. R. (1987). Skill acquisition: Compilation of weak-method problem solutions. *Psychological Review*, *94*, 192~210.

Arntz, A., van Eck, M., and Heijmans, M. (1990). Predictions of dental pain: The fear of any expected evil is worse than the evil itself. *Behaviour Research and Therapy*, *26*, 207~23.

Ausubel, L. M. (1991). The failure of competition in the credit card market. *American Economic Review*, *81*, 50~81.

Bazerman, M., and Samuelson, W. F. (1983). "I won the auction but I don't want the prize." *Journal of Conflict Resolution*, *27*, 618~34.

Bentham, J. (1789/1948). *Introduction to the Principles and Morals of Legislation*. London: University of London Athlone Press.

Boyd, N. F., Sutherland, H. J., Heasman, K. Z., Tritchler, D. L., and Cummings, B. J. (1990). Whose utilities for decision analysis? *Medical Decision Making*, *10*, 58~67.

Brandt, J., Quaid, K. A., Folstein, S. E., Garber, P., et al. (1989). Presymptomatic diagnosis of delayed onset disease with linked DNA markers: The experience in Huntington's disease. *Journal of the American Medical Association* 261(21), 3108~14.

Brickman, P., Coates, D., and Janoff-Bulman, R. (1978). Lottery winners and accident victims: Is happiness relative? *Journal of Personality and Social Psychology*, *36*, 917~27.

Christensen-Szalanski, J. J. J. (1984). Discount functions and the measurement of patients' values: Women's decisions during childbirth. *Medical Decision Making*, *4*, 47~58.

Damasio, A. R. (1994). *Descartes' error: Emotion, reason, and the human brain*. New York: Putnam.

Danis, M., Mutran, E., Garrett, J. M., Stearns, S. C., Slifkin, R. T., Hanson, L., Williams, J. F., and Churchill, L. R. (1996). A prospective study of the impact of patient preferences on life-sustaining treatment and hospital cost. *Critical Care Medicine*, *24*, 1811~17.

Daum, M. (1996). Safe-sex lies. *New York Times Magazine*, January 21, 32~33.

Diener, E., and Fujita, F. (1996). Social comparisons and subjective well-being. In B. Buunk and R. Gibbons (Eds.), *Health, coping, and social comparison*. Hillsdale, N. J.: Erlbaum.

Diener, E., Sandvik, E., Seidlitz, L., and Diener, M. (1993). The relationship between income and subjective well-being: Relative or absolute? *Social Indicators Research, 28,* 195~223.

Easterlin, R. A. (1995). Will raising the incomes of all increase the happiness of all? *Journal of Economic Behavior and Organization, 27,* 35~47.

Elster, J., and Loewenstein, G. (1992). Utility from memory and anticipation. In J. Elster and G. Loewenstein (Eds.), *Choice over Time* (pp. 213~34). New York: Russell Sage Foundation.

Epstein, A. M., Hall, J. A., Tognetti, J., Son, L. H., and Conant, Jr., L. (1989). Using proxies to evaluate quality of life: Can they provide valid information about patients' health status and satisfaction with medical care? *Medical Care, 27,* S91~98.

Fienberg, S. E., Loftus, E. F., and Tanur, J. M. (1985). Recalling pain and other symptoms. *Health and Society, 63,* 582~97.

Fischhoff, B. (1975). Hindsight . . . foresight: The effects of outcome knowledge on judgment under uncertainty. *Journal of Experimental Psychology: Human Perception and Performance, 1,* 288~99.

_____. (1982). For those condemned to study the past: Heuristics and biases in hindsight. In D. Kahneman, P. Slovic, and A. Tversky (Eds.), *Judgment under uncertainty: Heuristics and biases* (pp. 335~54). New York: Cambridge University Press.

Fredrickson, B., and Kahneman, D. (1993). Duration neglect in retrospective evaluations of affective episodes. *Journal of Personality and Social Psychology, 65,* 45~55.

Frisch, D., and Jones, S. K. (1993). Assessing the accuracy of decisions. *Theory and Psychology, 3,* 115~35.

Gilbert, D. T., Pinel, E. C., Wilson, T. D., Blumberg, S. J., and Wheatley, T. (1997). Immune neglect: A source of durability bias in affective forecasting. Working paper. Cambridge, Mass.: Department of Psychology, Harvard University.

Gillovich, T., and Medvec, V. (1995). The experience of regret: What, when, and why. *Psychological Review, 102, 379~95.*

Gold, R. (1993). On the need to mind the gap: On-line versus off-line cognitions underlying sexual risk taking. In D. Terry, C. Gallois, and M. McCamish (Eds.), *The theory of reasoned action: Its application to AIDS preventive behavior* (pp. 227~52). New York: Pergamon Press.

_____. (1994). Why we need to rethink AIDS education for gay men. Plenary address to the Second International Conference on AIDS' impact: Biopsychosocial aspects of HIV infection. Brighton, Eng., July 7~10.

Goldstein, W. M., and Mitzel, H. C. (1992). The relative importance of relative importance: Inferring other people's preferences from relative importance ratings and previous decisions. *Organizational Behavior and Human Decision Processes, 52,* 382~415.

Harrison, J. R., and March, J. G. (1984). Decision making and postdecision surprises. *Administrative Science Quarterly, 29,* 26~42.

Hastie, R. (1984). Causes and effects of causal attribution. *Journal of Personality and Social Psychology, 46,* 44~56.

Hoch, S., and Loewenstein, G. (1989). Outcome feedback: Hindsight and information. *Journal of Experimental Psychology: Learning, Memory and Cognition, 15,* 605~19.

_____. (1991). Time−inconsistent preferences and consumer self−control. *Journal of Consumer Research, 17,* 492~507.

Hopper, K. D., Zajdel, M., Hulse, S., Yanidis, N. R., TenHave, T. R., Labuski, M. R., Houts, P. S., Brensinger, C. M., and Hartman, D. S. (1994). Interactive method of informing patients of the risks of intravenous contrast media. *Radiology, 192,* 67~71.

Jones, R. A. (1977). *Self−fulfilling prophecies: Social, psychological and physiological effects of expectations.* Hillsdale, N. J.: Erlbaum.

Kahneman, D. (1994). New challenges to the rationality assumption. *Journal of Institutional and Theoretical Economics, 150,* 18~36.

Kahneman, D., Fredrickson, B., Schreiber, C. M., and Redelmeir, D. (1993). When more pain is preferred to less: Adding a better end. *Psychological Science, 4,* 401~5.

Kahneman, D., Knetsch, J., and Thaler, R. (1990). Experimental tests of the endowment effect and the Coase theorem. *Journal of Political Economy, 98,* 1325~48.

Kahneman, D., and Schkade, D. (1998). Ex ante evaluation of temporally extended outcomes: changes as proxies for states. Unpublished paper. Princeton University.

Kahneman, D., and Snell, J. (1990). Predicting Utility. In R. M. Hogarth (Ed.), *Insights in decision making: A tribute to Hillel J. Einhorn* (pp. 295~310). Chicago: University of Chicago Press.

_____. (1992). Predicting a changing taste: Do people know what they will like? *Journal of Behavioral Decision Making, 5,* 187~200.

Kash, K. M., Holland, J. C., Halper, M. S., and Miller, D. G. (1992). Psychological distress and surveillance behaviors of women with a family history of breast cancer. *Journal of the National Cancer Institute, 84,* 24~30.

Kent, Gerry (1985). Memory of dental pain. *Pain 21,* 187~94.

Klayman, J., and Ha, Y.−W. (1987). Confirmation, disconfirmation, and information in hypothesis testing. *Psychological Review, 94,* 211~28.

Kleinmuntz, D. N., and Schkade, D. A. (1993). Information displays in decision making. *Psychological Science, 4,* 221~27.

Kolata, G. (1997). Living wills aside, the dying cling to hope. *New York Times,* January 15.

Kosslyn, S. M., Alpert, N. M., Thompson, W. L, Maljkovic, V., Weise, S. B., Chabris, C. F., Hamilton, S. E. Rauch, S. L., and Buonanno, F. S. (1993). Visual mental imagery activates topographically organized visual cortex: PET investigations. *Journal of Cognitive Neuroscience, 5,* 263~87.

Langer, E. (1989). *Mindfulness.* Reading, Mass.: Addison—Wesley.

Llewelyn—Thomas, H., Sutherland, H., and Theil, E. (1993). Do patients' evaluations of a future health state change when they actually enter that state? *Medical Care,* 37(11), 1002~12.

Loewenstein, G. (1987). Anticipation and the valuation of delayed consumption. *Economic Journal, 97,* 666~84.

_____. (1994). The psychology of curiosity: A review and reinterpretation. *Psychological Bulletin, 116,* 75~98.

_____. (1996a). Out of control: Visceral influences on behavior. *Organizational Behavior and Human Decision Processes, 65,* 272~92.

_____. (1996b). Explaining public indifference to income inequality. Paper presented to MacArthur Foundation meeting on inequality. Cambridge, Mass., May 3.

_____. (1999). A visceral account of addiction. In J. Elster and O. J. Skog (Eds.), *Getting hooked: Rationality and addiction* (pp. 235~64). Cambridge: Cambridge University Press.

Loewenstein, G., and Adler, D. (1995). A bias in the prediction of tastes. *Economic Journal, 105,* 929~37.

Loewenstein, G., and Frederick, S. (1997). Predicting reactions to environmental change. In M. Bazerman, D. Messick, A. Tenbrunsel, and K. Wade—Benzoni (Eds.), *Environment, ethics, and behavior* (pp. 52~72). San Francisco: New Lexington Press.

Loewenstein, G., Nagin, D., and Paternoster, R. (1997). The effect of sexual arousal on predictions of sexual forcefulness. *Journal of Crime and Delinquency, 34,* 443~73.

Loewenstein, G., Prelec, D., and Shatto, C. (1996). Hot/cold intrapersonal empathy gaps and the prediction of curiosity. Working paper. Pittsburgh: Carnegie Mellon University.

Loomes, G., and Sugden, R. (1982). Regret theory: An alternative to rational choice under uncertainty. *Economic Journal, 92,* 805~24.

Lord, C. G., Ross, L., and Lepper, M. R. (1979). Biased assimilation and attitude polarization: The effects of prior theories on subsequently considered evidence. *Journal of Personality and Social Psychology, 37,* 2098~2119.

Lykken, D., and Telligen, A. (1996). Happiness is a stochastic phenomenon. *Psychological Science*, 7, 186~89.

Lynch, B. S., and Bonnie, R. J. (1994). Toward a youth-centered prevention policy. In B. S. Lunch and R. J. Bonnie (Eds.), *Growing up tobacco-free: Preventing nicotine addiction in children and youths* (pp. 3~25). Washington, D. C.: National Academy Press.

Magaziner, J., Simonsick, E. M., Kashner, T. M., Hebei, J. R., (1988). Patient-proxy response comparability on measures of patient health and functional status. *Journal of Clinical Epidemiology*, 41, 1065~74.

Mandler, G. (1975). *Mind and emotion*. New York: Wiley.

March, J. (1978). Bounded rationality, ambiguity, and the engineering of choice. *Bell Journal of Economics*, 9, 587~608.

Marcus, G. B. (1986). Stability and change in political attitudes: Observe, recall, and "explain." *Political Behavior*, 8, 21~44.

Mastromauro, C., Myers, R. H., and Berkman, B. (1987). Attitudes toward presymptomatic testing in Huntington's disease. *American Journal of Medical Genetics*, 26, 271~82.

McFarland, C., Ross, M., and DeCourville, N. (1989). Women's theories of menstruation and biases in recall of menstrual symptoms. *Journal of Personality and Social Psychology*, 57, 522~31.

McMillan, T., and Rachman, S. (1988). Fearlessness and courage in novice paratroopers undergoing training. *Personality and Individual Differences*, 9, 373~78.

Melzack, R. (1975). The McGill Pain Questionnaire: Major properties and scoring methods. *Pain*, 1, 277~99.

Milgram, S. (1965). *Obedience to authority*. New York: Harper and Row.

Mitchell, T. R., Thompson, L., Peterson, E., and Cronk, R. (1996). Temporal adjustments in the evaluation of events: The "rosy view." Working paper. Seattle: University of Washington.

Morley, S. (1993). Vivid memory for "everyday" pains. *Pain*, 55, 55~62.

Nichols, S., Stich, S., Leslie, A., and Klein, D. (1994). Varieties of off-line simulation. In P. Carruthers (Ed.), *Theories of theories of mind*. New York: Cambridge University Press.

Nisbett, R. E., and Kanouse, D. E. (1968). Obesity, hunger, and supermarket shopping behavior. *Proceedings of the Annual Convention of the American Psychological Association*, 3, 683~84.

Niven, C. A., and Brodie, E. E. (1995). Memory for labor pain: Context and quality. *Pain*, 64, 387~92.

O'Brien, C. P., Childress, A. R., Arndt, I. O., McLellan, A. T., Woody, G. E., and Maany, I. (1988). Pharmacological and behavioral treatments of cocaine dependence: Controlled studies. *Journal of Clinical Psychiatry, 49,* 17~22.

Osiatynski, W. (1992). *Choroba kontroli* (The disease of control). Warszawa: Instytut Psychiatrii i Neurologii.

Pearlman, R. A., Uhlmann, R. F. (1988). Quality of life in chronic diseases: Perceptions of elderly patients. *Journal of Gerontology, 43,* M25~30.

Prelec, D. (1991). Values and principles: Some limitations on traditional economic analysis. In A. Etzioni and P. Lawrence (Eds.), *Socioeconomics: Toward a new synthesis* (pp. 131~45). New York: M. E. Sharpe.

Rachman, S. (1983). Fear and fearlessness among trainee parachutists. *Advances in Behaviour Research and Therapy, 4,* 153~60.

_____. (1988). Panics and their consequences. In S. Rachman and J. Maser (Eds.), *Panic: Psychological perspectives* (pp. 259~303). Hillsdale, N. J. : Erlbaum.

Rachman, S., and Eyrl, K. (1989). Predicting and remembering recurrent pain. *Behaviour Research and Therapy, 27*(6), 621~65.

Rachman, S., and Lopatka. (1986). Accurate and inaccurate predictions of pain. *Behaviour Research and Therapy, 26,* 291~96.

Rachman, S., Lopatka, C., and Levitt, K. (1988). Experimental analyses of panic. *Behaviour Research and Therapy, 26,* 33~40.

Read, D., and Loewenstein, G. F. (1995). Diversification bias: Explaining the discrepancy in variety–seeking between combined and separated choices. *Journal of Experimental Psychology: Applied, 1,* 34~49.

_____. (in press). Enduring pain for money: Decisions based on the perception and memory of pain. *Journal of Behavioral Decision Making.*

Ronis, D. L., Yates, J. F., and Kirscht, J. P. (1989). Attitudes, decisions, and habits as determinants of repeated behavior. In A. R. Pratkanis, S. J. Breckerler, and A. G. Greenwald (Eds.), *Attitude, structure, and function* (pp. 213~39). Hillsdale, N. J.: Erlbaum.

Ross, M. (1989). Relation of implicit theories to the construction of personal histories. *Psychological Review, 96,* 341~57.

Rubenstein, L. Z., Schairer, C., Wieland, G. D., Kane, R. (1984). Systematic biases in functional status assessment of elderly adults: Effects of differential data sources. *Journal of Gerontology, 39,* 686~91.

Sackett, D. L., Torrance, G. W. (1978). The utility of different health states as perceived by the general public. *Journal of Chronic Diseases, 31,* 697~704.

Scarry, E. (1985). *The body in pain.* Oxford: Oxford University Press.

Schkade, D., and Kahneman, D. (1998). Does living in California make people happy? A focusing illusion in judgments of life satisfaction. *Psychological Science, 9,* 340~46.

Seeburger, F. F. (1993). *Addiction and responsibility: An inquiry into the addictive mind.* New York: Crossroads Press.

Sieff, E. M., Dawes, R. M., and Loewenstein, G. F. (in press). Anticipated versus actual responses to HIV test results. *American Journal of Psychology.*

Simonson, I. (1990). The effect of purchase quantity and timing on variety-seeking behavior. *Journal of Marketing Research, 32,* 150~62.

Slevin, M. L., Plant, H., Lynch, D., Drinkwater, J., Gregory, W. M. (1988). Who should measure quality of life, the doctor or patient? *British Journal of Cancer, 57,* 109~12.

Snell, J., Gibbs, B. J., and Varey, C. (1995). Intuitive hedonics: Consumer beliefs about the dynamics of liking. *Journal of Consumer Psychology, 4,* 33~60.

Strack, F., Martin, L. L., and Schwarz, N. (1988). Priming and communication: Social determinants of information use in judgments of life satisfaction. *European Journal of Social Psychology, 18,* 429~42.

Strongman, K. T., and Kemp, S. (1991). Autobiographical memory for emotion. *Bulletin of the Psychonomic Society, 29,* 195~98.

Suedfeld, P., Ramirez, C., Deaton, J., and Baker-Brown, G. (1982). Reactions and attributes of prisoners in solitary confinement. *Criminal Justice and Behavior, 9,* 303~40.

Sutton, R. I. (1992). Feelings about a Disneyland visit: Photography and reconstruction of bygone emotions. *Journal of Management Inquiry, 1,* 278~87.

Tat, P., Cunningham, W. A., and Babakus, E. (1988). Consumer perceptions of rebates. *Journal of Advertising Research, 28,* 45~50.

Thaler, R. (1980). Toward a positive theory of consumer choice. *Journal of Economic Behavior and Organization, 1,* 39~60.

Tiger, L. (1979). *Optimism: The biology of hope.* New York: Simon and Schuster.

Ubel, P., and Loewenstein, G. (1997). The role of decision analysis in informed consent: Choosing between intuition and systematicity. *Social Science and Medicine, 44,* 647~56.

Varey, C., and Kahneman, D. (1992). Experiences extended across time: Evaluation of moments and episodes. *Journal of Behavioral Decision Making, 5,* 169~86.

Weinstein, N. D. (1982). Community noise problems: Evidence against adaptation. *Journal of Environmental Psychology, 2,* 87~97.

Wiggins, S., Whyte, P., Huggins, M., Adam, S., et al. (1992). The psychological consequences of predictive testing for Huntington's disease. *New England Journal of Medicine 327*(20), 1401~5.

Wolosin, R. J., Sherman, S. J., and Cann, A. (1975). Predictions of own and other's conformity. *Journal of Personality, 43,* 357~78.

좋은 감정
혹은 나쁜 감정

쾌락과 고통(통증), 기분과 정서

전적응과 쾌락의 수수께끼 및 성질

폴 로진

감각 쾌락은 주로 신체 표면과 신체 구멍을 감싸는 접촉 감각에서 비롯된다. 이 쾌락 시스템의 주관적이고 표현적인 양상은 후기 진화와 발달 과정에 들어서, 전적응(前適應)과 향상된 접근 용이성의 과정을 통해, 심미적 쾌락과 통달의 쾌락을 포함하는 더 폭넓은 범위의 쾌락 유도체로 확대된다는 제안이 나왔다. 쾌락 시스템의 많은 기본 원리는 보다 원시적인 감각적 쾌락 시스템 측면에서 연구될 수 있다. 이 기본 원리의 하나로 맥락 의존성의 속성과 기억되고 경험되고 기대되는 쾌락 사이의 함수를 들 수 있다. 이 장은 쾌락 유도체, 맥락의 역할, 기호 및 혐오의 습득(쾌락의 변화)을 포함한 음식 영역의 쾌락을 특별히 고려할 것이다. (예컨대, 고추처럼) 본질적으로 부정적인 감각적 쾌락 반응이 긍정적인 것으로 바뀌는 쾌락 역전 현상에 특별히 주목한다. 평가 측면에서 기본 감각적 쾌락은 (음악과 같은) 심미적인 쾌락과는 질적으로 다르지만, 둘 다 동일한 주관적이고 표현적인 시스템에 반영된다고 볼 수 있다. 이 장은 감각 쾌락의 몇 가지 기본적인 특징을 열거할 것이다.

물리적으로 정의하면, 인간의 육체는 입곱 개의 구멍이 뚫린 피부 표피이다. 피부 표피와 구멍들은 쾌락과 고통의 진정한 놀이터이다. 사실상 우리가 가지고 있는 모든 감각에 국한될 수 있는 쾌락, 그리고 많은 고통이 그러한 몸의 표면을 따라 생성된다. 이 구멍이 있는 표피로부터 우리에게 다가오는 대부분의 감각은 쾌락적인 성질을 지닌다. 구멍, 즉 몸의 입출입 돌출부들

— 입, 콧구멍, 생식구(生殖口), 항문 — 은 아마도 그 중요하고 모호한 위치 (몸의 내부일까, 아니면 외부일까?) 때문에 감정의 초점이 될 것이다(Rozin et al., 1995). 이 원칙에 예외가 되는 구멍은 바깥귀길이지만, 그것은 몸의 외부와 내부 사이의 물질 교환에 관여하지 않는 유일한 구멍이다.

'접촉' 감각(피부 감각, 미각, 후각)이 감정과 밀접하게 관련이 있는 다른 감각들과는 다르다는 관념은 적어도 셰링턴(Sherrington, 1906)으로부터 유래하며, 트롤랜드(Troland, 1928)에 의해서 세밀하게 정교화되었다. (후각은 '접촉' 감각으로서는 이례적인 지위를 차지하고 있다. 어떤 면에서 후각은 외부 세계의 대상들의 속성을 탐지하는 외부 수용기이다. 하지만 후각은 두 가지 중요한 면에서 미각과 피부 감각을 닮았다. 맛을 경험할 때, 후각은 신체와 접촉하는 물질에 대해서 알려주고, 맛과 마찬가지로 냄새를 맡을 때면, 자극 자체[자극의 분자]가 실제로 흡수된다[Rozin 1982a].)

트롤랜드(1928)는 몸으로 유입하는 감각 입력을 유용성(이로운) 입력과 침해 수용성(해로운) 입력과 중립성(중립적인) 입력으로 나눈다. 침해 수용성 시스템에는 통증, 빈 상태의 폐나 소변이 꽉 찬 상태의 방광과 같은 '스트레스를 받고 있는' 기관에서 오는 부정적 신호, 그리고 쓴맛과 불쾌한 냄새와 같은 특정 화학적 입력이 포함된다. 그리고 유용성 시스템에는 성적인 자극, 다양한 미각 및 후각 자극이 포함된다. 트롤랜드는 이 시스템에서 촉각을 배제했지만, 내 생각에 촉각은 주된 유용성 입력으로 볼 수 있을 것 같다. 특히 그것이 접촉 위안에 속할 경우에는 더욱 그렇다. 트롤랜드의 중립성 시스템에는 촉각뿐만 아니라, 우리의 두 가지 중요한 감각 입력, 즉 시각과 청각도 포함된다. 중립성 입력은 일반적으로 직접적인 평가보다는 정보적인 것이다.

트롤랜드는 이 시스템들이 비슷한 체계일 뿐이라고 알고 있지만, 실제로는 매우 유사한 체계이다. 그는 (낮은 수준의 염분이 유쾌감을 주고 높은 수준의 염분이 불쾌감을 줄 때처럼) 동일한 입력 채널이 침해 수용성 입력과 유용성 입력 모두를 수용할 수 있다는 사실을 인식하는 동시에 감각 양식과 감정 '로딩' 사이에 존재하는 명확한 상관관계에 주목한다. 그는 침해 수용성 시스템과 유용성 시스템이 대체로 유기체의 상태를 알려주고 있는 반면에 중립성 시스템은 환경 상태를 알려주고 있다고 주장하는 것으로 자신의 견해를 요약한다.

트롤랜드의 견해에 우리가 좀 더 추가하자면, 피부 표면 입력과 구멍 입력이 신호로 긍정적인 감정과 부정적인 감정을 모두 알리는 반면에 내부의 평가적 입력은 주로 무엇인가가 잘못되었다는 것을, 즉 입력이 (내장이나 관절이나 근육에서) 거의 전적으로 고통을 야기한다는 것을 나타낸다. 어떤 면에서 이러한 현상은 신체 내부 상태로 볼 때, 정상 상태는 중립이며 기능 부전만이 신호로 알려지게 됨을 의미하는 것으로 해석될 수 있다. 신체 내부의 관점에서는 '무소식이 희소식이다'. 몸과 세상 사이에서 인터페이스를 이루는 수용기에는 나쁜 소식뿐만 아니라 좋은 소식도 전달된다. 중립 상태는 중간 지점이다. 좋은 소식은 흔히 중립적인 소식 이상의 행동적이고 생존적인 의미(접근)를 가진다.

접촉(표면 및 구멍) 감각 및 내장 감각과 생존 간의 기능적이고 직접적인 연관성은 너무나 명백하기에 논평할 필요조차 없다. 이 장의 전제는 쾌락적 경험이 계통 발생적으로도, 개체 발생적으로도 이러한 시스템들에서 유래한다는 것이다. 인간 이외의 동물들도 의식적인 '쾌락' 경험을 하는 한, 우리는 그 경험이 감각 시스템을 매개로 기본 욕구들 — 적절한 영양소와 산소와 체온의 유지, 육체적 위해 회피, 사회적 접촉과 생식의 장려 등과 같은 — 과 밀접히 관련을 맺는다고 추정한다.

앞서 시행한 혐오 정서에 대한 우리의 분석(Rozin, Haidt and McCauley, 1993; Rozin, Haidt, McCauley and Imada, 1997)이 밝힌 증거에 의하면, 혐오는 계통 발생적으로 보든, 개체 발생적으로 보든, 음식 거부 시스템의 일부로 시작되었다. 진화와 발달 과정에서 음식 거부 시스템의 표현적이고 산출적인 측면은 큰 변화 없이 본래 그대로 남아 있는 반면에 유도체의 영역은 문화와 역사적 시간에 따라 확대되어 (유혈과 죽음과 같은) 유산으로 존재하는 우리의 동물성, 대다수 다른 인간들과의 접촉, 그리고 특정한 유형의 도덕적 위반을 포괄하기에 이른다. 우리는 이러한 현상이 문화 진화의 영역에서 전적응으로 일어나는 과정을 확인하고자 한다. 생물학적 진화에서 전적응은 하나의 기능과 관련이 있는 구조나 시스템을 다른 기능을 위해서도 사용하는 것을 수반하며(Mayr, 1960; Bock, 1959) 진화 과정상 커다란 변화의 중요한 동력이다. 적절한 예로 인간의 입을 들 수 있다. 인간의 입은 음식과 수분 섭취 및 공기의 흡입과 배출을 위해 진화했으며, 그 이후의 인간의 진화 과정에서는 음성 출력으로 이용되었다. 음성 언어 생성에 꼭 필요한 혀와 치아는 음식을 처리하기 위한 목적으로 진화했다.

사회화를 통한 문화 진화에서 기본 생물학적 시스템을 활용하는 유도체들의 범위가 확대될 수 있다. 이 과정은 생물학적으로 프로그램화되든 문화적으로 규정된 경험에 의해서든 개체 발생적으로 발생함에 따라, 초기에 입력(투입)이 제한되었던 시스템이 더 광범위하게 이용되고 일반화되기에 이른다. 발달상에서 이 과정을 나는 향상된 접근 용이성(Rozin, 1976)이라고 불렀다. 동일한 유형의 분석이 음식 자체에도 적용될 수 있다(Rozin, 1996). 영양적이고 감각적인 쾌락 기능은 확대되어 사회적, 도덕적, 은유적 영역을 포괄한다.

같은 방식으로 우리의 쾌락 시스템은 피부 표면과 구멍들로부터 수용하는 근본적인 생명 보호적 입력(투입)에서 기원을 찾을 수 있으며, 그 입력으로부터 쾌락 시스템의 기본 특성을 도출할 수 있다. 그렇다면 쾌락의 기능과 그것의 본질을 이해하기 위해서는 그것의 본원적인 근원을 검토하는 것이 적절한 전략일 것으로 보인다. 바로 그러한 전략이 이 장에서 다루고자 하는 접근법이다.

쾌락의 근본적인 본질과 기능에 대한 이와 같은 연구는 다음과 같은 근거로 매우 적절한 선택으로 보이는 음식 시스템에 초점을 맞추고자 한다.

1. 음식(영양 공급) 시스템은 모든 생물학적/행동적 시스템 가운데 가장 기본적이고 근본적인 체계들 중 하나이다.
2. (섹스와 달리) 음식 관련 행동들은 매우 빈번하게 실행된다.
3. 음식 시스템은 고유의 정서(혐오)와 고유의 감각 양식(미각)을 가진, 생물학적인 기반의 유일한 시스템이다.
4. 구멍이 쾌락의 초점인 것으로 보인다는 점을 고려할 때, 음식 시스템이 구멍들과 밀접히 관련되어 있다는 사실은 중요하다. 음식 시스템은 여러 구멍들 중 하나(입)에 대한 소유권을 주장하고, 비교적 세밀하게 음식을 탐지하고 경험하는 두 개의 구멍(콧구멍)을 자극하고, 두 개의 배설 구멍에 '공급하는' 재료를 제공한다.
5. 공기와 적절한 체온에 대한 욕구와 같은 다른 많은 '본원적인' 생물학적 시스템과는 달리, 음식 시스템은 경험에 크게 의존하므로 인간 문화에서 매우 정교해진다. 사실, 인간 잡식성 동물이 처한 가장 큰 인지적 요구는 충분한 식량 공급처를 찾는 것과 관련이 있다(이와 관련해 보다 폭넓은 논의를 살펴보고자 한다면 Rozin, 1996을 참조).
6. 영어의 광범위한 음식 은유는 음식 시스템의 근본적인 (전적응적) 역할의 증거

가 된다. 즉, "나는 이 논문이 품격을 갖췄기를(in good taste) 바란다", "나는 곧 이 장의 본론(meat)으로 들어갈 것이다", 혹은 "나는 독자가 나의 접근법을 잘 새기고 나의 논거를 잘 소화할 수 있기를 바란다"라고 내가 말할 때처럼, 우리는 음식 용어를 사용하여 우리의 삶의 다양한 양상을 기술한다(이러한 맥락에서 은유에 대한 전반적인 논의를 살펴보고자 한다면, Lakoff and Johnson, 1980을 참조).

7. 나는 대부분의 연구 경력 동안에 어떤 방식으로든 이 시스템을 (생물학적인 측면에서 문화적 측면에 이르기까지) 연구해 왔기 때문에 즉시 사용할 수 있는 관련 정보를 가지고 있다.

전적응과 접근 용이성에 대한 사고가 음식 시스템을 뒷받침해 주지 못하더라도, 우리는 이제 적어도 인류의 쾌락의 주요한 원천들 중 하나를 이해하게 될 것이며, (모든 문화에 걸쳐) 다른 무엇보다도 우선 현재성을 갖춘 삶의 양상을 이해하게 될 거라고 확신해도 좋을 것이다. 따라서 이는 거의 전적으로 일반성에 의존하는 초파리나 대장균 모델 시스템과는 다르다.

나는 음식 시스템이 기반 시스템이며, 일반적인 인간 시스템들에 대한 많은 전적응은 최선의 음식 선택에 대한 적응에서 비롯되었다고 주장한 바 있다(Rozin, 1996). 또한 음식 선택 문제의 맥락에서 보면 적어도 일부 인지 능력이 인간의 유아에게서 출현한다는 증거가 있다(Siegal, 1996). 음식에 초점을 맞출 경우, 아이들은 더러운지 깨끗한지의 여부를 판가름할 때와 실제와 환영을 구별하고 오류와 거짓을 구별할 때, 비교적 어른의 논리적인 방식으로 행동하는 경향이 있다.

이 장의 많은 부분은 우리가 인간의 음식 시스템상의 쾌락에 대해서 알고 있는 것을 제시할 것이다. 그러나 우선, 나는 애피타이저로서 쾌락의 본질에 대한 근본적인 문제와 쾌락 연구자라면 누구든 직면할 수밖에 없는 몇 가지 기본적인 의문을 제기하고자 한다. 쾌락과 음식에 관해 논하는 부분에서 나는 이러한 근본적인 문제를 언급할 것이다. 그리고 마지막으로 우리가 쾌락에 대해 알고 있는 것을 개괄적으로 설명하고, 우리가 음식에 관해서 배운 것이 다른 쾌락 영역들에서 적용될 수 있는 정도, 특히 섬세하고 긍정적인 감정의 특별한 영역인 음악에 적용될 수 있는 정도를 평가할 것이다.

쾌락에 대한 예비 검토

쾌락에 대한 우리의 무지

우리는 자연 과학의 관점에서 쾌락에 대해 아는 것이 거의 없다. 소수의 사람들만이 기본적인 질문에 대답하려고 노력해 왔다. 쾌락은 일반 사람들, 철학자들, 그리고 실험 심리학의 창시자인 빌헬름 분트(Wilhelm Wundt)의 큰 관심 대상이었다. 20세기 중반에 폴 토마스 영(Paul Thomas Young)(예컨대, Young, 1948, 1959, 1961을 참조)는 동물의 감정 과정에 대한 연구에 많은 헌신을 하며 눈부신 경력을 쌓았고, 비베-센터(Beebe-Center, 1932) 역시 인간 연구에 많은 헌신을 했다. 두 사람 모두 쾌락에 기반한 과학의 창시에 힘썼다. 행동주의에 적대적인 경향을 보인 두 분파인 내성(內省)주의자들[1]과 정신 분석가들이 쾌락을 중시했던 반면에 20세기 중반의 행동주의 심리학은 쾌락을 사소한 부분으로 취급했다. 그리고 프로이트에게는 핵심적으로 중요한, 쾌락이 가득 찬 구멍들은 아마도 바로 그런 이유 때문에 20세기 중후반에 들어서면서, 관심의 중심부에서 밀려났다. 구멍들과 쾌락에 관한 연구에 대한 반발이 형성되었다고 말할 수도 있을 것이다.

이처럼 쾌락 연구에 대한 부정적인 견해에는 쾌락은 측정하는 것이 매우 어렵거나 불가능하다는 생각이 깔려 있었다. 어차피 쾌락이란 것은 행동을 이해하는 데 중요하지 않은 부수적인 현상일 수 있다고 본 것이다. 쾌락은 강화, 변화된 반응 확률, 혹은 손실 없는 효용과 같은 용어로 번역될 수 있었다 (Kahneman, Wakker and Sarin, 1997의 비판적 논의를 참조). 현재의 관점에서 (매우 성공적인 정신물리학 분야를 거울삼아 여러 방법으로 해결할 수 있는) 측정 문제도, 정신적인 사건에 대한 행동의 손쉬운 대체성도 실질적인 논거는 아니다.

1919년 에드워드 티치너[2]가 불평을 했듯이, "그렇다면 우리의 기술적인 정서 심리학이 분석적이기보다는 도식적인 이유는 간단히 말해서, 실험 심리

---

1   객관적 관찰의 방법에 의존하는 행동주의 심리학자들과는 대조적으로, 이들은 자신의 정신적, 심리적 상태나 기능을 스스로 관찰하여 보고한 자료를 분석하는 내성법(內省法)[내성적 관찰]에 의존했다.

2   에드워드 티치너(Edward Titchener, 1867~1927). 내성적 심리학 입장을 취하며, 분트의 실험 심리학을 발전시킨 미국의 심리학자.

학이 지금까지 정서를 실험실로 가져갈 시간도 용기도 낼 수 없었다는 데 있다"(471~472).

쾌락에 대한 정의

옥스퍼드 영어 사전에 수록되어 있는 많은 정의들 가운데 첫 번째 정의에 따르면, 쾌락은 "좋거나 바람직하다고 느껴지거나 판단되는 대상이 주는 기쁨이나 그 대상에 대한 기대가 야기하는 의식이나 감각의 상태"이다.

긴 목록의 옥스퍼드의 정의에서 놀랄 만한 사실은 어떤 정의도 미국인의 대화와 현대 심리학에서(예컨대 유쾌함 척도에서) 자주 사용되는 쾌락의 차원을 전혀 언급하지 않고 있다는 점이다. 결국 쾌락과 유쾌함과 행복은 모두 그것들이 정착하는 상황과 차원을 나타낸다. 그와 같은 차원의 반대편은 긍정 용어를 부정하는 형식의 용어(불쾌, displeasure), 불쾌한(unpleasant), 불행한(unhappy)이라는 점을 주목할 필요가 있다. 누구든 긍정어의 반대말(혐오/고통, aversion/pain), 혐오스러움/고통스러움(aversiveness/painfulness), 혹은 슬픈(sad)을 불러낼 수 있지만, 이 부정적인 단어들 중 어느 것도 부정해서 긍정어를 만들어 낼 수는 없다. ('Unaversive', 'unpained', 'unsad'라는 단어는 틀린 말이다.) 영어로 누군가에게 "방금 얼마나 즐거웠습니까(pleasant)?"라고 묻는 것은 아주 합리적인 일이다. 그리고 그 질문에 대한 합리적인 대답으로는 "아주 즐거웠어요(very)", "대단히 불쾌했어요(extremely unpleasant)", "반반이었어요(50-50)" 등의 말들이 있을 것이다. 이러한 평가 용어들이 차원의 부정 및 명명의 비대칭성과 관련하여 어떻게 여러 상이한 언어로 표현되는지에 대한 한 연구는 영어가 표상성을 가진다는 사실을 확증한다(Rozin, Berman and Royzman, 1999).

우리는 쾌락에 대한 단순한 정의를 선택할 것이다. 즉 쾌락은 '우리가 추구하며, 우리가 유지하고자 하거나 향상시키고자 하는 긍정적인 경험 상태'이다. 이 정의와 유사하게 정의를 내리면, 고통 (혹은 혐오)은 '우리가 회피하며, 우리가 줄이거나 없애고자 하는, 부정적인 경험 상태'이다.

'쾌락(pleasure)'이란 단어가 가진 이러한 문제들 때문에 어떤 이들은 좀 더 정확하지만 덜 친숙한 단어 '헤도닉(hedonic)'이나 심지어 제러미 벤담의 '효용'(1789/1948)을 사용하기도 한다. 나는 여기에서는 친숙한 단어인 'pleasure'

를 계속 사용할 것이지만, 때에 따라서는 그 차원을 언급하기 위해 단어 'hedonic'을 사용할 것이다.

쾌락의 유형

쾌락에 대한 분류는 적잖이 많다. 아리스토텔레스는 쾌락의 상이한 두 가지 측면을 언급한다. 즉 쾌락은 "기쁜 것을 갈망하는 욕망"(De Anima, 59)이다. 그리고 "쾌락은 활동을 완성한다"(*Nicomachean Ethics*, 595).

던커(Duncker, 1941)는 쾌락의 본질에 대해 신중하게 논하며 쾌락의 유형을 체계적으로 다룬다. 그는 쾌락의 대상이 와인인지, 와인을 마시는 것인지, 아니면 와인을 마시는 감각적인 경험인지 묻는다. 그것은 각각 대상, 대상과의 소통, 혹은 대상과의 소통의 경험에 해당된다. 와인의 경우에 답은 마지막 것인 풍미의 경험임이 분명하다. 아주 유동적인 쾌락과 같은 것은 없다. 쾌락은 반드시 뭔가에 '고착된다'. 하지만 그 뭔가가 꼭 감각적인 경험일 필요는 없다. 던커는 현 시점에서 풍부한 분류 체계를 개발했고 나는 여기에서 그것을 요약하고 수정할 것이다. 쾌락은 세 가지 유형, 즉 감각적 쾌락, 심미적 쾌락, 성취 쾌락이 있다. 감각적 쾌락은 감각의 입력에 엄격하게 구속되어 있으므로 물리적으로 국부화될 수 있다. 우리는 입 안에서 좋은 음식이 주는 쾌락을 경험한다. 심미적 쾌락은 좀 더 추상적이며 물리적으로 국부화될 수는 없지만 감각의 입력과 연결된다. 성취 쾌락은 통달을 통해 가치 있는 것을 성취함으로써 얻는다. 어떤 심미적 쾌락은 통달을 수반할 수도 있다. 던커는 빈도와 부각성 측면에서 그러한 쾌락의 중요성을 강조하고 그런 유형의 쾌락을 목적 충동으로 설명한다. "그렇다면 목적 충동성은 의욕, 즉 어떠한 목적이나 목표 추구가 성공적일 때 쾌락이 일어나는 반면에 의욕이 좌절될 때, 불쾌가 유발된다는 이론이다"(392).

이 장은 감각적 쾌락을 중심으로 다루고자 한다. 나는 감각적 쾌락이 가장 본원적이고 가장 복잡하지 않을까 하는 생각을 하기 때문이다. 또한 계통 발생적이거나 개체 발생적인 프레임으로 볼 때, 감각적 쾌락은 정교화된 다른 유형의 쾌락이 비롯된 원기(原基)일 수 있다는 생각이 든다. 벤담(1789/1948)은 감각적 쾌락에 특별하고 근본적인 자리를 부여했다. 그는 육체적 쾌락이 다른 쾌락(도덕적 쾌락, 정치적 쾌락, 그리고 종교적 쾌락)과는 별도로 독립적으로로 작동할 수 있으며 다른 세 가지 각각의 쾌락에 내포되어야 한다고 생각했다. 간단히 말해, 그는 감각적(육체적) 쾌락을 최우선시했다.

쾌락의 시간 프레임

아리스토텔레스에 따르면, "유쾌한 것은 현재의 활동이고 미래의 희망이며 과거의 기억이다"(*Nicomachean Ethics*, Book 9, ch. 7). 즉, 어느 시점에서든 쾌락에는 세 가지 시간 프레임이 있다. 트롤랜드(1928)는 같은 의견을 피력하며 미래, 현재, 과거의 쾌락이라는 세 가지 쾌락 영역을 밝힌다.

실험 지향적인 쾌락 연구자들의 관심은 거의 전적으로 체험 중인 현재의 쾌락 경험에 쏠려 있다. 하지만 최근에 대니얼 카너먼과 그의 동료들(Kahneman and Snell, 1992; Kahneman et al., 1993; Kahneman et al., 1997; Frederickson and Kahneman, 1993)은 시간 프레임을 구체화한 (효용이라 칭한) 쾌락에 대한 분석을 진전시켰다. 엘스터와 로웬스타인(Elster and Loewenstein, 1992) 또한 전방위적인 소비를 논하며 (그와 같은 시간적인) 구분을 강조한다. 그러한 시간적 구분은 경험된(체험 중인, 현재의) 쾌락, 기억된 쾌락, 기대되는 쾌락 간의 구분이다. 대니얼 카너먼과 그의 동료들은 핵심적인 견해, 즉 경험된 쾌락과 기억된 쾌락이나 기대되는 쾌락 간의 매핑 함수는 복잡하고 비단조성일 수 있음을 밝힌다. 카너먼에게 경험된 쾌락은 빛의 반짝임처럼 일시적인 체험 상태이며, 따라서 본원적인 속성이다. 통합된 쾌락(에피소드들의 '경험된 쾌락')은 정신적으로 구성된 통일체로, 기억된 쾌락과 기대되는 쾌락에서 평가되고/평가되거나 재구성된다. 이러한 관점에서 볼 때, 경험된 쾌락과 고통은 순간의 행동에 영향을 미치거나 순간의 행동을 이끄는 작용을 한다. 기대되는 쾌락과 기억된 쾌락은 진행 중인 행동을 이끌 수 있을 뿐만 아니라 미래의 행동 방향에 대한 결정과 평가에도 참여할 수 있다. 물론, 기억된 쾌락은 여러 면에서 경험된 쾌락의 기능을 아주 생생하게 할 수도 있다.

실생활의 측면에서, 대부분의 쾌락은 체험 중인 경험과는 반대로, 기억이나 기대에서 비롯될지도 모른다. 일반적인 치과 치료에서 경험한 몇 초간의 고통은 예상되었던 불쾌감과 사후에 빈번히 떠오르는 그 경험에 대한 무서운 회상에 비하면 사소한 것이다. 체험 중인 쾌락을 측정하는 것이 가장 편리할 수도 있지만, 이러한 측정은 쾌락 경험의 좋은 부분을 생략한다. 그리고 감각적 쾌락은 기억과 기대감 모두에서 감각적이고 국부적으로 존재한다는 점을 알아 두는 것이 중요하다. 우리는 음식을 기억하거나 음미하면서 그 맛있는 (또는 맛있었기를 바라는) 음식을 맛본다고 생각한다. 카너먼과 그의 동료들의 쾌락에 대한 새로운 연구는 쾌락의 시간적 영역을 밝히고, 우리에게 그것을 탐구할 수 있는 실험적 패러다임을 제공하고, 실험적 쾌락론에 대한 중요한 이론적이고 실험적인 의제를 수립한다.

일차원적인 것 또는 이차원적인 것

적어도 영어권 세계의 많은 비전문적인 심리학과 실험 심리학에서, 쾌락 차원은 당연시되고 있다. (예컨대, '아주 싫어한다'와 '아주 좋아한다'를 지정한 9점 척도처럼) 사람들은 쉽게 쾌락 차원을 사용한다. 하지만 이와 같은 결과는 사람들이 변하는 쾌락의 질에 대한 경험들을 결합하거나 통합할 수 있다는 사실을 나타낼 뿐이다. 사람들과 동물들이 모두 부정적인 쾌락과 긍정적인 쾌락을 동시에 경험할 수 있다는 증거는 많다. 초콜릿 맛을 얘기할 때 쓰는 '달콤 쌉쌀한'과 같은 말, 혹은 인간과 실험실 쥐(Berridge and Grill, 1983)에게서 볼 수 있는, 쾌락과 혐오를 동시에, 혹은 거의 동시에 나타내는 얼굴 표정 및 신체 표현은 그와 같은 상반된 감정이 동시에 발생할 수 있음을 뒷받침한다. 이러한 행동은 중립적인 기호성을 반영한다는 것보다는 두 가지 기호성(嗜好性) 차원이 동시에 활성화된 것에 기인하는 것으로 더 쉽게 해석된다. 맛 혼합물의 쓴맛을 증가시킴으로써 혐오 반응의 크기를 증가시킬 경우에 그것에 상응해서 섭취 반응이 반드시 감소하지는 않는다(Berridge and Grill, 1983). 이러한 비대칭은 독립적인 기호성 차원의 가설을 뒷받침한다. (긍정적, 부정적 감정 척도(Positive Negative Affect Scale, PANAS)의 경우처럼) 인간의 영역에서, 긍정적인 감정과 부정적인 감정에 대한 정신측정학적 측정치들은 단기간이나 장기간에 걸쳐 서로 상관관계가 없다(Watson, Clark and Tellegen, 1988).

럭믹(Ruckmick, 1925)은 거의 75년 전에 쾌락의 두 가지 차원을 지지하면서, 쾌락/불쾌의 상반성은 심리적인 것보다는 논리적인 것에 더 가깝다고 지적한다. 뜨거운 감각과 차가운 감각은 서로 상반된 것이지만 이 두 감각은 개별적인 시스템에 의해서 조정된다는 심리학적, 생리학적 증거가 존재한다. 쾌락의 경우도 그와 같다고 할 수 있다. 그러므로 우리는 쾌락을 일차원적인 것으로 받아들여서는 절대 안 된다.

쾌락의 목적

쾌락에 행동의 지침으로서의 기능을 부여하기 쉽다. 이러한 견해에 의하면, 우리는 쾌락을 높이고 고통(혐오)을 없애기 위해서 행동한다. 이러한 쾌락의 기능은 음식 섭취와 섹스의 쾌락, 그리고 굶주림과 산소 부족이나 극단적인 기온에 대한 회피에 부합한다. 이러한 점을 명확히 제시한 카바낙(Cabanac, 1971, 1985)의 견해에 따르면, 체온과 음식을 비롯한 많은 시스템에서 쾌락은 이상적인 생리적 가치, 즉 그가 감각의 전도라고 부른 현상으로부터 이탈함에 따라 같이 변한다.

도구적 학습과 파블로프식 학습 패러다임은 모두 정신적인 쾌락 상태를 불러일으키지 않고도 같은 목적을 성취할 수 있는 방법을 제공한다. 행동의 확률을 높이거나 낮추는 메커니즘만 지닌 '더 쉬운' 해결책을 유지하는 것이 어떨까? 카너먼이 '결정 효용 가중치'로 설명하는 것은 성공적으로 보인다. 쾌락의 기능에 대한 이러한 합리적인 관심은 잘못 짚은 것일 수도 있다.

결정 효용 해석은 행동 지향적인 과학자들에게는 비교적 만족스러운 것이지만, 실제로는 그러한 해결책이 실제 유기체에 더 쉽게 구체화되는 것은 아니다. 대자연은 동물과 사람들을 심리학자들이 연구하기 쉽도록 (또는 어렵도록) 설계하지 않았다. 게다가 효용의 경험적인 표상에는 실제로 이점이 있을 수 있다.

첫째, 쾌락은 부수 현상, 즉 통합 효용 함수에 대한 어떤 비인과적인 판독이라고 할지라도, 그 함수의 본질에 대한 강력하고 유용한 지표일 수 있다. 둘째, 정신적 사건으로서의 쾌락은 선택과 의사결정을 정신적으로 계산할 때 작용할 수 있다. 그러나 나는 제안하려고 하는 추론들 중 어느 것도 대단한 설득력을 갖췄다고 할 수는 없다는 점을 고백할 수밖에 없다.

시스템 전체에 걸친 경험 — 즉, 의식의 거주자 — 으로서, 쾌락 경험은 시스템 전체에 걸친 반응으로의 변환을 고려한다. 이러한 의미에서, 쾌락 상태에 대한 일반적인 표상은 에피네프린이 호르몬으로서 기능하는 것과 같은 기능을 할 수 있다. 그것은 시스템 전체의 활성화를 고려한다.

의식 시스템이 명확하고 신중한 결정을 내리면, 그 결정이 받아들인 쾌락의 보고는 의식적인 기능에 영향을 미치는 측면에서 적절한 응축된 자료가 될 것이다.

어떠한 특정한 문화적 맥락에서든 제 역할을 잘 하기 위해서는 인간은 다양한 행동, 가치, 신념 등을 배워야 한다. 감정을 지닌 이러한 가치들의 투자는 문화적 가치에 부합하는 한 누군가를 그가 속한 문화에서 제 역할을 할 수 있게 만든다. 즉, 적절히 문화화된 사람은 자신이 속한 문화가 소중하게 여기는 것을 좋아하고 그 문화가 회피하는 것을 싫어한다. 이러한 해결책은 갈등을 줄여 다른 삶과 사회적 기능에 더 많은 시간과 에너지를 투자할 수 있도록 해준다. 문화적 가치는 부정적인 감정뿐만 아니라 많은 긍정적인 감정도 의미한다. 나는 다른 글(Rozin, 1982b)에서 이러한 요구들로 인간이 온갖 목적과 활동을 위해서 매우 강한 일생의 취향을 개발하려는 강한 성향을 가지고 있다는 사실을 설명할 수 있음을 제시한 바 있다. 그러한 취향의 개발이야말로 문화에 대한 쾌락적 적응일 수 있다. (인간의 사회적 영역 바깥에서) 획득된 그러한 강한 취향들은 우리가 아는 한, 인간 이외의 동물에서 찾아보기 아주 힘들다.

인간들은 자신의 미래에 대해 계획하고 과거를 미래의 길잡이로 이용하기 때문에, 과거와 미래 경험에 대한 뚜렷한 통합적 표상의 예시화, 즉 기억되거나 기대되고 통합된 쾌락의 가치는 현행 의사결정을 편의상 간단히 나타낸 것일 수 있다(Kahneman et al., 1997). 즉, 현재의 현명한 결정을 내리기 위해서는 통합된 감정적 기억이나 예감이 꼭 필요하다고 볼 수 있다. 만약 그렇다면, 기억되고 기대되는 쾌락(효용)의 심적 표상에 실질적인 적응 가치가 있다.

이러한 고려 대상은 단순히 쾌락 경험의 기능에 관한 중요한 문제를 제기하기 위한 것이다. 그 기능은 여전히 불명확하다. 게다가 특정한 활동에서 쾌락 경험의 존재 여부와 같은 어떠한 쾌락 경험의 특색은 기능적으로 설명하기가 매우 어렵다. 앞으로 논의할 사례는 메스꺼움이 음식 혐오(쾌락의 변화)를 유발하는 반면에 식사 후에 느끼는 다른 유형의 괴로움은 회피를 일으키지만 혐오를 유발하지는 않는다는 사실과 관련된 것이다.

쾌락의 중요성

정신생활에서 쾌락, 특히 감각적 쾌락은 얼마나 중요할까? 이것은 논쟁적인 주제이다. 고대 그리스에는 상반되는 입장인 에피쿠로스학파 철학자들과 스토아학파 철학자들이 있었다.

아마도 가장 유명한 인용문과 가장 강력한 입장은 벤담(1789/1948)에게서 찾을 수 있을 것이다. "자연은 인류를 고통과 쾌락이라는 두 군주의 지배 아래 두었다. 우리가 무엇을 할 것인지를 결정하는 존재도, 우리가 무엇을 해야 할지를 지적해 주는 존재도 오로지 고통과 쾌락뿐이다." 그리고 조금 뒤에서는 이렇게 말한다. "두 군주는 우리가 행하는 모든 행위에서, 우리가 말하는 모든 말에서, 우리가 생각하는 모든 사고에서 우리를 지배한다"(1).

쾌락 요인들은 분명히 인간 생활의 중요한 요인이라고, 다시 말해 뚜렷이 부각되고 빈번히 발생하는 일부라고 말할 수 있을 것이다. 쾌락의 규범적인 측면은 다른 연구자들이 논의하도록 남겨 두는 것이 가장 좋을 것이다.

쾌락, 특히 감각적 쾌락의 중요성은 의심할 여지없이 시간과 장소에 따라 다르다. 극동 지역과 남아시아의 대다수 철학의 양상으로 보면, 감각적 쾌락은 그리 중요하지 않으며, 행복은 감각적 쾌락을 넘어설 때 찾아온다. 예컨대, 불교 경전인 법구경에 나오는 경구들 중 하나는 이렇게 말한다. "212. 쾌락에서 슬픔이 생기고 쾌락에서 두려움이 생긴다. 쾌락에서 벗어난 자는 슬픔도 두려움도 없다"(Babbitt, 1936: 34). 이러한 가정상의 차이는 물론 쾌락의 경험뿐만 아니라 쾌락의 동기적인 역할, 그리고 정신적인 삶에서 기억되고 기대되는 쾌락의 부각성과 빈도에서 나타난다. 분명, 미국인들에게는 즐거운 일을 하는 것이 성공적인 삶의 중요한 부분이지만, 다른 나라 사람들, 그중에서도 특히 인도의 힌두인들에게는 그것이 그다지 중요한 부분이 아닌 것으로 보인다. 힌두인의 일상생활에서 쾌락은 그다지 중요하지 않으며, 의무와 전통이 더 중요해 보인다. 예를 들어, 미국과 인도의 대학생들을 대상으로 한 설문 조사에서 "어떤 행동의 결과가 나에게 유쾌할지 불쾌할지의 문제는 중요한 고려 대상이 아니다"라는 진술에 동의한 인도인 피험자들은 34퍼센트였던 반면에 그 진술에 동의한 미국인 피험자들은 12퍼센트에 불과했다. 이에 반해, "무엇보다도 너의 본분을 다해라"라는 진술에 대한 평가에서, 힌두 인도인 피험자들의 86퍼센트가 그 진술에 동의를 표했던 반면에 미국인 피험자들의 45퍼센트만 그 진술에 동의를 표했다(Rozin, Grant and Puhan, 1997).

음식: 쾌락과 혐오

음식 선택의 틀

인간은 본질적으로 잡식동물이거나 잡식종이다. 인간은 거의 모든 것을 먹을 수 있는 음식으로 간주한다. 그런 점에서 인간의 지위는 쥐와 바퀴벌레와 같은 다른 훌륭한 종의 지위와 같다. 잡식성 전략은 어떤 특정한 음식의 유용성에 의존하지 않아도 되는 장점이 있다. 잡식종에게는 병충해나 경쟁자들은 심각한 위협이 되지 않는다. 하지만 잡식종이기 때문에 따르는 문제들이 있기 마련이다. 많은 잠재적인 음식들은 독성을 지니고 있으며, 동물의 복합적인 영양소 필요량은 수용 가능한 혼합 음식물과 상이한 음식들의 양을 제약한다. 기본적으로 잡식종은 무엇을 먹어야 하는지를 배우고, 그와 같은 학습은 대체로 음식물 섭취의 결과로부터의 지연된 피드백을 통해서 이루어진다 (상세한 논의를 살펴보고자 한다면 Rozin and Schulkin, 1990을 참조). 독이 든 것을 먹을 수 있는 위험성이 큰 만큼이나 영양가 있는 음식을 찾아 먹음으로써 얻을 수 있는 순간적이고 중단기적인 건강 보상 역시 크다. 결과적으로 음식 선택 과정에 많은 감정이 투자된다는 것은 놀라운 일이 아니다.

쾌락과 음식

인류에게 음식은 쾌락의 중요한 원천 중 하나이다. 세계의 다른 지역에서, 다른 시기에 음식은 부족하거나 너무 풍족해서 고통의 근원이 되기도 한다. 동물 심리학 분야에서 최고의 쾌락 연구자인, 영(Young, 1948, 1959, 1961)이 쥐에 대한 연구에서 음식 선택과, 특히 단맛에 초점을 맞춘 것은 결코 놀랄 만한 일이 아니다. 파프만(Pfaffman, 1960)은 자신의 중요한 논문, 「감각의 쾌락(The Pleasures of Sensation)」에서 모델 시스템으로 음식과 맛을 선택한다. 스텔라(Stellar, 1971), 미카엘 카바낙(1971), 메이셀만(Meiselman, 1996), 부스(Booth, 1994), 블런델(Blundell, 1980), 롤스(Rolls et al., 1985), 팽본(Pangborn, 1980), 셰퍼드(Shepherd, 1989)를 비롯한, 음식 선택에 관한 다른 선구적인 연구자들은 쾌락 차원의 연구에 전념했다. 이 모든 연구자들과 기타 연구자들에게서 음식의 쾌락 척도화는 일상적인 활동이다. (음식 소비와 선택에 관해서 폭넓은 재고찰하고자 한다면, 편집판 Barker, 1982와 Capaldi, 1996, 그리고 Capaldi, 1996과 Meiselman and MacFie, 1996을 참조.)

쾌락과 미각 시스템

음식 시스템의 감각적 쾌락에 대한 증거들은 많다. 파프만(1960)은 미각의 입력이 쾌락 변인들과 상당한 상관관계를 지니는 사례를 제시한다(그림 6.1). 단맛 시스템은 선천적으로, 쥐와 인간에게 쾌락적으로 긍정적인 체계이다. 소량의 자극이 사용될 경우(포만감을 방지하는 경우), 자극의 강도와 함께 미각의 구심성 방출과 쾌락의 반응이 증가한다. 쓴 맛의 경우, 구심성 입력의 증가는 선호도의 감소와 함께 단조롭게 같이 변한다. 짠맛의 경우 그 관계는 단조롭지 않다. 농도의 상승과 함께 구심성 방출이 증가하는 동안에 쾌락의 작용이 처음 저농도에서 상승한 다음에, 더 농도가 높아지면서 불쾌감을 유발하기 시작한다. (이 모든 결과는 인간의 쾌락 평정과 단기간 선호도 테스트 및/또는 쥐의 얼굴 표정과 몸짓에 대한 분석에 의해 결정된다(예컨대, Grill and Norgren, 1978을 참조.) 앞서의 모든 경우와 신맛의 경우, 자극 강도와 쾌락 반응 사이에는 명확한 함수관계가 존재한다.

짠맛, 단맛, 쓴맛 시스템의 기능적 가치는 명확하다. 단맛은 자연에서 (과일을 매개로) 칼로리를 나타내며, 짠맛은 음식에 필수적이지만 높은 수준에서는 해로울 수 있으며, 자연에 존재하는 쓴맛과 독성 간에는 상당한 상관관계가 있다.

슈타이너(Steiner, 1979; 좀 더 객관적인 기법의 확증에 대해서는 Rosenstein and Oster, 1988을 참조)는 맛과 높은 수준의 신맛에 대해 유아가 느끼는 혐오와 (얼굴 표정을 이용해서) 당분에 대한 선호를 입증했다. 아마도 인간은 (현실 세계에서 칼로리 양과 상관관계가 있는) 지방의 질감을 선천적으로 좋아하고 아무리 낮은 수준이라도 얼얼한 자극을 선천적으로 혐오할 것이다. 물론, 미각 시스템에 의해 전달되지 않는 지방질과 얼얼함은 겨우 느낄 수 있지만, 그 느낌도 음식과 관련된 구강 감각이다. 이상하게도, 신맛(높은 산도)이나 (고추나 생강과 같은) 얼얼한 자극성 음식에 대한 회피의 생물학적 중요성은 명확하지 않다. 왜냐하면 그러한 두 가지 자각성 물질의 유해 수준치의 농도가 자연에는 존재하지 않기 때문이다.

그림 6.1 시음 용액의 농도에 따른 쾌락 판단

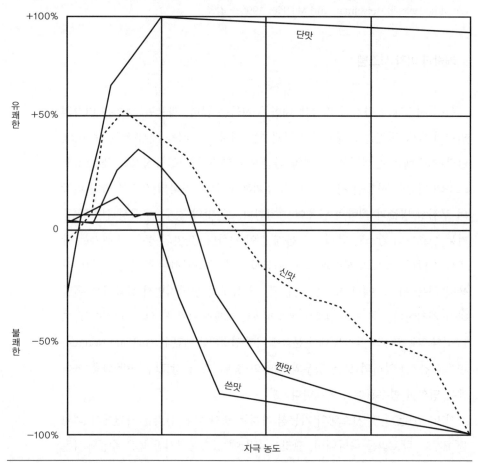

출처: Pfaffman(1960: 261).
참고: 시음 용액의 농도에 따른 '유쾌한'이나 '불쾌한' 판단의 우위성. 세로 좌표는 '유쾌한' 퍼센트와 '불쾌한' 마이너스 퍼센트를 나타낸다. 가로 좌표는 농도에 비례하며, 베이스 라인의 전체 길이는 (질량으로) 자당(蔗糖) 40%, 타르타르산 1.12%, 염화나트륨 10%, 황산키니네 0.4%를 나타낸다.

구성 성분들에 대한 쾌락적 평정들의 대수적 조합으로부터 맛 혼합물에 대한 쾌락 반응을 예측할 수는 없다. 인간의 경우 이와 관련한 특별한 예로 단맛과 지방질 사이의 복합적인 맛의 기호성의 관계를 들 수 있다. 분명 최적의 조합이 있으며, 그것은 각각의 최대치 수준과는 거리가 멀다(Drewnowski and Greenwood, 1983).

많은 미각 관련 문헌들이 순수 화학 물질들과 그것들의 화합 용액을 탐구하고 있지만 실세계에서의 섭취는 미각의 속성과 기타 입맛과 풍미의 속성의 측면에서 매우 복합적인 음식과 음료를 포괄한다. 팽본(1980)은 (레몬수와 같은) 비교적 복합적인 자극의 쾌락적 가치에 대한 연구를 선도했고 폭넓은 범위의 개인차를 증명했다. 예컨대, 어떤 사람들의 경우에는 (매개 물질에 따라) 당 농도의 증가와 함께 맛의 기호성이 단조 증가하는 현상을 보이고, 다른 어떤 사람들의 경우에는 동일한 매개 물질에 대한 반응으로 뒤집힌 U자 형태나 심지어 단조 감소함수를 보일 수도 있다(음식 선택의 감각적 쾌락 양상들에 대한 일반적인 재고찰을 확인하려면 Cardello, 1996을 참조).

진짜 음식에 관한 한 쾌락 효과의 비가산성은 아주 명확한 사실이다. 예컨대, 당분은 미국인들이 아침에 먹는 시리얼 입맛을 돋우지만, 스테이크 입맛을 줄인다.

심리학적 음식 분류

사람들은 영양분(또는 순전한 물질 용액)이 아닌 음식물을 섭취하기 때문에 심리학적 음식 분류는 영양분 분류와는 달라야 할 것이다. 나와 팰런(Rozin and Fallon, 1980; Fallon and Rozin, 1983)은 인터뷰와 질문지 조사 과정을 통해서 미국인들을 위한 심리학적 음식 분류법을 개발했다. 우리는 다양한 범주로 나뉜 음식들은 문화에 따라 다를지라도 개발된 분류법은 모든 문화권에 적용될 수 있다고 믿는다.

우리는 가능한 한 모든 음식 세트를 근거해서, 어느 누구를 대상으로 하든 수용된 항목과 거부된 항목으로 나눈다. 연구 결과에 의하면 수용 혹은 거부는 세 가지 요인, 즉 감각적-감정적 이유(감각적 성질에 대한 애호 혹은 혐오), 음식물 섭취에 대한 예상 결과(포만감, 질병 등등), 그리고 관념적인 이유(음식의 성질이나 원천에 대한 지식)에 의해서 동기화될 수 있다(표 6.1 참조). 첫 번째 이유만이 감각적 쾌락(혹은 불쾌)을 직접적으로 유발한다.

세 가지 이유는 단독으로, 혹은 조합으로 비교적 순전한 일련의 거부 범주나 수용 범주를 형성한다. 거부의 경우에는 네 가지 중요한 범주가 있다.

혐오는 주로 감각적 성질에 근거한 거부이다. 혐오의 예로는 쓴 음식에 대한 거부를 들 수 있으며, 브로콜리나 리마콩을 싫어하는 사람들의 입장에서는 브로콜리나 리마콩에 대한 거부도 혐오에 속한다. 대부분의 문화 속에서 음식 선택의 개인차는 감각적/감정적 반응의 차이에서 비롯된다.

위험은 예상되는 단기간 혹은 장기간의 부정적 결과에 근거한 거부이다. 담배, 알레르기성 음식, 혹은 (일부 사람들에게) 살찌는 음식 등에 대한 거부가

표 6.1 심리학적 음식 분류

차원	혐오	위험	부적합	역겨움	좋은 맛	유익	적합	다른 가치 기준에 의한 평가
감각적/감정적		–		(–)	+			(+)
예상 결과		–		(–)		+		(+)
관념적			–	–			+	+
예	맥주, 칠리, 시금치	알레르기성 음식, 발암 음식	풀, 모래	배설물, 벌레, 상한 음식	당 함유 음식, 기호식품	약, 건강에 좋은 음식	의례 음식	영웅들, 사랑하는 사람들, 혹은 신들이 남긴 음식

출처: Fallon & Rozin(1983)을 수정한 것임.
참고: 괄호 안의 부호는 차원과 음식 범주 간의 통계적 관계를 나타내지만 필연적 관계를 의미하지는 않는다.

이 범주에 속한다.

부적합은 관념적인 이유에 근거한 거부이다. 해당 항목은 문화적으로 음식이나 식용으로 간주되지 않는다. 종이, 연필, 바위, 풀처럼 세상에 존재하는 대부분의 사물들은 이 범주에 속한다.

역겨움은 복합적인 동기를 수반한다. 역겨운 실체는 그 본질이나 기원(관념적 이미지) 때문에 항상 거부된다. 하지만 그와 같은 대상은 사실상 항상 관념적인 기원의 이유로 나쁜(혐오스러운) 맛을 가진 것으로 여겨진다. 그리고 종종 위험하다고 인식되기도 한다. 역겨움은 음식에 대해서 가장 강렬한 감정 반응을 형성한다(음식 분야의 역겨움에 대해 더 알고 싶으면 Rozin and Fallon, 1987을 참조).

쾌락과 관련해, 두 범주인 혐오와 역겨움은 음식의 감각적 성질에 대한 부정적인 반응을 수반하는 반면에 다른 두 범주(위험과 부적합)는 더 인지적인 것에 근거한 거부를 수반한다는 사실을 주목하기 바란다.

관념적인 범주들은 대부분의 서양 문화에서는 별 의미가 없지만, 긍정적인 측면에서, 서로 유사한 범주들이 있다. 그럼에도 좋은 맛과 유익 사이에는 중요한 차이가 존재한다. 거듭 말하건대, 좋은 맛은 감각적 쾌락의 예이다.

물론 많은 음식은 이 범주들의 하나에 산뜻하게 속하지는 않는다. 우유는 대부분의 미국인들에게 맛도 좋고 유익한 음식이기도 하다. 하지만 많은 음식들이 무리 없이 이 범주들 중 하나에 속한다.

맥락(상황) 의존

실험 심리학은 일반적으로 쾌락을 포함한 현상 분석에 추상적이고 요소주의적으로 접근하는 방법을 채택해 왔다. 변량 분석(ANOVAS)의 상호작용 항은 맥락의 영향이라는 근본적인 게슈탈트 개념을 크게 용인한다. 따라서 음식 영역의 쾌락 연구 역사에서 연구 작업은 수용액(水溶液)으로 단순한 미각 자극 물질을 이용하는 것, 그리고 드물게는 수용액과 미각 자극 물질의 조합, 혹은 일반적인 맥락 변화의 지배를 받는다. 하지만 음식 쾌락에서 맥락의 역할은 매우 크기 때문에 어떤 문외한도 거의 모든 음식을 어떤 특정한 맥락에 따라 좋게 판단할 수도 있고 나쁘게 판단할 수도 있다. 우리는 맥락의 영향을 세 가지 유형, 즉 동시적인 내적 맥락, 동시적인 외적 맥락, 연속적인 외적 맥락으로 나눈다(맥락 효과에 대한 전반적인 논의에 대해서는 Rozin and Tuorila, 1993을 참조).

동시적인 내적 맥락 음식에 대한 쾌락적 해석과 관련된 주요한 내적인 상태는 허기이다. 특히 카바낙(1971, 1985)은 단순한 음식 자극의 즐거움이 음식 박탈(허기)의 함수임을 증명했다. 그의 감각의 전도 개념은 그러한 인식을 담고 있다. "주어진 자극은 피험자의 내적 상태에 따라 유쾌한 감각 혹은 불쾌한 감각을 유발할 수 있다." 카바낙은 이러한 견해를 적용해 쾌락의 적응 가치를 설명한다. 허기가 어떻게 상이한 음식들이 주는 쾌락에 다르게 영향을 미치는지에 대한 연구는 아주 적은 편이다. (그러한 연구 결과에 의하면, 예컨대, 디저트는 다른 어떤 유형의 음식들보다도 허기의 감소에 저항력이 강하다.) 메스꺼움과 같은 다른 내적 상태도 음식에 대한 쾌락적 평가에 분명히 영향을 미친다.

동시적인 외적 맥락 표적 음식 자극에 대한 경험과 동시에 발생한 사건은 그 자극에 대해 보고한 쾌락적 가치에 중대한 영향을 미친다. 말하자면, 표적 자극을 놓고 내적으로 아주 다양한 맛이나 풍미의 상호작용이 존재한다. 이 효과는 감각적, 지각적, 인지적인 것이며, 맛의 상호작용을 포함한다(Rozin and Tuorila, 1993; Bartoshuk and Gent, 1984). 그리고 문화적으로 선호를 유발한다. (예를 들어, 소금 맛은 어떤 맥락[이를테면, 미국에서 고기를 섭취하는 상황]

에서는 적절하고 다른 맥락[이를테면, 미국에서 디저트를 먹는 상황]에서는 적절하지 않다.)

잠재적인 음식의 본질과 기원(관념적 문제)에 대한 해석이 그 음식의 감각적 질을 지배할 수도 있다. 같은 냄새라도 고양이 배설물 냄새라고 생각하면 피험자들은 매우 불쾌한 냄새로 평가할 것이고, 치즈 냄새라고 생각하면 매우 기분 좋은 냄새로 평가할 것이다. 버터밀크를 마신 사람이 실은 그것이 상한 우유(즉, 일부러 '상하게 한' 버터밀크와는 대조적으로 뜻하지 않게 상한 버터밀크)로 밝혀지면, 그는 버터밀크라고 해석한 대상의 맛과 냄새를 싫어하게 될 것이다.

개인의 음식(시금치나 시금치 수플레 요리)이 '단위'인 정상적인 섭취 수준에는 수용할 수 있는 (따라서 기분 좋은) 조합을 결정하는 '적합성'의 다양한 문화적 법칙들이 존재한다. 이러한 개념은 슈츠(Schutz, 1989)에 의해서 개발되었다. 그 적합성에 따라, 미국 문화에서 스테이크와 아이스크림은 함께 먹는 것이 아니며, 그 조합은 불쾌감을 예상할 수 있게 한다. 이와 마찬가지로, 상황에 의해서 특정한 음식들의 적합성이 결정되기 때문에, 아마도 대부분의 미국인들은 마른 시리얼을 저녁 식사용보다 아침 식사용으로 더 좋다고 여길 것이다.

연속적인 외적 맥락 연속적, 혹은 시간적 맥락의 매우 중요한 두 가지 양상이 있다. 하나의 양상은 한 사람의 최근 음식 경험의 환경을 가리킨다. 그리고 다른 하나의 양상은 기억된 쾌락과 경험된 쾌락, 기대된 쾌락의 상호작용을 가리킨다.

감각 현상과 마찬가지로, 감각적 쾌락에서도 많은 적응 경향을 볼 수 있다. 이 중 일부는 후각 기관 시스템과 구강 체성 감각(예컨대, 얼얼함) 시스템의 일부에서 광범위하게 나타나는 감각 적응에서 직접적으로 기인한다. 어떤 의미에서, 감각 쾌락 시스템은 연속성에 두 배로 민감하다. 수용체 입력 그 자체가 적응을 나타내며 쾌락을 '일으키는' 핵심 과정 또한 시간적 맥락에 적응하거나 습관화되며, 민감한 경향을 보인다. 감각 시스템과 같은 쾌락 시스템은 변화에 민감한 경향이 있으며, 기준치에 적응하는 경향이 있다. 적응 수준에 관한 헬슨의 개념(Helson, 1964)은 여기에서는 특히 파두치(Parducci, 1995)가 현대화하고 정식화한 대로 적용된다. 파두치의 연구 결과가 보여주는 바에 의하면, 인간이 감각 시스템에서 보이는 경험의 범위와 빈도에 따라서 기준치에 적응하고 평가들을 분류하는 강한 경향은 쾌락/행복 차원에도 적용된다.

그러나 범위-빈도 효과는 모든 노출의 연속성들 — 동일한 자극에 대한 반복적인 반응 — 중에서 가장 간단한 것도 설명하지 못한다. 노출의 연속성에서 적응이나 습관화가 일어나는 것으로 보인다. 적어도 (적당히 입에 맞는 음식과 몇 분에서 몇 시간 동안의 빈번한 노출을 비롯한) 어떤 조건하에서 이미 익숙해진 음식에 반복적으로 노출되면 그 음식에 대한 선호는 지속되지 못하고 감소하기 마련이다. 카츠(David Katz, 1937)와 르매그넨(LeMagnen, 1956)이 동물을 대상으로 맨 처음 기술했던 이 현상은 롤스와 그녀의 동료들(Rolls et al., 1985)에 의해서 실험실에서 인간 피험자들을 대상으로 광범위하게 연구되었다. 이 현상은 적절히 감각 특정적 포만감이라고 불린다. 그 효과는 일반적으로 그다지 크지는 않으며 감소된 섭취량과 감소된 선호도 평가 두 측면에서 측정되어 왔다. 감각 특정적 포만감이 특정 국소 조건의 영향을 크게 받는 한 가지 이유는 그것이 또 하나의 기본 과정, 즉 일반적으로 노출로 인해 높은 선호도를 낳는 (이 장의 뒷부분에서 논할) 단순 노출 효과와는 대립하는 것이기 때문이다.

음식 시스템뿐만 아니라 다른 시스템에서도 관찰되는 두 번째 기본적인 시간적 맥락의 특징은 감정적 초두 효과이다. 다른 조건이 같다면, 불특정 범위의 조건에서, 두 가지 초두 관계가 유지될 수 있다. 한 연속적인 사건의 시초 자극은 종점의 동일한 자극보다 전체적인 쾌락 효과에서 더 강력한 힘을 발휘한다. 일련의 작은 음식 자극의 경우에는 더 시초에 가까울수록 더 긍정적인 쾌락 반응을 일으킬 것이다. 앤더슨과 노먼(Anderson and Norman, 1964)은 여섯 가지 음식/요리의 이름을 피험자들에게 읽어주고 그 음식들로 구성된 한 끼 식사의 선호도를 지정된 순서대로 평가하라고 요구했다. 피험자들은 세 가지 좋아하는 음식을 먼저 받고, 그다음에 세 가지 싫어하는 음식을 받은 식사를, 그 역순으로 음식을 받은 식사보다 더 높게 평가했다. 딘(Dean, 1980)이 적절히 균형을 맞춘 설계로 식품이나 음료의 실제 시식(시음)을 수반하는 쌍 비교 연구를 한 결과, 피험자들은 먼저 시식이나 시음을 한 항목을 우선적으로 선호하는 경향이 있는 것으로 나타났다. 음식 영역에서의 감정적 초두 효과의 탄력성과 크기는 아직 확정적이지는 않다.

음식을 먹는 사람들과 이야기를 나눈 경험을 통해서 나는 척도화 효과와 틀 효과[3]가 특정 요리나 식사를 하며 얻는 쾌락을 결정하는 데 매우 중요하다는 사실을 알게 되었다. 예컨대, 판단 범위를 설정할 때, 사람들은 생소한 경험에 대해서는 틀 선택을 한다. 훌륭한 레드 와인을 맛보는 아주 멋진 경험을 할 경우, 어떤 사람들은 이후에 맛본 아주 좋은 와인을 질이 낮은 것으로 여길 것이다. 그들은 매우 진귀한 고급 와인을 맛본 경험으로 와인에 대한 척도의 기준점을 잡을 것이다. 반면에 다른 사람들은 그러한 매우 특별한 음식 경험에 '도를 벗어난' 일이라는 틀을 적용할 수 있을 것이며, 그 경험은 뒤따르는 좋은 경험에 그다지 부정적인 영향을 미치지는 않을 것이다.

대부분의 인류는 음식의 대부분을 식사 형태로 소비한다. 식사는 문화적으로 끼니로 규정되며, 종종 여러 가지 요리를 포함한다. 요리 관례는 흔히 문화적으로 규정된다. 어느 때든 한 끼 식사 중에 하나 이상의 요리를 소비할 수 있다. 그렇다면 개인은 자신의 식사를 시간적으로 구성하는 방법과 관련해 몇 가지 선택권을 가질 것이다. 이에 미국 대학생을 대상으로 한 설문 조사(Rozin, 1998)에 따르면, 2~4종류의 전형적인 메인 코스 요리를 접할 경우, 어떤 사람들은 가장 좋아하는 요리를 맨 먼저 먹은 다음에, 다른 요리들을 번갈아 먹는다. 반면에 다른 어떤 사람들은 한 번에 한 종류의 음식을 먹으며, 가장 좋아하는 음식은 마지막에 먹으려고 남겨둔다. 그리고 어떤 사람들은 먹을 수 있는 음식들을 규칙적으로 번갈아 가며 두루 먹는다. 대략 절반의 응답자들은 이러한 저마다의 식사 패턴에 동의하지 않으며, 자신들이 알고 있는 습관적 패턴을 보고하지 않는다. 각각의 이러한 패턴들은 아마도 서로 다르게 경험되고 기억된 쾌락을 야기할 것이다.

지금까지 다양한 요리들로 이루어진 식사의 경험 쾌락에 대한 연구는 거의 없었다. 로고젠스키와 모스코비츠(Rogozenski and Moskowitz, 1982)는 (질문지로) 다섯 가지 코스 식사에 대한 평가 결과를 얻었고 다른 질문지를 이용한 개별 음식들에 대한 가중치 평가로부터 어느 정도 성공적으로 다섯 가지 코스 식사의 모델을 만들어 냈다. 식사에 대한 기억 효용(쾌락)의 문제는 다루어진 적이 없고, 일련의 표본 음식들이나 하나의 식사 내에서 쾌락의 대비 문제도

---

3 어떤 사안에 대해서 긍정적인 인식 틀을 적용하느냐 부정적인 인식 틀을 적용하느냐에 따라서 해석이나 의사결정이 달라지는 현상.

다루어진 적이 없다. 카너먼의 실험적 쾌락론이 제시한 방침에 따르면, 기억된 쾌락을 극대화할 수 있는 식사 순서(요리를 먹는 순서와 섭식 스타일)를 마련할 수 있을 것이다.

음식과 섭식 영역은 기억된 쾌락과 기대되는 쾌락의 지배를 받는다. 훌륭한 레스토랑에 저녁 식사를 예약하는 것은 불과 몇 시간 지속될 경험을 몇 주(지라르데(Girardet)의 경우에는 몇 달 혹은 몇 년) 동안 음미할 수 있는 기회이다. 그리고 훌륭하고 특별한 식사의 추억은 평생 지속되며 그 레스토랑에 다시 방문하고자 하는 기대감을 부추긴다. (하지만 불행히도 일반적으로는 평균으로의 회귀가 개입한다.) 이러한 쾌락은 치과에 가는 불쾌한 일의 정반대 현상에 해당된다. 치과에서 몇 초간 경험하는 통증은 치과 의자에서 실제로 한 경험에 비해서는 엄청난 큰 불안감에 대한 예상과 너무나 과하게 나쁜 부정적인 기억을 초래한다.

또한 식사는 사회적 이벤트로, 그런 이벤트 과정에서 음식을 먹는 일은 미국에서는 일반적으로 스포츠와 정치, 취미 등에 관한 대화를 나누는 중에 이루어지며, 프랑스에서는 음식 자체와 그것이 주는 쾌락에 관한 대화를 나누는 중에 이루어지고는 한다. 우리는 최근에 음식과 섭식에 대한 프랑스인들과 미국인들의 태도에서 나타나는 중대한 차이점을 증명했다. 미국인들은 정말로 훌륭한 식사를 너무 많이 먹을 것이라고 걱정하는 경향이 있고, 프랑스인들은 훌륭한 식사를 그저 긍정적으로 기대하는 경향이 있다(Rozin, Fischler et al., 저널에 실릴 예정인 논문). 그러므로 식사의 일반적인 사회적 상황과 섭식에 대한 문화적 태도 역시 음식이 유발하는 감각적 쾌락에 강하게 영향을 미칠 것이다. 그리고 물론 훌륭한 요리에 관한 한, 감각적인 쾌락과 심미적 쾌락 사이의 경계가 흔히 희미해지기 마련이다.

음식의 쾌락적 가치의 습득과 변화

좋은 맛(좋은 미각)과 싫은 맛(혐오)의 습득 선천적으로 좋아하는 맛/풍미의 목록은 매우 제한적이다. 단맛과 지방질을 지나치게 좋아하고, 얼얼한 맛, 쓴맛, 그리고 독한 맛과 풍미를 지나치게 회피하는 경향이 있다. 미각과는 달리, 후각 영역은 강한 '쾌락'을 느끼는 동안에 선천적으로 쾌락적인 유의성 감각을 동반하지는 않는다(Bartoshuk, 1991).

한 성인이 좋아하고 싫어하는 거의 모든 것은 적어도 부분적으로는 습득된 미각 (혹은 혐오)이다. 어떤 것은 맛있는 것이 되고 어떤 것은 유익한 것이 된 원인은 무엇일까? 혹은 어떤 것들은 혐오감을 주고 어떤 것은 위험하게 된 원인은 무엇일까?

습득된 좋은 맛과 싫은 맛에 관한 연구는 인간에 초점을 맞춘다. 왜냐하면 직접적인 쾌락 측정치는 인간으로부터만 얻을 수 있기 때문이다. 하지만 동물 심리학, 특히 학습 심리학으로부터 빌려온 법칙들이 이 연구에 영향을 끼쳤다. 더구나 인간의 감각적 쾌락과 동물의 감각적 쾌락이 유사할 가능성은 잠정적인 일반화를 가능하게 했다. 그릴과 노르그렌(Grill and Norgren, 1978)이 이룬 성과, 즉 음식에 대한 쥐의 반응에서 나타나는 안면 표정/몸짓의 측정법 개발 덕분에 실험실 동물들의 경험된 쾌락에 대해서 더 타당하게 추론할 수 있는 도구를 얻을 수 있었다.

인간의 쾌락 변화를 일으키는 가장 확실한 절차는 동물 실험에서 진행된 맛 혐오에 대한 연구로부터 직접적으로 얻었다. 선호하는 맛이 X선 방사와 메스꺼움을 유발하는 약의 투입을 포함한 어떤 다양한 부정적인 사건들과 짝을 이루면, 강한 혐오 반응(선호의 감소)을 일으켰다. 이러한 현상은 가르시아와 핸킨스, 루시니아크의 고전적인 증명이(Garcia, Hankins and Rusiniak, 1974에서 재고찰된) 조건 자극(conditioned stimulus: CS)과 무조건 자극(unconditioned stimulus: US) 사이의 오랜 지연을 통해서 혐오가 학습된다는 것을 보여준 해인 1966년 이전에도 오랫동안 동물 문헌에 알려져 있었다. 동물 문헌만으로는 조건화된 맛 혐오가 쾌락의 변화를 수반한다는 사실을, 음식 조건 자극은 이제 '나쁜 맛이 난다는' 것을, 즉 습득된 혐오 자극이라는 것을 입증할 수는 없었다.

인간에 대한 수많은 질문지 조사 연구들(초기 연구로는 Garb and Stunkard, 1974)은 회고적 보고를 이용해, 음식 (특히 새로운 음식) 섭취 이후 발생한 질병은 음식에 대한 습득된 혐오를 유발하는 것이 분명하다는 인간의 평행 현상을 입증했다. 인간에 대한 후속 실험실 실험들(예컨대, Bernstein, 1978)은 그러한 현상을 확증했다.

실험적으로 유도된 쾌락 변화의 전형적인 예로서 맛 혐오 학습을 확증하는 데 거친 다음 두 단계는 나의 제자인 펠챗(Pelchat)이 박사 학위 논문에서 다룬 내용이다. 회고적 질문지 조사의 결과에 의하면, 메스꺼움의 구성 요소를 지닌 무조건 자극들만이 습득된 음식물 혐오를 확실히 유발했다. 더 낮은 수준의 내장 문제, 혹은 피부 발진이나 호흡 장애 등의 알레르기 증상과 같은 음식물 섭취 후에 일어날 수 있는 다른 부정적인 결과들은 위험을 초래하였으나 혐오를 일으키지는 않았다(그림 6.2) (Pelchat and Rozin, 1982). 메스꺼움은 혐오를 유발하는 마술 탄환 같았다.

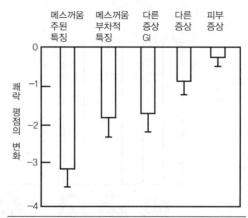

그림 6.2 인간의 맛 혐오와 부정적인 사건의 관계

출처: Pelchat and Rozin(1982: 345).
참고: 부정적인 사건 유형의 함수로서의 인간의 맛 혐오. 피험자들은 음식 섭취 후에 일어나는 부정적인 사건 경험에 대해서 자기보고를 했다. 문제의 음식은 사건의 전후에 1점(매우 기분 나쁜)~9점(매우 기분 좋은) 척도로 평가된다. 피험자들은 또한 부정적인 사건의 특징들을 지적하고, 그중 하나를 주된 특징으로 지정했다. 선호도의 평균 변화(사건 후 평점 – 사건 전 평점)는 부정적 사건 유형의 함수로 제시되었다. 부정적인 사건들은 가로 좌표에 '메스꺼움 주된 특징'(메스꺼움이나 구토가 주된 특징이다), '메스꺼움 부차적 특징'(메스꺼움이나 구토가 주된 특징이 아니다), '다른 증상 GI'(메스꺼움이나 구토 이외의 위장 내 증상이 주된 특징이다), '다른 증상'(호흡 곤란, 심혈관 질환, 신체 기관의 조직 쇼크, 혹은 사랑하는 사람의 죽음과 같은 매우 마음 아픈 소식 등처럼 다른 어떤 범주에도 속하지 않는 항목), '피부 증상'(발진과 같은 알레르기성 피부 증상)으로 특징지어져 있다.

쓴 맛과 기타 혐오 용액을 복용한 후에 일어나는 안면 표정과 몸짓에 대한 그릴과 노르그렌(1978)의 분석을 이용한 펠챗의 그러한 분석은 실험실 쥐에게까지 확대되었다. 혐오 용액을 복용하고 반응하는 표정들이 혐오감을 나타낸다고 가정한, 펠챗과 그녀의 동료들(Pelchat, Grill, Rozin and Jacobs, 1983)은 파블로프의 고전적 조건화 방식으로 단 맛을 다양한 무조건 자극들과 짝을 지은 후에 쥐들에게서 나타나는 그와 같은 반응을 모니터했다. 그 결과는 아주 명확했다. 메스꺼움과 혐오의 관계를 뚜렷이 뒷받침해 주는 결과였다. 동물과 인간의 위 내에서 메스꺼움을 유발하는 물질인 염화리튬으로 인해 야기되는 단맛 회피 반응은, 조건화된 이후에 조건 자극의 용액이 제공될 때면 (입을 크게 벌리는 행위와 같은) 혐오 몸짓을 확실하게 일으킨다. 무조건 자극이 발에 가한 전기 충격이나 위 내 락토오스[4] — 상부 소화관 장애로 인한 통증보다는 낮은 수준의 통증을 유발하는 — 인 경우에는 강한 회피(위험 범주화) 반응이 일어나지만 혐오 표정은 거의 나타나지 않는다(그림 6.3)(관련 연구에 대해서는 Parker, 1982를 참조).

이 메스꺼움 '마술 탄환' 실험은 쾌락의 변화로 향하는 파블로프식 조건 형성의 통로를 확립한다. 그 변화는 극적이고 단번의 시행에서 발생하며, 습득

4　락토오스를 섭취하면, 설사, 구토, 복부팽만 등의 증상이 나타난다.

그림 6.3 중독된 쥐의 자당(蔗糖)에 대한 구강 안면 반응: 쥐의 맛 혐오와 부정적인 사건의 관계

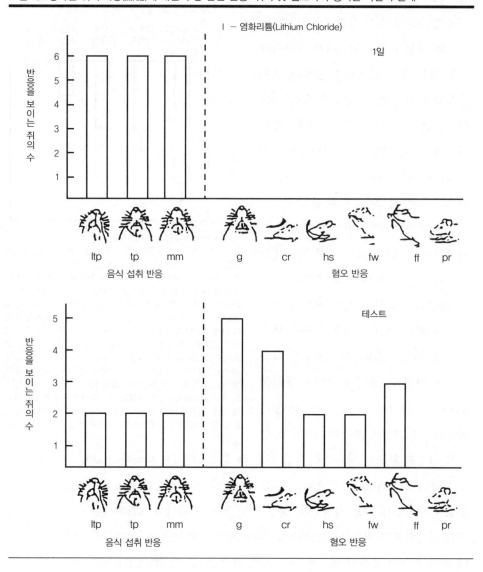

출처: Pelchat, Grill, Rozin and Jacobs(1983). Copyright 1983 the American Psychological Association.
참고: 자당 섭취와 세 가지 부정적인 사건들 중 하나와 짝을 이룬 조건에 노출되기 전과 후에 나타나는 쥐의 구강 안면 반응. 세 가지 부정적인 사건은, (1) 메스꺼움을 유발한다고 하는 위 내 염화리튬, (2) 전기충격, (3) 위 내 락토오스의 삽관(挿管)이다. 위 내 락토오스의 삽관은 (인간의 위경련과 같은) 낮은 수준의 위장 내 증상과 설사를 유발하지만, 메스꺼움은 거의 유발하지 않는다. 그래프들은 표시된 행동을 보이는 쥐의 수(표시된 대로 그룹당 다섯 내지 여섯 마리)를 보여준다. 세 가지 긍정적인 구강 안면 반응과 그 이후에 보인 여섯 가지 부정적인 구강 안면 반응이 가로 좌표에 표시되어 있다. ltp = 측면으로 혀 돌출(lateral tongue protrusions), tp = 혀 돌출(tongue protrusions), mm = 입 움직임(mouth movements), g = 입을 크게 벌리는 행동(gape), cr = 턱을 문지르는 행동(chin rub), hs = 머리를 흔드는 행동(head shaking), fw = 얼굴을 씻는 행동(face washing), ff = 심하게 앞다리를 흔드는 행동(forelimb flailing), pr = 발을 문지르는 행동(paw rubbing).

그림 6.3 (계속)

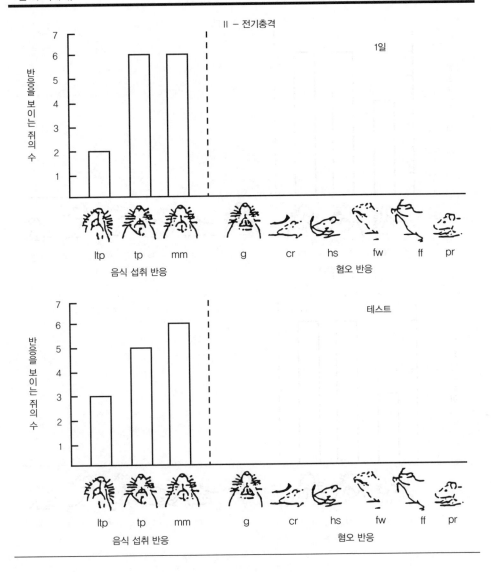

한 쾌락의 변화의 가장 실험적인 예이자 현실 세계의 예이다. 우리가 발견한 최근 증거에 따르면, 인간의 맛 혐오와 (무서운 무조건 자극에 따른) 공포증은 현실에서 적절한 짝이 지어지는 일이 많지만 쾌락의 변화는 잘 일어나지 않는다(Rozin, Wrzesniewski and Byrnes, 1998). 우리는 어떤 맥락(상황) 조건이 이러한 유형의 쾌락 변화를 촉진시키거나 방해하는지 아직 알지 못하지만 조건 자극의 새로움은 확실히 중요하다.

맛 혐오 연구들이 제기한 두 번째 문제는 쾌락 변화 및 쾌락 반응 그 자체

6장

그림 6.3 (계속)

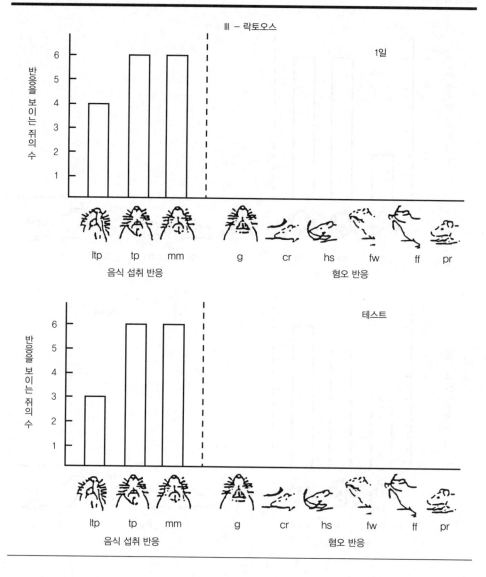

의 적응 가치와 관련이 있다. 무조건 자극인 메스꺼움은 쾌락의 변화를 초래하나, 대부분의 다른 무조건 자극들은 쾌락의 변화를 초래하지 않는다. 왜 그럴까? 내장 통증을 포함한 다른 사건들과는 달리, 메스꺼움이 질적으로 다른 (쾌락의) 변화를 일으킬 수 있게 하는 것의 적응성 가치는 무엇일까? 우리는 모르지만, 이 질문에 대한 답이 우리에게 쾌락 시스템의 기능에 관해 무엇인가를 말해 줄 수 있을 거라고 생각한다.

맛 혐오는 쾌락의 변화를 유발하는 파블로프식 고전적 조건 형성 과정의

한 예이다. 이 일반적인 과정은 평가 조건형성이라고 불려왔다. 그것은 원래 마틴과 레비(Martin and Levey, 1978)가 중립적인 유의성 시각 자극과 부정적이거나 긍정적인 유의성 시각 자극을 각각 조건 자극과 무조건 자극으로 이용해서 실험실 현상으로 기술하고 명명한 것이었다. 평가 조건형성은 베이언스(Baeyens)가 이끄는 벨기에의 심리학자 집단에 의해서 체계적으로 연구되어 왔다. 시각 자극(Baeyens et al., 1988, 1991)과 후각 자극(Todrank et al., 1995), 맛/향미 자극(Zellner et al., 1983; Baeyens et al., 1990)을 이용한 실험으로 긍정적인 평가 조건형성과 부정적인 평가 조건형성이 입증되었다(음식 선호도의 변화와 관련해서 파블로프식 고전적 조건화를 재고찰하고자 한다면, Rozin and Zellner, 1985를 참조).

맛 혐오 학습은 평가 조건형성의 다른 예들과는 다소 거리가 멀어 보인다. 맛 혐오 학습은 매우 빠르게 이루어지고 효과가 강하며, 소거에 크게 저항적이지는 않다. 평가 조건형성은 일반적으로 여러 번 시도해야 하며, 그 효과의 크기는 보통이고, 소거에 대단히 저항적이다(Baeyens et al., 1988, 1991). 음식 영역에서는 메스꺼움에 근거한 맛의 혐오를 제외하고 1995년 이전에 입증된 두 가지 중요한 평가 조건형성 효과는 당(糖) 무조건 자극(Zellner et al., 1983)과 짝지어진 맛에 대한 선호도의 증가와 혐오스러운 무조건 자극(Baeyens et al., 1990)과 짝지어진 맛에 대한 선호도의 감소이다.

평가 조건형성은 음식과 기타 자극과 관련한 쾌락의 변화에 대한 관련 증거가 많은 두 모델 중 하나이다. 커피 선호처럼, 많은 일반적인 습득된 선호는 평가 조건형성과 같은 과정을 통해서 형성될 가능성이 크다. 커피를 처음 접할 때는 흔히 매우 달콤하게 타고는 한다. 우유나 크림을 타 강한 맛을 부드럽게 한다. 많은 사람들은 그러한 경험을 많이 거친 후에야 우유와 설탕이 들지 않은 커피의 풍미만을 좋아하게 된다.

(우리는 모두 좋아하지 않으나 매우 영양분이 높은 음식을 많이 알지만, 허기의 경감과 같은) 내적인 무조건 자극 또한 평가 조건형성에 작용한다. 포만으로 인해 생긴 선호도와 관련한 인간에 대한 연구는 놀랍게도 거의 없다. 하지만 부스와 그의 동료들은 피험자들이 훈련을 받고 허기 상태라는 검증을 받았을 때, 상당히 많은 칼로리와 연관이 있는 풍미에 대한 선호가 상당히 향상됨을 보여주는 한 가지 경험적인 증명을 내놓았다(Booth, Mather and Fuller, 1982).

현실 세계에서 가장 강력한 무조건 자극은 사회적인 것, 아마도 특정한 사건이나 음식을 즐기는 (혹은 싫어하는), 존경받는 다른 사람의 출현일 것이다. 최근에 베이언스와 그의 동료들(Baeyens et al., 1996)은 사회적 무조건 자극에 따르는 쾌락의 변화를 최초로 실험적으로 증명한 사실을 밝혔다. 성인 피험자들은 한 시음자가 독특한 유리컵들에 담긴 다양한 음료를 시음하고 흡족하거나 불쾌한 표정을 짓는 영상이 담긴 비디오테이프를 시청했다. 음료의 색깔은 다양했고, 유리컵의 모양도 다양했다. ('받침대'가 있거나 없는) 모양의 유리컵들 중 하나는 우연히 만족감 표현과 짝지어졌고, 다른 하나는 불쾌감 표현과 짝지어졌다. 그 결과 피험자들은 만족감 표현과 짝지어진 유리컵 모양에 대해서 상대적으로 높은 선호 반응을 보였다. 이것은 사회적인 고전적 조건형성 구조상의 쾌락 변화에 대한 중요한 연구의 시작일 뿐이다. 이와 같은 연구는 지속되어야 한다. 톰킨스(Tomkins, 1963)는 다른 사람들의 정서 표현에 대한 관찰이 관찰자에게 유사한 정서를 일으킬 수 있다는 흥미로운 가능성을 제기한다. 톰킨스의 주장이 사실이라면, 그러한 관찰의 내적인 표상은 평가 조건형성에서 무조건 자극으로 작용할 수 있다.

관련 증거가 많은 두 번째 쾌락 변화의 메커니즘은 동물과 인간 모두에서 일어나는 현상인 단순 노출이다. 자욘스(Zajonc, 1968)가 폭넓은 자극과 상황의 영역을 포괄하는 연구에서 효과적으로 보여주었듯이, 노출은 그 자체만으로도 호감(선호)을 상승시키는 경향이 있다. 노출은 크기상 보통 수준의 효과로 폭넓은 자극과 조건 범위에 걸쳐 작용한다. 노출 효과는 높은 수준의 노출 및/또는 매우 빈번한 노출로 인하여 발생하는 권태 효과의 제약을 받지만 그 기본적인 효과는 실질적인 것으로 중요하다(단순 노출 효과를 상승시키거나 감소시키는 조건에 대한 최근의 고찰을 살펴보고자 한다면, Bornstein, 1989를 참조). 단순 노출 효과는 여러 연구자들 중에서도 특히 플리나(Pliner, 1982) 그리고 버치와 마린(Birch and Marlin, 1982)이 실행한 음식 실험을 통해서 증명되었다.

음식 영역에서 쾌락의 변화로 향하는 다른 통로는 분명 존재하지만, 어떤 것도 충분히 입증되지 않았다. 고전적 조건형성 이외에 있을 수 있는 사회적 영향의 다양한 채널은 변화를 일으킬 수 있다. 이 중에서 유독 눈에 띄는 것은 존경받는 다른 사람들이 어떤 음식을 좋아하거나 싫어한다거나, 달리 평가한다는 인식이다(이를 재고찰하고자 한다면 Birch, 1987; Rozin and Vollmecke, 1986을 참조). 본질적 가치에 대한 사회심리학의 문헌(예컨대, Lepper, 1983;

Deci and Ryan, 1985)은 쾌락의 변화를 증진하고 억제하는 것에 관한 증거를 제시한다. '최소 충분' 원칙에 따르면, 어떤 음식 소비에 대한 명백한 보상은 궁극적으로 그 음식에 대한 선호를 감소시킬 수 있는 반면, 보다 미묘한 인정은 선호를 증진시키거나 선호의 감소를 막을 수 있다. 이러한 견해를 음식 영역에 적용시킨 연구들이 지금껏 보고되어 왔다(예컨대, Birch et al., 1982를 참조).

혐오의 습득 역겨운 실체에 대한 혐오는 관념적인 요인들에 근거를 두고 있다. 우리는 어떤 음식을 아주 맛있다고 여겼다가도 그것이 바다표범 고기라는 소리를 들으면, 역겨운 맛을 느끼게 될지도 모른다. 혐오감은 너무 강하고 명확하기 때문에, 쾌락 변화의 어떤 일반 원리를 발견할 수 있는 자연적인 무대라는 것을 예측할 수 있게 해 준다(Rozin and Fallon, 1987). 역겨운 실체는 역겨움이 너무 강렬하기 때문에 오염 물질이나 다름없다. 구역질이 나는 항목과 그렇지 않은 먹을 수 있는 항목 간의 접촉은 먹을 수 있는 항목을 먹을 수 없고 구역질이 나는 것으로 만들어 버린다. 따라서 부정적인 감정을 한 대상에 옮기는 한 가지 방법은 그 대상을 이미 역겨운 대상에 접촉시키는 것이다. 이 감정 통로는 교감신경계의 '한 번 접촉하면 영원히 접촉 상태에 있는' 전염성 마술 법칙에 포획된다(재고찰하려면, Rozin and Nemeroff, 1990을 참조).

배설물은 보편적인 혐오 물질이다. 이와 같은 반응은 아마도 적어도 부분적으로는 배변 훈련의 과정에서 습득된 것으로 보인다. 배설물을 향한 부모와 다른 사람들의 감정 표현이 배설물에 대단히 부정적인 감정적 성질을 부여하는 데 기여할 수 있을 테지만, 우리는 이 과정이 어떻게 발생하는지 실제로 알 수는 없다. 혐오는 강력한 부정적인 감정적 힘으로 사회화의 주요 도구가 된다. 문화적 금지를 강제하는 매우 효과적인 방법은 행위나 대상을 역겨운 것으로 만드는 것이다.

혐오는 또한 (예컨대 특별한 기원에 대한) 인식이 중요한 쾌락의 변화를 낳는 감정과 인지 관계의 전형적인 예이다. 구미가 당기는 맛있는 음식의 내용물을 알게 되거나 식용 동물이 죽는 방식을 목도하게 되면, 즉시 혐오감이 생길 수 있다.

우리는 채식의 출현 맥락에서 이러한 쾌락의 변화에 대해서 탐구해 왔다. 고기가 건강에 해롭지 않다는 입장과는 대조적으로, 동물을 죽이는 행위의 부도덕성에 마음이 쏠린다면, 고기에 대한 혐오가 커질 것이다(Rozin, Markwith and Stoess, 1997). 즉, 부정적인 도덕적 문제의 개입은 혐오의 성장을 촉진하고 혐오는 부정적인 도덕적 반응을 더욱 강화할 수 있다. 사실상 비교문화적 측면에서 혐오는 문제의 문화가 역겹게 여기는 것을 표상하는 정서이다. 앞에서 논의한 전적응의 프레임으로 볼 때, 혐오는 어떻게 음식 거부 시스템이 죽음과 다양한 도덕적 위반을 포함한 광범위한 의미들과 유도체들에 의해서 선점되고 공개되는지를 보여주는 근본적인 예가 될 수 있다(Rozin, Haidt and McCauley, 1993; Rozin, Haidt et al., 1997).

본질적인 혐오의 역전 인간은 본질적으로 빈번하고 특유하게 공포나 혐오를 유발하는 대상과 상황을 좋아한다. 특별히 눈에 띄는 사례로는 롤러코스터 타기와 슬픈 영화나 공포 영화 관람을 들 수 있다. 음식 영역의 사례는 너무도 많다. 커피, 맥주, 화주, 와인, 담배, 염도가 높은 소금, 탄산음료, 자극적인 향신료(예컨대, 고추, 후추, 생강) 등처럼 본질적으로 혐오스러운 구순 경험 물질들은 지구상에서 최고의 선호 음식 및 음료에 속한다. 이 음식들이 지닌 자극적이고 쓴 (또는 그 외 강한) 성질은 인간 이외의 다른 포유동물에게 먹히는 것을 성공적으로 저지했지만, 인간은 다른 포유동물들이 고통을 느끼는 지점에서 쾌락을 발견했다.

쾌락의 역전은 일어나는 쾌락의 변화가 너무 크기 때문에 정보 차원에서 유용하다. 인간 이외의 포유동물이 본질적으로 불쾌한 맛을 지닌 물질에 대한 선호를 습득하는 좋은 사례는 거의 찾아볼 수 없다. 음식의 맥락에서 쓴맛(Warren and Pfaffman, 1958)이나 (고추와 같은) 얼얼한 감각 자극제(Rozin, Gruss and Berk, 1979)에 쥐를 광범위하게 노출시키면, 긍정적인 선호가 유발되지 않으며, 심지어 혐오의 지속적인 감소도 일어나지 않는다. 멕시코의 한 마을에서 정기적으로 음식 쓰레기를 뒤져 고추를 먹은 동물들은 소유주인 인간들과는 달리, 그것을 싫어하게 된다(Rozin, 1990이 이를 재고찰한 바 있다). 유일한 긍정적인 사례는 몇 마리의 애완 영장류 동물과 한 마리의 애완용 개로, 그 동물들은 모두 인간들과 함께 '매운' 음식을 먹었고, 실제로 얼얼한 음식물을 선호하는 습관을 갖게 되었다.

우리는 (Rozin, 1990이 재고찰한) 쾌락의 역전을 보여주는 예로서 고추에 대한 선호 습득에 대해 연구하기 시작했다. 고추는 세계에서 가장 널리 소비되는 향신료(열혈 소비자가 10억 명을 훌쩍 넘는다)이며 본질적으로 불쾌한 맛을 지닌 다른 음식들과는 달리, 유해하지도 않고 중독성이 있지도 않다는 점에서 좋은 모델 시스템인 것으로 보였다.

고추를 좋은 모델 시스템으로 볼 수 있는 상황은 간단히 말하면, 다음과 같다(좀 더 상세한 내용을 알고 싶으면 Rozin, 1990을 참조). 고추에는 점막을 얼얼하게 만드는 캡사이신이라는 화학 물질이 들어 있다. 그 화학 물질은 통증을 유발한다. 고추는 실제로 해롭지 않다. 얼얼함은 감각적인 현상이다. 그리고 민감한 표층에 노출된 높은 수준의 캡사이신에서 기인한 어떤 조직의 손상이든 자극에서 직접적으로 유발된 것이라기보다는 캡사이신에 대한 몸의 반응에서 유발된 것이라고 할 수 있다.

고추가 야기하는 입안의 얼얼함은 본질적으로 혐오스럽다. 밝혀진 증거에 의하면, 고추를 좋아하는 사람들은 입으로부터, 고추를 좋아하지 않는 사람들과 거의 유사한 신경 신호를 받는다. 즉, 변화는 지엽적인 것이 아니다. 오히려 동일한 중앙 입력은 일단 부정적이고 고통스러운 것으로 판단되면, 흔히 수개월 또는 수년간 이어지는 상당히 긴 경험을 한 후에야 쾌락을 일으키게 된다. 이러한 현상이 처음에는 거부감을 조장하고 나중에야 매력적인 것으로 변하는 바로 얼얼한 자극의 감각적 특징이다.

3차 신경[5]에 의해서 중재되는 구강의 얼얼한 자극의 경험이 주는 매력이 얼마나 컸던지 15세기와 16세기 유럽의 탐험가들이 아메리카를 발견한 이후로 고추를 입수할 수 있게 되자, 특히 열대 아프리카와 아시아는 고추를 대량으로 받아들이게 되었다.

멕시코 아이들은 4세에서 7세가 되면 고추의 화끈거리는 매운 맛을 좋아하게 된다. 이러한 현상은 가족과 함께 음식을 먹는 과정에서 자신들보다 나이 많은 가족들이 고추를 먹고 즐기는 모습을 관찰하고 부모가 보다 순하게 조미한 음식을 받아먹게 되면서 아주 자연스럽게 일어난다(Rozin and Schiller, 1980). 고추와 연합된 쾌락의 역전은 '혓바닥 특유의' 현상이다. 입안이 화끈거리는 걸 좋아한다고 해서 눈이 화끈거리는 것도 좋아하게 되지는 않는다.

---

5   12개의 뇌신경 중 다섯 번째 뇌신경으로 크게 세 개의 분지를 내어 안면 감각을 담당하며 일부 분지는 음식물을 씹는 데 중요한 역할을 하는 씹기 근육의 운동에 관여한다.

우리는 입의 한 부위만 고추에 노출되면 그 부위만 '고추를 좋아하게' 될 것인지에 대해서는 알지 못한다.

고추의 쾌락 역전 (또는 어떠한 다른 음식의 쾌락 역전)의 메커니즘은 알려져 있지 않다. 단순 노출과 평가 조건형성, 그리고 선호를 증진시키는 것으로 이미 열거한 다양한 사회적 조건들이 존재한다. 하지만 전제 조건으로 시초의 혐오를 규정하는 다른 두 가지 쾌락 역전 메커니즘이 존재한다.

첫 번째 메커니즘은 대립 과정에 대한 개념이다(Solomon, 1980). 이 매력적인 견해에 따르면, 신체는 대립적인 대항 이탈(B 과정)을 야기하는 것을 통해 최적의 위치로부터의 이탈(A 과정)을 상쇄시킴으로써 일정 부분 항상성을 성공적으로 유지한다. 이 대립 개념에 추가되는 세 가지 부가적인 가정은 다음과 같다. (1) 활동과 함께 B 과정은 크기가 커진다. (2) 활동과 함께 B 과정은 비교적 빠른 발현과, 자극에 구속된 A 과정의 종결을 훨씬 넘어서 연장되는, 훨씬 더 긴 시간 과정을 보인다. (3) 앞선 (1)과 (2)에 기술한 변화는 앞선 B 과정이 사라지기 전에 A 과정이 다시 유발될 때만 일어난다. 이 시스템의 역학은 그림 6.4에 실례로 설명되어 있다. 솔로몬(Solomon)은 모델 시스템으로 마약 중독을 사용한다. 대립 과정 이론을 분석해 보면, B 과정의 확립은 A 과정의 효과를 줄이기 때문에 내성이 발생한다(가정 1). 금단 증상은 두 번째 가정으로부터 도출된다. 즉, A 과정이 사라짐에 따라, 남아 있는 것은 크고 느린 B 과정으로, 그것은 A 과정에 의해 유발된 증상과 정반대의 증상을 일으킨다.

대립 모델은 쾌락의 변화, 그 이상의 것에 관한 것이지만, 확실히 쾌락의 변화를 포괄한다. 고추의 경우, 구강의 화끈거리는 고통의 불편함은 A 과정이며, 가설적인 보상인 '쾌락'이라는 B 과정은 뇌에서 생성된다. 많은 경험을 통해 B 과정이 A 과정을 지배하게 될 것이다. (원래 모델에서는 A 과정이 정점에 근접해 있는 동안에 B 과정이 A 과정을 지배할 수 있다고 가정하지는 않았다.) 따라서 고통은 쾌락으로 변하며, 즐거운 여운이 남는다. 대립 모델은 고추를 아주 좋아하게 되는 과정을 탐지한다. 하지만 대립 과정 모델이 마약 중독이나 고추 선호의 일련의 연속적인 과정을 탐지한다는 사실 말고는 이 모델에 대한 증거는 미미하다. 예를 들어, 처음에 고추에 대해 부정적인 쾌락 경험을 한 후에 경험한다는 긍정적인 여운(B 과정)의 흔적은 없다(Rozin, Ebert and Schull, 1982).

그림 6.4 대립 과정 이론

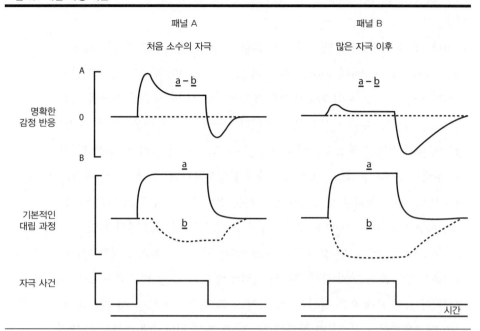

출처: Solomon(1980: 700). Copyright 1980 the American Psychological Association.
참고: 도식적으로 표현한 대립 과정 이론. 패널 A는 처음 몇 차례의 자극 노출 동안에 보인 A 반응과 B 반응의 균형을 나타낸다. 패널 B는 반복적인 노출 후에 보인 A 반응과 B 반응을 나타낸다. 명확한 감정 반응은 두 가지 기본적인 과정의 합계이다.

대립 모델은 쾌락의 변화에 대한 흥미로운 설명이지만, 입증된 이론은 아니다. 시겔(Siegel, 1977)과 스컬(Schull, 1979)이 제시한 두 번째 유형의 가설에 의하면, B 과정은 본질적으로 결정된 시스템의 일부이기보다는 조건화된 보상 반응이다. 시겔은 쥐와 인간의 약물 중독에서 그러한 보상 조건화 과정이 존재함을 뒷받침하는 증거를 축적해 왔다.

또한 대립 모델은 완전한 대립 반응을 생성하기 위해서는 많은 경험이 필요하다. 보통 쾌락적으로 부정적인 상황에 직면하게 되면, 나중에도 계속 그것을 피하기 마련이다. 마약 중독이나 고추 섭취의 많은 경험은 (각각 중독된 동료들이나 가족들로부터의) 사회적 압력에 의해서 형성된다. 그게 아니면 그 화끈거리는 것으로 자신의 입을 계속 공격하는 이유로 달리 뭐가 있겠는가?

고추 섭취를 비롯해 처음에 고통을 주는 여러 경험의 경우, B 과정이 뇌의 엔도르핀 분비로 인해 일어난다고 자연스럽게 추정할 수 있다. B 과정의 증강의 결과로 일어나는 엔도르핀의 과다 분비는 고통을 쾌락으로 전환시키는 자연스러운 경로가 될 것이다. 우리는 고추로 그러한 효과를 증명하려고 노력해 왔지만, 결과적으로는 그저 암시할 수 있을 뿐이다(Rozin, 1990의 논의를 참조).

쾌락 역전의 마지막 모델은 우리가 온순한 마조히즘이라고 부르는 것이다 (Rozin and Schiller, 1980; Rozin, 1990). 이 모델에 따르면, 부정적 정서나 혐오로부터 파생되는 모든 인간의 쾌락은 부정적인 감각 및 사건의 경험에 직접적으로 근거한다. 우리는 실제 위험이 없거나 극히 적다는 점을 깨닫는 순간, 상황에 대한 신체의 부정적인 반응을 즐길 수 있게 된다. 롤러코스터를 탈 경우, 우리 몸은 무서워하고 그에 공감하여 활성화되지만, 우리는 안전하다는 것을 안다. 슬픈 영화를 보며 눈물을 흘리는 경우와 고추를 먹고 화끈거림을 느끼는 경우도 마찬가지이다. 우리의 입은 "이걸 뱉어내"라고 말하고 있지만, 우리는 고추를 먹어도 별 탈이 없다는 걸 안다. 이러한 유형의 강제적 위험의 즐거움은 주커맨(1979)의 감각 추구와 관련이 있다. 온순한 마조히즘 모델 — 정신력에 달린 문제 혹은 정신-육체 모델 — 의 주장에 따르면, 왜 쾌락의 역전이 인간에게서는 흔하지만 동물에서는 아주 드문 일인지에 대해서 깔끔하게 설명할 수 있는 이론은 그 모델뿐이다. (고양이들이 롤러코스터에 올라타거나 레크리에이션 낙하산 점프를 하는 것을 상상할 수 있겠는가?) 고추의 영역에서 이 모델에 대한 증거로는 다음 두 가지를 들 수 있다. (1) 고추를 좋아하는 사람들의 최고 강도의 매운 맛 선호도는 흔히 그들이 주장하는, 확연히 고통스럽고 부정적인 수준 바로 아래에 해당된다. (2) 고추를 좋아하는 많은 사람들은 매우 매운 고추에 대한 방어적 반응, 즉 발한, 콧물 흘림, 눈물 흘림 등의 반응을 즐긴다(Rozin, 1990).

벌린(Berlyne, 1971)은 많은 인간의 쾌락 역전이나 내가 인간의 성향을 가리켜 '불장난'이라고 부른 것에 대해서 유사한 설명을 제안하고 있다. 그는 이 점과 관련해, 중요한 사상가들의 말을 인용한 내용을 정리했다. 도링(Doring, 1890)은 혐오 시스템의 금지에 쾌락이 있으며, 바로 그 점이 미학 시스템의 성질들 중 하나라고 제시한다. 온순한 마조히즘의 특징에 가장 가까운 것은 에드먼드 버크(Edmund Burke, 1757)의 숭고에 대한 설명이다. 그는 숭고를 "우리가 고통과 위험 상황에 실제로 처해 있지 않으면서도 고통과 위험이 어떤 것인지 알고 있는 상태"(Berlyne, 1971, p.94에서 인용)라고 했다. 칸트도 유사한 관념을 내놓았다. 그에 의하면, 역학적 숭고는 "짜릿한 공포로 표현되어야만 한다"(Kant, 1790/1966). 결국 역학적 숭고란 "우리에 대해 아무런 강제력도 가지지 않는 위력"으로 밝혀졌다. 칸트는 덧붙여 설명하기를, "거기에는 한 대상을 숭고로, 즉 불쾌감을 매개로 해서만 발생하는 쾌감으로 받아들임을 수반한다"(Berlyne, 1971, p.94에서 인용). 우리는 이러한 설명들에 진리가 있다면, 그것은 호모 사피엔스에 국한될 거라고 추정한다. 이 모든 설명은 어느 한도 내에서는 우리가 느끼는 각성의 즐거움과 연관될 수 있다(Berlyne, 1971).

쾌락 원칙: 음식 영역과 음악 영역의 비교

우리는 다음 항목에 동의할 수 있다.

1. 쾌락은 주관적인 (정신적) 경험이다.
2. 쾌락은 정신적 생활의 핵심적인 부분이다.
3. 쾌락은 동기 부여 기능이 있다. 우리는 쾌락을 유지하거나 유발하고자 하고, 그 '대립인' 고통을 피하고자 한다.
4. 쾌락은 세 가지 프레임, 즉 기억, 경험, 기대로 존재한다.
5. 우리가 경험하는 모든 쾌락에는 매우 폭넓은 유도체와 활동 영역에서 공통적인 특성(적어도 1~4까지의 항목)이 있다.
6. 최소한 세 가지 유형의 쾌락, 즉 감각적 쾌락, 심미적 쾌락, 통달의 쾌락이 존재한다.

이제 우리는 두 가지 매우 다른 유형의 쾌락의 차이를 고찰할 것이다.

쾌락으로서 음식과 음악의 차이

심지어 정성을 다해 만든 요리를 대상으로 한다고 하더라도, 음식 쾌락에는 감각적인 질, 즉 맛의 기호성이란 것이 있다. 우리가 겪는 일부 쾌락 경험은 '미각 훈련'의 결과라고 하더라도, 우리는 입으로부터 오는 쾌락을 경험한다. 섭식 쾌락의 대부분은 인지 과정을 거의 수반하지 않는 것으로 보인다.

음악 쾌락은 국부화되지는 않는다. 음악 쾌락은 귀에 있는 것이 아니다. 음악 쾌락은 일반적으로 바닷가에서 듣는, 마음을 진정시키는 대양의 파도 소리와는 다르다. 자극 '분석'이 차지하는 비중으로 보면, 음식 음미에 비해 음악 감상이 훨씬 더 커 보인다. 초콜릿과 모차르트는 복잡성이 동일하지도 않으며, 같은 방식으로 복잡하지도 않다. 쿠보비(Kubovy, 이 책)가 제안한 용어로 보면, 초콜릿은 신체의 쾌락에 속하고 음악은 정신의 쾌락에 속한다.

음악의 즐거움에 대해서 심리학적으로 가장 설득력 있게 한 설명은 메이어(Meyer, 1956)의 견해이다. 그는 암시/실현 모델을 제시한다. 모차르트의 음악을 들으며, 우리는 그 음악의 양식 구조를 내면화하고, 음악에 대한 기대감을 발전시키고, 그 기대감이 실현될 때 쾌락을 얻는다. 그 양식을 짐작할 수 있을 만큼 음악에 충분히 노출되기 전까지는 우리는 음악을 충분히 즐길 수 없다. 반면에 익숙한 양식의 새로운 음악은 일반적으로 우리의 기대에 부합하지만 세부적인 면에서는 우리의 기대에 어긋난다. 그 음악은 부분적으로 쾌락적인 요소와 일치하지만, 지루함을 느끼지 않게 만드는 완벽한 일치성은 부족하다. 개버와 맨들러(Gaver and Mandler, 1987)는 메이어의 정식화를 기반으로, 메이어에 비해 음악 구조의 스키마(도식) 개발에 상대적으로 더 중점을 두는 반면에 음악 구조의 규정에 있어서의 본질적인 게슈탈트 원칙의 중요성에 덜 주목한다. 개버와 맨들러는 음악과 스키마 사이의 불일치는 각성 효과를 일으키며, 이 불일치가 다소 작고 해소될 수 있을 경우에는 약간의 부조화가 생성하는 각성에 의해서 활기를 띠는 일치성의 쾌락이 생긴다고 주장한다.

메이어의 정식화에는 심각한 문제가 하나 있다. 왜 우리는 매년 같은 음악을 계속 즐길까? 우리는 음악이 어떻게 진행될지 알고 있다. 우리는 기대를 하지 않으며, 음악이 진행될 과정을 이미 알고 있다. 메이어는 이 문제를 두 가지 측면에서 다룬다. (1) 서로 다른 공연마다 음악은 실제로 미묘하게 다르다. (2) 기억은 완벽하지 못하기 때문에 우리는 여전히 많이 들어 본 후에야 기대/실현 쾌감을 얻는다. 훨씬 더 만족스러운 해법이자 심리학적으로 매우 중요하기도 한 하나의 해법은 메이어의 옛 제자인 나머(Narmour, 1991)에게서 나왔다.

나머는 연쇄적인 청각 입력을 예상하는 일련의 선천적인 기대감이라는 것이 있다고 주장한다. 예컨대, 우리는 (세계에 대한 합리적인 추정을) 지속하는 패턴을 기대한다. 우리는 지속적인 반복을 기대하고, 고음부를 짧은 순간 들으면서, 고음부가 더 길어질 것이라고 기대한다. 하지만 우리는 곧 원래의 음조로 향해 가는 '교정' 진행이 뒤따르게 될 조성의 큰 변화가 있을 거라고 기대한다. 나머의 견해에 의하면 이러한 선천적인 기대는 자발적인 것으로 변하지 않는다. 이 상향식 기대 시스템은 메이어가 가정한 하향식인 습득된 양식 기대 시스템을 첨가했다. 그 결과, 선천적인 기대에 대한 작곡가들의 온건한 위반은 지루함을 막는 각성이나 긴장을 유발한다고 볼 수 있게 되었다. 그리고 음악의 심미적 쾌락의 원천 중 적어도 일부로 보이는 것이 그러한 긴장의 해결이다. 하지만 이러한 정식화는 심지어 가장 고상한 요리 맥락에서조차 섭식 쾌락을 전혀 포착하지 못할 것처럼 보인다.

훌륭한 요리나 와인이 생성한 '감각들의 공간적, 시간적 배열'을 평가하려면, 경험, 유도된 주의 집중, 그리고 그 유형과 관련한 어느 정도의 친숙성과 예측이 필요하다. 감각적 쾌락은 복합적일 수 있으며, 인지 영역으로 침투할 수 있다. 하지만 훈련된 미각은 대체로 기대와 실현을 통해서 쾌락을 일으키지는 않는 것으로 보인다. 진미 경험은 심미적인 쾌락으로 분류될 수 있지만 음악의 심미적인 쾌락과 근본 원인이 같지는 않다. 본질적으로 기분 좋은 질감과 향기와 미각의 복합적인 상호작용에 근거하는 초콜릿이 주는 쾌락과 모차르트 음악이 주는 쾌락에는 질적으로 큰 차이가 있는 것으로 보인다. 모차르트의 음악은 특별한 호소력이 없는 소리 '단위들'로 구성되어 있다. 모차르트의 음악은 모두 일련의 연속성을 지닌다. 물론 초콜릿이 음식을 대표하기에는 부족하다. 초콜릿은 복합적인 특성을 지니지만, 본질적으로 매력이 있는 음식이다. 아마도 습득된 취향인 와인이 더 좋은 예가 될 것이다. 하지만 이 사례에서조차 쾌락은 어떤 의미에서는 심미적인 것일 수 있지만, 엄밀한 자극 양식에 단단히 구속되어 있다.

와인 감별사와 모차르트 음악 애호가가 느끼는 쾌락은 아마 모두 어느 정도 (이 책에서 쿠보비가 기교(감별력)로 기술한) 통달의 쾌락을 포함하고 있을 것이다. 두 경우 모두 풍부한 조화와 연속성의 구조에 대한 경험을 통해 쾌락을 실현하다. 와인이나 음악은 시초의 불쾌한 반응에서 점차 매력이 커진다. 나머의 상향식과 하향식 관점은 선천적인 혐오 역전에 대한 온순한 마조히즘의 설명과 유사하다. 두 경우의 설명은 모두 부정할 수 없는 선천적인 시스템과 재해석되거나 재평가되는 보다 정교한, 습득된 시스템 간의 상호작용과 대립을 단정하고 있다.

입안이나 피부에서 연주되는 감각의 모차르트 교향곡을 상상해 보자. 시간적 시퀀스와 템포, 감각의 질의 조직적인 변화가 이어지는 미각의 테마를 상상해 보자. 이것이 우리가 음악 감상에서 경험하는 심미적인 쾌락 유형을 자아낼 수 있을까? 우리는 음악 구조의 일부를 분명 모방할 수는 있을 것이다. 청각 시스템의 특성, 특히 조성과 그 안에 내장되어 있는 관계들은 음악 경험을 일으키는 구조 유형에 반드시 필요한 것일 수 있다. 아마도 음악의 심미적인 경험의 전제 조건을 형성하는 것은 언어로 잘 실증된, 청각 입력 — 이 청각 입력을 처리하기 위해서 두뇌는 많이 적응되어 있다 — 의 근본적이고 깊이 있는 연속성의 성질일 것이다. 정신적 쾌락에 대한 대안적인 설명(쿠보비, 이 책)은 일련의 정서에 대한 경험의 필요조건에 중점을 두고 있다. 표준적인 이 설명 방법은 권장할 만한 점이 많지만, 앞서 제시한 것들과 마찬가지로, 마사지, 와인 또는 아이스크림을 한입 베어 먹을 때 동반하는 온도와 맛과 질감과 풍미에 대한 감각의 복합적인 변화에서 생기는 것들과 같은 다양한 쾌락을 분류하는 데는 실패하고 만다.

우리는 미묘한 심미적인 음식 음미가 인간 이외의 생물에서도 확립될 수 있는지 여부를 알지 못한다. 마찬가지로, 인간에게서 보이는 음악과 음악적 쾌락의 편재성과는 달리, 인간 이외의 어떠한 생물이 음악 선호를 습득한다는 증거는 없다. 우리는 음악 청취의 적응적 가치가 무엇인지 전혀 알지 못한다. 다만 한 가지 가능성은 음악의 즐거움이 분명히 적응적 특성인 세계의 구조를 탐지하도록 동기 부여를 하기 위해서 만들어진, 유기체의 부산물이라는 것이다.

우리는 잠정적으로, 음악의 심미적인 쾌락과 보통 상대적으로 감각적인 음식의 쾌락이 지각과 궁극적인 쾌락 경험 사이를 중재하는 과정에 있어서 상당히 다르다는 결론을 내릴 수 있다. 하지만 통달의 감각은 가끔 시초의 자극에 대한 당혹스럽거나 혐오스러운 반응을 초월함으로써 조성한 두 경험(음악과 음식에 대한 쾌락 경험)에 침투할 수 있다.

예비적인 쾌락 원칙들

여기서 나는 감각적인 쾌락을 규정할 수 있는 매우 예비적인 일련의 쾌락 원칙들을 제시할 것이다. 만일 감각적 쾌락이 다른 쾌락을 위한 모델이 될 수 있다면, 그러한 가능한 원칙들은 보다 폭넓은 영역을 포괄할 수 있을 것이다.

1. 감각적 쾌락(특히 요리 쾌락과 성적 쾌락)은 매우 맥락(상황) 의존적이다. 맥락 (상황)은 내적 환경과 (사회적 환경을 포함한) 외적 환경을 모두 포함한다.

2. 일반적으로 높은 수준의 자극은 부정적인 것이며 중간 수준이 가장 만족스러 운 것이다. 이는 아마도 '분트(Wundt) 곡선'과 직접 연관되며, 적정 수준의 각 성이 최대 쾌락 효과를 발휘한다는 사실을 시사한다.

3. 대부분의 감각적 쾌락은 현재 체험 중인 (경험 영역)과는 대조적으로 기억 영 역이나 기대 영역으로 경험된다.

4. 기억된 쾌락은 경험된 쾌락에서 벗어나 있고, 상태 변화에 훨씬 더 민감하다. 따라서 기억된 쾌락은 지속 시간을 무시하고 정점과 시작, 상쇄를 지나치게 강조하는 경향을 보인다(Kahneman, Wakker and Sarin, 1997). 중요한 순서 효과도 있을 수 있다.

5. 긍정적인 것과 부정적인 것의 불균형이 많이 존재한다.
    a. 신체 표면은 대부분의 긍정적인 쾌락 입력과 많은 부정적인 쾌락 입력을 제공한다.
    b. 신체 내부는 거의 배타적으로 부정적인 입력을 제공한다.
    c. 대부분 쾌락적 경향의 감각 입력은 긍정적이지만 부정적 입력은 훨씬 더 부각될 수 있다.

6. 친숙성과 복잡성은 자극에 대한 적응과 습관화에 중요한 역할을 하지만, 특히 통증(고통) 및 일부 긍정적인 피부 감각과 관련이 있는 감각적 쾌락 시스템의 일부는 현저히 낮은 쾌락 습관화를 보인다.

7. 감각적 쾌락의 조합은 어떠한 단순한 쾌락 대수학에도 따르지 않는다. 이러한 결과는 큰 시간적 맥락 효과와 제한된 주의, 특정한 상호작용으로부터 발생할 수 있다. 던커(1941)가 지적했듯이, 좋아하는 음식을 먹으면서 (그리고 마사지 를 받으면서) 베토벤의 음악을 듣는 쾌락에 관해서 우리가 무슨 말을 하고 싶 어 할지조차 불분명하다.

8. 감각적 쾌락에 미치는 경험 효과는 크다. 쾌락의 변화와 역전은 흔히 있는 일 이며, 매우 국부적으로 일어날 수 있다. 그렇기 때문에 그 효과가 주변부에는 분명하게 나타나지 않더라도 일부의 피부 부위만큼은 변화를 보일 수 있다.

전적응: 설탕에서 모차르트 음악에 이르기까지의 쾌락

나는 이 장을 시작하면서 다양한 쾌락의 경험이 중요하며 기능적 관점에서 혼란스럽다는 점을 시사했다. 나는 쾌락 시스템의 주관적이고 표현적인 측면이 상이한 유형의 쾌락, 즉 감각적 쾌락, 심미적 쾌락, 통달의 쾌락 모두에 걸쳐 아주 비슷할 거라는 점을 제시했다. 전적응의 원칙은 감각적 쾌락을 일으키는 주관적이고 표현적인 시스템이 보다 복합적인 통달의 쾌락과 심미적 쾌락을 위한 산출 시스템으로 선점된다는 사실을 시사한다. 감각적 쾌락의 두드러진 주관적 표상 기능과 장점이 무엇이든, 그 표상은 거기에 있으며 더 정교한 쾌락을 위해 동일한 기능을 할 수 있다. 그러므로 이 '모델'은 유도체들의 범위와 복합(잡)성의 확대와 함께 산출 측면의 보수주의에 적용된다.

그렇다면 다양한 쾌락에 대한 신경 표상에 대해서 어느 정도 예측할 수 있을 것이다. 특히, (입력의 측면에서 보면) 이 매우 상이한 유형의 쾌락이 어딘가에서 공통 신경학적 기질로 함께 집중될 거라는 사실을 예측할 수 있을 것이다. 엔도르핀 시스템 및/혹은 도파민 시스템에서는 공통 신경화학 물질의 매개체가 관련되어 있을 것이다. 그것이 사실이고 감각 쾌락 시스템의 계통 발생적, 개체 발생적 우위가 증명될 수 있다면, 전적응과 접근용이성 가설은 훨씬 더 큰 힘을 얻게 될 것이다.

본 장의 예비조사는 미국국립약물오남용연구소(National Institutes of Drug Abuse, NIDA)의 지원을 받았다. 유익한 논평을 해준 대니얼 카너먼에게 감사드린다.

참고문헌

Anderson, N. H., and Norman, N. (1964). Order effects in impression formation in four classes of stimuli. *Journal of Abnormal and Social Psychology*, 69, 467~71.

Aristotle. (1965). *De anima*. Translated by R. D. Hicks. New York: Putnam.

Aristotle. (1934). *Nicomachean ethics*, Translated by H. Rackham. Cambridge, Mass.: Harvard University Press.

Babbitt, I. (1936). *The Dhammapada*. Translated from the Pali with an essay on Buddha and the Occident. New York: New Directions.

Baeyens, F., Crombez, G., van den Bergh, O., and Eelen, P. (1988). Once in contact always in contact: Evaluative conditioning is resistant to extinction. Advances in Behaviour Research and Therapy, *10* (4), 179~99.

Baeyens, F., Eelen, P., van den Bergh, O., and Crombez, G. (1990). Flavor-flavor and color-flavor conditioning in humans, *learning and Motivation*, *21*, 434~55.

_____. (1991). Human evaluative conditioning: Acquisition trials, presentation schedule, evaluative style, and contingency awareness. *Behaviour Research and Therapy, 30*, 133~42.

Baeyens, F., Kaes, B., Eelen, P., and Silverans, P. (1996). Observational evaluative conditioning of an embedded stimulus element. *European Journal of Social Psychology, 26*, 15~28.

Barker, L. M. (1982). *The psychobiology of human food selection.* Westport, Conn.: AVI.

Bartoshuk, L. M. (1991). Taste, smell, and pleasure. In R. C. Bolles (Ed.), *The hedonics of taste* (pp. 15~28). Hillsdale, N. J.: Erlbaum.

Bartoshuk, L. M., and Gent, J. F. (1984). Taste mixtures: An analysis of synthesis. In *Taste, olfaction, and the central nervous system* (pp. 210~32). New York: Rockefeller University Press.

Beebe-Center, J. G. (1932). *The psychology of pleasantness and unpleasantness.* New York: Van Nostrand.

Bentham, J. (1948). *Principles of morals and legislation.* New York: Hafner. (Originally published in 1789)

Berlyne, D. E. (1971). *Aesthetics and psychobiology.* New York: Appleton-Century-Crofts.

Bernstein, I. L. (1978). Learned taste aversions in children receiving chemo-therapy. *Science, 200*, 1302~3.

Berridge, K. C., & Grill, H. J. (1983). Alternating ingestive and aversive consummately responses suggest a two-dimensional analysis of palatability in rats. *Behavioral Neuroscience, 97*, 221~31.

Birch, L. L. (1987). The acquisition of food acceptance patterns in children. In R. Boakes, D. Popplewell, and M. Burton (Eds.), *Eating habits* (pp. 107~30). Chichester, Eng.: Wiley.

Birch, L. L., Birch, D., Marlin, D. W., and Kramer, L. (1982). Effects of instrumental eating on children's food preferences. *Appetite, 3*, 125~34.

Birch, L. L., and Marlin, D. W. (1982). I don't like it; I never tried it: Effects of exposure on two-year-old children's food preferences. *Appetite, 3*, 77~80.

Blundell, J. (1980). Hunger, appetite, and satiety: Constructions in search of identities. In M. Turner (Ed.), *Nutrition and life style* (pp. 21~41). London: Applied Sciences Publishers.

Bock, W. J. (1959). Preadaptation and multiple evolutionary pathways. *Evolution*, *13*, 194~211.

Booth, D. A. (1994). *Psychology of nutrition*. London: Taylor & Frances.

Booth, D. A., Mather, P., and Fuller, J. (1982). Starch content of ordinary foods associatively conditions human appetite and satiation, indexed by intake and eating pleasantness of starch—paired flavors. *Appetite*, *3*, 163~84.

Bomstein, R. F. (1989). Exposure and affect: Overview and meta—analysis of research, 1968~1987. *Psychological Bulletin*, *106*, 265~89.

Burke, E. A. (1757). *A philosophical inquiry into the origin of our ideas of the sublime and beautiful*. London: Dodsley.

Cabanac, M. (1971). Physiological role of pleasure. *Science*, *173*, 1103~7.

_____. (1985). Preferring for pleasure. *American Journal of Clinical Nutrition*, *42*, 1151~55.

Capaldi, E. D. (Ed.). (1996). *Why we eat what we eat: The psychology of eating*. Washington, D.C.: American Psychological Association.

Cardello, A. (1996). The role of the human senses in food acceptance. In H. L. Meiselman and H. J. H. MacFie (Eds.), *Pood choice, acceptance, and consumption* (pp. 1~82). London: Blackie Academic and Professional.

Dean, M. L. (1980). Presentation order effects in product taste tests. *Journal of Psychology*, *105*, 107~10.

Deci, E. L., and Ryan, R. M. (1985). *Intrinsic motivation and self—determination in human behavior*. New York: Plenum Press.

Doring, A. (1890). Die aesthetischen Gefohle. *Zeitschrift fur die Psychologie der Sinnesorgane*, *1*, 161~86.

Drewnowski, A., and Greenwood, M. R. C. (1983). Cream and sugar: Human preferences for high—fat foods. *Physiology and Behavior*, *30*, 629~33.

Duncker, K. (1941). On pleasure, emotion, and striving. *Philosophy and Phenomenological Research*, *1*, 391~430.

Elster, J., and Loewenstein, G. (1992). Utility from memory and anticipation. In G. Loewenstein and J. Elster (Eds.), *Choice over time* (pp. 213~34). New York: Russell Sage Foundation.

Fallon, A. E., and Rozin, P. (1983). The psychological bases of food rejections by humans. *Ecology of Food and Nutrition*, *13*, 15~26.

Frederickson, B. L., and Kahneman, D. (1993). Duration neglect in retrospective evaluation of affective episodes. *Journal of Personality and Social Psychology*, *65*, 45~55.

Garb, J., and Stunkard, A. J. (1974). Taste aversions in man. *American Journal of Psychiatry*, *131*, 1204~7.

Garcia, J., Hankins, W. G., and Rusiniak, K. W. (1974). Behavioral regulation of the *milieu interne in man*and rat. *Science*, *185*, 824~31.

Gaver, W. W., and Mandler, G. (1987). Play it again, Sam: On liking music. *Cognition and Emotion, 1*, 259~82.

Grill, H. J., and Norgren, R. (1978). The taste reactivity test: I. Oro facial responses to gustatory stimuli in neurologically normal rats. *Brain Research, 143*, 263~79.

Helson, H. (1964). *Adaptation-level theory*. New York: Harper and Row.

Kahneman, D., Fredrickson, B. L., Schreiber, C. A., and Redelmeier, D. A. (1993). When more pain is preferred to less: Adding *a* better end. *Psychological Science, 4*, 401~5.

Kahneman, D., and Snell, J. (1992). Predicting a change in taste: Do people know what they will like? *Journal of Behavioral Decision Making, V*, 187~200.

Kahneman, D., Wakker, P. P., and Sarin, R. (1997). Back to Bentham? Explorations of experienced utility. *Quarterly Journal of Economics, 112*, 375~405.

Kant, I. (1914). *Critique of judgment*. Translated by F. M. Miller. London: Macmillan. (Originally published in German, 1790).

Katz, D. (1937). *Animals and men: Studies in comparative psychology*. London: Longmans.

Lakoff, G., and Johnson, M. (1980). *Metaphors we live by*. Chicago: University of Chicago Press.

LeMagnen, J. (1956). Hyperphagie provoquee chez le rat blanc par alteration du mecanisme de satiete peripherique. *Comptes Rendus Societe de Biologie, 150*, 32.

Lepper, M. R. (1983). Social control processes and the internalization of social values: An attributional perspective. In E. T. Higgins, D. N. Ruble, and W. W. Hartup (Eds.), *Social cognition and social development* (pp. 294~330). New York: Cambridge University Press:

Levey, A. B., and Martin, I. (1983). Cognitions, evaluations,, and conditioning: Rules of sequence and rules of consequence. *Advances in Behavior Research and Therapy, 4*, 181~95.

Martin, I., and Levey, A. B. (1978). Evaluative conditioning. *Advances in Behavior Research and Therapy, 1*, 57~102.

Mayr, E. (1960). The emergence of evolutionary novelties. In S. Tax (Ed.), *Evolution after Darwin*, vol. 1, *The evolution of life* (pp. 349~82). Chicago: University of Chicago Press.

Meiselman, H. L. (1996). The contextual basis for food acceptance, food choice, and food intake: The food, the situation, and the individual. In H. L. Meiselman and H. J. H. MacFie (Eds.), *Food choice, acceptance, and consumption* (pp. 239~63). London: Blackie Academic and Professional.

Meiselman, H. L. and MacFie, H. J. H. (Eds.). (1996). *Food choice, acceptance, and consumption*. London: Blackie Academic and Professional.

Meyer, L. (1956). *Emotion and meaning in music*. Chicago: University of Chicago Press.

Narmour, E. (1991). The top-down and bottom-up systems of musical implication: Building on Meyer's theory of emotional syntax. *Music Perception, 9,* 1~26.

Pangbom, Rose-Marie. (1980). A critical analysis of sensory responses to sweetness. In P. Koivistoinen and L. Hyvonen (Eds.), *Carbohydrate sweeteners in foods and nutrition* (pp. 87~110). London: Academic Press.

Parducci, A. (1995). *Happiness, pleasure, and judgment: The contextual theory and its applications*. Mahwah, N. J.: Erlbaum.

Parker, L. A. (1982). Nonconsummatory and consummately behavioral CRs elicited by lithium- and amphetamine-paired flavors. *Learning and Motivation, 13,* 281~303.

Pelchat, M. L., and Rozin, P. (1982). The special role of nausea in the acquisition of food dislikes by humans. *Appetite, 3,* 341~51.

Pelchat, M. L., Grill, H. J., Rozin, P., and Jacobs, J. (1983). Quality of acquired responses to tastes by *Rattus norvegicus* depends on type of associated discomfort. *Journal of Comparative Psychology, 97,* 140~53.

Pfaffman, C. (1960). The pleasures of sensation. *Psychological Review, 67,* 253.

Pliner, P. (1982). The effects of mere exposure on liking for edible substances. *Appetite, 3,* 283~90.

Rogozenski, J. E., Jr., and Moskowitz, H. R. (1982). A system for the preference evaluation of cyclic menus. *Journal of Food Service Systems, 2,* 139~61.

Rolls, B. J., Hetherington, M., Burley, V. J., and van Duijvenvoorde, P. M. (1986). Changing hedonic responses to foods during and after a meal. In M. A. Kare and J. G. Brand (Eds.), *Interaction of the chemical senses with nutrition* (pp. 247~68). New York: Academic Press.

Rosenstein, D., and Oster, H. (1988). Differential facial responses to four basic tastes in newborns. *Child Development, 59,* 1555~68.

Rozin, P. (1976). The evolution of intelligence and access to the cognitive unconscious. In J. A. Sprague and A. N. Epstein (Eds.), *Progress in psychobiology and physiological psychology* (vol. 6, pp. 245~80). New York: Academic Press.

_____. (1982a). "Taste-smell confusions" and the duality of the olfactory sense. *Perception and Psychophysics, 31,* 397~401.

_____. (1982b). Human food selection: The interaction of biology, culture, and individual experience. In L. M. Barker (Ed.), *The psychobiology of human food selection* (pp. 225~54). Westport, Conn.: AVI.

_____. (1990). Getting to like the burn of chili pepper: Biological, psycho-logical, and cultural perspectives. In B. G. Green, J. R. Mason, and M. L. Kare (Eds.), *Chemical irritation in the nose and mouth* (pp. 231~69). New York: Marcel Dekker.

_____. (1996). Towards a psychology of food and eating: From motivation to model to morality to metaphor. *Current Directions in Psychological Science*, 5, 18~24.

_____. (1998). Unpublished data. University of Pennsylvania.

Rozin, P., Berman, L., and Royzman, E. (1999). Positivity bias in 17 languages. Unpublished manuscript. University of Pennsylvania.

Rozin, P., Ebert, L., and Schull, J. (1982). Some like it hot: A temporal analysis of hedonic responses to chilipepper. *Appetite*, 3, 13~22.

Rozin, P., and Fallon, A. E. (1980). Psychological categorization of foods and non-foods: A preliminary taxonomy of food rejections. *Appetite*, 1, 193~201.

_____. (1987). A perspective on disgust. *Psychological Review*, 94, 23~41.

Rozin, P., Fischler, C., Imada, S., Sarubin, A., and Wrzesniewski, A. (In press). Attitudes to food and the role of food in life: Cultural comparisons that enlighten the diet-health debate. *Appetite*.

Rozin, P., Grant, H., and Puhan, B. (1997). Some fundamental value differences between Hindu Indians and Americans. University of Pennsylvania. Unpublished paper.

Rozin, P., Gruss, L., and Berk, G. (1979). The reversal of innate aversions: Attempts to induce a preference for chili peppers in rats. *Journal of Comparative and Physiological Psychology*, 93, 1001~14.

Rozin, P., Haidt, J., and McCauley, C. R. (1993). Disgust. In M. Lewis and J. Haviland (Eds.), *Handbook of emotions* (pp. 575~94). New York: Guilford.

Rozin, P., Haidt, J., McCauley, C. R., and Imada, S. (1997). The cultural evolution of disgust. In H. M. Macbeth (Ed.), *Pood preferences and taste: Continuity and change* (pp. 65~82). Oxford: Berghahn.

Rozin, P., and Kennel, K. (1983). Acquired preferences for piquant foods by chimpanzees. *Appetite*, 4, 69~77.

Rozin, P., Markwith, M., and Stoess, C. (1997). Moralization: Becoming a vegetarian, the conversion of preferences into values, and the recruitment of disgust. *Psychological Science*, 8, 67~73.

Rozin, P., and Nemeroff, C. J. (1990). The laws of sympathetic magic: A psychological analysis of similarity and contagion. In J. Stigler, G. Herdt, and R. A. Shweder (Eds.), *Cultural psychology: Essays on comparative human development* (pp. 205~32). Cambridge: Cambridge University Press.

Rozin, P., Nemeroff, C., Horowitz, M., Gordon, B., and Voet, W. (1995). The borders of the self: Contamination sensitivity and potency of the mouth, other apertures and body parts. *Journal of Research in Personality, 29,* 318~40.

Rozin, P., and Schiller, D. (1980). The nature and acquisition of a preference for chili pepper by humans. *Motivation and Emotion, 4,* 77~101.

Rozin, P, and Schulkin, J. (1990). Food selection. In E. M. Stricker (Ed.), *Handbook of behavioral neurobiology,* vol. 10, *Food and water intake* (pp. 297~328). New York: Plenum.

Rozin, P., and Tuorila, H. (1993). Simultaneous and temporal contextual influences on food choice. *Food Quality and Preference, 4,* 11~20.

Rozin, P., and Vollmecke, T. A. (1986). Food likes and dislikes. *Annual Review of Nutrition, 6,* 433~56.

Rozin, P., Wrzesniewski, A., and Byrnes, D. (1998). The elusiveness of evaluative conditioning. *Learning and Motivation, 28,* 423~36.

Rozin, P., and Zellner, D. A. (1985). The role of Pavlovian conditioning in the acquisition of food likes and dislikes. *Annals of the New York Academy of Sciences, 443, 189~202.*

Ruckmick, C. A. (1925). The psychology of pleasantness. *Psychological Review, 32,* 362~83.

Schull, J. (1979). A conditioned opponent theory of Pavlovian conditioning and habituation. In G. Bower (Ed.), *The psychology of learning and motivation* (vol. 13, pp. 57~90). New York: Academic Press.

Schutz, H. G. (1989). Beyond preference: Appropriateness as a measure of contextual acceptance of food. In D. M. H. Thomson (Ed.), *Food acceptability* (pp. 115~34). Essex, Eng.: Elsevier Applied Science Publishers.

Shepherd, R. (1989). Factors influencing food preferences and choice. In R. Shepherd (Ed.), *Handbook of the psychophysiology of human eating* (pp. 3~24). Chichester, Eng.: Wiley.

Sherrington, C. (1906). *The integrative action of the nervous system.* London: Constable.

Siegal, M. (1996). Becoming mindful of food. *Current Directions in Psychological Science, 4,* 177~81.

Siegel, S. (1977). Learning and psychopharmacology. In M. L. Jarvik (Ed.), *Psychopharmacology in the practice of medicine* (pp. 59~70). New York: Appleton–Century–Crofts.

Solomon, R. L. (1980). The opponent process theory' of acquired motivation. *American Psychologist, 35,* 691~712.

Steiner, J. E. (1979). Human facial expressions in response to taste and smell stimulation. In H. W. Reese and L. P. Lipsitt (Eds.), *Advances in child development and behavior* (vol. 13, pp. 257~95). New York: Academic Press.

Stellar, E. (1974). Brain mechanisms in hunger and other hedonic experiences. *Proceedings of the American Philosophical Society, 118,* 276~82.

Titchener, E. B. (1919). *Textbook of psychology.* New York: Macmillan.

Todrank, J., Byrnes, D., Wrzesniewski, A., and Rozin, P. (1995). Odors can change preferences for people in photographs: A cross-modal evaluative conditioning study with olfactory USs and visual CSs. *Learning and Motivation, 26,* 116~40.

Tomkins, S. (1963). *Affect imagery, consciousness.* Vol. II. *The negative affects.* New York: Springer-Verlag.

Troland, L. T. (1928). *The fundamentals of human motivation.* New York: Van Nostrand.

Warren, R. P., and Pfaffman, C. (1958). Early experience and taste aversion. *Journal of Comparative and Physiological Psychology, 52,* 263~66.

Watson, D., Clark, L. A., and Tellegen, A. (1988). Development and validation of brief measures of positive and negative affect: The PANAS scale. *Journal of Personality and Social Psychology, 54,* 1063~70.

Young, P. T. (1948). Appetite, palatability, and feeding habit: A critical review. *Psychological Bulletin, 45,* 289~320.

_____. (1959). The role of affective processes in learning and motivation. *Psychological Review, 66,* 104~25.

_____. (1961). *Motivation and emotion: A survey of the determinants of human and animal activity.* New York: Wiley.

Zajonc, R. B. (1968). Attitudinal effects of mere exposure. *Journal of Personality and Social Psychology, 9* (part 2), 1~27.

Zellner, D. A., Rozin, P., Aron, M., and Kulish, C. (1983). Conditioned enhancement of humans' liking for flavors by pairing with sweetness. *Learning and Motivation, 14,* 338~50.

Zuckerman, M. (1979). *Sensation seeking: Beyond the optimal level of arousal.* Hillsdale, N. J.: Erlbaum.

7장

정신적 쾌락에 관하여

마이클 쿠보비

정신적 쾌락은 육체적 쾌락과는 다르다. 육체적 쾌락은 두 가지 유형, 즉 지속성 쾌락과 안도의 쾌락이 있다. 육체적 쾌락은 접촉 감각과 거리 감각(보는 것과 듣는 것)을 통해서 얻는다. 거리 감각은 특별한 범주의 쾌락을 제공한다. 정신적 쾌락은 정서가 아니다. 그것은 시간의 흐름에 따라 분포되는 정서의 집합체이다. 정점의 정서가 강렬하고 마지막 정서가 긍정적인 경향을 띠는 에피소드에서 보듯이, 시간의 흐름 동안에 어떤 특정한 정서 분포가 특별히 즐겁다. 모든 쾌락 자극이 어떤 일반적인 특성을 공유한다는 생각은 인간이 자극에 대한 영역 특수적인 매력 반응을 진화시켰다는 생각으로 대체되어야 한다. 정신적 쾌락을 특징짓는 정서는 기대감이 결과적으로 어긋나면서 자율신경계가 흥분하고, 그로 인해 해석에 대한 탐색이 촉발될 때 유발된다. 따라서 정신적 쾌락은 개인에게 (일반적으로 암묵적인) 명확한 일련의 기대감, 그리고 (결과적으로 기대감이 어긋난 상황을 일반적으로 하나의 서사 구조 내에 위치시켜) 그 상황을 해석할 수 있는 수단이 있을 때 발생한다. 정신적 쾌락은 담고 있는 정서의 목적에 따라 서로 다르다. 우리가 다른 포유동물과 공유하는 정서 목적의 범주 수는 아마 적을 것이다. 나는 양육과 사회성이라는 두 가지 다른 범주, 즉 (호기심을 자아내는) 미지의 것과 (기교를 낳는) 기술을 논하고자 한다. 또한 인간 특유의 정서 목적의 범주가 있다. 그것은 바로 고통이다.

그림과 허구적인 이야기가 우리에게 쾌락을 주며, 우리의 정신을 사로잡는 것을 자명한 것으로 보지 말고, 주목할 만한 사실로 보라.

– 비트겐슈타인, 1958, §524

정신적 쾌락을 정의하는 것보다 실례를 보여주는 것이 더 쉽다. 유명한 죄 드폼(jeu de pommes) — 따뜻한 아카시아 꿀과 칼바도스, 레몬주스로 만든 소스를 얹고 정제 설탕을 졸인 캐러멜을 바른 그래니 스미스 애플 타르틀레트와, 달콤한 슈냉 블랑 와인인 코토 뒤 래용(Coteau du Layon)을 곁들인 음식 — 을 파는 트와그로(Troisgros) 음식점에서 좋은 친구들과 훌륭한 식사를 마치고 있다고 상상해 보자.[1]

이제 음식을 제외하고 이 놀라운 경험을 하게 만든 요인들을 제거해 보라. 당신은 맛있는 음식이나 와인에 대한 기대감 없이 집에서 혼자서 일상적인 요리로 동일한 디저트를 먹는다고 가정할 수 있다. 이러한 상황에서 당신이 잃어버린 것은 정신적 쾌락이다. 나는 당신이 모든 정신적 쾌락을 잃어버렸다거나 남아 있는 쾌락은 육체적 쾌락뿐이라고 말하고자 하는 것은 아니다.

우리는 다음과 같은 일화에서 보듯, 정반대 상황을 가정해 볼 수 있다.

프랑스 화가이자 레지스탕스 활동가인 내 친구는 나치에 의해 강제 수용소에 수용되었다. 오랜 감금 생활을 하는 동안 매일 저녁이면 그와 두세 명의 동료 죄수들은 전적으로 대화와 제스처만으로 … 저녁 만찬을 위해 존재하지도 않은, 티 하나 없는 하얀 셔츠를 갖춰 입었다. 가끔 거기에 있지도 않은, 풀을 먹인 셔츠와 그것에 달린 진주나 루비 단추와 커프스 단추에 신경 쓰느라 애를 먹었다 … 그들은 식사 내내 샤토뇌프 뒤 파프를 마셨고, 디저트 페이스트리와 함께 샤토 디켐을 마셨다 … 전에 그들이 들렀을 때 랍스터가 너무 익혀 나온 적이 있었기 때문에 그 후로 다시는 찾지 않는 어떤 식당들이 있었다 … 스스로를 문인으로 여기게 되는 저녁이면, 그들은 식사를 하는 동안에 위대한 시인들의 시구를 인용하고는 했다(Boyle, 1985: 88.)

---

1   (지은이) 미식의 즐거움을 자기가 원하는 어떤 것으로도 대체해 상상해 볼 수 있다. (1997년 8월 17일 접속한) http://www.eurogourmet.com/rest/rindex.html에 따르면, 그 식당은 미슐랭과 고미요로부터 최상의 등급을 받았기 때문에 나는 그 식당을 예로 들었다.

우리는 음식을 제거했다. 그러고 나면, 우리에게 남아 있는 것은 정신적 쾌락뿐이다.

정신적 쾌락에 대한 개념은 정신적 쾌락이 더 다채롭고 영구적이기 때문에 육체적 쾌락보다 우월하다고 여긴 에피쿠로스(Epicurus, 341~270 B.C.E.)로 거슬러 올라간다.[2] 카바낙(1995)이 언급했듯이, 이러한 쾌락은 지금까지 현대 심리학에서 무시되어 왔다. 정신적 쾌락의 범위와 다른 쾌락 및 정서와의 차별성을 탐구하고 궁극적으로 구체화할 필요가 있다.

우리는 그러한 탐구를 착수하면서 지나치게 제한을 두는 것을 피해야 한다. 당신은 정신적 쾌락을 심미적 쾌락, 즉 음악 청취, 시 낭송 듣기 혹은 연극 관람을 하면서 느끼는 쾌락과 동일시할지도 모른다. 하지만 당신이나 내가 배운 심미적 쾌락이라는 것은 보편적인 것이 아닐 수 있다. 바카(BaAka) 피그미족과 같은 일부 문화권에서는 음악을 듣는 것과 음악 공연을 하는 것, 음악에 맞춰 춤을 추는 것을 구별하지 않는다.[3] 어떤 베두인족 사회와 같은 다른 문화권에서는 시를 낭송한 사람이 누구이며, 어떤 상황에서 시를 낭송한 것인지 알지 못하면, 해석할 수 없는 시의 형식이 있다(Abu-Lughod, 1986). 당신은 정신적 쾌락을 지적 쾌락, 즉 새로운 발견이나 훌륭한 이론에 관해서 듣는 쾌락과 동일시할지도 모른다. 하지만 많은 문화권에서는 유럽의 르네상스 시대에 관행화된 일종의 지적 탐구라는 것이 없다.

현대 서양 문화의 심미적, 지적 쾌락의 제한적인 범주를 벗어나서도, 주사위 놀이와 원예와 같은 즐거운 활동을 정신적 쾌락에서 배제할 수 있을까? 사실 우리는 주체할 수 없이 많은 정신적 쾌락 활동에 직면한다. 우리는 어디에서 멈출지를 모른다. 우리는 새 관찰과 우표 수집, 추파 던지기 또한 정신적 쾌락 활동에 포함시켜야 할까? 이 모든 질문에 대한 대답은 예스이다. 내 주장이 펼쳐지면서 그 이유는 분명해질 것이다.

이 장은 세 절로 구성되어 있다. 첫 번째 절에서, 나는 우선 정신적 쾌락을

---

2 (지은이) 에피쿠로스에 따르면, 최상의 쾌락은 충족되지 않은 욕구들을 없앰으로써 얻을 수 있는 평온의 쾌락이다. 평온의 쾌락을 얻을 수 있는 길은 가장 단순한 욕구들을 거의 다 없애는 것이다.

3 (지은이) 예컨대, "(중앙아프리카 피그미족인) 바카 사람들이라면, 모두가 … 몸을 움직이거나 노래를 부르거나 적어도 사회적으로 활발히 논평을 한다. 그렇게 하지 않는다는 것은 '거기'에 없다는 것을 의미한다"(M. Kisliuk, 개인적 대화, 1997년 6월 19일).

육체적 쾌락과 구별하고, 이어 정신적 쾌락과 정서 사이의 관계를 해명함으로써 정신적 쾌락에 대한 정의를 내릴 것이다. 나는 모든 정신적 쾌락이 (기분과 육체적 쾌락이 한몫을 하는) 일련의 연속적인 정서로 구성되어 있다고 추정하는 것으로 첫 번째 절의 결론을 짓고자 한다. 이것이 내 논제의 핵심이다. 나는 나의 주장을 전개해 가면서 독자들에게 그 점을 명심하도록 요구하고자 한다. 정신적 쾌락의 생태학을 다루는 두 번째 절에서는 정신적 쾌락을 불러일으키는 상황과 자극을 분석할 것이다. 여기서 나는 상이한 정신적 쾌락은 상이한 시간적 패턴과 상이한 정서 강도를 제공한다는 사실을 제시할 것이다. 그리고 정신적 쾌락을 좀 더 구분 짓는 것으로 이 장의 결론을 맺을 것이다. 나는 정신적 쾌락이 정서의 목적에 따라 다르다는 점을 제시하고자 한다.

정신적 쾌락에 대한 정의

정신적 쾌락과 육체적 쾌락

우리는 분류하기 어려운 경우를 접할 수 있다는 점을 명심하면서, 정신적 쾌락과 육체적 쾌락 간의 구별을 탐구하는 것으로 이 절을 시작하고자 한다.[4] 식사의 예가 시사하듯이, 많은 정신적 쾌락은 육체적 쾌락과 밀접하게 연관되어 있다. 정신적 쾌락은 육체적 쾌락을 확장하거나 육체적 쾌락 요소를 포함하고 있기 때문이다.

육체적 쾌락의 주요한 원천은 피부 표피와, 외부 환경과 물질 교환의 역할을 하는 피부 표피에 난 구멍들 — 콧구멍, 입, 생식기, 요도, 직장(直腸) — 이다. 이 원천들은 우리에게 두 종류의 육체적 쾌락을 준다. 첫 번째 종류로 피부와 구멍에서 얻는 쾌락의 원천은 애무, 달콤한 음식, 꽃향기 혹은 성적 자극과 같은 특별한 자극이다.[5] 두 번째 종류의 육체적 쾌락은 구멍들 또한 밸브라는 사실에서 기인한다. 구멍들을 통해서 우리는 신속하게, 가끔은

---

4   (지은이) 이 절은 폴 로진(이 책)으로부터 많은 도움을 받았다.

5   (지은이) 현재 논의의 목적에 맞추고자, 나는 이러한 물질의 교환에서 중추 신경계에 영향을 미침으로써 기분, 지각 또는 행동을 변화시키는 물질을 마시거나 냄새 맡거나 코로 흡입하거나, 먹거나 입으로 흡입하는 것을 배제한다.

폭발적으로 이물질이나 체액을 배출하거나 방출할 수 있다. 결과적으로, 우리는 재채기, 트림, 배뇨를 통해서 별안간 불편이나 긴장의 내적인 원인을 해소하는 유쾌한 안도감을 경험한다. 오르가슴에 도달하는 것도 비록 자극제에 의한 것이 아니더라도, 다르지 않다. 오르가슴을 경험할 때 긴장의 점진적인 증가는 커다란 쾌락과 함께 갑자기 중단된다.[6]

첫 번째 종류의 육체적 쾌락은 상대적으로, 시간상 지속성을 갖기 때문에 나는 그것을 지속성 쾌락이라고 부른다. 이 쾌락은 흔히 긍정적인 쾌락 상태로 불리기도 한다. 두 번째 종류의 육체적 쾌락은 앞서 발생하는 긴장이나 불편 뒤에 찾아오기 때문에 나는 그것을 안도의 쾌락이라고 부른다. 지속성 쾌락과는 달리, 안도의 쾌락은 상대적으로 짧다. 이런 면에서 성적 쾌락은 독특하다. 성적 쾌락은 (애무와 같은) 지속성 쾌락과 (오르가슴과 같은) 안도의 쾌락을 모두 포괄한다.[7] 표 7.1은 지속성 쾌락과 안도의 쾌락을 비교한 것이다. (피부는 안도의 쾌락을 제공하지 않기 때문에 배제된다.)

우리는 정신적 쾌락이 육체적 쾌락과 다른 지위를 가진다는 점을 보여줄 필요가 있을 뿐만 아니라 '모든 육체적인 쾌락은 정신을 필요로 하지 않는가?'라는 질문에 답해야 한다. 확실히, 인식은 쾌락을 수반하며 쾌락은 즉각적인 경험 이상의 의미를 가질 수 있다. 예를 들어, 영장류 동물들은 서로를 몸단장해 줄 때면 서로에게 육체적 쾌락을 줄 뿐만 아니라 서로를 안심시키며 달래준다. "몸단장 행위는 … 영장류 동물의 사회적 유대를 나타낸다"(Jolly, 1985: 207). 그러나 이러한 주장은 당신이 육체적 쾌락을 느낄 때면 반드시 정신적 쾌락도 느낀다는 것을 의미하지는 않는다. 그럼에도 불구하고, 나는 인간의 경우 대부분의 육체적인 지속성 쾌락이 정신적 쾌락에 깊이 박혀 있을 거라고 생각한다. 반면에 긴장에서 벗어난 안도감이나 불안감 해소처럼, 육체적인 안도의 쾌락과 유사한 쾌락이 정신적 쾌락의 중심적인 특징이라고 할지라도, 육체적인 안도의 쾌락은 정신적 쾌락에서는 자주 일어나

---

6   (지은이) 여성의 오르가슴이 이 도식에 어떻게 부합되는지의 문제, 즉 그것이 사정(射精)과 생리적인 유사점이 있는지의 여부는 논쟁거리이다(예컨대, Alzate, 1985를 참조).

7   (지은이) 안도의 쾌락을 정서를 고조시키는 자극의 제거 이후에 발생하는 정서의 대립 과정과 혼동해서는 안 된다.(Mauro, 1988; Sandvik, Diener and Larsen, 1985; Solomon, 1980; Solomon and Corbit, 1974). 대립 과정과 안도의 쾌락 간의 관계에 대한 논의는 유익할 테지만 이 절의 범위를 벗어난 주제로 보인다.

표 7.1 두 가지 유형의 육체적 쾌락의 비교

원천	지속성 쾌락	고통이나 불편	안도의 쾌락
콧구멍	향기	불쾌감(예컨대, 서양고추냉이, 먼지), 역겨운 냄새 (예컨대, 썩은 달걀 냄새)	재채기
입	좋은 맛	화끈거림, 거부감(예컨대, 쓴맛), 혐오감(예컨대, 썩은 음식)	침 뱉기, 헛기침, 트림
생식기	성적 쾌락	성적 긴장감	오르가슴
요도	?	소변이 꽉 찬 방광	배뇨
직장	성적 쾌락	대변이 꽉 찬 직장, 가스 팽만	배변, 가스 배출

지 않는다.

육체적인 지속성 쾌락이 더욱 역동적으로 변하고 더욱 복합성을 띰에 따라, 우리는 그것을 정신적 쾌락으로 생각하고 싶은 생각이 들기도 한다. 우리가 정의한 바와 같이 육체적인 지속성 쾌락은 신체와 접촉(접촉과 관련된 감각들, 즉 후각과 미각과 촉각은 때로는 접촉 감각이라 불린다)하는 대상이나 물질, 그리고 상대적으로 단일한 경험들을 포괄한다. 하지만 다음과 같은 설명을 생각해 보자. "이 와인은 충만하고 풍부하며 복합적이고, 강렬하게 톡 쏘며 향긋한, 아주 훌륭하게 잘 익은 향기가 난다. 입 안에서는 아주 부드럽고 숙성된 맛이 났다 ⋯ 훌륭히 추출해 냈으며 균형과 조화를 갖췄다. 끝 맛은 긴 여운을 남기고 품격이 느껴진다."[8] 만일 복합성이나 이질성을 정신적 쾌락의 기준으로 이용했다면, 우리는 앞서의 설명이 정신적 쾌락에 대한 설명이라고 말할 수 있을 것이다. 하지만 나는 그런 기준이 정신적 쾌락의 복합성이나 가변성 기준을 만들고자 하는 우리의 목적에 부합할 것이라고 생각하지 않는다. 내가 이후에 명확히 설명하겠지만, 정신적 쾌락과 육체적 쾌락 사이의 구별은 육체적 쾌락의 변화의 단순성, 간결성 혹은 부재에 의존하지는 않는다. 그보다는 오히려 그 차이는 정신적 쾌락이 일련의 연속적인 정서라는 사실에 있다. 와인의 맛이 야기하는 일련의 연속적인 경험은 연속적인 쾌락 상태일 수는 있지만, 연속적인 정서일 수는 없다.

소위 거리 감각 ― 듣는 것과 보는 것 ― 역시 우리에게 육체적 쾌락을 줄

---

8   (지은이) 프랑스 북부 론의 1992년산 와인, 장루이 샤브 에르미타주에 대한 설명. 출처: (1997년 7월 1일에 접속한) http://www.interaxus.com/pages/wrhone92.html.

수 있다. 지금까지 우리는 접촉 감각을 포함한 육체적 쾌락에 대해 논의했다. 그러나 우리는 우리가 매력적이고 유쾌하고 조화롭다고 하는 소리와 광경 — 아름다운 풍경, 우아한 몸, 마음을 진정시키는 하모니, 절묘한 색의 조합 — 에 대해서도 고려해야 한다. 나는 그것들이 쾌락 상태를 유발하지만, 정서를 전해주지 않는다는 점에서 육체적 쾌락이라고 말하고자 한다.

거리 감각은 쾌락 상태를 유발할 수 있을 뿐만 아니라 쾌락을 전달하는 중요한 매개체이기도 하기 때문에, 우리에게 쾌락을 주는 데 있어서 거리 감각의 역할은 복합적이다. 거리 감각은 정서를 전달하고 유발하는 과정을 통해서 그처럼 복합적인 역할을 이행한다. 인간의 경우 정서의 가장 중요한 두 가지 매개체는 청각과 시력을 통해 각각 전달되는 어조와 얼굴 표정이다. 대부분의 예술 형식[9]은 청각과 시각에 의해서 전달된다. 그러나 정신적 쾌락의 감각적 매개체는 반드시 쾌락을 그러한 감각에 연결시키지는 않는다. 우리가 농담을 듣는 것에서 얻는 쾌락을 청각적 쾌락이라고 부를 수 있을 만한 이유가 없는 것과 마찬가지로 시를 읽는 것 — 가끔 볼 수 있는 형태시(形態詩)를 제외한다면 — 이 우리에게 시각적 쾌락을 선사한다고 말할 수 있을 만한 이유가 없다(Hollander, 1975).

또한 다른 채널을 통해 수신되는 많은 것들이 거리 감각을 통해 전달되는 정서를 조절할 수 있다. 예컨대, 비청각적인 지식은 우리의 음악에 대한 반응에 영향을 미친다. 스메타나[10]가 귀가 먹은 — (나는 연민을 느끼며 감탄하고 말았다) — 직후에 교향시 몰다우(Vltava)를 작곡했는데, 그 음악이 몰다우강의 다양한 강줄기 — (나는 호기심을 느꼈다) — 를 생생히 묘사하고 있다는 얘기를 들었을 때, 나는 그 아름다운 교향시에 귀를 기울이며 새로운 정서에 휩싸였다.[11]

---

9   (지은이) 음악과 건축을 포함한, 시각, 그래픽, 조형, 장식 및 공연 예술.

10 베드르지흐 스메타나(Bedrich Smetana, 1824~1884). 체코 민족 음악의 창시자이자 보헤미아 민족주의 작곡가.

11 (지은이) 출처는 (1997년 11월 28일에 접속한) http://ourworld.compuserve.com/home pages/R_Behringer/smetmol.htm임. R. 베링거(R. Behringer)는 스메타나의 설명을 인용한다. "그 작품은 차갑고 따뜻한 두 개의 작은 원류에서 시작해, 두 개울이 하나로 합쳐지면서 숲속을 지나 초원을 가로지르고 여러 축제가 막 벌어지고 있는 시골을 유유히 흘러가는 몰다우 강줄기를 묘사하고 있다. 강물 위로는 달빛이 반짝이고 강물 속에서는 물의 요정들이 춤을 춘다. 흐르는 강물 곁의 절벽에는 위풍당당한 성과 대저택과 유적이 우뚝 솟아 있다. 강물은 세인트 존스 급류에서 거세게 소용돌이친 후, 비셰흐라드(프라하의 가장 오래된 건축

마지막으로, 많은 정신적 쾌락은 합성물이다. 그것은 여러 가지 정서를 포함하고 있다. 한 영화는 우리에게 광경과 사운드 트랙, 음성 대화를 제공한다. 원칙적으로 우리가 영화에서 얻는 쾌락을 그 각각의 원천으로부터 얻는 쾌락에 관해 이야기함으로써 포착할 수 있다고 하더라도, 그 가능성은 희박하다. 영화가 우리에게 주는 쾌락은 후감각적인 것이다. 그것은 긴장감을 유발하고 우리의 호기심을 충족시키고, 우리를 감화하고(Burke, 1973; Koubovi, 1992) 감동시킨다.

육체적 쾌락과 정신적 쾌락을 구분 짓는 데 얼마간의 진전을 이뤘으니 이제 우리는 정신적 쾌락과 정서의 차이로 주의를 돌리고자 한다.

정신적 쾌락과 기본 정서

정서 관련 문헌상 논쟁의 여지가 있지만, 에크만(1992, 1994)의 (분노, 공포, 슬픔, 혐오, 행복과 같은) 기본 정서에 관한 관점은 좋은 출발점이다. "(1) 중요한 측면에서 서로 다른 개별적인 정서가 많다. (2) 진화는 이러한 정서가 보이는 독특한 특성 및 공통된 특성의 형성뿐만 아니라 그 정서의 현재 기능의 형성에도 중요한 역할을 한다"(1994: 170). 표 7.2의 왼쪽 칸은 에크만이 정서의 여덟 가지 특징을 요약한 것이고, 오른쪽 칸은 정신적 쾌락이 대부분의 측면에서 기본 정서와 다른 점들을 보여주고 있다.

정신적 쾌락은 기본 정서와 어떻게 그렇게 다를 수 있을까? 앞서 지적했듯이, 정신적 쾌락은 복합적이지만 그 복합성이 차이의 핵심은 아니다. 그보다는 기본 정서가 정신적 쾌락의 구성 요소라는 점에서 정신적 쾌락과는 다르다.

추측 1: 정신적 쾌락은 시간의 흐름에 따라 분포되는 정서의 집합체이다.

이러한 공식화는 카너먼의 연구(이 책)를 연상시킨다. 그는 "기준 변인[한 사람의 자신의 웰빙에 대한 평가]이 … 시간의 흐름에 따른 감정 상태의 분포의 함수가 되는 웰빙에 대한 상향식 접근법"을 제시한다. 그는 정점-종점 평가

물)가 보이는 프라하까지 도도히 흘러, 마침내 엘베강으로 위풍당당하게 흘러가면서 저 멀리로 사라진다."

법칙에 부합하는 증거를 다음과 같이 개략적으로 설명한다. "이 연구들의 참가자들은 … 한 에피소드 동안에 겪은 경험에 대해서 실시간 보고를 했고 … 나중에 전체 에피소드에 대한 종합적인 평가를 제공했다 … 에피소드 동안에 보고된 정점(혐오 에피소드의 경우, 최악의 순간)의 감정 반응의 단순한 평균과 에피소드의 종료 직전에 보고된 종점 값의 단순한 평균으로 전체적인 회고적 평가들을 수월하게 예측할 수 있다."

보다 일반적으로, 인간의 삶에서 일어나는 에피소드들 — 특히 중요한 사회적 전환 — 은 루블과 세이드만(Ruble and Seidman, 1996)이 보여주듯이, 지속적인 시간적 구조를 지닌다. (혹은 사람들의 입에 오르내리며 그러한 시간적 구조를 가지는 것으로 통한다.) 두 연구자가 지적하듯이, 자기 삶의 사건들을 해석하는 것에 비추어 보면, 한 개인은 자신의 환경과의 관계에 관한 개념과 스키마를 구성하고 있는 이른바 '기존 상태'에서 출발한다. 자신과 상황과의 관계가 붕괴되는, 사람들이 '엄습'이라고 부르는 순간이 오기 마련이다. 새로운 상황은 '변화'의 기간을 필요로 하며, 그 기간 동안 개인은 새로운 상황에 적응하거나 그 상황을 재구성하려고 노력한다. 그중 어느 한 방향은 개인을 이러한 전환의 최종 단계인 '평정'으로 이끈다. 개인은 삶에서 일어나는 에피소드를 재구성할 때, 에피소드를 구성하는 사건들을 '핵심 요소들' — 선택을 수반하며 앞선 핵심 요소들의 결과인 사건들 — 과 핵심 요소에 속하거나 핵심 요소를 정교화하거나 핵심 요소를 완성하는 종속적인 요소들로 반드시 나눈다 (Chatman, 1978). 그 각각의 핵심 요소들은 정서를 일으킨다. 핵심 사건이 발생할 때, 우리는 '공포'와 '희망'을 수반하는 긴장감을 느낀다. 선택이 결정될 때, 우리는 '실망'이나 '환희'를 동반한 놀라움을 경험할 수 있다. 개인은 도전에서 승리를 거둔다면, 정신적인 쾌락으로 그 에피소드를 소중히 여길 것이다(극적으로 제시된 정점-종점 법칙에 대한 논증을 살펴보고자 한다면, Zillmann, Hay and Bryant, 1975를 참조). 따라서 인간 삶에서 일어나는 어떤 에피소드는 정신적인 쾌락인 일련의 정서를, 어떤 에피소드는 중립적인 쾌락인 일련의 정서를, 어떤 에피소드는 '정신적 불쾌감'이라 불릴 수 있는 일련의 정서를 제공한다.

일라이어스와 더닝(Elias and Dunning, 1986)이 설명하듯이, 문화는 정신적 쾌락을 얻을 기회를 주는 제도를 발명했다.

표 7.2 정서의 특징과 정신적 쾌락의 특징

정서는…	정신적 쾌락은…
(얼굴 표정과 같은) 독특한 보편적인 신호를 보인다.	독특한 보편적인 신호를 보이지 않는다.
거의 모두가 다른 영장류 동물들에게서도 나타난다.	최소한 일부가 다른 영장류 동물에게서도 나타난다.
독특한 심리적 반응을 동반한다.	독특한 심리적 반응을 동반하지 않는다.
자율 시스템과 표현 시스템에서 일관성 있는 반응을 일으킨다.	일관성 있는 반응을 일으키지 않는다.
빠르게 발전할 수 있으며, 사람들이 그 정서를 깨닫기 전에 일어날 수 있다.	상대적으로 시간상 길어진다.
지속 시간이 짧다. (대략 몇 초)	일반적으로 지속 시간이 짧지 않다.
빠르고 짧다. 정서는 자동 평가 메커니즘의 존재를 암시한다.	빠르지도 짧지도 않더라도, 자동 평가 메커니즘에 의해서 유발될 수 있다.
빠르고 짧으며, 자동 평가를 수반한다. 따라서 저절로 발생한다.	일반적으로, 자발적으로 추구된다.

훨씬 더 복잡한 문제들이 있기 마련인 콘서트의 경우라도 어려움을 극복할 수 없다고 볼 수는 없겠지만, 높거나 낮은 수준의 관객 만족도를 제공하는 연극이나 교향곡의 특징들과 관련해서 명확한 의견 일치를 찾아내는 것은 쉽지 않을 수 있다. 하지만 축구와 같은 스포츠 경기와 관련한 그 과제는 단순하다. 경기를 정기적으로 보다 보면, 적어도 개괄적으로는 어떤 종류의 경기 형태가 최고의 즐거움을 주는지 알게 될 것이다. 바로 그것은 기술과 힘이 막상막하인 팀들 간의 장기적인 대결이다. 그런 경기는 대결 자체뿐만 아니라 선수들이 보여주는 다양한 기술이 유발하는, 수많은 관중들이 점점 더 고조되는 흥분에 휩싸이는 경기이다. 이는 경기의 흐름이 앞뒤로 요동치는 경기이다. 팀들은 서로 팽팽하게 맞서다 보니, 처음에 어느 한 팀이 득점을 하면, 그다음에는 상대 팀이 득점을 한다. 이윽고 시간이 점점 더 흘러감에 따라, 결정적인 득점을 올리겠다는 각 팀의 결심이 더욱 커져간다. 선수들의 긴장감 넘치는 플레이는 관중들에게 시각적으로 그대로 전해진다. 그 긴장감, 고조되는 흥분은 이번에는 선수들에게 전달되며, 너무 과하지 않아, 선수나 관중들이 감당할 수 있고 자제할 수 있는 지점에 이를 때까지 계속된다. 이렇게 흥분이 절정에 이르고 바로 그 순간 자신의 팀이 갑자기 결정적인 득점을 해서 끓어오른 흥분이 승리와 환희의 행복감으로 해소된다면, 그날의 경기는 잊지 못할, 두고두고 이야기하게 될 훌륭한 경기가, 진정 즐거운 경

기가 될 것이다(86~87).

시간의 흐름에 따라 펼쳐지는 예술 작품에서 우리가 얻는 정신적 쾌락을 생각해 보자.[12] 예컨대, '내러티브'를 생각해 보자. "모든 내러티브는 … ('이야기'라 불리는) 내용 수준과 ('담화'라 불리는) 표현 수준을 갖춘 구조이다"(Chatman, 1978: 146). 많은 이야기들은 한 인간의 삶에서 일어나는 에피소드들의 '기존 상태', '시작', '변화', '평정' 패턴에 부합하는 구조를 가지고 있다. 이 이야기들은 '설명'으로 시작해, '복잡한 상황의 문제'를 제시하고, '그 문제의 해결'과 함께 끝을 맺는다. 따라서 이야기들은 인간의 삶에서 발생하는 에피소드들이 제공하는 정서와 유사한 일련의 정서를 제공할 수 있다 (Brooks and Warren, 1979).

일상적인 환경에서 정서적 반응은 개인이 유망하거나 위협적인 것으로 이해하는 인식 상황의 산물이듯이, 상상력이 풍부한 작품의 표현력은 적어도 부분적으로는 그 작품이 어떤 한 행위의 극적인 표상을 제시한다는 사실에서 비롯된다. 그리고 그러한 표상에 대한 표현적인 대응으로 정서가 발생한다(Aiken, 1955: 390).

담화의 목적은 이야기가 제공하는 정서에 정서를 더하고자 하는 것이다. 채트먼(Chatman, 1978)이 든 하나의 예를 생각해 보자. 호손의 『라파치니의 딸(Rappacini's Daughter)』[13]에서 우리는 다음과 같은 구절을 읽었다. "그 젊은 이는 발리오니 교수와 라파치니 박사 사이에 오래전부터 직업상의 불화가 계속되어 왔다는 사실을 알았더라면, 발리오니 교수의 의견을 상당히 가감해서 받아들였을 것이다." 채트먼은 이 인용문에 대해서 이렇게 논평한다. "지오

---

12 (지은이) 회화의 부동성은 회화에 대한 우리의 경험이 정적이라는 것을 의미하지는 않는다. 실제로 그림 스캐닝 시에 시간적 패턴의 탐색은 관람자들의 안구 운동을 기록하고자 하는 동기 중 하나이다(Gandelman, 1986; Kristjanson and Antes, 1989; Molnar, 1976~1977; Sprinkart, 1987; Zangemeister, Sherman and Stark, 1995). 또한 모든 시각 예술작품들이 부동성을 가지는 것은 아니라는 점을 명심하기 바란다. (예컨대, 아감(Agam)의 회화들과 모든 조각품들은 당신이 그 작품들 곁을 지나감에 따라 변한다.)

13 『주홍글씨』, 『일곱 박공의 집』으로 유명한 19세기 대표적인 미국 작가, 너대니얼 호손 (Nathaniel Hawthorne, 1804~1864)의 단편소설.

바니는 발리오니 교수의 의견을 가감해서 받아들일 수도 있었을 텐데, 그 교수와 라파치니 박사 간의 경쟁을 몰랐기 때문에 그리하지 않았다. 서술자는 우리에게 많은 말로 일어날 수도 있었던 일과 일어나지 않을 수도 있었던 일을 들려준다"(226). 이야기가 제시된 방식의 결과로, 지오바니에게는 핵심 요소가 아닌 것이 우리에게는 핵심 요소가 된다. 소설가는 (서술자의 목소리를 빌려) 우리의 심중에 한 가지 의문을 심는다. '지오바니는 발리오니를 훤히 알까?' 이야기보다는 담화의 일부라 할 수 있는 이러한 장치의 결과로, 우리는 하나의 정서 상태인 긴장감 속에 빠져 든다.

간단히 말해서 모든 예술 작품, 그리고 더 일반적으로는 롤러코스터 타기에서 원예에 이르기까지 모든 정신적 쾌락은 그것이 일으키는 일련의 정서로부터 특유의 쾌락성을 얻는다.

추측 2: 정신적 쾌락은 시간의 흐름에 따라 분포되는 정서의 집합체이다. 그에 대한 전체적인 평가는 정점의 정서의 강도와 종점의 호감도에 달려 있다.

(앞서 인용한 1992년산 장루이 샤브 에르미타주에 대한 설명과 같은) 고급 와인의 경험을 간단히 재고찰하는 것으로 지금까지 내가 언급한 바를 명료화할 수 있다. 그 고급 와인에 대한 경험은 정신적 쾌락과 몇 가지 특징을 공유한다. 그 경험은 복합적이며 일련의 쾌락적인 감각들로 이루어져 있다는 점에서 정신적 쾌락과 닮았다. 그러나 그 경험은 일련의 정서를 불러일으키지 않기 때문에 정신적 쾌락으로 볼 수 없다. 와인 전문가가 와인의 맛에 일련의 정서가 동반된다는 보고를 한다면, 그 경험은 정신적 쾌락의 후보가 될 것이다. 그러나 좋은 와인과 나쁜 와인이 갖춰져 있고, 기대와 놀라움이 있으며, 논쟁과 불화가 생기는 와인 시음회의 밤이 정신적 쾌락으로 간주될 가능성이 더 크다.

이 장의 남은 두 절에서 나는 (슈웨더(Shweder, 1991, ch. 6)의 정서에 대한 비교문화 분석으로부터 영감을 받은) 정신적 쾌락에 대한 두 가지 의문을 다룰 것이다. 첫 번째 의문은 "특정한 자극이 어떻게 일련의 정서를 일으키는가?"하는 것이고, 두 번째 의문인 분류학상의 질문은 "정신적 쾌락이 일으키는 일련의 정서에 따라, 다양한 정신적 쾌락은 서로 어떻게 다른가?"하는 것이다.

생태학적 질문

지금까지 나는 정신적 쾌락의 구성 요소로서 일련의 정서의 역할을 강조했다. 나는 생태학적 질문에 대한 나의 대답의 일부를 이미 개략적으로 다음과 같이 설명했다. 정신적 쾌락을 일으키는 자극과 활동들은 특정한 패턴을 가진 일련의 정서를 유발하는 활동들이다. 하지만 나는 이것이 생태학적 질문에 대한 완벽한 답변이라고는 생각하지 않는다. 어떤 자극은 그 자체로 유쾌하지만, 그것만으로 일련의 정서를 유발하지는 않는다. 정신적 쾌락에서 자극의 역할은 무엇인가?

유쾌하고 매력적인 자극의 역할은 정신적 쾌락을 낳는 '상황'을 생성하는 것으로 보인다. 당신이 누군가에게 정신적 쾌락을 묘사할 경우, 당신이 언급할 수 있는 정신 상태는 정서만 있는 것이 아니다. 당신은 (행복하거나 아니면 반대로 슬픈) '기분'과 (흥분 상태이거나 아니면 반대로 조용한 상태인) '각성 수준' 또한 언급할 수 있을 것이다. 기분과 각성 수준은 한 가지 중요한 측면에서 정서와는 다르다. 즉, 기분과 각성 수준은 결코 의도적인 것이 아니다. 다시 말해, 목적에 초점을 두지 않는다. 하지만 기분과 각성 수준은 정서와 관련이 있다. 기분은 정서와 적어도 한 가지 성질을 공유한다. 즉 기분과 정서는 모두 감정을 수반한다. 예를 들어, 좋은 기분은 목적성이 없는 유쾌한 느낌의 상태로, 긍정적인 면을 볼 수 있는 일반적인 성향을 낳는다(이 책, Frijda, 1993; Morris를 참조). 게다가, 각성 수준은 기분과 정서의 불가분한 결과이다. 따라서 각성 수준과 기분은 일련의 정서를 촉진하는 요인일 수 있다.

쾌락 자극

각성 수준과 기분은 목적이 없다고 하더라도 자극 ─ 배경 음악, 마음을 진정시키는 색깔, 새들의 울음소리, 방금 깎은 잔디밭의 향기, 은은한 향수 냄새 ─ 의 영향을 받을 수 있다. 그러한 자극들은 우리가 좋아하는 자극이다. 그 자극들은 각성을 낮추고 기분을 좋게 하는 경향이 있다.[14] 나는 이러한 자

---

14 (지은이) 하지만 이러한 자극의 기분을 변화시키는 성질은 우리가 우울할 때는 효과가 없다. 예컨대, 자신의 우울증에 대한 윌리엄 스타이런의 설명을 생각해 보라. "30년간 … 내가 사

극을 '거리 감각의 쾌락'이라고 부른다. 그러한 쾌락은 정신적 쾌락으로 간주되지 않는다는 점을 분명히 밝히기 위해서이다.

자극과 정신적 쾌락 사이의 관계에 대한 전통적인 심리학적 접근법은 내가 제시하고 있는 것에 비해서는 범위가 좁다. 지금껏 두 가지 접근법이 시도되었다. 첫 번째 접근법은 실험 미학[15]과를 창안했다고 알려진 '직사각형의 비율에 대한 선호도'에 대한 논문에서 페히너가 공식화한 것이다. 그는 물었다. 어떤 범주의 자극은 같은 범주의 다른 자극보다 사람들로부터 더 선호를 받기 위해서 어떤 성질을 갖추고 있어야할까? 예를 들어, 직사각형의 비율'은 다른 직사각형에 비해 호감이 가는 황금분할[16]에 가까운가? 두 번째 접근법은 각성을 자극 매력의 핵심으로 생각한 벌린(Berlyne)에서 비롯되었다. 두 가지 접근법을 모두 논하는 것은 이 장의 범위를 벗어나는 것이므로, 나는 벌린의 접근법만을 논하고자 한다.

벌린의 접근법: 중간 수준의 복잡성에 대한 선호 1950년대 후반에 벌린은 분트(1874)가 80여 년 전에 처음 제시한 견해를 되살리고는, 자극의 쾌락적 가치가 중간 각성 수준에서 최대라는 전제하에 심리학적 미학을 창설하는 데 목적을 둔 유력한 연구 프로그램에 착수했다.

각성은 한 극단에 위치한 수면 및 해체와 다른 극단에 위치한 열광 사이에서 유기체의 행동의 활력과 구성에 영향을 미치는 유기체의 일반적인 상태이다. 각성은 내적인 영향 요인(약물, 호르몬, 박탈 수준)이나 외적 영향 요인(음식의 광경이나 냄새, 혹은 고통스러운 자극)의 영향을 받을 수 있다. 벌린 이론(1960, 1967, 1971)의 토대는 소위 분트 곡선(그림 7.1)이라는 것이다.

분트 곡선은 쾌락 과정을 통제하는 뇌 시스템에 관한 몇 가지 명제를 전제로 한다.

랑해 온 내 집이 … 확연히 느낄 수 있는 불길한 장소로 여겨졌다(Frijda, 1993: 384에서 인용).

15 정신 물리학자이자 심리학자인 구스타프 페히너(Gustav Theodor Fechner, 1801~1887)가 창안한 학문으로 미적 자극의 특성과 인간의 심리적 반응 간의 관계를 분석하여 미에 대한 보편적인 원리를 밝히는 데 목적을 두고 있다.

16 (지은이) 그 비율은 $f = (1+ \sqrt{5})/2 = 1.618$이다 … 이는 2차 방정식 $f^2 - f - 1 = 0$(Kappraff, 1991, §1.6, 1.7, and ch. 3)의 해답이다.

(1) 뇌에는 쾌락의 조절에 관여하는 두 가지 상반되는 시스템, 즉 기본적인 보상 시스템과 혐오 시스템이 존재한다.

(2) 어떤 자극도 각성 잠재력을 지니고 있다. 즉, 자극은 두 시스템의 활동을 증가시킬 수 있다.

(3) 자극의 강도가 더 클수록 각성의 잠재력도 더 커지고 두 시스템의 활동도 더 커진다.

(4) 두 시스템의 활동량을 자극의 각성 잠재력과 결부시키는 두 수학적 함수는 다르다. 기본적인 보상 시스템은 혐오 시스템에 비해 약한 자극에 의해서 더 효과적으로 활성화되는 반면에 혐오 시스템은 강한 자극에 의해서 더 효과적으로 활성화된다.

(5) 한 자극의 최종적인 쾌락적 가치는 두 시스템의 활동 간의 차이에 의해서 얻어진다(Berlyne, 1974; Frances, 1970, 1971; Frank, 1959; Jones, Wilkinson, and Braden, 1961; Moles, 1966; Schneirla, 1959).

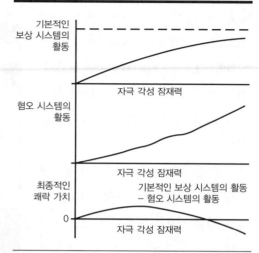

그림 7.1 분트 곡선

출처: Berlyne(1971, figure 8.3 and 8.4) 일부 수정.

이런 점에서 비추어 볼 때, 벌린의 이론은 정신적 쾌락의 이론이다. 이 연구 분야에 대한 훌륭한 개관을 고찰하고 싶다면, 마틴데일과 무어, 보르쿰의 논문(Martindale, Moore and Borkum, 1990)을 참고해도 좋을 것이다.

벌린의 견해가 진화함에 따라 그와 다른 연구자들은 자극 각성 잠재력을 정보 이론의 용어로 정의한 복잡성과 동일시하게 되었다. 그의 견해로부터 영감을 얻은 연구의 한 예로, 도프먼과 매케나(Dorfman and McKenna, 1966)의 실험을 고찰해 볼 수 있다. 그들은 100명의 여성들에게 그림 7.2에서 보이는 것과 유사한 패턴, 60개 쌍을 보여주었다. 각각의 패턴은 무작위로 결정된 녹색이나 흰색을 지닌 많은 타일들(4개, 16개, 36개, 64개, 100개 혹은 144개)로 구성되어 있다. 각 패턴 크기는 동일했지만 각 패턴을 구성하고 있는 타일의 수는 달랐다.

자료를 수집한 후에 도프먼과 매케나는 참가자들이 선호하는 경향을 보인 패턴의 타일 수에 따라 그들을 여섯 부류로 나누었다. (12퍼센트의 참가자들의 선호도는 애매했기 때문에 그들은 분석에서 제외되었다.) 데이터(그림 7.3)에 의하면, 각 부류의 참가자들은 불명확한 특정한 수에 대해서는 단일 정점 선호를 보였다.

이와 같은 결과는 각 개인이 상이한 정도의 복잡성을 가진 대상들에 대해서 단일 정점 선호를 보인다는 것을 의미한다고 볼 수 있었다. 즉, 대상의 복잡성이 어떤 최적도에서 멀어질수록 매력도가 떨어진다는 것이다.

그림 7.2 흰색 혹은 녹색 타일의 12 x 12 행렬을 기반으로 한 패턴

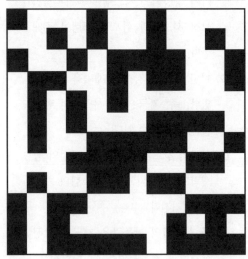

출처: Dorfman and McKenna(1966, figure 1).
참고: 검은색 타일은 녹색 타일을 나타낸다.

벌린의 접근법에는 세 가지 문제점이 있다. 첫째, 이 접근법은 복잡성을 측정 가능한 단일 자극의 특징으로 간주하는 오류를 범하고 있다. 둘째, 우리가 중간 수준의 복잡성을 선호한다는 이 접근법의 주장은 이론적으로 설득력이 없고 경험적인 근거도 없다. 셋째, 이 접근법은 정신적 쾌락의 현상학을 포착하지 못한다. 이 접근법은 정신적 쾌락을 부적절할 정도로 과도하게 환원주의적으로 단순화시켰다.

벌린은 복잡성이 측정할 수 있는 단일 자극의 특징이라고 잘못 생각했다. 카너먼과 밀러(1986)가 가너(Garner, 1962, 1970)의 통찰력에 근거해서 보여주었듯이, "각 자극은 선택적으로 자기 대안을 모색하고, 내가 될 수 있었거나, 이었을지도 모르거나 이었어야 했던 대상에 대한 기억 및 구성 표상의 풍부한 맥락 내에서 해석된다"(136).

가너의 논문 제목(1970)이 암시하듯, "좋은 [즉, 단순한] 패턴을 대체할 대안은 별로 없다." 몬드리안[17]의 그림 한 점을 바라보면서, 네 살짜리 조카딸도 그릴 수 있었을 거라고 말할 때, 존은 그 그림을 소수의 대안들과 비교하

---

17 피에트 몬드리안(Piet Mondrian, 1872~1944). 네덜란드 출신의 추상 회화의 선구자로 신조형주의(Neo-Plasticism) 양식을 통해 자연의 재현적 요소를 제거하고 보편적 리얼리티를 구현하고자 했다.

그림 7.3 도프먼과 매케나의 여섯 부류의 참가자들이 선호하는 타일의 수(1966)

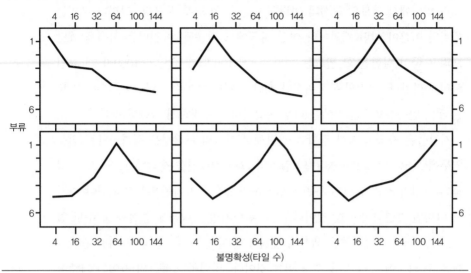

그림 7.3 도프먼과 매케나의 여섯 부류의 참가자들이 선호하는 타일의 수(1966)

출처: Dorfman and McKenna(1966, figure 2) 일부 수정.

고 있기 때문에 그 그림이 단순하다고 말하는 것이다. 그는 그 화가가 다르게 그릴 수도 있었던 모든 것들이 선 안에 머무는 데 실패한 것이거나 다른 기본 색상을 사용하지 못한 것이라고 생각할 수도 있다. 존은 몬드리안이 직사각형과 경계선을 배치하고 형태들의 균형을 맞추는 데 직면한 많은 선택들을 고려하지 않고 있다. 반면에 존은 텔레비전에서 가르쳐 주는 풍경화가 수많은 붓 터치를 담고 있기 때문에 그런 그림에 감탄할지도 모른다. 그에게 각각의 붓 터치는 하나의 선택의 결과로 보인다. 이 그림은 실제로는 대안을 거의 가지고 있지 않다는 사실을, 자신은 단순한 경험적인 규칙에 따라 적용된 몇 가지 회화 기법을 응용한 그림을 보고 있는 거라는 점을 깨달았다면, 그는 자신의 판단을 재고할 수도 있었을 것이다.

따라서 복잡성은 대상에 대한 일련의 상상의 대안 구조의 속성을 지닌다. 한 대상이 속한 집합에 대한 한 개인의 해석이 대상의 복잡성에 대한 개인의 판단을 결정한다.

벌린의 복잡성에 대한 그릇된 해석에도 불구하고, 그는 어느 정도는 옳았다. 우리는 휑한 벽이나 불규칙적으로 들리는 소음에 즐거워하지 않는다. 권태와 과부하는 모두 불쾌감을 준다. 사람은 가장 단순한 것은 너무 단순하고, 가장 복잡한 것은 너무 복잡하다는 점에서 늘 특정한 범위의 비슷한 자극을 찾기 마련이다. 그러한 의미에서 우리는 중간 수준의 복잡성을 선호하며,[18] 그런 의미에서 분트의 곡선과 벌린의 이론은 일정 부분 옳다. 그러나 우리는 벌린의 이론이 어떤 개인이나 어떤 자극에도 적용될 수 없다는 사실을 깨달으려고 굳이 실험을 할 필요는 없다. 내게 100만 개 요인과 1000만 개 요인 사이의 다양한, 일련의 무작위적인 패턴 10개를 보여주기 바란다. 나는 그 모든 것이 만족감을 느끼기에는 너무 복잡하다고 분명하게 판단할 것이다.

사람들은 자극이 속한 집합과 관련해서 자극의 복잡성을 평가한다는 점을 염두에 두고 로스코(Rothko)[19]의 일련의 그림 컬렉션을 생각해 보자. 그 그림들의 차이의 기준이 되는 차원은 일정하지 않다. 그 차원은 발견되어야 하거나 아니면 발명되어야 할 것이다. 어떤 관람자들은 형태에 중점을 둘 수도 있고, 다른 어떤 관람자들은 색상에 중점을 둘 수 있으며, 또 다른 어떤 관람자들은 붓 터치에 중점을 둘 수도 있을 것이다. 일련의 작품들의 차이의 기준이 되는 관점에 대한 개인의 관심과 지식은 그 작품들을 구성하는 자극의 복잡성을 판단하는 방법을 결정한다. 사람들의 관심과 지식이 복잡성에 비해 그들의 선호도에 더 필수적인 것이다. 이는 마틴데일과 그의 동료들이 발견한 사실이다(Martindale and Moore, 1989; Martindale et al., 1990). 복잡성에 비해 내용이 선호도에 훨씬 더 큰 영향을 미친다. 사실, 그들과 워커(1981)의 연구 결과에 의하면, 복잡성은 선호도를 전혀 예언하지 못하며, 선호도는 복잡성의 단일 정점의 함수조차 아닌 것으로 보인다.

벌린의 접근법은 세 번째의 한층 더 심각한 결함을 지니고 있다. 벌린의 접근법은 정신적 쾌락의 '현상학'을 포착하지 못한다. 벌린의 각성과 복잡성에 대한 개념은 정신적 쾌락의 두 가지 근본적인 특징, 즉 정서와 정신적 쾌락의 시간적 구성을 무시한다. 그의 이론은 정신적 쾌락의 중요한 정서적 역학을 전부 무시한다. 내 추측이 맞는다면, 즉 모든 정신적 쾌락이 패턴화된 일련의 정서로 구성되어 있다면, 복잡성은 정서의 생성에 기여하는 한에서, 정신적 쾌락과 관련이 있어야 할 것이다.

18　(지은이) 베버(Bever, 1984: 317)는 이를 "심미적 경험의 '골디락스' 이론 — 인간이 좋아하는 것은 너무 강렬하지도, 너무 약하지도 않고, 아주 적당해야 한다" — 이라고 부른다.

19　마르크 로스코(Mark Rothko, 1903~1970). 러시아 출신의 미국 화가로 '색면 추상'이라고 하는 추상표현주의의 선구자이다.

쾌락 자극에 대한 더 좋은 접근법: 아름다움의 자연화 아름다움을 거리 감각의 쾌락을 불러일으키는 대상에 우리가 부여하는 성질로 생각해 보자. 아름다움이란 보는 사람의 시각에 달려 있다는 말은 민족 심리학에서는 평범한 얘기이다. 인문학자들(그리고 아마도 많은 사회 과학자들)은 보다 미묘한 견해를 가지고 있다. 다시 말해, 그들은 미(美)는 사회적 구성물(Turner, 1991)이라고 생각한다. 벌린의 입장은 주관성의 역할과 문화의 영향을 최소화했다. 그는 자극을 매력적으로 만드는 것을 설명하기 위한 '일반적인 메커니즘'을 제시했다. 일반적인 메커니즘이란 문화와 문화 내에서의 개인차에 관계없이 모든 인간에게 존재하는 메커니즘을 말한다. 그러한 일반적인 메커니즘에 대한 탐색은 심리학의 환원주의적 경향에 의존한다. 이에 따르면, 무엇이든 자연법칙에 따라 설명할 수 있는 것, 즉 정신의 보편적인 특징에 기인할 수 있는 것은 자연법칙으로 설명해야 한다.

벌린이 미를 자연화하려고 했다는 점에서 그의 접근법이 매력적이라고 할지라도, 그는 그러한 시도상의 방법에서 오류를 범했다. 현대 심리학은 예전에는 범용 처리 규칙의 통제를 받을 것으로 여겨졌던 행동이 실제로는 특수 모듈의 통제를 받는다는 사실을 뒷받침하는 상당한 증거를 축적해 왔다(Cosmides and Tooby, 1994; 이 매우 논쟁적인 주제의 하나의 예로 Shapiro and Epstein, 1998을 참조; Tooby and Cosmides, 1998).

아름다움을 자연화하려는 현대의 프로젝트는 우리의 번식 성공도를 차별화시키는 자극에 대한 영역 특수적 반응을 우리가 진화시켜 왔다는 견해에 의존하고 있다. 이러한 특수적 반응들 각각은 하나의 '진화한 심리적 메커니즘'이다. 버스(Buss, 1996)는 그 메커니즘을 다음과 같이 정의한다.

진화한 심리적 메커니즘은 한 유기체 내의 일련의 과정으로 (1) 그 메커니즘(혹은 확실히 그것을 낳은 다른 메커니즘들)이 인간의 진화 역사에서 개인의 생존이나 번식의 특정한 문제를 반복적으로 해결했기 때문에, 현존하는 형태로 존재하고 있다. (2) 진화한 심리적 메커니즘은 특정한 부류의 정보나 입력만을 받아들인다. 여기에서 입력은 (a) 외적인 것이나 내적인 것일 수 있고, (b) 환경으로부터 적극적으로 추출되거나 환경으로부터 수동적으로 수용될 수 있으며, (c) 유기체에게 유기체가 직면하고 있는 특정한 적응 문제를 구체적으로 알려준다. 그리고 (3) 진화한 심리적 메커니즘은 특정한 부류의 정보를 어떠한 절차(예컨대, 결정 규칙)를 거쳐 산출로 변환한다. 여기에서 산출은 (a) 심리적 활동을 조절하거나 정보를 다른 심리적 메커니즘들에 제공하거나 명확한 행동을 일으키고, (b) 특정한 적응 문제를 해결한다(8).

영역 특수적인 자극 선호가 진화할 수 있었기 때문에 자극에 대한 반응이 거리 감각의 쾌락을 제공하는 것이다. 그러한 자극에 대한 반응의 두 가지 예로 풍경과 얼굴을 들 수 있다.

표본으로 선정된 북미 사람들에게 다섯 가지 유형의 풍경 사진을 보여주었다(Balling and Falk, 1982; Orians and Heerwagen, 1992). 이 사진을 보면서, 그들은 동아프리카의 사바나, 세 종류의 숲(열대우림, 낙엽수림, 또는 침엽수림), 혹은 사막에서 얼마나 '살고' 싶은지, 혹은 '방문'하고 싶은지 평가하라는 요구를 받았다. 아이들(최빈 연령 8세)은 (모든 사진에서 동물이나 물이 보이지 않았음에도 불구하고) 다른 네 종류의 지역보다 동아프리카의 사바나를 더 선호했다. 오리언스와 헤어바겐(Orians and Heerwagen, 1992)에 따르면, 이러한 자료(특히 어린 아이들의 선호도)는 우리의 풍경 선호도가 홍적세(洪積世)[20] 시기에 형성된, 진화한 심리적 메커니즘의 발현이라는 견해와 일치한다. 이러한 선호는 음식, 물, 자연 재해로부터의 보호, 육식 동물이나 기생충으로부터의 안전 등을 제공하는 환경으로 우리를 이끌기 때문에 적응력이 있다. 나는 이 연구가 특별히 설득력이 있어서가 아니라, 거리 감각의 생래적 쾌락 원칙에 대한 흥미로운 연구가 어떤 것일지를 보여주는 사례이기 때문에 그 연구를 인용했다.

영역 특수적 선호도의 또 하나의 예 — 보다 더 설득력이 있는 — 로는 여성의 얼굴에 대한 선호도를 연구했던 존스톤과 프랭클린(Johnston and Franklin, 1993)의 견해로부터 도출해 낸 연구를 들 수 있다. 그들은 관찰자들이 합성 여성 얼굴의 특징을 조작할 수 있게 해주는 컴퓨터 프로그램을 만들었다. 그들은 우선 30명의 얼굴을 무작위로 조합해 만든 합성 얼굴들에 대해서 참가자들이 (10점 척도로) 평점을 매긴 데이터를 얻었다. 그들은 이 평점 수치를 적합도 평점으로 해석했다. 그런 다음, 그들은 가장 적합한 얼굴을 택

20　(지은이) 홍적세는 약 160만 년 전에 시작되어 약 1만 년 전에 끝난 지질 시대였으며, 일련의 빙하기와 간빙기로 이루어져 있다. 홍적세 중반에 호모 사피엔스가 아프리카에서 진화했다.

하고 그 특징을 나머지 29명의 얼굴들 중 하나와 (각 얼굴의 적합도에 비례하는 우도(尤度)와) 확률적으로 조합해서 두 개의 새로운 합성 얼굴을 만들어 냈다. 관찰자는 머리카락, 코, 입, 또는 턱의 위치를 조작하고 두 동공 사이의 거리를 변화시켜 그 얼굴들을 개선할 수 있었다. 그런 다음, 관찰자는 최종적인 합성 얼굴의 아름다움을 평가했다. 어느 한쪽 얼굴이 현재 모집단인 30명의 얼굴 중에서 가장 부적합한 얼굴보다 더 적합하다고 평가된다면, 그 가장 부적합한 얼굴을 대체했다. 이 과정은 참가자가 합성 얼굴에 10점을 줄 때까지 반복되었다.

이 실험 절차로 40개의 얼굴이 만들어졌다. 이 40개의 '완벽한' 합성 얼굴로부터 조합해 낸 평균적인 얼굴은 지역 학생 모집단의 68명 사진들로부터 조합해 낸 평균적인 얼굴과는 상당히 달랐다. 인체측정학적 성장 곡선을 통해 우리는 아래턱뼈의 상대적 크기로 젊은 여성의 나이를 (대략) 추정할 수 있다. 결과적으로 이 측정법을 이용해 존스톤과 프랭클린(1993)은 '완벽한' 조합의 평균 얼굴의 나이를 11세로 추정한 반면에 지역 학생의 평균 얼굴의 나이를 18세로 추정했다. (그들의 실제 평균 나이는 19.9세였다.) 하지만 두 장의 평균 얼굴 사진을 보고 여성의 나이를 추정해 보라는 요구를 받은 새로운 관찰자들은 지역 학생의 평균 얼굴에 27.4세를 배정했던 반면에 평균적인 '완벽한' 합성 얼굴을 24.9세로 추정했다. 우연히도 25세는 여성의 출산 최고 적정기이고, 남성들이 흔히 말하길, 오랫동안 교제할 이성으로 이상적인 나이이기도 하다(Buss, 1989). 존스톤과 프랭클린(1993)은 부신성 안드로겐이 여성의 아래턱뼈 성장을 통제한다는 점을 지적하며, 다음과 같이 추측한다. "아름다운 여성의 얼굴은 사춘기에 안드로겐의 영향을 덜 받은 25세 여성 얼굴이다 … [따라서] 그러한 여성은 평균적인 25세 여성보다 더 높은 출산 능력을 가지고 있을 수 있다"(196~197).

일부의 거리 감각의 쾌락이 진화한 심리적 메커니즘에 기반을 두고 있다는 점을 우리가 명확히 확립한다고 하더라도 아름답거나 매력적이라고 여기는 것은 문화의 강력한 영향을 고려하지 않고는 설명할 수 없다. 전족(纏足)의 예처럼 만연해 있지만 문화 특수성을 띠는 신체 변조를 달리 어떻게 설명할 수 있겠는가?

문화가 작용하는 '아름다움의 생성 메커니즘'은 무엇인가? 자욘스(1968)는 북미 관찰자들에게 한자들을 각각 (매번 2초간) 0, 1, 2, 5, 10, 25번 보여준 후에 그 한자들을 얼마나 좋아하는지 평가해 보라고 요구했다. 특정한 한자를 더 여러 번 볼수록 그들은 그 한자를 더 좋아하는 경향을 보였다. 이 '단순 노출' 효과를 재고찰하면서, 테서와 마틴(Tesser and Martin, 1996)은 "선호는 의식적인 인식 없이도 형성될 수 있으며" 사실상 "피험자들이 노출을 인식할 때보다 인식하지 못할 때 선호가 더 강할 수 있다"(403)라고 결론을 지었다. 선호가 자동적으로 발생하는 경향과 선호의 인식으로부터의 독립성은 생래적 메커니즘을 암시한다. 그러므로 우리의 모든 선호가 진화한 심리적 메커니즘에 근거하지는 않더라도, 단순 노출 효과는 거리 감각의 쾌락과 아마도 (특정한 향신료에 대한 취향과 같은) 일부 육체적 쾌락을 일으키는 진화한 심리적 메커니즘의 발현일 수 있는 것이다. 의심할 여지없이 선호의 발전을 일으키는 다른 메커니즘들이 존재하며, 그중에서 가장 중요한 것이 바로 고전적 조건 형성이다. 하지만 그 메커니즘들에 대한 논의는 이 장의 범위를 벗어난다.

정신적 쾌락에서의 정서 발생

이 장의 첫 부분에서 나는 일련의 정서로 구성된 정신적 쾌락을 제시했다. 그리고 이 장의 두 번째 부분에서는 거리 감각의 쾌락이 정신적 쾌락에서 하는 역할에 대해서 논하는 것으로 정신적 쾌락에 대한 입장을 복잡하게 만들었다. 나는 이제 우리가 정신적 쾌락으로 여기는 활동들이 어떻게 정서를 불러일으키는지에 대한 질문으로 주의를 돌릴 것이다. 나는 음악과 유머라는 두 가지 예를 들어, 이 질문을 고찰할 것이다.

음악 음악이 어떻게 일련의 정서를 일으킬 수 있는지에 대한 나의 설명(확실히 말하면, 단순한 개요)은 맨들러의 인지적 정서 이론(Berscheid, 1983; Dowling and Harwood, 1986; Mandler, 1984)과 마우스의 내러티브와 음악 이론(Maus, 1988, 1991, 1997)에 기반하고 있다. 내 설명의 요점은 이렇다. (a) 한 음악의 진행이 있을 때마다 당신은 자신의 현재의 도식(스키마)적인 기대감의 관점에서 그것을 해석한다. 음악의 진행이 애매모호할 경우, 당신은 그것을 가장 빨리 머릿속에 떠오르는 도식의 관점에서 해석할 것이다. (b) 음악 진행이 기대감에 어긋날 경우, 당신의 자율신경계는 흥분하게 된다. (c) 자율신경계의 흥분 때문에 당신은 자신의 기대감에 어긋난 결과의 원인을 해석하고자

2부

·

한다. (d) 당신의 해석은 당신이 음악을 내러티브로 듣는 경향에 기반하며, 그러한 해석이 정서적 반응을 일으킬 수 있다.

벌린이 자신의 이론을 개발하고 있을 무렵, 메이어(1956, 1973)는 전혀 다른 방법으로 성공적인 접근법을 개발하고 있었다. 그 접근법은 조성 음악이 우리를 즐겁게 만드는 방법에 관한 이론이다. 피스케(Fiske, 1996)는 그 이론을 다음과 같이 잘 요약하고 있다.

한 음악이 전개되는 동안 음악 감상자들은 이 음악의 현 진행부에 '뒤이어' 어떤 특유의 음조와 리듬의 진행이 이어질지에 대해서 지속적인 기대감을 갖는다. 기대되는 다음의 진행은 지금까지의 현 음악 작품에서 전개되어 온 진행의 누적에 기반하고 있다. 만일 이 기대한 진행이 지연되거나 아예 일어나지 않는다면, 정서적 각성은 기대한 진행이 예상대로 일어났을 경우보다 훨씬 더 강해질 것이다 … 한 음악이 의미 있는 작품이 되려면, 작곡가는 음악 진행에 대한 절대적 예측 가능성 및 예측 가능성의 성취 대(對) 진행에 대한 좌절과 금지와 회피로 인한 예측 불가능성 사이에서 아슬아슬한 줄타기를 해야 한다(19, 107).

메이어는 자신의 책(1956)에서 이렇게 말한다. "감정 혹은 느껴지는 정서는 음악 자극의 상황이 활성화시킨 기대감이 일시적으로 금지되거나 영구적으로 차단될 때 각성된다"(31).

아주 최근에 메이어의 이론을 구체화시킨 나머(1990, 1992)는 암시/실현 모델에 대한 기념비적인 논문에서 메이어의 이론을 더욱 발전시켰다. 나머의 이론은 메이어의 이론보다 폭넓으면서도 제한적이다. 그의 이론은 음악 지각 이론과 기대 형성 및 충족 이론으로서 훨씬 더 명쾌하기 때문에 더 폭넓다. 예컨대, 나머는 우리의 많은 음악적 기대감이 근접과 유사성, 대칭에 의한 그룹화와 같은 보편적인 (그리고 아마도 생득적인) 게슈탈트 원리의 상향식 작용의 결과라고 추정한다. 그의 이론은 정서나 쾌락의 문제를 명확히 다루고 있지 않기 때문에 메이어의 이론보다는 제한적이다.[21]

메이어의 이론의 기대감 구성 요인은 나머의 이론의 정확성 덕분에 경험적으로 검증되었다. 셸렌베르크(Schellenberg, 1996)는 나머의 이론을 입증

---

21   (지은이) 하지만 메이어도 정서에 대한 자신의 논거를 구체화하지 못했다.

하는 자료를 공표했다. 그는 또한 나머의 이론을 음악의 기대감 형성에 관한 앞서의 자료에 성공적으로 적용했다(Carlsen, 1981; Unyk and Carlsen, 1987).

기대감은 아마도 '은연중의 학습'에 의해서 형성될 것이다. 다시 말해, 기대감은 사람들이 (a) 자신들이 암기하고자 하는 것이 규칙의 지배를 받는다는 말을 듣는 일 없이, (b) 또한 자신들이 규칙을 배우고 있다는 사실을 깨닫는 일 없이 규칙을 학습하는 과정에 의해서 형성될 것이다. 예를 들어 보자. 레버(Reber, 1993)의 실험 참여자들은 무작위로 두 그룹에 배정되었다. 한 그룹의 구성원들은 그림 7.4에 표현되어 있는,

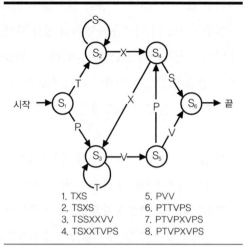

그림 7.4 레버(1993)의 인공 문법과 그것이 생성한 여덟 개의 문자열

1. TXS
2. TSXS
3. TSSXXVV
4. TSXXTVPS
5. PVV
6. PTTVPS
7. PTVPXVPS
8. PTVPXVPS

출처: Reber(1993).
참고: 레버의 인공 문법은 은연중에 학습될 수 있다. 하나의 문자를 생성하기 위해, 당신은 한 '상태'(S1, S2 … S6)에서 다른 상태로 이동한다. 당신은 특정한 상태(원상태, 이를테면, S3)에 있을 경우, 표적 상태로 향해 있는 화살표에 의해서 원상태와 연결되어 있는 상태들(T를 생성하는 S3와 V를 생성하는 S5와 같은 표적 상태)로만 갈 수 있다.

'문법'에 의해 생성된 네 개의 문자열 집합을 암기하라는 요구를 받았다. 이에 반해 다른 그룹의 구성원들은 네 개의 동일한 문자열 집합을 무작위로 암기하라는 요구를 받았다. 그 문자열을 암기하기 전까지 두 그룹 모두 같은 수의 오류를 범했지만, 그와 같은 경향의 오류는 첫 번째 집합과 두 번째 집합(대략 각각 18번과 8번)에만 해당되었다. 그 후, 무작위 문자열을 습득한 그룹의 구성원들은 더 이상 향상되지 않았던 반면에 규칙이 지배하는 문자열을 습득한 그룹의 구성원들의 성과는 일곱 번째 집합에서 그들이 평균적으로 셋 이하의 오류를 범할 때까지 점진적으로 향상되었다. 피험자들은 일부의 규칙을 알게 됐지만, 모든 규칙을 명확하게 표현할 수는 없었다. 바꿔 말하면, 그들의 학습의 일부는 은연중에 학습된 것이거나 암묵적으로 습득된 것이었다.

레버의 과제를 처음 접하는 사람은 음악적인 교육을 받지 못한 음악 감상자가 노래 한 곡을 지배하는 규칙을 표현할 수 있는 것보다 더 쉽게 레버의 인공 문법을 명확히 표현할 수 있다는 것을 알게 될 것이다. 그럼에도 불구하고 셸렌베르크(1996)와 크럼핸슬(Krumhansl, 1990)을 비롯한 여러 연구자들이 밝혔듯이, 레버의 인공 문법은 기대감을 형성한다.

음악 한곡에 관한 당신의 지식이 두 가지 측면에서 늘었다고 가정해 보자.

한 측면은 당신이 직접적으로 알지 못하는 과정에서 암묵적으로 습득한 지식일 것이고, 다른 한 측면은 당신이 노래를 부르는 능력 — 혹은 적어도 노래를 따라 부르는 능력 — 이 성장하면서 알게 되는 과정에서 명확하게 습득한 지식일 것이다. 당신의 암묵적 지식은 기대감을 자동적이고 필연적으로 유발했다. (바루차(Bharucha, 1994)는 이러한 기대감을 '도식적인 기대감'이라고 부르고, 다울링과 하우드(Dowling and Harwood, 1986)는 도식(스키마)이라고 부른다.) 스트룹 효과[22]는 이러한 종류의 과정을 보여주는 한 예이다. 빨간색(RED)이라는 글자가 파란색으로 인쇄된 조건에서 당신이 그 잉크 색깔을 말해 보라는 요구를 받았다고 가정해 보자. 또한 다른 경우에, 파란색으로 인쇄된 개(DOG)라는 문자를 대상으로 당신이 동일한 과제를 요구받았다고 가정해 보자. 당신은 그러한 과제를 받지 않았더라도 무의식적으로 어느 단어든 문자열을 한 단어로 읽을 것이다. 빨간색(RED)은 색명(色名)이기 때문에, 그것은 당신이 '파란색'이라고 말하는 것을 방해하는 내적 과정을 일으키고, 따라서 응답 속도를 늦추는 반면에 개(DOG)는 그런 과정은 일으키지 않을 것이다.

맨들러의 이론에 따르면, 당신은 생리적인 각성의 원인을 찾아낼 때까지는 정서를 경험하지 않는다. 메이어-나머 이론은 우리에게 정서의 각성 요인을 제시하지만, 정서의 목적은 제시하지 않는다. 마우스(1997)는 모차르트의 교향곡 39번의 느린 악장에 대한 한 분석을 다음과 같이 인용한다.

제2 바이올린은 가장 어두운 톤으로 새로운 전환을 개시하고, 첼로와 더블 베이스로, 그리고 비올라의 고동치는 E 플랫 장조의 페달 음으로 그 어둠 속에서 새로운 전환을 강화한다. 제1 바이올린만이 최고 높은 음역으로 응답한다 … 제1 바이올린은 E 플랫 장조의 정박장에서 벗어나려 안간힘을 쓴다. 그러한 대화는 이미 절박함과 불안감의 분위기를 띠고 있다. 세 번째 시도 끝에 제1 바이올린은 탈주에 성공하고 그 즉시 새로운 자유 속에서 활기를 얻는다. 낮은 음을 내는 현악기들은 심각성을 포기하고(그 현악기들은 그것을 의도했을까?) 제1 바이올린의 정신에 합류하여 스타카토 구두점에 기여하는 사이에, 제1 바이올린은 그 구두점

---

22 미국의 심리학자 존 리들리 스트룹(John Ridley Stroop, 1897~1973)이 1935년 색채 단어와 유색 잉크를 조합해 실험한 결과, 단어의 의미와 글자의 색상이 일치하지 않는 조건에서 색상을 읽을 때 속도가 느려지는 현상이 나타났는데, 이를 스트룹 효과라 부른다.

을 쉼표로 대체해 약강격(弱强格) 리듬을 가볍게 한다(Treitler, 1989: 205).

마우스의 견해에 따르면, 일반적인 음악 감상 전략은 정서의 귀인(예컨대, '절박함과 불안감의 분위기를 띠는 것')을 다른 귀인들, 즉 행동에 대한 귀인(예컨대, '제1 바이올린의 탈주 성공') 및 심리적 상태에 대한 귀인(예컨대, '새로운 자유 속에서 활기를 얻는 것')과 결합시킨다. 어떤 내러티브에 대한 반응으로 정서의 생성을 이해할 수 있듯이, 우리는 이처럼 음악에 대한 내러티브적인 해석으로 음악이 정서를 일으키는 마지막 단계(정서의 목적을 찾는 것)를 이해할 수 있다.

하지만 음악을 한 번 이상 들었을 때 우리의 정서적인 반응에는 어떤 현상이 일어날까? 이는 미학 문헌에서는 상당한 주목을 받아 왔지만, 심리학 문헌에서는 그리 많이 논의되어 오지 않은 문제이다. 일단 한 번 음악을 감상하고 나면 정서는 더는 생존할 수 없어야 한다는 점에서 메이어의 접근법은 실패한 것이라고 베버(1987)는 믿고 있다. 재켄도프(Jackendoff, 1988)는 베버의 그런 지적에 동의한다.

멜로디가 암기된 후에는 기대되는 음조의 반복 진행은 실제 음조의 반복진행과 같다. 그런데도 감상자가 어떻게 한 멜로디를 재차 즐길 수 있는지, 그 멜로디를 수천 번이나 거리낌 없이 들을 수 있는지 미학의 각성 이론의 핵심적인 가정으로는 설명할 수 없다. 최적의 각성 학파 이론가들이 단순한 사실을 다루는 방법은 아주 인상적이다. 일반적으로 그들은 우리의 기억이 자비롭게도 짧으며, 그렇기 때문에 우리는 우리가 들은 음악을 계속 잊어버리고 같은 음악을 다시 들을 때면 다시없이 새롭게 재차 놀랄 수 있다고 주장한다(319).

베버의 비판은 다음의 주장들 중 적어도 하나는 사실일 경우에만 타당하다. (a) 기대감은 뚜렷한 기억에 의해 통제된다. 혹은 (b) 내러티브의 측면에서 우리가 음악을 지각하는 경향은 그것에 익숙해짐에 따라 감소한다. 앞서 살펴보았듯이, 이 두 주장 중 첫 번째 주장은 아마도 틀릴 것이다. 특정한 노래 한곡의 선율에 의식적으로 익숙해지는 현상은 몇 개의 단계를 거친다. 콧노래로 따라 부를 수 있을 만큼, 선율을 잘 알 아는 단계가 있다. 즉, 공연에 자극받아 당신은 몇 소절을 흥얼거리지만, 때때로 제대로 흥얼거리지 못하고는 한다. 선율을 재현할 수 있는 당신의 능력은 비교적 더 잘 예측할 수 있는 부분에 국한된다. 나중 단계에서 당신은 선율을 너무 잘 알아서 악보 없이도 처음부터 끝까지 흥얼거릴 수 있을 것이다. (바루차(1994)는 이를 '현실적 기대'라고 부른다.) 그 시점에서 베버가 옳았다면, 쾌락은 사라졌을 것이다. 그러나 아마도 당신의 선율에 대한 의식적 지식은 수년 동안 습득한 규칙의 통제를 강하게 받는 은연중의 학습 시스템의 능력을 능가했을 것이다. 자동으로 작동하는 암묵적 시스템은 메이어가 설명한 것처럼 일시적으로 좌절되지만 결국에는 해소되는 기대감을 여전히 생성하고 있을 수 있다. 이 시스템은 당신이 합창단에서 헨델의 '메시아'를 부르거나 노래방에서 비틀즈의 '엘리너 릭비(Eleanor Rigby)'를 부를 때에도 쾌락의 원천이 될 수 있다. 아마도 우리의 도식적인 기대가 해당 음악이 그 기대에 어긋나지 않는 지점에 이르렀을 때조차, 우리는 그 음악에 싫증을 느낀다. (이와 유사한 설명을 살펴보고 싶으면 Jackendoff, 1989, pp.240~245를 참조). 두 번째 주장에 비추어 볼 때, 우리가 노래 한 곡에 익숙해짐에 따라 그 노래에서 어떠한 작용과 감성, 감동성을 얻는 경향은 줄어들까? 나는 그 주제에 관한 어떠한 경험적인 연구도 모른다. 하지만 나는 그러한 주장과는 상반되는 현상이 진실이라고 추측한다. 아마도 우리가 음악에서 어떠한 작용과 감성, 감동성을 얻는 경향은 음악에 익숙해질수록 더 커질 것이며, 따라서 음악을 정서 목적의 제시로 해석하는 우리의 능력을 강화할 것이다.

요약하면, 암묵적 기대 및 내러티브 해석의 이론을 보완한 메이어-나머 이론은 반복적인 음악 감상에서 얻는 정신적 쾌락을 설명할 수 있었다.

유머 (우리가 정신적 쾌락으로 여기는) 활동들이 정서의 패턴을 어떻게 생성할 수 있는지에 대한 두 번째 예는 유머와 관련이 있다. 현재 가장 포괄적인 유머 이론은 슐스(Suls, 1972, 1977)와 앱터(Apter, 1982)의 연구로부터 통찰력을 끌어낸 와이어와 콜린스(Wyer and Collins, 1992)의 이론이다. 이 이론은 앞서 개괄적으로 설명했던 맨들러의 이론과 아주 유사한 가정에 근거를 두고 있다.

영화가 시작된 후에 당신이 영화관에 들어간다고 가정해 보자. 스크린에 한 남자가 책상 앞에 앉아서 텅 빈 종이 한 장을 응시하고 있는 모습이 보인다. 그는 재킷 호주머니를 가볍게 친다. 그러자 당신은 그가 펜을 찾고 있다고 추측한다. 당신은 기존의 개념과 스키마의 측면에서 그의 행동을 해석하고 있는 것이다. 그 남자의 행동은 모호하다. 그는 담배를 찾고 있을 수도 있지만, 책상과 종이가 담배-탐색 스키마보다는 펜-탐색 스키마를 더 빠르게 머릿속에 떠올리게 만든다. 당신은 이제 그 남자가 펜을 꺼내거나 자신에게 펜이 없다는 걸 알게 될 거라고 기대하고 있다. 하지만 놀랍게도 그는 라이터를 꺼낸다. 당신은 현재와 과거의 사건에 부합하는 일련의 다른 개념들과 스키마를 찾는다. 당신은 그가 종이를 태우려는 모양이라고 생각한다.

그 이론의 핵심은 이렇다. 만일 재해석이 주인공이나 사건을 더 평범하거나 덜 매력적인 영상(앱터(1982) 그리고 와이어와 콜린스(1992)가 '축소'라고 부른 과정)으로 평한다면, 당신은 그 사건이 유머러스하다는 걸 알게 될 것이다. 라이터에 당신이 놀랐음에도 불구하고 재해석은 축소를 수반하지 않는다.

라이터를 꺼내자마자 그 주인공은 그것을 재빨리 종이에 내동댕이쳐서, 당신이 일순간 얼핏 본 파리 한 마리가 라이터 밑으로 사라지기 전에 그 놈을 뭉개버린다. 당신은 낄낄 웃으며, 필름 느와르일거라고 생각했던 영화가 실제로는 필름 느와르의 패러디 영화가 아닐까 하고 궁금해 한다.

앱터/와이어의 유머 이론이 내세우는 가정은 우리의 음악에서의 정서 이론이 내세우는 이론과 유사하다. 앱터와 와이어는 우리가 안정적인 상태로 돌아오기에 앞서 갖는 기대감이 어긋나는 것에서 쾌락을 얻는다는 견해를 공유한다. 그렇다면 농담은 음악과 어떻게 다를까? (이것이 농담의 서두는 아니다.) 그 질문에 내가 하려는 대답이 너무 추상적이지 않을까? 나는 그리 생각하지 않는다. 나는 그 대답에 두 부분이 있다고 생각한다. 한 부분은 농담과 음악이 낳은 일련의 정서를 수반한다. 다른 한 부분은 우리가 아직 논의하지 않은 정신적 쾌락의 측면과 관련이 있는데, 다음에서 살펴볼 것이다.

정서와 관련하여, 유머와 음악은 정서 속도와 정서 강도에 있어 서로 다르다. 농담을 말하는 데 1~2분 정도 걸릴 수 있다. 그 직후 정곡을 찌르는 핵심적인 말은 청취자들로 하여금 상황을 신속히, 급진적으로 해석하게 만든다. 재해석이 축소를 수반한다면, 농담은 성공적일 것이고 청중은 웃을 것이다. 한편의 음악(즉, 조성음악)은 1분에 대략 두세 번 마침(휴식점, 라틴어 카데레(cadere)의 문자 그대로인 '하강'으로의 귀환)에 이르며, 일반적으로 방금 들은 구절을 급진적으로 재개념화할 필요는 없다.

요구되는 생태학적인 문제와 관련한 연구

우리에게는 정신적 쾌락을 주는 활동이 낳는 정서 패턴의 동물 행동학이 필요하다. 동물 행동학을 갖추기 위해서, 우리는 예를 들어 스포츠팬들에게 스포츠 경기 비디오를 보면서 자신들의 순간순간의 정서 상태의 범주화, 그리고 그러한 상태의 강도에 대한 자신들의 평정을 수집하도록 할 수 있다. 우리는 또한 스포츠 경기의 순간순간의 진행 상황에서 성패가 달려 있는 것에 대한 전문가들의 논평을 수집할 수도 있다. 우리는 아직 상이한 정신적 쾌락의 정서 속도와 정서 강도 — (둘이 함께 '정서 리듬'이라고 불릴 수도 있는) — 를 특징짓는 방법을 알지 못한다. (소설과 스포츠 시합 둘 다 여러 다른 종류로 이루어진 범주라고 하더라도) 한 그룹인 소설은 스포츠 시합과는 다른 정서 리듬을 가지고 있을 가능성이 크다. 아이들을 돌보는 일은 분명히 독특한 정서 리듬을 가지고 있다. 한때 조용한 시기가 있고, 예측할 수 없고 때로는 엄청난 위기가 찾아와 그 조용한 시기를 깨뜨리고, 결국 아이는 어떤 종류의 성인으로 성장한다. 우리는 부모들이 자녀를 양육하면서 얼마나 많은 기쁨을 얻었는지에 대한 그들의 회고적 평가에서 나타나는 체계적인 차이를 발견할 수 있을 것이고, 몇 가지 이상적인 자녀 양육의 정신적 쾌락을 발견할 수 있을 것이다. 자녀 양육과 어느 정도 동일한 특징을 가지지만, 상대적으로 기간은 짧은 애완동물을 키우는 일에서도 정신적 쾌락을 얻을 수 있다.

물론 정신적 쾌락의 동물 행동학은 정서 리듬에 대한 선호도의 개인차로 인해서 복잡해진다. 좋은 예로는 그린(Green, 1997: 390, 399~404)이 재고찰한 감각 추구의 성격 차원을 들 수 있다.

분류학적인 문제: 정서의 목적

우리는 정신적 쾌락에서 정서가 하는 역할을 꽤 자세히 다루었다. 그러나 사람들이 자신들의 정서 리듬에 근거해 특별한 정신적 쾌락을 추구하는 것은 쉽지 않아 보인다. 유사한 정서 리듬으로 두 가지 정신적 쾌락을 생성하는 것이 가능하다고 가정해 보자. 두 정신적 쾌락을 구분하는 가장 좋은 방법은 무엇일까?

우리는 정서가 의도적인 것이라는 사실을 살펴보았다. 정서는 무언가에 관한 것이다. 정서는 목적을 지닌다. 당신이 정신적 쾌락을 즐기고 있을 때, 당신이 경험하는 정서는 사건에 관한 것이다. 사실, 철학자들은 정서를 '명제적 태도' ― 그 내용이 명제이거나, 세계에 대한 하나의 '주장'인 정신 상태 ― 의 한 종류로 분류한다. 당신이 개를 두려워한다고 말하는 것은 어떤 개에 대한 당신의 정신 상태에 대하여 뭔가 말하는 것이다. 그런 점에서 두려움은 명제적 태도이다. 믿는 것, 바라는 것, 의심하는 것은 명제적 태도이다(Scheffler, 1991). 따라서 정신적 쾌락은 정서 리듬에 의해서 구분될 뿐만 아니라, 명제적 태도의 내용, 즉 정서의 목적과 관련해서도 서로 다르다.

나는 대부분의 정신적 쾌락에서 다양한 수준으로 존재하는 정서의 목적의 두 가지 범주, 즉 호기심과 기교를 논할 것이다. 호기심과 기교는 모두 우리의 동물적 본성에 뿌리를 두고 있고, 진화적 적응에 근거를 두고 있다. 물론 양육과 사교성과 같은 다른 범주도 있다. 그 범주들에 대해서는 나중에 간략히 논할 것이다.

미지의 것: 호기심

호기심을 갖는 것은 이전에 모르던 것을 배우는 것에서 쾌락을 얻는 것을 의미한다. 그러므로 우리가 다루고자 하는 정서의 목적은 미지의 것이다. 호기심은 인간에 국한되지 않고 동물 행동에 뿌리를 두고 있다. 행동주의 심리학자들은 이것을 이해하지 못했다. 왓슨의 행동주의 심리학자의 선언(1913)에서 1952년 헐(Hull)의 죽음에 이를 때까지 미국의 심리학은 만족하고 잠자고 욕구를 충족하는 동물의 이미지의 지배를 받았고, 욕구 감소가 동기의 근본 원리라는 믿음의 지배를 받았다. 하지만 쥐들이 물속에 있는 비영양성 사카린 용액을 마시려고 애쓸 것이며(Sheffield and Roby, 1950), 수컷 쥐들은 사정을 할 수 없더라도 발정 난 암컷 쥐에게 접근할 수 있는 권한을 얻고자 애쓸 것이라는(Sheffield, Wulff and Backer, 1951) 연구 결과가 보여주듯이, 앞서 언급한 이미지와 믿음은 철저히 반증되었다.

더욱이 가능한 한 많이 수면을 취한다는 동물에 대한 이해는 복잡한 먹이 사냥 전략을 진화시킨 동물에는 적용되지 않는다(Krebs and Inman, 1994; Ollason and Lamb, 1995; Real ,1994). 호기심은 음식 추구 욕구로부터 진화했다. 하지만 호기심은 먹이 사냥 이상의 장기간의 적응 기능을 가진다. 예컨대, 벨(Bell, 1991)의 보고에 의하면 동물은 종종 새끼에게 먹이를 준 직후에 탐험에 나서고, 종종 배고플 때보다 포만감이 있을 더 많이 탐험에 나선다.

호기심은 호기심을 만족시킬 수 있는 환경에 대한 선호를 의미한다. 사실 포유동물의 많은 종은 다양하고 복잡한 환경들 사이에서 선택을 할 수 있을 경우, 좀 더 풍요로운 환경을 선택하거나 심지어 획득하려고 애쓴다(Dember, Earl and Paradise, 1957; Havelka, 1956; Hebb and Mahut, 1955). 1950년대와 1960년대에 급성장한 이러한 문헌조사는 크레이틀러와 크레이틀러의 예술 심리학(Kreitler and Kreitler, 1972, ch. 1, notes 13 and 14)과 로웬스타인의 연구 (1994)에서 찾아볼 수 있다.

새턱(Shattuck, 1996)이 철저히 입증했듯이, 한 인간의 만족할 줄 모르는 호기심에 대해서는 의심의 여지가 없다. 인류의 호기심은 우리 자신의 정신 내용은 물론이고, 다른 사람의 정신 내용으로도 확장될 수 있다. 이러한 상황에서 명제적 태도는 다른 명제적 태도에 적용된다. 예컨대, 내가 한 개의 전화번호를 정확히 기억하고 있다고 믿을 경우, 내 믿음(하나의 명제적 태도)의 목적은 내가 하나의 전화번호(두 번째 명제적 태도의 목적)를 기억하는 것(또 하나의 명제적 태도)에 맞춰져 있다. 셰플러(Scheffler, 1991)의 견해를 따라, 우리는 '인지 정서'란 한 개인의 명제적 태도의 내용(믿음, 예측, 기대감)에 대한 추정에 의존하며, 그 자체의 인식론적 지위(예컨대, 확증)와 관련이 있는 정서라고 말하고자 한다. 셰플러는 과학자들에게 친숙할 뿐만 아니라 오락물에서 널리 알려져 있기도 한, 두 가지 인지 정서를 제시한다. '증명의 기쁨'은 많은 퍼즐 풀이의 특징이고, '놀라움이라는 기분'은 미스터리 장르에서 흔히 요구되는 특징이다.

기교

우리가 뭔가 잘하고 있다고 느낄 때 우리는 기교로 쾌락을 얻는다고 말할 수 있다. 예를 들어, 대부분의 사람들이 수행하기 어려운 행위를 쉽고 경제적으로 수행한다면, 그 행위를 기교로 수행한 것이라고 우리는 말한다. 두 가지 예로 줄타기와 순간적인 암산 이행을 들 수 있다. 하지만 쾌락의 근원으로서 기교는 그처럼 대단한 성취를 요하지는 않는다. 우리는 비록 우리의 능력이 다른 사람들의 능력에 비해 크지 않더라도, 한 번 못했던 행위를 해냈을 때, 우리 자신의 행위를 기교를 발휘한 것으로 여긴다. 그처럼 작은 성취를 했을 때도 우리는 이전의 능력 부족에 비해 나아진 기교가 주는 쾌락을 경험한다. 예컨대, 수드나우(Sudnow, 1978, 1979)는 즉흥 재즈 피아노 연주를 배웠던 6년 동안에 얻은 성취감을 묘사한 바 있다.

호기심과 마찬가지로 기교의 기원도 동물 행동으로까지 거슬러 올라갈 수 있다. 여러 일화들(Hearne, 1987, 1991, 1993)이 제시하듯이 많은 길들인 동물들은 일을 즐긴다. 헌(Hearne, 1987)은 자신이 존경하는 한 조련사를 설명하며, 다음과 같이 언급한다.

그는 놀이 본능을 포함한 본능보다 더 강력한 동기가 있다고 말한다. 그의 말에 의하면, 사람들처럼 개들도 잘 하기 힘든 일을 하는 것에서 가장 큰 만족감을 얻는다. 하지만 그는 이론상의 어려움이 … 동기를 부여하는 것이라고 암시할 만큼 어리석지는 않다 … 확실히 추격 진로를 잡은 개는 무엇보다도 한눈을 팔지 않는다. 꿩들은 코앞에서 화를 폭발할 수도 있을 것이고, 아니면 최악의 적은 싸우자고 덤벼들 수도 있을 것이다. 또한 발이 아프거나 덥거나 춥거나 외로울 수도 있을 테지만, 개는 진정한 조련사를 두고 있다면 추적을 계속할 것이다(87).

프라이어(Pryor, 1991)는 이렇게 언급했다. "나는 어려운 운동성 곡예를 완전히 익히기 위해 애쓰는 한 마리 돌고래가 실제로 그 곡예를 정확하게 해내기 전까지는 '보상'으로 주는 물고기를 먹기를 거부하는 모습을 보았다"(346). 그리고 마지막으로 졸리(Jolly, 1985)가 언급한 일화는 다음과 같다. "심리학자 헵(Hebb)은 언젠가 바나나 조각이 동났을 때 이상한 것을 맞추는 문제를 놓고 한 마리 침팬지를 테스트하고 있었다. 그는 침팬지가 보상으로 받은 음식을 먹기보다는 저장해 놓았다는 걸 알게 됐다. 그래서 그는 테스트를 계속해 보았다. 침팬지는 헵이 낸 문제를 풀었을 뿐만 아니라, 보상으로 헵에게 바나나 조각을 주었다. 결국 헵은 바나나 22조각을 벌었다"(409).[23]
그러한 동물들은 '나쁜 짓'을 저지르지 않는다(Breland and Breland, 1961).

---

23   (지은이) 이 일화에 주목하게 해준 나의 동료, 찰스 L. 프라이 주니어(Charles L. Fry Jr.)에게
     감사드린다.

동물들이 배운 행동은 그 동물들이 훈련받지 않았을 때 이행한 고정된 행동 패턴으로 되돌아가지 않는다. 이것은 그 동물들이 자기들에게 제격인 일을 제대로 하고 있고 일관되게 하고 있으며 확고한 믿음으로 하고 있다는 사실을 시사한다("동물들과 아이들의 노동 윤리"에 관한 다마토(D'Amato)의 논의(1974: 95~97)를 참조).

길들인 동물들만이 그러한 집념을 보이는 것은 아니다. 야생에서 반복적으로 도약하는 붉은 털 원숭이를 생각해 보자. 그들은 도약 장소와 방법을 바꾸지만, 동일한 행동의 반복을 고집스럽게 계속한다. 심슨(Simpson, 1976)은 유사한 행동의 반복을 '프로젝트(projects)'라고 불렀다. 이러한 행동 패턴은 시간적인 제약을 보이고 즉각적인 욕구를 충족시키지 못하기 때문에 흔히 놀이로 간주된다.

두 동물의 프로젝트는 서로 모순되지 않는 한 통합될 수 있다. 미첼과 톰슨(Mitchell and Thompson, 1991)은 한 동물이 어떻게 자신의 프로젝트를 행하는지, 동시에 다른 동물에게 다른 프로젝트를 행할 수 있는 기회를 제공하는지를 보여주었다. 예를 들어, 한 마리 개가 추격하는 프로젝트를 이행하는 동안에 다른 개는 도망치는 프로젝트를 이행할 수 있다. 혹은 한 침팬지는 다른 침팬지를 간질이는 장난을 하고, 그 사이에 다른 침팬지는 상대 침팬지로부터 간지럼을 피하는 장난을 할 수 있다.

진화론적 관점에서 보면, 놀이는 생존하는 데 필요한 기술을 습득하도록 개인을 진화시켰다. 예컨대, 거친 신체 놀이는 사냥, 포식동물로부터의 회피, 종 내 싸움 등의 연습으로 보인다(Bekoff and Byers, 1981; Fagen, 1981, 1974, 1978; Konner, 1975, 1977; Symons, 1974, 1978a, 1978b). 진화론적 관점은 개인이 놀이에 참여할 것이라는 점을 어떤 과정이 보증해 줄 수 있는지 우리에게 알려주지 않는다. 내가 제시하고 있는 현 논의는 기교 쾌락의 기능은 아니다. 기교의 쾌락은 우리가 일을 잘하고 싶어 하도록 만든다. 따라서 우리는 생존하는 데 필요한 기술을 우리에게 제공하는 이 쾌락을 성취하고자 놀이를 한다.

앞선 단락에서 언급한 놀이에서의 동물의 프로젝트는 좋은 예이다. 우리 모두는 추격의 쾌락을 경험한 바 있다. 추격자의 급습에 대한 기대감은 추격당하는 자를 궁지에 몰아감에 따라 커간다. 하지만 추격당하는 자가 돌진해온 기습을 피하며, 추격자로 하여금 노력을 배가하도록 유도할 때면, 추격자의 정서는 순간적인 실망감으로 변한다. 이 놀이의 작은 에피소드에는 정신적 쾌락에 요구되는 특징이 있다. 이 에피소드는 우정이라는 기분을 배경으로, 일련의 정서로 구성된다. 이러한 정서의 최소한 한 가지 목적은 기교, 즉 기술을 요하는 물리적 활동의 성공이다.

정신적 쾌락 이론을 개발하려는 시도로 기술될 수도 있는, 칙센트미하이의 몰입에 대한 연구[24](1975, 1989)는 기교에 대한 나의 논의와 특별한 관련성을 지닌다. 칙센트미하이(1990)는 몰입을 다음과 같이 기술한다.

> 의식에 악영향을 미치는 중요한 힘들 중 하나가 심리적 무질서[혹은 심리적 엔트로피]이다. 다른 말로 표현하면, 현재의 의도와 갈등을 빚거나 우리의 주의력을 빼앗아 그 의도의 실행을 방해하는 정보라고 할 수 있다 … 심리적 엔트로피 조건의 반대 상태는 최적 경험이다. 인식 속으로 계속 들어오는 정보가 목표와 일치하면, 심리적 에너지가 무리 없이 잘 흐른다. 이러한 상태에서는 걱정할 필요도 없고, 자신의 적합성에 의문을 가질 이유도 없다. 하지만, 언제든 스스로에 대해서 생각하지 않는다는 것은 좋다는 증거 — "너는 잘 하고 있는 거야" — 이다 … 우리는 이러한 상태에 '플로우(몰입, flow) 경험'이라는 이름을 붙였다. 왜냐하면, 이 용어는 우리가 인터뷰한 많은 사람들이 최상의 상태에 있을 때 어떤 기분이었는지를 묘사할 때 사용한 말이기 때문이다(36, 39~40).

'최상의 상태에 있는 것'은 칙센트미하이가 몰입과 동일시한 경험을 잘 포착하고 있다. 여기에 그가 든 두 가지 예가 있다. (1) 리코는 조립 라인에서 반복적인 일을 하고 있지만 지루함을 못 느낀다. 왜냐하면 그는 운동선수가 시합을 치르듯이 자신의 일을 수행하기 때문이다. 그는 수행 속도를 향상시키기 위해 스스로에게 도전하고, 일을 잘 해냈을 때 그 경험은 황홀하다. (2) 팸은 때때로 도서관에서 시간을 보내는 젊은 변호사이다. 그녀는 식사 시간을 잊거나 시간 가는 줄을 모를 정도 뭔가에 매우 집중하고는 한다.

칙센트미하이(1990: 48~67)는 즐거움의 여덟 가지 속성을 열거한다. 나는 그중 두 속성을 기교의 특성으로 해석하고, 또 다른 두 속성을 모든 정신적

---

24 (지은이) 나는 정신적 쾌락을 그와 같은 몰입으로 제시하지는 않는다. 왜냐하면, 다음의 요약에서 명확해지듯이, 몰입의 범위는 정신적 쾌락에 대한 내 견해보다 협소하기 때문이다.

표 7.3 몰입의 네 가지 특성에 대한 재해석

범주	특성	재해석
활동의 본질	너무 쉽지도 어렵지도 않다(49~53) 목표를 가진다(54~56) 피드백을 준다(56~58)	기교를 습득할 수 있는 기회를 주는 활동의 특성들
활동의 효과	우리는 자신에 차 있다(59~62)	기교 획득의 효과
우리의 활동 참여의 본질	우리는 활동에 몰두한다(53~54)	모든 정신적 쾌락의 전제 조건
활동의 효과들	우리는 몰두한다(58~59, 62~66) 시간이 천천히 흐른다(66~67)	모든 정신적 쾌락의 효과들

출처: Csikszentmihalyi(1990). 괄호 안의 숫자는 출처 텍스트의 페이지 번호를 나타낸다.

쾌락의 특성으로 간주한다(Csikszentmihalyi, 1990: 48~67)(불행히도 여기에서는 후자의 두 가지만 언급하는 것으로 그칠 수밖에 없다). 네 가지 속성은 표 7.3에 나와 있다.

기교의 특징을 묘사하면서, 나는 놀이를 하는 동물들에게만 존재하는 것이 바로 쾌락임을 분명히 밝혔다. 생존을 위해 필요한 무슨 일이든 수행할 수 있도록 전부 갖춰진 세계에 들어오지 않는 만숙종(晩熟種)에게 기능적인 것이 바로 쾌락이다. 만숙종의 어린 것에게 더 많은 학습이 필요할수록 기교에서 얻는 쾌락은 커진다. 이와는 대조적으로 (반성적인 호기심의 인간 형태는 명확한 진화론적 선례를 가지고 있지 않지만) 호기심은 훨씬 더 원시적인 쾌락이다. 호기심은 진화적 시간상 놀이보다 훨씬 전에 먹이 사냥 과정에서 출현했다.

요구되는 분류학적 문제에 대한 연구

나는 분류학적 문제를 피상적으로만 다루었다. 정신적 쾌락에서 호기심과 기교가 하는 역할에 대해서 해야 할 연구들이 많다. 하지만 나는 분류학적인 문제와 관련해 두 가지 중요한 쟁점도 아직 다루지 못했다. 첫 번째 중요한 분류학적 쟁점은 진화론적으로 중요한 다른 정서 목적의 범주들이 존재하는지의 여부이다. 나는 가능성 있는 두 가지 범주, 즉 양육의 쾌락과 사회 집단 소속감의 쾌락을 생각해 보았다. 양육의 쾌락은 육아와 관련된 쾌락뿐만 아니라 정원 가꾸기나 간호나 교육처럼 생물을 돌보는 데 요구되는 모든 활동의 원인이 될 수도 있다. 사회 집단 소속감의 쾌락은 사회적 상호작용, 본질적으로 상이한 여러 영장류 동물의 몸단장, 인간의 잡담 등과 관련된 활동의 원인이 될 수 있다(Dunbar, 1996; Levin and Arluke, 1987).

두 번째로 중요한 분류학적 쟁점은 인간에게만 있는 '부정적인 정신적 쾌락'이라고 부를 수 있는 것이 존재하는지의 여부이다. 이 쾌락은 우리의 운명인 심리적인 고통을 경감해 주는 기능을 하는 쾌락이다. 두 종류의 고통, 즉 '세속적인 고통'과 '실존적인 고통'은 정신적인 쾌락을 통해 완화될 수 있다. 세속적인 고통은 수치와 죄책감과 같은 심리적 고통으로 구성되어 있는 (Schneider, 1977/1992; Lewis, 1993) 반면, 실존적인 고통은 죽음에 대한 공포와 관련 근심들로 구성되어 있다(Becker, 1973; Solomon, Greenberg and Pyszczynski, 1971). 이 범주들 각각이 상이한 일련의 쾌락을 불러일으키는지의 여부와 어떤 특정한 정서의 목적이 관련되어 있는가 하는 문제는 아직 미결 상태로 남아 있다. 어떤 영적인 쾌락은 이러한 형태의 고통과 관련이 있으며 따라서 부정적인 쾌락일 수 있다. 또한 정신적 쾌락의 정서 목적이 혐오감을 야기하거나 폭력성을 묘사하는 경우라면, 그 정신적 쾌락은 부정적인 쾌락의 범주에 속할 가능성이 크다.

결론

정신적 쾌락은 인지와 성격 이론과 사회심리학, 인류학과 영장류 동물학, 철학, 그리고 문학 및 음악 이론과 관련된 수많은 연구 문제를 제시한다. 나는 정신적 쾌락은 우리가 추구하고 소중히 여기는 한정된 (하지만 반드시 지속적이지는 않은) 경험이고, 일련의 정서를 수반하며, 구성 요인인 정서, 시간적 구성, 그리고 이 정서의 목적이라는 세 가지 측면에서 서로 다르다는 사실을 주장함으로써 정신적 쾌락을 특징짓는 하나의 연구 틀을 제시했다.

나는 이 장에 대한 제언을 해준 펠리스 베드포드(Felice Bedford), 마르셀 프란시스코노(Marcel Franciscono), 미첼 그린(Mitchell Green), 존 하이트(Jon Haidt), 앤젤린 릴라드(Angeline Lillard), 콜린 마틴데일(Colin Martindale), 폴 로진(Paul Rozin), 아서 슐만(Arthur Schulman), 주디스 샤틴(Judith Shatin), 티모시 윌슨(Timothy Wilson), 대니얼 웨그너

(Daniel Wegner), 댄 윌링햄(Dan Willingham) 등등 많은 분들께 감사드린다. 또한 1997년에 나를 애리조나 대학교에 초청해, 이 연구에 대한 강연을 할 수 있게 해준 톰 베버(Tom Bever)에게도 감사드린다. 그때의 경험 덕분에 나는 이 프로젝트의 특정한 측면을 재고할 수 있었다.

참고문헌

Abu-Lughod, L. (1986). *Veiled sentiments: Honor and poetry in a Bedouin society*. Berkeley: University of California Press.

Aiken, H. D. (1955). Some notes concerning the aes-thetic and the cognitive. *Journal of Aesthetics and Art Criticism, 13*, 390~91.

Alzate, H. (1985). Vaginal eroticism: A replication study. *Archives of Sexual Behavior, 14*, 529~37.

Apter, M. J. (1982). *The experience of motivation: The theory of psychological reversals*. San Diego: Academic Press.

Balling, J. D., and Falk, J. H. (1982). Development of visual preference for natural environments. *Environment and Behavior, 14*, 5~28.

Becker, E. (1973). *The denial of death*. New York: Free Press.

Bekoff, M., and Byers, J. (1981). A critical analysis of the ontogeny and phylogeny of mammalian social and locomotor play: An ethological hornet's nest. In K. Immelman (Ed.), *Behavioral development* (pp. 296~337). Cambridge: Cambridge University Press.

Bell, W. J. (1991). *Searching behaviour: The behavioural ecology of finding resources*. London: Chapman and Hall.

Berlyne, D. E. (I960). *Conflict, arousal, and curiosity*. New York: McGraw-Hill.

_____. (1967). Arousal and reinforcement. In D. Levine (Ed.), *Nebraska symposium on motivation 1967* (pp. 1~110). Lincoln: University of Nebraska Press.

_____. (1971). *Aesthetics and psychobiology*. New York: Appleton-Century-Crofts.

_____ (Ed.) (1974). *Studies in the new experimental aesthetics: Steps toward an objective psychology of aesthetic appreciation*. Washington, D. C.: Hemisphere.

Berscheid, E. (1983). Emotion. In H. H. Kelley (Ed.), *Close relationships* (pp. 110~68). San Francisco: Freeman.

Bever, T. G. (1987). The aesthetic basis for cognitive structures. In M. Brand and R. Harnish (Eds.), *The representation of knowledge and belief* (pp. 314~56).

Tucson: University of Arizona Press.

Bharucha, J. J. (1994). Tonality and expectation. In R. Aiello and J. A. Sloboda (Eds.), *Musical perceptions* (pp. 213~39). New York: Oxford University Press.

Boring, E. G. (1950). *A history of experimental psychology*. 2nd ed. Englewood Cliffs, N. J.: Prentice-Hall.

Boyle, K. (1985). *Words that must somehow be said*. San Francisco: North Point Press.

Breland, K., and Breland, M. (1961). The misbehavior of organisms. *American Psychologist, 16*, 661~64.

Brooks, C., and Warren, R. P. (1979). *Modern rhetoric*. 4th ed. New York: Harcourt Brace Jovanovich.

Burke, K. (1973). Literature as equipment for living. In *The philosophy of literary form* (3rd ed., pp. 293~304). Berkeley: University of California Press.

Buss, D. M. (1989). Sex differences in human mate preferences: Evolutionary hypotheses tested in 37 cultures. *Behavioral and Brain Sciences, 12*, 1~49.

_____. (1996). The evolutionary psychology of human social strategies. In E. T. Higgins and A. W. Kruglanski (Eds.), *Social psychology: Handbook of basic principles* (pp. 3~38). New York: Guilford.

Cabanac, M. (1995). What is sensation? In R. Wong (Ed.), *Biological perspectives on motivated activities* (pp. 399~418). Norwood, N. J.: Ablex.

Carlsen, J. C. (1981). Some factors which influence melodic expectancy. *Psychomusicology, 1*, 12~29.

Chatman, S. (1978). *Story and discourse: Narrative structure in fiction and film*. Ithaca, N. Y.: Cornell University Press.

Cosmides, L., and Tooby, J. (1994). Origins of domain specificity: The evolution of functional organization. In L. Hirschfeld and S. Gelman (Eds.), *Mapping the mind* (pp. 85~116). New York: Cambridge University Press.

Csikszentmihalyi, M. (1975). *Beyond boredom and anxiety*. San Francisco: Jossey-Bass.

_____. (1989). The dynamics of intrinsic motivation. In R. Ames and C. Ames (Eds.), *Handbook of motivation theory and research* (vol. 3, pp. 45~71). New York: Academic Press.

_____. (1990). *Flow: The psychology of optimal experience*. New York: Harper and Row.

D'Amato, M. R. (1974). Derived motives. *Annual Review of Psychology, 25*, 83~106.

Dember, W. N., Earl, R. W., and Paradise, N. (1957). Response by rats to differential stimulus complexity. *Journal of Comparative and Physiological Psychology, 50*, 514~18.

Dorfman, D. D., and McKenna, H. (1966). Pattern preference as a function of pattern uncertainty. *Canadian Journal of Psychology, 20,* 143~53.

Dowling, W. J., and Harwood, D. L. (1986). *Music cognition.* Orlando, Fla.: Academic Press.

Dunbar, R. (1996). *Grooming, gossip, and the evolution of language.* Cambridge, Mass.: Harvard University Press.

Ekman, P. (1992). An argument for basic emotions. *Cognition and Emotion, 6,* 169~200.

_____. (1994). All emotions are basic. In P. Ekman and R. J. Davidson (Eds.), *The nature of emotion: Fundamental questions* (pp. 15~19). New York: Oxford University Press.

Elias, N., and Dunning, E. (1986). The quest for excitement in leisure. In N. Elias and E. Dunning (Eds.), *Quest for excitement: Sport and leisure in the civilizing process* (pp. 63~90). Oxford: Basil Blackwell.

Fagen, R. M. (1974). Selective and evolutionary aspects of animal play. *American Naturalist, 108,* 850~58.

_____. (1978). Evolutionary biological models of animal play behavior. In G. Burghardt and M. Bekoff (Eds.), *The development of behavior: Comparative and evolutionary aspects* (pp. 385~404). New York: Garland STPM Press.

_____. (1981). *Animal play behavior.* New York: Oxford University Press.

Fiske, H. E. (1996). *Selected theories of music perception.* Lewiston, N. Y.: Edwin Mellen.

Frances, R. (1970). Interet et preference esthethique pour les stimuli de complexite variable, fttude comparative. *La Recherche, 70,* 207~24.

_____. (1971). Les choix et les jugements esthetiques. *Journal de Psychologie, 46,* 553~61.

Frank, H. (1959). *Informationsdsthetik.* Quickborn, Germany: Schnelle.

Frijda, N. H. (1993). Moods, emotion episodes, and emotions. In M. Lewis and J. M. Haviland (Eds.), *Handbook of emotions* (pp. 381~403). New York: Guilford.

Gandelman, C. (1986). The "scanning" of pictures. *Communication and Cognition, 19,* 3~26.

Garner, W. R. (1962). *Uncertainty and structure as psychological concepts.* New York: Wiley.

_____. (1970). Good patterns have few alternatives. *American Scientist, 58,* 3442.

Green, R. G. (1997). Psychophysiological approaches to personality. In R. Hogan, J. Johnson, and S. Briggs (Eds.), *Handbook of personality psychology* (pp. 387~414). San Diego: Academic Press.

Havelka, J. (1956). Problem−seeking behavior in rats. *Canadian Journal of*

Psychology, 10, 91~97.

Hearne, V. (1987). *Adam's task: Calling the animals by name.* London: Heinemann.

_____. (1991). *Bandit: Dossier of a dangerous dog.* New York: HarperCollins.

_____. (1993). *Animal happiness.* New York: Harper Perennial.

Hebb, D. O., and Mahut, H. (1955). Motivation et recherche du changement perceptif chez le rat et chez l'homme. *Journal de Psychologie Normale et Pathologique, 48,* 209~21.

Hollander, J. (1975). The poem in the eye. In *Vision and resonance: Two senses of poetic form* (pp. 245~87). New York: Oxford University Press.

Jackendoff, R. (1989). *Consciousness and the computational mind.* Cambridge, Mass.: MIT Press.

Johnston, V. S., and Franklin, M. (1993). Is beauty in the eye of the beholder? *Ethology and Sociobiology, 14,* 183~99.

Jolly, A. (1985). *The evolution of primate behavior.* 2nd ed. New York: Macmillan.

Jones, A., Wilkinson, H. J., and Braden, I. (1961). Information deprivation as a motivational variable. *Journal of Experimental Psychology, 62,* 126~37.

Kahneman, D., and Miller, D. T. (1986). Norm theory: Comparing reality to its alternatives. *Psychological Review, 93* (2), 136~53.

Kappraff, J. (1991). *Connections: The geometric bridge between art and science.* New York: McGraw–Hill.

Konner, M. S. (1975). Relations among infants and juveniles in comparative perspective. In M. Lewis and L. A. Rosenblum (Eds.), *Friendship and peer relations*(pp. 99~129). New York: Wiley.

_____. (1977). Evolution of human behavior development. In P. H. Liederman and S. Tulkin (Eds.), *Culture and infancy: Variations in human experience* (pp. 69~109). New York: Academic Press.

Koubovi, D. (1992). [Bibliotherapy: Literature, education, and mental health]. Jerusalem: Magness Press. (Published in Hebrew)

Krebs, J. R., and Inman, A. J. (1994). Learning and foraging: Individuals, groups, and populations. In L. A. Real (Ed.), *Behavioral mechanisms in evolutionary biology* (pp. 46~65). Chicago: University of Chicago Press.

Kreider, H., and Kreider, S. (1972). *Psychology of the arts.* Durham, N.C.: Duke University Press.

Kristjanson, A. F., and Antes, J. R. (1989). Eye movement analysis of artists and non–artists viewing paintings. *Visual Arts Research,* 75,21~30.

Krumhansl, C. L. (1990). *Cognitive foundations of musical pitch.* New York: Oxford University Press.

Lang, J. H. (Ed.). (1988). *Laroussegastronomique.* New York: Crown.

Levin, J., and Arluke, A. (1987). *Gossip: The inside scoop*. New York: Plenum Press.

Lewis, M. (1993). Self-conscious emotions: Embarrassment, pride, shame, and guilt. In M. Lewis and J. M. Haviland (Eds.), *Handbook of emotions* (*pp*. 563~73). New York: Guilford.

Loewenstein, G. (1994). The psychology of curiosity: A review and reinterpretation. *Psychological Bulletin*, *116*, 75~98.

Mandler, G. (1984). *Mind and body*. New York: Norton.

Martindale, C., and Moore, K. (1989). Relationship of musical preference to collative, ecological, and psychological variables. *Music Perception*, *6* (4), 431~46.

Martindale, C., Morre, K., and Borkum, J. (1990). Aesthetic preference: Anomalous findings for Berlyne's psychobioloeical theory. *American Journal of Psychology*, *103* (1), 58~80.

Mauro, R. (1988). Opponent processes in human emotions? An experimental investigation of hedonic contrast and affective interactions. *Motivation and Emotion*, *12*, 333~418.

Maus, F. E. (1988). Music as drama. *Music Theory Spectrum*, *10*, 56~73.

_____. (1991). Music as narrative. *Indiana Theory Review*, *11*, 1~34.

_____. (1997). Narrative, drama, and emotion in instrumental music. *Journal of Aesthetics and Art Criticism*, *53*, 293~303.

Meyer, L. B. (1956). *Emotion and meaning in music*. Chicago: University of Chicago Press.

_____. (1973). *Explaining music*. Berkeley: University of California Press.

Mitchell, R, and Thompson, N. (1991). Projects, routines and enticements in dog-human play. In P. P. G. Bateson and P. H. Klopfer (Eds.), *Perspectives in ethology*, vol. 9, *Human understanding and animal awareness* (pp. 189~216). New York: Plenum Press.

Moles, A. (1966). *Information theory and aesthetic perception*. Urbana: University of Illinois Press.

Molnar, F. (1976~77). [Temporal aspects of spatial arts]. *Bulletin de Psychologie*, *30*, 739~45. (Published in French)

Narmour, E. (1990). *The analysis and cognition of basic melodic structures: The implication-realization model*. Chicago: University of Chicago Press.

_____. (1992). *The analysis and cognition of melodic complexity: The implication-realization model*. Chicago: University of Chicago Press.

Ollason, J. G., and Lamb, A. E. (1995). The meaninglessness of foraging behavior. In N. S. Thompson (Ed.), *Behavioral design* (pp. 279~96). New York: Plenum Press.

Orians, G. H., and Heerwagen, J. H. (1992). Evolved responses to landscapes.

In J. H. Barkow, L. Cosmides, and J. Tooby (Eds.), *The adapted mind: Evolutionary psychology and the generation of culture* (pp. 555~79). New York: Oxford University Press.

Pryor, K. (1991). The domestic dolphins. In K. Pryor and K. S. Norris (Eds.), *Dolphin societies: Discoveries and puzzles* (pp. 345~47). Berkeley: University of California Press.

Real, L. A. (1994). Information processing and the evolutionary ecology of cognitive architecture. In L. A. Real (Ed.), *Behavioral mechanisms in evolutionary biology* (pp. 99~132). Chicago: University of Chicago Press.

Reber, A. S. (1993). *Implicit learning and tacit knowledge: An essay on the cognitive unconscious.* New York: Oxford University Press.

Ruble, D. N., and Seidman, E. (1996). Social transitions: Windows into social psychological processes. In E. T. Higgins and A. W. Kruglanski (Eds.), *Social psychology: Handbook of basic principles* (pp. 799~829). New York: Guilford.

Sandvik, E., Diener, E., and Larsen, R. J. (1985). The opponent process theory and affective reactions. *Motivation and Emotion, 9,* 407~18.

Scheffler, I. (1991). In praise of the cognitive emotions. In *In praise of the cognitive emotions and other essays in the philosophy of education* (pp. 3~17). New York: Roudedge.

Schellenberg, E. G. (1996). Expectancy in melody: Tests of the implication—realization model. *Cognition, 58,* 75~125.

Schneider, C. D. (1992). *Shame, exposure, and privacy.* New York: Norton. (Originally published in 1977)

Schneirla, T. C. (1959). An evolutionary and developmental theory of biphasic processes underlying approach and withdrawal. In M. R. Jones (Ed.), *Nebraska symposium on motivation* (vol. 7, pp. 1~42). Lincoln: University of Nebraska Press.

Shapiro, L., and Epstein, W. (1998). Evolutionary psychology meets cognitive psychology: A more selective perspective. *Mind and Language, 13,* 171~94.

Shattuck, R. (1996). *Forbidden knowledge: From Prometheus to pornography.* New York: St. Martin's Press.

Sheffield, F. D., and Roby, T. B. (1950). Reward value of a non—nutritive sweet taste. *Journal of Comparative and Physiological Psychology, 43,* 471~81.

Sheffield, F. D., Wulff, J. J., and Backer, R. (1951). Reward value of copulation without sex drive reduction. *Journal of Comparative and Physiological Psychology, 44,* 3~8.

Shweder, R. A. (1991). *Thinking through cultures: Expeditions in cultural psychology.* Cambridge, Mass.: Harvard University Press.

Simpson, M. J. A. (1976). The study of animal play. In P. P. G. Bateson and R. A. Hinde (Eds.), *Growing points in ethology* (pp. 385~400). New York: Cambridge University Press.

Solomon, R. (1980). The opponent-process theory of acquired motivation: The costs of pleasure and the benefits of pain. *American Psychologist, 8,* 691~712.

Solomon, R., and Corbit, R. (1974). An opponent-process theory of motivation: Temporal dynamics of affect. *Psychological Review, 81,* 119~45.

Solomon, S., Greenberg, J., and Pyszczynski, T. (1971). Terror management theory of self-esteem. In C. R. Snyder and D. R. Forsyth (Eds.), *Handbook of social and clinical psychology: The health perspective* (pp. 21~40). New York: Pergamon Press.

Sprinkart, P. (1987). [Saccadic eye movements in aesthetic perception]. *Rivista di Psicologia dell'Arte, 8,* 19~37. (Published in Italian)

Sudnow, D. (1978). *Ways of the hand: The organization of improvised conduct.* New York: Knopf.

_____. (1979). *Talk's body: A meditation between two keyboards.* New York: Knopf.

Suls, J. M. (1972). Two-stage model for the appreciation of jokes and cartoons: Information-processing analysis. In J. H. Goldstein and P. E. McGhee (Eds.), *The psychology of humor* (pp. 81~100). San Diego: Academic Press.

_____. (1977). Cognitive and disparagement theories of humor: A theoretical and empirical synthesis. In A. J. Chapman and H. C. Foot (Eds.), *It's a funny thing, humor* (pp. 41~45). Elmsford, N. Y.: Pergamon Press.

Symons, D. A. (1974). Aggressive play and communication in rhesus monkeys (*Macaca mulatta*). *American Zoologist, 14,* 317~22.

_____. (1978a). *Play and aggression: A study of rhesus monkeys.* New York: Columbia University Press.

_____. (1978b). The question of function: Dominance and play. In E. O. Smith (Ed.), *Social play in primates* (pp. 193~230). New York: Academic Press.

Tesser, A., and Martin, L. (1996). The psychology of evaluation. In E. T. Higgins and A. W. Kruglanski (Eds.), *Social psychology: Handbook of basic principles* (pp. 400~32). New York: Guilford.

Tooby, J., and Cosmides, L. (1998). Evolutionizing the cognitive sciences: A reply to Shapiro and Epstein. *Mind and Language, 13.*

Treitler, L. (1989). *Music and the historical imagination.* Cambridge, Mass.: Harvard University Press.

Turner, F. (1991). *Beauty: The value of values.* Charlottesville: University Press of Virginia.

Unyk, A. M., and Carlsen, J. C. (1987). The influence of expectancy on melodic perception. *Psychomusicology*, 7, 3~23.

Walker, E. L. (1981). The quest for the inverted U. In H. I. Day (Ed.), *Advances in intrinsic motivation and aesthetics* (pp. 39~70). New York: Plenum Press.

Watson, J. B. (1913). Psychology as the behaviorist views it. *Psychological Review*, 20, 158~77.

Wittgenstein, L. (1958). *Philosophical investigations*. 3rd ed. Translated by G. B. M. Anscombe, Englewood Cliffs, N. J.: Prentice-Hall.

Wundt, W. M. (1874). *Grunziige der physiologischen Psychologic*. Leipzig: Engelmann.

Wyer, R. S., Jr., and Collins, J. E. (1992). A theory of humor elicitation. *Psychological Review*, 99, 663~88.

Zajonc, R. B. (1968). Attitudinal effects of mere exposure. *Journal of Personality and Social Psychology*, 9 (monograph supplement 2, part 2), 1~28.

Zangemeister, W. H., Sherman, K., and Stark, L. (1995). Evidence for a global scanpath strategy in viewing abstract compared with realistic images. *Neuropsychologia*, 33, 1009~25.

Zillmann, D., Hay, T. A., and Bryant, J. (1975). The effect of suspense and resolution on the appreciation of dramatic presentations. *Journal of Research in Personality*, 9, 307~23.

8장

통증에 관한 의문들

에릭 아이크 · 이언 A. 브로드킨 · 존 L. 리브스 · 아누라다 F. 차울라

관심 있는 비전문가들이 통증에 관해서 가장 알고 싶은 것은 무엇일까? 그들이 알아야 할 가장 중요한 것은 무엇일까? 이 장은 이러한 관점에서 여덟 가지 의문들 — 본질상 개념적인 의문들(예컨대, 통증을 어떻게 정의할까?), 방법론적 의문들(예컨대, 통증을 어떻게 측정할까?), 실질적으로 중요한 문제 지향성 의문들(예컨대, 날씨 변화는 통증 지각에 어떤 영향을 미칠까?) — 을 검토하고자 한다. 이러한 의문에 대한 답을 밝힐 때, 우리의 목표는 완벽성이 아니라 타당성과 간결함이다. 이 장 전체에 걸쳐 인용된 간행물들과 보니카(Bonica, 1990a), 브롬과 데스메트(Bromm and Desmedt, 1995), 시쿠테리와 동료들(Sicuteri et al., 1992), 시나트라와 동료들(Sinatra et al., 1992), 터크와 멜작(Turk and Melzack, 1992), 월과 멜작(Wall and Melzack, 1994)이 편집한 표준적인 참고 텍스트에서 훨씬 더 완벽하고 자세한 설명을 찾아볼 수 있을 것이다. 임상적 통증 관리와 구체적으로 관련이 있는 문제들에 대해서는 스카핑(Scarfing, 1994)이 광범위하게 재고찰하고 가첼과 터크(Gatchel and Turk, 1996)가 상세히 논의한 바 있다.

통증이란 무엇일까 이처럼 통증에 대한 가장 빤한 질문은 오랫동안 답을 구하기 가장 힘든 질문들 중 하나로 여겨져 왔다. 사실, 20세기의 많은 선도적인 통증 전문가들은 적절한 정의를 내놓지 못하거나 통증에 대한 정의를 내릴 수 없다고 주장했다(Bonica, 1990a를 참조). 이에 따라, 루이스(Lewis, 1942)

는 "나는 통증을 만족스럽게 정의할 수 없기 때문에…. 결국 통증을 정의하려는 시도는 아무런 소용이 없다"(V)라고 인정했던 반면에 비처(Beecher, 1959)는 "사전 편찬자와 철학자와 과학자 들은 누구도 통증을 정의하는 데 성공하지 못했다"(5)라고 주장했다.

통증 정의의 문제에 수반되는 많은 어려움은 통증 자체의 혼란스럽고 종종 역설적인 본질을 반영한다. 멜작과 월은 통증을 다음과 같이 언급했다.

통증은 명확한 감각적 성질을 가지고 있다. 하지만 통증은 정서 요인과 동기 요인도 가지고 있다. 통증은 일반적으로 강렬하고 유해한 자극에 의해서 유발되지만, 때로는 명확한 원인 없이 저절로 발생하기도 한다. 통증은 일반적으로 신체가 상해를 입었다는 사실을 신호로 알려주지만, 신체의 많은 부분이 심각하게 손상된 경우에도 때로는 통증이 발생하지 않을 수 있다. 하지만 어떤 때는 통증은 손상된 모든 조직이 치유된 이후에도 계속 지속되기도 하고, 긴급하고 근본 치료를 요하는 치명적인 문제가 되기도 한다(Melzack and Wall, 1982: 9).

이러한 복잡성에도 불구하고, 그리고 루이스와 비처의 비관적인 견해에도 불구하고, 많은 연구자들과 임상의들은 계속해서 전부는 아니더라도 대부분의 관계자들이 수용할 수 있을 만한 통증에 대한 정의를 내놓으려고 애쓰고 있다. 그들의 끈기는 성공을 거두었다. 이제는 비교적 짧은 시간 내에 보편적이지는 않지만 폭넓게 받아들여진 통증에 대한 일반적인 정의를 거론할 수 있게 되었다. 여기서 우리는 1979년에 국제 통증 연구 협회(International Association for the Study of Pain: IASP)가 공표한 정의를 언급하고자 한다. 그 진술에 따르면, 통증은 "실제 혹은 잠재적인 조직 손상과 관련 있거나 그러한 손상의 측면에서 기술되는 불쾌한 감각적이고 정서적인 경험"이다(IASP Subcommittee on Taxonomy, 1979).

단순하게 들릴 테지만, IASP의 정의는 세 가지 측면에서 중요하다. 첫째, 그 정의는 통증을 유해한 자극 — 셰링턴(1906)이 '침해 수용성'이라고 칭한 과정 — 에 대한 감각적 반응으로 엄격하게 개념화한 수세기에 걸친 전통과 단절한다. 대신에, IASP의 정의가 의미하는 바에 따르면, 통증은 심리적 상태나 주관적 경험이나 더 단순히 말해, 지각으로 더 적절히 이해된다. 저명한 신경생리학자 앨런 바스바움(Allan Basbaum)은 이와 같은 강조의 변화를 자세히 설명하면서 다음과 같이 말했다.

> 통증은 특정한 경로를 통해 전달되는 단순한 과정이기보다는 오히려 복잡한 지
> 각이라 할 수 있다. 그 본질은 자극의 강도뿐만 아니라 통증이 경험되는 상황, 그
> 리고 가장 중요한 것인 개인의 감정이나 정서 상태에 달려 있다. 아름다움이 시
> 각적 자극과 관계가 있듯이 통증은 신체적 자극과 관계가 있다. 통증은 매우 주
> 관적인 경험이다(Morris, 1994: 18에서 인용).

둘째, IASP의 정의는 통증이 일차원적인 구성이 아니라 다차원적인 구성임
을 인정한다. 즉 통증은 강도, 지속성, 위치와 같은 감각적 속성뿐만 아니라
불안과 불쾌감, 우울감을 비롯한 여러 정서의 느낌과도 관련이 있는 경험이
다(Craig, 1994; Price and Harkins, 1992를 참조).

셋째, 그 통증이 조직 손상과 관련이 있을 수 있거나 조직 손상 용어로 기
술될 수 있다는 점을 용인함으로써 IASP의 정의는 신체적 상해가 주관적인
통증 경험의 필요조건도 충분조건도 아니라는 놀라운 사실을 받아들인다. 멜
작과 월은 이 점을 상세히 설명하면서 다음과 같이 언급한다.

> 통증과 상해 사이의 연관성은 너무나 분명해 보이기 때문에, 통증은 항상 신체적
> 손상의 결과이며 우리가 느끼는 통증의 강도는 상해의 심각성에 비례한다고 널
> 리 인식되고 있다. 일반적으로 이러한 상해와 통증의 관계는 진실이다. 손가락이
> 꼬집히면, 보통 가벼운 통증이 이는 반면에 손가락이 문에 끼면 심한 통증이 인
> 다. 살짝 베이면 작은 통증이 일지만, 열상을 입으면, 극심한 통증이 인다. 하지
> 만 상해와 통증의 관계가 그처럼 유지되지 않는 경우가 많다. 예를 들어, 전쟁에
> 서 심한 부상을 입은 군인의 약 65퍼센트와 큰 수술을 받은 일반인의 20퍼센트는
> 부상이나 절개 수술 이후 몇 시간 또는 며칠 동안 통증을 거의 느끼지 않거나 전
> 혀 느끼지 못한다고 보고한다(Beecher, 1959). 반면에 만성적인 허리 통증을 겪
> 는 사람들의 약 70퍼센트에서는 뚜렷한 상해가 발견되지 않을 수 있다(Loeser,
> 1980). 분명, 상해와 통증 사이의 관계는 매우 다양하다. 통증 없이 상해가 생길
> 수 있고, 상해 없이 통증이 생길 수 있다(Melzack and Wall, 1982: 15).

앞서 우리는 IASP의 정의가 1979년에 공표된 이래, 널리 보급되었지만 보

편적인 것으로 받아들여지고 있지는 않다고 언급했다. 한 가지 비판은 언어적 자기보고를 통한 주관적인 통증 경험을 표현할 수 없는 생물 — (인간의 유아와 성인 정신이상자, 인간 이외의 영장류 동물을 포함한) — 에는 이 정의가 적용되지 않는다는 것이다(Anand and Craig, 1996). 또한 통증은 '불쾌한' 것이 분명하지만, 이 상태의 성질은 복잡하고 아직 결정되지 않은 다양한 차원으로 구성되어 있다(Melzack and Wall, 1982). 그럼에도 불구하고 가장 엄격한 비평가들조차도 다음과 같은 사실에 동의한다. 즉 IASP의 정의는 (1) 예전의 공식화된 정의들보다 현저하게 향상되었음을 보여준다. (2) 통증 전문가들 사이의 소통을 향상시킨다. (통증 과학이 마취학, 신경학, 정신의학, 정신 물리학 등과 같은 다양한 전문 분야를 포괄한다는 점을 감안할 때 상당한 위업이다.) 그리고 (3) 이 정의가 없었더라면 여전히 닫혀 있었을 연구 분야 — (통증의 경험 및 표현에 있어서의 문화적, 종교적, 개인적 차이와 같은; Chapman and Turner, 1990을 참조) — 의 문호를 개방한다. 그러므로 많은 전문가들은 IASP의 정의를 지난 20여 년간 통증 분야에서 이룩한 가장 중요한 발전들 중 하나로 여긴다.

급성 통증은 만성 통증과 어떻게 다른가

최근에 두 번째로 이룩한 중요한 발전은 만성 통증이 시간 경과를 포함한 여러 차원에 걸쳐 급성 통증과는 다른 별개의 의학적 실체라는 사실을 깨달은 점이다. 일반적으로 급성 통증은 조직 손상이나 염증이나 질병의 진행과 밀접한 관련 속에서 나타나며, 치유로 사라진다. 반면에 만성 통증은 급성 질환의 일반적인 경과나 상해의 합리적인 치유 시간을 지나서도 계속 지속된다. 따라서 급성 통증의 경우는 통증이 질병의 증상인 반면에 만성 통증의 경우는 통증 자체가 질병이다(Fine and Hare, 1990; Sternbach, 1974).

정서적인 반응을 보면, 급성 통증과 만성 통증의 출발점이 다르다는 사실을 알 수 있다. 급성 통증을 앓고 있는 사람들은 당연히 완치에 대한 전망을 우려함에도 불구하고 적절한 진단과 치료가 시작되면 그들의 불안감은 누그러진다. 하지만 만성 통증을 앓고 있는 사람들의 경우에는 그러한 패턴이 다르다. 훨씬 더 고통스럽다. 포다이스와 스티거에 따르면 다음과 같다.

통증 경험에 따른 초기 불안은 지속되다가, 통증을 완화하려는 의료적 처치에도 불구하고 통증이 지속되면, 결국 무력감과 절망감으로 발전할 수 있다. 경감 없는 만성 통증을 앓고 있는 환자는 지속적인 통증과 그로 인해 상대적으로 적게 취하는 수면 때문에 피로감을 느끼기 시작한다. 또한, 만성 통증 환자는 절망감과 좌절감을 느끼며 통증의 끝을 볼 수 없다. 이러한 시나리오가 계속되면 환자는 누구도 그 통증을 '치료'해 줄 수 없기 때문에 보건 의료 체계나 자신의 직계 가족에게 점점 더 욕구불만을 터뜨리고 분노를 일으키게 된다. 또한 이때가 되면, 일반적으로 통증은 '실재하는 것'이 아닐 수 있으며, 따라서 정신 요법이 유일한 해결책일 수 있다는 제안이 제기되기 마련이다. 하지만 거의 매일 지속적인 통증을 지각하는 사람에게는 이러한 제안이 불안감을 결코 감소시켜 줄 리 없다 (Fordyce and Steger, 1979: 130).

이에 더해 포다이스와 스티거는 조직 손상에 엄격하게 초점을 맞추는 것이 급성 통증의 치료에 효과적인 방침일 수 있지만, 그러한 일차원적인 접근은 종종 만성 통증 치료의 걸림돌이 될 수 있다고 주장한다. 이는 부분적으로는 많은 만성 질환(특히 허리 관련 질환)이 확인할 수 있는 조직적 외상이나 상해로 귀착될 수 없기 때문이다. 만성 통증과 관련해 더 중요한 사실은, 만성 통증 환자는 매월, 매년 자신의 질병과 함께 어떻게 살아야 하는지를 배워야 한다는 것이다. 이렇다 보니, 시간이 지남에 따라 환자의 통증에 대한 공적인 표현과 개인적인 통증의 경험은 환경적, 인지적, 사회적 영향에 더 의존하게 되고 침해 수용성 입력에 덜 의존하게 된다(Fine and Hare, 1990을 참조). 사실 만성 통증과 급성 통증 간의 차이는 너무 크기 때문에, 급성 통증에 적합한 의료적 처치가 종종 만성 통증에는 불충분하다. 예를 들어, 쉴리와 마우러 (Shealy and Maurer, 1974)가 밝힌 결과에 의하면, 경피성(經皮性) 신경 자극이 급성 통증의 경우에는 80퍼센트나 효과가 있었지만, 만성 통증의 경우에는 25퍼센트만 효과가 있는 것으로 나타났다.

급성 통증과 만성 통증의 또 하나의 차이점도 언급할 가치가 있다. 보니카 (1990a)가 지적한 것처럼, 내과 질환으로 인한 급성 통증은 개인에게 어딘가 잘못되었다는 경고를 주는 생명 유지에 필요한 기능을 가지며, 종종 개인에게 전문가의 도움을 받고 치유를 촉진하기 위해 일시적으로 자신의 일상적인 활동을 수정할 것을 촉구한다. 반면에 만성적이고 지속적인 형태의 통증은 생물학적인 기능에 전혀 도움을 주지 않는다. 오히려 보니카가 신랄하게 언급한 구절을 빌리면, 만성 통증은 "흔히 환자와 그의 가족에게 심각한 정서적, 신체적, 경제적, 사회적 스트레스를 강제하는 흉악한 힘이자, 가장 비용이 많이 드는 사회 보건 문제들 중 하나이다"(19).

우리는 이 장의 후반부에서 급성 통증과 만성 통증의 차이점을 재고찰할 것이다. 여기서 우리는 좀 더 일반적인 수준에서, 우선 통증이 지각되는 생리적 메커니즘을 집중적으로 살펴보고, 이어서 통증을 측정하는 정신측정법을 집중적으로 살펴볼 것이다.

통증 지각의 기저가 되는 메커니즘은 무엇일까

20세기 전반에 걸쳐, 통증 메커니즘의 두 가지 일반 이론은 기초 연구와 임상 적용의 방향을 형성하는 데 특히 영향을 미쳤다. 첫째, 특이성 이론은 척수의 통증 통로를 통해서 피부의 통증 수용체에서 뇌의 통증 센터로 메시지를 전달하는 특정한 통증 시스템의 존재를 제안한다.

비록 특이성 이론은 공식적으로는 19세기에 뮐러(Müller), 폰 프레이(Von Frey) 그리고 다른 저명한 신경생리학자들에 의해서 개발되었지만(Bonica, 1990b; Melzack and Wall, 1982를 참조), 그 이론의 개념적 기원은 저자 사후인 1664년에 출간된 르네 데카르트의 『인간론』으로까지 거슬러 올라갈 수 있다. 이 작품은 자주 복제되고는 하는, 다수의 삽화를 포함하고 있는데, 그중 가장 유명한 삽화는 그림 8.1에 묘사된 무릎을 꿇은 사람이다. 데카르트는 다음과 같이 썼다.

만일 불 A가 발 B에 가까이 있다면, (알다시피, 매우 빠르게 움직이는) 이 불의 입자들은 접촉하는 피부 영역을 대체할 수 있는 힘을 가지게 된다. 따라서 그 입자들은 피부 영역에 붙어 있는 게 보이는 가느다란 섬유 cc를 끌어당기는 동시에 그 섬유가 끝나는 지점에 있는[뇌 속에 있는] 구멍 입구를 연다. 마치 밧줄의 한쪽 끝을 잡아당기면, 그와 동시에 반대쪽 끝에 달린 종이 울리듯이 말이다.
이제는 기공 또는 작은 도관의 입구가 열리면, 뇌강(腦腔) F에서 동물 정신이 도관으로 들어가고, 그것을 통해 운반된다. 결국 동물 정신은 나눠져 근육들로 가서, 일부는 불로부터 발을 떼는 역할을 하고, 일부는 눈을 돌려 불을 쳐다보는 역할을 하고 일부는 몸을 보호하기 위해, 양 손을 앞으로 내밀고 온 몸을 웅크리는 역할을 한다(Descartes, 1664/1972: 34~35).

그림 8.1 데카르트의 특수한 통증 통로에 대한 개념

출처: Descartes(1664/1972: 35).

과학적인 교양을 갖추고 있고 과학 기술적인 사고를 가진 오늘날의 독자에게, 데카르트의 관념은 별나고 구닥다리인 데다 심지어 웃음 짓게 할 정도로 지나치게 단순해 보일 게 분명하다. 그러나 모리스가 통찰력 있게 주목했듯이, 사실은 이렇다.

이 로프 당김 통증 모델은 아무리 원시적이라고 하더라도, 19세기 중반에 데카르트의 원리로부터 개발된 표준 의료 모델의 직접적인 선구자로 여전히 (다방면에서) 건재하다. 의료 모델에 집착하는 의사와 연구자들은 필라멘트와 동물 영혼보다는 침해 수용성과 엔도르핀에 대해서 이야기하지만 기본 아이디어는 변한 게 없다. 그들은 통증을 순전히 조직 손상 부위로부터 뇌로 신호를 보내는 내적인 메커니즘의 결과로 본다. 대부분의 서양 사람들은 그러한 데카르트의 그림의 일부 버전을 믿는 성인으로 성장한다(Morris, 1994: 12).

특이성 이론은 — 맨 처음 데카르트가 기술했듯이, 혹은 훨씬 이후에 뮐러와 폰 프레이와 기타 여러 연구자들이 공식적으로 상세히 다루었듯이 — 두 가지 큰 문제가 있다. 첫 번째 문제는 생리학적 전문성과 심리학적 특이성의 차이와 관련이 있다. 멜작과 월에 따르면, 다음과 같다.

피부에 '통증 수용체'가 있다는 주장을 숙고해 보자. 수용체가 강렬하고 유해한 피부 자극에만 반응한다는 것은 사실에 대한 생리학적인 진술이다. 그것은 수용체가 특정한 종류의 자극에만 반응하도록 전문화되어 있다는 것을 의미한다. 하지만 수용체를 '통증 수용체'라고 부르는 것은 심리학적인 가정이다. 이는 [데카르트의 무릎을 꿇은 사람에서 묘사되어 있듯이] 수용체에서 통증이 느껴지는 뇌

센터까지 직접적으로 연결되어 있으며, 따라서 수용체의 자극은 항상 통증을 유발하고 통증 감각만을 야기해야 한다는 것을 의미한다(Melzack and Wall, 1965: 971).

여기에서의 문제는 통증 지각과 자극의 강도 사이의 일대일 관계에 대한 가정이 앞서 언급했듯이 통증 없이 상해가 생길 수 있고, 상해 없이 통증이 생길 수 있다는 사실에 의해 단호히 논박될 수 있다는 것이다(Melzack and Wall, 1982를 참조).

특이성 이론의 두 번째 문제는 데카르트의 그림에서 부족한 것을 깨닫는 순간 분명해진다. 모리스가 말했듯이 사실은 이렇다.

그가 혹은 적어도 그의 삽화가가 어떻게 인간 형상을 시간이나 공간 밖의 불확실한 상태에 정지시켜 놓았는지 주목해 보자. 말 그대로 서 있을 땅이 거의 없다. 그 그림은 무릎을 꿇은 인물이 귀족인지 평민인지, 프랑스인인지 영국인인지, 기독교인인지 유대인인지, 심지어 남성인지 여성인지도 알려주지 않는다. 계산된 공백은 아마도 특정한 시공간의 무관한 역사적 사건들을 뛰어넘어 추상적이거나 보편적인 영역에 과학적 진리를 위치시키려는 욕망을 반영하고 있을 것이다. 그러나 그 그림의 모호성이 바로 핵심이다. 데카르트는 우리에게 초기 버전의 이 의료 모델로 완전히 고립 상태의 통증을 제시한다(Morris, 1994: 12~13).

데카르트의 모델과는 달리 통증은 고립 상태에 있지 않듯이, 피부에서 뇌까지 고정된 직통 시스템의 결과로 발생하지도 않는다. 통증은 단순하게 상향식 프로세싱에 의해서 유발된 감각이기보다는, 다른 모든 지각(Coren and Ward, 1989를 참조)과 마찬가지로 광범위한 심리적, 사회적, 문화적 요인들을 반영하는 하향식 과정의 영향을 크게 받는다.

부분적으로는 특이성 이론에 대한 반응으로, 멜작과 월(1965)은 관문 조절 이론을 도입했다. 그림 8.2의 그림으로 설명된 이 이론은 다섯 가지 중요한 명제에 기초를 두고 있다.

1. 피부의 구심신경섬유에서, 감각 신호를 뇌로 전달하는 척수의 전달(transmission, T) 세포까지 신경 충격을 전달하는 일은 교양질(substantia gelatin-

osa: SG) ─ 척수의 길이를 따라 이어진 조밀하게 꽉 들어찬 짧은 신경 섬유들의 젤라틴 영역 ─ 에 위치한 신경 관문의 조절 메커니즘에 의해서 조절된다.

2. 관문의 조절 메커니즘은 큰 직경(large-diameter: L) 섬유 활동과 작은 직경(small-diameter: S) 섬유 활동의 상대적인 양의 영향을 받는다. L 섬유의 활동은 전달을 억제(문을 닫는다)하는 경향이 있는 반면에 S 섬유의 활동은 전달을 촉진(문을 연다)하는 경향이 있다.

3. SG 관문 조절 메커니즘은 뇌로부터 내려오는 신경 충격의 영향을 받는다.

4. 큰 직경 섬유, 빠른 전도 섬유 ─ 중추 조절 방아쇠 ─ 의 전문 시스템은 선택적 인지 과정을 활성화시킨다. 그러면 선택적 인지 과정은 내림 섬유들을 통해 SG 성질의 조절에 영향을 미친다.

5. T 세포의 출력은 임계 수준을 초과하면, 행동 시스템 ─ 이 시스템의 신경 영역은 통증의 특성을 보여주는, 복잡한 연속적 행동 및 경험 패턴의 기저가 된다 ─ 을 활성화한다. (더 상세한 설명을 원한다면, Melzack and Wall, 1982: 226~233을 참조.)

관문 조절 이론이 통증 연구와 치료에 미친 영향은 말로 다 표현할 수 없을 정도로 엄청나지만, 그 이론이 왜 그렇게 큰 영향을 미쳤는지를 이해하기란 어렵지 않다. 우선 한 가지 이유를 들자면, 관문 조절은 통증 경험에서 상향식 (침해 수용성) 과정과 하향식 (인지) 과정 간의 역학적 상호작용을 이해하고자 한 최초의 모델이었다는 것이다. 틀림없이 여전히 최고의 모델일 것이다. 지난 30년 동안 관문 조절 이론은 관문을 열어 통증을 증대하거나 관문을 닫아 통증을 줄이는 메커니즘을 가진 것(예컨대, 열이나 마사지를 통한 역자극, 이완 훈련, 스트레스 주입 기법)으로 보이는 많은 신체적, 정서적, 인지적 상태들(예컨대, 조직 손상, 불안, 우울증, 통증에 대한 집중, 지루함 등의 정도)을 밝혀낸 연구에 기본 틀을 제공했다.

관문 조절 이론은 많은 평범한 통증 경험을 설명하는 데도 도움이 된다. 예를 들어, 종종 아이가 탁상에 머리를 부딪쳐 울 때(유해하거나 잠재적으로 유해한 자극에 우선적으로 반응하는 S 섬유를 활성화시킬 경우), 상냥한 부모는 부드럽게 '상처 부위에 입을 맞춰 주는 것'(접촉이나 마사지처럼 해가 없는 자극에 관한 정보를 전달하는 L 섬유를 활성화시키는 것)으로 아이를 진정시킬 수 있다. 또 다른 예를 들면, 운동선수가 격렬한 운동을 한창 활발히 하는 중에 부상을 당할

그림 8.2 원본 통증 관문 조절 이론의 개략적인 도식

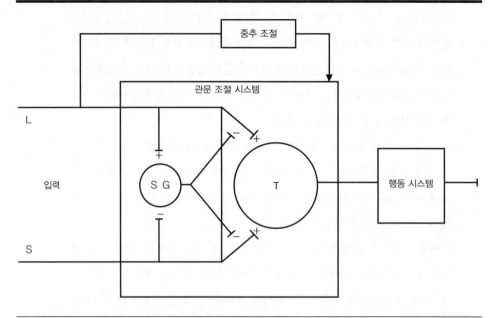

출처: Melzack and Wall(1982: 226). 저자들의 허가하에 전재.

참고: L = 큰 직경 섬유, S = 작은 직경 섬유, + = 흥분, - = 억제. L 섬유와 S 섬유는 교양질(SG)과 중추 전달 세포에 투사된다. 구심성 섬유 종말의 SG가 행사하는 억제 효과는 L 섬유가 활동(문의 폐쇄)을 하면 증가하고, S 섬유가 활동(문의 개방)을 하면 감소한다. 중추 조절 방아쇠는 L 섬유에서 중추 조절 메커니즘까지 이어진 하나의 선으로 표현되어 있다. 이번에는 역으로, 이 중추 조절 메커니즘이 관문 조절 시스템으로 투사된다. T 세포는 행동 시스템에 투사된다.

경우, 계속 경기에 정신을 집중하고 있는 동안에는 심각한 부상에도 불구하고 통증을 지각하지 못한다. 임상적 관점에서, 관문 조절 이론은 다양한 외상으로 야기된 구심로 차단 통증 증후군이나 말초 및/혹은 중추 신경계 질환을 포함한 여러 병리학적 질환에 대한 중요한 통찰력을 제공한다(Casey, 1991; Nashold and Ovelmen-Levitt, 1991).

또한, 관문 조절 이론은 다양한 새로운 신경생리학적, 약리학적, 심리학적 치료법을 가져왔고(Abram, 1993; Brown, 1992; Turk, 1996을 참조), 만성 통증을 이해하는 새로운 모델을 구축하는 데 기여했다. 생체의학적 모델이 만성 통증을 '객관적인' 해부 병리나 생리 병리에서 비롯된 질병으로 계속 강조하는 것과는 달리, 더 새로운 생물심리사회적 모델은 생물학적, 심리학적, 사회적 변인들의 복잡한 상호작용에서 비롯된 주관적 상태 혹은 자기 귀인이라 할 수 있는 질환에 초점을 맞춘다(Morris, 1994; Turk, 1996을 참조).

관문 조절 이론은 1965년에 도입된 이래, 새로운 심리학적, 생리학적 지

식을 수용하려는 시도로 몇 가지 수정을 거쳤다(Melzack and Casey, 1968; Melzack, 1993을 참조). 관문 조절 이론은 과거에 몇 가지 특정한 측면에서 도전을 받은 적이 있으며(Nathan, 1976을 참조), 여전히 논쟁의 여지가 있지만(Wall, 1996을 참조), 오늘날에도 여전히 많은 임상 관찰에 일관된 틀을 제공하고 계속해서 연구를 자극하면서, 통증 경험과 관련된 심리적 요인과 생리적 요인에 대한 지속적인 관심을 불러일으키고 있다.

통증을 어떻게 측정할까

앞서 언급했듯이, 통증 연구는 최근까지 통증이 순수하게 감각적 경험이라는 개념의 지배를 받아 왔다(Melzack and Katz, 1992). 통증 경험은 조직 손상이나 질병의 정도와 그에 상응하는 전문화된 신경 종말이나 통각(침해) 수용체의 활성화를 직접적으로 반영한다고 여겨졌다. 따라서 통증 경험은 손상 부위에서 뇌로 통각(침해수용성) 정보의 선형적인 전달을 반영하는 것으로 여겨졌다. 하지만 이미 강조한 바와 같이, 통증은 통각 자극이 일으킨 순전히 감각적인 경험을 훨씬 넘어서는 것이다. 사실, 통각 정보는 개인의 현재와 과거의 심리사회적이고 경험적인 이력의 배양기라 할 수 있는 동적인 신경계로 유입되어 상당한 변화를 겪는다(Melzack and Wall, 1982). 비처(Beecher, 1959)의 시대 이래로 체계적인 조사와 임상 관찰이 밝혀낸 결과에 의하면, 통증 경험은 심리사회적 환경(Kerns and Jacob, 1992), 개인에 있어서의 통증의 의미(Beecher, 1959), 환자의 문화적 배경(Melzack and Wall, 1982), 그리고 개인의 신념 및 대처 자원(Williams and Keefe, 1991)의 영향을 크게 받는 것으로 보인다. 통증은 또한 특히 불안과 우울의 수준과 관련하여 자신의 정서 상태로부터 극적으로 영향을 받는다(Sternabach, 1974, 1997). 통증은 확실히 선형적인 감각 전달 시스템의 단순한 최종 산물이 아니다. 그보다는 오히려 오름 시스템과 내림 시스템 간의 상호작용을 수반하는 복잡한 지각 경험이다(Melzack and Katz, 1992). 결과적으로 개인의 통증 경험은 매우 다양할 수 있다.

통증(pain, 고통)은 골절된 손가락에서 상심에 이르기까지 다양한 경험을 묘사하는 데 사용되어 왔다. 허리 통증을 앓고 있는 한 환자는 그 경험을 화끈거리고 몹시 심하고 콕콕 쑤시는 아픔으로 전할 수 있는 반면에 다른 환자는 조직 병리의 범위가 앞서의 환자와 명백히 동일함에도 불구하고 그 통증을 무섭고 우울하게 하며 파괴적인 것으로 묘사할 수 있다. 통증은 동일하지만, 그것에 대한 환자들의 전언은 매우 다르다. 전자의 증상의 기술어는 생리적인 것에 기초한 감각 경험을 보여주고 있는 반면에 후자의 증상의 기술어는 우리가 고통이라고 부르는 통증의 불쾌한 차원이나, 감정적 경험을 묘사하고 있다. 또한 한 환자는 돈을 벌 수 있는 일을 계속 해낼 수 있는 반면에 다른 환자는 계속 침대에만 있으면서 그 통증에 대한 상이한 행동 반응들을 보일 수 있다.

통증 경험의 개인차는 개인적인 것일 뿐만 아니라 감각적 특성과 감정적 특성, 평가적 특성의 놀랄 만큼 복잡한 상호작용을 포함하고 있다. 멜작과 케이시(Melzack and Casey, 1968)는 원래의 관문 조절 이론을 확대해, 세 가지 심리적 차원들로 구성된 통증 모델을 제시했다. 그들은 통증이 초기 연구 및 임상 실습의 주의를 끌었던 감각-생리학적 차원뿐만 아니라, 동기-감정적 차원과 인지-평가적 차원 — 각각 생리학적으로 전문화된 두뇌 시스템의 도움을 받는 — 으로도 구성되어 있다고 제시했다. 다차원적인 통증 모델은 실험 환경과 임상 환경 모두에서 널리 수용되고 있다.

현재 통증의 존재나 정도를 나타내는 데 유용한 생물학적 지표는 없다. 따라서 우울증과 불안처럼 통증은 피험자나 환자의 언어적 의사소통과 행동으로부터 유추할 수밖에 없다. 통증은 직접 관찰할 수 없는 것인데, 어떻게 측정할까? 결과를 평가하고 임상적 판단을 내리기 위해서는 확실히 통증의 정량화가 매우 중요하다.

이 장의 나머지 부분에서는 임상 환경에 중점을 두고 비교적 자주 이용되는 통증 측정 방법에 관해서 개괄적으로 설명할 것이다. 실험적 통증 연구와 낮은 수준이지만 임상 실습에서 사용되는 정신물리학적 방법론과 정신생리학적 방법론 가운데 일부에 대해서는 여기에서는 논의하지 않을 것이다. 터크와 멜작은 통증 측정에 관한 훌륭한 편집 시리즈(Turk and Melzack, 1992)에서 그와 같은 방법론들을 재고찰한 바 있다. 임상의들이 통증을 앓고 있는 사람들을 대상으로 이용하는 기본 유형의 통증 측정법으로는 통증 기술어, 시각 아날로그 척도, 숫자 평정 척도, 통증 행동 측정이 있다.

구두평가 척도

통증 경험을 구두로 가장 빈번하게 전달한다는 점에서 통증 측정 방법의 상당 부분이 구두상의 통증 기술어 활용을 수반한다는 것은 놀라운 일이 아니다. 구두 기술어나 구두평가 척도(Verbal Rating Scales: VRS)로 이루어진 범주 척도는 연구 환경과 임상 환경에서 널리 활용되어 왔다(Seymour, 1982). VRS를 사용하여 통증을 정량화하려는 가장 초기의 시도는 통증 강도를 척도화하는 통증의 감각적 차원에만 초점을 맞추었다. 환자들은 통증의 심각성 순서로 제시된, 통증 강도를 나타내는 형용사 목록에서 자신들의 통증의 성격을 가장 잘 반영하는 기술어를 선택하라는 요구를 받았다. 예를 들어, 한 환자는 일반적으로, 다음과 같은 기술어들을 활용한 VRS를 이용했다. 무 통증=0, 가벼운 통증=1, 보통의 통증=2, 극심한 통증=3. 기술어의 수는 상황에 따라 다를 수 있다. 사용의 용이성에도 불구하고 이러한 VRS 유형은 비판을 받아왔다. 데이터는 서열 수준의 측정에는 해당되지만, 비례 수준의 측정에는 해당되지 않는다. 그러므로 동일한 크기나 증분을 반영하는 형용사들 간의 간격에 대한 가정은 불가능하다. 여기서 제시한 VRS의 사례와 같은 4점 척도는 간섭의 결과로 인해, 생길 수 있는 실제 크기 차이를 왜곡할 수 있다. 예컨대, 젠슨과 카롤리(Jenson and Karoly, 1992)는 VRS상의 극심한 통증 (3)에서 보통의 통증 (2)로의 변화가 목록에 있는 단어들의 인식 간격에 따라 통증의 10퍼센트의 변화를 나타낼 수도 있고, 아니면 50퍼센트의 변화를 나타낼 수도 있다고 지적한다. 그러므로 치료 효과의 상대적인 크기에 대한 질문은 불가능하며 실제로는 통증 강도의 대략적인 추정만 할 수 있을 뿐이다. VRS를 맨 처음 사용했을 때는 통증의 감정적 차원도 측정하지 못했다.

비교적 최근의 VRS 척도들은 크게 향상되었다. 그 척도들은 이제 통증의 감각적 차원/강도 차원뿐만 아니라 감정적 차원과 평가 차원까지 측정하고자 한다. 또한 어떤 VRS는 구두 통증 기술어들에 대한 비율 수준 척도 값을 도출하기 위해서 정교한 정신물리학적인 방법론을 사용하기도 한다.

통증을 다차원 경험으로 척도화하려는 최초의 실제 시도는 관문 조절 이론에 의해서 촉발되었다. 맥길 통증 질문표(McGill Pain Questionnaire: MPQ)는 통증의 감각 차원과 감정 차원과 평가 차원을 측정하기 위해 설계되었다 (Melzack, 1975; Melzack and Torgerson, 1971). MPQ는 통증을 기술한, 20가지 세트의 단어들 목록으로 이루어져 있다. 환자들은 강도의 순위가 정해져 있는 2~6개의 통증 기술어들로 구성된 각 관련 세트에서 한 단어를 선택하라는 지시를 받는다. 각 기술어에 할당된 수치는 각 세트에 있는 기술어의 순위에 상응한다. 어떤 세트는 감각-생리적 특성을 나타내고, 다른 어떤 세트는 감정-동기적 특성을 나타내고, 또 다른 하나의 세트는 본질적으로 인지-평가적 특성을 나타낸다. 그리고 총 MPQ 점수는 선택된 기술어들의 순위 값을 합산하여 도출된다. 세 가지 차원 각각의 유사 점수뿐만 아니라 선택된 총 단어 수 또한 계산된다. MPQ는 지속적으로 가장 널리 이용되고 있는 도구 중 하나이며 여러 언어로 번역되어 있다. MPQ는 임상 통증을 줄이기 위해 고안한 많은 개입의 효과를 잘 탐지하는 것으로 나타났다(Melzack and Katz, 1992). 또한, MPQ는 많은 통증 증후군 판별에 높은 진단적 가치를 갖는 것으로 나타났다(Dubinsson and Melzack, 1976).

그레이슬리와 그의 동료들(Gracely, 1989, 1994를 참조)는 교차 양상 매칭 기법(cross-modality matching technique: CMM)을 사용하여 통증 기술어들의 비율 수준 척도 값을 도출했다. 스티븐스(Stevens, 1975)가 개발한 CMM이 시력과 미각과 체성감각 양상을 정신물리학적으로 척도화한 역사는 이미 오래되었다(Price and Harkins, 1992). CMM 방법론은 지각된 자극의 강도(통증 기술어)를 악력, 빛의 밝기, 음의 세기, 선의 길이와 같이 정량화할 수 있는 척도에 비례적으로 매칭하는 일을 필요로 한다. 예를 들어, 한 피험자는 받은 지시대로 악력계를 꽉 쥔 다음에 음의 세기를 조절해 '매우 강한', '약한' 등과 같이 어떠한 구두적인 통증 기술어의 크기에 맞춘다. 악력계와 음의 세기로부터 얻은 점수들은 대수-대수 척도로 표시되어, 각각의 기술어에 대한 수치 혹은 크기 추정치를 생성한다. 이런 식으로 다른 통증 기술어들의 상대적인 크기에 대해서 의미 있는 진술을 할 수 있다. 또한 도출된 척도는 통증의 감각 차원과 감정 차원을 독립적으로 측정할 수 있다. CMM 척도는 바람직한 정신 측정학적 특성을 지니고 있지만, 개발하는 데 시간이 많이 걸리고 노력이 많이 든다. 표준화된 기술어 목록이 아직 만들어지지 않았기 때문에 상이한 통증 상태에 적합한 상이한 척도를 개발해야 한다. 또한 연구 결과에 따르면, CMM에서 도출한 통증 점수는 도출해 내기 훨씬 쉬운 서열법을 이용해서 얻은 통증 점수와 높은 상관관계를 보일 수 있다. 임상 응용을 하기 위해서는 척도의 구성 및 이용의 용이성이 매우 중요하다.

시각 아날로그 척도

인기를 누리며 연구 및 임상 환경에서 널리 사용되고 있는 또 하나의 통증 측정 기법으로는 시각 아날로그 척도(Visual Analog Scale: VAS)가 있다 (Huskisson, 1983; Scott and Huskisson, 1976). VAS와 많은 그 변종은 아마도 통증 연구와 임상 실습에서 가장 널리 사용되는 통증 척도화 도구일 것이다. VAS는 일반적으로 길이가 10센티미터인 수평 직선으로 각각의 맨 끝에는 측정되는 경험의 극대치가 위치한다. 예를 들어, 통증 연구에서 VAS의 왼쪽에는 '무통증'이 표시되고 오른쪽에는 '상상할 수 있는 한 가장 극심한 통증'이 표시된다. 결국 측정하는 경험의 크기를 나타내는 선상의 어딘가에 표시하는 것으로 통증을 제시한다. 그리고 수평선상에 고정되어 있는 '무통증'에서 피험자가 표시한 지점까지의 센티미터 거리를 측정하여 점수를 도출한다. 시각 아날로그 척도에는 형용사나 숫자를 기술한 선을 따라 특정 지점들이 있을 수 있다. 이러한 관례가 도구의 정신 측정학적인 특성을 변화시킨다는 이유로 비난을 받아오기도 했다(Huskisson, 1983). VAS는 가장 바람직한 도구로서 몇 가지 장점을 가지고 있다. 첫째, 관리하기 쉽다. 둘째, 척도의 양 끝에 표시되어 있는 기술어를 바꿈으로써 통증 및 통증 관련 행동의 감정적 차원뿐만 아니라 다른 차원들도 측정할 수 있다. 프린스와 그의 동료들(Price, 1988; Price et al., 1983)은 VAS가 통증의 감각 차원과 감정 차원을 확실하게 구분할 수 있다는 사실을 보여주었다. 셋째, VAS에서 얻은 점수는 비율 수준으로 여겨질 수 있으므로 측정하는 차원의 상대적인 크기에 관한 진술을 순순히 받아들일 수 있다. 넷째, VAS는 치료 효과에 대한 민감성을 입증해 준다(Price and Harkins, 1992; Turner, 1982). 그러나 VAS는 많은 환자들, 특히 노인들이 이해하기에는 쉽지 않으며, 채점하는 데 시간이 많이 걸린다.

숫자 평정 척도

숫자 평정 척도(Numerical Rating Scales: NRS) 역시 임상 환경에서 광범위하게 사용되어 왔다. 이 척도는 0('무통증')에서 10점 혹은 100점('최악의 통증')에 이르는 연속성의 척도상에서 통증 강도를 평정한다. NRS는 다양한 형식으로 제시될 수 있으며 VAS의 특성과 유사한 특성을 갖는다. 그러나 이 척도는 VAS에 비해 이해하기 쉽고 채점하기도 수월하다. 이 척도는 안면 타당도를 갖추고 있음에도 불구하고, 통증의 차원들을 구별할 수 있는 이 척도의 능력과 치료 효과에 대한 민감성을 보여줄 수 있는 역량에 대한 연구는 부족하다(Jenson and Karoly, 1992). 환자는 숫자를 기억하는 경향이 있고 경험보다는 숫자의 기억을 더 잘 회상하는 경향이 있다.

통증 행동

통증은 항상 관찰 가능한 행동들을 통해서 전해진다. 신체적 행동(자세를 취함, 절뚝거림)과 표정(얼굴 찡그림)뿐만 아니라 (신음, 한숨, 울음과 같은) 통증의 발성 또한 통증과 관련해 자주 관찰되고는 한다. 언어적, 비언어적 통증 표현을 '통증 행동'이라고 한다(Fordyce, 1976, 1988을 참조). 많은 환자들은 과도한 통증 언어 표현과 신체상의 선입견과 같은 불안정한 행동 패턴뿐만 아니라 고착되고 제한적인 생활양식, 그리고 약물 치료와 가족과 의료보험 제도에 대한 지나친 의존성도 보일 수 있다. 환자가 통증 행동을 보이는 정도 역시 추가적 평가와 치료적 개입에 대한 임상적 의사결정에 영향을 미친다. 따라서 통증 행동은 임상적 개입의 대상으로서뿐만 아니라, 측정 주체로서도 중요하다(Keefe and Dunsmore, 1992를 참조).

포다이스(Fordyce, 1976)는 통증 행동 평가 전략을 개척했다. 그는 환자 일지를 이용하여, 앉아 있고, 서 있고, 걷고 있고, 누워 있는 동안에 수행한 주요 활동과 그러한 활동에 참여한 시간을 기록했다. 평점은 환자가 0점~10점의 숫자 평정 척도를 이용해 상응하는 통증을 판단한 평정에 따라 깨어 있는 동안 매 시간마다 도표로 표시되었다. 후속 연구는 기초 병리생리학의 범위와는 별개로, 통증 행동의 유도 및 유지에 기여하는 심리사회적 맥락의 역할을 뒷받침하는 강력한 근거를 제시했다. 예컨대, 블록과 크레머와 게일러(Block, Kremer and Gaylor, 1980)가 밝힌 연구 결과에 의하면, 만성 요통 환자들은 중립적 관찰자가 있을 때보다 지나치게 걱정하는 배우자가 있을 때에 통증 행동을 훨씬 더 많이 보였다. 또한, 화이트와 샌더스(White and Sanders, 1986)의 연구 결과에 의하면, 한 통증 환자의 통증에 대한 토론을 경청하는 것만으로도 이후의 통증 평정은 크게 상승했다. 이는 통증 행동이 그 결과에 의해서 어떻게 통제될 수 있는지, 그 중요성을 강조한다. 키프와 윌리엄

(Keefe and Williams, 1992)이 지적했듯이, 통증 행동의 구성체는 만성 통증에 대한 사회적 학습 모델의 주요한 구성 요소이다(Fordyce, 1976).

키프와 그의 동료들(재고찰하고자 한다면 Keefe and Williams, 1992를 참조)는 평정 척도와 비디오테이프 샘플링 방법론을 사용하여, 다양한 범주의 통증 행동들을 동시에 관찰하고 측정할 수 있는 정교한 기법을 개발했다. 그들은 치료 전략을 결정하고 결과를 평가하는 데 유용한 것으로 입증된 특정한 행동 범주들을 고안했다. 그들은 환자들을 비디오테이프로 녹화한다. 그리고 환자가 예정된 일련의 자세(앉아 있기, 서 있기, 누워 있기)를 취하고, 도보(걷기)와 이동(한 위치에서 다른 위치로의 이동)을 포함한 일련의 동작을 행하는 동안에 특정한 통증 행동들을 측정하고 분류한다. 예를 들어, 골관절염 환자에게서 관찰되는 가장 빈번한 통증 행동의 범주들로는 경계 자세, 관절(주로 무릎)을 열심히 문지르는 행위, 관절에 부하(負荷)를 주지 않는 행위, 경직된 움직임, 반복적으로 관절을 구부리는 행위 등이 있다. 만성 요통 환자는 얼굴을 찡그리고 조심조심 움직이고, 몸을 문지르고, 한숨을 쉬는 경향이 있다. 이러한 범주의 통증 행동들은 상대적으로 우울증과는 별개로 나타나며, 통증 강도의 몇 가지 주관적 측정치와 높은 상관관계를 보인다(Keefe and Gil, 1986). 이제 연구자들은 환자의 통증 행동뿐만 아니라 환자의 심리 사회적 공간을 차지하고 있는 다른 사람들의 행동에도 초점을 맞추기 시작한다(Romanno et al., 1992). 통증 행동을 평가하는 일은 주관적인 자기보고로부터 통증을 추론하는 일에 내재하는 편향에서 자유롭지만, 임상적 통증을 일상적으로 평가하는 복잡한 방법에 속하며, 훈련받은 관찰자들과 장비가 필요하다.

통증 측정의 척도화 기법은 점점 더 복잡해졌다. 그뿐만 아니라 임상 결과에 대한 연구를 발전시키고 기본적인 통증 메커니즘에 대한 이해를 높이는 데 이러한 척도들이 매우 중요한 역할을 해왔다.

통증에 대한 기억은 얼마나 정확한가

통증에 대한 기억은 의료 행위에서 중요한 역할을 한다. 통증에 대한 회고적 보고는 환자에게 전문적인 도움과 조언을 구하고자 하는 동기를 제공할 뿐만 아니라, 그들이 받는 진단과 치료에 영향을 미치기도 한다. 게다가 임상의들은 일상적으로, 과거의 통증 불평과 현재의 통증 불평 간의 변화에 의존하여 치료 효과를 평가한다. 이러한 이유에서 다음과 같은 질문은 중요하다. 통증에 대한 기억의 정확성에 영향을 미치는 요인들은 무엇인가?

한 가지 요인은 회상 시의 통증의 유무이다. 여러 출처의 증거에 의하면, 예전의 통증 에피소드는 현재의 통증 강도가 높을 경우에는 실제보다 더 심했던 것으로 기억되지만, 현재의 통증 강도가 낮을 경우에는 실제보다 더 약했던 것으로 기억된다(예컨대, Eich et al., 1985; Salovey et al., 1993; Smith and Safer, 1993을 참조). 따라서 현재의 통증 강도는 예전의 통증 강도에 대한 기억에 동화 효과를 발휘하며, 그 결과 예전의 통증 강도에 대한 평가는 현재의 통증 강도에 대한 평가의 지배를 받거나 현재의 통증 강도에 대한 평가로 치환되는 것으로 보인다.

두 번째 중요한 요인은 파지 기간[1]의 지속 시간이다. 여러 설명(예컨대, Erskine, Morley and Pearce, 1990; Kent, 1985)에 의하면, 다른 별개의 에피소드나 사건들에 대한 기억처럼 급성 통증에 대한 기억은 시간이 지남에 따라 점점 더 약해진다. 상이한 유형의 급성 통증들이 상이한 망각 함수를 수반하는지의 여부와 마찬가지로, 특정한 통증 에피소드에 대한 기억이 (과거의 특정 순간에 경험한 정서와 같은) 다른 유형의 에피소드 정보에 대한 기억의 쇠퇴와 같은 비율로 '쇠퇴'하는지 여부는 공공연한 쟁점이다.

만성 통증과 관련하여 유사한 종류의 쟁점들이 유익하게 따라붙을 수 있지만, 그 쟁점들에 대해서 명확하게 대답하기는 더 어려울 것으로 밝혀졌다. 여기서 거론될 수 있는 일부 문제는 만성 통증이 바로 만성적인 것이라는 사실이다. 그러므로 (통증 관련 경험 및 행동과 관련하여) 오늘 일어나는 일은 미래에 일어날 일 및 과거에 일어난 일과 상관관계가 있다. 결과적으로, 몇 주 혹은 몇 달 동안 지속적으로 기록해 온 통증 일지의 내용을 기억해 보라는 요구를 받았을 때, 만성 통증 환자들은 쉽게 접근할 수 있는, 최근의 통증 경험과 행동에 대한 지식에 기초하여 과거를 재구성하는 것으로 반응하기 쉽다. 그 동안 통증 상태가 현저하게 변하지 않았다면 환자들의 기억은 매우 정확할 것으로 보인다. 그들이 확신을 가지고, 혹은 명확하거나 완벽하게 실제 데이터를 의식적으로는 기억할 수 없더라도 말이다. 따라서 만성 통증에 대한

---

1   학습된 행동과 망각에 대한 검사 사이의 시간 간격.

장기 기억은 급성 통증과 달리 '기억'의 문제이기보다 '지식'의 문제일 수 있다(Erskine et al., 1990; Tulving, 1985를 참조).

통증 기억의 정확성을 결정할 수 있는 추가적인 두 가지 요인은 조사 중인 통증의 유형과 차원이다. 앞서 언급했듯이 통증은 단일 구성체가 아니며, 경험적인 목적과 이론적인 목적에 비추어 볼 때 통증을 유형적 측면(예컨대, 만성 류머티스성 통증 대 급성 분만통증)과 차원적 측면(예컨대, 감정적 통증 대 감각적 통증)에서 구분 짓는 것이 유용하다는 것은 이제는 너무나 명백한 사실로 여겨지고 있다. 기억의 정확성이 통증 유형과 통증 차원에 달려 있음을 보여주는 예비 데이터가 있지만, 어떤 요인도 엄밀하고 체계적인 방식으로 탐구되지는 않았다(Bryant, 1993; Erskine et al., 1990을 참조).

이러한 요인들에 대한 향후 연구를 계획할 때 갈증이나 공포와 같은 다른 종류의 주관적 상태에 대한 기억이나 맛, 색깔과 같은 다른 종류의 감각 자극에 대한 기억에 관한 동종의 정신물리학적 연구를 활용하는 것이 도움이 될 수 있다. 한 예로 바틀슨(Bartleson, 1960)은 피험자들에게 기억으로부터 (풀밭이나 모래 한 박스처럼) 지정된 한 대상의 이미지를 회상해 내도록 요구했다. 피험자들은 그 과제를 수행한 다음에, 900개가 넘는 색표 중에서 기억하고 있는 대상의 색에 가장 가까운 색을 결정했다. 바틀슨은 이 '기억하고 있는 색'을 상응하는 대상의 평균 색조와 채도와 밝기를 반영하는 표준 데이터와 비교했다.

그 결과, 기억하고 있는 색의 거의 전부가 문제의 대상의 지배적이거나 가장 인상적인 색채 속성의 방향으로 변했다. 따라서 피험자들은 풀을 실제보다 더 짙은 녹색으로 기억했고, 벽돌을 더 짙은 붉은 색으로, 하늘을 더 짙은 푸른색으로 기억했다. 이 결과를 통증에 대한 기억에도 적용할 수 있을지 아는 것은 흥미로울 것이다. 사람들은 몸에 입은 상처와 연관된 통증의 전체적인 강도에 대해서 정확한 인상을 갖고 있더라도, 햇볕에 심하게 탔던 일을 실제보다 더 따갑고 쓰라렸던 경험으로 기억하고 칼에 베였던 상처를 실제보다 더 깊고 날카로웠던 것으로 기억할까?

이 절의 전반에 걸쳐 다양한 파지 기간이나 기타 요인들이 통증에 대한 기억의 정확성에 어떻게 영향을 미치는지에 대해 초점을 맞추고 있다. 이와 같은 설명은 어떤 면에서는 오해의 소지가 있다. 왜냐하면 사람들이 실제로 다소 정확하게 기억하고 있는 것은 통증 자체가 아니라 통증에 대한 인지적 경험이기 때문이다. 다행히도, 대부분의 사람들은 예전의 통증 에피소드를 다시 경험해 보지 않고도, 그것의 감각적 특성과 강도 특성, 감정적 특성을 상기할 수 있다(Morley, 1993; Wright and Morley, 1995를 참조). 그러나 사지를 하나 절단하는 외과적 수술을 받은 개인들에 대한 사례 연구의 결과에 의하면, 원래의 통각성 입력이 없는 경우에도 신체적인 통증 감각이 되살아날 수 있는 것으로 나타났다. 이러한 '체성 감각 기억'(Katz and Melzack, 1990)은 다음 절에서 논의할 환상지통(幻想肢痛)²이라는 매혹적이고 무서운 현상의 특징이다.

환상지통이란 무엇인가

사고나 질병으로 인해 절단한 사지에서 지각되는 통증의 미스터리는 아직 풀리지 않았다. 이 만성 통증 상태는 진단하기는 쉬운 편이나 치료하기가 매우 어렵고, 그 통증을 겪는 사람으로서는 견뎌낼 수 있는 상당한 힘이 필요하다. 일반적으로 환상통증의 감각적 속성(예컨대, 위치와 강도와 지속 시간)은 절단 전에 사지에서 느껴지는 통증의 특징과 유사하거나 심지어 동일한 것으로 표현된다. 환상지통의 경험은 일련의 독특한 촉각, 시각, 청각 및 후각을 동반할 수 있다. 환상지통은 절단 수술을 받은 사람들의 무려 80퍼센트에서 보고되었으며 때로는 외상 후 스트레스 장애와 관련이 있는 것으로 보고되어 왔다. 하지만 현재까지의 연구 결과에 의하면, 사지를 절단하기 전의 심리적이거나 정신적 질환의 유무와 절단 후의 환상지통 사이에는 일관된 관계가 없는 것으로 밝혀졌다(Katz and Melzack, 1990).

현재 알려진 바에 의하면, 서로 연결되어 있지만 분리할 수 있는 두 개의 신경계가 상호작용하며 다양한 환상 사지 경험의 기저 역할을 하는 기억을 생성하는 것으로 보인다(Katz, 1993; Melzack, 1995). 말초 체성 감각계에서 척수와 뇌로 통각 신호를 연속적으로 보내는 일이 길어지고 지속될수록, 다양한 불수의적인 자율신경 기능을 통제하는 교감신경계의 관련 부분의 관여 가

---

2   이미 절단해서 상실한 팔다리가 아직 그대로 있는 것처럼 느껴지고 그 부위에서 통증을 느끼는 현상.

능성이 커진다. 그럴 경우, 통증에 대한 기억을 형성시키는 감각 신경 회로가 민감해진다. 결국 이 통증에 대한 체성 감각 기억은 사지 절단 전에 체험한 경험의 개인적 의미와 상황(맥락)에 대한 정보를 포함하고 있는 인지적 기억의 구성 요소에 의해서 강화된다.

환상지통을 예방하기 위한 가장 믿을 만한 임상 접근법은 '선행적 진통 요법'이다. 이는 수술 전에 1~2일 동안 국소 마취(마취제와 국소 마취제를 이용한 경막외(硬膜外)나 척추나 신경얼기[3]의 봉쇄)를 시행하여 절단할 사지를 화학적으로 탈신경화시키는 것이다. 수술은 국소 마취와 전신 마취를 병행하여 시행할 경우에 부가적인 이점이 있는 것으로 보인다. 이 선행적 진통 요법의 전략은 통증 기억의 감각적, 인지적 구성 요소들이 없으면 환상지통이 존재할 수 없으니, 그 구성 요소 모두를 최대한 없애고자 하는 것이다.

날씨 변화가 통증에 대한 지각에 영향을 미칠까

관절염이나 환상지통을 포함한 기타 만성 통증 질환을 앓는 많은 환자들은 통증이 날씨 변화의 영향을 받는다고 보고한다. 재미슨과 앤더슨, 슬레이터 (Jamison, Anderson and Slater, 1995)의 최근 연구는 그러한 주장에 신뢰감을 부여할 뿐만 아니라, 날씨 변화와 통증 불평 간의 관계 — 환자들이 지각하는 — 에 새롭고 놀라운 반전을 더해주기도 한다.

재미슨과 그의 동료들이 시행한 연구의 참여자들은 기상학적으로 다른 미국의 세 지역 — 기후가 따뜻하고 건조한 지역(캘리포니아주의 샌디에이고), 따뜻하고 습한 기후 지역(테네시주의 내슈빌), 춥고 습한 기후 지역(매사추세츠주의 보스턴이나 우스터) — 에서 만성 통증 프로그램에 참여한 558명의 환자들이었다. 모든 환자들은 만약 통증에 영향을 미친 조건이 있었다면, 어떤 기상 조건이 자신들의 통증에 가장 영향을 미쳤다고 느꼈는지를 평가하도록 설계한 질문지를 작성했다.

그 결과, 모든 환자의 대다수(68퍼센트)는 날씨 변화가 자신들의 통증에 영향을 미친다고 믿고 있었다. 춥고 습한 조건이 통증에 가장 큰 영향을 미친다

---

3   신경 섬유가 서로 섞여서 그물처럼 이루어진 것.

고 여겨졌지만, 실제로는 통증에 미치는 날씨의 지각된 영향은 지역 기후와는 무관했다. 그러므로 만성 통증이 춥고 습한 기후에서 생활하면 악화된다는 공통적인 믿음과는 달리, 보스턴과 우스터에 사는 환자들은 샌디에이고와 내슈빌에 사는 환자들보다 더 높은 통증 점수나 더 많은 통증 빈도를 보고하지 않았으며, 통증에 미치는 날씨의 영향이 더 컸다고 보고하지도 않았다. 사실, 일 년 내내 쾌적한 기후로 유명한 샌디에이고에 거주하는 환자들이 계절 변화에 가장 민감함을 보고했다.

이 반직관적인 결과에 대한 설명이 명확할 수는 없지만, 한 가지 가능한 설명이 있다. 즉, "신체가 지역의 기후와 관련하여 균형 상태를 유지하기 때문에, 날씨 변화가 지배적인 기상 조건과는 무관하게 통증의 증가를 촉발시킨다"는 것이다(Jamison et al., 1995: 313). 이러한 견해는 브릭만과 코티스, 야노프-불먼(Brickman, Coates and Janoff-Bulman, 1978)의 연구 결과를 상기시킨다. 그들이 밝힌 연구 결과에 의하면, (복권 당첨과 같은) 놀라운 성공이나 (하반신 마비와 같은) 엄청난 비극을 경험한 사람들은 시간이 지남에 따라 원래의 행복 수준이나 슬픔의 수준으로 회귀하는 경향이 있다. 설명이 어떻든 간에, 통증 보고가 날씨의 절대적인 변화보다는 상대적인 변화에 더 커다란 영향을 받는다는 연구 결과는 만성 통증의 경험에서 통각 요인들보다는 심리적인 요인들이 더 중요하다는 사실을 한층 더 뒷받침해 준다.

통증 없는 삶?

통증이 없는 삶은 매력적이고 가치 있는 추구처럼 들릴지 모르지만, 그러한 목표를 면밀히 검토해 본다면 독자는 놀라고 말 것이다. 현재 통증에 대한 작업적 정의 — 실제 혹은 잠재적인 조직 손상과 관련 있거나 그러한 손상의 측면에서 기술되는 불쾌한 감각적이고 정서적인 경험 — 는 적어도 통증을 없애는 두 가지 방법이 있음을 시사한다. 첫 번째 해법은 감각 영역 말초 부위의 감각을 완전히 없애는 방법일 수 있고, 두 번째 해법은 변화된 중추 처리로 쾌락과 통증 간의 구분을 할 수 없게 만드는 방법 — 정서적이고 인지적인 활동성이 없어진 상태 — 일 수 있다.

수년간 진성(眞性) 당뇨병을 제대로 관리하지 못해 말초 다발신경병증이 발병한 환자와 함께 살거나 그런 환자를 돌보는 독자들이라면, 첫 번째 제안의 몇몇 효과를 보았을 것이다. 손발의 감각을 지각할 수 있는 정상적인 능력을 영구적으로 상실하면 생존과 생활에 심각하게 불행한 결과를 초래한다. 말초 다발신경병증 환자들은 자신들이 이용하는 물의 온도를 알 수 없으며, 흔히 발에 베인 상처나 피부 손상이나 감염을 알지 못하고는 한다. 그 결과 일상생활에서 가장 평범한 활동마저도 건강에 지속적인 위협이 된다. 또한, 이 환자들은 종종 절단이 의료 처치의 유일한 선택안인 단계로 진행된 상해를 치료하기 위해 일상적으로 수없이 입원을 반복할 수밖에 없게 된다. 통증을 느낄 수 있는 능력의 상실은 이 사람들의 삶의 양식에 중대한 변화를 일으켜, 결국에는 그들의 존재성의 질을 손상시킬 거라는 사실은 의심의 여지가 없다.

변화된 중추 처리(둔화)를 보여주는 몇 가지 예로는 의식이 없는 혼수상태, 정신 이상, 그리고 이와 유사한 지각과 인지의 이상 상태를 들 수 있다. 이러한 접근법이 통증으로 인해 발생한 삶의 질 저하의 문제를 해결하는 방법이 될 수 있을 거라고 여기는 개인들은 거의 없을 것이다.

이 장의 맥락에서 통증이 없는 삶과 통증과 더불어 사는 삶과 같은 추상 관념은 통각과 신체장애 및 통증의 경험적, 연속적 원인이 되는 축을 따라 검토되어야 한다. 알아볼 수 있는 조직 손상이 있을 때든 없을 때든 발생하는 통각 자극으로부터의 완벽한 보호는, 개인이 적극적인 생활과 레크리에이션을 통해 행복 추구를 누릴 수 있는 수단이 현재 많은 사람들이 이용할 수 있는 수단보다 훨씬 더 제한적일 수밖에 없는 극도로 보호되고 은폐된 환경에서만 보장될 수 있다. 사람들 대부분은 개인적인 행복을 추구하는 과정에서 흔히 생기고는 하는 단기적 통증이 오랫동안 지속되는 불행한 결과로 이어지지 않는 한, 단기적 통증의 위험을 기꺼이 받아들인다. 따라서 심각한 신체적 고통이나 정신적 고통이 장애 통증이나 고통스러운 장애가 될 가능성을 줄이는 요인들과 개입을 확증하는 것이 의료 및 사회 경제 과학의 중요한 연구 목적이다.

대체로, 결과적으로 초래된 신체장애의 본질과 정도의 측면에서 (1) 개인적인 동기 부여는 상해가 비교적 적은 사람들에게 가장 큰 영향을 미친다. 하지만 흔히 비교적 심각한 부상을 입은 사람들의 최종 결과에 가장 큰 영향을 미치는 것은 (2) 최초의 손상 정도와 (3) 가능한 의료 전문 기술의 정교함 정도이다. 회복 후 신체장애의 다른 중요한 결정 요인은 (4) 가족/사회의 지원 자원과 (5) 선재하는 개인의 심리적 속성이다. 어떤 개인의 경우든, 이러한 다섯 가지 요인의 특정 조합은 상해 후 통증이 더해지든, 그렇지 않든 간에, 결과적으로 초래된 신체적 장애의 등급뿐만 아니라 그 장애에서 기인하는 지각된 (심리적, 정서적, 정신적) 고통의 정도에도 영향을 미치며, 따라서 상해 후에 살아가는 개인의 삶의 질을 주로 결정한다.

삶의 쾌락을 경험할 수 있는 능력의 상실과 함께, 통증 없는 만족스러운 의식적 삶의 추구는 삶의 고통을 없애주기보다는 한 개인을 좌절시킬 가능성이 높다. 통증과 관련해, 개선된 삶의 질을 성취하려면, 삶을 통증 없는 생존으로 전환시키려는 노력보다는 점증하는 정신적, 육체적 장애와 개인의 통증 감각 — 둘 다 불응성(不應性) 통증 증후군에 의해서 악화될 수 있는 — 을 제한하는 것에 개인적, 사회적 자원을 집중하는 것이 더 수월할 것으로 보인다. 우리가 알고 누리는 삶인 한, 삶은 통증 없이는 불가능한 반면에 일반적으로 사회, 특히 과학의 도전 과제는 삶의 질에 미치는 통증의 영향력을 최소화하는 것이다.

이 장의 제1 저자는 이 장을 예비 조사하는 데 (미국의) 국립정신건강연구소(R01-MH48502)와 (캐나다의) 자연과학 및 공학연구위원회(37335)로부터 지원금을 후원받았다.

참고문헌

Abram, S. E. (1993). Advances in chronic pain management since gate control. *Regional Anesthesia, 18*, 66~81.

Anand, K. J. S., and Craig, K. D. (1996). New perspectives on the definition of pain (ediorial). *Pain, 67*, 3~6.

Bartleson, C. J. (1960). Memory colors of familiar objects. *Journal of the Optical Society of America, 50*, 73~77.

Beecher, H. K. (1959). *Measurement of subjective responses*. New York: Oxford University Press.

Block, A. R., Kremer, E. F., and Gaylor, M. (1980). Behavioral treatment of chronic pain: Variables affecting treatment efficacy. *Pain, 8*, 367~75.

Bonica, J. J. (1990a). Definitions and taxonomy of pain. In J. J. Bonica (Ed.), *The management of pain* (2nd. ed., vol. 1, pp. 18~27). Philadelphia: Lea and Febiger.

Bonica, J. J. (1990b). History of pain concepts and therapies. In J. J. Bonica (Ed.), *The management of pain* (2nd. ed., vol. 1, pp. 2~17). Philadelphia: Lea and Febiger.

Brickman, P., Coates, D., and Janoff−Bulman, R. (1978). Lottery winners and accident victims: Is happiness relative? *Journal of Personality and Social Psychology, 35,* 917~27.

Bromm, B., and Desmedt, J. E. (Eds.). (1995). *Advances in pain research and therapy,* vol. 22, *Pain and the brain.* New York: Raven Press.

Brown, R. E. (1992). Transcutaneous electrical nerve stimulation for acute and postoperative pain. In R. S. Sinatra, A. H. Ord, B. Ginsberg, and L. M. Preble (Eds.), *Acute pain: Mechanisms and management* (pp. 379~89). St. Louis: Mosby.

Bryant, R. A. (1993). Memory for pain and affect in chronic pain patients. *Pain, 54,* 347~51.

Casey, K. L. (Ed.). (1991). *Pain and central nervous system disease.* New York: Raven Press.

Chapman, C. R., and Turner, J. A. (1990). Psychologic and psychosocial aspects of acute pain. In J. J. Bonica (Ed.), *The management of pain* (2nd. ed., vol. 1, pp. 122~32). Philadelphia: Lea and Febiger.

Coren, S., and Ward, L. M. (1989). *Sensation and perception.* 3rd. ed. San Diego: Harcourt Brace Jovanovich.

Craig, K. D. (1994). Emotional aspects of pain. In P. D. Wall and R. Melzack (Eds.), *Textbook of pain* (pp. 261~74). Edinburgh: Churchill Livingstone.

Descartes, R. (1972). *Treatise of man.* French text with translation and commentary by Thomas Steele Hall. Cambridge, Mass.: Harvard University Press. (Originally published in 1664)

Dubisson, D., and Melzack, R. (1976). Classification of clinical pain descriptions by multiple group discriminant analysis. *Experimental Neurology, 51,* 480~87.

Eich, E., Reeves, J. L., Jaeger, B., and Graff−Radford, S. B. (1985). Memory for pain: Relation between past and present pain intensity. *Pain, 23,* 375~79.

Erskine, A., Morley, S., and Pearce, S. (1990). Memory for pain: A review. *Pain, 41,* 255~65.

Fine, P. G., and Hare, B. D. (1990). Introduction to chronic pain. *Problems in Anesthesia, 5,* 553~60.

Fordyce, W. E. (1976). *Behavioral methods for chronic pain and illness.* St. Louis: Mosby.

_____. (1988). Pain and suffering: A reappraisal. *American Psychologist, 43,* 276~32.

Fordyce, W. E., and Steger, C. C. (1979). Chronic pain. In O. F. Pomerleau and

J. P. Brady (Eds.), *Behavioral medicine: Theory and practice* (pp. 125~53). Baltimore: Williams and Wilkins.

Gatchel, R. J., and Turk, D. C. (Eds.). (1996). *Psychological approaches to pain management.* New York: Guilford.

Gracely, R. H. (1989). Pain psychophysics. In C. R. Chapman and J. D. Loeser (Eds.), *Advances in pain research and therapy*, vol. 12, *Issues in pain measure-ment* (pp. 211~29). New York: Raven Press.

_____. (1994). Studies of pain in normal man. In P. D. Wall and R. Melzack (Eds.), *Textbook of pain* (pp. 315~36). Edinburgh: Churchill Livingstone.

Huskisson, E. C. (1983). Visual analogue scales. In R. Melzack (Ed.), *Pain measurement and assessment* (pp. 33~37). New York: Raven Press.

IASP Subcommittee on Taxonomy. (1979). Pain terms: A list with definitions and notes on usage. *Pain, 6,* 247~52.

Jamison, R. N., Anderson, K. O., and Slater, M. A. (1995). Weather changes and pain: Perceived influence of local climate on pain complaint in chronic pain patients. *Pain, 61,* 309~15.

Jenson, M. P., and Karoly, P. (1992). Self-report scales and procedures for assessing pain in adults. In D. C. Turk and R. Melzack (Eds.), *Handbook of pain assessment (pp.* 135~51). New York: Guilford.

Katz, J. (1993). The reality of phantom limbs. *Motivation and Emotion, 17,* 147~79.

Katz, J., and Melzack, R. (1990). Pain "memories" in phantom limbs: Review and clinical observations. *Pain, 43,* 319~36.

Keefe, F. J., and Dunsmore, J. (1992). Pain behavior: Concepts and controversies. *APS Journal, 1,* 92~100.

Keefe, F. J., and Gil, K. M. (1986). Behavioral concepts in the analysis of chronic pain. *Journal of Consulting and Clinical Psychology, 54,* 776~83.

Keefe, F. J., and Williams, D. A. (1992). Assessment of pain behaviors. In D. C. Turk and R. Melzack (Eds.), *Handbook of pain assessment* (pp. 275~92). New York: Guilford.

Kent, G. (1985). Memory for dental pain. *Pain, 21,* 187~94.

Kerns, R. D., and Jacob, M. C. (1992). Assessment of the psychosocial context in the experience of pain. In D. C. Turk and R. Melzack (Eds.), *Handbook of pain assessment* (pp. 235~53). New York: Guilford.

Lewis, T. (1942). *Pain.* London: Macmillan.

Loeser, J. D. (1980). Low back pain. In J. J. Bonica (Ed.), *Pain* (pp. 363~77). New York: Raven Press.

Melzack, R. (1975). The McGill Pain Questionnaire: Major properties and scoring methods. *Pain, 1,* 277~99.

_____. (1993). Pain: Past, present, and future. *Canadian Journal of Psychology,*

47, 615~29.

_____. (1995). Phantom-limb pain and the brain. In B. Bromm and J. E. Desmedt (Eds.), *Advances in pain research and therapy*, vol. 22, *Pain and the brain* (pp. 73~81). New York: Raven Press.

Melzack, R., and Casey, K. L. (1968). Sensory, motivational, and central control determinants of pain: A new conceptual model. In D. Kenshalo (Ed.), *The skin senses* (pp. 423~39). Springfield, Ill.: Charles C. Thomas.

Melzack, R., and Katz, J. (1992). The McGill Pain Questionnaire: Appraisal and current status. In D. C. Turk and R. Melzack (Eds.), *Handbook of pain assessment* (pp. 152~60). New York: Guilford.

Melzack, R., and Torgerson, W. S. (1971). On the language of pain. *Anesthesiology*, *34*, 50~59.

Melzack, R., and Wall, P. D. (1965). Pain mechanisms: A new theory. *Science*, *150*, 971~79.

_____. (1982). *The challenge of pain*. Harmondsworth, Eng.: Penguin Books.

Morley, S. (1993). Vivid memory for "everyday" pains. *Pain*, *55*, 55~62.

Morris, D. B. (1994). What we make of pain. *Wilson Quarterly* (Fall), 8~26.

Nashold, B. S., and Ovelmen-Levitt, J. (Eds.). (1991). *Advances in pain research and therapy*, vol. 19, *Deafferentation pain syndromes*. New York: Raven Press.

Nathan, P. W. (1976). The gate control theory of pain: A critical review. *Brain*, *99*, 123~58.

Price, D. D. (1988). *Psychological and neural mechanisms of pain*. New York: Raven Press.

Price, D. D., and Harkins, S. W. (1992). The affective-motivational dimension of pain: A two-stage model. *APS Journal*, *1*, 229~39.

Price, D. D., McGrath, P. A., Rafi, A., and Buckingham, B. (1983). The validation of Visual Analogue Scales as ratio scale measures for chronic and experimental pain. *Pain*, *17*, 45~56.

Romano, J. M., Turner, J. A., Friedman, L. S., Bulcroft, R. A., Jensen, M. P., Hops, H., and Wright, S. F. (1992). Sequential analysis of chronic pain behaviors and spouse responses. *Journal of Consulting and Clinical Psychology*, *60*, 777~82.

Salovey, P., Smith, A. F., Turk, D. C., Jobe, J. B., and Willis, G. B. (1993). The accuracy of memory for pain: Not so bad most of the time. *APS Journal*, *2*, 184~91.

Scarfing, E. P. (1994). *Health psychology*. 2nd ed. New York: Wiley.

Scott, J., and Huskisson, E. C. (1976). Graphic representation of pain. *Pain*, *2*, 175~84.

Seymour, R. A. (1982). The use of pain scales in assessing the efficacy of analgesics in post—operative dental pain. *European Journal of Clinical Pharmacology, 23*, 441~44.

Shealy, C., and Maurer, D. (1974). Transcutaneous nerve stimulation for control of pain. *Surgery and Neurosurgery, 2*, 45~47.

Sherrington, C. S. (1906). *Integrative action of the nervous system*. New York: Scribner's.

Sicuteri, F., Terenius, L., Vecchiet, L., and Maggi, C. A. (Eds.). (1992). *Advances in pain research and therapy*, vol. 20, *Pain versus man*. New York: Raven Press.

Sinatra, R. S., Ord, A. H., Ginsberg, B., and Preble, L. M. (Eds.). (1992). *Acute pain: Mechanisms and management*. St. Louis: Mosby Year Book.

Smith, W. B., and Safer, M. A. (1993). Effects of present pain level on recall of chronic pain and medication use. *Pain, 55*, 355~61.

Sternbach, R. A. (1974). *Pain patients: Traits and treatments*. New York: Academic Press.

_____. (1977). Psychological aspects of chronic pain. *Clinical Orthopedics, 129*, 150~55.

Stevens, S. S. (1975). *Psychophysics: Introduction to its perceptual, neural, and social prospects*. New York: Wiley.

Tulving, E. (1985). Memory and consciousness. *Canadian Journal of Psychology, 25*, 1~12.

Turk, D. C. (1996). Biopsychosocial perspective on chronic pain. In R. J. Gatchel and D. C. Turk (Eds.), *Psychological approaches to pain management* (pp. 3~32). New York: Guilford.

Turk, D. C., and Melzack, R. (Eds.). (1992). *Handbook of pain assessment*. New York: Guilford.

Turner, J. A. (1982). Comparison of group progressive—relaxation training and cognitive—behavioral group therapy for chronic low back pain. *Journal of Consulting and Clinical Psychology, 50*, 757~65.

Wall, P. D. (1996). Comments after thirty years of the gate control theory. *Pain Porum, 5*, 12~22.

Wall, P. D., and Melzack, R. (Eds.). (1994). *Textbook of pain*. Edinburgh: Churchill Livingtone.

White, B., and Sanders, S. H. (1986). The influence of patients' pain intensity ratings on antecedent reinforcement of pain talk or well talk. *Journal of Behavior Therapy and Experimental Psychiatry, 17*, 155~59.

Williams, D. A., and Keefe, F. J. (1991). Pain beliefs and the use of cognitive—behavioral coping strategies. *Pain, 46*, 185~90.

Wright, J., and Morley, S. (1995). Autobiographical memory and chronic pain. *British Journal of Clinical Psychology, 34*, 255~65.

기분 체계

월리엄 N. 모리스

기분 개념에 대한 논의들을 재고찰해 보면, 특히 정서와의 관계 측면에서 기분이란 무엇인지에 대해 서로 엇갈리는 분분한 의견들이 드러난다. 기분의 본질을 밝히기 위해서 나는 기억과 판단과 자기 초점적 주의에 기분이 미치는 영향에 대한 연구를 재고찰했다. 실험적 방법론 및 상관적 방법론과 임상 모집단 및 비임상 모집단에 걸쳐 종합적으로 고찰해 본 결과, 나는 들뜬 기분과 우울한 기분은 일반적으로 기분 일치 기억 및 판단과 관련이 있으며, 나쁜 기분은 자기 초점을 증가시킨다는 사실을 밝혀 냈다. 이러한 증거와 기분의 명백한 선례에 대한 고려에 근거하여, 나는 기분이 버스 (1995)가 기술한 대로, '진화한 심리적 메커니즘'의 속성을 가지고 있다고 결론을 내리고자 한다. 구체적으로 말하면, 기분은 특정한 종류의 입력, 즉 현재의 요구 수준을 감안한 자원의 적정성에 민감한 것으로 보인다. 긍정적, 부정적 불균형이 기분 체계를 활성화시켜 지각된 자원과 수요(요구) 간의 항상성 균형을 유지하는 것과 같은 방식으로 그 체계가 다른 심리적 체계에 영향을 미치도록 한다. 나는 이 기분 개념을 정보 처리에 기분이 미치는 영향, 기분의 자기 조절, 그리고 불안과 과민성과 같은 감정 상태가 기분으로 분류되는지와 같은 현재 및 미래의 탐구 영역과 관련하여 고찰하고자 한다. 기분이 느낌에 근거해서 가까운 장래의 쾌락과 고통을 전망하는 예측 변인이라는 사고로 미루어 보면, 기분과 주관적 웰빙은 밀접한 관계를 지니고 있다는 결론을 내릴 수 있다.

극단적으로 기분은 엄청난 쾌락과 고통을 주는 유례없이 복잡하고 강렬한 상태를 유발한다. 재미슨(Jamison, 1995)은 최근 자신의 조울증에 대한 회고록에서 우울증과 조증을 생생하게 묘사하고 있다.

우울증은 말이나 소리나 이미지로 표현할 수 없을 정도로 끔찍하다 … 우울증은 의심, 신뢰와 자존감의 결핍, 삶을 즐길 수 없는 상태, 정상적으로 걷거나 말하거나 생각할 수도 없는 상태, 극도의 피로감, 야경증, 대낮의 공포증 등의 증상으로 대인 관계를 망친다. 어떻게 늙을 수밖에 없는지, 어떻게 늙고 병들 수밖에 없는지, 어떻게 죽을 수밖에 없는지, 어떻게 정신이 둔해질 수밖에 없는지, 어떻게 우아함과 품위와 조화로움을 잃어갈 수밖에 없는지, 어떻게 추해져 갈 수밖에 없는지, 어떻게 삶의 가능성, 성적 쾌락, 음악의 절묘한 아름다움 혹은 자신이나 다른 사람들을 웃게 만드는 능력을 신뢰하지 못하게 되는지에 대한 경험을 안겨준다는 것 말고는 우울증에 대해서 딱히 할 말이 없다(217). 그러나 (그러한) 기분은 아무리 끔찍해도 … 항상 다른 기분의 고양과 활력에 의해 상쇄되기 마련이었다. 찬란하게 빛나며 끓어오르는 조증의 열정, 그 온화하고 부드러운 파도가 나를 덮칠 때마다, 나는 매혹적인 향기에 실려 심오한 추억의 세계로, 그 옛날, 지금보다 훨씬 더 강렬하고 열정적이던 시절로 이동한다(211).

재미슨은 기분 연속성에서 벗어나는 기분을 언급하고 있지만, 그 기분은 기분 체계를 특징짓는 가족 유사성, 즉 '개인의 자원의 풍부성에 대한 감정과 사고를 야기하는 것으로 행동에 영향을 미칠 수 있는 능력'을 더 평범하고 통제하기 쉬운 사촌뻘 기분과 공유한다. 기분이 좋으면 대부분의 목표를 달성할 수 있을 것만 같고, 기분이 나쁘면 목표를 거의 달성할지 못할 것만 같다. 나는 기분과 연관된 고통과 즐거움을 생성하는 것은 이처럼 변하는 기대감의 등록이라고 믿는다.

이 장에서는 기분에 대해서 우리가 알고 있는 내용을 재고찰할 것이다. 기분은 어디서 발원하며, 우리에게 어떻게 영향을 미치며, 반대로 우리가 기분에 어떻게 영향력을 미치거나 기분을 어떻게 조정하는지 살펴볼 것이다. 나는 이러한 재고찰로 밝힐 연구 결과의 패턴이, 기분이 목표 지향적 행동을 통제하는 자기 조절 체계에서 신호로 작용한다고 믿는 초기 기분 이론가들의 견해와 일치한다고 믿는다. 기분은 관계된 요구 수준을 감안한, 이용할 수 있는 자원의 적정성을 신호로 알려주기 때문에(Morris, 1992), 가까운 미래에 목표 지향적 행동이 성공할 가능성에 대해서 느낌을 기반으로 예측을 하게 된다(Batson, Shaw and Oleson, 1992). 그러므로 우울증의 고통은 즉시 예측할 수 있는 미래에, 가치 있는(보상이 따르는) 결과에 대한 경험을 기대할 수 없다는 것에서 기인한다고 볼 수 있다. 이러한 점은 기분과 주관적 웰빙 간의 밀접한 관계를 암시한다.

기분 개념의 간략한 현대사

현재, 심리학자들은 '기분'이라는 용어를 사용할 때 두 가지 중 하나를 의미하는 것으로 보인다. 어떤 심리학자들(예컨대, Forgas, 1995; Izard, 1993)은 기분을 약해진 정서의 한 형태로 간주한다. 그리고 다른 어떤 심리학자들(예컨대, Baston et al., 1992; Davidson, 1994)은 기분을 정서와는 다른 기능을 가진 독특한 감정적 구성체로 본다. 이 두 입장의 현저한 차이점은 기분 개념이 어떻게 진화했는지에 대한 간략한 역사적 고찰의 맥락에서 더 잘 이해할 수 있다.

기분에 대한 초기 개념을 제시한 인물은 럭믹(Ruckmick, 1936)이다. 그는 기분을 다음과 같은 특징을 가진 '퇴화하거나 쇠약해진 정서 유형'으로 여겼다.

기분은 정서와 공통점이 있는 일반적인 감정의 톤과 일부 신체적인 증상을 가지고 있다. 그 외 다른 모든 점에서, 기분은 전형적인 정서와 직접적인 대조를 이룬다… 기분은 갑작스럽게 유발되지는 않지만 일반적으로 오래 지속된다. 때로는 몇 시간 동안 지속되기도 하고, 때로는 며칠 동안 지속되기도 한다. 기분은 특별한 인지적 요소가 없다. 우리는 종종 기분이 누구나 어떤 것에 향해 있는지 말하기 어렵다. 또한 기분은 일반적으로 의식 전체를 점유하지는 않는다… 기분은 어떤 뚜렷한 행동에도 적합하지 않다. 생물학적으로 그 기능을 결정하기는 어렵다. 물론 기분은 직접적인 경험보다는 생리적인 조건과 더 관련이 있다고 말할 수 있을 것이다. 하지만 분명 여러 가지 기분은… 경험 — 하루 동안에 일어나는 일련의 불운한 일들, 많은 사업 중에 생기는 뜻밖의 행운, 많은 쾌락을 동반한 방탕한 밤 — 을 통해서 발생한다(72~73).

놀랍게도 60년 후에 많은 심리학자들은 이러한 견해에 거의 전적으로 동의했을 것이다.

기분을 체계적인 연구의 주요 주제로 삼은 첫 번째 인물은 빈센트 나울리스(Vincent Nowlis)였다. '기분 형용사 체크리스트'를 만든 인물로 이름을 남긴 나울리스는 기분은 기능적인 것이라는 개념으로도 인정을 받을 만하다. 초기 주장에서 나울리스 부부(1956)는 기분을 "유기체에게 주어지는, 유기체의 현재 기능적 특징에 관한 정보의 원천이거나 식별 가능한 자극의 원천인 매개 변인 또는 소인으로 정의했다"(352).

나울리스 부부는 기분이 인식의 역치 수준보다 낮은 상태와 높은 상태 모두에서 작용한다는 점을 제시했다. 인식의 역치 수준보다 낮은 상태에서 작용하는 경우에는 기분이 행동의 가능성을 변화시키는 직접적인 소인 효과를 가지는 반면에 인식의 역치 수준보다 높은 상태에서 작용하는 경우에는 기분이 하나의 신호 역할을, 즉 자기 조절 행동을 일으키는 것에 대한 승인 역할을 한다.

나울리스의 견해가 가장 탁월하지만, 그 시대의 다른 유명한 심리학자들도 기분에 대한 유사한 관념을 지지했다. 예를 들어, 정신역학자인 에디스 야콥센(Edith Jacobsen)은 기분을 '자아의 바로미터'(1957)라고 불렀고 칼 프리브람(Karl Pribram, 1970)은 기분을 삶의 환경에 대한 평가를 반영하는 '감시자'로 묘사했다.

기분의 본질에 대해서 어느 정도 의견 일치를 보았음에도 불구하고 기분에 대한 관심이 줄어들면서 체계적인 후속 연구가 거의 이루어지지 않았다. 그것은 두 가지 이유 때문인 것으로 보인다. 첫째, 기분에 대한 초기의 연구는 주로 자기보고 측정법에 의존했는데, 이는 역할 요구 효과와 실험자 기대 효과와 같은 문제에 취약하기 때문에 1960년대에는 신망을 잃었다. 둘째, 인지심리학의 혁명이 임박해 보였고, 이는 심리학자들로 하여금 감정을 외면하게 했다.

흥미롭고 역설적이게도, 인지심리학의 크나큰 성공은 기분에 대한 관심을 소생시켰지만, 이제는 인지 과정, 특히 기억에 기분이 미치는 영향 때문에 그에 대한 관심이 다시 살아나고 있다. 1970년대 초반, 이타주의와 친사회적인 행동은 점점 더 발전해 가는 인지 사회심리학에서 연구의 핵심으로 자리 잡았다. 그리고 활발한 한 연구 영역으로는 감정 상태와 도움 행동 사이의 관계가 있었다. 영향력 있는 한 논문에서 아이센과 동료들(Isen et al., 1978)은 기분이 도움 행동에 미치는 효과는 기분이 상기시키는 사고에 기인할 것이라는 점을 제시했다. 두 연구에서 아이센과 동료들은 좋은 기분이 기억과 판단에 긍정적인 편향을 일으킨다는 사실을 증명했다.

바우어(Bower, 1981)는 감정 상태와 기억 간의 관계에 대한 더 형식화된 모델을 제시하고자 했으며, 오늘날도 연구를 계속 선도하고 있다. 아이센과 바우어가 모두 지지하는 근본적인 관념은 기억이 '노드(node)들'의 네트워크로 구성될 수 있다는 것이었다. 이 노드들의 근접성은 부분적으로는 그것들이 경험상 연관된 정도에 달려 있다. 활성화 확산, 즉 특정한 한 노드의 자극이 인접한 노드들로 확산되는 흥분을 일으킨다고 하는 가정을 더한다면, 결과적으로 기분은 기분 일치 기억을 생성하게 될 것이다. 왜냐하면 삶에서 좋은 기분(느낌)은 긍정적인 사건과 연합하는 경향이 있고, 나쁜 기분(느낌)은 부정적인 사건과 연합하는 경향이 있기 때문이다.

기분과 기억 및 판단의 과정에 대한 초기 연구의 성공은 도움 행동에 기분이 미치는 영향과는 별도로, 기분 그 자체에 대한 관심을 변화시켰다(초기 연구의 재고찰에 대해서는 Clark and Isen, 1982를 참조). 아이센에 따르면 기분의 핵심적인 특징은 섬세성(미묘함)이다. 아이센이 '단절적인' 것으로 여겼던 정서와는 달리, 기분은 흔히 대체로 눈에 띄지 않으며, 결과적으로 우리가 당시에 집중적으로 주의를 주는 것에 어떻게 반응하는지에 광범위하게 영향을 미칠 수 있다.

자욘스의 논쟁적인 제안(1980) 역시 기분에 대한 관심을 불러일으켰다. 그에 따르면, 감정 체계는 인지 과정과 연합된 체계로부터 적어도 부분적으로 독립되어 있으며, 낮은 강도의 자극에 상대적으로 더 민감하기 때문에 우위를 가지고 있다. 이것은 '앎'이란 것이 인지 체계의 수행이라는 점에서, 우리가 감정의 유발 원인을 알지 못하는 상태에서, 감정이 유발될 수 있다는 것을 의미한다. 이러한 결론은 기분을 이해하는 데 중요하다. 왜냐하면 모든 주석가들이 동의하는 한 가지 사실을 들면, 정서에 비해 기분은 확산적이고 총체적인 데다 만연성의 성격을 지니고 있기 때문이다(Morris, 1989). 자욘스의 논지의 힘은 그것이 이유를 설명할 수 있었다는 것이다. 구체적으로 말하면, 감정은 사건의 초래에 대한 인식 없이 일어날 수 있기 때문에, 그 느낌은 평가가 전형적으로 제공하는 인지 구조 및 행동 경향을 동반하지 않을 것이다. 실제로 이러한 견해를 근거로 러셀과 우드지아(Russel and Woudzia, 1986)는 자욘스의 개념이 기분과 특별한 관련이 있다고 제시했다.

아이센과 자욘스는 감정이 총체적이고 확산적이며 만연성의 성격을 보이거나 분명하지 않은 성격을 띠는 데 꼭 가벼울(경미할) 필요는 없다는 점을 인식했지만, 그들의 연구는 공짜 선물(Isen et al., 1978)과 슬픈 얼굴 표정 및 행복한 얼굴 표정과 같은 낮은 충격 효과의 조작을 이용해 일률적으로 감정 상태들을 만들어 냈다(Murphy and Zajonc, 1993). 경미한 감정 조작이 광범위한 인지 과정과 행동에 영향을 미쳤다는 것을 입증하는 이들의 연구와 다른 연구들의 성취를 감안할 때(이 연구의 많은 부분은 이 장의 뒷부분에서 논의할 것이다), 일부 심리학자들은 정서가 총체적이고 확산적이며 만연성을 띠려면, 즉 기분이 되려면 감정의 가벼움이 필수적이고 결정적인 특성(예컨대, Sedikides, 1995를 참조)이라는 결론을 내렸다. 그러한 결론은 정서처럼 기분이 가벼운 것에서 강렬한 것으로 변할 수 있다고 생각했던 초기의 기분 이론가들과 명백한 단절을 보였다.

비록 그러한 연구들은 우리가 종종 감정의 원인을 엉뚱한 근거에 역기능적으로 잘못 귀속시킨다는 점을 보여주려 했지만, 자욘스의 견해는 기분에 대한 다른 사고방식을 정당화하는 데 기여했던 기능적인 감정 접근법에 기반을 확고히 두었다. 아이센과 바우어는 기분이 반드시 인식을 구성하는 방식의 기능적 부산물은 아니라는 것을 알았던 반면에 자욘스의 접근법은 특정한 감정 체계가 특정한 목적 — 기분의 본질에 대한 최근의 많은 논의의 주요한 특징인 — 을 이룰 수 있도록 진화한 것일 수도 있다는 견해를 지지한다(예컨대, Batson et al., 1992; Davidson, 1994; Frijda, 1994, Morris, 1992를 참조).

현재, 기분에 대한 '작은 정서'의 관점을 주창한 이들은 주로 사회심리학자들로, 그들은 자신들의 견해를 계속해서 역설하고, 낮은 수준의 감정 조작의 영향을 받는 일종의 인지 과정을 계속 확장시키는 연구에 적극적이었다. 한편, 기분의 기능은 정서의 기능과는 다르다고 보는 연구자들이 크게 늘어나고 있지만, 그 기능이 무엇인지에 대해서는 거의 일치하지 않는다. 예를 들어 데이비슨(Davidson, 1994)의 말에 따르면, 정서의 존재 목적은 행동이 편향성을 갖게 하는 것인 반면에 기분의 존재 목적은 인지가 편향성을 갖게 하는 것이다. 뱃슨과 쇼, 올레슨(Batson, Shaw and Oleson, 1992)은 기분이 우리에게 미래에 즐겁고 고통스러운 사건이 일어날 가능성에서 있을 수 있는 일시적인 변동을 알려주는 반면에 정서는 현재의 쾌락 관련 사건의 결과라고 주장한다. 프리자(1994)는 기분과 정서는 모두 사람들의 정보의 원천인 반면에 둘은 신호 양상에서 다르다고 주장한다. 즉, 정서는 감정적으로 중요한 특정한 사건에 대한 반응을 나타내고, 기분은 개인의 현재 '총체적인 행동 준비 상태'와/또는 '삶의 상황에 대한 평가'를 알려주는 단서라는 것이다.

우리는 이처럼 서로 엇갈리는 주장들을 어떻게 평가해야 할까? 현재, 기분과 정서를 구분하기 위한 노력의 대부분(그러한 구분에 관한 일련의 정보를 알고 싶으면, Ekman and Davidson, 1994를 참조)은 일화와 견해에 의존한다. 나는 우리가 그러한 구분을 더 잘 할 수 있을 거라고 믿는다. 가설적 구성 개념에 대한 정의가 일정 부분 가정에 달려 있을 수밖에 없지만, 데이터와 이론은 서로 결합해 직접적으로 볼 수 없는 것에 형태를 부여할 수 있다. 이제 나는 기분의 본질에 대한 이해를 위해 필요한 자료를 수집하는 과제로 시선을 돌리고자 한다.

우리가 기분에 관한 연구로부터 얻은 지식

기분이 무엇인지에 대한 여러 의견차를 고려해 볼 때, 조작적 정의 또한 다를 수 있을 것이다. 따라서 어떤 연구자들이 기분이라고 부르는 것은 다른 연구자들의 눈에는 기분과는 다른 것으로 보인다. 예를 들어, 세디키데스(Sedikides, 1995)는 자아 개념에 '기분'이 미치는 효과를 연구하고자 했을 때, 피험자들에게 한 친구가 심각하게 화상을 입었거나 카리브해 순항을 했다고 상상해 보라고 요구했다. 이는 기분을 자기 상황에 대한 반응으로 여기는 사람들이 기분 조작을 한 것으로는 간주되지 않을 것이다(예컨대, Lazarus, 1994; Morris, 1992).

단순히 '기분'을 측정하고 다른 것과의 상관관계를 따지는 연구들에서 유사한 문제가 발생한다. 기분이 가벼운 정서나 잔여 정서일 뿐이라면, 그것은 '화나는', '슬픈', '불안한', '신이 나는' 등과 같은 대표적인 감정들을 포괄하는 자기보고 도구로 측정할 수 있을 것이다. 이 모든 것이 '기분'일까? 기분에 관한 실험적, 임상적 문헌은 우울한-고양된 기분이나 슬픈-행복한 기분 연속성에 집중되어 있다. 이 장의 뒷부분에서, 나는 불안이나 과민성 같은 감정 상태를 기분으로 볼 수 있는 정도를 고찰할 것이다. 하지만 당분간 그것은 미결 문제로 간주해야 할 것이다. 그렇다면 일상의 기분이 보다 구체적인 긍정적인 감정이나 부정적인 감정의 조합으로 측정되는 한, 측정된 상태는 실험실에서 산출된 상태 및 임상 환경에서 관찰된 상태와는 틀림없이 상당히 다를 것이다.

어떤 특정한 연구가 실제로 기분에 관한 것인지, 다른 유형의 감정에 관한 것인지의 문제에 대한 나의 해답은 수렴 조작[1]에 의존한다. 구체적으로 말하면, 나는 기분에 관한 실험 연구, 상관 연구, 임상 연구가 같은 종류의 결과에 수렴할 경우에, 유도되거나 측정된 상태가 질적으로 동일한 것이고, 그 상태를 결과에 결부하는 과정 또한 유사할 가능성이 높다고 추정할 준비가 되어 있다. 이러한 전략은 기분으로부터 기인할 수 있는 상이한 여러 종류의 인지적, 행동적 결과의 수를 일시적으로 줄이지만, 밝혀진 관련성이 신뢰할 만하며 (중요한 사실은) 기분에 관한 것이라는 나의 확신을 강화한다. 이런 종류의 전략이 성공적이라면 '교두보', 즉 이론이 나올 수 있는 확고한 기반의 수립이 가능해질 것이고, 그 이론의 안내에 따라, 우리는 문헌에서 찾아볼 수 있는 기분에 대한 다른 종류의 연구 결과를 기대할 수 있을 것이다. 나는 사실, 일상적으로 측정된 조작적 기분과 임상적으로 다양하게 측정된 조작적 기분 전반에 걸친 이러한 수렴의 특성을 입증하는 세 가지 문헌, 즉 기분 일치 기억, 기분 일치 지각 및 판단, 자기 초점 주의에 기분이 미치는 효과가 있다고 믿는다.

기분 일치 기억

사건들의 일치점을 통해서, 기분 일치 사고(思考)를 상기시키는 방식으로 기분이 기억 편향을 일으킬 수 있는 가능성은 25년이 넘는 세월 동안 임상 및 실험 정신병리학에서 사회 및 인지심리학에 이르기까지 다양한 전문 분야에 걸쳐 주요한 연구의 초점이었다. 우울증에 대한 인지 이론들, 특히 부모의 상

---

1   가장 적절한 가설을 찾아내기 위해 가설을 체계적으로 반복 검증해 나가는 방법.

실과 같은 바람직하지 못한 생활환경이 결과적으로 초래된 스트레스가 많은 생활 사건들을 부정적이거나 '우울증을 유발하는 방향으로' 생각하기 쉽게 만드는 경향이 있다고 추정한 벡(Beck, 1967)의 견해는 비정상적인 감정 과정에 관심이 있는 연구자들의 관심을 자극했다. 이러한 부정적인 스키마(도식)는 현재 상황에 대한 해석을 알려진 도식대로 유도하고 스키마와 일치하지 않는 믿음의 수용을 막는다. 머지않아 다른 관련 이론들이 등장했다. 이 모든 이론들은 우울한 기분이 부정적인 사고를 불러일으키는 것은 아니라고 추정하지만, 모두 기분과 기억 사이의 연관성을 측정해야 하므로 많은 데이터를 수집해야만 했다.

사회심리학자들에 관해 말하자면, 그들은 자욘스와 바우어의 생각뿐만 아니라 아이센의 연구에도 자극을 받았다. (아이센의 연구는 특히 인지심리학자들에게도 영향을 미쳤다.) 1960년대 후반과 1970년대 초반에 감정에서 벗어나 인지로 향했던 추가 다시 되돌아오기 시작하면서 추진력 또한 생겼다.

연구가 축적됨에 따라 다양한 재고찰이 빠르게 등장하기 시작했다(예컨대, Blaney, 1986; Clore, Schwarz and Conway, 1994; Matt, Vazquez and Campbell, 1992; Morris, 1989; Sedikides, 1992a). 일반적으로 이러한 재고찰은 포함과 배제에 다른 규칙을 적용한다는 점에서 상호 보완적이다. 예를 들어, 매트와 바스케스, 캠벨(Matt, Vazquez and Campbell, 1992)은 자기 관련성이 있는 회상 자료를 이용한 연구들을 모두 배제한 반면에 세디키데스의 재고찰(1992a)은 그러한 항목의 회상만을 고려했다. 여기에서 나는 이처럼 다양한 재고찰 전반에 걸쳐 서로 합치되는 영역을 밝히고자 한다.

내 생각에는 매트와 바스케스, 캠벨(1992)의 재고찰이 가장 바람직한 출발점이다. 왜냐하면, 다른 재고찰들과는 달리 매트와 바스케스, 캠벨의 재고찰은 결론의 도출 과정을 통제하는 데 메타 분석 기법을 사용하기 때문이다. 매트와 그의 동료들은 1975년과 1988년 사이에 발표된 연구들을 선정했는데, 그 연구들은 연구자가 소개한 (예컨대, 명사, 형용사, 문장, 생각의 단위 등의) 구두 자료를 회상 항목으로 다루고 있었다. 즉 그 선정에서 개인의 기억과 자기 생성적인 다른 자료들을 포함하고 있는 연구들은 배제되었다. 기분 일치 회상의 범위는 다섯 가지 범주 — '정상 상태의 우울하지 않은', '준임상적으로 우울한', '임상적으로 우울한', '유발성의 우울한', '유발성의 신나는' — 로 평가되었다.

각 범주에서 얻은 결과의 패턴은 서로 달랐다. 정상 상태의 우울하지 않은 피험자들은 긍정적인 자극을 선호하는 비대칭성 회상을 보였다. 이러한 결과는 우울하지 않은 피험자들의 평균 기분이 실제로는 약간 긍정적인 것으로 알려져 있다는 점에서 기분 일치 기억에 대한 예측과 일치하지만(Diener, 1984), 상태 기분 측정이 일반적으로 관리되지 않았기 때문에 그 증거가 불충분하다. 그러나 그 뒤에 메이어와 매코믹, 스트롱(Mayer, McCormick and Strong, 1995)은 600명의 피험자들을 대상으로 실행한 세 개의 연구 결과를 발표하여, 정상적인 사람들이 일상적인 기분에서 보이는 기분 일치 기억을 제시했다. 메이어와 그의 동료들은 피험자들에게 하나 이상의 첫 문자에 대한 응답으로 범주 항이나 연상어를 생성해 보라고 요구하는 과제를 이용했다. 예컨대, 피험자들은 '결혼'이라는 용어와 문자 'd'와 'l'을 제시받을 경우에 '이혼(divorce)'이나 '사랑(love)'으로 그에 반응할 수 있을 것이다. 모든 연상어와 범주 항은 '부정적', '긍정적', 또는 '중립적'으로 채점되며, 이를 통해 연상해 낸 항목의 종합적인 긍정성과 측정된 기분 사이의 상관관계를 계산할 수 있다.

　(대부분의 연구들에서 '벡 우울 척도'를 이용해 피험자들로 선택된) 준임상적으로 우울한 피험자들은 회상의 비대칭성을 보여주지 못했으며, 똑같이 수월하게 긍정적이거나 부정적인 자극을 회상했다. 누군가는 이 경우를 피험자들이 우울하지만 부정적인 항목을 선호하지 않았다는 점에서 기분 일치의 실패로 생각할 수도 있다. 하지만 누군가는 우울증이 긍정성의 편향을 보인 우울하지 않은 피험자들의 반응에 비해, 준임상적으로 우울한 피험자들의 반응을 기분과 일치하는 방향으로 좀 더 변화시킨 것으로 보인다고 주장할 수도 있다. 매트와 바스케스, 캠벨(1992)의 연구 결과에 의하면, 임상적으로 우울한 사람들로 진단된 피험자들 사이에서는 회상이 기분과 일치성을 보이는 결과가 나타났다. 이는 아마도 기분 일치성과는 무관한 이유에도 불구하고 훨씬 더 강력한 결과를 가져올 수 있는 자서전적 기억을 이용한 연구에 의존하지 않고 있다는 점에서 상대적으로 강력한 연구 결과이다. 예컨대, 우울한 사람들은 스트레스로 가득한 삶을 누릴 가능성이 더 높을 것이다. 마지막으로, 조작된 우울이나 흥겨움의 경우, 비록 우울의 경우에는 통계치가 무의미했지만, 기분과 일치하는 결과가 나타났다.

매트와 바스케스, 캠벨(1992)이 재고찰한 연구를 보완한 것은 세디키데스

(1992a)가 조사한 연구들이다. 세디키데스는 1970년과 1991년 사이에 발행된 〈심리학 초록(Psychological Abstracts)〉[2]에 인용된 모든 연구들 — '행복한' 기분과 '슬픈' 기분을 조작하고 자기 관련 정보 회상을 측정한 — 을 재검토했다. 결국 그는 기분 일치 회상을 뒷받침하는 강력한 증거를 발견했다.

기분 일치에 대한 전반적인 증거가 상당히 유력함에도 불구하고, 이론적으로는 기분 의존 기억(Mood-Dependent Memory: MDM)으로 알려진 관련 현상 역시 환영받지 못해 왔다. 활성화 확산 이론들[3](예컨대, Bower, 1981)은 기분 일치 기억과 MDM을 모두 예측하기 때문에, 일부 비평가들의 관심을 계속 받아 왔다. MDM은 특정한 기분 상태에서 습득한 항목에 대한 기억이 바로 그와 동일한 기분 상태에서 회상이 측정될 때는 손쉽게 떠오르고, 다른 기분 상태일 경우에는 기억이 약화되는 경우를 나타낸다. 기분 일치 기억과는 달리, 기억해야 할 자료의 유의성은 MDM과는 관련이 없다. MDM은 알코올(Parker, Birnbaum, and Noble, 1976)이나 니코틴(Peters and McGee, 1982)과 같은 약물의 경우에서 가장 빈번하게 증명되어 온 보다 일반적인 상태 의존 기억 현상의 구체적인 예로 볼 수 있다.

초기의 두 연구(Weingartner, Miller and Murphy, 1977; Bower, Monteiro and Gilligan, 1978, Study 3)에서 MDM이 드러났다. 바인가르트너와 밀러, 머피(Weingartner, Miller and Murphy)의 논문은 조울증 진단을 받은 사람들을 대상으로 한 연구 결과를 보고했다. 그와 같은 피험자들은 연구자들의 요구에 따라 보통 명사들을 보고 자유연상을 해 본 다음, 며칠 후 그 연상을 회상했다. 이 환자들은 검사를 받을 때의 기분이 회상할 때의 기분과 일치할 때에 두 기분의 불일치가 발생할 때보다 그 연상을 거의 두 배나 많이 회상할 수 있었다. 바우어와 몬테이로, 길리건(Bower, Monteiro and Gilligan, 1978, Study 3)은 대학생들에게 두 개의 단어 목록을 익히도록 요구했다. 학생들은 한 목록은 행복할 때 학습했고, 한 목록은 슬플 때 학습했다. 검사받을 때의 기분과 학습할 때의 기분이 대비되었다. 결과적으로 피험자들은 학습할 때의 기분과 검사 받을 때의 기분이 일치할 때 유의미하게 더 잘 회상했다.

---

2   미국 심리학회가 발행하는 학술지로 심리학 주제와 연관된 거의 모든 학술지 논문의 초록이 등재되어 있다.

3   이 이론들에 따르면, 기억의 개념들은 노드들로 표상되며 고리들로 연결되어 있는데, 초점 단위(활성화가 시작되는 지점)가 활성화되면 활성화는 연결된 요소들을 향해 퍼져 나간다.

하지만 곧 의구심이 일었다. 우선, 블래니(Blaney, 1986)가 지적했듯이, 피험자들이 최초 검사 시에 지배했던 기분과 유의성이 일치하는 연상을 낳을 수도 있었다는 점에서 바인가르트너와 밀러, 머피(1977)의 연구 결과는 MDM보다는 기분 일치 기억을 반영한 것일 수도 있었다. 회상해야 할 자료가 유의성이 없을 경우에만 MDM이 발생했다고 확신할 수 있다. 더 혹독한 비판은 바우어와 몬테이로, 길리건(1978)이 보고한 연구 결과를 반복하기가 어렵다는 것이다(예컨대, Bower and Mayer ,1989를 참조).

그러나 중요한 한 논문에서 아이크(Eich, 1995)는 제한된 조건에서 MDM이 신뢰할 만하다는 일련의 연구 결과를 보고했다. 구체적으로 말하면, 아이크의 연구 결과가 보여주듯이, 회상해야 할 자료를 실험자가 제공한 자료가 아닌, 추론이나 이미지화와 같은 과정을 통해 피험자들이 내부적으로 생성한 경우와 단서에 따른 회상이 아닌 자유 회상을 이용하는 경우에는 MDM이 생성될 수 있다는 것이다. 또한 아이크는 불일치 조건에서 나타나는 큰 기분 차이의 생성이 갖는 중요성을 강조했다. 따라서 '제한 조건들' 중에서 두 가지는 본질적으로 매개 변인으로 보인다. 즉 기분 의존적 망각은 기분 차이가 최대일 때 발생하며, 아이크가 보고한 앞서의 효과는 기억 과제 자체가 더 어려울 때(단서가 없을 때), 기분 '단서'를 더 가치 있게 만들 가능성이 더 높다. 그 효과가 내부적으로 생성된 자료에 대해서 더 강력하다는 것은 기분과 기억해야 할 항목의 비임의적인 결합이 임의적인 결합보다 더 견고할 수밖에 없다는 점에서 타당성이 있어 보인다.

결론적으로, 기분을 조작하거나 측정하고 기억을 검사한 연구들에 관한 문헌은 현재 상당히 많은 편이다. 종합적으로 볼 때, 기분이 기억에 영향을 미친다는 증거는 명확하지만, 두 가지 적당한 조건이 따른다. 첫째, 일부 비판자들(예컨대, Schwarz and Clore, 1996)은 피험자들이 내러티브와 같이 철저히 구조화된 자료를 제시받을 경우에 기분 일치 회상이 비교적 약하게 나타날 가능성이 높다고 지적한다. 보다 일반적으로, 기분 일치 기억은 편향을 반영하기 때문에, 자극이 잘 부호화되지 않는 경우에는 그 편향은 더 뚜렷해질 것으로 예측될 수 있을 것이다. 둘째, 대부분의 비판자들은 규모는 작지만 지속적으로 이루어지고 있는 소수의 연구들, 특히 기분을 조작한 연구들은 결과의 비대칭적인 패턴을 보고한다고 지적한다. 좋은 기분은 긍정적인 기억을 증진하고 부정적인 기억을 방해하는 한편, 나쁜 기분은 긍정적인 기억을 방해하지만 항상 부정적인 기억을 촉진하지는 않는다는 것이다. 그 점을 처음으로 지적했던 클라크와 아이센(Clark and Isen, 1982)은 기분 나쁜 상태에 있는 피험자들은 부정적인 생각에 맞서 자신의 기분을 '교정'하려는 시도를 한다는 사실을 제시했다. 나는 뒤에서 이러한 견해에 대한 증거를 고찰할 것이다.

기억이 기분과 일치하는 경향을 보인다는 사실은 심리적 과정과 기억 회상 이후의 행동에 영향을 미친다. 예를 들어, 아이센과 동료들(1978)의 추정에 따르면, 기분이 좋은 상황에 있게 된 피험자들은 기분 일치 기억 때문에 자신들의 자동차와 텔레비전 수상기의 성능을 통제 집단의 피험자들이 동일한 대상에 대해 내린 평가보다 더 좋게 평가했다. 이 문헌은 한동안, 주로 기분 일치 지각, 판단, 결정에 대한 증명들로 이루어져 있는 기분 일치 기억에 대한 문헌과 동시에 발전했지만, 이론가들이 기분과 지각이나 판단 사이의 관계가 자신들이 지지하는 원인에서 기인한다는 점을 보여주려고 시도함에 따라 최근 들어 패러다임이 분열되어 왔다.

기분 일치 지각 및 판단

사물과 사건, 다른 사람들은 물론이고, 심지어는 우리 자신에 대한 우리의 평가적 반응이 기분의 영향을 받을 가능성이 있다는 사실은 엄청난 관심을 끌었다. 너무 성급하게 '비밀을 폭로할' 위험성을 무릅쓰고, 나는 여기에서 밝힐 자료가 기분 일치성을 크게 뒷받침해 준다고 말하고자 한다. 광범위하고 다양한 기분 조작 실험에서뿐만 아니라 정상 범위에서 준임상적이거나 임상적인 우울증에 이르기까지 다양한 기분 상태에 있는 피험자들을 대상으로 한 상관 연구[4]에서 기분과 평가 반응은 광범위한 판단 유형에 걸쳐 일반적으로 일치성을 보이는 것으로 나타났다(재고찰하고자 한다면, Forgas, 1995; Morris, 1989; Ruehlman, West and Pasahow, 1985; Schwarz and Clore, 1996; Sedikides, 1992a를 참조).

이러한 결과는 종종 기분이 기억에 영향을 미치는 방식에 기인하는 것으로 설명된다. 그러나 슈바르츠와 클로어(1983, 1996)는 대안적인 설명을 내놓

---

4   상관 분석을 이용하여 변인들 간의 관계를 밝히는 연구.

았다. 그들의 주장에 의하면, 기분을 포함한 느낌 상태는 종종 평가적 판단을 내리는 수단으로 직접적으로 고려된다. 그러므로 느낌 자체만큼 우리의 판단을 바꾸는 것은 마음에 떠오르는 생각이 아니다. 이 견해는 기분이 판단력이나 지각에 '영향을 미친다'는 일반적인 관찰 결과와 양립할 수 있는 것으로 보이며, 기분은 실제로 감각적 수준에서 우리에게 영향을 미칠 수 있다는 점을 시사한다. 흥미롭게도 여기서도 럭믹(1936)은 우리보다 앞서, 기분이 쇠퇴한 정서라는 견해에 대한 대안으로 기분은 '감각 느낌'의 특징을 보인다는 점을 지적했다. 럭믹은 기분을 유기체의 상태를 반영하는 '쾌감이나 불쾌감에 대한 단순한 느낌'으로 정의했다.

슈바르츠와 클로어의 관점에서 중요한 의미는 느낌과 판단 대상과의 뚜렷한 관련성에 전혀 의구심이 들지 않을 때만 느낌이 판단에 영향을 미칠 것이라는 점이다. 예를 들어, 1983년 논문에서, 그들은 피험자들에게 화창한 날이나 비오는 날에 전화를 걸어 생활 만족도를 평가하도록 요구한 한 연구를 보고한다. 인터뷰 진행자가 생활 만족도 질문에 앞서 날씨를 언급한 경우를 제외하고, (기분에 영향을 미치는 것으로 알려진) 날씨가 생활 만족도에 대한 평정에 영향을 미쳤다. 슈바르츠와 클로어는 피험자들이 날씨에 대한 언급을 들으면, 자신들의 느낌에 날씨가 미치는 영향을 인식하게 되어 생활 만족도를 평가할 때 날씨와 느낌의 관련성을 무효화한다고 추론했다. 1996년 논문에서, 슈바르츠와 클로어는 유사한 의심 효과를 보여주는 다양한 연구들을 재고찰했다. 그러한 연구 결과들은 기분 일치 기억의 견해가 제시하는 설명과는 다른 것으로 보인다.

기분 일치 기억에 따른 설명에 더더욱 당혹감을 느낄 수밖에 없는 이유는 활성화 확산 모델의 예측을 입증하지 못하는 연구들 때문이다. 구체적으로 말하면, 피험자들에게 질병으로 사망한 사람에 대해서 읽어 보도록 요구해서 기분을 유도하면, 질병에 대한 자신들의 취약성에 대한 판단은 다른 부정적인 사건들에 대한 판단에 비해 더 강화될 수밖에 없다. 왜냐하면 질병과 특별히 관련된 생각이 자극을 받기 때문이다. 그러나 존슨과 트버스키(Johnson and Tversky, 1983)가 보고한 일련의 연구에서, 질병으로 사망한 사람에 관한 정보를 읽는 것이 이혼과 같은 다른 부정적인 사건이 일어날 가능성만큼이나 질병에 대한 취약성과 (자동차 사고와 같은) 비질병적인 원인으로 사망할 가능성에 대한 판단을 증가시켰다. 카바나흐와 바우어(Kavanagh and Bower, 1985)

도 이와 유사한 연구 결과를 보고했다. 그러한 연구 결과는 생각이 아닌 느낌이 그러한 판단의 주요 결정 요인이라는 견해와 일치한다.

마지막으로, 마틴과 그의 동료들(1993)이 추진한 세 번째 종류의 연구 역시 정보로서의 기분 접근법을 뒷받침한다. 그들의 견해에 따르면, 기분이 의사결정에 미치는 영향은 개인이 의사결정 현안을 구성하는 방법에 달려 있다. 예를 들어, 누군가가 기분이 좋을 때 한 과제에 참여해서 '자신의 성과에 만족감을 느낄 때면 언제든 과제를 중단할 수 있다'는 정지 규칙을 받을 경우, 정보로서의 기분 접근법은 조기에 과제를 중단할 것이라고 예측한다. 좋은 기분은 만족의 표시로 인식될 수 있기 때문이다. 반면에 더 이상 과제에 만족할 수 없을 때 그 일을 중단하라는 말을 들었을 경우, 슬픈 피험자들은 행복한 피험자들보다 더 빨리 과제를 중단할 것이다. 마틴과 그의 동료들은 정확히 그와 같은 결과를 얻었다. 그리고 그러한 결과는 이후에 허트와 그의 동료들(Hirt et al., 1996), 그리고 산나와 털리, 마크(Sanna, Turley and Mark, 1996)의 연구를 통해서 개념적으로 되풀이되고 확대되었다.

기분과 판단의 관계가 피험자들이 판단을 내리는 데 사용하는 전략의 성격에 달려 있다고 주장한 포가스(Forgas, 1995)는 다른 접근법을 취했다. 포가스는 네 가지 전략을 밝혔다.

1. 기존의 명확한 판단의 직접적인 인출에 근거한 직접 접근 전략
2. 판단 계산이 특수한 동기 부여에 의해서 유도될 때 사용하는 동기적 처리 전략
3. 판단자가 다양한 지름길을 사용하여 판단을 내리고자 할 때 사용하는 휴리스틱 처리 전략
4. 판단자가 사용 가능한 정보를 선택적이고 구성적으로 처리하고, 다양한 학습과 연합과 기억 처리에 의존해야만 할 때 채택하는 실질적 처리 전략(1995: 60)

전략의 선택은 아마도 판단자와 판단 과제, 상황의 양상에 의해 결정될 것이다. 포가스에 따르면, 전략은 기분 일치의 가능성과 정도를 결정하는 경향이 있으며, 기분 일치 기억에 대한 의존도가 가장 클 것으로 보이는 실질적 처리 전략의 경우에 기분 일치성이 가장 많이 일어난다. 또한 정보로서의 기분 접근법이 제시하듯이, 휴리스틱 처리 전략이 사용될 경우에 기분 일치 판

단을 예상할 수 있다. 반면에 포가스는 직접 접근 전략이나 동기적 처리 전략을 사용한 경우에 기분 일치 판단이 발생하지 않을 것이라고 예측했다.

포가스는 정보로서의 기분과 기분 일치 기억의 인출을 통합하여 기분 일치 판단을 설명하고자 시도한 인물로 인정받고 있지만, 그의 분석은 기존 문헌을 잘 수용하지 못한다. 예를 들어, 동기 부여받은 판단은 기분의 영향을 받지 않는다고 하지만, 기분을 조작하고 자기 관련 판단을 측정한 연구들에 대한 세디키데스의 재고찰(1992a) 결과에 의하면, 행복한 기분과 슬픈 기분 모두에 있어서 기분 일치 판단이 일관성 있게 나타났다. 자신에 대한 판단은 분명히 동기 부여받은 판단이므로 포가스는 세디키데스가 밝힌 것을 쉽게 설명할 수 없다. 마찬가지로 소위 직접 접근의 경우에 이미 내린 판단은 상대적으로 기분의 영향을 받지 않는다고 한다. 그렇다면 자동차와 텔레비전의 성능에 대한 판단이 기분의 영향을 받는다는 사실을 보여준 아이센과 동료들(1978)의 초기 연구 결과를 어떻게 설명할 수 있을까?

슈바르츠와 클로어(1996)가 지적했듯이, 문헌에 수록된 대부분의 데이터는 기분 일치성을 증명하며 포가스의 판단 전략의 유형학을 참조하지 않고도 설명될 수 있다는 점에서, 포가스의 모델은 기분 일치성의 결핍이 언제 생길지에 대해서 실증적으로 예측할 수 없다는 비판을 피할 수 없다. 후속 데이터가 기분 일치성의 타당성을 뒷받침할지의 여부는 지켜봐야 한다.

결론적으로, 기분이 다양한 종류의 판단에 영향을 미친다는 사실에 대한 명확하고 일관된 증거가 있으며, 이러한 증거는 실험 및 상관 연구들 전반에 걸친 수렴 검증을 쉽게 통과한다. 기분 일치성에는 빈도와 관련해 두 가지 주요한 예외가 있다. 첫째, 기분 일치 기억의 문헌에 대한 재고찰을 통해 내가 밝혔듯이, 많은 연구자들은 부정적인 기분의 경우에는 충분한 수치의 기분 일치성을 발견하지 못했다. 예를 들어, 모레티와 그녀의 동료들(Moretti et al., 1996)이 밝힌 연구 결과에 의하면, 불쾌한 기분 상태에 있지 않은 피험자들은 자신들에게 향한 긍정적인 사회적 반응과 부정적인 사회적 반응을 받았을 때 긍정적인 반응을 더 유익한 것으로 평가했지만, 준임상적이거나 임상적으로 불쾌한 기분 상태에 있는 집단의 피험자들은 긍정적인 사회적 반응과 부정적인 사회적 반응을 똑같이 유익한 것으로 평가했다. 이러한 결과는 기분이 좋은 정상적인 피험자들 사이에서 흔히 발견되는 자기 고양감이 우울증에 걸린 사람들에게는 결핍되어 있다는 점을 암시하는 '우울한 현실주의'[5](Alloy and

Abramson, 1988) 개념과 일치한다.

두 번째로 기분 일치 판단의 일관성 결핍은 판단의 대상과 기분의 관련성에 의혹을 제기하기 위해서 기분의 명확한 원인을 조작하는 연구들(Schwarz and Clore, 1996)에서 나타난다. 분명 그러한 연구들은 정보로서의 기분 접근법을 입증하고 편향된 기억 과정의 간접적인 영향과는 달리 기분이 언제 정보의 원천으로 작용하여 판단에 직접적으로 영향을 미치는지를 밝힐 수 있는 일반적인 방법을 제시하기 때문에 중요하다.

기분과 자기 초점 주의[6]

마지막으로, 관련 증거가 많은 기분의 영향력으로는 자신에게 향한 주의에 미치는 기분의 효과를 들 수 있다. 더 구체적으로 말하면, 자신의 사고와 느낌에 더 높은 수준으로 주의를 기울이는 현상과 불쾌한 기분이 관련이 있다는 견해가 반복적으로 제시되어 왔다. 이러한 결과는 다양한 기분 조작 실험(Greenberg and Psyczynski, 1986; Salovey, 1992; Sedikides, 1992b; Wood, Saltzberg and Goldsamt, 1990)과 불안증이 없는 사람들로 이루어진 모집단을 대상으로 한 상관 연구(Csikszentmihalyi and Figurski, 1982; Larsen and Cowan, 1988; Wood, Saltzberg, Neale et al., 1990)에서, 그리고 우울한 대학생과 임상적으로 우울한 사람들 사이에서 입증되었다(재고찰하고자 한다면 Ingram, 1990을 참조).

주의 초점에 좋은 기분이 미치는 영향은 일관성이 없다. 샐러베이(1992, Study 1)는 좋은 기분과 나쁜 기분 모두 자기에 대한 주의를 높인다고 밝혔지만 세디키데스(1992b)도, 우드와 솔츠버그, 골드샘트(Wood, Saltzberg and Goldsamt, 1990, Study 2)도 좋은 기분 효과를 발견하지 못했다. 사실, 우드와 솔츠버그, 골드샘트의 연구에서 내적 분석으로 밝혀진 바에 의하면, 자기 초점 주의는 비교적 자기 초점이 낮은 더 좋은 기분과 유의미한 부적 관계성이

---

5   1979년 심리학자 로렌 알로이(Lauren Alloy)와 린 에이브람슨(Lyn Abramson)이 우울하지 않은 사람들과 우울한 사람들을 대상으로 한 실험을 통해 밝힌 개념으로, 우울한 사람이 그렇지 않은 사람보다 자신의 역할, 능력 및 통제 소재에 대해 더 현실성 있게 지각하는 경향을 보이는 현상.

6   자신의 사고, 정서, 외모, 혹은 행동 등에 과도하게 주의를 기울이는 현상.

있는 것으로 나타났다(Salovey, 1992, Study 1).

묘하게도 이러한 문헌은 기분 일치 기억 및 판단에 관한 문헌과는 완전히 독립적으로 발전해 왔다. 이와 같은 연구의 주요 추진력은 카버와 셰이어(Carver and Scheier, 1981)가 제시한 자기 조절 과정 모델이다. 이 모델의 기본 단위는 유기체의 현재 상태와 일부 표준 또는 기준 값 사이의 불일치를 줄이는 기능을 하는 부정적 피드백 루프이다. 그러한 모델은 시스템이 목적을 이룰 수 있는 핵심적인 수단으로 부정적인 감정을 구상할 수 있다. 우드와 솔츠버그, 골드샘트(1990)가 지적했듯이, "감정은 무엇인가가 잘못되었으며, 실패를 극복하거나 자신의 기준을 조정하기 위해 자신에게 주의를 기울여야 한다고 경고할 수 있다"(900). 물론 이것은 정확하게 일부 기분 이론가들이 기분의 한 가지 특유의 기능, 즉 자기에 관한 정보 제공을 가정한 것이다(예컨대, Nowlis and Nowlis, 1956; Morris, 1992를 참조).

어떤 관점에서 볼 때, 이러한 견해와 데이터는 비록 자기 초점 문헌에 대해서는 논해 오지 않았음에도 불구하고(자기 초점 연구자들도 정보로서의 기분의 견해에 대해서는 논하지 않는다) 슈바르츠와 클로어가 제시한 정보로서의 기분 접근법과 관련이 있을 것으로 보인다. 사실 기분의 효과에 대한 그들의 견해는 앞서 인용한 우드와 그녀의 동료들의 견해와 매우 유사하다. 구체적으로 말하면, 그들은 "부정적인 감정 상태는 개인들에게 현재 상황이 문제가 있다는 사실을 알려줄 것"(Schwarz and Clore, 1996: 446)이라고 말했다. 그리고 그들은 그러한 개념을 사용하여, 기분 나쁜 상태의 피험자들은 기분 좋은 상태에 있는 피험자들에 비해 더 부지런히 일하며, 실험실 과제를 해결할 때 정보를 더 완벽하게 처리한다는 점을 보여주는 다양한 연구 결과를 설명한다. 차이점은 슈바르츠와 클로어는 피험자들이 감정을 기반으로 어떤 것을 결론짓거나 결정하는 경우를 이론화하고 있는 반면에 우드와 그녀의 동료들은 느낌이 자기 관련 정보를 좀 더 면밀히 검토해야 하는 의사 결정 과정을 거친다고 가정한다는 것이다.

내 관점에서 볼 때, 기분이 의사 결정에 영향을 미치는지 아니면 자기 성찰을 하는지의 여부가 부분적으로 기분의 강도 함수일 가능성이 높다. 강도가 낮은 기분은 발생에 대한 주의나 귀인 활동을 불러일으키지 않으며, 따라서 슈바르츠와 클로어의 재고찰이 보여주듯이 착오 귀인의 영향을 받기 쉽기 때문에 광범위한 판단에 영향을 미칠 수 있다. 그러나 바로 그와 동일한 조작,

자서전적 회상 기법이 기분 일치 판단(예컨대, Schwarz and Clore, 1983, Study 1; Wright and Mischel, 1982을 참조)과 기분 및 자기 초점(Salovey, 1992, Study 1; Wood, Saltzberg and Goldsamt, 1990, Study 1) 모두의 연구에서 지배적이라는 것은 여전히 사실이며, 따라서 자기 초점 조사가 더 강한 기분을 야기하는 것 같지는 않다. 오히려 나는 실험실 실험에서 얻은 종류의 결과가 주로 피험자들이 유도된 기분 상태에서 요구받은 일에 의해 결정되는 것은 아닌지 의심스럽다. 판단 요구는 판단이 내적 상태나 사고에 대한 것이 아닌 한 자기 초점 주의를 방해한다. 이러한 문헌들과 패러다임들이 현재보다 더 훌륭히 통합될 수 있다면 기분에 대한 우리의 이해는 훨씬 더 명확해질 것이다.

이러한 자료들과 (기타) 자료는 기분의 본질에 대해서 무엇을 알려줄까

요약하면, 실험적으로 유도되었건, '정상적'으로 혹은 임상적으로 중요한 형식으로 측정되었건 간에 나쁜 기분은 긍정적인 기억에 대한 접근성이 낮고 부정적인 기억에 대한 접근성이 높은 경향과 관련이 있지만, 후자의 연구 결과는 일관되게 나타나지는 않는다. 판단 또한 판단의 대상과 관련이 없는 표면적인 기분의 원인에 주의가 집중될 때를 제외하고는 기분과 일치성을 보이는 경향이 있다. 마찬가지로 긍정적인 기분은 나쁜 기억의 경우보다 적은 몇몇 예외를 제외하고는 기분 일치 기억 및 판단에 대한 풍부한 증거와 연관이 있다. 전반적으로 조작되고 측정된 기분이 긍정적인 표현과 부정적인 표현에서 똑같이 강하게 나타난다고 가정한다면, 부정적인 기분은 적어도 기억과 판단에 관해서는 비교적 덜 강력한 인과 요인인 것으로 보일 것이다. 그렇다면 이는 부정적인 기분이 가지고 있는 비교적 낮은 안정성에 기인할 것이다. 이처럼 안정성이 낮은 이유는 부정적인 기분은 피험자들이 거부하는 바람직하지 않은 상태이며, 그런 이유로 그 영향이 약화되기 때문이다. 그 대신에 부정적인 기분은 유발되자마자, 혹은 유발 시점과 비슷한 시기에 주의를 끌 가능성이 더 높을 수 있으며, 따라서 관련이 없는 판단의 대상에 영향을 미칠 수 있는 능력이 감소할 수도 있다(Schwarz and Clore, 1983 참조). 자기 초점 주의와 관련해, 부정적인 기분은 상이한 종류의 수많은 연구에서 볼 수 있는 다양한 초점 주의와 연관이 있지만, 좋은 기분이 자기 초점에 일관된 영향을 미친다는 증거는 많지 않다.

종합적으로 말하면, 이러한 결과들은 기분의 본질에 관한 여러 가지 결론을 제시한다. 첫째, 이러한 데이터들은 기분이 '작은 정서'라는 생각을 배제하는 데 도움이 된다. 세 가지 상이한 종류의 연구 계획, 즉 일상적인 기분에 대한 실험 연구 및 상관 연구와 임상적으로 중요한 기분에 관한 연구를 고찰하기로 한 결정은 수렴 타당도를 입증하는 한 방법으로 착수되었지만, 그러한 연구 계획의 이행이 연구 간의 경계를 넘어서 비슷한 결과를 얻는 데 성공했다는 사실은 가벼운 실험에서 발현된 기분이 정상적인 일상 기분과 기능 장애 및 질환과 연관된 강렬한 기분과 질적으로 유사하다는 점을 강하게 시사한다. 사실, 나는 앞서 우울증과 조증 에피소드의 지표로 미국 정신의학회(1994)가 지정한 증상들을 일상적이거나 조작된 우울증이나 도취감의 상관 대상 및/또는 결과와 비교함으로써 그 유사성(Morris, 1989, 1992)에 대한 다른 증거를 제시했다. 대다수의 증상과 관련해, 실험실 증거는 일상적으로 그에 상응하는 현상을 제시한다. 예를 들어, 우울증이 있는 피험자들은 일반적으로 예전에 느꼈던 즐거운 활동에 관심을 잃었다고 보고한다. 우울한 기분으로 유도된 정상적인 피험자들은 유사한 무관심을 보인다(Velten, 1968). 마찬가지로 기분이 고양된 정상인들 사이에서도 조증의 한 두드러진 특징, 즉 비록 수준은 낮았지만, 말의 속도가 빨라지는 양상이 보였다(Hale and Strickland, 1976). 사실, 이러한 종류의 연구 결과가 제시하는 바에 의하면 정상적인 기분과 정신 질환적인 기분의 구분은 정신 질환적인 기분이 증후군이라고 하는 경솔한 가정보다 더 많은 것을 필요로 한다. 정상적인 기분 또한 정신 질환적인 기분과 같아 보이기 때문이다.

기분이 작은 정서가 아니라면 무엇인가? 가장 중요한 단서는 자기 초점 연구 결과에서 비롯된다. 슈바르츠와 클로어(1996)는 다양한 종류의 정보 처리 과제에 느낌이 미치는 효과를 전반적으로 재고찰하고는, "부정적 느낌은 상황의 문제적 특징에 주의를 집중시킨다"(454)라고 논평한다. 정서의 경우, 이러한 초점은 외부의 유발 자극을 겨냥한 것으로 오랫동안 가정되어 왔다(예컨대, Easterbrook, 1959를 참조). 나쁜 기분이 자기 초점을 조장한다는 사실은 야콥센(1957), 나울리스 부부(1956), 그리고 나 자신(Morris, 1992)이 제시했듯이, 기분이 자기 자신에 대해서 뭔가 독특하게 나타낸다는 것을 의미한다. 또한 초점 주의는 제한적이라고 여겨지기 때문에, 자신에게 주의를 집중하는 것은 외부에 대한 주의가 감소한다는 것을 의미한다는 점에서 주목할 만한 가치가 있다. 이는 환경에 대한 적극적인 참여가 동시에 감소한다는 것을 의미한다.

비록 기분과 인지의 관계뿐만 아니라 기분과 행동의 관계도 지금껏 연구되지 않았음을 인정해야 하겠지만, 기분 일치 기억 및 판단은 행동의 경향에도 영향을 미칠 것으로 보인다. 기분이 나쁠 때는 비관주의가 지배한다. 비록 그 증거가 주로 행동에 대한 직접적인 관찰보다는 자기보고에서 나온 것이지만, 기분 좋은 상태에 있는 사람들은 더 낙관적인 경향을 보이는 반면에 기분 나쁜 상태에 있는 사람들은 성공에 대한 기대치를 낮추는 경향이 있는 것으로 보인다(예컨대, Cunningham, 1988; Johnson and Tversky, 1983을 참조). 커닝햄 (Cunningham)이 보고한 연구 결과에 의하면, 조작한 우울한 기분 상태에 있는 피험자들이 선호하는 활동은 앉아 있고, 생각하고, 혼자 있고, 낮잠을 자는 일이었다. 그렇다면 종합적으로 볼 때, 나쁜 기분의 뚜렷한 영향은 적어도 일시적으로는 환경 목표 추구에 적극적으로 참여하는 일을 저지하는 생각과 느낌을 숙고하도록 계획되어 있는 것처럼 보인다. 반면에 좋은 기분은 활발한 외적 지향 행동에 대한 투자를 유지하거나 심지어 증가시키는 것처럼 보인다. 커닝햄의 좋은 기분 상태에 있는 피험자들은 사회적, 친사회적 활동과 활발한 활동 및 여가 활동에 가장 흥미를 느꼈다.

연구 결과들의 전반적인 패턴은 우울한 기분이 자원의 보전을 장려하는 기능을 한다는 견해와 일치하는 것으로 보인다. 예를 들어, 테이어(1989)는 우리가 기분을 경험하는 이유에 대해서 다음과 같이 좀 더 보편적인 설명을 제시한다. "나는 주관적 상태를 자원과 고갈, 그리고 위험이나 안전의 신호 체계로 본다. 주관적 상태는 어느 시점에서 전신의 상태를 의식적 인식에 등록하고 행동 준비, 혹은 휴식과 회복의 필요성을 알려주는 지속적인 지표를 제공한다"(64).

기분이 우리 자원의 적정성을 반영한다는 견해는 기분의 선례에 관한 다양한 연구 결과와 일치한다. 예를 들어, 정상적인 모집단과 (정신) 장애를 가진 모집단 모두에서 기분이 일일 리듬을 보인다는 사실을 나타내는 연구 결과를 고려해 보자. 정상적인 사람들의 일일 기분 리듬에 대한 최상의 증거는 클라크와 왓슨, 리카(Clark, Watson and Leeka, 1989)가 한 주 동안 하루에 일곱 번, 많은 표본의 대학생들의 기분을 조사한 연구 결과에서 나온다. 이 연구자들은 활성화된 종류의 긍정적인 느낌 — 예컨대, 흥분한 느낌, 긍지, 열의 등 — 이 이른 아침부터 정오까지 급격히 상승한 다음, 오후 9시까지 일정하게 유지되고, 그 이후에 급격하게 감소한다는 사실을 발견했다. 좀 더 분석한 결과에 의하면 정오에서 오후 9시까지의 안정기는 모든 피험자들의 평균을 낸 인위적인 결과로, 그들의 최고 긍정적 감정은 정오, 오후 3시, 6시, 9시에 동등한 측정값을 보였다. 성급함과 신경과민, 혼란과 같은 부정적인 정서가 활성화된 경우에는 그러한 리듬은 발견되지 않았다. 임상적으로 우울증이 있는 사람들의 경우, 직접 측정해 보지는 않았지만, 하루 중 이른 아침과 늦은 밤에는 활성화된 긍정적인 느낌의 수준이 낮을 거라는 점을 최고치의 우울감이 그 두 시기(Morris, 1992)에 나타난다는 사실을 보여주는 보고를 통해 추정할 수 있다. 왜냐하면 긍정적인 느낌의 결핍이 우울한 감정의 징후이기 때문이다.

기분의 일일 리듬뿐만 아니라, 카스퍼와 그녀의 동료들(Kasper et al., 1989)이 보고한 조사 자료는 무작위로 선정한 가족 구성원들로 이루어진 표본의 계절에 따른 기분 변화를 보여준다. 응답자들은 주로 겨울철에 최악의 기분을 느끼며 여름철에 상대적으로 낮은 우울감을 느낀다고 보고했다. 이 연구 결과는 겨울철에는 최고 수준의 계절성 감정 장애(seasonal affective disorder: SAD)를 보이고, 여름에는 두 번째로 낮은 수준의 계절성 감정 장애를 보인다는 증거와 일치한다(Oren and Rosenthal, 1992).

이른 아침과 늦은 밤, 겨울철에 느끼는 우울한 기분이 왜 최악일까? 내가 제시하고자 하는 대답은 그때가 우리가 정기적으로 낮게 활성화된 기분을 느낄 시기일 가능성이 가장 높다는 것이다. 에너지 이용도의 리듬 변화와 그에 수반하는 활성화 느낌에 대한 인식은 적응성 관점에서 의미가 있다. 우리의 야간 시력은 약하기 때문에, 그리고 겨울날들은 춥고 짧은 데다 겨울 동안에는 이용할 수 있는 식량의 공급처가 상대적으로 적기 때문에 인간은 밤과 겨울에 상대적으로 활동성이 부족하다. 따라서 다른 어느 시기보다도 그러한 시기에는 목적 지향적 활동에 대한 자극을 덜 경험하는 것이 적응적인 것일 수 있다. 이것이 바로 기분 체계가 우리에게 도움이 되기 위해서 진화되어 왔다고 내가 믿는 것이다.

기분과 기타 활력(에너지) 느낌의 결정 요인들 사이의 관계를 보여주는 연구 결과에 대해서도 유사한 설명을 제시할 수 있다. 예를 들어 최근 연구에서 골드와 그녀의 동료들(Gold et al., 1995)은 고인슐린혈증 글루코오스 클램프 조처를 활용해 정상적인(당뇨병에 걸리지 않은) 피험자들의 기분에 영향을 미치는 급성 저혈당의 효과를 연구했다. 글루코오스 클램프를 이용해 골드와 그녀의 동료들은 지원한 피험자들에게 당뇨병 환자 수준의 혈당을 침전시키고 유지할 수 있었다. 연구 결과에 의하면, 위약 통제 집단의 주기와 비교하여 저혈당증을 유발한 피험자들은 저자들이 긴장 피로라고 언급한 현상의 상승을 보고했다(Thayer, 1989를 참조). 긴장 피로는 높은 수준의 긴장 각성과 낮은 수준의 활력 각성의 동시적 공존으로 이루어진다. 많은 다른 연구 결과들은 기분의 결정 요인으로서의 활력의 중요성을 증명한다. 예를 들어, 테이어(1987)는 당류 간식과 운동 모두 기분의 변화를 일으킬 수 있으며, 기분에 악영향을 끼치는 나쁜 건강의 사례(Cohen and Rodriguez, 1995)가 많다는 사실을 보여주었다.

물론 어떤 점에서 그러한 변화는 그리 특별해 보이지 않는다. 혈당 수치가 비정상적으로 낮아지면 피곤해지는 것은 아주 '자연스러운' 현상으로 보인다. 동일한 종류의 비판이 긍정적인 기분의 일일 변화를 제시한 클라크와 왓슨, 리카(1989)의 연구 결과로 향할 수 있다. 다시 말하면, 리듬이 있다고 알려진 생물학적 과정에 대한 '활력'과 '민첩함'과 같은 느낌의 과도한 의존성을 고려해 볼 때, 이른 아침과 늦은 밤에 덜 활력을 느끼고 덜 민첩한 기분을 느끼는 피험자들을 발견하는 것은 놀랄 일이 아니라고 주장할 수 있다. 그러나 피험자들이 그러한 시기에 비교적 낮은 '자존감'과 낮은 '열정' 역시 느낀다고 보고한 사실을 기억해 둘 필요가 있다. 마찬가지로, 왜 혈당이 낮은 피험자들은 높은 수준의 신경과민과 긴장을 경험했을까? 결과적으로 그들은 연구의 성격에 대해 충분히 알고 있었기 때문에 자신들이 느끼는 효과에 대해 걱정할 이유가 거의 없었다. 나는 두 연구 결과가 생물학과 심리학 간의 기능적인 일치가 존재함을 제시한다고 생각한다. 특히 기분은 잠재적으로 희생이 많이 따르는, 목표 지향적인 활동에 참여하려는 생물학적 준비 상태와 일치하는 경향이 있다. 그러한 대응이 일반적으로 이롭기 때문이다.

물론 모든 자원은 기분에 매우 중요할 수 있지만, 반드시 신체와 관련이 있는 것은 아니다. 좀 더 일반적으로 모든 목적 관련 자원의 적정성을 평가함으로써 기분이 발생한다는 견해는 기분이 종종 정서의 결과로 일어나는 이유를 설명하는 데 도움이 된다. 내 관점에서 기분과 같은 기본 정서는 적응적인 것으로 간주될 수 있다. 다른 글(Morris, 1992)에서 나는 기본 정서가 유해하거나 유익한 것으로 지각되는 예기치 않은 환경적 사건에 대한 적응 반응을 촉진한다고 제시한 바 있다. 교감신경계의 활성화는 사람에게 기회이든 위협이든 갑작스러운 요구에 신속하고 활발하게 대응할 수 있도록 준비시킨다. 숨길 수 없는 얼굴 표정의 야기는 우리를 이롭게 하거나 우리 자신을 보호하도록, 우리에게 도움을 줄 수 있는 가까운 친구들, 가족, 혹은 동료에게 신호를 보내는 것이다. 많은 사람들은 이처럼 활성화된 정서 상태가 단순히 약해지면서 우리로 하여금 일정 기간 동안 기분과 폭넓게 일치하는 약화된 감정을 겪게 만든다고 생각한다. 따라서 슬픔은 우울로 변하고, 분노는 노여움이 되고, 공포는 근심으로 사그라진다고 여겨진다. 하지만 증거가 제시하듯이, 이러한 패턴은 결코 신뢰할 만한 것이 못된다.

사별의 사례, 즉 슬픔의 극단적인 형태인 비탄이 정상 상태와 건강을 회복하기 전에 일정 기간 동안 우울로 변할 것으로 예상되는 경우를 생각해 보자. 이 패턴은 우울이 완전한 증후군 상태에 이를 수 있음에도 불구하고 적어도 2개월이 경과할 때까지는 '장애'로 진단할 수 없다고 하는(American Psychiatric Association, 1994) 규정으로 충분히 간주될 수 있다. 하지만 우울이 꼭 슬픔 뒤에 찾아오는 것은 아니다. 잘 알려진 사별 과정에 대한 연구에서 브라운과 해리스(Brown and Harris, 1978)가 보여주었듯이, 배우자와 사별한 사람에게 신뢰할 만한 친밀한 관계를 가질 만한 사람이 곁에 있는 것은 슬픔이 우울증으로 '전환'되는 것을 방지한다.

마찬가지로 스트레스가 많은 생활 사건은 정의상 불쾌한 것이지만, 테이어(1989)가 제시했듯이, 스트레스를 유발하는 급증한 수요(요구)들이 도전이 유발한 활성화의 변화에 의해 상쇄될 수 있기 때문에 그러한 사건의 기분 효과는 매우 제한적일 수 있다. 수요들이 가용 자원을 초과할 때만 기분이 악화될 것이라고 예상할 수 있다. 사실, 성공적으로 관리된 스트레스는 자신의 자원의 적정성을 확증하고 심지어 기분을 고양시킬 수도 있다. 아마도 이것은 드론기스와 포크맨, 라자루스(Delongis, Folkman and Lazarus, 1998) 그리고 볼거와 그의 동료들(Bolger et al., 1989)이 보고한 약간 당혹스러운 결과를 설명하는 데 도움이 될 것이다. 이 두 연구에서 결혼한 부부 응답자들은 스트레스가 많은 생활 사건과 감정의 발생을 평가하고자 고안한 일일 마감 일기를 몇 주간 작성했다. 응답자들은 스트레스가 많은 생활 사건을 보고한 날들에는 평소에 비해 자신들의 감정을 더 부정적으로 평가했지만, 실제로는 스트레스가 많은 생활 사건을 포함하고 있지 않은 평균적인 날들에 비해, 스트레스가 많은 생활 사건을 포함하고 있는 날의 다음 날에 응답자들의 기분이 더 좋았다. 그러한 연구 결과에 대한 한 가지 해석은 대비 효과가 작용한다는 것이다. 대안적인 해석으로, 그리고 현재의 공식화와 더 양립할 수 있는 해석으로, 나는 스트레스가 많은 생활 사건이 발생한 날에 보고된 부정적인 감정이 주로 표적이 된 반응의 지각된 원인 및 발생 원인과 직접 연관된 정서라고 주장하고자 한다. 다음 날 상승하는 긍정적인 감정은 자기 관련 자원 평가에 미치는 성공적인 대처 효과로부터 기인하는 좋은 기분일 가능성이 높다.

물론, 자신의 자원의 적정성에 대한 모든 검증이 합격점과 그에 따른 긍정적인 기분을 낳는 것은 아니다. 평균적인 부부는 평소에 분담한 일을 잘 처리할 수 있을 거라고 예상되는 반면에 더 가혹한 검증은 더 높은 비율의 희생자들을 좌절시켜 결과적으로 우울증을 남길 가능성이 있다. 노리스와 캐니아스티(Norris and Kaniasty, 1995)가 보고한 데이터에서 그러한 양상과 그와 관련한 역학이 상당히 눈에 띄는 것을 확인할 수 있다. 이 저자들은 스트레스가 많은 생활 사건을 겪은 사람들의 웰빙에 미치는, 일반적으로 인정되는 사회적 지원 효과를 조사한 문헌을 재고찰한 결과, "소수의 연구만이… 유익한 지원 수용 효과를 나타냈다"는 것을 밝혀냈다. 사실, 그들이 지적했듯이, "훨씬 더 많은 수의 연구에서는 그러한 효과가 나타나지 않았고, 더 나쁜 것은 지원 수용과 심리적 고통 사이에 긍정적 연관성이 보이지 않았다"(498). 다른 한편, 지각된 사회적 지원은 그러한 사건 이후의 웰빙을 더 잘 관리하는 일과 일관되게 연관성이 있다.

노리스와 캐니아스티는 이러한 결과를 설명하기 위해서 자신들이 '사회적 지원의 악화 억제'라고 부른 모델을 제시한다. 이 모델에 따르면, 필요할 때 사람들에게 제공되는 실질적인 지원의 큰 문제는 그 지원이 너무 적거나, 너무 늦거나, 심지어는 실질적으로 필요한 것과는 무관하다는 것이다. 이러한 결과를 감안할 때 스트레스가 많은 생활 사건과 연관이 있는 상실은 사회적 지원 네트워크가 효과적이지 않다는 사실을 깨닫는 순간 더욱 심화된다. 사회적 지원 네트워크가 사람들이 삶의 요구에 대처하는 데 도움이 되는 핵심 자원의 구성 요인이 되기 때문에 내 이론으로 미루어 본다면, 실질적인 기분 효과는 계속 일어날 것이다. 반면에 필요할 때 사회적 지원 네트워크가 잘 실행된다면 누구든 사회적 지원 네트워크의 악화를 지각하지 못할 것이기 때문에 웰빙은 제대로 유지되고 있을 것이다.

노리스와 캐니아스티는 두 차례의 자연 재해, 즉 1989년 노스캐롤라이나와 사우스캐롤라이나를 초토화시킨 범주 4에 속하는 허리케인이었던 '허리케인 휴고(Hurricane Hugo)'와 1992년 남 플로리다를 강타해, 당시 미국에 가장 희생이 큰 자연 재해를 일으켰던 '허리케인 앤드루(Hurricane Andrew)'의 발생 뒤에 수집한 데이터를 바탕으로 자신들의 모델을 검증했다. 두 종단적 연구에서 측정된 핵심 변인으로는 응답자들이 부상, 지각된 삶의 위협, 재정적 손실, 개인적 손실(즉, 재정적인 가치보다는 정서적인 가치 항목의 손실) 등을 경험했던 재해 노출 범위 지수, 유형적, 정서적, 정보적 지원을 포함한 수용된 사회적 지원 양의 측정치, 지각된 사회적 지원의 측정치, 심리적 고통의 측정치가 있다. 고통은 두 연구에서 다르게 조작되었지만, 각각은 주된 고통 측정법(허리케인 휴고의 경우)이나 유일한 측정법(허리케인 앤드루의 경우)으로서 표준화된 우울 척도를 사용했다. 변인들은 허리케인 휴고 발생 12개월과 24개월 이후, 허리케인 앤드루 발생 6개월과 28개월 이후 두 시점에서 측정되었다.

흥미롭게도 재난 노출 범위를 고통(즉, 우울한 기분)과 연관시키는 직접적인 효과는 작았으며 재난에 가장 근접해 있는 데이터에서만 얻을 수 있다. 재난 노출이 고통에 미치는 보다 확실한 효과는 두 가지 구성 과정의 간접적 결과였다. 그 과정에서 재난 노출이 사회적 지원에 대한 지각을 축소시키며 결국에는 우울감으로 측정되는 심리적 고통을 초래했다. 나는 재난 노출 측정의 범위를 손실의 지표이자, 이러한 허리케인 사건들에 대한 정서적 반응 가능성을 직접적으로 결정짓는 요인으로 여긴다. 따라서 아마 틀림없이 정서에 대한 가장 좋은 예측 변인이라 할 수 있는 것, 즉 손실은 기분, 여기서는 우울감에 대한 상대적으로 불충분한 예측 변인으로 밝혀질 것이다. 대신, 허리케인 피해자들의 우울감은 주로 그들이 사회적 지원 네트워크에 배정된 등급에 의해서 결정되었다. 사회적 지원 네트워크가 기대에 못 미칠 경우, 사람들은 위축감과 우울감을 느끼며, 예전에 생각했던 것에 비해 더 적은 자원을 받았다고 믿게 된다.

보다 일반적으로 말하면, 생활 스트레스 요인과 감정에 관한 이러한 연구들의 결과는 기분과 정서가 모두 동일한 사건에 의해서 유발될 수 있음에도 불구하고, 에피소드의 상이한 양상과 유기체의 상이한 욕구에 응답하는 서로 다른 과정임을 제시한다. 기본 정서는 생리적 변화와 운동 근육의 변화와 주의력의 변화를 포함한 일련의 반응들로 구성되며, 이 모든 반응은 중요하고 예기치 않은 상황을 최상으로 처리할 수 있는 우리의 능력을 향상시키도록 설계되어 있다. 정서는 생물학적으로 중요한 사건에 대한 준비가 어느 정도 부족함을 암시하기 때문에, 정서가 발생할 때마다 세상에 대처하기 위해 우리가 가지고 있는 수단의 적정성이 밝혀지거나 검증될 가능성이 있다. 이것이 왜 기분이 종종 정서를 뒤따르지만, 정서를 꼭 필요로 하지는 않는지에 대한 이유이다. 기분 결과는 일단 정서를 유발시킨 환경이 잠잠해지면, 우리가 우리 자신에 대해서 알아낸 것에 결정적으로 의존한다. 자원 확정은 좋은 기분과 그것을 수반하는 낙관론을 조장한다. 반면에 자원 불확정은 나쁜 기분, 비관론, 그리고 중요한 점인 자기 초점을 야기한다. 주의를 끄는 기분 체계의 수용력은 자원을 좀 더 만족스러운 수준으로의 재구성을 촉진하는 수단으로서 매우 중요하다.

다른 사회 과학자들은 감정과 웰빙에 있어서의 자원의 중요성에 대해서 이론화했다. 예를 들어 홉폴(Hobfoll, 1989)은 자원을 "개인이 가치 있게 여기는 대상, 개인의 특성, 조건, 또는 에너지로, 혹은 그러한 대상, 개인의 특성, 조건 또는 에너지를 달성하기 위한 수단 역할을 하는 그와 같은 것들"(516)로 정의한다. 홉폴은 자원 손실이나 그 손실에 대한 위협은 추가 손실을 최소화하려는 노력의 원인이 되는 스트레스를 유발한다고 주장한다. 홉폴이 제시한 바에 의하면, 스트레스를 받지 않는 경우 사람들은 미래에 발생할 수 있는 손실을 방지하기 위해 잉여 자원을 생산하고자 노력한다. 비록 잉여 자원의 문제와 관련해 내 견해와는 다소 차이가 있지만, 나는 홉폴의 분석에 여러모로 동의한다. 사람들은 다른 심리적 메커니즘에 의해서 산출된 전략 계획의 일환으로 여분의 자원을 비축해 두고자 할 수도 있지만, 나는 기분 메커니즘이 낙관주의를 자극하여 '잉여 자원'의 소비를 유도하며, 그것이 결국에는 새로운 '투자'를 촉진하기에 이른다고 생각한다. 따라서 나는 기분을, 자원이 적을 때 보전을 촉진하고 자원이 많을 때 소비를 촉진하는 항상성의 메커니즘으로 본다(Emmons, 1991을 참조).

자원과 감정, 주관적 웰빙 사이의 관계는 디너와 후지타의 중요한 연구 주제였다(1995). 디너와 후지타는 목표 달성의 수단으로 여기는 21개의 서로 다른 자원을 대학생 피험자들이 소유하고 있는 정도에 대해서 친구들과 가족 구성원들이 내린 평가를 얻었다. 자원의 예로는 돈, 미모, 자신감, 지능, 건강함 등이 있다. 기분과 전체적인 주관적 웰빙(subjective well-being: SWB) 측정치는 52일 동안 매일 측정되었고, SWB의 한 척도로도 여겨지는 삶의 만족도는 연구의 시작과 끝에 측정되었다. 또한 모든 피험자들은 15가지의 주요 목표를 표시하고 21개의 자원 각각이 그러한 목표 달성과 지닌 관련성을 평가하라는 요구를 받았다.

디너와 후지타는 정보 제공자들의 개인 자원에 대한 평정과 피험자들의 기분 및 SWB에 대한 평정 사이에 일반적으로 나타나는 작은 관련성을 발견했다. 그러나 모든 21개의 자원에 걸친 자원 평가를 합산하면, 자원 평가가 피험자들 자신에게서 나온 것이 아니라 정보 제공자로부터 나온 것이라는 점을 고려할 때, 두 SWB 측정치에서 변량의 25퍼센트보다 약간 높은 수치가 실질적으로 관련성이 있는 것으로 설명될 수 있다. 합산된 자원들과 일일 긍정적, 부정적 기분 평정 간의 관계 또한 중요했다. 추가 분석한 결과에 따르면, 자원들로부터 SWB를 훨씬 더 잘 예측할 수 있는 가능성은 개인이 소유한 것으로 판단되는 자원들과 개인이 갖고 있는 특정한 목표 간의 적합성을 고려하여 얻을 수 있다. 자신들에게 가장 중요한 목표와 관련이 있는 자원을 소유하고 있다고 판단된 피험자들은 최고 수준의 SWB를 가지고 있었다. 이러한 결과는 자원의 수준 그 자체가 기분의 가장 좋은 예측 변인은 아니라는 견해와 일치한다. 오히려 기분을 유발하는 방아쇠는 사용 가능한 자원과 현존하는 수요 간의 불균형이다(Morris, 1992).

결론적으로 내가 재고찰한 기분에 관한 증거 ─ 대부분 실험적, 상관적 경계 및 정상적 기분, 임상적 기분의 경계를 넘어, 수렴적인 확증 검증을 거친 ─ 는 버스(1995)가 '진화한 심리적 메커니즘'과 연관시킨 특성을 가지고 있음을 시사한다. 그러한 메커니즘은 버스에 따르면, 세 가지 기본적인 특성을 가지고 있어야 한다. 즉, 그 메커니즘은 개인의 생존(혹은 번식)의 특정한 문제를 해결해야 하고, 유기체에게 직면하고 있는 특정한 문제를 명확히 알려주는 특정한 종류의 입력만 받아들여야 한다. 그리고 마지막으로 (결정 법칙과 같은) 절차를 통해 그 입력을 '생리적 메커니즘을 변화시키는 출력'으로 변형시키거나 결과적으로 적응 문제를 해결하는 행동에 직접적으로 영향을 미쳐야 한다. 기분은 현재의 수요(요구)를 충족시키는 데 필요한 자원의 가용성을 지속적으로 모니터함으로써 문제를 해결한다. 내부(신체)와 외부(환경)에서 오는 정보로 구성되어 있는 입력은 자원 적정성 평가를 포함한 결정 법칙을 통해서 느낌(좋은 기분과 나쁜 기분)으로 변환된다. 결과적으로 기분은 직간접적으로 행동에 영향을 미치거나 (대부분 부정적인 경우에) 주의를 끌며, 목표에 대한 재평가나 추가 자원의 보충에 대한 결정으로 이어져, 사용 가능한 자원과 수요 사이의 불균형을 없앴다. 이 시스템의 적응성은 자원을 풍부하게 소유하고 있을 때는 목표 지향적 행동의 성공 가능성이 더 높은 반면에 우리의 자원이 상대적으로 적을 때는 기존 자원의 보전이나 새로운 자원의 보충이 목표를 지속적으로 추구하는 것보다 효과적인 일이라는 가정을 전제로 한다.

기분 연구와 관련한 과거의 논쟁점들과 새로운 방향

더 이상 부가적인 논의를 할 여유 공간이 없지만, 세 가지 논제에 대해서는 적어도 간단하게나마 고찰할 필요가 있어 보인다. 첫째, 정보 처리에 미치는 기분의 효과와 관련이 있는 비교적 많은 문헌들이 통합되고 있다. 나는 그러한 문헌들이 취하고 있는 형식에 대해 몇 가지 논평을 하고 싶다. 둘째, 내가 이러한 문헌(Morris, 1989)을 마지막으로 검토한 이후로 기분의 자기 조절과 관련해 어느 정도 진전이 있었기 때문에, 나는 지금 우리가 알고 있다고 여기는 것을 업데이트하고 싶다. 그리고 마지막으로, 기분에 관한 많은 문헌들이 기분을 두 종류, 즉 좋은 기분과 나쁜 기분으로 적절히 기술할 수 있다고 가정한다는 것이다. 그러나 두 연구 영역, 즉 자기보고된 감정의 차원적 구조에 대한 연구 영역과 우울증과 불안의 관계에 대한 연구 영역은 다른 안을 제시한다. 나의 기분에 대한 분석이 불안과 과민성으로까지 확장될 수 있을지는 아직 해결하지 못했다. 따라서 나는 그 영역에서 앞으로 일어날 수 있는 동향에 대해서 몇 가지 발언을 하는 것으로 결론을 맺고자 한다.

정보 처리에 기분이 미치는 효과

기억과 판단에 대한 감정의 영향을 조사한 연구들에서 나온 인상적일 만큼 일관되고 흥미로운 결과를 고려해 볼 때, 이 연구 작업이 다양한 인지 과제에 걸쳐 확장되고 있는 현상을 목도하는 것은 그리 놀라운 일이 아니다. 불운하게도, 이 연구는 지금까지 일상의 기분 및 일상의 기분과 상관관계가 있는 대상, 혹은 임상적으로 중요한 기분을 연구하는 연구자들의 관심을 별로 끌지 못했다. 결과적으로 나는 신뢰할 만한 기분 효과를 구하기 위해서 이러한 연구 결과들에 수렴 조작 접근법을 적용할 수는 없다. 그럼에도 불구하고 슈워츠와 클로어(1996)는 최근에 이러한 문헌들에 대한 재고찰을 통해 무질서에서 어떤 질서를 발견했다. 그처럼 질서를 발견하는 일은 정보 처리 과제에 대한 고찰을 저자들이 "최소한의 한정된 추론만을 하면 될 만큼 충분히 잘 이해했다고"여기는 과제에 제한을 두어야만 했지만 말이다(448). 그 과제에는 설득력 있는 메시지 처리, 개인의 지각, 정형화된 사고 등이 포함된다. 슈바르츠와 클로어에 따르면, 연구 결과의 일관성이 대단히 부족한 영역인 학습 작업, 의미 단위로의 정보 조직화, 논리적인 문제 해결 등을 수행하는 동안 정보 처리에 감정이 미치는 영향을 조사한 연구들은 제외되었다.

설득과 정형화된 사고와 개인 지각에 감정이 미치는 영향을 연구한 연구들 가운데 가장 빈번하게 나온 연구 결과는 우울한 피험자들이 기분 좋은 상태에 있는 피험자들에 비해 체계적인 정보 처리를 수행할 가능성이 더 높다는 것이다. 기분 좋은 상태에 있는 피험자들은 고정관념(예컨대, Bodenhausen, 1993을 참조)이나 시나리오(Bless et al., 1996을 참조)와 같은 휴리스틱 방법을 사용하기를 선호하는 것으로 보인다. 당혹스럽게도 그러한 결과는 다른 과제에서 얻은 결과 — 나쁜 기분은 노력의 저하로 이어진다는 점을 시사하는 — 와는 표면적으로는 일치하지 않는다(예컨대, Hertel and Hardin, 1990; Lassiter, Koening and Apple, 1996을 참조). 하지만 그러한 연구 결과들은 그에 앞서 언급한 연구 결과와 모순되지 않을 수 있다. 아마도 나쁜 기분은 휴리스틱의 사용과 노력의 소비 모두를 감소시킬 것이다. 휴리스틱을 사용할 수 있는 과제에서 기분 나쁜 상태의 피험자들은 휴리스틱 없이 과제를 해결해 가며 더 체계적인 처리를 필요로 할 수밖에 없다. 기분 나쁜 상태의 피험자들은 왜 휴리스틱을 사용하지 않으려고 할까? 슈바르츠와 클로어(1996)에 의하면, 나쁜 기분은 위험 신호를 보내, 아마도 손쉬운 방법을 억제하고 이용할 수 있는 정보를 전부 처리하도록 조장할 것이다. 그렇지 않으면, 나쁜 기분은 주의와 귀인 활동(Schwarz and Clore, 1983)을 유발할 가능성이 더 많아 보이며, 많은 판단 휴리스틱이 느낌에 기반(Damasio, 1994를 참조)하는 한에서, 기분 나쁜 상태에 있는 피험자들은 그러한 수단이 적어도 일시적으로는 신뢰할 수 없는 것이라는 사실을 인식할 가능성이 더 높다.

이 연구 결과들은 내가 여기서 제시한 기분 이론과 어떤 관련성이 있을까?

나쁜 기분이 자신감을 저하시킨다는 점을 시사하는 증거는 지금껏 언급한 문헌에서 나온 가장 신뢰할 만한 효과를 해석하는 하나의 방법으로 유효하다. 물론 누군가는 기분 나쁜 상태에 있는 피험자들이 더 큰 노력으로 보이는 행동을 발휘하고 있다고 지적하며 반대 입장을 취할 수 있으리라는 점을 인정한다.

기분의 자기 조절

1980년대 동안, 사람들이 자신들의 기분을 조절한다는 생각은 두 개의 서로 다른 문헌에서 나왔는데, 각각은 좋은 기분 효과와 나쁜 기분 효과 사이의 비대칭을 보여주는 듯했다. 첫째, 긍정적인 기분은 일반적으로 도움을 촉진하는 것으로 보인 반면에 나쁜 기분은 도움을 항상 감소시키지는 않았다(재검토하고자 한다면, Carlson and Miller, 1987을 참조). 사실상 치알디니와 그의 동료들의 연구 결과에 의하면, 기분의 향상을 위해서 도움 행위를 했다는 것을 시사하는 환경에서는 나쁜 기분으로 인해 도움이 증가한 것으로 나타났다(예컨대, Manucia, Baumann and Cialdini, 1984를 참조). 둘째, 기분 일치 기억에 대한 일반적으로 명확한 증거가 있음에도 불구하고 가끔 예외가 보고되었다. 그 예외는 모두 특정한 종류에 속했다. 즉, 좋은 기분은 긍정적인 기억에 대한 높은 회상과 연관이 있지만, 나쁜 기분은 항상 부정적인 자료에 대한 회상을 높이지는 않았다. 이러한 결과에 대한 통속적인 설명은 '기분 회복'이다(예컨대, Isen, 1985를 참조). 기분 회복 전략에 의하면, 나쁜 기분 상태에 있는 사람들은 자신들의 기분이 더 나빠지는 것을 막기 위해서 부정적인 항목을 기억하는 것에 적극적으로 저항하는 태도를 보였다. 하지만 나쁜 기분 상태에 있는 피험자들이 더 긍정적인 기억들을 회상하는 현상을 보여주는 명확한 증거가 없기 때문에 이 설명은 난점이 있었다. 사실상 나쁜 기분 상태에 있는 피험자들은 좀 더 부정적인 기억들을 기억해 내는 데 실패했을 뿐이었다. 사람이 선택적 기억으로 자신의 기분을 향상시키고자 한다면, 왜 정확하게 그리하지 않을까?

그러나 앞서의 연구 이후로, 비실험실 조건으로 제한되기는 했지만, 그러한 증명은 진행되어 왔다. 패럿과 사비니(Parrot and Sabini, 1990)는 기분 일치 결과는 피험자들이 기분 일치 결과의 산출 요구를 지각할 수도 있는 실험실에서 증명된 것이지만, 자연 환경에서 피험자들의 유일한 동기는 기분을 개선하는 것뿐이라고 주장하고자 했다. 이는 이 조사 자료에서 얻은 강력한 기분 일치 기억을 보여주는 메이어와 맥코믹, 스트롱(1995)의 연구 결과를 감안할 때 있을 수 없는 일로 보인다. 보다 일반적으로, 나는 기분 회복 과정을 개인차의 측정치로 더 잘 예측할 수 있으리라 기대한다. 스미스와 페티(Smith and Petty, 1995)는 설득력 있는 예를 하나 보고했다. 이 저자들이 밝힌 사실에 의하면, 부정적인 기분은 자존감이 낮은 피험자들에게서 기분 일치 기억을 유발시켰지만, 자존감이 높은 피험자들에게는 그렇지 못했다. 사실, 자존감이 높은 피험자들은 기분이 부정적일수록 더 긍정적인 것을 회상했다.

그러나 내 생각에 기분의 자기 조절에 대한 최고의 증거는 다른 두 연구 분야에서 나왔다. 첫째, 알코올 효과에 대한 헐(Hull)과 그의 동료들의 중요한 연구가 있다. 알코올이 자기보고된 기분을 확실히 향상시킨다는 것은 분명한 사실이다. 물론 그 효과는 짧으며, 장기간에 걸쳐서는 오히려 알코올과 기분의 관계가 역전될 수도 있다(Hull and Bond, 1986). 헐(1981)은 알코올이 나쁜 기분을 유지하는 자기 관련 사고를 방해하기 때문에 기분을 향상시킨다고 제시했다. 헐과 레벤슨, 영, 셔(Hull, Levenson, Young and Sher, 1983)는 두 연구에서 피험자들에게 알코올이나 위약 음료를 마시게 한 후에 짧은 발언을 하도록 요구했다. 발언은 자기 초점적 진술과 1인칭 대명사의 존재를 확인하기 위해 코딩되었다. 알코올은 그 각각의 수를 현저하게 줄였다. 헐과 영(1983)의 연구 결과에 의하면, 개인의 자의식, 즉 자기 초점 경향의 기질 측정값이 높은 피험자들만이 뒤이어 받은 가짜 '맛 테스트'에서 실패 피드백을 받을 경우에 알코올음료를 더 많이 소비하는 것으로 나타났다. 종합적으로 볼 때, 이 두 연구 논문은 헐의 가설의 정당성을 뒷받침한다.

기분의 자기 조절을 증명한 또 다른 주요한 연구 결과들은 대부분의 사람들이 스스로를 좋게 생각하도록 동기 부여되어, 자신들에 대한 긍정적인 정보를 신뢰하는 반면에 부정적인 정보를 부정하거나 왜곡하기에 이른다는 것을 증명한 방대한 문헌에서 나온 것들이다(재검토를 원한다면 Kunda, 1990을 참조). 여전히 살아 있으면서 그 영향력이 더 커가고 있는 인지 부조화에 관한 문헌(Festinger, 1957)이 포함된다면, 기분의 자기 조절에 관한 연구 결과의 중요성은 훨씬 더 커진다(Aronson, 1992). 부조화 연구가 적절히 결론을 내린 바에 의하면, 자신들이 자유롭게, 그리고 일어날 결과에 대한 통찰력을 가지고, 지성이나 좋은 도덕적 기준과 같은 좋은 성품에 대한 비난으로 해석될 수 있는 방식으로 행동했다고 믿는 사람들은 그러한 믿음의 함축성을 덜 신뢰할 수 있게 하기 위해 자신의 인식을 바꾸려는 동기를 지닌다. 부조화는 확실히 기분과 같은 특징을 가지고 있는 것으로 보인다. 부조화는 줄어든 자원, 즉 저하된 자존감을 함축하는 사건에 의해서 야기된다(Steele, Spencer and Lynch, 1993). 부조화는 쉽사리 다른 원인들에 책임을 전가할 수 있다는 점에서 확실히 총체적이며 확산적인 특징을 가지고 있는 것으로 보인다(Cooper and Fazio, 1984). 그리고 부조화는 특정한 대상에 대한 표적화보다는 다양한 인지와 지각과 행동에 영향을 미친다. 현재 상황에서 가장 중요한 인물들인 엘리엇과 디바인(Elliot and Devine, 1994)이 제시한 바에 따르면, 표준적으로 유도된 복종 부조화 조작 이후, 피험자들은 심리적인 불안감이 상승하는 것을 느낀다고 보고하고, 피험자들이 부조화를 감소시키는 태도 변화를 보증할 기회를 얻은 이후에는 그러한 불안감은 기준치 수준으로 되돌아가는 현상을 보인다.

부정적인 자기 관련 정보를 왜곡하는 방식을 통해서, 그리고 그러한 정보를 쉽게 무시할 수 있게 해주는 음주를 통해서 사람들이 나쁜 기분을 자기 조절하는 것으로 보인다는 사실은 기능 분석 측면에서 두 가지 중요한 질문을 제기한다. 첫째, 나쁜 기분이 자원의 적정성에 대해 자기에게 보낼 중요한 신호를 구성한다면, 일반적으로 사용하는 자기 관련 정보의 왜곡과 음주 따위와 같은, '메신저를 죽이는' 방법은 장차 언젠가는 부정적인 결과를 초래할 가능성이 있지 않을까? 이 질문에 대한 답은 뜨겁게 논쟁이 되고 있다. (그렇지만, 앞서 지적했듯이 결국에는 몸에 해로울 것으로 보이는 음주와 관련해서는 그러한 논쟁이 벌어지고 있지 않다.) 테일러와 브라운(Taylor and Brown, 1988)은 특히 많이 인용되는 논문을 통해 기분을 향상시키는 왜곡이 좋은 정신 건강을 촉진한다고 제시했다. 이러한 견해는 정확히 정반대의 견해를 제시하는 반론과 흥미로운 다양한 자료들을 자극했다(예컨대, Colvin, Block and Funder, 1995를 참조). 둘째, 사람들이 자신의 기분을 가라앉히려고 고안한 아이디어는 관련 있는 것으로 보이는 자기기만을 우리가 어떻게 성취하는지에 대해 묻게 된다(Lockard and Paulhus, 1988을 참조). 나는 이 두 가지 쟁점이 머지않아 결실이 풍부한 연구 영역을 제공할 것이라 생각한다.

얼마나 많은 '종류'의 기분이 있을까

특히 기분을 '작은 정서'로 보는 연구자들 사이에는 사실상 모든 기분 연구가 행복과 슬픔 차원을 표적으로 삼은 조작을 이용한다는 불안한 인식이 깔려 있다. 결과적으로, 불안이나 과민성과 같은 다른 '기분'이 비슷한 효과를 낼 수 있는지를 고찰해 볼 필요성이 가끔 언급되고는 한다. 많은 부정적인 감정들이 서로 매우 높은 상관성을 지니고 있음(Watson and Clark, 1984)에도 불구하고, 분명 그러한 기분 상태들에는 특유의 특징(Watson and Clark, 1992)도 있기 때문에, 자기보고된 기분의 측정법을 사용하여 상관 연구를 하는 연구자들 사이에도 비슷한 우려가 깔려 있음을 엿볼 수 있다.

각각의 감정 상태 특유의 특징의 결과는 자기보고된 감정이 긍정적 감정과 부정적 감정(Watson and Tellegen, 1985)이나, 각성과 쾌감(Russell, 1980)이라는 두 가지 폭넓은 양극성 차원에서 볼 때 가장 적합하다는 사실을 보여주는 광범위한 문헌에서 찾아볼 수 있다. 각성과 쾌감을 기본 차원으로 사용하면 네 개의 사분면의 감정, 즉 '활성화된 유쾌한', '활성화된 불쾌한', '활성화되지 않은 유쾌한', '활성화되지 않은 불쾌한' — 개인의 '기분' 용어들은 이러한 감정들 내에 합치는 경향이 있다 — 이 생성된다(Reisenzein, 1994). 이는 최소한 긍정적 기분과 부정적 기분이라는 두 종류가 존재한다는 것을 의미한다.

일시적인 기분이 지각된 자원과 수요 사이의 불균형을 반영한다는 견해는 확장되어 이처럼 기분 공간의 분화 정도를 수용할 수 있게 된다. 그렇게 하기 위해서는 기분의 유의성이 가용 자원의 적정성에 의해 결정된다는 것뿐만 아니라 활성화 정도는 현재 요구되는 수요의 종류와 연관되어 있다고 가정해야 한다. 특히, 현재의 목표가 어떤 보상을 얻는 것이라면, 부적정한 자원은 히긴스(Higgins, 1987)가 '낙담 관련' 감정으로 기술한 것을 유발할 것이다. 그에 반해 부정적이거나 처벌 결과를 피하는 것이 목표라면, 같은 부적정한 자원은 '동요 관련' 느낌 상태를 유발할 것이다. (더 많은 데이터와 논의가 필요하기 때문에 여기서는 논의를 부정적인 감정으로 제한하겠지만, 긍정적인 감정에 대해서도 비슷한 분석을 할 수 있다는 점을 이해해야 한다.) 그러나 부적정한 자원은 개인을 두 종류의 부정적인 정서에 노출시키기 때문에 결과적으로 우울증, 낙담 관련 정서, 불안, 그리고 동요와 관련된 감정이 시간의 흐름에 따라 연관될 것이다. 데이터는 그러한 결과를 분명히 나타낸다. 불안과 우울의 합병증은 임상 모집단들 사이에서 상당히 흔하며(Judd and Burrows, 1992), 정상 범위에서 우울 경향과 불안 경향은 부정적인 감정 구조의 핵심적인 특징으로 공존한다(Watson and Clark, 1984).

이 모든 것은 기억과 판단, 주의에 불안이 미치는 효과가 우울증과 연관된 효과와 같은지에 대해 질문을 제기한다. 관련 자료 중에 불안에 관한 것은 비교적 적지만, 매튜스와 매클라우드(Mathews and MacLeod, 1994)는 그 자료를 재고찰한 바 있다. 이 저자들은 불안은 기분 일치 판단을 일으키지만, 기억과 주의는 영향을 다르게 받는다고 결론을 지었다. 불안은 경계심을 조장하고 부정적인 자극을 더 잘 부호화하고(이러한 경향이 우울한 사람들 사이에서 발견되었다는 증거는 별로 없다), 우울은 불안보다 더 확실하게 기분 일치 방향으로 기억에 영향을 미친다는 것이다. 자기 초점과 불안에 관해서 잉그램(Ingram, 1990)은 대부분의 증거가 성향 측정치들의 상관성 연구로부터 나왔지만, 자기 초점과 불안 사이에 정적인 연관성이 있다고 결론을 지었다. 또한 매튜스와 매클라우드가 재고찰한 사실상 모든 연구들은 불안을 조작한 것이기보다는 측정한 것이다. 따라서 우울증의 결과에 관해서 내가 내릴 수 있는 확고한 결론은 여기서는 불가능하다.

그러나 대체로 이 몇몇 데이터는 적어도 앞서 제시한 분석과 양립할 수 있는 것으로 보인다. 우울과 불안이 부적정한 자원에 대한 지각을 반영한다고 추정되기 때문에, 동일화, 보강 구축 그리고/또는 관련 자원의 보호를 장려하는 자기 초점 주의 및 보수적인 판단은 이해할 만하다. 그러한 환경에서 불안과 '부정적인 자극에 대한 향상된 처리'의 관련성이 성립되는 것은 처벌이 외부로부터 올 가능성이 가장 높기 때문이다. 경계는 성공적인 수동적 회피를 증진할 수 있는 것이다. 기분 일치 기억은 우울증의 경우에 더 적합해 보인다. 그 이유는 그 경우의 목적은 어떤 보상을 얻고자 결실 없는 노력으로 이미 낮은 수준인 자원을 더 지출하는 일을 일시적으로 억제하는 것이기 때문이다. 욕구 행동은 내적으로 발생한 어떤 계획에서 나올 가능성이 높으므로 기억과 같은 기대 발생 메커니즘의 영향을 받기 쉽다.

먼저 일어난 사건을 이유로 드는 설명보다 더 중요한 것은 앞서 내가 고찰한 데이터와 비교할 만한 추가 데이터일 것이다. 불안 조작 연구는 이 시점에서 특히 가치가 있을 것이다. 이러한 경로를 따르는 연구자들은 낙담한 감정에 대한 실험실 연구를 이행하는 것이 온당할 것이다. 사실 지금까지 실험실 연구들은 피험자들로 하여금 기분 상태에 직접 접근할 수 있도록 고안한 방안에 따라, 주로 우울증 유발 사건의 조작을 회피해 온 경향이 있었다. 불안도 기분 체계에 위해서 유발되는 한, 총체성을 띠고 확산, 침투되어야 하고, 종종 처벌의 위협을 보이는 사건의 여파, 특히 어떻게든 자원의 결여를 드러내거나 눈에 띄게 만드는 여파여야 한다. 그러나 실험실에서 이러한 사건을 일으키는 것은 문제의 소지가 있을 것이다. 왜냐하면 그 직접적인 효과는 기분이 아닌 정서일 것이고, 대처 메커니즘의 역효과에 영향을 받게 될 것이기 때문이다.

아마도 이것은 콘스탄스와 매튜스(Constans and Mathews, 1993)가 보고한 연구 결과를 설명해 줄 것이다. 이 연구자들은 학생들에게 치를 시험에 대한 전망을 하게 한 후에, 일어날 수 있는 다양한 부정적인 사건들을 예상해 보도록 요구함으로써 그들을 불안하게 만들었다. 결과적으로 콘스탄스와 매튜스의 연구 결과에 의하면, '불안한' 피험자들은 시험을 망칠 가능성을 높게 평가했지만, 강도질을 당하는 사건과 같은 다른 부정적 사건의 가능성은 높게 평가하지 않는 것으로 나타났다. 이러한 특이성의 증거는 존슨과 트버스키(Johnson and Tversky, 1983), 그리고 카바나흐와 바우어(1985)가 보고한 바 있는, 판단에 미치는 기분 조작의 총체적 효과와는 일치하지 않는다. 사실, 콘스탄스와 매튜스(1993, Study 1) 또한 피험자들에게 일련의 긍정적인 사건이나 부정적인 사건을 상상해 보도록 요구하는 방법으로 기분을 조작했을 때 그러한 총체적 효과가 나타나는 것을 발견했다. 그들이 그 자료들로부터 내린 결론에 의하면, 총체적 효과는 여러 자극을 이용하여 기분을 유발시킴으로써 야기한 간섭에서 기인한 것이다. 존슨과 트버스키가 단 하나의 사건만을 설명해서 기분을 유발한 결과, 위험 판단에 미치는 총체적 효과를 반복적으로 발견할 수 있었던 사실을 감안할 때 콘스탄스와 매튜스의 결론은 타당해 보이지 않는다. 콘스탄스와 매튜스가 발견한 특이성 효과에 대한 나의 설명은 예기치 않은 시험을 처음 접한 피험자들은 기분이 아니라 정서를 경험한다는 것이다. 공포는 다른 정서와 마찬가지로 특정한 위협적인 사건을 겨냥해 범위를 좁혀 초점을 맞출 것으로 예상된다. 판단 혹은 기타 심리적 과정이나 행동에 영향을 미치는 불안감 효과를 연구하는 더 좋은 방법은 피험자들에게 다양한 처벌 상황을 피할 수 있는 자신들의 능력에 대해서 일반적으로 불안감을 느꼈던 시기를 회상하도록 요구하거나, 아마도 벨텐(Velten, 1968)의 기분 유도 절차에서 수행되는 것처럼 연구자가 피험자들에게 일반적으로 받아들여지는 불안 '증상' 목록을 제시하고 그러한 느낌들을 행동으로 나타내 보게 하는 것이다.

마지막으로, 자주 언급되는 다른 부정적인 '기분'은 과민성이지만, 그에 대한 관련 정보는 다른 기분에 비해서 훨씬 더 적다. 물론 일화적인 과민성은 분노 반응과 공격성의 가능성을 조장하는 것으로 추정되며, 종종 기분과 연관된 속성의 예로 가장 자주 언급되기도 한다. 즉, 그것은 정서 반응 역치를 변화시킨다는 것이다(예컨대, Ekman, 1994를 참조). 간헐적으로 진행된 몇몇 연구들은 낮은 수준의 분노를 유도한 후에 기억, 주의 또는 판단의 어떠한 양상을 측정했지만, 결과적으로 얻은 증거는 너무 일관성이 없어 재고찰할 필요성이 없어 보인다. 하지만 선행 사건 측면에서 유망한 발전이 있다. 과민성을 부정적인 기분의 항목에 포함해야 한다면, 부적정한 자원에 대한 인식을 야기하는 사건이 과민성에 선행하는 것으로 나타나야 한다. 한 도발적인 재고찰에서 바우마이스터와 스마트, 보덴(Baumeister, Smart and Boden, 1996)은 불안정한 높은 자존감을 가진 개인들 사이에서 긍정적인 자아상을 위협하는 피드백에 대한 반응으로 공격성이 가장 빈번하게 일어날 가능성이 높다는 사실을 보여주는 다양한 증거를 제시했다. 바우마이스터와 그의 동료들은 그러한 피드백이 분노와 공격성으로 직접 이어진다고 믿고 있다. 적대감이 피드백의 원천을 겨냥한 경우라면, 이는 분명 적절한 분석일 것이다. 그러나 적대적인 행동은 종종 피드백의 원천 대신에 다른 대상으로 '향하고' 명확한 도발 없이도 일어난다. 그러한 경우, 위협적인 사건 이후에 과민한 기분이 뒤따른 것이라고 하는 것이 더 적절한 설명일 수 있다. 특히 공격성이 적정성의 의미를 회복하는 데 도움이 될 수 있는 경우라면 더욱 그렇다.

기분과 주관적 웰빙

요약하면, 나는 재고찰한 증거를 토대로 기분 체계가 우리의 현재 자원의 적정성을 평가하고 목표 지향적인 활동에 영향을 미칠 수 있는 느낌을 생성하는 역할을 하는 것으로 우리에게 기여한다고 믿는다. 내 생각에 기분 체계는 현재의 가용 자산의 작용에 따라 변할 수 있을 만큼 복잡하면서도 유연성

9장
·
401

이 있는 보상 추구 행동과 처벌 회피 행동을 보이는 모든 유기체들이 공유하고 있는 고대의 체계이다. 내가 이런 식으로 기분 체계를 특성화하는 것이 올바른 방향으로 나아가는 것이라면, 결과적으로 기분은 주관적인 웰빙의 주요한 결정 요인이 될 수 있다. 왜냐하면 기분이 우리에게 전해주는 것은 쾌락과 고통에 대한 전망이나 다름없기 때문이다.

그럼에도 불구하고 기분 체계가 항상성 메커니즘으로 보인다는 점을 기억해 두는 게 좋다. 평균적인 사람의 평균적인 기분이 약간 긍정적인 수준이라는 사실(Diener, 1984)은 그 메커니즘의 성공을 시사한다. 중요한 삶의 목표를 향한 여정을 계획할 때 적어도 우리가 기분을 포함한 느낌에 대한 우리의 궁극적인 의존성을 인식할 때까지는… 배경에서 조용하게 작동하는, 정신에서 대부분 벗어나 있는 기분(Morris, 1989)은 바로 그 삶의 목표를 향한 우리의 진전에 대한 인지적 기반의 해석이기보다는 주관적인 웰빙의 덜 영향력 있는 결정 요인으로 볼 수 있을 것이다(Zajonc, 1980; Damasio, 1994를 참조).

참고문헌

Alloy, L. B., and Abramson, L. Y. (1988). Depressive realism: Four theoretical perspectives. In L. B. Alloy (Ed.), *Cognitive processes in depression* (pp. 223~65). New York: Guilford.

American Psychiatric Association. (1994). *Diagnostic and statistical manual of mental disorders*. 4th ed. Washington, D. C.: American Psychiatric Association.

Aneshensel, C. S., and Huba, G. J. (1983). Depression, alcohol use, and smoking over one year: A four-wave longitudinal causal model. *Journal of Abnormal Psychology*, *92*, 119~33.

Aronson, E. (1992). The return of the repressed: Dissonance theory makes a comeback. *Psychological Inquiry*, *3*, 303~11.

Batson, C. D., Shaw, L. L., and Oleson, K. C. (1992). Differentiating affect, mood, and emotion: Toward functionally based conceptual distinctions. *Review of Personality and Social Psychology*, *13*, 294~326.

Baumeister, R. F., Smart, L., and Boden, J. M. (1996). Relation of threatened egotism to violence and aggression: The dark side of high self-esteem. *Psychological Review*, *103*, 5~33.

Beck, A. T. (1967). *Depression: Clinical, experimental, and theoretical aspects*.

New York: Hoeber.

Blaney, P. H. (1986). Affect and memory: A review. *Psychological Bulletin, 99,* 229~46.

Bless, H., Schwarz, N., Clore, G. L., Golisano, V., Rabe, C. and Wolk, M. (1996). Mood and the use of scripts: Does a happy mood really lead to mindlessness? *Journal of Personality and Social Psychology, 71,* 665~79.

Bodenhausen, G. V. (1993). Emotions, arousal, and stereotypic judgments. In D. M. Mackie and D. L. Hamilton (Eds.), *Affect, cognition, and stereotyping* (pp. 13~37). San Diego: Academic Press.

Bolger, N., DeLongis, A., Kessler, R. C., and Schilling, E. A. (1989). Effects of daily stress on negative mood. *Journal of Personality and Social Psychology, 57,* 808~18.

Bower, G. H. (1981). Mood and memory. *American Psychologist, 36,* 129~48.

Bower, G. H., and Mayer, J. D. (1989). In search of mood-dependent retrieval. *Journal of Social Behavior and Personality, 4,* 133~68.

Bower, G. H, Monteiro, K., and Gilligan, S. G. (1978). Emotional mood as a context for learning and recall. *Journal of Verbal Learning and Verbal Behavior, 17,* 573~87.

Brown, G. W., and Harris, T. (1978). *Social origins of depression: A study of psychiatric disorder in women.* New York: Free Press.

Buss, D. M. (1995). Evolutionary psychology: A new paradigm for psychological science. *Psychological Inquiry, 6,* 1~30.

Carlson, M., and Miller, N. (1987). Explanation of the relation between negative mood and helping. *Psychological Bulletin, 102,* 91~108.

Carver, C. S., and Scheier, M. F. (1981). *Attention and self-regulation: A control-theory approach to human behavior.* New York: Springer-Verlag.

Clark, L. A., Watson, D., and Leeka, J. (1989). Diurnal variation in the positive affects. *Motivation and Emotion, 13,* 205~34.

Clark, M. S., and Isen, A. M. (1982). Toward understanding the relationship between feeling states and social behavior. In A. H. Hastorf and A. M. Isen (Eds.), *Cognitive social psychology* (pp. 73~108). New York: Elsevier.

Clore, G. L., Schwarz, N., and Conway, M. (1994). Affective causes and consequences of social information processing. In R. S. Wyer and T. K. Srull (Eds.), *Handbook of social cognition* (2nd ed., vol. 1, pp. 323~418). Hillsdale, N. J.: Erlbaum.

Cohen, S., and Rodriguez, M. S. (1995). Pathways linking affective disturbances and physical disorders: *Health Psychology, 14,* 374~80.

Colvin, C. R., Block, J., and Funder, D. C. (1995). Overly positive self-evaluations and personality: Negative implications for mental health. *Journal of Personality and Social Psychology, 68,* 1152~62.

Constans, J. I., and Mathews, A. M. (1993). Mood and the subjective risk of future events. *Cognition and Emotion, 7*, 545~60.

Cooper, J., and Fazio, R. H. (1984). A new look at dissonance theory. In L. Berkowitz (Ed.), *Advances in experimental social psychology* (vol. 17, pp. 229~66). New York: Academic Press.

Csikszentmihalyi, M., and Figurski, T. J. (1982). Self-awareness and aversive experience in everyday life. *Journal of Personality, 50*, 15~28.

Cunningham, M. R. (1988). What do you do when you're happy or blue? Mood, expectancies, and behavioral interest. *Motivation and Emotion, 12*, 309~32.

Damasio, A. R. (1994). *Descartes' error: Emotion, reason, and the human brain.* New York: Grosset/Putnam.

Davidson, R. J. (1994). On emotion, mood, and related affective constructs. In P. Ekman and R. J. Davidson (Eds.), *The nature of emotion: Fundamental questions*(pp. 51~55). New York: Oxford.

DeLongis, A., Folkman, S., and Lazarus, R. S. (1988). The impact of daily stress on health and mood: Psychological and social resources as mediators. *Journal of Personality and Social Psychology, 54*, 486~95.

Diener, E. (1984). Subjective well-being. *Psychological Bulletin, 95*, 542~75.

Diener, E., and Fujita, F. (1995). Resources, personal strivings, and subjective well-being: A nomothetic and idiographic approach. *Journal of Personality and Social Psychology, 68*, 926~35.

Easterbrook, J. A. (1959). The effects of emotion on cue utilization and the organization of behavior. *Psychological Review, 66*, 183~200.

Eich, E. (1995). Searching for mood dependent memory. *Psychological Science, 6*, 67~75.

Ekman, P. (1994). Moods, emotions, and traits. In P. Ekman and R. J. Davidson (Eds.), *The nature of emotion: Fundamental questions* (pp. 56~58). New York: Oxford.

Ekman, P., and Davidson, R. J. (1994). *The nature of emotion: Fundamental questions.* New York: Oxford.

Elliot, A. J., and Devine, P. G. (1994). On the motivational nature of cognitive dissonance: Dissonance as psychological discomfort. *Journal of Personality anti-social Psychology, 67*, 382~94.

Emmons, R. A. (1991). Personal strivings, daily life events, and psychological and physical well-being. *Journal of Personality, 59*, 453~72.

Festinger, L. (1957). *A theory of cognitive dissonance.* Evanston, Ill.: Row-Peterson.

Forgas, J. P. (1995). Mood and judgment: The Affect Infusion Model (AIM). *Psychological Bulletin, 117*, 39~66.

Frijda, N. H. (1994). Varieties of affect: Emotions and emotion episodes, moods, and sentiments. In P. Ekman and R. J. Davidson (Eds.), *The nature of emotion: Fundamental questions* (pp. 59~67). New York: Oxford.

Gold, A. E., MacLeod, K. M., Frier, B. M., and Deary, I. J. (1995). Changes in mood during acute hypoglycemia in healthy participants. *Journal of Personality and Social Psychology, 68,* 498~504.

Greenberg, J., and Pyszczynski, T. (1986). Persistent high self-focus after failure and low self-focus after success: The depressive self-focusing style. *Journal of Personality and Social Psychology, 50,* 1039~44.

Hale, W. H., and Strickland, B. R. (1976). Induction of mood states and their effect on cognitive and social behaviors. *Journal of Consulting and Clinical Psychology, 44,* 155.

Hertel, P. T., and Hardin, T. S. (1990). Remembering with and without awareness in a depressed mood: Evidence of deficits in initiative. *Journal of Experimental Psychology: General, 119,* 45~59.

Higgins, E. T. (1987). Self-discrepancy: A theory relating self and affect. *Psychological Review, 94,* 319~40.

Hirt, E. R., Melton, R. J., McDonald, H. E., and Harackiewicz, J. M. (1996). Processing goals, task interest, and the mood-performance relationship: A mediational analysis. *Journal of Personality and Social Psychology, 71,* 245~61.

Hobfoil, S. E. (1989). Conservation of resources: A new attempt at conceptualizing stress. *American Psychologist, 44,* 513~24.

Hull, J. G. (1981). A self-awareness model of the causes and effects of alcohol consumption. *Journal of Abnormal Psychology, 90,* 586~600.

Hull, J. G., and Bond, C. F. J. (1986). Social and behavorial consequences of alcohol consumption and expectancy: A meta-analysis. *Psychological Bulletin, 99,* 347~60.

Hull, J. G., Levenson, R. W., Young, R. D., and Sher, K. J. (1983). The self-awareness reducing effects of alcohol consumption. *Journal of Personality and Social Psychology, 44,* 461~73.

Hull, J. G., and Young, R. D. (1983). Self-consciousness, self-esteem, and success-failure as determinants of alcohol consumption in male social drinkers. *Journal of Personality and Social Psychology, 44,* 1097~1109.

Ingram, R. E. (1990). Self-focused attention in clinical disorders: Review and a conceptual model. *Psychological Bulletin, 107,* 156~76.

Isen, A. M. (1985). Asymmetry of happiness and sadness in effects on memory in normal college students: Comment on Hasher, Zacks, Sanft, and Doren. *Journal of Experimental Psychology: General, 114,* 388~91.

Isen, A. M., Shalker, T. E., Clark, M. S., and Karp, L. (1978). Positive affect, accessibility of material in memory, and behavior: A cognitive loop? *Journal of Personality and Social Psychology, 36,* 1~12.

Izard, C. E. (1993). Four systems for emotion activation: Cognitive and noncognitive processes. *Psychological Review, 100,* 68~90.

Jacobsen, E. (1957). Normal and pathological moods: Their nature and functions. In R. S. Eisler, A. F. Freud, H. Hartmann, and E. Kris (Eds.), *The psychoanalytic study of the child* (pp. 73~113). New York: International University Press.

Jamison, K. R. (1995). *An unquiet mind.* New York: Knopf.

Johnson, E. J., and Tversky, A. (1983). Affect, generalization, and the perception of risk. *Journal of Personality and Social Psychology, 45,* 20~31.

Judd, F. K., and Burrows, G. D. (1992). Anxiety disorders and their relationship to depression. In E. S. Paykel (Ed.), *Handbook of affective disorders* (2nd ed., pp. 77~87). New York: Guilford.

Kasper, S., Wehr, T. A., Bartko, J. J., Gaist, P. A., and Rosenthal, N. E. (1989). Epidemiological findings of seasonal changes in mood and behavior. *Archives of General Psychiatry, 46,* 823~33.

Kavanagh, D. J., and Bower, G. H. (1985). Mood and self–efficacy: Impact of joy and sadness on perceived capabilities. *Cognitive Therapy and Research, 9,* 507~25.

Kunda, Z. (1990). The case for motivated reasoning. *Psychological Bulletin, 108,* 278~98.

Larsen, R. J., and Cowan, G. S. (1988). Internal focus of attention and depression: A study of daily experience. *Motivation and Emotion, 12,* 237~50.

Lassiter, G. D., Koenig, L. J., and Apple, K. J. (1996). Mood and behavior perception: Dysphoria can increase and decrease effortful processing of information. *Personality and Social Psychology Bulletin, 22,* 794~810.

Lazarus, R. (1994). The stable and the unstable in emotion. In P. Ekman and R. J. Davidson (Eds.), *The nature of emotion: Fundamental questions* (pp. 79~85). New York: Oxford.

Lockard, J. S., and Paulhus, D. L. (1988). *Self–deception: An adaptive mechanism?* Englewood Cliffs, N. J.: Prentice–Hall.

Manucia, G. K., Baumann, D. J., and Cialdini, R. B. (1984). Mood influences on helping: Direct effects or side effects? *Journal of Personality and Social Psychology, 46,* 357~64.

Martin, L. L., Ward, D. W., Achee, J. W., and Wyer, R. S. (1993). Mood as input: People have to interpret the motivational implications of their moods. *Journal of Personality and Social Psychology, 64,* 317~26.

Mathews, A., and MacLeod, C. (1994). Cognitive approaches to emotion and emotional disorders. *Annual Review of Psychology, 45,* 25~50.

Matt, G. E., Vazquez, C., and Campbell, W. K. (1992). Mood−congruent recall of affectively toned stimuli: A meta−analytic review. *Clinical Psychology Review, 12, 227~55.*

Mayer, J. D., McCormick, L. J., and Strong, S. E. (1995). Mood−congruent memory and natural mood: New evidence. *Personality and Social Psychology Bulletin, 21, 736~46.*

Moretti, M. M., Segal, Z. V., McCann, C. D., Shaw, B. F., Miller, D. T., and Vella, D. (1996). Self−referent versus other−referent information processing in dysphoric, clinically depressed, and remitted depressed subjects. *Personality and Social Psychology Bulletin, 22, 68~80.*

Morris, W. N. (1989). *Mood: The frame of mind.* New York: Springer−Verlag.

_____. (1992). A functional analysis of the role of mood in affective systems. *Review of Personality and Social Psychology, 13, 256~93.*

Murphy, S. T., and Zajonc, R. B. (1993). Affect, cognition, and awareness: Affective priming with optimal and suboptimal stimulus exposures. *Journal of Personality and Social Psychology, 64, 723~39.*

Norris, F. H., and Kaniasty, K. (1995). Received and perceived social support in times of stress: A test of the social support deterioration deterrence model. *Journal of Personality and Social Psychology, 71, 498~511.*

Nowlis, V., and Nowhs, H. H. (1956). The description and analysis of mood. *Annals of the New York Academy of Sciences, 65, 345~55.*

Oren, D. A., and Rosenthal, N. E. (1992). Seasonal affective disorders. In E. S. Paykel (Ed.), *Handbook of affective disorders* (2nd ed., pp. 551~68). New York: Guilford.

Parker, E. S., Birnbaum, I. M., and Noble, E. P. (1976). Alcohol and memory: Storage and state−dependency. *Journal of Verbal Learning and Verbal Behavior, 15, 691~702.*

Parrott, W. G., and Sabini, J. (1990). Mood and memory under natural conditions: Evidence for mood−in−congruent recall. *Journal of Personality and Social Psychology, 59, 321~36.*

Peters, R., and McGee, R. (1982). Cigarette smoking and state−dependent memory. *Psychopharmacology, 76, 232~35.*

Pribram, K. H. (1970). Feelings as monitors. In M. Arnold (Ed.), *Peelings and emotions* (pp. 41~53). New York: Academic Press.

Reisenzein, R. (1994). Pleasure−arousal theory and the intensity of emotions. *Journal of Personality and Social Psychology, 67, 525~39.*

Ruckmick, C. A. (1936). *The psychology of feeling and emotion.* New York: McGraw−Hill.

Ruehlman, L. S., West, S. G., and Pasahow, R. J. (1985). Depression and evaluative schemata. *Journal of Personality, 53, 46~92.*

Russell, J. A. (1980). A circumplex model of affect. *Journal of Personality and Social Psychology, 39,* 1161~78.

Russell, J. A., and Woudzia, L. (1986). Affective judgments, common sense, and Zajonc's thesis of independence. *Motivation and Emotion, 10,* 169~84.

Salovey, P. (1992). Mood-induced self-focused attention. *Journal of Personality and Social Psychology, 62,* 699~707.

Sanna, L. J., Turley, K. J., and Mark, M. M. (1996). Expected evaluation, goals, and performance: Mood as input. *Personality and Social Psychology Bulletin, 22,* 323~35.

Schwarz, N., and Clore, G. L. (1983). Moods, misattribution, and judgments of well-being: Informative and directive functions of affective states. *Journal of Personality and Social Psychology, 45,* 513~23.

_____. (1996). Feelings and phenomenal experiences. In E. T. Higgins and A. W. Kruglanski (Eds.), *Social psychology: Handbook of basic principles* (pp. 433~65). New York: Guilford.

Sedikides, C. (1992a). Changes in the valence of self as a function of mood. *Review of Personality and Social Psychology, 14,* 271~311.

_____. (1992b). Mood as a determinant of attentional focus. *Cognition and Emotion, 6,* 129~48.

_____. (1995). Central and peripheral self-conceptions are differentially influenced by mood: Tests of the differential *sensitivity* hypothesis. *Journal of Personality and Social Psychology, 69,* 759~77.

Smith, S. M., and Petty, R. E. (1995). Personality moderators of mood congruency effects on cognition: The role of self-esteem and negative mood regulation. *Journal of Personality and Social Psychology, 68,* 1092~1107.

Steele, C. M., Spencer, S. J., and Lynch, M. (1993). Self-image resilience and dissonance: The role of affirmational resources. *Journal of Personality and Social Psychology, 64,* 885~96.

Taylor, S. E., and Brown, J. D. (1988). Illusion and well-being: A social psychological perspective on mental health. *Psychological Bulletin, 103,* 193~210.

Thayer, R. E. (1987). Energy, tiredness, and tension effects of a sugar snack vs. moderate exercise. *Journal of Personality and Social Psychology, 52,* 119~25.

_____. (1989). *The biopsychology of mood and arousal.* New York: Oxford.

Velten, E. J. (1968). A laboratory task for the induction of mood states. *Behaviour Research and Therapy, 6,* 473~82.

Watson, D., and Clark, L. A. (1984). Negative affectivity: The disposition to experience aversive emotional states. *Psychological Bulletin, 96,* 465~90.

_____. (1992). Affects separable and inseparable: On the hierarchical arrangement of the negative affects. *Journal of Personality and Social Psychology, 62,* 489~505.

Watson, D., and Tellegen, A. (1985). Toward a consensual structure of mood. *Psychological Bulletin, 98,* 219~35.

Weingartner, H., Miller, H., and Murphy, D. L. (1977). Mood-state-dependent retrieval of verbal associations. *Journal of Abnormal Psychology, 86,* 276~84.

Wood, J. V., Saltzberg, J. A., and Goldsamt, L. A. (1990). Does affect induce self-focused attention? *Journal of Personality and Social Psychology, 58,* 899~908.

Wood, J. V., Saltzberg, J. A., Neale, J. M., Stone, A. A., and Rachmiel, T. B. (1990). Self-focused attention, coping responses, and distressed mood in everyday life. *Journal of Personality and Social Psychology, 58,* 1027~36.

Wright, J., and Mischel, W. (1982). Influence of affect on cognitive social learning person variables. *Journal of Personality and Social Psychology, 43,* 901~14.

Wyer, R. S. J., and Srull, T. K. (1986). Human cognition in its social context. *Psychological Review, 93,* 322~59.

Zajonc, R. B. (1980). Feeling and thinking: Preferences need no inferences. *American Psychologist, 35,* 151-75.

10장

정서와 쾌락 경험

니코 H. 프리자

이 장은 감정의 구성 요소, 행동 준비, 자율신경계 각성, 인지 활동의 변화 등의 측면에서 정서 분석을 다룰 것이다. 전체적인 정서 반응 패턴에는 정서 조절과 (여기에서 정서의 '의의'라고 불리는) 자신의 정서에 대한 개인의 반응이 있다. 또한 이 장은 정서 경험 — 모든 구성 요소들의 통합적 의식으로 통하는 — 과 둘 다 다소 복잡한 개념으로 밝혀진 강도 및 지속 시간과 같은 중요한 정서 양상에 대해서도 논의할 것이다. 정서 공간은 차원적이고 범주적이며 다중 구성 요소적인 것으로 기술된다. 세 가지 양상은 모두 동등하지는 않지만 독자성을 가지는 표상으로 간주된다. 정서의 여러 기능은 정서의 기능적이고 차별화된 정서의 결과, 특히 사회적 상호작용과 사회적 관계의 내용에 따른 결과이다. 특히 사회적 관계의 내용은 정서를 인간 기능의 필수적인 양상으로 만든다.

정서는 주관적인 웰빙과 경험한 삶의 질을 형성하는 데 필수적인 요소이다. 웰빙과 경험한 삶의 질은 정서적인 개념이다. 그것들은 정서의 핵심에 있는 감정을 의미한다. 더욱이 웰빙 정도 및 질에 대한 판단 정도는 유쾌한 정서와 불쾌한 정서의 수치와 아마도 그런 정서의 지속 시간 및 강도의 영향을 받기 쉽다. 이러한 이유 때문에 정서를 이해하는 것은 웰빙과 삶의 질에 관한 연구에서 중요한 관심사이다.

정서의 본질

우리가 정서라고 부르는 것은 주관적인 경험과 행동과 생리 반응의 영역에 속하는 몇 가지 구성 요소들로 이루어진 중요한 사건들에 대한 반응이다. 이 구성 요소들은 서로 그저 느슨하게 연결되어 있는 경향이 있다. 한 구성 요소의 발생이 항상 다른 구성 요소를 동반하는 것은 아니다. 예컨대, 공포감이 항상 생리적 이상이나 도주 경향을 동반하지는 않는다. 결과적으로, 상이한 구성 요소는 하나의 기준으로 간주될 수 있고, 그에 따라 정서의 개념 및 정의가 다를 수 있다. 정서는 정서적 느낌 상태(Johnson-Laird and Oatley, 1989) 또는 긍정적인 감정이나 부정적인 감정의 유의성과 관련한 느낌 상태(Ortony, Clore and Collins, 1988)로 정의되어 왔다. 그러한 정의에 대한 대안으로 정서는 자율신경계의 각성 상태(예컨대, Mandler, 1984; Schachter and Singer, 1962)나 행동 성향 활성화의 변화(Frijda, 1986; Lang, 1995)로 정의되어 왔다. 어떤 구성 요소를 기준으로 삼느냐에 따라 어떤 현상이 정서로 간주되고 어떤 현상이 정서로 간주되지 않는지 결정된다. 만일 감정적 유의성을 기준으로 삼는다면 놀라움은 정서가 아닐 것이다. 놀라움은 유쾌한 것이거나 불쾌한 것이거나 심지어 중립적인 것일 수 있다. (놀라움은 스피노자(1677/1989)나 오토니 등의 연구자들(Ortony et al., 1988)에게는 정서가 아닐 수 있지만, 다른 많은 이론가들에게는 정서이다). 행동 성향을 기준으로 삼는다면, ("나는 이 향기를 좋아해"에서처럼) 순전한 선호는 정서가 아니라(대부분의 정서 이론가들은 정말로 그러한 선호를 정서에서 배제하려했다) 욕망이어야 할 것이다. (스피노자에게 그러한 선호는 정서였으나 그것을 정서로 보는 현대 이론가들은 프리자(1986)와 판크세프(Panksepp, 1982)를 비롯한 소수 이론가들뿐이다.)

정서에 관한 견해들은 기능적인 해석과 관련해서도 상당히 다르다. 정서는 주로 혼란이나 동요로 간주되어 왔다. 칸트는 정서를 '마음의 병'(저널에 실릴 예정인 풋(Pott)의 논문 참조)으로 인식했고, 헵(1949) 또한 정서를 그런 식으로 취급했다. 정서를 유기체가 적응할 수 없는 사건(Hebb, 1949)으로 인해 발생하는 것이거나 낡은 진화론적인 구식 메커니즘의 산물로 인식하는 것을 통해서 혼란성이 설명되어 왔다. 그러한 견해는 정서가 현대 사회에서도 적응적 기능을 가지고 있다는 견해(Damasio, 1994)와는 완전히 상충된다. 실제로 나는 복수욕과 같은 비합리적으로 보이는 정서가 합리적일 수도 있다고 생각한다(Frank, 1988).

관점상의 또 하나의 큰 차이는 정서적 현상에 대한 적절한 설명 수준과 관련이 있다. 정서는 그저 유기체의 상태 변화(자율신경계 각성 상태나 느낌 상태의 변화)로, 따라서 유기체 내 사건으로 취급되어 왔다. 정서는 또한 주체와 환경의 관계에 대한 개인의 지각 혹은 그러한 관계의 변화로 논의되어 왔다. 정서는 태도(Bull, 1951)로, 사람과 사건의 교류상의 평가 양식(Lazarus, 1991)으로, 현재의 동기 부여의 변화나 특정한 종류의 행동 혹은 상호작용에 대한 준비의 변화(Frijda, 1986; Lang, 1984, 1995; Plutchik, 1980)로 인식되어 왔다. 마지막으로, 정서가 목표의 변화를 지시하는 메커니즘으로, 즉 개인의 현재의 중요한 목표를 변화시키는 명령으로 해석되면서 행동 통제를 준비하는 역할로 전락했다(Frijda, 1986; Oatley, 1992; Simon, 1967). 다양한 해석들이 모두 이따금씩 적용될 수 있다. 그러나 정서의 본질의 중점을 기능상의 혼란에 두느냐, 정신 내적인 상태의 변화에 두느냐, 개인들 간의 사건에 두느냐, 아니면, 통제 변화 메커니즘에 두느냐에 따라 상당한 차이가 있다.

상대적으로 느슨한 구성 요소들 간의 관계는 정서에 대한 결정론적인 정의를 배제하고 분리적인 정의를 강제한다. 정서는 경험과 행동, 생리 반응의 구성 요소들 가운데 하나 이상의 요소로 구성된, 중요한 사건에 대한 반응으로 정의할 수 있다. 그러나 두 가지 현상이 정의를 내릴 때 다시 나타나며, 정서 개념 또는 그보다 더 오래된 사촌지간인 '열정'과 '애정'의 사용 기준으로 보인다. 심지어 정서나 열정, 애정의 개념들이 존재하게 된 이유도 두 현상 때문일 수 있다. 두 현상은 대체로 겹쳐지지만 완전히 겹쳐지지는 않는 반응 영역을 구분한다. 한 현상은 행동과 사고의 통제에 변화가 발생하는 것이다. 때로는 외부의 사건이나 사고(思考)로 인해 진행 중인 행동과 사고가 중단되고 새로운 행동과 사고가 통제되며, 강제적인 방식으로 그렇게 된다. 다시 말하면, 그것은 비자발적이고 '수동적'이며 주체에게 '영향을 미친다'는 인상을 주는 경험적이고 행동적인 현상이다. 나는 이러한 현상을 '통제 우위'(Frijda, 1986)라고 부르고 싶다. 다른 현상은 정서 경험의 특별한 본질과 관련이 있다.

정서 경험

정서 경험에 대한 분석은 본질적으로 두 가지 방법으로 이루어져 왔다. 한 방법은 정서 경험을 다른 종류의 경험, 그중에서도 특히 신체 인식 및 인지로 환원시키는 것이다. 정서 분석에 대한 다른 시도에서는 쾌락과 고통의 느낌을 근육 운동 감각의 변화로 간주했다(그러한 역사에 관해서는 Arnold, 1960을 참조). 비교적 최근에 나온 정서 경험에 대한 분석은 샤흐터-싱어 이론(Schachter and Singer, 1962)이었다. 이 이론에 의하면 정서 경험은 '한 개인의 자율신경계 각성 상태'와 '그와 결합된, 그 상태를 일으킬 수 있는 원인에 대한 인지'로부터 생성되는 느낌으로 해석되었다. 내성법과 실험적인 증거(Arnold, 1960; Reisenzein, 1983을 참조)를 보면, 이 이론을 받아들이기 어렵다. 두 번째 접근법은 정서 경험을 적어도 부분적으로는 일종의 그 나름의 경험으로 본다. 경험들은 정서적인 것으로만 느껴지거나 일반적으로 인지와 신체 감각과 결합된 환원할 수 없는 경험을 포함하고 있을 때 주로 (명명된 정의에 따라서) 느껴진다는 것이다. 그러한 접근 방식을 변형한 한 접근법은 색채(빨간색, 노란색, 녹색, 파랑색) 경험의 특질과 흡사한, 그와 같은 환원할 수 없는 일련의 작은 정서적 특질을 사실로 단정한다(Izard, 1977; Johnson-Laird and Oatley, 1989). 그 특질을 기본적인 정서로 간주한다. 그러한 특질에 대한 증거(와 어떤 정서가 하나의 특질에 부합하는지에 대한 증거)는 기본적이고 보편적인 얼굴 표정에 대한 증거와 특정한 언어 현상에 국한된다(Johnson-Laird and Oatley, 1989). 증거는 분명히 간접적인 것이며, 다소 부족해 보인다(Reisenzein, 1995; Wierzbicka, 1992). 당연시되는 기본 정서조차도 환원할 수 있지만 다른 정서처럼 분석하고 기술할 수는 있다(Frijda, Kuipers and Terschure, 1989; Shaver et al., 1987; Wierzbicka, 1992).

현재의 연구 조사는 분트(1902)의 이론화를 선호하는 것으로 보인다. 분트는 환원할 수 없는 유일한 특질은 내가 '감정'이라고 언급하고자 하는 쾌락 및 고통(통증)에 대한 느낌이라고 주장한 바 있다.

따라서 '정서'로 간주되는 경험은 일반적으로 혹은 항상 (명명된 정의에 따라) 감정을 포함한다. 그러한 경험은 일반적으로 혹은 항상 감정적 유의성을 가진다. 그러한 경험은 일반적으로 '정서'로 간주되지 않는 다른 경험들, 특히 기분 그리고 달콤한 맛과 악취와 같은 특정한 감각적 경험들과 쾌락 및 고통 느낌이라는 특질을 공유한다. 그러한 경험들을 구별 짓는 한 가지 양상은 정서가 대상을 수반한다는 것이다. 정서는 '의도적인 상태'이다. 정서는 어떤 대상 — 사람, 사물, 사건 — 에 '관한' 것이라고 느껴진다. 그리고 정서는 그 대상과 특별한 관계를 수반한다(Ryle, 1949). 아마도 그것이 정서를 기분과 구별짓는 주요한 측면일 것이다. 개인은 기분을 유발한 원인을 알 수 있지만, 느낌과 행동 충동은 인과적 대상 방향으로 향하지도, 그것으로부터 멀어지지도 않는다. (정서를 감각적 감정, 비정서적 상태와 구분 짓는 주요한 측면은 통제 우위의 변화 경험이다. 개인은 달콤한 맛에 이끌려 하던 일을 멈추고 맛을 곱씹을 때만 즐거움의 정서를 인식하게 될 것이다.)

정서 경험은 일반적으로 감정과 통제 우위의 변화에 대한 감각만이 아닌 그 이상의 많은 것들로 이루어져 있다. 정서 경험은 정서의 대상에 대한 인식과 그 대상에 관한 추가적인 인지를 포함한다. 그러한 인지는 흔히 '평가'(Lazarus, 1991)로 불린다. 정서 경험은 또한 행동 준비의 변화에 대한 인식을 포함한다(Frijda, 1986). 경험을 기쁨이나 분노나 향수와 같은 특정한 정서 경험으로 정의하는 것이 가장 명료한 평가이며 행동 준비에 대한 인식이다. 경험에는 생리적 반응과 얼굴 표정으로부터의 피드백(예컨대, '얼굴 피드백' Izard, 1977)뿐만 아니라 내가 뒤에서 정서의 '의의'라고 언급할 인지의 수용도 추가로 포함될 수 있다.

모든 정서 경험이 전적으로 온전히 경험되는 것은 아니다. 모든 정서 경험이 명확히 표현될 수 있는 것은 아니며, 모든 구성 요소를 포함하고 있는 것은 아니며, 특정한 정서의 이름으로 명명될 수 있는 것은 아니다. '흥분된' 느낌, '감동받은' 느낌, 혹은 '혼란스러운' 느낌이 좋은 예이다.

나는 우선 정서가 어떻게 야기되는지 논한 다음에 정서의 구성 요소를 좀 더 상세히 설명할 것이다.

정서의 선행 요인

대부분의 문화에서 대부분의 사람들에게 정서를 야기하는 사건들이 아주 많다. 정서를 야기하는 사건들로는 불확실성 이후에 원하는 목표의 달성, 절친한 친구들과의 재회, 육체적 손상의 위협, 배우자나 자녀의 사망, 집단으로부터의 배제, 다른 사람의 고의적인 방해 등이 있다(Mesquita, Frijda and Scherer, 1997). 또한 아주 일반적으로 긍정적이거나 부정적인 감정을 불러일으킬 수 있거나 다른 감정적 과정에 영향을 미칠 수 있어 보이는(Ohman, 1993) 특정한 자극(예컨대, 화난 얼굴, 악취, 통증) 혹은 (친교 관계와 같은(Zajonic, 1980)) 일련의 관계성 자극들을 들 수 있다. 이처럼 정서를 야기하는 사건들은 보편적인 인간의 민감성을 시사한다. 그러나 정서를 야기하는 사건의 배열은 앞서 언급한 것보다 훨씬 더 다양하며 특정 유형의 사건에 대한 분석보다 더 깊은 수준에서의 분석이 요구될 것으로 보인다.

그런 이유로 정서의 야기를 보다 일반적인 원칙들에 결부시키고자 하는 시도가 있었다. 그러한 원칙 중 하나는 조건화 원칙이다. 정서는 선천적인 강화물이나 그러한 강화물의 출현을 알리는 조건화 신호에 의해서 야기된다는 것이다(Mowrer, 1960). 아마 일정한 추상적인 수준에서 올바른 공식화라고 할지라도, 이 원칙은 많은 통찰력을 제공하기에는 너무 추상적인 것처럼 보일 것이다. 정서 야기의 현상에 좀 더 근접한 것은 정서가 한 개인의 관심의 생활사를 반영한다는 원칙이다. 좀 더 공식적으로 표현하면, 정서는 중요한 목표와 동기, 가치에 대한 실제 성취나 기대 성취 혹은 그러한 목표와 동기와 가치의 실제 손상이나 기대 손상과 관련이 있다고 여겨지는 사건이나 부수적 사건에 의해서 주로 야기된다(Frijda, 1986; Lazarus, 1991, Roseman, Wiest and Swartz, 1994; Scherer, 1984). 정서 유발 요인들을 사건이나 부수적 사건으로 보는 공식화나(Oatley, 1992), 기대의 충족이나 불충족을 나타내는 공식화나(Hebb, 1949; Mandler, 1984), 정서 야기 요인들의 하위 부류를 규범에 대한 위반이나 그 규범에 부합하는 것으로 규정하는 공식화는 거의 유사하다. '부수적 사건'이라는 단어는 사랑하는 사람이 사망한 후에 겪는 빈곤이나 중압감이나 자포자기와 같이 지속적으로 길게 이어지는 상황을 포괄하기 위해서 추가된다. 언급된 사건들을 해소하는 데 나름 어려움을 겪거나 예상보다 그 해소 시간이 빠르거나 늦을 때만 그 사건들은 정서를 야기한다(이때의 정서는 단순히 좋거나 싫은 것은 아니다)(Carver and Scheier, 1990).

정서 야기 요인의 두 가지 부류는 보다 포괄적인 공식화로 추가하거나 구별해야 한다. 한 부류는 개인의 감정적 민감성에 영향을 미치는 사건들과의 대면, 즉 혐오스럽거나 유쾌한 자극과의 대면과 감정적 유의성을 지닌 대상이나 사람과의 대면이다(Ortony et al., 1988). 개인이 직접적으로 그러한 사건들을 해소할 수 없거나 그 사건들이 제공하는 기회를 사용하지 못할 경우에 그 사건들은 정서를 불러일으킨다. (이때의 정서도 단순히 좋거나 싫은 것은 아니다.) 더 흥미로운 점은 두 번째 부류의 정서 야기 요인 — 개인의 방해받거나 방해받지 않는 기능을 포괄하는 사건과 행동, 부수적인 사건 — 의 구분이다. 그 실례로는 분노의 원인으로서 운동 억제(Stenberg, Campos and Emde 1983)와 '몰입' 경험의 원인으로서 활동의 수행(Csikszentmihalyi and Csikszentmihalyi, 1988)을 들 수 있다. 즐거움은 일반적으로 어떤 관심사에 적합한 대상을 인식하는 것에서, 혹은 개인의 어떠한 능력에 대한 성공적인 행사가 당연한 것으로 여겨지지 않을 때, 그와 같은 성취를 이루는 것(기능적 쾌락)에서 생기는 정서이다(Buhler, 1930). 모든 정서 야기 요인들을 방해받거나 방해받지 않는 기능을 포괄하는 사건의 제목 아래 포함시킬 수 있다고 주장할 수 있다. 방해받거나 방해받지 않는 기능, 관심사와의 관련성, 감정적 유의성은 동일한 동전의 세 면일 수 있다(Frijda, 1986; 이 장, 말미의 감정 부분을 참조).

면밀히 살펴보면, 서로 다른 정서를 야기할 수 있는 조건들은 매우 유사한 다양한 측면에서 기술되어 왔다. 모든 조건은 감정적으로 관련이 있는 자극이 주체에게 영향을 미치는 상황에서 존재하는 변인들을 포괄한다. 변인들은 긍정적 강화나 부정적 강화의 실제 증가나 감소 혹은 예상되는 증가나 감소의 측면에서 설명되어 왔다(Mowrer, 1960). 이러한 방향의 설명은 확장되어 정서의 위상의 결과가 피험자의 반응에 의존하는지 여부를 포괄하게 되었다(Gray, 1987). 이러한 구조에서 슬픔은 반응 의존적인 긍정적 강화물의 실제 감소에 기인한다. 라자루스(1991)는 중요한 정서의 선행 요인을 '핵심 관련 주제'로 설명한다. 앞서 언급한 보편적인 사건 유형이 핵심 관련 주제의 전형이다. 핵심 관련 주제에는 목표 실현을 향한 합리적인 진전, 되돌릴 수 없는 상실, 위협, 모욕적인 공격 등이 있다. 상이한 핵심 관련 주제들을 나타내는 사건들은 각각 행복, 슬픔, 두려움, 분노 등과 같은 상이한 정서를 유발할 것이다.

핵심 관련 주제는 좀 더 차별화되고 유연하고 일반적인 설명 시스템, 즉 대체로 어느 정도 이점을 지닌 '평가 변인' 시스템(Lazarus, 1991)으로 아주 쉽게 변환될 수 있다. '모욕적인 공격'은 '다른 사람의 무례한 의도가 일으킨 불쾌한 사건'으로 분석될 수 있다. 일련의 평가 변인들에 대한 여러 제안이 제시되어 왔다(Frijda et al., 1989; Lazarus, 1991; Ortony et al., 1988; Roseman, Antoniou and Jose, 1996; Smith and Ellsworth, 1985; Smith and Lazarus, 1993). 그러한 다양한 제안들 중에는 중첩되는 것이 많다(Scherer, 1988). 평가 변인들에는 감정적 유의성, 동기의 일치성, 기대감, 대처 잠재력, 불확실성, (다른 사람이나 자신이나 사건에 의한) 결과의 초래, 규범 친화성이 있다. 여러 증거들로 볼 때 이러한 변인들은 비교문화적으로 타당하다고 할 수 있다(Frijda et al., 1995; Mauro, Sato and Tucker, 1992; Scherer, 1997).

다른 연구자들(예컨대, Ortony et al., 1988; Roseman et al., 1996; Scherer, Walbott and Summerfield, 1986; Smith and Ellsworth, 1985)뿐만 아니라 라자루스도 (이 장의 후반부에 기술했듯이 주관적인 반응 구성 요소나 행동적인 반응 구성 요소가 규정한 바와 같이) 이러한 평가 변인들의 상이한 패턴이나 상이한 핵심 관련 주제들이 상이한 정서를 야기한다고 가정한다. 평가 패턴은 부분적으로는 개인이 그것을 터득한 범위 내에서 반응을 유발하는 사건의 속성들로 구성되고, 부분적으로는 개인이 사건을 대하는 예상과 이해와 스키마와 생각에 의해서 사건에 더해진 속성들로 구성된 것으로 보인다.

어떤 평가 변인이 다양한 정서의 유발에 연관이 있는지에 대한 증거와 어떤 정서 패턴이 어떤 정서를 유발하는지에 대한 증거는 주로 정서의 선행 요인과 정서적 경험에 대한 자기보고에서 나온다. 실제 정서의 선행 요인에 대한 증거로 그러한 자기보고를 고려하는 것은 부적절해 보인다. 왜냐하면, 자기보고의 데이터는 선행 요인과 정서 명칭의 의미론이나 정서 경험의 내용 사이의 구분을 허용하지 않기 때문이다(Frijda, 1993; Parkinson, 1995). 정서를 결정할 때 통제 능력과 예측 가능성, 대처 능력과 같은 평가 변인들 (또는 그 변인들의 자극 원천)의 인과적 역할에 대한 일부 실험적 증거가 존재한다(예컨대, Glass and Singer, 1972; Seligman, 1975를 참조). 또한, 반응을 유발하는 사건에 대한 분석은 모러(Mowrer) 및 그레이(Gray)의 부수적 사건을 확고히 입증해 준다. 예를 들어, 부정적인 사건의 증가뿐만 아니라 긍정적인 사건의 감소도 부정적인 정서를 일으키고, 돌이킬 수 없는 상실이나 통제할 수 없는 혐오감은 냉담함을 야기한다(Seligman, 1975). 이 외에 특정한 정서를 결정할 때 반응을 유발하는 사건들의 역할에 대한 증거는 아직 많은 편은 아니다. 의외성은 놀람의 중요한 매개 변인을 결정하는 것으로 보인다(Meyer et al., 1991). 기대되는 결실에 대한 평가는 심박동수(Smith, 1989)와 피부전도 수준

(Pecchinenda and Smith, 1996)에 영향을 미친다. 그리고 평가된 목표 장애는 얼굴 추미근(皺眉筋) 활동과 상관관계가 있다(Smith, 1989). 분노 유발 시의 생체 매개의 역할은 시상하부의 자극에 의해서 야기된 경우에도 대부분의 분노 행동의 방향에서 나타난다(Hess, 1957). 따라서 실험적 증거는 많은 편은 아니지만 축적되기 시작했다. (행동 준비 양식과 같은 독립적인 기준에 의해서 규정된) 상이한 정서가 상이한 평가에 의해서 야기된다는 가설은 그럴듯한 가설이다. 이 가설은 다양한 정서의 출현을 설명할 수 있다. 하나의 정서 에피소드 내에서 연쇄적으로 일어나는 상이한 정서 또한 잠재적인 평가 변인들에 대한 관심의 변화로 쉽게 설명할 수 있다. 다른 한편으로, 평가 패턴이 다양한 정서를 불러일으키기 위해 필요한 조건인지에 대해서는 여전히 의문이다(Frijda, 1993).

정서 야기에서 인지 변인들이 중요한 역할을 한다. 대부분의 정서는 개인의 관심사(우려 사항)들 중 하나와 관련이 있는 사건에 의해서 야기되지만, 그 관련성이 결과적으로 어떤 식으로든 평가된 조건에서만 야기된다. 인지 과정은 특정한 사건이 야기하는 어떤 정서를 결정짓는 데도 중요하다. 왜냐하면 그 결정은 주로 개인의 예상, 사건 처리의 어려움과 가능성에 대한 평가, 그리고 인과적 작인 및 통제 능력 따위에 대한 평가에 달려 있기 때문이다. 이모든 것은 라자루스(1991)의 정서 이론, 즉 가장 대표적이고 영향력 있는 현대판 정서 이론이라 할 수 있는, '인지적 평가 이론'의 실체를 형성한다. 이 이론은 사건 자체의 성질보다는 반응을 유발하는 사건에 부여된 의미가 정서를 야기하는 정도를 설명해 준다는 점에서 정서를 이해하는 데 중요한 기여를 한다. 인지적 평가 이론들은 특정한 종류의 사건이 일으킨 정서의 개인 내변화에 대한 통찰력을 제공한다. 개인이 어떤 정보를 수집하고 수집하지 않는지의 여부, 어떤 연상이나 기대감이 활성화되는지의 여부, 어떤 의미가 따라붙고, 어떤 우려가 경계되는지의 여부가 상황과 개인의 대처 잠재력의 변화에 따라 순간적으로 달라질 수 있다. 인지적 접근은 정서의 개인적, 문화적 차이에 대한 통찰력을 제공하기도 한다. 목표와 가치가 다르기 때문에 특정한 사건에 따라붙는 의미도 다를 것이다(Lutz, 1988; Markus and Kitayama, 1991; Mesquita et al., 1997).

인지 변인이 정서 각성에 중요한 역할을 한다는 것은 주로 정보와 그 처리가 중요한 역할을 한다는 것을 의미한다. 그러나 관련 과정들은 수준과 복잡성 측면에서 매우 다양하다(Leventhal and Scherer, 1987). 그 과정들은 간단한 연합이나 조건화에 대한 직접적이고 자동적인 자극 효과에서 기대(예상)의 확증이나 불확증, 그리고 기억 흔적의 각성이나 비각성에 이르기까지 다양하다(놀람의 의외성 역할에 대해서는 Meyer et al., 1991을 참조, 친밀성의 감정적 효과에 대해서는 Zajonc, 1980을 참조). 그 과정들은 더 나아가 잃어버린 손수건으로 인해 생기는 오셀로의 질투의 각성,[1] 그리고 후회의 각성 및 강도의 사후 가정 시나리오의 중요성(Landman, 1993; Gilovich and Medvec, 1995), 혹은 일반적으로, 지금껏 일어난 일, 일어났을지도 모르는 일, 다른 사람들이 가지고 있는 것, 그리고 슬픔과 실망과 분노와 질투와 같은 정서의 내용이 정당하다고 자신이 여기는 것과의 비교 역할 등이 예증하듯이, 인식 스키마와 복잡한 비교나 추론 과정의 관여에까지 이른다. (예컨대, 질투 상태에서 정당하다고 여기는 것의 역할에 대해서는 Smith et al., 1994를 참조). 인과적 작인과 대처 잠재력과 같은 평가 변인은 정교한 추론을 통해서뿐만 아니라 지각된 인과성과 의도된 행동의 단순한 실패와 같은 기본적인 과정을 통해서도 작용할 수 있다. 대체로 정서 야기에서 나타나는 대부분의 인지 과정들은 (익숙한 자극(Zajonc, 1980), 감정적으로 유의성이 있는 실체의 이름(Bargh, 1997), 감정적으로 축적된 자극의 폭발(Lang, 1995) 등과 같은) 자극의 단순한 표현이 일으키는 정서 각성에서 명확히 알 수 있듯이 자동으로 작동한다고 가정할 수 있다. 제시된 그러한 자극은 인지 역치 아래 수준이라고 하더라도 정서를 야기할 수 있으며(Murphy and Zajonc, 1993; Fox, 1996; Esteves, Dimberg and Ohman, 1994), 그렇게 제시된 자극은 예전에 했던 평정과 조건화되었을 경우에는 다른 자극에 대한 감정 평정에 영향을 미칠 수 있거나 생리 반응을 일으킬 수 있다.

---

1   셰익스피어의 희곡 『오셀로(*Othello*)』에서 오셀로는 아내 데스데모나에게 주었던 손수건을 자신의 부관 캐시오가 가지고 있는 것을 보고 두 사람이 간통했다고 단정하고는 질투에 눈이 멀어 아내를 죽인다.

정서의 구성 요소

여러 측면에서 정서의 구성 요소들을 구별할 수 있다. 다음의 특성들은 웰빙에 대한 여러 함의들을 이해하는 데 유용할 뿐만 아니라 정서를 기술하는 데도 유용할 것으로 보인다.

감정

여기에서 '감정'은 주로 헤도닉(hedonic) 경험, 즉 쾌락이나 고통(통증)의 경험을 나타낸다. 그러한 경험은 고통과 행복의 경우처럼 뚜렷한 느낌으로 나타날 수도 있지만, 사건이나 자극 대상에 대한 지각된 속성('유쾌한 자극', '무서운 광경', '충격적인 뉴스')의 형태로만 나타날 수도 있다. 그러나 감정은 또한, 피험자의 의식적인 인식과는 별개로, 접근 및 회피 현상(예컨대, 자극에서 벗어나고자 하는 몸부림), 도움 추구 행동(예컨대, 울부짖음), 긍정적 강화 및 부정적 강화(이는 동물과 유아 행동에 대한 분석에 유용한 구성 개념이다)의 작용, 혹은 (예컨대, 동물 웰빙에 대한 연구(Wiepkema, 1990)에서 보듯이) 일반화된 순기능과 역기능을 설명할 수 있는, 의미 있는 가설적인 구조로 사용될 수 있다. 계획된 행동에서의 감정의 역할은 정서 예상(기대)을 중심으로 이루어진다. 어떤 대상을 얻거나 피하거나, 특정한 행동을 드러내거나 억제하려는 계획은 일반적으로 초래되는 쾌락과 고통에 대한 예상에 의해서 통제될 것으로 보인다(예컨대, Frank, 1988). 감정의 두 구성 요소, 즉 현상적 요소와 기능적 요소는 꼭 일치할 필요는 없다.

쾌락과 고통의 특질은 간단한 구성 요소로 분석될 수는 없지만, 경험 감정의 현상학이 설명을 해준다. 쾌락과 고통은 흄이 기술한 방식처럼 특별한 종류의 감각에 그치지 않는다. 내성적 보고는 쾌락과 고통이 자극과의 지속적인 접촉 혹은 자극과의 접촉의 종결에 따른 경험임을 나타낸다(Arnold, 1960을 참조). 더 실질적인 해석은 철학적 해석이다. 쾌락과 고통은 방해받는 기능과 방해받지 않은 기능에 대한 개인의 감각(Aristotle, *Nicomachean Ethics* Ⅶ, 12)이거나 기능의 '완성', 즉 목표와 능력의 성취(Spinoza, 1677/1989: 93)에 있어서의 더 높은 상태나 더 낮은 상태로의 개인의 변동이다. 이러한 해석은 쾌락과 고통은 항상 의미를 가진다는 점을, 즉 경험 그 자체 이상의 의미를 지닌다는 사실을 명확히 한다.

정서 경험의 핵심 요소인 감정은 정서 경험을 즐거움이나 고통의 경험으로 만든다. 감정은 또한 일련의 정서적 의미들이나 영향의 핵심 요소이다. 정서를 나타내는 대부분의 단어는 긍정적인 감정의 유의성이나 부정적인 감정의 유의성을 가지는 것으로 평가된다. 동시 발생 빈도나 유사성 평정에 대한 대부분의 클러스터 분석[2] 연구에서 그러한 단어들은 긍정적 슈퍼클러스터, 부정적 슈퍼클러스터, 중립적 슈퍼클러스터로 적절히 나뉘거나(예컨대, Frijda, 1973; Shaver, Wu and Schwartz, 1992를 참조) 중요한 유의성 차원을 산출한다 (예컨대, Russell, 1980을 참조). 동일한 현상이 회상 정서 경험에도 적용된다. 감정은 거의 변함없이 존재하며 한 클러스터의 평가 특성의 핵심을 이룬다 (Frijda et al., 1989). 시각 자극도 얼굴 표정(예컨대, Russell and Bullock, 1985) 과 마찬가지로 긍정적 유의성이나 부정적 유의성(Lang, 1995)의 측면에서 쉽게 평가된다. 어떤 종류의 자극이 미치는 감정적이거나 '함축적' 영향에 대한 평정에서, 유의성은 일반적으로 더 큰 요인을 형성한다(Osgood, May and Miron, 1975).

감정은 또한 정서 이론의 핵심적인 요소이다. 몇몇 이론은 정서를 자극 지각과 행동이나 행동 준비의 변화와 같은 정서적인 반응 사이에서 양쪽을 중재하는 과정으로 간주한다(Frijda, 1986; Lang, 1995). 정서는 개인이 무엇인가를 좋아하거나 싫어하기 때문에 발생한다. 특정한 긍정적인 정서나 부정적인 정서는 특정한 감정적 평가의 맥락 내에서 변화하는 경향이 있다. 감정 각성 (또는 감정적 평가)은 자극 처리에 있어 기본적이고 자동적인 과정으로 때로는 특정한 범주의 자극의 정체를 의식적으로 인식하기도 전에 발생한다(Bargh, 1997; Bayens, Eelen and Van den Bergh, 1990; Esteves, Dimberg and Öhman, 1994; Zajonc, 1980). 기능적으로, 감정은 통제 우위의 변화를 알리는 일반화된 신호로 해석될 수 있다. 감정은 지속적인 주의의 변화, 강화된 접근이나 회피 준비(Lang, 1995), 반응을 유발하는 사건의 처리를 위한 더 구체적인 행동 시스템의 활성화, 사건에서 일반화된 행동의 분열 등의 문제를 책임지고

---

2   많은 대상에 대해 개체 간의 유사성을 양적으로 표현한 유사도 혹은 거리를 구하여 그것에 의거해서 많이 닮은 개체를 하나의 클러스터(덩어리)로 정하고, 전체를 몇 개의 클러스터로 분류하는 다변량 해석 기법.

있는 과정이다(Hebb, 1949). 이런 기능적인 해석은 전복될 수 있다. 통제의 변화 및/또는 사건 의존적인 행동의 분열이 발생할 때마다 감정이 발생했다고 가정하는 것도 나름 일리가 있다. 이는 개인이 감정 상태에 대해 유의미한 가정을 하기 위해서는 자기보고가 필요 없다는 것을 뜻한다.

이와 같은 감정 분석은 웰빙에서의 감정의 역할을 강조한다. 웰빙의 구성 요소라는 점과는 별개로, 감정은 정서적인 사건을 처리하는 데 직접 관여하는 기능뿐만 아니라 그러한 처리에 특별히 관여하지 않는 다른 많은 기능에도 영향을 미친다. 즐거움은 자극에 대한 활성화 증가와 개방성을 촉진시키는 것으로 보이며(Davitz, 1969), 고통은 비통한 사건(예컨대, Davidson, 1992)에 대한 대처를 제외하고는 관심의 감소 및 활성화 감소와 상관관계가 있는 것으로 보인다. 극단적인 경우에는 즐거움과 고통 모두 최적의 과제 수행을 방해할 수도 있다(Hebb, 1949).

긍정적인 감정과 부정적인 감정은 많은 면에서 상반된다. 두 감정은 종종 (예컨대, 쾌락 추구와 고통 회피, 접근 명령이나 회피 명령 등처럼) 정반대의 행동 효과를 지니며, 느낌과 대상은 일반적으로 양극성 감정 유의성 척도로 쉽게 평가된다. 쾌락과 고통이 서로를 무효화하거나 중립화한다고 주장할 수도 있다. 대립 과정 이론(Solomon and Corbit, 1974)에 의하면, 부정적인 감정은 긍정적인 감정 — 부정적인 감정을 약화시키며, 부정적인 감정을 유발하는 자극이 사라지면 지배력을 행사하기 시작하는 — 을 야기하게 된다고 한다. 그리고 마찬가지 현상으로 긍정적인 감정은 부정적인 감정을 야기한다고 한다. 그러나 중립화는 감정이 일어나는 동안에 생기는 감정의 실제 중립화보다는 (예컨대, 취기 후에 만족감을 망치는 숙취와 모욕을 당한 이후에 남아 있는 고통을 경감시키는 복수의 쾌감처럼)(Bain, 1876) 특정한 기간 동안 개인의 감정의 역사나 기대(예상)를 감정적으로 압축한 것에 더 가까울 수 있다. 사실상, 쾌락과 고통은 동시에 공존할 수 있다. 서로를 없애지 않고서도 그렇게 공존할 수 있는 것이다. 마조히즘적인 쾌락이 좋은 예이다. 두 감정의 동시적인 각성은 복잡한 상호작용, 즉 혼란스러운 양가감정, 갈등의 경험, 쾌락에 더해진 얼얼함과 흥분, 향수 어린 추억처럼 고통에 더해진 달콤함 등을 야기한다. 달콤쓸쓸함의 경험뿐만 아니라 양가감정의 경험도 쾌락과 고통이 단일한 과정의 대립적 결과가 아니라 다소 독립적인 두 과정의 결과라는 가설을 불러일으킨다. 신경학적, 신경화학적 증거(이 책의 Ito and Cacioppo, Hoebel and Shizgal을 참조)

는 그러한 가설을 뒷받침한다. 이 가설은 코노스키(Konorski, 1976)가 주장한 바와 같이, 긍정적인 감정의 각성은 부정적인 감정에 대한 준비성을 상호적으로 억제하고, 그 반대의 경우도 마찬가지일 거라는 가능성을 배제하지 않는다.

평가

정서 경험은 대상이나 사건에 대한 평가를 수반한다. 좋거나 나쁘다는 평가 혹은 유쾌하거나 불쾌하다는 평가를 때로는 '기본적인 평가'(Lazarus, 1991)라고 하기도 한다. 평가는 또한 다양한 종류의 인식, 특히 대상 또는 상황이 유쾌하거나 불쾌한 것으로 평가되는 이유에 대한 인식, 특히 피험자가 평가를 처리할 때 평가가 무엇을 할 수 있게 하거나 무엇을 할 수 없게 하는지에 대한 인식, 그리고 피험자가 그러한 처리를 할 때 가지고 있는 자원들에 대한 인식을 포함한다(Frijda, 1986; Lazarus, 1991; Solomon, 1993). 의식적인 평가는 한 종류의 정서를 다른 정서와 구별하는 주요한 측면들 중 하나이다(Frijda, 1986; Parkinson, 1995). 특정한 단어로 자신의 정서를 명시하는 것은 반응을 유발하는 사건을 자신이 어떻게 평가했는지를 상당한 정도로 명시하는 것이다(Davitz, 1969; Frijda et al., 1989; Shaver et al., 1987). 예를 들어 공포는 개인이 대처할 자신이 없다고 느끼는 위협의 경험으로 기술될 수 있다(Lazarus, 1991; Spinoza, 1677/1989). 각각의 정서 개념은 특정한 평가에 부합한다. 주요한 정서를 특징짓는 평가는 제한된 수(5~10)의 평가 차원에서 나타내는 가치 패턴으로 이해될 수 있으며, 여러 연구 결과에 따르면, 관련 질문지에 대한 피험자의 반응에서 명확히 드러나듯이, 피험자가 자신의 경험을 명시하기 위해서 특정한 정서 단어를 사용한다는 것을 평가 패턴으로부터 합리적으로 잘 예측할 수 있다(Frijda et al., 1989; Scherer, 1997). 그 차원들은 앞서 정서 야기에 대한 논의에서 설명한 것들이지만, 정서에서 행하는 그러한 차원들의 역할에 대한 증거는 주로 정서 경험의 구성 요소로서의 역할에 있다.

행동 준비

정서 현상 중에서 가장 주목할 만한 것은 환경과의 상호작용의 변화에 대한 동기 혹은 준비를 나타내는 현상이다. 이러한 동기 또는 준비의 형태는 "행동 준비 양식"(Arnold, 1960; Frijda, 1986), "행동 성향"(Lang, 1995), "행동 시스템"(Van Hooff, 1972), 목표(Roseman et al., 1994; Stein and Trabasso, 1992), 그리고 "인식할 수 있는 유형의 사건에… 적합한 행동 목록"(Oatley, 1992, 208)과 다소 유사한 개념으로 설명된다.

이러한 개념으로 이어지는 현상에는 특정한 조건들에서 나타나는 상이한 행동들의 기능적 동일성(예컨대, 불쾌감 이후에 드러내는 위협, 싸움, 질책, 즉 불쾌감을 준 자에게 고통을 주려는 목적을 드러내는 모든 행동), 상이한 행동 및 얼굴 표정의 동시 발생(Frijda, 1986; Plutchik, 1980; Van Hooff, 1972), 정서적 충동 및 충동의 변화에 대한 자기보고(Davitz, 1969; Scherer et al., 1986), 생리적 반응의 기능적 본성(예컨대, 방어적 행동 성향의 활성화를 시사하는, 불쾌한 자극에 의한 놀람 강화[Lang, 1995]), 그리고 기능적으로 일관되고 상이한 정서 반응들과 관련된 뇌 회로들의 일체화(Gray, 1987; Panksepp, 1982)가 있다. 행동 준비 방식의 표명에는 명백한 행동, 안면 움직임을 비롯한 기타 '표현적' 움직임, (부정적 자극이 일으키는 놀람 강화(Lang, 1995)에서처럼) 역치 아래 수준의 활성화, 그리고 생리적 에너지의 동원(Obrist, 1981)과 주의 배치(예컨대, MacLeod, Mathews, and Tata, 1986)와 인지적 준비(예컨대, Keltner, Ellsworth and Edwards, 1993)와 같은 상호작용의 지향성 변화를 뒷받침하는 과정이 있다.

행동 준비의 범주를 살펴보면, 비교적 높은 수준의 범주화로는 밀접한 관계성 시스템, 경쟁 시스템, 복종 시스템, 놀이 행동 시스템(Van Hooff, 1972)을 들 수 있고, 비교적 낮은 수준의 범주화로는 '~쪽으로 이동', '~에서 물러남', '~에 대한 저항', 과다 활성화나 과잉, 과소 활성화나 무감각을 들 수 있다(Davitz, 1969; Frijda, 1986). 언어적 정서 범주들은 흔히 행동 준비의 암시적 방식 측면에서 서로 다르다(Arnold, 1960; Frijda, 1986). 행동 준비 방식에 대한 자기보고는 실제로 정서 명칭의 사용을 상당히 높은 수준으로 예측한다(Frijda et al., 1989; Roseman et al., 1994). 매핑(mapping)은 예상대로이다. 애정과 '~쪽으로 이동', 두려움과 '~에서 물러남', 분노와 '~에 저항'이 짝을 이루고, 기쁨 및 즐거움과 과다 활성화, 슬픔과 과소 활성화가 짝을 이룬다(Davitz, 1969, Frijda et al., 1989; Roseman et al., 1994; Scherer et al., 1986). 가장 적절한 설명 수준, 그리고 최적의 범주를 결정하는 것이 현재 연구의 주제이다(예컨대,

10장
•
425

Roseman et al., 1994; Stein and Trabasso, 1992). 느껴지는 충동과 행동 시스템, 신경 구조에 상이한 범주 혹은 설명 수준이 적용될 수 있다. 물론 여기에서 최적의 범주와 수준이 언어적인 정서 명칭에 가장 적합한 범주와 수준에 해당한다는 보장은 없다. 다른 한편, 특정한 정서 범주의 대략적인 특징인 행동 준비 방식은 다소 미묘한 종류일 수 있다. 수치심은 복종 행동 경향을 수반하는 것으로 보인다(머리를 숙이고 숨으려고 하는 행동 목록을 참조(Scheff, 1988)). 감탄도 마찬가지로 접근과 결부된 복종 행동 경향을 수반하는 경향이 있다. 사랑뿐만 아니라 종교적 느낌도 종종 대상과 융합하고 그러한 융합을 촉진시키는 행동으로 이어지기를 바라는 욕망을 수반하는 것으로 보인다.

행동 준비 현상은 여러 정서나 적어도 일부 정서가 동기 부여된 상태임을 나타낸다. 즉, 그 현상은 특정한 조건에서 나타나는 상이한 행동들의 이인 동과성이라는 속성과 장애물이나 방해 상황에서의 지속성이라는 속성(앞서 통제 우위로 언급했던 것의 일부)을 보인다. 어떤 정서는 확장된 의미 면에서, 동기 부여된 상태, 즉 특정한 목표가 없는 활성화 증가(예컨대, 기쁨이나 확산된 혼란이나 흥분)나 특정한 동기(예컨대, 슬픔과 절망)보다는 동기의 상실을 수반하는 동기 부여된 상태이다.

정서 행동에는 얼굴 표정이 있다. 얼굴 표정은 정서 경험에 상응하며, 정서 경험을 표현한다(Ekman, 1994; Izard, 1977; Plutchik, 1980)고 제시되어 왔다. 보편적으로 비슷한 방식으로 정서 경험을 표현하는 것(Ekman, 1994; Izard, 1977)으로 알려져 있다. 그러나 얼굴 표정은 정서 상태의 흔한 부속물은 아니며, 특정한 얼굴 표정이 항상 특정한 정서나 정서 부류를 동반하는 것도 아니다(Russell, 1994; Fridlund, 1994, 1997). 얼굴 표정은 그 자체로서 특유의 결정 요인을 가지고 있는 정서 반응 요소로 간주될 수 있다. 주요한 해석에 따르면, 얼굴 표정은 쾌락 상태와 활성화 상태(Bradley, Greenwald and Hamm, 1993; Russell, 1994), 관계 행동 경향(Frijda and Tcherkassof, 1997; Schlosberg, 1954)을 반영한다. 얼굴 표정으로부터 받는 피드백은 감정(Adelmann and Zajonc, 1989), 혹은 느껴지는 정서 강도의 원인이 되지만, 정서 경험을 크게 차별화할 가능성은 없어 보인다(Tourangeau and Ellsworth, 1979).

자율신경계 각성

정서에서 자율신경계 반응은 여러 기능을 충족시키는 것으로 보인다. 자율신경계 반응은 비교적 활동적인 형태의 행동 준비를 촉진하며 운동 준비나 움직임(운동) 정도에 대응한다(Obrist, 1981). 자율신경계 반응은 통제할 수 없는 사건에 대처하기 위한 노력에 상응하는 것일 수 있다(Cacioppo et al., 1993; Obrist, 1981; Pribram, 1981). 자율신경계 반응은 주의 조절(Mandler, 1984)과 억제(Pennebaker and Hoover, 1986)에 관여할 수도 있다. 다른 반응 매개 변인들은 서로 다른 심리적 매개 변인들과 상관관계를 보이는 경향이 있다. 예를 들어, 최대 심박동수는 불쾌감과 상관관계가 있고(Bradley, Greenwald and Hamm, 1993), 호흡수는 예상 또는 실제 근육 작용과 상관관계가 있고(Boiten, 1996), 피부 전도 수준은 감정 각성의 억제(Pennebaker and Hoover, 1986)나 예상 작용(Pecchinenda and Smith, 1996), 혹은 평가 강도(Bradley, Greenwald and Hamm, 1993)와 상관관계가 있는 것으로 밝혀졌다.

이처럼 밝혀진 관계들은 정서의 구별에도 영향을 미친다. 제임스(1884)의 이론화와는 달리, 언어로 구별되는 정서는 자율신경 반응의 패턴에 의해서는 구별되지 않는다(Philippot, 1993; Stemmler, 1989). 그 반대의 증거(Levenson, Ekman and Friesen, 1990)는 불안정하고 논쟁의 여지가 있으며(Cacioppo et al., 1993), 이 연구들에서 밝혀진 정서 조건과 생리적 변화 사이의 상관관계는 정서 변인들보다는 근육 활동 및 결과적인 호흡 변화에 기인하는 것일 수 있다(Boiten, 1996).

자율신경 각성으로부터의 피드백은 정서 경험의 필요조건이라고 제시된 바 있다(Hohmann, 1966; Mandler, 1984; Schachter and Singer, 1962). 이 가설은 그릇된 것으로 밝혀졌다. 그와 같은 피드백은 기껏해야 정서 강도나 흥분감에 대한 평정에 영향을 미치는 것으로 보인다(지금까지 밝혀진 유용한 증거를 재고찰하고자 한다면, Reisenzein, 1983을 참조. Bermond et al., 1991 또한 참조). 따라서 그러한 정서 경험도, 정서의 구분도 자율신경계의 피드백에 달려 있지는 않다. 사실상, 자기보고 연구는 보고된 신체 감각의 견고하고 안정된 정서 특유의 패턴을 산출한다(Rime, Phillipot and Cisamolo, 1990). 하지만 이러한 자기보고(Philippot, 1993)는 아마도 대체로 자율신경계 피드백보다는 골격 피드백에서 비롯된 것으로, 실제 경험보다는 사회적 고정관념에서 기인한 것일 수 있다.

하지만 자율신경계의 변화는 스스로 감정 자극을 형성한다. 그 변화는 정서가 일어나는 동안이나 그 이후에 효과적인 행동을 방해할 수 있으며 — (예컨대, 말을 제대로 하지 못하게 할 수 있고, 올바른 움직임을 망칠 수 있다) — 때로는 건강을 해칠 수도 있다.

인지 활동의 변화

정서는 인지 활동에 많은 변화를 일으키는 경향이 있다. 정서는 '행동 준비'에서 논의한 시스템의 일부를 형성하는 메커니즘으로부터 야기되는 한에서, 정서의 구성 요소로 간주될 수 있다. 클로어와 슈바르츠, 콘웨이(Clore, Schwarz and Conway, 1994)가 여러 연구 결과들을 재고찰한 바 있다. 인지 활동의 변화에는 주의 통제의 변동이 있다. 불안이 불안 유발 자극에 대한 주의를 증가시켜 불안을 유지한다는 증거가 있다. (이 증거를 재고찰하고자 한다면, Williams et al., 1988을 참조.) 페스팅거(1957)는 정서가 유발하는 믿음의 변화를 연구 조사했고 크리스찬슨과 로프터스(Christianson and Loftus, 1991)는 기억에 정서적인 의미가 미치는 효과를 증명했다. 기분 연구의 맥락에서 회상 촉진 효과와 사회적 판단 및 기타 판단 효과가 광범위하게 증명되어 왔다(이 책, Morris를 참조). 하지만 정서는 이 모든 효과를 되풀이하지는 않는다(Clore et al., 1994).

정서는 반추(Rime, 1995), 침투적 사고(Horowitz, 1976), 환상(Klinger, 1990)과 같은 강렬한 인지 활동을 일으킬 수 있다. 이러한 정서를 유발하는 인지 활동은 아마도 정서 과정의 추가 진행에 상당한 영향을 미칠 것이다. 그러한 인지 활동은 과정의 지속 기간을 연장시켜, 평가를 확대시키고, 정서가 스스로를 먹이로 삼도록 만드는 경향이 있다. 이러한 효과들은 우울증의 맥락에서 광범위하게 연구되어 왔다. 우울증에서 그러한 효과들은 자멸적인 우울증 사이클의 원인이 되는 요인에 속한다(Coyne, 1990). 비슷한 종류의 사이클들은 예를 들어 현실적일 뿐만 아니라 비현실적인 자존감의 상승을 야기하는 것으로 긍정적인 정서에서 중요한 역할을 할 것이다.

정서 조절과 정서의 의의

조절과 억제

정서는 일반적으로 어느 정도 자동적이거나 자발적으로 제어된다. 즉, 정서는 일반적으로 병리학적 상태(예컨대, 대뇌 피질 장애 이후)에 있거나 '맹목적인' 정서(맹목적인 분노, 맹목적인 공황, 맹목적인 욕망) 상태에 놓여 있을 수 있는 경우에 비해 덜 강렬하거나 덜 격렬하다. 정서 경험과 반응은 일반적으로 느껴지거나 관찰되는 것처럼 흥분 및 억제 조절 요인들의 공동 산물이다.

조절은 모든 정서 구성 요소들에 영향을 미칠 수 있다. 감정의 자동 조절은 외상 후 마비와 '부정 상태'(Horowitz, 1976)에 의해서 설명되고, 행동의 자동 조절은 불안 유발 동결(Gray, 1987)에 의해서 설명된다. 비교적 낮은 수준에서 자동적으로 일어나는 평가 및 정서적 충동의 조절은 자기 조절과 자기 통제(Salovey, Hsee and Mayer, 1993; Tice and Baumeister, 1993), 그리고 '정서 초점 대처'(Lazarus, 1991)라는 측면에서 논의된다. 표현 행동의 조절은 '정서 표현 규칙'(Ekman, 1994)의 방향에서 연구되어 왔다.

억제성 정서 조절은 통제되지 않는 기분이나 행동(Gray, 1987)의 혐오 반응 결과에 대한 예상의 통제를 받고, 그레이(1987)가 '행동 억제 체계'라고 명명한 변연계의 일련의 특정한 신경 회로들을 통해서 확실히 가능해진다. 통제는 부정적인 정서와 긍정적인 정서 모두에 영향을 미칠 수 있으며, 통제는 내부적인 것일 뿐만 아니라 외부적인 것일 수도 있다. 외부적인 결과로는 예컨대, 사회적 비난, 보복, 행동 유효성의 상실(분노할 경우 그 목표 상실, 보다 미세한 움직임의 정확성 상실) 등이 있다. 내부적인 결과로는 죄책감과 그러한 부정적인 감정의 불편함을 들 수 있다. 따라서 정서 조절은 단순히 사회적 규범과 관습의 결과가 아니다.

정서의 억제에는 희생이 따른다. 정서의 억제는 종종 자율신경계의 각성을 크게 높이고(Gross and Levenson, 1993; Pennebaker and Hoover, 1986), 이는 건강 악화로 이어질 수 있다(Pennebaker and Hoover, 1986). 대부분의 억제 과정은 실제 정서 각성을 따르지 않지만 예상 가능하다. 따라서 정서 각성은 일반적으로 다양한 정서 및 사회적 상호작용의 결과적인 제한성과 함께 관련 자극과의 대면 이상으로 일반화되는 경향이 있다. 그러한 제한성은 신경증 문헌에서 볼 수 있는 자아 제한과 외상(트라우마)의 결과(Horowitz, 1976)로, 그리고 (베드인족, 우트쿠 에스키모 사람들, 인도의 오리사 사람들 사이에서 보듯) 제한적으로 요하는 사회 문화적 규정의 결과로 설명되어 왔다(Mesquita, Frijda and Scherer, 1997).

정서 상승

억제 정서 조절뿐만 아니라 상승 정서 조절도 있다. 긍정적인 결과나 그 결과에 대한 기대(예상)가 일반적인 자극 조건의 감정적 가치로 설명할 수 있는 것 이상으로 정서를 강화시킬 때 정서는 상승한다. 유쾌한 정서뿐만 아니라 불쾌한 정서도 상승할 수 있으며, 그것에는 사회적인 동기와 비사회적인 동기가 있을 수 있다(Parrott, 1993). 긍정적인 정서의 결과에는 분노로 다른 사람을 협박하는 것, 슬픔과 고통으로 지지와 동정을 이끌어 내는 것, 자긍심과 분노의 표현으로 찬성과 감탄을 불러일으키는 것, 기쁨과 슬픔의 공유로 사회적 연대를 강화하는 것, 그리고 일반적으로 자존감과 다른 사람들에 대한 존중의 증진이 있다. 예컨대 대중의 열광과 폭력과 같은 정서 상승의 실례에서 보듯, 정서 상승이 진정한 상승과 관련이 있는 것인지 아니면, 억제의 해제와 관련이 있는 것인지 종종 불분명할 때가 있기도 하다.

정서 예상(기대)

정서 조절을 위한 전략들 중 하나는 정서의 발생을 촉진하거나 막는 것이다. 정서가 발생할 것으로 예상되는 기회를 추구하는 것으로 정서 발생을 촉진할 수 있고 그러한 기회를 피함으로써 정서 발생을 막을 수 있다. 특정한 정서는 예컨대, 서스펜스 영화와 공포 영화 관람, 스포츠 경기 관람, 등반 그리고 일반적으로 감각 추구를 통해서 촉진된다. 공포 영화 관람 중에 눈을 감고 공포감 회피 행동을 하는 것으로, 그리고 그보다 더 중요한 것은, 수치심의 역학에 따르는 것으로 정서의 발생을 막는다. 수치심의 힘과 기능은 개인적이거나 문화적인 금지와 조용한 행동 양식을 보장하는 메커니즘이라고 할 수 있는 삼감과 순응(Scheff, 1988)으로 유도하는 일을 한다. 정서의 행동 조절에 대한 예상(기대)의 중요성은 정신병적인 제어 장애와 전두엽 뇌 손상 —

아마도 그러한 기대(예측)를 손상시킨(Damasio, 1994) ─ 의 결과가 잘 보여 준다.

정서의 의의

정서 조절은 주어진 상황에서 특정한 정서를 갖는 것이나 정서 표명의 정 서적인 함의에 의해서 야기된다. 나는 정서를 갖는 것이나 정서 표명의 함축 성의 복잡성을 정서의 '의의'(Frijda, 1986)라고 부른다. 그 함축성에는 정서가 종종 원래 정서를 갖는 것이나 정서 표명에 목적을 둔 다른 정서의 원천이라 는 것이 있다. 이 이차적인 정서 또한 그 나름대로 중요하다. 이차적인 정서 는 정서 경험에 파고들고, 그 정서에 대한 기대(예측)는 개인의 느낌에 특색을 부여하고 쾌락의 성질을 수정한다. 그러한 정서는 많은 갈등, 양가감정, 자존 심, 느낌의 '깊이'의 근원이다.

정서의 의의는 정서 자체의 일부라 할 수 있는 평가와는 달리 그 정서에 대 한 평가나 정서의 표명에 대한 평가를 수반한다. 평가는 정서를 갖는 것에 초 점을 맞추거나 정서를 갖거나 정서 표현이 수반할 수도 있는 결과에 초점을 맞출 수 있다. 패럿(Parrott, 1993)은 부정적인 정서를 약화시키고 긍정적인 정 서를 강화시킬 뿐만 아니라 부정적인 정서를 강화시키고 긍정적인 정서를 약 화시킬 수 있는 많은 사회적, 비사회적인 동기를 조사했다.

정서 범주들은 대체로 개인적으로 혹은 주어진 문화적으로 특정한 의의를 가질 수 있다. 정서 범주들은 사회적 기준과 개인의 자아상 및 자존심과 관 련하여 의의가 있을 수 있다. 예를 들어, 성적 욕망은 한편으로는 나쁜 것이 거나 위험한 것으로 느껴질 수도 있고, 다른 한편으로는 능력 감각과 자존감 의 향상으로 느껴질 수도 있다. 분노는 매우 특별한 '정당한' 상황(Stearns and Stearms, 1986)을 제외하고는 용납할 수 없는 후안무치로 받아들여질 수도 있 다. 혹은 분노는 힘의 표시와 (베두인족 사람들에게서 볼 수 있듯이(Abu-Lughod, 1986)) 남에게 휘둘리지 않을 수 있는 능력의 표시로 느껴질 수도 있다. 슬픔 은 (이 경우도 베두인족 사람들에게서 볼 수 있듯이) 가족 구성원이 사망했을 때 느끼는 정서를 제외하고는 특히 남성의 입장에서는 약한 정서로 느껴질 수 있다. 폴리네시아의 이팔루크족 사회(Lutz, 1988)에서 그렇듯이, 사회는 지나 치게 큰 기쁨을 금지할 수 있으며, 질투의 위험성은 흔히 자만심을 드러내지 않거나 느끼지 않는 것이 현명하다는 걸 알려준다.

또한 특정한 개인이나 집단은 정서를, 어떠한 정서든 그 자체로는 긍정적인 것으로 평가할 수 있다. 정서는 개인이 근심에 사로잡혀 있다는 증거로, 살아 있다는 신호로, 감성이나 도덕적 지위의 지표로, 경험의 다양성의 한 요소로, 또는 극복해야 할 하나의 도전으로 느껴질 수도 있다. 따라서 부정적인 정서조차 부정적인 감정에도 불구하고, 종종 긍정적인 쾌락적 요소를 지니고 있고, 긍정적인 정서는 마음의 평정이나 독립심에 부적절하거나 위협적인 것으로 느껴질 수도 있다(Parrott, 1993). 이처럼 정서 경험의 다층적인 구조는 그 경험의 어떤 역설적인 양상을 설명해 준다. 즉, 고통은 (혐오적인 성격을 상실한 고통 없이도) 욕망의 원천이 될 수 있다. 그리고 정서의 부재는 자살의 원인이 될 정도 고통스러울 수도 있다. 그리고 죄책감은 자기 과시의 원인이 될 수 있다. '의의'는 아마도 정서가 웰빙에 영향을 미치는 주요 경로들 중 하나일 것이다.

강도, 지속 시간, 시간적 발달

정서의 강도는 변한다. 하지만 정서의 다중 구성 요소적인 특성을 감안할 때 그 '강도'는 단순한 개념일 수는 없는 게 분명하다. 정서 경험의 느껴지는 강도는 예를 들어 자율신경계 반응의 크기와는 무관하게 달라질 수 있으며, 각 구성 요소 영역 내에서 변인들은 독립성의 높은 정도에 따라 다르다. 심박동수는 피부 전도성과 매우 약한 수준에서만 상관관계가 있으며, '자율신경계의 각성'을 측정하는 방법은 자율신경계의 각성이라는 개념이 실제로 의미가 없을 정도로 미해결 문제(Cacioppo et al., 1993)로 남아 있다.

느껴지는 정서의 강도를 측정하는 일은 비슷한 문제를 야기한다. 사람들은 정서의 강도를 평가하는 데 어려움이 별로 없다. 하지만 여러 동일한 강도 평가들은 서로 다른 것을 의미한다. 평가된 정서 강도는 느껴지는 여러 가지 각각의 강도들, 특히 느껴지는 신체 각성의 세기, 느껴지는 행동 충동이나 충동 상실의 세기, 사고(思考) 중의 정서의 반복 빈도, 관련된 대상이나 사람의 좋거나 나쁜 본성에 대한 믿음의 변화 폭, 장기간의 행동에 미치는 영향 등의 결합 함수인 것으로 보인다(Sonnemans and Frijda, 1994). 이 여러 변인들은 서로 거의 직교하며, 각각 평가된 전체 느낌의 강도와 .72의 다중 상관관계를 지닌다. 정서들은 그러한 전체적인 강도를 가장 크게 좌우하는 변인에 따라 다르다. 따라서 느껴지는 강도 평가는 느낀 각성이나 그 밖의 어떠한 다른 변인을 적당히 예측할 뿐이며, 각각의 변인은 다른 어떤 변인을 아주 미약하게 예측할 뿐이다. 느껴지는 강도로부터 행동이나 어떠한 생리적 매개 변인을 예측하는 일은 여전히 미약한 수준에 그친다.

다양한 강도 매개 변인의 의미 있는 통합은 가능하지 않은 것으로 보인다. 정서의 강도가 얼마인지를 특성화할 때, 관련 양상이나 양상들의 특정화가 유일한 방법인 것으로 보인다.

정서 강도나 다양한 강도를 결정하는 것은 무엇일까? 암시된 손해나 이익의 양 또는 성패가 달려 있는 관심사의 중요성과 관련한 정서적 사건의 중요성 외에 몇 가지 다른 요인들이 관련되어 있다. 손네만스와 프리자 (Sonnemans and Frijda, 1995)는 다음과 같은 함수를 제시했다.

$$E = F(I, A, P, R)$$

이 함수에서 E는 정서 강도이고, I는 사건의 중요성이고, A는 평가 혹은 상황이다. (즉, A는 예컨대 고통을 가중시킬 수 있는 예측 불가능과, 통제 불능과 같은 변인을 나타낸다(Glass and Singer, 1972)). P는 성격(더 강하거나 덜 강한 정서 성향이나, 감정 강도(Larsen and Diener, 1987)), 또는 그러한 긍정적이거나 부정적인 감정을 가진 특정한 종류의 정서 성향(Larsen and Diener, 1992)과 같은 특질이다. 그리고 R은 조절(조절 활동은 느껴지는 강도를 감소시킨다(Sonnemans and Frijda, 1995))이다. 각각의 매개 변인이 느껴지는 강도에 미치는 영향에 대한 증거가 실제로 밝혀졌다(Sonnemans and Frijda, 1995). 그와 동시에 그 함수는 거의 전적으로 불완전하다. 첫째, 정서의 강도는 현재의 기분 상태에 의존하는 것으로 보인다. 즐거운 기분은 즐거운 사건의 영향력을 거의 확실하게 높인다. 둘째, 정서의 강도는 또한 관련된 사건의 유형에 따른 개인의 이력 — 그러한 사건 유형에 대한 개인의 적응(민감화) 혹은 연속적인 효과의 축적 — 에 의존하는 것으로 보인다. 정서는 '변화의 법칙'(Frijda, 1988)을 따른다. 상황의 변화는 흔히 보통 말하는 그렇고 그런 상황보다 더 중요하다 (Frederick and Loewenstein을 참조). 셋째, 강도와 사건의 중요성은 모두 사건에 대한 평가 상황에 따라 다르다. 정서는 정서의 강도가 정서적 사건과 비교되는 대상의 영향을 받는다는 '비교 정서의 법칙'(Frijda, 1988)을 따르는 것으로 보인다. 예를 들어, 후회의 강도를 이해하기 위한 비교 기준은 사건이 어떻게 전개되었을지에 대한 평가 — '시뮬레이션 휴리스틱' 또는 벌어졌을지도 모르는 사건의 지속성의 영향(Gilovich and Medvec, 1995; Landman, 1993) — 일 수 있다. 넷째, 정서의 강도는 그 일부 결정 요인 또는 적어도 그것의 어떤 매개 변인의 크기와 비단조적으로 관련이 있다는 증거가 있다. 예를 들어, 통제 불능성이 높으면 정서의 강도가 급격히 떨어질 수 있다(Brehm, 1999).

정서의 지속 시간은 강도 매개 변인과 '느껴지는 전체적 강도'와는 전혀 무관하다(Sonnemans and Frijda, 1994). 여러 자기보고에 따르면, 정서의 지속 시간은 몇 초에서 며칠에 이르기까지 다양하다(Scherer et al., 1986; Sonnemans and Frijda, 1994). 상이한 정서는 상이한 평균적 지속 시간이나 전형적인 지속 시간을 지닌다. 일반적으로 분노는 지속 시간이 짧고, 슬픔은 상당히 긴 것으로 보고된다. 정서의 지속 시간을 결정하는 것은 한 정서가 끝나고 다른 정서가 시작될 때의 개념적인 문제를 제시한다. 정서 지속 시간을 연구하기 위해서는 정서 에피소드(Frijda et al., 1991) 또는 정서 교류(交流)(Lazarus, 1991)를 정서 지속 시간의 단위로 간주하는 또 다른 분석 수준을 필요로 할 수 있다. 그 외에도 정서의 지속 기간에 대한 평가는 정서의 강도에 대한 평가와 동일한 문제에 부딪힌다. 그리고 (정서의) 구성 요소들은 다른 지속 시간을 지닌다. 개인의 얼굴 표정은 5초 이하로 지속되지만(Ekman, 1992), 수면 장애를 일으키는 것과 같은 대뇌피질 각성은 며칠 동안 지속될 수도 있다. 물론 사고(思考) 중의 정서의 반복과 정서적 사건의 지속성이 그러한 지속 시간을 초래할 수 있다. 더욱이 정서는 기분으로 바뀔 수 있기 때문에(Frijda et al., 1991), 정서의 지속 시간에 대한 자기보고에는 기분이 포함될 수도 있다. 부정적인 정서나 긍정적인 정서, 과민성 등의 증가 또는 감소 경향과 같은 정서 유발의 역치 변화도 마찬가지로 지속될 수 있다. 반추(Rimé, 1995)는 정서 에피소드의 지속 시간을 무기한 연장할 수 있는 반면에 적응은 정서 에피소드를 단축시킬 수 있다(Frederick and Loewenstein, 이 책). 그러나 이러한 양상에 대한 연구는 거의 이루어지지 않았다. 정확한 원인이 무엇이든, 정서적 사건은 상당한 시간 동안 감정과 주관적 웰빙에 영향을 미칠 수 있다.

정서의 지속 시간은 정서의 시간 경과의 한 측면일 뿐이다. 정서의 시간적 역동성, 구체적으로 말하면, 습관화와 적응 수준의 변화(Frederick and Loewenstein, 이 책), 항상성, 대립 과정(Mauro, 1992를 참조), 자연 시간 과정 등의 가능한 역할에 대한 연구도 거의 이루어지지 않았다. 정서의 강도를 시간에 따라 비교해 보면, 정서는 일반적으로 시작과 함께 정점을 향해 상승하는 경향을 보인 후에, 정점 이후로 점진적인 쇠퇴를 보인다. 이러한 패턴은 하나의 정서 에피소드 동안에 여러 번 반복될 수 있다(Sonnemans and Frijda, 1994). 게다가 정서 에피소드는 일반적으로 시간 경과를 변화시킬 수 있는 사람이나 사건과 폭넓은 상호작용을 수반한다. 또한 일반적으로, 여러 상이한 정서는 한 에피소드가 일어나는 동안에 한 정서를 지속할 수도 있고(Oatley and Duncan, 1992) 다른 정서와 섞일 수도 있으며, 인지 과정의 시간적 전개와 사건이나 일련의 여러 사건들의 시간적 전개에 따라 다를 수도 있다.

정서의 공간

우리는 다양한 정서를 어떻게 설명할 수 있을까? 정서에서 어떠한 법칙을 발견할 수 있을까? 그 대답은 차원적 접근과 범주적 접근과 다중 구성 요소적인 접근을 통해 추구되어 왔다.

차원적 접근

정서는 모두 몇 가지 중요한 공동 차원에 따라 다르다. 즉, 모든 정서 경험들은 저차원적인 공간에 위치할 수 있다. 이는 또한 정서 단어(Russell, 1980), 얼굴 표정(Abelson and Sermat, 1962; Russell and Bullock, 1985), 다양한 자극의 감정적 의미(Lang, 1993; Osgood, May and Miron, 1975)로 표현되는 정서 개념들에도 적용된다. 그 차원은 유사 평점들에 대한 다차원적 분석과 관련 자극의 다양한 평점들에 대한 요인 분석에서 나타난다. 유사성과 상관관계에서의 변량은 대부분 2~3차원으로 설명된다. 거의 모든 연구에서 발견된 두 가지 요인은 (유쾌한 정서 유의성에서 중립적 감정 유의성을 거쳐 불쾌한 정서 유의성에 이르는) 정서 유의성과 (낮은 각성 또는 활성화에서 높은 각성 또는 활성화에 이르는) 각성 또는 활성화이다. 세 번째 요인은 '통제'(Osgood et al., 1975)

또는 지배(Russell and Mehrabian, 1977)라는 이름이 붙었다. 또한, 피험자들은 처음 두 개의 차원에 따라 정서적 자극(Lang, 1995), 얼굴 표정(Frijda, 1969; Schlosberg, 1954) 그리고 정서 개념(Russell, 1980)에 대한 평점을 쉽게 산출한다. 피험자들은 신뢰도나 관찰자 간의 일치도가 상당히 높은 평정을 그처럼 쉽게 산출한다.

다차원적 분석이나 요인 분석의 결과는 두 가지 중요한 차원이 쾌락 가치와 활성화를 나타낸다는 직접적인 증거를 내 놓지는 못한다. 그 분석은 두 가지 차원으로 설명할 수 있지만 그 차원 중 어느 것이 우세한지를 — 즉, 어떤 축의 회전이 가장 좋은지를(Larsen and Diener, 1992) — 명시하지 않는 '원형' 플롯(Russell 1980)을 제공한다. 그러나 쾌락 차원과 활성화 차원 모두 외적인 기준과 높은 상관관계를 보인다. 예를 들어, 쾌감-불쾌감 차원에서의 슬라이드 평정은 놀람 변화, 추미근 및 관골 근육 활동과 상관관계가 있고, (비교적 낮은 수준에서) 최고 심박동수와 상관관계가 있다. 그리고 활성화 차원에서의 슬라이드 평정은 흥미 평정과 피부 전도성과 회상(Bradley et al., 1993; Lang, 1995)과 상관관계가 있다.

소수의 차원만으로도 유사성과 상관관계에서의 상당한 변량이 설명된다. 그러나 그것은 정서 개념(Davitz, 1969)과 얼굴 표정에 더 복잡한 정보가 들어 있다는 증거와는 잘 일치하지 않는다. 예를 들어 유사성의 요인 분석(Frijda, 1969) 및 클러스터 분석(Frijda, 1973; Shaver et al., 1987)은 더 많은 정보를 얻을 수 있음을 시사한다. 또한 2, 3차원 플롯은 정서적 의미 면에서 다른 현상이나 개념이 동일한 위치, 예컨대, 공포와 분노를 점유한다는 사실을 밝힌다. 사실상, 정서 경험이나 정서 개념에 대한 설명은 2, 3차원 좌표로부터 재구성될 수 없었다.

정보 과잉을 설명하기 위해 차원을 추가할 수도 있다. 그러나 이러한 과잉 차원들의 대부분은 다차원 (심지어 2차원) 공간의 모든 영역에서 의미가 없으므로 차원 모델의 타당성을 떨어뜨린다.

범주적 관점

정서의 공간은 개별 범주들의 집합으로 이루어져 있는 것으로도 볼 수 있다. 개별 범주들은 서로 섞이지 않는다. 범주적 관점은 공포와 분노의 중간에

(두 정서가 섞이지 않고) 존재하는 정서는 없다고 주장한다. 범주 접근법은 기본 정서의 관점에서 가장 완벽한 형식을 갖췄다. 그러한 관점에서, 정서의 수는 제한되어 있으며, 각각의 정서는 부류나 '군'을 나타낸다(Ekman, 1992). 정서의 구성 요소는 강도(예를 들어, 분노의 고강도 하위 부류로서의 격분)나 정서의 선행 현상 혹은 대상(예컨대, 도덕적인 문제에 대한 분노로서의 분개)과 관련하여 그에 상응하는 기본 정서의 구체적인 것들이다. 기본 정서는 정서의 공간을 분할하여 완전한 계층적인 배열을 철저하게 산출하게 된다(Johnson-Laird and Oatley, 1989; Plutchik, 1980). 기본 정서의 목록은 저자에 따라 매우 다양하다(Ortony and Turner, 1990). 하지만 오늘날 제시된 목록들은 상당히 중복되어 있는 양상을 보인다. 그 목록들은 거의 항상 기쁨이나 행복, 슬픔이나 비탄, 공포, 분노, 그리고 혐오나 반감을 포함한다. 어떤 저자들은 놀람(Ekman, 1992; Plutchik, 1980), 호기심이나 흥미(Izard, 1977), 경멸(Ekman, 1992), 사랑이나 애정(Plutchik, 1980; Shaver, Wu and Schwartz, 1992), 수치심(Izard, 1977) 혹은 죄책감(Izard, 1977)을 포함시킨다.

하지만, 기본 정서를 밝히려는 동기는 철저한 배열화만은 아니다. 또 다른 중요한 이유는 쾌락 반응과 활성화 경향보다 더 특이성을 포함하고 있는 정서의 생물학적 근거에 대한 가정이다. 생물학적인 근거는 다음과 같은 사실을 암시할 것이다. (1) 보편성: 정서는 모든 문화에서 존재한다(Ekman, 1992; Shaver et al., 1992). (2) 적응 기능: 정서는 근본적인 특정 적응 기능 역할을 하며, 따라서 특정한 보편적인 선행 요인 유형을 갖고 있다(Ekman, 1992; Lazarus, 1991). (3) 특정한 신경학적 기질: 정서는 식별 가능한 개별적인 신경계에 기반을 두고 있다(Gray, 1993; Panksepp, 1992). (4) 초기 기원: 정서는 진화 과정상 초기에 그리고/혹은 개체 발생의 초기에 나타난다(Ekman, 1992; Izard, 1977). (5) 특정한 얼굴 표정: 정서는 특정한 얼굴 표정을 일으킨다(Ekman, 1992, Izard, 1977). (6) 생리적 특이성: 정서는 특정한 생리적 반응 패턴, 특히 자율신경계 반응 패턴을 지니고 있다.

모든 기준들은 그것들의 필연적인 관련성과, 결과적으로, 기본 정서의 개념(Mandler, 1984; Ortony and Turner, 1990)과 더불어 이론의 여지가 있다(Ortony and Turner, 1990; Russell, 1991, 1994; Wierzbicka, 1992). 일반적으로 범주적 관점에 문제점이 제기되듯이(예를 들어, Ortony and Turner, 1990; Scherer, 1984), 개별 정서의 구성 요소의 상대적 독립성은 기준들이 서로 양립하지 않는 것은 아니더라도(Smith and Scott, 1997) 기본 정서의 관점에 대해서 또 하나의 문제점을 제기한다.

그러나 다양한 기준들이 모두 동시에 공존해야 하는 엄격한 이유는 없다. 일반적인 우연적 사건을 처리하기 위해 일반적으로 일어나는 대비는 반드시 특정한 얼굴 표정이나 생리적 현상을 일으키지는 않는다. 또한 이러한 비판에도 불구하고 기준 1~4를 뒷받침하는 증거는 상당히 광범위하다. 예를 들어 나는 러셀(1991)의 분석을 거의 모든 '기본 범주'가 조사 대상이 된 대부분의 언어에서 발견된다는 사실을 보여준 것으로 해석한다(Frijda et al., 1995). 또한, 얼굴 표정 구별 능력에 대한 데이터는 범주적 지각 과정을 제시한다(Etcoff and Magee, 1992). 다양한 기준에 대한 경험적 자료가 항상 동일한 일련의 기본 정서를 보여주는 것은 아니지만 그러한 점이 기본 정서 개념을 반박하는 강력한 논거를 나타내는 것은 아니라는 것은 사실이다. 어떤 정서 부류에 신경 회로가 있는지 결정하는 것은 진행 중인 연구의 문제이자, 분석 수준에 따라붙는 문제이자, 정서 부류의 선택 기준을 개발하는 데 요구되는 기본적인 것에 대한 유용한 특정 개념에 따라붙는 문제이다.

보편성 및/또는 생물학적 성질을 포함한 기본 정서에 대한 정의는 언어로 구별되거나, 현상학적으로 구별하는 것이 유용한 모든 정서 범주들의 철저한 계층적 배열을 의미하지 않는다. 연구자들(특히 Johnson-Laird and Oatley, 1989)은 이러한 계층적 배열을 상세히 제안했지만, 경험적 검증은 만족스럽지 못한 결과가 나왔다(Reisenzein, 1995). 계층적 분석에는 뚜렷하게 안정적인 위치가 없는 정서 범주들이 있다. 예를 들어, 질투는 심통(Johnson-Laird and Oatley, 1989)과 분노(Shaver et al., 1987)의 조건에서 다양하게 발생하고, 동정심과 사랑은 슬프거나 행복한 일련의 상황에서 다양하게 나타난다. 예컨대, '감동'이나 '혼란'이나 'nguch'(이팔루크 언어로 심란한 마음 따위의 뜻(Lutz, 1988))와 같은 다른 정서는 해당 수준에서의 위치를 허용하는 특수성이 부족하기 때문에 기본 범주에 적합하지 않다.

근원적인 것이나 언어적/문화적 기원에 관한 모든 논쟁점에도 불구하고, 정서 범주들이 심리학적으로 의미 있는 실체라는 점을 덧붙일 필요가 있다. 정서 범주들은 스크립트(Russell, 1991), 구성 요소의 패턴(Lazarus, 1991) 또는 '의도적 구조'(Frijda, 1986)를 명시하고, 따라서 차원적 위치를 훨씬 뛰어넘는 특정한 행동 예측력을 갖는다. 예를 들어, 희망은 쾌락과 활성화(원형의 한 위치)가 할 수 없는 방식으로 삶을 구할 수 있다. 희망은 생존하도록 갱생 노력을 자극할 수 있다(Averill, Catlin and Chon, 1990). 질투에는 종종 한편으로는 상실(손실)의 공포와 상실(손실)을 막으려는 노력과 다른 한편으로 경쟁자와 파트너를 처벌하고자 하는 욕망이 모두 포함된다. 시기에는 열등감(Parrott and Smith, 1993)뿐만 아니라 라이벌의 쾌락을 망치거나 모욕하려는 경향도 포함된다(Klein, 1977; Smith et al., 1994).

다중 구성 요소 접근법

범주적 관점에서 보면, 정서 유형은 다양한 유형의 구성 요소들의 통합된 전체이다(Ekman, 1992; Izard, 1977; Tomkins, 1964). 이 관점은 이미 언급한 정서에 대한 기본적인 사실, 즉 일반적으로 보이는 구성 요소들 간의 낮은 상관관계 경향과 결합하기가 어렵다. 이러한 사실은 정서에 대한 세 가지 시스템의 관점(Lang, 1993) 또는 좀 더 일반적으로 다중 구성 요소적인 개념을 낳았다(Ortony and Turner, 1990; Scherer, 1984). 이와 같은 관념으로 볼 때, 다양한 정서 현상은 하나의 근원적인 정서 과정에 대한 신뢰할 수 없는 지표가 아니라 하나의 동일한 사건에 의해 활성화되는 경향이 있는 비교적 독립적인 반응 시스템의 결과이다. 구성 요소들은 발생할 수 있는 조합의 비교적 약한 제약 조건만으로 다소 독립성을 갖춘 다양함을 보일 수 있다.

따라서 구성 요소들은 다차원 공간을 규정한다. 구성 요소들을 완전히 독립적인 것으로 간주하는 저자들은 언어적인 정서 개념을 문화적으로 특수한 언어 관습으로 해석한다. 이때 언어 관습들은 부분 공간들과 서로 대응되지만, 정확하게 그리되지는 않는다. 이는 부분적으로는 정서 개념이 불분명하고 정서 사례들의 초점이 원형(原型)에 맞춰지기 때문이다(Fehr and Russell, 1984).

하지만 구성 요소들 간의 기능적 의존성이 존재하기 때문에 공간은 동질적이지 않을 수 있다. 특히, 평가 패턴과 행동 준비 방식은 일반적으로 밀접하게 연관되어 있는 것으로 보인다(Frijda, 1986; Lazarus, 1991; Smith and Scott, 1997). 따라서 빈번히 함께 발생하여, 기능적 연결고리를 제공하는 구성 요소들 — 예컨대, 행동 준비 방식 — 을 중심으로 조직화된 구성 요소 패턴으로 정의되는 '양태 정서'(Scherer, 1994)와 같은 개념이 발생한다. 또한, 불분명하

10장

지 않은 정서 범주, 그리고 심지어 어떤 의미에서는 기본적인 감각 범주는 비교적 단순한 구조를 가진 비동질적인 공간의 일관된 부분 공간으로 정의될 수 있다.

　요약하면, 세 가지 접근법 모두 타당성이 있어 보인다. 그중에서 특별히 하나를 선택할 필요는 없다. 세 가지 접근법 각각은 정서 분석을 할 때 특정한 수준에서 정서 공간을 설명하는 데 적합해 보인다. 차원 개념은 정서 경험 및 행동의 현상의 전체 수준이나 '전략적' 수준에 적용되며(Lang, 1993) 정서 발생 과정의 초기에 나타나는 기본적인 메커니즘을 다룬다. 범주 개념은 충동 수준, 운동 신경의 반응 유형 및 메커니즘, 피험자와 환경의 상호작용에서의 적응 형태에 적용된다. 원칙적으로 범주적 관점은 차원적 관점과 양립한다. 왜냐하면, 몇 가지 차원으로 일련의 범주들을 유용하게 설명할 수 있고 배열할 수 있기 때문이다. 다중 구성 요소 개념은 평가 및 개별 운동신경의 반응 수준에 적용될 수 있지만, 동시에 패턴화된 부분 공간들이나 범주들과 양립할 수 있다(Smith and Scott, 1997). 이는 특히 그 부분 공간들이 불분명하고 원형(原型)과 같은 구조를 가질 수 있기 때문이다. 이러한 사실들과 모순될 것으로 보이는 유일한 개념은 기본 정서가 철저하고 명백하게 정서 공간을 세분한다고 주장하는 기본 정서 개념의 변형이다. 일련의 어떤 기본 정서도 그런 일을 하지 않는다.

　나는 '기본'을 개체 발생적이고 계통 발생적인 의미로 받아들일 때, 그리고 그것이 생물학적인 경향을 나타낸다는 점을 고려할 때, '기본 정서'가 의미 있는 개념이라고 생각한다. 구별할 수 있는 정서 메커니즘에 대한 증거가 있으며, 거의 보편적인 정서 범주들이 존재한다. 그리고 발달 초기에 나타나는 정서와 발달 초기에 사용되는 정서 이름들이 있다(Shaver et al., 1992). 또한 원형적으로 특정한 행동 성향에 상응하는 보편적인 정서 유도 인자가 있다. 하지만 그렇게 규정되는 일련의 기본 정서는 정서 공간을 소모하지 않는다.

정서의 기능

정서는 개인의 관심사를 보호하고자 하는 준비로 볼 수 있다. 정서는 여러 가지 방법으로 정서를 유발하는 사건이나 우연적 사건을 처리하는 수단이 될 수 있다.

첫째, 감정과 각성은 동기(動機)적으로 관련이 있는 사건이 발생한 사실을 신호하고, 그 사건이 유익한 관련성을 보이는지 아니면, 유해한 관련성을 보이는지를 신호로 알린다. 대부분의 현대 저자들은 그러한 기본적인 기능을 강조해 왔다. 그런 기능에 따라 정서는 선호도 및 목표 설정에 대한 하나의 근거를 형성한다.

둘째, 정서는 행동을 활성화하거나 불활성화하거나 억제한다. 정서는 프리브람(Pribram, 1981)이 '강장성 행동 활성화'라고 부른 것을 종종 수반한다. 또는 불안에서 보듯, 노력 동원(Pribram, 1981)이나 행동 억제를 수반한다. 정서는 가끔 예컨대, 목표가 성취되었을 때 행동을 불활성화할 수도 있다. 정서는 에너지를 절약하는 기능을 할 수도 있다. 사실, 만족감과 같은 긍정적인 정서의 가능한 기능들 중 하나는 부정적인 정서로 인한 에너지 소비와 행동의 혼란을 억제하는 것이다(Fredrickson, 1996). 예를 들어, 블라스와 스미스(Blass and Smith, 1992)는 단물을 투여함으로써 유아의 울음을 억제할 수 있으며, 그 효과는 영양과 관련된 것이 아닌 감정적인 것이라는 사실을 입증했다.

셋째, 정서는 '싸움이나 도주' 혹은 도움 요청에서처럼, 문제가 되는 상황을 해결하고자 하는 것에 목적을 두고 있거나, 욕망 — (나는 욕망이 하나의 정서처럼 느껴지고 하나의 정서처럼 작용한다는 점에서 그것을 정서에 포함시킨다) — 에서처럼, 잠재적으로 만족스러운 상황을 활용하는 것에 목적을 둔 특정한 종류의 행동 및 기능화를 유발하고 활성화시킨다. 특정한 종류의 행동의 활성화 기능은 아마도 활동과 놀이에서 얻는 즐거움에서 가장 분명할 것이다. 주의, 활성화 증가, 웃음(Van Hooff, 1972를 참조)과 같은 놀이 행동은 다른 과제의 성취나 욕구 충족 또는 위험 유의보다 전면적인 통제 우위로 이어질 수 있다(Csikszentmilhalyi and Csikszentmilhalyi, 1988; Zuckerman, 1979). 주의 각성(Mandler, 1984), 기억 등록의 향상(Christanson and Loftus, 1991), 학습(Esteves et al., 1994), 목표 대상 확인이나 인과 귀인과 같은 인지 작업, 이 모두는 행동과 기능의 활성화 종류에 속한다.

마지막으로 정서는 목표 우선성을 재설정하고 관련 사건 이후 그러한 목표들에 대한 자원 배분을 재평가하는 기능을 한다. 헵(Hebb, 1949)은 정서를 현재의 투입이 스키마(도식)나 기대(예상)에 적합하지 않을 때 진행 중인 행동을 정지하고 다른 행동으로의 전환을 촉진하는 역할을 하는 중단으로 해석한다. 사이먼(Simon, 1967)은 정서를 개인의 현재 목표 외부에 있거나 목표 달성의 실패에서 비롯된 관심 관련 사건들이 일으키는 '중단 시스템'으로, 혹은 진행 중인 활동의 종료 신호로 기술했다. 오틀리(Oatley, 1992)는 정서를 목표 성취 또는 계획 성취의 우연적 사건에 반응하고자 하는 준비로 설명하며, 개인의 목표 및 목표 성취를 향한 성공적인 진행을 포괄한 준비를 정서에 포함시킨다. 프리자(1986)와 맨들러(1984)는 정서의 일반적인 기능을 유사하게 해석했다. 사건에 의존한 목표 재설정의 기능은 물론 기분의 주요 기능일 수 있는 자원에 의존한 목표 재설정과 유사하다(Morris, 이 책).

이러한 정서의 잠재적인 적응 효과 각각은 정서 활동의 해로운 효과에 의해 상쇄될 수 있다. 따라서 조절적 억제 준비는 전체적인 정서 시스템에 포함된다(Gray, 1987).

많은 정서의 중요한 기능은 정서를 야기하는 상황을 처리하는 데 있는 것이 아니라 생태 환경, 즉 정서를 야기한 사건과 유사한 유형의 미래 사건들을 처리하는 데 있다. 예를 들어 분노와 복수에 대한 열망은 범죄를 되돌릴 수는 없지만 종종 범죄의 재발을 억제하는 데 도움이 될 수 있다(Frank, 1988; Frijda, 1994; Solomon, 1989). 사실 많은 정서는 장기간에 걸쳐 상호작용의 안정성을 제공함으로써 대체로 개인과 사회 모두에 유리하게 작용한다. 어떤 정서는 다른 사람들이 어떤 행동 과정과 직결되어 있음을 그들에게 신호로 알림으로써 프랭크(Frank, 1988)가 '맹약의 문제'라고 부른 것을 해결한다.

반응을 유발하는 사건과의 상호작용보다는 생태 환경과의 상호작용을 촉진하는 것이 긍정적인 정서의 주요한 기능 중 하나일 것이다. 기쁨, 희망과 같은 많은 긍정적인 정서는 정보의 흡수를 널리 지향하고 새로운 중요한 계획에 쓰일 수 있는 활성화를 수반한다. 공감과 감사하는 마음은 다른 사람들에게 보이는 긍정적인 행동을 높이는 경향이 있고(Lazarus, 1991), 기쁨은 그 자체의 기능, 즉 능력 발휘와 상호작용의 실행 기능을 가진 놀이 행위를 유발한다.

몇 가지 정서의 주된 기능은 그 정서를 무효화시키거나 그 정서의 결과를 미연에 방지하는 행동을 일으키는 것으로 보인다. 슬픔은 개인으로 하여금 애착을 느끼는 사람이나 어떤 대상의 복지에 관심을 갖게 하고(Averill and Nunley, 1988) 그러한 복지를 잃었을 때는 그 사람이나 대상에 좀 더 가까이 다가가게 하고, 그러한 상실이 일어나지 않도록 예방하게 만들 수 있다(Bowlby, 1973). 죄의식에 대한 예측은 다른 사람에게 해를 입힌 후에는 상대를 세심히 대하며 치유 행동을 보이게 한다(Baumeister, Stillwell and Heatherton, 1994). 수치심의 가능성에 대한 예측은 수치심이 생기기 전에 수치심과 유사한 정서를 일으킨다(Scheff, 1988). 실제로 사이코패스와 전두엽 장애 환자의 비합리적이고 반사회적인 행동에 대한 설명은 그러한 예측과 관련된 다소 복잡한 과정일 것이다(Damasio, 1994).

앞서 언급한 정서의 선행 요인들 중에는 방해받거나 방해받지 않는 기능이 있다. 방해받거나 방해받지 않는 기능을 신호하는 것은 해당 기분의 주관적인 내용과 긴밀한 연관이 있는 감정의 중요한 기능일 것이다. 그것은 틀림없이, 개인이 특정한 영웅적 행위에서 자신의 한계를 초월하려고 할 때처럼, 방해물이 즉시 처리될 수 없거나 방해받지 않는 기능이 자명하지 않을 경우에 방해받거나 방해받지 않는 기능에서 발생하는 그 정서의 기능일 수 있다(Csikszentmihalyi and Csikszentmihalyi, 1988). 이러한 정서는 통제 우선에 따라 우연적 사건들을 신호로 알린다. 그 결과 개인은 방해물을 처리하는 데 노력을 들이거나 완전한 활력과 한결같은 마음으로 방해받지 않는 활동에 참여하거나 다른 곳에서 신호를 받기에 적격인 대상들을 찾는다(White, 1959).

마지막으로 정서에 대단히 중요한 기능적 결과가 있다. 그 결과가 정서의 기능으로 볼 수 있는지의 여부와는 상관없이 말이다. 이러한 결과는 정서를 삶의 양념으로 만든다. 그 결과는 내가 정서의 의의로 불렀던 것의 일부이며, 관련 정서를 드러내거나 드러내지 않으려는 노력을 불러일으킨다.

쾌락은 유쾌하고 고통(통증)은 고통스럽다. 정서는 우리에게 정서를 일으킬 수 있는 원인이나 기회를 추구하거나 피하도록 동기를 부여한다. 정서는 또한 변화를 주고 활성화를 향상시키고 살아 있다는 느낌을 낳는다. 정서는 범죄 영화와 스포츠를 보고 음악을 듣고 춤추러 가는 행위에 대한 중요한 이유를 형성한다. 정서, 적어도 여러 종류의 정서는 또한 다른 사람들과 그들의 운명에 대한 배려심을 제공하고 주변 환경과 접촉하고 있다는 감각을 부여한다. 정서적 공허는 이인증 상태[3]에 대한 공포들 중 하나이자 자살 동기들 중 하나로 빈번하게 언급된다.

정서는 사회적 상호작용을 형성하고 조절하는 데 강력한 효과를 지니고 있다. 심지어 정서와 직접 관련 있는 상호작용 외에도 그렇다. 개인의 정서는 그 개인이 다른 사람에게 어떻게 보이는지에 영향을 미치고, 따라서 다른 사람들이 어떻게 그 개인에게 반응하는지에 영향을 미친다. 행복은 애호를 증가시키고 분노와 슬픔은 애호를 감소시키는 경향이 있으며, 따라서 이러한 정서는 다른 사람들의 상호작용 의지에 영향을 미친다(Clark, Pataki and Carver, 1996). 이러한 사회적 효과는 범위와 크기 면에서 크고 강할 수 있다. 우울한 사람들은 우울해지고 소리 높여 도움을 갈구하는 모습을 보여 다른 사람들을 멀어지게 하고 자신의 고립감을 증가시키며, 이는 곧 우울증을 강화하고 하향 소용돌이를 일으킨다(Coyne, 1990). 외부 위험에 대한 두려움은 소속 경향(Schacter, 1959)으로 이어지는 반면에 사회적 불안은 사회적 위축으로 이어진다. 어떤 문화에서는 가까운 다른 사람들과 함께 그 정서를 나누고 공유하는 경향이 있는(Mesquita, Frijda and Scherer, 1997) 반면에 다른 문화나 환경에서는 슬픔에 잠긴 사람들을 피하는 경향이 있다.

그 밖에 정서는 사회적 관계를 공고히 한다. 즉, 정서는 처음에 관계를 형성하거나 관계를 끊게 되는 이유 중 하나이다. 질만(Zillmann)의 한 연구는 이렇게 설명한다. 남녀 커플이 공포 영화를 보는 이유 중 하나는 공포에 직면하여 남자의 힘, 그리고 남자의 팔에 기대고자 하는 여자의 약함에 근거하여 특별한 유형의 관계를 수립하고자 하는 것이다(Zillmann et al., 1986). 더 근본적인 수준에서 정서는 관계상의 의무를 제시하고, 파트너나 다른 관계자에 대한 헌신에 대한 증거를 제시해 준다(Frank, 1988). 정서 교환은 대체로 친밀한 관계와 관련된 것이다. 상대방에 대한 자기 노출과 상대방의 정서에 대한 공감적인 지각은 파트너로 하여금 상대방이 제시하는 관점의 변화에서 이득을 얻을 수 있게 해준다.

---

3 자신이 낯설게 느껴지거나 자신과 분리된 느낌을 경험하는 것으로 자기 지각에 이상이 생긴 상태.

결론

앞서 제시한 정서 분석은 웰빙에서의 정서 역할에 대한 많은 추론을 불러일으킬 수 있다. 여러 가지 가능한 원천이 있다. 개인의 정서는 개인의 웰빙조건, 즉 개인의 관심사의 조건과 관련하여 평가되는 사건에서 발생한다. 일시적인 웰빙과 그 웰빙의 방해 요인은 모두 정서적인 경험의 일부이며 정서의 많은 기능적인 영향력 중 하나이다. 정서는 적절한 정서 지속 시간과 반응을 일으키는 상호작용의 지속 시간을 훨씬 넘어 확장된 시간이 흐르는 동안개인의 유익하고 사회적인 기능에 직접적인 영향을 미친다.

또한 정서는 정서 사건 자체, 자존감과 자아상, 그리고 정서가 다른 사람들및 다른 사람들과의 관계에 미치는 영향과 관련해 복잡한 의의를 지니고 있다. 그 의의는 일반적으로 고유한 쾌락적 가치를 지닌다. 그것은 정서 자체에내재된 것에 즐겁거나 고통스러운 감정을 더해 준다.

정서는 또한 사회적 관계 및 상호작용에 미치는 기능적 영향력뿐만 아니라세계에서의 개인의 일관성 감각과 정체감에 미치는 기능적 영향력을 통해 웰빙에 영향을 미칠 수 있다.

참고문헌

Abelson, R. B., and Sermat, V. (1962). Multidimensional scaling of facial expressions. *Journal of Experimental Psychology*, 63, 546~664.

Abu-Lughod, L. (1986). *Veiled sentiments*. Berkeley: University of California Press.

Adelmann, P. K., and Zajonc, R. B. (1989). Facial efference and the experience of emotion. *Annual Review of Psychology*, 40, 249~80.

Aristotle. (1941). *Nicomachean ethics*. In *Complete works*. New York: Random House.

Arnold, M. B. (1960). *Emotion and personality*. Vols. 1 and 2. New York: Columbia University Press.

Averill, J. R., Catlin, G., and Chon, K. K. (1990). *Rules of hope*. New York: Springer-Verlag.

Averill, J. R., and Nunley, E. P. (1988) Grief as an emotion and as a disease. *Journal of the Social Issues*, 44, 79~95.

Bain, A. (1876). The gratification derived from the infliction of pain. *Mind, 1*, 429~31.

Bargh, J. A. (1997). The automaticity of everyday life. In R. S. Wyer (Ed.), *Advances in social cognition* (vol. 10, 1~6). Mahwah, N. J.: Erlbaum.

Baumeister, R., Stillwell, A. M., and Heatherton, T. F. (1994). Guilt: An interpersonal approach. *Psychological Bulletin, 115*, 243~67.

Bayens, F., Eelen, P., and Van den Bergh, O. (1990). Contingency awareness in evaluative conditioning: A case for unaware affective—evaluative learning. *Cognition and Emotion, 4*, 3~18.

Bermond, B., Nieuwenhuyse, B., Fasotti, L., and Schuerman, J. (1991). Spinal cord lesions, peripheral feedback, and intensities of emotional feelings. *Cognition and Emotion, 5*, 201~20.

Blass, E. M., and Smith, B. A. (1992). Differential effects of sucrose, fructose, glucose, and lactose on crying in one—to—three—day—old human infants. *Developmental Psychology, 28*, 804~10.

Boiten, F. A. (1996). Autonomic response patterns during voluntary fecial action. *Psychophysiology, 33*, 123~31.

Bowlby, J. (1973). *Attachment and loss, vol. 2. Separation: Anxiety and grief.* London: Hogarth Press.

Bradley, M. M., Greenwald, M. K., and Hamm, A. O. (1993). Affective picture processing. In N. Birbaumer and A. Ohman (Eds.), *The structure of emotion* (pp. 48~68). Gottingen: Hogrefe and Huber.

Brehm, J. (1999). The intensity of emotions. *Personality and Social Psychology Review, 3*, 2~22.

Bühler, K. (1930). *Die geistige Entwicklung des Kindes* (The mental development of the child). Jena: Fischer.

Bull, N. (1951). The attitude theory of emotion. *Nervous and Mental Disease Monographs*, no. 81.

Cacioppo, J. T., Klein, D. J., Bemtson, G. G., and Hatfield, E. (1993). The psychophysiology of emotion. In M. Lewis and J. Haviland (Eds.), *Handbook of emotions* (pp. 119~43). New York: Guilford.

Carver, C. S., and Scheier, M. F. (1990). Origins and functions of positive and negative affect: A control process view. *Psychological Bulletin, 97*, 19~35.

Christianson, S.—Å., and Loftus, E. (1991). Remembering emotional events: The fate of detailed information. *Cognition and Emotion, 5*, 81~108.

Clark, M. S., Pataki, S. P., and Carver, V. H. (1996). Some thoughts and findings on self—presentation of emotions in relationships. In G. J. O. Fletcher and J. Fitness (Eds.), *Knowledge structures in close relationships: A social psychological approach* (pp. 247~74). Mahwah, N. J.: Erlbaum.

Clore, G. L., Schwarz, N., and Conway, M. (1994). Cognitive causes and consequences of emotions. In R. R. Wyer and T. K. Srull (Eds.), *Handbook of social cognition* (2nd ed.; vol. 1, pp. 323~417). Hillsdale, N. J.: Erlbaum.

Coyne, J. C. (1990). Interpersonal processes in depression. In G. E. Keitner (Ed.), *Depression and families: Impact and treatment* (pp. 31~53). Washington, D. C.: American Psychiatric Press.

Csikszentmihalyi, M., and Csikszentmihalyi, I. S. (Eds.). (1988). *Optimal experience: Psychological studies of flow in consciousness*. Cambridge: Cambridge University Press.

Damasio, A. (1994). *Descartes1 error*. New York: Grosset/Putnam.

Davidson, R. J. (1992). Prolegomenon to the structure of emotion: Gleanings from neuropsychology. *Cognition and Emotion, 6*, 245~68.

Davitz, J. R. (1969). *The language of emotion*. New York: Academic Press.

Ekman, P. (1992). An argument for basic emotions. *Cognition and Emotion, 6*, 169~200.

_____. (1994). Strong evidence for universals in facial expression: A reply to Russell's mistaken critique. *Psychological Bulletin, 115*, 268~87.

Esteves, F., Dimberg, U., and Ohman, A. (1994). Automatically elicited fear: Conditioned skin conductance responses to masked facial expressions. *Cognition and Emotion, 8*, 393~414.

Etcoff, N., and Magee, J. J. (1992). Categorial perception of facial expression. *Cognition, 44*, 227~40.

Fehr, B., and Russell, J. A. (1984). Concept of emotion viewed from a prototype perspective. *Journal of Experimental Psychology—General Section 113*, 464~86.

Festinger, L. (1957). *A theory of cognitive dissonance*. Evanston, Ill.: Row, Peterson and Co.

Fox, E. (1996). Selective processing of threatening words in anxiety: The role of awareness. *Cognition and Emotion, 10*, 449~80.

Frank, R. H. (1988). *Passions within reason: The strategic role of the emotions*. New York: Norton.

Fredrickson, B. L. (1996). Psychophysiological functions of positive emotions. In N. H. Frijda (Ed.), *ISRE '96 Proceedings of the ninth conference of the International Society for Research on Emotions* (pp. 92~95). Toronto: ISRE Publications.

Fridlund, A. J. (1994). *Human facial expression: An evolutionary view*. New York: Academic Press.

_____. (1997). The new ethology of human facial expressions. In J. A. Russell and J. M. Fernandez-Dols (Eds.), *The psychology of facial expression* (pp. 103~32). Cambridge: Cambridge University Press.

Frijda, N. H. (1969). Recognition of emotion. In L. Berkowitz (Ed.), *Advances in experimental social psychology* (vol. 4, pp. 167~223). New York: Academic Press.

_____. (1973). The relation between emotion and expression. In M. von Cranach and I. Vine (Eds.), *Social communication and movement* (pp. 325~40). New York: Academic Press.

_____. (1986). *The emotions*. Cambridge: Cambridge University Press.

_____. (1988). The laws of emotion. *American Psychologist, 43*, 349~58.

_____. (1993). The place of appraisal in emotion. *Cognition and Emotion, 7*, 357~88.

_____. (1994). The Lex Talionis: On vengeance. In S. H. M. Van Goozen, N. E. Van de Poll, and J. A. Sergeant (Eds.), *Emotions: Essays on emotion theory* (pp. 263~90). Hillsdale, N. J.: Erlbaum.

Frijda, N. H., Kuipers, P., and Terschure, E. (1989). Relations between emotion, appraisal, and emotional action readiness. *Journal of Personality and Social Psychology, 57*, 212~28.

Frijda, N. H., Markam, S., Sato, K., and Wiers, R. (1995). Emotion and emotion words. In J. A. Russell, J. M. Fernandez-Dols, A. S. R. Manstead, and J. Wellenkamp (Eds.), *Everyday conceptions of emotion* (pp. 121~44). Dordrecht: Kluwer.

Frijda, N. H., Mesquita, B., Sonnemans, J., and Van Goozen, S. (1991). The duration of affective phenomena, or emotions, sentiments, and passions. In K. Strongman (Ed.), *International review of emotion and motivation* (pp. 187~225). New York: Wiley.

Frijda, N. H., and Tcherkassof, A. (1997). Facial expression and modes of action readiness. In J. A. Russell and J. M. Fernandez-Dols (Eds.), *The psychology of facial expression* (pp. 78~102). Cambridge: Cambridge University Press.

Gilovich, T., and Medvec, V. H. (1995). The experience of regret: What, when and why. *Psychological Review, 102*, 379~95.

Glass, D. C., and Singer, J. E. (1972). *Urban stress: Experiments on noise and social stressors*. New York: Academic Press.

Gray, J. A. (1987). *The psychology of fear and stress*. 2nd ed. Cambridge: Cambridge University Press.

_____. (1993). Framework for a taxonomy of psychiatric disorder. In S. H. M. Van Goozen, N. E. Van de Poll, and J. A. Sergeant (Eds.), *Emotions: Essays on emotion theory* (pp. 29~60). Hillsdale, N. J.: Erlbaum.

Gross, J. J., and Levenson, R. W. (1993). Emotional suppression: Physiology, self-report, and expressive behavior. *Journal of Personality and Social Psychology, 64*, 970~86.

Hebb, D. O. (1949). *The organization of behavior*. New York: Wiley.

Hess, W. R. (1957). *The functional organization of the diencephalon*. New York: Gmne and Stratton.

Hohmann, G. W. (1966). Some effects of spinal cord lesions on experienced emotional feelings. *Psychophysiology 3*, 143~56.

Horowitz, M. J. (1976). *Stress response syndromes*. New York: Aronson.

Izard, C. E. (1977). *Human emotions*. New York: Plenum Press.

James, W. (1884). What is an emotion? *Mind, 9*, 188~205.

Johnson—Laird, P. N., and Oatley, K. (1989). The language of emotions: An analysis of a semantic field. *Cognition and Emotion, 3*, 81~124.

Keltner, D., Ellsworth, P. C., and Edwards, K. (1993). Beyond simple pessimism: Effects of sadness and anger on social perception. *Journal of Personality and Social Psychology, 64*, 740~52.

Klein, M. (1977). *Envy and gratitude and other works, 1946~1963*. New York: Delacorte.

Klinger, E. (1990). *Daydreaming*. Los Angeles: Tarcher.

Konorski, J. (1967). *Integrative activity of the brain: An interdisciplinary approach*. Chicago: University of Chicago Press.

Landman, J. (1993). *Regret: The persistence of the possible*. New York: Oxford University Press.

Lang, P. J. (1984). Cognition in emotion: concept and action. In C. E. Izard, J. Kagan, and R. B. Zajonc (Eds.), *Emotions, cognition and behavior* (pp. 192~226). New York: Cambridge University Press.

_____. (1993). The three—system approach to emotion. In N. Birbaumer and A. Ohman (Eds.), *The structure of emotion* (pp. 18~30). Gottingen: Hogrefe and Huber.

_____. (1994). The motivational organization of emotion: Affect—reflex connections. In S. H. M. Van Goozen, N. E. Van de Poll, and J. A. Sergeant (Eds.), *Emotions: Essays on emotion theory* (pp. 61~96). Hills—dale, N. J.: Erlbaum.

_____. (1995). The emotion probe. *American Psychologist, 50*, 372~85.

Larsen, R. J., and Diener, E. (1987). Affect intensity as an individual differences characteristic: A review. *Journal of Research in Personality, 21*, 1~39.

_____. (1992). Promises and problems with the circumplex model of emotion. In M. Clark (Ed.), *Review of personality and social psychology* (vol. 6, pp. 25~59). Beverly Hills: Sage.

Lazarus, R. S. (1991). *Emotion and adaptation*. New York: Oxford University Press.

Levenson, R. W., Ekman, P., and Friesen, W. V. (1990). Voluntary facial action generates emotion—specific autonomic nervous system activation. *Psychophysiology, 27*, 363~84.

Leventhal, L., and Scherer, K. (1987). The relationship of emotion to cognition: A functional approach to a semantic controversy. *Cognition and Emotion, 1,* 3~28.

Lutz, C. (1988). *Unnatural emotions: Everyday sentiments on a Micronesian atoll and their challenge to Western theory.* Chicago: University of Chicago Press.

MacLeod, C., Mathews, A., and Tata, P. (1986). Attentional bias in emotional disorders. *Journal of Abnormal Psychology, 95,* 15~20.

Mandler, G. (1984). *Mind and body: The psychology of emotion and stress.* New York: Norton.

Markus, H. R., and Kitayama, S. (1991). Culture and the self: Implications for cognition, emotion, and motivation. *Psychological Review, 98,* 224~53.

Mauro, R. (1992). Affective dynamics: Opponent processes and excitation transfer. In M. Clark (Ed.), *Review of personality and social psychology* (vol. 6, pp. 150~174). Beverly Hills: Sage.

Mauro, R., Sato, K., and Tucker, J. (1992). The role of appraisal in human emotions: A cross−cultural study. *Journal of Personality and Social Psychology, 62,* 301~17.

Mesquita, B., Frijda, N. H., and Scherer, K. R. (1997). Culture and emotion. In P. R. Dasen and T. S. Saraswathi (Eds.), *Handbook of cross−cultural psychology* (vol. 2, pp. 255~98). Boston: Allyn and Bacon.

Meyer, W. U., Niepel, M., Rudolph, U., and Schiitzwohl, A. (1991). An experimental analysis of surprise. *Cognition and Emotion, 5,* 295~311.

Mowrer, O. H. (1960). *Learning theory and behavior.* New York: Wiley.

Murphy, S. T., and Zajonc, R. B. (1993). Affect, cognition, and awareness: Affective priming with optimal and suboptimal stimulus exposures. *Journal of Personality and Social Psychology, 64,* 723~39.

Oatley, K. (1992). *Best−laid schemes: The psychology of emotions.* Cambridge: Cambridge University Press.

Oatley, K., and Duncan, E. (1992). Incidents of emotion in daily life. In K. Strongman (Ed.), *International review of studies of emotion* (vol. 2, pp. 249~94). Chichester: Wiley.

Obrist, P. A. (1981). *Cardiovascular psychophysiology: A perspective.* New York: Plenum Press.

Öhman, A. (1993). Fear and anxiety as emotional phenomena: Clinical phenomenology, evolutionary perspectives, and information−processing mechanisms. In M. Lewis and J. M. Haviland (Eds.), *Handbook of emotions* (*pp.* 511~36). New York: Guilford.

Ortony, A., Clore, G., and Collins, A. (1988). *The cognitive structure of emotions.* Cambridge: Cambridge University Press.

Ortony, A., and Turner, T. (1990). What's basic about basic emotions?

Psychological Review, 97, 315~31.

Osgood, C. E., May, W. H., and Miron, M. S.(1975). *Cross-cultural universals of affective meaning.* Urbana: University of Illinois Press.

Panksepp, J. (1982). Toward a general psychobiological theory of emotions. *Behavioral and Brain Sciences, 5,* 407~67.

Parkinson, B. (1995). *Ideas and realities of emotion.* London: Roudedge.

Parrott, W. G. (1993). Beyond hedonism: Motives *for* inhibiting good moods and for maintaining bad moods. In D. M. Wegner and J. W. Pennebaker (Eds.), *Handbook of mental control* (pp. 278~305). Englewood Cliffs, N. J.: Prentice-Hall.

Parrott, W. G., and Smith, R. H. (1993). Distinguishing the experiences of envy and jealousy. *Journal of Personality and Social Psychology, 64,* 906~20.

Pecchinenda, A., and Smith, C. A. (1996). The affective significance of skin conductance activity during a difficult problem-solving task. *Cognition and Emotion, 10,* 481~503.

Pennebaker, R. W., and Hoover, C. W. (1986). Inhibition and cognition: Toward an understanding of trauma and disease. In R. J. Davidson, G. E. Schwartz, and D. Shapiro (Eds.), *Consciousness and self-regulation* (vol. 4, pp. 107~36). New York: Wiley.

Philippot, P. (1993). Actual psysiological changes and perceived bodily sensations in emotion (Abstract). *Psychophysiology, 30,* 51.

Plutchik, R. (1980). *Emotion: a psychoevolutionary synthesis.* New York: Harper and Row.

Pott, H. (in press). *Rethinking emotion.* New York: Oxford University Press.

Pribram, K. H. (1981). Emotions. In S. B. Filskov and T. J. Boll (Eds.), *Handbook of clinical neuropsychology* (pp. 102~34). New York: Wiley.

Reisenzein, R. (1983). The Schachter theory of emotion: Two decades later. *Psychological Bulletin, 94, 239~6A.*

_____. (1995). On Oatley and Johnson-Laird's theory of emotion and hierarchical structures in the affective lexicon. *Cognition and Emotion, 9,* 383~416.

Rime, B. (1995). Mental rumination, social sharing, and the recovery from emotional exposure. In J. W. Pennebaker (Ed.), *Emotion, disclosure, and health* (pp. 271~91). Washington, D. C.: American Psychological Association.

Rime, B., Philippot, P., and Cisamoio, D. (1990). Social schemata of peripheral changes in emotion. *Journal of Personality and Social Psychology, 59,* 38~49.

Roseman, I. J., Antoniou, A. A., and Jose, P. E. (1996). Appraisal determinants of emotions: Constructing a more accurate and comprehensive theory.

Cognition and Emotion, 10, 241~78.

Roseman, I. J., Wiest, C., and Swartz, T. S. (1994). Phenomenology, behaviors, and goals differentiate discrete emotions. *Journal of Personality and Social Psychology, 67,* 206~21.

Russell, J. A. (1980). A circumplex model of affect. *Journal of Personality and Social Psychology, 39,* 1161~78.

_____. (1991). Culture and the categorization of emotions. *Psychological Bulletin, 110,* 426~50.

_____. (1994). Is there universal recognition of emotion from facial expression? A review of the cross−cultural studies. *Psychological Bulletin, 115,* 102~41.

Russell, J. A., and Bullock, M. (1985). Multidimensional scaling of emotional facial expressions: Similarity from preschoolers to adults. *Journal of Personality and Social Psychology, 48,* 1281~88.

Russell, J. A., and Mehrabian, A. (1977). Evidence for a three−factor theory of emotions. *Journal of Research in Personality, 11,* 273~94.

Ryle, G. (1949). *The concept of mind.* London: Hutchinson.

Salovey, P., Hsee, C. K., and Mayer, J. D. (1993). Emotional intelligence and the self−regulation of affect. In D. M. Wegner and J. W. Pennebaker (Eds.), *Handbook of mental control* (pp. 258~77). Englewood Cliffs, N. J.: Prentice−Hall.

Schachter, S. (1959). *The psychology of affiliation.* Stanford, Calif.: Stanford University Press.

Schachter, S., and Singer, J. (1962). Cognitive, social and physiological determinants of emotional state. *Psychological Review, 63,* 379~99.

Scheff, T. J. (1988). Shame and conformity: The deference−emotion system. *American Sociological Review, 53,* 395~406.

Scherer, K. R. (1984). On the nature and function of emotion: A component process approach. In K. R. Scherer, and, P. Ekman (Eds.), *Approaches to emotion* (pp. 293~317). Hillsdale, N. J.: Erlbaum.

_____. (1988). Criteria for emotion−antecedent appraisal: A review. In V. Hamilton, G. H. Bower, and N. H. Frijda (Eds.), *Cognitive perspectives on emotion and motivation* (pp. 89~126). Dordrecht: Kluwer.

_____. (1994). Toward a concept of "modal emotions." In P. Ekman, and R. Davidson (Eds.), *Questions about emotion* (pp. 25~31). Oxford: Oxford University Press.

_____. (1997). Profiles of emotion−antecedent appraisal: Testing theoretical predictions across cultures. *Cognition and Emotion, 11,* 113~50.

Scherer, K. R., Walbott, H. G., and Summerfield, A. B. (1986). *Experiencing emotions: A cross−cultural study.* Cambridge: Cambridge University Press.

Schlosberg, H. (1954). Three dimensions of emotion. *Psychological Review 61,*

81~88.

Seligman, M. E. P. (1975). *Helplessness: On depression, development, and death.* San Francisco: Freeman.

Shaver, P., Schwartz, J., Kirson, D., and O'Connor, C. (1987). Emotion knowledge: Further exploration of a prototype approach. *Journal of Personality and Social Behavior, 52,* 1061~86.

Shaver, P., Wu, S., and Schwartz, J. C. (1992). Cross-cultural similarities and differences in emotion and its representation: A prototype approach. In M. Clark (Ed.), *Review of personality and social psychology* (vol. 6, pp. 175~212). Beverly Hills: Sage.

Simon, H. A. (1967). Motivational and emotional controls of cognition. *Psychological Review, 74,* 29~39.

Smith, C. A. (1989). Dimensions of appraisal and physiological response to emotion. *Journal of Personality and Social Psychology, 56,* 339~53.

Smith, C. A., and Ellsworth, P. C. (1985). Patterns of cognitive appraisal in emotion. *Journal of Personality and Social Psychology, 48,* 813~38.

Smith, C. A., and Lazarus, R. S. (1993). Appraisal components, core relational themes, and the emotions. *Cognition and Emotion, 7,* 233~70.

Smith, C. A., and Scott, H. S. (1997). A componential approach to the meaning of facial expressions. In J. A. Russell and J. M. Fernandez-Dols (Eds.), *The psychology of facial expression* (pp. 229~54). Cambridge: Cambridge University Press.

Smith, R. H., Parrott, W. G., Ozer, D., and Moniz, A. (1994). Subjective injustice and inferiority as predictors of hostile and depressive feelings in envy. *Personality and Social Psychology Bulletin, 20,* 705~11.

Solomon, R. C. (1989). *A passion for justice.* Reading, Mass.: Addison-Wesley.

_____. (1993). *The passions.* 2nd ed. Indianapolis, Ind.: Hackett Publishing.

Solomon, R. L., and Corbit, J. D. (1974). An opponent process theory of motivation: I. Temporal dynamics of affect. *Psychological Review, 81,* 19~145.

Sonnemans, J., and Frijda, N. H. (1994). The structure of subjective emotional intensity. *Cognition and Emotion, 8,* 329~50.

_____. (1995). The determinants of subjective emotional intensity. *Cognition and Emotion, 9,* 483~507.

Spinoza, B. (1989). *Ethics.* Translated by G. H. R. Parkinson. London: Everyman's Library. (Originally published in 1677.)

Stearns, C. Z., and Steams, P. N. (1986). *Anger: The struggle for emotional control in America's history.* Chicago: University of Chicago Press.

Stein, N. L., and Trabasso, T. (1992). The organization of emotional experience: Creating links among emotion, thinking, language, and intentional action.

Cognition and Emotion, 6, 225~44.

Stemmier, G. (1989). The autonomic differentiation of emotions revisited: Convergent and discriminant validation. *Psychophysiology, 26,* 617~32.

Stenberg, C., Campos, J., and Emde, R. (1983). The facial expression of anger in seven-month-old infants. *Child Development, 54,* 178~84.

Tice, D. M., and Baumeister, R. F. (1993). Controlling anger: Self-induced emotion change. In D. M. Wegner and *J. W.* Pennebaker (Eds.), *Handbook of mental control* (pp. 393~409). Englewood Cliffs, N. J.: Prentice-Hall.

Tomkins, S. S. (1962). *Affect: Imagery and consciousness. Vol. I, The Positive affects.* New York: Springer-Verlag.

Tourangeau, R., and Ellsworth, P. (1979). The role of facial response in the experience of emotion. *Journal of Personality and Social Psychology, 37,* 1519-31.

Van Hooff, J. A. R. A. M. (1972). A structural analysis of the social behavior of a s.emi-captive group of chimpanzees. In M. van Cranach and J. Vine (Eds.), *Social communication and movement* (pp. 75~162). New York: Academic Press.

White, R. W. (1959). Motivation reconsidered: The concept of competence. *Psychological Review, 66,* 297~333.

Wiepkema, P. (1990). Stress: Ethological implications. In S. Puglesi-Allegro and A. Polivera (Eds.), *Psychobiology of stress* (pp. 1~13). Dordrecht: Kluwer.

Wierzbicka, A. (1992). Talking about emotions: Semantics, culture, and cognition. *Cognition and Emotion, 6,* 285~319.

Williams, M. G., Watts, F. N., MacLeod, C., and Mathews, A. (1988). *Cognitive psychology and emotional disorders.* Chichester: Wiley.

Wundt, W. (1902). *Grundziige der pysiologischen Psychologie.* Vol. 3. Leipzig: Engelmann, 5th. Ausgabe.

Zajonc, R. B. (1980). Thinking and feeling: Preferences need no inferences. *American Psychologist, 35,* 151-75.

Zillmann, D., Weaver, J. B., Mundorf, N., and Aust, C. F. (1986). Effects of an opposite-gender companion's affect to horror on distress, delight, and attraction. *Journal of Personality and Social Behavior, 51,* 586~94.

Zuckerman, M. (1979). *Sensation seeking.* Hillsdale, N. J.: Erlbaum.

3부

성격과
개인차

11장

성격과 주관적 웰빙

에드 디너 · 리처드 E. 루카스

주관적 웰빙(SWB) 분야에서 가장 일관되고 확고한 연구 결과들 중 하나는 SWB의 구성 요소들이 성격과 다소 관련이 있다는 사실이다. 성격 특성과 마찬가지로 SWB는 여러 상황에 걸쳐 일관적이며, 살아가면서 겪는 생활 사건들이 발생한 후에도 일생 동안 안정적이다. SWB에 미치는 생물학적인 영향이 있는 것 같다. 특유의 정서 반응이 인생 초기에 나타나는 것으로 보이며, SWB의 구성 요소의 유전 가능성 계수가 상당히 존재한다. SWB와 가장 일관되고 강하게 관련된 성격 특성은 외향성과 신경증이다. 외향성은 유쾌한 감정과 다소 상관관계가 있고, 신경증은 불쾌한 감정과 강한 상관관계가 있다. (낙관주의나 자존감과 같은) 다른 성격 특성들은 SWB와 상관관계가 있지만 이러한 관련성의 인과 관계 방향은 확정적이지 않다. 성격과 SWB와의 관계에 대한 기질 모델들은 개인이 정서 경험의 생물학적 설정점을 가지고 있다고 가정한다. 개인은 자극에 대한 정서 반응을 생물학적으로 결정한다. 또는 특정한 기질을 가진 개인은 더 큰 행복을 주는 환경에서 더 많은 보상을 얻을 수 있다. 적합성 모델들은 우리의 성격이 우리 환경에 적합한 정도에 따라 SWB가 커진다고 제시한다. 인지 이론가들은 이러한 자극에 대한 우리의 생물학적 민감성보다는 보상과 처벌에 관한 정보를 우리가 처리하는 방식이 우리의 웰빙을 결정한다고 믿는다. 목표 이론가들은 우리의 SWB가 우리의 목표, 우리가 목표에 접근하는 방식, 목표 달성의 성공이나 실패 등의 영향을 받는다고 가정한다. 정서 사회화 모델은 고전적 조건화와 도구적 학습, 모방이 환경에 대한 특유의 정서 반응에 영향을 미친다는 점을 제안한다.

457

'좋은 삶'에 대한 개념은 개인마다 상당히 다르다. 좋은 삶의 이상적인 상태는 어떤 사람들에게는 부와 사치의 이상적인 상태이고, 다른 어떤 사람들에게는 친구들과 가족과의 의미 있는 관계를 통해서 달성될 수 있는 것이다. 그리고 여전히 어떤 사람들은 도움이 필요한 가난한 사람들에게 더 나은 삶을 제공하기 위해서 부와 안전이라는 물리적 안락을 포기하기도 한다. 이처럼 상이한 유형의 개인들은 외부 환경 면에서는 상당히 다른 것처럼 보이지만 모두 하나의 주관적인 웰빙감을 공유할 수도 있다.

'주관적 웰빙(subjective well-being: SWB)'이란 용어는 사람들의 자신의 삶에 대한 평가를 의미한다. 이러한 평가는 삶의 만족에 대한 인지적 평가와 기분, 정서에 대한 감정적 평가를 모두 포함한다. 어떤 사람이 자신의 삶이 만족스러우며, 자주 즐거운 감정을 경험하고 불쾌한 감정을 드물게 경험한다고 보고할 경우, 그 사람의 주관적 웰빙은 높다고 할 수 있을 것이다. 비록 삶의 만족, 유쾌한 감정, 불쾌한 감정이 없는 상태는 같은 개인 안에서 어느 정도는 종종 동시에 발생하지만, 이들 구성 요소는 분리될 수 있다. 예컨대, 많은 유쾌한 정서를 경험하는 사람도 불쾌한 정서를 아주 조금은 경험할 수 있으며, 이 경우는 '행복한'이란 라벨이 붙을 수 있다. 반면에 매우 높은 수준의 유쾌한 감정과 불쾌한 감정을 모두 경험하는 사람은 '매우 정서적인'이란 라벨이 붙을 수 있다. 마찬가지로 유쾌한 감정을 어쩌다 경험할 뿐이고 불쾌한 감정을 아주 빈번히 경험하는 개인은 그럼에도 불구하고 (건강과 수입과 같은) 자신의 생활 조건이 훌륭하다고 믿을 수 있으며, 그 결과 자신의 삶의 만족도는 높다고 말할 수 있을 것이다. 따라서 삶의 만족도와 유쾌한 감정과 불쾌한 감정은 서로 관련이 있지만, 경험적으로 분리될 수 있기 때문에 전체적인 주관적 웰빙의 완전한 그림을 얻기 위해서는 개별적으로 연구되어야 한다(Lucas, Diener and Suh, 1996).

SWB에 대한 평가는 SWB에 대한 외적인 측정법이 거의 없기 때문에 연구자들에게 도전 과제를 제공한다. 정의상 SWB는 응답자 자신의 관점에서 본 웰빙을 의미한다. 구경꾼은 응답자의 삶의 환경을 불행하다고 판단할 수도 있다. 하지만 그 응답자가 높은 수준의 삶의 만족도를 보고한다면 그의 SWB는 높다고 본다. SWB를 평가할 때, 연구자들은 행복에 대한 자기보고의 본질에 대해 비판적으로 가정한다. 개인이 SWB가 높다고 말하는 경우, 이러한 보고는 (비록 불완전하지만) 일시적으로 얼마간 안정된 상태임을 반영하며, 오직 순간적인 요인들에서 기인하는 변하기 쉬운 결정이란 걸 반영하지는 않는다. 예를 들어, 누군가가 한 응답자에게 삶을 만족하는지 묻는다면, 응답자는 전날 밤에 취한 수면 시간, 그날 일해야 하는 작업 시간, 혹은 그 순간에 느끼는 기분에만 근거해서 대답해서는 안 된다. 각각의 이러한 요인들이 응답자의 삶의 상태에 관한 정보를 제공할 수 있지만, 그러한 순간적인 영향력에 전적으로 의존한 보고는 안정적인 행복 상태를 반영하지 못할 것이다. 대신에 SWB가 의미 있는 구성 개념이 되기 위해서는 그러한 판단이 적어도 다소 안정적이며, 응답자의 장기적인 건강, 응답자의 삶의 조건, 성격 특성 ― 응답자가 세계와 상호작용하는 방법을 지배하는 ― 과 같은 요인들의 영향을 받는 주관적인 상태와 부합해야 한다.

연구자들은 SWB 판단은 사람들의 삶의 안정적이고 의미 있는 조건만을 반영한다고 하는 강한 형식의 이러한 가설은 진실이 아니라는 것을 알고 있다. 현재의 기분과 현재의 기상 조건과 같은 일시적인 요인들은 삶의 만족도에 대한 판단에 영향을 미칠 수 있다(Schwarz and Strack, 1991). 하지만 이러한 일시적인 영향에도 불구하고 SWB는 다양한 상황(Dinener and Larsen, 1984)과 다양한 나이 때(Costa and McCrae, 1988; Magnus and Diener, 1991)에 걸쳐 다소 안정적인 면이 있으며, 이는 장기적인 SWB가 존재함을 시사한다. 또한 안정적인 SWB의 상당한 비율은 성격에 기인하는 것으로 보인다. 프랑수아드 라로슈푸코(François de La Rochefoucauld)는 "행복과 불행은 부(富) 못지않게 기질에 달려 있다"라고 말한 바 있다. 사실, 그럼에도 불구하고 라로슈푸코는 SWB에 미치는 성격의 영향을 과소평가했다. 유쾌한 정서, 불쾌한 정서의 경험, 삶의 만족감은 흔히 개인의 삶의 환경이나 일시적인 요인들보다는 기질에 더 많이 좌우된다.

성격과 주관적 웰빙의 관계에 대한 증거

주관적 웰빙의 안정성과 일관성

성격 특성이 주관적 웰빙의 수준에 영향을 미친다면 SWB는 특성에 대한 우리의 지식과 일치하는 방식으로 반응을 나타내야 할 것이다. 예를 들어, 코스타(Costa, 1994)는 30년이 넘는 기간 동안에도 성인의 성격이 안정적이라는 증거를 재고찰한다. 만일 생물학적으로 기본적인 성격 소인이 SWB에 영향을 미친다면, 우리는 SWB가 성격 소인과 마찬가지로 지속적인 안정성을 가진다고 기대할 것이다. 다중 측정법을 이용한 종단적 연구에서 마그누스와 디너(Magnus and Diener, 1991)는 현재의 삶의 만족도 측정치와 4년 후에 확인된 삶의 만족도 측정치가 .58의 상관관계를 보인다는 점을 밝혀냈다. 삶의 만족도를 한 시기에는 자기보고를 했고 다른 시기에는 응답자의 가족과 친구들이 보고했을 경우에도 4년 간격을 둔 두 삶의 만족도의 상관관계는 .52이었다. SWB의 안정성이 단순히 묵인이나 사회적 바람직성과 같은 일관된 반응 성향의 결과물이 아니라는 것을 입증하는 데는 두 가지 측정 자료를 이용하는 것이 중요하다. 또한, 다중 분석법은 SWB의 구성 타당도에 근거를 제공한다. 만일 행복 판단이 단순히 임의적이고 일시적인 영향에 근거한 결정이라면, 우리는 그 판단이 오랜 시간 간격에 걸친 방법과는 낮은 유사성을 보이고 개인들의 행복에 대한 정보 제공자의 평가와는 유사성이 거의 없을 것이라고 예상할 것이다. 반면에 오랜 시간 간격이 있는 삶의 만족도에 대한 자기보고와 정보 제공자의 평가 간의 높은 상관관계는 만족도 판단의 근거가 일관되게 사용되었을 뿐만 아니라 친구들과 가족들에게 인식되고 전해지기에 충분할 정도로 명확하다는 사실을 시사한다.

SWB의 감정적 구성 요소(유쾌한 감정과 불쾌한 감정)는 또한 장시간에 걸쳐 안정성을 보인다. 왓슨과 워커(Watson and Walker, 1996)의 연구 결과에 따르면, 6년 간격을 두고 평가했을 때, 특성 감정 척도는 보통 수준의 시간적 안정성을 보였다. 코스타와 맥크레이(Costa and McCrae, 1988)의 연구 결과에 의하면, 한 시기에 표적 인물의 정서에 대한 배우자의 평가와 6년 후 표적 인물의 자기 평가 사이에는 (.50 범위 내의) 유의미한 안정성 계수가 나타났다. 다시 말하지만, 이러한 안정성 계수는 상이한 방법을 사용하여 2회에 걸쳐 측정된다는 점에서는 인상적이지만, 측정 오류는 통제되지 않았다는 점을 강조할 필요가 있다.

SWB의 안정성이 사람들의 외부 조건의 안정성에서 전적으로 기인한다는 대안적인 설명은 일생 동안 변화하는 조건을 조사한 연구들에 의해서 입증되지 않는다. 예컨대, 코스타와 맥크레이, 존더맨(Costa, McCrae and Zonderman, 1987)은 비교적 안정적인 환경에서 생활하는 사람들과 이혼했거나 남편이나 아내를 여읜 처지에 있는 상황처럼 좀 더 변화가 심한 조건에서 생활하는 사람들을 조사했다. 그 결과, 변화가 큰 집단은 변화가 적은 집단보다 안정성 평가가 약간 낮을 뿐이었다. 마찬가지로 디너와 그의 동료들(1993)이 밝힌 연구 결과에 의하면, 10년 동안 수입이 늘거나 줄거나 그대로인 경우와 상관없이 사람들의 SWB 수준은 거의 비슷했다.

이러한 연구에서 사람들은 측정되지 않은 안정적인 환경 요인들을 통해 외부 환경의 안정성을 경험할 수도 있지만, 연구자들이 밝힌 일관된 연구 결과에 의하면, SWB에 외부 환경이 미치는 효과는 미미한 수준이다. 예컨대, 캠벨과 컨버스, 로저스(Campbell, Converse and Rodgers, 1976)는 자신들이 측정했던 모든 인구통계학적인 요인들(예컨대, 나이, 성별, 수입, 인종, 학력, 혼인 여부)이 SWB 변량의 20퍼센트 미만을 차지한다고 결론지었다. 미국에서 시행된 다른 횡단면 연구 결과에 따르면 자산(Diener et al., 1993)과 육체적 매력(Diener, Wolsic and Fujita, 1995), 심지어 객관적인 건강(Okun and George, 1984)과 같은 매우 가치 있는 자원이 SWB와 거의 상관관계가 없는 것으로 나타났다. 특정한 생활 사건의 효과를 조사할 경우에도 성격이 그 효과보다 더 커다란 역할을 하는 것으로 나타났다. 마그누스와 디너(1991)의 4년에 걸친 연구 결과에 의하면, 특정한 제1시기의 성격이 그 사이에 일어난 생활 사건의 영향보다 특정한 제2시기의 삶의 만족도, 그리고 주관적 웰빙의 기타 측정치를 훨씬 더 잘 예측해 주었다.

따라서 종단적 연구들이 예증하듯이, SWB는 성격과 마찬가지로 장시간에 걸쳐 다소 안정성을 보인다. 한 개인이 대학에서 경험하는 유쾌한 감정과 불쾌한 감정과 삶의 만족도의 양은 결혼했거나 이혼했거나 직장을 다니고 있거나 실업 상태에 있거나와 상관없이 꽤 안정적일 가능성이 높다. 이러한 안정성이 특유의 정서 양식에서 기인한다면, 우리는 다양한 상황에 걸쳐 일관성이 있으리라는 것을 예상할 수 있을 것이다. 디너와 라슨(1984)은 교차적 상황의 일관성을 조사한 경험 표집 연구에서 작업 환경에서 느끼는 유쾌한 기분의 평균 수준은 레크리에이션 상황에서 느끼는 유쾌한 기분의 평균 수준과 .70의 상관관계가 있음을 밝혀냈다. 마찬가지로, 작업 환경에서 느끼는 불쾌한 감정의 평균 수준은 레크리에이션 환경에서 느끼는 불쾌한 감정의 평균 수준과 .74의 상관관계를 보였다. 사회적 상황이나 혼자인 상황, 새로운 상황이나 전형적인 상황 모두에 걸쳐 유쾌한 감정과 불쾌한 감정의 일관성의 수준은 비슷한 것으로 나타났다. 삶의 만족도의 평균 수준은 .95 범위 내의 안정 계수로 훨씬 더 일관성을 띠었다. 따라서 웰빙 판단은 단순한 일시적인 영향 이상을 반영한다. 개인은 자신들의 환경이 변하더라도 일관된 그 환경에 대해 특유의 정서 반응을 보인다.

또한 디너와 라슨(1984)의 연구 결과는 SWB의 안정성이 보고의 전체적인 특성의 인위적인 결과가 아니라는 사실을 보여준다. 카너먼(이 책)은 전체적인 평가는 특정한 편향들의 지배를 받으며, 따라서 부분적인 판단들의 종합을 정확히 반영하지는 않는다고 지적한다. 예를 들어, 한 개인의 하루 전체에 대한 평정은 그날 개개의 순간들의 평정과 약간만 관련되어 있을 수 있다. 디너와 라슨은 경험 표집법을 사용하여 '체험 중인 경험을 실시간으로' 측정했을 때도 SWB가 일관되고 안정적이라고 설명했다.

감정적인 평가든 인지적인 평가든, 자신의 삶에 대한 평가는 순전히 '상향식' 과정에서 비롯된 것은 아니다. 사람들은 SWB 판단에 이르기 위해서 단순히 다양한 외부 상황들의 영향을 비교 검토하지는 않는다. 행복은 상황과 환경의 변화에도 불구하고 다소 안정적이다. 사실, 개인의 삶에서 일어나는 특정한 사건과 개인의 삶에서 차지하는 특정한 영역에 대한 평가는 전체적으로는 행복으로 채색된다. 코즈마(Kozma, 1996)는 응답자가 자신의 삶(일, 가정, 관계)에서 차지하는 다양한 영역에 대한 만족도를 평가하도록 요청받았을 때, 그러한 만족도 판단들은 서로 상관관계가 있는 것으로 나타났다고 보고했다. 하지만 전체적인 행복이 통제될 경우에는 상이한 영역들 사이의 상관관계는 더 이상 유의미하지 않았다. 이러한 데이터는 전체적인 행복의 특성적인 구성 개념이 특정한 영역에 대한 느낌에 영향을 미치는 하향식 모델을 제시한다. 따라서 특정한 생활 영역에 대한 만족도는 아마도 그 영역의 특정한 요인들에서뿐만 아니라 개인의 일반적인 수준의 SWB가 미치는 실질적인 영향에서도 기인할 것이다.

기질 연구

앞서 언급한 연구들에서 행복한 사람들이 보이는 긍정적인 편향이 평생의 긍정적인 경험에서 비롯된 것인지 아니면 낙관적인 관점에서 세상을 바라보는 선천적인 성향에서 비롯된 것인지 명확하지 않다. 기질 연구들에서 나온 증거는 특유의 정서 양식이 생애 초기에 나타나고 생물학적 근거를 가질 가능성이 있음을 보여준다. 예컨대, 골드스미스와 캄포스(Goldsmith and Campos, 1986)는 유아들에게서 나타나는 가장 초기의 개인차 중 일부는 정서적인 성격을 띠고 있다고 믿는다. 골드스미스와 캄포스에 따르면, 생물학적인 근거를 가지는 정서 반응은 생애 초기에 나타나며, 시간에 상관없이 다소 안정적이고 성인 성격 차원의 구성 요소가 된다.

케이건(Kagan)과 그의 동료들은 억제 성향의 아이들과 비억제 성향의 아이들에 대한 연구를 통해 기질의 구체적인 표현을 밝혔다. 케이건(1994)은 두 개의 집단, 즉 익숙하지 않은 사건에 대해 회피 유형의 유아 집단(억제 성향 아이들)이나 접근 지향적인 유형의 유아 집단(비억제 성향 아이들)을 설명했다. 또한 그들은 이와 같은 정서 양식들이 편도체,[1] 운동 신경으로의 편도체 투사, 대상 피질 및 전두엽 피질, 시상하부, 교감신경계 등의 차별적인 흥분성에서 기인하는 것으로서 생물학적인 근거가 있다고 가정했다(Kagan, Snidman and Arcus, 1992). 라가세와 그루버, 립시트(LaGasse, Gruber and Lipsitt, 1989)는 2일된 신생아들에게서 보이는 빠는 행위에 대한 검사를 통해 억제 행위를 예측할 수 있었으며, 그러한 행위 차이가 생물학적으로 근거가 있으며 생애 초기의 환경에서 비롯된 것이 아니라는 사실을 제시했다. 이 억제 유형의 효과는 생애 초기에 관찰되며, 적어도 8세까지는 어느 정도 지속된다. 케이건과 모스(Kagan and Moss, 1962)는 출생부터 3세 사이에 나타나는 수줍음(억제 성향 아이들의 특성)은 성인기까지 지속된다고 보고했다. 하지만 케이건이 지적했듯이 억제 성향의 아이들 중 일부(특히 비교적 덜 극단적인 집단 내 아이들)는 어린 시절 내내 억제 성향을 지속하지는 않는다. 따라서 외적인 사건들과 환경 자극은 생애 초기 기질의 영향 이상으로 정서 발달에 영향을 미친다고 볼 수 있다.

이 시점에서 어릴 적 내내 생물학적인 근거를 지닌 정서 양식이 표현되고 유지되는 정도를 결정하는 것이 무엇인지는 명확하지 않다. 또한 이러한 생애 초기의 정서 양식이 성인의 성격 특성과 일치하는지는 확실하지 않다. 로스바르트와 아하디(Rothbart and Ahadi, 1994)는 생애 초기의 많은 기질적 차

---

1   편도체는 뇌의 변연계에 속하는 구조의 일부로서 동기, 학습, 감정과 관련된 정보를 처리하는 데 중요한 역할을 한다.

원들이 성인의 성격 특성과 유사하다고 언급했고, 디그먼과 슈멜료프(Digman and Shmelyov, 1996)는 유년기 기질과 성인 성격 차원 간에 유사성이 있음을 증명했다.

생애 초기의 정서 양식의 존재는 유쾌한 감정과 불쾌한 감정의 양적인 차이를 경험하는 선천적 성향을 시사한다. SWB의 생물학적 근거에 대한 추가적인 증거는 데이비드슨과 폭스(Davidson and Fox, 1982)의 전두엽의 비대칭에 대한 연구에서 나왔다. 그들의 연구 결과에 의하면, 실험실 상황에서 유아들이 보인 불안 행동은 유아들이 테스트 시작 전에 보인 좌전두엽과 우전두엽의 상대적인 활성화 양과 관련이 있는 것으로 나타났다. 전두엽의 비대칭은 현재의 정서 상태와 그 상태를 경험할 수 있는 소인을 모두 반영하는 것처럼 보인다. 따라서 데이비드슨과 폭스의 데이터는 어떤 정서를 경험할 수 있는 생물학적 소인의 생애 초기 차이를 시사한다. 이 연구의 의미는 유전적인 요인들이 뇌의 정서 중추의 반응성 차이를 유발할 수 있다는 것이다. 이러한 차이는 사람들로 하여금 유쾌한 기분 및 정서와 불쾌한 기분 및 정서를 더 많이 또는 더 적게 경험하게 만든다. 이러한 차이는 아마도 상대적으로 높거나 낮은 SWB 수준에 대한 경험의 근본적인 생리학적 소인을 나타낼 것이다.

유전 가능성 연구

성격 특성과 SWB의 유전 가능성에 대한 연구에서 SWB의 생물학적 근거에 대한 증거가 더 많이 나온다. 가장 정교하게 설계된 연구들 중 하나에서 텔레겐과 그의 동료들(Tellegan et al., 1988)은 함께 양육된 일란성 및 이란성 쌍둥이들, 그리고 서로 동떨어져 양육된 다른 일란성 및 이란성 쌍둥이들을 검사했다. 일란성 쌍둥이들은 모든 유전자를 공유하는 반면에 이란성 쌍둥이들은 보통 절반의 유전자를 공유하기 때문에 서로 다른 일련의 쌍둥이들을 비교함으로써 성격에 영향을 미치는 유전자의 효과를 평가할 수 있다. 또한 함께 양육된 쌍둥이들과 동떨어져 양육된 쌍둥이들 간의 비교를 통해 연구자들은 생애 초기 가정환경의 중요성을 평가할 수 있을 뿐만 아니라 일란성 및 이란성 쌍둥이 연구에 관한 많은 대안적인 가설(예를 들어, 일란성 쌍둥이가 이란성 쌍둥이보다 실제로 더 유사한 환경을 가진다는 가설)을 배제할 수 있다. 텔레겐과 그의 동료들이 밝힌 연구 결과에 의하면, 일란성 쌍둥이들은 다른 가정에서 성장하더라도 (다차원 성격 질문지(Multidimensional Personality Questionnaire: MPQ)를 통해 측정한 바가 보여주듯) 매우 유사한 SWB를 보이는 반면에 같은 가정에서 양육된 이란성 쌍둥이들은 대체로 훨씬 덜 유사한 SWB를 보였다. 함께 양육된 쌍둥이들은 동떨어져 양육된 쌍둥이들보다 훨씬 더 높은 수준의 유사성을 보이지는 않았다. 텔레겐과 그의 동료들은 유전적 특징은 유쾌한 정서성의 가변성 — (변량의 측면에서 정의되는) — 의 약 40퍼센트를, 불쾌한 정서성의 가변성의 55퍼센트를, 웰빙의 가변성의 48퍼센트를 설명한다고 평가했다. 동일한 가정환경은 불쾌한 감정의 가변성을 거의 설명하지 못했고 유쾌한 감정의 가변성과 웰빙의 가변성에 대해서는 상대적으로 약간 더 높게(각각 22퍼센트와 13퍼센트) 설명할 수 있을 뿐이었다.

이와 같은 쌍둥이 연구는 유쾌한 정서와 불쾌한 정서의 분리 가능성에 대해서 중요한 사실을 설명해 주기도 한다. 유전 가능성 연구는 이러한 정서적인 성향이 상이한 유전성 패턴을 가진 상이한 유전자들로부터 발생한다는 점을 시사한다. 텔레겐과 동료들(1988)은 불쾌한 감정의 유전적 효과는 대체로 가산적인 것이라고 보고했다. 즉, 사람들은 공유하는 유전자가 많을수록 불쾌한 감정이 더 유사할 가능성이 높다. 반면에 유쾌한 정서는 상당히 비가산적인 유전 인자를 가지고 있는 것으로 보인다. 비가산성은 유사한 표현형이 발생하는 데 필요한 공통 유전자 배열을 나타낸다. 이 유전자들 사이의 상호작용이 유쾌한 감정을 야기하는 것으로 보인다. 따라서 일란성 쌍둥이들은 유전자 배열이 정확히 동일하기 때문에 비슷한 양의 유쾌한 감정을 경험할 수 있는 반면에 많은 동일한 유전자를 가지고 있지만 정확히 동일한 유전자 배열을 가지고 있지는 않은 형제자매는 그처럼 비슷한 양의 유쾌한 감정을 경험하지는 못한다.

유전자의 가산 효과와 비가산 효과의 차이를 설명하기 위해, 행복이 전적으로 두 유전자에 의해서 결정된다고 상상해 보자. 이 유전자들이 순전히 가산적 방식으로 작동한다면, 하나의 유전자만 공유한 사람들은 아무런 유전자도 공유하지 않는 사람들보다 서로 더 유사할 것이지만, 두 유전자를 공유한 사람들보다는 덜 유사할 것이다. 결국 유전자를 더 많이 공유할수록 개인들이 느끼는 행복감은 더 비슷해진다. 그러나 비가산적인 유전 인자가 있다면, 하나의 유전자만 공유한 사람들은 아무 유전자도 공유하지 않은 사람들과 마찬가지로 서로 유사하지 않을 것이다. 이 경우, 두 유전자 사이의 상호작용은 표현형 유사성의 원인이 되며, 개인들은 유사한 양의 행복을 가지기 위해서는 두 유전자를 공유해야 한다.

SWB의 유전 가능성 연구의 중요성은 두 가지를 들 수 있다. 첫째, 정보 제공자 보고 데이터를 이용한 연구와 마찬가지로, 척도 반응 산출 결과를 비롯한 기타 대안적인 설명 방식으로는 결과를 설명하기가 어렵다. 서로 동떨어져 양육된 일란성 쌍둥이들이 SWB 척도로 유사한 평점을 받을 가능성은 오직 그들이 질문지에 답하는 방식에서 보이는 편향으로 인해서만 매우 낮다. 둘째, 유전 가능성 연구들은 SWB에 미치는 실질적인 생물학적 영향을 지적한다. 유전자가 SWB에 영향을 미치는 것으로 보이는 정도가 방법론에 따라 다르지만(쌍둥이 연구들은 종종 입양 연구들보다 유전 가능성 계수가 더 높은 결과를 보이는데, 이는 아마도 후자의 경우에 비가산적인 유전적 소인들을 측정할 수 없기 때문일 것이다), 그 생물학적 영향은 일관되게 발견된다. 더욱이 유전 가능성 연구들은 유쾌한 감정과 불쾌한 감정이 그것들의 상이한 유전 가능성 패턴이 입증하듯이, 상이한 유전자들로부터 발생할 것이라고 제안한다. 유쾌한 감정은 아마도 유쾌한 감정의 사교성 구성 요소와 그 구성 요소의 환경과의 상호작용으로 인해서 공유된 가족 환경의 영향을 받을 가능성이 더 높을 것이다(Baker et al., 1992). 리켄과 텔레겐(Lykken and Tellegan, 1996)은 SWB의 반복 측정 방법을 이용하면 장기간의 웰빙 보고에서 유전자가 안정적 변량의 80퍼센트를 설명할 것이라고 추정한다.

하지만 유전 가능성 연구는 한계가 있다. 가장 주목할 만한 것은 유전 가능성 계수는 환경의 영향과 관련이 있다는 점이다. 예를 들어, 환경이 완전히 일정하다면 지능은 100퍼센트 유전될 수 있다. 하지만 미흡한 이상적 교육 환경에서 외적 요인들(예를 들어 교육의 차이)은 지능에 영향을 미칠 수 있다. 단일 문화 내에서 수행된 유전 가능성 연구들은 문화적인 변인이 SWB에 영향을 미칠 수 있다는 사실을 포착하지 못한다. 따라서 유전 가능성 계수는 연구 참가자들의 환경에서 유전 가능성 정도의 영향을 받는다. 또한, 행복의 실시간 측정을 사용하여 SWB의 유전 가능성을 조사한 연구는 수행된 적이 없다. SWB에 대한 전체적인 판단은 개인이 많은 개별적인 순간들에 걸쳐 경험하는 감정과 만족에 비해 다소 더 유전적인 것일 수 있다. 반면에 유전자는 아직까지 충분히 측정되지 않은 부가적인 효과를 가지고 있을 수 있다. 예를 들어, 플로민과 나이더하이저(Plomin and Neiderhiser, 1992)가 재고찰한 증거가 제시한 바에 의하면, 사람들의 유전자가 실제로 환경에 영향을 미친다. 이러한 사실을 고려하지 않는 연구들은 사람들이 주변 세계를 형성하는 방식을 무시함으로써 유전자의 영향을 과소평가할 수 있다.

유력한 증거가 시사하듯이, 어느 정도 유전된 SWB에는 일관되고 안정적인 개인차가 존재한다. 입양과 쌍둥이 연구 결과에 의하면, 성인의 주관적인 웰빙은 부분적으로 유전된다. 유아와 성인은 장시간에 걸쳐, 그리고 여러 상황에 걸쳐 지속되는 전형적인 정서 반응을 보인다. 이러한 연구 결과는 기질 연구에서 유전 가능성 연구에 이르는 다양한 연구 패러다임으로부터 보다 전통적인 상관성 설계에 이르기까지 축적되어 왔다. 또한, 연구자들은 그저 전체적인 자기보고 측정법에만 의존하지 않고, 정보 제공자의 성인에 대한 보고 평정 및 유아의 행동 자료뿐만 아니라 웰빙에 대한 실시간 경험 표집 보고와 같은 비(非)자기보고 기법들을 이용해 왔다. 이제 남은 중요한 질문은 다음과 같다. 어떤 개인적인 특성이 SWB와 관련되어 있는가? 그 이유는 무엇인가?

기본적인 성격 속성들은 무엇이 있는가

빅 3 성격 모델과 빅 5 성격 모델

성격 심리학의 주요한 목표 중 하나는 개인 특유의 반응과 행동을 설명하고 예측하는 데 사용할 수 있는 성격의 주요한 차원들을 밝히는 것이었다. 이 과제는 지금껏 많은 이론적 관점에서 접근되어 왔으며, 그 결과 성격의 기본 구성 요소에 관한 관점도 매우 다양하다.

아이젱크(Eysenck, 1967, 1981)는 성인의 성격이 생물학적인 기반을 둔 세 가지 차원, 즉 외향성, 신경증 성향, 정신병 성향에 따른 편차에서 비롯된다고 믿는다. 외향성이 높은 개인은 사교적이고, 자기주장이 강하고, 활발하고, 감각 추구적인 특성을 지닌다. 반면에 신경증 성향이 높은 개인은 불안감과 우울감을 잘 느끼고, 정서적이며, 자존감이 낮은 특성을 지닌다. 그리고 정신병 성향이 높은 개인은 공격적이고, 반사회적이고 자기중심적이며, 창의적인 특성을 지닌다(Eysenck, 1986). 아이젱크의 '빅 3' 성격 모델에 따르면, 성인 성격의 모든 주요한 편차는 이 세 가지 차원의 위치를 통해 표현될 수 있다.

아이젱크는 근본적으로 질문지 항목들에 대한 응답들의 요인 분석에서 자신의 모델을 도출했고, 그 이후에 자신이 제시한 차원들의 원인이 되는 정신생리학적 과정을 가정한 반면에(John, 1990), 그레이(1981)는 정신생리학적 과정이 핵심인 성격 모델을 개발했다. 그레이에 따르면, 아이젱크의 외향성 차원과 신경증 성향 차원은 근원적인 충동성 및 불안 차원의 순환적인 변형이다. 그레이는 이 두 가지 차원이 두 개의 별개의 독립적인 신경계에 상응하기 때문에 (외향성과 신경증 성향과는 대조적으로) 성격의 근본적인 차원을 나타낸다고 믿는다. 그레이는 행동 활성화 체계(behavioral activation system: BAS)가 보상과 비(非)처벌의 단서에 민감하고 충동성의 차원에 부합하는 반면에 행동억제 체계(behavioral inhibition system: BIS)는 처벌과 비(非)보상의 단서에 민감하고 불안의 차원에 부합한다고 가정한다. 그레이에 따르면 아이젱크의 외향성 차원은 BAS와 BIS의 상대적 세기의 결과이다. 보상 신호에 민감한 개인(높은 BAS)은 외향적 성향인 반면에 처벌 신호에 민감한 개인(높은 BIS)은 내향적 성향이다. 신경증 성향은 BAS와 BIS의 합산된 세기가 야기하는 개인의 전체적인 정서성을 나타내는 지표로 가정된다.

아이젱크와 그레이의 모델은 다르지만, 각 모델이 가정하는 주요한 차원들은 이론적으로 유쾌한 감정과 불쾌한 감정의 정서적 차원과 관련이 있다. 앞서 언급했듯이, 외향적인 개인에 대한 아이젱크의 설명에는 '활동적인', '적극적인', '활발한' 등과 같은 정서적인 형용사가 포함되며, 신경증 성향의 개인에 대한 그의 설명에는 '불안한', '우울한' 등과 같은 형용사가 포함된다. 아이젱크의 차원들은 이론적으로 독립적이며, 따라서 한 개인은 외향성 차원과 신경증 성향 차원 모두에서 높은 성향을 가질 수도 있다. 그러한 개인은 매우 유쾌한 감정과 불쾌한 감정을 경험할 것이기 때문에 매우 정서적인 사람으로 간주될 것이다. 그림 11.1은 외향성과 신경증 성향의 상이한 조합들과 유쾌한 감정과 불쾌한 감정의 조합들에서 비롯된 네 가지 성격 유형의 그리스어 이름을 보여준다.

그레이는 보상 자극에 반응하는 체계인 BAS가 유쾌한 감정을 유발하는 반면에 처벌 자극에 반응하는 체계인 BIS는 불쾌한 감정을 유발한다고 가정한다.

텔레겐(1985)은 자신의 성격 모델에서 성격과 감정의 연관성을 강조했다. 그는 다차원 성격 질문지(Multidimensional Personality Questionnaire: MPQ)의

그림 11.1 아이젱크의 성격 모델의 외향성 차원과 신경증 성향 차원

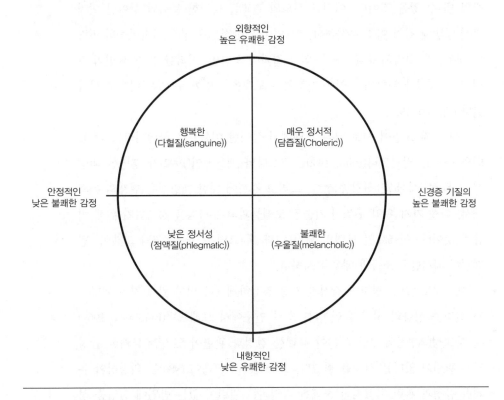

항목들에 대한 요인 분석으로 세 개의 2차 요인을 밝혔으며 그중 두 개는 유쾌한 감정 및 불쾌한 감정과 명확히 연관되어 있다. 제1요인인 긍정적인 정서성은 MPQ 웰빙, 사회적 역량, 성취 등의 척도와 관련이 있고, 제2요인인 부정적인 정서성은 MPQ 스트레스 반응, 소외, 공격성 등의 척도와 관련이 있다. 이러한 차원들이 각각 아이젱크의 외향성 차원과 신경증 성향 차원과 관련이 있음에도 불구하고, 텔레겐은 그러한 차원들이 그레이의 BAS−BIS 모델이 설명한 순환과 더 밀접하게 관련 있다고 믿는다.

아이젱크, 그레이, 텔레겐이 제시한 앞서 언급한 모델(두 차원이 이론적으로 웰빙과 관련이 있는 모델) 외에도, 성격 연구자들은 성격의 5요인 모델에 점점 더 관심을 집중해 왔다(재고찰을 원한다면, John, 1990과 Goldberg, 1993을 참조). 특성의 '빅 5' 체계를 주창하는 이론가들은 어휘적 접근법으로 성격의 식별을 시작했으며, 인간 행동을 기술하는 데 유용한 모든 특성이 언어로 부호화되며, 더 중요한 특성일수록 그것을 묘사하는 단어가 더 많다는 가설을 세웠다.

아마도 연구자들은 성격 기술어들의 구조를 밝힘으로써 성격 자체의 구조를 밝혀 낼 수 있을 것이다. 이러한 시도의 결과는 다양한 문화와 상이한 여러 분석 방법에 걸쳐 아주 유사하다. 5요인이 일반적으로 성격 기술어들의 변량의 대부분을 설명해 준다. 또한, 연구 결과에 의하면, 이러한 '빅 5' 요인이 다섯 개 이상이나 이하의 요인을 가정하는 모델을 설명할 수 있는 것으로 나타났다(Digman, 1990).

다섯 가지 요인이 서로 다른 모델에서 상이한 이름으로 불릴지라도 각 요인의 구조는 일관된다(John, 1990). 코스타와 맥크레이(1992)가 명명한 외향성, 유쾌성, 성실성, 신경증 성향, 그리고 경험에 대한 개방성은 현재의 논의에서, 다섯 가지 요인 구조의 기술된 모델들과의 유사성을 강조하기 위해 이용될 것이다. 이 5요인 모델의 제1요인과 제4요인은 아이젱크와 그레이, 텔레겐이 제시한 구조들과 매우 유사하다.

놀랄 것도 없이, 정서와 감정과 가장 밀접하게 연관되어 있는 것은 외향성과 신경증 성향의 성격 요인이다. 초기 연구에서 브래드번(Bradburn, 1969)은 사교성(외향성의 구성 요소)이 유쾌한 감정과 관련이 있지만 불쾌한 감정과는 관련이 없다는 사실을 밝혔다. 코스타와 맥크레이(1980)는 외향성이 유쾌한 감정과 관련이 있지만 불쾌한 감정과는 관련이 없는 반면에 신경증 성향은 불쾌한 감정과는 관련이 있지만, 유쾌한 감정과는 관련이 없다는 사실을 보여줌으로써 이러한 연구 결과를 현대의 다섯 개 성격 요인 개념으로 확장시켰다. 그리고 이러한 연구 결과를 근거로 코스타와 맥크레이는 외향성과 신경증 성향이 전체적인 행복을 함께 구성하는 유쾌한 감정과 불쾌한 감정에 다르게 영향을 미치는 모델을 가정했다.

성격과 감정의 관계는 훨씬 더 정교한 방법을 통해서 반복되어 왔다. 예컨대, 디너와 그의 동료들(1992)은 미국인 확률 표본을 대상으로 한 연구에서 외향성이 SWB를 예견했다고 밝혔다. 후지타(1991)는 측정 오차를 통제하기 위해 잠재적 특성 방법론을 사용했을 때 외향성과 유쾌한 감정의 상관관계가 .80이며, 신경증 성향과 불쾌한 감정은 구별할 수 없다는 사실을 발견했다. 텔레겐(1985)은 긍정적 정서성의 고차원 요인이 현재의 유쾌한 감정과 상관관계가 있으며, 부정적 정서성의 고차원 요인이 현재의 불쾌한 감정과 .40~.50 범위의 상관관계가 있음을 밝혔다. 이러한 상관계수는 현재 기분 — 특정한 순간에 개인이 느끼는 유쾌한 정서와 불쾌한 정서의 정도 — 이 많은 상황적 요인의 영향을 받을 수 있지만 여전히 성격과 상당히 상관관계가 있다는 점을 고려할 때 인상적이다.

이러한 상관관계가 성격 평가 도구에 미치는 현재 기분의 영향으로부터 기인한다는 대안적인 가설은 성격이 기분에 미치는 영향에 대한 종단 연구에서는 배제될 수 있다. 예컨대, 코스타와 맥크레이의 연구 결과에 의하면, 10년 기간에 걸쳐, 외향성이 유쾌한 감정을 예측하고 신경증 성향이 불쾌한 감정을 예측한 것으로 나타났다. 종단적 패널 설계로 시행한 헤디(Headey)와 웨어링(Wearing)의 연구에서도 유사한 결과가 나왔다. 외향성과 신경증 성향은 수년 후의 유쾌한 감정과 불쾌한 감정의 평점을 예측했다. 마그누스와 디너(1991)의 연구 결과에 의하면 외향성과 신경증 성향 평점이 4년 기간에 걸친 삶의 만족도를 예측할 수 있었다. 사실상, 성격은 생활 사건보다 삶의 만족도를 예측할 수 있는 더 강력한 예측 변인이었다.

외향성과 유쾌한 감정 사이의 이론적 연관성, 신경증 성향과 불쾌한 감정 사이의 이론적 연관성을 고려해 볼 때, 성격과 SWB 사이의 가장 강하고 가장 일관적인 관계가 이러한 구성 개념들에 대한 고찰에서 발견되는 것은 놀라운 일이 아니다. 다른 '빅 5' 특성은 SWB 구성 개념들과 약한 관계를 나타낸다(Watson and Clark, 1992). 유쾌성과 성실성은 종종 긍정적인 감정과 약한 정적 상관관계를 보이고 부정적인 감정과 약한 부적 상관관계를 보이는 반면에 경험에 대한 개방성은 종종 유쾌한 감정과 불쾌한 감정 모두와 약한 정적 상관관계를 보인다. 세이들리츠(Seidlitz, 1993)는 유쾌성, 성실성, 개방성과 SWB 사이의 관계는 생물학적 반응 그 자체보다는 환경의 보상에 의해 형성되기 때문에 약하다고 제시했다.

외향성이나 신경증 성향과 같은 '빅 5' 성격 특성들은 정서와 감정과 이론적으로 연결되어 있으며 유쾌한 감정 및 불쾌한 감정과 삶의 만족도와 예측 가능한 패턴으로 일관되게 상관관계를 지닌다. 이러한 관계가 강하고 일관적이라고 해도, 성격과 주관적 웰빙의 관계를 '빅 5' 관점에서만 고찰하는 것은 근시안적인 생각일 것이다. 많은 연구자들(예컨대, Block, 1995; Pervin, 1994)은 '빅 5' 개념화의 타당성과 효용에 대해서 확신하지 못하고 있으며, 지금껏 많은 대안적인 특성들과 성격 모델들이 제시되어 왔다. 다음에서는 부가적인 특성들을 간략하게 논의할 것이지만, 성격에 대한 비(非)특성 접근법은 성격과 SWB 사이의 관계를 지배하는 메커니즘에 대한 논의에서 제기할 것이다.

11장

471

다른 특성들

자존감이나 낙관주의와 같은 특성은 본질적으로 감정적인 것은 아니지만, 웰빙에 영향을 주거나 웰빙의 영향을 받을 것이라고 믿을 만한 이유가 있다. 예를 들어, 자존감 이론가들은 전체적인 긍정적 웰빙에는 자신에 대한 긍정적인 평가가 필요하다는 가설을 세웠다. 셰이어와 카버(Scheier and Carver, 1985)는 낙관주의 성향의 특성이 미래에 대한 기대감을 통해 웰빙에 영향을 미친다는 가설을 세웠다. 자신들에게 긍정적인 결과가 있을 거라고 믿는 사람들은 목표 성취를 위해 일할 것이고 그 목표를 성취하고 긍정적인 결과를 얻을 가능성이 더 클 것이다. 루카스와 디너, 서(1996)의 연구 결과에 의하면, 자존감과 낙관주의가 실제로 삶의 만족도와 유쾌한 감정 및 불쾌한 감정과 같은 SWB의 측정치와 상관관계가 있는 것으로 나타났다. 그러나 디너와 디너(1995)는 자존감과 삶의 만족도 관계의 강도가 집단주의 문화로 크게 일반화되지 않는다는 것을 밝혔다.

보다 구체적인 성격 특성이 많이 고려될수록 성격과 주관적 웰빙의 관계와 관련해 두 가지 문제가 나타난다. 첫째, 연구자들은 어떤 성격 특성이 핵심적인 것인지 어떻게 파악할까? 무수히 많은 성격 특성이 있으며, 새로운 특성들이 빈번히 제시되기도 한다. 따라서 이러한 상호 관련이 있는 성격 특성들 중에서 어떤 것이 실제로 SWB의 원인인지 결정하는 것이 어려워진다.

둘째, 성격 특성이나 SWB는 인과적 우선순위가 있는가? 개인의 특정 영역에 대한 평정이 개인의 전체적인 행복의 영향을 받는 것처럼(Kozma, 1996), 아마도 다른 특성들은 웰빙에 대한 총체적인 감각의 영향을 받을 것이다. 이 모델에 따르면 외향성, 자존감, 낙관주의는 행복에 영향을 미치지 않는다. 그 요인들은 삶의 다른 양상들에 행복이 미치는 영향 때문에 행복과 관련이 있을 뿐만 아니라 서로와도 관련이 있다. 이 이론은 성격과 SWB의 관계의 본질과 관련해서 닭이 먼저냐 달걀이 먼저냐의 중요한 문제를 제기한다. 예컨대, 신경증 환자들은 부정적인 인식과 부정적인 기분을 가진다. 그리고 그들은 부정적인 자극에 매우 잘 반응하는 체계를 가지고 있기 때문에 부정적인 생각을 유발하는 불쾌한 정서를 많이 경험할 수 있다. 또 다른 가능성으로는 신경증 환자들이 사건의 바람직하지 않은 양상에 집중하는 경향이 있기 때문에 훨씬 더 높은 수준의 불쾌한 정서를 경험할 수 있다는 것이다.

성격과 SWB의 관계의 본질에 관한 문제들이 남아 있다. 하지만 여기에서 고찰한 대부분의 증거는 여러 가지 함축적 의미를 지닌다. 외향성과 신경증 성향은 3요인 모델과 5요인 모델에서 각각 유쾌한 감정과 불쾌한 감정과 이론적이고 안정된 경험적 연관성을 가지고 있다. 이러한 성격 특성들은 여러 중요한 기간에 걸쳐 웰빙을 예측할 수 있으며 사실상, 개입되는 생활 사건들보다 더 강력한 예측 변인이다. 자존감과 낙관주의와 같은 다른 더 구체적이고 더 인지적인 특성은 SWB와 관련이 있는 것으로 나타났다. 하지만 존재하는 다른 특성의 수는 확정할 수 없으며, 이런 이유 때문에 성격과 SWB 간의 관계를 완전히 이해하기는 어렵다.

성격은 왜 SWB와 관련이 있는가: 일련의 과정들

가장 기본적인 수준에서 설명하자면, 성격 특성은 사람들과 그들의 행동을 분류하는 데 유용한 방법을 제공한다. 지금까지 고찰한 연구는 단순히 행복하거나 불행할 것 같은 사람들을 분류한다. 외향적인 사람들이 내향적인 사람들보다 유쾌한 감정을 경험할 가능성이 더 높고, 신경증 성향이 있는 사람들이 안정적인 사람들보다 불쾌한 감정을 경험할 가능성이 더 높고, 자존감이 높은 사람들이 더 높은 삶의 만족도를 경험할 가능성이 크다. 그러나 이러한 상관관계는 성격과 SWB의 관계의 기초가 되는 과정을 거의 설명하지 못한다. 특성을 SWB와 연관시키는 과정을 우리가 상세히 설명할 수 있다면, 보다 완벽한 과학적 이해에 이를 수 있을 것이다.

기질 모델

기질 모델의 제안자들(예컨대, Eysenck, 1967; Gray, 1981; Headey and Wearing, 1989; Larsen and Ketelaar, 1991)은 SWB의 생물학적 결정 요인을 가정한다. 예를 들어, 헤디와 웨어링은 한 개인의 행복의 기준선 수준은 그 사람의 기질에 의해서 결정된다고 제시한다. 그들의 동적인 균형 모델에 따르면, 외향성과 신경증 성향은 보상과 처벌 체계의 강도를 통해서 한 개인의 행복의 기준선 수준을 결정한다. 사건들은 사람들을 일시적으로 기준선에서 멀어지게 할 수 있지만, 사람들의 보상과 처벌 체계는 결국 사람들을 기준선 수준으로 되돌릴 것이다. 생물학적으로 결정된, 자극에 대한 반응의 '설정점' 때문에 개인의 보상 및 처벌 체계는 긍정적 자극 또는 부정적 자극에 적응하고 그 후 그 개인은 자신의 SWB의 기준선으로 되돌아간다.

헤디와 웨어링(1989)은 오스트레일리아인 패널 연구에서 자신들의 연구를 뒷받침하는 증거를 발견했다. 좋은 사건과 나쁜 사건이 발생한 이후에 사람들은 이전의 유쾌한 감정 및 불쾌한 감정 수준으로 되돌아갔다. 이러한 연구 결과를 반복해서 내놓은 서와 디너, 후지타(1996)는 사람들이 놀라울 정도로 짧은 기간에 사건에 적응한다고 설명했다. 심지어 사지 마비 환자나 하반신 마비 환자가 되는 사건처럼 인생을 바꾸는 심각한 사건이 발생한 이후에도 사람들은 적응할 수 있다(Silver, 1980). 메히너트와 그의 동료들(Mehnert et al., 1990)은 신체장애를 가진 사람들이 장애가 없는 사람들에 비해 자신의 삶에 덜 만족하지만, 출생 시나 생애 초반에 장애를 얻은 사람들이 생애 후반에 신체장애를 얻은 사람들보다 삶에 더 만족한다는 것을 밝힘으로써 적응 모델을 뒷받침하는 증거를 제시했다.

불행하게도, 이러한 연구들은 헤디와 웨어링이 가정한 메커니즘이 실제 적응 효과의 원인인지 그 여부를 확정지을 수 없다. 사람들은 반응의 생물학적 설정점 때문에 적응할까, 아니면 자신들의 목표를 바꾸고 대처 전략을 사용할까? 비록 하반신 마비 환자와 사지 마비 환자들에 대한 연구들은 사람들의 적응 능력이 상당히 크다는 점을 제시하지만, 비교적 일상적인 사건들만을 조사한 연구들은 사람들이 적응할 수 있는 정도에 관해서 알려주는 것이 거의 없다(적응의 복잡성에 관해 보다 면밀히 살펴보고자 한다면, 이 책의 Frederick and Loewenstein의 글을 참조).

성격과 SWB의 관계를 설명하는 두 번째 기질 관점의 설명은 그레이(1981)의 BAS와 BIS의 차별적 민감성 이론에서 유래한다. 이 모델에 따르면, 외향적인 사람들은 보상 자극에 더 높은 민감성을 보이기 때문에 행복하다. 외향적인 사람들은 보상에 노출되었을 때 유쾌한 감정을 경험할 가능성이 더 높다. 반면에 신경증 성향이 있는 사람들은 처벌에 더 민감하기 때문에 부정적인 자극에 노출되었을 때 불쾌한 감정을 경험할 가능성이 더 높다. 이 모델은 일관성이 설정점의 결과가 아니라 자극에 대한 특유의 반응의 결과라는 점에서 헤디와 웨어링의 모델(1989; 1992)과는 다르다. 설정점 모델의 관점에서 보면, 개인은 자극에 강렬한 반응을 보일 수 있지만 시간이 지남에 따라 생물학적 설정점으로 되돌아갈 것이다. 반응성 모델의 관점에서 보면, 반응 자체는 성격의 지배를 받으며, 외향적인 사람은 내향적인 사람에 비해 긍정적인 자극에 더 강하게 반응하기 때문에 내향적인 사람보다 더 행복할 수 있다.

그레이의 모델을 검증하기 위해, 라슨과 케텔라르(1991)는 긍정적인 기분과 부정적인 기분 조작을 이용해서 긍정적인 자극과 부정적인 자극에 대한 민감성을 검증했다. 그들의 예측대로 외향적인 사람들은 내향적인 사람들보다 긍정적 기분 조작에 더 민감했지만, 부정적인 기분 유도에 대한 민감성은 외향적인 사람들과 내향적인 사람들 간에 차이가 없었다. 반대로 신경증 성향이 있는 사람들은 안정된 사람들보다 부정적인 기분 유도에 더 민감한 반응을 보였지만, 신경증 성향과 긍정적인 기분 유도에 대한 민감성 사이에는 상관관계가 없었다.

이 증거는 그레이의 보상 단서와 처벌 단서에 대한 차별적 민감성 이론을 뒷받침하지만, 그레이의 모델도 라슨과 케텔라르의 데이터도 이 민감성이 어떻게 구체화되는지 알려주지 못한다. 외향적인 사람들의 민감성은 내향적인 사람들보다 훨씬 더 큰 '보상 자극에 대한 반응'(예를 들어 외향적인 사람들은 내향적인 사람들에 비해 같은 자극에 더 긍정적으로 반응한다)을 반영하는가, 아니면 외향적인 사람들은 내향적인 사람들보다 보상 단서에 더 많은 주의를 기울이는 것일 뿐인가? 데리베리와 리드(Derryberry and Reed, 1994)는 후자의 설명이 차별적인 민감도를 설명할 수 있다는 증거를 제시했다. 그들은 표적 탐지 과제를 이용하여 긍정적인 자극과 부정적인 자극에 대한 주의의 편향을 조사했다. 외향적인 사람들은 긍정적인 자극에서 다른 자극으로 주의를 돌리는 데 특별히 느린 반면에 내향적인 사람들은 부정적인 자극에서 다른 자극으로 주의를 돌리는 데 느리다. 이러한 연구 결과가 시사하는 바는 외향적인 사람들이 보상 자극에 더 민감하게 반응하는 경향은 그들의 환경에 존재하는 긍정적인 자극과 부정적인 자극에 차별적으로 주의를 집중하는 것에서 비롯된다는 것이다. 그레이의 민감성 이론을 조사한 연구들은 성격과 SWB 관계의 기저가 되는 과정에 대해서 가장 유망한 통찰력을 제공했다.

성격과 SWB의 직접적인 관련성 외에도, 많은 이론가들은 특정한 성격 특성을 가진 사람들에게 비교적 높은 수준의 SWB를 야기하는 간접적인 메커니즘을 가정해 왔다. 예컨대, 헤디와 웨어링(1989)은 외향성과 신경증 성향의 직접적인 기질적 효과는 성격과 SWB 간의 관계를 전부 설명하지는 못한다는 것을 밝혔다. 성격 대(對) 생활 사건의 역할을 조사한 결과, 헤디와 웨어링은 외향적인 사람들이 내향적인 사람들보다 실제로 긍정적인 사건을 더 많이 경험했으며 신경증 성향이 있는 사람들이 안정된 개인들보다 부정적인 사건을 더 많이 경험했다는 것을 밝혔다. 이러한 연구와 동일한 결과를 얻은 마그누스와 그의 동료들(1993)은 외향적인 사람들이 그들의 환경에서 보상을 더 많이 받을 수 있거나 외향적인 행동에 대한 강화를 더 많이 경험할 수 있을 것이라고 설명했다. 이러한 외향적 성향은 더 긍정적인 사건을 일으키고 간접적으로 더 높은 수준의 SWB를 낳을 것이다. 반면에 신경증 성향을 가진 사람들은 사회적 실패를 야기하는 비교적 많은 불안감을 가질 수 있다. 이러한 자멸적인 행위는 비교적 낮은 수준의 SWB를 초래할 수 있다.

적합성 모델

개인과 환경의 적합성이 SWB에 성격이 미치는 영향의 원인이라고 제안하는 사람들은 아주 다른 과정을 가정한다. 이 적합성 모델은 사람들의 성격이 그들의 환경에 적합할 때만 그들은 높은 수준의 SWB를 경험한다고 단정한다. 예컨대, 이 모델은 외향적인 사람들이 더 높은 수준의 SWB를 보이는 경향을 설명하기 위해서, 외향적인 사람은 사회적 상황에서 더 행복감을 느끼고 서구 사회의 지배적인 문화는 사회적 상황에 참여할 것을 요구한다고 가정한다. 하지만 수녀원에 산다면 외향적인 사람은 내향적인 사람보다 덜 행복할 것이다. 이 모델을 옹호하는 케트(Kette, 1991)는 외향적인 죄수들이 내향적인 죄수들보다 덜 행복하다는 사실을 밝혀냈고, 디너와 그의 동료들(1992)은 외향적인 사람들이 혼자 사는 경우가 상대적으로 적고 사교적인 직업에 종사하는 경우가 상대적으로 많다는 것을 발견했다. 적합성 모델의 또 다른 검증에서 모스코비츠와 코트(Cote)가 밝혀낸 사실에 의하면, 사람들은 자신의 특성과 일치하는 행동에 참여할 때 즐거운 감정을 경험한다. 예를 들어, 자기주장이 강한 사람들은 동조적인 행동에 나설 때 불쾌한 감정을 경험하고 다툴 때 유쾌한 감정을 경험한다. 그러나 디너와 라슨, 에몬스(Emmons, 1984)는 개인과 환경의 적합성 모델과는 어긋나는 증거를 발견했다. 즉, 외향적인 사람들이 혼자 살든 다른 사람들과 함께 살든, 사교적인 직업에서 일하든 비사교적인 직업에서 일하든 내향적인 사람들보다 행복한 것으로 밝혀졌다. 마찬가지로 파벗과 디너, 후지타(Pavot, Diner and Fujita, 1990)의 연구 결과에 따르면, 외향적인 사람들이 내향적인 사람들보다 사회적인 상황에서든 혼자인 상황에서든 더 행복감을 느끼며, 외향적인 사람들과 내향적인 사람들 모두 혼자인 상황보다는 사회적인 상황에서 더 행복한 것으로 밝혀졌다. 따라서 가끔 사람들이 자신들의 성격과 적합한 환경에 있을 때 긍정적으로 반응할 수 있지만, 성격이 SWB에 미치는 영향은 적합성 모델로 설명할 수 있는 것 이상으로 폭넓다고 할 수 있다.

인지 모델

연구자들은 보상과 처벌에 대한 차별적인 민감성을 가정하는 기질 이론 외에도 SWB에 미치는 성격의 영향의 원인을 더 높은 수준의 처리로 돌리는 다른 모델들을 개발했다. 이 이론들은 보상과 처벌 자극에 대한 우리의 생물학적 민감성보다는 보상과 처벌에 관한 정보를 우리가 처리하는 방법이 우리의 웰빙을 결정한다고 가정한다. 이러한 인지적 조정 구조에 대한 초기 이론으로는 '폴리아나 원리(Pollyanna Principle)'가 있다(Matlin and Gawron, 1979). '폴리아나 원리'에 따르면, 사람들은 덜 유쾌한 정보에 비해 유쾌한 정보를 더 정확하고 효율적으로 처리한다. 예를 들어, 사람들은 불쾌한 자극보다 유쾌한 자극에 더 자주 노출되고, 유쾌한 자극을 더 빨리 인지하고, 유쾌한 자극을 더 자주 사용하고, 유쾌한 단어를 더 빈번히 사용한다. 또한 사람들은 유쾌한 자극을 더 자유롭게 연상하고, 유쾌한 항목을 더 정확하게 기억해 내고, 목록에서 유쾌한 항목을 더 빨리 기억해 내고, 유쾌한 정보를 더 빨리 처리한다(Matlin and Gawron, 1979: 411). 일반적으로 긍정적인 생각을 하는 경향은 대다수의 사람들이 SWB의 긍정적인 수준을 보고하는 이유를 설명해 줄 것이다(Diener and Diener, 1996). 아마도 현재의 주제와 관련해 더 중요한 사실은 폴리아나이즘에 개인차가 존재한다는 것일 것이다. 더 유쾌한 자극을 기억할 수 있는 사람들은 자신들이 행복하다고 보고할 가능성이 더 높다. 유쾌한 정보 처리와 불쾌한 정보 처리의 정확성과 효율성에 있어 나타나는 차이가 차별적인 웰빙 수준을 야기할 수 있다. 예를 들어, 모레티와 그녀의 동료들(Moretti et al., 1996)은 우울증 성향의 참가자들과 비우울증 성향의 참가자들이 긍정적인 구성 개념과 부정적인 구성 개념에 차별적으로 접근할 수 있다는 것을 발견했다. 좀 더 구체적으로 말하면, 정보가 자신에 대한 것이라면, 비우울증 성향의 피험자들은 부정적인 정보보다 긍정적인 정보를 더 많이 찾아낸 반면에 우울증 성향의 피험자들은 그러한 편향을 보이지 않았다.

류보머스키와 로스(Lyubomirsky and Ross, 1997)가 제시한 바에 의하면, 대학 입학 소식을 기다린 고등학생들은 원래의 행복 수준에 근거해서, 자신들의 입학을 받아들이지 않은 대학들에 대해서 차별적인 등급 평가를 하는 것으로 나타났다. 행복한 학생들은 불행한 학생들보다 결국에 선택한 대학에 대해서 등급 평가를 높게 할 가능성이 비교적 컸지만, 자신들의 지원을 받아들이지 않은 대학에 대해서는 등급 평가를 낮게 할 가능성은 비교적 낮았다. 류보머스키와 로스에 따르면, 행복한 사람의 세계는 매력적인 가능성의 세계들 중 하나인 반면에 불행한 사람의 세계는 "더 좋은 것과 가장 좋은 것, 심지어 좋은 것과 더 좋은 것 사이에서 선택하는 것이 아닌, 평범한 것과 나쁜 것, 아니 심지어 나쁜 것과 더 나쁜 것 사이에서 선택해야 하는 곳"이다(저널에 실릴 예정인 논문, 28). 긍정적인 정보에 집중하는 능력은 웰빙을 증가시키는 인지 전략을 제공할 수 있으며, 이러한 능력의 개인차는 웰빙에 영향을 미칠 수 있다. 같은 맥락에서 류보머스키와 터커(Lyubomirsky and Tucker, 1998)의 연구 결과에 의하면, 행복한 개인들과 불행한 개인들이 비슷한 생활 사건을 경험함에도 불구하고, 행복한 개인들은 더 호의적인 관점에서 생활 사건을 바라보는 경향이 있었다.

세이어와 카버(1985)의 기질적인 낙관주의 이론 또한 인지 과정이 웰빙에 영향을 미친다고 단정한다. 그들의 모델에서 인지는 행동에 영향을 미치며, 이는 결국 외부 환경과 SWB에 영향을 미친다. 세이어와 카버에 따르면 낙관주의는 삶에서 유리한 결과를 기대하는 일반화된 경향을 나타낸다. 아마도 자신의 행동이 유리한 결과를 가져올 것이라고 믿는 사람들은 그러한 행동을 지속하는 반면에 실패가 불가피하다고 믿는 사람들은 노력을 거두고 자신들이 설정한 목표를 철회할 것이다. 세이어와 카버(1993)는 낙관주의자들이 스트레스 요인에 직면했을 때 비교적 높은 수준의 SWB를 유지한다는 사실을 보여주는 증거를 재고찰했다.

미래에 대한 긍정적인 생각의 효과 외에도 미래와 자신과 세계에 대한 부정적인 생각의 효과를 탐구하기 위한 많은 연구들이 수행되었다. 예를 들어,

에이브람슨(Abramson)과 그녀의 동료들(Abramson, Metalsky and Alloy, 1989; Abramson, Seligman and Teasdale, 1978)이 제시한 바에 의하면, 부정적인 사건을 경험할 때 그 원인을 안정적이고 총체적이며 내부적인 요인으로 돌리는 사람들은 그러한 부정적인 설명 양식을 취하지 않는 사람들보다 우울해질 가능성이 더 높다. 알로이와 립먼, 에이브람슨(1992)은 이러한 부정적인 편향을 가진 개인들이 그와 같은 인지적 양식을 가지고 있지 않은 개인들보다 과거에 주요한 우울 장애를 더 많이 보였을 가능성이 높다는 사실을 밝혔다.

그러나 다른 인지 이론가들뿐만 아니라 에이브람슨과 그녀의 동료들도 원인의 방향을 거꾸로 생각할 수도 있다. 부정적인 정보 처리 편향은 이들 연구자들이 암시하듯이 불쾌한 감정을 야기한다. 반면에 불쾌한 정서는 부정적인 인지와 부정적인 인지 편향의 원인일 수 있다. 원인 방향의 불확실성은 낙관주의에도 적용될 수 있다. 예를 들어, 스미스와 그의 동료들(1989)은 낙관주의와 웰빙의 관계는 신경증적 성향에 의해 조정된다고 제시했다. 그들은 낙관주의가 단순히 약한 신경증 성향 측정치이며 신경증 성향 점수가 통제될 경우에 낙관주의와 웰빙 사이의 상관관계가 배제된다고 주장한다. 다른 연구자들(예를 들어, Marshall et al., 1992)은 낙관주의는 사실상 외향성과 신경증 성향의 조합이며, 보다 폭넓게 연구된 그러한 변인들이 제공하지 않은 어떠한 정보도 더하지 않는다고 제시했다. 최근의 자료들은 낙관주의가 단순히 유쾌한 감정과 불쾌한 감정의 결합이 아니라는 것을 보여주며, 낙관주의는 외향성과 신경증 성향의 조합이라는 개념을 반박하지만(Lucas, Diener and Suh, 1996), 낙관주의와 불쾌한 감정 간의 인과적 방향을 결정하는 문제는 해결되지 않았다.

목표 모델

특성과 행복의 관계에 대한 지식은 SWB에 대한 우리의 이해를 향상시키지만, 일부 연구자들은 특성이 성격에 대한 매우 불완전한 그림만을 제공할 뿐이라고 주장한다. 캔터(이 책), 리틀(Little), 클링거(Klinger), 에몬스(Emmons)와 같은 이론가들은 성격이 특성뿐만 아니라 개인이 일반적으로 이루고자 하는 목표도 구성한다고 믿는다. 이 연구자들에 따르면, 우리는 개인의 행동을 일으키는 생활의 일들을 이해할 때만 개인의 성격을 이해할 수 있다. (가치와 같은) 폭넓은 수준이나 (삶의 과제와 같은) 다소 협소한 수준에서 혹은 (현재의 관심사와 같은) 훨씬 더 협소한 수준에서 목표를 고찰할 수 있다. 각각의 이해 수준에서 목표의 내용, 목표 접근 방식, 그리고 목표 달성의 성공 혹은 실패는 개인의 웰빙에 영향을 미칠 수 있다.

예를 들어, 에몬스(1986)는 자신이 '개인이 일상 행동을 통해 성취하고자 하는 특별한 유형의 목표'(1058)라고 정의한 개인적인 성취 노력을 연구한다. 에몬스는 개인 특유의 성취 노력의 특성이 SWB의 상이한 구성 요소(유쾌한 감정, 부정적인 감정, 생활 만족도)를 상이한 방식으로 예측해 준다고 밝혔다. 예를 들어, 유쾌한 감정은 성취 노력 가치, 과거 성취 노력의 실현, 그리고 성취 노력이 요하는 그 결과의 정도와 연관이 있는 반면에 부정적인 감정은 인식한 성공의 비교적 낮은 확률, 성취 노력 간의 높은 갈등, 그리고 성취 노력에 대해서 가지는 양가감정과 연관이 있다. 삶의 만족도는 성취 노력의 중요성, 성취 노력의 성공에 대한 기대감, 그리고 상이한 성취 노력 사이의 갈등 결여와 관련이 있었다. 사실상 중요한 성취 노력이 단순히 존재하는 것만으로 삶의 만족도는 높을 수 있다.

에몬스는 목표 자체의 특성을 연구한 반면에 캔터(1994)는 사람들이 목표에 이르기 위해서 사용하는 문제 해결 전략에 초점을 맞추면 성격과 개인차를 이해할 수 있다고 믿는다. 캔터에 따르면, 개인의 목표는 개인의 생활환경과 문화적 기대뿐만 아니라 상대적으로 더 특이한 개인의 욕구에 의해서도 결정된다. 사람들은 다양한 방법으로 목표를 달성할 수 있다. 그러나 SWB의 수준이 높은 사람들은 문화적 기대와 생활환경의 제약 내에서 자신의 욕구를 충족시키기 위한 효과적인 전략을 개발한 사람들이다.

디너와 후지타(1995)는 목표 이론을 이용해 건강과 부, 매력성과 같은 자원은 SWB와 거의 상관관계가 없다는 반직관적인 연구 결과를 설명한다. 그들은 자원이 중요한 목표를 달성할 수 있는 개인의 능력에 영향을 줄 때만 SWB에 영향을 미친다고 단정했다. 디너와 후지타의 연구 결과에 의하면, 그들의 예측대로 자원은 개인의 특별한 성취 노력과 관련이 있을 경우에 SWB와 더 강한 상관관계를 보였다. 많은 돈을 소유하는 것은 부의 획득을 자신의 성취 노력 대상들 가운데 하나로 여기는 개인의 SWB에 가장 큰 영향을 미쳤다. 또한 개인의 목표와 자원의 적합성 정도로 SWB를 예측할 수 있었다. 예를 들어, 친구와 가족 구성원들로부터 높은 운동 능력을 가졌다고 평가받는 사람은 뛰어난 스포츠 활동이 자신의 삶에서 중요한 성취 노력일 경우에는 행복할 가능성이 높다. 자원은 개인의 특별한 목표와의 상호작용 상황에서만 웰빙에 영향을 미친다.

그러나 이번에도 목표와 SWB의 관계에서 목표의 인과적 우선순위는 의문의 여지가 있다. 예를 들어, 개인의 목표와 개인이 그 목표를 달성하기 위해 사용하는 전략 모두 더 폭넓은 성격 특성에 의해서 결정될 수도 있다. 새로운 사람들을 만나는 일의 목표는 단순히 더 폭넓은 '외향성의 성격 특성'의 표현일 수 있다. 마찬가지로, 자기주장이 강한 태도나 사교성과 같은 자원은 성격 특성의 표현일 수 있다. 디너와 후지타(1995)는 성격 특성을 통제한 이후에도 자원과 성취 노력이 SWB에 영향을 미쳤다는 점을 밝혔지만, 이러한 가설적인 연관성은 대개 비검증 상태로 남아 있다. 에몬스가 고찰한 폭넓은 목표의 특성조차도 성격의 영향을 받을 수 있다. 그는 목표들 사이의 갈등이 낮은 수준의 SWB를 야기한다는 점을 밝혔지만, 류보머스키와 로스(저널에 실릴 예정인 논문)가 설명했듯이, 행복한 사람들은 흔히 자신들의 선택을 두 가지 동등한 유쾌한 대안들 중 하나로 보는 반면에 불행한 사람들은 자신들의 대안을 훨씬 더 부정적인 선택으로 본다. 아마도 목표들 간의 갈등은 낮은 수준의 SWB의 원인이 아니라 그 결과일 것이다. 예컨대, 파벗과 후지타, 디너(1996)의 연구 결과에 의하면, 자신의 실제 자아와 이상적인 자아 사이의 일치는 자신의 신경증 성향 수준에 의해서 결정되었다. 확실한 인과적인 결론을 내리기에 앞서, 종단 및 인과 모델링 설계를 활용해, 성격 특성과 목표와 자원 간의 복잡한 관계를 좀 더 충분히 고찰해 볼 필요가 있다.

정서 사회화 모델

정서 사회화에 대한 연구는 고전적 조건 형성, 도구 학습, 모방 등과 같은 과정이 정서에 영향을 미치는 방법을 고찰한다(Malatesta et al., 1986). 어머니는 유아에게 사회화를 통해 '문화 규범에 순응하도록 유아의 감정 상태와 표현 행동을 조절하는 방법'을 가르친다(Malatesta et al., 1986). 말라테스타와 그녀의 동료들(Malatesta et al., 1986)이 수행한 한 연구 결과에 의하면, 유아들은 2세 반에서 7세 반까지 유쾌한 감정이 선형적으로 증가하는 양상을 보였고, 불쾌한 감정이 선형적으로 감소하는 양상을 보였다. 그 시기에 일어나는 어머니의 반응 가운데 유아의 관심(유쾌한 감정) 표현에 수반하는 반응은 유아의 그러한 표현 증가에 상응하여 증가하였고, 유아의 고통(불쾌한 감정) 표현에 수반하는 반응은 유아의 그러한 표현 감소에 상응하여 감소하였다. 중요한 것은, 말라테스타와 그녀의 동료들이 인과 관계의 방향을 확증하고자 일련의 데이터들을 조사했을 때 유아들 사이에서 학습 효과에 대한 증거를 발견했다는 사실이다. 정서의 사회화 차이는 문화뿐만 아니라 개인들 사이에서 나타나는 정서의 장기적인 차이를 설명할 수 있다. 정서 사회화는 어머니들과 유아들의 개인차뿐만 아니라 문화적 규범의 영향을 받을 수 있기 때문에, 사람들이 표현하는 감정 양의 차이는 정서의 사회화 과정을 통해 설명될 수 있다.

행동에서 보이는 특성 측면에서 논하든, 목표 측면에서 논하든, 아니면 고전적으로 조건화된 일관성 측면에서 논하든, 성격은 일반적으로 SWB의 가장 강력한 예측 변인이다. 외향성과 신경증 성향뿐만 아니라 (자존감과 낙관주의와 같은) 비교적 협소한 특성 또한 다양한 인지적, 감정적 형태의 SWB와 일관적으로 관련이 있다. 이러한 관계는 측정 오류를 막고자 데이터를 통제할 경우에 특히 강하다. 개인이 자신의 삶에서 추구하는 목표의 존재와 특성 또한 웰빙과 관련이 있다. 이러한 성격과 SWB의 관계를 설명하는 많은 이론들은 경험적인 증거를 수용해 왔다.

1. 기질 모델: 설정점 이론의 관점에서 보면, 개인은 긍정적이거나 부정적인 사건을 경험한 후에 정서 설정점으로 회귀한다. 반응성 이론에 따르면, 긍정적인 자극과 부정적인 자극에 대한 반응에는 개인차가 있다. 행동 이론은 기질이 SWB에 다르게 영향을 미치는 행동들을 야기한다고 단정한다.

2. 적합성 모델: 사람들은 자신들의 성격이 환경과 적합할 때 높은 수준의 SWB를 경험한다.

3. 인지 모델: 타고난 기질은 긍정적인 자극에 주의를 기울이고 반응하게 하는 차별적인 성향을 낳으며, 이러한 사고가 SWB의 원인이다.

4. 목표 모델: 사람들이 노력해서 성취하고자 하는 목표의 유형, 사람들이 목표를 달성하기 위해 취하는 방법, 그리고 이러한 목표가 충족되는 성공은 모두 SWB에 영향을 미친다.

5. 정서 사회화: 고전적 조건 형성, 도구 학습, 모방 등을 통해 사람들은 느끼고 표현하기에 어떤 감정이 적합한지 터득한다. 이러한 사회화 과정은 감정의 차

이를 야기한다.

이러한 관련 특성들 중 어느 것이 SWB에 주로 영향을 미치는지 아직 확정되지는 않았으며, 이러한 관계의 메커니즘을 밝히기 위해서는 상당한 연구가 수행되어야 하겠지만, SWB의 수준이 성격과 관련이 있는 것은 분명한 사실이다.

웰빙과 성격의 구조

지금까지 우리의 논의는 성격이 SWB 수준에 미치는 영향에 초점을 맞추었다. 그러나 성격과 웰빙의 관계와 이러한 관계의 원인에 대한 연구는 웰빙의 구조에 관한 중요한 정보를 제공한다. 웰빙의 상이한 구성 요소들은 성격 구성 개념과 뚜렷하게 상관관계가 있을 뿐만 아니라, 시간의 변화에 따라, 상황에 따라 다르게 작용한다. 예를 들어, 불쾌한 감정과 유쾌한 감정은 시간의 변화에도 유사한 안정 계수를 지니지만(Watson and Walker, 1996), 디너와 라슨(1984)은 불쾌한 감정이 상이한 유형의 여러 상황에 걸쳐 더 일관성이 있음을 나타내는 데이터를 제시한다. 또한 디너와 그의 동료들(1996)은 불쾌한 감정보다 유쾌한 감정이 문화적 규범의 영향을 더 받는다는 사실을 보여주는 데이터를 제시한다. 유쾌한 감정을 표현하는 것이 부적절하다고 여겨지는 문화에서는 사람들이 낮은 수준의 유쾌한 감정을 보고한다. 이에 반해, 불쾌한 감정에 대한 보고는 규범과 관련성이 상대적으로 적다. 이러한 데이터는 유쾌한 감정이 가족 환경의 구성 요소를 더 강하게 공유한다는 것을 보여주는 유전성 연구와 결합하여 유쾌한 감정이 불쾌한 감정보다 환경의 영향을 더 많이 받을 수 있음을 시사한다. 불쾌한 감정은 생물학적인 현상과 상당히 밀접한 관련이 있을 수 있는 반면에 유쾌한 감정은 생물학적 구성 요소 외에도 상황적 요인과 환경적 강화에 의해서 결정될 수 있다. 베이커와 그녀의 동료들(1992)은 유쾌한 감정이 더 사회적인 성격을 띠기 때문에 환경적인 영향을 더 많이 받을 수 있다고 제시한다.

부가적으로 제기할 수 있는 구조적인 관계로는 개인들이 상이한 정서의 빈도 이외의 차원에 따라 달라지는 정도를 들 수 있다. 라슨과 디너(1987)가 제시했듯이 정서 경험의 중요한 개인차는 감정 강도, 즉 개인의 정서 반응성의 전형적인 세기이다. 감정 강도 차원의 한쪽 극에는 주로 가벼운 정서와 작은 동요를 경험하는 사람들이 있다. 그리고 반대쪽 극에는 정서를 강하게 경험하는 사람들과 정서 변화가 상당히 심한 사람들이 있다. 라슨과 디너는 가벼운 정서나 강한 정서를 경험하는 경향이 시간 변화에 상관없이 안정적이라는 증거를 고찰한다. 이와 마찬가지로, 이드(Eid)와 디너(저널에 실릴 예정인 논문)는 정서의 변화성이 시간 변화에 상관없이 안정적이라는 사실을 밝혔다. 또한 정서가 개별적으로(예를 들어, '만족스러운', '기쁜', '성난', '두려운' 등) 평가되든, 폭넓은 정서 요인(예를 들어, 유쾌한 감정과 불쾌한 감정)으로 평가되든, 개인은 일관된 반응을 보였다.

감정 강도는 웰빙 지표와는 상관관계가 없다. 따라서 감정 강도는 개인이 경험하는 SWB의 수준보다는 SWB의 질을 반영한다. 어떤 사람들은 주로 만족감과 불쾌감을 경험하지만, 행복감이나 절망감의 에피소드에 대해서는 상대적으로 드물게 경험할 수 있다. 극단적인 정서를 경험하는 사람들이 반드시 다른 행복 수준을 가지는 것은 아니다. 그들은 단지 (유쾌하고 불쾌한) 정서를 더 강렬하게 경험할 뿐이다.

결론

이 장에서 고찰한 연구는 주관적 웰빙을 구성하는 데 강력한 법칙적 관계망[2]을 제공한다. 행복과 그것의 성격과의 관계와 관련한 많은 의문들이 여전히 풀리지 않은 채 남아 있지만, 다양한 연구 방법론을 사용하여 시행한 다양한 종류의 연구들에서는 일관된 결과가 나왔다. 주요한 연구 결과에 의하면, SWB 보고들은 일시적으로 불안정한 요인들에 근거한 임의적인 결정을 전적으로 반영하는 것은 아니다. 오히려 감정적 구성 요소와 인지적 구성 요소는 여러 시간과 상황에 걸쳐 일관적이다. 그리고 많은 성격 특성과 구성 개념들로부터 신뢰할 수 있을 만큼 그러한 구성 요소를 예측할 수 있다. 또한, SWB의 구성 요소는 상이한 성격 특성들과 상이하게 관련되어 있다. 외향성은 유

2   이론을 구성하는 데 관련된 법칙들로 짜인 설명 체계.

쾌한 감정과 다소 상관관계가 있지만 불쾌한 감정과는 약간만 상관관계가 있을 뿐이다. 신경증 성향은 불쾌한 감정과 다소 상관관계가 있지만, 유쾌한 감정과는 약간만 상관관계가 있을 뿐이다. 목표는 SWB의 감정적 구성 요소보다 인지적 구성 요소와 더 높은 관련성이 있다. 이러한 관계 패턴과 이러한 관계를 고찰하는 데 이용되는 다양한 연구 방법들은 SWB를 측정하는 데 이용되는 도구와 SWB 구성 개념의 타당성을 뒷받침할 만한 증거를 제공해 준다. 개인은 평가 시에 행복에 대한 신뢰할 수 없는 판단을 조작하지 않는다. 오히려 SWB 평정은 이론적으로나 경험적으로나 성격 구성 개념과 관련된 안정적이고 일관된 현상을 반영한다.

이는 성격이 SWB에 영향을 미치는 유일한 요소라는 말은 아니다. 우리는 그저 그 관계가 강하고 일관적이라고 주장하고 싶을 뿐이다. 리켄과 텔레겐(1996)은 개인의 SWB에 영향을 미치는 유전자의 효과를 가장 높게 추정한다. 그러나 그들조차 그 효과를 즉각적인 SWB의 경우 약 50퍼센트로, 장기적인 SWB의 경우 80퍼센트로 추정하여, 장기적, 단기적 웰빙의 변량의 각각 20~50퍼센트를 환경에 귀속시킨다(SWB에 환경이 미치는 영향에 대해서 재고찰하고자 한다면, 이 책, Argyle을 참조). 스톤스와 코즈마(Stones & Kozma, 1991)는 행복에 대한 보고가 사건, 그리고 성격의 영향을 받는 장기적인 구성 요소를 포함한 현재 상태에서 비롯된다는 점을 제시한다. 슈바르츠와 슈트랙(1991)은 다양한 상황적 요인이 사람들이 말하는 행복에 얼마나 영향을 미칠 수 있는지를 보여주는 증거를 고찰하고, 디너와 라슨(1984)은 웰빙에 미치는 상황적 영향에 대한 증거를 밝혔다. 집계된 데이터가 SWB의 평균 수준이 다양한 상황에 걸쳐 안정적이라는 사실을 예증하지만, 특정한 순간의 행복을 예측하기란 쉽지 않다. 개인은 주변 환경에서 발생하는 순간적인 자극에 분명히 반응한다. 따라서 다양한 순간에 집계를 통해서만 이러한 고유 변량을 제거하여 SWB 점수에 성격이 미치는 영향을 밝힐 수 있다.

상황과 외부 환경의 영향은 개별적인 순간을 넘어서 확장된다. 메히너트와 그의 동료들(1990)은 비록 생애 후반기에 부상당한 장애인들이 생애 초기에 부상당하거나 장애를 가지고 태어난 사람들보다 덜 행복했지만 — (이는 웰빙의 적응 이론을 뒷받침해 준다) — 조사된 대표 표본의 장애인들은 일반적으로 대표 표본의 비장애인들보다는 덜 행복하다는 사실을 밝혔다. 따라서 외부 요인과 인구 통계학적 요인이 흔히 행복에 미미한 영향을 미치지만, 삶을 변화시키는 중요한 사건들은 전체 웰빙에서 한몫을 할 수 있다.

성격과 주관적 웰빙의 관계에 대해서 배울 것이 많이 남아 있다. 그러나 이러한 관계가 존재한다는 것은 웰빙 구성 개념의 중요성과 타당성에 대한 귀중한 정보를 제공해 준다. 일시적으로 불안정한 요인들이 개인의 삶에 대한 감정적, 인지적 평가를 완전히 통제하지는 않는다. 오히려 이러한 평가는 특유의 정서 양식 — 어느 정도 유전되어 생애 초기에 나타나고 성인기에 안정 상태를 유지하고, 여러 상황과 영역에 걸쳐 일반화되기에 이르는 — 을 반영하기도 한다. 환경의 변화에 직면하여 이러한 안정성의 한계는 불분명함에도 불구하고, SWB에 미치는 외부 영향에만 초점을 맞춘 이론들은 행복 보고들의 편차의 실질적인 원인을 무시한다.

유전적 특질과 성격의 영향은 정책이 SWB를 향상시킬 수 있는 정도에 한계가 있음을 시사한다. 행복은 오직 자신이 가진 자원이나 자신이 생활하는 환경에 의해서만 결정되는 것은 아니다. 환경의 변화는 단기적인 웰빙에 있어서는 중요하지만, 시간의 흐름과 함께 적응 과정을 통해 점차 중요성을 잃게 되어 장기적인 SWB에는 작은 영향만을 미친다. 이러한 연구 결과들은 주의 사항으로서 환경 효과의 여지를 남겨두고 있다. 생애 초기 가정환경과 같은 요인들은 성격에 영향을 미칠 수 있으며, 아마도 정책적 개입을 기꺼이 수용할 수 있을 것이다. 그러나 적응과 같은 요인뿐만 아니라 성격 또한 SWB에 미치는 영향이 크기 때문에, SWB는 삶의 질의 유일한 척도로 이용될 수 없으며 여러 사회적 지표들을 통해 보완되어야 한다.

참고문헌

Abramson, L. Y., Metalsky, G. I., and Alloy, L. B. (1989). Hopelessness depression: A theory-based subtype of depression. *Psychological Review*, 96, 358~72.

Abramson, L. Y., Seligman, M. E., and Teasdale, J. D. (1978). Learned helplessness in humans: Critique and reformulation. *Journal of Abnormal Psychology*, 87, 49~74.

Alloy, L. B., Lipman, A. J., and Abramson, L. Y. (1992). Attributional style as a vulnerability factor for depression: Validation by past history of mood disorders. *Cognitive Therapy and Research* (special issue: Cognitive vulnerability to psychological dysfunction), *16*, 391~407.

Baker, L. A., Cesa, I. L., Gatz, M., and Grodsky, A. (1992). Genetic and environmental influences on positive and negative affect: Support for a two-factor theory. *Psychology and Aging, 7*, 158~63.

Block, J. (1995). A contrarian view of the five-factor approach to personality description. *Psychological Bulletin, 117*, 187~215.

Bradburn, N. M. (1969). *The structure of psychological well-being.* Chicago: Aldine.

Campbell, A., Converse, P. E., and Rodgers, W. L. (1976). *The quality of American life.* New York: Russell Sage Foundation.

Cantor, N. (1994). Life task problem solving: Situational affordances and personal needs. *Personality and Social Psychology Bulletin, 20*, 235~43.

Costa, P. T. (1994). Traits through time, or the stability of personality: Observations, evaluations, and a model. Paper presented at the meeting of the American Psychological Association, Los Angeles, (August 12~16).

Costa, P. T., and McCrae, R. R. (1980). Influence of extraversion and neuroticism on subjective well-being: Happy and unhappy people. *Journal of Personality and Social Psychology, 38*, 668~78.

———. (1988). Personality in adulthood: A six-year longitudinal study of self-reports and spouse ratings on the NEO Personality Inventory. *Journal of Personality and Social Psychology, 54*, 853~63.

———. (1992). *Revised NEO Personality Inventory (NEOPI-R) and Five Factor Inventory (NEO-FFI) professional manual.* Odessa, Fla.: Psychological Assessment Resources.

Costa, P. T., McCrae, R. R., and Zonderman, A. (1987). Environmental and dispositional influences on well-being: Longitudinal follow-up of an American national sample. *British Journal of Psychology, 78*, 299~306.

Davidson, R. J., and Fox, N. A. (1982). Asymmetrical brain activity discriminates between positive versus negative affective stimuli in human infants. *Science, 218*, 1235~37.

Derryberry, D., and Reed, M. A. (1994). Temperament and attention: Orienting toward and away from positive and negative signals. *Journal of Personality and Social Psychology, 66*, 1128~39.

Diener, E., and Diener, C. (1996). Most people are happy. *Psychological Science, 7*, 181~85.

Diener, E., and Diener, M. (1995). Cross-cultural correlates of life satisfaction and self-esteem. *Journal of Personality and Social Psychology, 68*, 653~63.

Diener, E., and Fujita, F. (1995). Resources, personal strivings, and subjective well-being: A nomothetic and idiographic approach. *Journal of Personality and Social Psychology, 68*, 926~35.

Diener, E. and Larsen, R. J. (1984). Temporal stability and cross-situational consistency of affective, behavioral, and cognitive responses. *Journal of Personality and Social Psychology, 47,* 580~92.

Diener, E., Larsen, R. J., and Emmons, R. A. (1984). Person x situation interactions: Choice of situations and consequence response models. *Journal of Personality and Social Psychology, 47,* 580~92.

Diener, E., Sandvik, E., Pavot, W., and Fujita, F. (1992). Extraversion and subjective well-being in a U. S. national probability sample. *Journal of Research in Personality, 26,* 205~15.

Diener, E., Sandvik, E., Seidlitz, L., and Diener, M. (1993). The relationship between income and subjective well-being: Relative or absolute? *Social Indicators Research, 28,* 195~223.

Diener, E., Suh, E., Oishi, S., and Shao, L. (1996). Norms for affect: National comparisons. Paper presented at the International Society for Research on Emotion, Victoria University in the University of Toronto, Toronto, August 13~17.

Diener, E., Wolsic, B., and Fujita, F. (1995). Physical attractiveness and subjective well-being. *Journal of Personality and Social Psychology, 69,* 120~29.

Digman, J. M. (1990). Personality structure: Emergence of the five-factor model. *Annual Review of Psychology, 41,* 417~40.

Digman, J. M., and Shmelyov, A. G. (1996). The structure of temperament and personality in Russian children. *Journal of Personality and Social Psychology, 71,* 341~51.

Eid, M., and Diener, E. (in press). An examination of emotional variability controlling for measurement error. *Journal of Personality and Social Psychology.*

Emmons, R. A. (1986). Personal strivings: An approach to personality and subjective well-being. *Journal of Personality and Social Psychology, 51,* 1058~68.

Eysenck, H. J. (1967). *The biological bases of personality.* Springfield, Ill.: Charles C. Thomas.

_____. (1986). Models and paradigms in personality research. In A. Angleitner, A. Fumham, and G. Van Heck (Eds.), *Personality psychology in Europe,* vol. 2, *Current trends and controversies* (pp. 213~23). Lisse, The Netherlands: Swets and Zeitlinger.

_____. (1981). *A model for personality.* New York: Springer-Verlag.

Fujita, F. (1991). An investigation of the relation between extraversion, neuroticism, positive affect, and negative affect. Master's thesis, University of Illinois.

Goldberg, L. R. (1993). The structure of phenotypic personality traits. *American*

Psychologist, 48, 26~34.

Goldsmith, H. H., and Campos, J. J. (1986). Fundamental issues in the study of early temperament: The Denver twin temperament study. In M. E. Lamb, L. Brown, and B. Rogoff (Eds.), *Advances in developmental psychology* (pp. 231~83). Hillsdale, N. J.: Erlbaum.

Gray, J. A. (1981). A critique of Eysenck's theory of personality. In H. J. Eysenck (Ed.), *A model for personality* (pp. 246~76). New York: Springer—Verlag.

Headey, B., and Wearing, A. (1989). Personality, life events, and subjective well-being: Toward a dynamic equilibrium model. *Journal of Personality and Social Psychology, 57,* 731~39.

_____. (1992). *Understanding happiness: A theory of subjective well-being.* Melbourne: Longman Cheshire.

John, O. P. (1990). The "Big Five" factor taxonomy: Dimensions of personality in the natural language and in questionnaires. In L. A. Pervin (Ed.), *Handbook of personality: Theory and research* (pp. 66~100). New York: Guilford.

Kagan, J. (1994). *Galen's prophecy.* New York: Basic Books.

Kagan, J., and Moss, J. (1962). *Birth to maturity.* New York: Wiley. Reprint, New Haven, Conn.: Yale University Press, 1983.

Kagan, J., Snidman, N., and Arcus, D. M. (1992). Initial reactions to unfamiliarity. *Current Directions inPsychological Science, 1,* 171~74.

Kette, G. (1991). *Haft: Eine socialpsychologische analyse* (Prison: A social psychological analysis). Gottingen: Hogrefe.

Kozma, A. (1996). Top—down and bottom—up approaches to an understanding of subjective well-being. World Conference on Quality of Life, University of Northern British Columbia, Prince George, (August 22~25).

LaGasse, L., Gruber, C., and Lipsitt, L. P. (1989). The infantile expression of avidity in relation to later assessments. In J. S. Reznick (Ed.), *Perspectives on behavioral inhibition* (pp. 159~76). Chicago: University of Chicago Press.

Larsen, R. J., and Diener, E. (1987). Emotional response intensity as an individual difference characteristic. *Journal of Research in Personality, 21,* 1~39.

Larsen, R. J., and Ketelaar, T. (1991). Personality and susceptibility to positive and negative emotional states. *Journal of Personality and Social Psychology, 61,* 132~40.

Lucas, R. E., Diener, E., and Suh, E. (1996). Discriminant validity of well—being measures. *Journal of Personality and Social Psychology, 71,* 616~28.

Lykken, D., and Tellegen, A. (1996). Happiness is a stochastic phenomenon. *Psychological Science, 7,* 186~89.

Lyubomirsky, S., and Ross, L. (in press). Changes in attractiveness of elected, rejected, and precluded alternatives: A comparison of "happy" and "unhappy" individuals. *Journal of Personality and Social Psychology.*

Lyubomirsky, S., and Tucker, K. L. (1998). Implications of individual differences in subjective happiness for perceiving, interpreting, and thinking about life events. *Motivation and Evaluation, 22,* 155~85.

Magnus, K., and Diener, E. (1991). A longitudinal analysis of personality, life events, and subjective well-being. Paper presented at the Sixty-third Annual Meeting of the Midwestern Psychological Association, Chicago (May 2~4).

Magnus, K., Diener, E., Fujita, F., and Pavot, W. (1993). Extraversion and neuroticism as predictors of objective life events: A longitudinal .analysis. *Journal of Personality and Social Psychology, 65,* 1046~53.

Malatesta, C. Z., Grigoryev, P., Lamb, C., Albin, M., and Culver, C. (1986). Emotion socialization and expressive development in preterm and full-term infants. *Child Development, 57,* 316~30.

Marshall, G. N., Wortman, C. B., Kusulas, J. W., Hervig, L. K., and Vickers, R. R. (1992). Distinguishing optimism from pessimism: Relations to fundamental dimensions of mood and personality. *Journal of Personality and Social Psychology, 62,* 1067~74.

Madin, M. W., and Gawron, V. J. (1979). Individual differences in Pollyannaism. *Journal of Personality Assessment, 43,* 411~12.

Mehnert, T., Krauss, H. H., Nadler, R., and Boyd, M. (1990). Correlates of life satisfaction in those with disabling conditions. *Rehabilitation Psychology, 35,* 3~17.

Moretti, M. M., Segal, Z. V., McCann, C. D., Shaw, B. F., Miller, D. T., and Vella, D. (1996). Self-referent versus other-referent information processing in dysphoric, clinically depressed, and remitted depressed subjects. *Personality and Social Psychology Bulletin, 22,* 68~80.

Moskowitz, D. S., and Cote, S. (1995). Do interpersonal traits predict affect? A comparison of three models. *Journal of Personality and. Social Psychology, 69,* 915~24.

Okun, M. A., and George, L. K. (1984). Physician- and self-ratings of health, neuroticism, and subjective well-being among men and women. *Personality and Indi-vidual Differences, 5,* 533~39.

Pavot, W., Diener, E., and Fujita, F. (1990). Extroversion and happiness. *Personality and Individual Differences, 11,* 1299~1306.

Pavot, W., Fujita, F., and Diener, E. (1996). The relation between self-aspect congruence, personality, and subjective well-being. *Personality and Individual Differences, 22,* 183~91.

Pervin, L. A. (1994). A critical analysis of current trait theory. *Psychological Inquiry, 5,* 103~13.

Plomin, R., and Neiderhiser, J. M. (1992). Genetics and experience. *Current Directions in Psychological Science, 1,* 160~63.

Rothbart, M. K., and Ahadi, S. A. (1994). Temperament and the development of personality. *Journal of Abnormal Psychology* (special issue: Personality and psychopathology), *103*, 55~66.

Scheier, M. F., and Carver, C. S. (1985). Optimism, coping, and health: Assessment and implications of generalized outcome expectancies. *Health Psychology*, 4, 219~47.

_____. (1993). On the power of positive thinking: The benefits of being optimistic. *Current Directions in Psychological Science, 2*, 26~30.

Schwarz, N., and Strack, F. (1991). Evaluating one's life: A judgment model of subjective well-being. In F. Strack, M. Argyle, and N. Schwarz (Eds.), *Subjective well-being: An interdisciplinary perspective* (pp. 27~47). New York: Pergamon.

Seidlitz, L. (1993). Agreeableness, conscientiousness, and openness as related to subjective well-being. Paper presented at the sixth meeting of the International Society of the Study of Individual Differences, Baltimore (July 17~21).

Silver, R. L. (1980). Coping with an undesirable life event: A study of early reactions to physical disability. Ph. D. diss., Northwestern University.

Smith, T. W., Pope, M. K., Rhodewalt, F., and Poulton, J. L. (1989). Optimism, neuroticism, coping and symptom reports: An alternative interpretation of the life orientation test. *Journal of Personality and Social Psychology, 56*, 640~48.

Stones, M. J., and Kozma, A. (1991). A magical model of happiness. *Social Indicators Research, 25*, 31~50.

Suh, E., Diener, E., and Fujita, F. (1996). Events and subjective well-being: Only recent events matter. *Journal of Personality and Social Psychology, 70*, 1091~1102.

Tellegen, A. (1985). Structures of mood and personality and their relevance to assessing anxiety, with an emphasis on self-report. In A. H. Tuma and J. D. Maser (Eds.), *Anxiety and the anxiety disorders* (pp. 681~706). Hillsdale, N.J.: Erlbaum.

Tellegen, A., Lykken, D. T., Bouchard, T. J., Wilcox, K. J., Segal, N. L., and Rich, S. (1988). Personality similarity in twins reared apart and together. *Journal of Personality and Social Psychology, 54*, 1031~39.

Watson, D., and Clark, L. A. (1992). On traits and temperament: General and specific factors of emotional experience and their relation to the five-factor model. *Journal of Personality, 60*, 441~76.

Watson, D., and Walker, L. M. (1996). The long-term stability and predictive validity of trait measures of affect. *Journal of Personality and Social Psychology, 70*, 567~77.

삶의 과제 참여와 웰빙

일상생활에서 참여의 중요성

낸시 캔터 · 캐서린 A. 샌더슨

이 장은 개인이 삶의 과정에서 변화하는 개인적, 문화적으로 가치 있는 과제들에 지속적으로 참여하는 것이 웰빙을 증진시킨다는 것을 가정한다. 실제로 그러한 참여는 (외향성과 같은) 개인적인 특성과 (부와 같은) 유형의 자원의 직접적인 영향 이상으로 개인에게 이익이 된다. 첫째, 우리는 참여와 웰빙의 관련성의 강도가 개인이 수행하는 특정한 과제에 달려 있기 때문에 참여 유형이 중요하다는 점을 제시하고자 한다. 구체적으로 말하면, 개인이 본질적으로 가치 있고 자율적으로 선택할 수 있고 실현 가능한 수준에서 접근할 수 있고 일상생활의 맥락에서 촉진할 수 있는 방식으로 뚜렷한 개인적인 목표를 추구할 수 있을 때 웰빙은 증진될 수밖에 없다. 그러나 웰빙은 개인의 다양한 과제 참여 가능성을 높이는 다양한 사회적, 개인적, 유형적 자원의 소유 여부에도 달려 있을 수 있다. 우리 모델과 관련해 둘째, 우리는 개인들이 참여하고 그에 따라 웰빙을 얻는 새로운 방법을 찾을 때 그들에게 계속 주의를 환기시키는 데, 또한 그들에게 적극적인 참여를 촉진시키고 위협이나 좌절에 직면해서도 지속적인 참여를 독려하는 데 이러한 자원이 하는 역할을 설명하고자 한다. 마지막으로, 우리는 전 생애에 걸쳐 참여할 수 있는 기회들, 그리고 다양한 하위문화가 특정한 유형의 과제 추구에 두는 가치 모두에서 변화가 일어나기 때문에, 개인은 웰빙을 경험하기 위해서는 (예를 들어, '적절한' 시기에 '적절한' 과제를 맡음으로써) 그런 기회의 변화에 적응할 수 있어야 한다는 점을 제시하고자 한다. 새로운 참여 방법을 찾는 일은 개인에게 도전이 될 수 있지만, 웰빙을 경험할 수 있는 새로운 기회를 주기도 한다. (예컨대, 개인은 퇴직 후에 직업의 참여 대신에 사회적 참여를 할 수 있다.) 따라서 이 모델은 개인이 살아가면서 새로운 과제들에 참여할 수밖에 없기 때문에 웰빙을 다른 방식으로 경험할 수 있다는 사실을 제시하는 것으로 적응 수준 현상(Brickman and Campbell(1971)의 '쾌락의 쳇바퀴'를 참조)과는 일정 부분 다른 논리를 제공하고자 한다. 심리학, 사회학, 경제학, 철학 등을 포함한 다양한 분야의 학자들은 개인이 일상생활에서 이행하고자 노력하는 것이 웰빙에 반드시 필요한 것으로서 얼마나 중요한지에 대해 고찰해 왔다(Brickman and Coates, 1987; Durkheim, 1993; Havighurst, 1960; Rubin, 1976; Ryff, 1993; Sen, 1980 등 참조). 이처럼 일상생활의 참여에서 오는 웰빙의 이점에 대한 강조는 성격에 대한 올포트(Allport, 1937)의 전통적인 구분, 즉 성격의 '소유'와 '실행' 측면의 구분에 반영된다(Adler(1929)의 생활양식과 사회적 관심 또한 참조). 개인은 다양한 목표, 역할, 활동에 전념함으로써, 아마도 일반적으로 행복을 가져다 줄 것이라 믿는 (그리고 종종 그리 관찰되는) 유형 자원과 개인적인 기질을 '소유'할 필요가 있는 것만큼이나 성격의 '실행' 측면을 개발해야 할 필요가 있다(Cantor, 1990, 1994; Snyder, 1993). 사실, 이러한 점이 결혼, 종교, 경력 몰입 등과 같은 몰입이 전체적인 삶의 만족도와 연관이 있는 이유의 일부일 수 있다(Batson and Ventis, 1982; Kessler and Essex, 1982). 이 장에서는 다차원적인 관점에서 가치 있는 활동들의 의미를 살펴볼 것이다. 가치 있는 활동은 개인들이 개인적으로 보상(Emmons, 1986; Klinger, 1975)을 얻을 수 있는 과제뿐만 아니라 특정한 사회문화적 맥락(Erikson, 1950; Havigurst, 1972)에 따라 명시되는 과제를 나타낼 수 있다. 사실, 생활 과제 문헌은 문화적으로 명시되어 있고 개인적으로 의미 있는 활동들이 특히 가치가 있다고 단정한다(예를 들어, 적절한 시기에 적절한 과제의 실행; Cantor, 1990을 참조). 반면에 자기 주도적 동기와 긍정적 감정과 연관성이 있는 과제도 가치 있을 가능성이 높다. 예를 들어, 칙센트미하이(1975, 1990)의 연구는 본질적으로 동기 부여가 되는, 원하는 과제 추구가 어떻게 큰 만족('몰입')과 연관성이 있는지를 설명한다(Kasser and Ryan, 1993 또한 참조). 이런 점에서 볼 때, 가치 있는 활동이란 문화적으로 가치 있고, 개인적으로 가치 있고/또는 내적인 보상을 얻을 수 있는 과제를 의미할 수 있다. 평생에 걸쳐 이러한 가치 있는 활동에 참여할 수 있는 기회는 다양한 물질적, 개인적, 사회적 자원의 '소유' 효과 이상으로 웰빙에 기여하는 것으로 보인다(Harlow and Cantor, 1996). 개인이 생활하면서 하는 일이나 개인의 생활 상태 — 개인이 성취할 수 있는 가치 있는 기능 — 의 시각에서 삶의 질과 웰빙을 평가하는 것에 센(Sen, 1980)이 초점을 맞춘 것은 앞서 언급한 가치 있는 활동의 참여 기회의 관점을 예증한다. 또한 상당한 연구 결과가 보여주듯이, 가치 있는 목표 추구와 그 목표를 향한 진전은 심리적, 육체적 웰빙과 연관성이 있다(Diener, 1984; Emmons, 1986). 예를 들어 디토와 그의 동료들(Ditto et al., 1996)이 사전의료의향서를 분석한 결과에 의하면, 지속할 가치가 있는 삶의 질에 대한 개인의 사적인 판단은 가치 있는 활동에 참여할 수 있는 능력('자신들이 살고 싶은 삶을 사는 것') — 개인이 인지한 — 의 영향을 실질적으로 받는다. 따라서 웰빙과 삶의 만족도에 대한 이러한 기능적 관점은 사람들이 하고 있는 일, 하고자 하는 일, 기대되는 일, 그리고 실행에서 되찾는 일에 입각하고 있다.

왜 가치 있는 활동에 참여하는 일과 개인적인 목표를 가지고 그것을 이루기 위해 노력하는 일이 웰빙을 위해 그토록 중요할까? 개인적 수준에서 특정한 목표에 몰두하는 일은 개인 대행[1] 의식과 목적의식을 제공한다(Cantor, 1990). 브릭만이 기술하듯이, "행복한 사람들은 자신들이 무엇을 하고 싶은지 알고 그것을 하고 있다"(Brickman and Coates, 1987: 227). 이와 같은 자신의 신념과 선택에 대한 자신감은 가치 있는 생활 활동에서 보이는 행동과 그런 활동에 대한 몰두에 동기를 부여하는 역할을 한다. '몰입' 상태에 대한 칙센트미하이(1975, 1990)의 연구가 보여주듯이, 사람들은 가치 있고 도전적인 활동에 완전히 몰두하고 몰입할 때 큰 만족감을 경험한다. 실제로 체스 선수, 등산가, 댄서, 외과 의사, 그리고 작곡가 들의 보고는 모두 몰입감을 인생 최고의 경험 중 하나로 묘사한다. 반면에 계속 몰입 상태를 유지할 수 없고 그 끝까지 다할 수 없는 개인은 소외와 아노미를 경험한다(Brickman and Coates, 1987). 예를 들어, 임상적 우울증은 가치 있는 생활 활동에 몰입할 수도 없고 그런 활동에 참여할 수 없는 한 양상을 보이며, 일반적으로 활동과 관계로부터 소외되는 경향이 있다.

가치 있는 활동 참여는 일상생활에 체계(구조)와 의미를 부여하기도 한다(Klinger, 1975; Little, 1983). 예를 들어, 노인학 문헌이 보여주는 바에 의하면, 친구를 초대하고, 사회/문화 행사에 참석하는 등 다양한 일상 사회 활동에 참여하는 것은 일 관련 활동에서는 웰빙을 구할 가능성이 낮아 보이는 은퇴한 개인들의 삶의 만족도 측면에서 특히 중요하다(Hendricks and Hendricks, 1986). 마찬가지로 코일과 그녀의 동료들(Coyle, Lesnik-Emas and Kinney,

---

1 자신의 삶을 형성해 나가는 데 영향을 줄 수 있는 주체적인 능력에 대한 자기 인식.

1994)의 연구 결과에 의하면, 여가 참여가 심신의 쇠약을 가져온 부상을 안고
사는 사람들의 전체적인 웰빙의 저하를 없애지는 못했지만, 척수 손상을 입
은 사람들의 삶의 만족도의 가장 큰 예측 변인인 것으로 나타났다. 이 연구는
최근 은퇴하거나 건강 위기로 인해 이동에 제한이 있는 사람들처럼 최근 일
상생활에서 기회의 제약을 받는 사람들에게는 일상생활에 참여가 부여하는
체계와 의미가 생활 만족도 측면에서 가장 가치 있을 수 있음을 시사한다.

또한 목표와 과제에 대한 몰입은 개인이 일상생활의 다양한 문제에 대처하
는 데 도움이 될 수 있으며, 따라서 역경을 겪을 때 웰빙을 유지하는 데 도움
이 될 수 있다. 라이든과 자나(Lydon and Zanna, 1990)의 가치 확인 접근법에
따르면, 현재의 개인적인 계획과 목표를 가치와 관련해서 바라보는 사람들은
위협이나 도전에 직면해서도 계속 계획과 목표에 몰두할 가능성이 더 높다.
사실상 역경은 개인으로 하여금 일상생활에 참여할 수 있는 방법을 찾도록
강제함으로써 몰두의 촉매 역할(Brickman and Coates, 1987)을 할 수 있다. 악
조건을 만드는 일상생활의 상황은 실제로 가치 있는 계획과 목표 참여에 다
시 몰두하도록 만든다. 더 이상 지속할 수 없는, 가치 있는 목표의 포기는 슬
픔과 분노와 연관성이 있지만(Carver and Scheier, 1990 참조), 달성하고자 노력
하는 새로운 의미 있는 목표를 창조하는 일은 목표 추구에 동기를 부여하고
긍정적인 감정을 높이는 데 도움이 될 수 있다. 에이즈 환자의 간병인을 대상
으로 한 연구가 시사하는 바에 따르면, 심리적인 웰빙은 지속 불가능한 목표
포기와 새로운 목표 설정 모두에 달려 있다(Folkman and Stein, 1996). 웰빙은
과제를 진척하는 것에서 비롯되며, 따라서 보다 현실적인 가능성을 찾기 위
해 목표를 수정하는 일은 적응적 대처 전략이다.

또한 몰입과 참여는 개인과 공동체에 이익이 되는 사회적 웰빙에 기여한
다(Putnam, 1995). 아마도 가장 중요한 사실은 참여가 다른 사람들과의 사
회적 유대를 조성한다는 것일 것이다(Baumeister and Leary, 1995; Myers and
Diener, 1995). 이러한 소속 욕구, 즉 다른 사람들과 강한 대인 관계를 형성
하고 유지하고자 하는 욕구는 사실상 웰빙의 필수적인 요소이다(Baumeister
and Leary, 1995). 예를 들어, 진화심리학의 최근 저술들(Caporael and Brewer,
1991)이 단정하듯이, 사회 집단은 포식자로부터 보호해 주고 음식에 접근할
수 있게 해주고, 물리적 환경으로부터 보호해 주는 인간의 주요한 생존 전
략이었다. 이러한 관점은 협동성, 집단 충성, 다양한 규범 준수 등을 포함한

사회성이 인간 본성의 핵심적인 부분일 수 있음을 시사한다(이 책, Myers를 참조).

비록 이처럼 웰빙의 예측 변인이라 할 사회 참여와 소속감에 초점을 맞추는 일은 적어도 서양 문화의 개인주의에 한정한다면 반직관적으로 보일 수 있지만, 사실 사회 참여는 사람들이 표면상 자기 초점적인 다양한 욕구를 충족시킬 수 있는 수단이 될 수 있다. 예를 들어, 자원 봉사는 친사회적이고 이타적인 방식의 사회 참여로 사람들이 개인적인 욕구를 충족하는 한 가지 방법이다(Wuthnow, 1991, '열정의 행위(act of passion)'; Snyder, 1993 참조). 매년 거의 1억 명에 달하는 미국인들이 특정한 종류의 자원봉사 활동에 참여하고 있으며, 거의 2,500만 명이 일주일에 최소 5시간 이상 사회공헌 활동을 하고 있다(Independent Sector, 1992). 사회는 분명히 자원봉사자들의 서비스로부터 다양한 면에서 이익을 얻는다. 그 서비스는 (예컨대, 가사와 무료 식사 제공 봉사 등, 재화와 서비스를 필요로 하는 사람들에게 제공하는 봉사활동처럼) 직접적인 것일 수도 있고, (예컨대, 일반 대중에게 교육을 제공하고 공동체 의식과 시민 참여를 증진시키는 일처럼) 간접적인 것일 수도 있다(Omoto and Snyder, 1990; Putnam, 1995 참조).

개인들은 이처럼 사회 참여에 대한 대가로 저마다 사회에 기여한다는 느낌, 자존감의 고양, 우정 등을 비롯한 다양한 개인적인 보상을 받을 수 있다(King, Walder and Pavey, 1970; Scheibe, 1965). 개인의 자원봉사활동 동기와 자원봉사활동 기간의 관계를 고찰하기 위해서 오모토와 스나이더(Omoto and Snyder, 1995)는 AIDS 서비스 단체 소속 자원봉사자들을 대상으로 연구를 시행했다. 그들의 연구 결과에 의하면, 자원봉사와 관련해 상대적으로 더 자기 지향적 동기(예컨대, 자존감과 사회적 지지의 획득)를 가진 개인들이 상대적으로 더 '순전히' 타자 지향적 동기(예컨대, 불우이웃 돕기)를 가진 개인들에 비해 실제로 더 긴 기간 동안 자원봉사활동을 하고 있는 것으로 나타났다. 분명, 개인의 자원봉사를 통한 사회 참여는 사회적 유대감과 개인 대행과 같은 자기 초점적 이득을 얻을 수 있는 좋은 포럼이다.

참여와 웰빙의 동적 모델

이 장에서 우리는 개인의 삶의 과정 전반에 걸쳐 변화하는 개인적, 문화적으로 가치 있는 과제에 지속적으로 참여하는 것이 웰빙을 향상시키고, 그러한 참여가 개인적인 특성(예컨대, 외향성)과 유형의 자산(예컨대, 부)의 직접적인 효과 이상으로 개인에게 이득이 된다는 점을 가정하는 웰빙에 대한 생애 주기적 관점을 설명하고자 한다. 첫째, 우리는 참여와 웰빙의 연관성 강도가 개인이 힘쓰고 있는 특정한 과제에 달려 있기 때문에 참여 유형은 중요하다는 사실을 제시하고자 한다. 구체적으로 말하면, 개인이 본질적으로 가치있고, 자율적으로 선택하고, 실현 가능한 수준에서 접근하고, 일상생활의 맥락에서 가능한 방식으로 명확한 개인적인 목표를 추구할 수 있을 때는 웰빙이 향상될 수밖에 없다(Cantor and Kihlstrom, 1987; Emmons, 1986; Palys and Little, 1983 참조). 그러나 웰빙은 또한 개인이 다양한 과제에 참여할 수 있는 가능성을 높이는 다양한 사회적, 개인적, 유형적 자원의 소유 여부에 따라 달라질 수 있다. 우리의 모델과 관련해 둘째, 우리는 개인으로 하여금 참여와 그에 따른 행복을 얻는 새로운 방법을 찾는 일에 대해 계속 신경 쓰도록 하고, 열정적인 참여를 촉진하고, 위협이나 좌절에 직면했을 때 계속 참여하도록 동기 부여를 하는 데서 그러한 자원들이 하는 역할을 설명하고자 한다. 마지막으로, 우리는 참여의 기회뿐만 아니라, 다양한 하위문화가 평생에 걸쳐 특정한 유형의 과제 추구 변화에 두는 가치 때문에, 개인은 (예컨대, '적절한' 시기에 '적절한' 과제를 맡음으로써) 웰빙을 경험하기 위해서는 이러한 변화하는 기회에 적응할 수 있어야 한다는 사실을 보여줄 것이다. 새로운 참여 방법을 찾는 일은 개인에게 도전이 될 수 있을 테지만, 웰빙을 경험할 수 있는 기회를 줄 수도 있다. (예컨대, 은퇴 이후에 개인은 자신의 직업 참여를 사회적 참여로 대체할 수도 있다.) 따라서 이 모델은 개인이 인생 과정 전반에 걸쳐 새로운 과제에 참여할 수밖에 없기 때문에 다른 방식으로 웰빙을 경험할 수 있다고 제시하는 것으로 적응 수준 현상(Brickman and Campbell(1971)의 '쾌락의 쳇바퀴')에 대한 부분적인 대응력을 제공한다.

어떤 유형의 참여가 웰빙을 일으킬까

우리는 효과적인 기능과 웰빙이 적극적인 일상생활 활동 참여와 상관성이 있다고 믿지만, 어떤 특정한 종류의 참여는 다른 것보다 더 좋을 수 있다. 결국 개인은 개인적으로 끌리는 그런 특정한 과제에 참여해야 하고 지속적인 참여를 장려하는 현실적인 방식으로 그 과제에 접근해야 한다(Cantor and Kihlstrom, 1987 참조). 이 절에서 우리는 웰빙의 예측 변인을 개인이 참여하기로 한 대상과 방법과 상황 — 개인이 도전하는 과제, 개인이 그 과제에 도전하는 방법, 그 도전 상황 — 의 함수로서 고찰할 것이다.

대상(도전 과제): 본질적으로 가치 있고 자율적으로 선택한, 원하는 목표

첫째, 개인적 보상과 내재적 동기 부여를 받는 과제에 참여하는 개인들은 지속적으로 참여에 관심을 두기 때문에 웰빙을 경험할 가능성이 높다. 사실, 더 자율적이거나 자기 결정적인 목표 추구의 동기는 다른 사람들의 욕망을 지향하는 '통제된' 목표와 비교하여 일반적인 삶의 만족도 및 활력과 상관성이 높기 마련이다(Deci and Ryan, 1987; Sheldon and Kasser, 1995). 따라서 자기 관련 목표를 달성하기 위해 적극적으로 노력하는 개인들은 더 큰 웰빙을 경험할 것으로 예상된다(Banaji and Prentice, 1994; Cantor and Fleeson, 1991). 칙센트미하이(1975, 1990)가 보여주듯이, 사람들은 개인적으로 가치 있고 원하는 과제(즉, '몰입' 상태)에 완전히 빠져들 때 큰 만족감을 경험한다. 이와 관련하여 카세르와 라이언(Kasser and Ryan, 1993)이 시행한 연구는 내재적인 목표 추구(예컨대, 개인적 성장, 지역사회 기여)가 다양한 웰빙 측정치와 정적인 상관성을 지니는 반면에 (재정상의 성공이나 사회적 인정과 같은) 외적인 동기를 지닌 목표 추구는 웰빙과 부적인 상관성을 지닌다는 사실을 입증한다. 일부 사람들이 사회적 인정과 같은 목표에서 내재적인 동기를 찾을 수 있지만, 우리가 말하고자 하는 보다 폭넓은 요점은 참여와 웰빙의 상관성이 자율적이고 내적인 보상이 따르는 목표 — 그 목표가 무엇이든 간에 — 와 관련해서 특히 강할 수 있다는 것이다. 그러한 목표는 개인들이 특별히 즐기는 과제이며 따라서 계속 참여할 가능성이 높다.

마찬가지로, 목표를 피하기보다는 그것에 접근하는 사람들은 더 큰 웰빙을 경험할 수 있다. 부분적인 이유로는 목표를 피하는 것보다 목표에 대한 계획을 세우고 그것에 참여하는 것이 더 쉽기 때문이다(Gollwitzer, 1993). 상당히 많은 연구들은 다양한, 원하는 목표들을 달성하기 위한 노력과 다양한 원치 않는 일(대상)을 피하려는 회피 목표를 위한 노력(예를 들어, 친구를 사귀고자 노력하는 것 대(對) 외롭지 않으려고 하는 것) 사이의 대비를 고찰해 왔다(Higgins et al., 1994). 예를 들어, 에몬스, 셰퍼드, 카이저(Kaiser, 1994)의 연구 결과에 의하면 회피 목표의 비율이 높은 대학생과 지역사회 구성원들은 모두 긍정적인 기분과 삶의 만족도가 낮고 신체적 증상이 많이 나타나는 등, 신체적, 심리적 웰빙이 비교적 낮았다. 우리는 회피 목표와 웰빙 사이의 이러한 부적 상관성이 적어도 부분적으로는 개인이 원하지 않는 일(대상)을 회피하는 것에 '능동적으로 참여'하기가 어렵기 때문이라고 믿는다.

방법: 현실적인 목표

개인은 (개인적으로 보상을 얻는) 특정한 목표 추구 외에도 다양한 특이성 수준에서 목표에 접근할 수 있으며, 이는 곧 지속적인 참여와 웰빙에 영향을 미친다. (통제 이론과 행위 정체성 이론과 같은) 많은 이론들은 목표 추구가 보상과 실현 가능성의 정도에 상응해서, 상이한 특이성 수준에서 수행될 수 있다고 단정한다(예컨대, Little(1989)의 '의미성(meaningfulness)' 대 '관리 능력(manageability)'의 균형을 참조). 예를 들어, 통제 이론(Carver and Scheier, 1982, 1990)은 낮은 수준의 목표를 어떻게 그 목표를 위한 행동이 실천될 것인지(예컨대, '프랑스 어휘 20개 암기')에 구체적으로 초점을 맞춰 설명하고, 높은 수준의 목표를 더 폭넓은 목적이나 함의('프랑스어 학습')를 강조하는 것으로 설명한다. 개인은 낮은 수준의 목표에 비해 높은 수준의 목표를 달성하는 데 더 많은 어려움을 겪을 수 있지만('프랑스 어휘 20개를 암기하는 것'보다 '프랑스어를 학습'하는 것이 더 어렵다), 높은 수준의 목표 추구는 잠재적으로 더 큰 웰빙의 향상을 가져올 수 있다. 이와 관련하여, 발라허와 베그너(Vallacher and Wegner, 1989)의 행위 정체성 이론은 낮은 수준의 성취 노력보다 높은 수준의 성취 노력을 선호하는 경향에는 개인차가 있으며, 개인은 자신의 특유의 성취 노력 수준이 자신의 일상생활 과제(즉, 쉬운 과제와 낮은 수준의 성취 노력, 어려운 과제와 높은 수준의 성취 노력)에 대한 도전 수준과 일치할 때 더 큰 만족감을 경험한다고 가정한다. 우리의 모델은 현실적이고 실현 가능한 목표를 선택하는 것이 웰빙에 특히 중요하다는 점을 제시한다. 왜냐하면 통제하기 힘든 수준에서 목표를 추구하는 사람들은 좌절을 경험하고 따라서 그런 과제 참여를 중단할 수 있기 때문이다.

적절한 추상성 수준에서 목표를 선택하는 것 외에도 서로 일치하는 여러 목표를 세우는 사람들은 웰빙을 경험할 수 있다. 다양한 자아 이론가들은 자아의 일관된 양상들을 유지하는 데 있어 웰빙의 중요성을 강조해 왔다(Donahue et al., 1993; Lecky, 1945 참조). 상충되는 여러 목표를 동시에 추구하고자 하는(예컨대, '남자 친구와 더 많은 시간을 보내는' 동시에 '공부를 더 잘 하고자 하는') 개인들은 좌절을 경험하고 궁극적으로 어느 쪽 목표든 참여하거나 추구하는 것을 멈출 수 있다(예컨대, Emmons and King(1988)의 '행동 억제'를 참조). 사실, 다양한 연구 전반에 걸쳐 확인된 목표 갈등은 시간의 흐름에 따른 심신의 불만(Emmons and King, 1988)뿐만 아니라, 비교적 높은 수준의 부정적인 감정, 신경증 성향/우울증, 스트레스 증가 그리고 낮은 삶의 만족도(Emmons, 1986; Sheldon and Kasser, 1995)와 상관성이 있다. 마찬가지로, 도나휴와 그녀의 동료들(Donahue et al., 1993)의 연구 결과에 의하면, 자아 개념의 분화, 즉 자아의 분열은 열악한 정서 적응과 상관성이 있는 반면에 자아 개념의 통합은 건강한 적응과 상관성이 있다. 이 연구는 보완적인 개인적 목표와 자아 개념의 유지에 대한 웰빙의 중요성을 제시한다. 이러한 보완성은 목표 갈등에서 오는 행동의 부동을 피할 수 있게 해줄 뿐만 아니라, 활동 참여와 다양한, 가치 있는 목표의 진전 사이의 관계를 극대화시킴으로써 노력의 경제를 달성할 수 있게 해준다.

상황: 목표 추구와 일상생활

마지막으로, 그리고 놀랄 것도 없이, 개인은 긍정적인 감정과 만족감을 더 많이 경험하는 과제에 계속 참여할 가능성이 더 높을 수밖에 없으며, 이러한 보상이 따르는 과제는 목표와 관련성이 있을 가능성이 높다. 결국, 개인의 삶의 일상적인 사건들은 개인적인 목표를 추구할 수 있는 기회와 가치 있는 활동에 참여할 수 있는 기회를 제공하는 정도에 따라 다르고, 목표와 관련된 일상생활의 상황에 참여하는 개인들은 더 큰 웰빙을 경험할 가능성이 높다(Buss, 1987; Snyder, 1981). 예를 들어, 외향적인 사람들, 매우 사교적인 사람들, 그리고 친화 욕구가 높은 사람들은 사회적 상황에서 비교적 높은 긍정적인 감정을 가지며, 이러한 경향은 그들의 가치 있는 목표 추구를 촉진할 가능성이 높다(Emmons, Diener and Larsen, 1986; Cantor et al., 1991 또한 참조; McAdams and Constantian, 1983). 사실, 개인들은 기분이 좋아지는 방법을 찾기 위해 자신들의 삶을 구조화하고자 상당히 노력한다(Gollwitzer, 1993; Mischel, Cantor and Feldman, 1996). 그러한 양식화는 매우 구체적일 수 있다. 캔터와 샌더슨(1998)의 연구 결과에 의하면, 이성과의 만남에서 친밀성을 목표로 삼은 사람들은 특히 (파트너와 단 둘이 있는 상황처럼) 친밀성에 도움이 되는 데이트 상황에서 더 많은 시간을 보냈고 더 많은 긍정적인 감정을 가졌지만, 파트너와의 일반적인 상황(예컨대, 파티와 같은 큰 집단 상황)에서는 그렇지 않았다. 다시 말해, 목표와 관련한 상황에서 시간을 보내는 것은 지속적인 참여를 촉진하고 따라서 더 큰 긍정적인 감정과 웰빙을 야기할 것이기 때문에 명확한 양식화는 타당하다.

이와 관련하여 니에덴탈의 연구가 시사하듯이(Niedenthal and Mordkoff, 1991), 어떤 사람들은 실제 자신들과 자신들의 이상적인 원형 사이의 적합성을 극대화하는 상황에서 시간을 보낼 수 있는 방식으로 자신들의 세계를 구성한다. 그들은 이상적인 자아상에 부합하는 방식으로 주택, 치료사, 식당 등을 선택한다. 자기 원형 매치와 같은 결정 휴리스틱을 사용하는 사람들은 적어도 일정 부분 자신과 자신의 가치를 긍정하는 것으로 계속해서 참여할 가능성이 높다(Lydon and Zanna, 1990). 이 연구는 특정한 상황들, 즉 자아 개념의 매칭 상황들과 목표 관련 상황들이 긍정적인 감정의 경험과 상관성이 있을 것이며, 이는 결국 지속적인 참여와 웰빙을 낳을 것임을 시사한다.

어떤 지속적인 참여 기회가 있을까

물론 참여는 간단한 문제가 아니다. 개인은 가치 있는 생활 활동에 참여할 기회를 주는 자원들, 즉 개인적 자원(건강, 특성, 전략, 능력)과 사회적 자원(사회적 관계망, 사회적 지원)과 물질적 자원(지위, 수입)을 소유해야만 한다. 다시 말해, 우리는 개인이 무엇을 소유하고 있는지 뿐만 아니라 그러한 '자산'을 소유함으로써 어떤 참여 기회를 얻을 수 있는지 물어봐야 한다. 이러한 자원들은 참여 방법에 접근할 수 있게 해주며, 개인으로 하여금 새로운 참여 방법을 이용할 수 있게 해주며, 위협이나 좌절에 직면했을 때 지속적으로 참여를 독려할 수 있다.

자원은 가치 있는 활동에 참여할 수 있는 기회를 준다

자원이 웰빙에 미치는 영향은 특정한 자원이 개인으로 하여금 자신의 중요한 삶의 목표에 참여하고 그 목표를 이루기 위해 노력할 수 있게 해주는지 여부에 의해 일정 부분 조정되는 것으로 보인다. 결국 목표 성취 노력과 관련된 최고의 자원을 가진 사람들은 가장 큰 주관적 웰빙을 경험한다(Diener and Fujita, 1995). 예를 들어, 부는 웰빙과 상관성이 크지 않다. 미국에서의 소득은 주관적 웰빙과 약한 상관성이 있을 뿐이다. 그러므로 특정한 기간 동안 (어느 쪽으로든) 상당한 소득 변화를 경험하는 개인들의 삶의 만족도는 극적으로 변하지는 않는다(Diener et al., 1993). 그러나 자원이 개인의 개인적 노력과 관련이 있고 따라서 가치 있는 생활 활동에 참가할 수 있는 능력에 영향을 미칠 수 있을 경우에 자원과 주관적 웰빙 간의 상관성은 상당히 크다(Diener and Fujita, 1995). 예를 들어, 카스피와 엘더(Caspi and Elder, 1986)의 연구 결과에 의하면, 전체적인 만족감과 중산층 여성들이 속한 공식 집단의 수 사이에는 아무런 상관성이 없으나, 전체적인 만족감과 참여 기회가 적을 수 있는 노동자 계급 여성들이 속한 공식 집단의 수 사이에는 강한 상관성이 있는 것으로 나타났다. 이와 마찬가지로, 상대적으로 부유한 국가들에서는 웰빙과 소득의 상관관계가 전반적으로 크지 않지만, 가장 가난한 나라들, 즉 사람들이 기본적인 욕구를 충족시킬 수 없으며, 결국에는 부가 있어야 다양한 과제와 활동에 참여할 수 있는 나라들에서는 소득과 웰빙 간에는 상대적으로 큰 정적 상관성이 존재한다(Veenhoven, 1991).

사람들이 웰빙에 도움이 되는 개인적인 자원을 떠올릴 때면 재정 자원을 생각할 가능성이 가장 높지만, 권력과 지위처럼 비교적 덜 명확해 보이는 자원 역시 가치 있는 활동에 지속적으로 참여할 수 있게 해줌으로써 웰빙을 야기할 수 있다(Bargh et al., 1995; Fiske, 1933; Fiske and Depret, 1996). 사실 (교사와 학생, 고용주와 비서, 치료사와 환자 등과 같은) 다양한 관계상에서 지위 차이가 존재하며, 이러한 경우에 더 큰 권력을 지닌 사람이 참여 의제를 전반적으로 통제한다. 예를 들어, 고용주가 비서의 일상생활 활동에 미치는 영향은 비서가 고용주의 일상생활 활동에 미치는 영향보다 훨씬 더 크다. 따라서 권력과 지위라는 자원 또한 가치 있는 활동 참여를 촉진함으로써 웰빙을 경험할 수 있는 기회를 제공할 수 있다.

외향성, 낙관주의, 자존감 등과 같은 특정한 특성은 웰빙과 직접적인 상관성이 있을 뿐만 아니라(예컨대, 외향적인 개인들은 상대적으로 더 긍정적인 생활 사건을 경험했음을 보고한다)(이 책, Diener and Lucas를 참조), 가치 있는 생활 활동에 참여할 수 있는 개인의 능력을 증진시킨다는 점에서 웰빙과 간접적인 상관성도 있을 수 있다. 그러한 특성의 소유는 부분적으로는 목표 달성에 필요한 참여의 기회를 제공함으로써 웰빙을 야기할 수 있다(Diener and Diener, 1995). 예를 들어 외향적인 사람들은 다른 사람에게 쉽게 다가가는 경향이 있으며, 따라서 사회적 참여를 성취할 수 있는 기회를 많이 가질 가능성이 높다. (즉, 상호작용할 수 있는 사람, 그리고 자신이 관심을 가진 사람뿐만 아니라 자신에게 관심을 가진 사람과 사회적 접촉을 함으로써 사회적 참여 기회를 많이 가질 수 있다.) 흥미롭게도, 자존감과 웰빙의 연관성은 서양 문화에서 특히 강하다 (Diener and Diener, 1995). 아마도 많은 서양 문화에서 자기 주장성과 자기 효능감이 가치 있는 과제에 참여할 수 있는 기회를 주기 때문일 것이다.

또한 다른 사람들로부터의 사회적 지원은 다양한 방식으로 지속적인 참여와 웰빙을 가능하게 하는 중요한 자원이 될 수 있다. 예를 들어, 친한 친구가 단 한 명이라도 있는 여성들은 아마도 그런 친구의 존재가 귀중한 사회적 참여를 마련해 주기 때문에 여러 가지 곤경을 비교적 잘 견딜 수 있으나, 친한 친구가 없는 여성들은 우울증과 상관성이 있는 그러한 곤경을 극복하지 못할 것이다(Brown and Harris, 1978). 하우스와 칸(House and Kahn, 1985)은 사실, 상이한 사람들과 상이한 상황에 따라 이익이 서로 다를 수 있는 네 가지 상이한 유형의 사회적 지원(정서적인, 평가적인, 도구적인, 정보적인 사회적 지원)을 기술한다. 어떤 경우에는 가치 있는 목표를 지속하도록 격려를 받는 것이 참여를 촉진하는 반면에 다른 경우에는 특정한 문제에 가장 잘 접근하는 방법에 대한 실질적인 조언을 얻는 것이 가장 가치 있는 일일 수 있다. 이에 상응하여, 데커와 슐츠(Decker and Schulz, 1985)가 척추 환자를 대상으로 시행한 연구 결과에 의하면, 삶의 만족도는 높은 수준의 전체적인 사회적 지원을 받는 것과 정적인 상관성이 있는데, 이는 적어도 그러한 도움을 받으면 다양한 유형의 과제 참여를 지속할 수 있기 때문일 것이다(이 책, Myers를 참조). 흥미롭게도 다른 사람들(배우자, 자녀, 친구)과의 이러한 사회적 접촉은 직접적으로는 개인들에게 사회적 지원과 도움을 제공하는 점 때문에, 간접적으로는 개인들에게 다른 사람들에 관심을 가질 기회를 제공하는 점 때문에 웰빙과 상관성을 가질 수 있다. 브릭만과 코티스(1987)가 보여주듯이, 개인은 때로는 다른 사람들로부터 관심을 받는 것보다 다른 사람들에게 관심을 보이는 것에서 더 많은 것을 얻기 때문에, 사회적 지원을 받는 일은 실제로 사회적 지원의 호혜성(互惠性)을 가능하게 함으로써 (그로 인해, 돌보는 사람들(간병인들)의 분노를 예방함으로써) 제한된 생활 상황에 있는 사람들의 웰빙에 가장 큰 영향을 미칠 수 있다.

새로운 참여 기회를 주는 자원들

개인은 다양한 가치 있는 활동에 접근하기 위해서는 자원이 필요하지만 그러한 참여 기회를 '주시'할 수 있게 해주는 자원도 필요하다. 캔터와 킬스트롬(Cantor and Kihlstrom, 1987)이 보여주듯이 사회적 지능은 개인으로 하여금 과제 추구에 다양한 전략을 효과적으로 활용할 수 있게 해주고, 그에 따라 다양한 가치 있는 생활 활동에 성공적으로 참여할 수 있게 해준다. 이러한 지능으로는 정서를 조정하고 다양한 정서를 구별하고 이 정보를 사용하여 행동을 유도하는 개인 기술들이 있다(Mayer and Salovey, 1993; Salovey and Mayer, 1990). 예를 들어, 정서 지능을 더 정교하게 조정하는 기술을 가진 사람들은 보상이 따르는 대인 관계 활동을 추구할 수 있는 기회를 특별히 예의주시할 수 있기 때문에 그러한 기회가 생길 때마다 그것을 최대한 활용할 수 있다. 마찬가지로 랭스턴(Langston, 1994)의 연구가 입증하듯이, '좋은 사건들을 활용할 수 있는' 능력, 즉 긍정적인 생활 사건으로부터 혜택을 얻고 그에 따라 웰빙을 경험할 수 있는 능력은 개인에 따라 다르다. 따라서 사회 환경 관리를 더 잘 알고, 그것에 더 능숙한 개인은 다양한 참여 기회를 인식하고 활용하는 것을 더 잘 할 수 있다. 이와 관련하여 스나이더(1974, 1979)의 자기 조정에 대한 연구는 뛰어난 자기 조정자들, 즉 환경의 요구에 적응하는 데 특히 능숙한 사람들이 다양한 과제에 참여할 수 있는 기회를 최대한 이용할 수 있고, 따라서 더 큰 긍정적인 감정을 경험할 수 있다는 점을 시사한다.

또한 개인은 개인적이거나 상황적인 제약과 기회에 대응하여 유연한 목표를 추구하는 능력 면에서 다를 수 있다(Brandtstadter and Renner, 1990; Gollwitzer, 1993; Heckhausen and Schultz, 1995; Kuhl, 1985 등 참조). 헤크하우젠과 슐츠(Heckhausen and Schultz, 1993, 1995)가 지적하듯이, 1차 통제는 다양한 목표(예컨대, 특정한 일상 상황으로의 진입)를 충족시키기 위해 자신의 환경을 변화시키는 것을 말하는 반면에 2차 통제는 목표, 기대, 귀인과 같은 내적인 과정을 변화시키는 것을 말한다(Rothbaum, Weisz and Snyder, 1982 참조). 다양한 환경적 요인들에 대응하여 목표를 바꿀 수 있는 개인들은 다양한 가치 있는 활동에 참여해서 웰빙을 얻을 수 있다. 예를 들어, 성인은 나이가 들수록 늘어나는 자신의 한계를 참작해서, (예컨대, 건강과 체력 측면에서) 자신들에 대한 관대한 기준을 더 많이 설정할 수 있으며, 그에 따라 가치 있는 생활 활동에 지속적으로 참여할 수 있다. (예컨대, 활동은 조깅에서 걷기로 바뀔 수 있지만, 두 활동 모두 운동 참여를 포괄한다.) 앞서 설명했듯이, 에이즈 환자의 간병인의 심리적인 웰빙은 지킬 수 없는 목표를 단념하고 지속적으로 참여할 수 있는 새로운 목표를 설정하는 데 달려 있다(Folkman and Stein, 1996). 어떤 유형의 통제에 더 유능하든 개인은 목표와 관련된 상황에 더 쉽게 참여할 수 있으며, 따라서 참여 기회를 만들어 주관적 웰빙을 높일 수 있다.

자원은 어려운 상황에서 가치 있는 과제의 지속성을 촉진한다

개인은 참여 기회를 인식하고 활용하는 데 필요한 자원을 보유하고 있더라도, 도전적인 상황에서도 과제 참여를 지속하기 위해서는 지속적으로 명확히 목표에 집중할 수 있어야 한다. 골비처(Gollwitzer)와 그의 동료들이 보여주었듯이, 목표를 어디서, 언제, 어떻게 추구할 것인지에 대한 구체적인 계획(예컨대, '실행 의도')을 가진 개인들은 아마도 일정 부분 목표를 방해하는 다양한 장애물에 대처할 수 있는 능력 향상 덕분에 목표를 달성할 가능성이 더 높다(Gollwitzer, 1993; Cantor and Fleeson, 1991도 참조). 이와 관련하여 드웩과 레게트(Dweck and Leggett, 1988)는 실패의 경험에 뒤이은 과제를 지속적으로 실행하려는 노력에 대한 동기 부여의 측면에서 특정한 전략 사용의 중요성을 제시했다. 예컨대, 그들의 연구 결과에 따르면, 성취 영역에서 숙달 목표를 추구하는 개인들(예를 들어, 기능은 변하는 것이라고 여기는, 능력의 증가 이론을 가진 개인들)은 수행 목표를 추구하는 개인들(예를 들어, 실패가 능력 부족과 기능의 불변성에서 기인한다고 믿는, 실체 이론을 가진 개인들)에 비해 실패 상황에서도 더 오랫동안 과제를 지속하는 경향을 보였다. 실체 이론을 따르는 사람들과는 달리 증가 이론을 따르는 사람들은 부족한 수행 상황에서도 인내심을 갖고 과제를 계속해서 수행하고자 하는 동기 부여를 스스로에게 할 수 있다(Deci and Ryan, 1987 참조).

이와 관련하여 노렘(Norem)과 그녀의 동료들의 연구(예컨대, Cantor and Norem 1989; Norem and Illingworth, 1993)는 개인들이 개인적으로 중요하지만 불확실한 과제에 단념 없이 참여하고 그 과제를 지속하기 위해서 장애물을 효과적으로 예측하고 그에 대비할 수 있는 방법(예컨대, 방어적 비관주의 전략)을 고찰하였다. 흥미롭게도, 이 연구는 상이한 전략들이 상이한 사람들에게 지속성과 웰빙을 야기한다는 사실을 보여주었다. 구체적으로 말하면, 방어적 비관주의자들은 실패의 가능성(그리고 심지어 실패의 확률)에 초점을 맞출 때 더 나은 성과를 보이는 반면에 낙관주의자들은 잠재적인 긍정적 결과에 초점을 맞출 때 더 나은 성과를 보인다. 이러한 연구 결과는 상이한 개인들이 과제 수행에 대해 갖는 기대를 감안할 때 의미가 있다. 예컨대, 웰빙의 측면에서 예기치 않은, 과제의 실패 경험(예컨대, 아주 잘할 것으로 예상했던 시험을 망친 일) 대 예기치 않은, 잠재적인 실패의 모면(망칠 것으로 예상한 시험을 잘 본 일)의 차이를 상상해 보자(Cantor and Norem, 1989). 이런 점에서 볼 때 웰빙은 특정한 전략으로 가치 있는 삶의 과제를 수행하는 개인의 기능이다. 아이러니하게도 낙관주의의 이점에 대한 상당한 연구(Scheier and Carver, 1985)를 고려해 볼 때, 이 연구는 웰빙에 기여하는 것이 단지 '긍정성'만은 아니라는 점을 보여준다. 사실 긍정성은 일부 사람들(즉, 낙관주의자들)에게만 도움이 될 뿐이다.

또한 건강 행동 문헌은 어려운 상황에서 가치 있는 과제를 지속할 수 있게 해주는 목표 관련 전략과 관련하여 개인 교육(훈련)의 중요성을 제시해 왔다(Miller et al., 1993). 예를 들어, 샌더슨과 캔터(1995)의 연구 결과에 의하면, 선호하는 목표 관련 전략(즉, 성행위에 목표를 둔 사람들의 경우 대인적 콘돔 전략, 정체성에 목표를 둔 사람들의 경우 기술적 전략)과 관련해서 HIV/AIDS 예방 교육을 받은 대학생들은 사회 인지적 변인(예컨대, 콘돔에 대한 태도, 콘돔 사용의 목적) 면에서 비교적 큰 변화를 보였으며, 교육을 받은 이후 1년까지 더 안전한 성행위를 하는 것으로 나타났다. 목표 관련 기술상의 교육을 받은 이들은 데이트 상대와의 안전한 성관계를 가지는 데(일반적으로 어려운 도전에) 더 유능했으며, 따라서 비교적 안전한 성행위 참여를 바라는 목표를 더 잘 성취할 수 있었다. 이 연구는 가치 있는 과제의 실천 지속성 — 이 경우에는 보다 안전한 섹스를 하려는 의도 — 이 다른 목표들(예를 들어, 파트너에 의존하지 않기 위해서 테크닉에 정통하는 것)과 비슷한 이유로 과제에 참여할 수 있는 개인의 기능이라는 점을 시사한다.

개인들은 참가 기회의 변화에 어떻게 적응할 수 있을까

우리는 모든 사람들이 가치 있는 과제에 적극적으로 참여하는 일로 이득을 얻는다고 믿지만, 나이가 들면서 상이한 생애 단계들이 서로 다른 과제의 추구를 강조함에 따라, 웰빙을 야기하는 참여 영역들은 때로는 극적으로 변할 가능성이 있다(Helson, Mitchell and Moane(1984)의 '사회적 시계(social clock)'). 에릭슨(1950)의 심리사회적 발달 모델이 단정하듯이, 사회문화적 맥락은 개인이 특정한 생애 기간 동안 추구할 수 있는 특정한 생활 과제를 규정하며, 개인들이 일상생활 활동에 참여할 수 있는 기회를 일정 부분 구성함으로써 그러한 과제에 특별한 의미를 부여한다(Carstensen, 1993; Havighurst, 1972; Helson and Moane, 1987; Higgins and Eccles-Parsons, 1983; Veroff, 1983). 예를 들어, 청소년들은 일상생활에서 부여받는 자유와 책임, 선택이 증가함에 따라 정체성 형성과 가족으로부터의 독립에 힘쓸 것을 권장받는다(Simmons and Blyth, 1987; Zirkel and Cantor, 1990; Zirkel, 1992). 이와 대조적으로, 미국 사회는 종종 노인들의 자유와 여가 시간을 등한시하면서 은퇴 후의 '생산적인' 서비스를 강요해 왔지만, 그러한 활동을 위한 방법은 거의 제공하지 않았다(Atchley, 1976; Neugarten and Hagestad, 1976). 사람들은 공동체의 가치 있는 과제를 이행하도록 동기 부여를 받고(Winett, 1995) 그들이 속한 하위문화의 지원을 받는 방식으로 가치 있는 삶의 과제를 수행할 필요가 있기 때문에, 웰빙은 적절한 시기에 적절한 과제를 수행하는 기능일 수 있다.

따라서 이러한 역동적인 생애 주기의 관점은 사람들이 긍정적인 상태에 빠르게 적응하므로 그저 이전의 주관적 웰빙 수준에 도달하기 위한 새로운 수준의 자극이 필요하다는 적응 수준 현상(Brickman and Cambell(1971)의 '쾌락의 쳇바퀴')에 대해서 부분적으로 반대한다. 이러한 관점은 각 생애의 새로운 가치와 변화하는 기회들이 사람들로 하여금 계속해서 노력하도록 반복적인 도전을 제공할 수밖에 없기 때문에 적응 수준 현상에 반대되는 견해를 제시한다. 카스피가 보여주듯이(Caspi and Bem, 1990; Caspi, Bem and Elder, 1989), 소심한 소년들 — 어린 시절 소심함은 과제 참여에 뚜렷한 장애가 될 수 있다 — 은 성인이 되어 자애로운 아버지로 성장할 수 있으며, 이 개인들은 양육 덕분에 가치 있는 방식으로 성인기의 과제들 중 하나(자녀 양육)에 참여할 수 있기 때문에 성인으로서 상당한 삶의 만족도를 경험할 수 있다.

이 모델은 또한 (복권 당첨과 같은) 가치 있는 재산 취득으로 인한 고양감의 단명(Brickman, Coates and Janoff-Bulman, 1979), 아주 어렵고 괴로운 생활환경에 직면했을 때 발휘되는 주관적 웰빙의 놀라운 회복력(Silver and Wortman, 1980) 등처럼, 웰빙 문헌에서 볼 수 있는 어떠한 역설을 확증하기도 한다. 이 모델은 (부나 건강 상태처럼) 객관적인 재산의 중추적인 역할을 부정하는 것을 통해서가 아니라 사람들이 가장 필요로 하는 것은 가치 있는 생활 과제에 규칙적으로 매일 계속해서 참여할 수 있는 것임을, 그리고 때로는 객관적인 재산(혹은 그 부재)만으로는 유익한 참여를 보장받지(혹은 제외되지) 못한다는 사실을 제시하는 것으로 적응 수준의 현상을 확증한다. 예를 들어, 복권 당첨과 같은 긍정적인 사건의 경험은 지속적인 참여 기회를 제공하지 않는 반면에 체력 약화를 가져오는 부상과 같은 부정적인 사건 경험은 사람들로 하여금 새로운 참여 방법(예컨대, 협력 단체 가입, 친구/가족과 더 많은 시간을 보내는 일)을 찾도록 장려할 수 있다. 새로운 참여 방법을 찾는 일은 개인에게 도전이 될 수 있지만, 웰빙을 경험할 수 있는 새로운 기회를 주며, 즐거움을 찾고 고통을 피할 수 있는 새로운 길을 제시해 주기도 한다.

가치 있는 생활 활동에 참여하는 것은 새로운 제약을 받는 상황에 처한 사람들, 다시 말해 기능과 구조와 사회적 유대감 등의 경험을 포함한 가치 있는 활동과 목표에 대한 몰입의 이익을 경험할 수 있는 친숙한 기회를 잃었을지도 모르는 그들에게 삶의 만족도 측면에서 특히 중요할 수 있다. 캐럴 리프(Carol Ryff, 1989)와 카이퍼스와 벵슨(Kuypers and Bengtson, 1990)과 같은 다양한 생애 주기 이론가들은 노인들의 신체적, 정서적 웰빙과 관련하여 사회적 통합과 참여의 중요성을 강조한 바 있다(이 책의 Myers도 참조). 사실 사회적 관계와 건강에 대한 만족도는 초기 성인보다 노년의 생활에서의 웰빙을 결정하는 더 중요한 예측 변인이다(Herzog, Rogers and Woodworth, 1982). 이러한 요인들은 가치 있는 과제에 참여할 수 있는 개인의 능력에 미치는 그 영향력 때문에 노년기 성인의 웰빙에 대한 특별히 강력한 예측 변인으로 볼 수 있다. (예를 들어 가치 있는 과제 참여는 사회적 생활/건강 만족도와 웰빙의 관계를 중재한다.) 할로우와 캔터(Harlow and Cantor, 1996)의 연구 결과에 의하면, 노년기의 사회적 생활 참여와 생활 만족도 사이의 상관성은 더 이상 일 참여라는 보상을 받을 수 없는 은퇴자들에게 특히 강한 것으로 나타났다. 비록 초기 성인기에 개인들은 일/경력 및 가족 활동에 참여하고 그러한 방식으로 웰빙을 얻을 수 있는 기회를 찾을 가능성이 높지만, 나이가 들어감에 따라, 사회적 상호작용에 참여할 수 있는 영역이 감소하므로 그러한 상호작용에 참여할 수 있는 기회는 웰빙과 더 강하게 상관성을 지닐 수 있게 된다(Carstensen, 1992).

마찬가지로 상해와 같은 주요한 생활 사건도 도전과 참여 기회를 제공한다. 척수 손상 환자들의 표본을 보면, 일상적인 사회적 참여 및 레크리에이션 참여는 더 많으면 많을수록, 교육, 일에 대한 낙관주의, 결혼 상태 등과 같은 다른 관련 변인의 효과 이상으로 더욱더 큰 삶의 만족도와 상관성이 있다(Cantor, Vajk and Kahneman, 1995). 매개 분석이 입증한 바에 의하면, 상대적으로 더 유형적인 (많은) 자원 — 직업과 결혼 여부와 같은 — 은 참여와 정적인 상관성을 보이며, 웰빙을 증진하는 역할을 한다. 이러한 연구 결과는 개인이 참여하기에 적절한 상황을 찾고 적절한 유형의 자원을 소유하고 있는 한 매우 제한된 상황에서도 유익한 참여를 할 수 있음을 보여준다.

여전히 남아 있는 연구 문제들

'적절한' 참여 방법이 있을까

이 모델은 웰빙 측면에서 참여의 중요성을 강조하지만, '적절'하거나 '가장 좋은' 참여 방법을 명시하지는 않으며, 사실 적절한 참여 방법은 서로 다른 개인에 따라(개인마다 개인적으로 가치 있게 여기고 내적인 보상을 찾는 일에 따라) 다를 수 있다. 예를 들어, 보건 전문가들은 환자의 웰빙과 "환자가 합리적인 신체적, 정서적, 지적 기능을 유지할 수 있는 정도, 그리고 환자가 가족 내에서, 직장에서, 공동체에서 가치 있는 활동에 참여할 수 있는 능력을 유지하는 정도"(Wenger and Furberg, 1990) 사이의 연관성에 특히 중점을 둔다. 그러나 '건강 상태 평가의 가치 있는 생활 활동 모델'(Ditto et al., 1996)을 이용한 디토 (Ditto)의 연구는 개인들이 서로 다른 기능적 능력(예컨대, 지적 기능, 인지 기능, 신체 기능)을 우선시하거나 가치 있게 여기는 정도가 개인마다 다르며, 개인들의(예컨대, 시각장애인으로서) 잠재적 삶의 질에 대한 인식은 주어진 조건이나 상태가 가치 있는 생활 활동에 참여할 수 있는 그들의 능력을 방해할 거라고 그들이 상상하는 정도의 영향을 받는다는 것을 증명한다. 예를 들어, 독서나 글쓰기와 같은 인지적·지적 활동을 특별히 즐기는 개인은 테니스나 골프와 같은 신체적 활동을 특별히 가치 있게 여기는 개인보다 하반신 마비로 인한 삶의 질의 변화를 덜 경험할 수 있다. 디토와 그의 동료들(1996)의 매개 분석은 현재 상태(인지적 상태, 신체적 상태 등)와 웰빙 사이의 연관성이 개인적으로 가치 있는 활동과 관련된 경우에 더 강하다는 사실을 증명한다. 마찬가지로, 게이 커뮤니티의 HIV 예방에 관한 〈뉴욕 타임스 매거진〉 기사는 삶의 양과 상반되는 삶의 질에 초점을 맞추는 것이 중요하다고 강조했다(Green, 1996). 따라서 삶의 질 판단은 주어진 상태가 야기한 취약점에 대한 객관적인 평가보다는 개인의 특정한 우선순위와 가치의 영향을 받는 것으로 보인다.

가장 가치 있는 참여 유형에 체계적인 개인차가 있는가

아마도 특정한 하위문화 내에서도 일부 개인들은 자원 봉사 단체, 종교 단체 등에 참여하는 것을 선호할 것이다. 예를 들어, 연구 결과에 의하면, 상이한 유형의 사회적 지원이 상이한 사람들에게 다소 도움이 되는 것으로 보인다(House and Kahn, 1985). 그럼, 단순히 어떤 것에 참여하는 것만으로도 웰빙에 도움이 될까? (예를 들어 요양원에서 노인들을 무작위로 여러 집단에 배정해 보면 알 수 있을 것이다.) 아니면, 그 참여 활동이 개인이 특별히 가치 있게 여기고 충분히 좋아하는 활동이어야 할까?(Ditto et al., 1996; Snyder, 1993.) 예를 들어, 퍼트넘(Putnam, 1995)은 다양한 형태의 사회 참여가 감소하고 있다고 비판했지만, 폴릿(Pollitt, 1996)은 아무리 권하더라도 맥주를 마시며 벌이는 볼링 시합을 멋진 형태의 시민 참여로 여겨 향수를 불러일으킬 수는 없다는 반박으로 응수했다. 이러한 분석은 가장 큰 보상이 따르고 지속적인 참여를 장려할 가능성이 가장 높은 참여 유형에 중요한 개인차가 있음을 시사한다.

어떤 종류의 참여가 사람들에게 가장 가치 있을까

이 장에서 우리는 다양한 유형의 참여(연령 등급에 따른 참여, 사회적 참여, 상호작용의 기회 등)에 대해 논의했지만, 개인에게는 실제 참여(다른 사람들과의 직접적인 관계성)가 반드시 필요한 것인지, 아니면 가상의 참여도 충분한지 아직 명확하지 않다. (미국 드라마 'ER'을 혼자 보며 많은 다른 사람들도 그것을 보고 있다는 사실을 아는 것은 실제로 참여일까?) 혼자 텔레비전을 시청하는 것조차 어떤 상황에서는 가치 있는 유형의 생활 참여일 수 있다(Harlow and Cantor, 1996; Putnam, 1995 참조). 이와 유사하게, 인터넷을 통해 가치 있는 활동에 참여하는 사람들이 점점 더 늘어나고 있다. 〈뉴스위크〉의 최근 사설은 실제로 미국 온라인의 채팅 그룹의 이점을 개인적인 접촉을 경험할 수 있는 중요한 기회라고 설명했다(Mott, 1996). 이러한 '가상적 참여' 유형은 보다 전통적인 양식의 '실제' 참여에 항상 접근할 수는 없는, 제약이 있는 상황에 처해 있는 사람들(퇴직자와 중증 장애를 가진 사람들)에게 특별히 중요할 수 있다.

우리는 어떻게 참여 기회를 마련해 줄 수 있을까

우리의 모델에서 설명했듯이, 개인은 참여 방법에 대한 접근성을 제공하고 새로운 참여 기회에 대한 인식을 높이는 특정한 자원이 필요하다. 따라서 공공 정책은 그저 지속적인 참여 기회와 관련이 없는 객관적인 자원을 제공할 게 아니라 사람들이 공동체의 가치 있는 과제에 참여할 수 있게 해주는 일이 갖는 중요성을 고려해야 한다. 예를 들어, 적극적 조치 프로그램은 일반적으로 특정한 배경을 가진 사람들에게 개방되지 않던 (학교, 직업 등등의) 다양한 활동 영역에 참여할 수 있는 기회를 줌으로써 웰빙을 증진할 수 있다. 웰빙의 개선에 초점을 맞추지만, 개인이 일상적으로 참여하는 (그리고 개인에게 즐거움을 주는) 과제를 무시하고, 다른 수용 가능하고 현실적인 대안 과제를 제공하지 못하는 조정은 불안정해질 가능성이 높다. 예를 들어, 점점 더 증가 추세인 한부모와 맞벌이 가정이 이미 할 일들로 벅찰 때는 지역 PTA(학부모회) 참여를 다시 활성화시키기 위한 노력은 거의 의미가 없을 것이다. 마찬가지로 예를 들어, 십대 부모의 처지를 낙담시키는 정책들은 십대 부모 생활을 하는 그들에게 필요한 양육에 따르는 과제들(예컨대, 자존감을 얻는 것, 다른 사람들과 관계를 갖고, 다른 사람들로부터 가치를 인정받는 것)을 고려하지 않으며 십대들이 그러한 가치 있는 과제들을 추구할 수 있도록 돕는 대안적인 방법을 제공하지 않는 한, 대체로 효과가 없을 가능성이 높다. 또한 개인들의 마음을 사로잡고 그들을 교육시키고 지속적인 참여에 대한 현실적인 희망을 주는 데 힘쓰는 일 없이 (복지의 대안으로 실업자 재교육 제도와 같은) 참여 기회에 대한 접근을 촉진하는 것으로 보이는 정책들도 똑같이 문제가 있다.

사람들은 참여를 생활환경의 변화로 최대한 활용하는 법을 배울 수 있을까

우리의 모델은 다양한 생애 단계가 새로운 참여 기회를 제공한다고 제시하지만, 사람들이 새로운 기회 구조를 얼마나 잘 활용하는지는 분명하지 않다. 개인들은 정서 지능을 높일 수 있을까(Mayer and Salovey, 1993; Salovey and Mayer, 1990)? 또한 개인들은 주변의 현실적인 참여 기회를 좀 더 효과적으로 보장받기 위한 교육을 받을 수 있을까(Brandtstadter and Renner, 1990)? 향후 연구는 숙련된 개인이 참여를 극대화하는 방법을 찾는 데 얼마나 능숙한지, 그리고 그러한 기회를 인지하고 활용하는 데 좀 더 효과를 볼 수 있는지를 고찰할 필요가 있다.

개인이 어떻게 현재의 웰빙을 경험하고 미래의 웰빙을 지속할 수 있을까

물론 (출산과 승진과 같은) 긍정적인 현재와 미래의 웰빙을 동시에 겪을 수 있는 경험이 있지만, 개인은 때로는 현재의 웰빙을 가능하게 하는 활동과 미래의 웰빙을 가능하게 하는 활동 중 하나를 선택해야만 한다. 예를 들어, 개인은 안전하지 않은 성행위로 대단한 만족감을 경험할 수는 있지만, 이러한 행동은 궁극적으로 (원치 않는 임신이나 HIV 감염을 초래할 수도 있기 때문에) 다양한 과제에 참여할 수 있는 능력을 제한시켜 미래의 웰빙을 낮출 수 있다.

다양한 개입과 정책은 개인으로 하여금 순간적인 긍정적 감정의 보상 너머를 보고 미래 웰빙의 보다 광범위한 문제에 집중하게 만들어야 한다(Sen(1980)의 '개인의 행동 방식과 존재성' ─ 개인이 성취할 수 있는 가치 있는 기능). 따라서 건강 증진 노력은 현재 긍정적인 감정을 지니게 할 수도 있는 미래의 웰빙을 보장하는 전략을 제공할 때 가장 효과적일 수 있다. 예를 들어, 대학생들을 상대로 한 HIV 예방에 관한 연구에서, 샌더슨과 캔터(1995)는 콘돔 사용을 위한 목표 관련 전략(그들의 주된 데이트 목표에 부합하는 전략)상의 교육을 받은 개인들이 그러한 개입 이후 1년까지 콘돔 사용에 더 효과를 보였다는 사실을 밝혔다. 이 연구는 건강 증진 개입이 실제로 개인에게 (예컨대, 현재의 경험에 지장을 주지 않는 콘돔 사용 관련 기술을 교육시킴으로써) 순간적인 긍정적 감정을 경험할 수 있는 방법뿐만 아니라 미래에도 웰빙을 유지할 수 있는 방법을 제공할 때 가장 효과를 보일 수 있음을 시사한다. 마지막으로, 그리고 앞서 설명했듯이, 생애 주기에 걸쳐 참여 기회가 변하기 때문에, 특정한 시점에서 긍정적인 감정을 경험하는 데 어려움을 겪을 수 있는 개인들은 실제로 미래에 웰빙을 경험할 수도 있다(Caspi and Elder, 1986). 따라서 개인들은 미래에 웰빙과 삶의 만족도를 경험할 수 있는 기회를 보호하기 위해서는 참여하는 활동에 대해 신중해야 한다.

참고문헌

Adler, A. (1929). *Problems of neurosis: A book of case histories*. London: Routledge & Kegan Paul.

Allport, G. W. (1937). *Personality: A psychological interpretation*. New York: Holt.

Atchley, R. C. (1976). *The sociology of retirement*. Cambridge, Mass.: Schenkman.

Banaji, M. R., and Prentice, D. A. (1994). The self in social contexts. *Annual Review of Psychology*, 45, 297~332.

Bargh, J. A., Raymond, P., Pryor, J. B., and Strack, F. (1995). Attractiveness of the underling: An automatic power─sex association and its consequences for sexual harassment and aggression. *Journal of Personality and Social Psychology*, 68, 768~81.

Batson, C. D., and Vends, W. L. (1982). *The religious experience*. New York: Oxford University Press.

Baumeister, R. F., and Leary, M. R. (1995). The need to belong: Desire for interpersonal attachments as a fundamental human motivation. *Psychological Bulletin, 117*, 497~529.

Brandtstadter, J., and Renner, G. (1990). Tenacious goal pursuit and flexible goal adjustment: Explication and age-related analysis of assimilative and accommodative strategies of coping. *Psychology and Aging*, 5, 58~67.

Brickman, P., and Campbell, D. T. (1971). Hedonic relativism and planning the good society. In M. H. Appley (Ed.), *Adaptation level theory: A symposium* (pp. 287~304). New York: Academic Press.

Brickman, P., and Coates, D. (1987). Commitment and mental health. In P. Brickman (Ed.), *Commitment, conflict, and caring* (pp. 222~309). Englewood Cliffs, N. J.: Prentice-Hall.

Brickman, P., Coates, D., and Janoff-Bulman, R. (1978). Lottery winners and accident victims: Is happiness relative? *Journal of Personality and Social Psychology, 36*, 917~27.

Brown, G. W., and Harris, T. (1978). *Social origins of depression: A study of psychiatric disorder in women*. London: Tavistock.

Buss, D. (1987). Selection, evocation, and manipulation. *Journal of Personality and Social Psychology, 53*, 1214~21.

Cantor, N. (1990). From thought to behavior: "Having" and "doing" in the study of personality and cognition. *American Psychologist, 45*, 735~50.

_____. (1994). Life task problem-solving: Situational affordances and personal needs. *Personality and Social Psychology Bulletin, 20*, 235~43.

Cantor, N., and Fleeson, W. (1991). Life tasks and self-regulatory processes. *Advances in Motivation and Achievement*, 7, 327~69.

Cantor, N., and Kihlstrom, J. F. (1987). *Personality and social intelligence*. Englewood Cliffs, N. J.: Prentice Hall.

Cantor, N., and Norem, J. K. (1989). Defensive pessimism and stress and coping. *Social Cognition*, 7, 92~112.

Cantor, N., Norem, J., Langston, C., Zirkel, S., Fleeson, W., and Cook-Flannagan, C. (1991). Life tasks and daily life experiences. *Journal of Personality, 59*, 425~51.

Cantor, N., and Sanderson, C. A. (1998). Social dating goals and the regulation of adolescent dating relationships and sexual behavior: The interaction of goals, strategies, and situations. In J. Heckhausen and C. Dweck (Eds.), *Motivation and self-regulation across the life span* (pp. 185~215). New York: Cambridge University Press.

Cantor, N., Vajk, F., and Kahneman, D. (1995). Participation and well-being. Paper presented at the Seventh Annual American Psychological Society, New York, (June).

Caporael, L. R., and Brewer, M. B. (1991). Reviving evolutionary psychology:

Biology meets society. *Journal of Social Issues, 47,* 187~95.

Carstensen, L. L. (1993). Motivation for social contact across the life span: A theory of socioemotional selectivity. In J. E. Jacobs (Ed.), *Developmental perspectives on motivation: Nebraska symposium on motivation* (vol. 40, pp. 209~54). Lincoln: University of Nebraska Press.

Carver, C. S., and Scheier, M. F. (1982). Control theory: A useful conceptual framework for personality—social, clinical, and health psychology. *Psychological Bulletin, 92,* 111~35.

_____. (1990). Origins and functions of positive and negative affect: A control— process view. *Psychological Review, 97,* 19~35.

Caspi, A., and Bern, D. J. (1990). Personality continuity and change across the life course. In L. A. Pervin (Ed.), *Handbook of personality: Theory and research* (pp. 549~75). New York: Guilford.

Caspi, A., Bern, D. J., and Elder, G. H., Jr. (1989). Continuities and consequences of interactional styles across the life course. *Journal of Personality, 57,* 375~406.

Caspi, A., and Elder, G. H., Jr. (1986). Life satisfaction in old age: Linking social psychology and history. *Psychology and Aging, 1,* 18~26.

Coyle, C. P., Lesnik—Emas, S., and Kinney, W. B. (1994). Predicting life satisfaction among adults with spinal cord injuries. *Rehabilitation Psychology, 39,* 95~112.

Csikszentmihalyi, M. (1975). *Beyond boredeom and anxiety: The experience of play in work and games.* San Francisco: Jossey—Bass.

_____. (1990). *Flow: The psychology of optimal experience.* New York: Harper & Row.

Deci, E. L., and Ryan, R. M. (1987). The support of autonomy and the control of behavior. *Journal of Personality and Social Psychology, 53,* 1024~37.

Decker, S. D., and Schulz, R. (1985). Correlates of life satisfaction and depression in middle—aged and elderly spinal cord—injured persons. *American Journal of Occupational Therapy, 39,* 740~45.

Diener, E. (1984). Subjective well—being. *Psychological Bulletin, 95,* 542~75.

Diener, E., and Diener, M. (1995). Cross—cultural correlates of life satisfaction and self—esteem. *Journal of Personality and Social Psychology, 68,* 653~63.

Diener, E., and Fujita, F. (1995). Resources, personal strivings, and subjective well—being: A nomothetic and idiographic approach. *Journal of Personality and Social Psychology, 68,* 926~35.

Diener, E., Sandvik, E., Seidlitz, L., and Diener, M. (1993). The relationship between income and subjective well—being: Relative or absolute? *Social Indicators Research, 28,* 195~223.

Ditto, P. H., Druley, J. A., Moore, K. A., Danks, J. H., and Smucker, W. D.

(1996). Fates worse than death: The role of valued life activities in health state evaluations. *Health Psychology, 15,* 332~43.

Donahue, E. M., Robins, R. W., Roberts, B. W., and John, O. P. (1993). The divided self: Concurrent and longitudinal effects of psychological adjustment and social roles on self-concept differentiation. *Journal of Personality and Social Psychology, 64,* 834~46.

Durkheim, E. (1933). *The division of labor in society.* New York: Macmillan.

Dweck, C. S., and Leggett, E. L. (1988). A social-cognitive approach to motivation and personality. *Psychological Review, 95,* 256~73.

Emmons, R. A. (1986). Personal strivings: An approach to personality and subjective well-being. *Journal of Personality and Social Psychology, 47,* 1105~17.

Emmons, R. A., Diener, E., and Larsen, R. J. (1986). Choice and avoidance of everyday situations and affect congruence: Two models of reciprocal interactionism. *Journal of Personality and Social Psychology, 51,* 815~26.

Emmons, R. A., and King, L. A. (1988). Conflict among personal strivings: Immediate and long-term implications for psychological and physical well-being. *Journal of Personality and Social Psychology, 54,* 1040~48.

Emmons, R. A., Shepherd, N. R., and Kaiser, H. A. (1994). Approach and avoidance strivings and psychological and physical well-being. Poster presented at the 102nd Annual Convention of the American Psychological Association, Los Angeles (August).

Erikson, E. H. (1950). *Childhood and society.* New York: Norton.

Fiske, S. T. (1993). Controlling other people: The impact of power on stereotyping. *American Psychologist, 48*(6), 621~28.

Fiske, S. T., and Depret, E. (1996). Control, interdependence, and power: Understanding social cognition and its social context. In W. Stroebe and M. Hewstone (Eds.), *European review of social psychology* (vol. 7, pp. 31~60). New York: Wiley.

Folkman, S., and Stein, N. (1996). A goal-process approach to analyzing narrative memories for AIDS-related stressful events. In N. Stein, P. Omstein, B. Tversky, and C. Brainerd (Eds.), *Memory for everyday and emotional events* (pp. 113~36). Hillsdale, N. J. : Erlbaum.

Gollwitzer, P. (1993). Goal achievement: The role of intentions. In W. Stroebe and M. Hewstone (Eds.), *European review of social psychology* (vol. 4, pp.141~85). New York: Wiley.

Green, J. (1996, 15 September). Flirting with suicide. *New York Times Magazine,* 39~45, 54~55, 84~85.

Harlow, R. E., and Cantor, N. (1996). Still participating after all these years: A study of life task participation in later life. *Journal of Personality and Social*

Psychology, *71*, 1235~49.

Havighurst, R. J. (1960). Life beyond family and work. In E. W. Burgess (Ed.), *Aging in Western societies* (pp. 299~353). Chicago: Univ. of Chicago Press.

_____. (1972). *Developmental tasks and education*. 3rd ed. New York: McKay.

Heckhausen, J., and Schultz, R. (1993). Optimization by selection and compensation: Balancing primary and secondary control in life-span development. *International Journal of Behavioral Development*, *16*, 287~303.

_____. (1995). A life-span theory of control. *Psychological Review*, *102*, 284~304.

Helson, R., Mitchell, V., and Moane, G. (1984). Personality and patterns of adherence and nonadherence to the social clock. *Journal of Personality and Social Psychology*, *46*, 1079~96.

Helson, R., and Moane, G. (1987). Personality change in women from college to midlife. *Journal of Personality and Social Psychology*, *53*, 176~86.

Hendricks, J., and Hendricks, C. D. (1986). *Aging in mass society: Myths and realities*. Boston: Little, Brown.

Herzog, A. R, Rogers, W. L., and Woodworth, J. (1982). *Subjective well-being among different age groups*. Ann Arbor: University of Michigan, Survey Research Center.

Higgins, E. T., and Eccles-Parsons, J. E. (1983). Social cognition and the social life of the child: Stages as subcultures. In E. T. Higgins, D. N. Ruble, and W. W. Hartup (Eds.), *Social cognition and social development: A sociocultural perspective* (pp. 15~62). New York: Cambridge University Press.

Higgins, E. T., Roney, C. J. R., Crowe, E., and Hymes, C. (1994). Ideal versus ought predilections for approach and avoidance: Distinct self-regulatory systems. *Journal of Personality and Social Psychology*, *66*, 276~86.

House, J. S., and Kahn, R. L. (1985). Measures and concepts of social support. In S. Cohen and S. L. Syme (Eds.), *Social support and health* (pp. 83~108). Orlando, Fla.: Academic Press.

Independent Sector. (1992). *Giving and volunteering in the United States: Findings from a national survey*. Washington, D. C. : Author.

Kasser, T., and Ryan, R. M. (1993). A dark side of the American dream: Correlates of financial success as a central life aspiration. *Journal of Personality and Social Psychology*, *65*, 410~22.

Kessler, R. C., and Essex, M. (1982). Marital status and depression: The importance of coping resources. *Social Forces*, *61*, 484~505.

King, M., Walder, L., and Pavey, S. (1970). Personality change as a function of volunteer experience in a psychiatric hospital. *Journal of Consulting and Clinical Psychology*, *35*, 423~25.

Klinger, F. (1975). Consequences of commitment to a disengagement from incentives. *Psychological Review, 82*, 1~25.

Kuhl, J. (1985). Volitional mediators of cognition—behavior consistency: Self—regulatory processes and action versus state orientation. In J. Kuhl and J. Beckman (Eds.), *Action control from cognition to behavior* (pp. 101~28). New York: Springer—Verlag.

Kuypers, J., and Bengtson, V. L. (1990). Toward understanding health in older families impacted by catastrophic illness. In T. H. Brubaker (Ed.), *Family relationships in later life* (2nd ed., pp. 245~66). Newbury Park, Calif.: Sage.

Langston, C. A. (1994). Capitalizing on and coping with daily—life events: Expressive responses to positive events. *Journal of Personality and Social Psychology, 67*, 1112~25.

Lecky, P. (1945). *Self-consistency: A theory of personality. New* York: Island Press.

Little, B. (1983). Personal projects: A rationale and methods for investigation. *Environment and Behavior, 15*, 273~309.

_____. (1989). Personal projects analysis: Trivial pursuits, magnificent obsessions, and the search for coherence. In D. M. Buss and N. Cantor (Eds.), *Personality psychology: Recent trends and emerging directions* (pp. 15~31). New York: Springer—Verlag.

Lydon, J. E., and Zanna, M. P. (1990). Commitment in the free of adversity: A value—affirmation approach. *Journal of Personality and Social Psychology, 58*, 1040~47.

Mayer, J. D., and Salovey, P. (1993). The intelligence of emotional intelligence. *Intelligence, 17*, 433~42.

McAdams, D. P., and Constantian, C. A. (1983). Intimacy and affiliation motives in daily living: An experience sampling analysis. *Journal of Personality and Social Psychology, 45*, 851~61.

Miller, L. C., Bettencourt, B. A., DeBro, S. C., and Hoffman, V. (1993). Negotiating safer sex: Interpersonal dynamics. In J. Pryor and G. Reeder (Eds.), *The social psychology of AIDS infection* (pp. 85~123). Hillsdale, N.J.: Erlbaum.

Mischel, W., Cantor, N., & Feldman, S. (1996). Principles of self—regulation: The nature of willpower and self—control. In E. T. Higgins and A. W. Kruglanski (Eds.), *Social psychology: Handbook of basic principles* (pp. 329~60). New York: Guilford.

Mott, K. (1996, 19 August). Cancer and the Internet. *Newsweek*, 19.

Myers, D. G., and Diener, E. (1995). Who is happy? *Psychological Science, 6*, 10~19.

Neugarten, B. L., and Hagestad, G. O. (1976). Age and the life course. In R. H. Binstock and E. Shanas (Eds.), *Handbook of aging and the social sciences* (pp. 35~55). New York: Van Nostrand Reinhold.

Niedenthal, P. M., and Mordkoff, J. T. (1991). Prototype distancing: A strategy for choosing among threatening situations. *Personality and Social Psychology Bulletin, 17*, 483~93.

Norem, J. K., and Illingworth, K. S. S. (1993). Strategy-dependent effects of reflecting on self and tasks: Some implications of optimism and defensive pessimism. *Journal of Personality and Social Psychology, 65*, 822~35.

Omoto, A. M., and Snyder, M. (1990). Basic research in action: Volunteerism and society's response to AIDS. *Personality and Social Psychology Bulletin, 16*, 152~65.

_____. (1995). Sustained helping without obligation: Motivation, longevity of service, and perceived attitudes change among AIDS volunteers. *Journal of Personality and Social Psychology, 68*, 671~86.

Palys, T. S., and Little, B. R. (1983). Perceived life satisfaction and the organization of personal project systems. *Journal of Personality and Social Psychology, 44*, 1221~30.

Pollitt, K. A. (1996). For whom the ball rolls. *The Nation, 262, 9.*

Putnam, R. D. (1995). Bowling alone: America's declining social capital. *Journal of Democracy, 6*, 65~78.

Rothbaum, F., Weisz, J. R., and Snyder, S. S. (1982). Changing the world and changing the self: A two process model of perceived control. *Journal of Personality and Social Psychology, 42*, 5~37.

Rubin, L. B. (1976). *Worlds of pain: Life in the working class family.* New York: Basic Books.

Ryff, C. D. (1989). Happiness is everything, or is it? Explorations on the meaning of psychological well-being. *Journal of Personality and Social Psychology, 57*, 1069~81.

_____. (1993). Well-being in adult life: Meaning and mechanisms. Paper presented at the 101st Annual Convention of the American Psychological Association, Toronto (August).

Salovey, P., and Mayer, J. D. (1990). Emotional intelligence. *Imagination, Cognition, and Personality, 9*, 185~211.

Sanderson, C. A., and Cantor, N. (1995). Social dating goals in late adolescence: Implications for safer sexual activity. *Journal of Personality and Social Psychology, 65*, 1121~34.

Scheibe, K. E. (1965). College students spend eight weeks in mental hospital: A case report. *Psychotherapy: Theory, Research, and Practice, 2*, 117~20.

Scheier, M. F., and Carver, C. S. (1985). Optimism, coping, and health: Assessment and implications of generalized outcome expectancies. *Health Psychology, 4*, 219~47.

Sen, A. K. (1980). Equality of what? In S. McMurrin (Ed.), *Tanner lectures on human values* (pp. 195~220). Cambridge: Cambridge University Press.

Sheldon, K. M., and Kasser, T. (1995). Coherence and congruence: Two aspects of personality integration. *Journal of Personality and Social Psychology*, *68*, 531~43.

Silver, R. L., and Wortman, C. B. (1980). Coping with undesirable life events. In J. Garber and M. E. P. Seligman (Eds.), *Human helplessness: Theory and applications* (pp. 279~375). New York: Academic Press.

Simmons, R. G., and Blyth, D. A. (1987). *Moving into adolescence: The impact of pubertal change and school context*. New York: de Gruyter.

Snyder, M. (1974). The self-monitoring of expressive behavior. *Journal of Personality and Social Psychology*, *30*, 526~37.

_____. (1979). Self-monitoring processes. In L. Berkowitz (Ed.), *Advances in experimental social psychology* (vol. 12, pp. 85~128). New York: Academic Press.

_____. (1981). On the influence of individuals on situations. In N. Cantor and J. Kihlstrom (Eds.), *Personality, cognition, and social interaction* (pp. 309~29). Hillsdale, N. J. : Erlbaum.

_____. (1993). Basic research and practical problems: The promise of a "functional" personality and social psychology. *Personality and Social Psychology Bulletin*, *19*, 251~64.

Vallacher, R. R., and Wegner, D. M. (1989). Levels of personal agency: Individual variation in action identification. *Journal of Personality and Social Psychology*, *57*, 660~71.

Veenhoven, R. (1991). Is happiness relative? *Social Indicators Research*, *24*, 1~34.

Veroff, J. (1983). Contextual determinants of personality. *Personality and Social Psychology Bulletin*, *9*, 331~44.

Wenger, N. K., and Furberg, C. D. (1990). Cardiovascular disorders. In B. Spilker (Ed.), *Quality of life assessments in clinical trials* (pp. 335~45). New York: Raven Press.

Winett, R. A. (1995). A framework for health promotion and disease programs. *American Psychologist*, *50*, 341~50.

Wuthnow, R. (1991). *Acts of compassion: Caring for others and helping ourselves.* Princeton, N. J. : Princeton University Press.

Zirkel, S. (1992). Developing independence in a life transition: Investing the self in the concerns of the day. *Journal of Personality and Social Psychology*, *62*, 506~21.

Zirkel, S., and Cantor, N. (1990). Personal construal of life tasks: Those who struggle for independence. *Journal of Personality and Social Psychology*, *58*, 172~85.

13장

자기 조절과 생활의 질
정서적 생활 경험과 비정서적 생활 경험

E. 토리 히긴스 · 하이디 그랜트 · 제임스 샤

사람들이 쾌락에 접근하고 고통을 회피한다는 쾌락 원칙은 사람들의 삶의 경험이 사람들이 행하는 단순한 사실과 관련이 있는 것과 마찬가지로 쾌락과 고통을 조절하는 방법과도 관련이 있다는 사실을 포착하지 못한다. 기쁨의 쾌락과 실망의 고통을 경험하는 개인은 휴식의 쾌락과 긴장의 고통을 경험하는 사람과 같은 삶을 경험하지 않는다. 또한, 효과적이고 비효과적인 자기 조절의 쾌락과 고통 말고도 삶의 경험은 훨씬 더 많다. 열망감이나 신중함과 같은 전략적 상태의 동기적인 경험도 삶의 중요한 부분이다. 접근/회피 경험의 진정한 본질을 밝히기 위해서는 쾌락 원칙을 넘어 그것이 작동하는 상이한 전략적 방법의 기저가 되는 원리로 주의를 옮겨야 한다. 그러한 원리 중 하나로는 향상 초점(성취, 열망)을 가진 자기 조절과 예방 초점(안전, 책임)을 가진 자기 조절을 구별하는 조절 초점이 있다.[1] 이 원리를 이용해 정서적 생활 경험과 비정서적 생활 경험의 본질을 재고할 수 있다.

삶의 질을 쾌락의 원칙 측면에서 정의하는 것은 당연하다. 결국 사람들이 쾌락에 접근하고 고통을 회피한다는 원칙은 지금껏 근본적인 동기의 원칙이

---

[1] 토리 히긴스(Tory Higgins)의 조절 초점 이론에 따르면, 사람들은 두 가지 조절 초점, 즉 목표 추구에 있어 긍정적인 결과에 초점을 두는 '향상 초점'과 부정적인 결과에 초점을 두는 '예방 초점'을 사용하여 자신의 동기를 조절한다.

었고 앞으로 그러할 것이다. 이 원칙의 기원은 적어도 플라톤의 『프로타고라스』까지 올라갈 수 있다. 심리학에서 이 원칙은 접근을 포함하는 욕구 시스템과 기피를 포함하는 회피 시스템을 구별하는 생물학적 분석 수준(Gray, 1982; Konorski, 1967; Lang, 1995)에서 원하는 최종상태 지향 운동과 원하지 않는 최종상태 지양 운동을 구별하는 사회적 분석 수준(Atkinson, 1964; Bandura, 1986; Carver and Scheier, 1981, 1990; Lewin, 1935, 1951; McClelland et al., 1953; Roseman, 1984; Roseman, Spindel and Jose, 1990)에 이르기까지 동기 모델의 기초를 이룬다. 하지만 쾌락 원칙만으로 정서 경험의 고통과 쾌락을 이해할 수 있을까? 실제로 우리는 정서 경험의 고통과 쾌락만을 살피는 것으로 삶의 질을 이해할 수 있을까?

우리는 정서적 생활 경험과 비정서적 생활 경험을 이해하기 위해서는 그 밑바탕에 깔린 자기 조절 과정을 고려하는 것이 유용하다고 제안한다(Higgins, 1997 또한 참조). 이 장은 상이한 세 가지 자기 조절 원리, 즉 조절 예상(기대)과 조절 참조와 조절 초점을 구별하는 것으로 시작할 것이다(Higgins, 1997을 참조). 이에 따라 정서 경험에서 조절 초점이 가지는 중요성에 대한 증거를 검토할 것이다. 다음으로 자기 조절 과정에 기초한 정서 경험 모델을 제시하고, 문헌에 나와 있는 다른 모델들과 비교할 것이다. 그리고 마지막으로는 삶의 질에 영향을 미칠 수 있는 비정서적인 생활 경험을 고찰 것이다.

자기 조절 원리

동기에 대한 고전적인 관점에 따르면, 사람들은 쾌락에 접근하고 고통을 피한다. 문헌이 충분히 밝히지 못했지만, 이렇게 기술될 수 있는 두 가지 뚜렷한 자기 조절 원리가 존재한다.

조절 예상

첫 번째 원리는 조절 예상이다. 성공이나 실패의 과거 경험을 바탕으로 사람들은 미래의 쾌락이나 고통을 예상할 수 있다. 예를 들어, 모러(Mowrer, 1960)는 미래의 쾌락(기쁨)을 예상할 때의 '희망'이라는 정서와 미래의 고통을 예상할 때의 '두려움'이라는 정서를 구별하는 학습 이론을 제안했다. 앳킨슨 (Atkinson, 1964)은 자신의 고전적인 성취동기 이론에서 '성공에 대한 희망'과 관련된 자기 조절과 '실패에 대한 두려움'과 관련된 자기 조절을 구별했다. 카너먼과 트버스키(1979)의 매우 영향력 있는 '전망 이론'은 쾌락 경험의 가능성을 기대하며 정신적으로 숙고하는 것과 고통 경험의 가능성을 예상하며 정신적으로 숙고하는 것을 구별했다.

주목할 만한 점은 조절 예상은 특정한 결과에 대한 구체적 예상과 같지는 않다는 것이다. 동일한 일반적인 예상을 하는 개인들은 서로 다른 구체적인 예상을 할 수 있다. 또한 성취 동기 문헌에서 흔히 볼 수 있듯이 구체적인 예상은 상황적으로 조작될 수 있다(Atkinson and Raynor, 1974). 예를 들어, 개인들은 실패를 예상하거나 두려워하는 자로 선정될 수 있지만, 그들의 실패에 대한 구체적인 예상 비율은 과제가 쉽다고 기술된 경우보다 어렵다고 기술된 경우에 더 클 것이다. 그렇다면 조절 예상은 예상 그 자체는 아니다. 그럼에도 그것은 유쾌하거나 고통스러운 미래의 결과를 상상하는 것을 말한다. 그렇기 때문에 조절 예상 형태의 쾌락 원칙에서 기분 좋은 미래의 결과를 상상하는 것은 접근 동기를 유도하는 반면에 고통스러운 미래의 결과를 상상하는 것은 회피 동기를 유도한다. 다음으로 고찰할 조절 참조에는 다른 형태의 쾌락 원칙이 존재한다.

조절 참조

두 사람은 모두 낭만적인 사랑을 원하는 최종상태로 상상할 수 있지만, 한 사람은 그러한 최종상태에 도달해서 경험하는 쾌락을 기대할 수 있는 반면에 다른 사람은 그러한 상태에 이르지 못해서 경험하는 고통을 예상할 수 있다. 상이한 두 사람은 모두 전적으로 혼자 있는 것을 원하지 않는 최종상태로 상상할 수 있지만, 한 사람은 그런 상태로 영원히 있는 상황의 고통을 예상할 수 있는 반면에 다른 사람은 그런 상태에 결코 있지 않는 상황의 만족감을 예상할 수 있다. 낭만적인 사랑을 상상하는 두 사람은 혼자 있는 것을 상상하는 두 사람이 그렇듯이 조절 예상 측면에서 서로 다르다. 하지만 이 두 쌍의 차이는 어떤가? 각 쌍에서 한 사람은 쾌락(만족)을 예상하고 다른 한 사람은 고통을 예상한다. 따라서 두 쌍 사이의 차이는 예상(기대) 그 자체와는 관련이

표 13.1 쾌락 조절의 기저인 자기 조절 원리

I. 조절 예상	예상되는 고통의 회피	예상되는 쾌락(만족)에 접근
II. 조절 참조	원하지 않는 최종상태와 관련한 회피 조절	원하는 최종상태와 관련한 회피 조절
III. 조절 초점	예방	향상
	원하는 최종상태와의 불일치(그리고 원하지 않는 최종상태와의 일치)를 전략적으로 회피	원하는 최종상태와의 일치(그리고 원하지 않는 최종상태와 불일치)로의 전략적 접근
	올바른 기각 확보	적중 확보
	작위의 오류 방지[2]	부작위의 오류 방지

없다. 사실 그 차이는 쾌락(만족)이나 고통의 예상 여부와는 관계없이, 자기 조절의 참조점으로 원하는 최종상태를 갖는 것과 원하지 않는 최종상태를 갖는 것의 차이와 관련이 있다(표 13.1을 참조).

카버와 셰이어는 이러한 조절 참조점들의 구별을 가장 명확하게 발전시켰다(1981, 1990). 인공두뇌학과 통제 과정에 대한 초기 연구(Miller, Galanter and Pribram, 1960; Powers, 1973, Wiener, 1948)에서 영감을 받은 카버와 셰이어는 긍정적인 참조치를 가진 자기 조절 시스템과 부정적인 참조치를 가진 자기 조절 시스템을 구별한다. 긍정적인 참조치를 갖는 자기 조절 시스템은 참조점으로 원하는 최종상태를 가진다. 이 시스템은 불일치를 줄이는 것이며, 현재의 (전반적인) 자기 상태를 원하는 최종상태로 최대한 가깝게 이동시키려는 시도를 수반한다. 이와 대조적으로, 부정적인 참조치를 갖는 자기 조절 시스템은 참조점으로 원하지 않은 최종상태를 가진다. 이 시스템은 불일치를 확대시키는 것이며, 현재 자기 상태를 원하지 않는 최종상태로부터 최대한 멀리 이동시키려는 시도를 수반한다.

카버와 셰이어(1981, 1990)가 제시하듯이, 부정적인 참조치를 갖는 자기 조절은 본질적으로 불안정하고 비교적 드물다는 점은 주목할 만하다. 그런 이유로 그들의 연구는 긍정적인 참조치를 가진 자기 조절을 강조하였다. 밀러, 갈란터, 프리브람(1960)의 유명한 TOTE 모델도 긍정적인 참조치를 강조하며, 긍정적인 참조치와의 현존하는 불일치나 차이를 줄이기 위한 작업 수행을 필요로 한다. 대부분의 이론과 연구는 긍정적인 참조치인 목표 지향 움직임과 관련이 있기 때문에, 그러한 강조는 자기 조절 문헌 전반에 걸쳐 뚜렷이 나타난다(예컨대, Gollwitzer and Bargh, 1996; Pervin, 1989를 참조).

부정적인 참조치를 가진 자기 조절이 덜 주목받은 또 다른 이유는 여러 모델이 행동 생산보다는 행동 억제 측면에서 그런 자기 조절을 기술하기 때문이다(Atkinson, 1964; Gray, 1982). 즉, 이러한 모델들은 원하는 최종상태와 관련된 자기 조절이 행동 이행에 반영될 것인 반면에 바람직하지 않은 최종상태와 관련된 자기 조절은 행동 억제에 반영될 것이라고 제안한다. 따라서 누구든 사람들이 왜 그렇게 행동하는지에 관심이 있다면 긍정적인 참조치가 자연스럽게 강조될 것이다. 고전적인 학습 문헌을 보더라도, 부정적인 최종상태와 상관성이 있는 행동 억제보다 긍정적인 최종상태와 상관성이 있는 행동 생산을 더 강조하고 있는 것을 확인할 수 있다(Estes, 1944; Skinner, 1953; Thorndike, 1935).

그렇다면 잠시 긍정적인 참조치나 원하는 최종상태 지향 움직임을 고려해 보자. 문헌에 따르면, 그러한 움직임의 비판적 특성은 그 방향성, 즉 접근이다. 근본적인 쾌락 원칙과 일치하는, 동물 학습/생물 모델(예컨대, Gray, 1982; Hull, 1952; Konorski, 1967; Lang, 1995; Miller, 1944; Mowrer, 1960), 인공두뇌학 제어 모델(예컨대, Carver and Scheier, 1990; Powers, 1973), 그리고 동적 모델(예컨대, Atkinson, 1964; Lewin, 1935; McClelland et al., 1953)은 모두 원하는 최종상태를 향한 이러한 근본적인 접근 움직임과 원하지 않는 최종상태로부터의 회피 움직임 간의 구분을 강조한다. 예를 들어, 여러 가지 모델은 접근을 수반하는 욕구 시스템과 회피를 수반하는 회피 시스템을 구별한다(Gray, 1982; Konorski, 1967; Lang, 1995; Roseman, 1984; Roseman et al., 1990). 그러나 욕구 시스템에서의 상이한 접근 유형들 (또는 회피 시스템에서의 상이한 회피 유형들) 간의 구별은 지금껏 거의 이루어지지 않았다. 한 예로 그레이(1982)는 '보상' 접근과 '비처벌' 접근을 명시적으로 동등하게 취급한다. 하지만 정말로 두 접근이 동등한 것인가? 이제 세 번째 자기 조절 원리인 조절 초점 — (원하지 않는 최종상태 회피 유형들뿐만 아니라) 원하는 최종상태에 대한 접근 유형들을 구분하는 — 으로 주의를 돌려보자.

조절 초점

쾌락에 접근하고 고통을 회피하는 쾌락 원칙이 진정으로 동기의 바탕이라면, 이 원칙이 작동하는 한 가지 이상의 방법이 있을 거라고 예상할 수 있다. 특히, 그 원칙이 피양육과 안전이라는 뚜렷한 생존 욕구들처럼 근본적으로 서로 다른 욕구들을 충족시킬 때는 서로 다르게 작동할 것이라고 예상할 수 있다. 인간의 생존은 주변 환경, 특히 사회적 환경에 대한 적응을 요한다(Buss, 1996을 참조). 생존에 필요한 피양육과 안전을 얻으려면 아이들은 자신들을 돌봐주고 격려해 주고 보호해 주고 변호해 주면서 그러한 욕구를 충족시켜 주는 보호자들과의 관계를 확립하고 유지해야 한다(Bowlby, 1969, 1973을 참조). 그리고 보호자들과의 관계를 확립하고 유지하기 위해서 아이들은 세상의 한 대상으로서 자신들의 겉모습과 행동이 자신들에 대한 보호자들의 반응에 어떻게 영향을 미치는지 배워야 한다(Bowlby, 1969; Cooley, 1902/1964; Mead, 1934; Sullivan, 1953을 참조).

보호자들은 때로는 자녀에게 만족감을 줄 수 있는 방식으로 반응하고 때로는 고통을 줄 수 있는 방식으로 반응한다. 쾌락 원칙이 시사하듯이, 아이들은 쾌락에 접근하고 고통을 피하기 위해서 적절히 행동하는 법을 배워야 한다. 하지만 쾌락과 고통을 조절하는 법을 터득하는 것은 피양육 욕구와 안전 욕구에 따라 다를 수 있다. 나는 피양육 관련 조절과 안전 관련 조절은 조절 초점 측면에서 다르다는 점을 제시하고자 한다. 피양육 관련 조절은 향상 초점을 수반하는 반면에 안전 관련 조절은 예방 초점을 수반한다. 아이들의 보호자들과의 상호작용이 향상 초점을 수반할 경우와 예방 초점을 수반할 경우, 아이들의 쾌락과 고통에 대한 경험, 그리고 아이들이 자기 조절에 대해서 배우는 것이 어떻게 변하는지 간략하게 고찰해 보자(저널에 실릴 예정인 Higgins and Loeb의 논문 또한 참조).

우선 향상 초점을 수반하는 보호자와 아이의 상호작용을 생각해 보자. 예를 들어, 보호자가 바람직한 방식의 행동을 조성하려고 아이를 안고 입술을 맞추거나, 아이가 어려움을 극복하도록 격려하거나, 아이가 보상이 따르는 활동에 참여할 수 있는 기회를 마련해 줄 경우에, 아이는 '긍정적인 결과의 존재'가 주는 쾌락(만족감)을 경험한다. 아이에게 보내는 보호자의 메시지는 성취를 이루거나 희망과 열망을 실현시키는 것 — '이것이 내가 이상적으로 네가 하기를 바라는 것이다' — 이 중요하다는 것이다. 반면에 이를테면, 아이가 음식을 던져버릴 경우에 보호자가 식사를 끝내거나, 아이가 장난감을 함께 가지고 놀기를 거부할 경우에 보호자가 그것을 빼앗거나, 아이가 주의를 기울이지 않을 경우에 보호자가 이야기를 중단하거나, 보호자가 자신의 기대를 충족시키지 못하는 일을 저지른 아이에게 실망한 행동을 취할 경우에 아이는 '긍정적인 결과의 부재'가 주는 고통을 경험한다. 다시 한번 말하면, 아이에게 보내는 보호자의 메시지는 성취를 이루거나 희망과 열망을 실현시키는 것이 중요하다는 것이지만, 여기에서 이 메시지는 바람직하지 않은 아이 상태 — '이것은 내가 이상적으로 네가 하기를 바라는 것이 아니다' — 와 관련하여 전달되는 것이다. 이러한 메시지의 조절 초점은 그것이 원하는(바람직한) 최종상태와 관련이 있든, 원하지 않는(바람직하지 않은) 최종상태와 관련이 있든, 즉 진보, 성장, 성취에 관한 것이든, 동일하다.

다음으로 예방 초점을 수반하는 보호자와 아이의 관계에 대해서 고찰해 보자. 예를 들어, 보호자가 '아이에게 함부로 집 밖에 나서지 않게 하거나', 잠재적인 위험에 대해서 경계하도록 아이를 가르치거나, '예의범절을 지키도록' 가르칠 경우, 아이는 '부정적인 결과의 부재'가 주는 쾌락(만족감)을 경험한다. 아이에게 보내는 보호자의 메시지는 안전을 확보하고 책임감을 갖고 의무를 다하는 것 — '이것이 네가 해야 하는 일이라고 내가 믿는 것이다' — 이 중요하다는 것이다. 예를 들어, 보호자가 주의를 끌려는 아이를 거칠게 대하거나, 말을 듣지 않는 아이에게 소리를 지르거나 실수를 할 때 아이를 꾸짖거나, 무책임하다고 아이를 처벌할 경우에, 아이는 '부정적인 결과의 존재'가 주는 고통을 경험한다. 다시 한번 말하면, 아이에게 보내는 보호자의 메시지는 안전을 확보하고 책임을 갖고 의무를 다하는 것이 중요하다는 것이지만, 그것은 바람직하지 않은 아이 상태 — '이것은 네가 해야 하는 일이라고 내가 믿는 것이 아니다' — 와 관련하여 전달된다. 이러한 메시지의 조절 초점은 그것이 원하는(바람직한) 최종상태와 관련이 있든, 원하지 않는(바람직하지 않은) 최종상태와 관련이 있든, 즉 보호, 안전, 책임에 관한 것이든, 동일하다.

사회화 차이에 대한 이와 같은 논의에서 분명히 알 수 있듯이, 조절 초점은 조절 참조와는 무관하다. 향상 초점은 예방 초점이 그렇듯이 원하는 최종상태나 원하지 않는 최종상태와 관련하여 맞춰질 수 있다. 그러나 조절 초점은 두 가지 상이한 종류의 원하는 최종상태, 즉 열망과 성취(향상) 대 책임과 안전(예방)을 구분한다. 조절 초점 이론은 원하는 최종상태를 달성(또는 유지)하기 위한 전략적인 경향이 이 두 종류의 원하는 최종상태에 따라 다르다고 제시한다. 전략적인 경향은 향상 초점의 열망과 성취와의 일치에 접근하고자 하고 예방 초점의 책임과 안전과의 불일치를 피하고자 하는 것이다. 그러한 제시를 여러 연구 결과들이 증거로 뒷받침하고 있다(Higgins, 1997; Higgins et al., 1994).

요컨대, 조절 예상, 조절 참조, 조절 초점은 접근 및 회피 동기의 바탕이 되는 독립적인 자기 조절 원리이다. 사람들은 예상(기대)되는 쾌락(만족)에 접근하고 예상되는 고통을 회피한다. 쾌락이든 고통이든 그것에 대한 조절 예상은 접근해야 할 원하는 최종상태 또는 회피해야 할 원하지 않는 최종상태와 관련하여 발생할 수 있다. 원하는 최종상태(또는 원하지 않는 최종상태)와 관련한 조절은 전략적인 접근 경향을 수반하는 향상 초점이나 전략적인 회피 경향을 수반하는 예방 초점과 함께 발생할 수 있다. 표 13.1은 사람들이 이러한 세 가지 명확한 원칙에 따라 쾌락(만족)에 접근하고 고통을 회피하는 상이한 여러 방법을 요약한 것이다.

조절 초점 이론에 따르면, 사람들은 원하는 최종상태가 열망과 성취든 책임과 안전이든, 원하는 최종상태에 접근하도록 동기 부여를 받는다. 조절 초점이 향상이든 예방이든, 원하는 최종상태에 접근하려는 동기는 동일하다. 하지만 방금 언급했듯이, 전략적 경향은 다르다. 또한 조절 초점 이론은 접근 활동이 주는 쾌락 경험이나 활동하지 않는 접근이 주는 고통 경험 또한 이 두 종류의 원하는 최종상태에 따라 다르다는 점을 제시한다. 이제 이 이론으로 어떤 종류의 정서 경험을 예측할 수 있는지 살펴보고 그러한 예측을 뒷받침하는 몇 가지 증거를 재고찰해 보자.

조절 초점과 정서 경험

앞서 설명한 상이한 종류의 '보호자와 아이의 상호작용들'은 아이에게 세상에서 무엇이 중요한지에 대해서 상이한 메시지를 전했다. 향상 초점 메시지의 한 측면은 보호자의 아이에 대한 희망과 소망과 열망, 즉 이상에 관한 것이다. 예방 초점 메시지의 한 측면은 아이의 본분과 책임, 의무, 즉 당위에 대한 보호자의 믿음에 관한 것이다. 자기 불일치 이론(Higgins, 1987, 1989a)은 개인의 (실제 자기를 나타내는) 현재 상태와 원하는 최종상태 간의 불일치에 대한 정서 반응이 이상적인 자기와 당위적인 자기에 따라 어떻게 다를 수 있는지를 고찰하기 위해서 특별히 개발되었다.

자기 불일치 이론에서 이상적인 자기 조절과 당위적인 자기 조절 간의 구분은 처음에는 이상적인 자기 지침 대(對) 당위적인 자기 지침을 수반하는 불일치와 일치로 표현되는 심리적 상황들의 차이 측면에서 설명되었다(Higgins, 1989a, 1989b를 참조). 희망이나 소망, 열망에 대한 실제 자기와의 일치는 긍정적인 결과가 존재함을 나타내는 반면에 실제 자기와의 불일치는 긍정적인 결과가 부재함을 나타낸다. 따라서 이상적인 자기 조절과 관련된 심리적 상황은 긍정적인 결과의 존재와 부재이다. 이상적인 자기 지침에 표현된 희망과 소망, 열망은 최대 목표와 같은 기능을 하는 반면에 당위적인 자기 지침에 표현된 본분과 의무와 책임은 개인이 반드시 달성해야 하는 최소 목표와 더 비슷한 기능을 한다(Brend and Higgins, 1996을 참조). 그러한 최소 목표와의 불일치는 부정적인 결과가 존재함을 나타내는 반면에 최소 목표와의 일치는 부정적인 결과가 부재함을 나타낸다(Gould, 1939; Rotter, 1982를 참조). 따라서 당위적인 자기 조절과 관련된 심리적인 상황은 부정적인 결과의 부재와 존재이다.

원하는 최종상태에 접근하려는 동기(또는 오직 욕구 동기)만을 고려한다면, 자기 조절에 관한 문헌은 상이한 정서가 원하는 최종상태에 접근하는 상이한 방법들에 의해서 유발되는지의 여부를 일반적으로 고려하지 않았다. 서로 다른 특정한 정서는 일반적으로, 불일치 또는 실패가 존재한다는 피드백 이후에 발생하는 귀인 과정의 관점에서 설명되어 왔다(Carver and Scheier, 1981; Hoffman, 1986; Srull and Wyer, 1986; Weiner, 1982, 1986). 불일치 그 자체의 정서적인 결과를 기술할 경우에는 일반적으로 부정적인 감정이나 부정적인 자기 평가와 같은 일반적인 용어만 이용해 왔다(Bandura, 1986; Duval and Wicklund, 1972; Carver and Scheier, 1981; Mandler, 1975).

그러나 상이한 유형의 원하는 최종상태들과의 불일치는 다양한 관찰자들에 의해서 설명되어 왔으며, 이러한 상이한 유형의 원하는 최종상태들과의 불일치는 상이한 종류의 정서적 고통과 상관성이 있는 것으로 보인다. 희망이나 이상들의 불일치나 긍정적인 결과의 부재를 보이는 개인들은 실망, 불만, 슬픔 등과 같은 낙담과 관련된 정서를 경험하는 경향이 있는 것으로 관찰되어 왔다(Durkheim, 1951; Duval and Wicklund, 1972; Horney, 1950; James, 1890/1948; Kemper, 1978; Lazarus, 1968; Oately and Johnson-Laird, 1987; Rogers, 1961; Roseman, 1984; Roseman et al., 1990; Stein and Jewett, 1982; Wierzbicka, 1972). 또한 도덕적 규범이나 당위나 안전 목표들의 불일치를 보이는 개인들은 불안감, 위협감, 두려움 등과 같은 동요와 관련된 정서를 경험하는 경향이 있는 것으로 관찰되어 왔다(Ausubel, 1955; Erikson, 1950/1963; Freud, 1923/1961; Horney, 1939; James, 1890/1948; Kemper, 1978; Lewis, 1979; Oatley and Johnson-Laird, 1987; Piers and Singer, 1971; Sullivan, 1953).

따라서 문헌에 나타나 있는 이러한 일반적인 관찰 기록은 실제의 이상과의 불일치와 당위와의 불일치의 정서적 결과들이 각각 개별적이라는 사실을 시사한다. 그렇다면, 이 사실은 한 유형의 원하는 최종상태로서 이상에 접근할 때의 정서 경험이 다른 유형의 원하는 최종상태로서 당위에 접근할 때의 정서 경험과 완전히 다르다는 제안을 뒷받침할 것이다. 그러나 이러한 관찰 결과는 개인들의 실제와 이상, 실제와 당위 사이의 불일치와 개인들의 낙담과 관련된 정서 및 동요와 관련된 정서 사이의 관계가 동일한 연구에서 조사되지 않았기 때문에 충분하지 않다. 또한 제시된 개별적인 관계들에 대한 실험적인 검증이 없었다. 이러한 공백을 메우기 위해 나는 동료들과 함께, 원하는 최종상태로서 이상과 관련된 자기 조절과 당위와 관련된 자기 조절이 각각 별개의 정서를 야기하는지의 여부를 검증하고자 하는 일련의 연구를 수행했다. 장기적인 정서 경험과의 장기적인 불일치에 관한 연구와 일시적인 정서 경험과의 일시적인 불일치 활성화에 관한 연구를 모두 수행해 왔다. 또한 우리는 이상과 당위와 관련한 자기 조절의 정서 효과가 개인의 향상 초점과 예방 초점에 따라 달라지는지의 여부에 관해서도 고찰했다. 마지막으로, 우리는 조절 초점의 상황적 조작이 정서 경험에 어떻게 영향을 미치는지에 대해서도 고찰했다. 이와 같은 유형의 연구들 각각에 대한 예증을 이 장에서 재고찰할 것이다.

장기적인 자기 불일치와 장기적인 정서적 고통

우리의 연구 참가자들은 보통 종속 측정치가 수집되기 6주에서 8주 전에 배포된 일반적인 종합 측정 검사 내 '자기 질문지'를 작성한다. '자기 질문지'는 여러 가지 상이한 관점에서 응답자의 실제 자기와 이상적인 자기 및 당위적인 자기를 포함한 다수의 상이한 자기 상태 각각에 대해 최대 8개 내지 10개의 속성을 열거하도록 응답자에게 요구한다. 자기 질문지는 두 부문으로 관리되는데, 첫 번째 부문은 응답자 자신의 관점을 수반하고 두 번째 부문은 응답자에게 중요한 다른 사람들(예컨대, 어머니, 아버지, 가장 친한 친구)의 관점을 수반한다. 실제 자기와 자기 지침 간의 자기 불일치의 크기는 총 불일치 수를 합하고 총 일치 수를 감한 값으로 계산된다.

초기 연구는 이상적인 자기와의 불일치가 당위적인 자기와의 불일치에 비해, 상이한 정서 문제들을 더 잘 예측한다는 가설을 검증하기 위해 잠재적인 변인 분석을 사용했다(Strauman and Higgins, 1988). 대학생들은 '자기 질문지'를 작성하고 나서 한 달 후에 종합적인 우울증과 사회불안 측정 검사지를 작성했다. 표본 데이터에 조건에 맞는 적합성을 부여하는 유일한 모델은 가설상의 인과 구조였다. 우리의 가설과 일치하는 대로 참가자들의 실제 자기와 이상적 자기의 불일치가 클수록 우울 증상의 고통이 증가하는 반면에 실제 자기와 당위적 자기의 불일치가 클수록 사회불안 증상의 고통이 증가하였다. 실제 자기와 이상적 자기의 불일치는 사회불안과 관련이 없었고, 실제 자기와 당위적 자기의 불일치는 우울증과 관련이 없었다. 또한 임상적으로 우울하고 불안한 사람들을 대상으로 한 후속 연구들이 밝힌 사실에 의하면, 불안이 실제 자기와 당위적인 자기의 더 큰 불일치와 관련이 있는 반면에 우울증은 실제 자기와 이상적인 자기의 더 큰 불일치와 관련이 있었다(Scott and O'Hara, 1993; Strauman, 1989.).

히긴스와 부클스, 티코신스키(Higgins, Vookles and Tykocinski, 1992)는 사람들의 이상이 상이한 여러 자기 신념들과 어떻게 관련되는지에 따라 그들이 상이한 종류의 우울증을 겪을 가능성을 연구했다. 특히 개인의 이상은 자신의 잠재력이나 능력('가능성 있는' 자기)에 대한 자신의 믿음이나 미래에 실제로 어떤 사람이 될지에 대한 자신의 믿음('미래의' 자기)과 연결될 수 있다. 가능성 있는 자기와 연결된 이상적 자기와 실제 자기의 불일치는 '자신의 긍정적인 잠재력 충족의 장기적인 실패'라는 부정적인 심리적 상황을 반영한다. 이러한 유형의 이상적인 자기와의 불일치는 일종의 낙담으로 '무력한 기분'과 관련이 있는 것으로 가정되었다(여기에서 '무력한'은 '능숙함이나 효력이나 활력이 부족한', '무능한' 등을 의미한다). 이와 대조적으로, 미래의 자기와 연결된 이상적인 자기와 실제 자기의 불일치는 '장기적으로 성취하지 못한 희망'이라는 부정적인 심리적 상황을 반영한다. 이러한 유형의 이상적인 자기와의 불일치는 일종의 또 하나의 낙담으로 '낙담한 기분'과 관련이 있는 것으로 가정되었다(여기에서 '낙담한'은 '낙심한 심정의, 절망적인' 등을 의미한다). 히긴스를 비롯한 여러 연구자들의 연구 결과들(1992)은 이러한 두 가지 예측을 모두 뒷받침해 주며, 문헌에서 볼 수 있듯, 일반적으로 상이한 유형의 우울증을 구별하는 다른 연구들(예컨대, Bandura, 1986; Blatt, D'Afflitti and Quinlan, 1976)과 일치한다.

또 다른 일련의 연구에서 판 후크와 히긴스(Van Hook and Higgins, 1988)는 상충하는 목표들이 자기 조절적 혼란을 야기할 수밖에 없기 때문에 이상과 당위 사이의 갈등이 혼란과 관련된 증상과 독특하게 관련이 있을 것이라는 가설을 검증했다. 이상과 당위 사이에 갈등이 있는 대학생들은 현실과 이상의 불일치 수준과 현실과 당위의 불일치 수준을 통제해서, 이상과 당위 사이에 갈등이 없는 대학생들로 이루어진 통제 집단과 비교되었다. 예상대로 이상과 당위 사이에 갈등이 있는 참가자들은 그러한 갈등이 없는 참가자들보다 혼동, 혼란, 자아와 목표에 대한 불확실성, 정체성 혼란, 우유부단, 주의산만성, 반항 등의 증상을 더 자주 경험한다고 보고했다.

자기 불일치 활성화와 일시적 정서 고통

이상적인 자기 조절과 당위적인 자기 조절이 동기적으로 개별적인 것이라면, 심지어 두 종류의 불일치를 모두 보이는 개인의 경우에도 원하는 최종상태들 중 어느 쪽 하나를 활성화할 수 있고 개별적인 정서를 야기할 수밖에 없다. 이러한 가설은 히긴스를 비롯한 여러 연구자들이 수행한 한 연구에서 검증되었다(1986, study 2). 대학생 참가자들은 실험 몇 주 전에 '자기 질문지'를 작성했다. 이 연구는 두 가지 유형의 불일치를 모두 보이거나 두 가지 유형 어느 쪽도 불일치를 보이지 않는 개인들을 모집했다. 이 연구의 표면상의 목적은 전 생애 발달 연구를 위해서 청년 표본의 내성(內省)을 얻는 것이다. 참가자의 절반은 이상적인 자기 점화[3] 조건에 무작위로 배정된 다음, 자신들과 부모가 자신들이 되기를 바랐던 이상적인 인간형을 기술하고, 수년 동안 자신들의 그러한 희망과 열망에 어떤 변화가 있었는지를 기술했다. 나머지 절반의 참가자들은 당위적인 자기 점화 조건에 배정된 다음, 자신들과 부모가 자신들이 되어야 한다고 믿었던 인간형을 기술하고 수년 동안 자신들의 본분과 의무에 대한 그 믿음에 어떤 변화가 있었는지를 기술했다.

참가자들은 점화 조작 전후에 낙담과 관련된 정서(예를 들어, 슬픔, 실망, 낙심)와 동요와 관련된 정서(신경과민, 걱정, 긴장)를 모두 포함하고 있는 기분 설문지를 작성한다. 예상대로, 실제 자기와 이상적 자기의 불일치와 실제 자기와 당위적 자기의 불일치를 가진 개인들은 이상적 자기 점화의 경우에는 낙담과 관련된 정서의 증가를 경험했지만, 당위적 자기 점화의 경우에는 동요와 관련된 정서의 증가를 경험했다. 점화는 불일치하지 않은 개인에게는 아무런 영향을 미치지 않았다.

이 연구를 반복하고 확대하면서, 스트라우만과 히긴스(Strauman and Higgins, 1987)는 이상적인 자기나 당위적인 자기에 포함된, 원하는 단일 특성만을 점화하는 것이 각각 낙담과 관련된 정서 증후군이나 동요와 관련된 정서 증후군을 일으킬 것인지의 여부를 검증했다. 몇 주 전에 대학생 참가자들에게 배포한 '자기 질문지'에 대한 응답을 근거로 해서 두 개 집단의 대학생 참가자들 ― 실제 자기와 이상적인 자기의 불일치가 우세한 개인들(즉, 실제 자기/이상적인 자기의 불일치가 상대적으로 높고 실제 자기와 당위적인 자기의 불일치가 상대적으로 낮은 개인들)과 실제 자기와 당위적인 자기의 불일치가 우세한 개인들 ― 을 선정했다.

비밀리의 개별적인 점화 기법은 '다른 사람들에 대한 사고의 생리적인 효과'를 연구하는 과제에서 자기 특성을 활성화하는 데 사용되었다. 참가자들은 "X라는 사람은 _____"(X는 '친절한'이나 '지적인' 등과 같은 특성 형용사였다)라는 형식의 문구를 받은 다음에, 최대한 빨리 각 문장을 완성하라는 요구를 받았다. 각 문장 해결과 관련해 피험자의 총 언어화 시간과 피부 전도성 진폭이 기록되었다. 또한 참가자들은 테스트의 시작과 끝 무렵에 자신들의 낙담과 관련된 정서와 동요와 관련된 정서를 보고했다.

[3]   선행 사건이나 자극, 사전 정보가 후속 반응에 영향을 미치는 현상.

세 가지 점화 조건이 있었다. 첫 번째는 '비일치성' 점화로 여기에서 특성 형용사는 개인의 이상적인 자기나 당위적인 자기에서는 나타나지만, 실제 자기에서는 나타나지 않는 특성이었다. 두 번째는 '불일치성' 점화로, 여기에서 특성 형용사는 개인의 이상적인 자기나 당위적인 자기에 나타나고, 개인의 실제 자기와는 모순되는 특성이었다. 그리고 세 번째는 '결합된 (불일치성)' 점화로, 여기에서 특성 형용사는 개인의 이상적인 자기, 당위적인 자기, 또는 실제 자기에 나타나지 않지만 '불일치성' 점화 조건의 다른 참가자에게 적용되는 것과 동일한 특성이었다. 예상대로 실험 결과, '불일치성' 점화 조건에서만 실제 자기와 이상적인 자기의 불일치가 우세한 개인들이 낙담과 관련된 증후군(낙심한 기분의 증가, 표준화된 피부 전도성 진폭의 감소, 총 언어화 시간의 감소)을 경험한 반면에 실제 자기와 당위적인 자기의 불일치가 우세한 개인들은 동요와 관련된 증후군(동요된 기분의 증가, 표준화된 피부 전도성 진폭의 상승, 총 언어화 시간의 증가)을 경험했다.

이 연구를 더욱 확장시킨 스트라우만(1990)은 회상 단서로 목표 특성의 제시가 그 목표가 이상적인 자기일 경우와 당위적인 자기일 경우에, 정서 내용상 다른 자서전적 기억들을 이끌어 낼 수 있는지를 연구했다. 스트라우만과 히긴스(1987)의 선행 연구에서처럼, 스트라우만은 '비일치성' 점화와 '결합된 (불일치성)' 점화를 모두 이용했다. 따라서 특성 단서는 항상 자기 불일치와 관련된, 원하는 최종상태의 특성이었지만, 일부 참가자들의 경우, 특성은 그들 자신의 자기 불일치와 관련이 있는 반면에 다른 참가자들의 경우에 특성은 또 다른 참가자의 자기 불일치와 관련이 있었다. 특성 단서들은 원하는 최종상태로서 이상적인 자기에 포함되는지 아니면 당위적인 자기에 포함되는지 여부에 따라서도 달랐다. 스트라우만(1990)의 연구 결과에 의하면, 내용이 낙담과 관련이 있는 어린 시절의 기억은 참가자들의 당위적 자기보다는 이상적인 자기에서 '불일치성' 특성들을 택했을 경우에 자연스럽게 회상될 가능성이 더 높았다. 마찬가지로, 내용이 동요와 관련된 어린 시절의 기억은 참가자들의 이상적인 자기보다는 당위적 자기에서 '불일치성' 단서들을 택했을 경우에 회상될 가능성이 더 높았다. '결합된' 이상적인 자기와 당위적인 자기의 특성 단서들은 일반적으로 낙담과 관련된 내용이나 동요와 관련된 내용이 거의 없는 (전반적으로 5퍼센트 미만인) 기억을 유발했다.

이상적인 자기 조절과 당위적인 자기 조절의 정서 효과의 조정자로서 조절 초점의 강도

심리학 문헌에는 목표 접근성(예컨대, Clore, 1994)으로 개념화된 목표 강도가 목표 달성과 정서 반응의 관계를 조절한다고 제시되어 있다(Frijda, 1996; Frijda et al., 1992도 참조). 이러한 가설을 입증할 만한 증거는 별로 없지만, 태도 접근성이 태도와 행동의 관계를 조절한다는 증거(Fazio, 1986, 1995)로부터 자극을 받은 히긴스와 샤, 프리드먼(Higgins, Shah and Friedman, 1997)은 조절 초점이 장기적인 목표 달성과 정서 경험의 관계를 조절할 가능성이 있음을 검증했다.

앞서 논의했듯이, 이상적인 목표는 향상 초점을 수반하며 당위적인 목표는 예방 초점을 수반한다. 따라서 이상적인 목표의 강도가 증가할수록 향상 초점의 강도가 높아지고, 당위적인 목표의 강도가 증가할수록 예방 초점의 강도가 높아진다. 태도 접근성에 관한 예전의 연구(Bassili, 1995, 1996; Fazio, 1986, 1995를 참조)와 마찬가지로, 이상과 당위의 강도는 접근성 측면에서 개념화되고 조작되었으며, 접근성은 이상과 당위의 특성에 관한 질문에 대한 개인들의 반응 시간을 통해서 측정되었다. 접근성은 활성화의 잠재력이며, 활성화의 잠재력이 높은 지식 단위는 지식 관련 입력에 대해서 더 빠른 반응을 야기할 수밖에 없다(Higgins, 1996a를 참조). 실제 자기와 이상적인 자기, 당위적인 자기의 특성에 대한 컴퓨터 측정이 본래의 '자기 질문지'와 유사하게 개발되었다. 이상적인 자기의 강도와 당위적인 자기의 강도는 피험자들이 이상적인 자기의 특성과 당위적인 자기의 특성을 작성하고 정도를 평가할 때 걸리는 반응 대기 시간으로 측정했다. 실제 자기와 이상적인 자기의 불일치 및 실제 자기와 당위적인 자기의 불일치는 각 이상적인 자기의 특성과 당위적인 자기의 특성의 정도 평가와 실제 자기의 해당 특성 정도 평가를 비교하여 측정했다(Higgins et al., 1997을 참조).

히긴스와 그의 동료들은(1997)은 이상적인 자기의 강도와 당위적인 자기의 강도, 이상적인 자기와 당위적인 자기의 불일치, 그리고 정서 경험의 유형 사이의 다음과 같은 관계를 가정했다. 즉, (1) 이상적인 자기의 접근성이 증가할수록 실제 자기와 이상적인 자기의 불일치와 낙담한 기분 (혹은 실제 자기와 이상적인 자기의 일치와 유쾌한 기분) 간의 상관관계가 높아질 것이라는 사실처럼 '이상적인 자기의 강도'와 '실제 자기와 이상적인 자기의 불일치'의 상호 작용. 그리고 (2) 당위적인 자기의 접근성이 증가할수록 실제 자기와 당위적 인 자기의 불일치와 동요하는 기분 (혹은 실제 자기와 당위적인 자기의 일치와 조용한 기분) 사이의 상관관계가 높아질 것이라는 사실처럼 '당위적인 자기의 강도'와 '실제 자기와 당위적인 자기의 불일치'의 상호작용. 이러한 예측은 '접근성으로 측정한 이상적인 자기와 당위적인 자기의 강도'가 '실제 자기의 불일치와 일치로 측정한 이상적인 자기 및 당위적인 자기와의 불일치(또는 일치)의 크기'와는 비교적 상관이 없다고 가정한다는 점에 유념해야 한다. 실제로 히긴스를 비롯한 기타 연구자들은 각각의 연구를 통해 이 두 가지 측정치가 상관관계가 없다는 사실을 밝혔다.

히긴스와 그의 동료들(1997)은 세 가지 상관관계 연구를 시행했다. 두 가지 연구는 자기 불일치(또는 일치)와 대학생 참가자들이 지난 주 동안 상이한 종류의 정서를 경험한 빈도 사이의 관계를 검증했다. 세 번째 연구는 자기 불일치(또는 일치)와 수행 과제를 시작하기 전에 대학생 참가자들이 경험한 상이한 종류의 정서 강도 사이의 관계를 검증했다. 이 세 가지 연구들은 모두 예측을 입증했다.

이러한 연구들은 자기 불일치의 크기와 무관한 동기 변인으로서 조절 초점의 강도가 장기적인 목표 달성과 정서 경험 간의 관계를 조절한다는 제안을 입증한다. 보다 일반적으로 그러한 연구들은 원하는 최종상태로서 이상적인 자기 및 당위적인 자기와 관련한 자기 조절이 개별적인 것이라는 사실을 입증한다. 이상의 자기 조절은 향상 초점을 수반한다. 결국 향상 초점이 강할수록 향상이 작동할 경우에는 쾌활함과 관련된 정서 경험이 강해지고, 향상이 작동하지 않을 경우에는 낙담과 관련된 정서 경험이 강해진다. 반면에 당위의 자기 조절은 예방 초점을 수반한다. 예방 초점이 강할수록 예방이 작동할 경우에는 침착과 관련된 정서 경험이 강해지고, 예방이 작동하지 않을 경우에는 동요와 관련된 정서 경험이 강해진다.

조절 초점과 정서 경험의 상황적 변동성

히긴스와 그의 동료들의 연구들(1997)은 장기적인 향상 초점이나 예방 초점이 장기적인 목표 달성과 정서 경험의 관계에 영향을 미친다는 것을 입증했다. 히긴스와 그의 동료들은 일시적인 목표 달성과 상황적으로 활성화된 조절 초점의 경우에도 유사한 조절 초점의 영향이 발견될 것이라고 가정했다. 그들은 목표 달성이나 달성 실패의 실제 결과와 성공 및 실패의 기준을 모두 일정하게 유지하는 방식으로 조절 초점을 조작하고자 네 번째 연구에서 프레이밍[4] 기법을 사용했다. 다만 지시 사항의 조절 초점은 상이했다.

과제는 세 글자로 된 이름들을 암기하는 것이었다. 향상 초점의 경우, 참가자들은 5달러를 가지고 시작했고, 이득 여부에 관한 지시 사항은 다음과 같았다. "당신은 상위 30퍼센트에 드는 점수를 득점하면, 즉 많은 문자열을 기억해 내면, 1달러를 얻게 될 것입니다. 그러나 상위 30퍼센트에 드는 점수를 득점하지 못하면, 즉 많은 문자열을 기억해 내지 못하면, 1달러를 얻지 못할 것입니다." 예방 초점의 경우, 참가자들은 6달러를 가지고 시작했고 손실 여부에 관한 지시 사항은 다음과 같다. "당신은 상위 30퍼센트에 드는 점수를 득점하면, 즉 많은 문자열을 망각하지 않으면, 1달러를 잃지 않을 것입니다. 그러나 상위 30퍼센트에 드는 점수를 득점하지 못하면, 즉 많은 문자열을 망각하면, 1달러를 잃게 될 것입니다." 과제 수행 후에, 참가자들은 과제에 성공했거나 실패했다는 잘못된 피드백을 받았다.

피드백과 일치하는 정서 변화, 즉 성공 후에는 긍정적인 정서가 증가하고 부정적인 정서가 감소하고, 실패 후에는 긍정적인 정서가 감소하고 부정적인 정서가 증가하는 현상은 '향상 프레이밍 조건'과 '예방 프레이밍 조건'에서 차이가 있을 것이라고 예측되었다. 쾌활/낙담 차원에서 피드백과 일치하는 변화는 예방 프레이밍 조건의 참가자들보다 향상 프레이밍 조건의 참가자들에게 더 크게 나타날 수밖에 없다. 이에 반해, 침착/동요 차원에서 피드백과 일치하는 변화는 향상 프레이밍 조건의 참가자들보다 예방 프레이밍 조건의 참가자들에게서 더 크게 나타날 수밖에 없다. 연구 결과들은 두 예측을 모두 입증했다.

로니와 히긴스, 샤(1995)도 조절 초점의 상황적 변동성이 정서 경험에 영향을 미칠 수 있다는 증거를 발견했다. 첫 번째 연구의 대학생 참가자들은 두 가지 과제를 수행할 것이라는 지시 사항을 들었다. 모든 사람들의 첫 번째 과제는 예비 검사를 통해 모든 사람들이 풀 수 있다는 것이 검증된 쉬운 애너그

램(Anagram, 철자 바꾸기)[5]과 풀 수 없는 애너그램를 모두 포함하고 있는 애너
그램 과제였다. 그 과제에 속한 쉬운 애너그램의 수는 참가자들이 배정받은
전체 목표를 궁극적으로 달성할 것이라는 사실을 보장해 주었다. 모든 참가
자들은 인기 있는 운명의 수레바퀴(Wheel of Fortune) 게임의 컴퓨터 시뮬레
이션 혹은 매우 지루해 보이도록 묘사된 '불변의 반복'이라는 과제가 두 번째
과제일 거라는 소리를 들었다.

두 번째 과제로 지루한 게임보다는 재미있는 게임을 하게 될 수행 가능성
은 모두에게 동일했지만, 그 가능성의 프레이밍은 실험적으로 동일하지 않았
다. 참가자들 중 절반은 25개의 애너그램 중 22개(혹은 그 이상)를 풀면 '운명
의 수레바퀴' 게임을 할 수 있을 거라는 향상 초점을 부여받았다. 그 만큼 풀
지 못하면 그들은 '불변의 반복' 과제를 하게 될 것이다. 나머지 절반의 참가
자들은 25개의 애너그램 중에서 못 푸는 것이 4개(혹은 그 이상)가 있으면, '불
변의 반복' 과제를 하게 될 것이라는 예방 초점을 부여받았다. 못 푸는 것이
그보다 적어야, 그들은 '운명의 수레바퀴' 게임을 하게 될 것이다. 앞서 언급
했듯이 모든 참가자들은 과제를 성공적으로 수행했다. 연구 결과에 의하면,
목표를 달성한 후에 향상 초점을 가진 참가자들은 상대적으로 더 쾌활한 기
분을 느꼈고, 예방 초점을 가진 참가자들은 상대적으로 더 침착한 기분을 느
꼈다. 두 번째 연구의 대학생 참가자들은 풀 수 있는 애너그램과 풀 수 없는
애너그램을 모두 포함하고 있는 일련의 애너그램 과제를 수행했다. 참가자들
은 각각의 과제를 매번 시행할 때마다 성공 혹은 실패라는 피드백을 받았다.
참가자들 중 절반은 애너그램을 풀 경우에는 "맞아요, 당신은 그 과제를 맞췄
어요" 혹은 애너그램을 풀지 못할 경우에는 "당신은 그 과제를 맞추지 못했어
요"와 같은 향상 초점 피드백을 받았다. 나머지 절반의 참가자들은 애너그램
을 풀 경우에는 "당신은 그 과제를 못 맞히지 않았어요" 혹은 애너그램을 풀
지 못할 경우에는 "틀렸어요, 당신은 그 과제를 못 맞혔어요"와 같은 예방 초
점 피드백을 받았다. 그 과제에 속한 풀 수 없는 애너그램의 수는 모든 참가
자들이 배정받은 전체 목표를 궁극적으로 달성하지 못하게 했다. 이 연구 결
과에 의하면, 목표를 실패한 후에 향상 초점을 가진 참가자들은 상대적으로
더 낙담한 기분을 느낀 반면에 예방 초점을 가진 참가자들은 상대적으로 더

5   단어나 문장을 구성하고 있는 문자의 순서를 바꾸어 다른 단어나 문자를 만드는 놀이(과제).

동요감을 느낀 것으로 나타났다.

이러한 연구들은 조절 초점이 사람들이 과제에 성공하거나 실패할 때 경험하는 정서 유형에 영향을 미칠 수 있음을 증명한다. 브렌들과 히긴스, 렘 (Brendl, Higgins and Lemm, 1995)은 조절 초점이 다양한 양의 금전적 이득이나 손실에 대한 사람들의 감정적인 민감성에도 영향을 미칠 수 있다는 가설을 세웠다. 참가자들은 이처럼 다양한 이득이나 손실 양에 대한 자신들의 정서 반응의 강도를 나타내는 데 소리 강도를 사용하도록 훈련받았으며, 따라서 상이한 크기의 이득이나 손실 차이에 대한 정신 물리학적 측정치를 얻었다. 조절 초점과 참가자들의 궁극적 경험의 고통 및 쾌락을 변화시키는 네 가지 실험조건이 있었다. 그중 한 실험 조건에서 참가자들은 학기말 시험을 치른 다음 날, 학교에서 집으로 돌아오기 위해서 비행기 표를 구입하는 일을 상상해 보라는 요구를 받았다. 여행사 직원은 그들에게 비행기 표의 가격은 이륙 시간에 따라 다르다고 말했다. 참가자들은 자신들이 비행기에 탑승할 수 있는 시간이 학기말 시험이 언제 끝나느냐에 달려 있다는 사실을 알고 있었다.

향상 프레이밍 조건에 속한 참가자들은 더 저렴한 항공편을 이용해 50달러를 절약하게 될 거라는 희망을 기대했던 상황을 상상해 보라는 요구를 받았다. 최종 일정을 확인한 결과, 그들은 저렴한 항공편을 이용할 수 있을 것이고, 따라서 50달러를 절약할 수 있는 상황에 기뻐하게 되거나(향상/만족 조건), 그 항공편을 이용할 수 없을 것이고, 따라서 50달러를 절약하지 못할 상황에 실망하게 될 거라는(향상/고통 조건) 것을 알게 되었다. 예방 프레이밍 조건에 속한 참가자들은 더 비싼 항공편을 이용할 수밖에 없으며, 따라서 50달러의 추가 비용을 더 치를 수밖에 없는 사실에 걱정했던 상황을 상상해 보라는 요구를 받았다. 최종 일정을 확인한 결과, 그들은 더 비싼 항공편을 이용할 필요가 없으며, 따라서 50달러의 추가 비용을 더 쓰지 않아도 된다는 것에 안도감을 느끼게 되거나(예방/만족 조건), 더 비싼 항공편을 이용해야 하며, 따라서 50달러의 추가 비용을 더 써야만 한다는 사실에 화가 날 거라는(예방/고통 조건) 사실을 알게 되었다.

참가자들은 자신들의 기분 강도에 어조 강도를 맞춰, 자신들이 절약했거나 추가로 써야 했던 50달러에 대한 기분을 표현했다. 다음으로, 그들은 17달러에서 150달러에 이르기까지 다양한 금전적인 결과를 상상했고, 각각의 기분 강도에 어조 강도를 매치시켰다. 상이한 금전적 결과들과 음성 강도들 간의 관계는 이득 증가 또는 손실 증가에 대한 감정의 차이를 반영한, 각 참가자의 회귀선과 (양의) 기울기 계수를 산출했다. 브렌들과 그의 동료들은(1995)은 개인들의 장기적인 조절 초점(이상 자기 조절 대 당위 자기 조절)과 개인들의 프레이밍 조건의 조절 초점(향상 대 예방) 사이에 불일치가 있을 경우에, 시나리오 결과의 쾌락이나 고통이 통제되면서, 감정 차이가 줄어든다는(즉, 기울기가 덜 양적이라는) 사실을 밝혔다. 브렌들을 비롯한 연구자들은 이러한 감정 차이의 감소를 향상 초점과 예방 초점이 동시에 활성화되었을 때 서로를 억제하는 두 초점의 측면에서 설명하였다. 그러한 억제가 없을 경우에는 강한 조절 초점은 감정 차이를 증가시켰다.

이와 같이 예시된 연구들(뿐만 아니라 여기서 고찰하지 않은 다른 연구들)의 결과는 사람들이 경험하는 정서 유형과 강도에 향상 초점과 예방 초점의 장기적이거나 일시적인 변동이 유의미한 영향을 미친다는 강력한 증거를 제공한다. 향상 초점을 가진 자기 조절이 작동할 경우에는 사람들은 쾌활함과 관련된 정서를 경험하고, 그것이 작동하지 않을 경우에는 낙담과 관련된 정서를 경험한다. 반면에 예방 초점을 가진 자기 조절이 작동할 경우에는 사람들은 침착과 관련된 정서를 경험하고, 그것이 작동하지 않을 경우에는 동요와 관련된 정서를 경험한다. 또한, 향상 초점과 예방 초점 모두의 경우, 그런 정서의 강도와 감정 차이성은 조절 초점의 강도가 높아질수록 커진다.

이러한 점과 관련해 조절 초점 논의를 요약해 보면, 조절 향상의 초점은 열망과 성취에 맞춰져 있는 반면에 조절 예방의 초점은 안전과 책임에 맞춰져 있다. 조절 향상과 조절 예방은 각각 피양육 욕구와 안전 욕구, 강한 이상의 사회화와 강한 당위의 사회화, 이득/비이득의 상황과 손실/비손실 상황에 의해서 야기된다. 조절 향상은 긍정적인 결과의 존재 또는 부재와 쾌활/낙담과 관련된 정서를 수반하는 심리적인 상황을 야기하는 반면에 조절 예방은 부정적인 결과의 부재 또는 존재와 침착/동요와 관련된 정서를 수반하는 심리적인 상황을 야기한다.

그림 13.1은 지금까지 논의해 왔을 뿐만 아니라 앞으로 논의하게 될, 향상 초점과 예방 초점과 개별적인 관계가 있는 다양한 심리적 변인들을 요약한 것이다. 입력 측면(그림 13.1의 왼쪽)에서는 피양육 욕구, 강한 이상, 이득/비이득을 수반하는 상황이 향상 초점을 야기하는 반면에 안전 욕구, 강한 당위,

그림 13.1 향상 초점 및 예방 초점과 개별적인 관계가 있는 심리적인 변인들

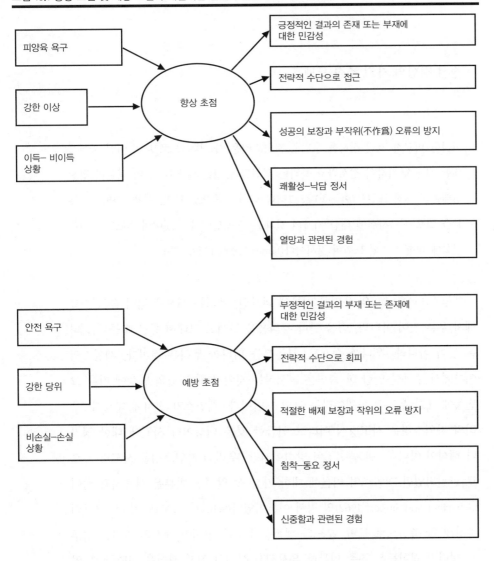

비손실/손실을 수반하는 상황은 예방 초점을 야기한다. 출력 측면(그림 13.1 의 오른쪽)에서는 향상 초점이 긍정적인 결과의 존재 또는 부재에 대한 민감성, 그리고 전략적 수단으로서의 접근을 야기하는 반면에 예방 초점은 부정적인 결과의 부재 또는 존재에 대한 민감성, 그리고 전략적 수단으로서의 회피를 야기한다. 우리는 앞으로는 조절 향상과 조절 예방이 미치는 다른 개별적인 효과를 살펴 볼 것이다. 다음에서 우리는 정서 경험을 조절 초점 그 자체의 효과 이상으로 확대해 고찰할 것이다. 또한 우리는 정서 경험의 자기 조

13장

543

절 모델을 제안하고 그것을 다른 대안적인 모델들과 비교해 볼 것이다.

정서 경험의 자기 조절 모델

이러한 비교적 거친 정서를 우리의 자연스러운 사고방식으로 보면 어떤 사실에 대한 정신적 지각이 정서라고 불리는 정신적 감정을 일으키고, 이 정서의 정신 상태는 신체적 표현을 야기한다. 그러나 나의 이론으로 보면, 신체의 변화는 흥분을 일으키는 사실에 대한 지각의 결과로 곧장 일어나는 것이며, 바로 그 신체 변화에 대한 우리의 느낌이 정서이다(James, 1890/1948: 375).

제임스(1890/1948)의 유명한 이론에 의하면, 우리는 재산을 잃어 슬프고 그래서 우는 것이 아니라, 곰을 만나 두려움을 느끼고 그래서 몸을 부들부들 떠는 것이 아니라, 우니까 슬프고, 부들부들 떠니까 두려운 것이다. 제임스의 이론에서 주목할 만한 한 측면은 정서라는 것이 신체 변화의 발생에 따른 그 변화에 대한 우리의 느낌이라는 그의 제안이다. 제임스가 정서에 대해서 "우리의 자연스러운 사고방식"이라고 언급한 것은 대상이나 사건에 대한 평가나 해석이 아니다. 비록 수정된 방식이지만 "우리의 자연스러운 사고방식"으로 환원되었던 제임스의 이론에 대한 가장 잘 알려진 반론은 샤흐터와 싱어(Schachter and Singer, 1962)의 정서 이론이었다(Schacter, 1964도 참조). 그들의 주장의 한 측면으로 보면, 분노와 행복감과 같은 상이한 정서의 기반을 이루는 생리적 경험들은 종종 너무나 유사해서 상이한 정서 경험을 설명할 수 없다. 그들의 이론이 제시하는 바에 의하면, 교감 신경 방전이나 생리적 각성의 일반적인 패턴이 정서 상태의 특징이다. 이러한 일반적인 생리적 각성은 정서 경험의 필수 조건으로 간주된다.

그들의 주장의 또 다른 측면으로 보면, 생리적 각성은 꼭 필요하지만 정서 경험들 전반에 걸쳐 너무 일반적인 양상을 보이기 때문에 그것만으로는 족하지 않다. 상이한 정서(또는 무정서)를 야기하는 것은 신체 상태에 대한 타당하고 적절한 설명이다. 비정서적인 설명은 정서를 야기하지 않으며, 분노와 관련된 설명은 분노를 야기하고, 행복감과 관련된 설명은 행복감을 야기한다.

따라서 적절한 인지는 정서 경험을 매개한다. 정서 경험에서 인식의 매개를 가정하는 다른 고전적인 정서 접근법으로는 맨들러(1975)의 정서 이론과 라자루스(1966, 1982)의 인지 평가 모델이 있다.

비록 이 오랜 논쟁에서 어느 한쪽 편을 드는 것이 더 흥미로울 수도 있겠으나(Zajonc, 1980 또한 참조), 우리는 정서 경험에 대한 세 번째 관점을 가지고 있는데, 이는 앞으로 제시될 다른 대안들 각각의 일부 측면을 공유하고 있다. 우리의 관점은 생리적 분석 수준이나 인지적 분석 수준을 강조하기보다는 자기 조절의 동기적 역할을 강조한다. 쾌락 원칙과 일치하는 우리의 관점은 사람들이 다른 상태에 비해 특정한 어떤 상태를 더 선호하며, 자기 조절은 선호하지 않는 상태에 비해 선호하는 상태의 발생을 지원한다고 가정한다. 그러나 이와 같은 관점은 그러한 자기 조절이 일어나는 상이한 방법들이 있고 그러한 상이한 방법들이 상이한 정서의 기반을 이룬다고 가정하기도 한다.

자기 조절이 작동할 때, 사람들은 쾌락을 경험하고 자기 조절이 작동하지 않을 때 고통을 경험한다. 즉, 사람들의 쾌락과 고통 경험은 자기 조절 유효성에 달려 있다. 성공이나 실제 자기의 자기 지침과의 일치에 관한 피드백은 쾌락을 야기하고 실패나 실제 자기의 자기 지침과의 불일치는 고통을 야기한다. 조절이 작동하거나 작동하지 않는 것에 대한 피드백이 각각 쾌락과 고통의 기본적인 경험의 기반이 된다는 개념은 대부분의 평가 이론에서도 공통적으로 언급되는 것이다(예컨대, Frijda, 1986; Ortony, Clore and Collins, 1988; Roseman, 1984). 하지만 우리는 또한 사람들이 경험하는 쾌락 유형과 고통의 유형은 어떤 유형의 자기 조절이 작동하는지 또는 작동하지 않는지에 달려 있다고 제안한다. 예를 들어, 원하는 최종상태(예컨대, 열망)에 대한 향상 초점과 관련한 자기 조절은 작동할 때는 기쁨을 야기하고 작동하지 않을 때는 실망을 야기하는 반면에 원하는 최종상태(예컨대, 책임)에 대한 예방 초점과 관련한 자기 조절은 작동할 때는 평온함을 야기하고, 작동하지 않을 때는 긴장을 야기한다(Higgins, 1996b를 참조).

우리는 자기 조절이 작동하는지 작동하지 않는지에 대한 피드백 없이, 사람들이 일반적으로 한 순간부터 다음 순간까지 자기 조절에 참여한다고 제안한다. 즉, 사람들의 일상적인 경험의 대부분은 선호하지 않는 상태보다 선호하는 상태를 얻으려는 지속적인 시도 — 그 시도의 성공에 대한 어떠한 현재의 피드백 없이도 — 인 것이다. 예를 들어, 한 사람은 자신이 올바른 방향으로 걷고 있는지와 같은 목적 자체에 대한 피드백이 없어도, 순조롭고 빠르게 거리를 걸어 내려가고 있는 상황에 대한 피드백처럼 목적을 이루기 위한 수단에 대한 피드백을 가질 수 있다. 우리의 입장은 이러한 경험들이 동기적인 것이라도 그 자체 정서적인 것은 아니라는 것이다(Pribram, 1984 참조). 예컨대, 한 수업을 경청하고 있는 한 학생은 정서를 느끼지 않고도 자신의 노력과 집중을 경험할 수 있다. 그러나 그 학생이 교사가 던진 질문에 대답하고서 그에 대한 정답이나 오답에 관한 피드백을 받으면 정서를 경험할 것이다.

또한 인공두뇌학에서 영감을 받은 다른 모델들은 자기 조절이 성공하고 있거나 실패하고 있다는 피드백으로부터 정서가 발생한다고 가정한다(예컨대, Carver, 1996; Pribram, 1970). 우리의 기본적인 제안은 사람들은 상이한 유형의 자기 조절에 참여한다는 것이다. 사람들은 특정한 유형의 자기 조절이 작동하거나 작동하지 않는다는 피드백을 받을 때, 그러한 유형의 자기 조절과 관련된 쾌락이나 고통을 경험한다. 따라서 정서는 특정한 유형의 자기 조절 유효성의 직접적인 경험이다.

이러한 제안을 하면서 우리는 몇 가지 점을 강조하고자 한다. 자기 조절의 작동이나 비작동의 측면에서 긍정적인 정서 경험과 부정적인 정서 경험의 기본적인 구분은 여러 가지 정서 이론에서 볼 수 있는 구분과 유사하다. 우리의 제안의 이러한 측면은 특별히 새로운 것은 아니다. 더 새로운 것은 어떤 유형의 자기 조절 체계가 작동하고 있는지, 아니면 작동하고 있지 않은지에 따라 즉시 특정한 유형의 긍정적 정서와 특정한 유형의 부정적 정서가 경험될 것이라는 개념이다. 예를 들어, 사람들은 작동하고 있지 않은 향상 조절에 참여할 때는 슬픔을 경험하는 반면에 작동하고 있지 않은 예방 조절에 참여할 때는 긴장을 경험한다. 특정한 정서가 나타나기 위해서는 그러한 조절이 작동하고 있는지, 작동하고 있지 않은지에 대한 피드백 외에 추가적인 정보 처리(의식적이든 무의식적이든)는 필요하지 않다. 그보다는 오히려 특정한 유형의 자기 조절의 유효성에 대한 피드백을 받을 때 개인이 그와 같은 자기 조절에 참여한다는 사실이 특정한 정서와 직결된다.

그럼 이제 우리의 제안을 다른 정서 경험 모델들과 비교해 보자.

정서 경험 평가 모델

우리는 정서라는 것이 작동하거나 작동하지 않는 특정한 조절 과정에 대한 개인의 경험이라고 제시하고자 한다. 어떤 사건이 발생하고 그 사건은 어떤 일련의 심리적 차원에 따라 해석되고 그다음에 어떤 특정한 정서가 유발된다는 관점은 사실이 아니다. 우리는 (앞서 설명한) 샤흐터와 싱어(1962)의 정서 이론이나 와이너(Weiner, 1982, 1986)의 정서 이론처럼 매개체를 통한 설명을 전제하는 모델과 같은 인지 모델을 제안하지 않는다. 샤흐터와 싱어의 모델에서, 개별 정서는 한 개인이 우선 생리적 각성을 경험하거나(감지하고), 그다음에 특정한 상황에 대한 평가에 따라 특유의 정서 방식으로 신체 상태를 설명할 때 일어난다. 와이너의 모델에서, (행복감과 슬픔을 제외한) 개별 정서는 한 개인이 우선 성공이나 실패와 같은 결과를 경험하고, 그다음에 그 결과에 대한 특정한 인과적 귀인의 조합을 만들 때 일어난다.

우리의 자기 조절 유효성 모델에서 피드백을 평가의 한 형태로 간주할 수 있다는 것은 사실이다. 하지만 이러한 평가만으로는 쾌락이나 고통만을 유발할 수 있을 것이다. 개별적인 자기 조절 과정은 작동하거나 작동하지 않는 상태로 경험되기 때문에 개별 정서가 발생하는 것이다. 이 개별 정서가 유발되기 위해서 필요한 것은 효과 있는 자기 조절 과정이 작동하고 있거나 작동하고 있지 않다는 피드백뿐이다. 의식적이든 무의식적이든 추가적인 평가는 필요하지 않다.

이는 우리의 모델이 '평가' 모델과 일반적으로 다르다는 것을 말하는 것이 아니다. 예를 들어, 어떤 모델들은 평가가 정서를 야기한다고 주장하는 일 없이 단순히 평가 패턴을 특정한 정서와 관련시킨다(예컨대, Shaver et al., 1987; Smith and Ellsworth, 1985). 또한 평가의 개념은 매우 폭넓게 사용되어 왔다. 예를 들어, 라자루스(1982)는 평가를 어떤 대상이나 사건이 웰빙에 대해서 갖는 중요한 의미 면에서 바라본 그 대상이나 사건의 정서적인 의미로 설명한다. 또한 그러한 의미는 일생 동안 발전한 몰입에 내재할 수 있다. 아마도 조절 예상, 조절 참조, 조절 초점은 모두 이러한 측면에서 이해될 수 있을 것이다. 그렇다면, 이러한 측면에서 우리의 모델은 신체의 변화를 강조하는 제임스의 모델보다는 평가 모델에 더 가깝다.

그러나 중요한 점은 우리 모델에서는 자기 조절이 작동하고 있거나 작동하고 있지 않다는 피드백이 있기 전에 이미 평가 변인들이 존재한다는 것이다. 많은 평가 모델들과 달리, 우리의 평가 모델은 성공이나 실패의 피드백과 같은 사건이 일어난 다음에 어떤 정서를 야기하는 인지적 평가 과정(그리고 대처 활동)이 일어난다고 제시하지 않는다(Scherer, 1988). 우리는 환경과의 지속적인 교류(交流)의 중요성에 대한 평가적인 판단이 정서를 유발한다고 제시하는 것이 아니다. 그보다는 작동하거나 작동하지 않는 특정한 자기 조절 과정에 대한 직접적인 경험이 정서라 할 수 있다.

우리의 정서에 관한 관점은 모든 느낌들 사이의 기본적인 유사성을 강조한다. 사람들은 '허기가 느껴진다'거나 '현기증이 느껴진다'고 말한다. 우리는 이러한 느낌이 작동하지 않는 특정한 조절 과정에 대한 직접적인 경험을 포괄한다고 주장하고자 한다. 이러한 느낌은 정서적 느낌과는 다르다. 왜냐하면 그 기반을 이루는 자기 조절 과정의 유형이 서로 상당히 다르기 때문이다. 오토니와 클로어, 콜린스(1988)가 제시하듯이 정서는 개인의 신체 상태보다는 개인의 목표나 태도나 기준의 상태에 관한 것이다. 이러한 중요하고 기본적인 차이점을 제임스의 정서 이론은 충분히 포착하지 못한다. 반면에 대부분의 평가 모델들은 작동하거나 작동하지 않는 특정한 유형의 조절 과정에 대한 직접적인 경험으로서의 모든 느낌들 사이의 기본적인 유사성을 충분히 포착하지 못한다.

우리의 자기 조절 정서 경험 모델은 일반적인 관점에서뿐만 아니라 그것이 강조하는 심리적 차원에서도 예전의 평가 모델들과는 다르다. 우리의 자기 조절 모델이 대부분의 예전 평가 모델들과 공유하는 한 가지 차원과 대부분의 예전 평가모델들이 서로 공유하는 경향이 있는 한 가지 차원은 자기 조절 유효성의 기본적인 차원이다. 이 차원을 로즈만(1984)은 하나의 사건이 개인적인 동기와 일치하는지 일치하지 않는지의 문제인 상황적인 상태로 일컬어 왔고, 셰어(Scherer, 1988)는 하나의 사건이 유기체의 목표를 성취하는 데 방해가 되는지 아니면 도움이 되는지의 문제인 목표 전도성으로 일컬어 왔다. 그 차원은 많은 모델에서 다양한 명칭 아래 기본적인 쾌락과 고통의 차원으로 이용된다(예컨대, Frijda, Kuipers and ter Schure, 1989; Ortony et al., 1988; Smith and Ellsworth, 1985).

평가 모델들에는 현재 우리의 모델이 언급하지 않는 심리적 차원이 많으며, 가장 흔한 (자신이나 다른 사람들이 일으키는) 작용과 새로운 경험도 존재한다. 반면에 평가 모델들은 자기 조절 차원에 상대적으로 거의 주의를 기울이지 않았다. 조절 예상은 각각 유쾌하거나 불쾌한 사건의 확률 또는 확실성의 측면에서 '희망'과 '두려움'을 설명하는 모델에서 어느 정도 나타난다(Frijda et al., 1989; Roseman, 1984; Smith and Ellsworth, 1985). 조절 참조에 대해서는 몇몇 모델이 제한된 관심을 가질 뿐이었다. 예를 들어 로즈만(1984)은 보상을 얻으려는 동기(욕구 동기)와 처벌을 피하려는 동기(혐오 동기)를 구별하는 동기 상태 차원을 설명한다. 이처럼 접근을 수반하는 욕구 동기 체계와 회피를 수반하는 혐오 동기 체계 간의 구별은 다른 모델들에서도 발견된다(예컨대, Gray, 1982; Konorski, 1967; Lang, 1995; Mowrer, 1960). 프리자의 정서의 행동 준비 구성 요소에는 접근하려는 경향과 회피하거나 도망치는 경향 간의 구별이 포함된다(Frijda et al., 1989를 참조). 스테인(Stein)과 그녀의 동료들(예컨대, Stein, Liwag and Wade, 1996)은 무언가를 원하는 것(그리고 그것을 소유하거나 소유하지 않는 것)과 무언가를 원하지 않는 것(그리고 그것을 소유하거나 소유하지 않는 것)을 구별한다.

우리가 알기로는, 조절 준거와 구별되는 심리적 차원으로서의 조절 초점은 예전 모델에서는 고려된 적이 없다. 그러나 예전 모델들이 설명하는 접근과 회피가 조절 참조를 수반하게 될 최종상태와 관련해 움직임과 관련이 있는지 아니면 조절 초점을 수반하게 될 전략적 수단과 관련이 있는지 항상 확신할 수는 없다는 점에 유의해야 한다. 분명한 것은 예전 모델이 조절 참조와 조절 초점을 두 가지 차원으로 명시적으로 구별하지 않는다는 것이다. 따라서 열망이나 성취에 초점을 맞춘 향상 초점으로 원하는 최종상태에 접근하는 것은 안전이나 책임에 초점을 맞춘 예방 초점으로 원하는 최종상태에 접근하는 것과 구별되지 않았다. 그보다는 오히려, (보상과 같은) 원하는 최종상태나 예상되는 쾌락에 대한 접근과 (처벌과 같은) 원하지 않는 최종상태나 예상되는 고통에 대한 회피 간의 구별이 있다.

조절 준거와 조절 초점의 구별 없이, 개인은 원하는 최종상태의 달성이 향상과 예방 모두의 경우에 동일한 정서를 유발할 것이며, 원하는 최종상태의 비달성 또는 손실이 조절 초점과 무관하게 동일한 정서를 유발할 것이라고 예측해야 할 것이다. 실제로 안전 확보는 보상 확보와 마찬가지로 '만족'을 야기하고, 안전의 상실은 보상 상실과 마찬가지로 '실망'을 야기한다는 견해가 제시되었다(Gray, 1982; Mowrer, 1960). 하지만 우리의 연구가 밝혔듯이, 만족감과 실망감은 자기 조절 예방에 대해서보다, 자기 조절 향상 — 각각 작동하고 작동하지 않는 — 에 대해서 더 일반적인 정서적 반응이다. 작동하는 자기 조절 예방과 작동하지 않는 자기 조절 예방에 대한 일반적인 정서 반응은 각각 '평온감' 또는 '이완감'과 '긴장감' 또는 '신경과민'이다.

정서 평가 모델이나 정서 학습 모델에서 평온감이나 이완감과 같은 정서가 상대적으로 거의 관심을 받지 못했다는 점은 주목할 만한 흥미로운 사실이다. 아마도 두려움과 같은 부정적인 정서에 비해 예방과 관련된 정서는 덜 전형적인 정서로 인식되기 때문일 것이다(Shaver et al., 1987을 참조). 더욱이 이 모델들에서 (고통스러운 미래에 대한 일반적인 불확실성으로서의) 두려움은 상당한 관심을 받았지만, 긴장감이나 신경과민과 같은 정서는 상대적으로 거의 관심을 받지 못했다. 반면에 원형 모델과 같은 정서 경험의 설명 모델은 일반적으로 그러한 정서를 포함한다. 이제 그러한 모델들로 관심을 돌려 보자.

원형 정서 경험 모델

그러한 종류의 정서, 즉 평온감과 이완감 혹은 긴장감과 신경과민을 다루는 두 가지 기본적인 방법이 있었다. 한 종류의 모델은 하나의 차원으로 유의성(즉, 쾌락 대 고통)을 수반하고 또 다른 하나의 차원으로 각성 또는 강도를 수반하는 2차원 구조를 제시한다(Larsen and Diener, 1985; Russel, 1978, 1980). 대안 모델은 하나의 차원으로 높은 부정적인 감정 대 낮은 부정적인 감정을 수반하고 또 다른 하나의 차원으로 높은 긍정적인 감정 대 낮은 부정적인 감정을 수반하는 2차원 구조를 제시한다(Meyer and Shack, 1989; Watson and Tellegen, 1985).

2차원 공간 내에서 어떤 정서가 동시에 발생하는 경향이 있는지에 관련한 문헌에는 상당히 일치하는 견해가 있었다. 평온감과 이완감과 같은 정서는 동시에 발생하는 경향이 있다. 또한 신경과민이나 긴장감이나 공포감과 같은 정서는 서로 동시에 발생하는 경향이 있으나, 평온감과 이완감과 같은 정서와는 동시에 발생하지 않는 경향이 있다(Meyer and Shack, 1989; Russell, 1980; Watson and Tellegen, 1985). 그러나 이 두 가지 유형의 정서 간의 차이를 가장 적절히 설명하는 방법과 관련해서는 일치성이 크지 않았다. 2차원 요인 분석 솔루션에서 직교 차원을 배치할 위치에 관한 사전 정답이 없다는 점이 주목되고 있다(Meyer and Shack, 1989; Watson, Clark and Tellegen, 1984). 그리고 일단 그 공간 내에 배치되면 직교 차원에 명칭을 붙이는 방법에 관한 사전 정답도 없다. 그렇다면 평온감과 이완감 대 신경과민과 긴장감과 같은 정서 간의 차이는 어떻게 다루어야 할까?

한 가지 해결책은 낮은 부정적인 감정 정서로서의 평온감과 이완감을 높은 부정적인 감정 정서로서의 신경과민과 긴장감과 비교하는 것이다. 이 해결책이 지닌 문제는 슬픔, 우울, 실망 그리고 기타 낙담과 관련된 정서 또한 높은 부정적인 감정 정서(Meyer and Shack, 1989; Watson, Clark, and Tellegen, 1984)에 포함되어 왔고, 따라서 그 정서는 신경과민과 긴장감, 기타 동요 관련 정서들과 명확하게 구별되지 않는다는 것이다. 그러나 우리의 연구 결과가 명확히 보여주듯이, 이 두 가지 유형의 정서는 상이한 자기 조절 과정을 수반하는 개별적인 선행 요인을 가지고 있다. 낙담을 낮은 긍정적 감정으로 특징짓는 것이 더 나을지 모르지만, 긍정적인 감정 차원의 그러한 한쪽의 극단은 졸린 느낌이나 피곤한 느낌과 더 밀접하게 연관되어 있다(Watson and Tellegen, 1985).

또 다른 해결책은 유쾌한 정서/낮은 강도의 정서로서의 평온감과 이완감을 고통스러운 정서/높은 강도의 정서로서의 신경과민과 긴장감과 대조해 보는 것일 것이다. 이 해결책이 지닌 문제는 만족감과 같은 낮은 강도의 유쾌한 정서는 결국에는 편안함, 그리고 평온감과 이완감과 같은 기타 감정들과 같은 정서에 포함될 수 있고, 불행감이나 실망감이나 불만감과 같은 낮은 강도의 불쾌한 정서는 결국에는 걱정, 그리고 신경과민과 같은 기타 비교적 낮은 강도의 불쾌한 정서에 포함될 수 있다는 것이다(Russell, 1978). 따라서 낮은 강도의 낙담과 동요 관련 감정들 간의 비판적 구별이 흐려진다. 하지만 아마도 강도 측면에서 상이한 유형의 정서를 구별하는 데 있어 더 큰 문제는 각 유형 자체의 강도가 다를 수 있다는 것이다. 앞서 논의한 바와 같이, (장기적으로든 순간적으로든) 향상 목표 달성에 따르는 쾌활함과 관련된 정서와 향상 목표 달성의 실패에 따르는 낙담과 관련된 정서, 예방 목표 달성에 따르는 침착과 관련된 정서와 예방 목표 달성 실패에 따른 동요와 관련된 정서는 모두 목표나 기준의 세기에 따라 강도가 다를 수 있다(Higgins, Shah and Friedman, 1997).

따라서 강도는 정서 간에 다를 뿐만 아니라 같은 정서상에서도 다를 수 있다. '걱정스러운' 느낌은 '약간 두려운' 느낌을 의미하는 반면에 '오싹한' 느낌은 '극도로 두려운' 느낌을 의미한다. 두 쌍은 강도가 다른 불쾌한 감정이라는 점에서, 걱정과 공포감의 차이는 실망과 두려움의 차이와 같다고 제시하는 것은 낙담과 동요 간의 더 중요한 구별을 무시하게 된다. 실제로 우리는 걱정과 실망감의 차이는 걱정과 공포감의 차이보다는 자기 조절 과정의 유형에 나타나는 더 근본적인 차이를 반영한다는 사실을 제시하고자 한다. 왜냐하면 걱정과 공포감의 각 구성 요인은 예방 초점을 가지고 있는 반면에 걱정과 실망감의 각 구성 요인은 예방 초점과 향상 초점을 가지고 있기 때문이다. 이제 우리의 일반적인 제안이 다른 유형의 정서를 어떻게 다루는지 고찰해 보자.

자기 조절 경험 유형으로서의 정서 유형

우리는 평온감과 이완감, 신경과민과 긴장감, 슬픔과 실망감, 행복감과 만족감을 구별하는 가장 좋은 방법은 조절 초점의 관점에 있다고 제안하고자 한다. 앞서 언급했듯이, 평온감과 이완감은 예방 초점 작동의 직접적인 경험인 반면에 신경과민과 긴장감은 예방 초점 비작동의 직접적인 경험이다. 슬픔과 실망감은 향상 초점 비작동의 직접적인 경험인 반면에 행복감과 만족감은 향상 초점 작동의 직접적인 경험이다. 우리의 자기 조절 관점에서 보면, 이러한 정서는 달성되거나 달성되지 않는 목표나 기준의 세기의 함수로서 그 강도가 다양하다.

물론 (작동하거나 작동하지 않는) 자기 조절 유효성, 조절 초점 유형(향상이나 예방), 그리고 조절 세기 등의 변인만으로는 포착할 수 없는 기타 정서는 많다. 정서 경험에 대한 철저한 설명을 제시하는 것이 우리의 목적이 아니지만, 정서에 대한 자기 조절의 관점이 어떻게 작용할 수 있는지에 대한 독자의 이해를 돕기 위해서 기타 정서 경험들과 그 경험의 바탕이 될 수 있는 자기 조절 과정을 간략히 고찰하는 것은 유용할 것이다.

예전의 정서 모델들이 상이한 종류의 접근과 회피를 수반하는 자기 조절의 두 원칙을 구별하지 않았기 때문에 조절 초점이 어떻게 정서의 기반이 되는지를 고찰하는 것은 특히 유익하다(표 13.1을 참조). 일련의 한 연구에서, 우리는 대학생들에게 조절 참조(원하는 최종상태 접근 대 원하지 않는 최종상태 회피)와 조절 초점(향상 대 예방), 조절 유효성(자기 조절의 작동 대 자기 조절의 비작동)의 함수로서 변하는, 상상 가능한 상황을 제시했다. 예를 들어, 한 상황에서 대학생들에게 자신들이 성취한 사람으로 여기는 유형의 사람 — 위너(원하는 최종상태 접근, 향상 초점) — 이 되고 싶으며, 그러한 성취한 사람이 되고자 하는 시도가 이루어지지 않는다고(자기 조절이 작동하지 않는다고) 상상하도록 요구했다. 또 다른 상황에서, 대학생들에게 자신들이 무책임하다고 여기는 유형의 사람 — 위태로운 사람(원하지 않는 최종상태 회피, 예방 초점) — 이 되고 싶지 않으며, 그러한 무책임한 사람이 되는 것을 피하려는 시도가 잘 이루어진다고(자기 조절이 작동하고 있다고) 상상하도록 요구했다. 우리는 자기 조절이 작동하는 상황의 경우에 대학생들에게 긍정적 정서를 주고, 자기 조절이 작동하지 않는 상황의 경우에 대학생들에게 부정적인 정서를 주는 것으로 조절 유효성을 통제했다. 그러고는 대학생들에게 느껴질 각 정서의 정도를 평가하도록 요구했다.

우리가 밝힌 연구 결과에 의하면, 어떤 정서의 경우, 특정한 상황의 조절 초점만이 실험 참가자들이 말했던 자신들이 경험할 정서 정도에 영향을 미쳤다. 예를 들어, 실험 참가자들은 상황의 조절 참조가 영향을 미치지 않을 경우, 예방 초점이 작동하지 않을 때보다 향상 초점이 작동하지 않을 때 더 슬프고 실망할 것이라고 보고했다. 반면에 다른 정서의 경우, 상황의 조절 참조만이 실험 참가자들이 말했던 자신들이 경험할 정서 정도에 영향을 미쳤다. 예를 들어, 실험 참가자들은 상황의 조절 초점이 영향을 미치지 않는 경우, 원하지 않는 최종상태를 피하려는 시도가 작용할 때보다 원하는 최종상태에 접근하려는 시도가 작용할 때 더 만족스럽고 더 흡족할 것이라고 보고했다. 마지막으로, 참가자들이 말했던 자신들이 경험할 정서 정도에 상황의 조절 초점과 조절 참조가 모두 영향을 미쳤던 정서가 있었다. 예를 들어, 실험 참가자들은 예방 목표를 피하려는 시도가 작용할 때보다 향상 목표에 접근하려는 시도가 작용할 때 더 큰 기쁨을 느낄 것이라고 보고했다. 우리의 연구 결과는 조절 초점과 조절 참조가 모두 사람들의 정서 경험의 기반이 되는 중요한 자기 조절 변인임을 분명히 보여준다.

우리는 자기 조절 과정과 사람들이 경험하는 정서의 부가적인 관계에 대한 선행 연구에서도 증거를 발견했다. '혼란스러운 감정'은 개인의 지식 상태에 대한 정보를 포함하고 있기 때문에 정서 모델들은 일반적으로 그런 감정을 배제한다. 그럼에도 불구하고, 우리는 혼란스러운 감정이 개인의 목표나 기준의 상태에 대한 직접적인 경험을 반영한다고 주장할 것이다. 특히 판 후크와 히긴스(1988)는 혼란스러운 감정은 자기 조절 갈등을 반영한다고 제시했다. 그러한 갈등 중 하나가 자기 지침들 간의 갈등이다. 연구는 이상들 간의 갈등과/또는 당위들 간의 갈등을 가진 대학생들을 그렇지 않은 대학생들로 이루어진 통제 집단과 비교했다. (자기 불일치 정도에 따른 이 표본들의 차이는 통제되었다.) 이 연구 결과에 의하면, 자기 조절 갈등을 가진 참가자들은 혼란스럽고 어리둥절하고 우유부단한 심정을 훨씬 더 빈번히 경험한다.

또 하나의 일반적인 정서는 분노이다. 자기 조절의 관점에서 우리는 사람들이 자신들의 자기 조절 활동을 가로막는 장애를 경험할 때 분노를 느낀다고 예측할 수 있다. 이 관점의 독특한 특징은 조절 초점의 함수로서 분노의 유형들을 구별할 수 있는 능력이다. 조절 체계가 향상 초점을 가질 때 장애가 발생하면, 경험한 분노는 좌절형 분노가 될 것이다. 반면에 조절 체계가 예방 초점을 가질 때 장애가 발생하면 경험한 분노는 분개형 분노가 될 것이다. 이러한 제안과 일치하는, 스트라우만과 히긴스(1988)의 연구 결과에 의하면, 좌절과 관련된 분노가 실제와 이상과의 불일치(향상 초점)와 특유하게 연관되어 있는 반면에 분개와 관련된 분노는 실제와 당위의 불일치(예방 초점)와 특유하게 연관되어 있었다.

이러한 논의는 정서에 대한 일반적인 설명을 제시하려는 목적은 아니다. 우리는 정서 경험을 작동하거나 작동하지 않는 상이한 종류의 자기 조절 과정의 직접적인 경험으로 어떻게 이해할 수 있는지를 설명하고자 하는 것뿐이다. 우리의 입장은 삶의 질의 중요한 측면이 자기 조절 유효성의 직접적인 경험과 관련이 있다는 것이다. 그러나 우리는 또한 자기 조절 유효성에 대한 피드백이 야기하는 고통과 쾌락이 주관적인 웰빙의 전부는 아니라고 믿는다. 사실, 우리는 삶의 경험의 대부분이 자기 조절의 유효성에 대한 피드백과 관계없이 자기 조절과 관련된 비정서적인 경험과 연관이 있다고 믿는다. 우리는 다음에서 그러한 비정서적 경험들을 간략하게 고찰할 것이다.

자기 조절 과정의 비정서적 경험들

특히 사회 및 성격 심리학자들 사이에서 비정서적 경험에 대한 관심이 증가하고 있다(Clore, 1992; Schwarz, 1990; Schwarz and Clore, 1996; Strack,

1992). 지금껏 이루어진 정밀한 연구들은 난관과 노력의 경험이 사람들의 추론과 판단에 어떻게 강한 영향을 미칠 수 있는지를 입증해 왔다(Schwarz et al., 1991). 조절 초점에 대한 연구는 사람들이 어떻게 동기 부여를 받는지가 그들의 삶의 경험에 크게 기여할 수 있음을 시사한다. 그러한 과정을 이해하기 위해서는 향상 초점과 예방 초점의 동기 차이를 좀 더 자세히 고찰할 필요가 있다.

향상 초점은 진보, 성장, 성취 등과 관련이 있다. 향상 목표는 희망과 열망이며, 그 전략적 성향은 원하는 최종상태와의 일치점에 접근하여 진보를 이루는 것이다. 반면에 예방 초점은 안심, 안전, 책임 등과 관련이 있다. 예방 목표는 의무와 책임 또는 심지어 필요성이며, 그 전략적 성향은 신중하고 조심하고, 원하는 최종상태와의 불일치를 피하는 것이다. 이런 차이를 고려해볼 때, 사람들의 자기 조절 상태는 그들의 초점이 예방일 때와 향상일 때 다를 것이라고 예상할 수 있을 것이다. 향상 초점을 가진 사람들의 상태는 진보하고 이득을 얻기 위한 열망 상태일 수밖에 없는 반면에 예방 초점을 가진 사람들의 상태는 안전과 비손실을 보장하기 위한 경계 상태일 수밖에 없다. 열망 상태의 존재는 경계 상태의 존재와는 다른 삶의 경험을 구성한다. 따라서 우리는 조절 초점이 다른 개인들의 삶의 경험은 다르며, 그에 따라 삶의 질도 다르다는 사실을 제시한다.

삶의 경험이 조절 초점의 함수로서 어떻게 다를 수 있는지를 이해하고자, 신호 탐지의 관점[6]에서 열망 상태와 경계 상태가 전략적 성향에 어떻게 영향을 미칠 수 있는지를 고찰해 보고자 한다. 이러한 관점(Tanner and Swets, 1954; Trope and Liberman, 1996)에서 보면, 향상 초점의 열망 상태에 있는 개인들은 특히 '성공'을 이루고 싶어 하고 부작위 오류나 '실패'(성취의 실패)를 피하고 싶어 할 수밖에 없다. 이와는 대조적으로, 예방 초점의 경계 상태에 있는 개인들은 특히 '정확한 배제'를 하고 싶어 하고 작위의 오류나 '잘못된 경보'(실수)를 피하고 싶어 할 수밖에 없다. 전략은 특정 형태의 결과를 확보하고 특정한 다른 결과들을 막는 역할을 하는 정보의 획득, 유지 및 활용 등과 관련한 결정 패턴이다(Bruner, Goodnow and Austin, 1956). 따라서 향상 초점 조절은 성공을 확보하고 부작위 오류를 방지하고자 하는 전략적 성향을

---

6 자극의 탐지가 자극에 대한 피험자의 민감도와 피험자의 반응 기준에 달려 있다는 이론.

수반하는 반면에 예방 초점 조절은 정확한 배제를 확보하고 작위의 오류를 예방하는 전략적 성향을 수반한다(표 13.1과 그림 13.1을 참조).

이런 상이한 전략적 성향이 수행에 어떤 영향을 미칠까? 우선, 애너그램 과제 수행을 고찰해 보자. 애너그램 과제는 참가자들이 문자열에서 숨겨진 하나 이상의 단어를 찾아야 한다. 단어를 찾는 과제의 성공은 합격 또는 '성공'인 반면에 단어를 찾는 과제의 실패는 부작위 오류가 될 것이다. 그렇다면, 이 과제에서 향상 초점의 개인들은 반드시 단어를 찾아내고('성공'하고) 어떤 단어도 빠뜨리지 않기를 열망할 것이다. 결국 향상 초점은 높은 지속성과 어떠한 단어도 찾지 못한 후에는 단어를 찾고자 하는 강한 욕망을 야기할 것이다. 이와 대조적으로, 예방 초점의 개인들은 잘못된 단어의 조합을 경계하며, 잘못된 단어를 만들어 내는 오류를 범하지 않고자 할 것이다. 이러한 경향은 실패가 발생할 가능성이 있는 경우에 명백히 오류를 범하기보다는 많은 단어를 찾고자 하는 개인들의 능력을 억제하고 단어를 찾는 일을 중지하도록 동기를 부여할 수 있다.

이러한 분석의 예측에 따르면, 참가자들은 과제에 어려움을 겪을 때, 열망의 향상 초점 상태는 경계의 예방 초점 상태보다 수행 우위를 보일 것이다. 크로우와 히긴스(Crowe and Higgins, 1997)는 자신들의 연구에 특수하게 설계된 과제들을 포함시키고 조절 초점을 실험적으로 조작을 해서 이러한 예측을 검증했다.

실험 몇 주 전에 실시된 대규모 조사의 일환으로, 대학생 참가자들에게 설문지를 제공했고, 그들은 그 설문지에 다양한 종류의 활동에 대한 자신들의 선호를 표현했다. 각 참가자들의 개별 사례적 반응을 이용해, 한 참가자가 분명히 좋아하는 실험으로 한 활동을 선택했고, 그 참가자가 분명히 싫어하는 실험으로 다른 한 활동을 선택했다. 참가자들은 연구를 위해 도착했을 때, 우선 애너그램 과제를 비롯한 일련의 첫 연습 과제를 수행할 것이며, 그다음에는 최종 과제를 할당받을 것이라는 말을 들었다. 각 참가자가 좋아하는 활동과 싫어하는 활동은 그들이 수행할 두 가지 선택적인 최종 과제로 기술되었다.

실험 프레이밍 조건 중 네 개는 수반성 조건으로, 이 조건의 참가자들은 일련의 첫 과제 수행이 세션 후반기에 선택적인 최종 과제들 중에서 어느 것을 풀게 될 것인지를 결정할 것이라는 말을 들었다. 일련의 첫 과제와 최종 과제

3부
·
556

의 관계는 모든 사람들에게 수반성으로 설명되었지만 그 실험 프레이밍은 다음과 같이, 조절 초점과 유의성 혹은 조절 유효성의 함수로서 상이한 조건들에 따라 달랐다.

1. 향상 초점의 작동: "내가 곧 제시할 연습 과제를 잘 수행한다면, 당신은 다른 과제 대신에 (참가자가 좋아하는 과제를) 수행하게 될 것입니다."
2. 향상 초점의 비작동: "내가 곧 제시할 연습 과제를 적절히 수행하지 못한다면, 당신은 (참가자가 좋아하는 과제) 대신에 다른 과제를 수행하게 될 것입니다."
3. 예방 초점의 작동: "내가 곧 제시할 연습 과제를 형편없이 수행하지 않는 한, 당신은 (참가자가 싫어하는 과제를) 수행할 필요 없고, 그 대신에 다른 과제를 수행하게 될 것입니다."
4. 예방 초점의 비작동: "내가 곧 제시할 연습 과제를 형편없이 수행한다면, 당신은 다른 과제 대신에 (참가자가 싫어하는 과제를) 수행하게 될 것입니다."

예측 테스트를 위해 두 가지 다른 과제가 일련의 연습 과제에 포함되었다. 한 과제는 참가자들이 제시된 도형을 본 다음, 더 복잡한 도형에서 삽입되어 있는 원래 제시된 도형을 찾아내는 '삽입된 도형' 찾기 과제였다(Ruebush, 1960을 참조). 지속성의 척도는 참가자가 제한된 시간이 끝나기 전에 특히 어려운 숨겨진 도형을 찾는 일을 그만두었는지 여부이다. 예방 초점의 개인들은 실수를 피하기 위해 제한된 시간이 끝나기 전에 숨겨진 도형을 찾는 일을 그만둘 가능성이 더 높은 반면에 향상 초점의 개인들은 '성공'의 기회를 연장하기 위해 더 오랫동안 숨겨진 도형을 찾는 일을 지속할 가능성이 더 높다고 예측할 수 있었다. 또 다른 과제는 거꾸로 숫자 세기 과제로 일련의 쉬운 과제 이후에 일련의 어려운 과제가 뒤따랐다. 향상 초점의 어떠한 수행 이점은 일련의 어려운 과제 동안에만 나타날 것으로 예상되었다. 연구 결과는 이러한 두 예측을 입증했다. 또한 이 연구 결과에 의하면, 조절 초점의 효과는 프레이밍의 유의성 또는 조절 유효성(즉, 작동 대 비작동)과는 무관했다.

또한 크로우와 히긴스(1997)는 향상 초점의 열망 상태에 있는 개인들과 예방 초점의 경계 상태에 있는 개인들 간의 차이가 수행 이상의 효과를 가질 것이라고 제시했다. 그들이 예측한 이러한 효과들 중 하나가 대안을 내놓고자 하는 전략적 동기의 차이였다. 어떤 과제들에서는 사람들이 벌칙 없이 소수 또는 많은 대안을 내놓을 수 있다. 예를 들어, 분류 과제에서 개인은 색깔과 같은 동일한 기준을 사용하여 일련의 과일들을 분류하고 일련의 채소들을 분류하거나, 과일의 경우에 색깔과 채소의 경우에 모양처럼 상이한 기준을 사용할 수 있다. 어느 쪽 전략이든 옳은 것으로 간주된다. 유일한 요구 조건은 분류 기준이 해당 범주의 모든 구성원에 걸쳐 각 범주 내에서 일관성이 있어야 한다는 것이다. 따라서 개인은 두 범주에 하나의 기준을 적용하는 것과 같이 과제를 단순화시켜, 실수의 가능성을 줄이고, 정확성을 기할 수 있다. 예방 초점의 경계 상태에 있는 사람들은 작위의 오류를 피하고 싶어 하기 때문에 반복하는 경향을 보일 것이다.

그러나 이것은 향상 초점의 열망 상태에 있는 개인들에게는 해당되지 않을 것이다. 하나의 범주만 적용하는 것은 분류 과제를 수행하는 동안, 대안 차원이나 대안 기준을 배제한다는 것을 의미한다. 향상 초점의 열망 상태에 있는 개인들은 '성공'을 이루기를 원하기 때문에 그러한 전략을 사용하지 않는 경향이 있을 것이다. 실제로 많은 다른 대안이 있을 수 있는 과제에서는 이 개인들이 많은 다른 대안들을 내놓는 경향이 있을 거라 예상할 수 있다.

이처럼 대안의 고려에 대한 전략적 성향의 가설적인 차이는 크로우와 히긴스(1997)에 의해서 검증되기도 했다. 그들은 미쿨린서와 케뎀, 파스(Mikulincer, Kedem and Paz, 1990)가 사용한 과제들에 근거한 일련의 과제에 두 개의 추가적인 과제를 포함시켰다. 그 과제들 중 하나는 앞서 기술한 것과 같은 분류 과제였다. 또 하나의 과제는 특성 목록화 과제였다. 참가자들은 '책상', '소파', '침대' 등과 같은 가구 대상의 이름을 제시받은 다음에, 각 대상의 특성들을 생각나는 대로 모두 적어야 했다.

예상하건대, 향상 초점을 가진 개인들은 예방 초점을 가진 개인들에 비해 더 많은 하위 집단으로 분류하거나 상이한 범주의 구성 요소들의 독특한 특성을 목록화하는 데 더 유연성을 보일 것이다. 이는 그들이 상이한 대안들을 가능한 한 많이 내놓으려는 전략적 성향이 강하기 때문이다. 이와는 대조적으로, 작위의 오류를 피하려는 경향이 있는, 예방 초점을 가진 개인들은 범주들에 걸쳐 분류 기준을 반복해서 사용하거나 범주 구성 요소들에 걸쳐 특정한 설명 용어나 단어를 반복해서 사용하는 경향(유연성 통제)을 더 보일 것이다. 연구 결과는 두 예측을 입증했다. 다시 한번 말하건대, 조절 초점의 효과는 프레이밍의 유의성 또는 조절 유효성과는 무관하다. (또한 크로우와 히긴스

(1997)가 이용한 모든 과제의 경우처럼 이러한 과제의 결과는 피험자가 느끼는 과제 직전의 기분과 실험 기간 동안 기분의 변화와는 무관하다는 점에 유념해야 한다.)

이러한 결과가 입증한 바에 의하면, 향상 초점의 열망 상태에 있는 개인들은 '성공'을 이루고 부작위 오류를 피하고 싶어 하는 반면에 예방 초점의 경계 상태에 있는 개인들은 정확한 배제를 제대로 이루고 작위의 오류를 피하고 싶어 한다. 이러한 지향성의 차이와 그에 따른 삶의 경험은 의사 결정 편향의 차이에서도 드러날 것으로 예상할 수 있다. 크로우와 히긴스(1997)는 2차 연구를 시행해 그러한 예측을 검증했다. 구체적으로 말하면, 그들은 재인 기억 과제를 이용해 신호 탐지 반응 편향을 직접 검사했다.

이 연구는 첫 번째 연구와 동일한 기본 패러다임을 필요로 했다. 각 참가자가 분명히 좋아하는 하나의 활동과 분명히 싫어하는 하나의 활동을 선택하는 데 전에 참가자들이 한 설문 응답을 개별적으로 이용했다. 참가자들은 연구 실험을 위해 도착하면, 우선 재인 기억 과제를 수행한 다음에 두 번째 과제를 할당받을 것이라는 말을 들었다. 전에 선택한 좋아하는 활동과 싫어하는 활동은 각각 대안적인 두 번째 과제로 기술되었다.

재인 기억 과제는 참가자에게 결정을 내릴 것을 요구하는 신호 탐지 과제이다. 신호 탐지 과제에서 신호는 제시되거나 제시되지 않으며, 응답자는 '예'(신호를 탐지했다) 또는 '아니오'(신호가 탐지되지 않았다) 중 하나를 말한다. 따라서 각각의 신호 탐지 시도에는 네 개의 결과가 있을 수 있다. 즉, (1) '성공'(신호가 제시되었을 때 '네'라고 대답), (2) '실패'(신호가 제시되었을 때 '아니오'라고 대답), (3) '허위 신호 보고'(신호가 없을 때 '예'라고 대답), (4) '정확한 배제'(신호가 없을 때 '아니오'라고 대답)가 있을 수 있다. 신호 탐지 이론 그 자체는 사람의 보상 행렬(payoff matrix)의 동기적 결정 요인에 대해서는 침묵한다. 하지만 조절 초점의 원리는 예측을 한다.

향상 초점을 가진 참가자들은 열망 상태에 있다. 그러한 상태는 그들에게 진보 전술을 사용하도록, 성취 접근 경향을 보이도록 유도할 것이다. 그들은 성공을 확보하고 부작위 오류를 방지하길 원한다. 그렇다면 이 참가자들은 성공(실제 대상을 성공적으로 인식)을 원하고 실패(실제 대상의 인식 실패)를 원하지 않을 것이며, '예'라고 대답하는 경향(즉, '위험' 편향)을 보일 것이다. 이와 대조적으로, 예방 초점을 가진 참가자들은 경계 상태에 있다. 이러한 상태는 그들에게 예방 전술을 사용하도록, 즉 실수를 피하는(실수 회피) 경향을 보이도록 유도할 것이다. 그들은 정확한 배제를 이루고 작위의 오류를 피하고 싶어 한다. 그렇다면, 이 참가자들은 정확한 배제(즉, 그릇된 선택지를 성공적으로 피하는 것)를 원할 것이고, 허위 신호 보고(허위 선택지를 피하지 못하는 것)를 원하지 않을 것이며, '아니오'라고 대답하는 경향(즉, '보수' 편향)을 보일 것이다. 게다가, 이 개인들은 작위의 오류를 경계하기 때문에 응답하는 데 더 많은 시간이 소요될 것이다. 따라서 우리는 반응 대기 시간이 향상 초점 조건의 참가자들에 비해 예방 초점 조건의 참가자들의 경우에 더 길 것이라는 사실을 예측할 수 있었다.

연구 결과는 이와 같은 각각의 예측을 입증했다. 그리고 다시 한번 말하건대, 조절 초점의 효과는 프레이밍의 유의성이나 조절 유효성과는 무관했다. 또한 연구 결과는 피험자들의 과제 직전의 기분과 실험 기간 동안의 기분의 변화와는 무관했다.

크로우와 히긴스(1997)의 이러한 연구 결과는 조절 초점의 함수로서 변하는 것은 개인의 정서 경험만이 아니라는 사실을 입증했다. 열망 대 경계와 관련된 비정서적 경험들도 조절 초점에 따라 변한다. 이러한 연구 결과는 개인의 열망이나 경계심의 경험이 장기적인 성격 변인일 뿐만 아니라 상황적으로도 유발될 수 있는 것임을 시사한다. 실제로 프리드먼과 히긴스(Friedman and Higgins, 1997)의 실험 연구가 밝힌 사실에 의하면, 과제의 성공과 실패의 조작은 향상 프레이밍 조건에 속한 참가자들의 경우에는 열망 경험의 변화를 야기했고, 예방 프레이밍 조건에 속한 참가자들의 경우에는 경계나 신중함의 경험의 변화를 야기했다. 그러한 비정서적, 동기적 경험은 개인의 지향으로 인해서 또는 특정한 종류의 상황에 더 심하게 노출된 일로 인해서 다른 개인들에 비해 특정한 개인들에게 더 자주 발생할 가능성이 높은 사람들의 삶의 상태이다. 그러나 이러한 상태의 원인과는 무관하게 그러한 경험은 사람들의 삶의 경험의 중요한 측면을 나타낸다.

그뿐만 아니라 요컨대 앞서 기술했듯이, 조절 향상은 긍정적인 결과와 쾌활함과 관련된 정서나 낙담과 관련된 정서의 존재 또는 부재를 수반하는 심리적 상황을 야기하는 반면에 조절 예방은 부정적인 결과와 침착과 관련된 정서나 동요와 관련된 정서의 존재 또는 부재를 수반하는 심리적 상황을 야기한다. 또한 조절 향상은 원하는 최종상태와의 일치에 접근하고 성공을 확보하며 부작위 오류를 방지하기 위한 전략적 성향을 야기하고, 비정서적이고 동기적인 열망의 경험을 야기하는 반면에 조절 예방은 원하는 최종상태와의 불일치를 피하고 정확한 배제를 확보하며 작위의 오류를 예방하기 위한 전략적 성향을 야기하고, 경계나 신중함의 비정서적이고 동기적인 경험을 야기한다(그림 13.1을 참조).

결론

삶의 질을 쾌락 원칙의 측면에서 자연스럽게 정의할 수 있다는 사실에 주목하면서 이 장을 시작했다. 그러나 고전적인 쾌락 원칙은 충분하지 않다. 특히 쾌락 원칙은 사람들의 삶의 경험이 그들이 쾌락과 고통을 조절한다는 단순한 사실과 관련이 있는 것과 마찬가지로 그들이 쾌락과 고통을 어떻게 조절하는지와도 관련이 있다는 사실을 포착하지 못한다. 기쁨의 쾌락과 실망의 고통을 경험하는 개인들은 휴식의 쾌락과 신경과민의 고통을 경험하는 개인들과 동일한 삶의 경험을 하지 않는다. 하지만 이것이 쾌락 원칙의 유일한 한계는 아니다. 구체적으로 말하면, 삶의 경험에는 효과적이고 비효과적인 자기 조절의 쾌락과 고통보다 더 많은 것이 존재한다. 열망이나 신중성과 같은 전략적 상태의 동기적인 경험도 삶의 중요한 부분이다. 예를 들어, 자신이 삶의 목표를 성취했다는 점을 인식하면서 느끼는 행복은 주관적인 행복으로는 충분하지 않을 수 있다. 계속 더 많은 '성공'을 열망할 필요가 있을지도 모른다. 따라서 정서적 쾌락의 극대화만을 지향하는 사회 정책은 실제로 삶의 질을 약화시킬 수도 있다. 고전 문헌에서 종종 언급되어 왔듯이, 삶을 살아갈 가치가 있게 만드는 것은 단순히 목표가 성취되었다는 점을 아는 것이 아니라 목표를 달성하기 위한 노력이다.

참고문헌

Atkinson, J. W. (1964). *An introduction to motivation.* Princeton, N. J.: D. Van Nostrand.

Atkinson, J. W., and Raynor, J. O. (Eds.). (1974). *Motivation and achievement.* New York: Wiley.

Ausubel, D. P. (1955). Relationships between shame and guilt in the socializing process. *Psychological Review, 62*, 378~90.

Bandura, A. (1986). *Social foundations of thought and action: A social cognitive theory.* Englewood Cliffs, N. J. : Prentice-Hall.

Bassili, J. N. (1995). Response latency and the accessibility of voting intentions: What contributes to accessibility and how it affects vote choice. *Personality and Social Psychology Bulletin, 21*, 686~95.

_____. (1996). Meta-judgmental versus operative indices of psychological attributes: The case of measures of attitude strength. *Journal of Personality and Social Psychology, 71,* 637~53.

Blatt, S. J., D'Afflitti, I. P., and Quinlan, D. M. (1976). Experiences of depression in normal young adults. *Journal of Abnormal Psychology, 86*, 203~23.

Bowlby, J. (1969). *Attachment and loss,* vol. 1, *Attachment.* New York: Basic Books.

_____. (1973). *Attachment and loss,* vol. 2, *Separation: anxiety and anger.* New York: Basic Books.

Brendl, C. M., and Higgins, E. T. (1996). Principles of judging valence: What makes events positive or negative? In M. P. Zanna (Ed.), *Advances in experimental social psychology* (vol. 28, pp. 95~160). New York: Academic Press.

Brendl, C. M., and Higgins, E. T., and Lemm, K. M. (1995). Sensitivity to varying gains and losses: The role of self-discrepancies and event framing. *Journal of Personality and Social Psychology, 69*, 1028~51.

Bruner, J. S., Goodnow, J. J., and Austin, G. A. (1956). *A study of thinking.* New York: Wiley.

Buss, D. (1996). The evolutionary psychology of human social strategies. In E. T. Higgins and A. W. Kruglanski (Eds.), *Social psychology: Handbook of basic principles* (pp. 3~38). New York: Guilford.

Carver, C. S. (1996). Some ways in which goals differ and some implications of those differences. In P. M. Gollwitzer and J. A. Bargh (Eds.), *The psychology of action: Linking cognition and motivation to behavior* (pp. 645~72). New York: Guilford.

Carver, C. S., and Scheier, M. F. (1981). *Attention and self-regulation: A control-theory approach to human behavior.* New York: Springer-Verlag.

_____. (1990). Principles of self-regulation: Action and emotion. In E. T. Higgins and R. M. Sorrentino (Eds.), *Handbook of motivation and cognition: Foundations of social behavior,* (vol. 2, pp. 3~52). New York: Guilford.

Clore, G. L. (1992). Cognitive phenomenology: Feelings and the construction of judgment. In L. L. Martin and A. Tesser (Eds.), *The construction of social judgments* (pp. 133~63). Hillsdale, N. J. : Erlbaum.

_____. (1994). Why emotions vary in intensity. In P. Elkman and R. J. Davidson (Eds.), *The nature of emotion: Fundamental questions* (pp. 386~93). Oxford: Oxford University Press.

Cooley, C. H. (1964). *Human nature and the social order.* New York: Schocken Books. (Originally published in 1902)

Crowe, E., and Higgins, E. T. (1997). Regulatory focus and strategic inclinations: Promotion and prevention in decision−making. *Organizational Behavior and Human Decision Processes, 69,* 117~32.

Durkheim, E. (1951). *Suicide: A study in sociology.* New York: Free Press.

Duval, S., and Wicklund, R. A. (1972). *A theory of objective self-awareness.* New York: Academic Press.

Erikson, E. H. (1963). *Childhood and society,* rev. ed. New York: Norton. (Originally published in 1950)

Estes, W. K. (1944). An experimental study of punishment. *Psychological Monographs, 57,* no. 263.

Fazio, R. H. (1986). How do attitudes guide behavior? In R. M. Sorrentino and E. T. Higgins (Eds.), *Handbook of motivation and cognition: Foundations of social behavior* (pp. 204~43). New York: Guilford.

_____. (1995). Attitudes as object−evaluation associations: Determinants, consequences, and correlates of attitude accessibility. In R. E. Petty and J. A. Krosnick (Eds.), *Attitude strength: Antecedents and consequences* (pp. 247~82). Mahwah, NJ.: Erlbaum.

Freud, S. (1961). The ego and the id. In J. Strachey (Ed. and Trans.), *Standard edition of the complete psychological works of Sigmund Freud* (vol. 19, pp. 3~66). London: Hogarth Press. (Originally published in 1923)

Friedman, R., and Higgins, E. T. (1997). *Non-emotional motivational experiences associated with promotion and prevention.* Columbia University. Unpublished paper.

Frijda, N. H. (1986). *The emotions.* New York: Cambridge University Press.

_____. (1996). Passions: Emotion and socially consequential behavior. In R. D. Kavanaugh, B. Zimmerberg, and S. Fein (Eds.), *Emotion: Interdisciplinary perspectives* (pp. 1~27). Mahwah, N. J. : Erlbaum.

Frijda, N. H., Kuipers, P., and ter Schure, E. (1989). Relations among emotion, appraisal, and emotional action readiness. *Journal of Personality and Social Psychology, 57,* 212~28.

Frijda, N. H., Ortony, A., Sonnemans, J., and Clore, G. (1992). The complexity of intensity. In M. Clark (Ed.), *Emotion: Review of personality and social psychology* (vol. 13, pp. 60~89). Beverly Hills: Sage.

Gollwitzer, P. M., and Bargh, J. A. (Eds.) (1996). *The psychology of action: Linking cognition and motivation to behavior.* New York: Guilford.

Gould, R. (1939). An experimental analysis of "level of aspiration." *Genetic Psychology Monographs*, *21*, 3~115.

Gray, J. A. (1982). *The neuropsychology of anxiety: An enquiry into the functions of the septo-hippocampal system*. New York: Oxford University Press.

Higgins, E. T. (1987). Self-discrepancy: A theory relating self and affect. *Psychological Review*, *94*, 319~40.

_____. (1989a). Self-discrepancy theory: What patterns of self-beliefs cause people to suffer? In L. Berkowitz (Ed.), *Advances in experimental social psychology* (vol. 22, pp. 93~136). New York: Academic Press.

_____. (1989b). Continuities and discontinuities in self-regulatory and self-evaluative processes: A developmental theory relating self and affect. *Journal of Personality*, *57*, 407~44.

_____. (1996a). Knowledge activation: Accessibility, applicability, and salience. In E. T. Higgins and A. W. Kruglanski (Eds.), *Social psychology: Handbook of basic principles* (*pp*. 133~68). New York: Guilford.

_____. (1996b). Emotional experiences: The pains and pleasures of distinct regulatory systems. In R. D. Kavanaugh, B. Zimmerberg, and S. Fein (Eds.), *Emotion: Interdisciplinary perspectives* (pp. 203~41). Mahwah, N. J.: Erlbaum.

_____. (1997). Beyond pleasure and pain. *American Psychologist*, *52*, 1280~1300.

Higgins, E. T., Bond, R. N., Klein, R., and Strauman, T. (1986). Self-discrepancies and emotional vulnerability: How magnitude, accessibility, and type of discrepancy influence affect. *Journal of Personality and Social Psychology*, *51*, 5~15.

Higgins, E. T., and Loeb, I. (in press). Development of regulatory focus: Promotion and prevention as ways of living. In J. Heckhausen and C. S. Dweck (Eds.), *Mo-tivation and self-regulation across the life span*. London: Cambridge University Press.

Higgins, E. T., Roney, C., Crowe, E., and Hymes, C. (1994). Ideal versus ought predilections for approach and avoidance: Distinct self-regulatory systems. *Journal of Personality and Social Psychology*, *66*, 276~86.

Higgins, E. T., Shah, J., and Friedman, R. (1997). Emotional responses to goal attainment: Strength of regulatory focus as moderator. *Journal of Personality and Social Psychology*, *72*, 515~25.

Higgins, E. T., and Tykocinski, O. (1992). Self-discrepancies and biographical memory: Personality and cognition at the level of psychological situation. *Personality and Social Psychology Bulletin*, *18*, 527~35.

Higgins, E. T., Vookles, J., and Tykocinski, O. (1992). Self and health: How "patterns" of self-beliefs predict types of emotional and physical problems.

Social Cognition, 10, 125~50.

Hoffman, M. L. (1986). Affect, cognition, and motivation. In R M. Sorrentino and E. T. Higgins (Eds.), *Handbook of motivation and cognition: Foundations of social behavior* (vol. 1, pp. 244~80). New York: Guilford.

Homey, K. (1939). *New ways in psychoanalysis.* New York: Norton.

_____. (1950). *Neurosis and human growth.* New York: Norton.

Hull, C. L. (1952). *A behavior system: An introduction to behavior theory concerning the individual organism.* New Haven, Conn.: Yale University Press.

James, W. (1948). *Psychology.* New York: World Publishing Co. (Originally published in 1890).

Kahneman, D., and Tversky, A. (1979). Prospect theory: An analysis of decision under risk. *Econometrica, 47*, 263~91.

Kemper, T. D. (1978). *A social interactional theory of emotions.* New York: Wiley.

Konorski, J. (1967). *Integrative activity of the brain: An interdisciplinary approach.* Chicago: University of Chicago Press.

Lang, P. J. (1995). The emotion probe: Studies of motivation and attention. *American Psychologist, 50*, 372~85.

Larsen, R. J., and Diener, E. (1985). A multitrait—multimethod examination of affect structure: Hedonic level and emotional intensity. *Personality and Individual Differences, 6*, 631~36.

Lazarus, A. A. (1968). Learning theory and the treatment of depression. *Behavior Research and Therapy, 6*, 83~89.

Lazarus, R. S. (1966). *Psychological stress and the coping process.* New York: McGraw—Hill.

_____. (1982). Thoughts on the relations between emotion and cognition. *American Psychologist, 37*, 1019~24.

Lewin, K. (1935). *A dynamic theory of personality.* New York: McGraw—Hill.

_____. (1951). *Field theory in social science.* New York: Harper.

Lewis, H. B. (1979). Shame in depression and hysteria. In C. E. Izard (Ed.), *Emotions in personality and psychopathology* (pp. 371~96). New York: Plenum Press. (Originally published in 1923)

Mandler, G. (1975). *Mind and emotion.* New York: Wiley.

McClelland, D. C., Atkinson, J. W., Clark, R. A., and Lowell, E. L. (1953). *The achievement motive.* New York: Appleton—Century—Crofts.

Mead, G. H. (1934). *Mind, self, and society.* Chicago: University of Chicago Press.

Meyer, G. J., and Shack, J. R. (1989). Structural convergence of mood and personality: Evidence for old and new directions. *Journal of Personality and*

Social Psychology, 57, 691~706.

Mikulincer, M., Kedem, P., and Paz, D. (1990). The impact of trait anxiety and situational stress on the categorization of natural objects. Anxiety Research, 2, 85~101.

Miller, G. A., Galanter, E., and Pribram, K. H. (1960). *Plans and the structure of behavior.* New York: Holt, Rinehart, and Winston.

Miller, N. E. (1944). Experimental studies of conflict. In J. M. Hunt (Ed.), *Personality and the behavior disorders* (vol. 1, pp. 431~65). New York: Ronald Press.

Mowrer, O. H. (1960). *Learning theory and behavior.* New York: Wiley.

Oatley, K., and Johnson‑ Laird, P. (1987). Towards a cognitive theory of emotions. *Cognition and Emotion, 1*, 29~50.

Ortony, A., Clore, G. L., and Collins, A. (1988). *The cognitive structure of emotions.* New York: Cambridge University Press.

Pervin, L. A. (Ed.). (1989). *Goal concepts in personality arid social psychology.* Hillsdale, N. J.: Erlbaum.

Piers, G., and Singer, M. B. (1971). *Shame and guilt.* New York: Norton.

Powers, W. T. (1973). *Behavior: The control of perception.* Chicago: Aldine.

Pribram, K. H. (1970). Feelings as monitors. In M. B. Arnold (Ed.), *Feelings and emotions.* New York: Academic Press.

_____. (1984). Emotion: A neurobehavioral analysis. In K. R. Scherer and P. Ekman (Eds.), *Approaches to emotion* (pp. 13~38). Hillsdale, N. J. : Erlbaum.

Rogers, C. R. (1961). *On becoming a person.* Boston: Houghton Mifflin.

Roney, C. J. R., Higgins, E. T., and Shah, J. (1995). Goals and framing: How outcome focus influences motivation and emotion. *Personality and Social Psychology Bulletin, 21*, 1151~60.

Roseman, I. J. (1984). Cognitive determinants of emotion: A structural theory. *Review of Personality and Social Psychology, 5*, 11~36.

Roseman, I. J., Spindel, M. S., and Jose, P. E. (1990). Appraisals of emotion‑ eliciting events: Testing a theory of discrete emotions. *Journal of Personality and Social Psychology, 59*, 899~915.

Rotter, J. B. (1982). Some implications of a social learning theory for the practice of psychotherapy. In J. B. Rotter (Ed.), *The development and applications of social learning theory* (pp. 237~62). New York: CBS Educational and Professional Publishing.

Ruebush, B. K. (1960). Interfering and facilitating effects of test anxiety. *Journal of Abnormal and Social Psychology, 60*, 205~12.

Russell, J. A. (1978). Evidence of convergent validity on the dimensions of affect. *Journal of Personality and Social Psychology, 36*, 1152~68.

_____. (1980). A circumplex model of affect. *Journal of Personality and Social Psychology, 39*, 1161~78.

Schachter, S. (1964). The interaction of cognitive and physiological determinants of emotional state. In L. Berkowitz (Ed.), *Advances in experimental social psychology* (pp. 49~80). New York: Academic Press.

Schachter, S., and Singer, J. E. (1962). Cognitive, social, and physiological determinants of emotional state. *Psychological Review, 69*, 379~99.

Scherer, K. R. (1988). Criteria for emotion−antecedent appraisal: A review. In V. Hamilton, G. H. Bower, and N. H. Frijda (Eds.), *Cognitive perspectives on emotion and motivation* (pp. 89~126). Norwell, Mass.: Kluwer.

Schwarz, N. (1990). Feelings as information: Informational and motivational functions of affective states. In E. T. Higgins and R. M. Sorrentino (Eds.), *Handbook of motivation and cognition: Foundations of social behavior* (vol. 2, pp. 527~61). New York: Guilford.

Schwarz, N., Bless, H., Strack, F.; Klumpp, G., Rittenauer−Schatka, H., and Simons, A. (1991). Ease of retrieval as information: Another look at the availability heuristic. *Journal of Personality and Social Psychology) 61*, 195~202.

Schwarz, N., and Clore, G. L. (1996). Feelings and phenomenal experiences. In E. T. Higgins and A. W.

Kruglanski (Eds.), *Social psychology: Handbook of basic principles* (pp. 433~65). New York: Guilford.

Scott, L., and O'Hara, M. W. (1993). Self−discrepancies in clinically anxious and depressed university students. *Journal of Abnormal Psychology, 102*, 282~87.

Shaver, P., Schwartz, J., Kirson, D., and O'Connor, C. (1987). Emotion knowledge: Further exploration of a prototype approach. *Journal of Personality and Social Psychology, 52*, 1061~86.

Skinner, B. F. (1953). *Science and human behavior.* New York: Macmillan.

Smith, C. A., and Ellsworth, P. C. (1985). Patterns of cognitive appraisal in emotion. *Journal of Personality and Social Psychology, 48*, 813~38.

Srull, T. K., and Wyer, R. S. (1986). The role of chronic and temporary goals in social information processing. In R. M. Sorrentino and E. T. Higgins (Eds.), *Handbook of motivation and cognition: Foundations of social behavior* (vol. 1, pp. 503~49). New York: Guilford.

Stein, N. L., and Jewett, J. L. (1982). A conceptual analysis of the meaning of negative emotions: Implications for a theory of development. In C. E. Izard (Ed.), *Measuring emotions in infants and children* (pp. 401~43). New York: Cambridge University Press.

Stein, N. L., Liwag, M. D., and Wade, E. (1996). A goal−based approach to *memory* for emotional events: Implications for theories of understanding and socialization. In R. D. Kavanaugh, B. Zimmerberg, and S. Fein (Eds.), *Emotion: Interdisciplinary perspectives* (pp. 91~118). Mahwah, N. J. : Erlbaum.

Strack, F. (1992). The different routes to social judgments: Experiential versus informational strategies. In L. L. Martin and A. Tesser (Eds.), *The construction of social judgments* (pp. 249~75). Hillsdale, N. J. : Erlbaum.

Strauman, T. J. (1989). Self-discrepancies in clinical depression and social phobia: Cognitive structures that underlie emotional disorders? *Journal of Abnormal Psychology, 98,* 14~22.

_____. (1990). Self-guides and emotionally significant childhood memories: A study of retrieval efficiency and incidental negative emotional content. *Journal of Personality and Social Psychology, 59,* 869~80.

Strauman, T. J., and Higgins, E. T. (1987). Automatic activation of self-discrepancies and emotional syndromes: When cognitive structures influence affect. *Journal of Personality and Social Psychology, 53,* 1004~14.

_____. (1988). Self-discrepancies as predictors of vulnerability to distinct syndromes of chronic emotional distress. *Journal of Personality, 56,* 685~707.

Sullivan, H. S. (1953). *The collected works of Harry Stack Sullivan,* vol. 1, *The interpersonal theory of psychiatry.* Edited by H. S. Perry and M. L. Gawel. New York: Norton.

Tanner, W. P., Jr., and Swets, J. A. (1954). A decision-making theory of visual detection. *Psychological Review, 61,* 401~9.

Thorndike, E. L. (1935). *The psychology of wants, interests, and attitudes. New York: Appleton-Century-Crofts.*

Trope, Y., and Liberman, A. (1996). Social hypothesis testing: Cognitive and motivational mechanisms. In E. T. Higgins and A. W. Kruglanski (Eds.), *Social psychology: Handbook of basic principles* (pp. 239~70). New York: Guilford.

Van Hook, E., and Higgins, E. T. (1988). Self-related problems beyond the self-concept: The motivational consequences of discrepant self-guides. *Journal of Personality and Social Psychology, 55,* 625~33.

Watson, D., Clark, L. A., and Tellegen, A. (1984). Cross-cultural convergence in the structure of mood: A Japanese replication and a comparison with U. S. findings. *Journal of Personality and Social Psychology, 47,* 127~44.

Watson, D., and Tellegen, A. (1985). Toward a consensual structure of mood. *Psychological Bulletin, 98,* 219~35.

Weiner, B. (1982). The emotional consequences of causal attributions. In M. S. Clark and S. T. Fiske (Eds.), *Affect and cognition* (pp. 185~209). Hillsdale,

N. J. : Erlbaum.

_____. (1986). Attribution, emotion, and action. In R. M. Sorrentino and E. T. Higgins (Eds.), *Handbook of motivation and cognition: Foundations of social behavior* (vol. 1, pp. 281~312). New York: Guilford.

Wiener, N. (1948). *Cybernetics: Control and communication in the animal and the machine.* Cambridge, Mass.: MIT Press.

Wierzbicka, A. (1972). *Semantic primitives.* Frankfurt: Atheneum.

Zajonc, R. B. (1980). Feeling and thinking: Preferences need no inferences. *American Psychologist, 35,* 151~75.

14장

정서 장애

하워드 베렌바움 · 치트라 라가반 · 후인—느 리 · 로라 버논 · 호세 고메즈

심리학과 정서를 연구하는 연구자로서 우리는 고통과 웰빙에 대한 과학적 관점을 제시하고자 한다. 우리는 정서 장애의 원인이 되는 요인들을 설명하고 이러한 요인들이 분자적인 것에서 사회적인 것에 이르기까지 다양하다는 사실을 지적할 것이다. 우리는 상이한 병인적 요인들 사이의 상호작용에 주의를 기울이는 것으로 정서 장애를 가장 잘 이해할 수 있음을 보여주고자 한다. 정서 장애, 그리고 정서 장애와 연관 있는 정신병리학적 조건들은 수많은 사람들이 겪는 고통을 설명해 준다. 우리는 이러한 장애가, 장애가 있는 사람들과 그 주변 사람들의 웰빙에 영향을 미침으로써 인간에게 고통을 야기하는 두 가지 측면을 설명할 것이다. 마지막으로, 우리는 정신병리와 정서에 관한 연구가 정신 장애가 있는 사람들뿐만 아니라 모든 개인들의 웰빙에 관해서 우리에게 말해줄 수 있는 것을 요약할 것이다.

이 장의 목적은 정신병리와 정서를 연구하는 연구자들의 관점에서 고통과 웰빙을 설명하는 것이다. 정신병리에 대한 연구는 삶의 어느 시점에서 정신 장애를 겪을 일반 모집단의 약 50퍼센트의 웰빙에 대한 이해와 직접적으로 관련이 있다(Kessler et al., 1994). 이 장의 마지막 부분에서 논의했듯이, 정신병리학적인 연구는 진단할 수 있는 정신 장애를 겪지 않을 개인의 웰빙을 이해하는 것과도 관련이 있다.

우리는 조현병이나 주요 우울증과 같은 전통적인 진단 범주(또는 많은 사

람들이 질환이나 증후군으로 부르는 것)보다는 과도한 슬픔과 쾌락의 결핍과 같은 정서 장애를 강조하고자 한다.[1] 전통적인 진단 범주보다 정서 장애에 초점을 맞추는 몇 가지 이유가 있다. 과도한 슬픔과 같은 거의 모든 정서 장애는 폭넓은 다양한 정신 질환에 공통적으로 나타나는 특징이다. 또한, (이 장에서 차후에 설명할) 높은 수준의 감정 표현 불능증과 같은 일부 형태의 정서 장애는 정신 질환이 아니지만, 그럼에도 불구하고 고통과 관련이 있다. 마지막으로, 이 장의 내용은 정서 장애에 초점을 맞추어 논하는 것이 진단 범주에 초점을 맞추어 논하는 것보다 이 책의 다른 장 대부분(Berridge; Frijda; Higgins, Grant and Shah; Ito and Caccioppo; Larsen and Fredricksnon; Kubovy; Morris; Sapolsky를 참조)과 관련해서도 더 적절해 보인다.

우리는 정서 장애를 세 가지 폭넓은 유형, 즉 과잉, 결핍, 단절로 나누었다. 우리는 이러한 각 유형의 장애의 원인이 되는 병인학적 요인들을 설명할 것이다. 우리는 이러한 장애의 원인이 되는 요인들이 분자적인 것에서 사회적인 것에 이르기까지 다양하다는 것을 증명할 것이다. 또한 우리는 상이한 병인적 요인들 간의 상호작용에 주의를 기울이는 것으로 정서 장애를 가장 잘 이해할 수 있다는 점을 지적하고자 한다. 예를 들어, 과도한 슬픔은 외상과 기타 형태의 스트레스, 유전자 및 신경전달물질의 영향을 받지만, 궁극적으로 과도한 수준의 슬픔을 드러낼 사람을 결정하는 것은 이러한 병인적 요인들 간의 상호작용이다.

정서 장애의 병인과 관련해 재고찰한 증거는 두 가지 출처에서 비롯된다. 첫 번째 증거의 출처는 쾌락의 결핍과 같은 특정한 정서 장애를 고찰한 핵심적인 문헌이다. 이러한 연구 중 일부는 특정한 정신 질환에 대한 연구의 맥락에서 수행되어 왔다. 예를 들어, 쾌락의 결핍에 대한 연구의 대부분은 조현병 및/또는 주요 우울 장애에 대한 연구의 맥락에서 수행되어 왔다. 정서 과잉과 결핍과 단절을 고찰한 다른 연구는 정신병리 연구의 맥락에서 수행되어 왔지만, 특정한 정신 질환과는 관련이 없었다. 마지막으로, 우리가 정서 장애에 대해서 알고 있는 것 중 일부는 비정신 질환 모집단을 대상으로 한 연구에서

---

1 (지은이) 전통적인 진단 범주 이외의 수단을 통한 정신병리학적인 접근은 그리 새로운 것은 아니다. 전통적인 진단 범주에만 초점을 맞춘 연구 비평의 사례와 전통적인 정신 질환에 초점을 맞추지 않고 정신병리를 개념화하고 연구하는 방법에 대한 논의는 Costello(1992), Hayes, Wilson, Gifford, Follette and Strosahl(1996), Persons(1986) 등을 참조 바란다.

추론할 수 있는 것이다. 예를 들어, 쾌락 경험과 같은 기본적인 심리적 과정에 대한 연구를 통해 우리는 쾌락을 경험하는 능력의 장애와 같은 정서 장애를 이해할 수 있다. 정서 장애의 병인에 관한 두 번째 정보의 출처는 정서 장애를 구체적으로 측정하기보다는 특정한 정서 장애와 깊은 관련이 있는 정신 질환을 고찰한 연구에서 비롯된 것이다. 예컨대, 주요 우울 장애에 관한 연구는 과도한 슬픔에 관해 추론하는 데 이용될 수 있다.[2]

우리는 과도한 슬픔과 공포, 걱정, 그리고 쾌락의 결핍에 상당한 관심을 기울인다. 상이한 유형의 모든 장애와 그 원인이 되는 요인들을 설명한 후에 우리는 이러한 장애들이 그런 장애를 가진 사람들의 웰빙뿐만 아니라 주변의 다른 사람들의 웰빙에도 영향을 미침으로써 인간에게 고통을 주는 몇 가지 측면에 대해서 간략하게 논할 것이다. 마지막으로, 우리는 정신병리와 정서에 관한 연구가 정신 질환을 앓는 사람들만이 아니라 모든 개인의 웰빙에 대해서 우리에게 말해줄 수 있는 것에 대해 논의할 것이다

과잉

정서의 차원적 모델은 일반적으로 유의성 차원과 각성 차원(Russell, 1983)을 포괄한다. 우리는 두 가지 유형의 정서 과잉, 즉 과도한 고통 정서 혹은 일반적으로 부정적인 정서[3]로 언급되는 것의 과잉, 그리고 과잉 정서 각성 및 강도를 설명하고자 한다.

2　(지은이) 그러한 추론은 여러 가지 이유로 주의 깊게 고찰해야만 한다. 예컨대, 주요 우울 장애 진단을 받은 대다수의 개인들이 과도한 슬픔을 경험하지만, 과도한 슬픔을 경험하지 않고도 주요 우울 장애로 진단받을 수도 있다. 또한 어떠한 정신 질환도 단 한 유형의 정서 장애와만 연관되어 있지는 않다. 예를 들어, 주요 우울 장애를 앓는 개인들은 슬픈 감정 외에도 불안한 기분을 느끼는 경향이 있으며, 불안 장애를 가진 개인들은 불안감 외에 슬픔도 느끼는 경향이 있다.

3　(지은이) 우리는 '부정적인'이란 용어보다 '고통(distress)'이란 용어를 선호한다. 공포, 죄의식, 분노 등과 같은 정서는 일반적으로 고통스러운 것으로 경험되며, 우리는 그러한 정서를 본질적으로 부정적인 것으로 간주하지 않기 때문이다.

과잉 고통 정서

정신병리학자들이 연구했던 가장 흔한 정서 장애의 형태는 과잉 고통 정서이다. 슬픔, 공포, 분노 등과 같은 모든 고통 정서는 공변(共變)하는 경향이 있다. 정신 질환이 없는 개인들 사이에서 상이한 고통 정서의 공변이 자주 관찰되었다(Berenbaum, Fujita and Pfenning, 1995). 또한 차후에 설명하겠지만 정신 질환자들 사이에서는 상이한 고통 정서가 함께 발생하는 경향이 있다.

우리는 고통 정서의 과잉 범위를 과잉 슬픔과 과잉 공포, 과잉 걱정, 그리고 과잉 죄의식과 과잉 수치심으로 나누었다. 우리는 과잉 슬픔, 과잉 공포, 과잉 걱정에 대부분의 주의를 쏟는다. 그런 과잉은 다소 흔하기 때문이며, 정신 장애 환자들만이 아닌 대부분의 사람들은 적어도 어떤 때는 자신들이 원하는 수준보다 더 높은 수준의 슬픔과 공포, 걱정을 경험하기 때문이다. 우리는 과잉 슬픔과 과잉 공포, 과잉 걱정에 대해 따로 절을 마련해 다루었다. 이러한 과잉들 사이의 공변성[4] 수준이 특히 강하고, 다양한 병인적 요인들이 이 세 가지 모든 과잉 정서의 원인으로 보이기 때문에 고찰해 볼 필요가 있기 때문이다. 우리는 죄의식과 수치심을 같은 절에서 함께 다뤘다. 죄의식과 수치심은 특정한 측면에서 서로 닮았고, 두 정서의 공변성 수준은 다소 강한 경향이 있기 때문이다. 과잉 죄의식과 수치심은 종종 심각한 정신 장애의 징후이며, 우리는 그러한 과잉이 진단 가능한 정신 장애를 가지고 있든 그렇지 않든 대부분의 사람들이 경험하는 심리적 고통의 중요한 측면이라고 믿는다. 정신 장애가 있는 개인들은 분노와 혐오와 같은 다른 고통 정서에서도 과잉 수준을 갖는 것이 일반적이지만(Berenbaum, 1992; Mulkens, de Jong and Merckelbach, 1996) 공간의 제한 때문에 그러한 다른 과잉 문제에 대해서는 논의하지 않을 것이다.

슬픔, 공포, 걱정

가장 흔한 정서 장애는 개인이 과도한 슬픔이나 공포, 걱정을 경험하는 장애이다. 과도한 슬픔과 걱정, 공포가 가장 강하게 연관되어 있는 정신 장애

---

4   한 변인이 변하면 다른 변인도 변하는 성질.

는 기분 및 불안 장애, 혹은 클라크와 왓슨, 미네카(Clark, Watson and Mineka, 1994)가 고통 장애라고 언급한 장애이다. 고통 장애를 가진 개인들이 경험하는 슬픔과 공포, 걱정의 수준은 매우 크다. 예를 들어, 전염병에 걸릴 것을 두려워하는 강박 장애를 가진 개인들은 손에서 피가 날 때까지 매일 수도 없이 연마용 세제로 손을 씻어댈 것이다. 어떤 사람은 자신의 우울증을 이렇게 묘사했다. "모든 것, 모든 것의 중심부에는 갉아먹는 깊은 슬픔이 있다 … 나는 안이 텅 비어 있다"(Thompson, 1995: 47).

많은 증거에 의하면, 높은 수준의 슬픔을 겪는 사람은 높은 수준의 공포와 걱정을 지니는 경향이 있으며, 낮은 수준의 슬픔을 겪는 사람은 낮은 수준의 공포와 걱정을 지니는 경향이 있다(Gotlib, 1984). 마찬가지로 불안 장애와 기분 장애 사이에는 높은 수준의 동반 질환이 있는 경향이 있다(Maser and Cloninger, 1990). 단일한 '고차원적인' 비특정성 부정적 감정의 특징은 서로 구별되는 다양한 '저차원적인' 특정한 요인들을 지닌 모든 고통 장애(Zinbarg and Barlow, 1996)의 기저를 이루고 있는 것으로 보인다. 사실, 축적된 많은 연구들이 보여주는 바에 의하면, 슬픔과 공포, 걱정의 수준으로는 우울 장애와 불안 장애를 잘 구별하지 못한다. 오히려 (기분 장애에서보다 불안 장애에서 더 높은 경향성을 보이는) 신체의 긴장 수준과 (불안 장애에서보다 우울 장애에서 더 낮은 경향성을 보이는) 쾌락 능력으로 우울 장애와 불안 장애를 더 잘 구별할 수 있다(Waston et al., 1995).

슬픔과 공포, 걱정은 원하지 않는 결과 또는 원하지 않는 결과에 대한 전망이다. 예를 들어, 걱정은 사지의 손상을 초래할 사고에 대한 예상의 결과일 것이고, 공포는 (자신들을 향해 곧장 무서운 속도로 질주해 오는 차량을 보았을 때처럼) 사고의 임박에 대한 지각의 결과일 것이며, 슬픔은 사고를 당해 사지를 잃은 사건의 결과일 것이다. 개인들은 원하지 않는 결과의 극단적인 숫자나 과도한 강도를 경험하기 때문에 과도한 슬픔과 공포, 걱정을 경험할 수 있다. 나중에 우리는 스트레스가 많은 조건 및 사건(우리가 환경적 요인이라고 지칭한 것)과 과잉 슬픔과 공포, 걱정 간의 연관성을 입증한 연구를 설명할 것이다. 또한 개인들은 자신들에게 일어나는 사건의 측면에서 대부분의 다른 사람들과 다르기 때문이 아니라 원하지 않는 결과에 특별히 민감하기 때문에 과도한 슬픔과 공포, 걱정을 경험할 수 있다. 다양한 개인적 특성(우리가 개인 내 요인이라고 지칭한 것)은 원하지 않는 결과의 영향에 대한 민감도 증가와 관련이 있다. 우리는 개인 내적 요인과 환경적 요인의 직접적인 영향을 설명한 후에, 이 서로 다른 요인들 사이의 상호작용이 슬픔과 공포, 걱정의 과잉을 야기하는 몇 가지 측면을 설명할 것이다.

개인 내적 요인

유전 및 기타 생물학적 요인들 유전적 요인이 과잉 슬픔과 공포, 걱정에 영향을 미치는 역할을 한다는 수많은 증거가 있다. 입양과 쌍둥이 연구의 결과에 의하면 우울증은 유전의 영향을 받는다(McGuffin et al., 1996; Wender et al., 1986). 여러 쌍둥이 연구들이 밝힌 사실에 의하면 불안 장애는 유전의 영향을 받는다(Kendler et al., 1992a). 불행하게도 불안 장애를 고찰한 입양 연구는 이루어지지 않았다. 우울증과 불안 장애에 미치는 유전적 영향을 검토한 연구 결과와 일치하는 텔레겐과 그의 동료들(1988)의 쌍둥이 연구는 유전자가 부정적인 정서성의 수준에 영향을 미친다는 사실을 나타내는 증거를 발견했다. (그러한 부정적인 정서성의 높은 수준은 과잉 슬픔과 공포, 걱정과 연관이 있을 것으로 예상된다.) 텔레겐과 그의 동료들이 보고한 연구 결과는 특히 설득력이 있다. 왜냐하면 서로 떨어져 자란 쌍둥이들의 표본에서 동일한 연구 결과들이 반복해서 나왔기 때문이다. 서로 떨어져서 자란 쌍둥이 연구에서, 이란성(dizygotic: DZ) 쌍둥이들이 함께 성장하는 동안에 상대적으로 더 비슷한 양육 조건에 놓여 있었던 조건에 따라, 일란성(monozygotic: MZ) 쌍둥이의 상대적인 유사성이 이란성 쌍둥이와 비교해 더 큰 점을 배제할 수 있다. 켄들러와 그의 동료들은 높은 수준의 우울과 불안이 일반적인 유전 요인의 영향을 받는지 여부를 조사하기 위해 유전 다변량 분석을 수행했다. 우울과 불안에 대한 설문지를 작성한 일란성 쌍둥이와 이란성 쌍둥이의 대규모 표본을 분석한 결과에 근거해, 켄들러와 그의 동료들(Kendler et al., 1987)은 유전적 요인이 불안이나 우울증 어느 하나에만 국한된 것이 아니라 일반적인 유전적 소질이 불안과 우울증 모두의 원인이 될 수 있다는 결론을 내렸다. 켄들러와 그의 동료들(1995)은 주요 우울 장애와 통증 장애, 일반화된 불안 장애를 포함한 여섯 가지 정신 질환을 조사하는 쌍둥이 연구를 실시했다. 그들은 장애 특유의 유전자에 대한 강력한 증거를 발견하지는 못했지만, 그들의 연구 결과는 이러한 정신 질환에 대한 유전적인 원인을 설명하는 데 (비록 장애 특유의 유전자는 아니더라도) 여러 유전자가 있어야 한다는 점을 제시했다.

많은 증거들에 의하면, 상이한 신경전달물질들이 과잉 슬픔과 공포, 걱정과 연관되어 있는 것으로 보인다. 신경전달물질과 그러한 과잉이 서로 연관성이 있다는 증거 중 일부는 약물 치료 연구에서 나왔다. 예를 들어, 신경전달물질인 세로토닌의 기능적인 유효성을 증가시키는 플루옥세틴(프로작)과 같은 약물은 우울증뿐만 아니라 강박 장애를 치료하는 데도 효과적인 경향을 보인다. 신경전달물질이 과잉 슬픔과 공포, 걱정에 영향을 미친다는 사실을 보여주는 가장 설득력 있는 증거 중 일부는 약학 시험 전략을 이용한 연구에서 나온 것이다. 신경전달물질의 수준은 다양한 약리학적 물질을 투여하거나 참가자의 음식물을 조작함으로써 조작된다. 특히, 우울 증상이 발생할 때 노르에피네프린과 세로토닌이 하는 역할에 대한 광범위한 증거가 있다. 밀러와 그녀의 동료들(Miller et al., 1996)의 연구 결과에 의하면, 최근 주요 우울증 에피소드를 겪었던 (그러나 현재 완화 상태인) 개인들의 일부는 노르에피네프린 수치가 급격히 감소한 후에 우울한 기분이 크게 상승하는 일을 경험했다. 노르에피네프린의 기능적 비유효성과 과잉 슬픔과의 연관성을 나타내는 다른 증거로는 많은 항우울제가 우울증 환자의 노르에피네프린 시스템의 효율성을 증가시킨다는 연구 결과가 있다(Golden et al., 1988).

수많은 증거들에 의하면, 우울 증상은 세로토닌의 결핍이나 기능적 비유효성과 연관되어 있는 것으로 보인다. 노르에피네프린의 경우와 마찬가지로 과도한 슬픔에서 세로토닌이 하는 역할에 대한 강력한 증거를 이 신경전달물질의 수치를 조작해서 얻을 수 있었다. 예를 들어, 뉴마이스터와 그의 동료들(Neumeister et al., 1997)은 계절성 감정 장애로 진단을 받은 (하지만 현재 완화 상태에 있는) 환자 집단의 세로토닌 수치를 감소시킨 결과, 상당한 우울 증상이 유발되었다는 연구 결과를 밝혔다. 세로토닌과 우울증 사이의 연관성을 뒷받침하는 추가적인 증거는 우울증 환자의 세로토닌 수용체가 세로토닌 작용제에 대한 반응을 둔화시켰다는 연구 결과에서 나왔다(Stahl, 1994).

또한 연구자들은 과잉 걱정과 신경전달물질인 세로토닌 및 노르에피네프린 간의 관계에 주목했다(Den Boer and Westernberg, 1990). 고다드와 그의 동료들(Goddard et al., 1995)은 불안감이 발생할 때 세로토닌과 노르에피네프린이 하는 역할을 탐구하기 위해 약학 시험 전략을 사용했다. 그들의 연구 결과에 의하면, 세로토닌과 노르에피네프린의 유효성이 동시에 저하되었을 경우에 정신 질환 진단 이력이 없는 참가자들이 훨씬 더 신경과민성을 경험했다고 보고했다. 이러한 세로토닌과 노르아드레날린의 기능 조작의 두드러진 행동 효과는 불안 증상의 병리적 생리에서 그 신경전달물질들이 하는 역할에 대한 증거를 제시한다. 하지만 세로토닌과 노르에피네프린의 기능적 유효성을 변화시키는 약학 시험이 일반적으로 불안 수준을 변화시키지만, 결과의 정확한 패턴은 연구마다 다르다는 점에 유념해야 한다(Zohar and Insel, 1987).

과잉 슬픔은 신경전달물질 외에 국소 뇌 활성화의 비대칭 패턴과도 연관이 있다(Heller, Etienne and Miller, 1995). 발표된 일관된 연구 결과에 의하면, 높은 수준의 슬픔은 우측 전두엽 영역의 상대적으로 높은 활성화(Davidson, 1992) 및 우측 두정측두엽의 활성화 감소(Tucker and Dawson, 1984)와 관련이 있다. 마지막으로, 다양한 신경 내분비 장애가 과잉 슬픔과 불안에 관여하는 것으로 보인다(Ferrier, 1984). 특히 강력한 증거에 따르면, 시상하부-뇌하수체-부신(hypothalamo-pituitary-adrenal: HPA) 축의 과다 활성화와 코르티솔의 과다 분비가 과잉 슬픔과 연관성이 있다(Gold et al., 1986).

스키마(도식) 유전자와 기능적 신경전달물질 수치와 같은 다른 생물학적 변인들은 과잉 슬픔과 공포, 걱정을 야기하는 유일한 개인 내 변인은 아니다. 스키마는 정서 장애의 원인이 될 수 있는 또 하나의 개인 내 요인이다. 스키마는 특정한 영역에 대한 관련 정보를 조직하고 부호화하고 회상하고 평가하는 역할을 하는, 과거의 경험에서 형성된 자신에 대한 일반화로 볼 수 있다(Markus, 1977). 다른 연구자들은 스키마를 한 특성의 활성화가 다른 관련 특성들의 활성화를 유발하는 방식으로 조직된 자기 기술적 특성들로 이루어진 인지 구조로 설명해 왔다(Higgins, Van Hook and Dorfman, 1988). 스키마는 일반적으로 지속적이며 스트레스의 발생에 선행하고 스키마의 존재에 대한 스트레스의 발생에 의존하지 않는다.

과잉 슬픔과 공포, 걱정과 관련이 있는 스키마의 한 유형은 자기 불일치 이론(Sullivan, 1953)에서 찾을 수 있는 가장 정교한 처지인 자기 스키마이다. 자기 불일치 이론에 따르면, 상이한 유형의 자기 믿음들 간의 관계는 특정한 정서적 취약점을 야기한다(Higgins, 1989). 히긴스와 클라인, 스트라우만(1985)의 연구 결과에 의하면, 이상적인 자기와 실제 자기(즉, 자신이 어떻다고 믿는 자기) 간의 불일치를 경험한 개인들은 슬픔을 포함한 낙담과 관련된 문제들의 경험에 취약했다. 반면에 자신이 어떻다고 믿는 자기와 자신(또는 다른 중요한 사람)이 자신이 되어야 할 의무감을 느끼는 유형의 사람 간의 불일치를 경험한 개인들은 공포와 걱정, 동요와 관련된 정서 문제에 취약했다.

우울증의 발생 및 지속과 관련된 스키마의 한 유형은 우울 유발성 스키마 또는 믿음이다(Kovacs and Beck, 1978). 우울 유발성 믿음의 특징은 그 주제가 박탈과 좌절, 상실이며, 그러한 주제는 자신과 세계, 미래에 대한 부정적인 시각을 야기한다. 우울 유발성 믿음의 사례로는 "나는 쓸모없는 존재이다"라든가 "나는 무력한 존재이다" 등을 들 수 있다(Beck, 1967). 흔히 있는 일로, 우울증 환자들은 통제 집단에 비해 자동적으로 일어나는 부정적인 생각을 가지고 있다고 보고할 가능성이 더 높고, 부정적인 구성 개념들에 쉽게 접근할 가능성이 더 높다(Teasdale et al., 1995). 위험, 통제력의 파국적인 상실, 관계의 부정적인 변화 등의 주제로 특징지어지는 불안 유발성 믿음은 과잉 공포와 걱정과 연관성이 있다고 단정되어 왔지만(Clark and Beck, 1988), 그러한 믿음은 우울 유발성 믿음에 비해 훨씬 덜 주목받아 왔다.

환경적 요인

어린 시절 환경 어린 시절에 겪은 두 가지 유형의 사건, 즉 부모의 상실과 어린 시절의 학대는 과잉 슬픔과 공포, 걱정과 관련성이 있는 것으로 시종일관되게 밝혀져 왔다. 어린 시절에 경험한 사망이나 이별로 인한 부모의 상실은 주요 우울 장애와 관련이 있다(Kendler et al., 1989). 예를 들어, 비풀코와 해리스, 브라운(Bifulco, Harris and Brown, 1992)의 연구 결과에 의하면, 17세 이전에 이별이나 죽음으로 인해 어머니를 상실한 사건은 우울증과 불안 장애의 위험을 두 배로 증가시켰다.

많은 연구자들은 어린 시절의 신체적, 성적 학대가 과잉 불안과 우울증과 연관성이 있다는 사실을 밝혔다(재고찰하고자 한다면, Malinosky-Rummell and Hansen, 1993; Polusny and Follette, 1995를 참조). 예를 들어, 뮬렌(Mullen)과 마틴(Martin), 앤더슨(Anderson), 로만스(Romans), 헤르비슨(Herbison)이 뉴질랜드의 더니든 지역사회에서 무작위로 선정한 2,000명 이상의 여성 표본을 대상으로 조사한 연구 결과에 의하면, 성적 학대를 당하지 않았던 여성들 사이에서보다 성적 학대를 당했던 여성들 사이에서 우울증과 불안 장애의 비율이 두 배 이상 높은 것으로 나타났다. 그리고 엘리엇과 브리에르(Elliott and Briere, 1992)가 3,000명에 가까운 전문직 여성 표본을 대상으로 불안과 우울증의 차원 측정치를 이용한 연구 결과에 의하면, 성적 학대를 당하지 않은 여성들의 우울증과 불안 수준에 비해 성적 학대를 당한 여성들의 우울증과 불안 수준이 유의미하게 높은 것으로 나타났다.

성인 스트레스 스트레스가 정신 장애에 미치는 영향을 고찰한 대부분의 연구는 (배우자의 상실과 같은) 삶의 극적인 변화를 초래하는 부정적인 개별 생활 사건들에 초점을 맞추고 있다(Brown and Harris, 1978). 주요 생활 사건만큼 많은 관심을 받지는 못했지만, (빈곤과 신체 질환과 같은) 만성적인 어려움과 (교통 체증 시의 운전처럼) 개인의 대처 능력을 초과하는 일상적인 번거로운 일들의 축적은 모두 정신과적 문제의 원인이 될 수 있는 것으로 밝혀졌다(Brown and Harris, 1978; Kanner et al., 1981 또한 참조).

스트레스와 불안 장애 및 기분 장애 간의 연관성을 보여주는 많은 증거는 개인들이 다른 시기에 비해서 정서 장애가 발생하기 직전에 스트레스를 더 많이 주는 생활 사건을 경험했는지의 여부를 고찰했다. 우울증에 시달리는 개인들은 자신의 삶에서 정신 장애가 발생하기 전에 이전의 시기보다 스트레스를 더 많이 주는 생활 사건을 경험한다는 강력한 증거가 있다(Paykel and Dowlatshahi, 1988). 특히 상실과 실망을 비롯해 특정한 수준을 크게 초과하는 스트레스 요인은 우울증의 발병을 예측해 주는 것으로 밝혀졌다(Brown and Harris, 1989). 생활 스트레스는 우울증의 발병에 대한 예측 외에도, 개인들이 첫 우울증 에피소드에서 회복된 후에 다시 재발할 확률을 증가시킨다(Monroe et al., 1996).

불안 장애에서의 스트레스 역할은 기분 장애에서의 스트레스 역할보다 덜 주목받아 왔다. 그럼에도 불구하고 우울증과 마찬가지로 불안 장애의 발병은 스트레스 수준의 증가와 관련이 있는 것으로 밝혀졌다(Pollard, Pollard and Corn, 1989). 스트레스가 우울증과 불안에 미치는 영향은 스트레스 요인의 여러 특징과 연관성이 있는 것으로 보인다. 특히 스트레스 요인에 대한 통제력과 예측 가능성은 과잉 슬픔과 공포, 걱정을 유발하는 원인의 정도와 관련이 있는 것으로 알려져 있다(Mineka and Kihlstrom, 1978; Seligman, 1975). 예를 들어, 포아와 진바그, 로스바움(Foa, Zinbarg and Rothbaum, 1992)이 제시한 바에 의하면, 통제 불가능성과 예측 불가능성 수준의 증가라는 특징을 지닌 스트레스 요인이 외상 후 스트레스 장애(post-traumatic stress disorder: PTSD)의 발병에서 보듯 과도한 공포와 걱정을 유발할 가능성이 높다.

상호작용 스트레스 요인, 유전자, 신경전달물질과 같은 병인적 요인에서 과잉 슬픔과 공포, 걱정과 같은 결과에 이르는 경로는 일반적으로 간접적이고 복잡하다. 이미 설명한 그러한 요인들도 서로에게 영향을 미치고 서로 상호작용한다. 예를 들어, 일반적으로 기능적 신경전달물질 수준의 개인차는 유전적으로 영향을 받는 생물학적인 요인으로 여겨지지만, 전쟁 참전 용사와 아동 학대의 희생자를 조사한 연구는 정신적 외상이 신경전달물질의 기능에 영향을 미칠 수 있음을 시사한다(Arora et al., 1993; De Bellis et al., 1994). 마찬가지로 켄들러와 그의 동료들(1993)의 연구 결과에 의하면, 여성 쌍둥이 표본에서 지난 1년 동안 경험한 스트레스가 많은 생활 사건의 수는 유전적 요인의 영향을 받는 것으로 나타났다. 따라서 언뜻 생물학적 요인으로 보이는 것이 환경 요인의 영향을 받을 수 있으며, 언뜻 환경 요인으로 보이는 것이 유전적 요인의 영향을 받을 수도 있는 것이다. 나중에 우리는 과잉 슬픔과 공포, 걱정의 발생 원인이 될 수 있는 더 중요한 상호작용에 대해서 설명할 것이다. 특히, 우리는 환경적 요인이 정서 장애를 일으킬 가능성에 영향을 미치는 요인들에 초점을 맞추고 있다.

개인 관련성 스트레스의 영향은 결과가 개인의 가장 중요한 관심사와 관련이 있는 정도에 따라 다르다(Robins, 1990). 다른 사람들과의 관계를 중시하는 개인들(즉, 사회 지향적 혹은 의존적인 성격 스타일을 가진 개인들)은 부정적인 대인 관계 생활 사건의 영향을 더 받기 쉽고 성취 영역에서의 실패의 영향을 덜 받기 마련이다. 이와는 대조적으로, 자기 비판적이거나 더 성취 지향적인 개인들(자율적이거나 독립적인 성격 스타일을 가진 개인들)은 성취 지향적인 사건들에 국한되지 않는 보다 폭넓은 범위의 사건들의 영향을 더 받기 쉽다(Segal et al., 1992).

대처 사람들이 어떻게 스트레스에 반응하는지를 이해하는 중요한 방법으로 대처에 초점을 맞춘 연구가 늘고 있다(Lazarus and Folkman, 1984). 가장 많은 관심을 받은 대처 전략이나 스타일은 다음과 같다. (a) 문제 중심적 또는 과제 지향적 대처로, 개인은 스트레스의 원천을 제거하거나 감소시키는 것에 목표를 두고 문제 해결 및 기타 행동을 취하려고 한다. (b) 정서 중심적 대처로, 개인은 스트레스의 원천을 제거하려고 시도하지 않고 오히려 스트레스 요인에 대한 자신의 경험을 바꾸는 것에 목표를 두고 정서 경험 및 정서 의사소통에 초점을 맞춘다. 그리고 (c) 회피 대처로, 개인은 스트레스 상황에 대한 집중력을 흐트러뜨리거나 스트레스가 많은 상황에서 주의를 딴 데로 돌리려고 시도한다. 일반적으로 문제 중심적 대처는 낮은 수준의 우울증과 관련이 있는 반면에 정서 중심적 대처는 높은 수준의 우울증과 관련이 있다(Billings and Moos, 1985).

대처와 불안의 관계는 대처와 우울증의 관계에 비해 덜 주목받아 왔다. 그러나 제시된 증거에 의하면, 높은 수준의 공포와 걱정은 낮은 수준의 목표 지향적 대처 및 높은 수준의 회피 대처와 연관성이 있다(Vollrath, Alnaes and Torgersen, 1996). 예를 들어, 강박 장애와 광장 공포증과 같은 불안 장애가 있는 개인들은 사적인 경험(정서, 생각)을 면하고 피하려는 무분별한 노력이라는 특징을 가지는 경험적인 회피 스타일을 보인다(Hayes et al., 1996).

사회적 지원 스트레스가 부정적인 정서 과잉의 원인이 될 수 있는지 여부에 영향을 미치는 또 다른 중요한 요인은 개인이 얼마나 사회적 지원을 받는가 하는 것이다(Sarason, Sarson and Pierce, 1990). 예를 들어 콜린스와 그의 동료들(Collins et al., 1993)의 연구 결과에 의하면, 산전(産前) 지원에 불만을 가진 여성들이 임신 중이나 출산 후 6주나 8주까지 우울증에 걸릴 위험이 더 높았다. 또한, 산전 네트워크 자원(가족, 친한 친구)이 적은 여성들은 산후 슬픔을 더 많이 경험했다.

인지 과정 정신병리학의 인지 모델은 개인이 정보에 관심을 갖는 것의 중요성뿐만 아니라 정보를 해석하고 회상하는 방법 또한 강조한다. 이 모델은 개인이 정보에 관심을 갖고, 정보를 해석하고 회상하는 방식의 차이가 동일한 환경이나 스트레스 요인이 특정한 사람들에게는 과잉 슬픔과 공포, 걱정을 야기할 수 있지만 다른 사람들에게는 야기할 수 없는 이유를 설명해 준다고 단정한다. 여기에서 우리는 환경적 스트레스 요인들이 과잉 슬픔과 공포,

걱정을 야기할 수 있는지의 여부에 영향을 미치는 다양한 인지적 편향 과정과 귀인 과정을 설명할 것이다.

과도한 불안을 가진 개인들은 위협과 관련이 있는 자극에 대한 주의에 편향되어 있다(Mathews and MacLeod, 1994). 예를 들어, 수정된 스트룹 과제 실험(이 과제에서 개인은 상이한 색깔로 인쇄된 단어를 제시받고, 단어를 읽는 대신에, 단어가 인쇄된 색깔을 밝히라는 요구를 받는다) 결과에 의하면, 매우 불안감을 가진 개인은 위협적이지 않은 단어의 색깔보다 위협적인 단어의 색깔을 밝히는 반응이 더 느렸는데, 이는 개인들이 위협과 관련된 정보를 무시하는 데 어려움을 겪는다는 사실을 시사한다(Bryant and Harvey, 1995). 일부 연구는 우울증 환자들도 주의 편향을 가지고 있다는 사실을 밝혀냈지만(McCabe and Gotlib, 1995), 우울증과 주의 편향 사이의 연관성에 관한 연구 결과는 불안과 주의 편향의 연관성에 관한 연구 결과만큼 명확하거나 일관성이 있지는 않다.

판단 편향은 과잉 슬픔과 공포, 걱정과 연관성이 있는 것으로 밝혀졌다(Butler and Mathews, 1983). 예를 들어, 자신의 행동이 결과를 통제하는 정도를 판단하도록 요구받았을 때, 우울증에 걸린 사람들은 우울증에 걸리지 않는 사람들에 비해 그 정도를 낮게 판단했지만, 상대적으로 정확한 통제력 추정치를 제시했다(Alloy and Abramson, 1982). 마찬가지로, 자신들의 대인 관계 수행 수준을 과대평가하는 경향이 있는 우울증에 걸리지 않은 개인들과는 대조적으로, 우울증 환자들은 자신의 대인 관계 수행에 대해 낮은 (그렇지만 정확한) 판단을 제시하는 경향을 보였다(Cane and Gotlib, 1985). 불안증이 있는 개인들은 특정한 공포와 관련된 부정적인 사건에 대해서 판단 편향을 보이는 경향이 있다(McNally and Foa, 1987). 예를 들어, 일반화된 사회 공포증을 가진 개인들은 공포증이 없는 통제 집단에 비해 (비사회적 사건 말고) 사회적 사건을 더 큰 희생이 따르고 더 일어날 가능성이 높은 일로 해석할 가능성이 더 높다(Foa et al., 1996). 광장 공포증과 공황 발작에 시달리는 사람들은 일반적으로 신체 감각을 위협적인 것으로 해석한다(Clark, 1986).

과도한 슬픔을 경험하는 개인들은 통제 집단에 비해 편향적으로 부정적인 정보를 회상하는 기억 편향을 보인다. 이러한 기억은 부정적인 정보에 대한 회상에 편향되어 있다. 이러한 기억 편향은 암시적인(간접적인) 기억 검사보다는 정보가 자신과 관련된 것일 때와 명확한(직접적인) 기억 검사를 이용할 때 탐지될 가능성이 가장 높다(Watkins et al., 1992). 부정적인 정보에 대한 기억 편향은 실험실에서 부정적인 기분이 유도될 경우에 우울증이 없는 개인에게서도 발견되었다(Teasdale and Russell, 1983). 일부 연구들은 불안증이 있는 개인들에게서 기억 편향의 증거를 발견했지만(Burker and Mathews, 1992), 불안증이 있는 개인이 보이는 기억 편향의 증거는 다소 미약하다(Mineka and Sutton, 1992).

기억 편향 외에도 불안 장애 진단을 받거나 높은 수준의 공포증을 가진 개인은 공변 편향이라고 불리는 현상을 보인다. 몇몇 연구 결과에 의하면, 불안증과 공포증이 있는 개인들은 공포를 유발하는 자극과 혐오스러운 결과 간의 공변성을 과대평가하는 경향이 있다(Tomarken, Mineka, and Cook, 1989). 예를 들어, 토마켄과 서턴, 미네카(Tomarken, Sutton and Mineka, 1995)는 꽃, 버섯, 파손된 전기 콘센트, 뱀 등의 슬라이드를 높은 수준의 뱀 공포증을 가진 개인들과 통제 집단에게 모두 보여주었다. 각 슬라이드 상영 다음에는 음성이나 충격음을 제시하거나 아무것도 제시하지 않았다. 결과의 쌍은 범주마다 동일했지만, 통제 집단과는 달리 뱀 공포증이 높은 개인들은 뱀 슬라이드와 충격음 사이의 공변성을 과대평가했지만 파손된 전기 콘센트와 충격음 사이의 공변성은 과대평가하지 않았다.

정신병리학의 인지 모델은 다른 인지 과정에 비해 귀인 과정에 더 많은 관심을 쏟아왔다. 이러한 연구의 대부분은 인간의 무력함과 우울증에 대한 재고안된 이론의 자극을 받았다(Abramson, Seligman and Teasdale, 1978). 가장 일반적인 형태에서 귀인 이론은 개인이 사건의 인과적인 성격을 지각하는 방법(예를 들어, 원하지 않는 결과는 자신에게 책임이 있다는 인식) 때문에 슬픔과 공포, 걱정에 취약한 경향이 있다고 단정한다. 수많은 연구들은 귀인 스타일이 슬픔과 불안의 높은 수준과 관련이 있다는 증거를 발견했다(Berenbaum et al., 1995). 에이브람슨과 메탈스키, 앨로이(Abramson, Metalsky and Alloy, 1989)의 견해에 의하면, 부정적인 생활 사건을 안정적이고 총체적인 원인(변하지 않고 광범위한 것으로 인식되는 원인)에 귀인시키는 일반화 경향은 그들이 절망적 우울증이라고 부르는 특정한 유형의 우울증을 야기한다. 절망적 우울증 모델이 제시한 예측과 일치하는 메탈스키와 조인너와 하딘, 에이브람슨(Joiner, Hardin and Abramson, 1993)의 연구 결과에 의하면, 스트레스 요인(낙제)과 상호작용하는 (자기보고 귀인 방식 설문지로 측정된) 안정적이고 총체적인 귀인 방식으로 대학생들의 지속적인 우울 증상을 예측할 수 있다.

생물학적, 유전적 요인 스트레스와 유전적 요인 및 기타 생물학적 요인과 기분 사이의 상호작용을 지적하는 연구들이 상당히 많다(Carr, 1996). 예를 들어 트루와 그의 동료들(True et al., 1993)은 베트남전에 참전했던 쌍둥이 4,000쌍 이상의 표본을 대상으로 전투 노출과 외상 후 스트레스 장애 증상을 측정했다. 그들은 전투 노출량과 PTSD 증상의 존재 및 심각성 사이에 강한 정적인 상관 관계가 있음을 발견했다. 그러나 그들은 또한 PTSD 증상의 측정치에 있어 이란성 쌍둥이보다 일란성 쌍둥이에게서 더 큰 유사성을 발견했다. 이는 PTSD 증상이 유전적 요인의 영향을 받았다는 사실을 나타낸다. 따라서 정신적 외상과 유전자가 통합적으로 외상 후 스트레스 장애의 증상에 영향을 미친다.

원인이나 결과 유전자와 어린 시절 부모를 잃은 것과 같은 몇 가지 요인들이 정서 장애의 발달상에서 인과적인 역할을 한다고 무난히 가정할 수 있다. 그러나 이 장에서 설명한 (스트레스, 신경 내분비 장애, 기억 편향 등과 같은) 다른 요인들이 인과적인 역할을 하는지 아니면 단순히 정서 장애의 결과인지는 아직 해결되지 않은 중요한 문제로 지금까지는 별로 주목을 받지 않았다. (단면 연구와 상반되는) 종단적 연구는 귀인 방식처럼 여기서 논의되는 요인들이 인과적 역할을 한다는 개념을 뒷받침해 주는 경향이 있다(Alloy and Abramson, 1997). 불행하게도 종단적 연구조차도 종종 인과 관계를 입증하기에 충분하지 않다. 왜냐하면 기억 편향이나 스트레스와 같은 많은 요인들이 연구자에 의해 실험적으로 조작될 수 없기 때문이다. 그럼에도 불구하고, 정신병리 연구의 중요한 추세는 스트레스에 영향을 미치는 정신병리와 정신병리에 영향을 미치는 스트레스와 같은(예컨대, Daley et al., 1997을 참조) 양방향 영향의 가능성에 대한 탐구와 가설화된 병인적 요인들, 정신 장애의 초기 발병과 진행, (재발 이후의) 지속적인 반복 사이의 연관성에 대한 고찰이다(Brown, Harris and Hepworth, 1994).

죄의식과 수치심

죄의식과 수치심은 슬픔과 공포, 걱정에 비해서 정신병리학자들의 관심을 훨씬 덜 받아 온 정서이다. 과도한 죄의식과 수치심은 일반적으로 다른 과잉 부정적인 정서 상태를 동반한다. 개인들은 극단적으로는 망상적인 수준의 죄의식을 보일 수 있다. 그런 망상의 예로 케네디 대통령의 암살과는 전혀 관련이 없음에도 불구하고 그 사건에 대해 극심한 죄의식을 느끼는 사람이 있다.

루이스(Lewis, 1971)는 죄의식이 특정한 행동('나는 끔찍한 짓을 했다')에 초점을 맞추는 반면에 수치심은 총체적인 자기('나는 끔찍한 사람이다')에 초점을 맞춘다고 이론화했다. 점점 더 많은 증거들이 이러한 구별을 뒷받침해 준다(Wallbott and Scherer, 1995). 죄의식은 수치심과 관련된 귀인에 비해 총체성과 안정성이 덜한 부정적인 결과에 대한 내적 귀인과 관련이 있는 것으로 보이며, 따라서 상대적으로 잘 줄어들지 않는다(Tangney, 1993). 강간 피해자(Moshe and Schneider, 1992), 정치적 망명자(Orley, 1995), 강제 수용소의 생존자(Lifton, 1980), 근친상간을 당한 사람들(Gold, 1986) 등을 비롯해 트라우마를 경험한 개인들 사이에서 과잉 수치심과 죄의식이 관찰되었다. 많은 연구자들은 희생자들이 가족과 친구들이 사망했을 때 생존으로 인해서 죄의식을 갖는 현상, 즉 생존자의 죄의식을 설명해 왔다(Lifton, 1980). 죄의식과 수치심은 적어도 부분적으로는 원하지 않는 결과에 대한 내적인 귀인의 결과로 추정된다는 점에서, 분명히 무고한 희생자인 개인이 죄의식과 수치심을 느끼게 되는 것은 놀라운 일이다. 이러한 현상에 대한 한 가지 가능한 설명을 들자면, 원하지 않는 사건의 유형이나 근원이 비밀스러운 것이거나 평범한 경험의 영역 밖에 존재하는 것이기에 외적인 귀인을 하기가 더욱더 어려워질 경우에 개인들은 죄의식과 수치심을 느끼기 쉽다는 것이다.

과잉 정서 각성 및 강도

과도한 정서 각성은 병적인 것일 수 있다. 예를 들어, 개인은 일반적으로 조증 에피소드에서 과도한 수준의 정서적 각성을 보인다. 행복이 조증 에피소드에서 개인이 보여주는 유일한 정서이거나 심지어 주요 정서가 아니라는 사실은 주목할 만한 가치가 있다. 조증 에피소드에서 개인이 극도로 짜증을 내는 것은 드문 일이 아니다. 실제로 개인이 조증 에피소드를 겪을 때 슬픈 기분을 경험했다고 보고하는 것도 그리 드문 일이 아니다(Swann et al., 1997). 조병(躁病)의 가장 주된 특징은 특정한 기분 장애이기보다는 24시간 주기 리

듣과 활성화 수준의 장애라 할 수 있다(Bauer et al., 1991). 따라서 조증 에피소드에서 개인이 보여주는 정서 장애는 아마도 과도한 정서 각성으로 가장 잘 특징지어질 것이다. 조증 에피소드를 겪는 개인들은 종종 자신과 다른 사람들에게 위험하게 행동한다. 예를 들어, 시속 160킬로미터로 차를 몰거나 오후에 유흥비로 한 달치 봉급을 날리는 일을 반복하고는 한다. 그로 인해 주변 사람들뿐만 아니라 자신의 웰빙을 위태롭게 만든다.

정서 각성은 뇌의 두 가지 주요한 동기 체계, 즉 (일반적으로 접근 행동으로 표현되는) 욕구 체계와 (일반적으로 회피 행동으로 표현되는) 혐오 체계의 신진대사 활성화 및 신경 활성화를 모두 반영하는 것으로 인식되어 왔다(Lang, 1995). 조증 상태는 조울증 단계 외에 (예컨대, 코카인과 같은) 약물에 의해서도 유도될 수 있다. 따라서 조증 에피소드가 도파민과 같은 신경전달물질의 기능 장애와 관련이 있다는 것은 놀라운 일이 아니다(Joyce et al., 1995). 또한 양극성 장애가 유전 요인의 영향을 받는다는 증거는 풍부하다(Mendlewicz and Rainer, 1977).

양극성 장애가 과도한 수준의 정서 각성이나 강도와 관련이 있는 유일한 정신 장애는 아니다. 성격 장애, 특히 경계성 성격 장애를 가진 개인들은 삶에서 좋은 것이든 싫은 것이든 사소한 사건에도 매우 강렬하게 반응하는 경향이 있다. 따라서 그러한 개인들은 라슨과 디너(1987)가 감정 강도라고 언급한 것의 수준이 지나치게 높다고 볼 수 있다. 경계성 성격 장애를 가진 개인들이 신체적, 성적 학대를 당한 개인사가 있는 것은 다소 흔한 일이며(Zanarini and Frankenburg, 1997), 그러한 학대가 과도한 수준의 정서 강도를 발달시켰을 가능성이 있어 보인다. 성인기에 전쟁과 같은 정신적 외상 사건(그중 일부는 차후에 외상 후 스트레스 장애 진단을 받게 할 사건)에 노출된 개인들도 특히 분노와 공포에서 과잉 정서 강도를 겪을 수 있다(Gunderson and Sabo, 1993).

결핍

정신병리와 정서에 대한 관심은 앞에서 설명한 과잉의 종류에 주로 집중되어 왔다. 그러나 정신병리학자들이 연구한 또 다른 형태의 정서 장애, 즉 정서 결핍이 존재한다. 더 구체적으로 말하면, 정신병리학자들은 두 가지 유형의 정서 결핍에 주목했다. 쾌락 능력의 결핍 혹은 쾌락을 경험하는 능력의 결핍은 오랫동안 다양한 정신 장애를 가진 사람들 사이에서 주목을 받아 왔다. 정신병리학자들은 또한 일부 개인들, 특히 사이코패스로 간주되는 사람들은 공포와 죄의식, 수치심에서 결핍을 보인다는 점을 밝혀냈다. 공변하는 경향이 있는 정서 과잉과는 달리, 이 두 종류의 정서 결핍은 독립적인 것으로 보인다.

쾌락

우리의 견해로는 가장 흥미롭고 중요하지만 연구가 부족한 정서 장애들 중 하나가 쾌락을 경험할 수 있는 능력의 결핍이다. 쾌락을 경험할 수 있는 능력은 흔히 쾌락 능력이라고 불리며, 이러한 특성에 안정적인 개인차가 있다는 광범위한 증거가 있다(Chapman, Chapman and Miller, 1982). 극단적인 경우, 개인은 어떤 쾌락도 경험하지 못한다. 정신병리학자들은 일반적으로 그러한 현상을 쾌락 불감증이라고 부른다. 개인은 쾌락을 경험할 수 있는 능력이 결핍될 경우, 많은 활동에 참여하지 않을 가능성이 높다. 활동 참여가 강화될 가능성이 없기 때문이다.

쾌락을 경험할 수 있는 능력의 감소는 그저 누군가가 슬프거나 우울하다는 것을 나타내는 또 하나의 측면이 아니라는 점에 주목할 필요가 있다. 비록 완전히 독립적이지는 않지만, 슬픔(그리고 부정적인 감정)과 쾌락을 경험하는 능력(그리고 쾌락 경험과 정적인 상관관계가 있는 긍정적인 감정)의 구별은 무수히 입증되었다(Berenbaum and Connelly, 1993). 그럼에도 불구하고 상당한 수준의 슬픔을 보고하는 일부 개인들은 쾌락을 경험할 수 있다고 보고하는 반면에 슬픔을 보고하지 않는 일부 개인들은 비교적 적은 쾌락 경험을 보고한다. 사실, 어떤 개인들이 깊은 슬픔을 보고하면서도 쾌락을 경험할 수 있다는 연구 결과는 주요 우울 장애를 세분화하는 가장 중요한 방법들 중 하나의 핵심이다. 쾌락을 경험할 수 있는 능력의 감소는 일반적으로 멜랑콜리아형 우울증 또는 내인성 우울증(Klein, 1974)이라고 불리는 우울증의 주된 특징으로 묘사되어 왔던 반면에 유쾌한 사건에 반응하여 쾌락을 경험할 수 있는 능력의 감소는 일반적으로 비정형성 우울증이라고 불리는 우울증의 주된 특징이다

(Quitkin et al., 1990).

　쾌락 경험의 감소를 일으키는 요인들은 놀랍게도 지금껏 거의 관심을 받지 못했다. 쾌락을 경험할 수 있는 능력이 유전적인 영향을 받는다는 나름 온당한 증거가 있다. 드워킨과 사친스키(Dworkin and Saczynski, 1984)는 일란성 쌍둥이와 이란성 쌍둥이의 비임상 표본을 대상으로 미네소타 다면적 인성 검사(Minnesota Multiphasic Personality Inventory: MMPI)와 캘리포니아 심리검사(California Psychological Inventory: CPI)의 쾌락 능력 척도를 사용하여 쾌락 능력을 측정했다. 그리고 베렌바움과 올트만스, 고테스만(Berenbaum, Oltmanns and Gottesman, 1990)은 모든 발단자[5]가 조현병 진단을 받은, 일란성 쌍둥이와 이란성 쌍둥이의 특별한 표본을 대상으로 쾌락을 경험할 수 있는 능력을 끌어내기 위해 고안된 인터뷰 질문에 대한 응답을 사용하여 쾌락 능력을 측정했다. (쌍둥이 한쪽들 중 일부는 조현병 진단을 받았고, 일부는 다른 정신 장애를 가졌으며, 일부는 어떠한 정신 장애도 가지고 있지 않았다.) 두 연구에서 일란성 쌍둥이는 이란성 쌍둥이보다 서로 더 닮았으며, 이는 쾌락을 경험하는 능력이 유전적으로 영향을 받는다는 것을 시사한다. 텔레겐과 그의 동료들(1988)의 연구 결과는 쾌락 능력이 유전적으로 영향을 받는다는 것을 시사하는 추가적인 증거를 제공한다. 그들의 연구 결과에 의하면, (쾌락 능력과 관련이 있을 것으로 예상되는) 긍정적인 정서성에 대한 질문지의 측정치 결과와 관련해서 일란성 쌍둥이가 이란성 쌍둥이보다 서로 더 닮았다. 떨어져 자란 쌍둥이들의 표본을 상대로 실험을 반복했을 때 동일한 결과가 나왔다는 점에서 그들의 연구는 특히 중요하다. 흥미롭게도 베렌바움과 오트만스, 고테스만(1990)과 텔레겐과 그의 동료들(1988)의 연구 결과에 의하면, 이란성 쌍둥이는 뜻밖에도 (쾌락 능력과 긍정적인 정서성 측정에서) 예상했던 것에 비해 서로 닮지 않은 경향을 보였다. 이러한 결과는 쾌락 능력에 영향을 미치는 비가산적인 유전적 요인이 있음을 시사하기 때문에 중요하다. 더 구체적으로 말하면, 이러한 결과는 쾌락 능력이 발현 형질, 즉 여러 유전자들의 구성의 영향을 받는 형질일 수 있음을 시사한다(Lykken et al., 1992).

　데이비드슨(Davidson, 1992)은 접근 행동이 뇌의 좌측 전방 부위의 상대적인 활성화 수준과 관련이 있다고 제시했다. 데이비드슨과 그의 동료들이 보

5　　유전적 질환이나 장애를 진단받은 가계 최초의 사람.

고한 일부 경험적 연구 결과와 함께 이 제안은 좌측 전두엽의 활성화가 쾌락의 경험과 연관이 있음을 시사한다. 예를 들어 휠러와 데이비드슨, 토마켄(Wheeler, Davidson and Tomarken, 1993)의 연구 결과에 의하면 긍정적인 정서를 유발하도록 의도된 영화 장면에 대한 반응으로 왼쪽 전두엽 활성화의 기준 수준이 높을수록 (자기보고된 행복과 관심, 즐거움의 수준에 근거한) 긍정적인 정서 경험의 수준이 더 높은 경향을 보였다. 또 다른 연구에서, 에크만과 데이비드슨, 프리센(1990)은 참가자들이 영화 장면을 보고 있을 때 뇌 활동을 검사했다. 그들의 연구 결과에 의하면, (긍정적인 영화 장면을 보는 동안) 참가자들이 (자연스러운 기쁨의 발생과 관련이 있는) 뒤센 미소를 짓자, 바로 그 시점에 좌측 전방 뇌 부위의 활성화 수준이 높아졌다.

좌측 전두엽 활성화 외에도 중추 신경계의 도파민 활성이 쾌락의 경험과 관련이 있을 것으로 예상되는 이론적이고 경험적인 이유가 있다. 인간 이외의 동물에 대한 연구 결과에 의하면, 도파민이 보상에서 중요한 역할을 하는 것으로 나타났다(Wise, 1982). 보상과 쾌락과 관련해 도파민이 하는 역할을 고찰한 이론화와 연구는 인간 이외의 동물에만 국한되지 않는다. 데푸(Depue)와 그의 동료들(예컨대, Depue and Iacono, 1989를 참조)은 행동 촉진 체계(behavioral facilitation system: BFS)로 불리는 접근 행동과 보상 추구 역할을 담당하고 있는 신경계에 대해서 기술했다. 데푸가 기술한 BFS는 그레이(Gray, 1970)가 앞서 기술한 접근 체계와 유사하며, 이후에는 파울즈(Fowles, 1980)에 의해서 행동 활성화 체계(behavioral activation system: BAS)로 명칭이 바뀌었다. BFS와 BAS는 모두 도파민 활성과 관련이 있는 것으로 단정되어 왔다. 도파민 활성이 BFS와 관련이 있다는 자신들의 가설을 검증하기 위해, 데푸와 그의 동료들(Depue et al., 1994)은 (쾌락 경험과 관련이 있는) 긍정적인 정서성의 형질 수준과 도파민 작용제인 브로모크립틴을 섭취한 참가자들의 약리 시험에 대한 반응성 간의 연관성을 검사했다. 이 연구자들의 연구 결과에 의하면 예상대로 도파민 작용제에 대한 생리적 반응성은 특히 긍정적인 정서성과 관련이 있는 것으로 밝혀졌다. 쾌락 경험에서 도파민이 하는 역할에 대한 추가적인 증거는 쾌락 결핍을 가진 개인의 뇌척수액(cerebrospinal fluid: CSF)의 도파민 물질대사 호모바닐린산(dopamine metabolite homovanillic acid: HVA)의 수준을 검사한 연구에서 나온다. 아스버그와 그녀의 동료들(Asberg et al., 1984)의 연구 결과에 의하면, 멜랑콜리성 우울증 환자들은 정신 장애가 없는 통제 집단에 비해 CSF HVA 수치가 낮은 것으로 나타났고, 로이와 그의 동료들(Roy et al., 1985)의 연구 결과에 의하면, 멜랑콜리성 우울증 환자들은 비멜랑콜리성 우울증 환자들보다 CSF HVA 수치가 낮은 것으로 나타났다. 이에 따라 뇌 도파민 기능이 쾌락의 경험과 관련이 있음을 시사하는 인간을 대상으로 한 연구로부터 나온 수렴적 증거가 존재한다.

쾌락을 경험할 수 있는 능력의 개인차는 인지 과제의 수행 및 유발 반응 전위(evoked response potentials: ERPs)에 의해 측정된 정보 처리(자극 제시 후 측정한 피질 활동의 정신생리적 지표)의 개인차와도 관련이 있는 것으로 밝혀졌다. 예를 들어, 예와 밀러(Yee and Miller, 1994)는 기억 과제 수행 중에 P300 ERPs를 측정한 연구에 쾌락 불감증이 있는 대학생 집단을 포함시켰다. 참가자들의 P300s에 대한 검사 결과, 그 연구자들은 쾌락 불감증이 있는 대학생들은 주의 능력과 주의 자원의 배분에 있어 통제 집단과 다르다는 결론을 내렸다. 또 다른 ERP 연구에서 밀러(1996)는 우울증 환자들이 긍정적인 단어에 예상되는 N400 ERP를 보이지 않았으며 이러한 결과는 우울증 환자들의 쾌락 불감증에서 기인한다는 가설을 세웠다. 사이먼스와 피츠기본스, 피오리토(Simons, Fiorito and Fitzgibbons, 1993)는 쾌락 불감증이 있는 참가자들과 통제 집단 참가자들의 정서 유발 자극과 지시에 대한 정신생리학적 자기보고 반응들을 비교한 일련의 연구를 기술했다. 이 연구자들은 쾌락 불감증이 있는 참가자들이 통제 집단과 다르게 정서 자극을 처리했다는 일관된 증거를 발견했다. 쾌락 불감증이 있는 참가자들과 통제 집단을 비교했을 때 이미지가 유쾌한 것이든 불쾌한 것이든, 쾌락 불감증이 있는 참가자들의 그 이미지에 대한 정신생리적인 반응이 낮았다. 또한 이 연구자들의 연구 결과에 의하면, 쾌락 불감증이 있는 참가자들은 통제 집단에 비해 생생한 이미지(예를 들어, 붉은 사과에 대한 상상과 핀의 따가움에 대한 느낌)를 잘 떠올리지 못하는 것으로 보고했다. 사이먼스와 피츠기본스, 피오리토(1993)는 쾌락 불감증이 있는 사람들은 정서 정보가 기억 속에 표현되는 방식에 있어 통제 집단의 사람들과 다르다는 점을 제시했다. 좀 더 구체적으로 말하면, 연구자들은 쾌락 불감증이 있는 사람들이 쾌락 불감증이 없는 사람들에 비해 덜 일관된 긍정적인 정서 기억 원형과 부정적인 정서 기억 원형을 가지고 있다고 제시했다.

환경 요인들 또한 쾌락 경험과 연관성이 있다. 두 개의 개별적인 연구에서 베렌바움과 코넬리(1993)는 스트레스가 쾌락 경험을 크게 감소시킨다는 사실을 밝혀냈다. 베렌바움과 코넬리(1993)의 첫 번째 연구 결과에 의하면, ROTC 생도들은 현장 훈련에 도전했던 날에 재미있는 영화 장면을 보면서 경험한 즐거움을 비교 날에 경험한 즐거움에 비해 낮게 보고했다. 그들의 두 번째 연구 결과에 의하면, 대학생들은 평상시보다 기말 시험 주간에 즐거운 일상 활동을 덜 누렸다고 보고했다. 두 연구에서 스트레스가 쾌락 능력에 미치는 영향은 스트레스가 부정적인 감정에 미치는 영향과 구별될 수 있었다. 베렌바움과 코넬리가 보고한 가장 흥미로운 결과는 스트레스가 쾌락 능력에 미치는 해로운 영향은 특히 우울증의 가족력이 있는 개인들에게 두드러지게 나타났다는 것이다. 이러한 결과는 쾌락을 경험할 수 있는 능력에 영향을 미치는 유전자와 스트레스 상호작용의 가능성을 시사한다.

공포, 죄의식, 수치심

어떤 개인이 거의 또는 전혀 쾌락을 경험하지 않는 것처럼, 공포와 죄의식, 수치심을 거의 경험하지 않는 개인들도 있다. 이러한 개인들은 공포와 죄의식, 수치심을 유발할 수 있는 상황을 불쾌한 것으로 경험하지 않지만, 이 장의 후반부에서 설명하겠지만, 그런 상황에서 주변 사람들의 웰빙에 그들이 미치는 영향은 클 수 있다는 점에 유의해야 한다.

공포와 죄의식, 수치심 경험의 결여와 가장 강한 연관성이 있는 정신병리의 형태는 사이코패스이다. 사이코패스에 대한 현대적 견해는 전형적인 범죄자는 아니지만 사회적 규범을 위반하고 다른 사람들을 해친 개인들의 집단에 대한 클레클리(Cleckley, 1941)의 고전적인 묘사의 영향을 크게 받아 왔다. 클레클리는 사이코패스를 정의하는 데 사용한 16가지 기준 목록을 개발했다. 그 목록에는 반사회적 행동 외에도, 긴장감의 결여와 후회나 수치심의 결핍이 포함되어 있다. 예컨대, 사이코패스는 보통 사람이 식료품점에 들어가 우유 한 팩을 구입하는 일 만큼이나 어떤 사람을 납치하고 살인하는 일에 불안감을 느끼지 않을 것이다. 게다가 사이코패스는 그 사람을 납치하고 살인한 일을 후회하거나 그 일에 수치심을 느끼지도 않을 것이다. 리켄(Lykken, 1957)은 사이코패스의 공포 결핍에 대한 실험실 증거를 얻은 최초의 인물이었다.

가족, 쌍둥이, 입양 등에 대한 연구 결과는 사이코패스가 유전적인 영향을 받는다는 사실을 시사한다(Cloninger and Gottesman, 1987). 그러나 공포와 죄의식, 수치심의 결핍에서 유전적 요인이 하는 역할은 명확하지 않다. 왜냐하면 이 분야의 연구들이 밝힌 표현형은 (범죄성에서 반사회적 인격 장애에 이르기까지) 연구에 따라 제각각이고, 그 누구도 정서적 결손에 있어서 유전적 요인이 하는 역할을 직접적으로 밝혀내지는 못했기 때문이다. 다양한 신경생물학적 요인들이 사이코패스와 관련이 있다고 가정되어 왔다(Dolan, 1994). 세로토닌과 모노아민 산화 효소와 같은 몇몇 생화학 물질은 공격성과 충동성과 관련이 있는 것으로 밝혀졌음에도 불구하고(Coccaro et al., 1996), 그 물질들과 공포, 죄의식, 수치심의 결핍과의 관련성은 아직까지 불분명하다.

그레이(1970)와 파울즈(1980)는 신경학적인 근거라 할 수 있는, 비정상적으로 활동적이지 않는, 행동 억제 체계(behavioral inhibition system: BIS)가 사이코패스를 야기한다고 제시했다. 고렌슈타인과 뉴먼(Gorenstein and Newman, 1980)은 사이코패스에서 보이는 탈억제를 설명하기 위해 중격(中隔) 장애 모델을 제시했고, 뉴먼과 동료들(예컨대, Patterson and Newman, 1993)은 정보처리와 반응 편향이 어떻게 그리고 왜 탈억제와 연관되어 있는지를 해명하고자 했다. 헤어(Hare)와 동료들은 사이코패스가 좌뇌 반구의 낮은 수준의 각성 및 언어 기능의 비정상적인 좌우 뇌 기능 분화(예컨대, Hare and McPherson, 1984)와 관련이 있다고 제시했다. 사이코패스가 정서와 관련된 자극 및 정서를 유발하는 자극 처리의 비정상성과 관련이 있다는 증거가 증가하고 있으며(Day and Wong, 1996), 그러한 결손은 사이코패스의 특징인 정서 결핍과 가장 밀접하게 연관되어 있을 수 있다(Patrick, Bradley and Lang, 1993).

다양한 가족과 기타 환경 요인들은 반사회적인 행동과 관련이 있는 것으로 밝혀졌다. 반사회적 행동에 대한 비교적 일관된 예측 변인들 중에는 아동 학대, 적절한 부모의 감독의 부재, 그리고 빈곤이 있다(Robins, 1966; Yoshikawa, 1994). 반사회적 행동의 원인이 되는 요인에 대해서는 많은 것이 알려져 있지만, 가족 및 환경 요인들이 사이코패스, 그리고 공포와 죄의식, 수치심의 결핍의 원인인지에 대해서는 아직 명확하지 않다. 몇몇 연구들은 가족 및 환경 요인들이 반사회적 행동에 영향을 미치는 데 있어 유전적 요인 혹은 생물학적 요인과 상호작용한다는 사실을 밝혔다. 예를 들어, 카도렛과 그의 동료들(Cadoret, 1995)은 출생 후 며칠 이내에 입양된 개인들의 표본을 대상으로 반사회적 행동을 조사했다. 입양아들의 생물학적 부모는 반사회적 행동의 이력이 있는지 여부에 따라 달랐다. 입양 가정들은 결혼 문제와 법적인 문제 그리고/또는 약물 남용 문제가 있는지 여부에 따라 달랐다. 카도렛과 동료들의 연구 결과에 의하면, 반사회적 이력을 가진 생물학적 친척의 존재는 불행한 입양 환경과 마찬가지로, 입양된 자식의 반사회적 행동 증가율의 원인이 될 수 있었다. 가장 중요한 것은 유전적 요인 및 환경적 요인과 특히 반사회적인 문제들을 드러낼 가능성이 있는 유전적 위험 요인 및 환경적 위험 요인을 모두 가진 개인들 사이에 중요한 상호작용이 있었다는 것이다. 마찬가지로, 레인과 그의 동료들(Raine, 1996)은 환경 요인과 생물학적 요인이 상호작용한다는 증거를 발견했다. 생후 첫해에 신경 운동의 결손이 있었고 불안정한 가족 환경에서 자란 개인들은 그들이 연구한 어느 다른 참가자 집단보다도 반사회적인 문제를 일으킬 가능성이 훨씬 컸다.

단절

과잉과 결핍은 정신병리학자들이 연구하는 가장 흔하고 잘 알려진 정서 장애이지만, 또 다른 유형의 장애는 우리가 단절이라고 부르는 것이다. 우리는 두 가지 유형의 단절, 즉 감정[6] 단절과 인식 단절을 설명할 것이다. 단절의 결정적인 특징은 정서 체계의 상이한 부분들이 서로 단절되어 있다는 것이다. 어떤 면에서, 단절 장애는 앞서 설명한 과잉과 결핍과 유사한 것처럼 보인다. 예를 들어, 감정 단절의 첫 번째 예에서, 우리는 뫼비우스 증후군[7]을 갖고 태어난 개인들이 쾌락(즐거움)을 표현하는 얼굴 표정에 결함이 있다는 사실을 제시하고자 한다. 그러나 우리는 뫼비우스 증후군에서 나타나는 정서 장애가 두 가지 이유로 쾌락의 결핍보다는 감정 단절이라고 생각한다. 우선 쾌락 정서의 한 측면, 즉 쾌락 얼굴 표정을 나타내는 데만 결점이 있을 수 있다. 그리고 우리 생각에 특히 주목할 만한 것은 정서 체계의 한 부분(정서의 얼굴 표정

---

[6] (지은이) 우리는 감정(affect)이란 단어를 정신 의학 분야에서 일반적으로 정의되고 있는 것처럼 사용하고 있다. 예를 들어 미국정신의학협회의 『정신 장애의 진단 및 통계 매뉴얼』(1994)은 감정을 "주관적으로 경험하는 느낌 상태의 표현인 관찰 가능한 행동 패턴'이라고 정의한다"(763).

[7] 선천성 발달 장애 질환으로 얼굴에 마비 증세가 있어, 미소를 짓거나 얼굴을 찡그리는 데 장애가 있다.

3부
.
594

생성)이 (정서의 주관적인 경험과 같은) 정서 체계의 다른 부분들과 단절될 수 있다는 것이다.

감정 단절

우리가 감정 단절이라고 부르는, 감정의 정상적인 발생을 저해하는 신경학적 조건은 웰빙에 깊은 영향을 미칠 수 있다. 1996년 7월 15일자 〈피플(People)〉지에 실린 (특히 얼굴 근육의 마비를 일으키는) 뫼비우스 증후군을 앓고 있는 한 어린 소녀에 대한 기사를 예로 들 수 있다. 그 소녀는 "예컨대, 식사와 단어 발음에 어려움"을 겪었다. "그러나 심리적으로 가장 충격적인 결과는 그녀가 웃을 수 없다는 것이었다"(54). 행복할 때조차 미소 짓지 못하는 것은 우리가 감정 단절이라고 부르는 것의 한 예이다. 뫼비우스 증후군 이외에도 감정 단절을 일으키는 신경학적인 조건은 여러 가지가 있다. 예를 들어, 어떤 개인들은 기분이 아주 좋거나 슬프다고 보고할 때조차도 음성이나 얼굴 표정에 감정을 드러내지 않는 반면에 다른 개인들은 어떠한 정서를 전혀 느끼지 않는다고 보고할 때도 강렬한 감정(심지어 울음이나 폭소)을 드러낼 것이다(Black, 1982; Ross and Mesulam, 1979).

감정 단절은 또한 정신 장애를 가진 개인들에게서도 발견된다. 실험실 연구 결과에 의하면, 조현병이 있는 개인들이 보고한 정서 경험이 통제 집단의 참가자들의 경우와 설사 다르지 않더라도, 그들이 정서를 표현하는 정도에 결함이 있는 것은 드문 일이 아닌 것으로 밝혀졌다. 이러한 연구 결과는 조현병에서 보이는 감정의 단조로움은 감정의 발생과 감정 체계의 다른 요소들 사이의 단절의 결과라는 점을 시사한다(Berenbaum and Oltmanns, 1992). 조현병에서 나타나는 이러한 감정 단절의 원인으로 신경운동 장애가 제시되었다(Stolar et al., 1994).

인식 단절

인식 단절은 정서 자체가 존재할 수 있음에도 불구하고 개인이 정서 정보에 접근하지 못하거나 인식하지 못하는 장애이다. 감정표현불능증의 핵심 특징 중 하나는 자신의 정서 상태를 분간하는 능력의 감소이다(Taylor, 1984). 높은 수준의 감정표현불능증은 다양한 신체적, 정신적 건강상의 장애와 관련이 있기 때문에(Taylor, Bagby and Parker, 1997), 우리는 감정표현불능증을 인식 단절의 한 예로 간주한다.[8] 하이베르크와 하이베르크(1978)는 이란성 쌍둥이가 일란성 쌍둥이에 비해 쌍둥이들 사이에 나타나는 감정표현불능증의 수준 차가 더 크다는 점을 발견하였다. 이는 유전적 요인이 감정표현불능증의 원인일 수 있다는 사실을 시사한다. 감정표현불능증이 우반구 뇌 기능의 결손(Parker, Taylor and Bagby, 1992) 및 정보의 좌우반구 간의 전달상의 장애(Zeitlin et al., 1989)와 관련이 있을 수 있다는 증거가 있다. 또한 감정표현불능증과 정신적 외상 및 강간, 군사적 전투, 강제 수용소 경험 등과 같은 기타 환경적 요인들이 연관성이 있다는 증거들이 늘어나고 있다(Zeitlin, McNally and Cassiday, 1993). 베렌바움과 제임스(1994)의 연구 결과에 의하면, 가족 구성원이 솔직하게 행동하고 자신의 감정을 직접 표현하는 일이 허용되지 않은 환경이나 정서적으로 안정적이지 않다고 느낀 환경에서 성장했다고 보고한 개인들은 감정표현불능증의 수준이 높은 것으로 나타났다. 베렌바움(1996)은 높은 수준의 감정표현불능증이 어린 시절에 신체적 그리고/또는 성적 학대를 당한 적이 있는 개인사와 연관성이 있다는 사실을 밝혔다.

정서 장애의 개인적, 사회적 결과

정서 장애를 가진 개인들이 경험하는 고통의 정도는 대단히 심각할 수 있다. 정서 장애와 정신 장애의 영향력은 웰빙에 대한 주관적 감정에만 국한되는 것은 아니다. 우리가 설명해 온 정서 장애, 그리고 정서 장애와 관련이 있는 정신 질환도 많은 부정적인 재정, 역할 기능, 대인 관계, 건강, 수명 등의 결과를 초래할 수 있다.[9] 전통적으로 정서 장애의 결과는 정서 장애를 가진 개인에게 초점을 맞추어 왔다. 그러나 정서 장애가 있는 개인들이 종종 주변 사람들의 웰빙과 고통의 수준에 심대한 영향을 미친다는 점을 인식하는 것이

---

8 (지은이) 감정표현불능증과 관련이 있는 해리(Berenbaum and James, 1994)는 또 다른 형식의 인식 단절이다. 공간의 제약 때문에 해리에 대한 논의는 할 수 없었다.

9 (지은이) 웰빙이 어떻게 정의되느냐에 따라, 신체적인 건강과 역할 기능과 같은 현상은 웰빙이나 웰빙의 결과, 혹은 웰빙 양상 그 자체의 원인으로 간주될 수 있다.

중요하다. 따라서 정서 장애를 가진 개인에게 그러한 장애가 미치는 영향을 설명하는 것 외에도, 우리는 그러한 개인이 다른 사람들에게 미치는 파괴적인 영향에 대해서도 일부 설명할 것이다.

정서 장애를 가진 개인들은 삶의 모든 영역에서 혼란을 경험한다. 예를 들어, 공황 장애와 우울증 진단을 받은 개인들은 만성적인 내과 질환을 앓고 있는 개인들에 비해 정상적인 일상 활동에서 현저히 낮은 역할 기능을 보였다 (Sherbourne, Wells and Judd, 1996). 정서 장애가 있는 개인들은 안정적인 직장 생활을 유지하는 데 어려움을 겪으며 종종 전혀 일을 하지 않기도 한다 (Mintz et al., 1992). 정서 장애는 노숙의 위험성을 증가시킨다.[10] 예를 들어, 노숙자의 약 25퍼센트가 기분 장애를 가지고 있는 것으로 추정된다(Fischer and Breakey, 1991). 개인에게 영향을 미치는 것 외에도 정서 장애는 사회 전반에 영향을 미친다. 엄청나게 큰 사회적 재정비용이 들기도 하다. 예를 들어, 1994년에 미국의 연간 우울증 재정비용은 440억 달러로 추산되었다 (Finkestein, 1994). 이러한 어마어마한 금액은 직접적 치료 및 지원 비용, 생산성 감소 또는 손실, 사망, 범죄 등을 포함한 수많은 요인들의 결과이다.

연구는 우울증과 같은 정신과 문제가 있는 개인들이 상호작용하는 다른 개인들에게 미칠 수 있는 부정적인 영향을 입증했다(Gotlib and Robinson, 1982). 따라서 정서 장애를 가진 개인이 부정적인 감정, 긴장, 공공연한 적대감 등으로 특징지어지는 결혼 생활을 포함하여 좋지 못한 대인 관계(Fadden, Bebbington and Kuipers, 1987)를 가지고 있는 것은 놀라운 일이 아니다(Coyne, 1985). 이러한 긴장 상태는 가족 구성원에게 불안, 죄의식, 우울을 빈번히 초래한다(Arey and Warheit, 1980).

다양한 정신 장애가 신체 질병의 높은 비율의 원인일 수 있다는 광범위한 증거가 있다(Hall and Beresford, 1984). 어떤 연구는 신체 질병과 특정한 정서 장애 사이의 연관성을 고찰했다. 예컨대, 과도한 분노와 적대감은 나쁜 심장 혈관 건강과 관련이 있고(Friedman, 1992), 높은 수준의 감정표현불능증은 당뇨병(Abramson et al., 1991)과 고혈압(Isaksson, Konarski and Theorell, 1992)과 같은 다양한 내과적 문제들과 관련이 있다.

연구는 다양한 정신 질환과 정서 장애를 자연적인 원인으로 인한 높은 사

---

10 (지은이) 노숙과 정신 장애의 연관성은 사실성 서로에게 영향을 미치는 다소 복잡한 문제이다.

망률과 연결시켜 왔다(Berren et al., 1994). 높은 사망률과 연관된 것은 단지 정신 질환만이 아니다. 예를 들어, 2,000명 이상의 남성을 대상으로 한 종단적 전향 연구에서 감정표현불능증의 수준이 높은 남성들은 행동적 또는 생리적 위험 요인으로 설명할 수 없는 사망 위험이 통제 집단의 두 배나 되었다(Kauhanen et al., 1996).

자살은 미국에서 여덟 번째 주요 사망 원인으로 자동차 사고 또는 HIV 감염과 거의 같은 수의 사망자를 유발한다(U. S. Bureau of the Census, 1996). 주요 우울 장애와 양극성 장애를 가진 사람들의 자살률은 10~15퍼센트 정도일 것이다(Isometsa, 1993). 하지만 자살과 연관성이 있는 것은 기분 장애만이 아니다. 예를 들어, 조현병(Roy, 1992)이나 불안 장애(Noyes, 1991)가 있거나 알코올 남용(Frances, Franklin and Flavin, 1987)에 시달리는 개인들의 자살률은 10퍼센트 이상인 것으로 밝혀졌다.

자살에 관한 연구는 대부분 진단 범위 수준에서 이루어져 왔다. 특정한 정서를 조사한 소규모 연구는 자살과 자살 기도가 높은 수준의 분노(Lehnert, Overholster and Spirito, 1994), 불안(Keller and Hanks, 1995), 죄의식(Hendin and Haas, 1991), 슬픔(Apter, Plutchik and van Praag, 1993), 수치심(Wandrei, 1985)과 연관성이 있다는 사실을 밝혔다.

정서 장애가 있는 개인이 살인을 범할 경우, 정서 장애는 사망자 수에 영향을 미친다. 예컨대, 정서 장애가 있는 개인이 비정상적으로 많은 살인을 범하는 일이 있는 것으로 보인다(Eronen, Hakola and Tiihonen, 1996). 아마도 정서 장애의 파괴적인 결과는 대량 살인일 것이다. 가학적인 숙청과 고문을 일삼았던 스탈린, 폴 포트, 히틀러, 이디 아민 등과 같은 지도자들이 정서 장애를 가지고 있었을 가능성은 있다. 하지만 오로지 정서 장애 하나만이 수십 명의 잔인한 지도자들과 정책 입안자들에게 대량 살인을 계획하도록 동기를 부여할 수 있었다고 하는 것은 단순하면서도 그릇된 주장일 것이다. 그러한 지도자들의 통치를 둘러싼 복잡한 사회적, 역사적, 경제적 요인들에 대한 인식 없이는 그들의 대량 학살을 이해할 수 없다. 그럼에도 불구하고, 다양한 2차적인 자료들(Ferril, 1991)을 통해 우리는 그러한 잔인한 지도자들의 신념과 행동을 적어도 부분적으로는 과잉 분노, 그리고 공포와 죄의식, 수치심의 결핍으로 설명할 수 있다고 제시하지 않을 수 없다.

정신병리 연구의 웰빙에 대한 광범위한 함의

이 장의 이 마지막 부분에서 우리의 목적은 정신병리와 정서에 관한 연구가 정신 장애를 가진 개인들만이 아닌 모든 개인의 웰빙에 대해 우리에게 말해주는 것을 간략하게 요약하는 것이다. 우리가 말하고자 하는 첫 번째 요점은 사실상 모든 개인이 정신병리의 결과에 직간접적으로 영향을 받는다는 것이다. 예를 들어, 앞에서 언급했듯이 사회가 지불하는 정신 장애의 비용(그리고 그에 따라 간접적으로 사회 구성원이 지불하는 비용)은 막대하다.[11] 정신 장애는 또한 노숙과 (살인을 포함한) 범죄에 영향을 미친다. 그리고 노숙과 범죄 모두 사회 구성원들의 정신과적 상태와는 무관하게 그들 대부분에게 영향을 미친다. 따라서 사회적인 부와 노숙과 범죄가 대부분의 사회 구성원들의 웰빙에 영향을 미친다면, 우리는 대부분의 사회 구성원들의 웰빙이 정신 장애의 영향을 받는다고 결론지어야 할 것이다.

정신 장애의 간접적인 효과 외에, 대다수는 아닐지라도 많은 개인들은 정신 장애가 있는 개인과 접촉하지 않는다. 그러다 보니, 예컨대 사이코패스와 접촉하는 불운을 겪는 개인들의 웰빙 수준이 낮아질 가능성이 높다는 데는 의심의 여지가 거의 없다. 사이코패스들만이 그들과 상호작용하는 사람들의 웰빙에 영향을 줄 수 있는 유일한 정신 장애를 가진 개인들은 아니다. 우울증이 있는 개인과 같이 정신과적인 장애가 있는 개인과의 짧은 상호작용조차도 높은 부정적인 영향을 야기한다는 증거가 많다(Coyne, 1976). 정신 장애가 있는 개인들은 지속적인 관계를 맺고 있는 개인들에게 부정적인 영향을 미치는 경향이 있다는 증거 또한 많다(Hokanson et al., 1989). 따라서 결혼 생활의 고통이 한 파트너의 우울증과 불안 장애와 연관성이 있다는 것은 놀랄 일이 아니다(McLeod, 1994).

정신 장애가 웰빙에 미치는 영향 때문뿐만 아니라 정신 장애의 원인이 되는 병인 요인들이 대다수 개인들의 웰빙에 영향을 미치기 때문에, 정신병리 연구는 모든 개인들의 웰빙과 관련이 있는 것이다. 이 장에서 설명한 웰빙과

---

11 (지은이) 공간의 제약 때문에 우리는 정신병리와 사회적 수준에 따른 웰빙의 관련성에 초점을 맞추는 대신에(전체적인 사회의 웰빙은 사회 내 개인들의 총 웰빙과 개념적으로 구별될 수 있다. Shinn, 1990을 참조) 개인 수준에 따른 웰빙에 전적으로 초점을 맞추었다.

병인적 요인 간의 연관성이 소수의 개인들에게만 국한되지 않을 것으로 예상할 수 있는 몇 가지 이유가 있다. 역학(疫學)적 증거가 제시하는 바에 따르면, 대략 두 개인들 중 한 명이 인생의 어느 시점에서 진단 가능한 정신 장애를 일으킬 것이다(Kessler et al., 1994). 이 장에서 설명한 많은 병인적인 요인들은 일반적인 것이며 다른 병인적인 요인들은 도처에 존재한다. 예컨대, 모든 개인들은 스트레스에 직면한다. 사실 전 미국 여성의 대표적인 표본을 대상으로 한 인터뷰 결과에 의하면, 그들 중 3분의 2 이상이 인생의 어느 시점에서 일종의 정신적 외상에 노출된 적이 있는 것으로 나타났다(Resnick et al., 1993). 마찬가지로 모든 개인은 도파민과 세로토닌과 같은 신경전달물질의 기능적 활성과 관련된 유전자를 가지고 있다. 이와 관련해서 보면, 이 장에서 설명한 대부분의 병인적인 요인들은 존재 혹은 부재 여부보다는 차원적인 문제이다. 예컨대, 개인이 스트레스를 경험하느냐, 경험하지 않느냐가 문제의 요점이 아니라 개인들이 직면하는 스트레스 요인의 수와 심한 정도가 요점이라는 것이다. 이 장에서 논의된 정서 현상은 전부는 아니더라도 대부분 차원적인 것이다. 예를 들어, 슬픔과 쾌락의 수준 변화는 (예컨대, 존재 대 부재처럼) 범주적인 것이기보다는 연속적인 것이다. 따라서 이는 심각한 수준의 스트레스가 극심한 수준의 (또는 장애 수준의) 슬픔과 단순히 관련이 있는 것에 그치지 않는다. 유용한 증거는 스트레스와 슬픔 간의 연관성은 불연속적이기보다는 연속적이라는 것을 시사한다. 다시 말해, 스트레스를 많이 경험할수록 개인은 슬픔을 더 심하게 느낄 가능성이 높다. 따라서 (정신 장애를 가지고 있느냐의 여부와는 상관없이) 모든 개인들의 슬픔 수준은 그들이 직면한 스트레스의 정도와 관련이 있을 것으로 예상할 수밖에 없다. 마지막으로, 이 장에서 설명한 대부분의 병인적인 요인은 본질적으로 양극성으로 생각할 수 있다. 한 극은 정서 장애 및 상대적으로 낮은 수준의 웰빙과 관련이 있고, 다른 극은 상대적으로 높은 수준의 웰빙과 관련이 있다. 예를 들어, 부모의 부실한 감독, 낮은 사회적 지원, 그리고 불쾌한 정보에 대한 주의 및 회상 편향은 모두 정서 장애 및 낮은 수준의 웰빙과 관련이 있는 반면에 부모의 훌륭한 감독, 높은 수준의 사회적 지원, 그리고 유쾌한 정보에 대한 주의 및 회상 편향은 모두 높은 수준의 웰빙과 관련이 있는 것으로 보인다.

우리가 정서 장애를 고찰한 결과, 정신 장애가 있는 개인들만이 아니라 모든 개인의 웰빙을 이해하는 데 관련된 몇 가지 주제들이 밝혀졌다. 웰빙을 이해하려 할 때 주목할 가치가 있는 정신병리 연구로부터 한 가지 관찰되는 것은 쾌락 정서의 부재와 고통 정서의 존재가 단지 하나의 양극성 차원의 두 극단이 아니라는 것이다. 개인은 깊은 수준의 슬픔이나 불안을 경험하면서도 여전히 쾌락을 경험할 수 있다. 마찬가지로, 어떤 개인은 쾌락의 경험에 결손이 있을 수 있지만 과도한 고통 정서의 경험을 보고하지는 않는다는 증거가 있다. 또한, 쾌락 정서와 고통 정서가 상이한 유전자의 영향을 받으며, 상이한 신경학적 상관관계를 갖는다는 증거가 있다. 정신병리 연구는 우리가 공포와 죄의식과 같은 고통 정서라고 부르는 것이 반드시 부정적이거나 나쁜 것만은 아니라는 점을 보여주기도 한다. 사실 그러한 정서의 부재는 사이코패스처럼 공포와 죄의식, 걱정이 결핍된 개인들이 증명하듯이, 오히려 극히 해로운 결과를 초래할 수 있다. 정신병리학 문헌에서 볼 수 있는 또 다른 중요한 연구 결과에 의하면, 경험되는 특정 정서와는 무관한 정서적 각성과 정서 강도에 장애가 있을 수 있다. 예를 들어, 조증 에피소드를 겪는 개인은 높은 수준의 정서적 각성을 보였고, 성격 장애가 있는 개인들은 유발되는 특정한 정서에 관계없이 모든 사건에 매우 강렬하게 반응하는 경향이 있다. 이러한 관찰 결과는 개인의 웰빙 수준이 아마도 개인이 경험하는 정서 유형, 정서를 경험하는 빈도뿐만 아니라 정서적 각성과 정서 강도의 영향도 받을 수 있음을 시사한다. 또한 정신병리 연구의 결과는 정서 체계의 상이한 부분들 간의 단절이 원하지 않는 결과를 초래할 수 있다는 사실을 증명했다. 그러한 연구 결과들은 정서의 유효성을 입증한다. 예를 들어, 정서 경험을 인식하지 못하기 때문에 정서 경험의 혜택을 얻을 수 없는 개인들(감정표현불능증 수준이 높은 개인들)은 다양한 신체적, 정신적 건강의 장애가 있는 경향이 있다. 따라서 모든 개인들의 웰빙은 자신들이 경험하는 정서의 유형과 빈도, 강도의 영향을 받을 뿐만 아니라, 자신들의 정서에 대한 인식, 그리고 사회적 얼굴 표정을 통한 정서의 사회적 의사소통과 같은 다양한 방식으로 자신들의 정서 반응으로부터 혜택을 얻을 수 있는 정도의 영향도 받을 것이다. 마지막으로, 정신병리 연구의 결과는 웰빙 연구자들에게 그리 놀랄 일은 아니지만 쉽게 잊히거나 무시되는 것, 즉 모든 개인들의 웰빙이 복합적으로 결정되고 복합적인 상호작용의 영향을 받듯이, 정서 장애도 시간의 흐름에 따른 상이한 병인적인 요인들 간의 복잡한 상호작용에 의해서 복합적으로 결정되며, 그러한 상호작용의 영향을 받는다는 사실을 상기시키는 데 유용하다.

참고문헌

Abramson, J., McClelland, D. C., Brown, D., and Kelner, S. (1991). Alexithymic characteristics and metabolic control in diabetic and healthy adults. *Journal of Nervous and Mental Disease, 179*, 490~94.

Abramson, L. Y., Metalsky, G. I., and Alloy, L. B. (1989). Hopelessness depression: A theory-based subtype of depression. *Psychological Review, 96*, 358~72.

Abramson, L. Y., Seligman, M. E. P., and Teasdale, J. (1978). Learned helplessness in humans: Critique and reformulation. *Journal of Abnormal Psychology, 87, 49~74.*

Alloy, L. B., and Abramson, L. Y. (1982). Learned helplessness, depression, and the illusion of control. *Journal of Personality and Social Psychology, 42*, 1114~26.

_____. (1997). The Temple-Wisconsin Cognitive Vulnerability to Depression Project: Lifetime prevalence and prospective incidence of axis I psycho-pathology. Paper presented at the meeting of the Midwestern Psychological Association, Chicago (May).

American Psychiatric Association. (1994). *Diagnostic and statistical manual of mental disorders.* 4th ed. Washington, D.C.: American Psychiatric Association.

Apter, A., Plutchik, R., and van Praag, H. M. (1993). Anxiety, impulsivity, and depressed mood in relation to suicidal and violent behavior. *Acta Psychiatrica Scandinavica, 87, 1~5.*

Arey, S., and Warheit, G. J. (1980). Psychological costs of living with psychiatrically disturbed family members. In L. Robbins, P. Clayton, and J. K. Wing (Eds.), *The social consequences of psychiatric illness* (pp. 158~75). New York: Brunner/Mazel.

Arora, R. C., Fichtner, C. G., O'Connor, F., and Crayton, J. W. (1993). Paroxetine binding in the blood platelets of post-traumatic stress disorder patients. *Life Sciences, 53*, 919~28.

Asberg, M., Bertilsson, L., Martensson, B., ScaliaTomba, G. P, Thoren, P., and Traskman-Bendz, L. (1984). CSF monoamine metabolites in melancholia. *Acta Psychiatrica Scandinavica, 69*, 201~19.

Bauer, M. S., Crits-Cristoph, P., Ball, W. A., Dewees, E., McAllister, T., Alahi, P., Cacciola, J., and Whybrow, P. C. (1991). Independent assessment of mania and depressive symptoms by self-rating. *Archives of General Psychiatry, 48*, 807~12.

Beck, A. T. (1967). *Depression: Clinical, experimental, and theoretical aspects.* New York: Harper & Row.

Berenbaum, H. (1992). Posed facial expressions of emotion in schizophrenia and depression. *Psychological Medicine, 22,* 929~37.

_____. (1996). Childhood abuse, alexithymia, and personality disorder. *Journal of Psychosomatic Research, 41,* 585~95.

Berenbaum, H., and Connelly, J. (1993). The effect of stress on hedonic capacity. *Journal of Abnormal Psychology, 102,* 474~81.

Berenbaum, H., Fujita, F., and Pfennig, J. (1995). Consistency, specificity, and correlates of negative emotions. *Journal of Personality and Social Psychology, 68,* 342~52.

Berenbaum, H., & James, T. (1994). Correlates and retrospectively reported antecedents of alexithymia. *Psychosomatic Medicine, 56,* 353~59.

Berenbaum, H., and Oltmanns, T. F. (1992). Emotional experience and expression in schizophrenia and depression. *Journal of Abnormal Psychology, 101,* 37~44.

Berenbaum, H., Oltmanns, T. F., & Gottesman, I. I. (1990). Hedonic capacity in schizophrenics and their twins. *Psychological Medicine, 20,* 367~74.

Berren, M. R., Hill, K., Merikle, E., Gonzalez, N. (1994). Serious mental illness and mortality rates. *Hospital and Community Psychiatry, 45,* 604~5.

Bifulco, A., Harris, T., and Brown, G. W. (1992). Mourning or early inadequate care? Reexamining the relationship of maternal loss in childhood with adult depression and anxiety. *Development and Psychopathology, 4,* 433~49.

Billings, A. G., and Moos, R. H. (1985). Life stressors and social resources affect post-treatment outcomes among depressed patients. *Journal of Abnormal Psychology, 94,* 140~53.

Black, D. W. (1982). Pathological laughter: A review of the literature. *Journal of Nervous and Mental Disease, 170,* 67~71.

Brown, G. W., and Harris, T. (1978). *Social origins of depression.* London: Tavistock.

(Eds.). (1989). *Life events and illness.* New York: Guilford.

Brown, G. W., Harris, T. O., and Hepworth, C. (1994). Life events and endogenous depression: A puzzle reexamined. *Archives of General Psychiatry, 51,* 525~34.

Bryant, R. A., and Harvey, A. G. (1995). Processing threatening information in post-traumatic stress disorder. *Journal of Abnormal Psychology, 104,* 537~41.

Burke, M., and Mathews, A. M. (1992). Autobiographical memory and clinical anxiety. *Cognition and Emotion, 6,* 23~35.

Buder, G., and Mathews, A. M. (1983). Cognitive processes in anxiety. *Advances in Behaviour Research and Therapy, 5,* 51~62.

Cadoret, R. J., Yates, W. R., Troughton, E., Wood-worth, G., and Stewart, M. A.

(1995). Genetic–environmental interaction in the genesis of aggressivity and conduct disorders. *Archives of General Psychiatry, 52*, 916~24.

Cane, D. B., and Gotlib, I. H. (1985). Depression and the effects of positive and negative feedback on expectations, evaluations, and performance. *Cognitive Therapy and Research, 9*, 145~60.

Carr, J. (1996). Neuroendocrine and behavioral interaction in exposure treatment of phobic avoidance. *Clinical Psychology Review, 16*, 1~15.

Chapman, L. J., Chapman, J. P., and Miller, E. N. (1982). Reliabilities and intercorrelations of eight measures of proneness to psychosis. *Journal of Consulting and Clinical Psychology, 50*, 187~95.

Clark, D. M. (1986). A cognitive approach to panic. *Behaviour Research and Therapy, 24*, 461~70.

Clark, D. M., and Beck, A. T. (1988). Cognitive approaches. In C. G. Last and M. Hersen (Eds.), *Handbook of anxiety disorders* (pp. 362~85). New York: Pergamon.

Clark, L. A., Watson, D., and Mineka, S. (1994). Temperament, personality, and the mood and anxiety disorders. *Journal of Abnormal Psychology, 103*, 103~16.

Cleckley, H. (1941). *The mask of sanity.* St. Louis: C. V. Mosby.

Cloninger, C. R., and Gottesman, I. I. (1987). Genetic and environmental factors in antisocial behavior disorders. In S. A. Mednick, T. E. Moffitt, and S. A. Stack (Eds.), *The causes of crime: New biological approaches* (pp. 92~109). New York: Cambridge University Press.

Coccaro, E. F., Kavoussi, R. J., Sheline, Y. I., Lish, J. D., and Csemansky, J. G. (1996). Impulsive aggression in personality disorder correlates with tritiated paroxetine binding in the platelet. *Archives of General Psychiatry, 53*, 531~36.

Collins, N., Dunkel–Schetter, C., Lobel, M., and Scrimshaw, S. C. M. (1993). Social support in pregnancy: Psychosocial correlates of birth outcomes and postpartum depression. *Journal of Personality and Social Psychology, 65*, 1243~58.

Costello, C. G. (1992). Research on symptoms versus research on syndromes: Arguments in favor of allocating more research time to the study of symptoms. *British Journal of Psychiatry, 160*, 304~8.

Coyne, J. (1976). Depression and the response of others. *Journal of Abnormal Psychology, 85*, 186~93.

_____. (1985). Comment: Studying depressed person's interactions with strangers and spouses. *Journal of Abnormal Psychology, 94*, 231~32.

Daley, S. E., Hammen, C., Burge, D., Davila, J., Paley, B. Lindberg, N., and Herzberg, D. S. (1997). Predictors of the generation of episodic stress:

A longitudinal study of late adolescent women. *Journal of Abnormal Psychology, 106,* 251~59.

Davidson, R. J. (1992). Emotion and affective style: Hemispheric substrates. *Psychological Science, 3,* 39~43.

Day, R., and Wong, S. (1996). Anomalous perceptual asymmetries for negative emotional stimuli in the psychopath. *Journal of Abnormal Psychology, 105,* 648~52.

De Bellis, M. D., Lefter, L., Trickett, P. K., and Putnam, F. W., Jr. (1994). Urinary catecholamine excretion in sexually abused girls. *Journal of the American Academy of Child and Adolescent Psychiatry, 33,* 320~27.

Den Boer, J. A., and Westemberg, H. G. M. (1990). Serotonin function in panic disorder: A double blind placebo controlled study with fluoxamine and ritanserin. *Psychopharmacology, 102,* 85~94.

Depue, R. A., and Iacono, W. G. (1989). Neurobehavioral aspects of affective disorders. *Annual Review of Psychology, 40,* 457~92.

Depue, R. A., Lucian, M., Arbisis, P., Collins, P., and Leon, A. (1994). Dopamine and the structure of personality: Relations of agonist—induced dopamine activity to positive emotionality. *Journal of Personality and Social Psychology, 67,* 485~98.

Dolan, M. (1994). Psychopathy: A neurobiological perspective. *British Journal of Psychiatry, 165,* 151~59.

Dworkin, R. H., and Saczynski, K. (1984). Individual differences in hedonic capacity. *Journal of Personality Assessment, 48,* 620~26.

Ekman, P., Davidson, R. J., and Friesen, W. V. (1990). The Duchenne smile: Emotional expression and brain physiology II. *Journal of Personality and Social Psychology, 58,* 342~53.

Elliott, D. M., and Briere, J. (1992). Sexual abuse trauma among professional women: Validating the Trauma Symptom Checklist—40. *Child Abuse and Neglect, 16,* 391~98.

Eronen, M., Hakola, P., and Tiihonen, J. (1996). Mental disorders and homicidal behavior in Finland. *Archives of General Psychiatry, 53,* 497~501.

Fadden, G., Bebbington, P., and Kuipers, L. (1987). Caring and its burdens: A study of the spouses of depressed patients. *British Journal of Psychiatry, 151,* 660~67.

Ferrier, I. N. (1994). Disturbed hypothalamo—pituitary—adrenal axis regulation in depression: Causes and consequences. In S. A. Montgomery and T. Cohn (Eds.), *Psychopharmacology of depression* (pp. 47~56). England: Oxford University Press.

Ferril, A. (1991). *Caligula Emperor of Rome.* London: Thames and Hudson.

Finklestein, S. N. (1994). How much does depression cost society? *Harvard*

Mental Health Letter, 11, 8.

Fischer, P. J., and Breakey, W. R. (1991). The epidemiology of alcohol, drag, and mental disorders among homeless persons. *American Psychologist, 46*, 1115–28.

Foa, E. B., Franklin, M. E., Perry, K. J., & Herbert, J. D. (1996). Cognitive biases in generalized social phobia. *Journal of Abnormal Psychology, 105*, 433~39.

Foa, E. B., Zinbarg, R., and Rothbaum, B. O. (1992). Uncontrollability and unpredictability in post–traumatic stress disorder: An animal model. *Psychological Bulletin, 112*, 218~38.

Fowles, D. C. (1980). The three arousal model: Implications of Gray's two– factor learning theory for heart rate, electrodermal activity and psychopathy. *Psychophysiology, 17*, 87~104.

Frances, R. J., Franklin, J., and Flavin, D. K. (1987). Suicide and alcoholism. *American Journal of Alcohol and Drug Abuse, 13*, 327~41.

Friedman H. S. (Ed.) (1992). *Hostility, coping, and health.* Washington: American Psychological Association.

Goddard, A. W., Charney, D. S., Germine, M., Woods, S. W., Heninger, G. R., Krystal, J. H., Goodman, W. K., and Price, L. H. (1995). Effects of tryptophan depletion on responses to yohimbine in healthy human subjects. *Biological Psychiatry, 38*, 74~85.

Gold, E. R. (1986). Long–term effects of sexual victimization in childhood: An attributional approach. *Journal of Consulting and Clinical Psychology, 54*, 471~75.

Gold, P. W., Loriaux, L., Roy, A., Kling, M., Calabrese, J. R., Kellner, C. H., et al. (1986). Responses to corticotropin–releasing hormone in the hypercortisolism of depression and Cushing's disease. *New England Journal of Medicine, 314*, 1329~35.

Golden, R. N., Markey, S. P., Risby, E. D., Cowdrey, R. W., and Potter, W. Z. (1988). Antidepressants reduce whole–body norepinephrine turnover while enhancing 6–hydroxymelatonin output. *Archives of General Psychiatry, 45*, 150~54.

Gorenstein, E. E., and Newman, J. P. (1980). Disinhibitory psychopaths: A new perspective and a model for research. *Psychological Review, 87*, 301~15.

Godib, I. H. (1984). Depression and general psychopathology in university students. *Journal of Abnormal Psychology, 93*, 19~30.

Gotlib, I. H., and Robinson, L. A. (1982). Responses to depressed individuals: Discrepancies between self–reports and observer–rated behavior. *Journal of Abnormal Psychology, 91*, 231~40.

Gray, J. A. (1970). The psychophysiological basis of introversion–extraversion.

Behaviour Research and Therapy, 8, 249~66.

Gunderson, J. G., and Sabo, A. N. (1993). The phenomenological and conceptual interface between borderline personality disorder and PTSD. *American Journal of Psychiatry, 150,* 19~27.

Hall, R. C. and Beresford, T. P. (1984). Physical illness in psychiatric patients: Areas of inquiry. *Psychiatric Medicine, 2,* 401~15.

Hare, R. D., and McPherson, L. M. (1984). Psychopathy and perceptual asymmetry during verbal dichotic listening. *Journal of Abnormal Psychology, 93,* 141~49.

Hayes, S. C., Wilson, K. G., Gifford, E. V., Follette, V. M., and Strosahl, K. (1996). Experiential avoidance and behavioral disorders: A functional dimensional approach to diagnosis and treatment. *Journal of Consulting and Clinical Psychology, 64,* 1152~68.

Heiberg, A. N., and Heiberg, A. (1978). A possible genetic contribution to the alexithymia trait. *Psychotherapy and Psychosomatics, 30,* 205~10.

Heller, W., Etienne, M. A., and Miller, G. A. (1995). Patterns of perceptual asymmetry in depression and anxiety: Implications for neuropsychological models of emotion and psychopathology. *Journal of Abnormal Psychology, 104,* 327~33.

Hendin, H., and Haas, A. P. (1991). Suicide and guilt as manifestations of PTSD in Vietnam combat veterans. *American Journal of Psychiatry, 148,* 586~91.

Higgins, E. T. (1989). Self−discrepancy theory: What patterns of self−beliefs cause people to suffer? In L. Berkowitz (Ed.), *Advances in experimental social psychology* (pp. 93~136). California: Academic Press.

Higgins, E. T., Klein, R., and Strauman, T. (1985). Self−discrepancies: Distinguishing among self−state conflicts, emotional vulnerabilities. In K. M. Yardley and T. M. Honess (Eds.), *Self and identity: Psychological perspectives* (pp. 173~86). New York: Wiley.

Higgins, E. T., Van Hook, E., and Dorfman, D. (1988). Do self−descriptive traits form a self structure? *Social Cognition, 6,* 177~207.

Hokanson, J. E., Rubert, M. P., Welker, R. A., Hollander, G. R., and Hedeen, C. (1989). Interpersonal concomitants and antecedents of depression among college students. *Journal of Abnormal Psychology, 98,* 209~17.

Isaksson, H., Konarski, K., and Theorell, T. (1992). The psychological and social condition of hypertensives resistant to pharmacological treatment. *Social Science Medicine, 35,* 869~75.

Isometsa, E. T. (1993). Course, outcome, and suicide risk in bipolar disorder: A review. *Psychiatrica Fennica, 24,* 113~24.

Joyce, P. R., Fergusson, D. M., Woollard, G., Abbott, R. M., Horwood, L. J., and Upton, J. (1995). Urinary catecholamines and plasma hormones predict mood state in rapid cycling bipolar affective disorder. *Journal of Affective Disorders, 33,* 233~43.

Kanner, A. D., Coyne, J. C., Schafer, C., and Lazarus, R. S. (1981). Comparison of two modes of stress measurement: Daily hassles and uplifts versus major life events. *Journal of Behavioral Medicine, 4,* 1~39.

Kauhanen, J., Kaplan, G. A., Cohen, R. D., Julkunen, J., and Salonen, J. T. (1996). Alexithymia and the risk of death in middle−aged men. *Journal of Psychosomatic Research, 41,* 541~649.

Keller, M. B., and Hanks, D. L. (1995). Anxiety symptom relief in depression treatment outcomes. *Journal of Clinical Psychiatry, 56* (supp. 6), 22~29.

Kendler, K. S., Heath, A. C., Martin, N. G., and Eaves, J. (1987). Symptoms of anxiety and symptoms of depression: Same genes, different environments? *Archives of General Psychiatry, 44,* 451~57.

Kendler, K. S., Neale, M. C., Kessler, R. C., Heath, A. C., and Eaves, L. J. (1992a). The genetic epidemiology of phobias in women: The interrelationship of agoraphobia, social phobia, situational phobia, and simple phobia. *Archives of General Psychiatry, 49,* 273~81.

_____. (1992b). Childhood parental loss and psychopathology in women. *Archives of General Psychiatry, 49,* 109~16.

_____. (1993). A twin study of recent life events and difficulties. *Archives of General Psychiatry, 50,* 789~96.

Kendler, K. S., Walters, E. E., Neale, M. C., Kessler, R. C., Heath, A. C., and Eaves, L. J. (1995). The structure of the genetic and environmental risk factors for six major psychiatric disorders in women. *Archives of General Psychiatry, 52,* 374~83.

Kessler, R. C., McGonagle, K. A., Zhao, S., Nelson, B., Hughes, M., Eshleman, S., Wittchen, H. U., and Kendler, K. S. (1994). Lifetime and twelve−month prevalence of *DSM−III−R* psychiatric disorders in the United States. *Archives of General Psychiatry, 51,* 8~19.

Klein, D. F. (1974). Endogenomorphic depression: A conceptual and termin-ological revision. *Archives of General Psychiatry, 31,* 447~54.

Kovacs, M., and Beck, A. T. (1978). Maladaptive cognitive structures in depression. *American Journal of Psychiatry, 135,* 525~33.

Lang, P. (1995). The emotion probe: Studies of motivation and attention. *American Psychologist, 50,* 372~85.

Larsen, R. J., and Diener, E. (1987). Affect intensity as an individual differences characteristic: A review. *Journal of Research in Personality, 21,* 1~39.

Lazarus, R. S., and Folkman, S. (1984). *Stress, appraisal, sand coping.* New York: Springer.

Lehnert, K. L., Overholser, J. C., and Spirito, A. (1994). Internalized and externalized anger in adolescent suicide attempters. *Journal of Adolescent Research, 9,* 105~19.

Lewis, H. B. (1971). *Shame and guilt in neurosis.* New York: International University Press.

Lifton, R. J. (1980). The concept of the survivor. In J. E. Dimsdale (Ed.), *Survivors, victims, and perpetrators: Essays on the Nazi Holocaust* (pp. 113~26). Washington, D. C.: Hemisphere.

Lykken, D. T. (1957). A study of anxiety in the sociopathic personality. *Journal of Abnormal and Social Psychology, 55,* 6~10.

Lykken, D. T., McGue, M., Tellegen, A., and Bouchard, T. J., Jr. (1992). Emergenesis: Genetic traits that may not run in families. *American Psychologist, 47,* 1565~77.

Malinosky-Rummell, R., and Hansen, D. J. (1993). Long-term consequences of childhood physical abuse. *Psychological Bulletin, 114,* 68~79.

Markus, H. (1977). Self-schemata and processing information about the self. *Journal of Personality and Social Psychology, 35,* 63~78.

Maser, J., and Cloninger, C. R. (Eds.). (1990). *Comorbidity in anxiety and mood disorders.* Washington, D. C. : American Psychiatric Association Press.

Mathews, A., and MacLeod, C. (1994). Cognitive approaches to emotion and emotional disorders. *Annual Review of Psychology, 45,* 25~50.

McCabe, S. B., and Godib, I. H. (1995). Selective attention and clinical depression: Performance on a deployment-of-attention task. *Journal of Abnormal Psychology, 104,* 241~45.

McGuffin, P., Katz, R., Watkins, S., and Rutherford, J. (1996). A hospital-based twin register of the heritability of *DSM-IV* unipolar depression. *Archives of General Psychiatry, 53,* 129~36.

McLeod, J. D. (1994). Anxiety disorders and marital quality. *Journal of Abnormal Psychology, 103,* 767~76.

McNally, R. J., and Foa, E. B. (1987). Cognition and agoraphobia: Bias in the interpretation of threat. *Cognitive Therapy and Research, 11* (special issue: *Anxiety: Cognitive factors and the anxiety disorders),* 567~81/567~88.

Mendlewicz, J., and Rainer, J. D. (1977). Adoption study supporting genetic transmission in manic-depressive illness. *Nature, 268,* 327~29.

Metalsky, G. I., Joiner, T. E., Hardin, T. S., and Abramson, L. Y. (1993). Depressive reactions to failure in a naturalistic setting: A test of the hopelessness and self-esteem theories of. depression. *Journal of Abnormal Psychology, 102,* 101~9.

Miller, G. A. (1996). How we think about cognition, emotion, and biology in psychopathology. *Psychophysiology, 33,* 615~28.

Miller, H. L., Delgado, P. L., Salomon, R. M., Berman,R., Krystal, J. H.,

Heninger, G. R., and Charney, S. (1996). Clinical and biochemical effects of catecholamine depletion of antidepressant–induced remission of depression. *Archives of General Psychiatry, 53,* 117~28.

Mineka, S., and Kihlstrom, J. F. (1978). Unpredictable and uncontrollable events: A new perspective on experimental neurosis. *Journal of Abnormal Psychology, 87,* 256~71.

Mineka, S., and Sutton, S. K. (1992). Cognitive biases and the emotional disorders. *Psychological Science, 3,* 65~69.

Mintz, J., Mintz, L. I., Arruda, M. J., and Hwang, S. S. (1992). Treatment of depression and the functional capacity to work. *Archives of General Psychiatry, 49,* 761~68.

Mogg, K., Mathews, A. M., and Eysenck, M. (1992). Attentional bias to threat in clinical anxiety. *Cognition and Emotion, 6,* 145~59.

Monroe, S. M., Roberts, J. E., Kupfer, D. J., and Frank, E. (1996). Life stress and treatment course of recurrent depression: II. Postrecovery associations with attrition, symptom course, and recurrence over three years. *Journal of Abnormal Psychology, 105,* 313~28.

Moshe, I., and Schneider, S. (1992). Some psychological reactions of rape victims. *Medicine and Law, 11,* 303~8.

Mulkens, S. A. N., de Jong, P. J., and Merckelbach, H. (1996). Disgust and spider phobia. *Journal of Abnormal Psychology, 105,* 4:64:~68.

Mullen, P. E., Martin, J. L., Anderson, J. C., Romans, S. E., and Herbison, G. P. (1993). Childhood sexual abuse and mental health in adult life. *British Journal of Psychiatry, 163,* 721~32.

Neumeister, A., Praschak–Rieder, N., Hesselmann, B., Rao, M. L., Gluck, J., and Kasper, S. (1997). Effects of tryptophan depletion on drug–free patients with a seasonal affective disorder during a stable response to bright light therapy. *Archives of General Psychiatry, 54,* 133~44.

Noyes, R. (1991). Suicide and panic disorder: A review. *Journal of Affective Disorders, 22,* 1~11.

Orley, J. (1995). Psychological disorders among refugees: Some clinical and epidemiological considerations. In A. J. Marsella, T. Bomemann, S. Ekblad, and J. Orley (Eds.), *Amidst peril and pain: The mental health and well-being of the world's refugees* (pp. 193~206). Washington, D.C.: American Psychological Association.

Parker, J. D. A., Taylor, G. J., and Bagby, R. M. (1992). Relationship between conjugate lateral eye movements and alexithymia. *Psychotherapy and Psychosomatics, 57,* 94~101.

Patrick, C. J., Bradley, M. B., and Lang, P. J. (1993). Emotion in the criminal psychopath: Startle reflex modulation. *Journal of Abnormal Psychology, 102,*

82~92.

Patterson, C. M., and Newman, J. P. (1993). Reflectivity and learning from aversive events: Toward a psychological mechanism for the syndromes of disinhibition. *Psychological Review, 100,* 716~36.

Paykel, E. S., and Dowlatshahi, D. (1988). Life events and mental disorder. In S. Fisher and J. Reason (Eds.), *Handbook of life stress, cognition, and health* (pp. 241~63). New York: Wiley.

Persons, J. B. (1986). The advantages of studying psychological phenomena rather than psychiatric diagnoses. *American Psychologist, 41,* 1252~60.

Pollard, C. A., Pollard, H. J., and Corn, K. J. (1989). Panic onset and major events in the lives of agoraphobics: A test of contiguity. *Journal of Abnormal Psychology, 98,* 318~21.

Polusny, M. A., and Follette, V. M. (1995). Long-term correlates of child sexual abuse: Theory and review of the empirical literature. *Applied and Preventive Psychology, 4,* 143~66.

Quitkin, F. M., McGrath, P. J., Stewart, J. W., Harrison, W., Tricamo, E., Wager, S. G., Ocepek-Welikson, K., Nunes, E., Rabkin, J. G., and Klein, D. F. (1990). Atypical depression, panic attacks, and response to imipramine and phenelzine: A replication. *Archives of General Psychiatry, 47,* 935~41.

Raine, A., Brennan, P., Mednick, B., and Mednick, S. A. (1996). High rates of violence, crime, academic problems, and behavioral problems in males with both early neuromotor deficits and unstable family environments. *Archives of General Psychiatry, 53,* 544~49.

Resnick, H. S., Kilpatrick, D. G., Dansky, B. S., Saunders, B. E., and Best, C. L. (1993). Prevalence of civilian trauma and post-traumatic stress disorder in a representative national sample of women. *Journal of Consulting and Clinical Psychology, 61,* 984~91.

Robins, C. J. (1990). Congruence of personality and life events in depression. *Journal of Abnormal Psychology, 99,* 393~97.

Robins, L. N. (1966). *Deviant children grown up.* Baltimore: Williams & Wilkins.

Ross, E. D., and Mesulam, M. M. (1979). Dominant language functions to the right hemisphere? Prosody and emotional gesturing. *Archives of Neurology, 36,* 144~48.

Roy, A. (1992). Suicide in schizophrenia. *International Review of Psychiatry, 4,* 205~9.

Roy, A., Pickar, D., Linnoila, M., Doran, A. R., Ninan, P., and Paul, S. M. (1985). Cerebrospinal fluid monoamine and monoamine metabolite concentrations in melancholia. *Psychiatry Research, 15,* 281~92.

Russell, J. A. (1983). Pancultural aspects of human conceptual organization of emotion. *Journal of Personality and Social Psychology, 45,* 1281~88.

Sarason, B. R, Sarason, I. G., and Pierce, G. R. (Eds.) (1990). *Social support: An interactional view.* New York: Wiley.

Segal, Z. V., Shaw, B. F., Vella, D. D., and Katz, R. (1992). Cognitive and life stress predictors of relapse in remitted unipolar depressed patients: Test of the congruency hypothesis. *Journal of Abnormal Psychology, 101,* 26~36.

Seligman, M. E. P. (1975). *Helplessness: On depression, development, and death.* San Francisco: Freeman.

Sherboume, C. D., Wells, K. B., and Judd, L. L. (1996). Functioning and well-being of patients with panic disorder. *American Journal of Psychiatry, 153,* 213~18.

Shinn, M. (1990). Mixing and matching: Levels of conceptualization, measurement, and statistical analysis in community research. In P. Tolan, C. Keys, F. Chertok, and L. Jason (Eds.), *Researching community psychology: Issues of theory and methods* (pp. 111~26). Washington, D. C. : American Psychological Association.

Simons, R. F., Fitzgibbons, L., and Fiorito, E. (1993). Emotion-processing in anhedonia. In N. Birbaumer and A. Ohman (Eds.), *The structure of emotion: Psychophysiological, cognitive, and clinical aspects* (pp. 288~306). Seattle: Hogrefe and Huber.

Stahl, S. (1994). 5HT1A receptors and pharmacotherapy: Is serotonin down-regulation linked to the mechanism of action of antidepressant drugs? *Psychopharmacology Bulletin, 30,* 39~43.

Stolar, N., Berenbaum, H., Banich, M. T., and Barch, D. (1994). Neuropsychological correlates of alogia and affective flattening in schizophrenia. *Biological Psychiatry, 35,* 164~72.

Sullivan, H. S. (1953). *The collected works of Harry Stack Sullivan,* vol. 1. Edited by H. S. Perry & M. S. Gawel. New York: Norton.

Swann, A. C., Bowden, C. L., Morris, D., Calabrese, J. R., Petty, F., Small, J., Dilsaver, S. C., and Davis, J. M. (1997). Depression during mania: Treatment response to lithium or divalproex. *Archives of General Psychiatry, 54,* 37~42.

Tangney, J. P. (1993). Shame and guilt. In C. G. Costello (Ed.), *Symptoms of depression* (pp. 161~80). New York: Wiley.

Taylor, G. J. (1984). Alexithymia: Concept, measurement, and implications for treatment. *American Journal of Psychiatry, 141,* 725~32.

Taylor, G. J., Bagby, R. M., and Parker, J. D. A. (1997). *Disorders of affect regulation: Alexithymia in medical and psychiatric illness.* New York: Cambridge University Press.

Teasdale, J. D., and Russell, M. L. (1983). Differential effects of induced mood on the recall of positive, negative, and neutral words. *British Journal of*

Clinical Psychology, 22, 163~71.

Teasdale, J. D., Taylor, M. J., Cooper, Z., Hayhurst, H., and Paykel, E. S. (1995). Depressive thinking: Shifts in construct accessibility or in schematic mental models? Journal of Abnormal Psychology, 104, 500~7.

Tellegen, A., Lykken, D. T., Bouchard, T. J., Jr., Wilcox, K. J., Segal, N. L., and Rich, S. (1988). Personality similarity in twins reared apart and together. Journal of Personality and Social Psychology, 54, 1031~39.

Thompson, T. (1995). The beast: A reckoning with depression. New York: Putnam.

Tomarken, A. J., Mineka, S., and Cook, M. (1989). Fear-relevant selective associations and covariation bias. Journal of Abnormal Psychology, 98, 381~94.

Tomarken, A. J., Sutton, S. K., and Mineka, S. (1995). Fear-relevant illusory correlations: What types of associations promote judgmental bias? Journal of Abnormal Psychology, 104, 312~26.

True, W. R., Rice, J., Eisen, S. A., Heath, A. C., Goldberg, J., Lyons, M. J., and Nowak, J. (1993). A twin study of genetic and environmental contributions to liability for posttraumatic stress symptoms. Archives of General Psychiatry, 50, 257~64.

Tucker, D. M., and Dawson, S. L. (1984). Asymmetric EEG power and coherence as method actors generated emotions. Biological Psychiatry, 19, 63~75.

Tweed, J. L., Schoebach, V. J., George, L. K., and Blazer, D. G. (1989). The effects of childhood parental death and divorce on six-month history of anxiety disorders. British Journal of Psychiatry, 154, 823~28.

U. S. Bureau of the Census. (1996). Statistical abstract of the United States. DHHS publication 0276~4733. Washington, D. C.: U. S. Government Printing Office.

Vollrath, M., Alnaes, R., and Torgersen, S. (1996). Differential effects of coping in mental disorders: A prospective study in psychiatric outpatients. Journal of Clinical Psychology, 52, 125~35.

Wallbott, H. G., and Scherer, K. R. (1995). Cultural determinants in experiencing shame and guilt. In J. P. Tangney and K. W. Fischer (Eds.), Self-conscious emotions: Shame, guilt, embarrassment, and pride (pp. 143~73). New York: Guilford.

Wandrei, K. E. (1985). Identifying potential suicides among high-risk women. Social Work, 30, 511~17.

Watkins, P. C., Mathews, A., Williamson, D. A., and Fuller, R. D. (1992). Mood-congruent memory in depression: Emotional priming or elaboration? Journal of Abnormal Psychology, 101, 581~86.

Watson, D., Weber, K., Assenheimer, J. S., Clark, L. A., Strauss, M. E., and

McCormick, R. A. (1995). Testing a tripartite model: I. Evaluating the convergent and discriminant validity of anxiety and depression symptom scales. *Journal of Abnormal Psychology, 104,* 3~14.

Wender, P. H., Kety, S. S., Rosenthal, D., Schulsinger, F., Ortmann, J., and Lunde, L. (1986). Psychological disorders in the biological and adoptive relatives of individuals with affective disorders. *Archives of General Psychiatry, 43,* 923~29.

Wheeler, R. E., Davidson, R. J., and Tomarken, A. J. (1993). Frontal brain asymmetry and emotional reactivity: A biological substrate of affective style. *Psychophysiology, 30,* 82~89.

Wise, R. A. (1982). Neuroleptics and operant behavior: The anhedonia hypothesis. *Behavioral and Brain Sciences, 5,* 39~87.

Yee, C. M., and Miller, G. A. (1994). A dual-task analysis of resource allocation in dysthymia and anhedonia. *Journal of Abnormal Psychology, 103,* 625~36.

Yoshikawa, H. (1994). Prevention as cumulative protection: Effects of early family support and education on chronic delinquency and its risks. *Psychological Bulletin, 115,* 28~54.

Zanarini, M. C., and Frankenburg, F. R. (1997). Pathways to the development of borderline personality disorder. *Journal of Personality Disorders, 11,* 93~104.

Zeitlin, D. N., Lane, R. D., O'Leary, D. S., and Schrift, M. J. (1989). Interhemispheric transfer deficit and alexithymia. *American Journal of Psychiatry, 146,* 1434~39.

Zeitlin, S. B., McNally, R. J., and Cassiday, K. L. (1993). Alexithymia in victims of sexual assault: An effect of repeated traumatization? *American Journal of Psychiatry, 150,* 661~63.

Zinbarg, R. E., and Barlow, D. H. (1996). Structure of anxiety and the anxiety disorders: A hierarchical model. *Journal of Abnormal Psychology, 105,* 181~93.

Zohar, J., and Insel, T. R. (1987). Obsessive-compulsive disorder: Psychobiological approaches to diagnosis, treatment, and pathophysiology. *Biological Psychiatry, 22,* 667~87.

15장

개인의 통제력과 웰빙

크리스토퍼 피터슨

개인의 통제력은 자신이 좋은 결과를 극대화하고/하거나 나쁜 결과를 최소화하는 방식으로 행동할 수 있다는 개인의 믿음을 나타낸다. 개인의 통제력은 개인으로 하여금 활발히 세상과 소통하도록 유도하기 때문에, 원래 통제를 벗어난 결과가 결국 통제 가능해질 수도 있다. 광범위한 이론적, 경험적 문헌은 다양한 영역에서의 개인의 통제력을 웰빙과 연관시킨다. 그럼에도 불구하고, 웰빙은 복합적으로 결정된다고 할 수 있다. 개인의 통제력은 웰빙을 향상시킬 수 있지만, 그것은 필요조건도 충분조건도 아니다.

'개인의 통제력'은 자신이 좋은 결과를 극대화하고/하거나 나쁜 결과를 최소화하는 방식으로 행동할 수 있다는 개인의 믿음을 나타낸다. 개인의 통제력에 대한 믿음은 진실일 수도 있고 진실이 아닐 수도 있지만, 그 개념을 흥미롭게 만드는 것은 그것의 자기 충족적인 특성이다. 개인의 통제력은 개인으로 하여금 활발히 세상과 소통하도록 유도하기 때문에 원래 통제를 벗어난 결과가 결국 통제 가능해질 수도 있다.

20세기 내내 심리학자들은 개인 통제력의 구성 개념의 다양한 구체화에 관심을 보여 왔다. 이 장에서 나는 이러한 연구와 특히 개인 통제력의 웰빙과의 관련성을 재고찰하고자 한다. 웰빙의 폭넓은 개념에 대해서는 생물학적, 정서적, 인지적, 행동적, 대인 관계적, 사회문화적, 역사적 수준에서 접근할 수 있을 것이다. 분석 수준에 관계없이 개인의 통제력은 흔히 웰빙, 수동성 및 사기 저하에 대한 통제력 부족, 사회적 소외, 학업 및 직업 실패는 물론이고, 심지어 질병과 요절과도 관련이 있다. 나는 개인의 통제력과 웰빙을 동일시하기를 삼가며, 전자를 후자의 가능 조건으로 간주하기를 선호한다(Myers and Diener, 1995를 참조). 개인의 통제력과 웰빙의 상관관계는 일관되지만 완벽하지는 않다는 점을 감안해서, 그 연관성이 언제, 어떻게 발생하는지 상세히 논하는 것이 우리의 과제이다.

이 장의 대부분은 개인의 통제력과 관련해 대표적인 접근법으로 잘 알려진 '학습된 무기력'의 전통 내에서 진행된 연구에 초점을 맞추고 있다. 이러한 방향의 연구는 특정한 상황에서 일어난 통제할 수 없는 사건에 대한 경험의 효과에 관심을 가지면서 시작되었다. 어떤 하나의 환경에서 통제할 수 없는 일을 경험하는 동물과 사람들이 그 환경에서 수동적으로 변하는 것은 놀랄 일이 아니지만, 그들은 때로는 그 환경에서 초래된 무기력을 객관적으로 통제할 수 있는 다른 환경들에 일반화한다. 이러한 일반화가 언제, 왜 발생하는지 설명하고, 무기력 현상과 유사한 인간 적응의 실패를 구체적으로 다루는 시도가 30년 동안 연구를 주도해 왔다(Peterson, Maier and Seligman, 1993).

수반성 학습: 통제력의 중요성

20세기 초 내내 학습의 자극-반응(stimulus-response: S-R) 개념이 심리 이론화를 지배했다. S-R의 설명에 따르면, 학습은 특정한 상황에서 특정한 운동 반응을 습득하고 자극과 반응 간의 연합 구축을 수반한다. 그러한 연합이 경험(접근성)에서 서로 더 밀접하게 연결되어 있을수록 학습이 더 쉽게 일어날 가능성이 높다. 행동주의가 지배하는 동안에, 학습에는 핵심적인 (인지적) 표상이 없는 것으로 생각되었다. 행동주의 접근법이 지배적이었지만 이견의 목소리도 분명 존재했다.

아마도 학습의 S-R의 관점을 반박하는 가장 강력한 주장은 조건화에서 획득한 연합이 접근성 그 자체에 의해서가 아니라 수반성 — 즉, 자극이 반응에 관한 새로운 정보를 제공하는 정도 — 에 의해 강화된다는 연구 결과일 것이다(Rescorla, 1968). 학습의 전통적인 S-R 개념은 개인들이 반응과 강화물의 시간적 연결성에만 민감하다고 본다. 조건부 확률의 언어로 보면, 어떤 반응에 따른 강화 확률[1]은 모든 학습을 지배한다.

하지만 동물들과 사람들은 실제로 강화 확률(강화/반응)과 강화 확률(강화/무반응)의 모든 가능한 변형과 조합에 민감하다. 앞서 언급한 다른 방법으로, 개인들은 자극과 반응 간의 상관관계에 즉각 반응을 보인다. 두 확률이 같지 않을 때마다 반응과 강화물 간에는 연합이 존재한다. 여기서 개인들은 경우에 따라 반응을 보이거나 억제함으로써 강화물의 발생 가능성을 높이거나 낮출 수 있다는 점에서 강화물을 어느 정도 통제한다고 볼 수 있다. 대략적으로, 두 확률 간의 차이가 클수록 통제력의 정도가 커진다. 어떤 반응에 있어 두 확률이 동일할 때, 강화물은 반응과 연합이 없으며, 개인은 무슨 일을 행하든 행하지 않든 간에 강화물을 전혀 통제할 수 없다.

전통적인 S-R 이론과 수반성 관점의 차이는 중요한 의미를 갖는다. S-R 이론은 반응과 강화물 간의 시간적 접근성만을 강조하며, 개인을 사건들의 순간적인 동시 발생의 덫에 갇힌 존재로 본다. 반응에 강화물이 뒤따른다면, 반응과 강화물 간에 실제 (인과) 관계가 없더라도, 반응은 강화될 것이다. 그리고 특정한 반응이 없는 가운데 일어나는 사건들은 학습과는 아무런 관련이 없다. 반면에 학습에 대한 수반성의 관점은 개인이 인과 관계를 간파할 수 있으며, 순간적인 비인과적 관계와 상대적으로 더 오래 지속되는 진정한 관계를 구별할 수 있다고 제시한다(Wasserman and Miller, 1997).

학습은 본질적으로 개인이 통제할 수 있는 것과 통제할 수 없는 것을 간파하는 것이 된다. 수십 년 전 톨먼(Tolman, 1932)의 주장에 의해 예시되었던 그러한 견해에 따르면, 학습은 '무언가를 야기하는 무언가'의 발견을 수반한다. 학습은 시간의 흐름과 함께 확장되기 때문에, 그것을 핵심 (인지) 용어로 보는 것이 현명하다. 이러한 핵심적인 표상들의 세부 사항에 대해서는 의견이 분분하지만, 통제력이 후속 동기와 인지, 정서와 관련된 매우 중요한 심리적 과정임은 분명한 사실이다. 이러한 전통에 속한 많은 이론가들은 수반성 학습의 표상이 상황 전반에 걸쳐 어떻게 일반화되고 시간 전반에 걸쳐 어떻게 투영되는지를 설명하기 위해 수반성 학습의 표상을 예상으로 간주하기로 결정했다.

---

1 강화 확률(P) = 강화(reinforcement: Rft)/반응(R)

개인 통제력의 동종들

개인의 통제력에 대한 현대의 관심은 학습에 대한 접근성의 관점이, 중요한 삶의 결과를 예측하고 관리하는 자신의 능력에 대한 생각과 믿음의 개인차에 초점을 맞춘 성격 심리학 내에서 오랫동안 지속되어 온 전통과 융합되면서 본격적으로 시작되었다(Peterson, 1992b). 이러한 접근법들의 통합은 개인과 환경을 연결하는 교류성의 특징을 지니며, 개인과 환경 간의 상호작용과 특별히 관련이 있는 일련의 이론들을 낳았다. 각 이론은 행동의 내적인 결정 요인과 외적인 결정 요인을 인정한다. 각 이론은 인지의 동기적, 정서적 중요성에 부합한다. 그리고 각 이론은 통제력이 웰빙을 증진하기 때문에 이롭다고 여긴다.

물론 통제력은 모든 시기와 장소에 걸쳐 중요한 변인이지만, 지금처럼 인간의 본성에 대한 심리적 이해의 중심이 된 적은 없다. 개인 통제력의 중요성은 20세기 후반 들어 서구 세계에서 사회적으로 특별히 그것을 강조하면서 대두된 것으로 보인다(Peterson et al., 1993, ch. 1). 공익에 대한 관심이 줄어들면서, 개인의 선택, 개인의 권리, 개인의 성취는 우리 시대의 슬로건이 되었다. 개인들은 일상생활에서 통제할 수 있는 것과 통제할 수 없는 것에 대단히 몰두하고 있다. 그러한 관심을 오로지 '좋은 기분' 관련 추구와만 일치하는 가상 강박 관념으로 특징지을 수 있다.

피터슨과 마이어, 셀리그만(Peterson, Maier and Seligman, 1993)이 "개인 통제력의 시대"라고 불렀던 것의 산물이자 그것을 연구하는 학도로서, 현대 심리학자들은 이처럼 시대정신의 특징을 규정하는 것을 핵심 주제로 삼았다. 저마다 관련된 경험적 연구를 갖춘 개인의 통제력 이론은 수십 가지가 된다. 예를 들어 다음과 같은 구성 개념을 생각해 보자.

- 성취동기
- 통제 욕구
- 낙관주의 성향
- 효능 동기
- 권한 부여
- 인내력

- 희망
- 착각 통제
- 내적 귀인 대 외적 귀인
- 내재적 동기
- 존 헨리이즘(John Henryism)[2]
- 학습된 무기력
- 통제 소재
- 마음 챙김
- 지각된 자유
- 개인적인 원인
- 긍정적인 부정
- 긍정적인 환상
- 권력 동기
- 심리적 반발
- 이차 통제
- 자기 효능감
- 일관된 감각
- 우월성 추구
- A형 관상성 심장질환 유발성 성격 유형

이러한 구성 개념을 정교하게 설명한 이론들에 대한 조사는 한 장은 물론이고, 책 한 권의 범위도 넘어서는 일이기 때문에, 여기에서 나는 다른 전략에 따라, 현대의 개인 통제력의 동종들 중에서 가족 유사성을 분별하고자 한 피터슨과 스턴카드(Peterson and Stunkard, 1989)의 시도를 개략적으로 설명하고자 한다(Skinner, 1995를 참조).

이러한 구성 개념들을 일반화한 피터슨과 스턴카트는 다음과 같이 개인의 통제력 혼합 이론을 발전시켰다.

---

2   불리한 조건의 현실을 극복하고 성공한 사람은 보통 사람보다 훨씬 더 많은 노력을 들였기에 중년 이후에 건강이 손상되어 고통을 받는 현상.

- 개인의 통제력은 개인이 어떻게 세상과 상호작용을 할 수 있는지에 대한 믿음을 포괄한다. 개인의 통제력은 (a) 개인이 실제 결과 — 그 결과의 발생, 그 결과의 시기, 또는 그 결과의 범위 — 를 야기하거나 그 결과에 영향을 줄 수 있고/있거나, (b) 결과들 중에서 선택할 수 있고/있거나 (c) 결과의 대가에 대처할 수 있고/있거나 (d) 그러한 결과를 이해할 수 있다고 믿는 형태를 취할 수 있다.
- 개인의 통제력은 개인과 세계 간의 교류에 있다. 그것은 단순히 성향이 아니며, 그것은 단순히 환경의 객관적인 속성이 아니다.
- 개인의 통제력에는 암묵적인 구성 요소들이 있을 수 있지만, 우리가 개인의 통제력에 대해서 알고 싶은 것의 대부분은 자기보고로 측정할 수 있다.
- 반응 환경(이 조건은 아주 중요하다)에서 개인의 통제력은 여러 요구에 직면하여 정서적, 동기적, 행동적, 생리적 활력을 촉진하기 때문에 바람직하다.
- 개인의 통제력은 새롭고 도전적인 사건에 의해 촉진될 수 있으며 굉장히 혐오스러운 사건에 직면해서 특히 중요해진다.
- 개인의 통제력은 과거의 성공과 실패 패턴과 일대일 관계를 맺지는 않지만, 실패로 인해 좌절되고 성공으로 증진된다.

개인의 통제력은 사람들이 자신들의 환경에 반응하는 방법의 원인이자 결과이다. 개인 통제력의 웰빙과의 관계는 명백하다. 그 밖에 웰빙이 어떻든, 그것은 세계와 세계가 제공하는 것과 동떨어져서는 존재하지 않는다. 통제력은 사람들을 결과의 수동적인 수용자 이상의 존재로 만든다. 사람들이 세상을 더 바람직한 곳으로 만들려는 목표를 이루기 어려운 상황에서도 그 목표를 이루기 위해 노력할 때, 그들을 인도하는 것은 심리적 과정이다.

학습된 무기력

이제 개인의 통제력에 대한 연구의 장점과 단점, 그리고 그것이 웰빙에 미치는 영향의 좋은 예로 학습된 무기력 이론과 연구를 상세히 논의해 보자. 학습된 무기력을 최초로 설명한 사람들은 동물 학습을 연구한 심리학자들이었다. 연구자들은 개를 움직이지 못하게 만들고는 고통스럽지만 상해를 입히지는 않는 일련의 전기 충격에 노출시켰다. 개는 그 전기 충격을 피할 수도, 그 것으로부터 도피할 수도 없었다. 24시간 후, 그 개는 간단한 반응으로 전기 충격을 종료할 수 있는 상황에 놓이게 됐다. 그러나 그 개는 그러한 반응을 하지 않았다. 그 대신에 그저 앉아 수동적으로 전기 충격을 참고 있었다. 이 러한 행동은 전기 충격에 활발한 반응을 보이며 쉽게 전기 충격을 끄는 방법 을 학습한 통제 집단의 개들과는 확연한 대조를 보였다.

이 연구자들은 개가 무기력을 학습했다는 사실을 제시했다. 다시 말해, 처 음 통제할 수 없는 전기 충격에 노출되었을 때, 개는 자신의 행동은 전혀 중 요하지 않다는 점을 학습했다. 전기 충격은 그 개의 행동과 무관하게 가해지 고 멈췄다. 연구자들은 이러한 반응과 결과의 독립성에 대한 학습이 새로운 상황에 일반화되어, 다양한 결손, 즉 동기적, 인지적, 정서적 결손을 초래하 는 미래의 무기력에 대한 예측으로 인지적으로 표상된다는 가설을 세웠다.

통제 불능 상태에 뒤따르는 결손은 '학습된 무기력 현상'으로 알려지게 되 었고, 그 결손에 대한 인지적 설명은 '학습된 무기력 모델'(Maier and Seligman, 1976)로 알려지게 되었다. 주로 동물의 학습된 무기력은 정신과 육체 간의 상 호작용을 연구할 수 있는 기회를 제공하기 때문에 지속적으로 실험 심리학자 들의 관심을 끈다(Maier, Watkins and Fieschner, 1994).

학습된 무기력 모델

학습된 무기력 모델은 무기력한 동물이 특정한 반응을 학습하기보다는 일 반적인 예측을 학습한다는 점을 제시하는 점에서 학습의 S-R 관점과는 매우 상충된다. 무기력 모델은 학습에 대한 인지적인 설명이며, 1960년대에 이 모 델은 엄격한 행동주의가 오랫동안 지배했던 분야에서 급진적인 이론이었다.

따라서 초기에 학습된 무기력에 쏟아진 많은 관심은 전통적인 S-R 이론의 교의와 같은 관점과의 충돌에서 비롯되었다. 정신적인 구성 개념에 호소할 필요가 없다고 생각했던 이론가들은 학습된 무기력의 대안적인 설명을 제시 했다. 상이한 대안들이 제시되었지만 많은 연구자들은 동물이 통제할 수 없 는 전기 충격에 처음 노출되었을 때 학습된 양립할 수 없는 운동 반응을 강조 했다. 그러한 운동 반응은 아마도 두 번째 상황으로 일반화되어서 테스트 과 제의 수행을 방해했을 것이다. 앞서 언급한 또 다른 방법으로는, 학습된 무기력 현상은 (반응–결과의 독립성의) 부적절한 예측보다는 최초 상황에서 학습된 부적절한 반응에 의해서 생성된다는 것이다. 예를 들어, 개들은 전기 충격을 받았을 때 가만히 있는 것이 어떻게든 고통을 감소시킨다고 학습했을 것이다. 만약 그렇다면, 그러한 반응이 앞선 상황에서 강화되었기 때문에 두 번째 상황에서도 개들은 가만히 있을 것이다.

마이어와 셀리그만을 비롯한 여러 연구자들은 학습된 무기력 모델과 비양립성 운동 반응 대안들 간에 일련의 검증 연구를 시행했다. 어떤 점에서 보면, 비양립성 운동 반응이 수동성에서 어떤 역할을 할 가능성을 무기력 모델이 부정하지 않기 때문에, 학습된 무기력의 주창자들은 비교적 시련의 시기를 겪지 않았다. 그들의 요점은 예상 또한 하나의 역할을 한다는 것이었다. 이에 반해, 비양립성 운동 반응의 주창자들은 무기력 현상을 일으키는 데 있어 예상의 역할을 단호하게 부정했다.

여러 연구 결과는 예상이 작용하고 있음을 시사했다. 아마도 가장 설득력 있는 주장은 전기 충격에 대한 통제 불능성이 결과적인 결손의 원인이라는 점을 보여주는 세 개 집단 실험인 소위 '3인조 설계'에서 비롯된 견해일 것이다. 첫 번째 집단의 동물들은 어떤 반응으로 종료할 수 있는 전기 충격에 노출된다. 두 번째 집단의 동물들은 첫 번째 집단의 동물과 동일한 전기 충격에 노출된 상태로 구속되어 있는데, 두 집단의 유일한 차이점은 첫 번째 집단의 동물들이 보상을 통제하는 반면에 두 번째 집단의 동물들은 보상을 통제하지 않는다는 것이다. 세 번째 집단의 동물들은 처음 상황에서 전기 충격에 전혀 노출되어 있지 않다. 그다음에 모든 동물에게는 동일한 시험 과제가 주어진다.

처음 전기 충격에 대한 통제력을 가진 동물들은 후속 테스트를 받을 때 일반적으로 무기력 현상을 보이지 않는다. 그 동물들은 앞서 전기 충격에 노출되지 않은 동물들과 똑같이 행동한다. 이에 반해 통제력을 가지고 있지 않은 동물들은 무기력에 빠진다. 전기 충격을 통제할 수 있는지, 없는지의 여부는 전기 충격 자체의 속성이 아니라 동물과 전기 충격 간의 관계이다. 동물들이 반응과 결과 사이의 연관성에 민감하다는 것은 동물이 관련된 수반성을 탐지하고 표상할 수 있다는 것을 의미한다. 그러한 능력에 대한 인지적 설명은 비양립성 운동 반응의 관점에서 한 설명에 비해 빈약하다.

또한 무기력 효과에 대한 인지적 해석 측의 주장은 동물이 처음에 통제 가능한 사건에 노출된 결과, 통제 불능 효과의 약화에 '면역'될 수 있다는 것을 보여주는 연구에 속한다. 아마도 동물은 면역화 중에 사건을 통제할 수 있다는 사실을 학습하고, 그러한 예상은 통제할 수 없는 사건에 노출되는 동안에도 지속될 것이다. 따라서 그러한 조건에서는 학습된 무기력은 발생하지 않는다.

이와 같은 방향에 따라, 다른 연구들은 행동과 결과 간의 수반성 조건에 무기력한 동물을 강제로 노출시킴으로써 학습된 무기력의 결손을 소거할 수 있음을 보여준다. 다시 말해, 테스트 과제에서 동물을 밀거나 당겨 행동을 취하게 함으로써 그 동물이 적절한 반응을 하도록 강제한다. 그러한 테스트 과제를 여러 번 받은 후에, 동물은 전기 충격을 벗어날 수 있다는 것을 인식하고 스스로 반응하기 시작한다. 다시 말하지만, 작용하는 추정 과정은 인지 과정이다. 동물이 예측한 반응과 결과의 독립성은 '치료' 경험 중에 의심을 받게 되고, 그에 따라 결과적으로 학습이 일어난다.

지금까지 설명한 연구들은 동물들을 혐오 자극(전기 충격)에 노출시켰다. 그러나 반응과 무관한 음식이나 물과 같은 통제할 수 없는 식욕 증진 자극을 제공하는 것으로도 무기력을 유발할 수 있다(Engberg et al., 1972). 여기서 비양립성 운동 반응의 관점에서 설명하는 것으로는 지지받기 매우 어렵다. 음식이나 물에 대한 반응으로 가만히 있으면 무엇을 얻을까? 물론 통증의 감소일리는 없다.

인간, 특히 인간의 문제에 관심이 있는 심리학자들은 실험실에서 통제할 수 없는 사건들이 야기한 학습된 무기력과 실세계에 존재하는 부적응적 수동성 사이의 유사점을 재빨리 인식했다. 이에 따라 사람들의 학습된 무기력을 고찰하는 몇 가지 방향의 연구가 시작되었다.

한 방향의 연구에서, 피험자들을 통제할 수 없는 사건들에 노출시키고 그들의 동기와 인지, 정서에 미치는 효과를 관찰한 결과, 동물의 경우와 마찬가지로 사람들의 무기력도 실험실에서 야기되었다. 일반적으로 해결 불가능한 문제가 통제할 수 없는 전기 충격을 대체했지만, 현상의 중요한 측면은 그대로 유지했다. 통제할 수 없는 상황에 놓인 이후에 사람들은 다양한 결손을 보인다.

다른 연구들은 동물의 현상과 인간의 실험실에서 야기된 현상 간의 유사성을 한층 더 많이 입증했다. 통제할 수 없는 나쁜 사건들은 불안과 우울증을 일으킬 가능성이 더 높았다. 사전에 통제할 수 있는 사건들에 대한 노출은 사람들에게 학습된 무기력에 대한 면역성을 주었다. 마찬가지로 수반성 상황에 대한 강제적인 노출은 무기력 결손을 소거시켰다.

인간의 무기력의 여러 측면은 동물의 무기력과 다르다. 첫째, 통제할 수 없는 나쁜 사건들이 통제할 수 없는 좋은 사건들보다 인간들에게 무기력을 야기할 가능성이 더 높아 보인다(Perterson et al., 1993). 이는 아마도 대부분의 사람들이 비록 부정확할지라도 왜 좋은 일이 자신에게 일어나는지에 대해서는 일관된 설명을 생각해 낼 수 있기 때문일 것이다. 이런 점 때문에 웰빙 체계의 비평가들을 크게 당황시키겠지만, 동물들에게서 일어나는 욕구 무기력이라는 흥미로운 현상에 정확히 일치하는 현상을 사람들에게서는 찾을 수 없는 것으로 보인다.

두 번째 비대칭은 대리 무기력이라고 칭할 수 있는 것이다. 통제할 수 없는 사건을 직접 경험하지 않는 사람들이 다른 사람이 통제할 수 없는 상황에 노출되어 있는 것을 보는 것만으로도, 그들에게 문제 해결의 어려움이 발생할 수 있다(Brown and Inouye, 1978). 대리 무기력은 자연 세계에서 무기력 행동을 야기할 수 있는 잠재적 방법을 크게 확장한다는 점에서 중요하다. 예를 들어 뉴스 기사는 종종 다른 사람들에게 부과된 통제할 수 없는 사건들을 크게 다룬다. 이러한 현상의 전체 매개 변인은 연구된 적이 없다. 우리가 사람들에게 대리 무기력에 대한 면역성을 줄 수 있는지 또는 치료를 통해 대리 무기력의 효과를 없앨 수 있는지의 여부는 분명 흥미로운 문제이다.

세 번째 차이점은 작은 집단의 사람들이 통제할 수 없는 사건에 노출되면 무기력해질 수 있다는 것이다. 다시 말해, 미해결 문제를 해결하려 애썼던 집단은 나중에 통제 불가능한 상황에 앞서 노출된 적이 없는 다른 집단에 비해서 집단 문제 해결의 결함을 보인다(Simkin, Lederer and Seligman, 1983). 흥미롭게도 집단 수준의 무기력은 단순히 집단 구성원 사이에서 발생하는 개별적인 무기력의 함수가 아니다. 집단 수준의 무기력은 집단 수준으로 존재하며, 미래에 과제를 수행하려는 집단 노력을 특징짓지만 개별적인 노력을 특징짓지는 않는다. 다시 말해, 이러한 현상의 실제 함의는 흥미로우며, 그런 만큼 이 현상에 대한 향후 연구가 필요해 보인다.

또 다른 한 방향의 연구에서 연구자들은 학습된 무기력과 유사한, 다양한 적응 실패를 제시하고 이러한 실패와 다양한 방면에서 존재하는 학습된 무기력 사이의 유사성을 연구했다. 특히, 반응성 우울증과 학습된 무기력이 원인, 증상, 결과, 치료, 예방 등의 중요한 특징들을 공유한다는 셀리그만(1975)의 제안은 인기가 높았다.

이러한 방향의 연구들을 추구함에 따라, 원래의 학습된 무기력의 설명이 사람들에게 적용되었을 때 모든 경우에 지나치게 단순화되었음이 분명해졌다. 사람들이 통제할 수 없는 사건에 대한 반응으로 보인 반응의 범위를 설명하는 데 일반적으로 대부분 실패했다. 어떤 사람들은 학습된 무기력 모델의 가설대로 모든 시기와 상황에 걸쳐 일반성을 띠는 전반적인 결손을 보였지만 다른 사람들은 그렇지 않았다. 또한, 학습된 무기력 모델이 우울증처럼 설명할 수밖에 없는 적응 실패는 때로는 그 모델이 언급하지 않는 자존감의 현저한 상실이라는 특징을 보였다.

귀인의 재구성

이러한 모순을 해결하기 위해서 에이브람슨과 셀리그만, 티즈데일(1978)은 무기력 모델을 사람들에게 적용할 때 그것을 재구성했다. 무기력 모델과 반대되는 연구 결과는 귀인 이론에 근거해서 설명될 수 있다. 그 연구 결과는 통제할 수 없는 (나쁜) 사건을 마주칠 때면, 사람들은 왜 그런 일이 일어났는지 스스로에게 묻는다는 점을 제시했다. 사람들이 내놓는 대답의 본질은 뒤따르는 무기력의 매개 변인을 설정하는 것이다. 그들의 인과적 귀인이 안정적('영원히 지속될 것이다')이라면 야기된 무기력은 오래 지속될 것이고, 불안정하다면 무기력은 일시적일 것이다. 그들의 인과적 귀인이 총체적인 것('모든 것을 손상시킬 것이다')이면, 다양한 상황에서 계속해서 무기력이 나타날 것이고, 그들의 인과적 귀인이 특수한 것이면, 그것에 상응해서 무기력은 제한적일 것이다. 마지막으로 내적인 인과적 귀인('모두 내 잘못이다')이라면 개인의 자존감은 통제 불능성에 따라 저하될 것이고, 외적 인과적 귀인이라면 자존감은 온전히 존속될 것이다.

이러한 가설들은 무기력 이론의 '귀인적 재구성'을 형성한다. 이 새로운 이론은 원래의 모델을 그대로 두었다. 통제할 수 없는 사건은 반응과 결과의 독립성에 대한 예상을 야기할 때 결손을 유발한다는 가설이 여전히 존속하기 때문이다. 그러나 이제 이러한 결손의 본질은 개인이 제시하는 인과적 귀인의 영향을 받는다고 언급되었다.

어떤 경우에는 상황 자체가 개인이 밝히는 설명을 제공한다. 인과적 귀인에 대한 광범위한 사회심리학 문헌은 인과적 귀인 과정에 미치는 많은 상황적 영향을 입증한다. 다른 경우에, 개인은 자신의 설명 양식이라고 불리는 사건을 이해하는 자신의 습관적인 방법에 의존한다(Peterson and Seligman, 1984). 모든 조건이 같다면, 사람들은 상이한 종류의 나쁜 (또는 좋은) 사건들에 대해 비슷한 종류의 설명을 하는 경향이 있다. 따라서 설명 양식은 무기력과 무기력을 수반하는 적응의 실패에 미치는 말단적 영향력이다.

따라서 귀인의 재구성에 따른 설명 양식 자체는 문제의 원인이 아니라 위험 요인이다. 통제할 수 없는 사건, 그리고 통제 불가능성에 대해서 내놓은 귀인에 대한 명확한 상황적 요구가 부족한 상황에서 설명 양식은 그 사람이 어떻게 반응하는지에 영향을 미칠 수밖에 없다. 무기력은 전적으로 개인의 설명 양식에 따라 오래 지속되거나 일시적이거나, 광범위하거나 제한될 것이며, 자존감을 손상시키거나 손상시키지 않을 것이다.

학습된 무기력 연구자들의 연구가 보여주듯이, 설명 양식은 특별한 의미를 갖는다. 즉 설명 양식은 사람들이 습관적으로 내면성과 안정성과 총체성의 차원에서 자신들과 관련된 나쁜 사건의 원인을 설명하는 방식이다. 설명 양식은 상이한 설명들을 모두 살펴보는 일을 통해서만 식별할 수 있다. 우리는 상이한 설명들을 개인의 일관성 정도까지 하나의 설명 양식을 보여주는 것이라고 현명하게 말할 수 있다. 무기력 이론가들은 개인이 상이한 사건들에 대해서 내놓는 설명들에 어느 정도 일관성이 있을 거라고, 즉 그 설명들은 우연 이상 수준에서 상관관계가 있을 거라고 예측한다. 그러나 완벽한 합치는 기대할 수 없다. 부분적으로 설명 양식은 사람들이 제시하는 실제 인과적 설명에 미치는 몇 가지 영향들 중 하나일 뿐이기 때문이며, 부분적으로 개인의 설명 양식의 일관성은 그 자체가 개인차인 것으로 보이기 때문이다.

이러한 문제들에도 불구하고 설명 양식은 광범위하게 연구되어 왔다. 여기에서 몇 가지 학습된 설명 양식을 소개하고자 한다. 설명 양식은 아동이 인과적 측면에서 사고할 수 있는 인지 능력을 갖추는 8세 무렵에 일관된 개인차를 지닌 형태를 갖추는 것으로 보인다. 쌍둥이 연구들은 설명 양식이 어느 정도 유전될 수 있다고 제시하지만(Schulman, Keith and Seligman, 1993), 나는 특정한 낙관주의 및 비관주의의 유전자가 있다고 믿을 만한 이유가 없다고 서둘러 덧붙이고자 한다. 오히려 유전될 수 있는 지능과 신체적 기량, 매력과 같은 특성은 다양한 영역에서 성공이나 실패의 무대를 마련해 주며, 이러한 경험이야말로 개인으로 하여금 중요한 결과에 대해 낙관적이거나 비관적인 설명을 마음속에 품게 해준다. 부모의 죽음과 같은 조기 상실이나 성적 학대와 같은 인생 초기의 정신적 외상은 개인을 더 비관적인 사람으로 만든다(Bunce, Larsen and Peterson, 1995). 인생 초기의 성공은 개인을 더 낙관적인 사람으로 만든다(Peterson, 1990).

사회적 학습 또한 설명 양식의 발단과 연관이 있다. 연구 결과들에 따르면, 설명 양식이 수 세대에 걸쳐 어떻게 전달되는지에 대한 세부적인 내용은 아직 탐구되지 않았지만, 부모의 설명 양식과 자식의 설명 양식 사이에 수렴 부분이 있는 것으로 보인다. 나는 학교 교사와 동료, 미디어가 전하는 사건의 원인에 대한 메시지도 중요하다고 생각한다.

설명 양식은 시초에 아무리 날조된 것이라고 하더라도, 때로는 수십 년 동안 안정적일 수 있다(Burns and Seligman, 1989). 설명 양식의 자기 충족적인 특성과 개인의 통제력 그 자체는 손쉽게 이러한 안정성을 설명해 준다. 무기력은 실패를 야기하고 실패는 무기력을 강화한다. 통제력은 성공을 야기하고 성공은 통제력을 강화한다. 그와 동시에 설명 양식은 벌어지고 있는 생활 사건에 대응하여, 변할 수 있고 실제로 변한다. 예컨대, 인지 치료는 설명 양식을 점점 더 긍정적인 방향으로 옮길 수 있다(Seligman et al., 1988).

마지막으로, 설명 양식과 상관관계를 지닌 대상은 아주 많다. 그중 많은 대상이 상이한 양상의 웰빙을 수반한다. 나는 이 장의 뒷부분에서 그러한 상관관계 대상들 중 가장 주목할 만한 것에 대해서 논할 것이다.

절망감 이론

우울증에 대한 귀인 이론의 구체적인 적용성을 향상시키기 위해 그 이론을 몇 가지 수정한 에이브람슨과 메탈스키, 앨로이(1989)는 기존의 귀인의 재구성을 다시 재구성했다. 이 이론들이 가정하는 바에 따르면, 특정한 하위 유형의 우울증으로 여겨지는 절망성 우울증은 보상이 일어나지 않고/않거나 처벌이 일어날 것이라는 믿음이 원인이 되어 즉시 발생한다. 다른 유형의 우울증도 있을 것이고, 그런 우울증은 생화학적인 장애나 사회적 관계의 분열과 같은 다른 병인들을 가지고 있을 것이다.

에이브람슨과 동료들(1989)의 절망감 우울증 이론에 따르면 절망적인 미래에 대한 믿음은 실제 나쁜 생활 사건들에 부여된 높은 중요도에 의해서뿐만 아니라 그러한 사건들에 대한 안정적이고 총체적인 해석에 의해서도 커진다. 이러한 인식은 결국 개인의 설명 양식, 특히 나쁜 사건에 대한 안정적이고 총체적인 설명을 제시하는 습관적인 경향의 영향을 받는다.

우울증에 적용하는 데 있어, '절망감 이론'은 여러 가지 점에서 귀인의 재구성과 다르다. 우울증의 직접적인 원인은 무기력('내가 뭘 하든 중요하지 않아')이 아니라 절망감('미래는 암담할 것이다')이라는 것이다. 귀인의 재구성과는 달리, 절망감 이론에서는 나쁜 생활 사건의 중요성이 명확한 역할을 하게 된다. 이러한 점의 강조는 절망감 이론과 원래의 학습된 무기력 모델 사이의 연관성을 강화한다. 이는 통제할 수 없는 트라우마(전기 충격)가 심신을 약화시킨다는 연구 결과에 근거하고 있었다. 통제할 수 없는 모든 사건이 동일한 방식으로 설명되는 한, 귀인의 재구성은 그러한 사건들을 절망감을 일으킬 가능성이 똑같은 것으로 취급한다. 그러나 이 입장은 비합리적이다. 교통 신호등은 통제할 수 없으며 아마도 대부분의 통근자들에게는 안정되고 보편적인 것으로 여겨질 테지만, 소수의 통근자들은 그런 교통 신호등 때문에 우울함을 호소할 것이다. 마지막으로, 이 새로운 이론에서 내적인 인과적 귀인이나 설명 양식의 내면성은 핵심적인 중요성을 인정받지 못하며, 이는 낮은 자존감이 일반적으로 내면성과 특별히 관련이 없다는 것을 보여주는 연구 결과와 일치한다(Peterson, 1991).

절망감 이론의 중요한 공헌은 사람들이 생활 사건을 겪은 후에 뒤따라서 인내와 좋은 기분이 상승할 수 있는 이유를 설명할 수 있는 능력이다. 아마도 희망 없는 믿음의 유지와 관련이 있는 메커니즘과 유사하면서도 반대되는 메커니즘의 작동 때문에 사람들은 희망이 있는 미래에 대한 믿음을 마음에 품는 것으로 보인다. 본래의 무기력 모델과 귀인의 재구성은 무기력하지 않은 반응의 유형들을 구별하지 않지만, 물론 그러한 반응 유형들은 존재하며 설명이 필요하다.

절망감 이론은 아직 광범위하게 검증되지 않았다. 따라서 이 이론이 실제로 직계 조상격인 이론들과 얼마나 다른지 말하기에는 너무 이르다. 예를 들어, 절망감과 무기력은 개념적으로 구별되지만, 이 두 인지는 실제 사고(思考)

와 너무 엮여 있을 수 있어, 그 얽힌 실타래를 푸는 것은 불가능한 것으로 밝혀졌다. 이 이론들은 전반에 걸쳐 서로 경쟁하지는 않지만, 통제 불가능성과 결손과 연관이 있는 특정한 인지적 메커니즘에 대한 강조점의 측면에서 서로 다르다.

결론

학습된 무기력은 적어도 두 가지 이유에서 인기 있는 연구안이 되었다 (Peterson et al., 1993, ch. 8). 첫 번째 이유는 설명 양식의 간단한 측정법, 즉 귀인 양식 질문지(Attributional Style Questionnaire: ASQ)로 불리는 자기보고식 질문지(Reivich, 1995를 참조)와 자발적인 필기나 구술로부터 설명 양식을 채점할 수 있는, '축약 설명 내용 분석(Content Analysis of Verbatim Explanations: CAVE)'이라고 하는 유연한 내용 분석 절차의 개발이다. 이러한 측정법의 단점은 설명 양식이 놓인 환경을 무시하고자 하는 유혹에 빠지기 쉽다는 점이다. 일부 연구자들은 설명 양식을 탈맥락적인 특성으로 취급해 왔다. 이러한 전략은 좋게 보아도 지나친 단순화라고 할 수 있다.

학습된 무기력이 유행한 두 번째 이유는 무기력 현상이 수동성과 관련된 다양한 인간의 병폐와 유사해 보인다는 점에 있다. 무기력 이론은 귀인의 재구성과 절망감 이론과 함께, 그러한 수동성의 사례뿐만 아니라 그런 사례를 예방하거나 치료하기 위한 개입에 대한 준비된 설명을 제시한다. 다시 말해, 강력한 이론은 유효성 측면에서 단점이 있다. 일부 지나치게 무차별적으로 적용하는 경향이 있으며, 한편의 학습된 무기력과 다른 한편의 적응 실패 간의 유사성을 과장하는 면이 있다.

표면상 관련이 있는 대다수의 연구들은 완전한 무기력의 재구성을 검증하지 않고, 그 양상만 검증했다. 재구성 및 관련 절망감 이론은 사람들이 무기력해지는 과정에 대한 상세한 설명을 구체적으로 거론한다. 앞서 언급했듯이 설명 양식은 문제의 불가피한 원인이 아니라 위험 요인으로 간주된다. 아마도 설명 양식은 실제 나쁜 사건에 의해서 촉진될 것이며, 설명 양식이 누구에게든 수동성이 따르는 특정한 설명을 제시하게 할 때만 그러한 촉진이 일어날 것이다. 대부분의 연구는 이러한 미묘한 양상을 연구하지 않았다. 그러한 연구를 위해서는 적어도 종단 연구 설계와 스트레스가 많은 생활 사건들의 발생에 대한 독립적인 평가가 필요할 것이다.

연구들은 지금까지 그러한 방향보다는, 일반적으로 설명 양식과 추정 결과 간의 동시성 상관관계를 추산하여 전형적으로 예측 상관관계를 구했다. 피터슨과 셀리그만(1984)이 지적했듯이, 이 연구들은 다른 가능성(예를 들어, 결과가 귀인에 영향을 미치고/미치거나 어떤 제3의 변인이 결과와 비관적인 귀인 양식 모두의 원인이 될 수 있는 가능성)이 있을 수 있다는 점에서 가장 설득력이 낮은 무기력의 재구성에 관한 연구라고 할 수 있다.

학습된 무기력의 아이디어는 세 가지 중요한 특징을 가진 현상에 가장 잘 적용할 수 있다.

1. 객관적 비수반성: 적용 연구자는 개인의 행동과 그 개인이 경험한 결과 사이의 수반성을 고려해야 한다. 학습된 무기력은 행동과 결과 간의 수반성이 없을 때만 존재한다. 따라서 학습된 무기력은 (한때 강화를 일으킨 적극적인 반응이 더 이상 강화를 일으키지 않을 때의) 소거(消去)와도, (적극적인 반응에 처벌이 수반되고/되거나 수동적인 반응이 그것에 수반해 강화될 때의) 학습된 수동성과도 구별되어야 한다.

2. 인지적 매개: 또한 학습된 무기력은 수반성에 대한 지각과 설명, 추론이라는 특유의 방법을 포괄한다. 귀인의 재구성과 절망감 이론은 모두 통제할 수 없는 사건 이후에 무기력이 발생할 가능성을 더 커지게 하거나 작아지게 하는 인지 과정을 구체적으로 거론한다. 이러한 인지 과정의 측정치가 결과적으로 일어난 수동성과 유의미한 관련성이 없다면, 학습된 무기력은 존재하지 않을 것이다.

3. 수동적 행동의 범상황적 일반성: 마지막으로, 학습된 무기력은 처음 겪는 통제 불능 상황과는 다른 상황에서 수동성으로 나타난다. 개인은 상황을 통제할 수 있게 해주는 행동을 단념하고, 그와 같은 행동에 나서지 못하는가? 새로운 상황에서 수동성의 표명 없이도 학습된 무기력이 존재한다고 주장할 수는 없다.

다른 결과들은 학습된 무기력 현상을 정의하는 행동의 결손, 즉 인지 지체, 낮은 자존감, 슬픔, 공격성의 감소, 면역 억제, 신체 질환 등을 동반할 수도 있다.

웰빙

이러한 생각을 염두에 두고, 현재까지 우울증, 신체 질환, 불충분한 성취 등과 같은 인간의 복잡한 적응 실패에 대한 무기력 아이디어의 가장 좋은 적용을 보여주는 몇 가지 방향의 연구를 고찰해 보자. 연구자들은 각자 학습된 무기력의 중요한 특징들, 즉 수반성과 인지, 수동성을 입증하고자 했다.

우울증

우선 우울증이 세 가지 기준을 어떻게 충족시키는지 살펴보자. 우선 우울증은 수동성을 수반한다. 이는 우울증에 대한 정의의 일부이다. 우울증은 또한 나쁜 사건(Lloyd, 1980), 특히 사람들이 통제할 수 없다고 판단하는 나쁜 사건들에 뒤이어 나타난다. 그리고 무기력과 절망감과 비관주의에 대한 인지가 우울증을 매개한다. 설명 양식은 우울증 증상과의 일관된 상관관계 대상일 뿐만 아니라 명백한 위험 요인이다.

매우 효과적인 우울증 치료법인 인지 요법은 무기력성 예상과 비관적인 귀인을 표적으로 명확히 정한다. 그리고 연구가 시사하듯이, 인지 요법은 무기력성 예상과 비관적인 귀인과 같은 인식을 변화시키기 때문에 제대로 효과가 있을 수 있다(Seligman et al., 1988). 나쁜 사건에 대한 귀인을 내적이고 안정적이고 총체적인 것에서 외적이고 불안정하며 특정한 것으로 변화시키는 것에 보조를 맞추어 우울증은 개선된다. 흥미로운 가능성은 낙관적인 설명 양식의 증진이 우울증을 예방할 수 있다는 것이다(Gillham et al., 1995).

우울증을 이해하기 위해서 무기력 모델을 사용하는 데 몇 가지 의문들은 여전히 남아 있다. 첫 번째 의문은 우울증이 경미한 형태와 심각한 형태 모두에 걸쳐 지속적인지 아니면 단속적인지의 문제에 관한 것이다. 경미한 우울증과 심각한 우울증은 정도만 다를 뿐 본질적으로 동일한 것인가? 아니면 서로 다른 종류의 우울증인가? 학습된 무기력 모델은 강한 연속성의 입장을 취하지만, 다른 입장 또한 지지를 받고 있기도 하다.

또 다른 문제는 무기력의 구성 개념들에서 우울 증상으로 이어지는 메커니즘의 미세한 세부 사항에 관한 것이다. 이 모델을 뒷받침하는 전형적인 연구는 일반적으로 비관적인 설명 양식과 우울증 증상 사이의 거리가 먼 연관성을 입증한다. 비관적인 설명 양식과 우울증 증상 사이에서 무슨 일이 일어나는가? 통제 불능에서 비롯되고 설명 양식의 영향을 받는 무기력 예상은 유일한 매개의 부담을 지는가? 일부 연구는 사람들이 나쁜 사건에 대해 반추하는 경향이 있으며, 그러한 경향의 원인이 우울해지는 사람을 결정하는 데도 중요하다는 점을 시사한다. 아마도 그러한 반추 경향 때문에 사람들은 자의식을 보이고 좌절로부터 부정적인 결과를 추론하는 경향을 보일 것이다. 메커니즘을 좀 더 면밀히 살펴본 보다 심도 깊은 연구를 위해서는 무기력 모델이 가정한 특정한 과정을 평가할 필요가 있다.

우울증을 설명하기 위해서 무기력 모델을 이용하는 것과 관련해 있을 수 있는 한 가지 더 큰 문제는 우울증이 없는 사람들은 사건에 대한 통제력을 실제보다 더 많이 가지고 있다고 지각한다는 걸 보여주는 앨로이와 에이브람슨(1979)의 실험실 연구에서 나왔다. 이와는 대조적으로 우울증 환자들은 비우울증적 사고의 특징인 착각의 확대 없이 통제력을 현실적으로 지각한다. 이처럼 흥미로운 점이 있는 '더 슬프지만 더 현명한' 효과가 시사하듯, 무기력 평가는 통제력에 대한 우울증 환자의 인지를 왜곡된 것으로 특징짓는 오류를 범할 수 있다.

신체 질환

무기력 아이디어의 또 하나의 인기 있는 적용 대상은 신체 질환이다(Peterson and Bossio, 1991). 다시 한번, 학습된 무기력의 세 가지 기준이 어떻게 증명되어 왔는지 의문을 가져보자. 첫째, 수동성은 행동이 아니라 신체 건강을 유지하는 개인의 능력을 나타낸다. 둘째, 동물들과 사람들 모두를 대상으로 한 연구 결과에 의하면 통제할 수 없는 스트레스가 건강 악화의 전조가 될 수 있다. 그러나 이 연구 결과에 의하면, 스트레스가 많은 생활 사건이 언제나 건강을 악화시킬 수 있는 결정적인 이유는 아니다. 셋째, 설명 양식은 증상 보고 기간, 의료 검사, 메디컬 테스트, 수명, 그리고 암과 같은 심각한 질병의 진단 이후의 생존 기간 등과 같은 건강 지표와 상관관계가 있는 것으로 나타났다. 비관적인 사람들은 낙관적인 사람들에 비해 건강이 더 나쁜 경향이 있다. 이러한 상관관계의 대부분은 신체 건강의 기준 측정치를 고려한 종단 연구에서 확립되었다.

비관적인 설명 양식과 나쁜 건강 간의 상관관계는 얼마나 강한가? 대부분의 연구는 심리학 연구에서 보통의 범위에 전형적인 상관관계성을 띠는 .20 ~ .30 범위의 상관계수를 보고한다. 이와 동시에 설명 양식은 신체적 웰빙에 영향을 미치는 요인들 중 하나일 뿐인 것이 분명해 보인다.

학습된 무기력이 건강에 영향을 미치는 이유는 무엇일까? 몇 가지 과정이 관련되어 있다. 면역학적 경로가 있을 수 있다(Kamen-Siegel et al., 1991). 동물 연구들은 통제할 수 없는 스트레스가 면역 기능 측면을 억제할 수 있다는 것을 암시한다(Visintainer, Volpicelli and Seligman, 1982). 그러나 이러한 연구 결과는 매우 복잡하다는 점에 유념해야 하고, 면역 기능에 대한 광범위한 일반화를 최대한 신중하게 제시해야 한다.

다른 경로는 정서적인 것일 수 있다. 이미 설명했듯이 학습된 무기력은 우울증과 연관이 있으며, 역학자(疫學者)들이 제시한 바에 의하면 우울증이 있는 개인들은 질병과 사망의 위험성이 높다. 아마도 학습된 무기력은 우울증에서의 역할 때문에 건강에 부분적으로 영향을 미칠 것이다.

많은 연구들이 행동 경로를 증명하고 있으며, 내 추측으로는 행동은 무력감과 신체 질환 사이의 가장 중요한 경로이다. 비관적인 설명 양식을 가진 사람들은 건강관리의 기본을 무시하는 경향이 있으며, 병이 들면 빨리 회복하게 해줄 수 있는 종류의 일을 하지 않는 경향이 있다. 그러한 행동으로 인한 건강 증진의 실패가 축적됨에 따라 결과적으로 설명 양식과 질병 사이의 연관성이 관찰될 수 있다. 또한 비관적인 설명 양식은 개인을 사고나 폭력으로 인한 불시의 사망 위험에 노출시키며, 이는 숙명적인 생활양식이 개인을 부적절한 시기에 부적절한 장소에 노출시키는 데 중요한 역할을 한다는 것을 의미한다(Peterson et al., 1998).

마지막으로, 무기력한 사람들은 사회적으로 소외되어 있기 때문에 병에 걸릴 위험성이 있다. 다른 사람들과의 풍부하고 협력적인 관계는 좋은 건강과 상당히 높은 상관관계성을 지닌다. 무기력한 사람들이 사회적 지원을 받지 않는 만큼, 건강이 좋지 않은 것은 결코 의외의 결과가 아니다.

낮은 성취

여러 방향의 연구들은 무기력, 그리고 학교, 직장, 스포츠와 같은 성취 영역에서의 좋은 성과나 나쁜 성과와 무기력의 관련성을 탐구했다(Peterson, 1990, 1992a; Rettew and Reivich, 1995; Schulman, 1995). 다른 삶의 영역들에 비해서 성취 영역은 옳고 그름의 해답이 있으며 한 개인의 노력이 실제로 중요한 상황을 나타내는 경향이 크다. 예를 들어, 학교는 학습된 무기력을 처음 묘사했던 실험실 환경에 아주 가까우며, 무기력 모델의 직접적인 일반화를 받아들일 수밖에 없다.

귀인의 재구성과 함께 무기력 연구 결과는 와그너(1986)의 성취에 대한 귀인 결정 요인 연구의 결과와 수렴한다. 무기력 연구자들이 동물 학습의 전통에서 시작한 연구를 인지적으로 왜곡시켰듯이, 와그너는 성취동기의 전통에서 시작한 연구를 인지적으로 왜곡시켰다.

드웩(Dweck, 1975)은 무기력 아이디어를 학업 성취에 적용한 최초의 연구자들 중 한 명이었다. 자신의 연구에서 드웩은 우선 아이들에게 학업의 성공과 실패의 원인에 대해서 묻는 설문지에 대한 응답을 이용해 아이들을 무기력한 아이들 대 숙달 지향적 아이들로 지정했다. 무기력한 아이들은 실패를 자신의 능력 부족에 귀인시켰다. 문제를 해결하려 할 때 그들은 비효율적인 전략을 사용했고, 부정적인 정서를 보고했고, 서툴게 행동을 취할 것이라고 예상했고, 관련 없는 문제들에 대해서 반추했다. 이 아이들은 실패했을 때 크게 절망했지만, 예전의 성공은 그들에게 거의 영향을 미치지 않았다. 드웩의 연구 결과에 의하면, 실패를 능력 부족에 귀인시킨 학생들에게 실패를 노력 부족에 귀인시키도록 교육시킨 귀인 재교육은 실패 후에 끈기를 실제로 향상시켰다.

학습된 무기력의 관점에서 또 하나의 학업 실패에 대한 분석은 독해 부진아들에 초점을 맞춘 부트카우스키와 윌로우스(Butkowsky and Willows, 1980)의 연구에서 나왔다. 독해 장애를 가진 5학년 남학생들은 독해 과제를 거의 성공하지 못할 것이라고 예상했고, 자신의 그러한 실패를 내적이고 안정적인 원인으로 설명했고, 독해하는 데 계속 실패했다.

핀참과 호코다, 샌더스(Fincham, Hokoda and Sanders, 1980)는 초등학교 아이들을 2년 동안 추적하며, 그들의 교사들에게 아이들이 보이는 '무기력'을 시간의 흐름에 따라 평가해 줄 것을 요청했다. 그 평가는 안정적임이 입증되었다. 그리고 무기력의 최초 평가는 후속으로 진행한 객관적 성취도 검증에서 보인 부진한 성과를 예측했다.

다른 연구들은 대학생들의 무기력 구성 개념과 학업 성과 간의 관계를 제시했다. 예컨대 피터슨과 배럿(Peterson and Barrett, 1987)은 버지니아 공대 1학년 학생들을 대상으로 연구했는데, 비관적인 설명 양식은 SAT 점수가 통계적으로 일정하게 유지된 경우에도 1년간 성적이 계속 좋지 않을 거라는 점을 제대로 예측한 것으로 밝혀졌다. 또한 표본의 각 학생이 1년 동안 학업에 대한 조언을 청한 횟수가 확인되었다. 예상대로, 나쁜 사건을 내적이고 안정적이고 총체적인 원인으로 설명한 학생들은 학습된 무기력 상태에 처해 있을 경우에 조언자를 찾지 않는 경향이 있었다. 결국 조언자를 찾지 않는 것은 나쁜 성적과 연관성이 있었다.

이 연구는 학습된 무기력의 두 가지 기준인 수동성과 인지를 충족시킨 것으로 보인다. 세 번째 기준은 어떤가? 케넬리와 마운트(Kennelly and Mount)의 연구(1985)는 적절한 증거를 제시한다. 이 연구자들은 6학년 학생들을 연구했다. 그들은 학생들에게 교사가 수반 대(對) 비수반 방식으로 보상과 처벌을 주는 정도에 대한 지각을 묻는 교사 수반성 척도라는 측정법을 고안하고 실행했다. 또한 그들은 성공과 실패의 원인에 대한 학생들의 믿음, 실제 학업 성취도(성적 등급), 그리고 교사가 학생들을 무기력하다고 생각하는지, 그렇게 생각하지 않는지의 여부를 측정하였다.

처벌 비수반성에 대한 학생들의 지각은 다른 변인들과 관련이 없었으나 보상 비수반성에 대한 학생들의 지각은 그들의 무기력과 강한 상관관계성을 보였다. 또한 교사들은 학업 성적을 통제할 수 없다고 생각한 아이들에 대해서 무기력하다고 평가했다. 이 모든 변인들은 실제 학업 성취도를 예측했다.

학습된 무기력의 관점에서 볼 때, 적합하지 않은 부분은 지각된 보상의 비수반성만이 다른 변인들과 관련이 있는 이유이다. 다른 연구들은 반대의 패턴을 발견했다. (보상이 아닌) 지각된 처벌의 비수반성은 나쁜 성적을 예측한다(예컨대, Kennelly and Kinley, 1975; Yates, Kennelly and Cox, 1975를 참조). 아마도 문제는 반마다 다를 것이다. 여하튼, 함께 고려해 볼 수 있는 이러한 연구들은 교실에서 볼 수 있듯이 무기력 모델과 수동성 간의 좋은 적합성을 제시한다.

존슨(Johnson, 1981)의 연구는 학습된 무기력의 기준을 낮은 성취도와 관련시킨다. 그녀는 9세에서 12세 사이의 남학생들 세 집단을 비교했다. 첫 번째 집단은 평균적인 학생들로 구성되었다. 두 번째 집단은 항상 낙제하는 학생

15장
·
635

들로 구성되었다. 세 번째 집단은 항상 낙제생들이었지만, 보충수업에 등록한 학생들이었다. 모든 남학생들은 귀인 질문지, 자아 개념 측정 도구, 그리고 끈기를 보여주는 실험 과제를 작성하였다. 다시 말해 학습된 무기력의 세 가지 기준, 즉 나쁜 사건의 이력과 인지, 수동성을 평가했다. 이 모든 변인들은 우리가 예상했던 대로 낮은 자존감과 함께 공변했다. 항상 낙제한 학생들 사이에서 모든 평가 영역에 걸쳐 가장 낮은 성취 평가치가 나왔다. 마지막으로, 보충 수업은 학습된 무기력을 완화시킨 몇 가지 증거를 보여주었다.

결론

무기력 연구자들은 무기력 이론이 중시하는 구성 개념들만이 그러한 문제에 해당된다고 주장하지는 않는다. 우울증, 신체 질환, 낮은 성취는 분명 과대평가되기 마련이다. 에이브럼슨과 그녀의 동료들(1989)이 암시했듯이, 우울증과 신체 질환, 낮은 성취는 무기력과 절망감의 관점에서는 전혀 설명되지 않은 각각의 사례들이다. 그럼에도 불구하고, 이러한 현상의 많은 사례에 학습된 무기력의 세 가지 중요한 특징이 적어도 일부 관여하는 경우는 있어 왔다. 그러나 개인의 통제력과 웰빙에 관한 문제들은 여전히 남아 있다.

학습된 무기력 모델은 얼마나 널리 적용될 수 있을까

여전히 남아 있는 수수께끼는 학습된 무기력 아이디어가 왜 그토록 널리 적용할 수 있어 보일까 하는 것이다. 나는 우울증, 신체 질환, 낮은 성취의 사례에 초점을 맞추었지만, 직무 스트레스, 실업, 정신지체, 만성 통증, 간질, 또는 과밀에 대한 반응으로 보이는 수동성을 설명하고자 무기력 모델을 충분히 성공적으로 이용하는 것도 기술할 수 있을 것이다(Peterson et al., 1993, ch. 7). 통제할 수 없는 나쁜 사건들을 경험하고 비관적인 방식으로 그런 사건들에 대해 생각하는 특정한 개인이 무기력에 귀인시킬 어떤 가능한 결과들을 보이는지 여부를 결정하는 것은 무엇일까?

이 모든 결과들은 같은 개인들에게 일어날 수도 있는데, 그럴 경우에 그것들의 문제들은 아마도 서로를 악화시킬 것이다. 또는 일단 무기력 상태가 생기면, 무기력 이론이 언급하지 않는 생물학적, 심리적 및/또는 사회적인 다른 고려 사항들이 개인을 이런 저런 비참한 방향으로 이끌 수도 있을 것이다.

웰빙은 무기력의 부재 이상인가

개인의 통제력에 관한 거의 모든 연구는 통제력의 결핍(무기력)에서 통제력에 이르기까지 개인의 통제력이 연속성을 띠기라도 한 것처럼 개인 통제력의 구성 개념에 접근한다. 무기력과 통제력이라는 두 극은 단순히 정반대 상태로 취급되었고, 연구에서 이용되는 전형적인 상관 전략은 그러한 병치가 의문시되는 것을 허용하지 않는다. 하지만 웰빙에는 단순한 무기력의 부재 이상의 것이 있을까? 이 질문에 대한 답은 예스에 가깝다. 이론가들이 질병과 질병의 부재와 건강을 구별하는 것처럼, 개인의 통제력 전통에 속한 이론가들이 유사한 구별을 하는 것은 생산적인 일일 것이다. 웰빙은 단순한 사기 저하 및 수동성의 부재 이상으로 많은 의미를 지니고 있다

이러한 관념에 따라 현대의 일부 이론가들은 '학습된 희망감', '학습된 근면함', '학습된 숙달', '학습된 낙관주의', '학습된 관련성', '학습된 임기 응변성' 등과 같은 제목 하에 향상된 개인의 통제력 상태를 설명해 왔다.

개인의 통제력 향상은 아마도 지속적인 문제 해결 노력을 높이고 밝은 기분을 유지시킬 것이다. 이러한 가설상의 심리 상태에 붙여진 이름에서 분명히 알 수 있듯이, 그러한 심리 상태는 학습된 무기력의 긍정적 버전이라 할 수 있다. 각각의 경우, 그런 심리 상태는 미래의 결과 또한 통제할 수 있을 거라는 기대감을 야기하는 통제 가능한 결과를 접한 경험에 의해서 촉진된다.

내 견해로는 그와 같은 심리 상태는 천장 효과 때문에 학습된 무기력에 비해서 일어나기가 더 어렵다. 다시 말해, 대부분의 개인들은 당연히 자신들이 본질적으로 공통점이 없는 결과들에 대한 통제권을 가지고 있다고 가정하기 때문에 이미 강한 그 기대감을 강화하는 경험을 고안하기는 어렵다. 어쨌든 여기서의 연구는 예비적인 것이며, 그 자체 내적으로 통합되지 않거나 무기력에 관한 훨씬 더 범위가 넓은 문헌과 잘 통합되지는 않는다. 그럼에도 불구하고, 이러한 구성 개념들은 언젠가 반증을 통해서 웰빙이 의미하는 바를 현재의 추정보다 더 훌륭히 밝힐 수 있을 것이다.

통제의 병리가 존재하는가

개인의 통제력에 대한 나의 논의를 관통하는 것은 개인의 통제력이 바람직하다는 논제이다. 수십 개의 이론들과 수천은 아닐지라도 수백 개의 경험적 조사가 그 논제를 뒷받침하고 있다. 웰빙의 운영 방식에 상관없이, 결과에 영향을 미치는 자신의 능력에 대한 믿음은 웰빙과 일관적으로 상관관계를 지닌다. 개인의 통제력과 웰빙, 특히 목표 추구의 지속성 사이에 여러 경로가 있다. 하지만 나는 개인 통제력의 이점에 대한 이러한 결론은 지속적인 노력이 결국 결실을 맺는 환경에 자신들이 있다는 사실을 개인들이 아는 경우에만 적용된다는 점을 지적했다.

반응이 없는 환경에서는 개인의 통제력과 그에 따른 지속성이 유익하지 않다. 사실 비현실적인 통제력은 본질적으로 해로울 수도 있다. 사람들이 유한한 자원을 가지고 있다는 점을 감안할 때, 헛된 목표 추구는 좀 더 달성 가능한 목표를 무시했거나 간과했다는 것을 의미한다. 그리고 비현실적인 개인의 통제력은 추가적인 난점들을 야기할 수 있다. 좋은 것이 너무 많다고 여길 수 있다. 조증은 과장된 통제력이라는 특징을 가진 장애의 명백한 예이지만, 광분하듯 지나치게 고양된 개인의 통제력은 사람들의 통제력에 대한 믿음과 관련해 검토되기 전까지는 관련이 없어 보이는 다른 심리적 문제들 가운데 가장 심각한 문제일 수 있다.

위험 감수 사람들이 특정한 질병이나 부상에 대한 상대적인 위험성을 어떻게 지각하는지를 다루고 있는 문헌이 광범위하게 존재한다. 연구자들은 응답자들에게 언젠가 질병에 걸릴 백분율 추정치와 동료들과 비교해 자신들이 질병에 걸릴 상대적인 평가('낮은 가능성', '동일한 가능성', '높은 가능성')를 제시해 줄 것을 요구한다. 확실한 연구 결과에 의하면, 사람들은 자신들의 위험성을 과소평가한다. 평균적인 개인은 자신들이 다양한 질병에 걸릴 위험성을 평균 이하로 여겼다. 이러한 현상은 대개 '낙관주의적 편향'(Weinstein, 1989)으로 밝혀지며, 현재의 맥락에서는 그런 현상을 자신의 웰빙 통제력에 대한 비현실적인 지각을 중심으로 형성되는 것이라고 설명할 수 있다. 낙관주의적 편향은 사람들로 하여금 기본적인 건강 증진 및 유지를 무시하게 만들 수 있기 때문에 정당하게 비판을 받을 만하다. 예를 들어, 몇몇 연구 결과에 의하면,

AIDS에 면역성이 있다고 어떻게든 믿는 개인들은 가장 위험한 방식 그대로 행동한다(예컨대, Bahr et al., 1993; Perkins et al., 1993을 참조).

개인의 통제력은 적어도 원칙적으로는 그러한 믿음이 사실일 때 웰빙을 촉진한다. 통제력은 애초의 사실과 반목할 수 있지만, 그다음에는 자기 충족적일 수 있다는 점 때문에 흥미로운 심리적 변인인 것이다. 만약 개인의 통제력을 좋은 성과로 해석할 수 없는 상황이라면, 그러한 믿음은 불가능하고/하거나 위험한 목표를 추구하도록 개인을 이끌 것이다.

반두라(Bandura, 1986)가 강조했듯이, 효능 기대('나는 이 행동을 수행할 수 있다')는 실제 성과 기대('그리고 이 행동은 이러한 결과를 낳는다')와 결부될 때만 유익하다. 위험 지각에서 보이는 낙관주의적 편향은 그릇된 성과 기대의 결과이다. 그러나 그 편향은 개인이 특정한 질병이나 상해 및 그 위험 요소들에 대한 직접적인 경험 및 광범위한 지식을 가진 정도로까지 축소되거나 소거된다. 개인의 통제력에 관한 문헌을 우연히 읽게 되면, 누구든 웰빙은 모두 한 개인의 마음속에 있지만 생각과 믿음은 그 개인 안에 있어야 하고 그 개인은 세계 내에 있어야 한다는 결론을 내릴 수 있게 된다.

적대감 개인의 구성 개념 이론가 조지 켈리(George Kelly, 1955)는 적대감은 개인이 지지받을 수 없는 가정(구성 개념)에 대한 타당한 증거를 세계로부터 쥐어짜 내려는 시도에서 비롯된다고 제안했다. 켈리의 제안은 매우 일반적인 공식이지만 잘못 인식된 개인의 통제력 관점에서 수정될 경우에도 손실은 거의 없다. 환경에서 존재하는 객관적인 수반성을 오인한 사람들은 세상이 예상대로 작동하지 않을 경우에 화가 날 수 있다.

성적으로 공격적인 남성이 여성의 호의를 로맨틱한 유혹으로 오인하는 경향이 있다는 점을 보여주는 연구(Malamuth and Brown, 1994)를 고찰해 보자. 여기에서 사회적 상호작용에서 존재하는 객관적인 수반성은 오인되고, 있지도 않은, '원하는 성적 접촉에 대한 통제력'을 자신이 가지고 있다고 잘못 지각할 수도 있다. 그가 이러한 지각에 따라 행동할 때, 폭행이 발생할 수 있다.

완벽주의 강박성 인격 장애에서 현저히 나타나는 특성일 뿐만 아니라 그 자체로도 문제가 될 수 있는 완벽주의는 개인의 통제력에 대한 부적절한 믿음이라는 특성을 지니는 또 하나의 심리적 장애이다. 완벽주의는 수많은 결정 요인을 가지고 있지만, 그중 하나는 예외 없이 모든 중요한 결과를 완벽하게 통제할 수 있다는 믿음이다(Slaney and Ashby, 1996). 완벽주의는 결과가 '완벽한' 통제를 벗어나, 그에 따른 지연의 난제를 악화시킬 수 있는 영역에서 문제가 된다.

불안 벡과 에머리(Beck and Emery, 1985)는 전반적인 불안 장애를 자신들의 약점에 대한 사람들의 잘못된 믿음에서 비롯되는 것으로 해석했다. 불안한 개인들은 마치 유리 섬유로 만들어진 것처럼 행동하며, 세상이 자신에게 부과하는 것에 지나치게 민감하다. 회피와 기타 여러 불안 증상들이 반드시 뒤따른다. 이 경우에 외부 세계는 너무 많은 인과적 힘을 부여받지만, 우리는 통제력에 대한 잘못된 믿음의 관점에서 이 공식을 다시 수정할 수 있다.

편집증 통제의 병리 측면에서 보면, 편집증은 흔히 다른 사람들, 즉 변함없이 중요한 개인들이 나 자신의 삶을 세세한 수준까지 통제할 수 있다는 믿음을 수반한다. 우리가 편집증을 고전적인 정신분석학적 용어로 투사라고 해석하고 싶든, 아니면 좀 더 흔히 쓰는 말로 자기 고양의 양태라고 해석하고 싶든, 잘못 인식된 통제력의 역할은 분명하다(Kinderman and Bentall, 1996).

개인의 통제력은 웰빙의 필수 조건인가

지나친 긍정적인 기대는 진화론적 근거를 가진 인간 본성의 선천적인 부분일 수 있다(Tiger, 1979). 때로는 비현실적인 개인의 통제력은 비용이 들지 않으며, 그것은 양성 HIV 검사 결과와 같은 다른 파괴적인 상황에 직면해서도 명랑한 기분을 유지하기 때문에 이롭다(Taylor et al., 1992). 하지만 한 개인이 일상적인 통제감 없이도 좋은 삶의 질을 영위할 수 있을까? 나는 이 질문에 대한 대답은 예스라고 믿는다. 에리히 프롬(1941)은 『자유로부터의 도피』에서 전체주의 체제가 선택의 자유를 부정하고 따라서 그릇된 선택의 위험으로부터 개인들을 구제해 주기 때문에, 시민들이 전체주의 체제에 끌릴 수 있다고 주장했다. 선택지가 너무 많거나, 너무 복잡하거나, 너무 어려울 때 개인의 통제력 행사는 부담스러울 수 있다.

현대 세계가 한 개인에게 제시하는 선택들 중 적어도 일부 — 예컨대, 애용할 장거리 전화 회사의 선택 — 는 어떠한 의미의 차별적인 결과를 초래하지 않는 것 같다. 우리는 그러한 선택들을 통제하는 데 상당한 에너지를 쏟을 수 있으나, 결국에는 너무 지친 나머지 중요한 결과를 통제하려는 시도를 하지 않을 수 있다. 이런 경우, 우리 사회의 개인의 통제력에 대한 강조는 우리를 어리석게 행동하게 만든다. 비디오 게임과 같은 것이 우리 안에 깊이 내재된 유익한 성향을 일반적으로 활용하는 위험한 활동인 강력한 크랙 코카인 흡연과 동등하게 개인의 통제 대상이 될 수 있을까? 어쨌든, '통제력으로부터 도피'하려는 욕망이 결국 초래될 수 있으며, 아마도 그러한 욕망은 우리 사회의 일부에 이미 초래되어 있을 것이다. 사람들의 웰빙을 증진시키려는 시도는 다른 많은 요인들 중에서 개인의 통제력을 특별히 고려해야 하지만, 그와 동시에 더 많을수록 반드시 더 좋다고 가정하는 일을 피해야 한다.

참고문헌

Abramson, L. Y., Metalsky, G. I., and Alloy, L. B. (1989). Hopelessness depression: A theory-based subtype of depression. *Psychological Review, 96*, 358~72.

Abramson, L. Y., Seligman, M. E. P., and Teasdale, J. D. (1978). Learned helplessness in humans: Critique and reformulation. *Journal of Abnormal Psychology, 87.* 49~74.

Alloy, L. B., and Abramson, L. Y. (1979). Judgment of contingency in depressed and nondepressed students: Sadder but wiser? *Journal of Experimental Psychology: General, 108*, 441~85.

Bahr, G. R., Sikkema, K. J., Kelly, J. A., Fernandez, M. I., Stevenson, L. Y., and Koob, J. J. (1993). Attitudes and characteristics of gay men who remain at continued risk for contracting HTV infection. *International Conference on AIDS, 9*, 697.

Bandura, A. (1986). *Social foundations of thought and action.* Englewood Cliffs, N. J.: Prentice-Hall.

Beck, A. T., and Emery, G. (1985). *Anxiety disorders and phobias: A cognitive perspective.* New York: Basic Books.

Brown, I., and Inouye, D. K. (1978). Learned helplessness through modeling: The role of perceived similarity in competence. *Journal of Personality and Social Psychology, 36*, 900~908.

Bunce, S. C., Larsen, R. J., and Peterson, C. (1995). Life after trauma: Personality and daily life experiences of traumatized people. *Journal of Personality, 63*, 165~68.

Burns, M. O., and Seligman, M. E. P. (1989). Explanatory style across the life span: Evidence for stability over fifty–two years. *Journal of Personality and Social Psychology, 56*, 471~77.

Butkowsky, I. S., and Willows, D. M. (1980). Cognitive–motivational characteristics of children varying in reading ability: Evidence for learned helplessness in readers. *Journal of Educational Psychology, 72*, 471~84.

Dweck, C. S. (1975). The role of expectations and attributions in the alleviation of learned helplessness. *Journal of Personality and Social Psychology, 31*, 674~85.

Engberg, L. A., Hansen, G., Welker, R. L., and Thomas, D. R. (1972). Acquisition of key pecking via auto–shaping as a function of prior experience: "Learned laziness"? *Science, 178*, 1002~4.

Fincham, F. D., Hokoda, A., and Sanders, R. (1989). Learned helplessness, test anxiety, and academic achievement. *Child Development, 60*, 138~45.

Fromm, E. (1941). *Escape from freedom.* New York: Rinehart.

Gillham, J. E., Reivich, K. J., Jaycox, L. H., and Seligman, M. E. P. (1995). Prevention of depressive symptoms in schoolchildren: Two–year follow–up. *Psychological Science, 6*, 343~51.

Johnson, D. S. (1981). Naturally acquired learned helplessness: The relationship of school failure to achievement behavior, attributions, and self–concept. *Journal of Educational Psychology, 73*, 174~80.

Kamen–Siegel, L., Rodin, J., Seligman, M. E. P., and Dwyer, J. (1991). Explanatory style and cell–mediated immunity. *Health Psychology, 10*, 229~35.

Kelly, G. A. (1955). *The psychology of personal constructs.* New York: Norton.

Kennelly, K. J., and Kinley, S. (1975). Perceived contingency of teacher–administered reinforcements and academic performance of boys. *Psychology in the Schools, 12*, 449~53.

Kennelly, K. J., and Mount, S. A. (1985). Perceived contingency of reinforcements, helplessness, locus of control, and academic performance. *Psychology in the Schools, 22*, 465~69.

Kinderman, P., and Bentall, R. P. (1996). A new measure of causal locus: The Internal, Personal, and Situational Attributions Questionnaire. *Personality and Individual Differences, 20*, 261~64.

Lloyd, C. (1980). Life events and depressive disorder reviewed: I. Events as predisposing factors. II. Events as precipitating factors. *Archives of General Psychiatry, 37*, 529~48.

Maier, S. F., and Seligman, M. E. P. (1976). Learned helplessness: Theory and evidence. *Journal of Experimental Psychology: General, 105,* 3~46.

Maier, S. F., Watkins, L. R., and Fieshner, M. (1994). Psychoneuroimmunology: The interface between behavior, brain, and immunity. *American Psychologist, 49,* 1004~17.

Malamuth, N. M., and Brown, L. M. (1994). Sexually aggressive men's perceptions of women's communications: Testing three explanations. *Journal of Personality and Social Psychology, 67,* 699~712.

Myers, D. G., and Diener, E. (1995). Who is happy? *Psychological Science, 6,* 10~19.

Perkins, D. O., Leserman, J., Murphy, C., and Evans, D. L. (1993). Psychosocial predictors of high-risk sexual behavior among HIV-negative homosexual men. *AIDS Education and Prevention, 5,* 141~52.

Peterson, C. (1990). Explanatory style in the classroom and on the playing field. In S. Graham and V. S. Folkes (Eds.), *Attribution theory: Applications to achievement, mental health, and interpersonal conflict* (pp. 53~75). Hillsdale, N. J. : Erlbaum.

_____. (1991). Meaning and measurement of explanatory style. *Psychological Inquiry, 2,* 1~10.

_____. (1992a). Learned helplessness and school problems: A social psychological approach. In F. J. Medway and T. P. Cafferty (Eds.), *School psychology: A social psychological perspective* (pp. 359~76). Hillsdale, N. J. : Erlbaum.

_____. (1992b). *Personality* (2nd ed.). Fort Worth: Harcourt Brace Jovanovich.

Peterson, C., and Barrett, L. C. (1987). Explanatory style and academic performance among university freshmen. *Journal of Personality and Social Psychology, 53,* 603~7.

Peterson, C., and Bossio, L. M. (1991). *Health and optimism.* New York: Free Press.

Peterson, C., Maier, S. F., and Seligman, M. E. P. (1993). *Learned helplessness: A theory for the age of personal control.* New York: Oxford University Press.

Peterson, C., and Seligman, M. E. P. (1984). Causal explanations as a risk factor for depression: Theory and evidence. *Psychological Review, 91,* 347~74.

Peterson, C., Seligman, M. E. P., Yurko, K. H., Martin, R., and Friedman, H. S. (1998). Catastrophizing and untimely death. *Psychological Science, 9,* 49~52.

Peterson, C., and Stunkard, A. J. (1989). Personal control and health promotion. *Social Science and Medicine, 28,* 819~28.

Reivich, K. (1995). The measurement of explanatory style. In G. M. Buchanan and M.. E. P. Seligman (Eds.), *Explanatory style* (pp. 21~47). Hillsdale, N. J. : Erlbaum.

Rescorla, R. A. (1968). Probability of shock in the presence and absence of CS in fear conditioning. *Journal of Comparative and Physiological Psychology, 66*, 1~5.

Rettew, D., and Reivich, K. (1995). Sports and explanatory style. In G. M. Buchanan and M. E. P. Seligman (Eds.), *Explanatory style* (pp. 173~85). Hillsdale, N. J. : Erlbaum.

Schulman, P., (1995). Explanatory style and achievement in school and work. In G. M. Buchanan and M. E. P. Seligman (Eds.), *Explanatory style* (pp. 159~71). Hillsdale, N. J. : Erlbaum.

Schulman, R., Keith, D., and Seligman, M. E. P. (1993). Is optimism heritable? A study of twins. *Behaviour Research and Therapy, 31*, 569~74.

Seligman, M. E. P. (1975). *Helplessness: On depression, development, and death.* San Francisco: Freeman.

Seligman, M. E. P., Castellon, C., Cacciola, J., Schulman, P., Luborsky, L., Ollove, M., and Downing, R. (1988). Explanatory style change during cognitive Personal Control and Well-being *301* therapy for unipolar depression. *Journal of Abnormal Psychology, 97*, 13~18.

Simkin, D. K., Lederer, J. P., and Seligman, M. E. P. (1983). Learned helplessness in groups. *Behaviour Research and Therapy, 21*, 613~22.

Skinner, E. A. (1995). *Perceived control, motivation, and coping.* Thousand Oaks, Calif.: Sage.

Slaney, R. B., and Ashby, J. S. (1996). Perfectionism: Study of a criterion group. *Journal of Counseling and Development, 74*, 393~98.

Taylor, S. E., Kemeny, M. E., Aspinwall, L. G., Schneider, S. G., Rodriguez, R., and Herbert, M. (1992). Optimism, coping, psychological distress, and high-risk sexual behavior among men at risk for acquired immunodeficiency syndrome (AIDS). *Journal of Personality and Social Psychology, 63*, 460~73.

Tiger, L. (1979). *Optimism: The biology of hope.* New York: Touchstone.

Tolman, E. C. (1932). *Purposive behavior in animals and men.* New York: Century.

Visintainer, M., Volpicelli, J. R., and Seligman, M. E. P. (1982). Tumor rejection in rats after inescapable or escapable shock. *Science, 216*, 437~39.

Wasserman, E. A., and Miller, R. R. (1997). What's elementary about associative learning? *Annual Review of Psychology, 48*, 573~607.

Weiner, B. (1986). *An attributional theory of motivation and emotion.* New York: Springer-Verlag.

Weinstein, N. D. (1989). Optimistic biases about personal risks. *Science, 246*, 1232~33.

Yates, R., Kennelly, K. J., and Cox, S. H. (1975). Perceived contingency of parental reinforcements, parent-child relations, and locus of control. *Psychological Reports, 36*, 139~46.

16장

쾌락적 적응

셰인 프레더릭 · 조지 로웬스타인

쾌락적 적응은 유리한 상황과 불리한 상황에서 보이는 감정 강도의 감소를 나타낸다. 이 장에서는 쾌락적 적응의 목적과 근본적인 메커니즘, 가장 일반적인 함수적 표현을 논할 것이다. 그런 다음, 우리는 이 분야의 연구를 방해하는 방법론적 문제들을 살펴보고, 네 가지 부정적인 영역(소음, 투옥, 사별, 장애)과 네 가지 긍정적인 영역(음식, 에로틱한 이미지, 부의 증가, 성형수술을 통한 외모 개선)에서 볼 수 있는 적응에 관한 문헌을 재고찰할 것이다. 이러한 재고찰을 한 이후에 쾌락적 적응을 촉진하거나 방해하는 여러 가지 상황에 대해서 논할 것이다. 그리고 나서 쾌락적 적응의 어두운 면, 즉 개인과 사회에 가져오는 부정적인 결과에 대해서 논하는 것으로 결론을 맺을 것이다.

벌판에서의 외과 수술, 가장 강인한 원주민들조차 부들부들 떨게 만든 그 소름끼치는 살육은 점차 우리의 감각을 둔화시켰다. 우리는 더 이상 그 사건의 공포를 전혀 판단할 수 없었다… 솟구쳐 흐르는 피, 상처의 화농에서 나는 참을 수 없는 역한 냄새. 이 모든 것에 우리는 태연했다.

— 모리스 에르조그(Maurice Herzog), 『안나푸르나(Annapurna)』(1952)

우리 대부분은 극도로 불운한 상황에 잘 적응하는 것처럼 보이는 사람들에 관한 인상적인 예에 익숙하다. 우리는 영양실조에 걸린 아이들이 쓰레기 처리장에서 행복하게 노는 장면을 본 적이 있거나, 장애에도 불구하고 명랑한

645

성격을 계속 보이는 중증 장애인들을 알고 있을 것이다. 하지만 이와 반대되는 예도 생각할 수 있다. 이를 테면, 어떤 충격적인 사건을 경험한 이후에 늘 비참해 보이는 사람들이나 '예전과 절대 같지 않은 사람들'이 있기 마련이다. 이 장에서는 쾌락적 적응의 범위와 한계, 즉 유리한 상황과 불리한 상황의 장기적인 정서적, 쾌락적 영향을 약화시키는 과정을 고찰할 것이다.

쾌락적 적응

적응은 가장 넓은 의미에서, 지속적인 자극이나 반복적인 자극의 효과(지각적, 생리적, 주의의, 동기적, 쾌락적 효과들)를 줄이는 어떠한 행동이나 과정 또는 메커니즘을 가리킨다.[1] 적응은 자극에 대한 노출을 줄이는 명확한 행동에서부터 지각되거나 경험되는 객관적인 자극의 강도를 감소시키는 세포 수준에서의 분자적 변화에 이르기까지 서로 다른 다양한 수준에서 발생할 수 있다. 예를 들어, 어두운 건물에서 햇빛 속으로 걸음을 옮기는 행동은 증가된 빛 수준에 대한 다양한 행동적, 생리적 반응을 일으킨다. 즉, 태양을 외면하고 눈을 가늘게 뜨게 된다. 또한 동공을 수축시키고, 망막에 광화학적 변화를 일으키고, 망막 신호를 처리하는 뇌 영역의 신경 변화를 일으킨다. 우리가 건물 안으로 돌아갈 때는 이러한 과정과 반대되는 현상이 일어난다. (용접 헬멧과 야간 투시경의 필요성에서 알 수 있듯이) 이러한 적응 과정이 성취할 수 있는 것에는 한계가 있지만, 그 적응 과정 덕분에 우리는 100만 배 이상 변한 휘도 강도를 정상적으로 알아볼 수 있다.[2]

---

1   (지은이) 자극 효과를 줄이는 어떠한 행동을 '적응'이라고 부르는 것은 그 용어를 너무 느슨하게 사용하고 있는 것일 수 있다. 더운 지방으로 이사한 한 여자가 더위에 익숙해졌다고 보고하는 걸 가정해 보자. 그녀가 이제 더 가벼운 옷을 입고, 에어컨을 구입했으며, 한낮에 야외 활동을 덜 한다는 것을 우리가 알고 있다면, 그 보고가 적응의 증거가 되는가? 그녀가 더위에 '적응'했다고 말하는 것이 옳은가, 아니면 단지 더위에 노출되기를 자제했다고 말하는 것이 옳은가? 마찬가지로 사랑했던 아내를 잃은 한 남자가 사망한 아내의 모든 사진을 불태우고 혼란스러운 기억을 불러일으킬 수 있는 친구들과의 접촉을 피하기 위해 다른 도시로 이사한다고 가정해 보자. 그러한 조치들이 실제로 정서적 고통을 줄여준다면, 그가 아내와의 사별에 성공적으로 '적응'했다고 말하는 것이 옳을까?

2   (지은이) 적응은 물리학과 정신 물리학을 구분 짓는 주요한 생물학적 특성이다(Shepard, 1981). 온도계와 사람의 손이 온도를 어떻게 기록하는지 비교해 보자. 수은은 변하지 않는

쾌락적 적응은 감정적으로 관련이 있는 자극에 대한 적응이다. 쾌락적 적응은 다른 유형의 적응의 기초가 되는 많은 동일한 과정에 의존하며 종종 그러한 과정에서 파생된 것이기도 하다. 예를 들어, 상대적으로 약하게 지각되는 악취는 상대적으로 덜 불쾌하게 경험된다는 점에서 볼 때 역한 악취에 대한 쾌락적 적응은 감각 적응의 직접적인 결과라 할 수 있다. 마찬가지로, 하반신 마비 환자들로 하여금 휠체어를 더 효율적으로 조작할 수 있게 해주는 상체 근육량의 증가와 같은 생리학적 적응 결과로 인해서, 하반신 마비에 쾌락적 적응이 일어날 수 있다. 하지만 많은 쾌락적 자극은 감각적인 것이기보다는 인지적인 것이다. 따라서 쾌락적 적응과 관련된 많은 과정은 관심, 가치, 목표, 주의력 또는 상황의 특성화 등의 인지적 변화를 수반한다. 예를 들어, 테니스 대신에 스크래블 게임과 같이 이동성을 많이 요구하지 않는 새로운 관심 대상을 개발한다면 하반신 마비에 따르는 이동성 감소 효과는 덜 중요하게 될 것이다.[3] 또한 쾌락적 적응은 문제를 일으키는 생각에서 주의를 의식적으로 돌리거나 스포츠 활동이나 지속적으로 분주하게 할 수 있는 일과 같은 다른 영역으로 주의를 돌릴 만한 활동에 참여하는 것을 수반할 수 있다. 이 전략은 슬픔 인지가 의식으로 침입할 때 그 슬픔 인지의 강도는 아니더라도 적어도 그 인지의 '양'을 감소시킬 수는 있다. 또한 예컨대, 비극을 '경험 학습'으로 해석하는 것처럼 상황에 대한 인지 변화를 통해서 쾌락적 적응을 촉진할 수 있다(예컨대, Janoff-Bulman and Wortman, 1977을 참조). 마지막으

유일한 반응을 보인다. 수은의 부피는 항상 (화씨) 55도에서 동일하며 항상 다른 온도에서 다르다. 수은이 예전에 오븐에 저장되어 있었는지, 얼음 욕조에 저장되었는지, 제자리에 수 시간 저장되어 있었는지, 수년 동안 저장되어 있었는지는 중요하지 않다. 수은은 이전 상태에 대한 기억이 없다. 인간과 다른 유기체들은 이런 식으로 행동하지 않는다. 자극에 대한 우리의 주관적인 경험과 반응은 그 자극의 현재의 물리적 강도보다 더 많은 것에 달려 있다. 그러한 경험과 반응은 이전에 경험한 자극의 강도와 지속 시간과 최신성에도 달려 있다. (화씨) 55도의 물에 대한 우리의 경험은 불변하는 것도 아니고(전에 뜨거운 물에 잠겨 있던 손에 비해 얼음물에 잠겨 있던 손이 55도를 더 따뜻하게 느낀다), 일정하지도 않으며(55도의 물에 맨처음 손을 담갔을 때의 느낌과 한참 지난 후에 경험하는 느낌은 다르다), 유일하지도 않다(이전에 얼음물에 담갔던 손이 느끼는 55도는 이전에 뜨거운 물에 담갔던 손이 느끼는 80도와 동일할 수도 있다).

3   (지은이) 워와 잭슨, 뱅크스(Warr, Jackson and Banks, 1988)는 체념적인 적응과 건설적인 적응을 구별한다. 체념적인 적응은 자신의 상태를 수동적으로 수용하거나 자신의 열망을 축소하기 마련이다. 이에 반해 건설적인 적응은 자신의 손실을 줄이려는 시도를 적극적으로 하거나 상이하면서도 동등한 야심적인 목표들을 선택하고자 한다.

로 뇌에서 일어나는 신경화학적 과정은 과도하게 자극받은 쾌락 회로의 감도 (감수성)를 약화시켜서 지속적인 강렬한 부정적인 감정이나 긍정적인 감정을 억제하는 작용(Solomon and Corbit, 1974)을 할 수 있다. 예를 들어, 높은 수치의 코카인이나 암페타민의 지속적인 섭취는 뇌의 보상 경로의 기능을 축소시킬 수 있다(예컨대, Cassens et al., 1981; Wise and Munn, 1995를 참조).

쾌락적 적응의 기능

적응 과정은 두 가지 중요한 기능을 한다. 첫째, 적응 과정은 외부 자극의 내적인 영향을 줄여 유기체를 보호한다. 예를 들어, 땀은 증발 냉각을 유발하며, 이는 그렇지 않으면 주변 온도의 상승을 동반하게 되는 체온 상승을 줄여주거나 막는다. 둘째, 적응 과정은 기준선 수준에서 변화의 신호 값을 높여 지각을 향상시킨다.[4] 시각 지각과 관련된 적응 과정의 유형들은 이러한 쾌락적 적응 기능을 예증한다. 오후 햇빛 아래에서 실내로 처음 걸어들어 갈 때면 우리는 사물을 보는 데 어려움을 겪으며, 두 개의 어두운 방 중 어느 쪽이 더 어두운지 판단하기가 어려울 것이다. 그러나 잠시 동안 실내에 있으면 그 후에는 시력을 회복하는 적응 과정이 새로운 낮은 빛의 수준에서 휘도 변화에 대한 우리의 민감도를 회복시킬 것이고, 그 결과 우리는 예컨대, 수백 개의 백열전구가 밝혀진 강당에서 전구 한 개가 꺼진 것을 감지할 수 있게 된다.

쾌락적 적응은 유사한 보호 기능과 지각 향상 기능을 할 수도 있다. 쾌락적 상태(기아, 갈증, 통증, 졸음, 성적 흥분 등)는 높은 우선순위의 욕구들로 주의를 돌리고 그러한 욕구들을 충족시키는 행동에 참여하고, 그러한 욕구들을 손상시키는 행동을 피하고자 하는 동기를 제공하기 때문에 필요한 것이다 (Cabanac, 1979; Damasio, 1994; Pribram, 1984: 2). 그러나 지속적이고 강한 쾌락적 상태(예컨대, 공포나 스트레스)는 궤양, 순환기 질환, 바이러스 감염 등과

---

4   (지은이) (오감 중 하나일 뿐인) 우리의 눈은 초당 160만에서 300만 비트의 정보를 전송할 수 있는데, 이는 우리의 뇌가 처리할 수 있는 정보보다 수천 배나 더 많은 정보에 해당된다 (Scitovsky, 1976: 52). 따라서 일부 메커니즘은 처리해야 하는 지각 정보를 선택하는 정보 필터 역할을 해야 한다. 적응은 일정한 자극을 지각 배경으로 분류하고 자극 수준의 급격한 변화 — 행동 반응을 요구할 가능성이 가장 큰 지각 신호 — 에 주의의 초점을 맞춤으로써 그러한 역할을 한다.

그림 16.1 투옥에 대한 적응 이전의 죄수 상황

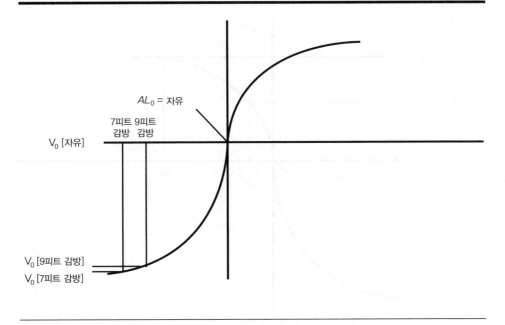

같은 해로운 생리적 동반 증상을 유발할 수 있다(Sapolsky, 이 책을 참조). 따라서 쾌락적 적응은 이러한 영향들로부터 우리를 보호하는 데 도움이 될 수 있다.

쾌락적 적응은 또한 우리의 객관적인 상황에서 일어나는 국부적인 변화에 대한 민감성과 그런 변화의 동인을 증가시킬 수 있다. 투옥된 죄수에 대한 고찰을 통해, 쾌락적 적응의 두 번째 기능을 설명해 보자. 그 죄수의 상황은 쾌락 강도를 전망 이론 가치 함수(Kahneman and Tversky, 1979)의 측면에서 명시하고 있는 그림 16.1과 16.2에 설명되어 있다. 거기에서 효용은 죄수의 현재 상태와 그가 적응한 상태의 차이에 의해서 결정된다. 그 죄수는 감금에 적응하기 전(그림 16.1을 참조)에는 7피트(213cm²) 감방에서 비참한 상황에 처해 있다. 이때 7피트(213cm²) 감방과 9피트(274cm²) 감방의 가치 차이는 중요해 보이지 않는다. 죄수는 더 큰 감방을 얻고자 하는 동기를 거의 갖지 못할 것이다. 그러나 적응한 후(그림 16.2를 참조)에 죄수는 더 행복할 뿐만 아니라, 작은 감방과 큰 감방의 쾌락적 가치 차이가 적응 전에 비해 훨씬 더 크며, 그에 따라 죄수가 더 큰 감방을 얻고자 하는 동기가 점점 더 커질 것이다.

혐오 상태의 지속성은 그것이 변할 수 없다는 표시라는 점에서, 쾌락적 적

16장
·
649

그림 16.2 투옥에 대한 적응 이후의 죄수 상황

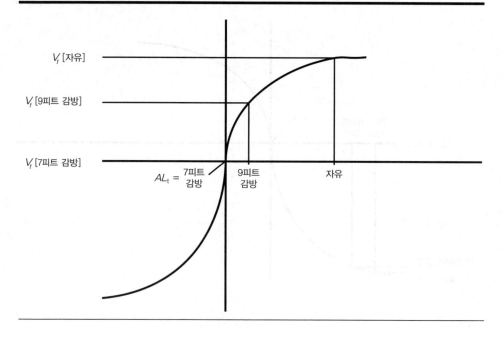

응은 변할 수 없는 재(再)직접적인 동기를 가능한 변화로 전환하려는 헛된 시도로 인해 생기는 에너지의 지속적인 소비를 막을 수 있다. 유명한 격언을 바꿔 말하면, 쾌락적 적응은 "변화시킬 수 없는 것을 수용할 수 있는 평정심과 바꿀 수 있는 것을 바꾸는 용기, 그리고 차이를 아는 지혜를 부여해 준다."

적응 수준 변화 대 둔감화

우리는 특정한 자극의 주관적인 강도를 감소시키는 무엇인가를 나타내기 위해서 '적응'이라는 용어를 광범위하게 사용해 왔지만, 중립적인 것으로 경험되는 자극 수준(변동 적응 수준)을 변경해서 주관적 강도를 감소시키는 적응 과정과 일반적으로 자극의 주관적 강도를 감소시키는 적응 과정(둔감화)을 구별하는 것이 중요하다. 두 과정은 모두 특정한 자극의 주관적 강도를 감소시키지만, 변동 적응 수준은 자극 차이에 대한 민감도를 유지하거나 향상시키는 반면에 둔감화는 그러한 민감도를 감소시킨다.

변동 적응 수준은 앞서 언급한 죄수의 예를 통해 설명된다. 처음에 강하게 부정적인 것으로 경험된 조건은 나중에는 쾌락적으로 중립적인 것(V_0 [7피트

그림 16.3 민감성과 둔감화

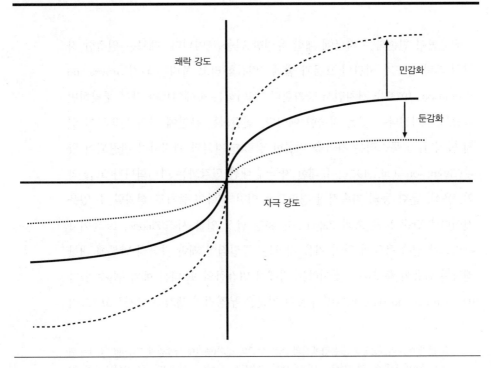

감방] < 0, 이에 반해, V_t [7피트 감방] = 0)으로 경험되며, 죄수는 자신의 쾌락 상태가 개선됨에 따라 자극 차이에 훨씬 더 민감해진다([V_t (9피트 감방) − V_t (7피트 감방)] > [V_0 (9피트 감방) − V_0 (7피트 감방)]). 이와 대조적으로 둔감화는 반응 함수의 위치보다는 모양의 변화를 수반한다(그림 16.3을 참조). 변동 적응 수준과 마찬가지로 쾌락 강도는 시간이 지남에 따라 감소(V_0 [7피트 감방] < V_t [7피트 감방])하지만, 변동 적응 수준과는 달리 죄수의 변화에 대한 민감도 또한 감소한다([V_t (7피트 감방) − V_t (7피트 감방)] < [V_0 (9피트 감방) − V_0 (7피트 감방)]). 쾌락적으로 둔감한 사람들, 즉 '냉담한', '싫증난', '편견이 있는' 사람들은 일반적으로 국부적이든 총체적이든 어떠한 종류의 변화를 일으킬 동기가 없다.[5]

5   (지은이) 둔감화의 다른 예로, 손에 두꺼운 굳은살이 박이는 상업 어부를 상상해 보자. 그러
     한 굳은살은 어망과 물고기 등뼈가 살을 쓸고 깊은 상처를 입히는 효과를 감소시킨다는 점
     에서 적응이다. 그러나 굳은살은 아마도 상이한 품질의 실크를 구별하는 능력과 같은 전반
     적인 촉각 민감도를 장기적으로 감소시킬 것이다. 이와 유사하게, 큰 소음에 지속적인 노출
     로 인해 발생하는 달팽이관 섬모의 손상은 그러한 큰 소음에 대한 혐오감을 감소시킬 수 있

적응 대 민감화

적응만이 현존하는 자극에 대한 유일한 반응은 아니다. 때로는 일정한 자극의 쾌락 강도가 시간의 흐름과 함께, '민감화'라고 불리는 과정(Groves and Thompson, 1973)을 거치면서 증가한다. 싫어하는 룸메이트와 자부 부딪히면 짜증이 높아진다는 것은 익숙한 예이다. 민감화는 문헌에 거의 논의되어 있지 않지만, 고통스러운 자극을 비롯한 강렬한 자극과 관련하여 관찰되어 왔다(Thompson et al., 1973). 유쾌한 자극에 대한 민감화는 마리화나나 고급 와인, 음식, 문화 등의 지속적인 경험으로 인한 쾌락의 증가로 설명할 수 있을 것이다.[6] '단순 노출 효과'(Zajonc, 1968)는 남성 얼굴 사진(Zajonc, 1968)이나 파키스탄 민속 음악과 같이 처음 접하는, 중립적인 쾌락 자극의 반복에 대한 쾌락적 반응이 증가하는 것이라는 점에서 민감화의 또 다른 예가 될 수 있다(Heingartner and Hall, 1974).[7] 우울한 기분은 부정적인 생각을 암시하고, 그러

을 뿐만 아니라, 정상적인 음량에서의 소음 수준의 변화(예컨대 아래층의 텔레비전 소리에 위층의 아기의 울음소리가 더해질 경우)에 대한 민감도도 감소시킬 수 있다. 코메토무니즈와 케인(ComettoMuniz and Cain, 1992)은 둔감화의 또 다른 예를 제시한다. 그들은 담배 연기와 같이 공기로 운반되는 자극제에 노출되면, 공기로 운반되는 자극제의 분자들이 공기에서 자유 신경 말단으로 이동하는 것을 물리적으로 방해하는 점액 생성이 증가한다는 사실을 밝혔다. 그러한 점액 생성은 공기로 운반되는 자극제의 주관적인 강도뿐만 아니라 미묘하게 유쾌한 냄새에 대한 지각적 민감성도 감소시킨다. (그 결과 그런 유쾌한 냄새의 쾌락적 효과도 감소한다). 린츠와 동료들(Linz, Donnerstein and Penrod, 1984, 1988; Linz, Donnerstein and Adams, 1989)은 '슬래셔' 영화와 같은 성폭력 영상에 대한 반복적인 노출은 일종의 정서적 둔감화를 일으킨다고 주장했다. 그들은 시청자가 그러한 영화를 보는 동안에 그렇지 않은 경우에 비해 생리적으로 덜 흥분하고 정서적으로 덜 반응할 뿐만 아니라 관련이 없는 다른 상황에서 폭력의 희생자들에 대해 덜 동정적인 양상을 보인다는 증거를 제시한다.

6   (지은이) 감식가의 높은 수준의 쾌락에 대한 보고가 있음에도 불구하고 전체적인 쾌락이 증가된다는 경험적 증거는 거의 없다. 감식가의 취향의 정교함은 식별 능력과 작은 긍정적인 차이에서 비롯되는 쾌락을 증가시킬 수 있다. 그러나 이러한 정교함은 부정적인 차이에 대한 혐오감을 증가시킬 수도 있다. 게다가, 더 많은 비중의 경험들은 감식가의 점점 더 증가하는 기준에 미치지 못할 수도 있다. 이와 같은 문제를 얼굴 부호화와 같은 객관적인 쾌락 측정법을 사용하여 연구하는 것은 흥미로울 것이다.

7   (지은이) 벌린(Berlyne, 1970)은 반복적인 노출이 자극의 감정적 강도를 감소시킨다는 점을 시사하는 적응 관련 문헌과 그와 반대되는 현상을 보이는 '단순한 노출' 효과 사이의 불일치에 대한 가능한 설명을 제시했다. 그는 '단순한' 자극의 반복이 호감도를 감소시키고, '복잡한' 자극의 반복이 호감도를 증가시킨다고 추측했다. 로진과 볼멕케(Rozin and Vollmecke, 1986)는 비슷한 관찰 결과를 발표했다. "음식에 관한 데이터와 노출 효과에 대한 다른 연구에 근거하면, … 노출은 적당한 빈도로 발생할 때와 자극이 새롭고 상대적으로 복잡하거나 둘 다일 때 호감도를 높일 가능성이 더 큰 것으로 보인다. 많은 새로운 항목의 경우, 노출

면 부정적인 생각은 우울한 기분을 강화하고, 그러면 우울한 기분은 부정적인 생각을 더욱더 강하게 암시한다는 점에서, 기분 의존적인 기억을 민감화의 한 형태로 볼 수도 있다(Bower, 1981).

적응의 함수형 모델화

헬슨(Helson, 1947, 1948, 1964)은 적응의 양적 모델을 최초로 제안한 인물 중 한 명이었다. 그의 모델은 과거의 자극이 현재의 자극의 주관적 경험에 미치는 영향을 공식적으로 특성화하려는 시도였다. 그는 적응 수준(adaptation level: AL)의 개념을 도입했는데, 이는 아무런 반응도 야기하지 않는 자극의 수준 (또는 쾌락적 적응의 맥락에서, 감정적으로 중립적인 수준)이다. 헬슨은 AL은 과거 자극 수준들의 평균(X = 자극 수준이고, t = 시간이다)이라고 제안했다.[8]

$$AL_t = \frac{1}{t} \sum_{\tau=0}^{t} X_\tau \qquad (16.1)$$

그는 또한 어떤 시점(t)의 개인의 쾌락 상태(u)가 현재의 자극 수준인 X_t와 AL의 차이의 함수라고 제안했다.

$$u_t = f(X_t - AL_t), \qquad (16.2)$$

그림 16.1, 16.2, 16.3의 가치 함수와 마찬가지로, 여기에서 $f(0) = 0$이고 $f' \geq 0$이다. AL은 일정한 자극 수준의 값(가치)으로 점차 수렴하기 때문에 X_t와 AL 간의 절대적 차이는 시간이 지남에 따라 점차 감소하며, 이 차이의 함수인 u_t의 절대 값도 감소한다. 따라서 헬슨의 모델은 적응의 본질, 즉 지속적으로 나쁜 것들은 점차 덜 혐오스러운 것이 되고, 지속적으로 좋은 것들은 점차 덜 만족스러운 것이 된다는 사실을 포착하고 있다.

수준이 적당할 때 호감도가 높아지고 노출 빈도가 많아질 때 호감도가 낮아질 수 있다"449). 그러나 자극의 '복잡성'은 맛이나 냄새처럼 많은 쾌락 관련 자극의 경우에는 측정하거나 정의하기가 어렵다(Bornstein, 1989).

8   (지은이) 헬슨의 모델에서 심리적인 크기는 객관적인 물리적 자극 크기의 로그 함수로 가정했기 때문에, AL은 심리적 값(가치)의 산술 평균 또는 객관적 자극 수준의 기하 평균이다.

하지만 헬슨 특유의 공식은 여러 가지 이유로 비판을 받아 왔다. 새리스 (Sarris, 1967)는 (들어 올린 짐의 무게에 대한 판단의 맥락에서) 극단적인 자극 수준은 헬슨의 이론이 예측하는 것만큼 *AL*에 영향을 미치지 않는다는 것을 증명했다. 파두치(1968)는 판단이 평균 자극 수준 이외의 다른 요인들의 영향을 받는다는 사실을 밝히고는 헬슨 이론의 대안으로 '범위 빈도' 이론을 제안했다. 범위 빈도 이론은 지각 자극(선 길이, 짐의 무게)과 쾌락 자극(향기나 돈의 보상)에 대한 판단이 어떤 판단 맥락에 속한 자극들 내의 특정 자극의 위치와 순위라는 두 가지 개별적인 맥락적 특징들에 의해 공동으로 결정된다고 가정한다. 예를 들어, 여행 세일즈맨이 처음 5일 동안 각각 0달러, 95달러, 100달러, 100달러, 90달러를 번다고 가정해 보자. 범위 원칙만 생각하면, 90달러는 자극 범위의 중간점(50달러)을 초과한다는 점에서 호의적으로 평가될 것이다. (하지만) 빈도 원칙만 생각하면, 90달러는 중간 자극(95달러)보다 낮은 순위를 차지한다는 점에서 부정적으로 경험될 것이다. 총체적인 판단은 이 두 원칙의 상대적인 중요성에 달려 있을 것이다(Parducci, 1995를 참조).

헬슨과 파두치의 적응 모델은 공통적인 결점을 지니고 있다. 즉, 두 이론은 시간의 역할을 명시적으로 설명하지 않는다는 것이다. 예를 들어, 두 이론 모두 어떤 저녁 식사의 질을 판단할 때 그 질이 과거의 저녁 식사의 질의 영향을 받을 것이라는 점을 암시함에도 불구하고 지난주에 경험한 멋진 저녁 식사의 효과와 작년에 즐겼던 저녁 식사의 효과를 명시적으로 구분하지 않는다.[9] 직관적으로 볼 때, 최근의 사건들은 시간적으로 좀 더 먼 과거의 사건들보다 개인의 *AL*에 더 큰 영향을 미칠 가능성이 훨씬 더 커 보인다.

시간 요인을 명시적으로 포함시킨 공식으로 적응 과정을 모델링하는 데 널리 사용되어 온 공식은 다음과 같다(예컨대, Hardie, Johnson and Fader, 1993; March, 1988; Ryder and Heal, 1973을 참조).

$$AL_t = \alpha X_{t-1} + (1 - \alpha)AL_{t-1}, \qquad (16.3)$$

---

9   (지은이) 파두치의 모델은 먼 과거에 경험한 자극이 판단 맥락에서 배제되는 비율이나 정도를 명시적으로 제시하지는 않지만, 파두치(1995)는 그와 같은 자극이 판단 맥락에서 배제된다고 단정한다.

그리고 1 ≥ 0. 매개 변인인 α는 적응 속도를 결정한다. α = 1이면 적응 수준은 지난 시기의 자극 수준과 같으므로 개인의 쾌락 상태는 지난 시기와 현재 시기 간의 자극 수준 차이에만 의존할 것이다. α = 0이면 적응 수준은 과거의 자극 수준의 영향을 전혀 받지 않는다. 방정식 16.3은 다음과 같이 다시 쓸 수 있다.

$$AL_t - AL_{t-1} = \alpha(X_{t-1} - AL_{t-1}), \qquad (16.4)$$

이는 한 시기에서 다음 시기까지의 적응 수준의 변화가 지난 시기의 자극 수준과 지난 시기의 적응 수준 간의 차이에 비례한다는 방정식의 암묵적 가정을 강조한다. 16.3의 방정식을 회귀적으로 적용함으로써, 어떤 시점에서의 적응 수준은 더 먼 과거에 경험한 자극보다 더 큰 비중을 차지하는 최근에 경험한 자극과 함께 과거의 자극 수준의 가중 평균으로 표현될 수 있다.[10]

이 공식의 의미를 설명하고자, f가 항등 함수, 즉 α = 0.5이고, X가 7일 연속으로 발생하는 긍정적인 자극의 객관적 수준(예컨대, 팔린 백과사전 수, 일조 시간, 배우자로부터 관심을 받은 시간[분])을 나타낸다고 가정해 보자.

	월요일	화요일	수요일	목요일	금요일	토요일	일요일
X	3	5	12	4	5	5	5
AL	3[a]	3	4	8	6	5.5	5.25
u	0	+2	+8	−4	−1	−0.5	−0.25

참고: X = 자극 수준, AL = 적응 수준, u = 쾌락 상태.
a. 단순화시켜, 우리는 자극 수준이 과거에 3 수준에서 일정했다고 가정한다.

이 예는 대부분의 쾌락적 적응 모델의 다음과 같은 두 가지 주요 특징을 보여준다. (1) 특정한 자극 수준의 감정 강도와 유의성은 과거의 자극에 따라 달라진다(화요일과 금요일의 객관적인 상황은 동일하지만, 화요일은 좋은 날이고 금

10　(지은이) 복수의 시기의 경우에는 공식을 다음과 같이 단순화할 수 있다.

$$AL_t = \sum_{\tau = -\infty}^{t} \alpha(1 - \alpha)^{t-\tau} x_\tau, \qquad (16.5)$$

요일은 나쁜 날이라는 점을 주목하기 바란다). 그리고 (2) 일정한 자극의 감정 강도는 시간이 지남에 따라 감소한다(X의 5 단위 수용 경험이 금요일에서 일요일까지 더 좋아진다는[나쁜 정도가 덜해진다는] 점을 주목하기 바란다).

몇몇 저자들은 적응 수준 형성의 '가중 평균' 모델에 대한 수정안을 제시했다. 예를 들어, 일부 저자들은 소득에 대한 만족도는 단순히 과거 수준에 대한 절대적인 개선이 아니라 시간이 지남에 따라 개선되는 비율에 달려 있다고 주장했다(Frank, 1992; Hsee and Abelson, 1991; Hsee, Abelson and Salovey, 1991; Loewenstein and Sicherman, 1991). 스트라힐레비츠와 로웬스타인(Strahilevitz and Loewenstein, 1998)은 개선에 대한 쾌락적 적응이 쇠락에 대한 쾌락적 적응보다 빠르다는 점을 제시했는데, 이는 손실의 개별적인 매개 변인보다 이득의 개별적인 매개 변인이 더 크다는 점을 시사하는 비대칭을 보여주는 것이다.

그러나 자극이 적응 수준에 미치는 영향을 결정하는 모든 요인들을 공식으로 나타내는 것은 쉽지 않다. 어떤 극단적이거나 기억에 남는 사건들은 앞으로 논의하게 될 대부분의 상이한 여러 모델들이 예측하는 것보다 적응 수준에 훨씬 더 큰 영향을 미칠 수 있다. 예를 들어, 완벽한 이성과의 단 한 번의 낭만적인 만남에 대한 기억은 그 이후에 갖게 되는 평범한 이성과의 상호작용에 대한 만족도를 항상 감소시킬 것이다. 설사 그 단 한 번의 만남이 10년 전에 있었던 일이고, 이후 그 과거의 이성에 못 미치는 이성과의 만남이 수십 번이나 있었더라도 말이다. 파두치(1995)는 1917년 러시아 혁명에서 재산을 잃고 도주한 러시아 이민자들의 회고록을 살펴보면, 그들이 일생의 평균 재산(혹은 가까운 과거에 중점을 두는 가중 평균 재산)과 비교하기보다는, 수십 년 전에 누렸던 재산 수준과 비교해서 그 이후의 물질적 상황을 계속 판단했기 때문에 여생 동안 가난하다고 느꼈다고 보고한다. 반대로, 매우 최근에 있었던 사건조차도 어떤 판단 맥락과 관련이 없는 것으로 보이면, 우리의 준거점에 영향을 미치지 않을 수 있다.[11] 예를 들어 크리스마스 보너스는 아마도 1월에 우리의 정상적인 월급에 대한 만족도를 감소시키지 않을 것이고, 리조

---

11 (지은이) 브라운(Brown, 1953)의 연구 결과에 의하면, 무게에 대한 피험자의 평가에 예전 자극이 미치는 효과는 그 자극이 금속 쟁반일 때보다 일반적인 것으로 보이는 같은 질량의 실험실 황동 추일 때, 훨씬 더 많은 영향을 받았다.

트 소유주들은 아마도 노동절 이후로 통상 눈에 띄게 감소한 손님 수에 실망하지 않을 것이다. 이러한 복잡성은 과거 자극의 영향을 그 크기와 최신성의 단순한 함수로 모델링하려고 시도하는 적응 이론에 심각한 도전을 제기한다.

평균적인 자극은 쾌락적으로 중립적인가

통속적인 농담을 하자면 섹스는 피자와 같다. 섹스는 좋을 때는 정말 좋고, 나쁠 때는, 여전히 꽤나 좋다. 이는 적응 모델이 종종 놓치고는 하는 중요한 점을 포착한다. 다시 말해, 많은 경험들은 본질적으로 유쾌하며 그처럼 유쾌함을 느끼기 위해 굳이 긍정적인 비교가 필요하지는 않다는 것이다(Kahneman, 이 책을 참조). 평균적인 피자의 맛이 좋은 것처럼, 자신의 직업을 좋아하는 백과사전 세일즈맨은 평균적인 판매에도 불구하고 즐거운 하루를 보낼 수 있다.

이 명백한 진리를 설명하기 위해 적응 모델을 수정하는 간단한 방법은 '본질적으로' 좋은 경험이나 나쁜 경험, 즉 개인이 '평균적인' 경험으로부터 얻는 쾌락이나 고통의 양($X_t = AL_t$일 경우)을 반영하기 위해 양 또는 음의 상수를 추가하는 것($u_t = c + f[X_t - AL_t]$)이다. 이것은 현재 수준이 AL에 있거나 심지어 그 아래에 있을 때에도 특정한 경험이 계속 유쾌할 거라는 사실을 반영할 것이다. 커다란 본질적 쾌락성 요인을 가지는 피자와 섹스 같은 경험은 큰 상수항을 요하는 반면에 비교적 작은 상수는 시험 점수와 같은 경험 — 주로 비교 기준에 근거해서 평가되는 — 에 적용된다. 이는 피자 맛 경험을 불쾌하게 만드는 데는 매우 나쁜 맛의 피자가 필요하지만, 이와 다른 기준에 따라, 좋은 성적을 망치는 데는 평소 성적보다 약간만 낮으면 된다.[12]

---

12   (지은이) 이러한 수정마저도 충분할거라고 명확히 말할 수는 없다. 왜냐하면, 공식은 여전히, 족히 훌륭한 피자를 개인의 소비 내력에 도입하면 평균적인 피자 경험이 불쾌해질 수 있다는 것을 함축하고 있기 때문이다. $f(X_t - AL_t)$가 단조롭게 감소하는 AL의 함수이고 AL이 이전 자극 수준의 가중 평균 $X_{t-n}...X_{t-1}$인 경우, 충분히 극단적인 경험의 도입은 전체 식($c + f[X_t - AL_t]$)을 음으로 만들 수 있을 정도로 AL을 증가시킬 거라는 점에 주목하기 바란다.

미래 자극의 영향

적응 수준은 일반적으로 과거 자극의 함수로 가정되지만, 미래의 자극 수준에 대한 기대 — '피드포워드(feedforward)'라고 불리는 과정 — 에 따라 다를 수도 있다. 시겔과 동료들(Siegel et al., 1982; Siegel, Krank and Hinson, 1988)은 피드포워드를 아주 인상적으로 설명했다. 점점 더 많은 양의 헤로인을 투여받은 쥐들은 연구 시초에 주입받았더라면 치명적이었을 투여량에 내성을 갖게 되었다. 그러나 헤로인을 일정한 시간에 일정한 위치에 투여했을 때만, 헤로인에 대한 저항성이 관찰되었다. 예상치 못한 시간이나 새로운 위치에 동일한 양의 헤로인을 투여할 경우에는 종종 치명적이었다. 분명히 헤로인에 대한 쥐의 적응 반응은 헤로인의 투여에 의해 야기될 뿐만 아니라 임박한 헤로인 투여와 관련이 있는 단서, 따라서 그 투여를 예측할 수 있는 단서에 의해서도 야기되었다. 결국 피드포워드 과정은 인간의 약물 중독의 기저를 이루는 중요한 과정으로서, 적응 수준에 연관되어 있다(이 문헌을 재고찰하고자 한다면, Laibson, 1997; Loewenstein, 1996을 참조).

피드포워드는 쾌락적 현상에도 적용되는 것으로 보인다. 판프라흐와 동료들의 연구 결과(예컨대, van Praag, 1977; van Praag and van der Sar, 1988)에 의하면, 사람들이 '충분한' 액수로 여기는 수입은 부분적으로는 미래에 대한 그들의 기대에 따라 다를 수 있다.[13] 또한 형무소 수감의 마지막 날은 가장 초조한 날로 여겨진다는 증거가 있다. 그 증거는 흔히 죄수들이 기대하는 자유의 기쁨에 너무 일찍 '적응'하고 있음을 시사한다(Bukstel and Kilmann, 1980;

---

13 (지은이) 판프라흐와 그의 동료들은 쾌락적 적응의 함수 형식에 초점을 맞춘 가장 신중한 연구를 수행했다. 1960년대 후반, 판프라흐는 응답자들에게 '매우 나쁜', '나쁜', '충분하지 않은', '충분한', '좋은', '매우 좋은 '등 여섯 가지 상이한 기술어와 관련된 주간, 월간 또는 연간 수입을 진술할 것을 요구하는 조사 항목을 개발했다. 판프라흐는 개인의 적응 수준 소득을 '불충분한'과 '충분한' 사이의 중간점으로 정의했다. 그와 동료들은 적응 수준 소득이 과거, 현재 및 예상 수입의 함수로서 시간이 지남에 따라 어떻게 변화하는지를 결정짓고자 여러 연구를 수행했다. 영국의 자료에 근거한 그의 평가가 제시하는 바에 따르면, 현 기간의 준거점은 작년 수입의 경우 .16의 가중치, 올해 수입의 경우 .75의 가중치, 내년 (예상) 수입의 경우 .09의 가중치를 가진, 이 세 변인의 가법(加法) 함수이다. 그러나 그의 지적에 따르면, 그는 기대되는 미래의 수입의 대용물로 (사후에 연구자가 확인한) 실제 미래의 수입을 사용하여 방정식을 추정하기 때문에, 변인들의 오류로 인해서 미래에 대한 가중치가 거의 확실히 과소평가된다고 볼 수 있다.

482). 그러한 적응으로 인해, 자주 언급되듯이, 수감 생활이 끝나갈 무렵에 종종 탈옥 시도가 벌어지는 비정상적인 사건이 발생할 수 있다.[14] 피드포워드 과정은 또한 조건이 개선되기 시작한 직후에 혁명이 일어나는 경향이 있다는 역설적인 관찰 결과, 즉 '기대 상승의 혁명'(Gurr, 1970)을 설명하는 데 도움이 될 수 있다. 초기의 개선은 기대되는 개선이 일어나지 않거나 충분히 빨리 실현되지 않을 때 미래의 개선에 대한 기대를 불러일으키고 욕구불만을 야기할 수 있다.

다중 준거점

감각의 적응과 지각의 적응에 관한 문헌은 일반적으로 특정한 영역의 적응 수준을 단일한 요약 숫자로 특징지을 수 있다고 가정해 왔다. 헬슨(1947)이 언급한 것처럼, "모든 흥분 반응의 정황상, 유기체가 맞추거나 적응하는 대상으로 볼 수 있는 모든 자극들의 합동 효과를 나타내는 어떤 자극이 있다고 가정한다"(2). 단일한 적응 수준에 대한 가정은 많은 유형의 적응에 합당할 수 있다. 예를 들어, 너무 매운 맛과 너무 순한 맛 사이의 경계를 정하는 매움의 적응 수준은 소비에 사용되는 음식의 평균 매움을 나타내는 단일 숫자로 정확하게 모델링될 수 있다. 그러나 다른 맥락에서 과거 자극의 효과를 그렇게 간단하게 요약할 수는 없다. 직장에서 처음 6년 동안 매년 2만 달러를 번한 개인이 승진해 연봉 5만 달러를 받다가, 2년 후에 4만 달러의 연봉을 받는 다른 부서로 이직한 경우를 생각해 보자. 이 사람의 적응 수준 수입은 얼마일까? 이 사람은 현재의 급여를 2만 달러에서 5만 달러 사이의 어느 지점에 위치한 단일 적응 수준과 비교할 가능성이 있다. 그러나 그 사람은 상이한 상황에서 야기되는 두 가지 적응 수준 — 한 상황에서 2만 달러와 다른 상황에서 5만 달러 — 을 지니며, 두 가지 적응 수준 모두 현재의 급여에 대한 만

14 (지은이) 두 번째 저자는 이 비정상적인 사건을 검증하기 위해서 다른 여러 주로부터 탈출 시도에 대한 많은 양의 데이터를 수집했다. 이 데이터는 일련의 보고의 불규칙성과 통계적 복잡성, 기타 여러 문제들로 인해서 분석하기가 매우 어려운 것으로 밝혀졌다. 그러나 교도소장들과의 대화에서 밝혀졌듯이, 그들은 일반적으로 수감 마지막 시기의 탈출 시도의 패턴을 알아차리지 못했다. 그러나 몇몇 교도소장은 죄수들이 당연히 거부될 것으로 예상되는 가석방 신청을 한 후에 종종 탈출을 시도한다고 언급했다. 이러한 죄수들의 행동은 일종의 기대(예상) 적응과 일치하는 현상이다.

족이나 불만의 한 원인이 될 가능성이 더 높다.[15] 지금까지 다중 준거점들의 문제가 제기되어 왔지만(예를 들어 Boles and Messick, 1995; Kahneman, 1992; Schweitzer, 1995; Strahilevitz and Loewenstein, 1998), 그것들의 형성과 상대적 가중치는 경험적으로 연구되지는 않았다.

측정 문제

쾌락적 적응에 관한 문헌에 대한 포괄적인 파악은 이 연구 방향에 걸림돌이 되는 많은 방법론적 문제를 고려하지 않고는 불가능하다.

척도의 규준화

지각 적응에 관한 문헌은 적응이 '실제'인지 아니면 단순히 새 명칭 부여의 문제인지에 대한 오래도록 지속되어 온 논쟁을 다뤄왔다. 예를 들어 스티븐스(Stevens, 1958)는 헬슨이 자신의 적응 수준 이론을 뒷받침하기 위해 인용한 증거의 일부는 단지 명칭들에 대한 판단의 상대성을 설명할 뿐이며, 전통적인 의미에서는 '적응'이 아니라고 주장한다(Krantz and Campbell, 1961). 예를 들어, 특정한 무게를 상대적으로 가벼운 무게의 맥락에서 '매우 무거운'이라는 명칭을 붙이고, 상대적으로 무거운 무게의 맥락에서 '매우 가벼운'이라는 명칭을 붙이는 경우에, 지각 자체가 변한다기보다는 다른 명칭이 동일한 (혹은 유사한) 지각에 부여된다고 하는 것이 자연스러워 보인다.[16]

유사한 문제들이 쾌락적 적응에 대한 연구에 걸림돌이 되고 있다. 왜냐하

---

15 (지은이) 효용이 수입의 선형 함수가 아닌 한, 단일 및 다중 준거점은 상이한 효용을 산출한다. 단일 준거점 공식은 $u = f\,(\$40,000 - [\alpha\,\$20,000 + 1-\alpha]\,\$50,000)$로 나타낼 수 있으며, 여기에서 평균 준거값을 결정하는 데 α가 두 관계항의 가중치를 나타낸다. 다중 준거점 공식은 $u = \alpha\,f(\$40,000 - \$20,000) + (1 - \alpha)\,f(\$40,000 - \$50,000)$로 나타낼 수 있으며, 여기에서 α는 각 관계항에 들이는 시간이나 주의의 비율을 나타낸다.

16 (지은이) 이러한 비판은 헬슨이 자신의 이론을 뒷받침하기 위해 인용한 모든 현상에 적용되지는 않는다. 예를 들어 스티븐스는 자신이 '진짜' 적응으로 인정한 색에 대한 시각적 지각의 변화에 관한 헬슨의 초기 연구에 대해서는 문제 삼지 않는다. 상이한 색조의 어두운 회색에 대한 판단과 같은 다른 경우에는 실제 적응과 의미론적 규준화가 모두 발생할 수 있다.

면, 웰빙에 관한 질문에 대한 답변은 본질적으로 응답자의 '실제' 행복과 응답자의 의미론적 관습과 준거 집단, 그리고 웰빙 보고 방식인 반응 척도에 대한 해석에 영향을 미치는 기타 요인들을 혼동하고 있기 때문이다. 웰빙에 대한 판단(예컨대, "0에서 100까지의 척도에서 당신은 얼마나 행복합니까?")을 요구할 때, 응답자는 보통 응답 척도의 최종 지점이 무엇을 나타내는지 스스로 결정해야 한다. 따라서 한 사람은 100을 지금까지 경험한 행복의 최고 수준으로 해석할 수 있고, 다른 사람은 100을 이 세상에서 경험할 수 있다고 여기는 행복의 최고 수준으로 해석할 수 있으며, 세 번째 사람은 100을 이상적인 천국의 행복이라는 가상적인 상태로 해석할 수 있다. 이와 유사하게, 한 사람은 0을 특별히 좋은 기분이 없는 것으로 해석할 수 있는 반면에 다른 사람은 0을 견딜 수 없는 최악의 고통 상태를 나타내는 것으로 여길 수 있다.

응답자의 '실제' 행복에 영향을 미치는 요인들이 척도 사용에 영향을 미치는 경우에는 명백한 문제가 발생한다. 예를 들어 사지 마비 환자들의 표본과 통제 집단의 피험자들이 모두 자신들의 행복을 100점 척도상에서 80점으로 평가한 사례를 가정해 보자. 이 수치는 두 집단의 실제 행복 수준을 정확하게 나타낼 수도 있다. 그러나 사지 마비 환자들은 (통제 집단보다 훨씬 낮은 행복을 느낄 수 있는)[17] 다른 사지 마비 환자들의 행복에 비례하여 자신들의 행복을 암묵적으로 평가하거나, 장애를 얻은 직후의 극심한 절망감과 대조되는 상태를 반영하기 위해 현재의 평정을 높이거나, 평점 80점을 정당화하는 긍정적인 감정의 강도 기준을 비교적 낮게 채택한 경우에는 자신들의 행복을 과대평가할 수도 있다. 이러한 모든 형태의 규준화로 인해 연구자들은 사지 마비에 대한 적응 정도를 과대평가할 수 있다.

일부 연구자들(예컨대, Diener et al., 1985)은 감정의 빈도 측정치(개인이 '좋은' 기분이나 '나쁜' 기분을 느끼는 시간 비율)가 강도 측정치(개인이 특정한 시간에 얼마나 행복한지, 또는 개인이 전체적으로 얼마나 행복한지의 정도)보다 척도 규준화에 덜 민감할 수 있다는 점을 제시했다. 어떤 판단 영역에서 나온 증거는 맥락(상황) 효과가 판단의 절대 가치(값)에는 영향을 미치더라도 자극에 대한 (긍정적 또는 부정적) 판단의 유의성에는 영향을 미치지 않는다는 사실을 시

---

17 (지은이) 물론, 그러한 사회적 비교는 사람들이 반응 척도를 어떻게 해석하는지에 영향을 미칠 뿐만 아니라 실제 쾌락적 결과를 초래할 수도 있다.

사한다. 즉, 맥락(상황)적 요인들은 사태를 좀 더 좋거나 좀 더 나쁘게 만들 수 있지만, 나쁜 경험을 좋게 만들거나 좋은 경험을 나쁘게 만들지는 않는다는 것이다. (준거 맥락의 변화는 −7을 −2로 바꿀 수 있지만 −2를 +2로 바꾸지는 못할 것이다.) 누군가의 개를 걷어차는 행위는 매우 심각한 범죄라는 맥락에서 평가될 수는 있겠으나 긍정적으로 평가되지는 않으며(Parducci, 1968), 카드 게임에서 평소 50달러를 넘게 잃었다고 하더라도, 그에 비해 적은 액수인 50달러를 잃는 행위도 좋은 일로 간주되지는 않는다(Marsh and Parducci, 1978).

하지만 빈도 측정은 고유의 문제점을 지니고 있다. 첫째, 유의성은 개인이 감정에 대해 알고 싶어 하는 모든 것을 포착하지는 못한다. 두 사람이 일종의 쾌락 장부상 긍정적인 측면과 부정적인 측면에 동일한 시간 비율을 소비하더라도 매우 높은 수준과 약간 낮은 수준을 경험하는 사람은 정반대의 조건을 경험하는 사람보다 분명히 더 높은 삶의 질을 누린다. 둘째, 웰빙 판단의 유의성조차도 척도 규준화 효과의 영향을 받지 않는지는 명확하지 않다. 만약 당신이 누군가에게 좋은 하루를 보내고 있는지 묻는다면, 그 사람은 여전히 좋은 하루와 나쁜 하루를 구분 짓는 지점을 결정해야 한다. 그리고 그러한 선택은 그 판단의 맥락을 설정하는 최근 경험들의 분포의 영향을 받을 수 있다. 따라서 신혼부부의 '아니오'라는 반응은 화학 요법을 받는 사람의 '예'라는 반응보다 더 긍정적인 수준의 감정을 나타낼 수 있다.

그러한 효과의 영향을 받지 않아야 하는 생리적이거나 행동적인 측정법으로 구두 반응을 보완함으로써 척도 규준화가 야기하는 문제들을 피하려는 시도가 가끔 있었다. 예를 들어, 크루파트(Krupat, 1974)는 위협에 대한 사전 노출이 피험자의 특정한 상황에 대한 '위협성' 평가를 낮추었을 뿐만 아니라 전기피부반응[18](경험된 위협에 대한 생리적 측정치)을 감소시켰음을 밝혔다. 이러한 연구 결과는 평가의 차이가 순전히 의미론적 현상만은 아님을 시사한다. 다르와 애리얼리, 프렝크(Dar, Ariely and Frenk, 1995)는 과거에 다양한 증상을 입은 퇴역 군인들에게 통증의 언어적, 행동적 측정치, 즉 통증 역치 ― 피험자가 감각을 통증으로 분류하기 전에 집게손가락을 뜨거운 물(섭씨 48도)에 담고 있는 시간 ― 와 통증 인내력 ― 그 물속에서 손가락을 빼내기 전의 시간 ― 을 모두 사용했다. 이 저자들의 연구 결과에 의하면, 과거에 더 심

---

18   자극에 반응한 피부의 전기저항 변화를 갈바노미터로 측정한 반응.

한 부상을 입은 퇴역 군인들이 감각을 통증으로 분류하기 전에 더 오랜 시간 동안 손가락을 뜨거운 물에 담그고 있을 뿐만 아니라(10.1초 대 4.7초), 실험을 종료하기 전에도 뜨거운 물에 더 오랜 시간 동안 손가락을 담그고 있었다(58초 대 27초).[19] 이것은 예전에 더 심한 부상을 입은 퇴역 군인들이 실제로 고통을 덜 느꼈다는 점을 보여주는 설득력 있는 증거는 될 수 있지만 결정적인 증거는 될 수 없다. 더 심한 부상을 입은 퇴역 군인들은 '통증(고통)'이라는 명칭을 정당화하는 감각의 강도에 대해 다른 의미론적 기준을 가지고 있을 뿐만 아니라 자신들이 기꺼이 얼마나 큰 통증(고통)을 견뎌야 하는지에 대한 다른 기준을 가지고 있었을 수도 있다.

그러나 모든 연구가 생리적 측정과 자기보고 측정 간의 유사한 결과를 관찰한 것은 아니다. 예를 들어, 파울루스와 매케인, 콕스(Paulus, McCain and Cox, 1973)는 죄수의 밀집 상태와 손바닥의 땀(스트레스의 생리적 측정치) 간에는 정적 관계가 있지만, 밀집 상태와 혼잡에 대한 주관적 평가 간에는 정적인 관계가 없다고 보고했다. 오스트펠트와 동료들(Ostfeld et al., 1987)은 죄수의 밀집 상태가 혈압과 상관관계가 있지만 불안, 적대감, 우울증 등의 측정치와는 상관관계가 없다는 사실을 밝혔다. 지숙과 슈히터, 라이언스(Zisook, Shuchter, Lyons, 1987)의 관찰 결과에 의하면, 배우자가 사망한 후 첫 해가 지나는 동안에는 눈물을 흘리는 일이 급격히 감소했지만 보고된 우울증은 별로 감소하지 않았다. 동일한 구성 개념을 측정하고자 하는 여러 측정법들 사이의 불일치는 측정 오류나 측정 편향이 있음을 나타내거나 쾌락 상태의 다중 독립 차원들이 존재함을 암시할 수 있다.

맥락(상황) 효과와 요구 효과

적응 연구에서 피험자로부터 얻은 어떤 판단들은 사회적 바람직성 효과의 영향을 받기 쉽다. 피험자들이 지원 집단과 같은 어떤 이들의 개입으로부터 얼마나 많은 혜택을 받았는지 과장하도록 압박감을 느낀다면 적응은 과대 보

---

[19] (지은이) 이전에 심한 부상을 입은 16명의 피험자들 중 한 사람을 제외한 모든 이들은 전체 실험 시간(62초) 동안 뜨거운 물속에 손가락을 담그고 있었지만, 다른 24명의 피험자들은 그 누구도 그렇게 하지 못했다.

16장
•

고될 수 있다(Conway and Ross, 1984). 이와 반대로, 피험자들이 배우자의 죽음과 같은 부정적인 사건으로부터 실질적이거나 완전한 정서적 회복을 했다고 솔직하게 보고할 경우에 자신들의 모습이 태연하게 비춰지는 것을 염려한다면, 적응은 과소 보고될 수 있다. 실제로 많은 정신과 의사들은 부정적인 사건에 대한 감정 반응의 결핍을 장애로 간주해 왔다. 예를 들어, 워트먼과 실버(Wortman and Silver, 1989)는 오스터바이스와 솔로몬, 그린(Osterweis, Solomon and Green, 1984)의 의학 연구소 보고서를 다음과 같이 인용한다. "사별에 뒤따르는 슬픔 현상의 부재는 어떠한 형태의 성격 병리를 나타낸다 … 슬픔을 보이기 시작했다는 증거가 없는 사람들에게 전문적인 도움이 필요할 수 있다"(18). 그들은 또한 실러(Siller, 1969)의 논문을 이렇게 인용했다. "최근 장애인이 된 사람이 특별히 우울해 보이지 않을 [경우], 이는 심각한 문제일 수밖에 없다. [그 사람]은 평소와 달리 심각한 사건을 겪었으니, 우울해야 한다. 그처럼 우울한 반응을 보이지 않는 것은 부정이다"(292).

또한 요구 효과와는 별개로, 단순히 응답자에게 특정한 사건에 대해 묻는 것은 일시적으로 그 사건의 중요성을 높일 수 있다.[20] 리먼과 워트먼, 윌리엄스는 자동차 충돌 사고로 배우자나 자식을 잃은 일이 장기적으로 미치는 영향에 대한 논문에서 그러한 문제를 언급한다. "이 연구 결과의 타당도에 대한 가장 심각한 위협은 응답자의 고통 점수가 인위적으로 부풀려졌을 가능성과 관련이 있다. 왜냐하면 … 우리는 응답자들에게 연락하고 인터뷰를 요청함으로써 보통 그들이 마음에 두고 있지 않은 일련의 난감한 문제들을 야기했기 때문이다"(228).

난감한 사건에 대한 질문은 그 사건의 중요성을 높일 뿐만 아니라 실제로 부정적인 영향을 야기할 수 있으며, 이는 방법론적인 문제뿐만 아니라 윤리적인 문제도 야기할 수 있다.

---

20 (지은이) 사람들이 미래의 사건의 쾌락적 효과를 예측할 때, 유사한 초점 효과가 일어날 수 있다. 단순히 사람들에게 어떤 사건이 자신들의 웰빙에 어떻게 영향을 미칠지 묻는 것은 일시적으로 그 사건의 중요성을 높이며, 그 사건의 실제 영향을 과대 예측하게 만든다 (Loewenstein and Frederick, 1997; Rchkade and Kahneman, 1998).

내적 타당도에 대한 위협

쾌락적 적응에 관한 대부분의 경험적 연구에서 나온 연구 결과에 대한 해석은 비실험적인 것이며, 따라서 혼란을 일으킬 수 있다. 회상은 심각할 정도로 부정확하며 예전의 쾌락적 상태에 대한 사실적인 기억보다는 변화 과정에 대한 개인의 암묵적 이론을 반영할 수 있기 때문에, (사람들에게 현재의 지배적인 상태를 보고하고 과거의 상태를 회상해 보라는 요구를 하는) 회고적 연구는 문제가 있을 수밖에 없다(Ross, 1989).[21] (특정한 자극에 노출된 사람들의 감정을 그렇지 않은 사람들의 감정과 비교하는) 횡단면 연구는 특정한 자극에 노출된 하위 집단과 노출되지 않은 하위 집단을 서로 대조하는 데 어려움을 겪는다. 예를 들어, 자날과 동료들(Janal et al., 1994)은 습관적으로 조깅을 하는 사람들이 조깅을 하지 않는 통제 집단의 피험자들보다 추위에 대한 통증 역치가 더 높은 현상을 보인다는 사실을 밝혔다. 그러나 그들이 지적했듯이, 그러한 상대적인 무감각성은 조깅이 통증에 적응을 일으킨다거나, 아니면 추위의 불쾌성에 더 내성이 있는 사람들이 선호하는 운동 종류로 조깅을 선택했을 가능성이 있음을 시사하는 것일 수 있다.[22] (상이한 시점에서 사람들의 감정을 비교하는) 종단 연구는 역사(관찰 시기 동안에 발생하는 상이한 사건들), 성숙(관찰된 모집단의 노화가 초래한 효과), (우울증 상담과 같은) 일부 쾌락 측정치의 극단값에 근거하여 연구 참가자들을 선택할 때 발생하는 평균으로의 회귀 등의 문제로 혼란이 일 수 있다.

일정하지 않은 자극이 야기하는 측정의 불명료성

적응은 일정하거나 상승하는 자극 수준에도 불구하고 반응이 감소하거나 동일하게 유지될 때만 그 정의가 명확하다. 민감화는 일정하거나 감소하는

---

21   (지은이) 예를 들어, 로스(Ross, 1989)가 인용한 한 연구에서, 체중 감량 프로그램을 마친 사람들은 프로그램 초기에 실제보다 체중이 더 나갔다고 기억하며, 결과적으로 프로그램이 효과가 있었다는 (잘못된) 믿음을 유지할 수 있었다. 마찬가지로 생리통에 대한 여성의 기억은 예전의 통증에 대한 실제 평가와는 다르다. 대신에, 통증 평가는 생리통에 대한 암묵적 (그리고 부정확한) 이론으로부터 재구성되는 것으로 보인다(McFarland, Ross and DeCourville, 1989).

22   (지은이) 하지만 저자들은 다른 유형의 통증과 관련해서는 내성의 차이를 발견하지 못했다.

자극 수준에도 불구하고 반응이 증가하거나 동일하게 유지될 때만 그 정의가 명확하다. 자극과 반응 수준이 모두 같은 방향으로 움직이는 상황에서는 적응이나 민감화가 일어났는지의 여부를 판단하기 어렵다. 예컨대, 실험 대상자에게 전달되는 전기 충격의 전류량이 일련의 시험 중에 증가했고, 행동 반응이나 주관적인 반응 측정치 또한 증가했다고 가정해 보자. 이를테면 피험자는 더 크게 소리치거나 더 높이 점프하거나 혈압이 더 상승하는 모습을 보인다. 이러한 관찰 결과가 적응(적응 시의 반응 증가는 적응하지 않았더라면 했을 반응 증가보다 작았다) 혹은 민감화(반응은 자극의 증가로부터 예상되는 것보다 더 증가했다)를 뒷받침하는 증거가 될 수 있는지, 둘 다(반응 증가는 자극 증가에 비례했다)를 뒷받침하는 증거가 될 수 없는지는 명확하지 않다. 다른 예로 대기 오염 물질의 농도가 두 배로 높아지고 공기질의 주관적 평가가 (5점 척도상에서) 4에서 3으로 감소하거나 실외에서 보내는 평균 시간이 20분 감소했다고 가정해 보자. 이러한 종속 변인들의 변화는 증가된 대기 오염에 대한 적응이나 민감화를 나타내는가? 물론 우리가 종속 변인의 변화에 '적응'이라는 명칭을 붙일지, '민감화'라는 명칭을 붙일지에 대한 선택은 그 선택 효과가 우리의 기대에 비례하여, 혹은 다른 변화들이 야기하는 효과에 비례하여 '큰지', '작은지'에 대한 평가보다 덜 중요할 수 있다.

'우울증에 적응'할 수 있을까

"우울증에 적응할 수 없다"는 한 동료의 논평은 쾌락적 적응에 관한 개념적 불명료성의 두 번째 원천을 설명한다. 우리는 얼마간의 사색 후에 그러한 견해가 참 묘하다고 느꼈다. 우울증 자체가 주관적인 상태라는 점 때문에 우울증에 적응하는 것이 무엇을 의미할 수 있는지 해석하기가 어렵다. 그 적응이란 한 개인이 기분이 나쁠 때 기분이 나쁘지 않은 것일까? 통증(고통)에 적응한다는 개념도 약간은 문제가 있어 보인다. "비록 여전히 극심한 통증(고통)을 겪고 있지만, 나는 그 통증(고통)에 완전히 적응했다"라고 말하는 것은 여전히 이례적으로 보이지만, 많은 통증(고통) 연구자들이 그리했듯이 통증(고통)의 경험을 감각적 요인과 감정적 요인으로 나눈다면, 그 진술은 타당할 수도 있다(Alhles, Blanchard and Leventhal, 1983; Fernandez and Turk, 1992; Leventhal et al., 1979; Leventhal et al., 1989; Price, Harkins and Baker, 1987). 예를 들어

프라이스와 하킨스, 베이커(Price, Harkins and Baker, 1987)의 한 연구에서 통증을 경험한 피험자들은 정점이 '상상할 수 있는 가장 강렬한 감각'(감각 요인)이나 '상상할 수 있는 가장 불쾌한 기분'(감정적 요인)인 두 개의 시각적 상사 척도를 사용하여 감각적 요인과 감정적 요인을 개별적으로 평가했다. 통증의 요인들을 개별적으로 고려함으로써, 감각 요인이 일정하거나 증가함에도 불구하고 '통증에 대한 적응'을 감정적 요인의 강도 감소로 해석할 수 있었다.[23]

특정한 영역들에서의 적응에 대한 연구

우리는 이제 (소음과 같은) 원하지 않는 특정한 경험 및 조건과 (수입 증가와 같은) 원하는 경험 및 조건에 대한 쾌락적 적응에 관한 문헌을 재고찰하고자 한다. 우리의 재고찰은 높은 수준의 실증 연구의 부족으로 한계가 있다.[24] 우리는 쾌락적 적응의 정도에 대해 적어도 잠정적인 결론을 내릴 수 있을 것으로 보이는 작은 부분 집합 영역들만 논할 것이다.

---

23 (지은이) 우리가 통증이라고 부르고자 한 경험적 요인들은 그 자체가 총체적 경험의 부분 집합이다. 그럼에도 불구하고, 고통을 적절히 느끼지 못하는 사람들도 불에 데거나 꼬집히거나 뭔가에 찔리는 것을 감지할 수 있다. 그들은 단순히 그러한 감각들을 불쾌한 것으로 경험하지 않는다(Cabanac, 1971).

24 (지은이) 적응에 관한 문헌에서 볼 수 있는 문제들을 예시하고자 우리는 다음과 같은 유감스러운 특징들을 원전 표기 없이 발췌한다.
   • "자유의 박탈과 관련된 문제들은…, 미국의 장기수들에게서 보이는 가장 심각한 문제로 평가되었다."
   • "부모들은 일반적으로 유아가 사망한 후에 기분 장애를 겪는다. 우울증과 슬픔은 매우 흔한 반응이다."
   • "중요한 생활의 변화는 … 비교적 작은 변화가 야기하는 요구보다 더 크고 광범위하게 요구한다."
   • "높은 자존감은 개인적인 자신감의 원인이 될 수 있다."
   • "긍정적인 사건을 경험한다는 것을 알면, 좋은 일이 일어났다는 것을 알게 되기 마련이다."
   • "향상된 동기는 더 끈기 있게 과제를 해결하려는 노력과 연관이 있다."
   • "거의 모든 이혼한 부모의 자녀들은 자신들이 이혼의 그늘에서 어린 시절과 청소년기를 보낸 것으로 여긴다."
   • "각 개인은 능력의 제약에 따라 행동의 제약을 받는다."
   • "회복 과정이 차단되는 경우에는 회복이 실패하고 만다."
   • "파킨슨병에 걸린 사람들의 우울증에 관한 연구가 … 시사하는 바에 의하면, 이 모집단의 4~90퍼센트가 임상적으로 우울증에 걸려 있다."

원하지 않는 경험

소음 몇몇 연구들은 소음에 대한 적응을 관찰했으며, 일부 연구는 민감화를 밝히기도 했다(이와 관련한 논의를 살펴보고자 한다면, Weinstein, 1982를 참조). 웨인스타인(Weinstein, 1978)은 1학년 대학생들을 대상으로 학년 첫 몇 주사이에, 그리고 다시 연말에 기숙사 소음에 대한 반응을 인터뷰했다. 그 결과 대학생들이 보고한 불쾌감은 크게 증가했다. 고속도로 소음에 관한 연구에서 웨인스타인(1982)은 고속도로가 개통된 지 4개월이 된 시기와 16개월이 된 시기에 주민들을 인터뷰했다. 그 결과 주민들이 보고한 짜증스러움은 지속되었고, 주민들은 소음에 적응하는 능력에 대해 점점 더 비관적인 태도를 보였다. (적응할 수 없을 거라고 말한 비율은 30퍼센트에서 52퍼센트로 증가했다). 좀 더 구체적으로 살펴보면, 두 개의 통제 집단에서 단 한 번 인터뷰한 결과, 4개월이 지난 시기에 인터뷰한 주민의 경우는 3분의 1 미만이 고속도로 소음을 주변에서 듣는 싫어하는 것으로 자연스럽게 언급했던 반면에 16개월이 지난 시기에 인터뷰한 주민의 경우는 절반 이상이 고속도로 소음을 그처럼 싫어한다고 언급했다. 존슨과 소런슨(Jonsson and Sörensen, 1973)은 앞서 시행한 비슷한 연구에서 유사한 결과를 발견했다. 코헨과 동료들(Cohen et al., 1980, 1981)은 로스앤젤레스의 학생들이 항공기 소음에 적응했다는 증거가 거의 없다는 사실을 발견했다. 시끄러운 학교에 다니는 아이들은 짝지은 대조군 학교의 아이들에 비해 인지 과제 수행 능력이 떨어졌고 주의 집중 시간이 짧고 수축기 혈압 및 확장기 혈압이 더 높았다. 종단 분석과 횡단 분석 모두의 결과에 의하면, 시끄러운 학교와 조용한 학교 간의 약간 감소한 수축기 혈압 차이를 제외하고는 시간이 지남에 따라 앞서의 결과 차이가 감소한 현상을 전혀 보이지 않았다.

수감 수감은 불쾌감을 주도록 설계되었지만, 감옥 생활 적응에 관한 대부분의 연구는 어려운 초기 적응 기간 이후에는 상당한 적응이 발생함을 지적한다.[25] 영국의 죄수들에 대한 연구에서 플래너건(Flanagan, 1980)은 (비록 수

---

25 (지은이) 수감되었을 때 맨 처음 충격을 받은 후로는 실질적으로 적응하게 된다는 점은 감옥에서 벌어지는 자살의 50퍼센트가 수감된 지 24시간 내에 일어난다는 통계자료로 볼 때

감자들은 감옥 밖에 있는 사람들과의 관계 상실과 같은 특정한 스트레스 요인들이 시간이 지남에 따라 점점 더 해결하기 어려워졌다고 보고했지만) 일반적으로 성공적인 장기간의 적응을 관찰했다. 워미스(Wormith, 1984)는 한 달에서 10년에 이르기까지 형량이 상이한 수감자들의 표본에서 시간이 지남에 따라 일탈, 태도, 성격 등의 측정치가 상당히 개선되는 것을 관찰했다. 맥켄지과 굿스타인(Mackenzie and Goodstein, 1985)도 비슷한 결과를 기록했다. 잼블과 프로포리노(Zamble and Proporino, 1990)의 연구와 잼블(1992)의 연구 결과에 의하면, 수감 생활을 하는 동안에 수면 장애와 같은 스트레스 관련 문제들이 감소하고 지루함이 줄어드는 것으로 나타났다.

심지어 장기간 독방에 감금된 수감자들도 그러한 환경에 적응한다. 디톤과 동료들(Deaton et al., 1977)이 보고한 바에 의하면, 베트남 전쟁 중에 (6년 동안이나) 독방에 감금되었던 미군 병사들은 매우 성공적으로 효과적인 대처 메커니즘을 고안했다. 또한 수드펠드와 동료들(Suedfeld et al., 1982)은 민간 교도소의 독방 감금에 성공적으로 적응한 앞서와 비슷한 결과를 관찰했다. 실제로, 일부 수감자들은 독방 감금에서 풀려난 것에 적응하는 일이 어렵다는 사실을 알게 되었다.

대부분의 수감 기간 동안 수감 생활에 쾌락적 적응을 꽤 잘 하고 있는 것으로 보이지만 제시된 증거에 의하면, 수감자들은 아마도 점차 기대하게 되는 자유와 감금 상황을 비교하기 시작하기 때문에, 형기 마감일이 다가올수록 점점 더 견디기 어려워진다는 걸 알게 된다. (피드포워드에 관한 부분을 참조). 벅스텔과 킬만(Bukstel and Kilmann, 1980)이 감옥에 대한 적응에 관한 31개의 연구를 검토하고 내린 결론에 의하면, 수감에 대한 쾌락적 반응은 시간이 지남에 따라 곡선 패턴을 보이는 가운데, 장기적으로는 기능(활동)적 개선이 이어지고, 그 후 형기 마감일이 다가올 무렵 단기적으로 악화되는 경향이 나타났다.

장애/질병 여러 연구들은 장애에 대한 실질적인 적응을 관찰했다. 가장 유명한 연구는 브릭만과 코티스, 야노프-불먼(Brickman, Coates and Janoff-Bulman, 1978)의 연구, "복권 당첨자들과 사고 피해자들: 행복은 상대적인 것

분명한 사실이다(Hayes, 1983).

인가?"이다. 사고 피해자들(지난해 사고로 하반신 마비 환자가 되었거나 사지 마비 환자가 된 사람들)은 5점 척도를 사용해 자신들의 행복을 (중간점을 상회하는) 2.96으로 평가했다. 이러한 결과는 극단적인 불행에 대한 놀라운 적응의 증거로 널리 해석된다.[26] 다른 연구자들도 비슷한 결과에 이르렀다. 슐츠와 데커(Schulz and Decker, 1985)는 중년 및 노년의 하반신 마비 환자와 사지 마비 환자 100명을 인터뷰하고는 그 환자들의 보고된 웰빙 수준이 비슷한 연령대의 장애가 없는 사람들로 이루어진 모집단 평균보다 약간 낮다는 사실을 밝혔다.[27] 워트먼과 실버(1987)는 사지 마비 환자가 통제 집단의 대조군보다 부정적인 영향을 더 많이 보고하지 않는다는 것을 발견했다. 워트먼과 실버(1987)는 사지 마비 환자들이 통제 집단의 응답자들에 비해 훨씬 더 빈번하게 부정적인 감정을 보고하지는 않는다는 사실을 밝혔다. 티와씨(Tyc, 1992)는 여러 경험적 연구들을 재검토한 결과, 암으로 사지를 잃은 젊은 환자들과 그렇지 않은 환자들 사이에 "삶의 질이나 정신의학적 증상의 차이는 없다"는 사실을 발견했다.[28] 그리고 패터슨과 동료들(Patterson et al., 1993)이 화상에 대한 적응을 조사한 연구들을 재고찰한 결과에 의하면, 사고 후 1년이 지났을 때 유사하게 높은 수준의 심리사회적 적응을 보였다.

만성 류마티스 관절염(Smith and Wallston, 1992)이나 다발성 경화증(Antonak and Livneh, 1995), 기타 퇴행성 질환(Livneh and Antonak, 1994)과 같은 만성 또는 진행성 질환에 대한 적응의 증거는 비교적 적은 편이다. 그러나 이러한 질환과 관련한 점진적 악화는 적응 정도를 측정하기 어렵게 만든다('일정하지 않은 자극'을 다룬 절을 참조). 예를 들어, 다발성 경화증의 진행은 일반적으로 무감각, 마비, 경련, 피로, 현기증, 방광 조절 장애, 성기능 장애, 의사소통의 어려움, 인지 능력의 저하, 시각 장애 등의 문제 증가를 야기한다(Antonak

---

26 (지은이) 논문에 나타나는 쾌락적 적응에 대한 증거는 강력하지는 않다. 통제 집단에 속한 사람들은 5점 척도로 자신들의 행복을 3.82로 평가했던 반면에 하반신 마비 환자들은 2.96으로 평가했다. 이는 특히 극단적인 반응 범주를 피하는 피험자들의 경향을 고려해 볼 때 상당한 차이로 보인다(Poulton, 1989).

27 (지은이) 하지만 그 저자들은 응답자들 중 한 명이 "자주 울부짖으며 면접관에게 총을 가져와 자신을 쏴 죽여 달라고 청한" 사실에 주목했다.

28 (지은이) 하지만 케인(Caine, 1973)은 손이 절단된 성인들 사이에서는 유사한 성공적인 적응을 발견하지 못했다. 아마 성인들은 적응하는 데 어려울 수 있는 더 심각한 '환상지통'(Katz and Melzack, 1990)을 겪을 것이다.

and Livneh, 1995). 따라서 시간이 지남에 따라 상태가 일정하게 유지될 가능성이 높은 마비 환자들과는 대조적으로, 그러한 쇠약성 질병의 환자들은 지금까지 겪어 온 누적된 악화로 인한 장애뿐만 아니라 질병이 진행되면서 유발되는 새로운 장애에도 대처해야 한다. 이러한 악화성 질환에 직면하여 일관된 쾌락 상태를 유지하는 것조차도 쾌락적 적응의 인상적인 증거가 될 것이다. 따라서 일반적으로 관찰되는 쾌락적 상태의 악화가 적응 과정이 발생하지 않는다는 증거라고 할 수는 없다. 그것은 단지 적응 과정이 질병의 진행에 보조를 맞출 수 있을 만큼 빠르게 일어나지 않는다는 사실을 나타낼 뿐이다.

상실(사별) 사별에 대한 연구 결과에 의하면, 자녀 또는 배우자를 잃은 사람들은 일반적으로 장기간 큰 슬픔을 경험하며(Dyregrov, 1990; Lehman et al., 1987; Sanders, 1980; Weiss, 1987), 같은 가정에서 살지 않는 친구나 동료, 부모나 형제자매를 잃은 경우에는 앞서와 같은 극적인 효과가 일어나는 일은 훨씬 더 드물었다(Weiss, 1988; Stroebe, Stroebe and Hansson, 1993). 카프리오와 코스켄부오, 리타(Kaprio, Koskenvuo and Rita, 1987)는 배우자가 죽은 후 일주일 사이에 여성의 자살률은 거의 10배, 남성의 자살률은 거의 70배로 상승한다는 점을 지적했다. 워트먼과 동료들(1992)의 연구 결과에 의하면, 미망인과 홀아비의 삶의 만족도 점수가 통제 집단의 삶의 만족도 점수에 가까워지는 데 거의 10년이 걸렸고, 그들과 통제 집단의 우울증의 차이가 거의 없게 될 때까지는 거의 20여년이 걸렸다.

장기간의 큰 슬픔은 흔한 일이지만 보편적인 것은 아니다. 워트먼과 실버(1989, 1990)는 상당수의 개인들이 극심한 슬픔을 전혀 경험하지 않는다는 점을 시사하는 증거를 재고찰한 바 있다. 예를 들어, 워트먼과 실버(1987)가 밝힌 사실에 의하면, 유아 급사 증후군(sudden infant death syndrome: SIDS)으로 아이를 잃은 부모의 약 30퍼센트가 유아 사망 이후 어느 때도 심각한 우울증을 보이지 않는 것으로 나타났다. 앞서의 연구 결과를 밝힌 논문에서 이 저자들은 가족의 사망 직후에 보이는 슬픔의 부재가 억압이나 부정의 표시라는 널리 알려진 믿음에 이의를 제기한다. 그 대신에 그들은 상실 직후의 슬픔의 부재가 장기적인 웰빙의 긍정적 지표이며, '지연된 슬픔'은 사실상 상당히 보기 드문 경우라는 사실을 발견했다.

마찬가지로, 사별에서 회복하는 것(사별에 대한 적응)이 '단계'별로 진행된다는 광범위한 믿음을 뒷받침할 만한 증거는 거의 없다. 경험되는 정서들의 유형, 그 순서, 그리고 다양한 시기에 경험하는 정서의 강도와 관련해 상당한 가변성이 관찰된다(Silver and Wortman, 1980; Wortman et al., 1993). 사별에 대처하는 스타일에는 분명히 커다란 개인차가 있지만, 사람들 사이에서 관찰되는 일부의 가변성은 상실의 상황적 측면 때문일 수 있다. 예컨대, 상실이 예기치 않게 발생한다면 슬픔은 특히 오랫동안 지속될 것으로 보인다(Lehman et al., 1987; Wortman and Silver, 1987). 적응의 조정자로서의 사전 예고에 대해 논할 때, 우리는 이 문제로 되돌아갈 것이다.

원하는 경험

적응 과정은 부정적인 변화의 영향을 감소시키는 것처럼, 긍정적인 사건의 쾌락이나 상황 개선을 줄일 수도 있다. 이 절에서는 두 가지 호의적인 변화, 즉 부의 증가와 성형수술 후의 외모 개선에 대한 적응과 쾌락적으로 긍정적인 자극, 즉 에로틱한 이미지와 음식의 반복 노출에 대한 적응(또는 적응의 결핍)에 대한 증거를 재고찰할 것이다.

수입의 증가 시간의 변화에 따른 개인의 부(富) 수준과 행복의 관계를 조사한 연구는 거의 없었다. 하지만 다음 연구 결과들은 쾌락적 적응을 제시하고 있다. 첫째, 브릭만과 코티스, 야노프-불먼(Brickman, Coates and Janoff-Bulman, 1978)은 전년도에 5만 달러에서 100만 달러가 당첨된 22명의 주 복권 당첨자를 대상으로 연구를 했다. 복권 당첨자들은 통제 집단에 비해 그저 약간 높은 삶의 만족도를 보고했다(5점 척도로 4.0 대 3.8).[29] 둘째, 적어도 미국에 한정해서 볼 때 부와 보고된 행복의 정적 상관관계는 작다. 디너와 동료들(1993)은 0.12의 상관관계가 있다고 평가했다. 셋째, 여러 연구 결과에 의하

---

[29] (지은이) 저자들은 복권 당첨에 동반하는 황홀경이 당첨자의 여생을 비호의적으로 비교하도록 하는 높은 준거점을 만들어 낼 수 있었다는 점을 제시했다. 그들은 복권 당첨자들이 통제 집단의 피험자들에 비해 일상적인 활동(예컨대, 아침 식사와 잡지 구독)에 대한 만족도를 낮게 평가했다는 점을 지적했다. 파두치(1980), 디너와 동료들(1991) 그리고 트버스키와 그리핀(1991)도 강한 긍정적 감정의 잠재적인 비용에 대해서 논했다.

면, 시간의 흐름과 함께 수입이 증가하더라도 한 국가의 웰빙에는 변화가 없는 것으로 나타났다(Campbell, 1981; Duncan, 1975; Easterlin, 1974, 1995). 예를 들어 1958년에서 1987년 사이에 일본의 1인당 실질소득은 5배 증가했지만 행복에 대한 주관적 판단은 증가하지 않았다(Easterlin, 1995). 넷째, 여러 나라들에서 부와 웰빙 간에 어느 정도 강한 상관관계가 있는 것으로 나타났지만(Veenhoven, 1991; Diener et al., 1993; Diener, Diener and Diener, 1995), 부 그 자체가 상관관계를 야기하는 것으로 보이지는 않는다. 예를 들어 디너와 디너, 디너(1995)는 1인당 소득이 120달러(탄자니아)에서 3만 2,790달러(스위스)에 이르는 55개국 출신의 사람들 10만 명이 보고한 웰빙에 대한 대규모 횡단 연구를 시행했다. 1인당 재산 측정치와 평균 보고된 웰빙의 측정치는 높은 상관성(0.58)을 보였지만, 인권을 통제했을 때는 그러한 상관관계가 나타나지 않았다. 다섯째, 클라크(Clark, 1996)는 영국 자료로, 직무 만족은 노동자의 급여 변화와 크게 관련이 있지만 급여 수준과는 관련이 없다는 증거를 제시한다.

스키토프스키(Scitovsky, 1976)는 부가 행복을 저해할 수도 있다는 점을 제시했다. 그는 쾌락은 욕망의 불완전하고 간헐적인 만족에서 비롯되며, 상당한 부를 통해 얻을 수 있는 지속적인 안락은 쾌락 경험에 반드시 필요한 조건들을 없앨 수도 있다고 주장한다. 이러한 견해는 '가여운 어린 부자 소녀'에 대한 대중적인 관념과 일치하지만, 횡단적 경험 연구에서 관찰되는 부와 행복 사이의 정적인 상관관계 — 비록 작지만 — 와 일치하지는 않는다.

성형수술 성형수술을 받은 사람들에 대한 소수의 종단 연구는 일반적으로 향상된 매력에 대한 적응을 관찰하지 못했다. 대다수의 환자들은 성형수술의 결과에 만족했음을 보고하며(Wengle, 1986),[30] 그러한 만족은 시간이 지나서도 줄어들지 않을 듯이 보인다. 900명의 미용 성형 환자를 대상으로 한 라이히(Reich, 1982)의 연구 결과에 의하면, 수술 후 3개월이 지난 시점에서는 70퍼센트의 만족도를 보였고, 4년 후에는 85퍼센트로 증가했다. 한편, 영과 네

---

30 (지은이) 코 성형수술을 받은 환자들의 95퍼센트 이상이 수술 결과에 만족했다(Klabunde and Falces, 1964). 그리고 유방 확대 수술을 받은 여성의 수술 후 단기간의 만족도는 72퍼센트(Beale et al., 1985)에서 86퍼센트(Young et al., 1994), 89퍼센트(Ohlsen, Ponten and Hambert, 1978)에 이르렀다.

메섹, 네메섹(Young, Nemecek and Nemecek, 1994)의 연구 결과에 의하면, 보고된 만족도는 일정하게 유지되었다. 그러나 빌과 동료들(Beale et al., 1985)의 관찰 결과에 의하면, 만족도가 약간 감소한 것으로 나타났다.[31]

여러 연구 결과에 의하면, 수술 자체에 대한 만족도 외에 전체적인 심리적 건강이나 삶의 만족도도 전반적으로 향상된 것으로 나타났다. 올센과 폰텐, 햄버트(Ohlsen, Ponten and Hamburt, 1978)는 연구 대상인 71명의 여성 중 25명이 유방 확대 수술 전에 정신과 치료를 받고 있었던 반면에 수술 후에는 3명만 계속 정신과 치료를 받았다고 지적했다. 클라센과 동료들(1996)도 성형수술을 받은 사람들 사이에서 정신의학적 증상이 상당히 감소한 사실을 발견했다. 콜과 동료들(Cole et al., 1994)에 의하면 성형수술 환자들 중 73퍼센트가 성형수술을 받은 후에 전보다 더 높은 삶의 질을 보고했던 반면에 전보다 낮은 삶의 질을 보고한 환자들은 6퍼센트에 불과했다. 가장 큰 만족감을 느낀 사람들은 가슴 성형수술(축소나 확대)을 받은 이들이었다. 복부 성형수술을 받은 사람들은 전보다 약간 더 만족감을 느꼈고 코 성형수술을 받은 사람들은 조금 만족감을 느꼈을 뿐이었다. 그러나 이러한 결과는 성형수술에 대한 만족도를 보고할 때 나타나는 강한 요구 효과일 가능성이 있기 때문에 이 모든 연구들은 세심하게 다뤄져야 한다.[32]

성적 흥분 자극 성적 흥분 자극에 대한 적응과 관련된 증거는 혼합되어 있다. 오도노휴와 기어(O'Donohue and Geer, 1985), 그리고 쿠쿠나스와 오버(Koukounas and Over, 1993)의 연구 결과에 의하면, 에로틱한 이미지의 슬라이드 화면을 반복적으로 제시받을 경우에, (음경의 발기와 주관적 보고로 측정된) 남성의 성적 흥분은 감소하는 것으로 나타났다. 그리고 뮤위센과 오버(Meuwissen and Over, 1990)의 연구 결과에 의하면, 판타지 및 애로 영화를

---

31 (지은이) 저자들이 지적했듯이, 만족도의 감소는 유방의 모양이나 부드러움의 객관적인 변화 때문일 수도 있다.

32 (지은이) 빌과 동료들(1985)은 유방 확대 수술의 결과에 대한 만족도를 보고하는 데 미친 강한 요구 효과에 대해 다음과 같이 논평한다. "유방 확대 성형수술에 응한 여성들은 고통을 겪었다. 그들은 힘든 인터뷰 과정을 거치고 몇 년을 기다린 후에 마침내 수술의 위험을 감수했다. 이 모든 과정은 친척들과 의사들의 충고에 반하여 여러 번 자유 선택으로 행한 일이다. 이러한 배경에 비추어 볼 때, 면접관(의사)이나 심지어 자신에게도 수술이 실패했다는 것을 인정하는 것은 불가능해 보인다"(484).

보며 느끼는 여성의 성적 흥분도 비슷한 결과를 보이는 것으로 나타났다. 그러나 스미스와 오버(Smith and Oevr, 1987)는 18번의 반복적인 시험에서 동일한 성적 환상을 상상하라는 지시를 받은 남성 피험자들로부터 생리적 또는 주관적인 흥분이 감소하지 않는 결과를 얻었고, 라안과 에버라드(Laan and Everaerd, 1995)는 에로틱한 슬라이드 영상에 반복적으로 노출된 여성들에게서 성기 흥분이 감소한 증거를 발견하지 못했다. 사실상, 그러한 흥분은 자극과 자극 사이의 간격 동안에는 기준 수준으로 되돌아옴에도 불구하고, 10번의 시험을 거치면서 다소 증가하였다.[33]

음식 대부분의 성인들은 커피, 맥주, 담배, 고추, 기타 강한 향신료 등과 같이 혐오감을 느낀 적이 있는 음식을 적어도 하나쯤은 매일 즐긴다(Rozin and Schiller, 1980). 따라서 일부 음식의 경우 반복 노출은 초기의 주관적인 불쾌감을 감소시킬 뿐만 아니라(적응) 이후 주관적인 쾌감을 계속 증가시킨다(민감화). 한편, 군 항공기 승무원들을 대상으로 한 토렌스(Torrence, 1958)의 연구 결과에 의하면, 예전에 페미컨(건육)을 섭취한 경험이 나중에 생존 훈련 시에 그것을 섭취할 경우에, 심지어 처음부터 맛이 좋다고 생각한 소수의 승무원들의 선호도 또한 증가시킨 것으로 나타났다. 그리고 스티븐슨과 요만스(Stevenson and Yeomans, 1995)의 연구 결과에 의하면, 캡사이신(고추의 매운 맛 화합물)의 매운 감각이라는 쾌락적 성질은 반복적인 노출을 통해 강화되었다. 크랜달(Crandall, 1984)은 외딴 알래스카의 어류 통조림 공장의 직원들에게 29일 동안 13번에 걸쳐 통상적으로 먹을 수 없는 케이크 도넛에 접근할 수 있는 기회를 주었다. 그는 시간이 지남에 따라 도넛 소비가 크게 증가하는 것을

---

33 (지은이) 라안과 에버라드(1995)는 흥미로운 모순을 지적했다. 즉, 성적 자극에 대한 적응의 증거가 성욕의 억제와 극단적인 성욕을 모두 설명하기 위해 사용되어 왔다는 것이다. (반복되는 행동이 충분히 흥분되는 상황을 저지하기 때문에 성욕이 억제된다고 하고, 사람들이 이전의 만족 수준을 유지하기 위해 점점 더 강렬한 성적 활동을 하기 때문에 극단적인 성욕에 이른다고도 한다.)

문헌에 의하면, 남성과 여성 모두의 경우, (반복적으로 노출되는 동일한 슬라이드 영상인) 일정한 자극보다는 다양하거나 새로운 자극에 대해서 느끼는 흥분이 더 천천히 감소하는 것으로 일관되게 나타났다. 사실, 새로운 자극은 적응 효과를 줄일 뿐만 아니라 역전시킬 수도 있다. 예컨대, 새로운 성적 대상이 이전에 충분히 만족을 느꼈던 수컷 동물의 성욕을 회복시키는 경향을 나타내는 '쿨리지 효과(Coolidge effect)'(Bolles, 1975; Dewsbury, 1981)를 생각해 보기 바란다.

발견했는데, 이는 도넛에 대한 선호도가 증가했음을 시사한다. 반복적인 노출은 생소한 열대 과일 주스(Pliner, 1982), 새로운 과일과 치즈(Birch and Marlin, 1982), 저염 음식(Beauchamp, Bertino and Engelman, 1983), 플레인 요구르트(Kahneman and Snell, 1990)에 대한 선호도도 증가시키는 것으로 밝혀졌다.

반복적인 소비의 쾌락적 효과는 물론 소비 사건들 사이의 간격에 달려 있을 수 있다. 즉, 매년 키위를 점점 더 좋아할 수 있지만, 저녁 식사 때 하루 중 다섯 번째로 키위를 먹는다면 맨 처음 먹을 때만큼 맛있게 먹지는 않을 것이다. 상이한 종류의 음식들에 대한 '감각 특정적 포만감'[34](Rolls et al., 1981)의 지속 시간에 대한 연구는 지금껏 거의 없었다. 따라서 감정의 시간적 역학에 대한 결론은 연속적인 소비 간격의 길이에 따라 달라질 수 있다. 예를 들어, 카너먼과 스넬(1990)의 연구 결과에 의하면, 자신이 선택한 맛의 아이스크림을 8일에 걸쳐 연속으로 소량 섭취한 사람들은 시간이 지남에 따라 그것을 덜 좋아하게 된다. 그러나 그 아이스크림을 8주에 걸쳐 연속으로 소비했다면, 정반대의 효과가 나타났을지도 모른다.[35]

쾌락적 적응의 영역 특수적 차이에 대한 설명

사람들이 쾌락적으로 적응할 수 있는 것과 적응할 수 없는 것을 어떻게 구분 지을 수 있을까? 왜 사람들은 감옥에는 적응하면서 소음에는 적응하지 못할까? 음식과 에로틱한 자극에 대한 쾌감은 지속되는 반면에 소득 증가의 쾌감은 금방 사라지는가? 이에 대한 대답의 일부는 진화적 압력에 있을 수 있다. 우리는 지속적인 생존과 번식(예컨대, 음식과 섹스)에 필요한 자극에 지나친 적응을 기대해서도 안 되고, 생존을 강하게 해치는 자극(예컨대, 유해 화학 물질 혹은 매우 뜨겁거나 차가운 온도)에 지나친 적응도 기대해서는 안 된다.[36]

---

34 한 가지 음식만을 먹게 되면 곧 그 음식에 대해 싫증을 느끼게 되는 현상.

35 (지은이) 특정한 음식을 빠르게 반복적으로 소비하는 것은 다른 음식에 비해 그 음식에 대한 주관적인 만족감을 일시적으로 감소시키기 때문에, 폭넓게 다양한 음식을 접하는 것이 지속적인 음식 소비의 만족감을 유지하는 역할을 한다. 실제로, 음식의 다양성 증가가 쥐와 고양이, 인간의 칼로리 섭취를 증가시키는 것으로 나타났다(Rolls et al., 1981) 이러한 현상은 폭넓게 다양한 음식을 쉽게 구할 수 있는 문화에서 나타나는 높은 비율의 비만을 부분적으로 설명해 줄 수 있다(Rolls et al., 1981).

36 (지은이) 사실상, 코메토무니스와 케인(Cometto-Muniz and Cain, 1992)은 자극적이고 해로

이러한 광범위한 일반화 이외에, 우리는 다양한 영역에 걸친 쾌락적 적응의 정도 차이를 설명하는 데 도움이 될 수 있는 상황과 자극의 구체적인 특징을 찾을 수 있다. 예를 들어, 고속도로 소음에 대한 적응 실패는 그 소음의 높은 시간적 변동성을 반영하는 것일 수 있다. 사람들은 일정하게 울려대는 시끄러운 드론 소리에 적응할 수는 있겠지만, 작은 소음기를 장착한 오토바이에서 이따금씩 불규칙적으로 터져 나오는 소음에는 적응하지 못할 것이다. 다음에서는 적응의 조정자에 대해서 몇 가지 논할 것이다.

적응의 조정자

사회적 지원

비슷한 경험을 한 다른 사람들과의 사회적 접촉은 일반적으로 쾌락적 적응을 용이하게 하는 것으로 밝혀졌다. 배우자나 어린 자녀의 죽음과 관련한 사별에 대한 연구에서, 워트먼과 리먼(1985)은 비슷한 경험을 한 다른 사람과의 접촉이 슬픔을 완화시키는 데 가장 큰 도움이 되는 요인으로 자주 언급되며, 전혀 도움이 되지 않는 요인으로 언급되는 일이 없다는 사실을 밝혔다. 멀란(Mullan, 1992)도 유사한 연구 결과를 얻었다. 사지의 손실 장애에 대한 적응과 관련해 팍스(Parkes, 1972)는 다음과 같이 주장한다. "[장애인]은 자신보다 훨씬 더 심한 장애를 가졌으나 밝게 장애에 잘 대처하고 있는 것처럼 보이는 사람을 만났을 때만 낙관적이고 현실적으로 장래를 바라볼 수 있게 된다."[37]
그러나 비슷한 경험을 한 적이 없는 사람들은 종종 부적당하거나 부적절한

운 화학물질에 대한 감각적 적응을 거의 발견하지 못했다.

[37] (지은이) 최근 전문화된 '지원 단체들'의 급속한 성장은 비슷한 문제를 겪고 있는 사람들과의 사회적 접촉의 이점에 대한 믿음이 커지는 현상을 반영하는 것이라 할 수 있다. 그러나 지원 단체의 도움을 받았다고 하는 사람들의 자기보고는 그들의 실제 쾌락적 변화에 대한 측정법으로는 타당성이 전혀 없다(Ross, 1989를 참조). 예를 들어, 헬게슨과 동료들(Helgeson et al., 1997)의 최근 연구는 유방 수술을 받은 여성들에 대한 두 가지 유형의 지원적 개입, 즉 교육 프로그램과 지원 단체의 유효성을 여성들이 단순히 일반의의 진료를 받는 통제 조건과 비교했다. 두 가지 개입에 대한 자기보고식 만족도에서는 차이가 없었지만, 6개월 후의 추후 검사에서 지원 단체에 참여한 여성들은 교육 프로그램을 받은 집단의 여성들이나 통제 집단의 여성들에 비해 다양한 심리, 건강 측정치에서 실질적으로 더 나쁜 결과를 보였다.

지원을 한다. 예컨대, 워커와 맥브라이드, 바숑(Walker, MacBride and Vachon, 1977)의 연구 결과에 의하면, 미망인의 친한 친구들조차도 친구가 남편이 사망한 후에 며칠 이상 애도하고자 하는 걸 지지하지 않았다. 그리고 슈히터와 지숙(Shuchter and Zisook, 1993)이 예증하듯이, 사별을 겪은 사람의 지속적인 슬픔에 대한 가족의 불관용이야말로 사별에 대한 성공적인 대처의 주요 장애로 보인다. 매디슨과 워커(Maddison and Walker, 1967)의 연구 결과에 의하면, 남편을 잃은 미망인들이 남편이 죽은 지 몇 주 지나지 않아 종종 친구들로부터 재혼 권유를 받은 것으로 나타났다. 마찬가지로 휴즈와 굿, 캔델(Hughes, Good and Candell, 1993)의 연구 결과에 의하면, 최근 이혼한 사람들의 심리적 적응이 친구들로부터 지속적으로 조언을 받았을 때마다 어려워지는 것으로 나타났다. (만성 피로 증후군처럼) 뚜렷한 징후가 없는 고통과 장애도 특별한 문제를 일으킨다. 왜냐하면 그러한 고통과 장애를 겪는 사람들은 자신의 능력을 초과하는 성과 기대에 직면할 수 있기 때문이다(Tyc, 1992를 참조).

사전 예고

사랑하는 사람의 죽음에 대한 사전 예고와 사랑하는 사람의 죽음에 따르는 예상 슬픔에 대한 연구들이 일반적으로 제시하는 바에 의하면, 사전 예고는 사별 후의 감정과 기능을 개선시킨다. (그러나 좀 더 다의적인 해석은 Stroebe and Stroebe, 1987; Hill, Thompson and Gallagher, 1988을 참조). 오브라이언트(O'Bryant, 1991)는 남편의 죽음에 대한 대처에 미치는 사전 예고의 효과를 다룬 문헌을 고찰하고는, "배우자의 사별에 대한 어떠한 연구도 … 배우자가 사망하리라는 것을 미리 알았을 경우, 홀로된 배우자의 사별 후 생활 적응이 떨어지는 양상을 발견하지 못했다"(229)는 결론을 내렸다. 멀란(1992)은 진행성 치매를 앓은 배우자나 부모를 돌보았던 사람들이 겪은 사별에 대한 연구에서 다음과 같이 언급한다. "온전하지 못한 가족 일원의 점진적인 쇠락은 … 죽음을 심리적으로 준비할 수 있는 충분한 기회를 제공해 준다." 더구나, "간병인들 중 많은 사람들은 이미 자신들이 돌보고 있는 가족의 상실을 경험했으며, 간병 중에 느끼는 상실감이 더 클수록, 사별 중에 겪는 우울증은 비교적 더 가벼웠다"(681). 그리고 팍스와 바이스(Parkes and Weiss, 1983)의 연구 결과에 의하면, 배우자가 곧 죽을 것이라는 '단기간의 예고'(2주 미만의 예고)를 받은 사람들은 더 오래전에 경고를 받은 사람들보다 죽음을 털어내기 힘든 것처럼 보였고, 리먼과 워트먼, 윌리엄스(1987)가 재고찰한 많은 증거들도 사전 적응 이 일어난다는 결론이나 상실에 대한 예상이 적응 과정을 가속화한다는 결론 과 일치한다.[38]

그러나 부정적인 결과에 대한 사전 예고의 이점은 일어날 그 결과를 기다 리는 것에 느끼는 혐오감 때문에 상쇄될 수밖에 없다. 사전 예고가 결과적으 로 웰빙을 개선하더라도 그것이 전체적인 웰빙에 미치는 영향은 불명료하다. 왜냐하면, 나쁜 소식을 들으면, 그 예고를 받아들이는 시간과 그 사건이 실 제로 발생하는 시간 사이에 개인의 웰빙이 줄어들 수 있기 때문이다. 따라서 결과적으로 향상된 적응이 사전 예고와 연관되어 앞서 발생한 불행을 반드 시 보상해 주지는 않는다. 하지만 어떤 경우에는 순수 효과는 명확해 보인다. 예를 들어, 팍스와 바이스(1983)의 연구에서는 미망인으로서의 삶을 미리 알 리는 사전 예고와 연관된 장기적인 고통이 크게 감소했는데, 이는 나쁜 소식 을 좀 더 빨리 접한 결과에 따른 감정의 감소에 대한 보상 이상인 것으로 보 인다.

사전 예고가 상실 이후의 웰빙을 개선한다면 어떻게 그리 하는 걸까? 사전 예고가 일종의 사전 적응을 일으키는 걸까, 아니면 상실 후의 적응 과정을 가 속화하는 걸까? 원칙적으로 이러한 과정들은 사전 경고가 있든 없든 상실을 경험한 사람들에 대한 종단적 연구로 판별할 수 있다.[39] 만약 사전 예고가 적 응의 시간 과정을 앞당긴다면(즉, 사전 적응이 있다면), 그림 16.4의 설명처럼, 상실 직후의 상태는 사전 예고를 받은 사람들에게 더 유리할 것이다. 그러나 그림 16.5에서 묘사된 것처럼 사전 예고가 적응 과정을 가속화한다면 쾌락 평점은 사건 직후에 유사할 테지만 더 빨리 향상될 것이다.

---

38 (지은이) 사전 예고는 죽음뿐만 아니라 이혼의 경우에도 발생한다. 멜리카르와 치리보가 (Melichar and Chiriboga, 1988)가 밝힌 사실에 의하면, 이혼을 제기한 여성들의 심리적 적응 은 이혼을 하기로 (개인적으로) 결정한 이후의 시간과 정적 상관관계를 가지며, 물리적 분리 이후의 시간을 안정적으로 유지한다.

39 (지은이) 그러나 실제로는 예고 효과를 예고와 상관관계가 있고 슬픔에 영향을 미칠 수 있는 다른 속성의 효과와 구별하는 것이 대단히 어려울 것이다. 예를 들어, 사전 경고가 없는 대 부분의 사망은 살인과 자동차 사고로 발생할 가능성이 높은 반면에 긴 사전 경고가 있는 죽 음은 주로 암과 같은 질병에서 야기된다. 만약 사전 경고를 받지 못한 집단이 더 적응하지 못할 경우, 그것은 사전 경고가 없었기 때문일 수도 있고, 아니면 경고를 거의 또는 전혀 동 반하지 않는 죽음의 특별한 특성 — 예컨대, 폭력성 혹은 '예방가능성' — 때문일 수도 있다.

그림 16.4 사전 예고가 적응의 시작을 앞당길 경우의 사전 예고의 쾌락적 영향

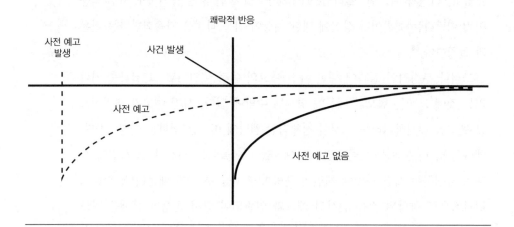

그림 16.5 사전 예고가 적응률을 가속화시킬 경우의 사전 예고의 쾌락적 영향

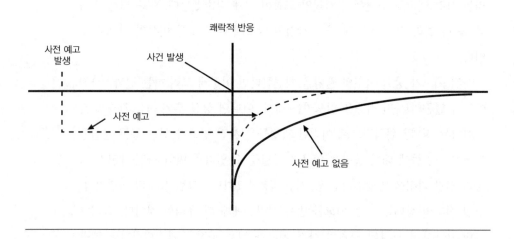

　흥미롭게도, 사전 예고는 다른 영역에서 더 나쁜 결과를 예측하는 것으로 보인다. 라자루스(1968)는 (성기를 절개하는 할례나 목공장 사고에 관한) 섬뜩한 영화 장면을 보게 될 것이라는 비교적 긴 사전 경고를 받은 피험자들이 그러한 사전 경고를 받지 않은 피험자들보다 영화를 보는 동안에 (피부 전도도 측정 결과) 더 많은 스트레스를 받는다는 사실을 보여주는 증거를 재고찰한 바 있다. 그는 다음과 같이 결론지었다. "분명, 관련된 예측 시간이 상대적으로 짧을 경우에, 예상 시기가 길수록 더 현저한 스트레스 반응이 나타난다"(236). 또한 브레즈니츠(Breznitz, 1967)도 비슷한 관찰을 했는데, 그는 이를 "위협의

배양"이라고 불렀다. 피험자들은 3분, 6분 또는 12분 후에 강한 전기 충격을 받게 될 것이라는 말을 들었다. 더 긴 시간 간격을 접한 사람들은 전기 충격을 받기 직전에 더 빠른 심박동수를 보였다.

새폴스키(Sapolsky, 이 책)는 동물 연구에서 찾아낸 증거를 통해 사전 경고의 효과가 혐오스러운 사건에 앞서 존재하는 시간 간격에 따라 달라질 수 있음을 밝혔다. 두 집단의 쥐들이 무작위적인 전기 충격에 노출되지만, 한 집단은 전기 충격 10초 전에 번쩍이는 경고등을 보여주는 경우, 경고를 받은 쥐는 그러한 경고를 받지 않은 쥐보다 스트레스가 낮고 스트레스 관련 질병의 발생률이 낮다. 그러나 전기 충격을 가하기 30분 전에 경고 신호를 깜박이면 정반대 패턴이 발생한다. 경고를 받은 쥐는 경고를 받지 않은 쥐보다 더 많은 양의 스트레스와 스트레스 관련 질병을 보인다. 이러한 결과는 사전 예고가 사건 자체의 혐오감을 감소시키지만 대기 기간의 스트레스를 증가시킨다고 가정할 경우 직관적으로 타당해 보인다. 따라서 쾌락적으로 최적의 사전 예고 기간은 방어력을 동원할 만큼 충분히 길지만 그 이상으로 길지는 않은 기간일 수 있다.

불확실성

비록 민중의 지혜가 종종 부정적인 결과 앞에서 희망 유지의 중요성을 강조하지만, 많은 연구자들은 십중팔구 불운한 결과에 대한 성공적인 적응이 실제로 구제 가능성의 방해를 받는다는 점을 제시해 왔다. 예를 들어, 허만과 워트먼(Herrmann and Wortman, 1985)은 배우자의 상실이나 영구적인 신체 마비처럼 "근본적으로 바뀐 생활 상황에 희생자들을 직면하게 하는"(168) 스트레스 요인 상황들과, 어떤 알 수 없는 이유로 아이를 계속 임신하지 못하는 상태에서 아이를 임신하려는 희망을 포기해야 할지, 아니면 아마도 새로운 전문의나 의료 행위를 찾는 방법으로 임신하기 위해서 좀 더 노력해야 할지 계속 결정해야만 하는 부부의 상황처럼 더 모호한 상황들 간의 차이를 뚜렷이 구분한다. 저자들은 후자의 상황이 적응에 특별히 어려움을 야기한다고 제시한다.

성공적인 쾌락적 적응을 위해서 어떤 사람은 '타격을 감수'해야 할 수도 있다. 즉, 상실을 인정하고 받아들이고, 그것에 직면해야 할 수도 있다. 그런 행동이 나중에 시기상조인 것이거나 불필요한 것으로 판명될 수 있는 작은 가능성조차도 사람들이 그러한 행동을 이행하는 것을 막을 수 있다. 이러한 주장과 일치하는 현상으로는, 실종자의 사망에 대한 구체적인 증거(예컨대, 유해)가 가족 일원의 대처에 장기적이고 긍정적인 영향을 크게 미치는 것으로 일반적으로 보고되며, 또한, 전투 중 행방불명된 군인들이나 아르헨티나와 칠레의 독재 정권 시기에 집에서 '사라진' 사람들이나 보스니아의 '인종 청소'의 희생자들처럼 구체적인 사망 증거를 남기지 않고 죽은 사람들의 친척들은 현실에 잘 적응하지 못하고 있는 것으로 보고되는 사례를 들 수 있다.[40]

나쁜 일의 발생을 100퍼센트 확신하는 사람이 95퍼센트 확신하는 사람보다 상황이 더 낫다는 관념은 직관에 반하는 것처럼 보일 수 있다. 그러나 남아 있는 작은 희망은 결국 정상적인 쾌락 수준으로 돌아갈 수 있는 적응 과정의 시작을 방해할 수 있다. 실제로, 그러한 패턴을 시사하는 실질적인 증거가 있다. 몰튼과 동료들(Moulton et al., 1991)이 남성 동성애자들로 이루어진 표본을 대상으로 HIV 검사의 영향을 조사한 결과, 양성반응의 검사 결과를 받은 이들은 (검사를 받는 데 동의했지만 통보를 받고 싶지 않았던) 비통보 통제 집단보다 절망감과 괴로움을 덜 보였다. 헌팅턴 무도병 검사 결과에 대한 통보의 영향을 조사한 연구들에서도 유사한 패턴이 관찰되었다(Brandt et a1., 1989; Wiggins et al., 1992). 나쁜 검사 결과를 받은 사람들은 결국 검사를 받지 않은 사람들이나 충분한 정보를 알려주지 않는 검사 결과를 받은 사람들보다 더

---

40 (지은이) 불확실성 앞에서 상실에 적응하는 일의 어려움은 세바스찬 융거(Sebastian Junger) 의 베스트셀러, 『퍼펙트 스톰(The Perfect Storm)』의 두 구절에서 분명히 드러난다. 이 논픽션 은 어선 '안드레아 게일'의 선원들의 목숨을 앗아간 대서양의 폭풍에 관한 이야기로 세바스 찬은 이렇게 자세히 서술한다.

안드레아 게일의 선원들이 그냥 죽어서, 그들의 시체들이 고향 땅 어딘가에 누워 있다 면, 그들을 사랑하는 사람들은 작별 인사를 하고 자신들의 삶을 계속 영위할 수 있었을 것이다. 하지만 그들은 죽지 않고 지구상에서 사라졌다. 엄밀히 말하면, 이 사람들이 결코 돌아오지 않을 거라는 사실은 믿음의 문제일 뿐이다. 그런 믿음은 수고를 요하고, 노력을 요한다. 글로스터 주민들은 이 사람들을 자신들의 삶에서 일부러 빼내 다른 세 계로 추방해야 한다(273).

세바스찬은 폭풍우로 바다에서 함께 실종된 선원들 중 한 명의 아내에 대해서 쓰며, 이렇게 말한다. "거의 한 달 후 마리안 스미스는 남편의 상실을 절감하게 된다. 그러나 비행기가 바 다로 날아가는 한, 그녀는 몇 조각 희망을 계속 품고 있을 수 있다. 사실 그러한 희망은 그 녀를 섬뜩한 림보에 계속 가둔다"(283).

나은 쾌락적 결과를 보였다. 새폴스키(이 책)의 보고에 의하면, "런던 대공습 당시에, 매일 밤 규칙적으로 공습을 받던 도심보다 간헐적으로 폭격을 받은 교외에서 궤양 발생 비율이 훨씬 더 증가했다." 그리고 셸링(Schelling, 1984) 은 중독자들이 약물(마약)을 얻을 수 있을 가능성이 전혀 없을 때 금단 통증을 덜 받는다고 보고한다.

수감에 대한 적응은 불확실성이 쾌락적 적응을 방해한다는 추측을 뒷받침하는 일화적인 증거를 제공해 준다. 샙스포드(Sapsford, 1978)는 형량에 대한 불확실성은 종신형을 선고받은 죄수들에게는 불행의 원천이자 가석방의 기회이기도 하다고 주장한다. 스키토프스키(Scitovsky, 1976)는 파버(Farber, 1944)의 주장을 인용해 "가석방을 희망하는 죄수들은 결코 석방되지 않을 것이라는 사실을 알고 있는 죄수들보다 훨씬 더 큰 고통을 겪었다"(57)라고 말한다. 그리고 로버츠와 잭슨(Roberts and Jackson, 1991)은 무기징역형을 선고받고 37년을 복역한 후에, 지속적인 수감이 잔인하고 비정상적인 처벌이라는 이유로 석방된 한 남자의 사건을 인용한다. 결국 불확실성의 스트레스는 특히 사형 폐지의 작은 가능성에 매달리는 사형수들에게는 심각할 수 있다. 따라서 사형수 감방에서의 성공적인 적응은 역설적으로 희망을 포기하는 일을 필요로 할 수 있다(Gallemore and Panton, 1972: 170).[41]

기억을 상기시키는 자극, 그리고 기분 전환과 침투적 사고[42]

슈히터와 지숙(1993)이 언급하듯이, 고통스러운 생각과 기억을 암시하는 자극들 때문에 사별을 겪은 사람들은 지속적인 위협의 세계에 간혀 있다고 느낀다. 예를 들어, 최근에 아기를 잃은 부모들로서는 단순히 다른 아기들을 보는 것만으로도 종종 강렬한 슬픔을 느끼고는 한다(Cornwell, Nurcombe and

---

41   (지은이) 불확실성은 비교적 덜 중요한 영역에서도 적응적 행동을 방해하는 것으로 보인다. 예를 들어, 사람들은 자신들이 깨뜨린 물품보다 어디다 두었는지 잊은 물품 — 몇 달러밖에 안 되며, 철저히 찾아보았으나 끝내 찾을 수 없었던 물품이라도 — 을 교체하는 것을 훨씬 더 꺼리는 듯 보인다. 아이스크림 스쿠프가 어디로 갔는지 모르면, 아이스크림 스쿠프가 '없어졌다'는 사실을 받아들이기가 매우 어렵고, 이는 어떻게든 새로운 아이스크림 스쿠프를 사는 적응적 행동을 가로막거나 크게 지연시키는 것으로 보인다.

42   마치 외부에서 난데없이 침투해 들어오는 것 같은 생각들, 즉 반복적이며 수용하기 힘든, 원치 않는 생각 또는 이미지나 충동.

Stevens, 1977). 기억을 상기시키는 자극의 강력한 영향은 쾌락적 적응과 관련해 두 가지 문제를 제기한다. 첫째, 성공적인 적응은 (예컨대, 지원 환경에서 슬픔을 유발하는 단서와 일부러 대면하거나, 아니면, 그런 단서를 회피하는 행동을 통해서) 고통스러운 단서들을 회피하거나 고통스러운 단서들과 대면하는 행위, 혹은 그런 회피나 대면의 일부를 필요로 하는가? 둘째, (옛날에 경험한 근친상간이나 성폭행 피해에 대한 기억을 상기시키는 부부의 성관계 경우처럼) 단서를 쉽게 피할 수 없다면, 정서의 결과를 어떻게 최소화할 수 있을까?

귀인(歸因)

귀인 이론은 (1) 사람들이 불운한 사건에 대한 책임을 (어떤 대상에) 지우려 할 것이고 (2) 자신에게 책임을 지우는 사람들은 그렇지 않은 사람들보다 더 기분이 상할 거라고 예측한다(예컨대, Weiner, 1982를 참조). 그러나 우리가 이 두 가지 점에 대해서 재고찰한 증거는 엇갈렸다. 테일러(Taylor, 1983)는 유방암 진단을 받은 여성 표본의 95퍼센트가 그 발병의 원인을 어느 정도, 스트레스, 피임약 복용, 화학물질 처리장 근처 거주, 유전 요인, 식단 따위에 귀인시키고자 한다는 사실을 밝혔다. 그러나 다우니와 실버, 워트먼(Downey, Silver and Wortman, 1990)의 연구 결과에 의하면, 영아 돌연사 증후군으로 아기를 잃은 어머니들의 거의 절반이 책임을 딴 데 지우는 데 무관심한 것으로 밝혀졌다. 마찬가지로, 심각한 화상(Kiecolt-Glaser and Williams, 1987)이나 신체장애(Silver, 1982)를 낳은 사고의 희생자들의 절반 미만이 스스로에게 '왜 하필 나야?'라고 자문한 적이 있는 것으로 나타났다.

두 번째 점과 관련해서, 워트먼(1976), 야노프-불먼(1979), 그리고 테넌과 애플렉(Tennen and Affleck, 1990)은 모두 외적 귀인이 항상 대처를 용이하게 하는 것은 아니라고 주장해 왔다. 야노프-불먼과 워트먼(1977)의 연구 결과에 의하면, 자책하는 중대 사고의 희생자들은 그렇지 않은 희생자들보다 8개월에서 12개월이 지난 후에 더 성공적으로 대처하고 있었고, 사고 책임을 (특별하지 않은 어떤 외적 원인보다는) 다른 사람들의 탓으로 돌리는 희생자들은 유독 낮은 대처 점수를 보였다. 그 저자들은 자책이 개인적인 통제감을 유지하는 데 도움이 될 수 있다고 가정한다. 그러나 새폴스키(이 책)는 내적 통제 소재[43]의 엄격한 유지의 부정적인 효과에 대해서 다음과 같이 논평한다. "비교

적 좋은 환경에 살 때만 스스로 통제할 수 있다고 해석하는 것이 개인으로서
는 유익하다 … 스스로 통제할 수 있다는 태도는 제한된 기회를 가진 가난한
사람들에게서 나타날 때는 병리적인 것으로 간주될 수도 있다 … 그런 환경
에서는 개인이 더 열심히 일했더라면 극복할 수 없는 확률을 극복할 수 있었
을 거라고 습관적으로 결정하는 내적 통제 소재는 적응에 전혀 도움이 되지
않는다. "[44]

'희망' 인식

한 사건을 설명하고자 하는 욕망은 경험에서 '의미'를 찾고자 하거나 경험
의 긍정적인 결과('희망')를 확인하고자 하는 욕망과 밀접한 관련이 있다. 유방
암을 앓는 78명의 여성을 대상으로 한 연구에서 테일러(Taylor, 1983)가 밝힌
바에 의하면, 절반이 넘는 유방암 환자들은 암 경험 덕분에 자신의 삶을 호의
적으로 재평가할 수 있었다고 보고했다. 마찬가지로, 야노프-불만과 워트먼
(1977)의 연구 결과에 의하면, 사고 희생자 29명 중 10명은 신이 의도적으로
(그리고 자비롭게!) 희생을 목적으로 자신들을 선택했다고 믿었다. 그러나 자동
차 사고로 몸이 마비된 사람들을 대상으로 한 리먼과 워트먼, 윌리엄스(1987)
의 연구 결과에 의하면, 피험자들의 4분의 3이 자신들의 상실에서 어떤 의미
도 찾을 수 없었다.
프랭클(Frankl, 1963)은 아우슈비츠 경험을 바탕으로, 자신들이 겪은 고통
에서 의미와 목적을 찾는 능력이 강제수용소 수감자들의 생존에 반드시 필요
했다는 결론을 내렸다. 비교적 덜 일화적인 측면에서, 테일러(1983)는 유방암
에서 긍정적인 의미를 발견한 여성들이 "심리적으로 훨씬 더 잘 적응하는 경
향"(1163)을 보인다는 사실을 밝혔다. 애플렉과 동료들(1987)의 연구 결과에
의하면, 심장마비 경험에서 교훈을 얻은 적이 있는 남성들이 후속 심장마비

---

43 개인이 자신의 자율성과 행위 주체성을 바라보는 방식으로 자신의 행동이나 감정을 지배하
는 원인을 자신의 내부로 돌릴지 아니면 외부로 돌릴지의 여부에 따라 내적 통제 소재와 외
적 통제 소재로 나뉜다.

44 (지은이) 바이스(Weiss, 1971a, 1971b)의 연구 결과에 의하면, 앞서서 전기 충격을 견디는 실
험용 쥐들은 전기 충격을 피하려고 애쓰지만 성공하지 못함에 따라 대처 반응이 효과가 없
다는 피드백을 받는 쥐들만큼 많은 스트레스 증상을 보이지는 않는다.

를 겪을 가능성이 비교적 낮았고 8년 후에 사망할 확률이 상대적으로 낮은 것으로 나타났다. 물론 의미화와 적응의 인과적 방향은 어느 한쪽 방향일 수도 있고 양방향일 수도 있다. 또한 적응과 의미화는 선천적인 행복 — 사람들로 하여금 새로운 조건에 성공적으로 적응하고 그것에서 의미를 찾을 수 있게 해주는 — 과 같은 제3의 요인과의 공통적인 관계 때문에 상관관계가 있는 것처럼 보일 수도 있다.

사후 가정

실제로 경험하지 않은 일에 대한 정신적 표상인 사후 가정은 때로는 실제 경험과 동일한 방식으로 특정한 상황에 대한 평가(또는 상황에 대한 적응)에 영향을 미칠 수 있다. 따라서 확연한 긍정적인 사후 가정('상황이 훨씬 더 좋을 수도 있었다')은 개인의 준거점을 높여 웰빙을 감소시킬 것이고, 확연한 부정적인 사후 가정('신의 은총이 없었더라면 나도 저렇게 되었을 것이다')은 개인의 준거점을 낮춰 웰빙을 향상시킬 것이다. 그러나 부정적인 사후 가정으로 감정을 향상시키려는 신중한 시도는 일반적으로 그리 효과적이지 않다. 우리는 보통 더 불행한 사람이나 더 불쾌한 상황을 상상하는 것만으로는 행복해질 수 없다. 쾌락적 상태에 영향을 미치려면 사후 가정은 현실에 대한 대안일 수 있어야 할 뿐만 아니라, 그럴듯해야 한다(Kahneman and Miller, 1986).[45]

---

45 (지은이) 이 점과 관련해, 파두치(1995, 179)는 다음과 같이 논평한다. "음식이 풍족한 아이들에게 아프리카의 굶주린 아동들은 그들이 먹기를 거부하는 음식에 감사할 것이라고 상기시키는 것은 그 음식의 맛을 향상시키지는 못할 것이다. 음식이 풍족한 아이는 굶주린 아이인 게 나을 뻔했다고는 생각할 수 없을 것이다. 하지만 바깥이 얼마나 추울지 잘 알면, 같은 아이는 추운 겨울밤에 오리털 이불 속에 몸을 파묻고 있는 것에서 상승한 만족감을 얻을 수 있을 것이다. 차가운 시트 사이로 처음 미끄러져 내려갔을 때처럼, 아마 최근까지 추위를 충분히 경험해 봤을 것이다."

결론

적응의 한계

적응에 관한 문헌은 장기적인 행복과 삶의 만족도가 개인의 객관적인 상황에 크게 의존하지 않는다는 견해로 이어졌다(Lykken and Telligen, 1996). 그러나 특정한 환경에서 오랜 기간 행복을 경험하고 다른 환경에서 오랜 기간 불행을 경험한 사람은 누구든 이 극단적인 결론에 회의적일 수밖에 없다. 이러한 회의론에는 다른 이유들도 있다. 첫째, 우리의 재고찰에서 보듯이, 적응은 모든 영역에서 관찰되지는 않으며, 민감화가 법칙으로 존재하는 일부 영역도 있을 수 있다. 우리는 모두 쾌락이나 고통의 원천이 늘어나는 상황인 좋은 룸메이트나 나쁜 룸메이트 같은 환경의 지속적인 특징을 생각할 수 있다. 둘째, 앞에서 주장했듯이 극적인 적응을 보인 결과 중 일부는 부분적으로 척도 규준화로부터 기인한 것일 수 있다. 셋째, 특정한 결과나 결과의 수준에 대한 만족도는 종종 사회적 규준과 사회적 비교, 그리고 우리의 평균적인 경험에 반드시 수렴되지는 않는 기타 눈에 띄는 지시 대상의 영향을 받는다. 예를 들어, 한 개인이 이웃만큼 돈을 벌기를 열망한다면, 그의 수입과 그가 열망하는 수준의 수입의 차이는 시간이 지남에 따라 커질 수 있다. 반대로, 가난하게 자라서 경제적으로 성공한 개인은 자신의 어린 시절에 대한 기억이 일생 동안 뚜렷하게 남아 있다면 자신의 호화로운 생활 방식에 계속 만족할 수 있을 것이다. 넷째, 아주 분명한 사실은 어떤 것들은 본질적으로 좋거나 나쁘다는 것이다. 그것들은 불변의 자연적 '영점(零點)'의 한쪽만을 차지한다(Kahneman, 이 책을 참조).

적응의 비용

쾌락적 적응은 불운한 조건의 주관적 효과를 줄임으로써 막대한 이익을 주지만 관련 비용(대가)이 따른다. 쾌락적 적응의 가장 분명한 비용은 쾌락적 적응이 나쁜 것뿐만 아니라 좋은 것에서도 발생하며, 브릭만과 캠벨(1971)이 '쾌락의 쳇바퀴' — 일시적인 만족이 결국 냉담함이나 심지어 불만족으로 바뀌는 경향 — 라고 부른 것을 생성한다는 것이다. 스키토프스키(1976)는 "승리의 순간이 끝나면, 목표 달성은 거의 실망스러운 것처럼 보인다"(62)라고 논평했다. 쾌락적 경험에 적응하는 것은 파괴적인 중독의 원인일 수도 있으며, 이는 부분적으로는 특정한 수준의 효용(좋은 것)이나 활동에서 얻는 쾌락의 감소에 기인하고 부분적으로는 효용(좋은 것)이나 활동의 소비가 중단될 때 생기는 불쾌감(갈망)에 기인한다(Koob et al., 1989; Loewenstein, 1996).

둘째, 적응 수준과는 거리가 먼 자극 수준의 차이에 대한 낮은 민감도와 적응 수준과 가까운 자극 수준의 차이에 대한 높은 민감도(그림 16.1과 16.2 참조)는 관련 결과의 경험적 가치를 고려해 볼 때 의사결정의 질을 저하시킬 수 있다. 예를 들어, 1년에 대학원 연구 장학금 1만 달러를 받는 상황에서 보면, 초봉 6만 달러와 6만 5천 달러의 차이는 아주 작아 보일 수 있다. 그러니 그 점에 대해 문의해 볼 가치조차 없고, 하물며 임금 협상을 할 가치는 더더욱 없어 보인다. 하지만 불과 몇 년 후, 학생이 6만 달러를 받는 교수가 되어 있을 경우에 그 사람은 다른 대학에서 5천 달러를 더 받기 위해서 기꺼이 현재의 대학교를 그만두고 타 지역으로 이사를 하고, 현재의 교우 관계를 끊을 용의가 있을 것이다.

셋째, 적응은 우리의 미적 기준을 서서히 파괴할 수 있다. 두보스(Dubos, 1965)는 도시 생활 적응에 대해 다음과 같이 언급한다.

바로 이 적응력은 [우리로 하여금] 결국 인간의 삶 최고 특유의 가치를 파괴할 조건과 습관에 적응할 수 있게 한다. 수백만 명의 사람들이 … 도시 및 산업 환경에 잘 적응하여 더 이상 자동차 배기가스의 악취나 도시 스프롤 현상이 야기하는 추한 도시 미관에 신경 쓰지 않는다. 그들은 자동차 교통 체증에 갇혀 있는 것이, 일상적인 무정형의 자동차들의 흐름이 이어지고 있는, 콘크리트 고속도로에서 맑은 오후 대부분을 보내는 것이 정상이라고 생각한다(278~279).

넷째, 적응은 도덕적 가치에 반할 수 있다. 리프턴(Lifton, 1990)은 자신의 저서 『나치 의사들(Nazi Doctors)』에서 (해를 끼치지 않겠다고 히포크라테스 선서를 한) 독일 의사들이 점차 활동적인 살인자로 변모하는 과정을 묘사했다. 의사들은 처음에는 안락사 집행에 참석할 것을 지시받은 후에 증서에 서명했다. 그다음에는 안락사 따위를 감독할 것을 지시받았고 결국에는 실제로, '우생학적으로 바람직하지 않은' 사람들에게 독극물 주사를 투여했다. 유명한 밀그램(Milgram) 실험은 또 하나의 예를 보여준다. 이 실험에 참여한 피험자들은 잠재적으로 치명적인 전기 충격을 즉시 가하지 말고 전압을 조금씩 높이라는 일련의 요구를 차례로 받았다. 결과적으로, 누군가에게 100볼트의 전기 충격을 방금 가하고 나면, 전압을 105볼트로 늘리라는 실험자의 요구를 따르는 것에 대한 정당화에 비해 그 특정한 전압 수준에서 전기 충격을 멈추는 것에 대한 정당화가 더 어려울 수도 있다.

다섯째, 적응은 다른 상황에서는 타인에 대한 우리의 공감을 감소시킬 수 있다. 사람들은 분개하며 궁금해 한다. 도널드 트럼프가 이미 그토록 많은 돈을 소유하고 있으면서 어떻게 그토록 탐욕스러울 수 있을까? 왜 어떤 학자는 이미 유명한 인사인데, 여전히 더 많은 인정을 받고 싶어 하고 공동 연구자들의 기여를 인정하기를 꺼리는 걸까? 아파트가 우리의 예전 기준에서 보면 아주 깨끗해 보이는데, 우리의 배우자는 몇 가지 물건을 잘못 배치한 것에 그토록 거센 반응을 보일까? 이 모든 사례들은 우리와는 다른 상황에 적응한 다른 사람들의 동기와 행동에 공감하기가 어렵다는 점을 시사한다.

여섯째, 적응이 우리가 타인의 행동을 이해하지 못하는 원인일 수 있는 것과 마찬가지로, 우리가 다른 미래 상황에서 우리 자신의 정서나 행동을 잘못 예측하는 원인일 수도 있다. 예를 들어, 종신 재직권이 없는 대학 교수들은 종신 재직권을 얻으면 얼마나 행복할지, 종신 재직권을 얻지 못하면 얼마나 불행할지에 대해서 과대평가한다(Gilbert et al., 1997). 또한 사람들은 일반적으로 자신들이 현재 소유하고 있지 않은 물건에 대해 갖게 될 애착을 과소평가한다(Loewenstein and Adler, 1995). 개인이 자신의 감정과 행동을 예측할 때 생기는 오류들은 로웬스타인과 슈케이드가 맡은 장(이 책)의 핵심이다.

최종 논평

기존의 연구는 쾌락적 적응에 대한 일반적인 결론을 거의 허용하지 않는다. 우리는 정밀한 연구에 속하는 일련의 작은 실험들에서 반복되는 결과를 개괄적으로 설명하고 적어도 해결되지 않은 일부 문제들을 거론하고자 했다. 분명, 쾌락적 적응의 특정한 영역 연구와 특정한 조정자들에 대한 연구가 더 많이 필요하다. 그러나 이러한 것이 절실하게 필요한 하나의 이유는 쾌락 상태를 더 풍부하고 다양하게 측정하기 위해서일 것이다. 연구자들은 감각이나 감정에 대한 주관적인 자기보고와 함께, 고용 상태, 병원 방문 빈도, 정신과 치료를 받은 횟수 등과 같은 기능의 전체적인 측정치, 눈물 발생이나 얼굴 표정과 같은 행동 측정치(예컨대, Husted Medvec, Madey and Gilovich, 1995를 참조), 혈압과 같은 전체적인 생리적 상관관계, 뇌 영역들의 상대적 활성화와 같은 특정한 신경학적 상관관계(예컨대, 부정적인 감정은 우측 전두반구의 활성화와 연관이 있는 반면에 긍정적인 감정은 좌측 전두반구의 활성화와 연관이 있는 것으로 보인다 — 이 책, Ito and Cacioppo를 참조), 그리고 감정 매개 기억 및 의사결정 과제의 수행 능력(Arkes, Herren and Isen, 1988을 참조) 등을 포괄하는 대안적인 쾌락 지표들을 더 많이 이용해야 한다.[46]

향후 연구가 쾌락적 적응에 대한 좀 더 깊이 있는 이해를 제공해 줄 것이라고 가정할 때, 그러한 연구 정보 덕분에 사람들은 전과는 다른 삶을 영위할 수 있을까? 사람들은 사지 마비 환자가 되더라도 그 삶에 익숙해질 수 있을 거라는 확신을 갖고 더 이상 안전벨트를 매지 않으려 할까? 사람들은 감옥이 결과적으로 그리 나쁘지만은 않을 거라는 걸 알고서 횡령의 기회를 노릴까? 우리는 사람들이 그럴 거라고 생각하지는 않는다. 하지만 아마도 몇몇 사람들은 예전 같으면 결코 익숙해지지 않았을 시끄러운 아파트 임대의 불행으로부터 구원받을 수 있을 것이다.

우리는 로빈 도스(Robyn Dawes), 토냐 엥슬러-스쿨러(Tonya Engstler-Schooler), 바루크 피슈호프(Bamch Fischhoff), 도나 하시, 대니얼 카너먼, 수전 놀런-혹스마(Susan Nolan-Hoeksema), 대니얼 리드(Daniel Read)의 의견과 제안에 감사를 드리며, 카네기멜론대학교 '지구변화에 대한 인간 차원 통합연구 센터'의 재정 지원에 감사드린다.

참고문헌

Affleck, G., Tennen, H., Croog, S., and Levine, S. (1987). Causal attribution, perceived benefits, and morbidity after a heart attack: An eight-year study. *Journal of Consulting and Clinical Psychology*, 55, 29~35.

---

46 (지은이) 조나단 스쿨러(Jonathan Schooler)와의 토론 덕분에 이와 같은 행복에 대한 대안적인 측정을 생각해 낼 수 있었다.

Ahles, T. A., Blanchard, E. B., and Leventhal, H. (1983). Cognitive control of pain: Attention to the sensory aspects of the cold pressor stimulus. *Cognitive Therapy and Research*, 7, 159~77.

Antonak, R. F., and Livneh, H. (1995). Psychosocial adaptation to disability and its investigation among persons with multiple sclerosis. *Social Science and Medicine*, 40, 1099~1108.

Arkes, H. R., Herren, L. T., and Isen, A. M. (1988). The role of potential loss in the influence of affect on risk-taking behavior. *Organizational Behavior and Human Decision Processes*, 47, 181~93.

Beale, S., Hambert, G., Lisper, H., Ohlsen, L., and Palm, B. (1985). Augmentation mammaplasty: The surgical and psychological effects of the operation and prediction of the result. *Annals of Plastic Surgery* 14 (6), 473~93.

Beauchamp, G. K., Bertino, M., and Engelman, K. (1983). Modification of salt taste. *Annals of Internal Medicine*, 98 (2), 763~69.

Berlyne, D. E. (1970). Novelty, complexity, and hedonic value. *Perception and Psychophysics*, 8, 279~86.

Birch, L. L., and Marlin, D. W. (1982). "I don't like it; I never tried it": Effects of exposure on two-year-old children's food preferences. *Appetite*, 3, 353~60.

Boles, T. L., and Messick, D. M. (1995). A reverse outcome bias: The influence of multiple reference points on the evaluation of outcomes and decisions. *Organizational Behavior and Human Decision Processes*, 61, 262~75.

Bolles, R. C. (1975). *The theory of motivation.* 2nd ed. New York: Harper & Row.

Bomstein, R. (1989). Exposure and affect: Overview and meta-analysis of research, 1968~1987. *Psychological Bulletin*, 106 (2), 265~89.

Bower, G. H. (1981). Emotional mood and memory. *American Psychologist*, 36, 129~48.

Brandt, J., Quaid, K. A., Folstein, S. E., Garber, P., et al. (1989). Presymptomatic diagnosis of delayed-onset disease with linked DNA markers: The experience in Huntington's disease. *Journal of the American Medical Association*, 261, 3108~14.

Breznitz, S. (1967). Incubation of threat: Duration of anticipation and false alarm as determinants of the fear reaction to an unavoidable frightening event. *Journal of Experimental Research in Personality*, 2, 173~79.

Brickman, P., and Campbell, D. (1971). Hedonic relativism and planning the good society. In M. H. Appley (Ed.), *Adaptation-level theory: A symposium* (pp. 287~302). New York. Academic Press.

Brickman, P., Coates, D. and Janoff-Bulman, R. (1978). Lottery winners and accident victims: Is happiness relative? *Journal of Personality and Social Psychology*, 36 (8), 917~27.

Brown, D. R. (1953). Stimulus similarity and the anchoring of subjective scales.

American Journal of Psychology, 66, 199~214.

Bukstel, L. H., and Kilmann, P. R. (1980). Psychological effects of imprisonment on confined individuals. *Psychological Bulletin, 88* (2), 469~93.

Cabanac, M. (1979). Sensory pleasure. *Quarterly Review of Biology, 54* (1), 1~29.

Caine, D. (1973). Psychological considerations affecting rehabilitation after amputation. *Medical Journal of Australia, 2,* 818~21.

Campbell, A. 1981. *The sense of well-being in America: Recent patterns and trends.* New York: McGraw-Hill.

Cassens, G., Actor, C., Kling, M., and Schildkraut, J. J. (1981). Amphetamine withdrawal: Effects on threshold of intracranial reinforcement. *Psychopharmacology,* 73, 318~22.

Clark, A. E. (1996). Are wages habit-forming? OECD working paper. DEELSA.

Cohen, S., Evans, G. W., Krantz, D. S., and Stokols, D. (1980). Physiological, motivational, and cognitive effects of aircraft noise on children: Moving from the laboratory to the field. *American Psychologist, 35,* 231~43.

Cohen, S., Evans, G. W., Krantz, D. S., Stokols, D., and Kelly, S. (1981). Aircraft noise and children: Longitudinal and cross-sectional evidence on adaptation to noise and the effectiveness of noise abatement. *Journal of Personality and Social Psychology, 40* (2), 331~45.

Cole, R. P., Shakespeare, V., Shakespeare, P., and Hobby, J. A. E. (1994). Measuring outcome in low-priority plastic surgery patients using quality-of-life indices. *British Journal of Plastic Surgery,* 47, 117~21.

Cometto-Muniz, J. E., and Cain, W. S. (1992). Sensory irritation: Relation to indoor air pollution. In W. G. Tucker, B. P. Leaderer, L. Molhave, and W. S. Cain (Eds.), *Sources of indoor air contaminants: Characterizing emissions and health impacts. Annals of the New fork Academy of Sciences* (vol. 641). New York: New York Academy of Sciences.

Conway, M., and Ross, M. (1984). Getting what you want by revising what you had. *Journal of Personality and Social Psychology,* 47, 738~48.

Cornwell, J., Nurcombe, B., and Stevens, L. (1977). Family response to loss of a child by sudden infant death syndrome. *Medical Journal of Australia, 1,* 656~58.

Crandall, C. (1984). The liking of foods as a result of exposure: Eating doughnuts in Alaska. *Journal of Social Psychology, 125* (2), 187~94.

Damasio, A. R. (1994). *Descartes' error: Emotion, reason, and the human brain.* New York. Putnam.

Dar, R., Ariely, D., and Frenk, H. (1995). The effect of past injury on pain threshold and tolerance. *Pain, 60,* 189~93.

Deaton, J. E., Berg, S. W., Richlin, M., and Litrownick, A. J. (1977). Coping activities in solitary confinement of U. S. Navy POWs in Vietnam. *Journal of*

Applied Social Psychology, 7, 239~56.

Dewsbury, D. (1981). Effects of novelty on copulatory behavior: The Coolidge effect and related phenomena. *Psychological Bulletin*, 89, 464~82.

Diener, E., Colvin, R., Pavot, W., and Allman, A. (1991). The psychic costs of intense positive affect. *Journal of Personality and Social Psychology*, 61 (3), 492~503.

Diener, E., Diener, M., and Diener, C. (1995). Factors predicting the subjective well-being of nations. *Journal of Personality and Social Psychology*, 69 (5), 851~64.

Diener, E., and Fujita, F. (1996). Social comparisons and subjective well-being. In B. Buunk and R. Gibbons (Eds.), *Health, coping, and social comparison.* Hillsdale, N. J.: Erlbaum.

Diener, E., Larsen, R. J., Levine, S., and Emmons, R. A. (1985). Frequency and intensity: The underlying dimensions of positive and negative affect. *Journal of Personality and Social Psychology*, 48, 1253~65.

Diener, E., Sandvik, E., Seidlitz, L., and Diener, M. (1993). The relationship between income and subjective well-being: Relative or absolute? *Social Indicators Research*, 28, 195~223.

Downey, G., and Silver, R. C., and Wortman, C. B. (1990). Reconsidering the attribution-adjustment relation following a major negative event: Coping with the loss of a child. *Journal of Personality and Social Psychology*, 59, 925~40.

Dubos, R. (1965). *Man adapting.* New Haven, Conn.: Yale University Press.

Duncan, O. T. (1975). Does money buy satisfaction? *Social Indicators Research*, 2, 267~74.

Dyregrov, A. (1990). Parental reactions to the loss of an infant child: A review. *Scandinavian Journal of Psychology*, 31, 266~80.

Easterlin, R. A. (1974). Does economic growth improve the human lot? Some empirical evidence. In P. A. David and M. W. Redcr (Eds.), *Nations and households in economic growth* (pp. 89~125). New York: Academic Press.

_____. (1995). Will raising the incomes of all increase the happiness of all? *Journal of Economic Behavior and Organization*, 27, 35~47.

Farber, M. L. (1944). Suffering and the time perspective of the prisoner. *University of Iowa Studies in Child Welfare*, 20, 155~227.

Fernandez, E., and Turk, D. C. (1992). Sensory and affective components of pain: Separation and synthesis. *Psychological Bulletin*, 112 (2), 205~7.

Flanagan, T. J. (1980). The pains of long-term imprisonment. *British Journal of Criminology*, 20, 148~56.

Frank, R. H. (1992). Frames of reference and the intertemporal wage profile. In G. Loewenstein and J. Elster (Eds.), *Choice over Time* (pp. 371~82). New

York: Russell Sage Foundation.

Frankl, V. E. (1963). *Man's search for meaning*. New York: Washington Square Press.

Gallemore, J. L., and Panton, J. H. (1972). Inmate responses to lengthy death row confinement. *American Journal of Psychiatry, 129*, 167~72.

Gilbert, D. T., Pinel, E. C., Wilson, T. D., and Blumberg, S. J. (1997). Affective forecasting and durability bias: The problem of the invisible shield. Working paper. Cambridge, Mass.: Department of Psychology, Harvard University.

Groves, P. M., and Thompson, R. F. (1973). A dualprocess theory of habituation: Neural mechanisms. In H. V. S. Peeke and M. J. Herz (Eds.), *Habituation* (vol. 2, pp. 175~205). New York: Academic Press.

Gurr, T. (1970). *Why men rebel*. Princeton, N. J.: Princeton University Press.

Hardie, B. G. S., Johnson, E. J., and Fader, P. S. (1993). Modeling loss aversion and reference dependence effects on brand choice. *Marketing Science, 12*, 378~94.

Hayes, L. M. (1983). "And darkness closed in": A national study of jail suicides. *Criminal Justice and Behavior, 10*, 461~84.

Heingartner, A., and Hall, J. V. (1974). Affective consequences in adults and children of repeated exposure to auditory stimuli. *Journal of Personality and Social Psychology, 29* (6), 719~23.

Helgeson, V. S., Cohen, S., Schulz, R, and Yasko, J. (1997). Effects of education and peer discussion group interventions on six—month adjustment to stage I and II breast cancer. Working paper. Pittsburgh: Department of Psychology, Carnegie—Mellon University.

Helson, H. (1947). Adaptation level as frame of reference for prediction of psychophysical data. *American Journal of Psychology, 60* (1), 1~29.

_____. (1948). Adaptation level as a basis for a quantitative theory of frames of reference. *Psychological Review, 55* (6), 297~313.

_____. (1964). *Adaptation-level theory: An experimental and systematic approach to behavior.* New York: Harper and Row.

Herrmann, C., and Wortman, C. (1985). Action control and the coping process. In J. Kuhl and J. Beckman (Eds.), *Action control: Prom cognition to behavior* (pp. 151~80). New York: Springer—Verlag.

Hill, C. D., Thompson, L. W., and Gallagher, D. (1988). The role of anticipatory bereavement in older women's adjustment to widowhood. *The Gerontologist, 28* (6), 792~96.

Hsee, C. K., and Abelson, R. P. (1991). The velocity relation: Satisfaction as a function of the first derivative of outcome over time. *Journal of Personality and Social Psychology, 60*, 341~47.

Hsee, C. K., Abelson, R. P., and Salovey, P. (1991). The relative weighting of position and velocity in satisfaction. *Psychological Science, 2,* 363~66.

Hughes, R, Good, E. S., and Candell, K. (1993). A longitudinal study of the effects of social support on the psychological adjustment of divorced mothers. *Journal of Divorce and Remarriage, 19* (1), 37~56.

Husted Medvec, V., Madey, S., and Gilovich, T. (1995). When less is more: Counterfactual thinking and satisfaction among Olympic medalists. *Journal of Personality and Social Psychology, 69,* 603~10.

Janal, M. N., Glusman, M., Kuhl, J. P., and Clark, W. C. (1994). Are runners stoical?: An examination of pain sensitivity in habitual runners and normally active controls. *Pain, 58,* 109~16.

Janoff−Bulman, R. (1979). Characterological versus behavioral self−blame: Inquiries into depression and rape. *Journal of Personality and Social Psychology, 37,* 1798~1809.

Janoff−Bulman, R, and Wortman, C. (1977). Attributions of blame and coping in the "real world": Severe accident victims react to their lot. *Journal of Personality and Social Psychology, 35* (5), 351~63.

Jonsson, E., and Sörensen, S. (1973). Adaptation to community noise: A case study. *Journal of Sound and Vibration, 26,* 571~75.

Junger, S. (1997). *The perfect storm.* New York: Harper Collins.

Kahneman, D. (1992). Reference points, anchors, norms, and mixed feelings. *Organizational Behavior and Human Decision Processes, 51,* 296~312.

Kahneman, D., and Miller, D. T. (1986). Norm theory: Comparing reality to its alternatives. *Psychological Review, 93* (2), 136~53.

Kahneman, D., and Snell, J. (1990). Predicting utility. In R. Hogarth (Ed.), *Insights in decision making: A tribute to Hillel J. Einhorn* (pp. 295~310). Chicago: University of Chicago Press.

Kahneman, D., and Tversky, A. (1979). Prospect theory: An analysis of decision under risk. *Econometrica, 47,* 263~91.

Kaprio, J., Koskenvuo, M., and Rita, H. (1987). Mortality after bereavement: A prospective study of 95,647 widowed persons. *American Journal of Public Health, 77,* 283~87.

Katz, J., and Melzack, R. (1990). Pain "memories" in phantom limbs: Review and clinical observations. *Pain, 43,* 319~36.

Kiecolt−Glaser, J. K., and Williams, D. A. (1987). Self−blame, compliance, and distress among bum patients. *Journal of Personality and Social Psychology, 53,* 187~93.

Klabunde, E. H., and Falces, E. (1964). Incidence of complications in cosmetic rhinoplasties. *Plastic and Reconstructive Surgery, 34* (2), 192~6.

Klassen, A., Jenkinson, C., Fitzpatrick, R, and Goodacre, T. (1996). Patients' health−related quality of life before and after aesthetic surgery. *British*

Journal of Plastic Surgery, 49, 433~38.

Koob, G. F., Stinus, L., Le Moal, M., and Bloom, F. E. (1989). Opponent process theory of motivation: Neurobiological evidence from studies of opiate dependence. *Neuroscience and Biobehavioral Reviews, 13,* 135~40.

Koukounas, E., and Over, R. (1993). Habituation and dishabituation of male sexual arousal. *Behaviour Research and Therapy, 31* (6), 575~85.

Krantz, D. L., and Campbell, D. T. (1961). Separating perceptual and linguistic effects of context shifts upon absolute judgments. *Journal of Experimental Psychology, 62* (1), 35~42.

Krupat, E. (1974). Context as a determinant of perceived threat: The role of prior experience. *Journal of Personality and Social Psychology, 29* (6), 731~36.

Laan, E., and Everaerd, W. (1995). Habituation of female sexual arousal to slides and film. *Archives of Sexual Behavior, 24* (5), 517~41.

Laibson, D. I. (1997). A cue-theory of consumption. Working paper. Cambridge, Mass.: Economics Department, Harvard University.

Lazarus, R. (1968). Emotions and adaptation: Conceptual and empirical relations. *Nebraska Symposium on Motivation, 16,* 175~266.

Lehman, D. R., Wortman, C. B., and Williams, A. F. (1987). Long-term effects of losing a spouse or child in a motor vehicle crash. *Journal of Personality and Social Psychology, 52* (1), 218~31.

Leventhal, E. A., Leventhal, H., Shacham, S., and Easterling, D. V. (1989). Active coping reduces reports of pain from childbirth. *Journal of Consulting and Clinical Psychology, 57,* 365~71.

Leventhal, H., Brown, D., Shacham, S., and Enquist, G. (1979). Effect of preparatory information about sensations, threat of pain, and attention on cold pressor distress. *Journal of Personality and Social Psychology, 37,* 688~714.

Lifton, R. J. (1990). *The Nazi doctors: Medical killings and the psychology of genocide.* New York: Basic Books.

Linz, D., Donnerstein, E., and Adams, S. M. (1989). Physiological desensitization and judgments about female victims of violence. *Human Communication Research, 15* (4), 509~22.

Linz, D., Donnerstein, E., and Penrod, S. (1984). The effects of multiple exposures to filmed violence against women. *Journal of Communication, 34,* 130~47.

_____. (1988). The effects of long-term exposure to violent and sexually degrading depictions of women. *Journal of Personality and Social Psychology, 55,* 758~68.

Livneh, H., and Antonak, R (1994). Review of research on psychosocial adaptation to neuromuscular disorders: I. Cerebral palsy, muscular dystrophy, and Parkinson's disease. *Journal of Social Behavior and Personality, 9* (5), 201~30.

Loewenstein, G. (1996). A visceral account of addiction. In J. Elster and O. J. Skog (Eds.), *Getting hooked: Rationality and addiction* (pp. 235~64). Cambridge: Cambridge University Press.

Loewenstein, G., and Adler, D. (1995). A bias in the prediction of tastes. *Economic Journal, 105,* 929~37.

Loewenstein, G., and Frederick, S. (1997). Predicting reactions to environmental change. In M. Bazerman, D. Messick, A. Tenbrunsel, and K. Wade-Benzoni (Eds.), *Psychological perspectives on the environment* (pp. 52~72). New York: Russell Sage Foundation.

Loewenstein, G., and Sicherman, N. (1991). Do workers prefer increasing wage profiles? *Journal of Labor Economics, 9,* 67~84.

Lykken, D., and Telligen, A. (1996). Happiness is a stochastic phenomenon. *Psychological Science, 7,* 186~89.

Mackenzie, D. L., and Goodstein, L. 1985. Long term impacts and characteristics of long term offenders. *Criminal Justice and Behavior, 13,* 427~47.

Maddison, D., and Walker, W. (1967). Factors affecting the outcome of conjugal bereavement. *British Journal of Psychiatry, 113,* 1057~67.

March, J. G. (1988). Variable risk preferences and adaptive aspirations. *Journal of Economic Behavior and Organization, 9,* 5~24.

Marsh, H. W., and Parducci, A. (1978). Natural anchoring at the neutral point of category rating scales. *Journal of Experimental Social Psychology, 14,* 193~204.

McFarland, C., Ross, M., and DeCourville, N. (1989). Women's theories of menstruation and biases in recall of menstrual symptoms. *Journal of Personality and Social Psychology, 57,* 522~31.

Melichar, J. F., and Chiriboga, D. A. (1988). Significance of time in adjustment to marital separation. *American Journal of Orthopsychiatry, 58* (2), 221~27.

Meuwissen, I., and Over, R (1990). Habituation and dishabituation of female sexual arousal. *Behaviour Research and Therapy, 28,* 217~26.

Moulton, J. M., Stempel, R. R., Bacchetti, P., Temoshok, L., and Moss, A. M. (1991). Results of a one-year longitudinal study of HIV antibody test notification from the San Francisco General Hospital cohort. *Journal of AIDS, 4,* 787~94.

Mullan, J. T. (1992). The bereaved caregiver: A prospective study of changes in well-being. *The Gerontologist, 32* (5), 673~83.

O'Bryant, S. L. (1991). Forewarning of a husband's death: Does it make a difference for older widows? *Omega Journal of Death and Dying, 22,* 227~39.

O'Donohue, W. T., and Geer, J. H. (1985). The habituation of sexual arousal. *Archives of Sexual Behavior, 14*, 233~46.

Ohlsen, L,, Ponten, B., and Hambert, G. (1978). Augmentation mammaplasty: A surgical and psychiatric evaluation of the results. *Annals of Plastic Surgery, 2*(1), 42~52.

Osterweis, M., Solomon, F., and Green, M. (Eds.). (1984). *Bereavement: Reactions, consequences, and care.* Washington, D. C.: National Academy Press.

Ostfeld, A., Kasl, S., D'Atri, D., and Fitzgerald, E. (1987). *Stress, crowding, and blood pressure in prison.* Hillsdale, N. J.: Erlbaum.

Parducci, A. (1968). The relativism of absolute judgments. *Scientific American, 219*, 84~90.

_____. (1984). Value judgments: Toward a relational theory of happiness. In J. R. Eiser (Ed.), *Attitudinal judgment* (pp. 3~21). New York. Springer-Verlag.

_____. (1995). *Happiness, pleasure, and judgment: The contextual theory and its applications.* Hove, Eng.: Erlbaum.

Parkes, C. M. (1972). Components of the reaction to loss of a limb, spouse, or home. *Journal of Psychosomatic Research, 16*, 343~49.

Parkes, C. M., and Weiss, R. S. (1983). *Recovery from bereavement.* New York: Basic Books.

Patterson, D. R., Everett, J. J., Bombardier, C. H., Questad, K. A., Lee, V. K, and Marvin, J. A. (1993). Psychological effects of severe bum injuries. *Psychological Bulletin, 113*, 362~78.

Paulus, P., McCain, G., and Cox, V. (1973). A note on the use of prisons as environments for investigation of crowding. *Bulletin of the Psychonomic Society, 6*, 427~28.

Pliner, P. (1982). The effects of mere exposure on liking for edible substances. *Appetite, 3*, 283~90.

Poulton, E. C. (1989). *Bias in quantifying judgments.* Hove, Eng.: Erlbaum.

Pribram, K. H. (1984). Emotion: A neurobehavioral analysis. In K. R Scherer and P. Ekman (Eds.), *Approaches to emotion* (pp. 13~38). Hillsdale, N. J.: Erlbaum.

Price, D., Harkins, S., and Baker, C. (1987). Sensory-affective relationships among different types of clinical and experimental pain. *Pain, 28*, 297~307.

Reich, J. (1982). The interface of plastic surgery and psychiatry. *Clinics in Plastic Surgery, 9* (3), 367.

Roberts, J. V., and Jackson, M. (1991). Boats against the current: A note on the effects of imprisonment. *Law and Human Behavior, 15*, 557~65.

Rolls, B., Rowe, E., Rolls, E., Kingston, B., Megson, A., and Gunary, R. (1981). Variety in a meal enhances food intake in man. *Physiology and Behavior, 26*,

215~21.

Ross, M. (1989). Relation of implicit theories to the construction of personal histories. *Psychological Review, 96*, 341~57.

Rozin, P., and Schiller, D. (1980). The nature and acquisition of a preference for chili pepper by humans. *Motivation and Emotion, 4* (1), 77~101.

Rozin, P., and Vollmecke, T. A. (1986). Food likes and dislikes. *Annual Review of Nutrition, 6*, 433~56.

Ryder, H. E., and Heal, G. M. (1973). Optimal growth with intertemporally dependent preferences. *Review of Economic Studies, 40*, 1~33.

Sanders, C. M. (1980). A comparison of adult bereavement in the death of a spouse, child, and parent. *Omega Journal of Death and Dying, 10*, 303~22.

Sapsford, R. J. (1978). Life-sentence prisoners: Psychological changes during sentence. *British Journal of Criminology, 18*, 128~45.

Sarris, V. (1967). Adaptation-level theory: Two critical experiments on Helson's weighted-average model. *American Journal of Psychology, 80* (3), 331~44.

Schelling, T. (1984). Self-command in practice, in policy, and in a theory of rational choice. *American Economic Review, 74*, 1~11.

Schkade, D., and Kahneman, D. (1998). Does living in California make people happy? A focusing illusion in judgments of life satisfaction. *Psychological Science, 9*, 340~46.

Schulz, R, and Decker, S. (1985). Long-term adjustment to physical disability: The role of social support, perceived control, and self-blame. *Journal of Personality and Social Psychology, 48* (5), 1162~72.

Schweitzer, M. (1995). Multiple reference points, framing, and the status quo bias in health care financing decisions. *Organizational Behavior and Human Decision Processes, 63*, 69~72.

Scitovsky, T. (1976). *The joyless economy: The psychology of human satisfaction.* New York: Oxford University Press.

Shepard, R. (1981). Psychological relations and psychophysical scales: On the status of "direct" psychophysical measurement. *Journal of Mathematical Psychology, 24*, 21~57.

Shuchter, S. R., and Zisook, S. (1993). The course of normal grief. In M. Stroebe, W. Stroebe, and R. Hansson (Eds.), *Handbook of bereavement: Theory, research, and intervention* (pp. 23~43). Cambridge: Cambridge University Press.

Siegel, S., Hinson, R. E., Krank, M. D., and McCully, J. (1982). Heroin "overdose" death: Contribution of drug-associated environmental cues. *Science, 23*, 436~37.

Siegel, S., Krank, M. D., and Hinson, R. E. (1988). Anticipation of pharma-cological and nonpharmacological events: Classical conditioning and addictive behavior. In S. Peele (Ed.), *Visions of Addiction*. Lexington, Mass.: Lexington Books.

Siller, J. (1969). Psychological situation of the disabled with spinal cord injuries. *Rehabilitation Literature, 30*, 290~96.

Silver, R. L. (1982). Coping with an undesirable life event: A study of early reactions to physical disability. Ph.D. diss. Northwestern Univ., Evanston, Ill.

Silver, R. L., and Wortman, C. B. (1980). Coping with undesirable life events. In J. Garber and M. E. P. Seligman (Eds.), *Human helplessness: Theory and applications* (pp. 279~340). New York: Academic Press.

Smith, C. A., and Wallston, K. A. (1992). Adaptation in patients with chronic rheumatoid arthritis: Application of a general model. *Health Psychology, 11* (3), 151~62.

Smith, D., and Over, R. (1987). Does fantasy-induced sexual arousal habituate? *Behaviour Research and Therapy, 25* (6), 477~85.

Solomon, R. L., and Corbit, J. D. (1974). An opponent-process theory of motivation: I. Temporal dynamics of affect. *Psychological Review, 81* (2), 119~45.

Stevens, S. (1958). Adaptation-level versus the relativity of judgment. *American Journal of Psychology, 71* (4), 633~46.

Stevenson, R. J., and Yeomans, M. R. (1995). Does exposure enhance liking for the chili burn? *Appetite, 24*, 107~20.

Strahilevitz, M., and Loewenstein, G. (1998). The effect of ownership history on the valuation of objects. *Journal of Consumer Research, 25*, 276~89.

Stroebe, M., Stroebe, W., and Hansson, R. (Eds.). (1993). *Handbook of bereavement: Theory, research, and intervention*. Cambridge: Cambridge University Press.

Stroebe, W., and Stroebe, M. (1987). *Bereavement and health*. New York: Cambridge University Press.

Suedfeld, P., Ramirez, C., Deaton, J., and Baker-Brown, G. (1982). Reactions and attributes of prisoners in solitary confinement. *Criminal Justice and Behavior, 9*, 303~40.

Taylor, S. (1983). Adjustment to threatening life events: A theory of cognitive adaptation. *American Psychologist, 38*, 1161~73.

Tennen, H., and Affleck, G. (1990). Blaming others for threatening events. *Psychological Bulletin, 107*, 209~32.

Thompson, R. F., Groves, P. M., Teyler, T. J., and Roemer, R. A. (1973). In H. V. S. Peeke and M. J. Herz (Eds.), *Habituation* (vol. 1, pp. 239~71). New York: Academic Press.

Torrence, E. (1958). Sensitization versus adaptation in preparation for emergencies: Prior experience with an emergency ration and its acceptability in a simulated survival situation. *Journal of Applied Psychology, 42* (1), 63~67.

Tversky, A., and Griffin, D. (1991). Endowment and contrast in judgments of well-being. In F. Strack, M. Arguyle, and N. Schwartz (Eds.), *Subjective well-being: An interdisciplinary perspective* (vol. 21, pp. 101~18). Oxford: Pergamon Press.

Tyc, V. L. (1992). Psychosocial adaptation of children and adolescents with limb deficiencies: A review. *Clinical Psychology Review, 2,* 275~91.

van Praag, B. (1977). The welfare function of income in Belgium: An empirical investigation. *European Economic Review,* 337~69.

van Praag, B. M. S., and van der Sar, N. L. (1988). Empirical uses of subjective measures of well-being. *Human Resources, 23,* 193~210.

Veenhoven, R. (1991). Is happiness relative? *Social Indicators Research, 24,* 1~34.

Walker, K. N., MacBride, A., and Vachon, M. L. S. (1977). Social support networks and the crisis of bereavement. *Social Science and Medicine, 11,* 35~41.

Warr, P., Jackson, P., and Banks, M. (1988). Unemployment and mental health: Some British studies. *Journal of Social Issues, 44* (4), 47~68.

Weiner, B. (1982). The emotional consequences of causal attributions. In M. S. Clark and S. T. Fiske (Eds.), *Affect and cognition: The seventeenth annual Carnegie symposium on cognition* (pp. 185~210). Hillsdale, N. J.: Erlbaum.

Weinstein, N. D. (1978). Individual differences in reactions to noise: A longitudinal study in a college dormitory. *Journal of Applied Psychology, 63,* 458~66.

_____. (1982). Community noise problems: Evidence against adaptation. *Journal of Environmental Psychology, 2,* 87~97.

Weiss, J. M. (1971a). Effects of coping behavior in different warning signal conditions on stress pathology in rats. *Journal of Comparative and Physiological Psychology, 77,* 1~13.

_____. (1971b). Effects of punishing the coping response (conflict) on stress pathology in rats. *Journal of Comparative and Physiological Psychology, 77,* 14~21.

Weiss, R. S. (1987). Principles underlying a manual for parents whose children were killed by a drunk driver. *American Journal of Orthopsychiatry, 57,* 431~40.

_____. (1988). Loss and recovery. *Journal of Social Issues, 44* (3), 37~52.

Wengle, H. (1986). The psychology of cosmetic surgery: A critical overview of the literature 1960~1982. Part I. *Annals of Plastic Surgery, 16* (5), 435~43.

Wiggins, S., Whyte, P. Huggins, M., Adam, S., et al. (1992). The psychological consequences of predictive testing for Huntington's disease. *New England*

Journal of Medicine, 327, 1401~5.

Wise, R. A., and Munn, E. (1995). Withdrawal from chronic amphetamine elevates baseline intracranial self-stimulation thresholds. *Psychopharmacology, 117,* 130~36.

Wormith, J. S. (1984). The controversy over the effects of long-term imprisonment. *Canadian Journal of Criminology, 26,* 423~37.

Wortman, C. B. (1976). Causal attributions and personal control. In J. H. Harvey, W. J. Ickes, and R. F. Kidd (Eds.), *New directions in attribution research* (vol. 1, pp. 23~51). Hillsdale, N. J.: Erlbaum.

Wortman, C. B., Kessler, R., Bolger, N., House, J. (1992). The time course of adjustment to widowhood: Evidence from a national probability sample. Unpublished manuscript, Duke University.

Wortman, C., and Lehman, D. (1985). Reactions to victims of life crises: Support attempts that fail. In I. G. Sarason and; B. R. Sarason (Eds.), *Social support: Theory, research, and applications* (pp. 463~89). The Hague: Nijhof.

Wortman, C., and Silver, R. (1987). Coping with irrevocable loss. In *Cataclysms, crises and catastrophes: Psychology in action.* Master lecture series (vol. 6, pp. 189~235). Washington, D. C.: American Psychological Association.

_____. (1989). The myths of coping with loss. *Journal of Consulting and Clinical Psychology, 57,* 349~57.

_____. (1990). Successful mastery of bereavement and widowhood: A life course perspective. In P. B. Baltes and M. M. Baltes (Eds.), *Successful aging: Perspectives from the behavioral sciences* (pp. 225~64). New York: Cambridge University Press.

Wortman, C. B., Silver, R. C., and Kessler, R. C. (1993). The meaning of loss and adjustment to bereavement. In M. Stroebe, W. Stroebe, and R. Hansson (Eds.), *Handbook of bereavement: Theory, research, and intervention* (pp. 349~66). Cambridge: Cambridge University Press.

Young, V. L., Nemecek, J. R., and Nemecek, D. A. (1994). The efficacy of breast augmentation: Breast size increase, patient satisfaction, and psychological effects. *Plastic and Reconstructive Surgery, 94* (7), 958~69.

Zajonc, R. (1968). Attitudinal effects of mere exposure. *Journal of Personality and Social Psychology Monograph Supplement, 9* (2), 2:1~32.

Zamble, E. (1992). Behavior and adaptation in longterm prison inmates: Descriptive longitudinal results. *Criminal Justice and Behavior, 19,* 409~25.

Zamble, E., and Proporino, F. (1990). Coping, imprisonment, and rehabilitation: Some data and their implications. *Criminal Justice and Behavior, 17,* 53~70.

Zisook, S., Shuchter, S., and Lyons, L. (1987). Adjustment to widowhood. In S. Zisook (Ed.), *Biopsychosocial aspects of bereavement* (pp. 51~74). Washington, D. C.: American Psychiatric Association Press.

17장

웰빙의 성차

수전 놀런-혹스마 · 셰릴 L. 러스팅

이 장에서는 웰빙의 성차(姓差)에 대한 증거와 지금까지 제시되어 온 이러한 성차에 대한 주요한 여러 설명들을 재고찰하고자 한다. 성차는 슬픔, 공포/불안, 반사회적 인격 장애 및 행동 장애, 약물 남용 및 의존 등을 포함한 여러 기분과 행동에서 일관되게 나타난다. 분노의 감정, 일상적인 공격적 행동, 적대감, 긍정적인 기분에서도 비교적 일관성은 낮지만 성차가 나타난다. 이러한 성차에 대한 설명은 매우 다양하다. 이 장은 다양한 생물학적, 성격적, 사회 맥락적 설명을 뒷받침하는 증거를 재고찰할 것이다. 일부 설명은 다른 설명들에 비해 훌륭히 입증되지만, 대부분의 설명은 부정적인 기분과 행동에 초점을 맞추고 있고 긍정적인 기분의 성차를 설명할 수 없다. 이 장은 웰빙의 성차를 검토하는 향후 연구를 위한 제언으로 마무리 지을 것이다.

성차는 심리적 웰빙의 측정치에서 흔히 발견된다. 이 장에서 우리는 주요 정신병리와 일상의 기분 및 행동에서 나타나는 성차에 대한 증거를 살펴볼 것이다. 우리는 부정적인 기분과 장애, 긍정적인 기분과 행동 모두에서 성차가 있음을 보여주는 증거를 고찰할 것이다. 또한 우리는 성차가 측정 방법과 문화와 연령대에 걸쳐 일관성이 있는 경우와 그렇지 않은 경우에 주목할 것이다. 그런 다음에, 이러한 성차와 관련해 제시된 다양한 생물학적, 성격적, 사회 맥락적 설명에 대한 증거를 고찰할 것이다. 우리는 대체로 경험적 증거의 뒷받침을 받는 설명들을 강조하고, 향후 연구를 위한 제언을 하는 것으로

703

마무리를 지을 것이다.

부정적인 기분과 관련 행동

부정적인 기분과 행동은 두 가지 범주, 즉 내면화 장애와 외면화 장애로 나눌 수 있다. 내면화성 정신병리로는 우울증과 불안 장애가 있으며, 일상적인 내면화성 기분으로는 슬픔, 공포나 긴장, 수치심이나 죄의식이 있다. 외면화성 정신병리로는 부적절한 공격성과 약물 남용이 있고, 주된 외면화성 기분으로는 분노가 있다. 우선 내면화 장애에서 나타나는 성차를 고찰한 다음에 외면화 장애에서 나타나는 성차를 살펴볼 것이다.

내면화 장애

여기에서 재고찰한 심리적 장애에 대한 모든 연구는 모집단에서 추출한 무작위 표본에서 나타나는 장애 유병률을 결정하기 위해 구조화된 임상 면접을 이용한다. 구조화된 임상 면접은 가장 널리 인정받고 있는 심리 장애 측정 방법이다. 훈련받은 면접관은 응답자에게 일련의 표준적인 질문들을 제시하며, 응답자의 답변은 응답자의 장애 진단 여부를 결정하는 데 이용된다. 이러한 연구들에서 얻은 성차는 자기보고와, 치료를 받고자 하는 사람들에 대한 진단을 포함한 다른 측정 방법들을 이용한 연구들과 일치하는 경향이 있다.

최근 미국 전역에서 시행된 정신 질환에 대한 포괄적 연구에서, 조증 에피소드를 제외한 모든 기분 장애와 불안 장애의 경우에 여성들이 남성들보다 높은 비율을 보였다(Kessler et al., 1994). 우울증과 불안 장애의 유사한 성차는 많은 선행 연구들에서 밝혀졌다(Nolen-Hoeksema, 1995a; Yonkers and Girguis, 1995). 조증의 성차는 일반적으로 발견되지 않지만, 미국정신의학회(American Psychiatric Association, 1994)의 정신 장애 진단 및 통계편람(DSM)-IV에서 양극성 장애로 언급하는 조울증을 가진 사람들 사이에 보이는 성차에 대한 증거는 어느 정도 있다. 여성은 남성에 비해 심한 우울증 에피소드와 가벼운 조증 에피소드를 겪을 가능성이 높은 반면에 남성은 여성에 비해 심한 조증 에피소드와 가벼운 우울증 에피소드를 겪을 가능성이 높다(Nolen-

Hoeksema, 1995a). 따라서 남성에 비해 좀 더 쉽게 우울증에 걸리는 여성들의 경향은 조울증에서도 발현된다.

이러한 성차는 문화에 따라 다소 다를 수 있으며, '비교적 덜 근대화된' 문화에서는 성차가 상대적으로 작은 것으로 나타났다(Nolen-Hoeksema, 1990). 예를 들어, 교회와 가족을 중심으로 한 18세기 전통적인 농업 생활양식을 가진 펜실베이니아 중부의 올드 오더 아미시(the Old Order Amish) 교파에 대한 연구를 보면, 우울증의 총유병률은 미국의 전체 모집단의 유병률보다 훨씬 낮았고, 우울증 유병률의 성차는 발견되지 않았다(Egeland and Hostetter, 1983). 또한 우울증의 성차는 흔히 선진국보다 개발도상국에서 더 작은 것으로 나타난다.

미국 내에서, 내면화 장애의 유병률과 성별에 따른 이러한 장애의 분포에 있어서 민족 및 인종 집단들 간의 차이는 연구마다 다르다(Nolen-Hoeksema, 1995a를 참조). 대부분의 연구 결과에 따르면, 여성은 모든 민족 및 인종 집단에 걸쳐 우울증과 불안증에 더 취약성을 보이지만, 몇몇 연구 결과에 의하면, 소수 민족 남성이 백인 남성에 비해 우울증과 불안증을 겪는 비율이 높은 점을 감안할 때 이러한 성차는 백인에 비해 소수 민족 집단에서 작은 것으로 보인다(Blazer et al., 1994).

내면화 장애의 발달 과정도 성차가 있다. 우울증과 불안증의 성차는 청소년기 초에 나타나서 성인기에도 지속되는 경향이 있다(Angold and Worthman, 1993; Nolen-Hoeksema and Girgus, 1994). 소녀들은 11세에서 15세 사이에서 이러한 장애의 유병률이 크게 상승하는 양상을 보이는 반면에 소년들은 어린 시절 이후로 이러한 장애가 크게 증가하지는 않는다. 18세 무렵이 되면, 성인 인구에서 볼 수 있는 이러한 장애의 큰 성차가 확립된다.

요컨대, 여성들은 남성에 비해 우울증과 불안 장애의 유병률이 높으며, 이러한 성차는 미국에서 대부분의 민족 및 인종 집단에 걸쳐 발견되는 경향이 있다. 이러한 성차는 '비교적 덜 근대화된' 문화에서는 낮을 수 있다. 결국, 성차는 청소년기 초에 나타나 성인기에도 지속되는 경향이 있다.

일상적인 내면화성 기분과 행동

일상적인 기분과 행동에 대한 연구는 두 가지 상이한 측정 방법, 즉 주관적 경험에 대한 자기보고와 정서 표현에 대한 관찰을 사용해 왔다. 어떤 기분과 행동의 경우에서는 이 두 가지 측정 방법이 비슷한 결과를 낳았고, 다른 기분과 행동의 경우에서는 그렇지 않았다.

경험 자기보고 측정법을 이용한 정서 경험 연구 결과들에 의하면, 내면으로 집중된 부정적인 정서의 성차가 상당히 일관성을 보였다. 브로디와 홀(Brody and Hall, 1993)은 여성이 일반적으로 남성보다 내적 처벌 정서(수치심, 죄의식, 슬픔, 공포, 불안)에 대한 자기보고를 더 많이 한다는 점을 제시했고, 대부분의 자기보고 문헌은 이러한 추정을 확증해 준다. 참가자들에게 서로 다른 정서에 대한 경험을 평가해 달라고 요구하는 많은 연구들의 결과에 의하면, 슬픔과 공포(또는 불안)의 경험에서 성차가 나타나며, 여성들은 남성에 비해 더 많은 슬픔과 공포를 보고했다(Allen and Haccoun, 1976; Balswick and Avertt, 1977; Brody, Hay and Vandewater, 1990; Croake, Myers and Singh, 1987; Dillon, Wolf and Katz, 1985; Highlen and Gilles, 1978; Highlen and Johnston, 1979; Kirkpatrick, 1984; McDaniel and Richards, 1990; Scherer, Wallbott and Summerfield, 1986; Stapley and Haviland, 1989). 보고된 불안증의 성차에 대한 두 가지 메타 분석은 이러한 패턴을 확증하며, 여성이 남성에 비해 자기보고 불안 측정에서 더 높은 점수를 받는다는 사실을 보여주었다(Feingold, 1994; Hall, 1984). 또한 성인(Tangney, 1990)과 청소년(Stapley and Haviland, 1989)의 표본을 대상으로 한 연구 결과에 의하면, 여성들은 남성보다 더 많은 수치심과 죄의식을 경험했다고 보고한다. 따라서 정서에 대한 자기보고 연구 결과는 일관된 패턴을 보인다. 즉 여성은 남성에 비해 더 빈번하고 강렬하게, 내면으로 집중된 정서를 경험한다고 보고한다.

표현 내면으로 집중된 부정적인 정서의 표현을 조사한 연구들은 정서 경험 연구에서 얻은 것과 매우 유사한 결과를 낳았다. 정서 표현성에 대한 자기보고를 측정한 연구들에 의하면, 여성들은 남성보다 공포와 슬픔을 더 많이 표현한다고 보고한다(Blier and Blier-Wilson, 1989; Brody, 1993; Dosser, Boswick and Halverson, 1983; Grossman and Wood, 1993).

일부 연구들은 관찰 기술을 이용해, 정서적으로 자극하는 슬라이드 영상이나 영화에 노출되는 동안 생리적 표현이나 얼굴 표정을 기록하여 정서 표현성을 측정했다. 예를 들어, 한 연구에서 남성과 여성이 슬픈 영화를 보는 동안에 관찰자가 그들의 반응성을 측정했다(Choti et al., 1987). 영화를 보는 동안에 여성은 남성보다 더 많이 울었을 뿐만 아니라 남성보다 슬픔과 울음의 상관관계가 더 강함을 보였다. 또 다른 연구에서, 남성과 여성은 자신들의 근전도(EMG) 활동이 기록되는 동안에 긍정적, 부정적, 중립적인 슬라이드 영상을 보았다(Grossman and Wood, 1993). 부정적인 슬라이드 영상을 보는 동안에, 여성이 남성보다 더 강한 EMG 반응을 보인 결과는 여성이 특히 부정적인 정서적 소재에 정서적으로 반응한다는 것을 시사한다. 같은 연구에서 여성들은 공포와 슬픔을 더 강하고 빈번하게 표현했음을 보고했는데, 이는 부정적인 슬라이드 영상에 나오는 그러한 소재에 반응했을 수 있다는 점을 시사한다. 종합해 볼 때, 이러한 연구 결과들은 여성들이 남성보다 더 많은 공포와 슬픔을 표현한다는 점을 시사한다.

요컨대, 여성들은 공포/불안, 슬픔, 죄의식과 같은 내면으로 집중된 부정적인 기분을 상대적으로 더 크게 경험하고 표현함을 보고한다. 이러한 성차는 자기보고와 관찰 연구에서 모두 얻어진다. 또한, 여성들은 내면으로 집중된 기분과 행동을 전달하고 인식하는 데 남성들에 비해 더 뛰어난 것으로 보인다.

외면화 장애

반사회적 인격 장애 및 약물 사용 장애를 포함한 외면화 장애는 여성에 비해 남성에게서 훨씬 더 빈번하게 진단된다. 일반적인 모집단 구성원들과의 구조화된 임상 면접이 보여주는 바에 의하면, 성인들에게서 반사회적 인격 장애가 4~5배 더 빈번하게 진단되고 약물 남용이 여성에 비해 남성에게서 두 배 더 빈번하게 진단된다.(Kesler et al., 1994). 남성들에게서 나타나는 외면화 장애의 상대적으로 높은 비율은 모든 미국의 민족 및 인종 집단에 걸쳐 나타나며, 미국 이외의 다양한 문화에서도 나타나는 현상이다(Helzer and Canino, 1992). 이러한 성차는 인생의 이른 초기에 나타나는 경향이 있다. 심지어 취학 전 아동 시기에도 남성은 여성에 비해 공격적인 행동 경향이 더 큰 것으로 나타났다(Loeber, 1990).

일상적인 외면화성 기분과 행동

주요한 일상적인 외면화성 기분과 행동으로는 분노와 공격성이 있다. 이러한 기분의 경험과 표현에서 나타나는 성차를 탐구한 연구들은 복잡한 결과의 패턴을 내놓는다. 이러한 복잡성은 이 연구들에서 사용된 상이한 측정 방법들과 부분적으로 연관되어 있다.

경험 외부로 집중된 부정적인 정서의 일상적 경험에서 보이는 성차에 관한 문헌은 일관성이 없는 연구 결과들을 내놓았다. 자기보고된 분노에 대한 일부 연구(Biaggio, 1980; Doyle and Biaggio, 1981) 결과에 의하면, 남성이 여성보다 더 빈번하게 분노를 보고하는 반면에 다른 연구(Allen and Haccoun, 1976; Averill, 1982; Wintre, Polivy and Murray, 1990) 결과에 의하면, 그러한 성차가 유의미하게 나타나지 않았다. 하지만 특성 분노 또는 적대감에 대한 자기보고 측정법에서는 성차가 일반적으로 발견되며, 남성은 여성에 비해 더 높은 적대감 수준을 가진다(Biaggio, 1980; Novaco, 1975; Scherwitz et al., 1991). 또한 남성이 여성에 비해 더 많은 경멸감을 보고하는 등 경멸감과 관련해 유사한 결과가 발견된다(Stapley and Haviland, 1989). 그러나 일상적인 분노 경험을 연구한 애버릴(Averill, 1982)이 밝힌 연구 결과에 의하면, 여성들은 남성들과 대등하게 일상생활에서 분노를 경험했다. 애버릴은 남성과 여성이 경험하는 일상적인 분노 양상이 크게 다르지 않다고 결론지었다. 따라서 분노 경험에서 성차가 존재한다는 것은 그리 명확하지는 않다.

이러한 일관성 없는 연구 결과에 대한 한 가지 설명은 맥락(상황) 요인이 분노 경험의 성차에 영향을 미칠 수 있으며, 정서 경험의 성차는 상황 특유의 현상이라는 것이다(Blier and Blier-Wilson, 1989; Brody, 1993; Brody, Lovas and Hay, 1995; Dosser et al., 1983; van Goozen et al., 1994). 이러한 맥락(상황) 요인에 대한 한 연구에서 판구젠과 동료들(van Goozen et al., 1994)은 분노를 유발하는 요인들에서 성차를 발견했다. 여성들은 남성들에 비해, (부정적인 성과 피드백 제공으로 조작된) 자신들의 무능력의 결과보다는 무례한 대우와 좌절의 결과 때문에 화를 낼 것이라고 보고할 가능성이 더 높았다. 부정적인 성과 피드백을 받았을 때, 여성들은 남성들에 비해 (분노보다는) 슬픔이나 수치심을 느낄 가능성이 더 높았다. 스테플리와 하빌랜드(Stapley and Haviland, 1989)는 유사한 맥락(상황) 효과를 발견했다. 즉 남성은 성취의 실패 상황에 대한 반응으로 분노를 느끼는 반면에 여성은 대인관계에서 모욕감이나 좌절감을 느끼는 상황에 대한 반응으로 분노를 느꼈다. 따라서 남성과 여성은 똑같이 종종 분노를 느낄 수 있지만, 분노 반응을 유발하는 상황은 다를 수 있다.

표현 공격성은 분노 감정의 행동적 표현으로 볼 수 있다. 공격성에 대한 많은 실험적인 연구 결과에 의하면, 남성이 여성보다 더 공격적이다(Eagly and Steffen, 1986; Erodi, Macaulay and Thorne, 1977; Hyde, 1984; White, 1983을 참조). 분노 표현에 대한 자기보고는 비슷한 패턴을 따른다. 즉, 여성은 남성에 비해 분노 표현을 적게 보고했다(Biaggio, 1989). 분노의 정서와 마찬가지로 공격성의 성차는 특정한 맥락(상황) 요인에 달려 있는 것으로 보인다. 이러한 요인들 중 하나는 공격성의 유발 여부이다. 공격성 유발 상황이 아닌 경우에 남성은 여성에 비해 더 공격적인 경향이 있지만, 공격성이 유발되는 상황이라면, 남성과 여성은 똑같이 공격적인 반응을 보인다(이와 관련해서 재고찰하고 싶다면, Bettencourt and Miller, 1996을 참조). 또 다른 요인은 공격적인 반응의 유형이다. 예를 들어, 신체적 공격성은 남성에게 더 적합하지만 언어적 공격성은 여성에게 더 적합하다(Deaux and Major, 1988; Eagly and Steffen, 1986).

일부 연구가 입증했듯이, 여성은 분노 표현에 있어서 남성에 비해 더 많은 갈등을 경험하고 분노와 공격성을 경시하는 경향이 있다(Egerton, 1988; Frodi, 1978). 이러한 경향은 남성의 분노 표현에 비해 여성의 분노 표현이 낮게 표출되는 데 기여하는 요인이 될 수 있다. 프로디(Frodi, 1978)는 (사고(思考) 목록화 과제에서) 피험자에게 분노를 유발시킨 연구 파트너에 대한 감정의 언어화는 성별에 따라 다른 결과를 초래하는 경향이 있다고 지적했다. 자신의 생각을 적으라는 지시를 받은 여성들은 분노와 공격성을 경시했던 반면에 남성들은 "분노에 대한 생각에 집착하는 경향이 있었다"(347).

공격성과 분노 표현에 대한 많은 연구들이 남성에 비해 여성의 분노 표현이 적다는 점을 보여주었지만, 그러한 연구가 항상 일관된 결과를 제시하지는 않았다. 비아지오(Biaggio, 1989)는 분노를 유발하는 사건에 대해서 남성과 여성이 다르게 반응하는지 여부를 결정하기 위해서 두 가지 연구를 수행했다. 첫 번째 연구에서 대학생들은 2주 동안 분노 유발 사건에 대한 자신들의 행동 반응을 기록하도록 요구받았다. 그다음에 그 반응들은 평가자들에 의해 분류되었다. 그 결과, 남성들은 여성들에 비해 분노를 유발하는 사건을 더 많이 보고했으며, 육체적, 언어적 적대감 반응을 더 많이 보였다. 두 번째 연구에서는 학생들을 실험실로 데려가서 실험적으로 야기한 분도 유발 상황에 대한 그들의 행동 반응을 기록했다. 그 결과, 분노 유발 상황에 대한 행동 반응의 성차는 관찰되지 않았다. 따라서 자기보고로 분노를 측정했을 때는 성차가 나타났지만, 분노 반응을 실험적으로 관찰했을 때는 성차가 나타나지 않았다.

요컨대, 외부로 집중된 기분과 행동의 성차에 관한 문헌은 복잡하고 때로는 일관성이 없는 결과 패턴을 보인다. 자기보고된 분노에 대한 어떤 연구들은 남성이 여성에 비해 더 큰 분노를 보고한다는 점을 발견했지만, 다른 연구들은 유의미한 성차를 발견하지 못한다. 분노 경험 및 표현의 성차는 상황(맥락) 요인과 유발 상황에 따라 달라질 수 있다. 표현에 대한 연구 결과에 의하면, 여성이 분노와 공격성을 표현하는 데 갈등을 느끼고 그런 감정들의 표현을 경시하는 경향이 있는 반면에 남성은 그렇지 않은 것으로 나타난다. 그러나 이러한 연구 결과는 표현이 자기보고로 측정된 것인지, 관찰로 측정된 것인지에 따라 다를 수 있다.

긍정적인 기분

조증은 긍정적인 기분 장애로 볼 수 있는 유일한 심리적 장애로, 앞서 언급했듯, 일부 연구 결과에 의하면, 조울증을 가진 사람들 가운데, 여성들은 더 심각한 우울한 기분과 좀 더 가벼운 조증 에피소드를 경험하는 반면에 남성들은 더 심각한 조증 에피소드와 좀 더 가벼운 우울증 에피소드를 경험한다. 그러나 일상적인 긍정적 기분의 경험 및 표현에서 나타나는 성차에 관한 문헌은 그보다 훨씬 많다.

많은 연구 결과에 따르면, 여성들은 남성들에 비해 더 큰 행복과 더 강한 긍정적인 정서를 경험한다고 보고했다(Cameron, 1975; Diener Sandvik and Larsen, 1985; Fujita, Diener and Sandvik, 1991; Grossman and Wood, 1993; Wood, Rhodes and Whelan, 1989). 그러나 다른 연구 결과에 의하면, 남녀의

차이가 없거나(Diener, 1984; Gurin, Veroff and Feld, 1960; Larson, 1978), 오히려 남성이 여성에 비해 더 큰 행복을 경험한다고 보고했다(Harring, Stock, and Okun, 1984). 우드와 로즈와 웰런(Wood, Rhodes and Whelan, 1989)은 긍정적인 웰빙의 성차 테스트를 보고한 연구들을 메타 분석해서 이러한 논쟁을 해결하려고 시도했다. 그들은 여성들이 남성에 비해 더 큰 행복의 경험을 보고한다고 결론지었다. 결혼은 남녀 모두의 웰빙 향상과 관련이 있었지만, 그 관련성은 남성보다 여성에게 더 강했으며, 이는 긍정적인 웰빙이 사회적 역할 측면에서 설명될 수 있음을 시사한다. 따라서 긍정적인 기분에서 그처럼 성차가 나타나는지의 여부에는 (결혼과 같은) 상황 요인이 중요할 수 있다.

긍정적인 정서 표현에 관한 문헌은 여성이 남성에 비해 긍정적인 정서를 더 많이 표현한다는 점을 일관되게 보여주었다. 자기보고 측정법을 이용할 때, 여성들은 남성들에 비해 (사랑, 행복, 기쁨 등을 비롯한) 긍정적인 정서 표현을 더 많이 보고한다(Allen and Haccoun, 1976; Balswick and Avertt, 1977; Dosser et al., 1983; Grossman and Wood, 1993). 비언어적 행동에 대한 관찰 연구도 비슷한 결과를 보였다. 즉, 여성은 남성에 비해 긍정적인 정서 표현을 더 빈번하게 하는 것으로 나타났다(Hall 1978, 1984, 1986). 홀(Hall, 1978, 1984, 1987)이 비언어적 표현에 관한 문헌을 재고찰한 바에 의하면, 차이가 아직 나타나지 않은 어린 시절을 제외하고는 여성들이 남성들에 비해 미소와 웃음으로 더 긍정적인 정서를 일관되게 표현하는 것으로 보인다. 또한, 여성들은 얼굴 표정을 더 많이 짓고, 더 많이 응시하고, 더 가까이 접근하고, 다른 사람들의 접근을 더 가까이 받아들인다. 이처럼 긍정적인 정서 표현의 성차에 관한 문헌이 상당히 일관되게 보여주는 바에 의하면, 여성은 남성에 비해 긍정적인 정서를 더 많이 표현한다.

요약

내면화 장애와 일상적인 내면화성 기분 및 행동에서 성차가 일관되게 발견된다. 즉, 여성은 남성에 비해 내면화 장애와 내면화성 기분 및 행동을 더 많이 경험하는 것으로 나타난다. 또한 외면화 장애에서도 일관된 성차가 존재한다. 즉, 남성은 여성에 비해 외면화 장애를 더 많이 경험한다. 일상적인 외면화성 기분 및 행동에서 나타나는 성차는 일관성이 조금 덜하다. 남성은 여성에 비해 분노와 적대감을 더 많이 자기보고하고 더 공격적인 행동을 보일 수 있지만, 이러한 성차의 크기와 방향은 상황에 따라 다를 수 있다. 마찬가지로, 긍정적인 기분의 성차를 결정하는 데 상황이 중요해 보이지만, 여성이 남성에 비해 더 많은 긍정적인 기분의 경험과 표현을 보고하는 경향이 있다.

기분과 행동의 성차에 대한 설명

기분 및 행동의 성차에 대한 다양한 설명이 제시되어 왔다. 거의 모든 설명은 부정적인 기분과 행동에 초점을 맞추었다. 긍정적인 기분과 행동의 성차는 대체로 무시되었다. 게다가 부정적 기분 및 행동의 성차에 대한 대부분의 설명은 긍정적 기분 및 생활 만족도의 성차를 설명하지 못한다.

앞으로 이 장에서는 기분과 행동의 성차를 이해하기 위해 제시된 생물학적, 성격적, 사회 상황(맥락)적 설명들을 고찰할 것이다. 우리는 이 범주들 각각에 대한 모든 가능한 설명을 철저히 고찰할 수는 없지만, 가장 많이 연구된 설명들에 대해서는 고찰할 수 있을 것이다. 독자는 이런 연구 문헌들에 대한 포괄적인 고찰을 위해서 시만(Seeman, 1995)과 놀런-혹스마(Nolen-Hoeksema, 1990)의 저작을 참고하고 싶어 할 수도 있을 것이다.

생물학적 설명

부정적인 기분 및 행동의 성차에 대한 생물학적 설명은 이 차이를 두 가지 원인, 즉 호르몬 영향과 성 관련 유전적 소인에서 찾았다.

호르몬 정신병리나 기분의 성차에 대한 대부분의 생물학적 설명은 호르몬에 초점을 맞추었다. 여성의 우울증과 불안증에 걸리기 더 쉬운 성향이 에스트로겐 및 프로게스테론과 관련이 있다는 것이다. 이러한 관념의 주요한 근거는 월경전기(月經前期), 산후 기간, 폐경기, 사춘기 동안에 여성이 우울증과 불안증에 걸리기 더 쉽다는 믿음에서 비롯된 것이다. 이때는 에스트로겐과 프로게스테론의 수치가 극적으로 변화하는 시기이다. 여성의 기분이 호르몬의 영향을 받는다는 점을 사람들이 대단히 굳게 믿는 경향이 있다는 사실을 감안할 때, 그러한 믿음에 대한 증거가 대단히 적다는 사실은 놀라운 일이다.

우선 월경전기를 고찰해 보자. 초기 연구는 대다수의 여성들이 월경전기에 우울증, 불안, 신체적 불편 등 때문에 정기적으로 무기력 상태에 빠지는 경향이 있다고 제시한다(Reid and Yen, 1981). 그러나 이러한 초기 연구의 대다수는 여성들에게 월경전기의 기분 경험에 관한 회고적 질문지를 완성하도록 요구하는 잘못된 방법에 의존했다. 여성들이 이러한 회고적 질문지로 제공하는 정보는 종종 월경주기 전반에 걸친 실제 기분 경험과 유사한 면이 거의 없다. 예를 들어, 한 연구에서 여성들은 일일 기분 평정을 완료했지만, 그 연구가 기분과 월경주기의 관계를 조사하고 있는 것이라는 사실을 알지 못했다. 연구 말미에, 같은 여성들은 가장 최근 월경주기의 상이한 국면들 동안에 경험한 기분을 회고적으로 보고하라는 요구를 받았다. 회고적 질문지로, 여성들은 바로 지난 월경 주기에서 다른 어떤 기간에 비해서도 월경전기에 훨씬 더 부정적인 증상을 경험했다고 보고했다. 그러나 같은 여성들의 일상적 기분 평정은 월경 주기의 국면과 실제 기분 경험이 연관성을 지니고 있다는 점을 보여주지는 못했다(Abplanap, Hasket and Rose, 1979; Parlee, 1994; Schnurr, Hurt and Stout, 1994도 참조).

최근의 연구 결과에 의하면, 월경전기에 우울 증상이 커진다고 자주 보고한 일부 여성들이 어떤 사람들인지 밝혀졌다(Endicott, 1994). 사실 이 여성들은 월경 주기와 관련이 없는 주요한 우울증 에피소드의 병력을 지닌 경향이 있다는 점에서 볼 때, 아마도 월경전기 우울증에 특별히 걸리기 쉬운 성향보다는 우울증에 걸리기 쉬운 일반적 성향을 가지고 있을 것이다(Parry, 1994). 이러한 패턴은 일부 논란을 불러일으켰다. 많은 연구자들은 월경전기에 생기는 심각한 부정적인 기분을 월경전기의 불쾌 장애와 같은 별도의 진단 결과로 볼 게 아니라 주요한 우울증이나 불안 장애의 악화로 간주해야 한다고 주장한다. 다른 연구자들은 월경전기의 불쾌감이 월경 주기와 관련이 없는 불쾌감과는 다르기 때문에, 자체 진단과 함께 별도로 인식되어야 하며 그것을 별도로 연구해야 한다고 주장한다(Gold and Severino, 1994).

마찬가지로 우울증이나 불안증에 대한 병력이나 일반적인 취약성을 가진 여성들은 산후 기간(출산 후 첫 두 달) 동안에 우울증이나 불안 증세를 보일 수 있다. 그러나 산후 여성들과 비교 대상인 비산후 여성들을 비교한 연구들은 두 집단 간에 우울증과 불안증의 비율 차이가 존재한다는 증거를 발견하지 못했다(O'Hara and Swain, 1996). 산후 기간 동안에 심각하게 우울증을 앓는 여성에게서도 우울증이 특정한 호르몬 불균형과 관련이 있다는 증거는 찾을 수 없다(Gitlin and Pasnau, 1989; Whiffen, 1992). 반면에 산후 우울증은 흔히 재정적 부담, 결혼 생활의 어려움, 사회적 지원 부족 등과 같은 심각한 환경적 스트레스와 가장 관련이 있다(O'Hara and Swain, 1996). 호르몬 변화보다는 환경적 요인이 산후 우울증의 원인일 수 있다는 또 다른 단서는 양모와 친부도 새로운 아기가 생긴 이후에 우울증에 걸릴 위험이 증가한다는 사실이다(Rees and Lutkins, 1971).

폐경기 동안 여성이 우울증에 걸리기 쉽다는 믿음은 임상의들 사이에서 너무 강해서 20년 전에는 DSM에 폐경 우울증에 대한 별도의 진단 범주가 있었다. 그러나 몇몇 후속 연구들은 여성들이 폐경기 무렵에 삶의 다른 어느 시기와 마찬가지로 특별히 우울증을 보일 가능성은 없다는 사실을 밝혔다(Matthews et al., 1990).

마지막으로 사춘기를 고찰해 보자. 앞서 논했듯이, 소녀들의 우울증과 불안증의 비율은 초기 청소년기에 크게 증가하지만, 소년들의 그 비율은 그렇지 않다. 그러나 소녀의 우울증과 불안증의 증가는 사춘기의 호르몬 변화와 직접적으로 관련이 있는 것으로 보이지는 않는다(Brooks-Gunn and Warren, 1989; Paikoff, Brooks-Gunn and Warren, 1991; Sussman, Dom and Chrousos, 1991; Sussman et al., 1987). 그보다는 사춘기의 관찰 가능한 신체적 변화가 정서 발달과 더 밀접하게 관련되어 있을 수 있다. 왜냐하면 소녀들은 사춘기에 수반되는 신체적 변화를 소년들보다 훨씬 덜 중시하는 것처럼 보이기 때문이다. 특히, 소녀들은 불어나는 체중, 그리고 현대 패션에서 이상화되어 있는 길쭉하고 부드러운 외모를 잃어버리는 것을 몹시 싫어한다. 이와 대조적으로 소년들은 근육량 증가와 신체에서 일어나는 다른 사춘기 변화들을 중시한다(Dornbusch et al., 1984). 이러한 변화는 소녀와 소년의 자존감에 다르게 영향을 미친다. 신체 불만족은 소년에 비해 소녀의 낮은 자존감 및 우울증과 더 밀접한 관련이 있는 것으로 보인다(Allgood-Merten, Lewinsohn and Hops, 1990).

또래보다 훨씬 더 일찌감치 성숙한 소녀들은 특히 사춘기 동안 우울증과 불안증의 위험에 처하는 것으로 보인다. 친구들보다 훨씬 더 빨리 신체가 변하는 소녀들은 청소년기에 뒤늦게 성숙한 소녀들에 비해 우울증과 불안증에 걸릴 확률이 더 높다(Hayward, Killen and Taylor, 1994). 이 소녀들의 그러한 위험성이 증가한 이유는 적어도 세 가지가 있다. 첫째, 그 소녀들은 어느 집단의 소녀들보다도 나쁜 최악의 신체 이미지를 가지고 있으며, 이는 우울증과 불안증에 대한 취약성의 원인이 될 수 있다. 둘째, 이 소녀들은 매우 어린 나이에 성숙한 이성 관계를 가지게 되는 것으로 보이며, 자신들보다 나이가 많은 소년들과 교제하고 또래보다 일찍 성적으로 왕성해진다. 많은 소녀들이 그러한 관계에 대처하기 어려울 수 있으며, 그런 관계가 우울증 및 기타 정서 장애의 원인이 될 수 있다. 셋째, 비교적 어린 나이에 성적으로 성숙해지기 때문에 그 소녀들은 뒤늦게 성숙해지는 소녀들보다 성폭력과 성적 학대에 더 취약할 수 있으며, 곧 논의하겠지만, 성적 학대는 우울증에 걸릴 위험성을 증가시키는 원인이 될 수 있다(Hayward et al., 1994).

결론적으로 말하면, 여성의 내면화 장애의 높은 비율이 호르몬과 관련이 있다는 개념은 명확하게 입증되지 않았다. 사람들의 일반적인 믿음과는 달리, 호르몬 변화 기간 동안 우울증에 대한 위험성이 크게 증가하지는 않는 것 같다. 일부 여성들은 호르몬 변화 기간 동안에 우울증이나 불안증을 경험하지만, 그들을 그러한 우울증을 경험하지 않는 여성들과 구분 짓게 하는 특정한 호르몬 이상이나 생화학적 이상에 대한 일관된 증거는 없다.

호르몬에 관한 내용을 마무리하기 전에, 우리는 남성이 상대적으로 높은 수치의 테스토스테론 호르몬 때문에 여성에 비해 공격적인 행동을 보이기 쉽다는 대중적인 이론에 주목하고자 한다. 높은 수치의 테스토스테론이 동물의 공격적인 행동과 관련이 있음이 분명하지만, 인간을 대상으로 한 이 연관성에 대한 연구는 많지 않다. 15세에서 17세 사이의 소년, 58명을 대상으로 한 한 연구(Olweus et al., 1980) 결과에 의하면, 분노를 야기하는 상황에 대한 반응으로 언어적, 신체적 공격성을 보이는 소년들과 성마르고 짜증을 잘 내는 소년들은 테스토스테론의 혈중 수치가 높은 것으로 나타났다.

일부 아이들은 공격적인 행동의 생물학적 소인을 가지고 있을 수 있지만, 반사회적 행동을 조장하는 환경에 노출되지 않는 한 행동 장애를 일으킬 가능성은 거의 없다(Rutter et al., 1990). 행동 장애를 겪는 아이들에 대한 연구 결과에 따르면, 그 아이들의 가정환경은 부모가 자녀를 빈번히 무시하는 경향이 있었고, 자녀가 어떤 식으로든 부모의 뜻을 어기면 부모로부터 거센 비난을 받는 경향이 있었다(Loeber et al., 1993). 이 부모들이 딸보다는 아들에게 심각한 신체적 처벌을 가할 가능성이 더 높다는 점은 소년들에게서 나타나는 비교적 높은 비율의 행동 장애를 부분적으로 설명해 준다(Lytton and Romney, 1991). 따라서 호르몬이 공격적인 성향에 영향을 미친다고 하더라도 환경 역시 공격적인 행동의 발달에 중요한 역할을 한다고 볼 수 있다.

유전적 특질 유전적 특질은 아마도 개인이 우울증과 불안증에 쉽게 빠지는 경향성을 결정하는 역할을 할 테지만, 현재 이러한 내면화 장애의 성차가 유전적인 원인으로 야기된다는 증거는 거의 없다(Blehar and Oren, 1995). 반사회적 인격 장애 및 행동 장애와 같은 공격적인 행동 장애에 대한 유전적 특질 연구는 지금까지 거의 전적으로 소년과 남성에 초점을 맞추어 왔으며, 그러한 이유 때문에 이러한 외면화 장애의 성차가 유전적으로 근거가 있는지의 여부를 결정하기란 불가능하다.

남성은 여성에 비해 특정한 종류의 약물 사용 장애, 특히 알코올 중독에 더 큰 유전적 취약성을 지니고 있을 수 있다. 356명의 쌍둥이를 대상으로 한 연구에서 남성 쌍둥이의 알코올 남용이나 알코올 의존증의 일치율은 일란성 쌍둥이의 경우에는 .76으로 나타났고, 이란성 쌍둥이의 경우에는 .53으로 나타났지만, 여성 쌍둥이의 일치율은 일란성 쌍둥이의 경우에는 .38로 나타났고, 이란성 쌍둥이의 경우에는 .42로 나타났다(McGue, Pickens and Svikis, 1992). 이러한 패턴의 연구 결과는 남성의 경우에는 알코올 의존증에 유전적 요인이 존재하지만 여성의 경우에는 그렇지 않다는 점을 시사한다. 또한, 남성 쌍둥이들 사이에서 보이는 유전 가능성에 대한 증거는 조기 발병 알코올 중독(20세 이전의 첫 증상 발생)의 경우만은 유력했지만, 후기 발병 알코올 중독의 경우에는 유력하지 않았다. 이러한 연구 결과는 유전적 특질이 조기 발병 남성 알코올 중독에서 큰 역할을 할 수 있다는 점을 시사한다.

요약 우울증, 불안증 또는 공격적인 행동의 성차가 호르몬 차이와 관련이 있거나 그 원인이 유전적 특질에 있다고 확정지을 만한 증거는 거의 없다. 그러한 성차에 대한 가설을 검증한 연구는 희박하다. 일부 연구들이 제시하는 바에 따르면, 남성은 여성에 비해 알코올 중독, 특히 조기 발병 알코올 중독에 쉽게 빠질 유전적 경향성이 크다.

성격적 설명

　기분과 행동의 성차에 대한 성격적 설명은 남성과 여성이 기분과 행동을 다르게 경험하고 다르게 표현하게 하는 다양한 특성, 행동 양식, 인지 양식, 대처 양식에 중점을 두었다. 많은 성격 특성이 기분과 행동의 성차와 관련성이 있지만, 우리는 문헌에서 가장 많이 논의되고 연구된 성격 특성에 초점을 맞추고 있다.

　감정 강도　긍정적 기분과 부정적 기분의 성차를 설명하는 데 이용되어 온 유일한 이론은 아마도 감정 강도 이론일 것이다. 라슨과 디너(Larsen and Diener, 1987)는 감정 강도를 정서 자극에 대한 개인의 반응 강도를 포함한 개인차의 특성으로 정의했다. 그 구성 개념은 긍정적인 정서 경험과 부정적인 정서 경험을 모두 나타낸다. 감정 강도가 높은 개인은 높은 수준의 긍정적인 정서 강도와 부정적인 정서 강도를 모두 경험하는 경향이 있다.

　후지타와 디너, 샌드빅(Fujita, Dierner and Sandvik, 1991)이 제시한 바에 의하면, 여성은 남성보다 감정 강도가 더 높은데, 이는 여성이 남성보다 더 부정적인 정서를 보고할 뿐만 아니라 더 행복감 또한 보고한다는 역설적인 연구 결과를 설명해 준다. 그들은 연구에서 네 가지 상이한 측정 방법(자기보고, 동료 보고, 일일 기분 보고, 기억 수행)을 사용하여 유의성과 정서 강도 점수를 산출했다. 그 결과 유의성 척도에서 성차가 없었고, 여성들은 남성만큼 행복했다. 그러나 긍정적인 정서 강도와 부정적인 정서 강도 모두를 측정하는 정서 강도 척도에서 여성이 남성보다 유의미하게 높은 점수를 받았다. 성별은 유의성(1퍼센트 미만)에서보다 감정 강도(13퍼센트 이상)에서 보이는 더 큰 변량을 설명해 준다. 그 연구자들은 여성들의 더 강한 긍정적인 정서가 그들의 강한 부정적인 정서와 균형을 이룬다고 결론지었다.

　다른 연구들 또한 여성이 남성에 비해 감정(부정적 감정과 긍정적 감정 모두의) 강도가 높다는 관념을 입증했다. 디너와 샌드빅, 라슨(1985)은 모든 연령대에서 보이는 자기보고된 감정 강도의 성차를 공표했고, 여성들이 감정 강도 측정에서 남성들보다 더 높은 점수를 받은 사실을 밝혔다. 슈바르츠와 브라운, 아헨(Schwartz, Brown and Ahern, 1980)은 남녀 참가자들에게 행복하고 슬프고 화가 나고 두려운 상황들을 상상해 보라고 요구했다. 그들의 연구 결과에 의하면, 그러한 상상을 하는 동안에 여성들이 남성들에 비해 더 강한 정서 경험을 했다고 보고했다. 또한 안면 근전도 패턴을 측정한 결과, 정서적 상상을 하는 동안에 여성들은 안면 근전도 반응의 크기가 증가한 것으로 나타났다. 따라서 여성의 감정 강도는 다양한 측정 방법에 걸쳐 (남성에 비해) 증가한 양상을 보였다.

A형 성격 A형 성격은 일련의 여러 특성, 즉 (1) 시간 급박성 감각, (2) 경쟁적인 성취 노력, (3) 높은 수준의 공격성 및/또는 막연한 적대감 등의 특성 (Rosenman and Friedman, 1974)으로 정의되었다. 우리는 A형 성격에서 남녀가 다른 정도뿐만 아니라, 그 차이로 남녀의 상이한 건강 결과를 예측할 수 있는 정도 측면에서 성차를 고찰해 볼 수 있다. 예를 들어, A형 성격은 여성보다 남성에게서 더 흔한 것으로 여겨지고 있다. 만약 그렇다면, 이러한 일련의 행동들은 분노와 적대감과 같은 외면화성 기분 및 행동에 대한 경험과 표현의 성차를 설명할 수 있을 것이다. 왜냐하면 그와 같은 정서들은 A형 행동 패턴의 중요한 일부이기 때문이다.

A형 행동은 관상 동맥성 심장 질환의 위험 요인으로도 간주된다(예컨대, Booth-Kewley and Friedman, 1987; Cooper, Detre and Weiss, 1981; Matthews and Haynes, 1986을 참조). 과거, 월드론(Waldron, 1976)이 문헌 재고찰을 통해 내린 결론에 의하면, 이러한 행동 패턴의 성차가 남성들에게서 관상 동맥성 심장 질환의 비율이 높게 나타나는 원인일 수 있다. 그러나 최근에 A형에 관한 문헌을 재고찰한 결과에 의하면, A형 성격 점수의 성차는 발견되지 않았다(Lyness, 1993). 남성과 여성은 A형 성격의 수준에서 다르지 않은 것으로 나타났다. 성격 수준보다는 A형 성격과 관련된 행동 및 건강 결과 면에서 다른 것으로 보인다. 남성의 A형 성격은 스트레스가 많은 도전이나 경쟁에 대한 심장 혈관 반응과 매우 일관되게 관련이 있는 반면에 여성의 A형 성격은 일상적인 스트레스와 긴장의 측정치와 관련이 있는 것으로 보인다(Baker et al., 1984; Matthews and Haynes, 1986). A형 성격과 스트레스 측정치 사이의 관계 패턴은 남성과 여성의 경우 다르다(Kelly and Houston, 1985).

이러한 연구 결과를 근거로 일부 연구자들은 A형 성격이 남성과 여성의 경우에 다르게 표현된다는 점을 제시했다. 예컨대, 한 연구에서 A형 남성은 도전적인 반응 시간 과제 동안에 높은 심장 혈관 반응을 보였으나 A형 여성은 구두로 도전적인 상호작용을 하는 동안에 높은 심장 혈관 반응을 보였다(MacDougall, Dembrowski and Krantz, 1981). 또 다른 연구에서, 매캔과 동료들(McCann et al., 1987)은 참가자들에게 여러 가지 A형 행동 척도를 작성하게 하고, 그러한 척도들을 요인 분석한 다음에, 남녀 경우의 척도들 간의 상관관계를 비교했다. 그들이 밝힌 결과에 의하면, 여성들은 A형 성격과 죄의식 사이에 강한 상관관계를 보였던 반면에 남성들은 A형 성격과 의심 사이에 강한 상관관계를 보였다. 결국 이 저자들이 제시한 바에 의하면, 남성의 A형 성격은 다른 사람들을 신뢰 못할 라이벌로 여기는 경쟁적인 삶을 지향하기 마련이다. 이에 반해, 여성의 A형 성격은 분노를 표현할 때면, 죄의식과 불안감도 덩달아 불러낼 수 있다(Frodi et al., 1977). 이러한 연구 결과는 A형 행동의 성차가 그 행동을 측정할 때의 상황적 맥락에 달려 있으며, A형 행동의 표현이 남성과 여성에 있어 상이한 정서 경험을 수반할 가능성이 있음을 시사한다.

관계에 대한 투자　한 대중적인 성격 이론은 여성이 흔히 관계에 지나치게 투자하며, 자율적인 자아의식을 지니고 있지 않다고 본다. 결과적으로 여성들은 남성들에 비해 인간관계의 변화에 더 상처받기 쉬우며, 내면화 장애에 더 쉽게 빠지게 만드는 무력감과 낮은 자존감을 가질 가능성이 더 높다고 여겨진다(Chevron, Quinlan and Blatt, 1978; Gilligan, 1982; Jack, 1991). 불행하게도, '관계에 대한 투자'는 느슨하게 정의되어 왔다. 이 용어는 연구 전반에 걸쳐 다양한 방식으로 정의되어 왔기 때문에 그 투자에 대한 설명은 적절히 검증되지 않았다(Nolen-Hoeksema, 1990; Nolen-Hoeksema and Girgus, 1994를 참조).

자기보고 연구 결과에 의하면, 여성과 소녀는 남성과 소년에 비해 스스로를 관계에 더 관심이 많은 사람으로 묘사한다(Allgood-Merten et al., 1990; Levit, 1991). 그러나 이처럼 자기보고에서 보이는 여성의 관계에 대한 더 큰 관심이 내면화 장애에 더 쉽게 걸리는 경향성과 관련이 있다는 증거는 거의 없다. 예를 들어, '공동체성'과 '타인에 대한 관심'에 대한 설문 조사 평가에서 얻은 높은 점수는 남성이나 여성의 우울증이나 불안증의 높은 수준과는 관련이 없는 경향이 있다(예컨대, Allgood-Merten et al., 1990을 참조).

몇몇 연구자들은 잭(Jack, 1991)이 '자기 침묵'이라고 부르고, 헬게슨(Helgeson, 1994)이 '완화되지 않는 교감'이라고 부르는 특정한 형태의 의존성의 성차에 관심을 가졌다. 잭(1991)과 헬게슨(1994)은 둘 다 여성이 남성에 비해 관계에서 긍정적인 정서 톤을 유지하기 위해서, 그리고 관계의 질에 대한 과도한 책임감을 느끼기 때문에 관계에서 자신의 욕망과 욕구를 억누를 가능성이 더 높다고 주장한다. 이러한 경향 때문에 결과적으로 여성들은 권력을 덜 갖게 되고 관계로부터 이득을 덜 얻게 된다. '관계에 대한 과도한 책임감'이나 과한 친화성이라는 명칭이 붙은 척도를 사용한 최근 연구에서 청소년기의 소녀는 청소년기의 소년보다 더 높은 점수를 받았다(Aube, Fichman, Saltaris and Koestner, 저널에 실릴 예정인 논문; Blatt et al., 1993; Luthar and Blatt, 1993). 또한 오브(Aube)를 비롯한 여러 연구자들은 (저널에 실릴 예정인 논문에서) '과도한 책임감'에 대한 성차는 7, 8학년생(중학교 1, 2학년생)에게서는 나타나지 않았지만, 9, 10, 11학년생(고등학교 1, 2, 3학년생)에게서는 유의미하게 나타난다는 사실을 밝혔다. 이러한 결과는 청소년기의 소녀들에게서 책임감이라는 난제가 나타나기 시작한다는 점을 뒷받침해 준다. 결과적으로 과도한 책임과 대인 관심의 척도에서 높은 점수를 받은 소녀와 소년은 모두 우울증 증상을 보일 가능성이 더 크다(예컨대, Saragovi et al., 1997을 참조.)

소녀들이 소년들보다 관계에 더 관심이 있다고 하는 이론들이 시사하는 바대로, 소녀들은 소년들보다 대인관계 스트레스 요인에 더 많이 반응하는가? 다시 말하지만, 문헌은 이 질문에 엇갈리는 답을 제시한다. 몇몇 연구 결과에 의하면, 소녀들이 사회적 스트레스 요인 — 다른 사람들과의 갈등과 다른 사람들로부터의 배제 — 에 대한 반응으로 우울 증상을 보일 가능성이 소년들보다 높다(Leadbeater, Blatt and Quinlan, 1995; Moran and Echenrode, 1991).

마찬가지로 성인 관련 문헌은 여성이 남성에 비해 대인관계 스트레스 요인에 더 부정적으로 반응한다는 가설을 뒷받침하는 증거와 그것에 반하는 증거를 모두 제시한다(Nolen-Hoeksema, 1990). 어떤 연구들은 여성이 남성에 비해 다른 사람의 인생의 부정적인 사건인 '사회적 네트워크 스트레스 요인'에 대한 반응으로 우울 증상의 상승을 경험할 가능성이 더 높다고 제시하지만(Kessler and McLeod, 1984; Wethington et al., 1987), 우리는 무작위로 선정한 1,100명 이상의 성인을 대상으로 한 최근 연구에서 여성이 남성보다 다른 사람의 인생의 부정적인 사건에 더 많이 반응한다는 증거를 발견하지 못했다(Nolen-Hoeksema and Larson, 1999).

하지만 일부 연구 결과들에 의하면, 좋은 대인관계의 부재가 여성의 웰빙보다는 남성의 웰빙에 더 해로워 보인다. 예를 들어, 아이들을 상대로 한 연구 결과에 의하면, 또래 사이에서 낮은 인기는 소녀들보다 소년들의 우울 증상과 더 높은 상관관계가 있는 것으로 나타났다(Nottelmann, 1987). 성인들 사이에서, 친밀한 관계가 깨질 경우에 남성의 정서적 건강이 여성의 정서적 건강보다 더 위험하다는 증거가 있다. 남성은 여성에 비해 친밀한 관계의 파탄이나 배우자의 사망에 대한 흔한 반응으로 장기 우울증과 신체적 질환을 더 일으키는 경향이 있다(Bernard, 1972; Hill, Rubin and Peplau, 1976; Stroebe and Stroebe, 1983). 마지막으로, 기혼 남성이 미혼 남성보다 우울증 위험이 확실히 낮지만, 결혼은 여성의 경우에는 우울증에 대한 남성의 경우와 동일한 보호막을 제공하지 못한다(Nolen-Hoeksema, 1990). 따라서 남성의 정서적 웰빙은 여성에 비해 친밀한 관계를 맺고 있는지의 여부와 더 밀접하게 연관된 것으로 보인다.

여성들의 웰빙은 단지 삶에서의 관계의 존재 또는 부재와 관련이 있는 것이 아니라 관계의 질과 관련이 있다고 주장할 수도 있다. 이러한 관점에 따르면, 여성들은 친밀한 다른 사람들로부터 지지나 존중을 받지 못할 경우에 남성들에 비해 쉽게 고통을 겪는다. 왜냐하면 여성들은 친밀한 관계에 자아성의 기반을 두기 때문이란 것이다. 그러나 이 역시도 그러한 가설을 뒷받침할 만한 증거는 엇갈린다. 반포센(Vanfossen, 1981)의 연구 결과에 의하면, 배우자로부터 긍정적인 지지를 받지 못하는 것은 전업 주부나 직장인 남편 모두의 경우에 상대적으로 더 높은 우울 증상과 관련이 있지만 직장인 아내의 경우에는 그러한 관련성이 없었다. 하지만 놀런-혹스마와 라슨(1999)의 연구 결과에 의하면, 개인의 주요한 관계에서의 긍정적 지지와 친밀성 여부는 여성과 남성의 경우 똑같이 강한 우울 증상과 관련이 있는 것으로 나타났다.

성향적 공감 이와 관련한 성격적 설명은 타인에 대한 공감의 기본적인 성차에 초점을 맞춘다. 아이젠버그와 동료들(Eisenberg et al., 1991)은 공감을 "다른 사람의 정서 상태나 조건에 대한 이해에 기초하며, 다른 사람에 대해 느끼는 걱정과 슬픔의 감정을 포괄하는 정서적 반응"(776)이라고 정의한다. 따라서 성향적 공감은 다른 사람들의 정서 상태에 대해 상대방의 입장이 되어 반응하는 안정적인 경향을 의미한다. 남성에 비해 여성의 부정적인 정서 발생률이 더 높다는 점을 설명하기 위해 이용되어 온 한 가지 이론은 여성이 남성보다 성향적 공감 능력이 높아서 다른 사람들의 부정적인 정서 경험에 더 민감하다는 것이다. 이 문헌을 재고찰한 아이젠버그와 레논(Eisenberg and Lennon, 1983)은 여성이 남성에 비해 상대적으로 높은 수준의 성향적 공감 능력을 지니고 있다는 결론을 내렸다. 공감 능력을 자기보고 방식으로 측정하였을 때 성차가 강하게 나타났다. 공감 능력을 행동적으로 조작했을 때(예컨대, 유발 자극에 정서적으로 반응하여 눈물을 흘리는 경우) 성차는 심하지 않았지만 여전히 유의미한 수준이었다.

후속 연구들도 유사한 결과를 얻었다. 고어와 아셀틴, 콜텐(Gore, Aseltine and Colten, 1993)은 남녀 청소년을 대상으로 고통과 대인 돌봄의 감정에 대해 조사했다. 그 결과, 남녀 청소년들이 보고한 고통(소녀들이 소년들에 비해 더 고통스러워했다)에 실제로 성차가 있었고, 소녀들의 높은 대인 돌봄과 다른 사람들의 문제에 대한 관여가 고통에서 성차의 25퍼센트를 차지하는 것으로 나타났다. 다른 사람들의 문제에 관여하거나 대인 돌봄 지향성이 강한(공감성이 높은) 소녀들은 우울한 기분이 고조되어 있었다. 소년들은 그러한 패턴의 결과를 보이지 않았다. 케슬러와 매클라우드, 웨딩턴(Kessler, McLeod and Wethington, 1985)은 성인의 경우에서도 유사한 결과를 발견했다. 여성들은 사랑하는 사람의 삶에서 부정적인 사건이 발생한 후에 괴로움을 느꼈던 반면에 남성들은 그러한 사건의 영향을 받지 않았다.

여성들은 다른 사람들의 정서 경험에 더 큰 반응을 보임을 보고할 뿐만 아니라 실험실에서 관찰될 때 정서 상호 작용에 더 큰 반응을 보임을 입증한다. 예를 들어, 아이젠버그와 동료들(1991)의 연구 결과에 의하면, 남녀에게 동정심을 불러일으키는 영화를 보여준 결과, 영화를 보는 동안 여성들이 남성들에 비해 더 높은 수준의 정서적인 표정 반응을 보였다. 또한, 여성들은 슬픔을 유발하는 영화의 등장인물들에 대한 반응으로 남성들에 비해 더 많이 눈물을 보이는 것으로 밝혀졌는데, 그러한 반응은 높은 성향적 공감과도 관련이 있었다(Choti et al., 1987).

많은 연구들은 정서의 얼굴 표정을 전달하거나 인식하는 능력의 성차를 조사했다. 홀(Hall, 1978, 1984, 1987)은 그러한 연구들을 광범위하게 재고찰해서, 얼굴 표정에서 정서를 식별하고 비언어적 의사소통을 통해 정서를 표현하는 데 여성이 남성보다 더 뛰어나다고 결론지었다. 이러한 성차는 특히 공포와 슬픔과 같은 내면으로 집중된 정서에서 특히 클 수 있다. 한 연구에서 전문 배우들은 여러 가지 얼굴 표정을 지었고, 실험 참가자들은 그들의 얼굴 표정을 식별해 보라는 요구를 받았다(Wallbott, 1988). 실험 결과, 여배우가 남성 배우보다 공포와 슬픔을 더 잘 전달했으며, 사람들은 공포와 슬픔을 남성 배우가 전달할 때보다 여배우가 전달할 때 그 감정을 더 잘 인식하는 것으로 나타났다. 따라서 여성들은 공포와 슬픔과 같은 내면으로 집중된 부정적인 정서를 표현하고 전달하는 데 남성보다 더 뛰어난 것으로 보인다.

몇몇 연구들은 분노 표정을 식별하는 데 남성이 여성보다 더 뛰어나다는 점을 밝혔다(Rotter and Rotter, 1988; Wagner, MacDonald and Manstead, 1986; Wallbott, 1988). 하지만 다른 연구들은 그러한 성차에 대한 증거를 발견하지 못했다(예컨대, Duhaney and McKelvie, 1993을 참조). 일관성은 없지만, 이러한 연구 결과들은 분노가 남성이 가끔 뛰어난 해독 기술을 보여주는 유일한 얼굴 정서일 수 있음을 시사한다.

문헌은 분노와 관련된 정서를 제외하고는 여성이 남성보다 성향적 공감 능력이 높다는 관념을 일관되게 뒷받침하는 것으로 보인다. 이러한 높은 공감 능력은 여성이 남성에 비해 (슬픔, 불안, 죄의식 등과 같은) 내면으로 집중된 정서를 더 많이 경험하는 이유와 여성이 남성에 비해 다른 사람들의 문제에 정서적으로 더 잘 관여하고 다른 사람들의 정서에 더 친절히 반응할 수 있는 이유를 설명하는 데 유용할 수 있다. 그러나 성향적 공감이 개인에게 반드시 다른 사람의 정서에 친절하게 반응하는 성향을 갖게 하는 것은 아닐 수도 있다. 대인 돌봄과 고통의 관계(Gore et al., 1993; Kessler et al., 1985)는 정서적 관여나 공감의 직접적인 영향보다는 관계에 대한 높은 투자에 의해 매개될 수 있다.

귀인 양식 그러나 여성이 남성보다 내면화 장애를 쉽게 앓는 이유에 대한 또 하나의 대중적인 설명은 자신에게 일어난 부정적인 사건을 비관적이고 자멸적인 양식으로 설명하는 여성의 경향이 우울 증상을 일으킨다는 것이다 (Abramson, Seligman and Teasdale, 1978; Peterson and Seligman, 1984). 귀인 양식이나 설명 양식의 성차에 관한 증거의 대부분은 아이들이나 성인이 성취와 관련된 성공 및 실패에 대해서 취하는 인과적 귀인, 그리고 그 뒤에 이어지는 무기력성 경향이나 숙달 지향성에 대한 연구들에서 나온 것이다. 사건에 대한 귀인의 성차에 관한 문헌의 메타 분석은 그러한 차이에 대한 증거가 기껏해야 헷갈리는 양상을 띠는 것뿐이라는 점을 보여주었다(Frieze et al., 1982; Sohn, 1982). 최근 25세에서 75세 사이의 성인을 대표하는 표본을 대상으로 한 연구에서, 놀런-혹스마와 잭슨(Nolen-Hoeksema and Jackson, 1996)은 어느 연령대의 성인 집단의 경우에서도 귀인 양식의 표준 척도상의 점수에서 성차가 나타나지 않는다는 것을 밝혔다. 따라서 귀인 양식의 성차가 우울증이나 기타 내면화 장애의 성차를 설명할 수는 없다.

대응 양상 사람들은 부정적인 기분을 조절하는 데 다양한 전략을 사용한다. 어떤 전략은 부정적인 기분을 낮추는 데 다른 전략보다 효과적이다. 그리고 특정한 전략의 사용에 있어서 나타나는 명백한 성차는 내면화 장애와 외면화 장애의 성차를 부분적으로 설명할 수 있다.

부정적인 기분에 수동적으로 초점을 맞추는 기분 조절 전략은 기분을 유지하고 심화시키고자 하는 것으로 보이는 반면에 기분 전환을 위해서 유쾌한 활동을 사용하는 전략은 기분을 차단하거나 축소시키는 경향이 있다(Ellis and Ashbrook, 1988; Ingram, 1990; Lewinsohn et al., 1985; Musson and Alloy, 1988; Pyszczynski and Greenberg, 1987; Smith and Greenberg, 1981). 기분 조절 전략에 대한 많은 연구들은 우울한 기분에 초점을 맞추었다. 예를 들어, 우울한 사람들을 우울한 기분, 그리고 그러한 기분의 의미와 결과에 집중하도록 유도하면, 그들의 우울한 기분은 악화되는 반면에 우울한 사람들로 하여금 그러한 기분에서 주의를 딴 데로 돌리도록 기분 전환을 유도하면, 그들의 기분은 일시적으로 상승한다(Fennell and Teasdale, 1984; Gibbons et al., 1985; Lyubomirsky and Nolen-Joeksema, 1993, 1995; Morrow and Nolen-Hoeksema, 1990; Nolen-Hoeksema, 1991). 마찬가지로, 자신들의 기분에 대해 자발적으로 자기 초점적인 반추 반응을 보이는 우울한 사람들은 반추하지 않는 사람들보다 더 장기적이고 더 심각한 우울 증상을 보인다(Bromberger and Matthews, 1996; Carver, Scheier and Weintraub, 1989; Ingram et al., 1987; Nolen-Hoeksema and Morrow, 1991; Nolen-Hoeksema, Morrow and Fredrickson, 1993; Pyszczynski, Holt and Greenberg, 1987; Wood et al., 1990). 여성은 남성에 비해 우울한 기분에 대해 자기 초점적인 반추 반응을 보일 가능성이 더 높다. 결과적으로 이처럼 반추하는 경향은 남성에 비해 기간이 더 장기적이고 더 심각한 여성의 우울한 기분과 관련이 있다(Allgood-Merten et al., 1990; Blanchard-Fields, Sulsky and Robinson-Whelen, 1991; Butler and Nolen-Hoeksema, 1994; Ingram et al., 1987; Nolen-Hoeksema, 1995b; Nolen-Hoeksema et al., 1994; Nolen-Hoeksema and Larson, 1999; Wood et al., 1990).

반추하고 기분을 전환하는 조절 전략에 대한 다른 연구들은 불안이나 일반적인 부정적인 기분에 초점을 맞추었다(Catanzaro and Mearns, 1990; Thayer, Newman and McClain, 1994). 예를 들어, 테이어와 동료들(Thayer et al., 1994)은 부정적인 기분 이외의 다른 것으로 주의를 돌리는 적극적인 기분 전환 전략이 긴장과 불안을 줄이는 데 가장 성공적이었으며, 남성이 여성보다 이러한 전략을 사용할 가능성이 더 높다고 보고했다. 반면에 여성은 다른 사람들과 정서 유발 사건을 논하는 것이나 울음이나 비명으로 정서를 표현하는 것처럼 비교적 수동적인 반추 전략을 사용할 가능성이 높았다.

이는 여성이 남성보다 모든 유형의 부정적인 기분에 집중하기 쉽다는 말은 아니다. 분노의 기분에 대한 반응을 다룬 일련의 실험실 연구에서 러스팅과 놀런-혹스마(Rusting and Nolen-Hoeksema, 1998)는 여성들에게 분노를 느끼도록 유도했을 때, 그들은 분노의 기분에 집중하기보다는 그 기분으로부터 주의를 딴 데로 돌려 기분 전환을 하는 길을 선택할 가능성이 더 높다는 점을 밝혔다. 그러나 중립적인 기분 상태에 있을 때, 여성들은 압도적으로 그 정서 상태에 집중하는 길을 선택했다. 반면에 남성들은 분노의 기분 상태에 있을 때와 중립적인 기분 상태에 있을 때 모두 정서 집중보다는 기분 전환을 선택하는 경향을 보였다.

부정적인 기분 상태에 있을 때 남성이 선택하는 기분 전환은 흔히 운동처럼 좋은 것이거나 유쾌한 것일 수 있다. 그러나 남성은 여성에 비해 부적응적인 기분 전환을 선택할 가능성이 더 높다. 특히 남성은 여성에 비해 스트레스가 많은 사건과 부정적인 기분에 대처하기 위해 음주에 의존할 가능성이 더 높다. 그처럼 음주에 의존해 대처하는 남성들은 비교적 알코올 섭취량이 많으며 알코올 관련 장애가 더 많기 때문에, 그들의 음주 의존 대처 경향은 여성에 비해 더 높은 남성의 알코올 관련 장애 비율을 설명하는 데 도움이 될 수 있다(Cooper, Russell and George, 1988; Cooper et al., 1992).

요약 감정 강도와 A형 행동 패턴의 성차에 대한 증거가 조금 있지만, 우리는 이러한 성차가 기분의 성차를 설명해 주는지, 아니면 단순히 기분의 성차를 측정하는 또 하나의 방법을 나타내는지에 대해 의문을 가진다. 여성들의 관계에 대한 투자가 상대적으로 많다는 점이 그들의 상대적으로 높은 내면화 장애 비율을 설명해 준다는 증거가 늘어나고 있다. 여성의 비교적 큰 성향적 공감 능력과 내면화 장애 사이의 연관성에 대한 증거는 더 많다. 하지만 귀인 양상의 성차가 기분 및 행동의 성차의 원인일 수 있다는 증거는 많지 않다. 마지막으로, 대응의 성차는 내면화 장애와 외면화 장애 모두에서 보이는 성차를 설명하는 데 도움이 될 수 있다.

사회 상황(맥락)적 설명

마지막으로 살펴본 설명은 남녀의 지위, 역할, 사회적 기대의 차이에서 비롯된 남녀의 삶의 상이한 사회적 상황(맥락)을 고찰하고자 한다.

학대 여성들에게서 상대적으로 높게 나타나는 우울증과 불안증의 비율에 대한 가장 설득력 있는 사회적 설명은 여성의 낮은 사회적 지위 때문에 여성들이 신체적, 성적 학대를 받을 위험성이 높으며 이러한 경험은 종종 내면화 장애를 초래한다는 것이다. 여성들은 남성보다 강간, 근친상간, 폭행 또는 성희롱의 희생자가 될 가능성이 훨씬 높다(Browne, 1993; Koss, 1993). 여성에 대한 이러한 유형의 폭력의 비율은 놀랄 만큼 높다. 강간에 대한 대부분의 연구는 여성의 14~25퍼센트가 일반적으로 30세 이전에 일상적 삶에서 강간당할 가능성이 있다고 추정한다(Koss, 1993). 8명 중 1명은 지난해에 남편에게 신체적으로 폭행을 당했다고 보고하고, 180만 명의 여성은 심한 폭행을 당해 왔다고(주먹으로 맞고, 발로 차이고, 목이 졸렸고, 총이나 칼로 위협을 당했다고) 보고한다(Nolen-Hoeksema, 1990). 결과적으로, 육체적 폭행 및 성폭행 피해 생존자들에게서 주요한 우울증과 불안 장애의 비율이 높게 나타난다(Kendall-Tackett, Williams and Finkelhor, 1993). 예를 들어, 버넘과 동료들(Burnam et al., 1988)은 폭행 피해 생존자들이 폭행을 당한 이후 어느 시점에서 우울증이나 불안 장애 진단을 받을 가능성이 폭행을 당하지 않은 사람들보다 두 배나 높다는 사실을 발견했다. 커틀러와 놀런-혹스마(Cutler and Nolen-Hoeksema, 1991)는 여성과 남성의 우울증 비율 차이의 최대 35퍼센트가 남성에 비해 여성의 아동기 성학대 피해 비율이 더 높은 것에서 기인한다고 추정했다. (다른 형태의 학대는 그 연구에서는 조사되지 않았다.) 따라서 남성에 비해서 높은 여성의 내면화 장애 비율은 적어도 부분적으로는 남성의 성학대 피해 발생률에 비해서 높은 여성의 성학대 피해 발생률과 성학대 피해 생존자의 내면화 장애 초래에서 기인하는 것으로 보인다.

관계에서의 권력의 균형성 여성은 이성 관계 상황에서 신체적, 성적 학대를 피하더라도, 가족의 일상생활에서 중요한 문제를 결정할 때 발언권이 남성에 비해 적은 경향이 있다(이 문제를 재고찰하고자 한다면, Nolen-Hoeksema, 1990을 참조). 몇몇 이론가들은 이성 관계에서 권력의 불평등이 여성으로 하여금 무력감과 낮은 자존감을 느끼게 하며, 높은 내면화 장애 비율의 원인이 될 수 있다는 점을 제시했다(Gove and Herb, 1974).

미국에서 수행된 많은 연구들은 전통적인 관계의 기혼 여성이 미혼 여성 또는 전통적인 성 역할을 거부하는 여성보다 우울증에 걸릴 위험이 더 높다는 점을 제시한다(McGrath el al., 1990). 반면 기혼 남성은 미혼 여성에 비해 우울증 비율이 훨씬 낮고, 남성의 성역할에 순응하는 남성은 남성의 성역할을 거부하는 남성에 비해 우울증의 비율이 낮았다. 일부 연구들은 결혼하지 않은 경우보다 결혼한 경우에 남성과 여성이 모두 더 행복하다는 점을 제시하지만(예컨대, Wood et al., 1989를 참조), 기혼 여성들은 기혼 남성들보다 더 높은 우울증 수치를 보고한다. 전통적인 결혼 생활과 성 역할은 우울증의 위험 측면에서 남성에게는 좋지만 여성에게는 좋지 않은 것으로 보인다. 그러나 이러한 효과는 미국 주류 문화에서만 일어나는 것일 수 있다. 미국의 올드 오더 아미시 교파와 미국 이외의 다른 '전통적인' 문화에서는 내면화 장애의 성차가 없다(Egeland and Hostetter, 1983).

권력의 균형성에 관한 변형된 또 하나의 설명은 여성의 내면화 장애에 대한 역할 과부하 관점의 설명이다(Gove and Herb, 1974). 이러한 설명에 따르면 여성들의 내면화 장애는 여성들이 남성들보다 일상생활에서 더 많은 역할을 맡으며, 그들의 다양한 역할이 그들에게 너무 부담을 주어 고통의 위험에 처하게 한다는 사실에 기인한다. 여성들은 남성들보다 여러 역할을 수행하기 위해 그것에 더 많은 시간을 투입하는 경향이 있지만, 상이한 역할의 수가 일반적으로 우울증 증상과 관련이 있는 것은 아니다. 예를 들어, 놀런-혹스마와 잭슨(1996)의 연구 결과에 의하면, 여성들은 남성들과 같은 유급 노동력으로 일주일에 거의 같은 시간 동안 일하지만, 주당 가사, 그리고 아이와 노인 가족을 돌보는 일에 더 많은 시간을 투입하는 것으로 나타났다. 이 모든 역할에 걸쳐 주당 시간 수를 합산하면, 여성들은 남성들보다 훨씬 더 많은 시간을 일했다. 그러나 여러 역할에 걸친 주당 시간 수는 남성이나 여성의 우울증 증상과 크게 관련이 있지는 않았다. 또한 다른 연구자들은 여러 가지 역할이 더 심한 정서적 건강 장애의 원인이기보다는 실은 여성(그리고 남성)을 정서적 건강 장애로부터 보호해 준다는 점을 밝혔다(Kandel, Davies and Raveis, 1985; Repetti and Crosby, 1984). 이러한 결과에 근거해 결론을 짓자면, 역할 과부하가 여성의 높은 내면화 장애 비율의 이유일 수 있다는 증거는 거의 없다.

성역할 성역할은 남성과 여성이 사회화되는 일련의 행동과 관심과 성격 특성이다. 몇몇 연구자들은 정서 경험과 표현성의 성차가 남성과 여성이 맡으리라 기대되는 정서적 역할에 기인한다는 점을 제시했다(Brody, 1993; Brody and Hall, 1993; Eagly, 1987; Eagly and Wood, 1991; Grossman and Wood, 1993; Wood et al., 1989). 여성의 성역할에는 정서적 표현, 정서적 감정들에 대한 관심, 정서적 불안정성 등이 있다(Broverman et al., 1972; Ruble, 1983). 남성의 성역할에는 무미건조성, 정서적 안정성 등이 있다. 따라서 여성은 남성에 비해 민감하고 정서적으로 표현력이 뛰어날 것으로 기대된다.

그로스만과 우드(Grossman and Wood, 1993)는 남성과 여성의 이러한 역할 실천이 정서적 웰빙의 성차를 초래한다고 제시했다. 남성의 역할은 정서적 반응성을 낮추는 것을 수반하는 반면에 여성의 역할은 타인의 욕구에 대한 민감성과, 정서 표현성을 수반하기 때문에, 남성과 여성은 상이한 정서적 기술과 태도를 개발할 가능성이 높다. 이러한 기술과 태도가 성역할 기대와 함께 정서적 경험 및 표현성의 성차를 초래하는 것으로 여겨진다. 이 이론을 지지하는 그로스만과 우드는 여성이 성역할의 고정관념을 믿는 정도가 자기보고된 정서 경험 및 표현성과 관련이 있음을 입증했다.

남성과 여성의 적절한 정서 행동 구성에 있어 다른 기준이 존재하며, 특히 분노는 남성보다 여성의 경우에 더 부정적인 것으로 평가된다는 주장이 있어 왔다(Shields, 1987). 이글리와 스테펜(Eagly and Steffen, 1986)은 이러한 성차를 설명하기 위해서 사회적 역할 구조를 이용하여 공격적 행동의 성차에 대한 메타분석적인 검토를 실시했다. 그 결과 그들은 공격성의 성차가 사회가 남성과 여성에 대해 가지는 규범적 기대의 차이를 반영한다는 점을 제시했다. 그들의 말에 따르면, "남성의 성역할에는 다양한 형태의 공격성을 장려하는 규범이 존재한다 … 전통적인 여성의 성역할은 공격성을 중요시하지 않는다"(310). 따라서 그들의 주장에 의하면, 상황적 특성이 성역할 가치의 현저성을 약화시키지 않는 한, 남성은 여성보다 더 공격적인 경향이 있다. 상황적 요인이 성역할을 두드러지게 하는 데 중요한 역할을 한다는 관념은 외부로 집중된 부정적인 정서(분노)의 성차에 관한 일관성 없는 연구 결과에 대한 나름의 설명을 제공한다.

또한 사람들은 여성들이 사회적 상황에서 긍정적인 정서를 표현할 것으로 기대한다. 예를 들어, 한 연구에서 남성과 여성은 다른 사람에게 긍정적인 정서를 표현하는 자신을 상상한 다음에 그 상대방이 자신에게 보일 반응에 대한 기대감을 보고했다(Graham, Gentry and Green, 1981). 남성과 여성 모두 다른 사람들로부터 호의적인 반응을 받을 것을 기대했지만, 여성만은 자신이 긍정적인 정서를 표현하지 못하면 다른 사람들이 자신에게 더 부정적으로 반응할 것이라고 기대했다. 비슷한 연구에서 남성과 여성은 (이야기 속에서) 긍정적인 정서를 표현하는 한 인물의 손실과 보상을 평가했다(Stoppard and Grunchy, 1993). 여성은 다른 사람에게 긍정적인 정서를 표현할 때 더 많은 보상과 더 적은 손실을 기대했지만 긍정적인 정서가 자기에게 표현될 때는 그렇지 않았다. 반면에 남성은 타인 지향적 상황과 자기 지향적 상황 모두에서 더 많은 보상과 더 적은 손실을 기대했다. 저자들은 이러한 연구 결과를 여성이 다른 사람들에게 특별히 긍정적인 정서로 반응해야 하는 성 규범의 증거로 해석했다.

성역할이 어떻게 사회화되는지 탐구하기 위해서 실험 참여자인 아이들과 그들의 부모들을 대상으로 많은 연구가 수행되었다. 이러한 연구들은 일관적인 성역할 행동이 인생 초반에 출현한다는 사실을 뒷받침하는 증거를 제공하고, 부모로부터 그러한 행동을 '물려'받을 수 있는 몇 가지 점을 제시한다. 예를 들어, 생후 첫해 동안 자녀를 대하는 어머니는 아들보다 딸에게 더 자주, 더 다양한 얼굴 표정을 짓는다는 증거가 있다(Malatesta et al., 1989). 또한 어머니가 아들보다는 딸과 정서 경험에 대해서 더 많이 이야기하고, 성장하면서 소녀가 소년보다 정서에 대해서 더 많이 이야기하게 된다는 사실을 보여주는 증거가 있다(Adams et al., 1995; Dunn, Bretherton and Munn, 1987;

Fivush, 1991; Kuebli, Butler and Fivush, 1995; Kuebli and Fivush, 1992; Zahn-Waxler, Cole and Barrett, 1991). 피부시(Fivush, 1991)는 어머니들에게 행복, 슬픔, 분노, 공포 등과 관련된 과거 사건들에 대해서 자녀들과 토론하게 한 후에 그 대화를 코딩해서 몇 가지 특징을 얻어냈다. 그 결과, 어머니들은 아들에 비해 딸과 함께 더 긴 시간 동안 슬픔에 대해 이야기했고 슬픔의 원인을 더 자주 강조했다. 반면, 분노에 관한 대화는 딸보다 아들과 이야기를 나눌 때 더 길었다. 어머니는 아들과 대화를 나눌 때는 분노에 대한 적절한 반응으로 보복을 받아들였지만 딸과의 대화에서는 그렇지 않았다. 쿠에블리와 피부시(Kuebli and Fivush, 1992)는 과거 사건에 대한 아이들과 부모의 대화 내용을 앞서와 유사한 방식으로 녹음한 결과, 어머니와 아버지 모두 아들보다는 딸과의 대화에서 더 다양한 정서 단어를 사용하고, 슬픈 사건을 더 자주 언급한다는 사실을 밝혔다. 그 이후에 시행된 두 가지 연구에서도 비슷한 결과가 나타났다. 더불어 두 연구는 처음 대화 평가 이후 1년 반이 지나는 사이에 소녀들이 소년들보다 정서에 대해서 더 많이 이야기하기 시작했고, 더 다양한 정서들에 대해 이야기하기 시작했다는 사실을 입증했다(Adams et al., 1995; Kuebli et al., 1995).

이상의 연구 결과를 종합해 볼 때, 정서 경험과 표현의 성역할에 관한 문헌에 의하면, 사람들은 여성이 남성보다 정서적으로 불안정하고, 남성보다 슬픔과 공포와 긍정적 정서를 더 많이 표현하며, 남성보다 분노를 덜 표현하리라 기대한다. 여기에서 재고찰한 연구가 제시하듯이, 남성과 여성은 이처럼 어느 정도 성역할을 가지며, 부모와 자녀의 초기 상호작용은 성역할을 학습하고 채택하는 과정에서 한몫을 한다.

고정관념 브로디와 홀(Brody and Hall, 1993)은 정서 경험 및 표현과 관련된 성 고정관념에 관한 많은 문헌을 재고찰했다. 그들이 재고찰한 데이터는 개인들이 남성과 여성의 정서적 경험에 대해서 분명한 고정관념을 가지고 있음을 시사한다. 여성들은 정서, 특히 슬픔과 공포를 더 많이 표현한다고 여겨지며, 남성은 분노를 더 많이 표현한다고 여겨지고 있다. 브로디와 홀은 이러한 고정관념이 정서 표현의 성차에 영향을 미치는 자기 충족 예언이 될 수 있다고 지적한다.

많은 연구들은 이러한 고정관념이 있음을 보여주는 증거를 제시했다. 예를

3부

730

들어, 그로스만과 우드(1993)는 실험 참가자들로 하여금 '전형적인 남성'과 '전형적인 여성'에 대해서 고정관념적인 판단을 내리도록 했다. 그들의 연구 결과에 의하면, 참가자들은 전형적인 여성이 전형적인 남성보다 분노를 제외한 여러 정서를 더 강하게 경험한다고 믿는 것으로 밝혀졌다. 페이브스와 마틴(Fabes and Martin, 1991)은 참가자들에게 자신들의 생각에 남성들과 여성들이 일반적으로 다양한 정서를 경험한 빈도를 판단해 줄 것을 요구했다. 그 결과 참가자들은 여성들이 남성보다 사랑과 슬픔과 공포를 더 많이 표현한다고 생각했다. 반면에 참가자들은 남성들이 여성보다 분노를 더 많이 표현한다고 생각했다. 비슷한 결과가 유치원생들에게서도 나왔다. 그들은 소녀들이 소년들보다 슬픔을 더 잘 느낄 가능성이 높고, 소년들이 소녀들보다 분노를 더 잘 느낄 가능성이 높다고 믿고 있었다(Birnbaum, 1983; Birnbaum, Nosanchuk and Croll, 1980; Birnbaum and Chemelski, 1984). 이렇듯 분노를 제외하고 여성이 남성보다 정서를 더 많이 표현한다는 고정관념이 널리 퍼져 있다. 슬픔과 공포는 여성의 반응으로 여겨지는 반면에 분노와 공격성은 남성의 반응으로 여겨진다(Shields, 1984).

정서 경험에 관한 성 고정관념은 정서 표현에 관한 성 고정관념보다 덜 강한 것으로 가끔 밝혀지고는 한다. 예를 들어 페이브스와 마틴(1991)의 연구 결과에 의하면, 사랑, 슬픔, 공포, 분노의 표현에 관한 성 고정관념을 보여주는 강력한 증거가 있었지만, 정서 경험에 관한 고정관념에 대한 증거는 (슬픔이나 공포, 분노의 경우에서는 찾을 수 없고) 오직 사랑의 경우에서만 있었다. 이러한 연구 결과는 정서의 성차에 대한 사람들의 고정관념이 주로 외적 정서 표현에 적용될 수 있으며, 내적인 정서 경험에는 반드시 적용되지는 않는다는 점을 시사한다. 이러한 대비는 여성이 분노 표현을 놓고 느끼는 갈등을 일정 부분 설명해 줄 것이다. 또한 분노와 공격성 표현 조절의 성차를 설명해 줄 것이다.

결론

성차는 심리적 웰빙에 대한 연구에서 중요한 변인이다. 일관된 성차는 슬픔, 불안이나 공포, 반사회적 성격 장애 및 행동 장애, 약물 남용 및 의존 등을 포함한 여러 기분과 행동에서 발견된다. 또한 분노 기분, 일상적인 공격적 행동, 적대감, 긍정적인 기분 등에서는 일관성이 부족하지만 성차가 발견된다.

기분과 행동의 성차에 대한 생물학적 설명의 인기가 높아지고 있음에도 불구하고, 우리는 이러한 설명에 대한 증거를 거의 발견하지 못했다. 일부의 성격적 설명은 특히 감정 강도와 A형 성격, 성향적 공감, 대응 양식에 초점을 맞춘 설명을 좀 더 훌륭히 뒷받침해 주는 것으로 보인다. 그러나 이러한 모든 설명은 부정적인 기분과 행동에 초점을 맞추고 있다. 따라서 긍정적인 기분의 성차를 설명할 수 없다. 또한 이 각각의 설명과 함께, 우리는 성격의 성차가 어디서 기원하는지에 대한 질문을 남겨 둔다. 성격의 성차의 원인이 남성과 여성의 생물학적 차이에 있는가, 아니면 사회적 상황의 차이에 있는가?

여러 가지 사회 상황적 설명은 부정적인 기분과 행동의 성차를 이해하는 데 유용해 보인다. 훨씬 더 높은 비율의 여성에 대한 신체적, 성적 학대가 남성에 비해 더 높은 비율의 내면화 장애의 한 원인일 가능성이 높다. 누군가는 학대를 받은 경험이 여성의 외면화 장애를 초래하지 않는 이유를 물을 수도 있을 것이다. 여성에게 내면화 장애를 기대하고 강화하는 반면에 외면화 장애를 기대하거나 강화하지는 않기 때문에 성역할과 성 고정관념이 여성에게 내면화 장애를 유도한다고 볼 수 있으며, 그런 이유 때문에 외면화 장애가 일어나지는 않을 수 있는 것이다. 반면에 심각한 스트레스에 직면한 남성은 성역할과 성 고정관념에 이끌려 내면화 장애보다는 외면화 장애로 이어질 수 있다. 마지막으로, 성역할과 성 고정관념은 부정적인 기분뿐만 아니라 긍정적인 기분에 대한 여성의 표현, 그리고 아마도 여성의 그러한 경험을 형성할 수 있다.

마지막으로, 우리는 이러한 요인들이 시간의 흐름에 따라 서로에게 어떻게 영향을 미쳐서 웰빙의 성차를 만드는지를 설명하기 위해 통합 모델을 제시하고자 한다. 우리는 (외면화성 기분이 아닌) 내면화성 기분과 행동을 경험하고 표현하고, 타인의 정서에 민감하게 반응하도록 사회화된 것이 소녀와 여성들로 하여금 남성들보다 (분노를 제외한) 정서적 표현을 더 많이 하고 더 높은 수준의 감정을 보고하고, 외면화 대응 전략보다는 내면화 대응 전략을 더 전개하고 성향적 공감을 더 전개하도록 유도한다고 제안한다. 또한 통제할 수 없는 사건이나 그러한 사건의 위협의 빈번한 경험은 일부 여성들에게 자신의 삶을 변화시키기 위해 할 수 있는 일이 아무것도 없다는 믿음을 심어주고, 고통에 대응하는 방법으로 내면화 방법을 전개하도록 만들 수 있다. 이러한 성격적 특성이 남성의 삶보다는 여성의 삶에서 더 흔하게 일어나는 종류의 통제할 수 없는 사건들(예컨대, 성 학대 피해)을 포함한 부정적인 사건에 대한 새로운 경험과 상호작용하거나, 가까운 사람들의 삶에서 발생하는 부정적인 사건과 상호작용할 때, 여성들은 그러한 사건들에 대해서 강한 감정을 표현하는 경향이 있고, 우울증, 불안증, 수치심, 죄의식 등의 원인일 수 있는 내면화 패턴 속에서 그런 강한 감정에 대응하는 경향이 있을 수 있다.

대조적으로, 남성은 감정을 여성만큼 강하게 경험하거나 표현하는 일이 없도록 사회화되며 여성처럼 다른 사람의 정서에 민감하게 반응하도록 권장되지도 않는다. 반면에 여성에 비해 남성에게 외면화성 정서와 행동에 대한 표현이 더 많이 허용된다. 또한 남성은 평생에 걸쳐 여성에 비해 통제할 수 없는 트라우마를 덜 경험하고 숙련 경험을 더 많이 할 수 있다. 그 결과, 남성은 상대적으로 낮은 수준의 감정 강도를, 고통에 대한 반응으로 내면화 방법보다는 외면화 방법을, 그리고 상대적으로 낮은 수준의 성향적 공감을 전개한다. 자신들이나 자신들이 사랑하는 사람들에게 부정적인 생활 사건이 일어날 때, 남성들은 여성들보다 강한 심적 고통을 경험할 가능성이 더 적고, 외면화 대응 행동 — 외면화 장애의 위험에 노출시키는 — 으로 자신들이 경험하는 고통에 대응할 가능성이 더 높다.

기분 및 관련 행동의 성차에 대한 고정관념과 자기 기대의 강도를 감안할 때, 실험 및 관찰 연구는 자기보고 및 상관 연구에 비해 분명한 이점을 가지고 있다. 그러나 이 분야의 모든 연구들은 기분의 근본적인 요인이 기분의 주관적 경험이라는 사실과 다퉈야 한다. 따라서 우리는 심리적인 웰빙의 성차에 대한 기존의 설명과 새롭게 제시된 설명의 실행력을 탐구하기 위한 방법으로 자기보고, 실험 및 관찰 방법을 사용하는 다중 기법 연구 프로그램을 권장하고자 한다.

참고문헌

Abplanap, J. M., Haskett, R. F., and Rose, R. M. (1979). Psychoendocrinology of the menstrual cycle: I. Enjoyment of daily activities and moods. *Psychosomatic Medicine*, *41*, 587~604.

Abramson, L. Y., Seligman, M. E. P., and Teasdale, J. (1978). Learned helplessness in humans: Critique and reformulation. *Journal of Abnormal Psychology*, *87*, 49~74.

Adams, S., Kuebli, J., Boyle, P. A., and Fivush, R. (1995). Gender differences in parent–child conversations about past emotions: A longitudinal investigation. *Sex Roles*, *33*, 309~23.

Allen, J. G., and Haccoun, D. M. (1976). Sex differences in emotionality: A multidimensional approach. *Human Relations*, *29*, 711~22.

Allgood–Merten, B., Lewinsohn, P. M., and Hops, H. (1990). Sex differences and adolescent depression. *Journal of Abnormal Psychology*, *99*, 55~63.

American Psychiatric Association. (1994). *The Diagnostic and Statistical Manual of the American Psychiatric Association*. 4th ed. Washington, D. C.: American Psychiatric Association Press.

Angold, A., and Worthman, C. W. (1993). Puberty onset of gender differences in rates of depression: A developmental, epidemiological, and neuroendocrine perspective. *Journal of Affective Disorders*, *29*, 145~58.

Aube, J., Fichman, L., Saltaris, C., and Koestner, R. (in press). Why are adolescent girls more distressed than boys? Toward and integrated social–developmental model. *Journal of Personality and Social Psychology*.

Averill, J. R. (1982). *Anger and aggression: An essay on emotion*. New York: Springer–Verlag.

Baker, L. J., Dearborn, M., Hastings, J. E., and Hamberger, K. (1984). Type A behavior in women: A review. *Health Psychology*, *2*, 477~97.

Balswick, J., and Avertt, C. P. (1977). Differences in expressiveness: Gender, interpersonal orientation, and perceived parental expressiveness as contributing factors. *Journal of Marriage and the Family*, *39*, 121~27.

Bernard, J. (1972). *The future of marriage*. New York: Bantam Books.

Bettencourt, B. A., and Miller, N. (1996). Gender differences in aggression as a function of provocation: A meta–analysis. *Psychological Bulletin*, *119*, 422~47.

Biaggio, M. K. (1980). Assessment of anger arousal. *Journal of Personality Assessment*, *44*, 289~98.

_____. (1989). Sex differences in behavioral reactions to provocation of anger. *Psychological Reports*, *64*, 23~26.

Birnbaum, D. W. (1983). Preschoolers' stereotypes about sex differences in emotionality: A reaffirmation. *Journal of Genetic Psychology, 143,* 139~40.

Birnbaum, D. W., and Chemelski, B. E. (1984). Preschoolers' inferences about gender and emotion: The mediation of emotionality stereotypes. *Sex Roles, 10,* 505~11.

Birnbaum, D. W., Nosanchuk, T. A., and Croll, W. L. (1980). Children's stereotypes about sex differences in emotionality. *Sex Roles, 6,* 435~43.

Blanchard-Fields, F., Sulsky, L., and Robinson-Whelen, S. (1991). Moderating effects of age and context on the relationship between gender, sex role differences, and coping. *Sex Roles, 25,* 645~60.

Blatt, S. J., Hart, B., Quinlan, D. M., Leadbeater, B., and Auerbach, J. (1993). Interpersonal and self-critical dysphoria and behavioral problems in adolescents. *Journal of Touth and Adolescence, 22,* 253~269.

Blazer, D. G., Kessler, R. C., McGonagle, K. A., and Swartz, M. S. (1994). The prevalence and distribution of major depression in a national community sample: The National Comorbidity Survey. *American Journal of Psychiatry, 151,* 979~86.

Blehar, M. C., and Oren, D. A. (1995). Women's increased vulnerability to mood disorders: Integrating psychobiology and epidemiology. *Depression, 3,* 3~12.

Blier, M. J., and Blier-Wilson, L. A. (1989). Gender differences in self-rated emotional expressiveness. *Sex Roles, 21,* 287~95.

Booth-Kewley, S., and Friedman, H. S. (1987). Psychological predictors of heart disease: A quantitative review. *Psychological Bulletin, 101,* 343~62.

Brody, L. R. (1993). On understanding gender differences in the expression of emotion: Gender roles, socialization, and language. In S. Ablon, D. Brown, E. Khantzian, and J. Mack (Eds.), *Human feelings: Explorations in affect development and meaning* (pp. 87~121). New York: Analytic Press.

Brody, L. R., and Hall, J. A. (1993). Gender and emotion. In M. Lewis and J. M. Haviland (Eds.), *Handbook of emotions* (pp. 447~60). New York: Guilford.

Brody, L. R., Hay, D., and Vandewater, E. (1990). Gender, gender role identity, and children's reported feelings toward the same and opposite sex. *Sex Roles, 3,* 363~87.

Brody, L. R., Lovas, G. S., and Hay, D. H. (1995). Gender differences in anger and fear as a function of situational context. *Sex Roles, 32,* 47~78.

Bromberger, J. T., and Matthews, K. A. (1996). A "feminine" model of vulnerability to depressive symptoms: A longitudinal investigation of middle-aged women. *Journal of Personality and Social Psychology, 70,* 591~98.

Brooks-Gunn, J., and Warren, M. P. (1989). Biological contributions to affective expression in young adolescent girls. *Child Development, 60,* 372~85.

Broverman, I. K., Vogel, S. R., Broverman, D. M., Clarkson, F. E., and

Rosenkrantz, P. S. (1972). Sexrole stereotypes: A current appraisal. *Journal of Social Issues, 28*, 59~78.

Browne, A. (1993). Violence against women by male partners: Prevalence, outcomes, and policy implications. *American Psychologist, 48*, 1077~87.

Burnam, M. A., Stein, J. A., Golding, J. M., Siegel, J. M., Sörensen, S. G., Forsythe, A. B., and Telles, C. A. (1988). Sexual assault and mental disorders in a community population. *Journal of Consulting and Clinical Psychology, 56*, 843~50.

Butler, L. D., and Nolen-Hoeksema, S. (1994). Gender differences in depressed mood in a college sample. *Sex Roles, 30*, 331~46.

Cameron, P. (1975). Mood as an indicant of happiness: Age, sex, social class, and situational differences. *Journal of Gerontology, 30*, 216~24.

Carver, C. S., Scheier, M. F., and Weintraub, J. K. (1989). Assessing coping strategies: A theoretically based approach. *Journal of Personality and Social Psychology, 56*, 267~83.

Catanzaro, S. J., and Mearns, J. (1990). Measuring general expectancies for negative mood regulation: Initial scale development and implications. *Journal of Personality Assessment, 54*, 546~63.

Chevron, E. S., Quinlan, D. M., and Blatt, S. J. (1978). Sex roles and gender differences in the expression of depression. *Journal of Abnormal Psychology, 87*, 680~83.

Choti, S. E., Marston, A. R., Holston, S. G., and Hart, J. T. (1987). Gender and personality variables in film induced sadness and crying. *Journal of Social and Clinical Psychology, 5*, 535~44.

Cooper, M. L., Russell, M., and George, W. H. (1988). Coping, expectancies, and alcohol abuse: A test of social learning formulations. *Journal of Abnormal Psychology, 97*, 218~30.

Cooper, M. L., Russell, M., Skinner, J. B., and Windle, M. (1992). Development and validation of a three-dimensional measure of drinking motives. *Psychological Assessment, 4*, 123~32.

Cooper, T., Detre, T., and Weiss, S. M. (1981). Coronaiy-prone behavior and coronary heart disease: A review. *Circulation, 63*, 1199~1215.

Croake, J. W., Myers, K. M., and Singh, A. (1987). Demographic features of adult fears. *International Journal of Social Psychiatry, 33*, 285~93.

Cuder, S. E., and Nolen-Hoeksema, S. (1991). Accounting for sex differences in depression through female victimization: Childhood sexual abuse. *Sex Roles, 24*, 425~38.

Deaux, K., and Major, B. (1988). Putting gender into context: An interactive model of gender-related behavior. *Psychological Review, 94*, 369~89.

Diener, E. (1984). Subjective well-being. *Psychological Bulletin, 95*, 542~75.

Diener, E., Sandvik, E., and Larsen, R. J. (1985). Age and sex effects for emotional intensity. *Developmental Psychology, 21,* 542~46.

Dillon, K. M., Wolf, E., and Katz, H. (1985). Sex roles, gender, and fear. *Journal of Psychology, 119,* 355–59.

Dombusch, S. M., Carlsmith, J. M., Duncan, P. D., Gross, R. T., Martin, J. A., Ritter, P. L., and Siegel–Gorelick, B. (1984). Sexual maturation, social class, and the desire to be thin among adolescent females. *Development and Behavioral Pediatrics, 5,* 308~14.

Dosser, D. A., Boswick, J. O., and Halverson, C. F. (1983). Situational content of emotional expressions. *Journal of Counseling Psychology, 30,* 375~87.

Doyle, M. A., and Biaggio, M. K. (1981). Expression of anger as a function of assertiveness and sex. *Journal of Clinical Psychology, 37,* 154~57.

Duhaney, A., and McKelvie, S. J. (1993). Gender differences in accuracy of identification and rated intensity of facial expressions. *Perceptual and Motor Skills, 76,* 716~18.

Dunn, J., Bretherton, I., and Munn, P. (1987). Conversations about feeling states between mothers and their children. *Developmental Psychology, 23,* 132~39.

Eagly, A. H. (1987). *Sex differences in social behavior: A socia-role interpretation.* Hillsdale, N. J.: Erlbaum.

Eagly, A. H., and Steffen, V. J. (1986). Gender and aggressive behavior: A meta–analytic review of the social psychological literature. *Psychological Bulletin, 100,* 309~30.

Eagly, A. H., and Wood, W. (1991). Explaining sex differences in social behavior: A meta–analytic perspective. *Personality and Social Psychology Bulletin, 17,* 306~15.

Egeland, J. A., and Hostetter, S. M. (1983). Amish study I: Affective disorders among the Amish, 1976~1980. *American Journal of Psychiatry, 140,* 56~61.

Egerton, M. (1988). Passionate women and passionate men: Sex differences in accounting for angry and weeping episodes. *British Journal of Social Psychology, 27,* 51~66.

Eisenberg, N., Fabes, R. A., Schaller, M., Miller, P. A., Carlo, G., Poulin, R., Shea, C., and Shell, R. (1991). Personality and the socialization correlates of vicarious emotional responding. *Journal of Personality and Social Psychology, 61,* 459~71.

Eisenberg, N., and Lennon, R. (1983). Sex differences in empathy and related constructs. *Psychological Bulletin, 94,* 100~31.

Ellis, H. C., and Ashbrook, P. W. (1988). Resource allocation model of the effects of depressed mood states on memory. In K. Fiedler and J. Forgas (Eds.), *Affect, cognition, and social behavior* (pp. 1~21). Toronto: Hogrefe.

Endicott, J. (1994). Differential diagnoses and comorbidity. In J. H. Gold and S.

K. Severino (Eds.), *Premenstrual dysphorias* (pp. 3~17). Washington, D. C.: American Psychiatric Association Press.

Fabes, R. A., and Martin, C. J. (1991). Gender and age stereotypes of emotionality. *Personality and Social Psychology Bulletin, 17,* 532~40.

Feingold, A. (1994). Gender differences in personality: A meta-analysis. *Psychological Bulletin, 116,* 429~56.

Fennell, M. J. V., and Teasdale, J. D. (1984). Effects of distraction on thinking and affect in depressed patients. *British Journal of Clinical Psychology, 23,* 65~66.

Fivush, R. (1991). Gender and emotion in mother-child conversations about the past. *Journal of Narrative and Life History, 1,* 325~41.

Frieze, I. H., Whitley, B., Hanusa, B., and McHugh, M. (1982). Assessing the theoretical models for sex differences in causal attributions for success and failure. *Sex Roles, 3,* 333~43.

Frodi, A. (1978). Experiential and physiological responses associated with anger and aggression in women and men. *Journal of Research in Personality, 12,* 335~49.

Frodi, A., Macaulay, J., and Thome, P. R. (1977). Are women always less aggressive than men? A review of the experimental literature. *Psychological Bulletin, 84,* 634~60.

Fujita, F., Diener, E., and Sandvik, E. (1991). Gender differences in negative affect and well-being: The case for emotional intensity. *Journal of Personality and Social Psychology, 61,* 427~34.

Gibbons, F. X., Smith, T. W., Ingram, R. E., Pearce, K, Brehm, S. S., and Schroeder, D. (1985). Self-awareness and self-confrontation: Effects of self-focused attention on members of a clinical population. *Journal of Personality and Social Psychology, 48,* 662~75.

Gilligan, C. (1982). *In a different voice: Psychological theory and women's development.* Cambridge, Mass.: Harvard University Press.

Gitlin, M. J., and Pasnau, R. O. (1989). Psychiatric syndromes linked to reproductive function in women: A review of current knowledge. *American Journal of Psychiatry, 146,* 1413~22.

Gold, J. H., and Severino, S. K. (Eds.). (1994). *Premenstrual dysphorias.* Washington, D.C.: American Psychiatric Association Press.

Gore, S., Aseltine, R. H., and Colten, M. E. (1993). Gender, social-relational involvement, and depression. *Journal of Research on Adolescence, 3,* 101~25.

Gove, W., and Herb, T. (1974). Stress and mental illness among the young: A comparison of the sexes. *Social Forces, 53,* 256~65.

Graham, J. W., Gentry, K. W., and Green, J. (1981). The self-presentational nature of emotional expression: Some evidence. *Personality and Social Psychology Bulletin, 7,* 467~74.

Grossman, M., and Wood, W. (1993). Sex differences in intensity of emotional experience: A social role interpretation. *Journal of Personality and Social Psychology, 65,* 1010~22.

Gurin, G., Veroff, J., and Feld, S. (1960). *Americans view their mental health: A nationwide interview survey.* New York: Basic Books.

Hall, J. A. (1978). Gender effects in decoding nonverbal cues. *Psychological Bulletin, 85,* 845~57.

_____. (1984). *Nonverbal sex differences: Communication accuracy and expressive style.* Baltimore: Johns Hopkins University Press.

_____. (1987). On explaining gender differences: The case of nonverbal communication. *Review of Personality and Social Psychology, 7,* 177~200.

Harring, M. J., Stock, W. A., and Okun, M. A. (1984). A research synthesis of gender and social class as correlates of subjective well-being. *Human Relations, 37,* 645~57.

Hayward, C., Killen, J., and Taylor, C. B. (1994). Timing of puberty and the onset of psychiatric symptoms. Paper presented at the annual meeting of the Society for Research on Adolescence, San Diego (May 1994).

Helgeson, V. S. (1994). Relation of agency and communion to well-being: Evidence and potential explanations. *Psychological Bulletin, 116,* 412~28.

Helzer, J. E., and Canino, G. J. (1992). *Alcoholism in North Americ, Europe, and Asia.* New York: Oxford University Press.

Highlen, P. S., and Gilles, S. F. (1978). Effects of situational factors, sex, and attitude on affective self-disclosure with acquaintances. *Journal of Counseling Psychology, 25,* 270~76.

Highlen, P. S., and Johnston, B. (1979). Effects of situational variables on affective self-disclosure with acquaintances. *Journal of Counseling Psychology, 26,* 255~58.

Hill, C. T., Rubin, Z., and Peplau, L. A. (1976). Breakups before marriage: The end of 103 affairs. *Journal of Social Issues, 32,* 147~91.

Hyde, J. S. (1984). How large are gender differences in aggression? A developmental meta-analysis. *Developmental Psychology, 20,* 722~36.

Ingram, R. E. (1990). Self-focused attention in clinical disorders: Review and a conceptual model. *Psychological Bulletin, 107,* 156~76.

Ingram, R E., Lumry, A. B., Cruet, D., and Sieber, W. (1987). Attentional processes in depressive disorders. *Cognitive Therapy and Research, 11,* 351~60.

Jack, D. C. (1991). *Silencing the self: Women and depression.* New York: Harper Perennial.

Kandel, D. B., Davies, M., and Raveis, V. H. (1985). The stressfulness of daily social roles for women: Marital, occupational, and. household roles. *Journal of Health and Social Behavior, 26,* 64~78.

Kelly, K. E., and Houston, B. K. (1985). Type A behavior in employed women: Relation to work, marital, and leisure variables, social support, stress, tension, and health. *Journal of Personality and Social Psychology, 48,* 1067~79.

Kendall–Tackett, K., Williams, L., and Finkelhor, D. (1993). Impact of sexual abuse on children: A review and synthesis of recent empirical studies. *Psychological Bulletin, 113,* 164~80.

Kessler, R. C., McGonagle, K. A., Zhao, S., Nelson, C. B., Hughes, M., Eshleman, S., Wittchen, H., and Kendler, K. S. (1994). Lifetime and Twelve–month prevalence of *DSM-III-R* psychiatric disorders in the United States: Results from the National Comorbidity Study. *Archives of General Psychiatry, 51,* 8~19.

Kessler, R. C., and McLeod, J. D. (1984). Sex differences in vulnerability to undesirable life events. *American Sociological Review, 49,* 620~31.

Kessler, R. C., McLeod, J. D., and Wethington, E. (1985). The costs of caring: A perspective on the relationships between sex and psychological distress. In I. G. Sarason and B. R. Sarason (Eds.), *Social support: Theory, research, and applications* (pp. 491~506). Dordrecht: Nijhoff.

Kirkpatrick, D. R. (1984). Age, gender, and patterns of common intense fear among adults. *Behavior Research and Therapy, 22,* 141~50.

Koss, M. P. (1993). Rape: Scope, impact, interventions, and public policy responses. *American Psychologist, 48,* 1062~69.

Kuebli, J., Butler, S., and Fivush, R. (1995). Mother–child talk about past emotions: Relations of maternal language and child gender over time. *Cognition and Emotion, 9,* 265~83.

Kuebli, J., and Fivush, R. (1992). Gender differences in parent–child conversations about past emotions. *Sex Roles, 27,* 683~98.

Larsen, R. J., and Diener, E. (1987). Affect intensity as an individual difference characteristic: A review. *Journal of Research in Personality, 21,* 1~39.

Larson, R. (1978). Thirty years of research on the subjective well–being of older Americans. *Journal of Gerontology, 33,* 109~25.

Leadbeater, B. J., Blatt, S. J., and Quinlan, D. M. (1995). Gender–linked vulnerabilities to depressive symptoms, stress, and problem behaviors in adolescents. *Journal of Research on Adolescence, 5,* 1~29.

Levit, D. B. (1991). Gender differences in ego defenses in adolescence: Sex roles as one way to understand the differences. *Journal of Personality and Social Psychology, 61,* 992~99.

Lewinsohn, P. M., Hoberman, H., Teri, L., and Hautzinger, M. (1985). An integrative theory of depression. In S. Reiss and R Bootzin (Eds.), *Theoretical issues in behavior therapy* (pp. 331~59). New York: Academic Press.

Loeber, R. (1990). Development and risk factors of juvenile antisocial behavior and delinquency. *Clinical Psychology Review, 10*, 1~41.

Loeber, R., Wung, P, Keenan, K., Giroux, B., Stouthamer-Loeber, M., Kammen, W. B. V., and Maughan, B. (1993). Developmental pathways in disruptive child behavior. *Development and Psychopathology, 5*, 103~33.

Luthar, S. S. and Blatt, S. (1993). Dependent and self-critical depressive experiences among inner-city adolescents. *Journal of Personality, 61*, 365~386.

Lyness, S. A. (1993). Predictors of differences between Type A and B individuals in heart rate and blood pressure reactivity. *Psychological Bulletin, 114*, 266~95.

Lytton, H., and Romney, D. M. (1991). Parents' differ- ential socialization of boys and girls: A meta-analysis. *Psychological Bulletin, 109, 267~96.*

Lyubomirsky, S., and Nolen-Hoeksema, S. (1993). Self-perpetuating properties of depressive rumination. *Journal of Personality and Social Psychology, 65*, 339~49.

_____. (1995). Effects of self-focused rumination on negative thinking and interpersonal problem-solving. *Journal of Personality and Social Psychology, 69*, 176~90.

MacDougall, J. M., Dembrowski, T. M., and Krantz, D. S. (1981). Effects of types of challenge on pressor and heart rate responses in Type A and Type B women. *Psychophysiology, 18, 1~9.*

Malatesta, C. Z., Culver, C., Tesman, J., and Shepard, B. (1989). The development of emotion expression during the first two years of life. *Monographs of the Society for Research in Child Development, 50* (serial no. 219).

Matthews, K. A., and Haynes, S. G. (1986). Type A behavior and coronary risk: Update and critical evaluation. *American Journal of Epidemiology, 123*, 923~60.

Matthews, K. A., Wing, R. R., Kuller, L. H., Costello, E. J., and Caggiula, A. W. (1990). Influences of natural menopause on psychological characteristics and symptoms of middle-aged healthy women. *Journal of Consulting and Clinical Psychology, 58*, 345~51.

McCann, B., Woolfolk, R. L., Lehrer, P. M., and Schwarcz, L. (1987). Gender differences in the relationship between hostility and the Type A behavior pattern. *Journal of Personality Assessment, 51*, 355~66.

McDaniel, D. M., and Richards, R. C. (1990). Coping with dysphoria: Gender differences in college students. *Journal of Clinical Psychology, 46,* 896~99.

McGrath, E., Keita, G. P., Strickland, B. R, and Russo, N. F. (1990). *Women and depression: Risk factors and treatment issues.* Washington, D. C.: American Psychological Association.

McGue, M., Pickens, R. W., and Svikis, D. S. (1992). Sex and age effects on the inheritance of alcohol problems: A twin study. *Journal of Abnormal Psychology, 101,* 3~17.

Moran, P. B. and Eckenrode, J. (1991). Gender differences in the costs and benefits of peer relationships during adolescence. *Journal of Adolescent Research, 6,* 396~409.

Morrow, J., and Nolen-Hoeksema, S. (1990). Effects of responses to depression on the remediation of depressive affect. *Journal of Personality and Social Psychology, 58,* 519~27.

Musson, R. F., and Alloy, L. B. (1988). Depression and self-directed attention. In L. B. Alloy (Ed.), *Cognitive processes in depression* (pp. 193~220). New York: Guilford.

Nolen-Hoeksema, S. (1990). *Sex differences in depression.* Stanford, Calif.: Stanford University Press.

_____. (1991). Responses to depression and their effects on the duration of depressive episodes. *Journal of Abnormal Psychology, 100,* 569~82.

_____. (1995a). Epidemiology and theories of sex differences in depression. In M. Seeman (Ed.), *Gender and psychopathology* (pp. 63~87). Washington, D. C.: American Psychiatric Association Press.

_____. (1995b). Gender differences in coping with depression across the life span. *Depression, 3,* 81~90.

Nolen-Hoeksema, S., and Girgus, J. S. (1994). The emergence of gender differences in depression during adolescence. *Psychological Bulletin, 115,* 424~43.

Nolen-Hoeksema, S., and Jackson, B. (1996). Ruminative coping and gender differences in depression. Paper presented at the annual meeting of the American Psychological Association, Toronto (August 1996).

Nolen-Hoeksema, S. and Larson, J. (1999). A dynamic model of the gender difference in depressive symptoms. Manuscript submitted for publication.

Nolen-Hoeksema, S., and Morrow, J. (1991). A prospective study of depression and distress following a natural disaster: The 1989 Loma Prieta earthquake. *Journal of Personality and Social Psychology, 61,* 105~21.

Nolen-Hoeksema, S., Morrow, J., and Fredrickson, B. L. (1993). Response styles and the duration of depressed moods. *Journal of Abnormal Psychology, 102,* 20~28.

Nolen-Hoeksema, S., Parker, L., and Larson, J. (1994). Ruminative coping with depressed mood following loss. *Journal of Personality and Social Psychology*, *67*, 92~104.

Nottelmann, E. D. (1987). Competence and self—esteem during transition from childhood to adolescence. *Developmental Psychology*, *23*, 441~50.

Novaco, R. W. (1975). *Anger control: The development and evaluation of an experimental treatment*. Lexington, Mass.: Lexington Books.

O'Hara, M. W., and Swain, A. M. (1996). Rates and risk of postpartum depression—a meta—analysis. *International Review of Psychiatry*, *8*, 37~54.

Olweus, D., Mattsson, A., Schalling, D., and Low, H. (1980). Testosterone, aggression, physical, and personality dimensions in normal adolescent males. *Psychosomatic Medicine*, *42*, 253~69.

Paikoff, R. L., Brooks—Gunn, J., and Warren, M. P. (1991). Effects of girls' hormonal status on depressive and aggressive symptoms over the course of one year. *Journal of Youth and Adolescence*, *20*, 191~215.

Parlee, M. B. (1994). Commentary on the literature review. In J. H. Gold and S. K. Severino, (Eds.), *Premenstrual dysphorias* (pp. 149~67). Washington, D. C.: American Psychiatric Association Press.

Parry, B. L. (1994). Biological correlates of premenstrual complaints. In J. H. Gold and S. K. Severino (Eds.), *Premenstrual dysphorias* (pp. 47~66). Washington, D. C.: American Psychiatric Association Press.

Peterson, C., and Seligman, M. E. P. (1984). Causal explanations as a risk factor for depression: Theory and evidence. *Psychological Review*, *91*, 347~74.

Pyszczynski, T., and Greenberg, J. (1987). Self—regulatory perseveration and the depressive self—focusing style: A self—awareness theory of reactive depression. *Psychological Bulletin*, *201*, 122~38.

Pyszczynski, T., Holt, K., and Greenberg, J. (1987). Depression, self—focused attention, and expectancies for positive and negative future life events for self and others. *Journal of Personality and Social Psychology*, *52*, 994~1001.

Rees, W. D., and Lutkins, S. G. (1971). Parental depression before and after childbirth: An assessment with the Beck Depression Inventory. *Journal of the Royal College of General Practitioners*, *21*, 26~31.

Reid, R. L., and Yen, S. S. C. (1981). Premenstrual syndrome. *American Journal of Obstetrics and Gynecology*, *1*, 85~104.

Repetti, R. L., and Crosby, F. (1984). Women and depression: Exploring the adult role explanation. *Journal of Social and Clinical Psychology*, *2*, 57~70.

Rosenman, R. H., and Friedman, M. (1974). Neurogenic factors in the pathogenesis of coronary heart disease. *Medical Clinics of North America*, *58*, 269~79.

Rotter, N. G., and Rotter, G. S. (1988). Sex differences in the encoding and decoding of negative facial emotions. *Journal of Nonverbal Behavior*, *12*,

139~48.

Ruble, T. (1983). Sex stereotypes: Issues of change in the 1970s. *Sex Rolesi 9*, 397~402.

Rusting, C. L., and Nolen−Hoeksema, S. (1998). Regulating responses to anger: Effects of rumination and distraction on angry mood. *Journal of Personality and Social Psychology, 74*, 790~803.

Rutter, M., Macdonald, H., LeCouteur, A., and Harrington, R. (1990). Genetic factors in child psychiatric disorders: II. Empirical findings. *Journal of Child Psychology and Psychiatry and Allied Disciplines, 31*, 39~83.

Saragovi, C., Koestner, R., Di Dio, L., Aube, J. (1997). Agency, communion, and well−being: Extending Helgeson's (1994) model. *Journal of Personality and Social Psychology, 73*, 593~609.

Scherer, K. R, Wallbott, H. G., and Summerfield, A. B.(1986). *Experiencing emotion: A cross-cultural study.* New York: Cambridge University Press.

Scherwitz, L., Perkins, L., Chesney, M., and Hughes, G. (1991). Cook−Medley Hostility Scale and subsets: Relationship to demographic and psychosocial characteristics in young adults in the CARDIA study. *Psychosomatic Medicine, 53*, 36~49.

Schnurr, P. P., Hurt, S. W., and Stout, A. L. (1994). Consequences of methodological decisions in the diagnosis of late luteal phase dysphoric disorder. In J. H. Gold and S. K. Severino (Eds.), *Premenstrual dysphorias* (pp. 19~46). Washington, D. C.: American Psychiatric Association Press.

Schwartz, G. E., Brown, S., and Ahern, G. L. (1980). Facial muscle patterning and subjective experience during affective imagery: Sex differences. *Psychophysiology, 17*, 75~82.

Seeman, M. V. (Ed.). (1995). *Gender and psychopathology.* Washington, D. C.: American Psychiatric Association Press.

Shields, S. A. (1984). Distinguishing between emotion and non−emotion: Judgments about experience. *Motivation and Emotion, 8*, 355~69.

_____. (1987). Women, men, and the dilemma of emotion. *Review of Personality and Social Psychology, 7*, 229~50.

Smith, T. W., and Greenberg, J. (1981). Depression and self−focused attention. *Motivation and Emotion, 5*, 323~32.

Sohn, D. (1982). Sex differences in achievement self−attributions: An effect−size analysis. *Sex Roles, 8*, 345~57.

Stapley, J. C., and Haviland, J. M. (1989). Beyond depression: Gender differences in normal adolescents' emotional experiences. *Sex Roles, 20*, 295~308.

Stoppard, J. M., and Gmnchy, C. G. (1993). Gender, context, and expression of positive emotion. *Personality and Social Psychology Bulletin, 19*, 143~50.

Stroebe, M. S., and Stroebe, W. (1983). Who suffers more?: Sex differences in health risks of the widowed. *Psychological Bulletin, 93,* 279~301.

Sussman, E. J., Dom, L. D., and Chrousos, G. P. (1991). Negative affect and hormone levels in young adolescents: Concurrent and predictive perspectives. *Journal of Youth and Adolescence, 20,* 167~90.

Sussman, E. J., Nottelmann, E. D., Inoff–Germain, G. E., Dom, L. D., and Chrousos, G. P. (1987). Hormonal influences on aspects of psychological development during adolescence. *Journal of Adolescent Health Care, 8,* 492~504.

Tangney, J. P. (1990). Assessing individual differences in proneness to shame and guilt: Development of the Self–Conscious Affect and Attribution Inventory. *Journal of Personality and Social Psychology, 59,* 102~11.

Thayer, R. E., Newman, J. R., and McClain, T. M. (1994). Self–regulation of mood: Strategies for changing a bad mood, raising energy, and reducing tension. *Journal of Personality and Social Psychology, 67,* 910~25.

Vanfossen, B. E. (1981). Sex differences in the mental health effects of spouse support and equality. *Journal of Health and Social Behavior, 22,* 130~43.

Van Goozen, S., Frijda, N., Kindt, M., and van de Poll, N. E. (1994). Anger proneness in women: Development and validation of the Anger Situation Questionnaire. *Aggressive Behavior, 20,* 79~100.

Wagner, H. L., MacDonald, C. J., and Manstead, A. S. R. (1986). Communication of individual emotions by spontaneous facial expressions. *Journal of Personality and Social Psychology, 50,* 737~43.

Waldron, I. (1976). Why do women live longer than men? *Social Science and Medicine, 10,* 349~62.

Wallbott, H. G. (1988). Big girls don't frown, big boys don't cry—Gender differences of professional actors in communicating emotions via facial expression. *Journal of Nonverbal Behavior, 12,* 98~106.

Wethington, E. McLeod, J., and Kessler, R. C. (1987). The importance of life events for explaining sex differences in psyological distress. In R. C. Barnett (Ed.), *Gender and stress* (pp. 144~54). New York: Free Press.

Whiffen, V. E. (1992). Is postpartum depression a distinct diagnosis? *Clinical Psychology Review, 12,* 485~508.

White, J. W. (1983). Sex and gender issues in aggression research. In R. G. Green and I. Donnerstein (Eds.), *Aggression: Theoretical and empirical reviews* (vol. 2, pp. 1~26). New York: Academic Press.

Wintre, M. G., Polivy, J., and Murray, M. (1990). Self–predictions of emotional response patterns: Age, sex, and situational determinants. *Child Development, 61,* 1124~33.

Wood, J. V., Saltzberg, J. A., Neale, J. M., Stone, A. A., and Rachmiel, T. B.

(1990). Self-focused attention, coping responses, and distressed mood in everyday life. *Journal of Personality and Social Psychology, 58,* 1027~36.

Wood, W., Rhodes, N., and Whelan, M. (1989). Sex differences in positive well-being: A consideration of emotional style and marital status. *Psychological Bulletin, 106,* 249~64.

Yonkers, K. A., and Girguis, G. (1995). Gender differences in the prevalence and expression of anxiety disorders. In M. V. Seeman (Ed.), *Gender and psychopathology* (pp. 113~30). Washington, D. C.: American Psychiatric Association Press.

Zahn-Waxler, C., Cole, P., and Barrett, K (1991). Guilt and empathy: Sex differences and implications for the development of depression. In J. Garber and K. Dodge (Eds.), The development of emotion regulation and disregulation. Cambridge Studies in Social and Emotional Development. New York: Cambridge University Press.

4부

사회적
상황

18장

행복의 원인 및 상관관계 대상

마이클 아가일

이 장에서는 인구통계학적 요인 및 환경적 요인과 행복, 그리고 가능하다면 그러한 요인들의 독립적이고 우연한 효과와의 상관관계를 고찰할 것이다. 나이가 들면 목표와 그 달성의 격차가 감소하기 때문에 연령은 행복의 일부 측면에 작은 긍정적인 영향을 미칠 수 있다. 교육은 주로 소득과 직업상의 지위에 미치는 교육의 영향을 통해, 특히 제3세계 국가에서 긍정적인 감정과 상관관계를 가진다. 사회 계급은 교육과 마찬가지로 소득과 직업상의 지위에 영향을 미칠 뿐만 아니라 여가와 건강에도 영향을 미치기 때문에 교육과 유사한 정도로 긍정적인 감정과 상관관계를 지닌다. 소득은 행복에 복합적이고, 일반적으로 작은 영향을 미친다. 횡단 연구 결과에 의하면, 소득은 작은 긍정적인 효과가 있을 뿐이며, 그것도 하위권 소득 집단에서만 나타난다. 가난한 사람들은 음식처럼 비교적 중요한 상품에 돈을 써야 하기 때문이다. 최근 몇 년 동안의 부의 증가는 모든 사람들의 행복에 아무런 영향을 미치지 않지만, 부의 감소는 행복의 감소를 야기한다. 그리고 복권 당첨은 행복의 원인이기보다는 혼란의 원인이다. 임금 협상 시에 다른 사람들의 수입과 비교하는 것은 중요하다. 그것은 절대 소득 가치보다 더 중요하다. 한편, 사회적 관계는 웰빙의 주요 원천이다. 결혼은 웰빙에 가장 강한 영향을 미친다. 결혼한 사람은 평균적으로 가장 행복하고, 이혼한 사람과 별거 중인 사람은 행복 수준이 가장 낮다. 사회적 지원도 정신 및 신체 건강에 이롭다. 소수 민족 집단은 행복 수준이 낮은 경향이 있지만, 소득과 교육, 직업을 통제한 후에는 소수 민족이 행복에 미치는 효과는 매우 작다. 실업은 소득 감소와는 무관하게 불행의 주요 원인이지만 은퇴한 사람들은 '실업' 상태임에도 불구하고 오히려 직장에 다니는 사람들보다 행복 수준이 더 높다. 여가는 자발적인 통제 아래 있기 때문에 행복의 중요한 근원이다. 스포츠와 운동, 사교 클럽, 음악, 자원봉사 모두 강한 긍정적인 효과를 보인다. 텔레비전 시청은 매우 인기가 있지만, 아주 미약한 긍정적인 상태를 낳을 뿐이다. 종교, 특히 교회에 다니는 것은 전반적으로 작은 긍정적인 영향을 미치지만, 노인과 특정한 교회의 교도들에게는 훨씬 더 강한 영향을 미친다. 이것은 교회 공동체의 매우 긴밀한 지원, 체험적인 신과의 관계, 낙관주의 때문이다. 생활 사건의 빈도는 행복과 상관관계가 있다. 생활 사건의 강도는 약한 영향을 미치지만, 사랑에 빠지는 것과 같은 중대한 생활 사건은 파괴성이 있는 만큼 커다란 영향을 미친다. 기분 유도 실험은 행복이 오랫동안 지속되지는 않더라도 실험적으로 향상될 수 있음을 보여준다. 지능과 신체적인 매력과 같은 능력은 매우 약한 긍정적인 상관관계성을 지닌다. 사회적 기술은 향상된 사회적 관계를 생성하기 때문에 더 나은 긍정적인 상관관계성을 지닌다. 일부 정책적 함의에 근거해서 보면, 정부는 매우 가난한 사람들에 대한 정책을 제외하고는, 소득보다 고용, 여가 시설, 교육으로 달성할 수 있는 결혼 생활 및 기타 관계의 유지에 더 정책적 비중을 두어야 한다. 인구통계학적 변인과 환경적 변인이 행복에 강한 영향을 미치는 것으로 판단된다. 결혼과 고용, 여가는 특히 특정한 집단에게 중요하며, 그것들의 부재와 상실은 불행의 주요한 원천이다.

인구통계학적 변인인 연령, 성별, 직업, 그 외의 변인들의 영향에 대한 정보는 엄청나게 많으며, 이러한 변인들은 보통 사회 조사에서 행복의 원인이자 행복과 상관관계가 있는 대상이 된다. 이러한 조사는 11개국의 2만 3,875명을 대상으로 한 캔트릴(Cantril, 1965)의 연구를 시작으로 미국에서 브래드번(Bradburn, 1969)의 연구, 캠벨과 컨버스, 로저스(Campbell, Converse and Rodgers, 1976)의 연구가 있었고, 총 16만 3,538명의 응답자들을 대상으로 일반적으로 1980년에서 1986년까지 수년 동안 평균을 낸 16개국의 유로바로미터조사(Eurobarometer Surveys)에 대한 잉글하트(Inglehart, 1990)의 분석이 있었다. 그 이후로 페인호번과 동료들(Veenhoven et al., 1994)은 69개국에서 시행된 603개의 연구 결과를 발표했다. 결국 이와 같은 조사들 덕분에 행복의 원인과 행복과의 상관관계 대상에 대한 엄청난 정보 원천이 구축되었다.

이러한 인구통계학적 변인들은 모두 주관적 웰빙과 상관관계가 있는 것으로 밝혀졌다. 우리는 그러한 상관관계가 얼마나 강한지, 모집단 간에 그 상관관계가 얼마나 다른지, 다른 상관관계가 통제될 때 특정한 상관관계가 지속되는지, 그 관계가 얼마나 인과성이 있는지, 그리고 그 관계를 어떻게 설명할 수 있는지를 파악할 것이다. 앤드루스와 위디(Andrews and Withey, 1976)는 이러한 관계가 모두 아주 약하며 그것들 간의 변량의 10퍼센트 미만을 설명할 뿐이라고 결론지었다. 디너(1984)는 15퍼센트를 제시했다. 잉글하트(1990)는 이러한 작은 효과에 놀라며, 그러한 결과는 행복이 시간의 흐름에 따른 목표와 그 달성의 격차, 열망에 달려 있기 때문이며, 결과적으로 행복에 많은 영향을 미치는 것은 변화일 뿐이라는 점을 제시했다. 국가 간의 행복 차이가 훨씬 더 크다는 점을 지적하면서 그는 전 인구의 열망 조정을 요구하는 압력이 상대적으로 낮다는 점을 제시했다.

다른 일반적인 인구통계학적 변인이 통제되었을 경우, 각각의 해당 변인들의 효과는 흔히 베타 가중치로 표현해 떨어지지만, 그러한 통제하에서도 모두 여전히 존재한다. 인과성의 방향성 문제는 더 어렵다. 많은 연구 결과들은 기본적으로 상관관계성을 밝혔지만, 이는 단면적 연구들이다. 예를 들어, 행복한 사람들은 비교적 더 많은 친구를 가지고 있는 것으로 밝혀졌다. 하지만 그러한 관계성이 더 많은 친구를 갖는 것이 사람들을 행복하게 만들기 때문일까, 아니면 행복한 것이 친구를 더 많이 갖게 만들기 때문일까? 가능하다면 우리는 인과성의 증거, 즉 주요한 방법론을 내놓은 연구들을 인용할 것이다. 주요한 방법론으로는 (1) 실험: 예를 들어, 어떤 피험자들로 하여금 일정한 기간 동안 더 많은 운동을 하도록 설득함, (2) 유사 실험 설계: 예를 들어, 실직한 개인이나 유족들을 추적함, (3) 봉급 인상이나 봉급 인하와 같은 변화를 경험한 사람들에 대한 패널 연구,[1] (4) 시간 1에서 측정한 변인들로부터 행복의 변화를 예측하는 다중 회귀 설계가 있다.

연령

행복이나 만족에 대한 많은 조사에 따르면, 캔트릴(1965)의 14개국 조사에서와 마찬가지로 연령과 행복의 상관관계는 약 .10으로, 나이가 들어감에 따

---

1 패널 조사는 같은 조사 대상자(표본)들로부터 자료를 반복적으로 수집하는 조사이다.

라 행복이 조금씩 증가함을 보였다. 직무 만족은 연령과 약간 더 강하게 관련되어 있으며, 만족 척도나 기타 인지 척도를 사용할 때마다 둘 사이에 긍정적인 관계가 발견된다(Schmotkin, 1990). 그러나 그보다 더 많은 감정 척도를 사용해 보면, 행복은 나이가 들수록 증가한다. 긍정적인 감정 척도를 사용할 경우에는 행복은 아주 확연하게 증가하고, 부정적인 감정 척도를 사용할 경우에는 정도는 덜하지만, 그래도 행복은 증가한다(Bradburn, 1969; Diener and Suh, 저널에 실릴 예정인 논문). 주관적 웰빙의 좀 더 전문적인 양상들을 평가해 보면, 일부 양상은 나이가 들수록 증가하고 다른 일부 양상은 감소한다. 캔트릴은 노인들이 과거와 현재의 삶에 더 만족하지만 미래의 전망에는 덜 만족한다는 사실을 발견했다. 그리고 리프(Ryff, 1995)의 연구 결과에 의하면, 나이가 들수록 환경 숙달과 자율성이 증가했지만, 삶의 목적과 개인적 성장은 감소했다.

예를 들어 건강이나 교육을 통제한 경우에 명백한 연령의 효과들 중 일부는 감소되거나 사라진다. 이스라엘의 슈모트킨(Schmotkin, 1990)의 연구 결과에 의하면, 통제 조건에서는 인지적 만족의 증가가 없었던 반면에 감정의 감소는 여전히 일어났다. 이에 반해, 유로바로미터 조사로 잉글하트(1990)가 밝힌 사실에 의하면, 비교적 나이 많은 사람들의 결혼과 교육, 소득의 낮은 비율을 통제한 후에는 연령이 만족도 증가에 미치는 영향이 비교적 큰 것으로 나타났다.

행복이 연령에 영향을 미칠 수 없기 때문에 여기에서 인과 관계의 방향은 실제로 문제가 되지 않는다. 그러나 행복한 사람들은 조금 더 오래 산다는 점에서, 이런 이유로 노인들이 더 행복한 경향이 조금 있을 수 있다.

몇몇 연구에서 남성은 나이가 들수록 행복감이 높아지지만 여성은 나이가 들수록 행복감이 감소하는 것으로 나타났다. 스프레이처와 스나이더(Spreitzer and Snyder, 1974)는 미국에서 시행한 한 연구에서 그러한 경향성의 효과가 매우 강하게 나타난 사실을 발견한 반면에 43개국에서 시행한 훨씬 더 큰 규모의 '세계 가치 연구 그룹 조사'(1994)는 앞서 연구와 같은 방향의 효과가 좀 더 작게 나타난 사실을 발견했다.

연령이 행복에 미치는 명백한 효과는 인과적인 것일까? 행복은 연령에 영향을 미칠 수 없지만 행복과 연령의 관계는 코호트[2] 차이에 기인할 수 있다.

2 통계적으로 동일한 특색이나 행동 양식을 공유하는 집단.

노인들은 평균적으로 교육 수준이 낮고 기대치가 낮거나 더 쉽게 만족하거나 기본적인 생존에 더 관심이 있을 수 있다(Felton, 1987). 예를 들어 이스라엘로 물밀듯이 밀려온 많은 이민자들의 특성은 명백한 연령 차이를 설명할 수 있다. 이 문제를 해결하기 위해서는 종단적 연구가 필요하다.

연령이 행복에 미치는 영향은 작지만, 여전히 설명이 필요하다. 노인들은 건강이 더 나쁜 경향이 있으며, 은퇴 후에는 소득이 줄어들고, 배우자와 함께 계속 생활하고 있는 경우가 적다는 점에서 객관적으로 여러모로 여건이 더 나쁠 수 있다. 이 모든 조건에도 불구하고 노인들이 더 만족감을 느낀다. 캠벨과 컨버스, 로저스(1976)는 노인들의 열망 수준이 낮으며, 더욱이 목표와 그 달성의 격차가 비교적 작다는 증거를 발견했다. 이는 열망의 조정에 대한 잉글하트(1990)의 생각과도 일치한다. 예를 들어, 노인은 퇴직이나 배우자 상실을 예상할 수 있다. 그리고 배우자와의 사별은 노인에 비해 젊은 사람에게 훨씬 더 큰 영향을 미친다(Stroebe and Stroebe, 1987). 노인은 자신의 상태에 적응할 시간이 있었고, 노인 노동자들은, 예를 들어 직업이나 근무 조건을 바꿈으로써 노동 상황을 자신의 필요에 맞게 조정할 수도 있다(Argyle, 1989).

마지막으로, 나이가 들어감에 따라 어느 정도 종교 활동이 많아지고 종교적 믿음이 커진다. 앞으로 살펴보겠지만 종교는 노인의 행복에 보다 중요한 요인이다.

교육

많은 조사들은 교육을 받은 연수나 학력(예컨대, 고등학교, 대학교)을 사용하여, 교육 수준과 행복 수치를 상호 연관시켰다. 이 모든 연구에서 .10의 계수인 작은 정적 상관관계가 발견되었다(Cantril, 1965). 교육은 긍정적인 감정과 부정적인 감정을 개별적으로 평가했을 때 긍정적 감정과는 뚜렷한 관련성이 있었으나 부정적 감정과는 전혀 관련이 없었다(Bradburn, 1969). 게다가 세계의 상이한 지역에서 상이한 결과가 나왔다. 교육의 효과는 미국에서 가장 약하며 시간이 지남에 따라 더 약화되었다(1957년과 1978년에 실시한 두 조사를 비교해 보고자 한다면, Campbell, 1981을 참조). 1957년에 고등학교를 마치지 못한 사람들의 23퍼센트가 매우 행복하다고 말했던 반면에 대학 졸업자의 44퍼센트가 매우 행복하다고 말했다. 이에 반해, 1978년에는 각 해당 비율이 28퍼센트와 33퍼센트였다. 대부분의 유럽 국가에서도 교육의 효과는 매우 작으며 일본과 싱가포르에서도 약하다. 그러나 오스트리아, 한국, 멕시코, 유고슬라비아, 필리핀, 나이지리아에서는 교육이 더 많은 영향을 미친다(Veenhoven et al., 1994). 이러한 현상은 국가의 부가 핵심적인 변인임을 시사한다. 요컨대 교육은 상대적으로 빈곤한 국가들에서 더 많은 영향을 미친다.

교육은 소득과 직업적 지위와 밀접하게 관련되어 있다. 실제로, 교육은 소득과 직업적 지위 모두의 원인일 수 있다. 그러나 위터와 동료들(Witter et al., 1984)은 메타분석을 통해, 교육이 소득보다는 주로 직업에 영향을 미치는 것으로 주관적인 웰빙에 기여한다는 사실을 밝혔다. 또한 교육은 직업 이외의 영역에도 영향을 작게 미쳤다는 사실을 밝혔다. 그렇다면 교육은 소득과 직업 상태와 무관하게 행복에 조금이라도 영향을 미칠까? 소득이 일정하게 유지되면 교육의 효과는 감소하지만 여전히 존재한다(Diener et al., 1993). 교육의 효과는 낮은 소득을 가진 사람들에게 더욱 강하게 나타난다(Campbell, 1981). 직업상의 지위 또한 통제했을 경우에는 교육의 효과는 매우 작아지거나 완전히 사라진다(Glenn and Weaver, 1979). 그러나 일부 연구들을 보면, 교육은 좀 더 높은 소득에 대한 기대감을 야기하기 때문에 소득이 일정하게 유지되는 경우에는 오히려 역효과를 보이는 것으로 밝혀졌다(Clark and Oswald, 1996).

행복이 교육의 원인이 될 수 있을까? 행복은 구성 요인인 낙관주의와 자존감을 통해서 교육의 성취를 향상시킬 수 있을 텐데, 지금까지는 그 양상이 나타나지 않았다.

교육이 행복에 미치는 영향에 대한 주된 설명은 교육이 행복의 원인인 소득과 직업상의 지위에 영향을 미친다는 것이다. 교육의 부가적인 효과들은 교육이 매개하는 사회적 지위에 기인할 수 있다. 이것은 제3세계 국가에서 상대적으로 강한 교육의 영향력을 설명할 수 있다. 여기에서 제시하는 조사들은 어떤 경우에는 소득과 관련해서 통제되었지만 직업상의 지위와 관련해서는 통제되지 않았다. 교육은 특히 여가에 대한 관심의 증진을 통해서 더 폭넓은 관심사를 낳고 그에 따른 다른 행복의 원천들을 창출하는 것으로, 미국의 저소득층에 영향을 미칠 수 있다. 이는 교육의 효과가 긍정적인 영향을 미치는 이유를 설명할 수 있을 것이다. 반면에 교육은 열망을 불러일으키고 목표와 그 달성의 격차를 증가시킬 수 있다.

사회 계층

　사회 계층은 사회에서 개인이 받아들여지는 수준이다. 즉, 사회 계층은 직업상의 지위와 생활양식의 함수이자 소득과 교육 및 거주 지역과 생활양식의 함수이다. 영국의 연구에서는 계층을 일반적으로 직업만으로 측정하지만, 미국에서는 소득과 교육도 고려되어 왔다. 미국에서 시행된 34개 연구에서 65개의 효과를 메타 분석한 결과, 그와 같은 사회 계층의 복합적인 측정치들은 행복과 평균 .20의 상관관계가 있지만, 다른 변인들을 통제한 조건에서는 직업상의 지위만 .11의 베타 가중치를 보였다(Haring, Stock and Okun, 1984). 이러한 상관관계는 보다 최근의 미국 연구에서는 더 작게 나타났다. 베로프와 도우반, 쿨카(Veroff, Douvan and Kulka, 1981)의 연구 결과에 의하면, 1967년에 미국에서 비숙련 노동자는 28퍼센트가 매우 행복한 것으로 나타난 반면에 전문가 계층은 46퍼센트가 매우 행복한 것으로 나타났다. 그러나 1976년에 이 차이는 거의 사라졌다. 긍정적 감정과 부정적 감정을 별도로 측정한 경우, 계층의 효과는 긍정적인 감정에 훨씬 더 크게 미친다. 이와 같은 관계는 경제적으로 침체된 지역과 그 지역의 노인들에게서 훨씬 더 강한 양상을 보인다(Bradburn, 1969). 사람들에게 자신에 대해 평가해 보라고 요구하는 방법을 통해 사회 계층을 평가할 경우에, 미국과 유럽의 연구에서 사회 계층은 행복과 약 .25~.30의 상관관계가 있는 것으로 나타난다.

　사회 계층과 관계 강도의 상관관계 또는 유사한 측정치는 일부 국가에서 훨씬 더 강하다. 예를 들어 객관적인 사회 계층과 관계 강도의 상관관계는 이스라엘은 .55, 나이지리아는 .52, 필리핀은 .44, 인도는 .42, 브라질은 .38로 나타났다(Cantril, 1965). 이는 매우 계층화된 나라들, 즉 소득의 불평등이 큰 나라들에서 계층이 행복에 더 많은 영향을 미친다는 사실을 시사한다. 행복과 만족감은 자신들이 상류 사회 계층에 속한다고 생각하는 사람들에게서 유독 높게 나타난다. 예를 들어 인도에서는 행복과 만족감을 느끼는 비율이 중상류층의 경우에는 18퍼센트인 데 반해 최하류층의 경우에는 1퍼센트에 불과하다. 반면 호주에서는 행복과 만족감을 느끼는 비율이 상류층의 경우에는 58퍼센트이고, 중산층의 경우에는 47퍼센트이고, 최하류층의 경우에는 33퍼센트였다(Leisure Development Centre, 1980). 호주는 인도에 비해 균등성이 훨씬 크고 소득분배 차가 적었다.

행복한 사람들이 사회적으로 더 유동적이라는 역인과 효과가 있을 수 있다. 이러한 역인과 효과는 비교적 사회적 유동성이 큰 나라에서 일어날 가능성이 더 높지만, 방금 제시했듯이, 사회적 유동성이 낮은 인도와 브라질과 같은 나라에서는 그 효과가 실제로 더 크다. 이는 그러한 인과 관계의 방향이 중요하지 않다는 점을 시사한다.

헤링과 스톡, 오쿤(Haring, Stock and Okun, 1984)의 메타 분석이 보여주듯이, 직업상의 지위의 효과는 소득과 교육을 통제한 후에는 원래 크기의 절반 수준으로 줄어들기는 했지만, 여전히 존재한다. 계층에 대한 자기 지각을 이용할 경우, 다른 측정치들을 통제한 후에도 베타 가중치는 여전히 대략 .15~.20이다(Veenhoven et al., 1994).

사회 계층이 행복에 미치는 영향을 어떻게 설명할 수 있을까? 소득과 교육의 효과를 포함한 전체적인 효과는 설명하기 쉽다. 더 나은 직업, 주택, 관계, 여가 등의 복합적인 효과가 존재한다. 우리는 나중에 여가에 있어 계층 차이가 매우 크다는 사실을 제시할 것이다. 중산층의 개인들은 훨씬 더 활발하게 여가를 보내고, 곱절로 많은 클럽에 속해 있고, 운동을 훨씬 더 많이 하고, 휴가와 여행을 더 많이 즐기고, 책을 더 많이 읽고, 사회생활을 더 많이 하고, 취미를 더 많이 추구한다. 반면에 노동자 계층 사람들은 그저 텔레비전을 더 많이 시청한다. 중산층의 결혼 생활은 더 행복하고 더 오래 지속된다. 젊은 중산층 커플은 비교적 늦게 결혼하고 자신의 입지를 다질 가능성이 더 높은 부분적인 이유 때문에 노동자 계층과 비교해 더 많이 성공하는 경향을 보인다. 반면에 노동자 계층의 커플은 흔히 너무 일찍 결혼하며, 소녀가 임신하면 결혼을 하고, 시집살이나 처가살이를 해야 한다(Argyle 1994). 중산층 사람들은 상대적으로 친구가 더 많은 반면에 노동자 계층의 사람들은 친척들과 더 가까이 살기 때문에 친척들을 더 많이 본다. 하지만 친척들은 친구들과 비교해 행복의 원천으로 덜 중요하다. 또한, 순수한 사회적 지위 효과가 있을 수 있다. 이를테면, 다른 사람들로부터 더 많이 존중받을수록 자존감이 높아진다(Argyle, 1994). 직업상의 지위의 개별적 효과는 더 흥미로운 일을 하는 사람들의 직무 만족도가 높은 데서 기인할 수 있다.

소득

많은 연구들이 소득과 행복 수치의 관계를 살펴보았다. 유로바로미터 조사에서 소득 상위 4분의 1에 속하는 사람들의 경우는 86퍼센트가 삶에 만족하거나 매우 만족했던 반면에 소득 하위 4분의 1에 속한 사람들의 경우는 72퍼센트가 삶에 만족하거나 매우 만족했다. 미국에서 시행된 연구들은 소득과 행복의 상관관계는 일반적으로 아주 낮았다. 헤링과 스톡, 오쿤(1984)은 85개 연구에서 154개의 효과 크기를 메타 분석하여 평균 .17의 상관성을 발견했다. 디너와 동료들(Diener et al., 1993)은 1971년부터 1975년까지 6,913명의 응답자와 1981년부터 1984년까지 4,942명의 응답자를 대상으로 실시한 설문 조사를 보고했다. 그 조사 결과는 그림 18.1과 18.2로 나타냈다.

웰빙과 소득의 관계는 곡선을 이루며, 소득 척도의 하위권에서 웰빙과 소득이 훨씬 더 강한 관계를 나타내고 있음을 알 수 있다. 또한 상위권에서도 부수 효과가 나타날 수 있다. 디너와 호르비츠, 에몬스(Diener, Horwitz and Emmons, 1985)는 연간 1,000만 달러 이상을 번 49명의 개인이 같은 시기의 77퍼센트 동안 행복을 누렸던 반면에 비교 집단은 62퍼센트 동안 행복을 누린 사실을 발견했다. 자신의 운명에 만족하는 듯 보이는 '행복한 가난한 사람들'에게는 문제가 하나 있다. 이것은 바로 적응 상태와 그것에 대해 어떻게 해볼 뾰족한 방법이 없는 상황의 오랜 경험으로 야기된 학습된 무력감으로 해석되었다(Olson and Schober, 1993). 미국에서 소득

그림 18.1 1971년부터 1975년까지 미국에서의 소득과 웰빙

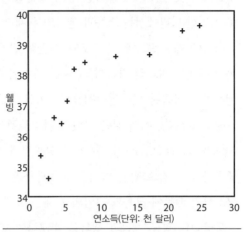

출처: Diener et al.(1993), 그림 1. Kluwer Academic Publishers의 허가 아래 전재.

그림 18.2 1981년부터 1984년까지 미국에서의 소득과 웰빙

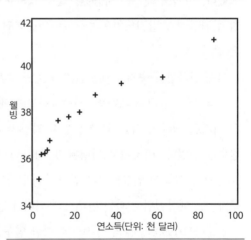

출처: Diener et al.(1993), 그림 2. Kluwer Academic Publishers의 허가 아래 전재.

의 효과가 다소 약한 이유는 많은 미국인들이 소득이 행복에 영향을 미치는 수준보다 높은 수준의 소득을 얻기 때문일 수 있다. 인도와 필리핀과 같은 일부 가난한 나라에서는 소득과 행복의 관계가 훨씬 강하다.

소득에 대한 보고된 만족도와 주관적 빈곤, 만족스러운 생활수준 등과 행복의 관계는 비교적 강하며, 심지어 북미에서 시행된 연구들에서도 그것들과 행복과의 상관관계는 일반적으로 .40인 것으로 나타났다. 그리고 탄자니아(.68)와 요르단(.51)과 같은 가난한 나라들에서 이 상관관계는 훨씬 더 강했다(Veenhoven et al., 1994). 한편 이 상관관계는 통제를 적용한 후에는 베타 가중치가 다소 감소했다. 하지만 교육과 직업은 부와 함께 사회 계층의 변인을 구성하기 때문에 교육과 직업의 통제는 오해의 소지가 있을 수 있다.

총국민의 평균 소득과 행복을 비교하면 비슷한 결과가 나온다. 이러한 종류의 가장 광범위한 분석은 디너와 디너, 디너(1995)가 제시한 것으로, 그들은 여러 소득 수치 — 예컨대 국민총생산과 구매력 — 와 55개국의 행복을 비교했다. 이 연구에서는 사용된 모든 소득 수치를 종합했을 때 .50 이상의 강한 상관관계가 발견되었으며, 이는 일반적인 국내 연구 결과보다 상당히 높은 결과이다.

이제 인과성의 증거를 제시한 연구들을 살펴볼 것이다. 브래드번(Bradburn, 1969)의 연구 결과에 의하면, 지난 1년 사이에 임금이 오른 임금 노동자 가장의 가족은 임금이 깎인 임금 노동자 가장의 가족에 비해 약간 더 높은 행복 점수를 얻었다. 미국에서 시행된 또 하나의 연구에서 디너와 동료들(1993)은 10년 동안 봉급이 인상되거나 인하된 개인들의 행복을 비교했다. 그 결과, 연구자들은 예상했던 것과는 반대로 유의미한 변화를 발견하지 못했다.

잉글하트(1990)의 삶의 만족도에 대한 연구 결과에 의하면, 자신의 재정 상황이 '훨씬 좋아졌다'고 말한 사람들은 85퍼센트가 삶에 만족했던 반면에 재정 상황이 '훨씬 나빠졌다'고 말한 사람들은 57퍼센트만 삶에 만족했다. 국민소득의 변화가 일으킬 수 있는 효과에 대한 관심이 훨씬 더 커져 왔다. 인켈레스와 다이아몬드(Inkeles and Diamond, 1986)가 동일한 직업상의 지위를 가진 개인들을 비교한 결과, 그들의 웰빙과 국가의 경제 성장 사이에 .60의 상관관계가 나타났다. 특정한 국가들을 조사해 보면, 그 증거는 엇갈린다. 미국에서는 평균 개인 소득이 1970년 4,000달러에서 1990년 1만 6,000달러(1990년 달러로)로 증가했지만 평균 행복이나 만족도에는 변화가 없었다(Myers and

Diener, 1996). 이에 반해, 벨기에에서 1978년부터 1983년까지 소득의 하락이 있었던 당시에 '매우 행복하다'고 말한 사람들의 비율은 40퍼센트에서 20퍼센트로 떨어졌다(Inglehart and Rabier, 1986). 1980년부터 1982년까지 불황기에 유럽인의 행복은 조금 하락을 보였으며 브라질과 아일랜드, 일본에서도 비슷한 변화가 발견되었다(Veenhoven, 1989). 미국에서 번영에 대한 반응이 부족한 이유는 기대치 상승과 상황이 계속 개선될 것이라는 미국인의 낙관적인 믿음 때문일 수 있다. 소득이 장기적으로 작은 영향을 미치는 이유는 적응, 즉 사람들이 특정한 수준의 번영에 익숙해지기 때문일 수 있다.

소득이 행복에 미치는 영향에 관한 인과성 정보의 또 하나의 가능한 출처는 복권 당첨자들에 대한 연구에서 비롯되었다. 전체적인 측면에서 보았을 때, 초기의 기쁨 이후로 복권 당첨이 행복에 미치는 영향은 거의 없으며, 일부 당첨자들은 분명한 부정적인 결과로 인해 삶의 큰 혼란을 경험한다. 예를 들어 영국에서 시행된 연구 결과에 의하면, 복권 당첨자들의 70퍼센트는 직장을 그만두었고, 그에 따라 직무 만족과 직장 동료를 잃었다(Smith and Razzell, 1975). 그들은 새 집으로 이사하지만 새로운 이웃들에게 사회적으로 받아들여지지 않는다. 그들은 이제 자신이 어디에 속해 있는지 알지 못하는 정체성 문제를 겪을 수 있다. 영국에서 있었던 복권 당첨자들과의 많은 언론 인터뷰 중 하나가 흥미로웠다. 24세 여성이 137만 5,000파운드의 복권에 당첨됐다. 그러자 그녀는 차를 구입했으나 운전할 수 없었고, 많은 옷을 샀지만 창고에 처박아 둬야 했다. 그리고 고급 레스토랑에 갔지만 자신은 피시 핑거[3]를 좋아한다는 걸 인정해야 했다. 그녀는 여전히 무직 상태였고, 예전과 다름없이 공허하고 만족스럽지 못한 삶을 살았다. 나는 복권 당첨자들에 대한 분석은 돈이 행복에 미치는 영향을 연구하기에 좋은 방법은 아니라고 생각한다. 왜냐하면 그 영향은 부에 관한 것이기보다는 주로 혼란에 관한 것이기 때문이다.

소득이 행복에 어느 정도 영향을 미친다면, 그것을 어떻게 설명할 수 있을까? 이 현상을 설명하는 데는 문제가 없다. 부유한 사람들일수록 더 높은 생활수준, 더 나은 음식, 주택, 교통, 교육, 여가, 더 나은 의학에 대한 접근성 — 그 결과 (치료를 받을 수 있는 능력을 갖추고 있기 때문에) 건강이 더 좋고, 심

3　흔히 냉장 포장으로 판매하는 생선살을 막대 모양으로 잘라 튀김옷을 입혀 튀긴 음식.

지어 정신 건강도 더 좋으며 더 유능한 성격을 갖춘다 — 을 누린다. 그리고 부유한 사람들일수록 존중을 받기 때문에 자존감이 더 높을 수 있다. 부유한 사람들은 부분적으로는 의학에 대한 접근성이 더 좋을 뿐만 아니라, 비록 영국에서는 매우 부유한 사람들이 지나치게 음주를 많이 하는 편이지만, 건강에 좋은 행동을 더 많이 실천하기 때문에 건강이 더 좋다(Blaxter, 1990). 돈은 결혼 생활에 유익하다. 돈이 있으면 신혼부부는 가족과 함께 살기보다는 독립해서 자기들만의 주거에서 살림을 꾸릴 수 있기 때문이다. 결혼 생활은 행복의 주요한 원천이다. 적어도 미국 내에서 이루어진 연구들의 관점에서 보면, 문제는 아주 가난한 사람들을 제외한 모든 사람들에게 있어 행복과 소득과의 관계가 왜 그렇게 약한지를 설명해야 하는 데 있다. 그림 18.1에서 볼 수 있는 평준화 효과는 돈이 더 큰 자가용, 예술 작품, 골동품 혹은 보석에 소비될 경우보다 음식과 주택, 기타 필수품에 소비될 경우에 삶의 질에 더 큰 차이를 만들어 낸다는 단순한 이유 때문에 발생할 수 있다.

사람들은 소유물을 갖기를 즐기지만, 물질주의 척도에서 높은 점수를 받은 사람들은 다른 사람들보다 덜 행복한 것으로 밝혀졌다. 물질주의 척도에는 행복과 소유물의 중요성과 남의 부러움을 사기 위해서는 소유물이 필요하다는 믿음에 대한 항목들이 있다(Belk, 1984). 결과적으로 물질주의 척도 점수가 높은 사람들이 덜 행복한 이유는 실제로 개인적인 성취나 삶의 의미와 같은 비물질적인 목표를 추구하면서 물질적인 것들이 그러한 비물질적인 목표를 실현시켜주지 못할 때 실망하기 때문일 수 있다(Dittmar, 1992).

돈의 약한 영향에 대한 널리 알려진 설명으로는 사람들을 행복하게 만드는 것은 실제 소득보다는 상대적 소득이거나, 아니면 실제 소득뿐만 아니라 상대적 소득이라고 보는 설명 방식이다. 여러 조사 결과에 따르면 다른 사람들보다 소득이 조금 낮다고 하는 보고가 만족 및 행복과 상당히 강한 상관관계를 지니는 것(예컨대, .34)으로 밝혀졌다(Mitchell, 1972). 실제 소득보다 상대적 소득이 더 중요할 수 있다는 증거는 미칼로스(Michalos, 1980)의 '미시간 모델(Michigan model)' 또는 목표와 성취의 격차 모델에 기초한 연구에서 나온 것으로, 그 모델에 따르면 행복은 열망과 성취 간의 격차로부터 기인하는 것으로 알려져 있다. 그리고 이러한 격차는 '평균적인 사람들' 및 자신의 과거 생활과 자신의 현 상황을 비교하는 것에서 비롯된다(그림 18.3을 참조).

이러한 격차는 다양한 영역에 대한 만족도보다는 전체적인 만족도를 더 잘 예측하는 예측 변인인 것으로 밝혀졌다 (Michalos, 1986). 소득에 있어서의 목표와 성취의 격차는 일반적으로 전체적인 웰빙을 예측할 수 있는 것으로 밝혀졌지만, 항상 그렇지는 않다. 그리고 테일러(Taylor, 1982)는 이 이론이 현실적인 열망이나 개인의 통제하에 있는 열망에 대해서만 제대로 적용될 수 있다는 점을 발견했다. 여러 연구들은 과거와의 비교가 중요하다는 사실을 발견했다. 예컨대, 슈바르츠와 슈트랙(1991)의 연구 결과에 의하면, 사람들에게 부정적인 과거 사건을 생각해 보라고 요구했을 때, 그들의 기분은 더 좋아졌다. 다른 사람들과의 비교는 어떨까? 런시만(Runciman, 1966)의 연구 결과에 의하면, 영국에서 비교적 좋은 보수를 받는 육체노동자들은 동일한 보수를 받는 비육체노동자들보다 자신들의 보수에 더 만족했다. 그들에게는 딴 비교 집단들이 없었다. 비교는 보수에 대한 만족의 원천으로서 매우 중요해 보인다. 버코위츠와 동료들(Berkowitz et al., 1987)은 위스콘신에서 실시한 한 조사를 통해 임금 만족도에 대한 가장 강력한 예측 변인은 현재의 불평등(−.49)이라는 것을 밝혔다. 클라크와 오즈월드(Clark and Oswald, 1996)는 다른 설계를 이용했다. 1만 명의 영국 노동자들의 '비교 소득', 즉 동일한 직업과 학력, 기타 동일한 조건을 가진 사람들의 평균 소득을 계산했다. 그들의 조사 결과에 의하면, 소득은 만족도에 거의 영향을 미치지 않는 반면에 비교 소득은 만족도와 −.25에서 −.30의 상관관계를 가지고 있는 것으로 나타났다. 즉, 비교 소득이 낮을수록 고용인들의 만족도는 더 높았다. 그리고 레이히트와 셰펠락(Leicht and Shepelak, 1994)이 미국에서 4,567명의 고용인을 대상으로 한 연구에서 비슷한 결과를 얻었다. 즉, 공정한 소득을 보장하는 절차가 있다면 임금 만족도가 더 컸다. 클라크와 오즈월드도 배우자나 다른 가족 성원이 더 많은 소득을 얻으면 급여에 대한 만족도가 낮아지는 비교 효과를 확인했다.

소득의 분산이 작은 나라에서는 평균적인 행복이 더 크다. 많은 사람들로서는 불리한 비교의 기회가 줄어드는 것이다(Diener et al., 1995).

클라크와 오즈월드(1996)는 보수가 일정하게 유지될 경우에 교육이 삶의 만

그림 18.3 전체적인 삶의 만족도: 목표와 성취의 격차 모델

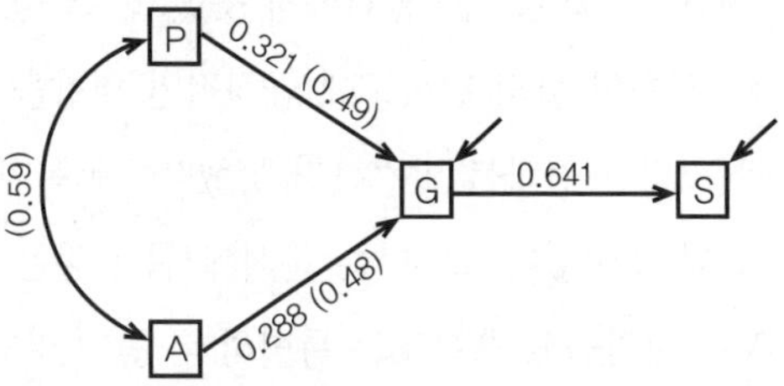

출처: Michalos(1980)(회귀 계수가 제시되어 있다. 괄호 안의 숫자는 영차 상관이다).

족도에 예상대로 부정적인 영향을 미친 결과를 발견했지만, 디너와 동료들 (1993)은 그런 점을 발견하지 못했고, 흑인인 경우에 (교육 수준이 낮을 것이므로) 교육이 삶의 만족도에 긍정적인 영향을 미칠 것으로 예상되었지만, 실제로 그러한 결과를 발견하지 못했다. 예측 방향과 정반대 방향으로 작은 차이가 날 뿐이었다. 또 다른 분석에서는, 같은 관점의 주장대로, 가난한 지역에 사는 사람들의 행복도는 특별히 더 높지 않았고, (응답자들의 소득이 일정한) 부유한 지역에 사는 사람들의 행복도는 특별히 더 낮지 않았다.

여성들은 같은 종류의 일을 할 때조차도 남성보다 적은 임금을 받으며 더 적은 소득에 만족한다. 이는 여성들이 자신의 임금을 다른 여성들의 임금과 비교하고 남성보다 적은 임금을 받을 자격이 있다고 느끼기 때문이다 (Jackson, 1989). 그러나 남성과 같은 일을 할 경우에 여성들은 자신의 임금을 남성의 임금과 비교하기 시작하고 더 이상 남성의 임금보다 낮은 임금에 만족하지 않는다(Loscocco and Spitze, 1991). 또한 젊고 교육 수준이 높은 전문직 여성들, 그리고 남성이 지배적인 직장에서 일하는 여성들은 비교적 높은 임금 만족도를 보이지 않는다. 사실 그러한 직업은 상대적으로 임금 만족도가 높은 직종이자 임금 기대치의 성차가 낮을 가능성이 높은 직종이다(Clark, 1996).

특히 고용인들이 자신들과 다른 집단의 노동자들이 얼마나 임금을 받는지 정확히 알고 있을 경우에 비교는 임금에 있어 가장 중요한 요인으로 보인다. 이것은 임금 분쟁에서 매우 중요하다. 브라운(Brown, 1978)의 연구 결과에 의하면, 비교적 낮은 급료를 택하더라도 경쟁 집단보다 더 많은 급료를 받을 수 있다면, 산업 노동자들은 그처럼 낮은 급료를 선택할 것이다.

결혼

결혼은 종종 행복 및 웰빙과 가장 강한 상관관계를 보이는 대상들 중 하나로 밝혀졌다(Glenn and Weaver, 1979). 결혼을 했거나 동거하는 사람들은 혼자 살거나 결혼하지 않았거나, 사별했거나 이혼했거나 별거한 사람들보다 평균적으로 더 행복하고, 정신적인 건강과 신체적 건강이 더 좋다. 1975년부터 1979년까지 시행된 16개국의 유로바로미터 조사 결과를 보면, 상이한 결혼 상태에서 분명한 차이가 발견되었다. 이 결과는 표 18.1에 나와 있다. 그리고 매우 유사한 조사 결과가 보다 최근의 다른 연구들에서 나타났다.

다른 많은 조사 결과에 의하면, 결혼한 사람들은 결혼하지 않은 사람들보다 더 행복한 것으로 나타났다. 헤링-하이도어와 동료들(Haring-Hidore et al., 1985)이 미국에서 시행된 58개 연구들

표 18.1 결혼과 만족도

	남성	여성
기혼자	79	81
기혼자처럼 생활하는 미혼 동거자	73	75
독신자	74	75
사별 후 홀로 사는 사람	72	70
이혼자	65	66
별거인	67	57

출처: Inglehart(1990).
참고: 퍼센트(비율)는 '만족'과 '매우 만족'을 포함한다.

에 대한 메타 분석을 한 결과, 전체적 상관관계는 .14로 나타났다. 결혼의 영향은 젊은 부부에게서 더 강했다. 다른 많은 연구 결과에 의하면, 결혼한 사람들은 결혼하지 않은 어떤 범주의 사람들보다도 더 행복한 것으로 나타났다 (Veenhoven et al., 1994). 결혼하지 않은 사람들의 범주들 중에 '기혼자처럼' 동거 생활을 하는 사람들은 독신자들보다 일반적으로 더 행복하고 결혼한 사람들보다는 약간 덜 행복한 것으로 나타났다(표 18.1; Nock, 1995). 동거 생활을 하는 사람들의 헤어지는 비율은 영국에서는 결혼한 사람들보다 두 배 높고 스웨덴에서는 세 배나 높다(Watt, 1994). 결혼 생활에 대한 만족 또한 전반적인 행복이나 만족을 예측할 수 있다. 이러한 이점들에도 불구하고 결혼은 갈등의 가장 큰 원인이 되는 관계이다(Argyle and Furnham, 1983). 폭력은 드문 일이 아니며 이혼은 점점 더 흔해지고 있다. 예컨대, 결혼은 우정과는 상당히 다른 복잡하고 강한 관계이며 비교적 강한 영향을 미친다.

결혼한 사람들은 정신 건강도 더 좋다. 런던에서 브라운과 해리스(Brown and Harris, 1978)가 시행한 연구 결과에 의하면, 스트레스가 많은 생활 사건을 경험했을 때, 의지할 수 있는 배우자가 있는 여성들의 경우에는 10퍼센트만 우울증에 빠졌던 반면에 그러한 배우자가 없는 여성들의 경우에는 41퍼센트나 우울증에 빠졌다. 배우자의 죽음은 우울증의 주요한 원인이다. 한 연구 결과에 의하면, 배우자가 있는 경우에는 10퍼센트만 벡 우울 척도 검사(Beck Depression Inventory)의 가벼운 정도에서 심각한 정도 범위에 속하는 것으로 나타난 반면에 미망인의 경우에는 42퍼센트나 그 범위에 속하는 것으로 나타났다(Stroebe and Stroebe, 1987). 스트레스 연구에서는 흔히 배우자와의 사별 경험이 최악의 사건으로 가정되어 왔다. 그러나 건강에 관한 연구 결과에 의

18장
·
763

하면, 이혼이나 별거가 특히 심장병으로 인한 사망률과 기타 여러 질병으로 인한 사망률에 더 큰 영향을 미치는 것으로 나타났다. 이혼이나 별거는 문자 그대로 가슴을 찢어 놓는다(Lynch, 1977).

결혼의 긍정적인 효과는 나이, 성별, 소득 등을 통제한 후에도 여전히 발견된다. 글렌과 위버(Glenn and Weaver, 1979)가 몇 차례 미국의 전국적 조사들을 평균해 본 결과, 남성의 경우에는 .16의 베타 가중치가 나타났고 여성의 경우에는 .21의 베타 가중치가 나타났다. 그리고 다른 연구 결과들에 의하면, 결혼이 남성의 신체적 건강과 정신적 건강에 비교적 도움이 되었고(Gove, 1972), 여성의 행복에는 좀 더 도움이 되는 것으로 나타났다(Wood, Rhodes and Whelan, 1989, 표 18.1을 참조). 남성은 사별로 인해 더 우울해지고 더 질병에 걸리기 쉬운 반면에 여성은 이혼으로 더 많은 고통을 겪는다. 결혼의 질은 행복을 예측할 수 있는 부수 요인(Russell and Wells, 1994)이다. 자녀를 갖는 것은 결혼 만족도와 행복에 조금 영향을 미친다. 그 영향은 전체적으로는 부정적이다(Glenn and Weaver, 1979). 또한 그 영향은 곡선을 이루고, 2~3명의 자녀를 가질 때 가장 좋으며, 가족의 생애 주기의 단계에 따라 달라진다. 그림 18.4는 가족의 생애 주기의 특정 시기에 따라 결혼 생활의 행복이 어떻게 달라지는지를 보여준다.

신혼여행(1)과 빈 둥지(2) 시기가 가장 좋다. 5세 미만의 자녀들이 있을 때 (3)와 자녀들이 청소년일 때(5)는 결혼 만족도가 가장 나쁜 시기이다(Walker, 1977). 그럼에도 불구하고 아이들은 부모에게 스트레스뿐만 아니라 만족의 주요 원천이기도 하다. 특히, 아이들은 애정과 재미의 원천이다(Hoffman and Manis, 1982). 나중에 그들은 사회적 지원(지지)의 원천이 된다. 아이들이 노동의 주요 원천인 제3세계 국가에서는 아이들이 많을수록 좋다는 기대가 있을 수도 있다.

결혼 생활의 영향은 인과적인 것인가, 아니면 행복한 사람들이 결혼할 가능성이 더 높다는 것으로 결혼 생활의 영향을 설명할 수 있을까? 90퍼센트 이상의 사람들이 결혼한다는 사실은 후자의 설명에 반하는 것이다. 휴즈와 고브(Hughes and Gove, 1981)는 혼자 사는 사람들과 다른 사람들 간에 기존의 심리적 경향들의 차이를 전혀 찾을 수 없었지만, 마스테카사(Mastekaasa, 1992)는 건강이 좋지 않은 개인들은 향후 4년 사이에 결혼할 가능성이 적다는 것을 발견했다. 이혼은 부분적으로는 관련된 사람들의 불행이나 관련 특성에

그림 18.4 가족의 생애 주기의 단계에 따른 결혼 생활 만족도

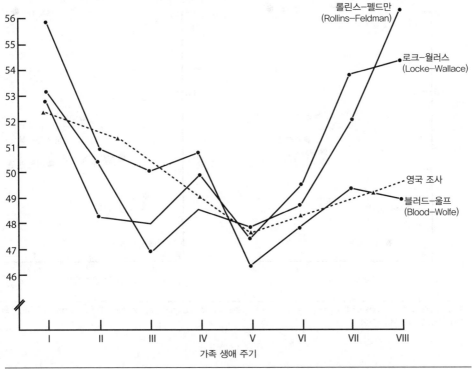

출처: Walker(1977); Rollins and Cannon(1974); Women's Own(1974). Academic press Ltd.의 허가 아래 전재.

기인할 수 있지만, 배우자와의 사별은 주로 다른 원인들에 기인한다고 추정할 수 있다.

결혼(생활)은 특정한 조건에서 더 행복하며, 이는 우리가 기술한 다른 인구통계학적 영향을 설명하는 데 도움이 된다. 앞서 살펴봤듯이 중산층의 결혼이 비교적 성공적인 경향을 보인다. 결혼은 부부가 젊고 사랑하는 사이일 때 긍정적인 감정의 더 큰 원천일 수 있다. 열정적인 사랑은 나중에는 기쁨보다는 만족의 원천인 동반적 사랑으로 대체된다. 그리고 사별은 젊은 사람들에게 더 커다란 영향을 미친다(Stroebe and Stroebe, 1987). 같은 종교를 믿는 부부는 교회의 교의와 사회적 지원 때문에 더 오래 함께 삶을 영위한다. 그리고 부부가 즐거운 여가 활동을 공유한다면 더 오래 함께 삶을 영위할 것이다(Argyle and Henderson, 1985).

결혼(생활)의 이점을 어떻게 설명할 수 있는가? 대부분의 사람들에게 결혼은 친구나 친척보다 더 중요한 사회적 지원 — 정서적, 물질적 지원 및 동

그림 18.5 만족 차원에서 나타낸 관계성

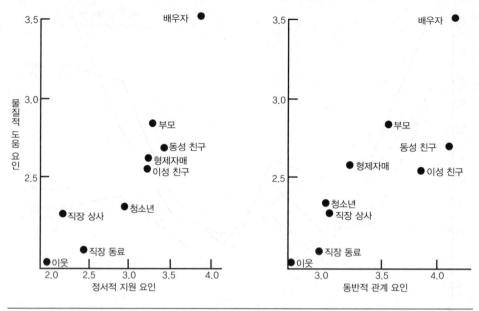

반적 관계를 포함한 ― 의 가장 큰 원천이다(Argyle and Furnham, 1983, 그림 18.5를 참조). 결혼한 사람들에게 있어, 배우자는 섹스와 여가를 비롯한 다양한 만족들에 관여하고 도움이 된다. 사랑에 빠지는 것은 긍정적인 정서의 가장 큰 원천이다. 결혼 생활은 더 나은 건강 행동을 유발한다는 부분적인 이유 때문에 건강에도 좋다. 기혼자들은 술을 적게 마시고 담배를 적게 피우고, 더 좋은 식단 관리를 하고, 의사의 조언을 따른다. 또한, 건강 행동의 지속적인 유지에 따라 일어나는 효과, 즉 면역 체계가 활성화되는 현상이 나타난다(Kennedy, Kiecolt-Glaser and Glaser, 1990). 결혼은 일종의 생물학적인 협동조합으로 그 구성원들은 서로를 돌본다. 또한 공감해 주는 청취자에게 문제들을 털어놓고, 서로 그 문제들을 상의할 수 있기 때문에 정신 건강상의 혜택을 받기도 한다. 여성은 남성보다 경청을 더 잘하는데, 이는 남성이 상대적으로 낮은 우울증 비율을 보인다는 점에서 결혼으로부터 여성보다 더 많은 혜택을 받는 이유를 설명해 준다(Vanfossen, 1981).

결혼은 행복에 가장 큰 영향을 미치는 관계이지만 '사회적 지원'을 제공하는 것으로, 행복뿐만 아니라 신체 건강과 정신 건강에도 영향을 미치는 다른 관계들도 존재한다. 사회적 지원의 주요한 형태로는 물질적 도움과 정서적 지원, 친교가 있다(Argyle and Furnham, 1983). 밝혀진 바에 의하면, 모든 종류의 사회적 지원이 결합되면, 사회적 지원 요인은, 예를 들어 행복과 .50의 강한 상관관계를 갖게 된다(Austrom, 1984). 버크먼과 사임(Berkman and Syme, 1979)은 9년 동안 7,000명의 사람들을 추적했다. 그 결과, 상대적으로 더 강한 지원 네트워크를 가진 사람들 중에 비교적 많은 사람들이 연구의 종료 시점에도 여전히 살아 있었다.

상이한 관계들은 다소 상이한 방식으로 작동한다. 결혼은 가장 친밀한 관계이며, 가장 강력한 영향을 미치지만 우리가 알고 있듯이 가장 큰 갈등을 일으키기도 한다. (결혼과 관련해 좀 더 알고 싶다면, 이 책의 Myers를 참조.) 친구들은 주로 교우 관계의 원천이다. 긍정적인 기분의 주요한 원천이기도 한 친구들은 특히 중산층의 경우에는 여가 활동을 함께한다. 우리는 나중에 생활 사건과 활동의 맥락에서 친구에 관해 논할 것이다. 직장 동료들은 직장에서 얻을 수 있는 중요한 도움의 원천이고 친척은 필요할 때면 얻을 수 있는 중요한 도움의 지속적인 원천이다. 그리고 이웃들은 가장 약한 지원의 원천이지만, 그들에게서 작은 도움을 빈번히 받을 수 있다. 사실상 이웃과 친척은 노동 계층의 공동체에서는 더 중요시된다(Argyle and Henderson, 1985).

민족성

지금까지 미국에서 흑인의 행복과 백인의 행복을 비교한 연구들은 많았다. 흑인들의 행복은 항상 낮은 수준인 것으로 밝혀졌다. 예컨대, 캠벨과 동료들(Campbell et al., 1976)의 연구 결과에 의하면, 백인은 32퍼센트가 매우 행복하다고 말했던 반면에 흑인은 18퍼센트만 매우 행복하다고 말했다. 이는 1957년에서 1972년 사이에 있었던 네 차례의 조사를 평균한 것이었다. 다른 나라에서 시행된 조사에서도 유사한 결과가 나왔다. 남아프리카 공화국에서는 백인이 가장 행복했고, 인도인, 혼혈인, 흑인이 그 뒤를 따랐다(Moller, 1989). 네덜란드에서는 가장 행복한 사람들이 네덜란드인이었고, 모로코인, 수리남인, 터키인이 그 뒤를 이었다(Verkuyten, 1986).

소수 민족의 상대적으로 낮은 행복감은 주로 소득과 교육, 직업상의 지위가 낮은 것에서 기인한다. 이러한 변인들을 통제할 경우 민족성의 효과는 감소해 일부 연구들에서는 완전히 사라지지만, 일반적으로는 약 .07이나 그 이하의 베타 가중치까지 감소한다(Veenhoven et al., 1994). 다른 상호작용들도 있다. 민족성이 행복에 미치는 영향력은 직업적 지위, 교육 수준 또는 소득이 높은 사람들에게 더 크게 나타난다. 흑인 농장 노동자들의 행복 수준은 백인 농장 노동자들의 행복 수준과 거의 다르지 않았지만, 미국에서 교육 수준이 높은 전문직 흑인들의 행복 수준은 1946년에서 1966년 사이에 감소했다(Manning-Gibbs, 1972). 그러나 이러한 패턴은 나중에 디너와 동료들(1993)이 시행한 연구에서는 확인되지 않았다. 여러 연구 결과를 보면, 비교적 나이가 많은 개인들에게서는 흑인과 백인의 차이가 거의 없었다.

일반적으로 흑인 미국인이 백인 미국인보다 자존감이 낮다는 것이 밝혀졌다. 캠벨과 컨버스, 로저스(Campbell, Converse and Rodgers, 1976)의 연구 결과에 의하면, 흑인의 32퍼센트와 백인의 50퍼센트가 높은 자존감을 가지고 있으나 항상 그 수준의 비율로 나타나지는 않는 것으로 밝혀졌다. 그리고 흑인 아이들이 백인 아이들보다 더 높은 자존감을 가지고 있는 것으로 종종 밝혀지기도 했다. 이 효과는 인종 분리 학교에 다니는 어린이들에게서 더 강하게 나타난다. 바크먼(Bachman, 1970)의 연구 결과에 의하면, 인종 분리 학교에 다니는 흑인 아이들은 백인 아이들보다 표준 편차가 .50 더 높은 자존감을 가지고 있었던 반면에 통합 학교에 다니는 흑인 아이들은 백인 아이들보다 표준 편차가 .30 더 높은 자존감을 보였다.

소수 민족 사람들의 행복과 자존감이 낮은 이유에 대한 주요한 설명으로는 그들의 소득과 교육 수준이 낮고, 그들에게는 숙련직이 적다는 것이다. 그러한 요인들을 통제했을 경우에는 민족성의 영향은 상당히 낮았다. 낮은 행복감은 낮은 사회적 지위의 결과일 수도 있다. 이러한 관점은 남아프리카 공화국과 네덜란드의 상이한 집단들이 갖는 평균 행복 수준의 순위가 관련 집단들의 사회적 지위를 얼마나 정확하게 반영하는지에 기반하고 있다. 미국의 흑인 아이들의 높은 자존감은 흥미로운 예외라 할 수 있다. 이러한 현상에 대한 부분적인 이유로는 인종 분리 학교에 다니는 흑인 아이들은 백인들을 거의 만나지 않을 거라는 사실을 들 수 있다. 낮은 지위의 집단들은 흔히 불리한 비교를 피하게 해주는 자기 비교 집단을 선택하는 것으로 알려져 있다(Argyle, 1994). 미국에서 높은 지위의 흑인들에게서 낮은 행복감과 행복 감소 현상이 보이는 것은 충족되지 못한 높아진 기대감 때문이다.

국제적인 비교 결과를 살펴보면, 아프리카, 인도, 아시아는 평균 행복 점수가 낮은 편이었다. 이러한 현상의 원인은 부분적으로는 평균 소득, 소득 분산, 정치적 자유 등에서 나타나는 국가적 차이에서 찾을 수 있다(Diener et al., 1995). 그러한 요인들을 통제했을 때는 인종이나 문화의 잔류 효과가 있을 수 있다. 작가들과 목격자들의 유포에 의해서 1960년대 서아프리카에 '행복한 아프리카인의 개성'이 존재했다고 널리 알려졌지만, 지금까지 그러한 사실을 보여주는 조사 증거는 없다.

고용

행복에 관련한 고용의 이점은 실업자와 은퇴자에 대한 연구에서 찾아볼 수 있다. 현대 세계에서 실업률은 매우 높다. 선진국 대부분의 실업률은 7~15퍼센트에 달한다. 거의 모든 나라에서 실업자들은 직업이 있는 사람들보다 훨씬 낮은 행복감을 느낀다. 잉글하트(Inglehart, 1990)의 연구 결과에 의하면, 노동자들의 78퍼센트가 만족감을 보이는 반면에 실업자는 61퍼센트만 만족감을 보였다. 미국의 한 연구에 의하면, 전체 모집단의 30퍼센트가 행복하다고 기술한 반면에 실업자는 10~12퍼센트만 행복하다고 기술했다(Campbell et al., 1976). 그리고 영국의 한 연구 결과에 의하면, 전체 모집단의 38퍼센트가 행복하다고 기술한 반면에 실업자는 27퍼센트만 행복하다고 기술했다(Fogarty, 1985). 한 메타 분석에서 헤링과 오쿤, 스톡(Haring, Okun and Stock, 1984)은 .18의 전체 관련성을 발견했다. 다른 여러 연구 결과에 의하면, 행복의 여러 측면이 고용 상태, 특히 긍정적인 감정, 만족도, 자존감, 무관심, 그리고 돈과 건강, 주택에 대한 만족도의 영향을 받는 것으로 나타났다. 실업자들은 종종 매우 지루함을 느끼며 시간을 어떻게 보내야 할지 모른다. 실업자들은 특히 우울증과 자살, 알코올 중독의 비율이 상대적으로 높으며, 그에 따라 정신 건강이 상대적으로 나쁜 편이다. 실업자들의 신체적 건강도 상대적으로 더 나쁘고 사망률도 더 높다(Argyle, 1989).

실업은 모집단의 다른 부문들에 비해 특정한 부문에 더 많은 영향을 미친다. 고용 수준이 높을 때 그 실업의 영향은 더 악화되어, 실업은 개인의 실패로 간주된다(Kelvin and Jarrett, 1985). 팔리시(Palisi, 1987)는 1972년부터 1983년까지 미국 데이터를 합산하여 총 1만 5,320 데이터를 만들어 냈다. 그 결과 실업의 이력을 가진 사람들은 낮은 행복감을 느꼈다. 실업 이력의 영향은 백인보다 흑인에게, 특히 도시에 살고 교육 수준이 높은 흑인에게 강했으며, 그들의 경우, 실업 이력과 행복감의 상관관계는 일반적으로 −.29 ~ −.33이었고 베타 가중치는 대략 −.20이었다. 농촌 흑인들은 그다지 영향을 받지 않았다. 또한 그와 같은 실업 영향은 실업 기간이 더 길어질수록 커지며, 더 열심히 일했던 사람들에게(Jackson et al., 1983), 남성에게, 독신자에게 그리고 노동자 계층의 개인들에게 더 크게 나타난다(Veenhoven et al., 1994). 그리고 대부분의 나라에서 그 영향이 비슷하지만, 스페인에서는 그 영향이 거의 나타나지 않는다. 아마도 스페인 사람들은 프로테스탄트 직업윤리관이 낮기 때문일 것이다(Alvaro and Marsh, 1989). 가족으로부터 사회적 지원을 거의 받지 못하는 경우에 실업의 영향은 더 크다. 콥과 카슬(Cobb and Kasl, 1977)의 연구 결과에 의하면, 공장 폐쇄로 인해 관절염 발병률이 높아지고 콜레스테롤이 증가한 사례는 지원해 주는 배우자가 없는 사람들에게서 더 많이 나타났다.

소득을 통제했을 때 그 영향은 감소되지만 여전히 유지된다(Campbell et al., 1976). 교육, 가족 지원 등을 통제하면, 그 영향은 줄어들지만 대부분의 연구에 여전히 남아 있다.

은퇴한 사람들은 실업자들과는 다른 이유로 일을 하지 않는다. 하지만 그들은 불행하지 않다. 사실, 그들은 직장에 다니는 사람들보다 평균적으로 더 행복하다. 캠벨과 컨버스, 로저스(1976)의 연구 결과에 의하면, 65세 이상의 사람들은 주관적 웰빙에 있어 모집단 평균 표준 편차의 상위 4분의 1에 해당되었다. 영국에서 시행된 워와 페인(Warr and Payne, 1982)의 연구 결과에 의하면, 항상 상황에 매우 만족한다는 비율이 은퇴한 남성의 경우는 36퍼센트였던 반면에 여전히 직장에 다니는 남성의 경우는 23퍼센트에 그쳤다. 반면에 은퇴한 사람들은 삶이 지루하고 외롭고 무익하다고 느낄 수도 있다. 그들은 자아상의 상실을 경험한다. 정신 건강에 일시적인 하락이 있을 수 있지만, 그 후 정신 건강에는 거의 차이가 없다. 건강이 좋지 않아 조기 은퇴하는 사람도 있지만, 은퇴는 일반적으로 건강에는 거의 영향을 미치지 않는다(Kasl, 1980). 사람들은 자발적으로 은퇴하는 경우라면, 건강이 좋은 상황이라면, 은퇴로 인해 수입이 크게 줄어들지 않는다면, 그리고 예컨대, 자원봉사, 여가 단체, 성인 교육 등에 적극적으로 관심을 갖고 그러한 활동을 한다면 은퇴할 때 더 행복감을 느낀다(Argyle, 1996).

주부들은 직장에 다니지 않는 또 하나의 집단이다. 행복은 일과 가족의 본질과 복잡한 상호작용이 많지만, 주부인 여성의 행복과 직장에 다니는 여성의 행복 사이에는 분명하거나 일관된 차이가 없다.

고용과 웰빙의 관계는 인과성이 있는가? 그것의 인과성 여부를 연구하는 한 가지 방법은, 예컨대 공장 폐쇄와 같은 사건으로 일자리를 잃기 전과 후의 노동자들에 대한 종단적 연구를 살펴보는 것이다. 철강 공장 폐쇄에 대한 영국의 한 연구를 보면, 6개월 후에도 일자리를 구하지 못한 사람들은 브래드번의 긍정적인 감정 척도에서 2.3점을 얻었는데, 이는 3.05점을 받은 일자리를 구한 사람들에 비해 낮은 수치이다(Warr, 1978). 이와 유사한 미국의 한 연구 결과에 의하면, 공장 폐쇄는 공장 폐쇄 발표 이후에, 그러나 일을 그만두기 전까지만 해당 당사자들의 콜레스테롤 수치와 혈압을 증가시켰다(Cobb and Kasl, 1977). 또 다른 방법으로는 뱅크스와 잭슨(Banks and Jackson, 1982)이 사용한 방법이 있다. 두 연구자는 리즈에서 2,000명의 졸업 예정자들에게 졸업하기 전까지 2년 간격으로 제시한 '일반 건강 질문지'를 이용해 연구했다. 일자리를 구하지 못한 사람들은 다음 1, 2년 동안 정신적으로 건강하지 못했지만, 일자리를 구한 사람들은 정신 건강이 더 좋아졌다. 그러나 일자리를 얻은 사람들은 처음에는 일반적인 정신 장애와 관련해 상대적으로 약간 더 높은 점수를 받았다. 이는 인과성의 주요한 방향이 고용에서 정신 건강으로 향하지만, 약간의 역인과도 존재한다는 것을 보여준다.

이 모든 현상을 어떻게 설명할 수 있을까? 주된 설명은 실업자가 재정적으로 더 나쁘다는 것이다. 재정적 문제를 통제했을 때 실업의 영향은 약해진다. 은퇴한 사람들은 일반적으로 행복감을 느끼고 실업이 정상적인 상황일 때 실업의 영향은 낮다는 사실에서 알 수 있듯이 자존감의 효과도 존재한다. 아마도 일에 대한 몰두의 효과도 있을 것이다. 그 효과는 상대적으로 백인 남성 노인들과 높은 일 몰입 점수를 받은 사람들에게 나쁜 영향을 미칠 것이다. 일은 대부분의 여성들보다는 남성들에게 더 중요하다. 나쁜 식습관, 높은 수준의 흡연과 음주, 기타 건강을 해치는 나쁜 행동 습관으로 인한 건강 악화가 실업 영향을 부분적으로 매개한다. 이러한 결과는 예컨대, 시간을 구조화하고 사회생활 및 자아상을 제공하는 데 있어 일이 지닌 숨겨진 이점을 일정 부분 보여준다(이 책에 실린 워의 논문을 참조).

여가 활동

유럽 10개국의 8,622명을 대상으로 한 설문에서 삶의 만족도는 해당되는 모든 나라에서 노동 만족도 — 노동 만족도와의 상관관계는 평균 .52 — 보다 비노동 만족도와 더 높은 상관관계(평균 .68)를 보였다. 이와 반대되는 경향은 일본에서 나타났다(Near and Rechner, 1993). 그러나 비노동 만족도에는 종교 와 사회적 관계의 영향이 포함될 것이며, 여기서는 별도로 다루고 있다.

페인호번과 동료들(Veenhoven et al., 1994)이 재고찰한 조사들에서 행복은 여가 만족도와 상관관계가 있는 것으로 나타났고, 여가 활동 수준과는 일반 적으로 .40의 상관관계가 있었고, 고용, 사회 계층, 기타 등등을 통제했을 때 행복과 여가 활동의 상관관계는 약 .20으로 떨어졌다. 행복과 여가의 상관관 계는 일하고 있지 않은 사람들, 즉 실업자나 은퇴자, 노인, 부유층이거나 사 회적 지위가 높은 계층의 사람들, 가정에 자녀가 없는 기혼자들에게서 가장 높게 나타났다(Zuma, 1989).

여가가 행복에 미치는 인과적 영향에 대한 더 나은 정보는 종단적 연구에 서 도출될 수 있다. 글랜시와 윌리츠, 패럴(Glancy, Willits and Farrell, 1986)이 24년 동안 고등학생 1,521명을 추적하며, 많은 변인들을 통제한 결과, 청소 년의 여가가 성인의 삶의 만족도를 예측해 주는 것으로 나타났다. 헤디와 홈 스트롬, 웨어링(Headey, Holmstrom and Wearing, 1985)은 LISREL 분석을 사용 하여 2년 간격으로 600명의 오스트레일리아인 샘플을 추적했으며, 그 결과 친구들과의 즐거운 활동(즉, 여가 활동)과 직장에서의 즐거운 활동이 주관적 웰빙의 향상을 예측할 수 있다는 사실을 발견했다. 스포츠를 비롯해 다양한 종류의 여가 활동의 효과에 대한 연구들은 인과 관계성에 대한 더 강력한 증 거를 제시한다. 스포츠는 신뢰할 수 있는 형태의 긍정적인 기분 유발자이다. 테이어(Thayer, 1989)의 연구 결과에 의하면, 10분간 활발히 걸으면 최대 2시 간 동안 지속될 수 있는 더 긍정적인 감정과 더 많은 에너지가 생성되는 것으 로 보인다. 일주일에 2~4회씩 8~10주간 지속하는 유산소 운동과 같은 보다 실질적인 운동 과정은 행복을 증가시키고 임상 우울증과 불안증을 줄이는 것

4부
·
772

으로 밝혀졌다(Biddle and Mutrie, 1991). 그러나 이러한 실험은 모든 잠재적인 피험자들이 그러한 운동을 하는 데 동의하지는 않을 거라는 이유로 비판받을 수 있다. 스텝토와 킴벨, 바스포드(Steptoe, Kimbell and Basford, 1996)는 이러한 비판을 용인하지 않는 실험을 시행했다. 그들의 실험 결과에 의하면, 주기적인 운동이 운동 후 여러 시간 동안 우울증과 불안증을 감소시켰고 그러한 운동 시기 동안 스트레스가 많은 작업은 심박동수와 혈압에 비교적 낮은 영향을 미친 것으로 나타났다.

좀 더 구체적인 종류의 여가 활동을 살펴보면, 스포츠와 운동이 효과가 좋다는 것을 알 수 있다. 부분적으로는 엔도르핀의 분비 때문이기도 하고, 다른 사람들과의 사회적 상호작용과 아마도 성공 경험, 자기 효능감 때문이기도 하다. 많은 여가 활동이 사교 클럽, 합창단, 팀 등과 같은 그룹 단위로 이루어지며, 특히 외향적인 사람들에게는 행복의 원천이다. 부수적 요인으로는 춤과 음악과 같은 활동의 기분 유발적 특성은 물론이고 사회적 지원과 사회적 통합도 있다. 실제로 친밀감, 공공 성과, 협력 등을 목적으로 하는 여가 활동을 통해 다양한 사회적 욕구를 충족시킬 수 있다(Argyle, 1996). 칙센트미하이와 칙센트미하이(Csikszentmihalyi and Csikszentmihalyi, 1988)는 가장 큰 만족감은 기술을 통해서 충족되는 도전이 '몰입' 상태를 유발하는 활동에서 비롯된다고 주장해 왔다. 이들은 이러한 몰입이 다양한 종류의 중대하고 쉽지 않은 여가 활동에서 일어난다는 것을 발견했지만, 대부분의 사람들은 도전이 극단적이지 않은 활동을 선호하는 것으로 나타났다. 어떻든 일하는 중에는 더 많은 몰입을 경험한다. 하지만 여가 활동은 상당한 몰두와 상당한 기술의 사용, 상당한 어떠한 성취가 있을 때 더 만족스럽다.

그러나 현대 세계에서 가장 대중적인 형태의 여가 활동은 기술이나 몰두가 필요 없는 활동인 텔레비전 시청이다. 지나치게 많이 텔레비전을 시청하는 사람들은 다른 사람들보다 행복감이 낮다. 아마도 그것은 그들에게는 텔레비전 시청보다 더 나은 일이 없기 때문일 것이다. 그러나 텔레비전 시청은 매우 낮은 각성 수준('깨어 있는 상태와 수면 사이의 어딘가'(Kubey and Csikszentmihalyi, 1990)에 존재한다)에서 긍정적이고 편안한 쾌락을 제공하며, 연속극 시청자들은 자신에게 가상의 친구들이 있다고 느낀다(Argyle, 1996). 휴가는 행복과 휴식, 좋은 건강의 원천이기도 하다. 루벤스타인(Rubenstein, 1980)이 『오늘날의 심리학(Psychology Today)』의 수많은 독자를 대상으로 설문 조사를 한 결과, 휴가 중에는 3퍼센트만 두통을 경험했던 반면에 휴가가 아닌 날에는 21퍼센트가 두통을 경험했다. 또한 피곤과 짜증과 변비를 경험하는 비율도 휴가와 휴가가 아닌 날 사이에 비슷한 차이를 보였다. 반면에 '일 중독자들'은 다시 일할 수 있을 때 더 행복감을 느낀다. 칙센트미하이의 모델에 더 잘 맞는 아주 다른 종류의 여가 활동은 표 18.2에서 보듯이 큰 만족의 원천인 자원봉사이다. 아가일(Argyle, 1996)의 연구 결과에 의하면, 자원봉사와 자선 사업은 춤이 유발하는 기쁨 수준에만 못 미치는 높은 수준의 기쁨을 유발하는 것으로 밝혀졌다.

  여가 이용과 관련해서 보이는 많은 인구통계학적 차이는 다른 연구 결과들을 설명하는 데 사용될 수 있다. 우리는 상대적으로 높은 사회 계층에 속한 개인들이 더 활발히 여가 활동을 하는 반면에 노동자 계층 사람들은 텔레비전 시청을 훨씬 더 많이 하는 것을 알고 있다. 첫 번째 집단이 여가 활동을 더 많이 하는 이유는 부분적으로 부유한 양상, 즉 자동차를 소유하고 있고, 활동비 및 베이비시터 비용을 지불할 수 있는 능력이 있기 때문이며 또한 여가 활동에 대해 많은 관심을 갖게 된 원인인 높은 교육 수준을 갖고 있기 때문이다. 사실, 예컨대 음악, 미술, 스포츠, 독서 등의 교육 과정에서 여가 활동에 대한 관심을 많이 갖게 될 뿐만 아니라, 경쟁적으로 학생들에게 입학을 독려하는 교육 기관들이 제공하는 여가 활동을 통해서 더욱더 여가에 흥미를 갖게 된다. 또 하나의 인구통계학적 요인은 나이이다. 노인과 은퇴자에게는 여가 활동을 할 수 있는 시간이 비교적 많지만, 많은 형태의 여가 활동, 특히 스포츠와 운동, 기타 육체적 활동의 여가와 유람 여행에 참여하는 일은 나이가 들어감에 따라 줄어든다. 그들이 여전히 할 수 있는 주요한 활동으로는 산책, 정원 가꾸기, 취미 생활, 사교 클럽, 텔레비전 시청이 있다. 실업자들에게는 여가 시간이 더 많지만, 그들은 노인과 은퇴자들에 비해 여가 활동을 훨씬 덜 한다. 그들은 운동과 모든 종류의 적극적인 여가 활동을 훨씬 덜 하는 데 반해, 텔레비전 시청을 훨씬 더 많이 하고, 술을 더 많이 마시고, 친구들과 더 많은 시간을 보낸다. 그들의 낮은 수준의 여가 활동은 그들의 행복 수준이 낮은 이유를 부분적으로 설명해 준다. 젊은 실업자들에게 스포츠 훈련과 시설을 제공하는 실험은 매우 긍정적인 영향을 미쳤다(Kay, Glyptis(1989) 인용).

표 18.2 자원봉사의 이점

	매우 중요함 (%)	상당히 중요함 (%)	그리 중요하지 않음 (%)	전혀 중요하지 않음 (%)	모름 (%)
나는 자원봉사를 통해서 사람들을 만나고 친구를 사귄다.	48	37	11	4	0
자원봉사의 결과를 보는 만족감이 있다.	67	26	5	2	1
자원봉사는 내가 잘 하는 일을 할 수 있는 기회를 준다.	33	36	24	7	–
자원봉사는 사람으로서 갖는 이기주의를 덜 느끼게 해준다.	29	33	24	13	2
나는 정말로 자원봉사를 즐긴다.	72	21	6	2	–
자원봉사는 내 종교적 믿음이나 삶의 철학의 일부이다.	44	22	9	23	2
자원봉사는 삶의 경험을 넓혀준다.	39	36	15	9	1
자원봉사는 개인적 성취감을 준다.	47	31	16	6	–
자원봉사는 새로운 기술을 배울 기회를 준다.	25	22	29	23	1
자원봉사는 공동체 내의 지위를 부여해 준다.	12	16	33	38	1
자원봉사는 '나 자신에게서' 벗어나게 해준다.	35	30	19	15	1
자원봉사는 공인된 자격을 얻을 수 있는 기회를 준다.	3	7	15	74	1

출처: Lynn & Smith(1991). 저자들의 허가 아래 전재.

종교

많은 조사 결과에 따르면, 종교의 영향은 종종 작더라도 좀 더 종교적인 사람들이 행복을 더 크게 느끼는 것으로 평가된다. 예를 들어, 잉글하트(1990)가 14개 유럽 국가의 16만 3,000명을 대상으로 한 조사 결과에 의하면, 일주일에 한 번 교회에 다니는 사람들 중 84퍼센트가 삶에 매우 만족한다고 답변한 반면에 교회에 다니지 않는 사람들의 경우는 77퍼센트만 매우 만족한다고 답변했다. 위터와 오쿤, 헤링(Witter, Okun and Haring, 1985)이 미국의 28개 연구들을 메타 분석한 결과에 의하면, 종교의 영향은 긍정적이고 다소 효과가 있으며, 교회에 다니는 사람들에게 가장 강하게 나타났다. 종교는 의미와 목적의식을 갖는 데는 분명한 효과가 있다.

페인호번과 동료들(1994)이 재고찰한 연구 결과에 의하면, 그와 같은 종교의 효과는 유럽 조사에서보다는 미국 조사에서 더 강하게 나타났고, 노인과 흑인, 여성에게서 더 강하게 나타났다. 또한 가톨릭교도들에 비해 프로테스탄트 신도들에게서 더 강하게 나타났다. 그 효과는 종교에 대한 만족도(예컨대, 앤드루스와 위디(Andrews and Withey, 1976)의 연구에서는 r = .50)에 가장 강하게 발휘되고, 그다음으로 교회 출석(일반적으로 r = .15 ~ .20)에 강하게 발휘되며, 교인 자격 또는 믿음에 대해서는 비교적 약하다. 종교적 경험을 한 사람들은 비교적 큰 행복감을 경험한다. 그릴리(Greeley, 1975)의 연구 결과에 의하면, '신의 영광(靈光)에 휩싸인' 경험 보고와 긍정적인 감정 간에는 .60의 상관관계가 있었다. 초감각적 지각(ESP) 경험이나 죽은 사람과의 대화 경험과 같은 영적인 체험은 앞서 제시한 종교와 같은 효과가 없었다.

많은 연구들은 다른 변인들로 종교의 효과를 어디까지 설명할 수 있는지를 파악하고자 다중 회귀분석을 수행했다. 연령과 계층, 교육에 인구통계학적 통제를 적용할 경우, 종교의 베타 가중치는 약 .15로 감소한다. 또한 사회적 접촉을 통제할 경우에는 종교의 베타 가중치는 약 .10으로 감소한다(Halman et al., 1987). 곧 우리는 사회적 지원(지지)이 종교가 행복에 영향을 미치는 주요한 방법들 중 하나일 거라는 걸 알게 될 것이다.

종교가 행복을 유발하는가, 아니면 행복이 종교를 유발하는가? 이 점에 대한 명확한 증거는 별로 없지만, 두 가지 증거의 원천은 종교가 행복에 영향을 미칠 수 있음을 시사한다. 치리보가(Chiriboga, 1982)의 연구 결과에 의하면, 교회에 다니는 것은 15년 후 노인의 행복을 예측할 수 있는 예측치(남성의 경우 r= .28인 반면에 여성의 경우는 유의미성이 없었다)로 밝혀졌다. 둘째, 종교적 체험은 약물에 의해 유도된 경우에도 6개월 이후까지 행복감을 높인다(Pahnke, 1966). 종교 귀의는 비슷한 영향을 미친다. 그 영향을 받는 사람들은 흔히 종교 귀의 전에는 불안과 고통의 상태에 있다가 종교에 귀의한 이후로 평화를 느낀다. 그러한 종교 귀의에 성격 요인도 일부 역할을 하지만 종교 귀의는 주로 사회적 압력에 기인한다(Beit-Hallahmi and Argyle, 1977).

종교가 행복에 영향을 미친다면, 그것을 어떻게 설명할 수 있을까? 교회가 교인들에게 제공하는 매우 강한 사회적 지원이 주요한 요인으로 보인다. 초기 연구에서 모버그와 타베스(Moberg and Taves, 1965)는 미네소타의 노인 표본, 1,343명을 대상으로 조사한 주관적 웰빙 측정치를 이용했다. 그 결과 중 일부는 표 18.3에 나와 있다. 교회로부터 가장 큰 혜택을 받은 사람들은 독신, 노인, 은퇴자 또는 건강이 좋지 않은 사람들이라고 할 수 있다.

호주 교회의 교인 31만 명을 대상으로 한 설문 조사에서 24퍼센트는 가장 가까운 친구들이 자신과 같은 교회에 다닌다고 말했고, 46퍼센트는 가까운 친구들이 자신과 같은 교회에 다닌다고 말했다. 그 수치(퍼센트)는 오순절 교

표 18.3 행복과 교인

	교회 지도자들 (%)	다른 교인들 (%)	비(非)교인들 (%)
기혼자	15	15	12
사별 후 홀로 사는 사람	15	11	7
독신자	12	8	5
65세~70세	18	14	10
71세~79세	15	12	7
80세 이상	13	8	6
정규직원	18	18	17
비정규직원	16	16	13
은퇴한 사람	15	12	7
건강(자기 평가)			
우수	17	14	13
양호	15	14	11
적정	17	6	8
50대 때보다 종교 단체에서 더 활발히 활동	16	13	9
50대 때보다 종교 단체에서 덜 활발히 활동	14	11	7

출처: Moberg & Taves(1965).

회와 다른 작은 교회들에서는 더 높았다(Kaldor et al., 1984). 왜 교회가 교인들에게 그렇게 힘이 되는지는 분명하지 않다. 아마도 사랑이라는 이데올로기는 가정 예배 모임이나 공유 의례의 경험에서 보이는 친교나 자기 개방으로부터 비롯될 수 있는, 그처럼 힘을 주는 분위기를 필요로 할 것이다. 교회 공동체에서 받는 사회적 지원으로, 다른 요인들을 통제한 이후에 나타나는 주관적 웰빙, 특히 노인의 주관적 웰빙을 예측할 수 있다(Cutler, 1976). 그리고 빅터 터너(Victor Turner)의 통과 의례에 대한 해석(1969)은 나름의 설명을 제공한다. 이러한 의례의 두 번째 또는 '리미널(liminal)' 단계에서는 정서 경험을 공유하고, 세속적 지위를 잃은 참여자들 간의 유사성 — 일종의 성스러운 결속인 '코뮤니타스(communitas)' 상태를 야기하는 — 을 강조한다. 이러한 현상은 원시 사회뿐만 아니라, 카리스마파 교회와 그 위 다른 교회에서도 일어날 수 있다. 이것과는 무관한 두 번째 요인은 신과 가까이 있다는 느낌이다 (Pollner, 1989). 이 요인은 신과의 관계가 인간관계에서 볼 수 있는 것과 유사한 방식으로 의지할 수 있는 대상일 수 있음을 시사한다(Kirkpatrick, 1992). 대처에 대한 연구는 신을 의사 결정의 협력자로 삼는 일과 같은 다양한 종류의 '종교적 대처'가 있음을 밝혀냈다. 세 번째 요인은 교회 참석과 개인적인 헌신과는 독립적으로 행복에 영향을 미치는 확고한 신념이나 '실존적 확실성'을 갖는 것이다(Ellison, 1991). 이러한 믿음에는 (노인들에게 중요한) 내세에 대한 믿음과 우리를 동정하고 보살펴 주는, 우리가 의지할 수 있는 신에 대한 믿음이 있다. 종교적 경험은 무한성, 즉 영원성의 경험이자, 불변성 의식과 목적의식이 있는 비물질적인 세계에 대한 증거이기도 하다.

종교가 행복에 영향을 미칠 수 있는 또 하나의 방법은 건강을 통해서이다. 여러 연구 결과에 의하면, 교인들이 비교인들보다 평균적으로 더 나은 건강을 누리고 있는데, 그 주된 이유는 그들이 비교적 좋은 건강 행동을 하기 때문이다. 즉 그들은 상대적으로 음주와 흡연을 삼가고 문란한 성생활을 하지 않기 때문이다. 특히 다른 사람들에 비해 몇 년 더 오래 사는 엄격한 교인들은 그러한 건강 행동을 더욱더 엄격히 실천하는 것으로 밝혀졌다(Jarvis and Northcott, 1987). 그리고 이 책의 다른 장들에서 보았듯이, 좋은 건강은 행복에 이롭다. 특히 노인들에게는 더욱 더 그렇다.

생활 사건과 활동

부정적인 생활 사건이나 스트레스가 많은 생활 사건이 우울증을 일으킨다는 것은 잘 알려져 있다. 그렇다면, 긍정적인 사건은 행복으로 이어질까? '향상'의 빈도 — 일일 긍정적인 사건 — 를 점수화한다면, 그것은 긍정적인 감정과 .33의 상관관계를 보인다. 그리고 평균 강도는 긍정적인 감정과 .25의 상관관계를 보인다(Kanner et al., 1981). 디너와 샌드빅, 파벗(Diener, Sandvik and Pavot, 1991)의 연구 결과에 의하면, 피험자가 긍정적인 감정을 경험하는 시간의 비율은 행복과 약 .50의 상관관계를 보이는 반면에 행복감을 느낄 때 긍정적인 감정의 평균 강도는 행복과 약 .25의 상관관계를 보이는 것으로 나타났다. 이 저자들은 강렬한 긍정적인 경험이 행복에 큰 영향을 미치지 않는다고 주장한다. 부분적인 이유로는 그러한 경험이 아주 드물기 때문이다. 한 연구에 의하면, 그러한 경험이 일어나는 날들의 비율은 2.6퍼센트에 불과했다. 성행위를 강렬한 긍정적인 경험으로 여긴다면 많은 사람들에게 그것은 2.6퍼센트보다는 훨씬 더 일반적인 것일 것이다. 한편 어떤 사람들은 강렬한 흥분이 필요해서 위험한 스포츠에 참여한다. 슈바르츠와 슈트랙(Schwarz and Strack, 1991)은 자신의 행복에 대한 판단이 '쾌락적으로 관련이 있는 과거 사건'에 기반한다고 제시했다. 그처럼 과거 사건의 영향은 그 사건이 얼마나 접근하기 쉬운지에 달려 있으며(최근 사건은 먼 과거 사건보다 더 많은 영향을 미친다), 과거 사건은 비교 효과를 야기할 수 있다(과거의 행복한 사건은 현재의 개인을 불행하게 만들 수도 있다). 현재의 기분도 웰빙에 대한 평가에 영향을 미칠 수 있다. 사람들은 햇빛이 비추고 있거나 아주 좋은 방에 있는 상황에서 검사를 받으면 더 행복하다고 결정한다.

주요한 긍정적인 생활 사건과 활동으로는 어떤 것이 있을까? 유럽 5개국에서 이루어진 한 연구 결과에 따르면, 기쁨의 주요한 원인으로는 친구와의 관계, 음식과 음주, 섹스 등의 기본적인 쾌락, 그리고 성공 경험이 있다(Scherer et al., 1986). 맥필라미와 레빈손(MacPhillamy and Lewinsohn, 1976)은 유쾌한 사건 목록 320개를 작성했는데, 그중에 49개가 피험자들 중 10퍼센트의 당일 좋은 기분과 관련이 있는 것으로 밝혀졌다. 이러한 사건들은 친숙한 사건들이다. 우리는 운동이 긍정적인 기분의 원천이며 행복과 상관관계가 있다는 사실을 이미 살펴보았다. 운동 이외의 다른 여가 활동도 마찬가지였다. 사람들은 가족과 함께 있거나 혼자 있을 때와 비교해 친구와 함께 있을 때 더 긍정적인 기분을 경험하며(Larson, 1990), 행복은 친구의 수, 친구를 보는 빈도, 파티와 댄스장에 가는 빈도, 팀과 클럽 소속 수 등과 상관관계가 있다. 이러한 사회적 상호 작용의 효과는 외향적인 사람들에게 더 크며, 외향적인 사람들의 행복을 부분적으로 설명해 주기도 한다(Argyle and Lu, 1990). 성생활 만족, 사랑에 빠지는 일, 배우자와의 상호 작용 등과 마찬가지로 성관계의 빈도 또한 행복과 상관관계가 있지만, 자유로운 성 태도는 행복과 부적 관계성을 가진다. 바다, 태양, 산, 야생의 자연 환경 등 훌륭한 야외 풍경 경험뿐만 아니라 그저 야외 풍경 사진을 보는 것도 긍정적인 효과를 낸다.

이러한 효과들 중 일부는 상당히 확고하며, 통제 조건에서도 존속한다. 예를 들어 친구 수와의 상관관계는 베타 가중치가 약 .15이다(Okun et al.,

1984). 우리는 성관계 빈도의 효과와 마찬가지로 운동 효과 또한 확고하다는 점을 앞서 제시했다.

이런 사건들의 효과는 인과적인 것일까, 아니면 행복한 사람들이 그런 사건들을 더 자주 선택적으로 경험하는 것일까? 좋은 기분 상태에 있는 사람들은 다른 사람과 어울리고 싶어 한다. 그런 점에서 이 방향으로 확실히 어떤 인과성이 있다. 기분 유도에 관한 많은 실험실 실험 결과에 의하면, 운동, 음악, 재미있는 영화, 돈의 발견, 실험 과제의 성공, 또는 좋은 방에서 검사받거나 햇빛이 비추고 있을 때 검사받는 것은 모두 긍정적인 기분을 유발하는 것으로 나타났다. 그러나 보통 그 효과는 짧으며, 일부 연구에서는 불과 10분에서 15분밖에 지속되지 않았다. 앞서 살펴봤듯이 운동은 더 오래 지속된다. 그리고 약물 실험에서 보듯이, 술은 적당히 마시면, 긍정적인 기분에 가장 큰 영향을 미친다.

그러나 생활 사건들이 행복의 유일한 원인은 아니다. 코즈마와 동료들(Kozma et al., 1990)이 보여주었듯이, 단기적인 상태뿐만 아니라 장기적인 상태를 고려할 필요가 있다. 디너와 루카스(Lucas)가 이 책의 다른 장에서 제시했듯이, 성격이 행복에 미치는 영향은 분명하다. 하지만 둘이 어떻게 결합할까? 우리는 다른 연구 분야를 통해, 개인(persons)과 상황(situations)이 결합할 뿐만 아니라 서로 상호작용을 하기 때문에 P × S 변화 양상이 다양하다는 것을 알고 있다. 이 현상은 여러 가지 방식으로 발생한다. 개인들은 상이한 상황들을 선택한다(헤디와 동료(Headey et al., 1985)는 외향적인 사람들이 더 많은 사회적 상황을 선택한다는 사실을 밝혔다). 서로 다른 개인들은 같은 상황에 다르게 반응한다. 또한 사람들은 상황을 다르게 지각하고, 동일한 객관적인 상황에서 상이한 계기를 만들어 낸다(Argyle, 1976).

인과성을 연구하는 또 하나의 방법으로는 종단적 연구가 있다. 헤디와 홈스트롬, 웨어링(Headey, Holmstrom and Wearing, 1985)은 우정과 일의 영역에서 일어난 호의적인 사건들이 2년 후 주관적인 웰빙의 향상을 예측할 수 있다는 사실을 밝혔다. 레빈손과 설리반, 그로스컵(Lewinsohn, Sullivan and Grosscup, 1982)은 '즐거운 활동 요법'을 개발했다. 이 요법에 따라 내담자들은 매일 하루가 끝날 무렵에 긍정적인 사건과 기분에 대한 일기를 썼다. 컴퓨터 분석은 어떤 활동이 가장 긍정적인 기분을 만들어 냈고 내담자들이 그러한 활동을 더 많이 하도록 설득되었는지를 보여주었다. 결과적으로 정상인과 우울증 환자 모두 약간의 성공을 거두었다. 라이히와 자우트라(Reich and Zautra, 1981)는 한 조건의 피험자들이 매우 즐거운 사회적 스포츠 활동이나 기타 활동을 선택하고 2주 동안 그와 같은 활동을 더 많이 하기로 동의한 실험을 시행했다. 결과적으로 그러한 활동 덕분에 그들은 더 많은 행복 점수를 얻었다.

우리는 지금까지 사랑에 빠지는 경험, 복권 당첨, 승진, 결혼, 유명인과의 만남, 텔레비전 출연, 출산, 종교 귀의 경험 등과 같은 중요한 긍정적인 생활 사건들을 다루지는 않았다. 사랑에 빠지는 경험은 일반적으로 가장 높은 평가를 받으며, 사랑이 지속되는 한 그 효과는 긍정적일 것이다. 아기를 갖는 것은 좋지만 앞으로 얼마 동안 스트레스를 받기도 한다. 우리는 복권 당첨이 일시적인 행복 증가를 가져오지만, 행복의 수준은 조만간에 정상 수준으로 돌아오고, 실제로 일부 인생은 심각한 혼란을 겪는다는 사실을 앞서 살펴보았다. 이 모든 사건들은 개인의 삶의 방식에 변화를, 긍정적이면서도 매우 혼란을 줄 수 있는 변화를 야기하기 때문에 복잡한 영향을 미친다. 종교, 음악 혹은 다른 강렬한 활동들은 절정 경험을 일으킬 수 있다. 그리고 종교적 경험은 오랫동안 지속되는 긍정적인 효과를 낳는다. 그 밖에 어떤 다른 경험들의 효과는 수년 후에도 그 경험들에 대해서 이야기하는 사람들이 보여주듯이, 그처럼 오랫동안 지속될 수 있다.

긍정적인 생활 사건들의 상이한 비율은 앞서 보고된 인구통계학적 결과의 일부를 설명하는 데 도움이 될 수 있다.

- 사회 계층: 하류 계층의 개인들은 여가 활동, 특히 운동과 클럽 활동을 훨씬 적게 추구하고 친구가 적으며 교회에 다니는 비율이 상대적으로 낮다. 이러한 경향은 이들의 낮은 행복 수준을 설명해 준다.
- 결혼 생활: 결혼한 사람들은 성관계를 더 많이 가지며, 더 많은 사회적 상호작용을 경험할 가능성이 높다. 그리고 가족을 이룬 그들은 가정에서 더 즐거운 사건을 경험할 가능성이 높다.

이러한 긍정적인 생활 사건의 혜택을 어떻게 설명할 수 있을까? 어떤 사건들은 기분에 직접적인 영향을 미친다. 성관계는 음식 섭취와 음주와 마찬가지로 기본적인 욕구를 충족시키는 것으로 기분에 직접적인 영향을 미친다.

운동은 엔도르핀을 분비하는 것과 같은 생리적 과정을 통해서 기분에 영향을 미치고, 음악은 인간의 정서를 닮은 소리를 만들어 엔도르핀을 유발하는 것으로 기분에 영향을 미친다. 친구와 사회적 상호작용은 사회적 욕구들을 충족시키는 것으로 긍정적인 기분을 생성한다. 성공과 성취는 그 밖의 다른 욕구들을 충족시키고 자존감을 높여준다.

능력

지능을 비롯한 상이한 여러 능력들은 행복에 얼마나 기여할까? 캠벨과 컨버스, 로저스(Campbell, Converse and Rodgers, 1976)는 다른 자원들이 일정하게 유지되는 상태에서 지능과 웰빙이 .13의 상관관계를 지니며, 이러한 상관관계의 원인은 사회 계층에 기인할 수도 있다고 밝혔다. 다른 여러 연구 결과에 의하면, 통제 전에는 비록 정적인 상관관계를 보였지만, 아주 작은 상관관계만 존재하는 것으로 나타났다. 이처럼 지능과 웰빙의 상관관계는 놀랍게도 아주 낮다. 아마도 지능은 교육과 마찬가지로 열망 수준을 높일 것이다.

적어도 젊은 여성들의 육체적 매력은 비교적 강한 영향력이 있다. 육체적 매력은 더 큰 행복으로 이어질 수 있는데(Agnew, 1984), 아마도 육체적 매력 덕분에 인기를, 특히 이성뿐만 아니라, 교사나 고용주로부터 인기를 얻을 수 있기 때문일 것이다. 육체적 매력은 신분 상승의 원천인 것이다(Argyle, 1994). 남성의 키는 여성의 육체적 매력과 유사하게 작용하며 행복과 약간의 상관관계가 있다(그림 18.6).

사교성은 훨씬 더 중요하다. 아가일과 루(Argyle and Lu, 1990)의 연구 결과에 의하면, 외향적인 사람들은 외향성과 행복의 관계를 매개하는 자기주장 능력이 상대적으로 더 뛰어난 덕분에 행복한 경향이 있다.

더 많은 연구들은 행복이 협력과 리더십과 이성애 기술과도 관련이 있다는 사실을 밝혔다(Argyle, Martin and Lu, 1995). 사교성은 다른 사람들과의 원하는 관계를 만들어 내기 때문에 행복을 낳는다. 행복의 하위 차원에 있는 외로운 사람들은 흔히 우울하고, 사교성이 부족하기 때문에 외롭다. 보상을 받지 못하고 언어적, 비언어적 의사소통이 부족하거나, 사교성이 떨어지는 개인들은 사회적으로 거부당하고 고립되어, 친교나 사회적 지지를 구할 수 없게 될 가능성이 높다(Sarason and Sarason, 1985). 외향적인 사람들은 사교성이 뛰어나며, 그러한 점이 그들이 행복한 이유 중 하나이다(Argyle and Lu, 1990).

건강도 유사하게 기능한다는 점에서 일종의 능력으로 볼 수 있다. 메타 분석 결과에 의하면, 건강과 행복의 전체적인 상관관계가 .32로 나타났다(Okun et al., 1984). 이러한 상관관계는 여성들의

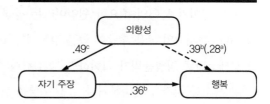

그림 18.6 외향성과 행복의 관계

출처: Argyle and Lu(1990). 엘스비어 사이언스(Elsevier Science)의 허가 아래 전재.
a 자기 주장을 통제한 조건에서 외향성과 이후 행복의 감소된 상관관계.
b 외향성과 이후 행복의 상관관계.
c 외향성과 이후 자기 주장성의 상관관계.

경우에 더 강하고, 건강의 주관적인 측정법을 사용할 때 더 강하게 나타난다. 하지만 건강이 행복에 영향을 미치는 것일까, 아니면 행복이 건강에 영향을 미치는 것일까? 같은 연구 결과에 의하면, 사실상, 가끔 양방향의 인과성이 모두 존재하는 것으로 밝혀졌다(Feist et al., 1995). 하지만 건강이 행복에 영향을 미치는 것은 분명한 사실이다. 브리프와 동료들(Brief et al., 1993)은 객관적인 건강 측정치를 이용해서 건강이 만족과 부정적인 감정의 부재를 예측해 줄 수는 있지만, 긍정적인 감정을 예측해 줄 수는 없다는 사실을 밝혔다. 결론적으로 말해, 건강이 행복에 영향을 미치는 부분적인 이유는 건강이 좋은 사람들이 단순히 주관적으로 더 행복하다고 느끼기 때문이기도 하고, 하고 싶은 일을 더 많이 할 수 있기 때문이기도 하고, 사회적으로나 육체적으로 더 활동적이기 때문이기도 하다.

정책적 함의

이러한 연구 결과는 행복을 어떻게 향상시킬 수 있을지의 문제와 관련해 어떤 함의가 있을까? 물론, 연령과 민족성과 같은 어떤 인구통계학적 변인들에 관해서는 우리가 아무것도 할 수 없지만 다른 변인들은 바뀔 수도 있다. 정부는 흔히 소득을 늘리고 생활수준을 향상시키는 것이 중요한 정책인 것처럼 행동을 취하지만, 우리는 소득이 행복의 아주 작은 예측 변인이며 인구의 절반인 가장 부유한 사람들에게는 거의 영향을 미치지 않으며, 역사적으로도 전혀 효과가 없는 것을 보아 왔다. 그러나 매우 가난한 사람들과 매우 가난한

국가들의 소득을 향상시키는 것은 정책적 관점에서 볼 때 가치 있는 일이다.

고용 결여가 불행의 주요한 원인이라는 점에서 고용은 훨씬 더 중요한 요인이다. 전체적인 고용 수준이 높을 경우에는 고용 문제의 심각성이 덜 하고, 프로테스탄트 직업윤리가 쇠퇴하면 그 심각성이 낮아질 수 있다. 한편, 실업 영향은 노동 시간을 단축하거나 노동 수명을 단축하는 워크셰어링[4] 정책, 그리고 실업자들에게 복지 혜택을 제공하는 근로 복지 제도 정책을 통해서 완화될 수 있다. 여가 활동을 강화하는 것도 또 하나의 해결책이다. 젊은 실업자들에게 스포츠 훈련 및 시설을 제공하는 것은 사기 진작에 매우 긍정적인 영향을 미쳤다. 소수의 실업자들은 오히려 일할 때보다 더 행복감을 느낀다. 하고자 하는 좀 더 흥미로운 일들을 발견했기 때문이다(Fryer and Payne, 1984). 장기적인 미래를 볼 때, 컴퓨터와 자동화의 결과로 앞으로 일은 점점 더 줄어들 것이 확실하기 때문에 중대하고 만족스러운 여가 활동의 개발이 무엇보다도 중요하다(Argyle, 1996).

우리는 여가 활동이 행복의 중요한 원천일 뿐만 아니라 대체로 개인의 통제 아래 있는 것이라는 사실을 살펴보았다. 정부가 이미 스포츠, 문화, 교육 및 기타 시설을 제공하기 위해 많은 노력을 기울이고 있음에도 불구하고 여전히 시설 부족으로 인해 여가 활동에 접근하는 데 제약이 따른다. 기술 부족은 또 하나의 제약이다. 사람들은 우선 관심을 갖고 기술을 습득하지 않는 한 여가 활동에 관심을 쏟지 않을 것이다. 많은 여가 활동들이 돈이 전혀 들지 않거나 적은 비용만 들기 때문에 돈의 부족은 상대적으로 덜 중요하다(Argyle 1996).

결혼 생활을 비롯해 상이한 여러 긴밀한 관계들은 행복의 주요 원인이며, 결혼 생활의 파탄은 적어도 한쪽 배우자와 자녀들에게 당장은 불행의 주요한 원천이다. 어쩌면 종종 영원한 불행의 주요 원천이기도 하다. 결혼 제도를 강화하기 위해 할 수 있는 모든 정책들은 바람직해 보인다. 우정은 또 다른 중요한 행복의 원천이지만, 사교성이 부족해서 친구가 별로 없는 사람들이 많다.

교육은 행복의 긍정적인 원천이지만 더 많은 것을 할 수 있다. 이미 교육은 여가 활동에 대한 관심의 원천이기도 하다. 또한 교육은 사람들이 더 쉽게 친

4   작업을 전원이 분담하여 노동 시간을 단축하고 실업자가 생기지 않도록 하는 일.

구를 사귀고 결혼 생활을 유지할 수 있도록 해주는 사교성 훈련의 더 큰 원천일 수 있다. 교육은 또한 건강 행동을 도울 수 있다. 교육받지 못한 사람들은 건강에 훨씬 더 나쁜 행동을 하는데, 이는 교육이 그 해결책의 일부일 수 있음을 시사한다.

결론

행복 수준 차이의 10퍼센트는 인구통계학적 요인에 기인한다고 한 앤드루스와 위디(1976)의 추측이 당시에는 옳았을지도 모른다. 반면에 디너(1984)의 연구 결과에 의하면, 인구통계학적 요인에서 기인하는 그 차이는 15퍼센트에 가까울 수 있다. 후속 연구는 모든 인구통계학적 변인들이 행복에 영향을 미치지만 그 영향은 대부분 작다는 것을 확인했다. 그러나 통제 조건에서도 모든 인구통계학적 변인들은 지속적인 영향을 미쳤고 대부분 인과성이 있었다. 이 장에서 우리는 종교, 여가 활동, 생활 사건, 그리고 개인 능력을 포함하여, 훨씬 더 큰 차이를 설명해 줄 수 있는 몇 가지 추가적인 변인, 주로 환경적 변인들을 고려했다. 다른 장에서 워(Warr)는 또 하나의 환경적 변인인 일(직무)을 논의하고 있다. 이러한 행복의 원천은 무시할 수 없다. 행복에 미치는 가장 강력한 효과는 결혼, 고용, 직업상의 지위, 여가 활동, 그리고 건강과 사교성의 능력에 기인한다. 그 효과는 예를 들어 소득이 빈곤층에 미치는 영향과 노인에게 종교가 미치는 영향에서 보듯, 특정한 집단에 훨씬 더 강하게 미친다. 실업자는 종종 별거 중인 부부와 이혼한 사람들만큼이나 매우 불행하다. 이러한 연구 결과들 중 일부는 여가 활동과 결혼의 계층적 차이처럼 여기에서 인용한 다른 변인들 측면에서 설명할 수 있다.

참고문헌

Agnew, R. (1984). The effect of appearance on personality and behaviour: Are the beautiful really good? *Youth and. Society, 15,* 285~303.

Alvaro, J. L., and Marsh, C. (1989). A cross-cultural perspective on the social and psychological distress caused by unemployment: A comparison of Spain and the United Kingdom. Complutense University (Madrid). Unpublished paper.

Andrews, F. M., and Withey, S. B. (1976). *Social indicators of well-being.* New York: Plenum.

Argyle, M. (1976). Personality and social behaviour. In R. Harre (Ed.), *Personality* (pp. 145~88). Oxford: Blackwell.

_____. (1989). *The social psychology of work.* 2nd Ed. London: Penguin.

_____. (1994). *The psychology of social class.* London: Routledge.

_____. (1996). *The social psychology of leisure.* London: Penguin.

Argyle, M., and Fumham, A. (1983). Sources of satisfaction and conflict in long-term relationships. *Journal of Marriage and the Family, 45,* 481~93.

Argyle, M., and Henderson, M. (1985). *The anatomy of relationships.* Harmondsworth: Penguin.

Argyle, M., and Lu, L. (1990). The happiness of extraverts. *Personality and Individual Differences, 11,* 1011~17.

Argyle, M., Martin, M., and Lu, L. (1995). Testing for stress and happiness: The role of social and cognitive factors. In C. D. Spielberger and I. G. Sarason (Eds.), *Stress and emotion* (pp. 173~87). Washington: Taylor and Francis.

Austrom, D. R. (1984). *The consequences of being single.* New York: Peter Lang.

Bachman, J. G. (1970). *Youth in transition,* vol. 2, *The impact of family background and intelligence on tenth-grade boys.* Ann Arbor: Survey Research Center, University of Michigan.

Banks, M. H., and Jackson, P. R. (1982). Unemployment and risk of minor psychiatric disorder in young people: Cross-sectional and longitudinal evidence. *Psychological Medicine, 12,* 789~98.

Beit-Hallahmi, B., and Argyle, M. (1997). *The psychology of religious behaviour, belief, and experience.* London: Routledge and Kegan Paul.

Belk, R. W. (1984). Three scales to measure constructs related to materialism: Reliability, validity, and relationships to measures of happiness. In T. C. Kinnear (Ed.) *Advances in Consumer Research* (vol. II, 291~97).

Berkman, L. F., and Syme, S. L. (1979). Social networks, host resistance, and mortality: A nine-year follow-up of Alameda County residents. *American Journal of Epidemiology, 109,* 186~204.

Berkowitz, L., Fraser, C., Treasure, F. P., and Cochran, S. (1987). Pay, equity, job qualifications, and comparisons in pay satisfaction. *Journal of Applied Psychology, 72,* 544~51.

Biddle, S., and Mutrie, N. (1991). *Psychology of physical activity and exercise.* London: Springer/Tavistock/Routledge.

Blaxter, M. (1990). *Health and lifestyle.* London: Tavistock/Roudedge.

Bradbum, N. M. (1969). *The structure of psychological well-being.* Chicago:

Aldine.

Brief, A. P., Butcher, A. H., George, J. M., and Link, K. E. (1993). Integrating bottom—up and top—down theories of subjective well—being: The case of health. *Journal of Personality and Social Psychology, 64,* 646~53.

Brown, G. W., and Harris, T. (1978). *Social origins of depression.* London: Tavistock.

Brown, R (1978). Divided we fall: An analysis of relations between sections of a factory workforce, in H. Tajfel (Ed.), *Differentiation between social groups* (pp. 395~429). London: Academic Press.

Campbell, A. (1981). *The sense of well-being in America.* New York: McGraw—Hill.

Campbell, A., Converse, P. E., and Rodgers, W. L. (1976). *The quality of American life.* New York: Sage.

Cantril, H. (1965). *The Pattern of Human Concerns.* New Brunswick, N. J.: Rutgers University Press.

Chiriboga, D. A. (1982). Consistency in adult functioning: The influence of social stress. *Aging and Society, 2,* 7~29.

Clark, A. E. (1996). L'utilité est—elle relative? Analyse a l'aide de données sur les ménages. *Economic et Prevision, 121,* 151~64.

Clark, A. E., and Oswald, A. J. (1996). Satisfaction and comparison income. Discussion paper 419. Department of Economics, Essex University.

Cobb, S., and Kasl, S. V. (1977). *Termination: The consequences of job loss.* Cincinnati: U. S. Department of Health, Education, and Welfare.

Csikszentmihalyi, M., and Csikszentmihalyi, S. S. (1988). *Optimal experience.* Cambridge: Cambridge University Press.

Cutler, N. E. (1976). Membership of different kinds of voluntary associations and psychological well—being. *Gerontologist, 16,* 335~39.

Diener, E. (1984). Subjective well—being. *Psychological Bulletin, 95,* 542~75.

Diener, E., Diener, M., and Diener, C. (1995). Factors predicting the subjective well—being of nations. *Journal of Personality and Social Psychology, 69,* 851~64.

Diener, E., Horwitz, J., and Emmons, R. A. (1985). Happiness of the very wealthy. *Social Indicators Research, 16,* 263~74.

Diener, E., Sandvik, E., and Pavot, W. (1991). Happiness is the frequency, not the intensity, of positive versus negative affect. In F. Strack, M. Argyle, and N. Schwarz (Eds.), *Subjective well-being* (pp. 119~39). Oxford: Pergamon.

Diener, E., Sandvik, E., Scidlitz, L., and Diener, M. (1993). The relationship between income and subjective well—being: Relative or absolute? *Social Indicators Research, 28,* 195~223.

Diener, E., and Suh, E. (in press). Subjective well—being and age: An international analysis. *Annual Review of Gerontology and Geriatrics, 17.*

Dittmar, H. (1992). *The social psychology of material possessions.* Hemel Hempstead: Harvester Wheatsheaf.

Ellison, C. G. (1991). Religious involvement and subjective well-being. *Journal of Health and Social Behavior, 32,* 80~99.

Feist, G. J., Bodner, T. E., Jacobs, J. F., Miles, M., et al. (1995). Integrating top-down structural models of subjective well-being: A longitudinal investigation. *Journal of Personality and Social Psychology, 68,* 138~50.

Felton, B. J. (1987). Cohort variations in happiness: Some hypotheses and exploratory analyses. *International Journal of Aging and Human Development, 25,* 27~42.

Fogarty, M. (1985). British attitudes to work. In M. Abrams, D. Gerard, and M. Timms (Eds.), *Values and social change in Britain* (pp. 173~200). London: Macmillan.

Fryer, D., and Payne, R. (1984). Proactive behaviour in unemployment. *Leisure Studies, 3,* 273~95.

Glancy, M., Willits, F. K., and Farrell, P. (1986). Adolescent activities and adult success and happiness. *Sociology and Social Research, 70,* 242~70.

Glenn, N. D., and Weaver, C. N. (1979). A multivariate, multisurvey study of marital happiness. *Journal of Marriage and the Family, 40,* 269~82.

_____. (1981). Education's effect on psychological well-being. *Public Opinion Quarterly, 45,* 22~39.

Glyptis, S. (1989). *Leisure and unemployment.* Milton Keynes: Open University Press.

Gove, W. R. (1972). The relationship between sex roles, marital status, and mental illness. *Social Forces, 51,* 34~44.

Greeley, A. M. (1975). *The sociology of the paranormal.* London: Sage.

Halman, L., Heunks, F., DeMoor, R., and Zanders, H. (1987). *Traditie, secularisatie en individualisering.* Tilburg: Tilburg University Press.

Haring, M. J., Okun, M. A., and Stock, W. A. (1984). A quantitative synthesis of literature on work status and subjective well-being. *Journal of Vocational Behavior, 25,* 316~24.

Haring, M. J., Stock, W. A., and Okun, M. A. (1984). A research synthesis of gender and social class as correlates of subjective well-being. *Human Relations, 37,* 645~57.

Haring-Hidore, M., Stock, W. A., Okun, M. A., and Witter, R. A. (1985). Marital status and subjective well-being: A research synthesis. *Journal of Marriage and the Family, 47,* 947~53.

Headey, B. W., Holmstrom, E. L., and Wearing, J. H. (1985). Models of well-being and ill-being. *Social indicators Research, 17,* 211~34.

Hoffman, L. W., and Manis, J. D. (1982). The value of children in the United States. In F. I. Nye (Ed.), *Family relationships* (pp. 143~70). Beverly Hills: Sage.

Hughes, M., and Gove, W. R. (1981). Living alone, social integration, and mental health. *American Journal of Sociology, 87,* 48~74.

Inglehart, R. (1990). *Culture shift in advanced industrial society.* Princeton, N. J.: Princeton University Press.

Inglehart, R, and Rabier, J.-R. (1986). Aspirations adapt to situations—But why are the Belgians so much happier than the French? In F. M. Andrews (Ed.), *Research on the quality of life* (pp. 1~56). Ann Arbor: Survey Research Center, University of Michigan.

Inkeles, A., and Diamond, L. (1986). Personal development and national development: A cross-cultural perspective. In A. Szalai and F. M. Andrews (Eds.), *The quality of life: Comparative studies* (pp. 73~109). Ann Arbor: Institute for Social Research, University of Michigan.

Jackson, L. A. (1989). Relative deprivation and the gender wage gap. *Journal of Social Issues, 45,* 117~33.

Jackson, P. R., et al. (1983). Unemployment and psychological distress in young people: The moderating role of employee commitment. *Journal of Applied Psychology, 68,* 52.

Jarvis, G. K, and Northcott, H. C. (1987). Religion and differences in morbidity and mortality. *Social Science and Medicine, 25,* 813~24.

Kaldor, P. (1984). *Winds of change.* Anzea, New South Wales: Homebush.

Kanner, A. D., Coyne, J. C., Schaefer, C., and Lazarus, R. S. (1981). Comparison of two methods of stress measurement: Hassles and uplifts versus major life events. *Journal of Behavioral Medicine, 4,* 1~39.

Kasl, S. V. (1980). The impact of retirement. In C. L. Cooper and R. Payne (Eds.), *Current concerns in occupational stress* (pp. 137~86). Chichester: Wiley.

Kelvin, P., and Jarrett, J. (1985). *The social psychological effects of unemployment.* Cambridge: Cambridge University Press.

Kennedy, S., Kiecolt-Glaser, J. K., and Glaser, R. (1990). Social support, stress, and the immune system. In B. R. Sarason, I. G. Sarason, and G. R. Pierce (Eds.), *Social support: An interactional view* (pp. 253~66). New York: Wiley.

Kirkpatrick, L. A. (1992). An attachment-theory approach to the psychology of religion. *International Journal for the Psychology of Religion, 2,* 3~28.

Kozma, A., Stone, S., Stones, M. J., Hannah, T. E., and McNeil, K. (1990). Long- and short-term affective states in happiness: Model, paradigm, and experimental evidence. *Social Indicators Research, 22,* 119~38.

Kubey, R., and Csikszentmihalyi, M. (1990). *Leisure and the quality of life.*

Hillsdale, N. J.: Erlbaum.

Larson, R. (1990). The solitary side of life: An examination of the time people spend alone from childhood to old age. *Developmental Review, 10,* 155~83.

Leicht, K. T., and Shepelak, N. (1994). Organizational justice and satisfaction with economic rewards. *Research in Social Stratification and Mobility, 13,* 175~202.

Leisure Development Centre. (1980). *A thirteen-country survey of values.* Tokyo: Leisure Development Center.

Lewinsohn, P. M., and Macphillamy, D. J. (1974). The relationship between age and engagement in pleasant activities. *Journal of Gerontology, 29,* 290~4.

Lewinsohn, P. M., Sullivan, J. M., and Grosscup, S. J. (1982). Behavioral therapy: Clinical applications. In A. J. Rush (Ed.), *Short-term therapies for depression* (pp. 50~87). New York: Guilford.

Loscocco, K. A., and Spitze, G. (1991). The organizational context of women's and men's pay satisfaction. *Social Science Quarterly, 72,* 3~19.

Lynn, P., and Smith, J. D. (1991). *Voluntary action research.* London: Volunteer Centre.

Lynch, J. J. (1977). *The broken heart.* New York: Basic Books.

MacPhillamy, D. J., and Lewinsohn, P. M. (1976). *Manual for the pleasant events schedule.* Eugene: University of Oregon.

Manning-Gibbs, B. A. (1972). Relative deprivation and self-reported happiness of blacks. Ph.D. thesis, University of Texas at Austin. Cited in Veenhoven et al. (1994).

Mastekaasa, A. (1992). Marital status and subjective well-being: A changing relationship? *Social Indicators Research, 29,* 249~89.

Michalos, A. C. (1980). Satisfaction and happiness. *Social Indicators Research, 8,* 385~422.

_____. (1986). Job satisfaction, marital satisfaction, and the quality of life: A review and a preview. In F. M. Andrews (Ed.), *Research on the quality of life* (pp. 57~83). Ann Arbor: Institute for Social Research, University of Michigan.

Mitchell, R. E. (1972). *Levels of emotional strain in Southeast Asian cities.* Taipei: Orient Cultural Service. Cited in Veenhoven et al. (1994).

Moberg, D. O., and Taves, M. J. (1965). Church participation and adjustment in old age. In A. M. Rose and W. A. Peterson (Eds.), *Older people and their social world* (pp. 113~24). Philadelphia: F. A. Davis.

Moller, V. (1989). Can't get no satisfaction. *Indicator South Africa, 7,* 43~46. Cited by Veenhoven et al. (1994).

Myers, D. G., and Diener, E. (1996). The pursuit of happiness. *Scientific American* (May), 54~56.

Near, J. P., and Rechner, P. L. (1993). Cross–cultural variations in predictors of life satisfaction: An historical view of differences among West European countries. *Social Indicators Research*, *29*, 109~21.

Nock, S. L. (1995). A comparison of marriages and cohabiting relationships. *Journal of Family Issues*, *16*, 53~76.

Okun, M. A., Stock, W. A., Haring, M. J., and Witter, R. A. (1984). The social activity/subjective well–being relation: A quantitative synthesis. *Research on Aging*, *6*, 45~65.

Olson, G. I., and Schober, B. I. (1993). The satisfied poor. *Social Indicators Research*, *28*, 173~93.

Pahnke, W. H. (1966). Drugs and mysticism. *International Journal of Parapsychology*, *8*, 295~314.

Palisi, B. J. (1987). Effects of urbanism, race, and class on happiness and physical health. *Sociological Spectrum*, *7*, 271~95.

Pollner, M. (1989). Divine relations, social relations, and well–being. *Journal of Health and Social Behavior*, *30*, 92~104.

Reich, J. W., and Zautra, J. (1981). Life events and personal causation: Some relationships with satisfaction and distress. *Journal of Personality and Social Psychology*, *41*, 1002~12.

Rollins, B. C., and Cannon, R. L. (1974). Marital satisfaction over the family life cycle. *Journal of Marriage and the Family*, *36*, 271~82.

Rubenstein, C. (1980). Vacations. *Psychology Today*, *13*, May, 62~76.

Runciman, W. G. (1966). *Relative deprivation and social justice*. London: Routledge and Kegan Paul.

Russell, R. J. H., and Wells, P. A. (1994). Predictors of happiness in married couples. *Personality and Individual Differences*, *17*, 313~21.

Ryff, C. D. (1995). Psychological well–being in adult life. *Current Directions in Psychological Science*, *4*, 99~104.

Sarason, I. G., and Sarason, R. B. (Eds.). (1985). *Social support: Theory, research, and applications*. Dordrecht: Nijhoff.

Scherer, K. R., Walbott, H. G., and Summerfield, A. B. (1986). *Experiencing emotion*. Cambridge: Cambridge University Press.

Schmotkin, D. (1990). Subjective well–being as a function of age and gender: A multivariate look for differentiated trends. *Social Indicators Research*, *22*, 201~30.

Schwarz, N., and Strack, F. (1991). Evaluating one's: life: A judgment model of subjective well–being. In F. Strack, M. Argyle, and N. Schwarz (Eds.), *Subjective well-being* (pp. 27~47). Oxford: Pergamon.

Smith, S., and Razzell, P. (1975). *The pools winners*. London: Caliban Books.

Spreitzer, E., and Snyder, E. E. (1974). Correlates of life satisfaction among the aged. *Journal of Gerontology, 29,* 454~58.

Steptoe, A., Kimbell, J., and Basford, P. (1996). Exercise and the experience and appraisal of daily stressors: A naturalistic study. *Journal of Behavioral Medicine, 21,* 363~74.

Stroebe, W., and Stroebe, M. S. (1987). *Bereavement and health.* Cambridge: Cambridge University Press.

Taylor, M. C. (1982). Improved conditions, rising expectations, and dissatisfaction: A test of the past/present relative deprivation hypothesis. *Social Psychology Quarterly, 45,* 24~33.

Thayer, R. E. (1989). *The biopsychology of mood and emotion.* New York: Oxford University Press.

Turner, V. W. (1969). *The ritual process.* London: Routledge and Kegan Paul.

Vanfossen, B. E. (1981). Sex differences in the mental health effects of spouse support and equity. *Journal of Health and Social Behavior, 22,* 130~43.

Veenhoven, R. (Ed.). (1989). *Did the crisis really hurt?* Rotterdam: Rotterdam University Press.

Veenhoven, R., and coworkers (1994). *World database of happiness: Correlates of happiness.* Rotterdam: Erasmus University.

Verkuyten, M. (1986). The impact of ethnic and sex differences on happiness among adolescents in the Netherlands. *Journal of Social Psychology, 126,* 259~60.

Veroff, J., Douvan, B., and Kulka, R. A. (1981). *The inner American.* New York: Basic Books.

Walker, C. (1977). Some variations in marital satisfaction. In R. Chester and J. Peel (Eds.), *Equalities and inequalities in family life* (pp. 127~39). London: Academic Press.

Warr, P. (1978). A study of psychological well-being. *British Journal of Psychology, 69,* 111~21.

Warr, P., and Payne, R. (1982). Experience of strain and pleasure among British adults. *Social Science and Medicine, 16,* 498~516.

Watt, E. (1994). *For better for worse.* Cambridge: Relationships Foundation.

Witter, R. A., Okun, M. A., Stock, W. A., and Haring, M. J. (1984). Education and subjective well-being: A meta-analysis. *Educational Evaluation and Policy Analysis, 6,* 165~73.

Women's Own. (1974). A questionnaire. October 12, 1974.

Wood, W., Rhodes, N., and Whelan, M. (1989). Sex differences in positive well-being: A consideration of emotional style and marital status. *Psychological Bulletin, 106,* 249~64.

World Values Study Group (1994). *World Values Survey, 1981~1984 and 1990~1993.* Inter-University Consortium for Political and Social Research

(ICPSR) version (computer file). Ann Arbor: Institute for Social Research, University of Michigan.

Zuma. (1989). *Wohlfahrtsurveys 1978~1988.* Mannheim: Zentrum fur Umfrageforschung Mannheim. Cited in Veenhoven et al. (1994).

19장

친밀 관계와 삶의 질

데이비드 G. 마이어스

사회적 동물로서 우리 인간은 강한 소속 욕구를, 즉 친밀한 관계에 있는 다른 사람들에게 애착을 느끼고 싶은 강한 충동을 지니고 있다. 우리의 인간관계는 보호받을 수 있도록 유아를 보호자에게 결속시켰고 우리 조상들의 생존을 향상시켰다. 친밀한 관계에 대한 욕구가 충족되면, 사람들은 의지할 수 있는 우정을 통해 더 나은 물리적, 정서적 삶의 질을 누린다. 사회적 유대감의 문화적 변화와 성에 따른 변화는 서구 개인주의의 편익과 비용을 모두 드러낸다. 개인주의가 증가하고 결혼의 유대 및 비공식 네트워크들의 유대가 줄어들면서 아동과 시민 사회의 웰빙에 대한 우려가 커지고 있다. 이러한 상황에서 공동체주의자들은 개인주의와 공동체의 균형과 개인의 권리와 사회적 책임의 균형을 이루는 정책을 지지하고 있다.

> 난 친구들의 작은 도움으로 그럭저럭 잘 해내요.
> — 존 레논과 폴 매카트니(John Lennon and Paul McCartney),
> Sgt. Pepper's Lonely Hearts Club Band, 1967

가깝고 의지할 수 있는 친밀한 인간관계가 삶의 질을 향상시킬까? 서구 문화는 이중적인 메시지를 제시한다.

한편으로 우리는 아마도 중독성이 있고 역기능적인 관계에 대해 조바심을 낸다. 대중적인 심리학 서적은 자기 충족을 희생시키면서 문제가 많은 파트

795

너한테 너무 지나친 지원을 하고 충실성을 보이는 경향으로 특징지어지는 '상호의존적' 관계의 멍에에 대해 경고한다. 결혼의 '족쇄'와 서약의 '사슬'이 우리를 '속박'시킬 수 있다는 점을 인식하면서, 우리는 우리 자신의 정체성과 자기표현을 향상시키는 데 우선순위를 두어야 한다는 충고를 받고는 한다. 칼 로저스는 "중요한 유일한 문제는 '나는 내 스스로 충분히 만족스럽게, 나 자신을 진정으로 표현하는 방식으로 살고 있는가?'이다"(Wallach and Wallach 1985를 인용함)라고 선언했다.

다른 한편으로, 우리는 서로 관계를 맺고 싶어 하고 사랑을 받고 싶어 한다. "행복을 가져다줄 요소 중에 놓친 것은 무엇일까?"라는 질문에 가장 흔한 대답은 '사랑'이다(Freedman, 1978). 대학생들에게 "수백만 달러의 복권 당첨, 경력에서의 명성/명예의 획득, 육체적 쾌락(섹스, 음식, 음주)을 즐기는 것과 이상적인 짝과 사랑에 빠지는 것 (혹은 이상적인 짝과의 여전한 사랑) 중에서 무엇이 당신을 행복하게 해줄까요?"라는 질문을 던졌을 때, 그들의 78퍼센트가 사랑을 최우선적인 것으로 선택했다(Pettijohn and Pettihohn, 1996).

인간의 소속 욕구

우리 인간은 먹고 마시고 섹스하고 성취하고 싶은 동기를 느낀다. 그러나 아리스토텔레스가 말했듯이, 우리는 '사회적 동물'이기 때문에, 소속 욕구를, 지속적이고 친밀한 관계에 있는 다른 사람들과 유대감을 느끼고 싶은 욕구를 지닌다. 바우마이스터와 리어리(Baumeister and Leary, 1995)는 이러한 기본적인 인간 동기의 기능을 밝힌다.

생존 보조

사회적 유대는 우리 조상들의 생존율을 높였다. 아이들과 성인 모두에게 유대감은 적응을 돕는다. 아이들을 항상 보호자 곁에 두는 것으로 애착은 강력한 생존 충동 기능을 한다. 애착을 형성한 사람들은 성인이 되어 자녀를 갖는 데 함께 힘쓰고, 자녀가 성장할 때까지 함께 지내며 양육할 가능성이 더 높다. 집단은 음식을 공유하고, 짝을 제공하고, 아이들을 함께 돌본다.

또한 집단 구성원들의 협력으로 생존도 향상되었다. 단독 전투 상황에서 우리 조상들은 가장 강한 포식자가 아니었다. 하지만 우리 조상들은 사냥꾼으로서 여섯 손이 두 손보다 낫다는 것을 알게 됐다. 또한 먹이를 찾아다녔던 조상들은 집단 속에서 포식자와 적으로부터 보호를 받았다. 숫자에는 강점이 있었다. 소속 욕구를 느낀 자들이 정말로 살아남아 가장 성공적으로 번식했다면, 그들의 유전자가 곧 지배하게 될 것이다. 이는 피할 수 없는 결과이다. 인류는 타고난 사회적 생물인 것이다.

소속감

소속 욕구는 우리의 생각과 정서를 특징짓는다. 사람들은 자신들의 실질적이고 희망하는 관계에 대해 생각하며 많은 시간을 보낸다. 관계가 형성될 때면, 우리는 종종 기쁨을 느낀다. 서로 사랑에 빠지면 사람들은 억누를 수 없는 미소로 뺨이 아플 지경이 되는 것으로 알려져 있다. "행복하려면 무엇이 있어야 합니까?" 또는 "당신의 삶을 의미 있게 만드는 것은 무엇입니까?"라는 질문을 받았을 때, 대부분의 사람들은 가족이나 친구, 로맨틱한 연인과의 만족스러운 친밀한 관계를 제일 먼저 언급한다(Berscheid, 1985).

단기적이고 피상적인 관계만으로는 만족하지 못한다. 매춘부들은 흥미로운 사람들과 육체적인 친밀한 상호작용을 많이 하고 있는데, 지속적인 의무의 멍에가 없다고 보고한다. 그러나 그러한 상호작용은 만족스럽지 못하며, 그 영향으로 더 지속적인 유대를 추구하게 되고, 때로는 심지어 포주와의 자기 파괴적인 관계를 추구하게 된다(McLeod, 1982). 성매매 업소의 규칙이 짧은 접촉을 극대화하고 장기적인 관계를 막는 것을 지향하는 경우에도, 많은 매춘부들은 수입 감소라는 불이익을 감수하면서까지 더 길고 반복적인 접촉을 선호한다(Symanski, 1980).

우리의 전 인류가 지속적인 친밀한 관계를 추구하기 때문에 새로운 사회적 유대는 일반적으로 축하를 받기 마련이다. 결혼을 하거나 아이를 낳거나 새 직장을 얻거나 동호회나 여학생 클럽이나 종교 공동체에 가입하면, 우리는 음식이나 의식이나 파티로 입회 행사를 기념한다.

모든 인간 사회의 사람들은 집단에 속해 있고, '그들'에 비해 '우리'를 선호한다. 이러한 경향성을 볼 수 있는 고전적인 로버스 케이브(Robbers Cave) 연구에서, 전에는 모르는 사이였던 소년들을 한 집단에 배정하자, 그들은 빠르게 강한 집단 충성도와 정체성을 발전시켰고, 다른 집단에 무작위로 배정한 소년들을 향해서는 빠르게 적대감을 발전시켰다(Sherif, 1966). 여러 실험 결과에 의하면, 사소한 집단 규정 — 예컨대, 다른 추상 화가들에 비해 특정한 한 추상 화가를 좋아하는 집단 — 조차도 돈을 배분할 때 집단 정체성과 집단 내 편향을 야기했다(Tajfel, 1981; Wilder, 1981). 공통적인 곤경에 직면하거나 상위 목표를 이루고자 노력할 때 소속감이 더욱 강해진다.

사회적 수용의 증가

우리의 많은 사회적 행동은 소속감 — 우리의 사회적 수용과 포용 — 증대를 지향한다. 배제를 피하기 위해 우리는 일반적으로 집단의 기준을 준수하고 호의적인 인상을 보이려고 한다. 우정과 존경을 얻기 위해 우리는 올바른 인상을 남기고자 하는 바람으로 행동을 집단의 기준에 맞게 조정한다. 사랑과 소속감을 추구하는 우리는 옷, 화장품, 다이어트와 건강 보조제에 수십억 달러를 소비한다. 이 모든 것을 소비하고자 하는 동기가 바로 우리의 수용 추구이다. 중매결혼이 차츰 사라지고 이혼이 늘면서 생긴 낭만적인 애정이 매력에 더 의존하게 되는 문화에서는 수십억 달러가 넘는 돈이 매력적인 사람이 되고 그 매력을 유지하는 데 소비된다.

사랑과 착취에 에너지를 제공하는 성적 동기처럼, 소속 욕구는 깊은 애착과 위협적인 협박 모두를 배양한다. '우리'를 규정하고자 하는 욕구에서 사랑하는 가족, 충실한 우정, 우애 단체, 팀 정신뿐만 아니라 십대 갱단, 고립주의 종파, 인종 적대감, 광신적인 민족주의도 생겨난다. 이런 점에서 볼 때 소속 욕구는 우리가 생각하고 느끼고 행동하는 방식에 복합적이고 강력한 영향을 미치는 모든 기본적인 동기와 공존한다. 따라서 바우마이스터와 리어리가 말하듯이, "인간은 본질적으로 그리고 폭넓게 소속 욕구로부터 동기 부여를 받는다고 결론을 내려도 무방할 것이다"(522).

관계 유지

사람들은 사회적 유대를 깨기를 거부한다(Hazan and Shaver, 1994). 우리 대부분에게서 친숙함은 경멸이 아니라 호감을 낳는다. 학교에서, 여름 캠프에서, 크로스컨트리 버스 투어에서 만난 사람들은 함께한 집단이 해산되지 않기를 바란다. 그들은 관계를 유지하기를 바라며, 전화를 걸고, 메일을 쓰고, 재회하기 위해 다시 올 것을 약속한다. 그들은 헤어지면서 애석함을 느낀다. 단순한 크루즈 여행이 끝날 때, 사람들은 객실 승무원과 포옹할지도 모른다. 심지어 애착 때문에 사람들은 학대 관계를 계속 유지할 수도 있다. 혼자가 되는 것에 두려움은 정서적, 육체적 학대의 고통보다 더 나쁜 것일 수도 있다.

어떤 것이 사회적 유대를 위협하거나 해체할 때 부정적인 정서가 우리를 압도한다. 추방, 투옥, 독방 감금은 점점 더 가혹해지는 형태의 처벌이다. 최근에 가족과 사별한 사람들은 종종 삶이 공허하고 무의미하다고 느낀다. 다른 사람들의 수용과 포용을 거부한 사람들은 우울감을 느낄 수도 있다. 불안과 질투, 외로움, 죄의식은 모두 위기에 직면한 소속 욕구의 와해를 수반한다.

애착

유아의 의존성은 인간의 유대를 강화시킨다. 출생 직후 우리는 사랑, 두려움, 분노 등 다양한 사회적 반응을 보인다. 하지만 최초로 보이는 가장 큰 사회적 반응은 사랑이다. 아기일 때 우리는 거의 즉시 친숙한 얼굴과 목소리를 선호한다. 부모가 관심을 보일 때 아기는 까르륵거리며 미소를 짓는다. 8개월이 지나면 우리는 엄마나 아빠를 엉금엉금 뒤쫓고, 부모와 떨어질 때면 일반적으로 울음을 터뜨린다. 다시 만나면 우리는 부모에게 착 들러붙는다.

익숙한 애착을 박탈당한 — 때로는 삭막한 시설에서 자랐고, 때로는 극도로 방치된 조건하에 있는 집에 갇혀 있는 — 아이들은 소극적이고 두려움을 잘 느끼고 말수가 적어질 수 있다. 루마니아 고아원에 버려진 아이들은 "할로우(Harlow)[1]의 [사회적으로 박탈당한] 원숭이처럼 무섭게 보인다"고 알려졌다(Blakeslee, 1995). 한편, 볼비(Bowlby, 1980)는 세계보건기구의 의뢰를 받아,

---

1   원숭이를 대상으로 애착 실험을 한 바 있는 미국의 심리학자, 해리 할로우(Harry Harlow, 1905~1981).

노숙 아이들의 정신건강을 연구한 뒤, 다음과 같이 밝혔다. "다른 사람들에 대한 친밀한 애착은 갓난아기일 때나 아장아장 걷는 아기일 때나 초등학생일 때는 물론이고 사춘기와 성숙한 성인기 내내, 그리고 노년기에 접어들어서까지도 한 개인의 삶이 선회하는 중심이다. 개인은 그러한 친밀한 애착으로부터 힘과 삶의 즐거움을 얻는다"(442).

강렬한 애착

연구자들은 부모와 자녀, 동성 친구들, 배우자나 연인들 간의 다양한 친밀 관계에서 보이는 애착과 사랑의 본질을 비교했다(Davis, 1985; Maxwell, 1985; Sternberg and Grajek, 1984). 어떤 요인들, 이를 테면 상호 이해, 지원(지지)과 지원(지지)의 수용, 사랑하는 사람과 함께하는 것을 소중히 여기고 즐기는 일 등은 모든 애정 어린 애착에서 볼 수 있는 공통적인 것들이다. 그러나 열정적인 사랑은 육체적인 애정, 배타성에 대한 기대, 사랑하는 사람에게 느끼는 강렬한 매혹 등 몇 가지 추가된 특징을 지닌다.

열정적인 사랑은 단지 연인들에게만 해당하는 게 아니다. 셰이버와 헤이즌, 브래드쇼(Shaver, Hazen and Bradshaw, 1988)는 만 1세 유아들이 부모에게 강렬한 애착을 보인다고 지적한다. 젊은 성인 연인들과 마찬가지로 그 유아들은 육체적인 애정을 환영하고, 헤어질 때 괴로움을 느끼고, 다시 만날 때 강렬한 애정을 표현하며, 다른 중요한 사람의 관심과 인정에 큰 쾌감을 얻는다.

애착 유형

어떤 아기들은 생소한 상황(보통 실험실 놀이방)에 놓일 때 안정된 애착을 보인다. 그들은 어머니가 있는 상황에서 편안히 놀며, 낯선 환경을 행복하게 탐험한다. 그들은 어머니가 떠나면, 괴로워하고 어머니가 돌아오면, 어머니에게로 달려가 어머니를 껴안고 긴장을 푼 다음에 다시 탐험하고 논다. 다른 어떤 유아들은 불안과, 불안정한 애착의 양면성을 보이기도 한다. 그들은 낯선 상황에서는 어머니에게 불안하게 매달릴 가능성이 더 높다. 그들은 어머니가 떠나면 울음을 터뜨리고, 어머니가 돌아오면 냉담한 반응을 보이거나 심지어

적대감을 보일 수도 있다. 그런가 하면, 또 다른 유아들은 회피성 애착을 보이기도 한다. 그들은 내면적으로 흥분해 있음에도 불구하고, 헤어져 있는 동안에 괴로움을 거의 드러내지 않거나 재회할 때 애착을 거의 보이지 않는다(Ainsworth, 1973, 1989).

일부 연구자들은 이러한 다양한 애착 유형을 부모의 반응성 탓으로 돌린다. 에인스워스(Ainsworth, 1979)와 에릭슨(Erikson, 1963)의 관찰 결과에 의하면, 세심하고 반응을 잘하는 어머니, 즉 세계의 신뢰성에 대한 기본적인 믿음을 주는 어머니를 둔 유아들은 안정된 애착을 보였다. 다른 연구자들은 애착 유형이 유전적인 기질을 반영할 수 있다고 믿는다. 그럼에도 불구하고, 생애 초기 애착 유형은 미래의 관계를 위한 토대를 마련하는 것으로 보인다.

셰이버과 헤이즌(1993, 1994), 그리고 기타 연구자들(Feeney and Noller, 1990; Simpson, Rholes and Nelligan, 1992)은 유아 애착 유형의 성인 버전을 탐구했다. 안정된 개인들은 다른 사람들과 친해지는 것이 어렵지 않다는 것을 알고 있으며 지나치게 의존하게 되지 않을까, 혹은 버려지지 않을까 하는 걱정을 하지 않는다. 그들은 연인이 있을 때는 지속적인 관계의 맥락에서 성행위를 즐긴다. 불안과 불안정한 애착의 양면성이 있는 개인들은 잘 신뢰하지 않으며, 따라서 비교적 소유욕과 질투심이 강하다. 그들은 같은 사람과 반복적으로 관계가 틀어질 수 있다. 회피성 애착을 보이는 개인들은 친밀감을 두려워하며, 따라서 관계에 투자하는 경향이 적고 관계를 저버릴 가능성이 상대적으로 크다. 또한 그들은 사랑 없이 하룻밤 섹스를 즐길 가능성이 더 높다. 바돌로매와 호로비츠(Bartholomew and Horowitz, 1991)는 회피성 개인들이 사람들과 관계를 유지하는 것에 두려움을 갖거나('나는 다른 사람들과 가까워지는 것이 불편하다') 사람들을 멀리하려 할 수도('나로서는 독립심과 자립심을 느끼는 것이 매우 중요하다')있다고 지적한다.

친밀한 관계와 건강

우리는 왜 친밀한 관계가 질병의 원인이 될 수 있는지 쉽게 상상할 수 있다. 관계는 종종 극심한 스트레스가 따르고는 한다. 특히 사생활을 보호하기 힘든, 사람들로 혼잡한 생활 조건에서는 더욱 그렇다(Evans et al., 1989).

장 폴 사르트르는 "지옥은 타인들이다"라고 썼다. 워와 페인(Warr and Payne, 1982)은 영국 성인들의 전형적인 표본인 사람들에게 전날 자신들에게 정서적으로 긴장을 준 대상이 무엇, 혹은 누구인지 물었다. '가족'이 가장 흔한 대답이었다. 선의라고 하더라도 가족의 침해는 스트레스를 줄 수 있다. 스트레스는 심장병, 고혈압, 면역체계 억제의 원인이 될 수 있다.

하지만 모든 것을 감안할 때 친밀한 관계는 건강과 행복에 더 자주 기여한다. 같은 영국인 표본을 대상으로 전날에 유쾌한 시간을 보낼 수 있게 해준 대상이 무엇, 혹은 누구인지 물었을 때, 앞서의 대답보다 훨씬 더 많은 사람들이 다시 '가족'이라고 대답했다. 가족 관계는 우리 대부분에게 가장 큰 심적 고통뿐만 아니라 가장 큰 위안과 기쁨도 준다.

또한 각각 수년 동안 수천 명의 사람들을 추적한, 일곱 개의 대규모 조사가 밝힌 결과에 의하면, 친밀한 관계는 건강에 영향을 미친다. 사회적 유대를 거의 맺고 있지 않은 사람들에 비해, 친구, 가족, 같은 교회에 다니는 교인, 직장 동료 또는 기타 지원 단체 구성원들과의 친밀한 관계에 의지할 수 있는 사람들은 조기에 사망할 가능성이 낮다(Cohen, 1988; House, Landis and Umberson, 1988; Nelson, 1988). 성경 〈전도서〉의 저자는 "홀로 있어 넘어지고 붙들어 일으킬 자가 없는 자에게는 화가 있으리라"[2]라고 말했다. 여기 몇 가지 예가 있다.

- 국립과학아카데미(National Academy of Science)의 의뢰로 진행된 재고찰 결과에 의하면, 최근에 배우자와 사별해 혼자가 되었거나, 해고를 당했거나, 이혼을 한 사람들의 끊긴 사회적 유대는 질병에 대한 취약성 증가와 상관관계가 있는 것으로 나타났다(Dohrenwend et al., 1982). 배우자와 사별하고 혼자가 된 사람들, 9만 6,000명을 대상으로 한 핀란드의 한 연구는 그러한 현상을 확증했다. 그들은 배우자가 사망한 지 일주일 내에 사망 위험이 두 배로 증가했다(Kaprio et al., 1987). 국립과학아카데미(1984)는 배우자의 죽음에 따른 슬픔과 우울증이 면역 방어를 감소시켰다고 보고했다. (그러한 면역 방어 감소 현상은 최근에 배우자와 사별한 사람들 사이에서 질병이 증가하는 이유를 설명하는 데 도움이 된다.)

2 전도서 4장 10절(개역 개정 성경).

- 한 연구는 골수 이식 수술을 준비하는 백혈병 환자들을 추적했다. 2년 후 가족이나 친구로부터 사회적 지원을 거의 받지 못했다고 말한 사람들 중 20퍼센트만 여전히 살아 있었다. 반면에 강한 정서적 지원을 느낀 사람들 중에 2년간 생존해 있을 확률은 54퍼센트였다(Colon et al., 1991).
- 심장마비 환자 1,234명을 대상으로 한 연구에 따르면, 6개월 이내에 심장마비의 재발 비율은 혼자 사는 사람들이 거의 두 배나 높았다(Case et al., 1992).
- 심장병 환자들 1,965명을 대상으로 한 연구에 따르면, 향후 5년간 생존율은 결혼했거나 막역한 친구가 있는 사람들의 경우에는 82퍼센트였지만, 그러한 지원을 받지 못하는 사람들의 경우는 50퍼센트에 불과했다(Williams et al., 1992).
- 높은 IQ 점수를 받은 캘리포니아의 아이들, 1,528명을 추적한 70년간의 연구 결과에 의하면, 어린 시절에 부모가 이혼한 적이 없는 사람들이 부모가 이혼한 적이 있는 사람들보다 약 4년 더 오래 산 것으로 나타났다(Friedman et al., 1995).

건강과 사회적 지원(지지)이 연관성이 있는 데는 몇 가지 가능한 이유가 있다. 아마도 강한 사회적 유대를 가진 사람들은 파트너(배우자)가 자신들을 더 건강한 생활로 인도하고 그러한 생활을 하도록 자극하기 때문에 더 잘 먹고 더 많이 운동할 것이다. 아마도 그들은 담배를 덜 피우고 술을 덜 마실 것이다. 이는 종교적으로 활동적인 사람들이 더 나은 건강을 누린다는 반복적인 연구 결과를 설명하는 데 도움이 될 것이다 (Idler and Kasl, 1992; Levin and Vanderpool, 1987). 만약 친밀한 관계가 사회적 거부처럼 스트레스를 많이 유발하는 사건들을 평가하고 극복하는 데 도움이 된다면, 그러한 관계는 아마도 면역 기능을 강화할 것이다. 누군가의 미움을 사거나 직장을 잃어 상처를 입었을 때, 친구의 조언과 도움과 위로는 좋은 약이 될 수 있다(Cutrona 198; Rook, 1987). 사회적 지원이 많을수록 암환자의 배우자는 면역 기능이 더 강해진다(Baron et al., 1990).

친밀한 관계는 고통스러운 기분을 털어놓을 수 있는 기회를 주기도 한다. 한 연구에서 펜네베이커와 오히론(Pennebaker and O'Heeron, 1984)은 자살했거나 교통사고로 사망한 사람들의 생존 배우자들과 접촉했다. 슬픔을 혼자 견디는 사람들은 슬픔을 솔직히 표현하는 사람들보다 건강에 문제가 더 많았다.

모의 고해실에서, 펜네베이커는 실험 참가자들에게 자신의 마음을 괴롭혀 온 어떤 속 태우는 사건을 한 비밀 실험자와 공유하라고 요구했다. 그는 실험 참가자들 중 일부에게 마음을 괴롭혀 온 문제의 사건을 밝히기 전에 일상의 사소한 사건을 하나 설명하도록 요구했다. 생리적 측정치는 그들이 그 일상의 사소한 사건에 대해 이야기하는 동안 그들의 몸이 긴장 상태에 있었다는 사실을 보여주었다. 그들은 나중에 자신이 혼란스러웠던 이유를 털어놓을 때만 긴장을 풀었다. 심지어 개인적인 트라우마에 관해서 일기를 쓰는 것도 도움을 줄 수 있다. 다른 실험의 참가자들은 그처럼 트라우마에 관해서 일기를 쓰자, 4개월에서 6개월 동안 건강 문제가 줄어들었다(Pennebaker, 1990). 한 피험자는 이렇게 설명했다.“내가 일기에 쓴 것에 대해서 누구에게도 말하지 않았지만, 나는 마침내 그 트라우마를 해결할 수 있었습니다. 즉, 고통을 차단하고자 노력하기보다는 그 고통을 극복할 수 있었습니다. 이제 문제의 트라우마에 대해서 생각해도 마음에 상처를 입지 않습니다.”

억압될 때 트라우마는 신체 건강에 영향을 미칠 수 있다. 펜네베이커와 바거, 티바우트(Pennebaker, Barger and Tiebout, 1989)도 33명의 홀로코스트 생존자들을 초대해 두 시간 동안 자신의 경험을 회상해 보도록 했다. 많은 사람들이 전에는 밝히지 않았던 마음속 깊은 이야기를 세세하게 회상해 냈다. 대부분의 사람들은 몇 주 내에 자신들이 회상하는 과정을 녹화한 비디오테이프를 시청하고, 가족과 친구들에게 보여주었다. 자신의 일을 가장 솔직하게 밝힌 사람들은 14개월 후에 건강이 가장 향상되었다. 스트레스가 많은 사건에 대해 이야기하는 것은 일시적으로는 사람들을 각성시킬 수 있지만, 결국에는 그들의 마음을 안정시킨다(Mendolia and Kleck, 1993).

친밀한 관계와 주관적인 웰빙

프랜시스 베이컨은 1625년 에세이 〈우정에 관하여〉에서 우리가 개인적인 생각을 공유할 수 있는 친구와 배우자에게 애착을 갖는 것은 두 가지 효과를 지닌다고 말한 바 있다. 즉, “그것은 기쁨을 배가시키고 슬픔을 반으로 줄여준다.” 베이컨은 친밀한 관계와 심리적 웰빙 사이에서 관찰된 상관관계에 놀라지 않았을 것이다.

우정과 웰빙

"지난 6개월을 되돌아볼 때, 당신은 자신에게 중요한 문제들을 어떤 사람과 논의했습니까?" 이와 같은 전미 여론조사센터의 질문을 받았을 때, 다섯 명 이상의 막역한 친구들의 이름을 댈 수 있었던 사람들은 그렇지 못했던 사람들에 비해서, '매우 행복하다'고 느낄 가능성이 60퍼센트나 더 높았다.

다른 연구 결과들 또한 사회적 지원(지지)과 웰빙의 상관관계를 확증한다.

- 가장 행복한 대학생들은 자신의 애정 생활에 만족하는 사람들이다(Emmons et al., 1983).
- 친밀한 관계를 유지하고 있는 사람들은 사별, 성폭행, 실직, 질병 등을 비롯한 다양한 스트레스 사건에 비교적 잘 대처한다(Abbey and Andrews, 1985; Perlman and Rook, 1987).
- 병력 수가 유동적인 재래식 부대의 대규모 육군 군인들과 비교했을 때, 안정적이고 응집력이 강한 12명의 A팀(특수 부대원들로 구성된 부대)에 속한 대원들은 상대적으로 더 큰 사회적 지원(지지)을 경험하고 더 좋은 신체적, 정신적 건강과 더 커다란 경력 만족도를 경험한다(Manning and Fullerton, 1988).
- 사람들은 친구들과 가족이 자주 관심을 표명하고 도움과 격려를 해주는 것으로 자신들의 목표를 지지해 줄 경우에 더 큰 웰빙을 보고한다(Israel and Antonucci, 1987; Ruehlman and Wolchik, 1988).
- 웨슬리 퍼킨스(Wesley Perkins, 1991)가 조사한 호바트 칼리지와 윌리엄 스미스 칼리지의 졸업생 800명 중에서, '여피족' 가치 기준 — 매우 친한 친구들이 있고 흡족한 결혼 생활을 하기보다는 고소득과 직업적 성공, 명성을 선호하는 — 을 가진 사람들은 스스로를 '꽤' 혹은 '매우' 불행하다고 묘사할 가능성이 동창들보다 두 배나 높았다.

결혼과 웰빙

유엔의 인구통계연감의 보고에 따르면, 전 세계적으로 열 명 중 아홉 명 이상이 친밀한 관계의 한 가지 궁극적인 예로 결혼을 들었다. 그렇다면 우리의 소속 욕구, 그리고 그 결과에 따른 우정과 행복의 관계를 고려할 때, 결혼은

그림 19.1 결혼 상태와 행복

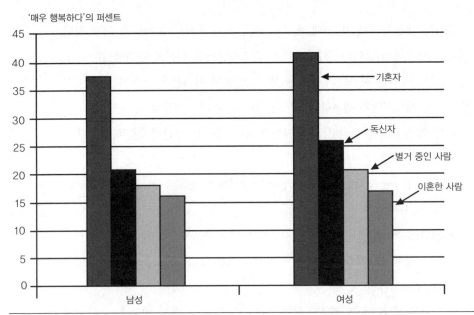

'매우 행복하다'의 퍼센트

출처: 1972~1994, 전미 여론조사센터(National Opinion Research)에서 시행한 종합 사회 조사(General Social Survey)에 참가한 참가자 31,901명으로부터 얻은 자료.

상대적으로 더 큰 행복을 예측해 줄 수 있을까? 아니면 결혼이라는 '멍에'를 지고 있는 상황보다 쾌락을 추구하는 자유로운 상황에 더 큰 행복이 있을까?

수많은 데이터가 보여주는 바에 따르면, 대부분의 사람들은 미혼 상태보다 결혼한 상태에서 더 행복하다. 수만 명의 유럽인과 미국인을 대상으로 한 여러 차례의 설문 조사는 일관된 결과를 내놓았다. 즉, 독신이나 배우자와 사별해 혼자인 사람들, 특히 이혼하거나 별거한 사람들에 비해 기혼자들이 더 행복하고 삶에 더 만족한다고 보고한다(Gove, Style and Hughes, 1990; Inglehart, 1990). 예를 들어, 미국에서 1970년대와 1980년대에 진행된 설문 결과에 따르면, '매우 행복하다'고 보고한 사람들은 결혼하지 않은 성인의 경우 24퍼센트에 그쳤던 반면에 결혼한 성인의 경우에는 48퍼센트나 되었다(그림 19.1). 19개국 2만 800명을 대상으로 한 국가 차원적 조사에서 얻은 자료를 바탕으로 마스테카사(Mastekaasa, 1994)는 결혼 상태와 행복의 상관관계를 확인했다. 연령이나 성별, 소득과 같은 다른 인구통계학적 예측 변인들과 비교해, 결혼 예측 변인은 아주 중요해 보인다(Inglehart, 1990; Myers, 1993). 결혼하지 않은 사람들은 우울증의 위험성이 높다(그림 19.2).

4부

그림 19.2 결혼 상태와 우울증 비율

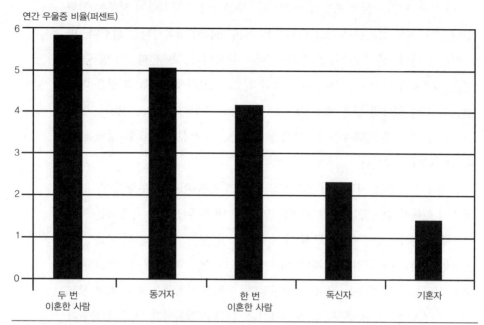

연간 우울증 비율(퍼센트)

출처: Robins and Regier(1991: 72).

결혼은 흔히 추정하듯이 여성의 행복보다 남성의 행복과 더 강한 연관성이 있을까? (1993년 10월 1일) "결혼하면 남성들은 더 좋아지고, 여성들은 더 나빠질까?"라는 기사 제목이 USA 투데이의 헤드라인을 장식했다. 한 작은 연구에 근거한 그 기사의 제목처럼 정말 그럴까? 가사 노동과 지원적 양육에 여성이 더 많이 기여한다는 점을 감안할 때, 우리는 그럴 거라고 예상할 수 있을 것이다. 이러한 관점에서 볼 때, 결혼은 남성들에게 더 좋은 거래이다. 그러나 미국의 기혼자의 행복과 독신자의 행복의 격차는 여성들에 비해 남성들이 조금 클 뿐이었다(Gove et al., 1990). 게다가 유럽의 조사들과 93개의 다른 연구들의 통계 요람을 살펴보면, 이러한 행복의 격차는 남성과 여성의 경우 사실상 동일하다(Inglehart, 1990; Wood, Rhodes and Whelan, 1989). 비록 나쁜 결혼은 정서적으로 무감각한 남편에 비해 여성을 더 우울하게 만들 수 있지만, 독신 여성들이 기혼 여성들보다 더 행복하다는 신화는 고이 잠들 수 있다. 서구 세계 전역에 걸쳐 남성과 여성 모두 결혼한 사람들이 독신이거나 이혼했거나 별거 중인 사람들보다 더 행복다고 보고한다.

하지만 결혼 자체보다 더 중요한 것은 결혼 생활의 질이다. 결혼 생활이 만족스럽다고 말하는 사람들 — 여전히 배우자를 사랑한다고 생각하는 사람들 — 이 불행하거나, 삶에 불만을 느끼거나, 우울하다고 보고하는 경우는 거의 없다. 다행히도 결혼한 사람들 대부분은 결혼 생활이 행복하다고 밝힌다. 미국에서는 거의 3분의 2가 결혼 생활이 '매우 행복하다'고 말한다. 네 명 중 세명은 배우자가 가장 좋은 친구라고 말한다. 그리고 다섯 명 중 네 명은 다시 결혼할 수만 있다면 같은 배우자와 할 것이라고 말한다(Greeley, 1991). 이러한 결과는 무엇을 말해주는가? 그러한 사람들은 대부분 전체적인 생활에 매우 만족한다는 것이다.

그렇다면 결혼한 사람들이 일반적으로 더 행복한 이유는 무엇일까? 결혼 생활이 행복을 증진하는 것일까? 아니면, 행복이 결혼 생활을 증진하는 것일까? 행복한 사람들이 배우자로서 더 매력적인 것일까? 성마르거나 우울한 사람들이 더 흔하게 독신으로 지내거나 이혼을 더 쉽게 하는 걸까? 확실히 행복한 사람들과 함께 있는 것이 더 재미있다. 행복한 사람들은 비교적 더 사교적이고, 사람을 더 신뢰하고 더 온정적이고, 다른 사람들에게 더 잘 집중한다(Veenhoven, 1988). 불행한 사람들은 사회적으로 더 자주 거부당한다. 불평이 많은 사람은 동료를 사랑할 수도 있지만, 우울증의 사회적 결과에 대한 연구 결과에 의하면, 동료는 불평이 많은 사람을 사랑하지 않는다. 불행한(따라서 자기중심적이고 성마르고 고립적인) 배우자나 룸메이트는 주변 사람들에게 재미가 없다(Gotlib, 1992; Segrin and Dillard, 1992). 이런 이유들로 긍정적이고 행복한 사람들은 비교적 더 쉽게 행복한 관계를 형성한다.

그러나 사회학자 마스테카사(Mastekaasa, 1995)가 보고한 바에 따르면, '연구의 지배적인 견해'는 '주로' 결혼과 웰빙의 연관성이 결혼의 유익한 효과에 '기인한다'는 것이다. 만약 가장 행복한 사람들이 더 빨리, 더 빈번히 결혼한다면, 나이가 들면서 (그리고 상대적으로 덜 행복한 사람들이 점차 결혼하면서), 기혼자의 평균 행복과 독신자의 평균 행복은 모두 감소할 수밖에 없다고 가정해 보자. (나이가 많고 덜 행복한 신혼부부는 기혼자들의 평균 행복을 떨어뜨릴 것이며, 가장 불행한 사람들은 독신 집단으로 남게 될 것이다.) 하지만 데이터는 이러한 예측을 뒷받침해 주지 않는다. 이는 부부의 친밀감과 헌신, 지원(지지)이 실제로 대부분의 사람들에게 정서적 혜택을 준다는 것을 시사한다.

결혼이 행복을 증진시키는 데는 적어도 두 가지 이유가 있다. 첫 번째 이유는 평범하다. 결혼은 배우자와 부모의 역할을 제공하며, 이는 자존감의 또 하나의 원천을 제공할 수 있다(Crosby, 1987). 사실, 여러 가지 역할은 스트레스를 증가시킬 수 있다. 때로는 개인의 회로에 과부하가 생긴다. 그러나 각 역할은 보상, 지위, 풍족한 생활로 가는 길을 제공하고 삶의 다른 부분들에서 직면하게 되는 스트레스로부터 벗어날 수 있게 해준다. 개인의 정체성은 여러 다리로 버티고 있는 경우에는, 어느 한 다리가 손실되더라도 상대적으로 더 쉽게 견딜 수 있다. 직장에서 일을 엉망으로 하더라도, 나는 여전히 좋은 남편이자 아버지이며, 결국은 나의 이러한 면들이 가장 중요한 것이라고 스스로를 타이를 수 있다.

둘째, 결혼한 사람들은 협력적이며 친밀한 지속적인 관계를 누릴 가능성이 높고 외로움을 겪을 가능성이 적다. UCLA 의과대학의 남학생들이 결혼한 상황이라면, 비교적 적은 스트레스와 적은 불안감으로 무사히 대학 과정을 마칠 수 있으리라는 것은 당연하다(Coombs, 1991). 좋은 결혼을 하면, 각 배우자는 신뢰할 수 있는 동반자이자 연인이자 친구를 얻는다.

좋은 결혼의 일반적인 특징은 공평과 친밀감이다. 서로 공평할 때가 즉 두 배우자가 자유롭게 주고받고 의사 결정을 공유할 때, 지속적이고 만족스러운 동반적 사랑을 할 수 있는 좋은 기회이다(Gray-Little and Burks, 1983; Van Yperen and Buunk, 1990). 자신과 소유물에 대한 상호 공유, 정서적 지원을 주고받는 일, 서로의 웰빙을 증진하고 돌보는 일은 모든 유형의 사랑 관계의 핵심이다(Sternberg and Grajek, 1984). 이는 연인들, 친밀한 친구들, 심지어 부모와 자녀에게도 해당된다.

또한 강한 우정이나 결혼 생활은 자기 개방, 호감과 혐오, 꿈과 걱정, 자랑스러운 순간과 수치스러운 순간 등에 대한 사적인 내용을 서로 밝히는 것을 아우른다(Berg and McQuinn, 1988; Hendrick et al., 1988; Sprecher, 1987). 관계가 깊어짐에 따라 자기 개방성은 커진다. 한 사람이 자신에 대해서 조금씩 드러내면, 그에 응해 상대방 역시 자신에 대해서 드러내기 마련이다. 친구나 연인으로서 점점 더 친밀감이 깊어질수록, 한쪽이 자신을 점점 더 드러내면 상대방도 그리며, 계속해서 더 많이 자신을 드러내게 된다. 세네카의 생각처럼, "친구와 함께 있을 때 나는 혼자라고 생각하고, 어떤 문제를 생각 그대로 자유롭게 말한다." 결혼의 참모습은 서약으로 봉인된 그러한 우정인 것이다. 서로 주고받는 친밀감과 상호 협력적인 공평성을 감안할 때, 영원한 사랑과 행복에 승산이 있다.

문화 전반에 걸친 인간관계

유아기 때부터 애착을 갖는 우리 인간에게는 뿌리 깊은 소속 욕구가 있다. 이러한 욕구가 충족되면, 서로 도움이 되는 우정이나 결혼 생활을 통해 우리는 더 나은 신체적, 정서적 삶의 질을 누린다. 그렇다면 사회적 소속감의 흥미로운 편차를 생각해 보자.

산업화된 서양 문화는 일반적으로 개인주의를 중시한다. 서양 문화는 사회적 정체성보다 자립과 개인적 웰빙을 더 우선시한다. 서양의 책과 영화들은 흔히 다른 사람들의 기대를 충족시키기보다는 자신의 성취를 추구하는 강건한 개인들을 찬양한다. 개인주의는 풍요, 이동성, 도시 생활, 대중매체에의 노출 등의 조건하에서 번성한다(Triandis et al., 1993). 언제 어디서든 경제가 시장 지향성을 띠게 되면 개인주의가 증가한다. 마리니(Marini, 1990)의 주장에 의하면, "서양 산업 사회 자본주의하에서 일의 성격 및 구조의 변화는 공동체 가치에서 시장 가치로의 장기적인 전환과 개인주의의 동반 상승을 가져왔다." 경쟁이 증가하고 생산이 가족에서 공장으로 이동함에 따라 공동체 생활과 관련된 도덕적 구속과 종교적 사고방식이 약화된다. 신뢰와 공유와 같은 공동의 가치도 마찬가지로 약화된다.

아시아와 제3세계의 문화는 집단주의에 더 큰 가치를 둔다. 이 문화들은 집단, 즉 가족, 씨족, 직장 집단의 목표와 웰빙을 더 우선시한다. 그리고 이 문화권의 책과 영화들은 흔히 방종의 유혹을 받음에도 불구하고 자신이 누구인지 기억하고 사회적 의무를 다하는 사람들을 찬양한다. 1995년 강력한 지진이 일본 고베를 강타했을 때, 서방 기자들은 사람들이 약탈하는 일 없이 '마치 버스를 기다리듯이' 줄을 서서 질서 정연하게 구호물자를 받는 광경에 충격을 받았다. 집단주의는 사람들이 기근과 같은 공동의 위협에 직면한 곳에서, 대가족을 이루고 있는 곳에서, 그리고 운하를 건설하거나 음식을 수확하고 저장할 때처럼 삶에 협력이 필요한 곳에서 번성한다. 예컨대, 호주에서는 원주민들이 집단주의를 중시하는 경향이 있는 반면에 원주민이 아닌 사람들은 개인주의를 중시한다(Fogarty and White, 1994).

트리안디스와 브리슬린, 후이(Triandis, Brislin and Hui, 1988; Triandis, 1994)와 같은 비교문화 심리학자들은 문화 내 존재하는 개인차를 무시하지 않고서, 특정한 한 문화의 개인주의나 집단주의가 자아 개념과 사회적 관계에 어떻게 영향을 미치는지 보여주었다.

자아 개념

사회적 관계를 상실하더라도, 다시 말해, 가족과 친구와 직장 집단과 결별하더라도 개인주의자들은 자신들의 정체성, 즉 '나'에 대한 감각을 유지한다. 따라서 개인주의자들은 자신에게 더 나은 기회를 찾기 위해서 자유롭게 일자리를 그만두거나, 집과 교회, 대가족의 곁을 떠날 수 있다. 개인주의자들은 청년기에 부모로부터 독립해서 자신의 개인적인 자아감을 정의하고자 고군분투한다. 그들은 자신의 문화에 속한 개인주의적인 조언자들로부터 "스스로와 대면하고, 스스로를 받아들이고, 스스로에게 진실해지라"는 조언을 듣는다. 치료사 펄스(Perls, 1973)는 서양 대중 심리의 개인주의를 이렇게 요약했다. "나는 내 일을 하고, 당신은 당신 일을 한다. 나는 당신의 기대에 부응하기 위해서 이 세상에 존재하는 것이 아니다. 그리고 당신은 내 기대에 부응하기 위해서 이 세상에 존재하는 것이 아니다"(70). 유행가와 속담은 그런 개인주의를 이렇게 표현한다. "나는 나여야 해", "나는 내 방식으로 그걸 했어", "(남 눈치 보지 말고) 네가 하고 싶은 일을 해라", "그게 좋다고 느끼면, 해", "그건 내 취향이 아냐", "네 행복을 찾아라", "그건 내 책임이지."

공동체적 결속을 소중히 여기는 집단주의 문화에서는 그런 말을 거의 하지 않을 것이다. 집단주의자들에게 사회적 네트워크는 자신의 상대적인 위치를 부여해 주고 자신이 누구인지 정의하는 데 도움을 준다. 대가족은 아주 친밀하게 맺어진 관계이다. 심지어는 자신의 사회적 정체성을 강조하기 위해서 성(姓)을 앞에 쓴다(Hui Harry). 집단주의 문화에서 자립이란 '자기 일을 하는 것'이 아니라 '책임을 지는 것'(Triandis et al., 1993)을 의미한다. 미국의 잡지 광고에 비해 한국의 잡지 광고는 개인의 이익에 호소('그녀는 자신만의 스타일을 가지고 있다')할 가능성이 낮고 집단의 이익에 호소('우리는 사람들이 더 가까워지도록 만들 수 있는 방법을 가지고 있다')할 가능성이 높다(Han and Shavitt, 1994). "우는 아이에게 떡 하나 더 준다"보다는 "모난 돌이 정 맞는다"가 맞는 말일 수 있다.

사회적 관계

집단주의자들은 상대적으로 관계를 적게 맺고 있을 수 있지만, 그 관계는 더 깊고 더 오래간다. 예컨대, 북미 대학생들에 비해 홍콩의 대학생들은 하루 동안 더 적은 수의 사람들과 더 긴 시간 동안 대화를 나눈다(Wheeler et al., 1989). 미국에서 좋은 기분은 자유로운 긍정적인 감정, 이를테면, 서구인들이 흔히 느끼는 정서인 자긍심과 관련이 있다(Kitayama, Markus and Matsumoto, 1995). 반면에 일본에서 좋은 기분은 대인관계상의 몰입감(예컨대, 친한 감정의 소유)과 더 좀 흔하게 연관된다. 집단주의 문화에서 고용주와 고용인의 관계는 상호 간의 충실로 특징지을 수 있다. 사회적 결속을 중시하는 사람들은 다른 사람들에게 존경심을 보이고 그들의 체면을 살려주는 것으로 조화를 유지하고자 한다. 그 사람들은 대립과 직설적인 솔직함, 오만함을 피한다. 대신, 그들은 민감한 주제는 되도록 멀리하고 다른 사람들의 의견에 동조하고 자기를 내세우지 않는 겸손함을 보인다(Kitayama and Markus, 저널에 실릴 예정인 논문). 사람들은 서로에게 호의를 베풀고, 누가 자신들에게 호의를 베풀었는지 기억한다. 집단주의자들에게는 그 누구도 고립된 섬이 아니다. 자아는 독립적이지 않고 상호의존적이다. 중요한 것은 '나'보다는 '우리'이다.

하지만 사회적 정체성이 매우 중요하기 때문에 집단주의자들은 자신이 속한 집단의 시각으로 사람들을 다소 빨리 속단해 버리는 경향이 있다. 그들은 자신의 문화에서는 사람들의 집단 정체성을 아는 것이 도움이 된다고 설명한다. "한 개인의 가족, 학교 교육, 직업을 말해 줘요. 그러면 나는 그 사람에 대해 많은 걸 알 수 있을 거예요." 일본에서는 사람들이 첫 만남에서 사회적 정체성(이름, 직업, 주소)을 알려주는 명함을 교환한다. 개인주의자들은 고정관념 형성을 경계하며, 배경과 소속으로 사람들을 판단하지 않기를 선호한다. "모든 사람은 한 개인이므로 한 사람을 단지 그 사람의 성별, 인종 또는 배경에 대한 지식으로 추정을 해서는 안 됩니다." 하지만 개인주의자들은 종종 육체적인 매력과 같은 명백한 개인적 속성만으로 사람들을 속단하기도 한다(Dion, Pak and Dion, 1990). 그리고 그들은 폭력적인 행동을 개인적인 갈등이나 경쟁보다는 '매우 나쁜 기질'에 귀인시킬 때처럼, 누군가의 행동을 그 사람의 기질에 더 자주 귀인시킨다(Morris and Peng, 1994).

각각의 문화적 전통은 대가를 치르면서 혜택을 제공한다. 경쟁적이고 개인주의적인 문화에서 사람들은 더 많은 개인적인 자유를 누리고, 자신들의 성취에 더 큰 자긍심을 가지며, 다른 사람들의 예단의 제약을 덜 받는다. 또한 그들은 상대적으로 더 많은 사생활을 누리고, 더 자발적으로 행동하며, 더 자유롭게 돌아다니고 더 자유롭게 자신들의 생활양식을 선택할 수 있다고 느낀다. 혁신과 창의성은 찬양되고 인권은 존중된다. 이는 개인주의 문화에 속한 사람들이 더 큰 행복감을 보고한다는 디너와 디너, 디너(Diener, Diener and Diener, 1995)의 연구 결과를 설명하는 데 도움이 될 수 있다. 개인주의자들이 자신의 목적을 추구하고 모든 것이 잘 될 때, 삶은 보람 있는 것처럼 보일 수 있다.

이러한 혜택에 대한 대가로 더 빈번한 외로움, 더 많은 이혼, 더 많은 살인 사건, 더 많은 스트레스 관련 질병이 있을 수 있다(Popenoe, 1993; Triandis et al., 1988). 셀리그만(Seligman, 1988)이 제시한 바에 따르면, '만연한 개인주의'는 '무의미성' — '외로운 자신보다 더 큰 대상에 대한 애착'이 없을 때 발생하는 — 에서 부분적으로 비롯되는 우울증의 비율이 서양 국가에서 크게 증가하는 현상을 설명하는 데 도움이 된다(55). 일이 별로 잘 풀리지 않고 사회적 지원(지지)이 부족할 때, 삶은 비교적 보람 없어 보일 수 있다.

성과 친밀한 관계

개인주의와 집단주의의 문화적 차이는 독립성과 사회적 소속감의 성차와 유사하다. 심리학자 초도로(Chodorow, 1978, 1989), 밀러(Miller, 1986), 그리고 길리건과 동료들(Gilligan et al., 1982, 1990)은 개인차를 부정하지 않으면서도, 남성에 비해 여성이 인간관계를 더 우선시한다고 주장한다.

이러한 성차는 어릴 적부터 표면화된다. 소년들은 독립하고자 애쓴다. 그들은 보호자, 일반적으로 어머니의 품에서 벗어나 자신들의 정체성을 규정한다. 이에 반해 소녀들은 상호 의존성을 중시한다. 그들은 사회적 관계를 통해 자신의 정체성을 규정한다. 소년들의 놀이에는 흔히 집단 활동이 있다. 그러나 소녀들의 놀이는 비교적 공격성이 적고, 더 많이 공유하고, 더 많이 관계를 모방하며, 친밀한 토론을 더 많이 하는 비교적 작은 집단에서 이루어진다(Lever, 1978).

성인의 관계는 이러한 성차를 확대시킨다. 대화에서 남성은 흔히 일(업무)에 더 초점을 맞추고 여성은 관계에 더 초점을 맞춘다. 집단에서 남성은 정보 제공과 같은 과제 지향적인 행동에 더 많이 기여하는 반면에 여성은 도움을 주거나 지지를 보여주는 것과 같은 긍정적인 사회 정서적 행동에 더 기여한다(Eagly, 1987). 여성들은 유아와 노령화된 부모 모두를 돌보는 데 상대적으로 더 많은 시간을 보낸다(Eagly and Crowley, 1986). 여성들은 거의 언제나 생일 선물과 크리스마스카드를 구입한다(De-Stefano and Colasanto, 1990; Hallmark, 1990). 사회복지사, 교사, 간호사 등과 같은 미국 내 대부분의 돌봄 직업에서 여성들이 남성보다 많다. 대학교 1학년을 대상으로 '어려움에 처해 있는 다른 사람들을 돕는 일'이 중요하다고 말하는 비율을 조사해 보면, 남학생은 10명 중 5명인 반면에 여학생은 10명 중 7명이다(Astin et al., 1995). 상대적으로 높은 여성의 사회적 관심은 반복적인 조사 결과, 미국 여성이 미국 남성에 비해 민주당 후보를 지지하고 군사적 주도권에 반대할 가능성이 더 높은 이유를 설명하는 데 도움이 된다(*American Enterprise*, 1991).

조사 결과를 보면, 여성들은 자신을 잘 공감하는 — 즉, 기뻐하는 사람과 함께 기뻐하고, 우는 사람과 함께 울 수 있는 — 사람으로 묘사할 가능성도 훨씬 더 높다. 공감의 차이는 작게는 실험실 연구로 확대되는데, 그러한 연구 결과, 여성이 다른 사람의 고통에 울거나 괴로운 심정을 보고할 가능성이 상대적으로 더 높다(Eisenberg and Lennon, 1983). 슬라이드 영상을 보여주거나 이야기를 들려줄 경우에, 소녀들도 상대적으로 높은 공감 반응을 보인다(Hunt, 1990). 이러한 공감의 성차는 남녀 모두가 남성과의 우정보다는 여성과의 우정이 더 친밀감 있고, 더 즐겁고, 더 영양가가 있다고 보고하는 이유를 일부 설명해 준다(Rubin, 1985; Sapadin, 1988). 누군가로부터 공감과 이해를 받기를 원할 때면, 남녀 모두 자신의 기쁨과 상처를 드러낼 수 있는 사람으로 여성을 선택하는 경향이 있다.

다양한 시간에 걸친 인간관계

1960년 이후 개인주의는 강화되었고 서로 의지가 되는 사회적 관계는 약화되었다. 이러한 경향은 결혼 생활의 유대감의 약화와 비공식적인 네트워크에서 분명하게 나타난다. 이러한 경향은 서양 문화 전반에 걸쳐 일어나는 현상이지만, 나는 미국 사례에 초점을 맞출 것이다.

결혼의 감소

미국인들은 늦은 나이에 결혼하고 비교적 빈번하게 이혼한다. 인구 조사국의 기록에 의하면, 일반적인 남성은 26.7세(1960년 22.8세에 비해 높아짐) 전까지는 결혼하지 않고 있으며, 일반적인 여성은 24.5세(1960년 20.3세에 비해 높아짐) 전까지는 결혼하지 않는다.

둘째, 사람들은 현재 1960년의 이혼율보다 두 배 더 빈번하게 이혼하고 있다. 오스 기네스(Os Guiness)가 신랄하게 말했듯이, "우리는 더 오래 살고 있지만 더 짧게 사랑하고 있다"(1993: 309). 이혼율이 현재 안정되었지만, 사회학자 매클라나한과 인구 조사국의 연구자인 캐스퍼(McLanahan and Casper, 1994)가 지적하듯이 그것은 결혼 안정성의 회복을 의미하지는 않는다. 동거하는 사람들이 많아지고 첫 결혼을 하는 나이가 늦어지고 베이비 붐 세대가 가장 이혼을 많이 할 시기를 거친 점을 고려한다면, 이혼율은 거의 안정됐어야 했다. 하지만 결혼이 감소하는 데도 이혼율이 지속적으로 높은 현상은 현재 이혼한 사람들이 여전히 수적으로 많이 증가하고 있음을 의미한다. (이혼한 사람들은 1960년 290만 명에서 1995년 1,760만 명으로 증가했다.) 결국 1960년부터 1995년까지 이혼한 성인의 비율은 2.3퍼센트에서 9.2퍼센트로 네 배나 증가했다. 프린스턴 대학의 가족 역사학자 스톤(Stone, 1989)은 이렇게 언급했다. "1960년 이후 서양에서 나타나는 결혼 생활의 파탄 규모는 내가 아는 한 역사적 전례가 없는 것으로 유일무이해 보인다. 지난 2,000년 동안, 그리고 어쩌면, 그보다 훨씬 더 오랫동안 그와 같은 일은 없었다." 이러한 현상은 단순히 불행한 결혼의 종식이 증가한다는 것을 의미하는 게 아니라, 점점 불행해지는 결혼이 증가한다는 것을 의미한다. 전자의 경우가 맞다면, 오늘도 계속 함께 살고 있는 부부나 재혼한 커플들은 조사 자료대로, 좀 더 불행하기보다는 더 행복해야 한다(Glenn, 1966).

셋째, 결혼율이 줄고 있다. 이러한 추세는 늦춰진 결혼과 결혼의 파탄과 함께, 독신 성인 비율이 1960년 25퍼센트에서 1995년 39퍼센트로 증가한 현상을 낳았다. 7,490만 명의 독신자들(이들 중 59퍼센트가 결혼한 적이 없다)로 인해서, 1인 바, 1인 봉사, 1인 주택, 1인 유람선 여행 등이 예상대로 붐을 일으키고 있다. 현재 독신자의 수가 1960년보다 두 배가 넘을 만큼 매우 많아졌기 때문에 독신에 따라붙는 오명은 줄어들었다. 과거의 '노처녀'는 오늘날에는 싱글 전문직 여성이다.

또한 사람들은 현재 재혼을 미루고 있는 실정이다. 첫 결혼을 끝 낸지 1년 내에 재혼한 여성의 비율은 1960년대 후반 33퍼센트에서 1980년대 초반 16 퍼센트로 크게 떨어졌다(London, 1991).

네트워크의 쇠퇴

결혼의 유대와 마찬가지로 비공식적인 유대도 약화되어 왔다. 부분적으로는 드라이브스루 창구를 통한 음식 주문, 현금 자동입출금기, 이메일 등이 제공하는 편리함 덕분에 대면 상호작용이 줄어들고 있다. 사람들이 서로 방문하는 횟수가 줄어들고 소속된 집단이 줄어들고, 혼자 사는 경우가 늘어나고 있다(House, 1986). 미국에서 1인 가구는 1940년에는 8퍼센트였지만, 오늘날에는 25퍼센트에 이른다. 인구 조사국이 1996년에 발표한 추정에 따르면, 2010년에는 27퍼센트가 혼자 살 것으로 보인다.

미국인들은 여전히 자원봉사단체에 참여하고 자원봉사자 수도 많지만, 스카우트 활동, 적십자, 청년 상공 회의소, 여러 여성 클럽들, 그리고 우애 조합들에 참여하는 사람들이 줄어들고 있다(Grossman and Leroux, 1995). PTA 회원은 1964년 1,200만 명에서 1993년 700만 명으로 떨어졌다. 심지어 우리는 볼링을 집단으로 치기보다는 더 자주 개별적으로 치고는 한다. 로버트 퍼트넘(Robert Putnam, 1995)의 보고에 따르면, 1980년 이후 볼링을 치는 사람의 수는 10퍼센트 늘었지만 볼링 리그 참여율은 40퍼센트나 떨어졌다.

1960년에 58퍼센트의 사람들이 전국 여론조사 센터의 면접관들에게 일반적으로 사람들을 신뢰할 수 있다고 느낀다고 말한 반면에 1994년에는 3분 1 보다 약간 높은 비율의 사람들이 동일한 말을 했다. 이처럼 사람들에 대한 신뢰 수준은 급격히 감소했다. 1994년 갤럽 여론조사(1994)에 응한 미국인의 69퍼센트는 "요즘에 한 개인은 누구를 믿을 수 있을는지 잘 모른다"는 데 동의했다. 한때 당신이 의지할 수 있는 '바위'였던 프루덴셜 보험회사는 이제 당신이 '스스로 바위가 되는 걸' 돕기를 원한다. 고등학교 3학년생들의 신뢰감도 비슷하게 떨어졌다(그림 19.3).

시민권의 기본 행위인 투표도 지속적으로 감소했다. 1960년 투표에 참여한 미국 유권자의 63퍼센트와 차기 대통령 선거에서 투표할 유권자의 비율을 비

그림 19.3 신뢰의 감소

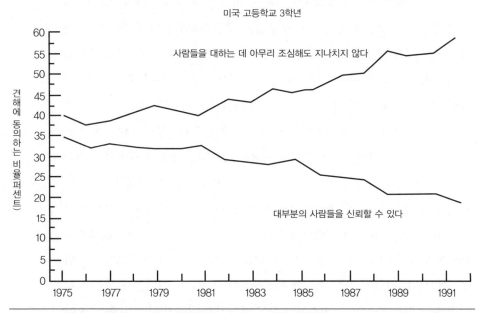

미국 고등학교 3학년

사람들을 대하는 데 아무리 조심해도 지나치지 않다

대부분의 사람들을 신뢰할 수 있다

견해에 동의하는 비율(퍼센트)

출처: 브론펜브레너와 동료들(Bronfenbrenner et al., 1996, 2)의 보고, 미시간 대학교가 시행한 미국 고등학교 3학년 연간 미래 조사 모니터링. Simon & Schuster, Inc.의 계열사, Free Press의 허가 아래 전재.

교해 보자. 그로스만과 르루(Grossman and Leroux, 1995)이 지적했듯이, 대체로 비교적 개인주의적인 성향이 강한 오늘날의 20대, 30대들이 대면 집단에 가입하고 다른 사람들을 신뢰하고 투표하는 일은 조부모들의 절반 수준인 것으로 보인다. 고등학교 졸업생이 두 배나 늘었음에도 불구하고 그처럼 시민 참여가 급격히 감소했다. 이와 관련해 세 가지 사항을 고려해 보자. (1) 고학력자들은 시민 단체를 신뢰하고 그것에 참여할 가능성이 더 높다, (2) 오늘날은 교육 수준이 높은 사람이 더 많다, (3) 하지만 시민 참여는 크게 감소하였다(Putnam, 1996). 분명히, 우리의 향상된 교육 수준을 압도할 만큼 강력한 어떤 사회적 독소가 미국의 시민 생활을 부식시키고 있다.

지난 반세기 동안 부모들은 자녀의 독립과 자립을 존중할 가능성이 높아졌고 순종에 대한 관심이 줄어들었다(Alwin, 1990; Remley, 1988). 여론조사원인 얀켈로비치(Yankelovich, 1994)는 1990년대의 아이들과 성인들이 자기희생, 성적 자제력, 다른 사람들에게 갚아야 할 도덕적 의무감 등에 대해서 낮은 가치를 두는 현상을 관찰했다. 윌리엄 버틀러 예이츠는 "문명은 자제력의 운동"이라고 말한 바 있다. 그리고 비평가들은 급진적인 개인주의는 미래 세대를

19장
·
817

위한 자제와 관심을 모두 약화시킨다고 말한다.

셀리그만(1991)의 주장에 의하면, 개인주의로 인해 치러야 할 또 하나의 대가는 우울증 위험성의 증가이다. 우울증은 개인주의와 함께 증가하며, 개인주의 국가에서 상대적으로 높게 나타난다고 한다. 셀리그만은 현재의 우울증의 유행을 행동에 비해서 감정에 대한 관심이 적고, 의무에 비해서 자유에 대한 관심이 적고, 미덕에 비해서 열정에 대한 관심이 적은 양키 문화의 '최소 자아'로부터의 문화적 변화에서 원인을 찾았다. "나는 우리의 우울증의 유행이 [오늘날의] 최대 자아의 피조물이라고 믿는다." 개인의 자아의 최대화와 함께 "공동체 의식의 감소와 더 고귀한 목적의 상실"이 초래되었다. "이 두 요인은 함께 우울증이 자라는 풍부한 토양임을 입증했다." 자기보다 더 큰 대상(신, 국가, 가족)에 대한 헌신을 저버린 채, "우리는 이제 정체성과 목적과 희망을 위해서 어디로 시선을 돌릴 수 있을까? 영적인 가구가 필요해서 주위를 둘러보니, 편안한 가죽 소파와 폭신폭신한 의자들은 어디론가 모조리 치워져 있고 앉을 수 있는 것이라고는 작고 부서지기 쉬운 접이식 의자 — 자아 — 뿐이다"(284~285). 성공이 개인의 자아에서 비롯된다면, 실패도 개인의 자아에서 비롯된다. 내 경력이 기대에 못 미친다면, 내 결혼 생활은 실망스러울 것이다. 혹은 내 아이들이 결점이 있다면, 달리 누가 비난받아야 할까? 그러한 실망감은 수치심 때문이다. 더 열심히 노력했어야 했고, 더 큰 꿈을 꿨어야 했고, 더 영리하게 생각했어야 했다. 심리학적으로 말하자면 개인주의 자아는 궁극적으로 좋든 나쁘든 혼자이다.

하지만 우리는 보완적인 진실도 기억해야 한다. 개인주의에는 더 밝은 면도 있다. 앞서 언급했듯이 개인주의적인 국가들은 개인의 인권에 대해 더 크게 존중하고 개인의 자유를 더 많이 보장하고 더 높은 수준의 개인의 자존감을 갖게 하고, (관계와 일이 잘 풀리면) 더 큰 행복을 누릴 수 있게 해준다.

개인주의와 미국의 가족

개인주의는 상승하고 가족의 위상은 하락한다. 이 두 가지 경향 간에 연관성이 있을까?

개인주의가 가족의 헌신을 약화시킨다면, 개인주의의 상승이 시간의 흐름에 따른 가족의 쇠락과 상관관계를 보일 거라는 점을 우리는 우선적으로 예상할 수 있다. 사실 그렇다. 하지만 소속 욕구를 포함한 집단주의적인 충동이 개인주의를 제약한다. 따라서 우리가 한편으로 자기 충족에 두는 가치, 즉 우리의 권리를 주장하고 개인의 자유를 소중히 여기고 자아를 중시하는 가치와 다른 한편으로 헌신에 두는 가치, 즉 우리의 책임감, 영속성을 미덕으로 여기는 우리의 견해, 사랑은 단순한 감정이 아니라 구속력 있는 의무라는 우리의 믿음 등의 가치 사이에 긴장감이 항상 존재한다. 시간이 흐르면서 그 균형은 깨지고, 비중이 헌신보다는 성취를, 책임보다는 권리를, 의무보다는 욕망을 가치 있게 여기는 방향으로 이동한다. 바우마이스터(Baumeister, 1991)가 지적하듯이, "오늘날 사람들은 자신을 결혼의 노예로 보기보다는 결혼이 자신을 섬겨야 한다고 느낀다"(7). 그리고 "가족에 아이들이 있기 때문에 사이가 안 좋은 부모와는 함께 지내지 말아야 한다"는 말에 1951년에는 미국인의 51퍼센트만 동의했다. 하지만 1985년에는 82퍼센트가 그 말에 동의했다(Glenn, 1991). 그리고 1994년에는 15퍼센트만 "부모와 사이가 안 좋아도 함께 지내야 한다"는 말에 동의했다(*American Enterprise*, 1995).

결혼이 자기희생적 사랑, 사랑의 결실인 자녀를 위한 결합, 또는 지속적인 상호 헌신으로 이상화되는 일은 흔치 않다. 파버(Farber, 1987)는 문화가 '영구적 유용성' 쪽으로 이동해 가는 현상을 파악한다. 이제 성인들은 결혼 여부와 상관없이, 자신들의 결혼을 인식한 대안들과 계속 비교한다. 글렌(Glenn, 1996)은 지속적으로 더 만족스러운 배우자를 향한 열린 마음이 만족도와 행복을 증가시킬 것이라는 생각은 "한쪽 배우자가 마음대로 결혼 생활에 종지부를 찍을 수 있는 자유가 곧 상대 배우자의 불안이라는 사실"을 무시한다고 지적했다. 또한 "합리적인 수준의 안전성 없이는, 결혼 생활의 성공을 위한 희생과 투자가 필요할 것 같지는 않다"라고 말했다. 또한 글렌(1993)은 개인주의가 확대됨에 따라 "미국의 사회적 척도가 아동 웰빙에서 성인의 웰빙으로 바뀌었다"라고 우려한다(10).

개인주의가 가족 헌신을 약화시킨다면, 우리는 모든 문화에서 가족 유대의 약화와 관련이 있는 개인주의의 확대 현상을 목도하리란 걸 예상할 수밖에 없다. 실제로 우리는 미국에서 그러한 현상을 목도하고 있다. 미국은 세계에서 가장 개인주의가 강하고 이혼하기 쉬운 나라이다. 영국은 상대적으로 개인주의가 다소 낮으며 이혼율도 미국의 절반에 못 미친다. 로널드 레이건은 이혼하고 재혼하고 대통령이 될 수 있지만 찰스 왕세자가 이혼하고 재혼하고 왕이 될 수 있다는 것은 받아들여지지 않는다. 이혼율은 일본과 같은 집단주의 문화에서 훨씬 낮은 경향이 있다(Census Bureau, 1995, 표 1366; Triandis, 1994). 집단주의자들은 결혼 생활에서 로맨스와 개인적인 성취를 크게 요구하지 않기 때문에 결혼 관계를 비교적 큰 압박 상태하에 두지 않는다(Dion and Dion, 1993; Hatfield and Sprecher, 1995). 한 조사에 따르면, '로맨스를 꺼지지 않게 하는 것'이 결혼 생활에 중요하다고 평가하는 여성의 비율은 미국의 경우 78퍼센트였던 반면에 일본의 경우는 29퍼센트에 그쳤다(American Enterprise, 1992).

개인주의가 가족의 헌신을 약화시킨다면, 우리는 결국 모든 개인에게 있어 상대적으로 더 강한 개인주의가 상대적으로 더 약한 애착과 상관관계를 보이는 현상을 목도하리란 걸 예상할 수밖에 없다. 그리고 이번에도 우리는 실제로 그 현상을 본다. 사람들은 동반자 관계 목적으로, 자녀 양육보다는 자아실현을 더 많이 고려할수록 이혼할 가능성이 더 높다(Hall, 1996). 결혼한 사람들과 비교할 때, 동거하는 사람들은 자율성을 유지하고 싶은 욕구가 더 크고 애착 욕구가 더 적다(Cunningham and Antil, 1994). 개인주의자들은 결혼 생활에 대해 더 많은 좌절감을 느낀다. 그들은 배우자를 상대적으로 더 심하게 비판하고 결혼 생활의 행복을 상대적으로 덜 표현한다(Scanzoni et al., 1989).

시민성의 위축

가족 유대감 및 사회관계망의 약화와 함께 부가적으로 어떤 바람직한 경향과 그다지 바람직하지 않은 경향이 공존하게 되었다. 1960년 이래로 인종적, 성적 편견이 줄어들고 균등한 기회가 많아졌는데, 이는 개인주의가 가져온 또 하나의 혜택이다. 1인당 자동차 수와 외식 빈도를 비롯해 부의 성장을 나타내는 기타 지표들과 마찬가지로 자유롭게 쓸 수 있는 (인플레이션을 감안한) 1인당 소득은 두 배로 증가했다(Myers, 1999). 교육 수준과 기대 수명과 향상된 컴퓨터 기술 또한 삶의 질이 개선되었음을 시사한다.

립 반 윙클[3]이 1960년에 잠이 들었다가 1996년에 깨어났다면, 다른 사회적

---

3   워싱턴 어빙(Washington Irving, 1783~1859)의 단편집 『스케치북(Sketch Book)』에 수록된 단편, 〈립 반 윙클(Rip Van Winkle)〉의 주인공. 립 반 윙클은 산으로 사냥을 갔다가 낯선 사람

추세들에 만족했을까? 1960년 이후로 그를 맞이할 삶에 관한 사실들(Myers, 2000)은 다음과 같다.

- 1976년 이후 아동 학대 및 방치 보고는 다섯 배나 늘어나 매년 310만 건 이상에 달했다.
- 십대의 성 활동은 두 배로 증가했고, 그에 따라 성병도 동반 증가했다.
- 1960년에 미혼 부모에게서 태어난 아기는 전체 아기의 5퍼센트에 불과했던 반면에 1996년에는 여섯 배가 넘게 증가한 32퍼센트나 되었다. 점차 모든 인종 집단에 걸쳐, 아이들이 아이를 두고 있으며, 남성들은 아이의 아버지가 되어서도 아이 어머니나 아이에게 거의 헌신하지 않고 있다.
- 두 부모 모두와 함께 살지 않는 아이의 비율은 1960년에는 열 명 중 한 명을 웃도는 정도였지만, 오늘날엔 열 명 중 세 명이다. 그리고 그 아이들 대부분은 친아버지를 거의 보지 못한다.
- 자원을 아동에게서 노인으로 옮긴 덕분에 65세 이상 빈곤율은 과거 35퍼센트에서 1997년 11퍼센트로 크게 하락했지만, 아동의 빈곤율은 1960년대 동안 내내 뚝 떨어지다가 1970년 이후로 15퍼센트에서 20퍼센트로 증가했다.

지글러와 길먼(Zigler and Gilman, 1990)은 연구자들 사이에서 일치하는 하나의 견해를 보고한다. "아동 웰빙의 지표를 모니터링해 온 지난 30년 동안 그처럼 지표가 부정적으로 보인 적은 없다." 그리고 브론펜브레너(Bronfenbrenner)는 현 추세를 아주 엄정하게 표현한다. "미국의 아동과 가족의 현재 상태는 미 공화국이 설립된 이래로 미국이 직면한 가장 큰 국내 문제로 대두되고 있다. 그것이 우리의 기반을 갉아먹고 있다"(Bronfenbrenner, Chinton, 1995에서 인용).

또한 1960년 이후로 나타나는 가족의 감소는 다음과 같은 다른 사회적 추세들을 동반해 왔다.

- 세 배나 되는 십대 자살률.
- 네 배나 되는 신고된 강간율.
- 다섯 배나 되는 청소년 폭력 범죄.

들을 만나 그들의 술을 훔쳐 마시고 취하여 잠들었다가 20년 후에 깨어난다.

• 급격히 상승한 우울증 발생 비율

이러한 사회적 후퇴의 지표들 간에 상호 연관성이 있을까? 우리는 빈곤, 학교 중퇴, 청소년 폭력, 그리고 기타 유형의 사회적, 정서적 병리가 아버지 부재 가정에서 더 흔하다는 사실을 알고 있다. 예를 들어, 미 법무부 통계국의 보고에 따르면, 교정 시설에 수감된 중대한 비행 청소년 열 명 가운데 일곱 명이 성장 중에 일관되게 부모와 함께 살지 않았다. 이러한 현실을 바탕으로 라이켄(Lykken, 1994)은 한부모 가정에서 자란 아들의 투옥 위험성이 양 친부모 가정에서 자란 아들보다 일곱 배나 더 높다고 평가했다. 한부모와 의붓부모의 증가와 아버지의 양육의 감소는 아이들의 삶의 질 감소와 단순히 상관관계가 있는 것일까, 아니면 인과 관계가 있는 것일까?

가족 해체에 대한 아이들의 반응은 다양하지만(트라우마 상황에서 벗어나서 얻는 이점도 있을 수 있다), 헤더링턴과 동료들(Hetherington, Stanley-Hagan and Anderson, 1989; Hetherington and Clingempeel, 1992)은 이혼으로 인해 "아이들이 사회적, 심리적, 행동적, 학업적 문제 발생의 증가 위험"에 놓이게 된다고 결론을 지었다. 많은 공변 상황들을 통제한 두 가지 연구 결과는 가족 해체를 함축한다. 온전한 가족과 분열된 가족이 여러 가지 면에서 다를 수 있다는 것을 알고 있는 인구 조사국 연구자들은 미 국립보건통계센터(Dawson, 1991)의 의뢰를 받아, 부모 교육과 인종, 소득을 통제한 조건에서 1만 7,000명 이상의 아이들을 연구했다. 그 결과 이혼한 부모의 아이들이 (정학이나 심리 상담 필요성과 같은) 다양한 사회적, 심리적, 학업적 문제를 경험할 확률이 약 두 배나 높았다.

이혼 효과를 파악하기 위해 사회학자 셜린과 동료들(Cherlin et al., 1991; Cherlin, Kiernan and Chase-Lansdale, 1995)은 이혼 전후의 아이들을 비교했다. 이 기념비적인 연구는 연구자들이 1958년 3월 첫 주 동안에 태어난 모든 영국 아이들의 98퍼센트의 어머니인 1만 7,414명의 여성을 대상으로 인터뷰하는 것으로 시작됐다. 셜린과 동료들은 이 아이들이 7세가 됐을 때 조사하고, 11세, 16세, 23세가 됐을 때 다시 조사했다. 그러는 사이에 연구자들은 일부 아이들이 부모의 이혼을 경험하리라는 것을 알게 되었다. 예를 들어, 아이들이 23세에 이르렀을 때, 대담한 연구자들은 원래의 표본 중 1만 2,537명을 추적해서 인터뷰를 했다. 그 결과 7세 때 친부모와 함께 살았으나 16세 때 부모가 이혼하는 경험을 한 표본 대상들과 그때까지 부모가 이혼하지 않은 표본 대상들을 비교할 수 있었다. 결국 연구 결과에 따르면, 부모가 이혼한 표본 대상들은 상대적으로 더 많은 문제를 경험했다.

수십 개의 연구를 요약한 데이비스와 커밍스(Davies and Cummings, 1994)는 "파괴적인 양상의 부부 갈등은 아이들의 정서적 안정감을 해친다"(405)라고 지적한다. 그렇다면 부모의 이혼 후에 자녀가 겪는 문제들은 선재하는 부부 갈등(이혼 여부)으로부터만 영향을 받을까, 아니면 결혼 파탄으로부터도 영향을 받을까? 셜린과 동료들의 보고에 의하면, 이혼 전 가족 문제를 통제해도 이혼 효과는 약화되지 않았다. 7세 때 정서적 문제와 학업 성취에 적응했다 하더라도 이후에 정신 병리의 임상적 컷오프를 초과한 점수를 받은 경우는 그 사이에 부모가 이혼한 16세 자녀들 사이에서 39퍼센트나 더 높게 나타났다. 이혼은 자녀를 '청소년기를 거쳐 성년기로 통하는 부정적인 삶의 궤적'으로 몰아넣는다. 그런 점에서 이혼 전의 가족 문제로는 경험하지 못한 문제들을 이혼으로 예측할 수 있다(Chase-Lansdale, Cherlin and Kiernan, 1995). 흥미롭게도, (상대적으로 거부감이 덜 하고, 갈등을 덜 수반하는) 부모의 죽음이 미치는 '영향력은 훨씬 더 약했다'. 아이에게 죽음과 이혼은 심리적으로 동등하지 않다.

정책적 함의: 공동체주의자의 개인주의

우리 인간에게는 기본적인 소속 욕구, 애착 욕구가 있다. 친밀하고 협력적이고 헌신적인 관계는 신체적, 주관적 웰빙 기회를 높인다. 그러나 1960년 이후 가족 관계와 시민 네트워크는 약화되었고, 그와 함께 비시민성이 증가하고 아동의 웰빙이 감소했다. 마틴 루서 킹 주니어가 우리에게 "혼돈과 공동체 중 하나를 선택하라"라고 간청한 이래 30년을 훌쩍 넘긴 현재, 전 국민의 공통적인 대화에서 거대한 변화가 감지된다.

• 사회학자 벨라(Bellah, 1985), 에치오니(Etzioni, 1993), 셀즈닉(Selznick, 1992)은 현대의 개인주의에 도전하며, 우리에게 사회적 유대와 사회적 규범의 중요성을 상기시킨다.

- 하버드 로스쿨의 법학자 메리 앤 글렌던(Mary Ann Glendon)의 『권리 담론 (*Rights Talk*)』(1991)은 우리가 모든 정치적 논쟁을 개인의 권리의 언어로 번역하는 것에 대해 지불하는 대가를 조명한다.
- 미국의 민주 리더십 협회와 그 연구 계열인 진보 정책 연구소는 레이건 보수주의 및 고전적 자유주의의 개인주의에 대한 대안을 추구하고 있다. 클린턴은 정부와 피통치자 사이의 상호 책임, 사회가 개인들에게 제공하는 것과 개인들이 자원봉사로 돌려주는 것 사이의 상호 책임에 대한 '새로운 맹약'을 내세워 대통령으로 선출되었다.
- 콜슨(Colson, 1989)은 미국의 개인주의에 대한 제약이 "거의 무너졌다고"(36), "급진적 개인주의를 치유할 수 있는 해독제로 공동의 운명 의식을 재천명할"(178) 때가 도래했다고 경고한다.

이러한 변화된 목소리의 공통된 메시지는 이렇다. 공산주의 붕괴가 극단적 집단주의의 실패를 보여주듯이, 미국의 사회적 후퇴는 극단적 개인주의의 실패를 보여준다. 커먼 코즈(Common Cause)⁴의 창립자이자 예전 정부에서 장관을 지낸 바 있는 존 가드너(1993)는 "대부분의 문명은 안에서부터 죽으며, 문 안의 반역자들보다는 마음속의 반역자들, 즉 믿음의 상실, 부패, 공동 목적의 붕괴 따위한테 정복되는 일이 더 흔하다"라고 말한다.

이러한 우려를 공유하면서 가드너와 (존 앤더슨(John Anderson), 베티 프리단 (Betty Friedan), 엘리엇 리처드슨(Elliot Richardson), 레스터 서로(Lester Thurow), 다니엘 얀켈로비치(Daniel Yankelovich) 등을 비롯한) 수십 명의 다른 저명한 시민들은 "개인의 자유 보존은 시민사회 제도들의 적극적 유지에 달려 있으며, 섬세한 사회적 생태 환경"은 시민성에 반드시 필요한 가족과 공동체 생활을 지지한다는 점을 '인정하는 공동체적 플랫폼'에 서명했다. 공동체주의자들은 스스로를 자유주의와 집단주의를 대체할 수 있는 제3의 대안으로 여긴다. 벨라(1995~1996)가 설명하기를, "민주적 공동체주의는 세계 대부분의 위대한 종교와 철학에 공통적으로 존재하는 개인의 신성함이라는 가치에 근거를 두고 있다." 그러나 민주적 공동체주의는 "우리의 관계를 통해서 현재의 우리

---

4 '돈과 정치의 결탁을 철저히 막는다'는 취지로, 미국의 보건복지부장관을 지낸 존 가드너가 1970년에 만든 단체.

4부
·
824

가 된다고 하는 … 연대의 중심적 가치 또한 긍정한다." "한 아이를 키우기 위해서는 한 마을이 필요하다"라는 말에 동의하는 공동체주의자들은 한 마을을 키우기 위해서는 무엇이 필요한지를 우리에게 상기시킨다.

유럽식 아동 수당, 장기간의 육아 휴직, 유연근무시간제, 정치자금법 개혁, 그리고 '공원 조성'을 위한 아이디어에 대해 이야기하는 공동체주의자들의 말에 귀를 기울여 보면, 누구든 그들이 자유주의자라고 단언하게 될 것이다. 결혼 생활의 책무, 이혼법 개혁, 아버지의 보살핌, 인성 교육 등에 대해서 이야기하는 그들의 말에 귀를 기울여 보면, 누구든 그들이 보수주의자라고 단언하게 될 것이다. 사실, 공동체주의자들은 스스로를 자유주의와 보수주의 양극단을 대체할 수 있는 제3의 대안으로 여긴다. 개인의 권리와 서로에게 헌신적인 관계 모두의 진가를 인정하는 그들의 목표는 권리와 책임, 개인주의와 공동체, 자유와 형제애 간의 균형을 바로잡아 본질적인 자유를 보호하는 것이다.

이 장의 일부는 내 책 『행복 추구(*Pursuit of Happiness*)』, 『심리학(*Psychology*)』, 『사회심리학(*Social Psychology*)』에 수록된 내용을 각색한 것이다.

참고문헌

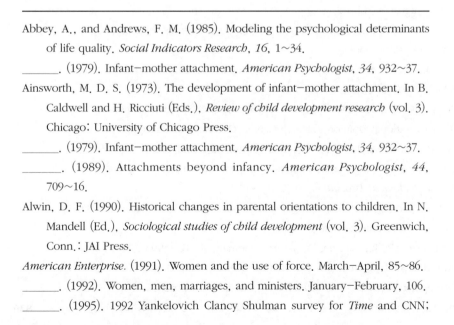

Abbey, A., and Andrews, F. M. (1985). Modeling the psychological determinants of life quality. *Social Indicators Research*, 16, 1~34.

_____. (1979). Infant-mother attachment. *American Psychologist*, 34, 932~37.

Ainsworth, M. D. S. (1973). The development of infant-mother attachment. In B. Caldwell and H. Ricciuti (Eds.), *Review of child development research* (vol. 3). Chicago: University of Chicago Press.

_____. (1979). Infant-mother attachment. *American Psychologist*, 34, 932~37.

_____. (1989). Attachments beyond infancy. *American Psychologist*, 44, 709~16.

Alwin, D. F. (1990). Historical changes in parental orientations to children. In N. Mandell (Ed.), *Sociological studies of child development* (vol. 3). Greenwich, Conn.: JAI Press.

American Enterprise. (1991). Women and the use of force. March-April, 85~86.

_____. (1992). Women, men, marriages, and ministers. January-February, 106.

_____. (1995). 1992 Yankelovich Clancy Shulman survey for *Time* and CNN;

1994 National Opinion Research Center survey. July—August, 104.

Astin, A. W., Sax, L. J., Korn, W. S., and Mahoney, K. M. (1995). *The American freshman: National norms for fall, 1995.* Los Angeles: UCLA Higher Education Research Institute.

Baron, R. S., Cutrona, C. E., Hicklin, D., Russell, D. W., and Lubaroff, D. M. (1990). Social support and immune function among spouses of cancer patients. *Journal of Personality and Social Psychology, 59,* 344~52.

Bartholomew, K., and Horowitz, L. (1991). Attachment styles among young adults: A test of a four—category model. *Journal of Personality and Social Psychology, 61,* 226~44.

Baumeister, R. F. (1991). *Escaping the self: Alcoholism, spirituality, masochism, and other flights from the burden of selfhood.* New York: Basic Books.

Baumeister, R. F., and Leary, M. R. (1995). The need to belong: Desire for interpersonal attachment as a fundamental human motivation. *Psychological Bulletin, 117,* 497~529.

Bellah, R. N. (1985). *Habits of the heart: individualism and commitment in American life.* Berkeley: University of California Press.

_____. (1995~96). Community properly understood: A defense of "democratic communitarianism." *The Responsive Community* (Winter): 49~54.

Berg, J. H., and McQuinn, R. D. (1988). Loneliness and aspects of social support networks. Unpublished manuscript, University of Mississippi.

Berscheid, E. (1985). Interpersonal attraction. In G. Lindzey and E. Aronson (Eds.), *The handbook of social psychology.* New York: Random House.

Blakeslee, S. (1995). In brain's early growth, timetable may be crucial. *New York Times,* August 29, Cl, C2.

Bowlby, J. (1980). *Attachment and loss,* vol. 3, *Loss, sadness, and depression.* New York: Basic Books.

Bronfenbrenner, U., McClelland, P., Wethington, E., Moen, P, and Ceci, S. J. (1996). *The state of Americans.* New York: Free Press.

Burt, R. S. (1986). *Strangers, friends, and happiness.* GSS Technical Report 72. Chicago: National Opinion Research Center, University of Chicago.

Case, R. B., Moss, A. J., Case, N., McDermott, M., and Eberly, S. (1992). Living alone after myocardial infarction: Impact on prognosis. *Journal of the American Medical Association, 267,* 515~19.

Census Bureau (1995). *Statistical abstract of the United States 1995.* Washington, D. C.: U. S. Government Printing Office.

Chase—Lansdale, P. L., Cherlin, A. J., and Kiernan, K. E. (1995). The long—term effects of parental divorce on the mental health of young adults: A developmental perspective. *Child Development, 66,* 1614~34.

Cherlin, A. J., Furstenberg, F. F., Jr., Chase—Lansdale, P. L., Kiernan, K. E.,

Robins, P. K., Morrison, D. R., and Teitler, J. O. (1991). Longitudinal studies of effects of divorce on children in Great Britain and the United States. *Science, 252,* 1386~89.

Cherlin, A. J., Kiernan, K. E., and Chase-Lansdale, P. L. (1995). Parental divorce in childhood and demographic outcomes in young adulthood. *Demography, 32,* 299~316.

Chodorow, N. J. (1978). *The reproduction of mothering: Psychoanalysis and the sociology of gender.* Berkeley: University of California Press.

_____. (1989). *Feminism and psychoanalytic theory.* New Haven, Conn.: Yale University Press.

Clinton, H. R. (1995). *It takes a village.* New York: Simon & Schuster.

Cohen, S. (1988). Psychosocial models of the role of social support in the etiology of physical disease. *Health Psychology, 7,* 269~97.

Colon, E. A., Callies, A. L., Popkin, M. K., and McGlave, P. B. (1991). Depressed mood and other variables related to bone marrow transplantation survival in acute leukemia. *Psychosomatics, 32,* 420~25.

Colson, C. (1989). *Against the night: Living in the new dark ages.* Ann Arbor, Mich.: Servant Publications.

Coombs, R. H. (1991). Marital status and personal well-being: A literature review. *Family Relations, 40* (January): 97~102.

Crosby, F. J. (Ed.). (1987). *Spouse, parent, worker: On gender and multiple roles.* New Haven, Conn.: Yale University Press.

Cunningham, J. D., and Antil, J. K. (1994). Cohabitation and marriage: Retrospective and predictive comparisons. *Journal of Social and Personal Relationships, 11,* 77~93.

Cutrona, C. E. (1986). Behavioral manifestations of social support: A microanalytic investigation. *Journal of Personality and Social Psychology, 51,* 201~8.

Davies, P. T., and Cummings, E. M. (1994). Marital conflict and child adjustment: An emotional security hypothesis. *Psychological Bulletin, 116,* 387~411.

Davis, K. E. (1985). Near and dear: Friendship and love compared. *Psychology Today* (February): 22~30.

Dawson, D. A. (1991). *Family structure and children's health: United States, 1988.* Department of Health and Human Services publication 91~1506. *Vital and Health Statistics,* series 10, no. 178. Washington, D. C.: National Center for Health Statistics.

DeStefano, L., and Colasanto, D. (1990). Unlike 1975, today most Americans think men have it better. *Gallup Poll Monthly,* no. 293 (February): 25~36.

Diener, E., Diener, M., and Diener, C. (1995). Factors predicting the subjective well-being of nations. *Journal of Personality and Social Psychology, 69,*

851~64.

Dion, K. K., and Dion, K. L. (1993). Individualistic and collectivistic perspectives on gender and the cultural context of love and intimacy. *Journal of Social Issues, 49, 53~69.*

Dion, K. K., Pak, A. W.-P., and Dion, K. L. (1990). Stereotyping physical attractiveness: A sociocultural perspective. *Journal of Cross-cultural Psychology, 21,* 378~98.

Dohrenwend, B., Pearlin, L., Clayton, P., Hamburg, B., Dohrenwend, B. P., Riley, M., and Rose, R. (1982). Report on stress and life events. In G. R. Elliott and C. Eisdorfer (Eds.), *Stress and human health: Analysis and implications of research* (A study by the Institute of Medicine/National Academy of Sciences). New York: Springer-Verlag.

Eagly, A. H. (1987). *Sex differences in social behavior: A social-role interpretation.* Hillsdale, N. J.: Erlbaum.

Eagly, A. H., and Crowley, M. (1986). Gender and helping behavior: A meta-analytic review of the social psychological literature. *Psychological Bulletin, 100,* 283~308.

Eisenberg, N., and Lennon, R. (1983). Sex differences in empathy and related capacities. *Psychological Bulletin, 94,* 100~31.

Emmons, R., et al. (1983). Factors predicting satisfaction judgments: A comparative examination. Paper presented at the Midwestern Psychological Association Convention, Chicago (May).

Erikson, E. H. (1963). *Childhood and society.* New York: Norton.

Etzioni, A. (1991). The community in an age of individualism (interview). *The Futurist* (May-June): 35~39.

_____. (1993). *The spirit of community.* New York: Crown.

Evans, G. W., Palsane, M. N., Lepore, S. J., and Martin, J. (1989). Residential density and psychological health: The mediating effects of social support. *Journal of Personality and Social Psychology, 57,* 994~99.

Farber, B. (1987). The future of the American family: A dialectical account. *Journal of Family Issues, 8,* 431~33.

Feeney, J. A., and Noller, P. (1990). Attachment style as a predictor of adult romantic relationships. *Journal of Personality and Social Psychology, 58,* 281~91.

Fogarty, G. J., and White, C. (1994). Differences between values of Australian Aboriginal and non-Aboriginal students. *Journal of Cross-cultural Psychology, 25,* 394~408.

Freedman, J. (1978). *Happy people.* New York: Harcourt Brace Jovanovich.

Friedman, H. S., Tucker, J. S., Schwartz, J. E., Tomlinson-Keasey, C., Martin, L. R., Wingard, D. L., and Criqui, M. H. (1995). Psychosocial and behavioral predictors of longevity: The aging and death of the "Termites." *American Psychologist, 50,* 69~78.

Gallup Poll Monthly. (1994). Gallup poll (July): 35.

Gardner, J. W. (1993). Rebirth of a nation. Address to the Forum Club of Houston, February 17.

Gilligan, C. (1982). *In a different voice: Psychological theory and women's development.* Cambridge, Mass.: Harvard University Press.

Gilligan, C., Lyons, N. P., and Hanmer, T. J. (Eds.). (1990). *Making connections: The relational worlds of adolescent girls at Emma Willard School.* Cambridge, Mass.: Harvard University Press.

Glendon, M. A. (1991). *Rights talk: the impoverishment of political discourse.* New York: Free Press.

Glenn, N. D. (1991). *The family values of Americans.* New York: Institute for American Values.

_____. (1993). Letter to the editor. *Atlantic* (July): 10.

_____. (1996). Values, attitudes, and the state of American marriage. In D. Popenoe, J. B. Elshtain, and D. Blankenhorn (Eds.), *Promises to keep: Decline and renewal of marriage in America.* Lanham, Md.: Rowman and Littlefield.

Gotlib, I. H. (1992). Interpersonal and cognitive aspects of depression. *Current Directions in Psychological Science, 1,* 149~54.

Gove, W. R., Style, C. B., and Hughes, M. (1990). The effect of marriage on the well-being of adults: A theoretical analysis. *Journal of Family Issues, 11,* 4~35.

Gray-Little, B., and Burks, N. (1983). Power and satisfaction in marriage: A review and critique. *Psychological Bulletin, 93,* 513~38.

Greeley, A. (1991). *Faithful attraction.* New York: Tor Books.

Grossman, R., and Leroux, C. (1995). Nation of strangers: A new silence. *Chicago Tribune,* December 29, 1, 8~9.

Guiness, O. (1993). *The American hour: A time of reckoning and the once and future role of faith.* New York: Free Press.

Hall, D. R. (1996). Marriage as a pure relationship: Exploring the link between premarital cohabitation and divorce in Canada. *Journal of Comparative Family Studies, 27,* 1~12.

Hallmark Cards (1990). Odds and trends. *Time,* Fall special issue on women, *136,* 26.

Han, S. -P., and Shavitt, S. (1994). Persuasion and culture: Advertising appeals in individualistic and collectivistic societies. *Journal of Experimental Social Psychology, 30,* 326~50.

Hatfield, E., and Sprecher, S. (1995). Men's and women's preferences in marital partners in the United States, Russia, and Japan. *Journal of Cross-cultural Psychology, 26*, 728~50.

Hazan, C., and Shaver, P. R. (1994). Attachment as an organizational framework for research on close relationships. *Psychological Inquiry, 5*, 1~22.

Hendrick, S. S., Hendrick, C., and Adler, N. L. (1988). 389

Romantic relationships: Love, satisfaction, and staying together. *Journal of Personality and Social Psychology*, 54,980~88.

Hetherington, E. M., and Clingempeel, W. G. (1992). Coping with marital transitions: A family systems perspective. *Society for Research in Child Development Monographs, 57*, 1~242.

Hetherington, E. M., Stanley—Hagan, M., and Anderson, E. R. (1989). Marital transitions: A child's perspective. *American Psychologist, 44*, 303~12.

House, J. S. (1986). Social support and the quality and quantity of life. In F. M. Andrews (Ed.), *Research on the quality of life.* Ann Arbor: University of Michigan Press.

House, J. S., Landis, K. R., and Umberson, D. (1988). Social relationships and health. *Science, 241*, 540~45.

Hunt, M. (1990). *The compassionate beast: What science is discovering about the humane side of humankind.* New York: Morrow.

Idler, E. I., and Kasl, S. V. (1992). Religion, disability, depression, and the timing of death. *American Journal of Sociology, 97*, 1052~79.

Inglehart, R. (1990). *Culture shift in advanced industrial society.* Princeton, N. J.: Princeton University Press.

Israel, B. A., and Antonucci, T. C. (1987). Social network characteristics and psychological well—being: A replication and extension. *Health Education Quarterly, 14*, 461~81.

Kaprio, J., Koskenvuo, M., and Rita, H. (1987). Mortality after bereavement: A prospective study of 95,647 widowed persons. *American Journal of Public Health, 77*, 283~87.

Kitayama, S., and Markus, H. R. (in press). Construal of the self as cultural frame: Implications for internationalizing psychology. In J. D'Arms, R. G. Hastie, S. E. Hoelscher, and H. K. Jacobson (Eds.), *Becoming more international and global: Challenges for American higher education.* Ann Arbor: University of Michigan Press.

Kitayama, S., Markus, H. R., and Matsumoto, H. (1995). Culture, self, and emotion: A cultural perspective on "self—conscious" emotions. In J. P. Tangney and K. W. Fisher (Eds.), *Self-conscious emotions: The psychology of shame, guilt, embarrassment, and pride: Empirical studies of self-conscious emotions* (pp. 439~64). New York: Guilford.

Lever, J. (1978). Sex differences in the complexity of children's play and games.

American Sociological Review, 43, 471~83.

Levin, J. S., and Vanderpool, H. Y. (1987). Is frequent religious attendance really conducive to better health?: Toward an epidemiology of religion. *Social Science and Medicine, 14,* 589~600.

London, K. A. (1991). Cohabitation, marriage, marital dissolution, and remarriage: United States, 1988. Data from National Center for Health Statistics, *National Survey of Family Growth: Vital and health statistics: Advance data.* Report 194 (January 4).

Lykken, D. T. (1994). On the causes of crime and violence: A reply to Aber and Rappaport. *Applied and Preventive Psychology, 3,* 55~58.

Manning, F. J., and Fullerton, T. D. (1988). Health and well-being in highly cohesive units of the U. S. Army. *Journal of Applied Social Psychology, 18,* 503~19.

Marini, M. M. (1990). The rise of individualism in advanced industrial societies. Paper presented at the Population Association of America annual meeting.

Mastekaasa, A. (1994). Marital status, distress, and well-being: An international comparison. *Journal of Comparative Family Studies, 25,* 183~206.

_____. (1995). Age variations in the suicide rates and self-reported subjective well-being of married and never-married persons. *Journal of Community and Applied Social Psychology, 5,* 21~39.

Maxwell, G. M. (1985). Behaviour of lovers: Measuring the closeness of relationships. *Journal of Personality and Social Psychology, 2,* 215~38.

McLanahan, S., and Casper, L. (1994). The American family in 1990: Growing diversity and inequality. Princeton University. Unpublished paper.

McLeod, E. (1982). *Women working: Prostitution today. London:* Croom Helm.

Mendolia, M., and Kleck, R. E. (1993). Effects of talking about a stressful event on arousal: Does what we talk about make a difference? *Journal of Personality and Social Psychology, 64,* 283~92.

Miller, J. B. (1986). *Toward a new psychology of women.* 2nd ed. Boston: Beacon Press.

Morris, M. W., and Peng, K. (1994). Culture and cause: American and Chinese attributions for social and physical events. *Journal of Personality and Social Psychology, 67,* 949~71.

Myers, D. G. (1993). *The pursuit of happiness.* New York: Avon.

_____. (2000). *The American paradox.* New Haven: Yale University Press.

National Academy of Sciences. (1984). *Bereavement: Reactions, consequences, and cure.* Washington, D. C.: National Academy Press.

Nelson, N. (1988). A meta-analysis of the life-event/health paradigm: The influence of social support. Ph. D. diss., Temple University.

Pennebaker, J. (1990). *Opening up: The healing power of confiding in others.* New

York: Morrow.

Pennebaker, J. W., Barger, S. D., and Tiebout, J. (1989). Disclosure of traumas and health among Holocaust survivors. *Psychosomatic Medicine, 51*, 577~89.

Pennebaker, J. W., and O'Heeron, R. C. (1984). Confiding in others and illness rate among spouses of suicide and accidental death victims. *Journal of Abnormal Psychology, 93*, 473~76.

Perkins, H. W. (1991). Religious commitment, Yuppie values, and well-being in post-collegiate life. *Review of Religious Research, 32*, 244~51.

Perlman, D., and Rook, K. S. (1987). Social support, social deficits, and the family: Toward the enhancement of well-being. In S. Oskamp (Ed.), *Family processes and problems: Social psychological aspects*. Newbury Park, Calif.: Sage.

Peris, F. S. (1973). *Ego, hunger, and aggression: The beginning of Gestalt therapy*. New York: Random House, 1969.

Pettijohn, T. F., II, and Pettijohn, T. F. (1996). Perceived happiness of college students measured by Maslow's hierarchy of needs. *Psychological Reports, 79*, 759~62.

Popenoe, D. (1993). The evolution of marriage and the problem of stepfamilies: A biosocial perspective. Paper presented at the National Symposium on Stepfamilies, Pennsylvania State University.

Putnam, R. D. (1995). Bowling alone: America's declining social capital. *Journal of Democracy, 6*, 65~78.

_____. (1996). The strange disappearance of civic America. *American Prospect* (Winter): 34~48.

Remley, A. (1988). From obedience to independence. *Psychology Today* (October): 56~59.

Robins, L., and Regier, D. (1991). *Psychiatric disorders in America*. New York: Free Press.

Rook, K. S. (1987). Social support versus companionship: Effects on life stress, loneliness, and evaluations by others. *Journal of Personality and Social Psychology, 52*, 1132~47.

Rubin, L. B. (1985). *Just friends: The role of friendship in our lives*. New York: Harper and Row.

Ruehlman, L. S., and Wolchik, S. A. (1988). Personal goals and interpersonal support and hindrance as factors in psychological distress and well-being. *Journal of Personality and Social Psychology, 55*, 293~301.

Sapadin, L. A. (1988). Friendship and gender: Perspectives of professional men and women. *Journal of Social and Personal Relationships, 5*, 387~403.

Sax, L., Astin, A. W., Korn, W. S., and Mahoney, K. M. (1995). *The American Freshman: National Norms for Fall* 1995. Washington, D. C.: American

Council on Education.

Scanzoni, J., Polonko, K., Teachman, J., and Thompson, L. (1989). *The sexual bond: Rethinking families and close relationships.* Newbury Park, Calif.: Sage.

Segrin, C., and Dillard, J. P. (1992). The interactional theory of depression: A meta−analysis of the research literature. *Journal of Social and Clinical Psychology, 11,* 43~70.

Seligman, M. E. P. (1988). Boomer blues. *Psychology Today* (October): 50~55.

_____. (1991). *Learned optimism.* New York: Knopf.

Selznick, P. A. (1992). *The moral commonwealth: Social theory and the promise of community.* Berkeley: University of California Press.

Shaver, P. R., and Hazan, C. (1993). Adult romantic attachment: Theory and evidence. In D. Perlman and W. Jones (Eds.), *Advances in personal relationships* (vol. 4). Greenwich, Conn.: JAI.

_____. (1994). Attachment. In A. L. Weber and J. H. Harvey (Eds.), *Perspectives on close relationships.* Boston: Allyn and Bacon.

Shaver, P., Hazan, C., and Bradshaw, D. (1988). Love as attachment: The integration of three behavioral systems. In R. J. Sternberg and M. L. Barnes (Eds.), *The psychology of love.* New Haven, Conn.: Yale University Press.

Sherif, M. (1966). *In common predicament: Social psychology of intergroup conflict and cooperation.* Boston: Houghton Mifflin.

Simpson, J. A., Rholes, W. S., and Nelligan, J. S. (1992). Support seeking and support giving within couples in an anxiety−provoking situation: The role of attachment styles. *Journal of Personality and Social Psychology, 62,* 434~46.

Sprecher, S. (1987). The effects of self−disclosure given and received on affection for an intimate partner and stability of the relationship. *Journal of Personality and Social Psychology, 4,* 115~27.

Sternberg, R. J., and Grajek, S. (1984). The nature of love. *Journal of Personality and Social Psychology, 47,* 312~29.

Stone, L. (1989). The road to polygamy. *New Tork Review of Books,* March 2, 12~15.

Symanski, R. (1980). Prostitution in Nevada. In E. Muga (Ed.), *Studies in prostitution.* Nairobi: Kenya Literature Bureau.

Tajfel, H. (1981). *Human groups and social categories: Studies in social psychology.* London: Cambridge University Press.

Triandis, H. C. (1994), *Culture and social behavior.* New York: McGraw−Hill.

Triandis, H. C., Bontempo, R., Villareal, M. J., Asai, M., and Lucca, N. (1988). Individualism and collectivism: Cross−cultural perspectives on self−ingroup relationships. *Journal of Personality and Social Psychology, 54,* 323~38.

Triandis, H. C., Brislin, R., and Hui, C. H. (1988). Cross−cultural training across the individualism—collectivism divide. *International Journal of Intercultural Relations, 12,* 269~89.

Triandis, H. C., McCusker, C., Betancourt, H., Iwao, S., Leung, K., Salazar, J. M., Setiadi, B., Sinha, J. B. P., Touzard, H., and Zaleski, Z. (1993). An etic—emic analysis of individualism and collectivism. *Journal of Cross-cultural Psychology, 24,* 366~83.

Van Yperen, N. W., and Buunk, B. P. (1990). A longitudinal study of equity and satisfaction in intimate relationships. *European Journal of Social Psychology, 20,* 287~309.

Veenhoven, R. (1988). The utility of happiness. *Social Indicators Research, 20,* 333~54.

Wallach, M. A., and Wallach, L. (1985). How psychology sanctions the cult of the self. *Washington Monthly* (February): 46~56.

Warr, P., and Payne, R. (1982). Experiences of strain and pleasure among British adults. *Social Science and Medicine, 16,* 1691~97.

Wheeler, L., Reis, H. T., and Bond, M. H. (1989). Collectivism—Individualism in Everyday Social Life: The Middle Kingdom and the Melting Pot. *Journal of Personality and Social Psychology, 57,* 79~86.

Wilder, D. A. (1981). Perceiving persons as a group: Categorization and intergroup relations. In D. L. Hamilton (Ed.), *Cognitive processes in stereotyping and intergroup behavior.* Hillsdale, N. J.: Erlbaum.

Williams, R. B., Barefoot, J. C., Califf, R. M., Haney, T. L., Saunders, W. B., Pryor, D. B., Hlatky, M. A., Siegler, I. C., and Mark, D. B. (1992). Prognostic importance of social and economic resources among medically treated patients with angiographically documented coronary artery disease. *Journal of the American Medical Association, 267,* 520~24.

Wood, W., Rhodes, N., and Whelan, M. (1989). Sex differences in positive well—being: A consideration of emotional style and marital status. *Psychological Bulletin, 106,* 249~64.

Yankelovich, D. (1994). The affluence affect. In H. J. Aaron, T. Mann, and T. Taylor (Eds.), *Values and public policy.* Washington, D. C.: Brookings Institution.

Zigler, E. F., and Gilman, E. P. (1990). An agenda for the 1990s: Supporting families. In D. Blankenhorn, S. Bayme, and J. B. Elshtain (Eds.), *Rebuilding the nest: A new commitment to the American family.* Milwaukee: Family Service America.

20장

웰빙과 직장

피터 워

유급 고용은 성인들 대부분의 웰빙에 상당한 영향을 미친다. 이 장에서는 고용인의 웰빙의 본질 그리고 웰빙에 영향을 미치는 직무와 사람들의 주요한 특징을 살펴보고자 한다. 여기에서 제시된 구조는 상황(맥락) 특수적인 감정(예컨대, 자신의 직업에 대한 만족도)과 상황(맥락)과 무관한 감정(예컨대, 삶의 만족도)을 구별한다. 두 가지 형태의 웰빙을 측정하기 위해서, 불쾌에서 쾌락에, 불안에서 편안함에, 우울에서 열정에 이르는 세 가지 주요한 축을 설명할 것이다. 10가지 핵심적 직무 특징은 고용인의 웰빙 축들과 관련이 있는 것으로 밝혀졌다. 안정된 성격 성향은 특성의 부정적인 감정 상태와 특성의 긍정적인 감정 상태의 측면에서도 중요하며, 연령과 성별과 같은 사회인구통계학적 특징으로서도 중요해 보인다. 재고찰한 연구 결과에 의하면, 고용인의 웰빙 향상은 직무 성과의 향상, 낮은 결근율, 고용주와 낮은 결별 확률, 넓은 재량적 업무 행동 범위 등과 밀접하게 연관되어 있는 것으로 나타났다. 그러나 웰빙은 이러한 측정치들에 미치는 하나의 영향일 뿐이다. 다른 조직적 요인과 개인적 요인도 상당한 영향을 미친다.

유급 고용은 사회의 기능과 개인의 정신 건강에 핵심적인 것이다. 대다수 성인들은 삶의 대부분을 일을 하며 보내고, 다방면에서 그리고 때로는 상충되는 여러 점들에서 일의 영향을 받는다. '일'은 어떤 면에서는 일반적으로 활동 그 자체의 즐거움 이상의 가치 있는 목표를 지향하는 활동으로 정의된다.

(일은 즐길 수 없는 것은 아니나, 일에 대한 정의에 즉각적인 즐거움은 속하지 않는다.) 일에 대한 정의는 흔히 일은 필요한 활동이며 노력이라는 비용이 수반된다는 견해를 포괄한다.

사람들은 다양한 환경에서 일한다. 제기된 많은 문제들은 가사, 자원봉사, 취미 활동 등 여러 무급 활동에도 해당되는 것이지만, 이 장에서는 유급 노동에 초점을 맞추고자 한다. 유급 노동은 흔히 '정규직'이다. 직무는 일주일에 평균 35시간에서 40시간 정도 소요되지만 출퇴근 시간을 고려하면, 평균적으로 10퍼센트 정도의 시간이 추가된다(Szalai, 1972). '시간제' 직무들은 물론 시간차가 있을 수 있지만 통계 및 조사 목적 측면에서 보면, 일반적으로 일주일에 30시간이 상한치로 간주된다.

어른이 된 이후로 남성은 전통적으로 대부분의 삶 동안 유급 고용을 추구하는 반면에 여성의 노동 시장 참여는 흔히 대략 30세 이후로 감소했다. 그러나 최근 몇 년 사이에 가족으로서의 책임 때문에 퇴직하기보다는 유급 고용직을 계속 유지하는 여성의 수가 현저하게 증가했다. 예를 들어, 전통적인 고용 연령에 있는 미국 여성들의 약 60퍼센트가 현재 경제적 활동을 하고 있다(Fullerton, 1995). 여성은 1950년에 미국 노동력의 33퍼센트에 불과했지만 오늘날에는 약 45퍼센트를 차지하고 있다. 전 유럽에 걸쳐 미국과 같은 연령대 여성의 약 50퍼센트가 경제적 활동을 하며, 노동력의 42퍼센트를 차지하고 있다(European Commission, 1996). 그리고 영국에서는 그 비율이 각각 70퍼센트와 48퍼센트나 된다. 많은 여성들은 시간제로 일한다(시간제로 일하는 여성들이 미국에 비해 유럽에 더 많다). 그리고 대부분의 여성들은 정규직보다 시간제를 선호한다. 예를 들어, 영국에서는 시간제 여성 고용인들의 약 80퍼센트가 정규직을 원하지 않는다고 보고하는데, 이는 대체로 그들이 가정 및 가족 활동 시간을 갖기를 선호한다는 사실을 나타낸다(영국 통계청, 1996).

본인의 선호로 보나 국가 차원의 복지 계획 측면 — (복지 법안은 전형적으로 정규직 노동자를 염두에 두고 고안되어 왔다) — 으로 보나 남성이 시간제로 고용될 가능성은 여성에 비해 낮다. 시간제로 일하는 대부분의 남성은 학생이거나 거의 퇴직할 나이가 된 노동자들로 노동력 연령 범위의 극단에 속한 사람들이다(Delsen, 1995).

최근 몇 년간 많은 나라에서 노인들의 노동력 참여율이 감소함에 따라, '퇴직자'로 부를 수 있는 남성의 비율이 증가했다. 그러나 많은 남성의 퇴직은 유급 고용의 완전한 중단을 의미하지는 않는다. 유급 고용의 완전한 중단은 흔히 부분적으로 일어나는 현상이며, 특히 비교적 젊은 연령대의 경우에는 더욱 그렇다. 퇴직자들의 4분의 1에서 절반에 이르는 사람들은 어느 시점에서는 정규직이나 (보다 일반적으로는) 일시적으로 혹은 간간히 시간제 일을 하게 된다(예컨대, Myers, 1991을 참조).

유럽에 비해 미국에서는 덜 일반적이기는 하지만, 다른 노동 시장을 개발하기 위해서는 비교적 단기간의 직무와 임시직으로 전환할 수밖에 없다(Delsen, 1995). 최근 몇 년 사이에 자영업도 증가했다. 부분적으로는 일부 사람들이 (예컨대, 제조업 수의 감소에 따라 해직된 경우에) 새 일자리를 찾는 데 어려움을 겪었기 때문이며, 부분적으로는 자영업이 일부 임시직이나 시간제 노동자들에게 제2의 일자리를 제공하기 때문이다. 이러한 변화와 함께, 불확실성과 빈번하게 고용주가 바뀌는 일이 점점 보편화됨에 따라, 많은 사람들의 직업 기대치가 하향 이동했다(예컨대, Hall and Mirvis, 1995를 참조).

대부분의 성인들은 유급 고용직을 얻고 높은 직무 만족도를 보고하고 싶어 하며, 실직을 피하고 싶어 하는 것이 분명하다. 반대로 어떤 개인들은 자신의 직업에서 상당한 스트레스를 경험하며, 그러한 경험은 중요한 측면에서 그들의 행동에 영향을 미칠 수 있다. 스트레스와 연관이 있는 결근에 대한 전국적인 평가는 다소 신뢰할 수 없지만, 그러한 결근이 미국 경제에 매년 수백억 달러의 비용 손실을 초래한다는 점은 일반적으로 받아들여지고 있다. 매닝과 잭슨, 푸실리에(Manning, Jackson and Fusilier, 1996)가 개인 수준에서 관찰 조사한 결과에 의하면, 상대적으로 더 많은 직장 스트레스 요인들 및 보고된 직무 스트레스는 두 회사의 의료 서비스 계획 내에서 나타나는 더 많은 지속적인 병원 치료비 및 병원 외래 환자 치료비와 상당히 연관이 있었다.

웰빙의 본질

특히 직장과 같은 특정한 영역을 조사할 때면 특정한 형태의 웰빙과 개인의 삶에 대한 비교적 일반적인 감정을 구별하는 것이 중요하다. 이 장에서 살펴볼 비교적 제한적인 형태의 주요한 관심사는 '직무 특수적' 웰빙, 즉 사람들이 자신의 직무와 관련하여 스스로에 대해 느끼는 감정이다. '상황(맥락)과 무

그림 20.1 웰빙의 2차원적 관점

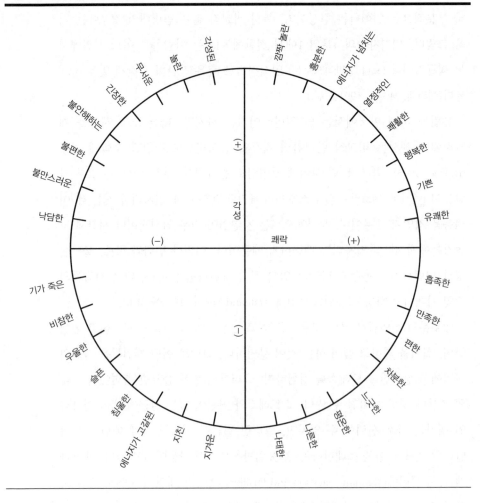

관한' 웰빙은 아주 폭넓게 초점을 맞추며, 모든 환경에서 느끼는 감정을 포괄한다. '정신 건강'이라는 비교적 폭넓은 개념 안에 두 가지 형태의 웰빙이 존재한다. 긍정적인 자존감, 능력, 열망, 자율성, 통합 기능 등과 같은 특징들도 그 개념 안에 존재한다(Warr, 1987, 1997; Compton et al., 1996).

모든 종류의 웰빙은 흔히 하나의 차원 — 대략, 나쁜 기분에서 좋은 기분에 이르는 — 으로 볼 수 있다. 물론 그러한 차원은 중요한 감정들을 포착할 수 있지만, 그림 20.1에 제시된 2차원적 구조의 관점에서 생각하는 것이 더 낫다. 이러한 구조는 '쾌락'과 '각성'이라는 라벨이 붙은 두 가지 독립적 차원의 중요성을 지적한 많은 연구들(예컨대, Matthews, Jones and Chamberlain, 1990; Thayer, 1989; Watson, Clark and Tellegen, 1988)에서 입증되었다.

우리는 한 개인의 웰빙을 (감정의 내용을 나타내는) 그 두 차원과 (먼 위치에 있을수록 더 큰 강도를 나타내는) 그 그림의 중심점으로부터의 거리와 관련한 위치의 관점에서 설명할 수 있다. 특정한 정도의 쾌락이나 불쾌는 높은 수준이나 낮은 수준의 정신적 각성을 동반할 수 있으며, 특정한 양의 정신적 각성 (때로는 '활성화'로도 언급되기도 함)은 유쾌하거나 불쾌할 수 있다.

이 구조 내에 존재하는 세 가지 주요한 측정 축이 그림 20.2에 설명되어 있다. 낮은 쾌락 감정이나 높은 쾌락 감정의 핵심적인 중요성을 고려하여, 첫 번째 축은 이 수평 차원만을 측정한다. 다른 두 축은 그림의 중심점을 통해 양 반대쪽 사분면 중앙을 대각선으로 그어서, 쾌락뿐만 아니라 정신적 각성도 고려한다. 각성 차원은 독립적으로는 웰빙을 반영하지 않는 것으로 본다. 따라서 그 양 끝점은 형용사 라벨이 없다.

따라서 직무 특수적 웰빙인지, 상황과 무관한 웰빙인지 생각해 볼 때, 우리는 세 가지 주요한 축을 고려할 수 있다(Daniels and Guppy, 1994; Lucas, Diener and Suh, 1996). 첫 번째 축은 불쾌와 쾌락 — 종종 만족이나 행복으로 조사되기도 하는 긍정의 극(極)인 — 이다. 이 첫 번째 축의 폭넓은 개념은 일반적으로 한 개인의 정신적 각성 수준을 고려하지 않고 조사되는 반면에, 다른 두 축은 정신적 각성 수준을 고려한다는 점에서 그와는 다르다. 두 번째 축은 불안에서 편안함으로 이어진다. 불안감은 낮은 쾌락과 높은 정신적 각성이 결합한 감정인 반면에 편안함은 낮은 각성 수준의 쾌락으로 설명된다. 세 번째 축은 우울에서 열정으로 이어지는 축이다. 열정과 긍정적 동기의 감정은 상단 오른쪽 사분면에 있고, 우울과 슬픔(낮은 쾌락과 낮은 정신적 각성)은 축의 반대쪽 끝에 있다. 한 개인의 특성은 당연히 쾌락 감정(수평 차원)의 핵심적인 중요성 때문에 상호 상관관계가 있는 각각의 세 축에 그 개인이 놓인 위치 측면에서 나타날 수 있다.

이러한 일반적인 상호 상관관계에도 불구하고, 세 축은 특정한 다른 변인들과 상이한 연관성을 가지고 있다. 예를 들어, 한 개인의 직무 수준은 직무 특수적 불안증과 우울증과 상이한 방식으로 연관된다. 상위 수준의 직무를 하는 사람들은 하위 수준의 직무를 하는 사람들에 비해 직무 관련 우울증을 상당히 낮게 보고했으나 직무 관련 불안증을 상당히 높게 보고했다(Birdi, Warr and Oswald, 1995; Warr, 1990b, 1992). 이러한 웰빙 패턴은 회사에 다니는 개인들에 비례하여 자영업자들 사이에서도 발견될 가능성이 높아 보인다.

그림 20.2 웰빙 측정의 세 가지 축

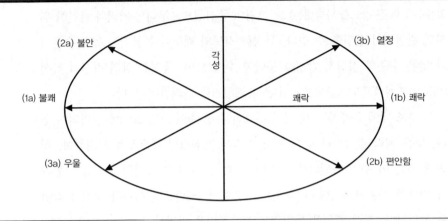

이는 정신적 각성의 차원으로 해석될 수 있다. 상위 수준의 지위에 있는 사람들 (그리고 자영업자들?)은 그림 20.2에서 보이는 양 대각선 축의 더 큰 각성을 경험한다.

브래드번(Bradburn, 1969)이 도입한 긍정적 감정과 부정적 감정의 개념은 두 번째 축과 세 번째 축과 어느 정도 유사하다. 긍정적인 감정을 측정하는 브래드번의 척도는 그림 20.2의 상단 오른쪽 사분면에 위치한 항목들('유난히 흥분한', '천하를 얻은 기분인' 등)을 포함했지만, 그는 그림에서 양 끝점 2a와 3a를 모두 반영한 것으로 보이는 항목들('당황한', '침착하지 못한', '싫증난', '우울한', '외로운')을 통해 부정적인 감정을 나타냈다. 브래드번의 측정치는 예상대로 그림 20.2의 두 축을 이용한 추후의 척도와 크게 상관관계가 있다(Watson, Clark and Tellegen, 1988).

직무 특수적 웰빙과 상황과 무관한 웰빙의 관계

한 개인의 직무 특수적 웰빙과 더 일반적인 웰빙 간의 연관성에 대해서 알려진 것은 무엇이 있는가? 축 1(쾌락)과 관련해서 그 연관성은 전반적인 직무 만족도와 삶의 만족도 측정을 통해 조사되었으며, 두 만족도의 상관관계는 평균 약 .35로 나타났다(Tait, Padgett and Baldwin, 1989). 물론 일부 중첩은 논리적으로 어느 정도 필요하다. 직무에 대한 감정 그 자체가 폭넓은 삶의 만족도의 한 구성 요인이기 때문이다.

이러한 관계에서 인과성 패턴을 파악하기 위한 연구가 진행되었다. 직무 만족은 삶의 만족의 원인인가, 아니면 삶의 만족이 직무 만족의 원인인가? (지속적인 성격 성향의 역할에 대해서는 추후 고찰할 것이다.) 저지와 와타나베(Judge and Watanabe, 1993)의 종단적 조사 결과에 의하면, 그런 인과성 패턴은 상호 영향 중 하나이지만, 삶의 만족이 직무 만족에 미치는 영향은 직무 만족이 삶의 만족에 영향을 미치는 영향보다 더 컸다(Judge and Locke, 1992 또한 참조). 개인의 전체적인 웰빙은 그 사람의 직무 특수적 웰빙에 강한 영향을 미치며, 직무 웰빙 또한 일반적인 감정에 영향을 미친다.

연구자들은 이러한 중첩을 직무에서 가정으로의 '전이'와 가정에서 직무로의 '전이'의 관점에서 조사했다. 예를 들어, 남성 고용인들에 대한 한 연구에서 피오트르코브스키(Piotrkowski, 1978)는 긍정적인 전이의 사례로, 자기 일을 즐기며 근무일에 자기 향상의 감정을 경험하는 남편들을 기술했다. 그들은 밝은 모습으로 가정으로 돌아왔고, 정서적으로나 대인 관계의 면에서나 가족들에게 도움이 되었다. 반면에 어떤 남편들은 하루 일과 후에 피곤에 지치고 짜증을 내고, 정서적으로 무반응을 보였다. 그리고 가족 구성원들은 그런 그들을 가사 활동이나 사회 활동에 참여시키는 데 애를 먹었다. 이와 반대의 관점을 취한 크루터(Crouter, 1984)는 특히 가정에서 일로의 전이에 초점을 맞추었다. 그녀는 가정 경험의 긍정적 영향과 부정적인 영향이 모두 보편적인 현상이라는 사실을 제시했다. 특히 어린 자녀의 어머니들에게 그 영향은 한층 더 보편적인 현상이었다. 프론과 야들리, 마르켈(Frone, Yardley and Markel, 1997)이 제시한 모델은 일과 가정생활의 상호 관계를 강조했다.

직무 특수적 웰빙과 상황과 무관한 웰빙 간의 관계는 전체적으로 긍정적이고 상호적인 연관성의 구조 내에서 개인과 상황에 따라 다를 수 있다. 예를 들어, 바문도와 코펠만(Bamundo and Kopelman, 1980)의 연구 결과에 의하면, 그 연관성은 고소득자와 고등교육을 받은 자, 자영업자에게서 더 강한 것으로 나타났다. 그리고 톰슨과 코펠만, 슈리스하임(Thompson, Kopelman and Schriesheim, 1992)은 자영업자와 회사 직원을 상대로 한 연구에서 똑같은 결과를 얻었다. 40년 동안 보고된 연구 결과들을 조사한 타이트와 동료들(Tait et al., 1989)은 남녀 차이를 조사했다. 1974년 이전에는 여성의 직무 만족도와 삶의 만족도의 상관관계가 상당히 낮았으나(.16), 그 이후로는 남성의 직무 만족도와 삶의 만족도의 상관관계 수준(.31)으로 높아졌다. 이와 같은 증가는 최근 몇 년 사이에 여성의 중심적 역할이나 유급 고용 비율이 높아졌기 때문일 수 있다.

한편, (남성과 여성 통틀어) 유급 노동에서 차지하는 개인적 관여도가 상대적으로 높거나 낮은 고용인들 간에 일반적인 차이가 있을 수 있다. 이러한 차이의 가능성을 연구한 스타이너와 트루실로(Steiner and Truxillo, 1989)는 직무 만족도 측정치와 삶의 만족도 측정치의 상호 상관관계가 다른 사람들에 비해 상대적으로 높은 직무 관여도를 가진 사람들 사이에서 더 강하게 나타날 것이라고 가정하고, 실제로 그 사실을 밝혔다.

직무 만족도 구성 요인들

수천 건의 연구 조사들은 사람들이 자신들의 직무에 만족하는 정도(그림 20.2 축 1의 직무 특수적 형태)의 본질을 조사했다. 어떤 경우, 특히 전국적인 조사에서, "당신은 자신의 직무에 대체로 얼마나 만족하는지 말해 줄 수 있습니까?"와 같은 단일 질문이 제시되었다. 그러나 대부분의 연구 설정에서는 좀 더 신뢰할 수 있는 평가를 얻기 위해서 다중 항목 질문지를 사용했다.

직무 특수적 만족도의 초점이 상황과 무관한 만족도의 초점보다 좁은 만큼, 우리는 직무 만족도 자체 내에서 여러 수준의 특수성을 밝힐 수 있을 것이다. 가장 일반적인 구성 요인은 '전체적인 직무 만족도', 즉 한 개인이 자신의 직무를 전체적으로 만족하는 정도이다. 초점을 더 좁힌 '측면 특수적' 만족도는 임금, 동료, 감독자, 근무 조건, 직무 안전성, 승진 전망, 회사, 맡은 업무의 성격 등과 같은 직무의 상이한 측면들에서 비롯된다. 상이한 측면 특수적 만족도들은 상호 정적인 상관관계를 보이는 경향이 있으며, 한 요인(맡은 업무의 성격)에 대한 만족도는 다른 측면 특수적 만족도들 및 전체적인 직무 만족도와 유독 밀접한 연관성이 있다.

중간 수준의 추상성은 '내적인' 만족도와 '외적인' 만족도의 구분점이다. '내적인' 직무 만족도는 업무 자체의 수행에 내재된 특징, 즉 개인적 통제력이나, 기술의 활용, 업무 다양성 등의 기회에 대한 만족을 망라한다. '외적인' 직무 만족도는 업무 활동 자체의 배경을 이루는 직무 측면, 즉 임금, 근무 조건, 직무 안정성, 산업 관련 절차 등에 대한 만족에 관한 것이다. 내적인 만족도 점수와 외적인 만족도 점수는 상호 정적인 상관관계를 보이지만, 때로는 두 만족도 점수를 개념적으로 구분하는 것이 중요하다. 이에 대해서는 차후 설명할 것이다.

직무 스트레스와 직무 관련 탈진(번아웃)

그림 20.2의 세 축은 개념적으로나 기능상으로나 구분이 가능하지만, 일부 연구자들은 두 개 축 이상의 요소들을 조합해 웰빙의 전체적인 측정치를 산출했다. 예를 들어, 많은 연구들은 (일반적으로 직무 환경의 '스트레스 요인'이라고 하는) 특정한 직무 특성에서 발생하는 스트레스에 대한 감정을 조사했다. 스트레스는 흔히 그림 20.2(불안과 우울 모두)에서 2a 끝점과 3a 끝점으로 인식되는 두 부정적 형태의 웰빙을 조합한 일반화된 고통(직무 특수적 혹은 상황과 무관한 고통) 측면에서 측정된다. 소수의 스트레스 연구들은(보고된 불면증과 두통, 기타 유사한 장애 측면에서의) 심신(心神) 증상이나, 심박동수와 혈압, 카테콜아민 수치와 같은 생리적 변인들(예컨대, Kahn and Byosiere, 1992)도 조사했다.

한 특별한 유형의 직무 스트레스는 직무 관련 '탈진'(Maslach and Jackson, 1981)의 개념 내에서 연구되어 왔다. 탈진은 다른 업무 영역에서도 발생할 수 있지만, 특히 고객과의 긴밀한 상호작용에 관여하는, 남을 돕는 직업의 노동자들에게서 유해 반응으로 간주되어 왔다(Cordes and Dougherty, 1993을 참조).

탈진에는 일반적으로 정서 고갈과(다른 사람들과의 거리감이 느껴지는) 몰개성화, 개인적 성취감의 감소라는 명칭이 붙은 세 가지 직무 특수적 차원이 있다. 주요한 구성 요인인 정서 고갈에 대한 측정 내용은 탈진을 (긴장감, 소모감, 피로감, 고역 느낌 등을 망라하는) 직무 관련 스트레스의 한 예로 명확하게 정의한다. 탈진과 스트레스에 대한 연구는 이 장의 뒷부분에서 설명할 것이다.

웰빙의 환경적 결정 요인

많은 연구들은 한 개인의 근무 환경의 특수한 측면과 직무 특수적 웰빙 ─ 보통 상황과 무관한 웰빙보다는 ─ 의 관계를 조사해 왔다. 다른 연구자들은 상이한 직무의 특성들을 조사했고, 워(Warr, 1987, 1994)에 의해 제시된 분류는 모든 주요한 요인들을 포괄하고자 한다.[1] 다음 목록은 제시된 업무(일)의 주요한 특성을 인용한 것이다. (항목 8은 최근에 추가되었다). 각 특성의 주요한 명칭은 고용 관련 문헌에서 일반적으로 사용되는 다른 용어들을 동반한다. 직무들은 제각각 특성의 정도 면에서 다르며, 이러한 편차는 직무 관련 웰빙의 차이를 야기한다.

1. 개인 통제력의 기회: 고용인의 재량권, 결정 허용 범위, 자율성, 철저한 감독의 부재, 자기 결정, 의사 결정 참여, 선택의 자유.
2. 기술 사용의 기회: 기술 활용, 가치 있는 능력의 활용, 필요한 기술.
3. 외적으로 발생한 목표: 직무 요구, 업무 요구, 양적 또는 질적 작업량, 주의력 요구, 자원 관련 요구, 역할 책임, 상충되는 요구들, 역할 갈등, 일과 가정의 갈등, 규범적 요건.
4. 다양성: 직무 내용 및 장소의 변화, 비반복적인 업무, 기술의 다양성, 업무의 다양성.
5. 환경 명확성: 행동의 결과에 대한 정보, 업무 피드백, 미래에 대한 정보, 직무 미래의 모호성 부재, 직무 불안정성의 부재, 필요한 행동에 대한 정보, 낮은 역할 모호성.
6. 돈의 유용성: 소득 수준, 보수, 재원.
7. 물리적 안전성: 위험 부재, 좋은 근무 조건, 인체 공학적으로 적합한 장비, 안전한 수준의 온도와 소음.
8. 지원적 감독: 리더의 배려, 상사의 지원, 지원적 관리, 효과적인 리더십.
9. 개인 간 접촉의 기회: 상호 작용의 양, 다른 사람들과의 접촉, 사회적 밀도, 충분한 프라이버시, 상호 작용의 질, 다른 사람들과의 좋은 관계, 사회적 지원, 훌륭한 의사소통.
10. 가치 있는 사회적 지위: 사회에서의 직위에 대한 광범위한 평가, 사회적 계급, 직업적 위신, 회사 내 지위나 직무 중요성에 대한 더 국부적인 평가, 업무 중요성에 대한 개인적인 평가, 가치 있는 역할 직무, 다른 사람들에게 기여한 공헌, 직무의 의미성, 직무에 대한 자존감.

---

1 (지은이) 이 분류는 폭넓은 범위의 고용과 비고용 환경을 포괄하고자 개발되었다. 이 장은 고용에 초점을 맞추고 있다.

직무 특성과 직무 특수적 웰빙

이 열 가지 각각의 특성 내의 변인들은 그림 20.2에서 설명한 직무 특수적 웰빙의 세 축과 크게 관련이 있는 것으로 나타났다. 상대적으로 높은 직무 특성 값은 적어도 그 특성의 중간 수준까지 상대적으로 더 큰 직무 특수적 웰빙을 동반한다. 항목 3(과부하를 산출하는 외적으로 발생한 목표)의 중간 수준을 초과한 증가는 낮은 웰빙과 관련이 있지만, 다른 특성들에서도 그러한 곡선 패턴이 존재하는지의 여부는 여전히 논쟁 중이다(후반부의 논의를 참조). 워(1987)는 이러한 특성들의 중요성을 입증한 수십 가지 경험적 연구를 요약했으며, 이후에 밝혀진 증거는 이 장의 부록에 인용된 출판물에 설명되어 있다.

어떤 직무 특성은 다른 직무 특성들에 비해 한 형태의 웰빙을 더 잘 예측한다. 예를 들어, 매우 높은 수준의 직무 요구(항목 3)는 제3축(우울-열정)의 낮은 직무 특수적 웰빙보다 제2축(불안-편안함)의 낮은 직무 특수적 웰빙과 더 강하게 연관되어 있다. 그러나 매우 낮은 개인 통제력의 기회(항목 1)는 반대 양상을 보인다(Warr, 1990a). 직무 요구와 직무 특수적 불안에 대한 통제력의 기회(축 2)와 전체적인 직무 만족도(축 1)의 상관관계에서도 차별화된 패턴이 나타났다. 결국 요구는 불안과 더 관련이 있으며, 통제력의 기회는 만족과 더 상관관계가 있는 것으로 나타났다(Spector and O'Connell, 1994). 세바스토스와 스미스, 코더리(Sevastos, Smith and Cordery, 1992)의 보고에 의하면, 항목 1, 2, 4, 5, 10은 '직무 관련 불안 — 편안함'보다는 '직무 관련 우울 — 열정'과 더 강한 연관성이 있다. 반대로 직무 요구는 사회적 지원과 팀 응집력에 비해 직무 관련 탈진의 정서적 고갈 요인과 더 관련이 있다(Lee and Ashforth, 1996).

대부분의 연구들은 단면적 연구로, 단일 시점에서 직무 특성과 웰빙을 서로 관련시키지만, 직무 조건의 변화가 웰빙의 변화를 초래한다는 연구 결과를 보여주는 종단적 연구는 인과적 해석을 뒷받침해 왔다. 예를 들어 마틴과 월(Martin and Wall, 1989)은 상이한 요구 수준을 가진 역할들 사이를 이동하는 기계 조작자들에 대한 연구를 통해, 직무 관련 불안증과 우울증의 예측된 변화를 발견했다. 캠피언과 매클리랜드(Campion and McClelland, 1993)의 연구 결과에 의하면, 사무직 종사자의 직무가 기술 활용과 지식 요구를 높이는 방향으로 확대된 이후에 전체적인 직무 만족이 크게 증가하였다.

열 가지 직무 특성이 다양하게 결합해서 노동자의 웰빙에 영향을 미치는 것은 분명한 사실이다. 예를 들어, 캠피언과 매클리랜드(1993)가 사용한 직무 내용 총 측정치는 전체 직무 만족도와 .63의 상관관계를 보였다. 그럼 그러한 직무 특성들은 어떻게 결합할까? 부가적인 방식으로 결합할까, 아니면 상승 효과를 만들어 낼까? 직무 요구와 개인 통제력(각각 항목 3과 1)과 같은 특성이 상승효과를 내는 상호작용 결합을 통해서 고용인의 웰빙과 연관성을 가진다는 제안이 있어 왔다(예컨대, Karasek, 1979를 참조). 매우 높은 요구에 더해 통제력의 기회가 매우 낮은 직무는 특히 유해한 직무로 알려져 있다. 상호작용 견해에 따르면, 그 두 항목의 결합은 추가적 결합에서 예상되는 것보다 훨씬 더 해롭다. 비록 몇몇 연구가 그러한 상호작용을 관찰했지만(예컨대, Wall et al., 1996을 참조), 일반적인 경험적 연구 결과는 단순히 추가적인 것에 관한 것이다(예컨대, Agho, Mueller and Price, 1993; Kasl, 1996; Warr, 1990a를 참조). 몇몇 주요한 직무 특성 값이 낮은 직무는 실제로 매우 낮은 직무 특수적 웰빙과 관련이 있지만, 그것은 과도한 추가 과정에서 기인한 것이 아니라 선형적 혼합 효과에서 기인한 것으로 보인다.

단일 연합의 구체적인 패턴은 어떤 모습일까? 대부분의 연구자들은 직무의 특성과 웰빙 간의 선형적 상관관계만을 조사했다. 그럼에도 하나의 특성이 (너무 적은 경우뿐만 아니라) 너무 많은 경우도 흔히 바람직하지 않은 것으로 예상된다(Warr, 1987). 외적으로 발생한 목표(항목 3)의 경우도 그 경향은 분명하다. 결국 저부하와 과부하 모두 낮은 웰빙과 관련이 있는 것으로 밝혀졌다. 또한 다른 몇몇의 경우, 매우 높은 수준의 한 특성은 적절한 수준에서 개인에게 유력한 이익의 기회를 제공하기보다는 불쾌하게 강압적인 양상으로 변할 가능성이 있다. 이러한 특성은 개인의 통제력의 기회(항목 1), 기술 사용의 기회(항목 2), 다양성(항목 4), 환경 명확성(항목 5), 개인 간 접촉의 기회(항목 9)이다. 이 모든 특성들은 '좋은 것을 너무 많이 지니고 있을' 가능성이 있다. 마찬가지로, 매우 높은 수준의 한 특성은 그 자체가 바람직하지 않은 다른 특징들과 관련이 있을 수 있다. 예를 들어, 관리자들의 지속적인 높은 통제력의 기회(항목 1) 역시 가혹한 과부하(항목 3)를 초래하는 경향이 있다.

그처럼 직무 특성과 웰빙 간의 비선형적 연관성에 대한 증거가 있지만, 지금까지는 다소 제한적이다. 카라섹(Karasek, 1979), 워(Warr, 1990a), 그리고 드 종과 쇼펠리(De Jonge and Schaufeli, 1998)는 직무 요구의 현저한 곡선 경향을 입증했다. 즉, 직무 특수적 웰빙 점수는 직무 요구가 가장 적을 때 낮았고 직무 요구가 중간 수준일 때 (단면적으로) 높아진 다음, 직무 요구가 유난히 높은 수준일 때 다시 떨어졌다. 버거(Burger, 1998)는 실험 상황에서, 드 종과 쇼펠리(1998)는 고용인들 사이에서 개인 통제력 기회의 동일한 패턴을 관찰했다. 또한 세와 존스(Xie and Johns, 1995)는 직무 관련 정서 고갈에 대한 고용인들의 감정과 관련해, 직무 특성 1, 2, 4, 5, 10의 일반적인 측정치의 경우에서 곡선 경향을 발견했다.

웰빙의 모든 종류의 환경적 원천에 대한 연구는 일반적인 불확실성에 직면해 있다. 환경적 특성을 표적 인물이 정의해야 할까, 아니면, 어떤 독립적인 방법으로 정의해야 할까? 직무 특성에 대한 대부분의 연구는 웰빙에 대한 연구 대상인 개인들의 평가에서 얻었다. 엄밀히 말하면, 연구는 일반적으로 '자기보고된' 직무 특징들을 언급하는 것이다. 표적 인물들의 직무 특성에 대한 인식에 의존하는 것은 그 특성과 그들의 웰빙의 상관관계를 부풀릴 가능성이 있다. 예컨대, 한 개인의 웰빙은 그 사람이 직무를 어떻게 바라보느냐에 영향을 미칠 수 있기 때문이다. 마티외와 호프만, 파(Mathieu, Hofmann and Farr, 1993)는 대안적인 구조적 모델들을 검토하는 과정에서 그러한 역효과를 입증했다. 그 모델의 분석은 직무 만족에 영향을 미치기도 하고 직무 만족으로부터 영향을 받기도 하는 직무 지각을 갖춘 상호 패턴을 지적했다.

웰빙을 조사받지 않은 사람들의 평가를 통해 직무 특성에 대한 독립적인 측정치를 얻는 것이 바람직한 접근으로 보일 수도 있다. 직무 특성에 대한 자기 평가와 기타 평가들을 모두 사용한 연구들이 밝힌 사실에 의하면, 두 가지 유형의 평가가 사실상 상호 상관관계가 있으며, 유사한 패턴을 보이는 웰빙 점수와의 연관성을 산출하지만, 웰빙의 다른 평가들과의 연관성은 웰빙의 자기 평가와의 연관성보다는 더 작다(Melamed et al., 1995; Spector, Dwyer and Jex, 1988; Spector and Jex, 1991; Warr, 1987, 110~111; Xie and Johns, 1995). 그러나 다른 사람들이 내리는 직무에 대한 판단이 반드시 타당하거나 적절하지는 않다. 다른 평가자들은 종종 관찰 시간의 제약을 받고, 직무의 핵심적인 요소들을 이해하지 못할 수도 있다. 또한 다른 평가자들은 항상 서로 일치된 견해를 보이지도 않는다. 일부 연구들은 특정한 개인들의 특정한 직무보다는 직책을 평가했다. 이러한 직책의 일반적인 특성은 각각의 노동자들이 경험하는 직무와는 매우 다를 수 있다.

또한, 표적 인물의 지각을 통한 '현실' 측정을 지지하는 이론적 입장이 있다. 웰빙에 영향을 미칠 것으로 예상되는 것은 특정한 직무 특성에 대한 개인적 의미이며, 그 개인적 의미는 동일한 직무를 맡은 사람들 간에 다를 수 있다는 것이다. 예를 들어, 두 개인은 동일한 환경의 상이한 측면에 적응한 탓에 직무의 통제력 기회나 기술 사용의 기회를 서로 상이하게 지각할 수 있다. 직무 내용에 대한 자기보고가 (상호작용 효과 때문에) 고용인의 웰빙과 직무 내용의 상관관계 크기를 증가시키지만, 자기 평가는 특정한 값을 갖는 것으로 보인다. 반대로 다른 사람들의 직무 특성들에 대한 평가는 판단 편향의 영향을 줄일 수 있지만, (일반적인 직무에 대한 평가자들의 불완전한 정보와 개별적인 직무를 맡고 있는 사람들이 생각하는 개인적 의미에 대한 평가자들의 불완전 정보 때문에) 직무 특성들 간의 상관관계를 과소평가할 수 있다.

이러한 측정 문제에 관계없이 열 가지 핵심적인 직무 특성이 고용인의 웰빙에 영향을 미칠 수 있다는 것은 분명한 사실이다. 물론 그 영향은 절대적 수준의 직무 특성에서 비롯되지만, 웰빙은 부분적으로 상대적인 판단에 의해 결정될 가능성이 높다. 모든 종류의 감정과 태도는 일정 부분 사회적 비교 과정에 기초하기 때문에 평가는 자신의 환경 내 절대적인 수준의 특성으로부터 영향을 받을 뿐만 아니라 다른 사람들의 상황과 보상에 대한 지각의 영향을 받는다(Schwarz and Strack, 이 책). 예를 들어, 규범적 평가는 흔히 특정한 상황에서 어떤 감정이 '합리적'인지에 대한 사회적으로 구성된 관점에 기초한다. 또한 자신과 비슷한 직무에 종사하는 다른 사람들이 훨씬 더 가능성이 높은 특정한 종류의 기회를 보고한다면, 상대적 박탈감의 경험은 절대적 수준에 관계없이 직무 만족을 해칠 수 있다.

이 아이디어는 매우 그럴듯하지만, 개인 특수적 비교 수준의 측정은 일반적으로 행해질 수 없기 때문에 체계적으로 입증하기가 어렵다. 소득 수준(항목 6)과 관련해서, 발전이 이루어졌다. 특정한 개인의 속성과 직무 속성과 관련된 평균 모집단 값의 측면에서 각 개인별 적절한 비교 수준을 생성할 수 있다. 클라크와 오즈월드(Clark and Oswald, 1996)는 이러한 비교 수준(각 개인의 직무와 인구통계학적 특징상에서 계량 경제학적으로 예측된 '현 통상 소득')은 (실제 소득을 통제했음에도 불구하고) 예측된 전체적인 직무 만족 수준에 상당히 부정적인 영향을 미친다는 것을 입증했다. 자신의 소득이 '사회적 관행에 못 미칠수록', 실제 소득에 관계없이 직무에 대한 만족감은 떨어진다. 다른 직무 특징들에 대해서도 비슷한 패턴이 예상되지만 아직까지 그 패턴을 볼 수 없었다.

직무 특성과 상황과 무관한 웰빙

직장 밖에서 일이 폭넓게 미치는 영향은 어떠할까? 직무 특성은 상황과 무관한 웰빙에 영향을 미칠까? (직무 내용의 영향을 받는 것으로 알려져 있는) 직무 만족과 생활 만족 간에 일찍이 보고된 강한 상관관계는 직무 특성이 상황과 무관한 웰빙에 영향을 미친다는 것을 암시하며, 일부 연구는 특정한 직무 특성과 상황과 무관한 웰빙 간의 연관성을 조사했다. 예를 들어, 그러한 종류의 중요한 연관성은 아델만(Adelmann, 1987)(일반적인 행복의 경우), 채이(Chay, 1993)(상황과 무관한 고통의 경우), 두리와 루크, 카탈라노(Dooley, Rook and Catalano, 1987)(상황과 무관한 고통의 경우), 칼리모와 부오리(Kalimo and Vuori, 1991)(상황과 무관한 고통의 경우), 로스코코와 슈피체(Loscocco and Spitze, 1990)(일반적인 행복과, 상황과 무관한 고통의 경우), 로우와 노스컷(Lowe and Northcutt, 1988)(상황과 무관한 고통의 경우), 멜라메드와 동료들(Melamed et al., 1995)(상황과 무관한 고통의 경우), 파라슈라만과 푸로히트, 고드쇼크(Parasuraman, Purohit and Godshalk, 1996)(전체적 생활 스트레스의 경우), 푸글리에시(Pugliesi, 1995)(활동적 유형의 행복의 경우), 록스버러(Roxburgh, 1996)(상황과 무관한 고통의 경우)에 의해서 증명되었다. 그리고 인과적 해석은 직무 간 이동을 하는 고용인들에 대한 종단적 연구를 통해 입증된다. 상황과 무관한 웰빙의 변화는 바넷과 동료들(Barnett et al., 1995)(상황과 무관한 불안증과 우울증을 결합한 측정치의 경우), 카라섹(1979)(상황과 무관한 우울증의 경우), 그리고 마틴과 월(Martin and Wall, 1989)(상황과 무관한 일반적인 고통의 경우)에 의해 보고되었다.

직무 특성과 상황과 무관한 웰빙의 연관성은 직접적인 것일까, 아니면 간접적인 것일까? 직무 특징들이 직무 특수적 웰빙 및 상황과 무관한 웰빙에 직접적인 영향을 미칠 수 있거나, 직무가 직무 특수적 감정에만 직접적인 영향을 미칠 수 있다. 직무 특수적 감정은 이후에 더 폭넓은 웰빙으로 확산될 수 있다. 앞서의 질문은 통계적 경로 분석 기법을 통해 다뤄졌으며, 그 주요한 경로는 직무 웰빙 자체를 통해서인 것으로 보인다(Kelloway and Barling,

20장
·
849

1991; Pugliesi, 1995). 직무가 더 폭넓은 유형의 웰빙에 미치는 영향은 주로 간접적이며, 그것이 직무 특수적 웰빙에 미치는 영향에 의해 매개된다. 이러한 매개 과정과 관련한 연구 결과에 의하면, 상황과 무관한 웰빙보다는 직무 특수적 웰빙에 직무 특성이 미치는 영향이 더 크다. 당연한 일이지만, 상황과 무관한 웰빙은 가족 관계나 신체적 건강과 같은 한 개인의 삶의 다른 영역으로부터도 영향을 받을 수 있다.

직무와 비직무 특성은 일과 가족의 갈등(특정한 유형의 요구들 — 현재 구조에서 항목 3)에 대한 연구에서 함께 조사되었다. 연구 결과에 따르면, 일의 역할과 가족의 역할의 요구를 충족시키는 데 겪는 어려움은 직무 특수적 웰빙과, 상황과 무관한 웰빙의 여러 측면들에서 받는 낮은 점수와 연관이 있음이 일관되게 확인되었다(Frone et al., 1997; Rice, Frone and McFarlin, 1992). 부정적인 영향은 남녀 모두에게 유사하게 나타나는 것으로 보인다(Frone, Russell and Barnes, 1996; Frone, Russell and Cooper, 1992). 사람들이 시간 할당 통제, 육아 편성 등을 할 수 있는 기회가 있다면 그 부정적인 영향은 감소할 것으로 보인다(Thomas and Ganster, 1995). 상대적으로 직무 관여도가 높은 고용인들이 일과 가족의 갈등을 더 심하게 경험한다(Adams, King and King, 1996).

고용인의 웰빙 및 그 결정 요인 모델

지금까지 개략적으로 설명한 연구 결과의 패턴은 그림 20.3에 나타낸 도식적 모델의 관점에서 볼 수 있다. 중앙에는 직무 특수적 웰빙 및 상황과 무관한 웰빙의 세 축을 포함하고 있는 두 개의 박스가 있다. 이 박스들 사이의 양방향 수평 화살표는 앞서 확인한 양방향 인과 관계를 나타낸다. 직장에서의 감정과 직장 밖에서의 감정은 상호적으로 서로에게 영향을 미친다. 그림의 상단에는 직무 환경과 비직무 환경의 특성을 나타내는 두 박스가 있다. 두 개의 하향 화살표는 이러한 두 환경이 직무 특수적 웰빙과, 상황과 무관한 웰빙에 영향을 미친다는 점을 시사한다. 두 환경은 자체 영역에서 직접적으로 영향을 미칠 뿐만 아니라, 중앙의 두 박스 사이의 수평 화살표에서 볼 수 있듯이 다른 유형의 웰빙에도 간접적으로 영향을 미친다.

하지만 환경은 한 개인의 감정의 여러 원천들 중 하나일 뿐이다. 웰빙에 영

그림 20.3 고용인의 웰빙 및 그 결정요인 모델

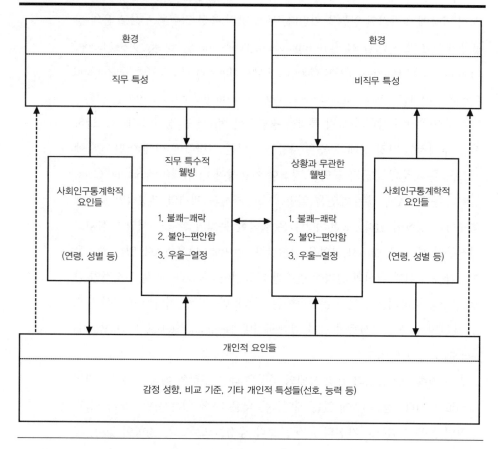

향을 줄 수 있는 특정한 개인적 요인들, 즉 감정 성향, 비교 기준, 기타 개인
의 특성들도 이 모델에 반드시 포함시킬 필요가 있다(그림 20.3의 맨 아래 박스
를 참조). 모델이 제시하는 바에 의하면, (그림의 양 측면에 있는) 사회인구통계
학적인 특성은 환경적 요인과 개인적 요인 모두에 영향을 미치며, 그러한 요
인들을 통해서 웰빙과 관련이 있을 수 있다.

웰빙의 개인적 결정 요인

(그림 20.3의 맨 아래에 있는) 두 가지 주요한 감정 성향은 부정적 감정 상태
(negative affectivity: NA)와 긍정적 감정 상태(positive affectivity: PA)로 기술되
어 왔다. 이러한 성격 특성들은 한 자아에 대한 정서 양식과 감정의 보편적

인 개인차를 반영하며, 둘 다 환경에서 나타나는 특성들과 사건들에 대한 정서적 반응에 일반적인 영향을 미친다. 두 성향의 측정 점수들은 서로 음의 상관관계(평균 약 −.25)를 지닌다(Cropanzano, James and Konovsky, 1993; Elliott, Chartrand and Harkins, 1994; George, 1989; Munz et al., 1996; Watson and Pennebaker, 1989; Wastson and Slack, 1993; Watson and Walker, 1996).

부정적인 감정 상태의 성격 특성은 광범위한 혐오적인 정서 상태를 포괄하므로 부정적인 감정 상태가 높은 사람들은 다른 사람들에 비해 어떤 상황에서도 높은 수준의 고통과 불만을 경험할 가능성이 더 높다(Waston and Clark, 1984). 높은 NA에 있는 개인은 일반적으로 자신과 세계의 부정적인 측면에 집중하는 경향이 있다. 그런 개인들은 절박한 문제의 환경을 세밀히 살피고 자신들이 본 것에 대해서 불안을 경험한다. 반면에, 낮은 NA에 있는 개인은 안전감을 느끼고 자신의 환경에 만족할 가능성이 더 높다. 높은 부정적인 감정 상태를 나타내는 질문지 문항들에는 신경과민, 걱정, 지나친 예민성 등으로 표현되는 자기 묘사들이 담겨 있다(예컨대, Levin and Stokes, 1989; Watson and Slack, 1993을 참조).

반면 지속적인 긍정적 감정 상태의 특성은 높은 수준의 에너지, 흥분, 열정 상태로 보인다. 높은 PA에 있는 개인들은 낮은 PA에 있는 사람들보다 더 적극적인 삶을 영위하고 자신의 환경을 보다 긍정적으로 보는 경향이 있다. 긍정적 감정 상태를 이용하기 위한 질문지 항목은 한 개인이 행복, 열정, 에너지 상승, 삶에 대한 관심 등을 느끼는 경향을 포괄한다.

일반적으로 성격 '특성'은 개인이 특성 관련 상황에 있을 때 그 사람의 '상태'에 반영될 수 있다. 한 시점에서 경험하는 웰빙은 한 형태의 '상태'이며, 그림 20.2의 두 번째 웰빙 축과 세 번째 웰빙 축은 각각 부정적 감정 상태 특성과 긍정적 감정 상태 특성에 대한 실질적 상태 측정치상에 있다. 구성 개념의 내용은 특성과 상태 사이에서 동일하게 유지되지만 시간 구조는 다르다. 다시 말해, 우리는 NA 특성이 높은 사람들이 노동 상황에 있을 때 다른 사람들에 비해 더 불안한 상태에 있을 것으로(즉, 그림 20.1의 축 2에서 상대적으로 낮은 직무 특수적 웰빙을 나타낼 것으로) 기대할 것이며, 높은 PA에 있는 개인들은 축 3에서 높은 직무 관련 점수를 보일 가능성이 높을 것이라고 기대할 것이다. 연구 결과들은 이러한 특성과 상태에 대한 기대를 입증할까?

감정 성향과 직무 특수적 웰빙

직무 특수적 웰빙에 대한 첫 번째 연구를 고려해 보자. 부정적 감정 상태 특성이 2축(불안-편안함)의 낮은 직무 웰빙을 유의미하게 예측할 수 있는 것이 분명하다. 예를 들어, 브리프와 동료들(Brief et al., 1988)의 연구 결과에 의하면, NA 특성과 지난주 직장에서 겪은 부정적인 감정 측정치 간에 .57의 상관관계가 있었다. 그리고 조지(George, 1989)의 연구 결과에 의하면, 보다 포괄적인 성격 측정치와의 상관관계를 조사했을 때는 .34 값이 나타났다. 엘리엇과 차트랜드, 하킨스(Elliott, Chartrand and Harkins, 1994)는 NA 특성과 최근 직장에서의 정서적 고통에 대한 보고 간의 상관관계를 조사하여 .45의 중앙값을 얻었다.

긍정적인 감정 상태와 직무 관련 웰빙의 3축(우울증-열정)에 대한 연구들 또한 PA 특성이 직무 환경에서 갖게 되는 긍정적 유형의 단기 감정과 유의미하게 관련이 있다는 사실을 보여준다(예컨대 George, 1989를 참조). 그러나 특성과 상태 사이의 연관성은 해당 웰빙 축(20.2의 축 2나 축 3)에 한정된다. 예를 들어, 조지(1989)의 연구 결과에 의하면, 2축(관련 축, 불안-편안함)의 NA 특성과 직무 웰빙의 상관관계는 .34이지만, 3축(우울-열정)의 경우는 그 상관계수가 -.03에 불과했다.

이러한 성향 측정 함수로 사람들의 전체적인 직무 만족도(축 1)를 조사한 몇 가지 연구가 있었다. 그림 20.2에서 수평축의 중간 위치를 유지할 때, 이러한 형태의 직무 특수적 웰빙은 PA 특성과 어느 정도 양의 상관관계를 가지며, 부정적인 감정 상태와 어느 정도 음의 상관관계를 가질 것으로 예상된다. 실제로 긍정적인 감정 상태에 대한 다섯 가지 연구에서 중앙값은 .33이고, 부정적인 감정 상태에 대한 아홉 가지 연구에서 중앙값은 -.26이다(Agho et al., 1993; Brief et al., 1988; Chen and Spector, 1991; Cropanzano et al., 1993; Jex and Spector, 1996; Levin and Stokes, 1989; Munz et al., 1996; Schaubroeck, Ganster and Fox, 1992; Watson and Slack, 1993; Williams, Gavin and Williams, 1996). 그러나 이 연관성의 강도는 내적인 만족도와 외적인 만족도 간에 차이가 있다. 특정한 측면 만족도 연구에서 PA 특성과 NA 특성은 급여(PA와 NA의 경우 각각 .16과 -12의 중앙값), 승진(.22와 -.14의 중앙값), 감독(.14와 -.20의 중앙값), 또는 동료들(.08과 -.21의 중앙값)에 대한 (외적) 만족도에 비해 맡은 업무의 성격에 대한 (내적) 만족도와 더 높은 연관성(각각 .36과 -.28의 중앙값)이 있는 것으로 나타났다(Judge and Locke, 1993; Necowitz and Roznowski, 1994; Schaubroeck, Ganster and Kemmerer, 1996; Waston and Slack, 1993). 이러한 차이는 외적인 형태의 만족에 비해 내적인 형태의 만족이 전체적인 직무 만족과 더 밀접하게 연관되어 있다는 사실과 관련이 있다(앞서의 논의를 참조).

따라서 그림 20.3을 보면, (맨 아래의) 감정 성향에서 직무 특수적 웰빙, 특히 더 내적인 측면으로 향한 짧은 수직 화살표를 경험적으로 충분히 뒷받침하는 증거가 존재한다. 또한, 일부 연구들은 직무 특수적 웰빙으로의 상향 화살표와 직무 특성으로부터의 하향 화살표를 모두 조사하여, 두 가지 특성 모두가 웰빙에 유의미한 영향을 미친다는 사실을 다변량 분석을 통해 발견했다(예컨대, Agho et al., 1993; Watson and Slack, 1993을 참조). 레빈과 스토크스(Levin and Stokes, 1989)가 독립적인 기여들을 비교한 연구 결과에 의하면, 직무 특성이 직무 만족에 미치는 영향이 부정적 감정 상태의 특성이 직무 만족에 미치는 영향보다 더 강한 것으로 나타났다.

따라서 자신들의 일에 대한 사람들의 감정은 일 자체와 그들의 성격의 함수이다. 그림 20.3의 하단에 보이는 다른 개인적 요인에는 개인적 비교 기준들이 있다. 앞서 지적했듯이, 사람들은 정서적으로 중요한, 모호한 정보를 평가하기 위해 (자신들의 예전 자아뿐만 아니라) 다른 개인과 집단을 선택한다. 이러한 비교 기준은 부분적으로는 지시 대상에 대한 개인적인 선택에서 파생될 수 있다. 다른 영향력 있는 개인적 요인으로는 특정한 종류의 활동에 대한 안정적인 선호도와 그러한 선호도에 영향을 미치는 특정한 능력의 수준(그리고 한 개인이 맡은 일의 종류)이 있다. 어떤 상황에서든 웰빙은 (적어도 극단적인 수준에서) 업무 내용에 대한 사람들의 태도와 그 업무를 수행할 수 있는 능력의 영향을 받는다.

이러한 교차 상황의 개인적 요인들의 중요성은 직무 만족과 직무 관련 웰빙의 다른 지표들이 모든 시간에 걸쳐 상대적으로 안정적일 수밖에 없음을 시사한다. 이는 정말 그렇다. 예를 들어, 스토와 로스(Staw and Ross, 1985)의 연구 결과에 의하면, 2년 또는 5년 동안 같은 고용주 밑에서 일하는 사람들의 경우, 전체 직무 만족도에 대한 검사와 재검사의 상관관계는 각각 .47과 .37이었다. 그 기간 동안 직무와 고용주가 모두 바뀐 고용인들의 경우에, 상관관계는 상대적으로 낮았지만(환경적 요인의 영향을 입증한다), 각각 .33과 .19로 여전히 높은 편이었다. 게르하르트(Gerhart, 1987), 그리고 샤우브록과 갠스터, 캐머러(Schaubroeck, Ganster and Kemmerer, 1996)도 각각 유사한 패턴을 보고했다.

아비와 동료들(Arvey et al., 1989)은 이러한 직무 만족의 장기적 안정성을 좀 더 면밀히 조사하면서 만족도의 차이가 부분적으로 유전될 수 있는지의 여부 문제를 제기했다. 떨어져서 자란 34쌍의 일란성 쌍둥이의 데이터를 보고한 그들은 전체 직무 만족도의 약 30퍼센트의 차이가 유전적 요인에 기인한다고 결론지었다. 이 결론은 이란성 쌍둥이와 일란성 쌍둥이 2,200쌍 이상을 대상으로 한 아비와 동료들(1994)의 훨씬 더 큰 대규모 조사를 통해서 입증되었다. 다양한 방법론적 이유로 유전 효과의 정확한 크기는 논란의 여지가 있지만(Cropanzano and James, 1990을 참조), 아마도 더 폭넓은 성격 성향의 유전적 측면과 직무 성취 및 선호에 영향을 미치는 능력 수준의 유전성 측면을 통해서 직무 만족에 미치는 유전적 영향이 있을 것으로 보인다.

감정 성향과 상황과 무관한 웰빙

개인적 요인들과 폭넓은 형태의 웰빙(그림 20.3의 오른쪽 중앙 박스)의 관계는 어떠할까? 상황과 무관한 웰빙과 감정 성향 간의 중요한 연관성이 종종 입증되었다(Warr, Barter and Brownbridge, 1983; Diener and Lucas, 이 책).

직무 불안정에 대한 반응 연구에서, 로스키스와 루이 게랭, 프루니에(Roskies, Louis-Guerin and Fournier, 1993)는 NA와 PA의 성격 척도 지표와 현재 일반화된 고통 간에 각각 .66과 -.53의 상관관계가 있음을 보고했다. 코스타와 맥크레이(Costa and McCrae, 1980)는 두 가지 지속적인 성향을 신경증 특성과 외향성 특성 측면에서 살펴보았다. 그들은 신경증 특성과 최근의 부정적인 감정 간에, 그리고 외향성 특성과 최근의 긍정적인 감정 간에 유의미한 상관관계가 있음을 발견했다. (그러나 직무 특수적 웰빙과 마찬가지로, 성격의 각 측면과 최근 감정의 다른 지표 간에 있을 수 있는 상관관계는 무시될 수 있다. Watson and Clark, [1992] 또한 참조.) 또한 10년 전에 측정한 두 성격 성향에서 예측한 것에서도 차별화된 패턴이 종적으로 발견되었다. 왓슨와 워커(Watson and Walker, 1996)는 7년에 걸쳐 비슷한 패턴이 나타났음을 보고했다. (성격과 웰빙에 대한 자기보고를 통해서) 동일 방법 변량이 그러한 연관성을 부풀릴 수 있다는 사실을 인식한 코스타와 맥레이(Costa and McRae, 1984)는 배우자들이 실시한 성격 평가를 조사했다. 상황과 무관한 웰빙과 배우자가 평가한 성격 간에 유의미한 관련성이 있으며, PA와 NA 간에 차별화된 패턴이 존재함이 확인되었다.

일부 연구자들은 환경적 도전에 직면하여 긍정적이고 진취적으로 행동하는 경향인 '강인성'의 관점에서 개인을 인식했다(Kobasa, 1979). 많은 연구 결과에 따르면 더 강인한 개인은 상대적으로 낮은 우울증과 낮은 기타 부정적인 형태의 상황과 무관한 웰빙을 보고할 가능성이 높다. 그러나 낮은 강인성은 실제로 높은 부정적인 감정 상태와 매우 유사하며(Funk, 1992), 그러한 변인에 대한 연구 결과는 여기서 제시한 더 일반적인 용어로 해석할 수 있다. 마찬가지로, '성향적 낙관주의'(Jex and Spector, 1996; Scheier and Carver, 1985)와 같은 특성은 앞서 설명한 종류의 상관관계성이 있을 수 있으며, 긍정적인 감정 상태의 한 형태로 볼 수 있다.

개인적 요인들과 환경

따라서 웰빙과 환경적 특성, 개인적 요인들 사이에서 볼 수 있는 그림 20.3에 표시된 많은 관계들은 경험적으로 입증된다. 우리는 그림에서 인과적 영향을 나타내는 연속선들에 대해서는 논의했지만, 그림의 왼쪽과 오른쪽에 있는 두 개의 수직 점선 ― 개인적 요인들에서 직무 특성과 비직무 특성으로의 상향 점선들 ― 은 논의하지 않았다. 이 선들은 다른 경우에 제시된 인과적 영향보다는 지각적 영향 및 행동적 영향 측면에서 주로 해석해야 한다는 점을 나타내기 위해서 연속선보다는 점선으로 표시되었다.

지각 효과는 지금까지 주로 긍정적 감정 상태 특성보다는 부정적 감정 상태 특성 측면에서 연구되었다. 부정적인 감정 상태는 흔히 직무 및 다른 경우의 더 불쾌한 특징들에 대한 지각과 관련이 있는 것으로 밝혀졌다. 이는 높은 NA에 있는 사람들이 불안하고 잠재적으로 위협적인 특성을 찾기 위해 환경을 자세히 살피기 쉽다는 사실과 일치한다(예컨대, Biref et al., 1988; Burke, Brief and George, 1993; Chen and Spector, 1991; Elliott et al., 1994; Levin and Stokes, 1989; Spector and O'Connell, 1994). 반대로, 높은 PA에 있는 노동자들은 낮은 PA에 있는 사람들에 비해 자신의 근무 환경에서 사회적 지원을 더 많이 지각한다(Chay, 1993).[2]

그림 20.3에 있는 점선은 행동 가능성을 나타내기도 한다. 지속적인 개인적 속성들은 행동에 인과적 영향을 미칠 가능성이 있으며, 그 행동은 웰빙에 영향을 미친다. 사람들은 자신의 개인적 특성들을 반영하고 지원하는 환경을 찾는 경향이 있다. 예를 들어, 긍정적 감정 상태와 사회적 레크리에이션에 소비된 시간 간의 유의미한 연관성(Diener, Larsen and Emmons, 1984)은 이러한 성격 측면이 한 개인이 들어선 환경에 어떻게 영향을 미칠 수 있는지, 혹은 그 사람이 머무는 환경 내에서 어떻게 영향을 미칠 수 있는지를 설명해 준다. 또한, 높은 NA에 있는 사람들은 낮은 NA에 있는 개인들에 비해 자신들의 환경에서 더 많은 스트레스 요인을 일으킬 수 있다. 이는 신경증이 4년에 걸쳐 객관적인 부정적 생활 사건을 더 많이 경험한 상황과 관련이 있었다는 연구 결과와 일치한다(Magnus et al., 1993). 이러한 일련의 가능한 영향을 탐구하고 그림 20.3의 두 점선과 관련된 다른 가능성을 입증하기 위해서는 더 많은 종단적인 연구가 필요하다.

사회인구통계학적인 특성들과 직무 특수적 웰빙

그림 20.3은 사회인구통계학적인 특성들(연령, 성별, 인종 집단, 지리적 지역 등)이 환경적 요인과 개인적 요인에 미치는 영향을 통해 고용주의 웰빙에도 영향을 미칠 수 있음을 시사한다. 이 장이 중점을 두고 있는 내용상으로는 이 모든 사회인구통계학적인 특성들을 고려하는 것은 적절하지 않지만, 연령과 성별이 직무 특수적 웰빙에 미치는 영향에 대해서는 간략하게 재고찰할 것이다. (디너와 서(Diener and Suh, 1997), 그리고 놀런-혹스마와 러스팅(이 책)은 연령과 성별에 따른 상황과 무관한 웰빙을 각각 조사했다.)

---

2   (지은이) NA 특성이 더 부정적인 환경에 대한 지각 및 상대적으로 낮은 상태 웰빙과 연관이 있다는 점을 감안할 때, 이러한 지속적인 성향은 자기보고된 직무 특성들과 웰빙 간의 관찰된 상관관계의 크기를 과장하는 역할을 하기도 한다(Burke et al., 1993). 최근 연구는 이러한 효과는 작거나 존재하지 않는다는 결론으로 치우치는 경향이 있지만(Elliott et al., 1994; Jex and Spector, 1996; Munz et al., 1996; Schonfeld, 1996), 더 많은 연구가 필요한 문제는 여전히 남아 있다.

고연령 노동자들은 그림 20.2의 세 가지 축상에서 상대적으로 유의미하게 높은 직무 특수적 웰빙을 보고하는 것이 정기적으로 발견된다(Birdi et al., 1995; Pugliesi, 1995; Warr, 1992). 또한 특정한 상황에서 매우 젊은 고용인들이 20대 후반의 고용인들보다 더 높은 웰빙을 보고한다는 증거가 있다. 웰빙은 때로는 나이와 곡선 관계를 이루는 모습을 보인다(Clark, Oswald and Warr, 1996). 고연령층의 직무 관련 웰빙이 상대적으로 높은 이유가 몇 가지 제시되었다. 예를 들어, 고연령층은 더 매력적인 직무로 이동하는 경향이 있고, 특정한 직무 특성을 다르게 평가하는 경향이 있으며, 그 사람들의 비교 기준은 시간이 지남에 따라 낮아질 수 있다(Warr, 1997). 또한, 고연령층의 상황과 무관한 향상된 웰빙은 앞서 요약한 상호 영향을 통해 직무 특수적 웰빙을 향상시킬 가능성이 높다.

남성과 여성의 직무 특수적 웰빙의 점수도 각각 개별적으로 조사했다. 연구들 간에 다른 결과들은 작은 표본들, 상이한 척도들, 상이한 정규직 노동자와 시간제 노동자의 비율 등과 연관이 있었다. 그러나 대규모 조사는 미국인의 전체적인 직무 만족에 있어서 성차가 없다는 것을 일관되게 보여주었다(예컨대, Pugliesi, 1995; Weaver, 1980을 참조). 반면에 영국에서는 여성이 남성보다 훨씬 더 큰 직무 만족을 보고한다(Clark, 1996). 국가들 간에 그러한 차이가 나타나는 이유는 아직 명확하지 않다.

특정한 직무 특성의 영향은 어떠할까? 남성과 여성은 비슷할까? 전체적인 직무 만족도와의 연관성은 종종 동일해 보이지만, 개인 통제력의 기회는 남성에게 더 많은 영향을 미치고(Mottaz, 1986; Pugliesi, 1995), 지원적 감독의 존재는 여성의 직무 만족도와 더 관련이 있는 것(Mottaz, 1986)으로 밝혀졌다. 이러한 패턴을 필치와 동료들(Piltch, et al., 1994)이 상황과 무관한 고통과 관련하여 관찰했지만, 칼리모와 부오리(Kalimo and Vuori, 1991)는 특정한 직무 특성의 영향의 성차를 발견하지 못했다. 록스버러(Roxburgh, 1996)의 상황과 무관한 고통에 대한 연구 결과에 의하면, 여성들이 높은 직무 요구와 낮은 다양성의 영향을 받지만, 사회적 지원과 관련해서는 성차가 없는 것으로 나타났다. 제한적이고 상충되는 증거를 고려해 볼 때, 특정한 직무 특성의 영향으로 발생할 수 있는 성차에 대한 총체적인 결론에 도달하는 것은 불가능하다.

여성들이 적어도 남성만큼 자신의 직무에 만족한다는 사실은 놀라운 일이다. 왜냐하면 평균적으로 여성들은 (열 가지 주요한 직무 특성 측면에서) 남성보다 질이 낮은 직무를 맡고 있기 때문이다. 이에 대한 가능한 설명은 그림 20.3의 개인적 요인 박스에서 찾을 수 있다. 예를 들어, 많은 여성들의 비교 기준이 낮을 수 있다. 즉, 여성들은 자신들의 직무에서 기대하는 것이 적다(Clark, 1996). 또한 여성들은 높은 임금, 좋은 보장성, 혹은 개인의 통제력의 기회 등과 같은 측면에 대한 관심이 남성들에 비해 적을 수 있다(Mottaz, 1986).

웰빙 축 1의 결과와는 달리, (다른 두 축에 걸친) 직무 관련 탈진의 정서적 고갈 요인 점수들은 서로 상반되는 것으로 나타났다. 즉, 여성은 남성보다 정서적 고갈을 현저하게 더 많이 보고한다(Kauppinen-Toropainen, Kandolin and Mutanen, 1983; Maslach and Jackson, 1981). 이 연구 결과에 대한 해석은 집단 연구에서 남성과 여성의 직무가 동일하지 않았다는 사실 때문에 어려워진다. 동일한 역할의 직무에 종사하는 남성과 여성을 비교하는 것이 바람직하다.

웰빙과 노동 행위

웰빙과 직무 행위의 연관성은 어떠할까? 웰빙이 높은 고용인들은 웰빙이 낮은 고용인들과 다르게 행동한다는 견해가 가끔 제시되기도 한다.

그러한 차이가 밝혀졌다고 해도 인과 관계의 방향은 불분명할 것이다. 이를테면 높은 직무 만족이 반드시 특정한 형태의 행동, 예컨대 좋은 업무 성과를 야기하는 것은 아닐 것이다. 그 반대의 일이 일어날 수도 있다. 좋은 성과를 이룬 사람들은 효과적인 성과의 결과로 더 만족감을 느낄 수도 있다. 또는 제3의 요인(또는 여러 가지 요인들)이 높은 성과와 높은 만족도를 모두 야기할 수도 있다. 예를 들어, 특정한 장비 특징들 또는 관리 양식이 성과와 만족도를 모두 높일 수도 있다. 또한 행동은 다양한 요인들(조직의 정책, 관리 관행, 집단 압력, 개인의 능력, 가능한 옵션 등)에 의해 결정되므로, 오로지 웰빙과의 최대 가능한 상관관계는 1.00에 훨씬 못 미칠 것으로 예상된다는 점을 주목해야 한다.

이러한 상관관계의 인과적 모호성을 인정할 때 고용인 웰빙의 행동적 상관관계 대상과 관련해 무엇이 알려져 있는가? 여기에서는 네 가지 유형의 행동, 즉 직무 수행, 결근, 이직, 자유재량 활동을 고려할 것이다.

직무 수행

이아팔다노와 뮤친스키(Iaffaldano and Muchinsky, 1985)는 (보통 감독의 평가를 통해 지표화된) 직무 수행과 직무 만족(그림 20.2의 축 1)에 대한 선행 연구들을 메타 분석한 연구 결과를 제공했다. 그들의 연구 결과에 의하면, 전체적인 직무 만족은 직무 수행과 유의미하게 정적 상관이 있는 것으로 나타났다(평균 관찰된 상관관계는 .25였다). 외적 만족보다 내적 만족과 더 강한 연관성이 있는 것으로 나타났다.

페티와 맥기, 카벤더(Petty, McGee and Cavender, 1984)는 매우 유사한 연구 결과(평균 상관관계는 .23이었다)를 보고했지만, 평가된 수행과 전체적인 직무 만족의 연관성은 다른 고용인들보다 경영 및 전문직 종사자들의 경우(각각 .31과 .15의 평균 상관관계)에 더 강하다는 점도 지적했다. 후속 연구들에서 쇼어와 마틴(Shore and Martin, 1989)은 화이트칼라 노동자 두 표본의 경우 .25인 중간 상관관계를 보고했고, 포드사코프와 매켄지, 보머(Podsakoff, MacKenzie and Bommer, 1996)는 메타 분석을 통해 .24의 모집단 값을 추정했다.

오스트로프(Ostroff, 1992)는 그러한 연관성을 전체 회사 수준에서 조사하여, 상대적으로 더 만족하는 직원들로 이루어진 회사들이 다른 조직들에 비해 더 생산적일 것이라고 예측했다. 298개 학교를 대상으로 한 연구에서 학업 성취도와 행정 효율성, 학생 행동의 표준화된 측정치가 교사의 전체적인 직무 만족도와 유의미한 상관(.28의 평균 계수)이 있는 것으로 나타났다. 이 패턴은 학생의 특성과 가용 자원에서의 학교 간 차이를 통계적으로 통제한 후에도 유지되었다. 로버트슨과 동료들(Robertson et al., 1995)은 간호사들의 노인 의료 서비스 제공에 대한 연구에 표준화된 관찰 절차를 적용했다. 연구 결과, 전체적인 직무 만족도가 높거나 낮은 간호사들로 이루어진 병동들 간에 의료 서비스의 질 차이가 큰 것으로 나타났다.

불안-편안함 직무 특수적 감정을 측정하는 축 2는 어떠할까? 직무 불안을 더 많이 보고하는 고용인들은 직무 요구에 대처하는 데 어려움을 겪을 수 있으므로 상대적으로 덜 효과적으로 직무를 수행할 가능성이 있다. 따라서 직무 관련 불안과 직무 수행의 부정적인 연관성이 있을 수 있다. 이 문제에 대한 연구 조사는 거의 없었지만, 자말(Jamal, 1984)의 연구 결과에 의하면, 높은 수준의 직무 관련 긴장은 감독의 낮은 평가(-.35의 중간 상관관계)와 연관성이 있었다. 스펙터와 동료들(Spector et al., 1988)은 -.16의 상관관계를 보고했다.

대안적인 가설로는 가능한 최적의 양 도전 측면에서 낮은 수행이 발생한다는 견해가 있다. 직무 긴장과 직무 수행 간의 관계가 거꾸로 된 U자형 관계이므로 적당한 요구는 '상승하지만 관리 가능한 직무 관련 긴장'은 물론이고 높은 수행과도 관련이 있으나, 비교적 낮은 수준과 높은 수준의 긴장(그리고 직무 요구)은 모두 낮은 수행을 동반할 수 있다. 앤더슨(Anderson, 1976)은 중소기업 소유주들의 표본에서 나온 자료에서 이런 경우가 있었다고 제시했지만, 그 가능성은 더 실질적인 검토가 필요하다.

그림 20.2에서 직무 특수적 웰빙의 세 번째 축은 우울에서 열정에 이르는 범위이다. 열정 어린 활동적 유형의 긍정적인 감정을 가진 고용인들은 비교적 생산적인 사람들에 속할 것으로 보이나, 보고된 관련 연구는 거의 없다. 조지(George, 1991)의 연구 결과에 의하면, 활동적 유형의 긍정적인 감정과 판매원의 바람직한 고객 응대 행동에 대한 감독자의 평가와 .26의 상관관계를 발견했지만 실제 판매 성과와의 상관관계는 .10에 불과했다. 모토위들로와 패커드, 매닝(Motowidlo Packard and Manning, 1986)은 간호사들의 직무 관련 우울증과 그들의 대인 관계 유효성(환자에 대한 민감성, 협력, 온정 등) 및 인지/동기 유효성(집중력, 인내력 등)에 대한 감독자와 동료 평가의 연관성을 조사하였다. 이변량 분석과 다변량 분석 모두에서 직무 관련 우울증은 두 종류의 낮은 유효성과 상당히 연관성이 있는 것으로 나타났다.

결근

고용인의 직무 수행의 또 하나의 지표로는 결근(또는 그 반대인 출근)이 있다. 그러한 행동은 다양한 요인들에 의해서 결정된다. 병 자체 외에도 사회와 가족의 압력은 출근 결정에 영향을 미칠 수 있다(예컨대, Brooke and Price, 1989를 참조). 조직의 영향으로는 출근을 장려하는 특별한 정책, 감독자의 지원(Tharenou, 1993), 그리고 보다 광범위한 것으로는 직장의 '결근 문화'(Martocchio, 1994) ― 합리적인 수준의 결석에 관한 규범과 (공식적이고 비공식적인) 허용 ― 가 있다. 직장에서의 고용인 웰빙이 무단결근과 관련이 있을 것으로 예상되지만 다른 요인들도 분명히 중요하다.

무단결근은 일반적으로 손실 시간 지수와 빈도 지수를 이용해 두 가지 상이한 방법으로 측정한다. 손실 시간 지수는 지정된 기간 동안의 총 결근 시간으로 계산되며, 아마도 조사한 총 시간의 비율로 표현될 수 있을 것이다. 그리고 빈도 지수는 시간에 관계없이 지정된 기간 동안의 결근 횟수이다. 오랜 기간 동안의 결근에 더 큰 비중을 두는 손실 시간 지수는 주로 일을 할 수 없게 하는 병에 대한 비자발적인 반응을 나타내는 것으로 간주된다. 반면에, 단하루의 결근이 이를테면 3개월의 결근과 같은 비중을 갖는 빈도 지수는 짧은 기간 동안 휴직을 갖고자 하는 비교적 자발적인 선택을 설명할 수 있는 것으로 널리 여겨진다.

직무 특수적 웰빙의 세 가지 측면은 결근의 이 두 지수와 어떻게 관련이 있을까? 우리는 웰빙이 (가능한 자발적 행동에 중점을 둔) 빈도 지수를 상대적으로 더 잘 예측할 수 있을 거라고 예상할 수 있지만, 직무 수행의 경우와 마찬가지로 관찰된 연관성의 근본적인 원인들은 복잡하고 다각적이다.

선행 연구의 메타 분석에서 패럴과 스탬(Farrell and Stamm, 1988)은 평균적인 전체적 직무 만족도(그림 20.2의 축 1)는 빈도 지수와 −.10의 상관관계가 있고 손실 시간 지수와 −.13의 상관관계가 있다는 것을 밝혔다. 해킷(Hackett, 1989)은 비슷한 연구 결과를 얻었지만 직무 만족은 남성보다 여성의 결근 빈도와 더 관련이 있음을 발견했다. 그는 이러한 차이가 많은 여성이 남성에 비해 가족에 더 큰 책임을 지고 있는 데서 비롯된다고 제시했다. 그리고 멜라메드와 동료들(Melamed et al., 1995)은 업무 내용 만족도와 특히 보고된 질병과 관련된 결근 빈도 지수 사이에 −.11의 상관관계가 있다고 보고했다.

패럴과 스탬(Farrell and Stamm, 1988)의 분석에서 직무 관련 불안(축 2)과 빈도 지수의 평균 상관관계, 직무 관련 불안과 손실 시간 지수의 평균 상관관계는 각각 .11과 .18이었다. 또한 결근 빈도 지수를 조사한 자말(1984), 그리고 스펙터와 드와이어, 젝스(Spector, Dwyer and Jex, 1988)는 각각 .25(중앙값)와 .15를 보인 결근 빈도 지수와 직무 관련 불안의 상관관계를 보고했다. 웰빙에서 결근에 이르기까지 인과적 영향도 예상할 수 있지만, 높아진 불안은 건강 악화로 인한 높은 결근 수준의 결과일 수 있다는 점을 주목해야 한다.

직무 특수적 웰빙의 세 번째 축(우울-열정)에서 높은 웰빙은 낮은 휴직을 동반할 것으로 예상된다. 조지(George, 1989)는 이러한 종류의 긍정적인 감정을 조사하고, 그런 감정이 (자발적인 휴직을 가리키는 것으로 보이는) 일일 결근 횟수와 −.28의 상관관계가 있음을 밝혔다. 패럴과 스탬(1988)의 재고찰에서

(긍정적 형태의 축 3에서처럼 자신의 역할에 대한 적극적인 관심을 강조하는) 직무 관여 측정치는 결근 빈도 지수와 평균적으로 −.28의 상관관계가 있었다. 따라서 (증거는 제한적이지만) 이 직무 특수적 웰빙의 세 번째 측면은 다른 두 측정 축보다 자발적 결근을 더 잘 예측할 수 있는 것으로 보인다.

이직

우리가 직무 특수적 웰빙과 관련이 있을 것으로 예상할 수 있는 세 번째 행동 측정은 사람들이 현재의 고용주와 함께 계속 일하는지의 여부이다. 결근과 그 후 이직 간의 평균 상관관계는 .33(Mitra, Jenkins and Gupta, 1992)으로 추정되었으며, 두 가지 형태의 행동의 감정적 전조들은 의심할 여지없이 여러 가지 면에서 서로 겹친다. 전체적인 직무 만족도와 고용인 이직의 평균 상관관계는 카스텐과 스펙터(Carsten and Spector, 1987)의 메타 분석, 그리고 홈과 동료들(Hom et al., 1992)의 메타 분석에서 각각 −.23와 −.16으로 나타났다. 그러나 추가 요인들은 이직 결정, 특히 적절한 대체 고용의 유효성에 영향을 미친다. 직무 만족은 지역 실업률이 낮을 때 실제 이직을 더 잘 예측한다(Carsten and Spector, 1987; Hom et al., 1992).

일부 연구자들은 사람들의 미래 계획에 대해 물은 결과, 전체적인 직무 만족(그림 20.2의 축 1)(예컨대, George and Jones, 1996; Hom et al., 1992; Zaccaro and Stone, 1988을 참조)과 직무 특수적 불안(축 2)(예컨대, Spector et al., 1988을 참조)으로 이직 의향을 예측할 수 있다는 사실을 밝혔다. 이와 애시포스(Lee and Ashforth, 1996)는 직무 관련 정서 고갈(탈진의 주요한 구성 요인)과 이직 의향의 평균 상관관계가 .37임을 보고하였다. 이직 의향과 실제 이직은 서로 강한 상관관계를 보인다. (카스텐과 스펙터(1987), 그리고 홈과 동료들(1992)이 재고찰한 이직 의향과 실제 이직의 평균 상관관계는 각각 .38과 .33이었다).

자유재량 활동

네 번째 문제는 (강제적인 요건으로 규정되기보다는) 특별한 자유재량이 있는 업무 행동에 관한 것이다. 실제로 두 유형의 활동 간의 구별은 다소 모호하며 고용주는 일부 직원들이 취하는 규정 행동에 비해 더 폭넓은 규정 행동을 장려하는 경향이 있다. 그러나 일반적으로 고용인의 웰빙은 직무 요건이나 기술 제약에 의해 철저히 결정되는 행동보다는 개인의 재량 내에서의 자발적인 행동과 특별히 관련이 있을 것으로 예상될 수 있다. 세 가지 가능성을 고려해 볼 수 있다.

재량적 행동의 한 형태는 자발적인 초과근무이다. 많은 직무는 일반적인 요구 시간 외에 무급 근무를 수행할 수 있는 여지가 있으며, 고용인들의 직무 특수적 웰빙으로 그러한 무급 근무 행동을 예측할 수 있다. 이러한 사례는 학교 교사들에 대한 연구에서 찾아볼 수 있다. 전체 직무 만족도는 업무 관련 활동에 투입된 (무급의) 추가 시간의 양과 .25의 상관관계를 보였다(Gechman and Wiener, 1975).

몇몇 연구자들은 직장에서의 자유재량적 행동의 두 번째 형태인 친사회적 활동을 '조직적 시민 행동' 또는 (규정된 주요한 업무 이외의) '상황적 수행'이라고도 한다. 그러한 행동에는 동료에게 도움 제공, 호의성, 필요한 업무 수행 지원, 지정된 규칙에 대한 엄격한 준수, 효율성 향상을 위한 제안 등이 있다. 전체적인 직무 만족은 상사나 동료들이 평가한 이러한 유형의 자유재량적('추가 역할') 행동과 상당히 연관이 있다는 사실이 입증되었다(예컨대, McNeely and Meglino, 1994; Motowidlo, 1984; Smith, Organ and Near, 1983을 참조).

메타 분석적 재고찰에서 오르간과 라이언(Organ and Ryan, 1995)은 직무 만족도와 행동에 대한 다른 사람들의 평가의 평균적인 상관관계가 .25임을 보고했다. 그리고 조지(1991, 1996)의 연구 결과에 의하면, 그러한 연관성은 더 만족감을 가진 고용인들일수록 (그림 20.2의 사분면 3b와 유사한) 더 긍정적인 단기적 기분 ― 그녀가 자유재량적 행동과 연관이 있는 것으로 제시한 ― 을 경험하는 사실에 기인한다.

마지막으로, 강력한 시장 압력과 급속한 기술 변화에 직면할 수밖에 없는 조직에서는 적응 행동의 형태가 점점 더 중요해지고 있다. 새로운 기술과 지식을 얻기 위한 조치를 기꺼이 취할 때 보이는 이런 유형의 자유재량 활동에 고용인의 웰빙 양상이 영향을 미칠 가능성이 있을까? 이 가능성은 카라섹과 테오렐(Karasek and Theorell, 1990)에 의해 제기되었다. 그들은 낮은 자유재량과 높은 직무 요구(주요한 직무 특성 목록의 항목 1과 3)의 조합이 직무 관련 스트레스를 유발하며, 시간이 지남에 따라 축적되는 불안은 새로운 학습을 저해한다는 점을 제시했다. 이러한 경향은 스트레스를 받는 고용인들에게 두 가지 가능한 결과를 초래한다. 그들은 현재의 상황을 처리하기 힘들어질 수 있으며 새로운 요구에 직면하여 접근 방식을 바꿀 가능성이 낮아질 수 있다. 이렇게 악순환이 이어진다. 반면 높은 자유재량과 결합된 높은 직무 요구는 웰빙을 향상시키고, 업무 과부하의 잠재적인 해로운 영향을 억제하고, 개인적인 숙달감과, 직면한 새로운 도전에 대한 관심과 새로운 기술 및 지식 습득을 결합시킨다. 현재, 고용인의 웰빙과 새로운 경험에 대한 개방성 사이의 이러한 가능한 연관성에 대한 직접적인 증거는 없지만, 그 생각은 그럴듯해 보인다.

제조업에 종사하는 고용인들에 대한 연구에서, 버디와 가드너, 워(Birdi, Gardner and Warr, 1998)는 초기 정보를 제공했다. 전체적인 직무 만족도는 필요한 훈련 활동과 업무 중심 개발 활동(개인 프로젝트 수행, 실무진의 일원으로 활동)에서 상대적으로 더 활동적인 사람들에게서 높은 것으로 나타났다. 이러한 긍정적인 연관성은 그 자체로 이러한 형태의 새로운 활동에 대한 참여를 예측해 주는 (연령과 교육 수준과 같은) 인구통계학적 변인을 통계학적으로 통제한 이후에도 유의미하게 유지되었다. 그러나 이러한 횡단면 조사만으로는 더 높은 수준의 웰빙이 학습을 촉진했는지, 학습 활동이 웰빙을 향상시켰는지, 또는 두 가지 효과가 모두 발생했는지를 판단할 수 없다.

미래의 연구 문제

이 장에서 다루는 분야는 최근 몇 년 사이에 크게 발전했으며 상당한 지식이 확보되었다. 그러나 여기서 개괄적으로 설명한 많은 문제들 — 직무 특성들과 웰빙 간의 연관성의 직선성 또는 곡선성, 직무 특성들의 결합 형태, 각 직무 특성이 웰빙에 영향을 미치는 특정한 과정, 웰빙의 세 가지 측면의 다른 행동 결과 — 에 대한 추가적인 연구 조사가 필요하다.

그러나 이 분야에서 가장 필요한 것은 한층 더 포괄적인 조사이다. 연구는 일반적으로 좁은 문제들에 초점을 맞추며, 그림 20.3에서 제시된 종류의 개요를 피했다. 이제 단일 연구 내에서 해당 모델의 여러 요소를 결합하는 것이 특히 바람직하다. 예를 들어 사회인구통계학적 요인들은 개인적 요인 및 직무 특성들과 어떻게 결합하여 고용인의 웰빙에 영향을 미칠 수 있을까? 가능한 몇 가지 인과적 요인들 중에서 다른 인과적 요인들에 특별히 중요한 것은 무엇인가? 종적인 조사 연구는 그러한 프로그램에서 특별한 위치를 차지한다.

두 가지 추가적인 문제를 검토할 필요가 있다. 모델을 동적 용어로 보면 시간에 걸쳐 모든 요인들의 순환적 작동을 상상할 수 있다. 그것은 목전의 시한을 넘어선 문제들을 제기한다. 시시한 직무로부터 발생하는, 지속적인 기간 동안의 낮은 웰빙의 (정신 질환, 생리적 상태 또는 심리적 노화 속도에 대한) 장기적인 영향은 무엇인가? 둘째, 최근 노동 시장의 변화는 자영업자, 임시직 고용인, 시간제 고용인 등의 비율을 증가시켰다. 이러한 직무들은 긍정적인 특성과 부정적인 특성을 모두 가지고 있으며, 이 장에서 개괄적으로 설명한 웰빙 측면들과 관련하여 검토할 가치가 있다.

가장 실질적인 중요성과 관련한 마지막 문제는 고용인의 웰빙 외에 고용인의 직무 수행의 최적화에 관한 것이다. 이러한 측면들 중 하나를 강화하면 때로는 다른 측면의 발전이 저해될 수 있다. 상상할 수 있는 극단적인 경우로는 회사에서 웰빙을 지나치게 높게 창출하느라, 유효성을 해칠 수 있는 상황이 있다. 이는 경쟁적인 도전에 부응하지 못하며, 그 결과 모든 직무를 잃게 될 수도 있다. (그리고 결국에는 웰빙의 크고 광범위한 감소로 이어진다.) 웰빙과 유효성의 바람직한 결과가 충돌할 수 있다는 점을 인식하여 향후 연구에서는 연구 관점을 확대하고 웰빙 목표와 유효성 목표의 동시 달성을 고려할 필요가 있다. 이 개발은 단기 과정과 장기간으로 확장된 과정에 대한 좀 더 명확한 고찰을 포괄할 것으로 보인다. 높은 웰빙이나 낮은 웰빙의 일시적 상태는 효과적인 직무 수행의 장기적인 유지와 공존해야 한다.

부록

여기에서 인용한 내용은 최근의 실증적인 연구들로서 열 개의 핵심적인 직무 특성이 고용인들의 직무 특수적 웰빙과 연관이 있음을 보여주고 있다. 초기의 연구들을 포괄적으로 재고찰하고자 한다면, 워(Warr, 1987)를 참조 바란다.

1. 개인 통제력의 기회: Agho, Mueller and Price(1993); Fried(1991); Kelloway and Barling(1991); Sevastos, Smith and Cordery(1992); Spector(1994); Wall and colleagues(1996); Warr(1990a, 1990b); Xie and Johns(1995).

2. 기술 사용의 기회: Campion and McClelland(1993); Sevastos, Smith and Cordey(1992); Warr(1990b).

3. 외적으로 발생한 목표: Campion and McClelland(1993); Kelloway and Barling(1991); Martin and Wall(1989); Netemeyer, Johnston and Burton (1990); Spector, Dwyer and Jex (1988); Spector and O'Connell(1994); Wall and colleagues(1996); Warr(1990a, 1990b); William, Gavin and Williams(1996).

4. 다양성: Agho, Mueller and Price(1993); Fried(1991); Kelloway and Barling(1991); Sevastos, Smith and Cordery(1992); Warr(1990b); Xie and Johns(1995).

5. 환경 명확성: Agho, Mueller and Price(1993); Fried(1991); Kelloway and Barling(1991); Landeweerd and Boumans(1994); Sevastos, Smith and Cordery(1992); Spector, Dwyer and Jex(1988); Spector and O'Connell(1994); Williams, Gavin and Williams(1996); Xie and Johns(1995).

6. 돈의 유효성: Agho, Mueller and Price(1993).

7. 물리적 안전성: Campion(1988); Oldham and Fried(1987); Zaccaro and Stone(1988).

8. 지원적 감독: Agho, Mueller and Price(1993); Landeweerd and Boumans(1994); Miles, Patrick and King(1996); Mottaz(1986).

9. 개인 간 접촉의 기회: Agho, Mueller and Price(1993); Chay(1993); Kelloway and Barling(1991); Warr(1990b).

10. 가치 있는 사회적 지위: Agho, Mueller and Price(1993); Sevastos, Smith and Cordery(1992); Xie and Johns(1995).

참고문헌

Adams, G. A., King, L. A., and King, D. W. (1996). Relationships of job and family involvement, family social support, and work−family conflict with job and life satisfaction. *Journal of Applied Psychology, 81*, 411~20.

Adelmann, P. K. (1987). Occupational complexity, control, and personal income: Their relation to psychological well−being in men and women. *Journal of Applied Psychology, 72*, 529~37.

Agho, A. O., Mueller, C. W., and Price, J. L. (1993). Determinants of employee job satisfaction: An empirical test of a causal model. *Human Relations, 46*, 1007~27.

Anderson, C. R. (1976). Coping behaviors as intervening mechanisms in the inverted−U stress−performance relationship. *Journal of Applied Psychology, 61*, 30~34.

Arvey, R. D., Bouchard, T. J., Segal, N. L., and Abraham L. M. (1989). Job satisfaction: Environmental and genetic components. *Journal of Applied Psychology, 74*, 187~92.

Arvey, R. D., McCall, B. P., Bouchard, T. J., Taubman, P., and Cavanaugh, M. A. (1994). Genetic influences on job satisfaction and work values. *Personality and Individual Differences, 17*, 21~33.

Bamundo, P. J., and Kopelman, R. E. (1980). The moderating effects of occupation, age, and urbanization on the relationship between job satisfaction and life satisfaction. *Journal of Vocational Behavior, 17*, 106~23.

Barnett, R. C., Raudenbush, S. W., Brennan, R. T., Pieck, J. H., and Marshall, N. L. (1995). Changes in job and marital experiences and change in psychological distress: A longitudinal study of dual−earner couples. *Journal of Personality and Social Psychology, 69*, 839~50.

Birdi, K. S., Gardner, C. R., and Warr, P. B. (1998). Correlates and perceived outcomes of four types of employee development activity. *Journal of Applied Psychology, 82*, 845~57

Birdi, K. S., Warr, P. B., and Oswald, A. (1995). Age differences in three components of employee well−being. *Applied Psychology, 44*, 345~73.

Bradbum, N. M. (1969). *The structure of psychological well-being*. Chicago: Aldine.

Brief, A. P., Burke, M. J., George, J. M., Robinson, B. S., and Webster, J. (1988). Should negative affectivity remain an unmeasured variable in the study of job stress? *Journal of Applied Psychology, 73*, 193~98.

Brooke, P. P., and Price, J. L. (1989). The determinants of absenteeism: An empirical test of a causal model. *Journal of Occupational Psychology, 62*, 1~19.

Burger, J. M. (1989). Negative reactions to increases in perceived personal control. *Journal of Personality and Social Psychology, 56,* 246~56.

Burke, M. J., Brief, A. P., and George, J. M. (1993). he role of negative affectivity in understanding relations between self-reports of stressors and strains: A comment on the applied psychology literature. *Journal of Applied Psychology, 78,* 402~12.

Campion, M. A. (1988). Interdisciplinary approaches to job design: A constructive replication with extensions. *Journal of Applied Psychology, 73,* 467~81.

Campion, M. A., and McClelland, C. L. (1993). Follow-up and extension of the interdisciplinary costs and benefits of enlarged jobs. *Journal of Applied Psychology, 78,* 339~51.

Carsten, J. M., and Spector, P. E. (1987). Unemployment, job satisfaction, and employee turnover: A meta-analytic test of the Muchinsky model. *Journal of Applied Psychology, 72,* 374~81.

Chay, Y. W. (1993). Social support, individual differences and well-being: A study of small-business entrepreneurs and employees. *Journal of Occupational and Organizational Psychology, 66,* 285~302.

Chen, P. Y., and Spector, P. E. (1991). Negative affectivity as the underlying cause of correlations between stressors and strains. *Journal of Applied Psychology, 76,* 398~407.

Clark, A. E. (1996). Job satisfaction in Britain. *British Journal of Industrial Relations, 34,* 189~217.

Clark, A. E., and Oswald, A. J. (1996). Satisfaction and comparison income. *Journal of Public Economics, 61,* 359~81.

Clark, A. E., Oswald, A., and Warr, P. B. (1996). Is job satisfaction U-shaped in age? *Journal of Occupational and Organizational Psychology, 69,* 57~82.

Compton, W. C., Smith, M. L., Cornish, K. A., and Qualls, D. L. (1996). Factor structure of mental health measures. *Journal of Personality and Social Psychology, 71,* 406~13.

Cordes C. L., and Dougherty, T. W. (1993). A review and integration of research on job burnout. *Academy of Management Review, 18,* 621~56.

Costa, P. T., and McCrae, R. R. (1980). Influence of extraversion and neuroticism on subjective well-being: Happy and unhappy people. *Journal of Personality and Social Psychology, 38,* 668~78.

_____. (1984). Personality as a lifelong determinant of well-being. In C. Z. Malatesta and C. E. Izard (Eds.), *Emotion in adult development* (pp. 141~55). Beverly Hills: Sage.

Cropanzano, R., and James, K. (1990). Some methodological considerations for the behavioral genetic analysis of work attitudes. *Journal of Applied Psychology, 75,* 433~39.

Cropanzano, R., James, R., and Konovsky, M. A. (1993). Dispositional affectivity as a predictor of work attitudes and job performance. *Journal of Organizational Behavior, 14,* 595~606.

Crouter, A. C. (1984). Spillover from family to work: The neglected side of the work—family interface. *Human Relations, 37,* 425~42.

Daniels, K., and Guppy, A. (1994). Relationships between aspects of work—related psychological well—being. *Journal of Psychology, 128,* 691~94.

De Jonge, J., and Schaufeli, W. B. (1998). Job characteristics and employee well—being: A test of Warr's Vitamin Model in health—care workers using structural equation modelling. *Journal of Organizational Behavior, 19,* 387~407.

Delsen, L. (1995). *Atypical employment: An international perspective.* Amsterdam: Wolters—Noordhoff.

Diener, E., Larsen, R. J., and Emmons, R. A. (1984). Person *x* situation interactions: Choice of situations and congruence response models. *Journal of Personality and Social Psychology, 47,* 580~92.

Diener, E., and Suh, E. (1997). Subjective well—being and age: An international analysis. In K. W. Schaie and M. P. Lawton (Eds.), *Annual review of gerontology and geriatrics* (vol. 17, pp. 304~24). New York: Springer—Verlag.

Dooley, D., Rook, K., and Catalano, R. (1987). Job and non—job stressors and their moderators. *Journal of Occupational Psychology, 60,* 115~32.

Elliott, T. R., Chartrand, J. M., and Harkins, S. W. (1994). Negative affectivity, emotional distress, and the cognitive appraisal of occupational stress. *Journal of Vocational Behavior, 45,* 185~201.

European Commission. (1996). *Employment in Europe.* Luxembourg: Office for Official Publications of the European Communities.

Farrell, D., and Stamm, C. L. (1988). Meta—analysis of the correlates of employee absence. *Human Relations, 41,* 211~27.

Fried, Y. (1991). Meta—analytic comparison of the Job Diagnostic Survey and Job Characteristics Inventory as correlates of work satisfaction and performance. *Journal of Applied Psychology, 76,* 690~97.

Frone, M. R., Russell, M., and Barnes, G. M. (1996). Work—family conflict, gender, and health—related outcomes: A study of employed parents in two community samples. *Journal of Occupational Health Psychology, 1,* 57~69.

Frone, M. R., Russell, M., and Cooper, L. M. (1992). Antecedents and outcomes of work—family conflict: Testing a model of the work—family interface. *Journal of Applied Psychology, 77,* 65~78.

Frone, M. R., Yardley, J. K., and Market, K. S. (1997). Developing and testing an integrative model of the work—family interface. *Journal of Vocational*

Behavior, 50, 145~67.

Fullerton, H. N. (1995). The 2005 labor force. *Monthly Labor Review, 118* (11), 29~44.

Funk, S. C. (1992). Hardiness: A review of theory and research. *Health Psychology, 11*, 335~45.

Gechman, A. S., and Wiener, Y. (1975). Job involvement and satisfaction as related to mental health and personal time devoted to work. *Journal of Applied Psychology, 60*, 521~23.

George, J. M. (1989). Mood and absence. *Journal of Applied Psychology, 74*, 317~24.

_____. (1991). State or trait: Effects of positive mood on prosocial behaviors at work. *Journal of Applied Psychology, 76*, 299~307.

_____. (1996). Trait and state affect. In K. R. Murphy (Ed.), *Individual differences and behavior in organizations* (pp. 145~71). San Francisco: Jossey—Bass.

George, J. M., and Jones, G. R. (1996). The experience of work and turnover intentions: Interactive effects of value attainment, job satisfaction, and positive mood. *Journal of Applied Psychology, 81*, 318~25.

Gerhart, B. (1987). How important are dispositional factors as determinants of job satisfaction?: Implications for job design and other personnel programs. *Journal of Applied Psychology, 72*, 366~73.

Hackett, R. D. (1989). Work attitudes and employee absenteeism: A synthesis of the literature. *Journal of Occupational Psychology, 62*, 235~48.

Hall, D. T., and Mirvis, P. H. (1995). The new career contract: Developing the whole person at midlife and beyond. *Journal of Vocational Behavior, 47*, 269~89.

Hom, P. W., Caranikas—Walker, F., Prussia, G. E., and Griffeth, R. W. (1992). A meta—analytical structural equations analysis of a model of employee turnover. *Journal of Applied Psychology, 77*, 890~909.

Iaffaldano, M. T., and Muchinsky, P. M. (1985). Job satisfaction and job performance: A meta—analysis. *Psychological Bulletin, 97*, 251~73.

Jamal, M. (1984). Job stress and job performance controversy: An empirical assessment. *Organizational Behavior and Human Performance, 33*, 1~21.

Jex, S. M., and Spector, P. E. (1996). The impact of negative affectivity on stressor—strain relations: A replication and extension. *Work and Stress, 10*, 36~45.

Judge, T. A., and Locke, E. A. (1993). Effect of dysfunctional thought processes on subjective well—being and job satisfaction. *Journal of Applied Psychology, 78*, 475~90.

Judge, T. A., and Watanabe, S. (1993). Another look at the job satisfaction—life satisfaction relationship. *Journal of Applied Psychology, 78*, 939~48.

Kahn, R. L., and Byosiere, P. (1992). Stress in organizations. In M. D. Dunnette and L. M. Heugh (Eds.), *Handbook of industrial and organizational psychology* (vol. 3, pp. 571~650). Palo Alto, Calif.: Consulting Psychologists Press.

Kalimo, R., and Vuori, J. (1991). Work factors and health: The predictive role of pre−employment experiences. *Journal of Occupational Psychology, 64*, 97~115.

Karasek, R. A. (1979). Job demands, job decision latitude, and mental strain: Implications for job design. *Administrative Science Quarterly, 24*, 285~308.

Karasek, R. A., and Theorell, T. (1990). *Healthy work.* New York: Basic Books.

Kasl, S. V. (1996). The influence of the work environment on cardiovascular health: A historical, conceptual, and methodological perspective. *Journal of Occupational Health Psychology, 1*, 42~56.

Kauppinen−Toropainen, K., Kandolin, I., and Mutanen, P. (1983). Job dissatisfaction and work−related exhaustion in male and female work. *Journal of Occupational Behaviour, 4*, 193~207.

Kelloway, E. K., and Barling, J. (1991). Job characteristics, role stress and mental health. *Journal of Occupational Psychology, 64*, 291~304.

Kobasa, S. C. (1979). Stressful life events, personality, and health: An enquiry into hardiness. *Journal of Personality and Social Psychology, 37*, 1~11.

Landeweerd, J. A., and Boumans, N. P. G. (1994). The effect of work dimensions and need for autonomy on nurses' work satisfaction and health. *Journal of Occupational and Organizational Psychology, 67*, 207~17.

Lee, R. T., and Ashforth, B. E. (1996). A meta−analytic examination of the correlates of the three dimensions of job burnout. *Journal of Applied Psychology, 81*, 123~33.

Levin, I., and Stokes, J. P. (1989). Dispositional approach to job satisfaction: Role of negative affectivity. *Journal of Applied Psychology, 74*, 752~58.

Loscocco, K. A., and Spitze, G. (1990). Working conditions, social support, and the well−being of male and female factory workers. *Journal of Health and Social Behavior, 31*, 313~27.

Lowe, G. S., and Northcutt, H. C. (1988). The impact of working conditions, social roles, and personal characteristics on gender differences in distress. *Work and Occupations, 15*, 55~77.

Lucas, R. E., Diener, E., and Suh, E. (1996). Discriminant validity of well−being measures. *Journal of Personality and Social Psychology, 71*, 616~28.

Magnus, K., Diener, E., Fujita, F., and Pavot, W. (1993). Extraversion and neuroticism as predictors of objective life events: A longitudinal analysis. *Journal of Personality and Social Psychology, 65*, 1046~53.

Manning, M. R., Jackson, C. N., and Fusilier, M. R. (1996). Occupational stress, social support, and the costs of health care. *Academy of Management Journal, 39*, 738~50.

Martin, R., and Wall, T. D. (1989). Attentional demand and cost responsibility as stressors in shopfloor jobs. *Academy of Management Journal, 32*, 69~86.

Martocchio, J. J. (1994). The effects of absence culture on individual absence. *Human Relations, 47*, 243~62.

Maslach, C., and Jackson, S. E. (1981). The measurement of experienced burnout. *Journal of Occupational Behaviour, 2*, 99~113.

Mathieu, J. E., Hofmann, D. A., and Farr, J. L. (1993). Job perception—job satisfaction relations: An empirical comparison of three competing theories. *Organizational Behavior and Human Decision Processes, 56*, 370~87.

Matthews, G., Jones, D. M., and Chamberlain, A. G. (1990). Defining the measurement of mood: The UWIST mood adjective checklist. *British Journal of Psychology, 81*, 17~42.

McNeely, B. L., and Meglino, B. M. (1994). The role of dispositional and situational antecedents in prosocial organizational behavior: An examination of the intended beneficiaries of prosocial behavior. *Journal of Applied Psychology, 79*, 836~44.

Melamed, S., Ben-Avi, I., Luz, J., and Green, M. S. (1995). Objective and subjective work monotony: Effects on job satisfaction, psychological distress, and absenteeism in blue-collar workers. *Journal of Applied Psychology, 80*, 29~42.

Miles, E. W, Patrick, S. L., and King, W. C. (1996). Job level as a systemic variable in predicting the relationship between supervisory communication and job satisfaction. *Journal of Occupational and Organizational Psychology, 69*, 277~92.

Mitra, A., Jenkins, G. D., and Gupta, N. (1992). A meta-analytic review of the relationship between absence and turnover. *Journal of Applied Psychology, 77*, 879~89.

Motowidlo, S. J. (1984). Does job satisfaction lead to consideration and personal sensitivity? *Academy of Management Journal, 27*, 910~15.

Motowidlo, S. J., Packard, J. S., and Manning, J. S. (1986). Occupational stress: Its causes and consequences for job performance. *Journal of Applied Psychology, 71*, 618~29.

Mottaz, C. (1986). Gender differences in work satisfaction, work-related rewards and values, and the determinants of work satisfaction. *Human Relations, 39*, 359~76.

Munz, D. C., Huelsman, T. J., Konold, T. R., and McKinney, J. J. (1996). Are there methodological and substantive roles for affectivity in Job Diagnostic

Survey relationships? *Journal of Applied Psychology, 81*, 795~805.

Myers, D. A. (1991). Work after cessation of a career job. *Journal of Gerontology, 46*, S93~102.

Necowitz, L. B., and Roznowski, M. (1994). Negative affectivity and job satisfaction: Cognitive processes underlying the relationship and effects on employee behaviors. *Journal of Vocational Behavior, 45*, 270~94.

Netemeyer, R. G., Johnston, M. W., and Burton, S. (1990). Analysis of role conflict and role ambiguity in a structural equations framework. *Journal of Applied Psychology, 75*, 148~57.

Office of National Statistics. (1996). Full-time and part-time workers. *Labour Force Quarterly Bulletin, 18*, 8~9.

Oldham, G. R., and Fried, Y. (1987). Employee reactions to workspace characteristics. *Journal of Applied Psychology, 72*, 75~80.

Organ, D. W., and Ryan, K. (1995). A meta-analytic review of attitudinal and dispositional predictors of organizational citizenship behavior. *Personnel Psychology, 48*, 775~802.

Ostroff, C. (1992). The relationship between satisfaction, attitudes, and performance: An organizational level analysis. *Journal of Applied Psychology, 77*, 963~74.

Parasuraman, S., Purohit, Y. S., and Godshalk, V. M. (1996). Work and family variables, entrepreneurial career success, and psychological well-being. *Journal of Vocational Behavior, 48*, 275~300.

Petty, M. M., McGee, G. W., and Cavender, J. W. (1984). A meta-analysis of the relationship between individual job satisfaction and individual performance. *Academy of Management Review, 9*, 712~21.

Piltch, C. A., Walsh, D. C., Mangione, T. W., and Jennings, S. E. (1994). Gender, work, and mental distress in an industrial labor force. In G. P. Keita and J. J. Hurrell (Eds.), *Job stress in a changing workforce* (pp. 39~54). Washington, D. C.: American Psychological Association.

Piotrkowski, C. S. (1978). *Work and the family system.* New York: Free Press.

Podsakoff, P. M., MacKenzie, S. B., and Bommer, W. H. (1996). Meta-analysis of the relationships between Kerr and Jermier's substitutes for leadership and employee job attitudes, role perceptions, and performance. *Journal of Applied Psychology, 81*, 380~99.

Pugliesi, K. (1995). Work and well-being: Gender influences on the psychological consequences of employment. *Journal of Health and Social Behavior, 36*, 57~71.

Rice, R. W., Frone, M. R., and McFarlin, D. B. (1992). Work-nonwork conflict and the perceived quality of life. *Journal of Organizational Behavior, 13*, 155~68.

Robertson, A., Gilloran, A., McGlew, T., McKee, K., Mclnley, A., and Wight, D. (1995). Nurses' job satisfaction and the quality of care received by patients in psychogeriatric words. *International Journal of Geriatric Psychiatry, 10,* 575~84.

Roskies, E., Louis-Guerin, C., and Fournier, C. (1993). Coping with job insecurity: How does personality make a difference? *Journal of Organizational Behavior, 14,* 616~30.

Roxburgh, S. (1996). Gender differences in work and well-being: Effects of exposure and vulnerability. *Journal of Health and Social Behavior, 37,* 265~77.

Schaubroeck, J., Ganster, D. C., and Fox, M. L. (1992). Dispositional affect and work-related stress. *Journal of Applied Psychology, 77,* 322~35.

Schaubroeck, J., Ganster, D. C., and Kemmerer, B. (1996). Does trait affect promote job attitude stability? *Journal of Organizational Behavior, 17,* 191~96.

Scheier, M. F., and Carver, C. S. (1985). Optimism, coping, and health: Assessment and implications of generalized outcome expectancies. *Health Psychology, 4,* 219~47.

Schonfeld, I. S. (1996). Relation of negative affectivity to self-reports of job stressors and psychological outcomes. *Journal of Occupational Health Psychology, 1,* 397~412.

Sevastos, P., Smith, L., and Cordery, J. L. (1992). Evidence on the reliability and construct validity of Warr's (1990) well-being and mental health measures. *Journal of Occupational and Organizational Psychology, 65,* 33~49.

Shore, L. M., and Martin, H. J. (1989). Job satisfaction and organizational commitment in relation to work performance and turnover intentions. *Human Relations, 42,* 625~38.

Smith, C. A., Organ, D. W., and Near, J. P. (1983). Organizational citizenship behavior: Its nature and antecedents. *Journal of Applied Psychology, 68,* 653~63.

Spector, P. E., Dwyer, D. J., and Jex, S. M. (1988). Relation of job stressors to affective, health, and performance outcomes: A comparison of multiple data sources. *Journal of Applied Psychology, 73,* 11~19.

Spector, P. E., and Jex, S. M. (1991). Relations of job characteristics from multiple data sources with employee affect, absence, turnover intentions, and health. *Journal of Applied Psychology, 76,* 46~53.

Spector, P. E., and O'Connell, B. J. (1994). The contribution of personality traits, negative affectivity, locus of control and Type A to the subsequent reports of job stressors and job strains. *Journal of Occupational and Organizational Psychology, 67,* 1~11.

Staw, B. M., and Ross, J. (1985). Stability in the midst of change: A dispositional approach to job attitudes. *Journal of Applied Psychology, 70*, 469~80.

Steiner, D. D., and Truxillo, D. M. (1989). An improved test of the disaggregation hypothesis of job and life satisfaction. *Journal of Occupational Psychology, 62*, 33~39.

Szalai, A. (Ed.). (1972). *The use of time: Daily activities of urban and suburban populations in twelve countries.* The Hague: Mouton.

Tait, M., Padgett, M. Y., and Baldwin, T. T. (1989). Job and life satisfaction: A re-evaluation of the strength of the relationship and gender effects as a function of the date of the study. *Journal of Applied Psychology, 74*, 502~7.

Tharenou, P. (1993). A test of reciprocal causality for absenteeism. *Journal of Organizational Behavior, 14*, 193~210.

Thayer, R. E. (1989). *The biopsychology of mood and arousal.* Oxford: Oxford University Press.

Thomas, L. T., and Ganster, D. C. (1995). Impact of family-supportive work variables on work-family conflict and strain: A control perspective. *Journal of Applied Psychology, 80*, 6~15.

Thompson, C. A., Kopelman, R. E., and Schriesheim, C. A. (1992). Putting all one's eggs in the same basket: A comparison of commitment and satisfaction among self-and organizationally employed men. *Journal of Applied Psychology, 77*, 738~43.

Wall, T. D., Jackson, P. R., Mullarkey, S., and Parker, S. K. (1996). The demands-control model of job strain: A more specific test. *Journal of Occupational and Organizational Psychology, 69*, 153~66.

Warr, P. B. (1987). *Work, unemployment, and mental health.* Oxford: Oxford University Press.

_____. (1990a). Decision latitude, job demands, and employee well-being. *Work and Stress, 4*, 285~94.

_____. (1990b). The measurement of well-being and other aspects of mental health. *Journal of Occupational Psychology, 63*, 193~210.

_____. (1992). Age and occupational well-being. *Psychology and Aging, 7*, 37~45.

_____. (1994). A conceptual framework for the study of work and mental health. *Work and Stress, 8*, 84~97.

_____. (1997). Age, work, and mental health. In K. W. Schaie and C. Schooler (Eds.), *The impact of work on older individuals* (pp. 252~96). New York: Springer-Verlag.

Warr, P. B., Barter, J., and Brownbridge, G. (1983). On the independence of positive and negative well-being. *Journal of Personality and Social Psychology, 44*, 644~51.

Watson, D., and Clark, L. A. (1984). Negative affectivity: The disposition to experience aversive emotional states. *Psychological Bulletin, 96,* 465~90.

_____. (1992). On traits and temperament: General and specific factors of emotional experience and their relation to the five-factor model. *Journal of Personality, 60,* 441~76.

Watson, D., Clark, L. A., and Tellegen, A. (1988). Development and validation of brief measures of positive and negative affect: The PANAS scales. *Journal of Personality and Social Psychology, 54,* 1063~70.

Watson, D., and Pennebaker, J. W. (1989). Health complaints, stress, and distress: Exploring the central role of negative affectivity. *Psychological Review, 96,* 234~54.

Watson, D., and Slack, A. K. (1993). General factors of affective temperament and their relation to job satisfaction over time. *Organizational Behavior and Human Decision Process, 54,* 181~202.

Watson, D., and Walker, L. M. (1996). The long-term stability and predictive validity of trait measures of affect. *Journal of Personality and Social Psychology, 70,* 567~77.

Weaver, C. N. (1980). Job satisfaction in the United States in the 1970s. *Journal of Applied Psychology, 65,* 364~67.

Williams, L. J., Gavin, M. B., and Williams, M. L. (1996). Measurement and non-measurement processes with negative affectivity and employee attitudes. *Journal of Applied Psychology, 81,* 88~101.

Xie, J. L., and Johns, G. (1995). Job scope and stress: Can job scope be too high? *Academy of Management Journal, 38,* 1288~1309.

Zaccaro, S. J., and Stone, E. F. (1988). Incremental validity of an empirically based measure of job characteristics. *Journal of Applied Psychology, 73,* 245~52.

21장

복지와 웰빙의 측정
레이던 접근법

베르나르드 M. S. 판프라흐 · 폴 프리지터스

이 장은 레이던(Leyden) 접근법으로 알려진, 소득에서 비롯된 개인 복지의 측정에 중점을 둘 것이다. 판프라흐(van Praag, 1971)가 개발한 이 접근법은 경제 분야 내에서 개발된 소수의 복지 측정 기법들 중 하나이다. 이 기법은 소득에 대한 개인의 기준을 파악하고자 하는 '소득 평가 질문'에 기초한다. 응답자들은 자신들이 '좋은' 소득과 '나쁜' 소득으로 여기는 소득 정도에 대한 질문을 받는다. 이러한 질문에 대한 대답은 가족의 규모와 환경이 개인의 복지에 미치는 영향에 대한 통찰력을 얻는 데 사용될 수 있다. 과거 소득과 기대 소득이 현재의 복지에 미치는 영향도 고려 대상이다. 이 기법은 일반적으로 다른 기준들을 측정하는 데도 사용된다. 우리는 사회적 기준이 어떻게 개별 기준에서 파생될 수 있는지도 고찰하고자 한다. 결국 우리는 복지가 웰빙과 어떻게 관련이 있는지에 대한 질문에 역점을 둘 것이다. 두 개념을 측정함으로써 두 개념이 서로 다르다는 것을 보여줄 수 있을 것이다. 두 측정치의 결합은 금전적 비용과 자녀를 갖는 것과 같은 선택의 비금전적 이익을 구별할 수 있게 해준다.

효용(Utility) 개념은 경제학의 핵심 개념이다. 현대 경제학은 수많은 하위 분야를 가진 학문으로 잘 알려져 있지만 거의 모든 관련 문제들은 사람들과 사람들의 선택 행동과 관련이 있다. 개인은 제한된 자원과 기회를 가지고 있기 때문에 대안들 중에서 선택해야 한다. 선택 문제를 설명하는 효율적인 방법은 이러한 대안들에 예컨대, $U_1, U_2, U_3, \ldots U_i, \ldots$ 처럼 효용 가치(utility value)를 부여하고, 개인이 자신에게 가장 높은 효용 가치가 있는 대안을 선택한다고 가정하는 것이다. 예를 들어, 일련의 선택안들 {1,2,3,...*i*,...}가 있다면, 선택 행동은 수학적으로 다음과 같이 설명된다.

$$\max_{i=1,2,3,\ldots} U_i$$

이 설명의 함의는 우리가 개인의 효용 가치 U_1, U_2, U_3...를 앎으로써 그 사람의 선택 행동을 예측할 수 있다는 것이다. 경험적 현실에서는 정반대이다. 우리는 U의 가치를 알지 못하지만 선택 과정을 관찰할 수 있다. 개인이 일관되게 대안 1을 선택한다면, 경제학자들은 일반적으로 U_1이 U_2, U_3....보다 크다고 추론할 것이다. 일련의 선택안들에서 대안 1을 없앴을 때 대안 2가 일관되게 선택된다면 우리는 $U_1 > U_2$이며, U_2는 다른 U 가치들보다 크다는 것을 알게 될 것이다. 이러한 방식으로 대안의 선호 순위를 찾고 U 가치들 간의 불균등 관계를 설정할 수 있다. 그러나 우리는 U_2가 U_1보다 약간 작은지, 아니면, U_2가 U_1보다 훨씬 작은지는 알 수 없다. 요컨대, 우리는 선택을 관찰함으로써 서수적 효용[1]의 우선순위를 알게 된다.

선택 모델은 두 가지 방법으로 확장될 수 있다. 첫째, 우리는 무한한 일련의 대안들을 고려할 수 있다. 대안들은 연속 변인 x 또는 하나 이상의 변인, 예컨대 $(x_1, x_2...x_n)$ = x로 설명될 수 있다. 그러면 효용 가치는 서수적 효용 함수 $U(x)$로 표시된다. 둘째, 우리는 각 의사 결정자 z가 자신만의 효용 우선순위를 가지고 있다고 가정할 수 있다. 이 경우 서수적 효용 함수는 $U(x; z)$로 나타내며, 여기서 z는 연령, 성별, 소득, 사회 계층 등과 같은, 각각 상이한 매개 변인을 포함할 수 있다. 우리는 이 서수 함수가 카너먼와 와커, 사린 (Kahneman, Wakker and Sarin, 1997)의 용어로 '결정 효용' 유형이라는 점을 주목한다. 결정 효용은 결정을 내리기 위해서 필요하며, 선택 결정 관찰을 통해서 경험적으로 확립된다.[2]

경제학에서 선택 행동의 전통적인 예는 소비자의 구매 행동이다. 이 모델

---

1   효용 수준을 나타내는 숫자의 절대적 크기나 그 차이는 의미가 없고, 우선순위만 의미가 있는 효용.

2   (지은이) 카너먼과 와커, 사린의 의미로 보면, 결정 효용은 서수적 효용이나 기수적 효용일 수 있다.

은 효용 함수로부터 시작된다.

$$U(x, z)$$

이 함수에서 x는 구매한 상품의 양을 나타내고, z는 개인의 상황(예컨대, 연령, 성별)을 설명하는 특성이다. 소비자는 상품 $x_1 \sim x_n$에 대한 가격 $p_1, \ldots p_n$에 직면한다. 소비자의 소득이 y라면, 그 사람의 선택안들은 다음과 같이 설명된다.

$$p_1 x_1 + \ldots + p_n x_n \leq y$$

이러한 제약 조건을 위반한 모든 일단의 상품$(x_1, x_2 \ldots x_n)$은 개인에게 너무 비싸다. 행동 모델은 개인이 선택안들이 제공하는 자유에 따라 적합한 일단의 상품 x와 관련해 $U(.;z)$를 최대화한다고 가정함으로써 행동을 설명한다.

에지워스(Edgeworth, 1881)는 $U(.)$를 효용 함수라고 불렀다. 파레토(Pareto, 1904)는 그것을 오필리미티(ophelimity, 만족을 주는 힘) 함수라고 불렀다. 에지워스는 직접적인 방법으로 U를 측정할 수 있다고 다소 암시적으로 추측했다. 따라서 사무엘슨(Samuelson, 1945)은 "에지워스는 효용을 아침에 먹는 잼만큼이나 현실적인 것으로 여긴다"(206)라고 말했다. 에지워스는 U를 경험 효용, 즉 개인이 일단의 상품에서 얻은 기쁨의 기수적 측정치로 해석했다. 파레토는 상품에 대한 개인의 효용 함수를 확립하는 것이 어려울 수 있다는 사실을 알게 되었다. 소비자의 선택 과정을 설명하기 위해서 경험 효용 함수는 불필요해 보였다. 사실, 대안들 중 하나의 선택은 앞서 설명한 서수적 효용 함수로 설명할 수 있다는 것이다. 만약 $U(.)$가 서수적 효용 함수라면, 대안들에 동일한 효용 우선순위를 부여하는 다른 어떠한 효용 함수도 동일한 선택 과정을 설명하는 효용 함수이다. 예를 들어, $U_1 > U_2 > U_3 > 0$이 대안들과 1, 2, 3 사이의 선택 과정을 설명한다면, $\tilde{U}_1 = \sqrt{U_1} > \tilde{U}_2 = \sqrt{U_2} > \tilde{U}_3 = \sqrt{U_3}$는 동일한 과정을 설명할 것이다. 그러므로 동일한 선호 구조를 설명하는 서수적 효용 함수의 전체 동치류가 있다.

파레토가 의미 있는 기수적 효용 측정의 존재나 그 측정의 가능성을 부인했다고 가정하는 것은 오류이지만, 그는 기수적 의미의 효용은 소비자의 행동을 관찰함으로써 측정할 수 있는 것이 아니며, 또한 소비자 연구를 위해서 그럴 필요는 없다고 지적했다.

경제학에 엄청난 영향을 미친 로빈스(Robbins, 1932)는 효용이란 측정할 수 없는 것이며 그것을 측정하기 위한 노력이 과학적이란 양상의 다소 어리석은 면이 있다고 처음으로 선언했다. 적어도 효용 문제만큼은 심리학자들에게 맡겨야 하는 것이다.

피구(Pigou, 1948), 그리고 노벨상 수상자인 틴베르헌(Tinbergen, 1991)과 프리슈(Frisch, 1932) 등과 같은 다른 경제학자들은 확실히 다른 의견을 가지고 있었다.

그러나 서수(序數) 선은 이 서수 구조에 시간의 흐름에 따른 결정, 그리고/또는 불확실성하에서의 결정을 포함할 수 있었던 애로(Arrow, 1951)와 드브뢰(Debreu, 1959)에 의해서 존속되었다. 그들은 날짜가 있는 상품 공간에서 효용 함수로 설명한 선호 순위를 가정한다. 행동은 소비 일자에 따라 상품의 소비와 그 상품의 가격을 차별화시키는 예산 제약의 조건을 따른다.

마찬가지로, 그들은 S에 따라 변하는 자연 상태 s와 s가 지배적일 경우에만 유용한 상품을 구별함으로써 불확실성을 통합한다. 그렇다면 상품은 자연 상태 여하에 따라 유용하며, 이는 개인에게 알려지지 않은 선험적인 것이다. 이 모델은 소비자의 선택 행동을 설명하는 것으로 보일 수 있지만, 처리할 수 없는 많은 수의 차원을 가진 결정 문제를 야기하는 것도 분명한 사실이다. 긍정적인 행동 모델로서의 이 모델의 현실성은 중요하지 않으며, 우리가 아는 바에 따르면, 매우 단순화된 버전을 제외하고는 지금껏 경험적 연구에서 사용된 적이 없다.

실제로, 경제학자들은 서수 개념보다 더 절실히 필요한 문제들에 자주 직면한다(Ng, 1997을 참조).

이러한 문제들 중 하나는 보험 이론, 투자 및 저축 행동의 기초인 불확실성하에서의 의사 결정에 관한 것이다. 또한 저축 및 투자 결정과 같은 상이한 기간과 관련이 있는 결정은 서수 개념 이상의 것이 필요하다. 이러한 모델의 객관적 함수는 일반적으로 $\Sigma_t w_t U_t$ 또는 $\Sigma p_s U_s$와 같은 덧셈 형태로 단순화된다. 여기에서 U_t는 순간적인 기간 효용을 나타내고, w_t는 시간 할인 가중치를 나타낸다. 그리고 U_s는 상태 의존적 효용을 나타내고 p_s는 상태 s가 발생하는 (실제 또는 지각된) 기회를 나타낸다. 분명, 시간과 상태의 결합과 지속적인 일

4부
·
882

반화는 생각하기 쉽다.

이러한 객관적인 함수에는 두 가지 중요한 점이 있다. 기본적 요인은 더 이상 서수가 아닌 효용 함수 U이다. 우리는 단조 변환에 따라 마음대로 개별적 형태를 바꿀 수 없다. 보다 구체적으로 말해, $\Sigma_i w_i \phi(U_i)$를 극대화하면 ϕ가 정적 선형 변환(즉, $\phi(.) = \alpha U + \beta$, 그리고 $\alpha > 0$)인 경우를 제외하고는 $\phi(.)$에 따라 달라지는 최적이 산출된다. 이러한 종류의 문제들에서 효용 개념은 경제학자들이 기수적 효용 함수라고 부르는 것이다. 그것은 정적 선형 변환만 허용하는 상대적으로 훨씬 더 작은 종류이다.

대부분의 주류 경제학자들은 기수적 효용 함수에 대해 매우 거북함을 느끼고 있다. 이러한 거북함은 로빈스가 심어준 기수성에 반발하는 영미의 독단주의에 근거한 것으로 보인다. 그러나 경제학자들이 수행한 대부분의 실제 연구는 매우 일반적인 '서수 공식화'로 시작하지만, 얼마 후 그들은 10번 중 9번이 기수적 효용으로 판명되는 구조 명확화를 제시한다(van Praag, 1968을 참조). 이러한 기수적 효용 함수는 여전히 결정 효용 유형에 속한다. 결국 기수적 효용 함수는 의사 결정 과정을 설명하는 데 중요한 역할을 한다.

경제학자들이 기수적 효용 함수를 필요로 하는 두 번째 종류의 문제, 즉 규범적 문제가 있다. 이러한 문제의 첫 번째 예는 우리가 최적의 (재)분배를 찾으려고 하는 경우에 발생한다. 특히 소득세의 경우, 누진세율(부자인 개인들은 가난한 개인들보다 상대적으로 더 많은 세금을 내는 세율)이 수용된 결과, 부자는 가난한 사람들만큼이나 부담을 받는다. 이러한 비교는 개인들 간 비교 가능한 기수적 효용 함수 없이는 불가능하다. 분명, 이 효용 함수는 경험 효용 유형에 속한다.

공정한 소득 분배의 개념과 빈곤의 개념, 소득 불평등 평가 등과 같은 형평성 측정은 두 번째 예를 제시한다. 거의 모든 형평성 측정은 경험 소득 효용의 기수적 개념에 기초하고 있음이 분명하나, 그 사실이 명시적으로 언급되는 경우는 거의 없다(Atkinson, 1970을 참조).

개인 간 비교 가능한 기수적 효용이 필요한 세 번째 분야는 교량 건설, 시장 규제 완화, 건강 보험 프로그램 확립, 또는 공항의 소음 공해 통제와 같은 특정한 측정치를 평가해야 하는 모든 유형의 비용 효익 분석과 관련이 있다. 이러한 경우, 어떤 시민들은 이익을 얻고 다른 어떤 시민들은 손해를 볼 것이다. 이러한 효익과 비용은 부분적으로 화폐량으로 환언될 수 있지만 돈은 서로 다른 사람들에 따라 상이한 의미를 지닌다. 예를 들어, 하나의 정책이 가난한 사람에게 100달러의 손실을 의미하고, 부자에게 1만 달러의 이익을 의미할 경우, 그 정책을 실현해야 하는지는 분명하지 않다. 의사 결정을 내리는 유일한 방법은 비교 가능한 효용의 이익과 손실 측면에서 균형을 맞추는 것이다.

완스벡과 캅테인(Wansbeek and Kapteyn, 1983)은 경제학적인 상황을 간결하고 재치 있게 다음과 같이 요약한다.

경제학자들에게 효용은 신학자들에게 하느님이 가지는 의미와 같다. 경제학자들은 항상 효용에 대해 이야기하지만, 천국의 이편에서는 그것을 관찰할 수 있는 희망이 없는 것 같다. 미시경제이론에서 거의 모든 모델은 어떤 종류의 효용 함수에 토대를 두고 있다. 경험적 연구에서는 널리 알려진 이 개념을 측정하려는 시도가 거의 없다. 이 개념은 인간들이 직접적으로 측정하는 것을 허용하지 않을 정도로 대단히 비밀에 쌓인 것으로 여겨지고 있다. 그럼에도 불구하고, 다른 역할, 즉 비경제학자들의 다른 역할을 맡은 인간들이야말로 효용 함수의 유일한 소유자로, 효용 함수로 믿을 수 없는 일들을 할 수 있다(249).

경제학자들은 경제학을 '감정'의 심리학에서 분리해 놓고서는 모든 문제들에 대해 딱히 뭐라 할 말이 없다는 것을 알게 되었다. 이 글의 두 번째 부분에서는 경제학자들이 개인이 스스로 제시한 평가를 이용하여 효용 함수를 측정하려는 시도를 검토할 것이다. 그러나 그에 앞서 먼저 경제 문헌에서 찾아볼 수 있는 효용 함수에 대한 일반적인 접근방식에 관해 논의할 것이다. 우리는 효용 함수의 문제를 다룬 접근법들을 다섯 가지 개별적인 접근법으로 나눌 것이다.

기수적 효용에 대한 경제학자들의 일반적인 접근법

경제 분야에서 단연 인기 있는 기수적 효용에 대한 첫 번째 접근법은 효용을 측정하는 것이 아니라, 당면한 이론적이거나 경험적인 문제에 대한 함수적 형식의 효용 함수를 단순히 가정하는 것이다. 이 장의 나머지 부분에서는 이 접근법을 무시할 것이다.

아마도 가장 잘 알려진 두 번째 접근법을 사용하는 경제학자들은 크리스텐슨, 조르겐슨과 라우(Christensen, Jorgenson and Lau, 1975), 그리고 조르겐슨과 슬레스닉(Jorgenson and Slesnick, 1984)일 것이다. 그들은 효용 함수에 대해 공리적 접근법을 취했다. 그들은 효용 함수가 충족시켜야 한다고 믿는 조건을 지정한 다음 이러한 요구 조건에 적합한 효용 함수(유형)를 도출한다.[3] 그들은 개인이 자신의 관찰된 행동에서 누리는 효용 수준을 추론한 후에 그것을 이용해 규범적 진술을 한다. 효용 수준이 직접적으로 측정되지 않고 본질적으로 추정되기 때문에 여기서는 이 접근법이 정교하지 않다. 또한, 이 방법이 타당성을 가진다면, 기수적 결정 효용을 산출할 것이다.

세 번째 접근법을 취하는 경제학자들은 개인의 일과 생활 조건에 대한 주관적인 지표와 객관적인 지표를 사용하여 효용 측정을 정의한다. 그리고 이 큰 그룹은 세 그룹으로 세분된다. 한 그룹은 가난한 개인들과 관련이 있고 다른 한 그룹은 국가의 삶의 질과 관련이 있으며, 또 다른 한 그룹은 개인들의 삶의 질과 관련이 있다.

빈곤에 관한 경험적 문헌은 개인이 이용할 수 있는 물질적 자원에 중심을 두고 있다(Townsend, 1979, 1993; Sen, 1987; Ravallion, 1994). 표준적인 접근법은 가정의 가계 소득이 특정한 한계점 이하로 떨어질 경우에 그 가정을 빈곤하다고 정의하는 것이다. 그리고 이 한계점은 여러 가지 방법으로 정의할 수 있다. 예를 들어, '기본적 욕구' 접근법에서는 연구자가 개인에게 반드시 필요하다고 여기는 한 바구니의 상품들을 구입하는 데 필요한 비용으로부터 한계점을 계산한다. '상대적 욕구' 접근법에서 한계점은 한 국가의 평균 소득이나 중간 소득의 일정 비율로 정의된다. 빈곤 문헌의 대부분을 이루는 두 접근법 모두 실제로 효용 함수를 측정하지는 않지만, 한계점 이하의 소득을 얻는 개인의 효용이 어떤 의미에서든 '낮다'는 가정에 근거하고 있는 것은 분명한 사실이다. 캘런과 놀런(Callan and Nolan, 1991), 그리고 프리터스와 판프라흐(Frijters and van Praag, 1996)는 빈곤 측정과 관련된 규범적 문제에 대한 보다 상세한 재고찰을 제공한다.

---

3   (지은이) 공리와 2차 가정을 이용하여 함수 형식의 효용 함수를 찾으려는 시도와 관련해, 판프라흐(1968)도 참조.

다른 문헌들은 국민들의 '삶의 질'을 조사한다. 그러한 문헌들(Kurian, 1984; Maasoumi, 1989; Nussbaum and Sen, 1992; Sen, 1987)에서 경제학자들은 삶의 질과 관련해서 국가 순위를 평가하려고 한다.[4] 삶의 질은 일반적으로 특정한 국가 통계의 가중 평균으로 정의된다. 사용된 통계로는 예컨대, 전체 인구의 문해(文解) 수준, 여성의 문해 수준, 유아 사망률, 1인당 소득 수준, 남녀의 기대수명, 정치적 안정 지표, 1인당 에너지 소비량, 평균 가구 규모, 의사 1인당 환자 수, 시민의 자유 수준 등이 있다. 이러한 변인들은 개인 및 국가의 효용 수준에 있어 매우 중요할 수 있다. 그러나 효용 수준 자체는 이러한 변인들을 통해 측정되지는 않는다. 여기에서 문제는 이 통계에 어떻게 가중치를 두어야 할지이다. 여성의 문해 수준이 1퍼센트 증가하거나 시민의 자유 지수가 1퍼센트 향상될 때 삶의 질이 더 향상될까? 자신에 대한 개인 스스로의 평가를 가중치 부여법으로 이용하고 싶지 않을 경우에는 연구자의 의견이 결정 기준이 된다는 것은 분명한 사실이다. 종합적인 삶의 질 지수화에 있어 이러한 상이한 변인들에 어떻게 가중치를 부여할지에 대한 문제는 놀랄 것도 없이 이 문헌에서 주요한 논쟁의 원천이다. 사용된 가중치 부여법에 대한 실증 분석을 살펴보고자 한다면, 히르슈베르크와 마소우미, 슬롯제의 논문(Hirschberg, Maasoumi and Slottje, 1991)을 참조 바란다.

클라크와 오즈월드의 일부 연구들 또한 세 번째 범주에 속한다. 1994년 논문에서 클라크와 오즈월드는 다음과 같은 12가지 질문에 대한 답변을 집계하여 '불행'을 정의했다.

1. 당신은 어떤 것이든 하고 있는 일에 집중할 수 있었나요?
2. 당신은 걱정 때문에 잠을 많이 못 잤나요?
3. 당신은 일에 있어서 유용한 역할을 하고 있다고 느꼈나요?
4. 당신은 일에 대해서 결정할 수 있다고 느꼈나요?
5. 당신은 끊임없이 긴장감을 느꼈나요?
6. 당신은 자신에게 닥친 난관들을 극복할 수 없다고 느꼈나요?

4   (지은이) '삶의 질' 개념은 매우 폭넓다. 어떤 연구자는 그것을 행복과 같은 뜻(Veenhoven, 1996)으로 해석하고, 어떤 연구자들은 평균적인 만족(Dow and Juster, 1985)으로 해석한다. 우리는 여기에서 이 분야의 대부분의 경제학자들이 사용하는 것으로 보이는 해석에 대해 논의할 것이다.

7. 당신은 평범한 일상 활동을 즐길 수 있었나요?

8. 당신은 자신의 문제들과 대면할 수 있었나요?

9. 당신은 불행감과 우울함을 느꼈나요?

10. 당신은 자신감을 잃어가고 있었나요?

11. 당신은 자신을 쓸모없는 사람으로 여겨 왔나요?

12. 모든 점들을 고려해 볼 때, 당신은 상당히 행복감을 느껴 왔나요?

변인 '불행'의 범위는 0에서 12까지이며, 12는 최대 수준의 불행을 나타내고 0은 불행 요인이 전혀 없음을 나타낸다. 이러한 질문들 중 일부는 질문 9와 12처럼 효용 측정 질문으로 볼 수 있지만, 12개의 모든 질문의 단순한 집합을 직접적인 효용 측정 질문으로 볼 수는 없다. 효용은 개인의 상황에 대한 개인 평가이다. '많은 수면 부족'이나 '긴장감에 시달림'이 효용에 영향을 미치거나 효용의 영향을 받을 수 있지만, 그러한 요인들은 '수면 부족'이나 '긴장감에 시달림'에 대한 평가가 아니기 때문에 효용 수준을 직접적으로 측정하지는 못한다. 이 행복 측정법은 개인의 경험 효용과 전적으로 관련이 있을 수 있으며, 따라서 경험 효용의 다른 측정법만큼 유용할 수 있다. 그럼에도 불구하고, 행복 측정법은 '수면 부족'과 '긴장감에 시달림'이 (가능성이 높은) 경험 효용과 상관관계가 있을 때만 유용한 경험 효용의 간접적인 측정법으로 존속할 것이다. 따라서 그 측정법은 전적으로 스스로 삶의 질을 측정하는 것이다. 클라크와 오즈월드는 개인의 점수가 '정신적 스트레스' 점수로 '좀 더 정확하게' 설명된다고 주장함으로써 그 측정법을 인정한 것으로 보인다. 개인의 종합적인 상황들에 근거한 한 개인의 삶의 질에 대한 다른 개인적 측정법들 또한 이 범주에 속한다.

네 번째 접근법은 개인이 확률 선택 실험을 수행하여 결정 효용 함수를 평가하는 것이다. 특정한 결과 Y, 혹은 Y보다 못한 결과를 받을지, Y보다 더 나은 결과를 받을지의 여부가 운에 달려 있는 일종의 제비뽑기를 선택해야 할 때, 개인은 확실한 Y와 제시된 제비뽑기 중에서 어떤 것이 상대적으로 매력적인 것인지를 표명할 것이다. 이 연구 방향의 주요한 문제는 개인이 확률을 사용하는 데 능숙하지 못하다는 점이다. 알레 역설이 처음으로 입증했듯이, 이 개인은 작은 확률을 과대평가하고 큰 확률을 과소평가한다(Allais and Hagen, 1979를 참조). 이것은 개인의 제비뽑기 선택이 개인의 결과에 대

한 평가와 그 결과의 확률에 대한 지각
의 조합 결과라는 것을 의미한다. 카너
먼과 트버스키(Kahneman and Tversky,
1979), 그리고 와커와 트버스키(Wakker
and Tversky, 1993)의 진보된 이론들에
따라, 카너먼과 네치, 탈러(Kahneman,
Knetsch and Thaler, 1991)는 결과에 대
한 개인의 평가에 미치는 이득과 손실

그림 21.1 소득의 가치 함수

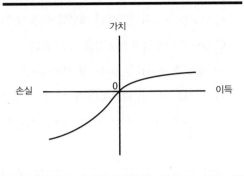

의 효과를 분리했다. 우리는 확률의 결과를 무시하고 그들이 알아낸 가치 함
수에 초점을 맞출 것이다. 카너먼과 동료들(Kahneman et al., 1991)의 선택 실
험이 제시한 가치 함수의 형태는 그림 21.1에 그려져 있다.

이 함수의 주요한 특징은 손실이 이득보다 더 큰 영향을 미친다는 것이다.
이 가치 함수의 두 번째 특징, 즉 손실 척도 또는 이득 척도의 끝에서 나타나
는 수평화는 (마르코비츠(Markowitz, 1952)와 판프라흐(1968)가 제시했듯이) 볼록
한 모양과 오목한 모양의 축소뿐만 아니라 손실과 이득의 한계 가치의 감소
를 의미한다.

마지막으로, 레이던(Leyden) 그룹이 시작한 다섯 번째 접근법은 개인이 구
어 능력으로 자신의 효용 수준을 설명할 수 있다고 추정하는 것이다. 이 장
의 나머지 부분은 레이던 그룹에 속한 경제학자들의 노력에 대해 논의하는
데 전념할 것이다. 물론 경험 효용의 측정법으로 구어 수식어를 사용하는 다
른 경제학자들도 있다(예컨대, Clark, 1996; Clark and Oswald, 1996; Dow and
Juster, 1985; Easterlin, 1974; Heywood, Siebert and Wei, 1997; Levy-Garboua
and Montmarquette, 1997; Gershuny and Halpin, 1995).

구어 수식어에 근거한 효용 측정

이 절에서 우리는 경험 효용의 개념을 조작적 정의하고자 한 경제적 방향
의 연구를 논할 것이다. 이 연구는 1970년대 초 네덜란드의 레이던 대학교에
서 기원했다. 이 연구의 주요 기여자로는 베르나르트 판프라흐(Bernard van
Praag), 아리 캅테인(Ari Kapteyn), 폴 완스벡(Paul Wansbeek), 알디 하흐나르

스(Aldi Hagenaars), 에드윈 판데르사르(Edwin Van der Sar), 에릭 플러그(Erik Plug), 폴 프리터스(Paul Frijters)가 있다. 이 연구 방향은 문헌에서 레이던 접근법(혹은 레이던 학파)으로 알려져 있다. 이러한 접근법의 개념은 심리학자들에게는 이질적인 것으로 보이지 않을 수 있지만, 대부분의 경제학자들에게는 이질적인 것으로 보였고, 여전히 이질적인 것으로 보인다. 대부분의 경제학자들은 기수적 경험 효용을 측정할 수 없으며, 어떠한 측정도 관찰된 결정 행동에 근거해야 한다고 여전히 믿고 있다. 결과적으로 레이던 접근법은 강한 반대와 불신, 노골적인 적대감에 부딪혔다. 이러한 태도의 가장 노골적인 예는 《유럽 경제 리뷰(*European Economic Review*)》에 실린, 판프라흐(1968)를 비판하는 세이들(Seidl)의 한 논문(1994)에서 찾을 수 있다.[5]

판프라흐(1968)는 이론적 근거 마련에 기여했지만, 판프라흐(1971)로부터 시작된 레이던 접근법에 대한 후속 문헌은 주로 경험적이고 데이터 지향적인 경향을 보이고 있다. 레이던 접근법은 나중에는 초점이 확장되기는 했지만, 주로 소득 평가에 초점을 맞춘다. 우리는 소득 효용, 소득 만족, 혹은 바꿔 말해 경제 복지에 대해서도 이야기하고자 한다. 우리는 이제부터는 '경제적'이라는 형용사를 쓰지 않을 것이다. 하지만 '복지'라는 용어를 쓸 때는 소득에서 파생된 복지를 염두에 둘 것이다. 이 개념은 소득이나 구매력과는 관련이 없는 요소들과 연관성이 있는 감정들을 포괄하는 웰빙 개념보다 폭이 좁다. 나중에 우리는 웰빙, 그리고 웰빙의 복지와의 관계를 좀 더 상세히 고찰할 것이다.

레이던 접근법은 두 가지 가정에 근거하고 있다. 첫째, 특히 '좋은', '나쁜', '충분한' 등의 측면에서 개인들은 일반적인 소득 수준과 자신들의 소득을 평가할 수 있다. 우리는 그러한 형용사적 용어들을 '구어 수식어'라고 부른다. 두 번째 가정은 구어 라벨이 의미 있는 방식으로 정해진 척도의 숫자적 평가(예컨대 [0,1])로 변환될 수 있다는 것이다. 우리는 측정 절차의 두 단계를 자세히 고찰할 것이다.

특정한 소득 수준을 어떻게 평가하는지에 대해 관심이 있다면 정보를 수집하는 데는 두 가지 방법을 고려할 수 있을 것이다. 가장 자연스러운 첫 번째 방법은 소득 수준들을 제시하고 구어 수식어를 요구하는 것이다. 이런 유형

5   (지은이) 이에 판프라흐와 캅테인(1994)은 응답했다.

의 질문의 예는 다음과 같다.

다음은 매월 세후 소득 수준 목록입니다. '매우 나쁜', '나쁜', '불충분한', '충분한', '좋은', '매우 좋은'과 같은 구어 수식어를 사용하여 소득 금액을 평가하십시오.

$2,000

$4,000

$6,000

$8,000

$10,000

한 달에 2만 달러를 버는 사람은 분명 이러한 수준들 대부분을 구별할 수 없을 것이다. 그런 사람에게는 앞서 열거한 소득들이 모두 불충분하거나 자신의 소득에 비해 훨씬 나쁜 편이다. 그래서 소득 수준을 우선적으로 제시하는 대신에, 우리는 구어 수식어를 자극으로 제시하고 개인 응답자들에게 어떤 소득 수준이 구어 라벨과 일치하는지 물어볼 수도 있다. 이것은 소위 소득 평가 질문(Income Evaluation Question: IEQ)으로 이어진다.

물가가 일정하다고 할 때 당신 가족의 월 세후 총 소득은 다음 중에 어디에 해당된다고 생각합니까.

매우 나쁜_____ $ _____

나쁜_____ $ _____

충분한 _____ $ _____

불충분한 _____ $ _____

좋은_____ $ _____

매우 좋은_____ $ _____

이 질문은 구두로도 성공적으로 조사 가능했지만, 익명의 우편 설문지 조사에서 성공적인 결과를 보였다. 소득과 효용 간의 지속적인 관계를 찾으려면, 이론적으로는 무한한 수의 수준이 필요하지만, 실제로는 4~9개 수준이 이용되었고, 그 수준들만을 사용할 수 있다. 여기에서 우리는 가장 자주 사용되는 형식인 6개 수준의 형식에 대해 논할 것이다.

이제 문제는 이 질문에 대한 대답들로부터 복지 함수를 어떻게 도출할 것인지이다. 더 정확히 말하면, 그것은 구어 라벨을 한[0,1] 척도상의 숫자로 변환할 것인지의 문제이다. 판프라흐(1971)의 접근법을 따라, 우리는 개인들이 그러한 질문에 대답하는 방법을 추정할 것이다. 우리는 응답자들이 면접자에게 자신들의 복지 함수의 형태에 대한 정보를 제공하고자 한다고 가정한다. 개인이 정보를 제공하는 가장 정확한 방법은 정확성 평가에 달려 있다. 판프라흐(1971)와 캅테인(1977)은 직관적으로 그럴듯한 폭넓은 종류의 평가 함수와 관련해, 응답자가 정보를 제공하는 가장 좋은 방법은 여섯 수준 각각이 1/6의 상승에 해당되는 방식으로 답변을 선택하는 것임을 보여준다. 이것은 소위 등간격 분위수[6] 가정(Equal Quantile Assumption: EQA)이라고 불리며, 다음과 같은 의미를 지닌다.

$$U(\text{매우 나쁜}) = U(\text{첫 번째 구간}) = 1/12$$
$$U(\text{나쁜}) = U(\text{두 번째 구간}) = 3/12$$
$$....$$
$$....$$
$$U(\text{매우 좋은}) = U(\text{마지막 구간}) = 11/12$$

구어적 설명이 다소 모호하더라도 응답자는 질문을 마치 동등한 분할인 것처럼 해석하는 경향이 있다고 추측할 수 있다. 구어 라벨이 모호한 경우거나 실제로 동등한 경우거나, 동등하지 않은 분할을 강하게 제시하는 경우에만 우리는 그 효과를 더 이상 기대하지 말아야 할 것이다.

만일 구어 라벨의 수치가 k라면, i^{th} 구어 라벨에 해당하는 복지에 대한 일반적인 공식은 분명히 $\frac{2i-1}{2k}$이다. 이러한 추론과 EQA 가정은 파두치가 개발한 명제와 매우 유사하다(예컨대, Parducci, 1995를 참조). 이러한 측정 과정에서 그처럼 구어 라벨을 숫자로 변환하는 것이 핵심이라는 점은 분명한 사실이다. 그것은 일부 경제학자들의 비판을 받았지만, 실험 심리학자들은 비판

---

6   자료 크기 순서에 따른 위치 값.

할 점을 별로 발견하지 못했다. 그 방법은 서스턴 측정법의 일종인 것이다. 만약 우리가 그러한 방법이나 숫자로의 어떠한 변환을 받아들이지 않는다면, 반응에 대한 의미 있는 분석이 불가능하지는 않더라도 심각하게 저해될 거라는 점은 분명한 사실로 보인다(이 점에 대해서는 나중에 논의할 것이다).

판프라흐(1991)가 설명한 실험에서는 다섯 개의 라벨을 제공하고 364명의 응답자에게 그 구어 라벨들을 하나[0, 100]의 척도로 '변환'하도록 요구했다. 마찬가지로 동일한 라벨들을 선분과 연결해야 했다. [0, 100]과 선분의 길이 사이의 숫자는 [0, 1] 매핑으로 재척도화되었다. 우리는 표 21.1에 364명의 응답자들을 대상으로 산출한 평균 결과를 제시한다.

표 21.1 숫자와 선분으로 변환

숫자	경험적 평균[7]	표준 편차	이론적 예측
매우 나쁜	$\bar{v}_1 = 0.0892$	0.0927	0.1
나쁜	$\bar{v}_2 = 0.2013$	0.1234	0.3
나쁘지 않은, 좋지 않은	$\bar{v}_3 = 0.4719$	0.1117	0.5
좋은	$\bar{v}_4 = 0.6682$	0.1169	0.7
매우 좋은	$\bar{v}_5 = 0.8655$	0.0941	0.9
선분			
매우 나쁜	$\bar{w}_1 = 0.0734$	0.0556	0.1
나쁜	$\bar{w}_2 = 0.1799$	0.0934	0.3
좋지 않은, 나쁘지 않은	$\bar{w}_3 = 0.4008$	0.1056	0.5
좋은	$\bar{w}_4 = 0.5980$	0.1158	0.7
매우 좋은	$\bar{w}_5 = 0.8230$	0.1195	0.9

출처: van Praag(1991).

'숫자'의 경우, 모든 평균이 1σ — 이론적인 예측 구간 — 에 속한다는 것을 알 수 있다. 이것은 한 수준을 제외하고는 선분의 모든 수준에 해당된다. 평균이 모두 이론적인 예측보다 낮다는 것은 흥미로운 일이다. 아마도 이것은 구어 라벨이 제시되는 순서 때문일 것이다. 우리는 구어 라벨의 제시 순서가 반대로 바뀐다면, 정반대의 편향이 있을 것이라고 생각하지만, 그것을 알지는 못한다. 구어 라벨의 숫자로의 변환이 개인 I, 예컨대 $v_{i,n}$을 통해서, 구어 라벨의 선분, 예컨대 $w_{i,n}$으로의 변환으로 회귀할 경우에, 우리는 다음과 같은 결과를 발견한다.

$$v_{i,n} = 0.056 + 0.974w_{i,n}$$
$$(0.005) \quad (0.010)$$
$$R^2 = 0.848$$

---

7 표본 평균.

4부

·

892

364*5의 관찰에서, 우리는 개인당 다섯 수준의 교란들이 서로 강한 상관관계가 있을 거라는 사실을 설명하지 못했다. 하지만 그 적합도는 대단히 좋다. 표 21.1과 이 회귀로부터 우리는 몇 가지 잠정적인 결론을 도출할 수 있다.

1. 각 응답자들의 상황과 관계없이 상이한 응답자들은 구어 라벨 순서를 유사한 방식으로 이해하는 것으로 보인다.
2. 구어 라벨 순서는 숫자 척도 또는 선 척도로 변환될 수 있다. 두 경우 모두 그러한 변환은 개인 전반에 걸쳐 균일하다.
3. 다양한 변환 메커니즘(선과 숫자)을 통한 변환들은 서로 일치한다. 즉, 선분을 사용하든, 숫자를 사용하든 관계없이 우리는 같은 것을 측정하는 것으로 보인다.
4. 구어 라벨은 대략적으로 '등간격 분위수 가정'에 따라 정해진 척도상에서 변환된다.

흥미로운 점은 이러한 결과들이 맥락과 상관없는 환경, 즉 응답자들이 자신들이 평가하게 되는 개념을 알지 못하는 환경에서 발견되었다는 것이다.

비판의 마지막 요점은 구어 라벨인 '좋은', '나쁜' 등이 모든 응답자에게 동일한 느낌을 전달하는지의 문제이다. 구어 라벨이 모든 응답자에게 동일한 느낌을 전달하지 못한다면, 우리는 동일한 구어 라벨을 설명할 때 개인들이 그들의 소득에서 동일한 수준의 기쁨을 얻는다고 잘못 가정할 것이다. 사실상 이는 심리언어학적인 문제이다. 일반적으로 언어의 기본 개념은 자주 사용되는 단어가 언어 공동체 구성원에게 동일한 의미와 정서적 함축을 가질 것이라는 사실이다. 언어는 사람들 사이의 주요한 의사소통 도구이다. 따라서 우리는 '좋은', '나쁜' 등과 같은 구어 라벨이 같은 언어를 공유하는 모든 응답자들에게 거의 같은 뜻을 의미한다고 가정해야 한다.

복지 함수의 형상

각 응답자의 경우, 여섯 개의 소득 수준은 여섯 개의 효용 수준과 연결되어 있다. 그 함수의 형상은 그 여섯 개의 조합에서 추론할 수 있다. 많은 함수들은 그 여섯 개의 포인트 사용에 적합할 수 있다. 판프라흐(1968)는 이론적인 근거를 들어 복지 함수는 로그 정규 분포 함수일 거라고 주장했다. 우리는 효용 함수의 유계(有界)를 가정하기 때문에 분포 함수를 사용한다. 복지(만족) 측면에서는 최악의 위치와 최상의 위치가 있다. 또한 폰 노이만-모르겐슈타인 모델은 유계 효용 함수를 필요로 하는 것으로 알려져 있다(Savage, 1954를 참조).

반 헤르와덴과 캅테인(Van Herwaarden and Kapteyn, 1981)은 경험적으로 얻은 복지 함수의 포인트들이 분포 함수 종류 내에서 로그 정규 곡선에 가장 잘 부합한다는 것을 보여주었다. 로그 함수는 약간 더 좋았지만 유계 함수가 아니다. 또한 로그 함수는 카너먼과 네치, 탈러(1991), 그리고 기타 연구자들의 선택 실험에 의해서 입증되지 않는다. 더 큰 손실의 한계 효과는 감소하는 것으로 밝혀졌지만, 로그 함수는 손실이 증가해야 함을 의미할 것이다.

로그 정규 함수는 다음과 같이 정의된다.

$$\Lambda\ (y;\ \mu,\ \sigma) = N(\ln y;\ \mu,\ \sigma)$$
$$= N(\frac{\ln y - \mu}{\sigma};\ 0,\ 1)$$

여기에서 $N(.;0,1)$은 표준 로그 정규 분포 함수를 나타낸다. 그림 21.2는 로그 정규 함수를 보여준다. 카너먼과 네치, 탈러(1991)가 제시한 형상과 닮은 형태를 주목하기 바란다. 두 경우 모두 함수의 모양이 S자이다. 또한 그것은 일반적으로 개인에게 손실이 이익보다 더 큰 영향을 미치는 경우이다.[8]

그림 21.2 소득의 복지 함수

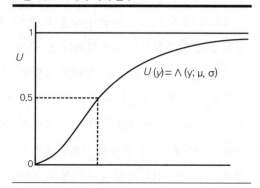

매개 변인 μ는 $\Lambda\ (e^\mu;\ \mu,\ \sigma) = 0.5$에 대한 이해를 통해 해석된다. 따라서 소득 수준 e^μ는 최악의 상황과 최상의 상황 사이의 중간에 있다.

이 함수에는 두 가지 흥미로운 측면이 있다. 첫째, 이 함수는 모든 소득 수준의 경우에 오목한 모양을 띠는 것이 아니라, 저소득의 경우에 볼록한 모양을 띠는 것이다. 이것은 주류 경제학의 가정과는 상반되는 것이다. 경제학에

---

8 (지은이) 카너먼과 네치, 탈러(1991)가 밝힌 가치 함수의 특별한 특징은 반복될 수 없다. 그들은 참조 위치에서 갑자기 방향을 변경하는 가치 함수를 밝힌 것이다. 우리가 측정할 때 사용하는 수준의 숫자는 너무 작아서 그처럼 방향의 급격한 변화를 찾을 수 없다.

서 소득의 효용 함수는 항상 오목한 모양을 띤다는 것은 일반적인 통념이다. 이것은 고센의 제1법칙으로도 알려진 소위 한계 효용 체감의 법칙으로 알려져 있다. 이것은 항상 내성(內省)에 근거를 둔다. 오목한 형태는 개인들이 위험을 회피함을 의미하지만, 보험 및 도박 행동에 대한 과학적 실험 결과에 의하면, 개인들이 언제나 위험 회피 행동을 보이는 것은 아니다. 따라서 특정한 영역에서는 효용 함수가 볼록한 모양을 띨 수 있다.[9]

로그 정규 효용 함수에 대한 두 번째 흥미로운 점은 각각 다를 수 있는 두 가지 매개 변인 μ와 σ로 구성되어 있다는 사실이다. 그림 21.3에는 상이한 μ와 동등한 σ로 이루어진 두 가지 함수가 스케치되어 있다. 그리고 그림 21.4에는 상이한 σ와 동등한 μ로 이루어진 두 함수가 스케치되어 있다.

μ가 증가함에 따라 개인은 동등한 복지 수준에 도달하기 위해서는 더 많은 소득이 필요하다는 것을 알 수 있다. 예를 들어, 복지 수준 0.5에 도달하기 위해서는 $\mu_A = \ln (4,000)$인 사람 A는 월 4,000달러가 필요한 반면에, B는 같은 복지 수준에 도달하기 위해 월 6,000달러가 필요하다. (만일 σ가 동등할 경우) 개인 A와 B의 복지 수준이 다른 복지 수준에서 동등하려면, 다음과 같은 식이 성립되어야 한다.

$$\ln y_A - \mu_A = \ln y_B - \mu_B$$

그러므로 만일,

$$\ln \frac{y_A}{y_B} = \mu_A - \mu_B \text{이고}$$

따라서

$$\frac{y_A}{y_B} = e^{\mu A - \mu B} = \frac{4,000}{6,000} \text{이라면,}$$

9   (지은이) 많은 경제적 이익의 변인, 즉 프랫(Pratt, 1964)의 상대적 위험 회피(또는 프리슈(Frisch) 유연성)의 측정치는 다음과 같이 직접 계산할 수 있다.
$$\frac{\partial \ln u}{\partial \ln y} = \frac{1}{2\sigma^2}(\ln y - \mu) - 1$$
이는 작은 y의 매우 높은 양수에서 큰 y의 매우 낮은 음수에 이르기까지 다양하다.

21장
•
895

어떠한 복지 수준에서 소득 수준은 A 와 B에 해당된다.

따라서 μ의 변화는 복지 함수의 비례적인 변화를 의미한다. 이제 우리가 몰두할 주요한 일들 중 하나는 개인의 μ-가치들이 상이한 이유를 찾는 것이다.

매개 변인 σ는 복지 함수의 기울기를 정의한다.

그림 21.4에는 $\sigma_A < \sigma_B$인 두 함수가 스케치되어 있다. 만일 $\sigma = 0$이면, 우리는 개인들이 자신들의 소득이 e^μ에 도달할 때까지 어떤 소득에도 완전히 만족하지 못하고, 소득이 e^μ를 초과하면 완전히 만족하는 극단적인 사례를 얻는다. 그것은 은둔자의 복지 함수이다. 매개 변인 σ는 개인의 '복지 민감도'라고 한다.

매개 변인 μ와 σ는 각각

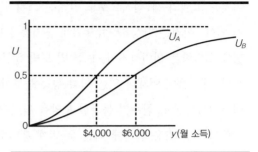

그림 21. 3 상이한 μ_A μ_B(σ 상수)로 이루어진 소득의 복지 함수

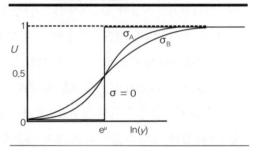

그림 21.4 상이한 σ_A σ_B(μ 상수)로 이루어진 소득의 복지 함수

$$\hat{\mu} = \frac{1}{6} \sum \ln c_j \text{ 그리고 } \hat{\sigma} = \frac{1}{5} \sum (\ln c_j - \mu)^2 \text{ 식으로 추정된다.}$$

여기에서 $c_1,...c_6$는 IEQ에 보고된 여섯 가지 소득 수준을 나타낸다.

소득의 정의

일반적인 IEQ 관점에서 소득 개념은 월 세후 가구 소득이다. 일부 관점에서는 연간 소득을 사용하기도 하고, 세금을 포함한 소득을 사용하기도 한다(Dubnoff, Vaughan and Lancaster, 1981). (소득에 대한) 정의 선택은 개인에게 잘 알려진 것에 적합해야 한다. 따라서 자신의 월 소득보다 연 소득을 더 잘 아는 기업가에게는 연 소득 측면에서 질문을 던져야 하는 반면에, 월급을 받는 공무원과 관련해서는 월 소득 측면에서 접근해야 한다.

복지 함수 설명

주류 문헌에서는 소득의 효용 함수가 모든 개인에 걸쳐 동일하다고 항상 가정한다. 직관적으로 완전히 그럴듯해 보이지만, 우리의 주요한 경험적 연구 결과에 의하면, 개인의 복지 함수들은 개인마다 다르다. 차이가 있다면, 그러한 차이가 구조적인 것인지의 여부와 관찰 가능한 변인들과 상관관계가 있는지의 여부가 당면 문제이다. 우리의 경우, 이는 우리가 개인 및/또는 환경에 따라 상이한 다른 요인들로 변인 μ를 '설명'하고자 한다는 것을 의미한다. 여러 연구 결과에 의하면, μ는 폭넓게 설명될 수 있는 것으로 나타났다.[10] 매개 변인 σ는 훨씬 더 많은 문제를 야기했다. 따라서 우리는 μ에 대한 설명에 집중하고 σ가 상수라고 가정해야 한다.

우리는 μ가 $U(y)$의 위치를 결정한다는 것을 상기한다. 만일 μ가 증가하면 개인은 동일한 금액의 소득에 대해 덜 만족하게 된다. 즉, $U(y;\mu)$는 μ에 있어 감소하고 있다. 자연스럽게 떠오르는 첫 번째 결정 요인은 소득으로부터 지원받을 가족의 크기이다. 소득 욕구는 예컨대, 개인의 현재 소득 y_c에 반영된 것처럼, 개인의 실제 상황에 따라 결정될 것이다. 따라서 우리는 (fs로 표시된) 가족의 크기와 현재 소득 y_c에 따라 욕구가 증가할 것으로 예상한다. 그러므로 fs와 y_c는 개인의 복지 함수의 매개 변인이다. 판프라흐(1971), 그리고 판프라흐와 캅테인(1973)의 연구에서 다음과 같은 단순한 관계가 발견되었다.

$$\mu_i = 상수 + \beta_1 \ln fs_i + \beta_2 \ln y_{i,c}$$

판프라흐와 캅테인(1973) 연구에서는 다음과 같은 식(대략적인 값)이 발견되었다. $\beta_1 = 0.1$과 $\beta_2 = 0.6$, $R^2 = 0.6$. 여기서 fs_i는 응답자 i의 가구에 사는 개인의 수를 나타내고, y_{ic}는 i의 현재 가구 소득을 나타낸다.

그 이후로 많은 국가들에서 IEQ 조사가 이루어졌으며 유사한 결과가 나왔다. 1979년 유럽 8개국을 대상으로 한 EUROSTAT 조사에 근거하여 진행한 판프라흐와 하흐나르스, 판위렌(Van Praag, Hagenaars and Van Weeren, 1982)의 빈곤에 관한 연구에서 도출된 예를 들어 볼 것이다. 또한 우리는 프리터스

(지은이) 설명이 반드시 일방향적인 인과 관계를 의미하는 것은 아니다.

와 프라흐(1995)가 러시아를 대상으로 한 평가 값을 추가하고자 한다. 표 21.2에서 우리는 방정식을 사용하여 9개국의 회귀 추정치를 제시한다.

$$\mu_i = \beta_0 + \beta_1 \ln fs_i + \beta_2 \ln y_{ic} + f(X_i) + u_i$$

여기서 X는 우리가 보여주지 않은 회귀 분석에 사용된 (연령, 교육, 고용 수준, 성별 등을 비롯한) 여러 변인들을 나타내며, u_i는 정상적으로 분포된 오차항을 나타낸다. 모든 계수는 매우 유의미하다.

변인들은 9개국에 걸쳐 다르지만 크게 다르지는 않다. 물론 β_1의 가치는 국가 가족 수당 제도에 달려 있다. 만일 가족 수당이 높아 추가 자녀 양육비를 보상해 준다면 우리는 약 0의 β_1을 예상할 수 있다. 반면에 자유주의 체제가 덜 갖춰진 가난한 국가에서는 β_1이 다소 높을 수 있다. 이것은 실제로 우리가 관찰한 것이다. 가장 높은 β_1 계수는 가족 수당과 자녀 양육비가 사실상 존재하지 않는 1995년 러시아의 경우이다.

특정한 소득 수준에서 얻는 만족은 가구의 크기에 달려 있다는 것은 놀라운 일이 아니다. 하지만 특히 대부분의 경제학자들에게 더욱 놀라운 사실은 개인의 현재 소득에 대한 만족도뿐만 아니라 어떠한 소득 수준에 대한 소득 만족도도 개인의 현재 소득에 달려 있다는 것이다. 이는 현재 각각 소득, $y_{A,c}$와 $y_{B,c}$를 가진 개인 A와 B가 어떠한 소득을 다르게 평가할 것임을 의미한다. 더 정확히 말하면, 다음과 같은 사실이 나타난다.

$$U(y_B; fs, y_B) \neq U(y_B; fs, y_A)$$

즉, B는 자신의 소득을 A가 B의 소득을 평가하는 것과 다르게 평가한다. 이러한 사실은 사회적 불평등에 대한 평가, 공정한 소득 분배 이론, 사회적 복지에 대한 평가 등과 매우 관련이 있다는 것이 명백하다. 이러한 규범적 평가의 결과는 평가의 소득 규범에 따라 달라진다. 실제로 $U_A(y; fs_A, y_{A,c})$는 A의 규범을 '나쁜'/'좋은' 소득과 그 사이의 모든 수준에 해당되는 소득과 관련해서 기술한다.

예를 들어 $y_c^{(1)}$에서 $y_c^{(2)}$로 한 사람의 소득이 증가할 수 있다. 이 변화에 대한 평가는 변화 전과 변화 후에 또는 경제학자들이 말하는 바처럼, 사전과 사후에 다를 것이다. 미래의 소득에 대한 사전 평가는 $U_A(y_c^{(2)}; fs, y_c^{(1)})$인 반면에, 사후 평가는 $U_A(y_c^{(2)}; fs, y_c^{(2)})$이다. 그림 21.5에서 우리는 사전 복지 함수와 사후 복지 함수 간의 차이를 스케치하였다.

표 21.2 9개국의 복지 매개 변인에 대한 평가

	β_1	β_2	N	R^2
벨기에	0.097	0.433	1272	0.695
덴마크	0.075	0.631	1972	0.829
프랑스	0.059	0.505	2052	0.676
서독	0.112	0.583	1574	0.693
영국	0.115	0.364	1183	0.575
아일랜드	0.169	0.455	1733	0.636
이탈리아	0.156	0.381	1911	0.510
네덜란드	0.100	0.537	1933	0.664
러시아 (1995)	0.250	0.501	1444	0.501

출처: van Pragg, Hagenaars & Van Weeren(1982).

소득 변화에 따라 μ가 증가한다는 사실로 인해 복지 함수는 오른쪽으로 이동한다. 그 효과는 $y_c^{(1)}$와 $y_c^{(2)}$에 대한 사후 평가가 그에 상응하는 사전 평가에 비해 떨어진다는 것이다. 이는 사전 평가의 복지 이득이 사후 평가의 복지 이득보다 더 큰 것으로 볼 수 있으며, 그렇게 보일 수 있다. 결과적으로, 사전 평가는 나중에 재고했을 때 과장된 것이거나, 다르게 말하면, 소득 증가는 돌이켜보면 실망스러운 것이다. 이 상황에서 계수 β_2의 값이 결정적인 것이다. 만일 $\beta_2 = 0$이면 곡선은 오른쪽으로 이동하지 않고 전체 소득 증가는 복지 향상으로 해석될 것이다. 그런 경우에 사전 평가와 사후 평가는 동일하다.

반면 $\beta_2 = 1$인 경우에 지각된 복지는 전혀 증가하지 않을 것이다. 이는 다음과 같은 식으로 살펴볼 수 있다.

$$\ln y_c - \mu = \ln y_c - \beta_0 - \beta_1 \ln fs - 1.00$$
$$\ln y_c = -\beta_0 - \beta_1 \ln fs$$

이 경우에 주관적인 사전 복지 평가는 실제 소득에 의존하지 않는다. 이것은 실제로는 발견되지 않은 병리학적 사례일 수 있다. 기대 복지의 향상은 결국에는 완전한 속임수로 밝혀질 것이다.

현재 소득의 변화에 대한 소득 규범의 부분적 적용에서 발생하는 복지 함수의 변화 현상은 브릭만과 캠벨(Brickman and Cambell, 1971)이 쾌락의 '쳇바퀴'라고 부른 것이다. 판프라흐(1971)는 그와 같은 현상에 대해 '선호 표류'라는 용어를 도입했다.

모든 개인들이 자신의 상황에 따라 달라지는 소득 수준에 대해 자신만의

규범을 가지고 있다면, '좋은' 소득, '나
쁜' 소득 등과 관련하여 사회적 기준을
구축하는 것이 가능한지 묻는 것은 정
당할 것이다. 이것은 어느 정도 가능하
다. 우리는 '좋은' 소득, 즉 $\tilde{y}_{good}$에 대한
사회적 기준을 그러한 현재의 소득을
가진 개인이 '좋다고' 평가하는 소득 수

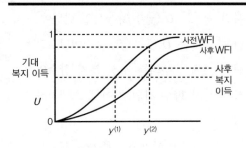

그림 21.5 소득 증가에 따른 복지 이득

준으로 정의한다. '좋은' 소득이 [0,1] 척도의 복지 값 0.7과 일치한다면, 그것
은 $\tilde{y}_{good}$이 다음과 같은 방정식의 해법임을 의미한다.

$$U(\tilde{y}_{good}; fs, \tilde{y}_{good}) = 0.7$$

로그 정규성과 우리의 μ 추정치를 사용하여 다음과 같은 식을 나타낼 수
있다.

$$U(\tilde{y}_{good}; fs, \tilde{y}_{good}) = \Lambda \tilde{y}_{good};$$
$$\frac{\beta_0 + \beta_1 \ln fs}{1 - \beta_2}, \frac{\sigma}{1 - \beta_2})$$

마찬가지로, 그림 21.6에 그림으로 나타낸 것처럼 우리는 각각의 가능한
복지 수준에 해당되는 사회적 표준 소득을 얻을 수 있다.

우리는 로그 정규 함수이기도 한, 사회적 표준 소득 수준의 결과적 복지 함
수를 '사회적 표준 함수'라고 부른다. 우리는 현재 소득 $\tilde{y}^*_{0.4}$ 인 어떤 사람이 자
신의 소득을 0.4로 평가할 것이라는 것을 알고 있다. 이 분석은 주관적인 빈
곤선을 빈곤의 경우 $\tilde{y}^*_{0.4}$로, 빈곤에 가까운 경우 $\tilde{y}^*_{0.5}$로 정의하는 데 자주 사용
된다. 이 선은 가족 크기의 함수에 따라 변한다는 사실을 주목하기 바란다.
따라서 2인 가구 빈곤선, 3인 가구 빈곤선 등이 있다. 사회적 표준 함수는 사
회 정책, 그리고 소득 재분배 및 조세 정책에 대한 평가를 위한 확실한 도구
이다.

사회심리학적 관점에서 보면, 개인의 복지 함수의 복지 민감도, σ와 해당
사회적 표준 함수의 기울기의 매개 변인, $\frac{\sigma}{1 - \beta_2}$ 를 비교하는 것은 매우 흥미
롭다. $0 < \beta_2 < 1$이면, 사회적 표준 함수는 그것의 상대인 개인의 복지 함수

보다 가파르지 않다. 즉, 선호 표류, β_2 가 클수록, 또는 심리적인 측면에서 쾌락의 쳇바퀴의 작동이 강할수록, 사회적 표준 곡선은 개인의 복지 함수와 비교해, 더 수평에 가까워질 것이다.

그림 21.6 사회적 표준 복지 함수

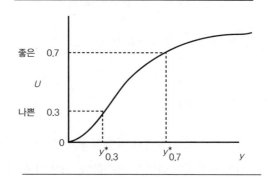

분명, 두 함수의 차이는 1년에 나름 괜찮은 소득인 예컨대 4만 달러를 버는 사람이 10만 달러를 버는 사람이 부자라고 생각하는 반면에 10만 달러를 버는 그 부유한 사람은 자신이 부자라고 인식하지 않는 이유를 설명해 준다. 마찬가지로 2만 달러를 버는 사람들은 4만 달러를 버는 관찰자가 생각하는 것처럼 자신들이 가난하다고 느끼지 않는다.

개인적 변인들로 μ를 설명하는 것과 표본에 대한 이와 같은 설명의 안정성(van Praag and Van der Sar, 1988을 참조)은 소득의 복지 함수(Welfare Function of Income: WFI)의 타당성에 대한 간접적인 증거로 볼 수 있다. 측정된 개념은 개인적 상황에 의해서 나름 그럴듯하게 설명될 수 있다. 보다 최근의 추가 요인들 중 하나는 나이의 2차적 부분이다. 경제적 욕구는 40세쯤에 가장 큰 것으로 보인다.

그러나 μ에 대한 설명은 정책 목적에도 유용할 수 있다. 만일 우리가 소득에서 얻는 복지가 가족 크기에 달려 있다는 사실을 안다면, 이것은 아이 출산을 통해서 가족 크기가 두 명에서 세 명으로 증가할 경우에 가족 수당이 동일한 가계 수준에서 가족을 유지시킬 수 있는지에 대한 물음에 자연스러운 단서를 제공해 줄 것이다. 한 가구가 소득에서 얻는 복지는 다음과 같다.

$$U_{ind} = \Lambda(y_{i,c};\ \text{상수} + 0.1 \ln fs_i + 0.6 \ln y_{i,c}, \sigma)$$

fs가 2에서 3으로 증가할 경우에 복지를 일정하게 유지하려면, 우리는 $\ln y_{i,c}$에 $0.1 \ln \left(\frac{3}{2}\right)$을 더하거나 $y_{i,c}$에 $\left(\frac{3}{2}\right)^{0.1}$을 곱해야 한다.

그러나 결국에는 이러한 향상으로는 현재의 소득 $y_{i,c}$가 증가하고 따라서 μ가 증가함에 따라 가족 크기가 커지는 것을 보상하기에 충분하지 않을 것이다. 그러므로 우리는 $0.1 \ln \left(\frac{3}{2}\right)* 0.6$ 등의 두 번째 증가가 필요하다. 가구 동등성을 보상하는 데 필요한 총 증가량은 다음과 같다.

$$0.1 \ln \left(\frac{3}{2}\right) [1 + 0.6 + 0.6^2 + \ldots]$$

$$= \frac{0.1 \ln \left(\frac{3}{2}\right)}{1 - 0.6}$$

그리고 이것이 바로 사회적 표준 복지 함수가 규정하는 것이다. 여기서 우리는 역동적인 측면을 마주한다. 개인의 복지 함수는 자신의 현재 소득에 정박되어 있는 것이다. 이것이 선호 표류의 의미이다. 사람들은 자신들의 규범을 현재의 상황에 적용한다.

일부 이러한 분석은 기수적 효용 함수를 참조하지 않고 개별적인 c_i 수준에서도 가능하다(Van Praag and Van der Sar, 1988을 참조).

역학

앞에서 우리는 가족 크기와 현재의 소득 y_c와 같은 변인들로 어떻게 욕구 매개 변인 μ를 설명할 수 있는지 기술했다. 이제 현재의 소득 효과는 μ가 현재 소득뿐만 아니라 과거 소득과 미래에 예상되는 소득에 달려 있다고 가정함으로써 정교화된다. 결과적으로 μ−방정식에서 우리는 y_c를.....y_{-2}, y_{-1}, y_0, $\hat{y}_1$, $\hat{y}_2$.....로 대체하는데, 여기서 y_0은 과거 1~2년 소득에 대해 현재 소득을 나태내고, y_{-2}, y_{-1}은 과거 1, 2년 소득을 나타내고, $\hat{y}_1$은 1년 안에 예상되는 미래 소득을 나타낸다. 모든 경험 및 기대 소득은 우리의 소득에 대한 현재의 규범의 형성에 기여한다. μ 방정식을 가장 단순한 형식으로 나타내면 다음과 같다.

$$\mu_i = \beta_0 + \beta_1 \ln fs_i + \beta_2 \left(\sum_{t=-\infty}^{+\infty} w_t \ln y_{i,t} \right)$$

여기에서 i는 응답자 i를 지칭한다.

계수, ...w_{-2}, w_{-1}, w_0, w_1, w_2...는 합산하면 1이 되는 가중치이고, 가중치 w_0은 현재 소득의 가중치를 나타낸다. 그리고 $w_p = \sum_{t=-\infty}^{-1} w_t$와 $w_f = \sum_{t=1}^{\infty} w_t$는 모든

과거의 소득과 미래의 기대 소득을 각각 나타낸다. 판프라흐와 판위렌(1983, 1988)은 네덜란드 패널 데이터에서 이 모델의 매개 변인을 추정했다. 주요한 문제는 시간 가중치의 분포가 어떤 모양을 띨 것인지와 관련이 있다. 그들은 그 패널이 번 3년의 소득에 근거해 θ_i를 회귀분석했다. 두 번째 곡선과 관련해 그들이 발견한 사실은 다음과 같다.

$$\mu_i = 3.04 + 0.10 \ln fs_i + 0.68(0.16 \ln y_{i,t-1} + 0.75 \ln y_{i,t} + 0.09 \ln y_{i,t+1})$$
$$\bar{R}^2 = 0.69$$
$$N = 645$$

여기에서 모든 계수는 유의미하다. 이 결과에 의하면, 현재 소득이 가장 큰 시간 가중치를 지니고 있으며, 이는 시간 가중치 분포가 현재에 가까운 지점에서 최상을 이룬다는 것을 의미한다. 또한 과거의 소득은 미래의 소득보다 더 큰 시간 가중치를 지니며, 이는 총체적으로 시간 가중치 분포가 현재 직전에 최고치를 나타낸다는 것을 시사한다. 물론, 이것은 상이한 연령들과 교육 프로파일을 가진 개인들에 따라 다를 수 있는 총체적인 관계이다. 보다 완전한 분석을 위해서는 이용할 수 있는 세 가지 소득보다 더 많은 소득이 필요했다. 따라서 판프라흐와 판위렌(1988)은 1년 이상 지난 과거의 소득(... y_{-3}, y_{-2})을 추정하기 위해 계량경제학 기법을 사용했다. 또한 1년 이상의 미래 소득(y_2, y_3...)을 추정했다. 이 완전한 소득 흐름을 사용하여 그들은 시간 가중치 분포의 모양을 좀 더 먼 과거와 미래까지 살펴보았다.[11] 그들의 연구 결과에 의하면, 일반적으로 시간 가중치 분포는 정규 곡선의 모양을 갖는 것으로 나타났다. 보다 구체적으로 말하면, 시간 가중치 분포는 모드 매개 변인, μ_τ 및 분산 매개 변인, σ_τ로 특징지어질 수 있다. 경험적으로 추정된 시간 가중치 분포의 모양은 그림 21.7에서 세 가지 연령대(30세, 50세, 70세)로 제시되어 있다.

가장 흥미로운 점은 다음과 같다.

---

11   (지은이) 어떤 소득에 대한 추정치를 사용한 결과에 따르면, 현재 소득과는 다른 소득의 효과가 과소평가될 수 있다. 그러나 질적인 결과는 그대로 동일하게 유지될 수밖에 없다.

- 시간 가중치 분포는 상이한 연령대에 따라 다르다.

- 시간 가중치 분포는 현재를 중심으로 대칭을 이루지 않는다.

- 과거의 시간 가중치는 젊은 사람들과 노인들에게서 가장 크다.

- 중년층은 주로 현재와 예상되는 미래로부터 자기 규범을 이끌어낸다.

- 분포의 분산은 상이한 연령에 따라

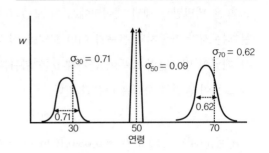

그림 21.7 다양한 연령의 시간 할인[12] 조밀도 함수

상당히 다르다. 중년기에 시간 가중치가 극도로 집중되어 있다.

μ_τ에 시간 가중치 분포의 양식 및 대칭점이 있다. 우리는 그것을 개인의 '시간 초점'이라고 부른다. 그것은 20세 때에는 1년 이상이 지난 과거 시점(−1.3)이고, 50세 때에는 거의 반년의 미래(0.45) 시점이 되는 반면에, 70세 때에는 과거(−0.43)로 다시 이동한다.

σ_τ의 변화 또한 흥미롭다. 우리는 σ_τ를 개인의 기간이라고 부른다. 그 기간은 젊은 개인들에게는 다소 길며, 사람들이 중년에 접어들면서 짧아진다. 그 기간은 개인이 지각하는 시간의 속도와 밀접한 관련이 있다. 중년기는 좁은 시간 지평을 가지고 있는데, 이는 그 시기에 개인들은 '하루하루' 산다는 것을 의미한다. 삶의 속도는 매우 빠르다. 이에 반해 젊은 사람들과 노인들에게는 시간의 지평이 더 넓기 때문에 시간의 속도가 더 느리다. 우리는 σ_τ의 역수, 즉 $\frac{1}{\sigma_\tau}$를 '주관적인 시간의 속도'라고 부른다.

표 21.3에서 우리는 여러 연령층의 관련 수치를 제시했다. 주관적인 시간의 속도, $\frac{1}{\sigma_\tau}$는 중년까지 $\frac{1.44}{0.09} \approx$ 15계수만큼 증가한 다음에 70세에 6계수로 떨어지고 그 이후에는 나이를 먹을수록 더 많이 감소하는 것으로 보인다.

시간 가중치 분포는 변화하는 상황에 직면했을 때 개인의 소득 규범의 적응 속도를 결정하기 때문에 개인에게 확실히 중요하다. 이것은 실직자가 되어 사회적 혜택에 의존하게 되는 개인들에게 해당될 수 있다. 그 적응 과정은 복지 감소를 완화하기 위해 시간의 흐름에 따른 소득 감소의 경로를 완화시

12 특정 대상의 가치가 시간이 지날수록 감소하는 경향.

키는 이유일 수 있다.

또 다른 잠재적인 적용은 인플레이션과 인플레이션의 가속화가 소득 규범에 미치는 영향과 소득에서 얻는 만족도를 평가하는 것이다. 판프라흐와 판위렌(1988)은 그러한 적용들을 훨씬 더 자세히 논의했다.

시간 가중치 분포에 대한 연구는 1988년 이후로 반복되지 않았다. 따라서 이것은 첫 번째 시도로 보아야 하며, 그 결과는 신중하게 고려되어야 한다. 다른 모델들은 다른 결과를 낳을 수도 있다. 시간 가중치를 얻는 이 방법은 간단한 가구 조사에 기반하며 실험실 실험에 비해 매우 저렴한 비용이 든다.

시간 가중치의 추정치는 소득 규범 분석에 기초한다. 예를 들어 패션, 주거, 윤리 등과 같은 다른 주제에 대한 규범의 기억과 기대 가중치는 다른 변인들에 의해 결정될 수 있으며 다른 시간 가중치 분포를 가질 수 있다. 이 분야에 대한 더 많은 연구와 심리학자들과의 협력이 절실히 필요하다.

표 21.3 μ_T, σ_T, w_P, w_O, w_F의 값

연령	μ_T	σ_T	w_P	w_O	w_F
20	−1.32	1.44	0.72	0.18	0.10
30	−0.32	0.71	0.40	0.48	0.12
40	0.27	0.26	0.00	0.81	0.19
50	0.45	0.09	0.00	0.70	0.30
60	0.22	0.21	0.00	0.91	0.09
70	−0.43	0.62	0.46	0.48	0.07

방법론적 논의

앞서 개괄적으로 설명한, 개인의 소득에 대한 규범을 측정하는 접근법은 판프라흐와 더브노프, 판데르사르(van Praag, Dubnoff and Van der Sar, 1988)의 연령 및 교육과 같은 다른 측면으로 확장되었다. 더 구체적으로 말하면, 개인은 다음의 연령 평가 질문(Age Evaluation Question: AEQ)에서 연령 수준을 주관적 라벨에 연결하도록 요구받았다.

다른 성인들을 고려할 때, 내 생각에 사람들은

.....＿＿＿세 이하일 경우에 젊다.
.....＿＿＿세가량일 경우에 다소 젊다.
.....＿＿＿세가량일 경우에 중년이다.

.....＿＿세가량일 경우에 다소 늙었다.

.....＿＿세 이상일 경우에 늙었다.

IEQ 분석과 마찬가지로 AEQ는 회귀분석을 통해 답변을 설명함으로써 응답자들의 연령 규범을 분석할 수 있다. 판프라흐와 더브노프, 판데르사르(1988)의 관점에서, AEQ는 보스턴 데이터 세트의 경우 수준별로 이루어진다. 그들은 $a_i(i = 1...5)$를 응답자의 연령 수준으로 보고, 다음과 같은 방정식을 고려한다.

$$\ln a_i = \alpha_{0,i} + \alpha_{1,i} \ln 연령 + \alpha_{2,i} \ln 학력 + \alpha_{3,i} \ln fs + \alpha_{4,i} D_{성별}$$

여기에서 연구자들은 '젊다'거나 '늙었다'고 여기는 것은 응답자의 나이, 학력, 가족의 크기, 응답자의 성별 등에 달려 있다고 가정한다. 회귀분석의 결과는 표 21.4에 제시되어 있다.

통계적 관점에서 대부분의 계수는 유의미성을 지니며 명확한 패턴을 따른다. 우리는 의미의 혼란이 없음을 나타내는 강력한 체계적인 패턴이 있다고 평가한다. R^2이 측정한 대로, 설명된 변량의 비율은 IEQ의 그것에 비해 작지만, 그 크기($\approx$ 500)의 마이크로데이터 표본들의 경우에는 확실히 기준 이하는 아니다. 그러나 이는 소득 기준의 경우에 비해서 조사 대상에 포함되지 않은 개인적 요인들이 더 많다는 점을 시사하며, 그러한 개인적 요인들이 체계적 구조에 더 추가되어야 한다는 사실을 의미한다.

계수 해석과 관련해서 우리는 다음과 같은 관찰을 한다. 응답자의 나이가 많을수록 그 사람의 연령 기준이 높아진다. 따라서 A가 B보다 10퍼센트 더 나이가 많을 경우, 그 사람은 괄호 안의 표준 편차가 약 3퍼센트(0.319*10퍼센트) 더 높은 '젊은이'의 연령 기준을 갖게 된다. 바꿔 말하면, 20세인 누군가가 자신을 '다소 젊다고' 여긴다면, 나이든 사람은 여전히 자신이 '젊다고' 여길 것이다. '늙었다는' 연령 기준의 경우에, 상이한 연령의 응답자들 간에 차이가 훨씬 적다.

우리는 학교 교육이 '젊다는' 개념에 대한 정의에 강한 영향을 미친다고 보고 있다. 사람들은 언제까지나 '젊고자' 하는 경향이 있다. 대가족이 연령 기준에 미치는 영향도 분명하다. 그러한 대가족에서는 어린 사람들은 더 오랫

표 21.4 연령 기준에 대한 회귀 방정식 (N=538)

	상수	연령	교육	가족 크기	성별	R^2
젊은	1.414	0.319	0.180	0.069	0.027	0.091
	(0.270)[*]	(0.043)	(0.067)	(0.026)	(0.030)	
다소 젊은	2.329	0.266	0.045	0.056	0.019	0.135
	(0.183)	(0.029)	(0.045)	(0.018)	(0.020)	
중년인	3.160	0.177	0.014	0.016	0.048	0.163
	(0.115)	(0.018)	(0.028)	(0.011)	(0.013)	
다소 늙은	3.740	0.117	0.018	0.003	0.047	0.132
	(0.095)	(0.015)	(0.023)	(0.009)	(0.011)	
늙은	4.243	0.058	0.067	0.003	0.048	0.071
	(0.099)	(0.016)	(0.025)	(0.010)	(0.011)	

출처: van Praag, Dubnoff, & Van der Sar(1988).
* 괄호 안의 수치는 표준 편차임.

동안 아이로 여겨진다.

이러한 경향의 사회적 함의는 절박하지 않다. 그러나 교육 수준이 수십 년 동안 높아지고 있는 서양 국가에서 성인의 개념이 연령의 증가와 동일시된다는 것은 문화적으로 흥미로울 수 있다. 마지막으로, 응답자들의 성별이 중요한 역할을 한다. 응답자가 여성인 경우, 연령 기준이 남성보다 다소 높다. 이는 여성이 연령의 영향을 약간 감소시키는 경향이 있음을 의미한다. 성차는 남성에 비해 여성이 가능한 한 오랫동안 젊음을 유지하고 젊어 보이려는 경향뿐만 높은 장수 경향에도 부합한다.

다시 한번 말하건대, 우리는 '젊은'은 노인들에게 그렇듯이 젊은이들에게도 같은 의미를 지니는 것은 아니라는 사실을 안다. 우리는 a_i^* = 연령이라고 설정함으로써 일반적인 연령 a_i^* 기준을 도출하고, 다음과 같은 식을 산출할 수 있다.

$$\ln a_i^* = \frac{1}{1 - \alpha_{1,i}}$$
$$[\alpha_{0,i} + \alpha_{2,i}\ln 학력 + \alpha_{3,i}\ln fs + \alpha_{4,i}D_{성별}]$$

이 결과의 연령 기준은 표 21.5에 제시되어 있다.

'연령 평가 질문'과 마찬가지로, 개인들은 '교육 수준이 높은', '교육을 받지 못한' 등처럼 자신들의 교육 수준이 어느 정도라고 생각하는지에 대한 질문을 받았다. 이 '교육 평가 질문(Education Evaluation Question: EEQ)'에 대한 대답을 설명함으로써 판데르사르(1991)는 개인의 교육에 대한 규범도 측정할 수 있었다. AEQ와 EEQ 및 관련 질문들에 대한 전체적인 논의에 관심이 있는 독자

표 21.5 일반적인 연령 기준

	일반적인 기준	
	남성 응답자들	여성 응답자들
젊은	17.69	18.41
다소 젊은	30.16	30.95
중년인	49.54	52.50
다소 늙은	65.73	69.31
늙은	75.06	78.91

출처: van Praag, Dubnoff, & Van der Sar(1988).

라면, 판데르사르의 연구(1991)를 참고할 수 있을 것이다.

개인의 규범과 일반적인 기준

앞서 설명한 증거는 사람들이 다양한 개념들과 관련해서 주관적인 규범을 가진다는 점을 시사한다. 이 규범들은 개인들마다 다를 것이다. 그 규범은 구어 라벨이나 기타 상징들과 관련이 있는 수치 수준을 제공해 주는 IEQ, AEQ, EEQ 등과 같은 질문을 이용해 측정한다.

이러한 질문들은 이론적으로 두 가지 방법으로 제시될 수 있다. 한 방법은 자극으로 라벨을 제시하고 그것에 대한 양이 얼마나 되는지 응답을 요구하거나 자극으로 양을 제시하고 그에 대한 라벨이 무엇인지에 대한 응답을 요구할 수 있다. 상이한 규범을 가진 상이한 응답자들이 많은 경우에 이 첫 번째 방법을 가장 실용적인 방법으로 선택했다. 사람들에게는 대답에 대한 자유재량의 여지가 있을 수 있기 때문에 이 방법은 상대적으로 다소 더 유익한 편이기도 하다.

또한, 우리는 개인들이 각자 자신들의 상황을 평가한다는 것을 안다. 개인들은 자신들의 상황을 자신의 규범에 맞춰봄으로써 그처럼 평가하는 것이다. 예컨대, 현재의 소득 y_c를 얻은 개인 i는 자신의 소득을 $U_i\ (y_c;\ y_c,\ fs)$를 통해 평가한다.

마지막 요점은 어떤 의미에서 우리가 개인의 주관적 규범과는 대조적으로 일반적 기준이나 사회적인 객관적 기준을 말할 수 있는지 여부이다. 각 개인은 '나쁜' 소득 또는 '좋은' 소득이라고 생각하는 소득에 대한 인식이 있지만, '좋은' 소득이 어느 정도이고, '나쁜' 소득이 어느 정도인지에 대한 사회적 규

범을 충족시키는 방법도 있을까? 이 질문은 특히 우리가 사회적으로 허용된 빈곤에 대한 정의, 혹은 사회적 원조의 적격성을 생각할 때 적절하다. 두 번째 예는 정년 규정과 관련 있는 '노인'에 대한 일반적인 기준이다. 일반적인 기준은 소득 수준, 연령, 교육 등에 대한 계산을 통해, 개인 기준들에서 도출할 수 있는데, 여기서 사람들은 자신의 소득, 연령 등을 '나쁜'이나 '좋은', 또는 '젊은'이나 '늙은' 등으로 평가한다.

IEQ의 정치적 적용에 대해서는 이 장에서 광범위하게 다루지는 않았지만, 우리는 빈곤 측정 적용에 대해서는 언급할 것이다(Goedhart et al., 1977; van Praag, Hagenaars and Van Weeren, 1982; Hagenaars, 1986; Plug et al., 1996; van Praag and Flik, 1992; Frijters and van Praag, 1995; Colasanto, Kapteyn and Van der Gaag, 1983; Stanovnik, 1992). 이 밖에 다른 적용으로는 소득 불균형(van Praag, 1977), 가구 균등화 척도(Kapteyn and van Praag, 1976; Kapteyn, 1994; van Praag and van Warnaar, 1997), 환경 균등화 척도(Frijters and van Praag, 1988; van Praag, 1988) 등에 관한 것이 있다.

이러한 방법에는 강력한 '닻 내림 효과(anchor effect)'가 있다. 응답자의 답변은 자신의 상황에 크게 의존한다. 어떤 연구자는 그와 같은 경향을 피하고자, 예컨대, "두 자녀를 둔 평균적인 가정을 생각할 때, 적당한 한 달 생활비는 얼마나 필요할까요?"라는 질문을 한다(Rainwater, 1971 참조). 자신의 상황의 닻 내림 효과를 피할 수 있는 반면에 이 질문은 새로운 문제를 제기한다. 즉, 응답자가 생각하는 평균 가족이란 것은 응답자의 준거 가중치 체계에 달려 있다는 것이다. 우리는 응답자의 상황을 알고 있기 때문에 적어도 개인의 상황의 닻 내림 효과를 다룰 수 있지만 응답자가 생각하는 평균적인 가족이란 것을 알지는 못한다. 따라서 이 질문의 유용성은 평균적인 가족의 구성 요소에 대한 공통적인 합의점이 존재한다고 가정하는 것이 합리적인지의 여부에 달려 있다. 이질적인 모집단의 경우에는 그러한 합의점이 존재하지 않을 것이다.

분명 이 방법은 숫자가 배정될 수 있고 자연 순서가 명백한 1차원 상황을 평가하기 위해서만 쓰인다.

앞서 언급한 IEQ 방법은 사회가 부분적인 화폐 경제일 경우에만 실패를 초래한다. 이러한 경우에는 1차원적인 소득 척도로 복지를 특징지을 수 없다. 프라드한과 라발리온(Pradhan and Ravallion, 1998)은 그러한 문제를 해결하고자 독창적인 방법을 제시했다. 그들의 접근법은 소득 수준에 대한 평가 대신에 소비 수준을 평가할 것을 요구한다.

현재 복지 함수는 거의 모든 EC 국가들, 미국, 헝가리, 슬로베니아, 폴란드, 러시아에서 측정되었다. 미국을 제외한 거의 모든 사례에서, 응답자들의 표본은 대규모로 1,000명에서 2만 명 이상에 이르렀다. 패널 데이터는 부족하다. 네덜란드 사회 경제 패널은 수년 동안 질문에 응했으며, 현재 러시아의 대규모 가구 패널도 질문에 응하고 있다(Frijters and van Praag, 1995).

미래의 방향: 웰빙과 복지

전통적으로 경제학자들은 복지(또는 심지어 행복)와 소득을 동일시한다. 그러나 세상에는 소득과, 소득으로 살 수 있는 모든 것들 말고도 많은 것들이 존재한다는 사실은 잘 알려져 있으며 다른 학문 분야들도 그 사실을 받아들이고 있다.

이것은 경제 복지와 웰빙 간의 조작적 정의상 구별을 요구한다. 복지는 개인이 소득에 부여하는 평가, 혹은 더 일반적으로 말해, 우리가 돈으로 살 수 있는 재화와 서비스의 웰빙 기여에 부여하는 평가이다.

물질적 자원 다음으로, 다른 측면들이 우리의 삶의 질을 결정한다. 우리는 우리의 건강, 배우자와 가족, 친구들과의 관계, 업무의 질(직무 만족도), 정치적 자유, 물리적 환경 등을 생각할 수 있다. 우리는 이를 웰빙이나 삶의 질에 대한 포괄적인 개념이라고 부를 것이다(이 개념에 대한 철학적인 논의와 관련해서는 Nussbaum and Sen, 1992를 참조).

대부분의 개인들이 자신의 삶을 전체적으로 평가하는 것은 경험적으로 가능하다. 잘 알려진 예가 캔트릴(Cantril, 1965)이 고안한 다음과 같은 질문이다. "여기 '삶의 사다리'를 나타내는 열 개의 단이 달린 사다리가 있습니다. 가장 낮은 단은 최악의 삶을 의미합니다. 사다리를 올라 열 번째 단에 이르면, 당신은 최고의 삶에 도달합니다. 당신은 지금 어디 있는지 나타낼 수 있겠습니까?" 캔트릴의 질문과 매우 유사한 다른 질문들은 개인들에게 그들이 전체적인 자신의 삶에 얼마나 만족하고 그로 인해 얼마나 행복한지를 나타내도록 요구한다. 따라서 행복의 개념은 삶의 만족이나 행복의 개념과 매우 유사하다. 우리는 그 차이점에 대해서는 논의하지 않을 것이다.

이러한 질문은 많은 심리 사회학적인 조사에서 표준 모듈이며 응답자는 응답하는 데 어려움이 없다. 웰빙에 관한 심리학적 문헌에 대한 재고찰을 살펴보고 싶다면, 페인호번(Veenhoven, 1996), 그리고 디너와 서(Diener and Suh, 1997)를 참조 바란다. 이러한 질문에 대한 응답은 0에서 10 사이에 정해진 숫자 척도로 자신의 삶의 상황을 평가하는 것과 같다는 것도 분명한 사실이다.

사실, 여기에서 우리는 웰빙 개념을 조작적 정의 방식으로 정의하는 측정 방법을 가지고 있다. 우리가 측정하는 것은 개인의 실제 상황에 대한 평가라는 것을 우리는 인식하고 있다. 따라서 그것은, '소득 규범'을 산출하며 여섯 개의 질적인 라벨이 소득 수준과 연결되어 있는 IEQ로 측정한 '개인의 규범'이 아니다. 캔트릴의 질문은 우리에게 웰빙에 대한 사회적인 표준을 제공해준다.

우리는 5점이나 8점과 같은 등급으로 자신들의 삶을 평가하는 개인들이 자신들의 삶을 그와 같은 등급과 똑같이 불행하게 느끼거나 행복하게 느낀다는 의미에서, 응답자들의 응답들을 비교할 수 있다고 다시 한번 가정한다. 이는 항상 암묵적으로 가정하는 것이다. 주요한 질문들은 다음과 같다.

• 웰빙을 결정하는 것은 무엇입니까?
• 복지와 웰빙 간에 어떤 차이가 있습니까?

플러그와 판프라흐(Plug and Van Praag, 1995), 그리고 플러그(1997)는 네덜란드의 대규모 표본, 즉 남편이 65세 미만인 약 6,000쌍의 결혼한 부부를 대상으로 이 두 가지 질문을 분석했다. 그들은 W로 나타내는 웰빙이 다양한 기여 요인과 결정 요인에 달려 있다는 가설을 세웠다. 이러한 요인들 중 일부는 가족 크기, 소득, 연령, 종교 등과 같은 객관적인 요인이다. 그리고 다른 변인들은 '문제 강도'라고 불린다. 그 변인들은 개인이 건강, 직무, 결혼, 물리적 환경 등과 관련한 '문제'를 지닌 강도와 연관이 있다.[13] 우리가 공식적으로 사

---

13 (지은이) 플러그와 판프라흐(1995)는 개인들이 문제로부터 자유로운 정도를 '부분 만족도'라고 부른다. 그러나 이 용어가 혼돈을 일으킬 수 있다는 점을 감안해, 우리는 여기서 '문제 강도'라는 용어를 사용한다.

용하는 식은 다음과 같다.

$$W = W(P; z)$$

여기서 P는 문제 영역의 벡터를 나타내고 z는 여러 객관적 변인들을 나타낸다. 개인들에게 '문제가 많은지/적은지/전혀 없는지' 질문을 함으로써 P_{health} P_{job},...,과 같은 문제 강도에 대한 조작적 정의를 하게 된다. 그러한 질문의 한 예는 다음과 같다. "지난 석 달 동안 당신의 건강에 문제가 있었나요?"(문제가 전혀 없었나요/조금 있었나요/다소 있었나요/심각했나요?) 그 결과는 숫자 척도상에 나타낸다.[14] 플러그와 프라흐(1995)가 밝힌 그 평가치는 표 21.6의 내용과 같다.

첫 번째 열은 웰빙에 대한 설명을 나타내며, 두 번째 열은 동일한 변인들에 의한 μ에 대한 설명을 나타낸다. 처음 아홉 개의 변인은 건강 문제, 배우자 관련 문제, 직무 관련 문제, 수면 문제, 알코올 및 약물 관련 문제, 가족 관련 문제, 성 문제, 부모 관련 문제, 이웃에 대한 평가를 나타낸다. 이러한 변인들은 문제가 없

표 21.6 w와 μ에 대한 평가 결과

	w	μ
건강	0.08 (11.43)	−0.00 (−1.11)
배우자	0.04 (3.62)	−0.01 (−1.13)
직무	0.07 (9.57)	−0.01 (−1.67)
수면	0.07 (8.90)	0.00 (0.55)
알코올/약물	0.04 (4.27)	−0.01 (−1.22)
가족	0.07 (7.92)	−0.01 (−2.61)
성	0.03 (3.50)	0.00 (0.86)
부모	0.05 (6.53)	−0.01 (−2.16)
이웃	0.08 (13.61)	0.00 (0.26)
종교	0.02 (4.00)	−0.01 (−3.54)
$\ln y$	0.12 (5.13)	0.55 (41.49)
$\ln fs$	−0.81 (−3.60)	−0.34 (−2.66)
$\ln y \ln fs$	0.09 (4.13)	0.03 (2.44)
$\ln^2 fs$	−0.06 (−3.36)	0.03 (2.49)
$\ln$ 연령	−2.14 (−5.88)	1.10 (5.27)
$\ln^2$ 연령	0.30 (4.13)	−0.14 (−4.82)
가(假)변인-직무	−0.10 (−5.07)	0.01 (−0.57)
상수	3.10 (4.72)	2.24 (5.93)
R^2	0.24	0.61

출처: van Praag & Plug (1995).

---

14 (지은이) 평가 목적을 위해, 플러그와 판프라흐는 정해진 척도의 W와 P를 $(-\infty, +\infty)$로 변환하는 것을 선호한다. 사람들이 중간에 중점을 두고 극단적인 답변을 되도록 하지 않을 것이라는 점이 우려되기도 한다. 두 가지 문제를 해결하기 위해 W 값과 P 값의 경험적 분포 함수 $\tilde{F}$를 계산하고 $\tilde{F}$ 값을 원래 수준 대신에 다양한 수준에 할당한다. 그런 다음 그들은 역 표준 정규 분포를 취함으로써 다시 $\tilde{F}$를 변환하는데, 이는 W와 P 대신에 $\tilde{W} = N^{-1}$ $(\tilde{F}_w(W); 0, 1)$과 $\tilde{P} = N^{-1}(\tilde{F}_p(P); 0, 1)$을 활용한다는 것을 의미한다. 변환은 본질적인 해를 입히지는 않지만, $(-\infty, +\infty)$상에서, 더 많은 반응 분화와 확대를 얻기 위해서만 사용된다. 이제부터 우리는 틸데(~)를 생략할 것이다.

표 21.7 특정한 소득 수준들에 따른 최적의 가족 크기

fs = 1	*fs* = 2	*fs* = 3	*fs* = 4	*fs* = 5	*fs* = 6
8,103	20,418	35,060	51,451	69,280	88,346

참고: 가족 소득은 네덜란드의 통화 단위인 길더(guilder)로 측정한 것이다.(NLG2는 약 1 달러이다.)

을 때 가장 높은 값에 도달한다. '종교'는 종교적 감정의 강도를 의미하며, 가장 높은 값은 '비종교적인' 것에 해당된다. 캔트릴의 질문은 삶의 만족도나 웰빙의 보다 폭넓은 개념을 측정하는 반면에 IEQ는 복지를 측정한다.

복지와 웰빙의 주요한 차이점은 '문제' 변인들이 소득 평가에는 거의 영향을 미치지 않지만 웰빙에는 영향을 미친다는 것이다.

두 번째 질문에 대한 답도 동시에 나온다. 복지와 웰빙은 서로 다른 개념으로, 복지는 웰빙에 영향을 미치는 변인 집합의 작은 부분 집합에만 의존한다. 그 효과의 크기와 부호도 다르다.

결과들의 관련성을 설명하기 위해, 플러그와 판프라흐는 W에서 2차 방정식으로 보인 가족 크기처럼 최적의 자녀수를 평가했다. 이 최적의 자녀수는 소득과 같은 요인에 따라 달라진다. 표 21.7은 네덜란드의 자료이다. 이는 연간 세후 소득이 NLG20,418인 가정에서 최적의 자녀수가 0임을 보여준다. 연간 소득이 NLG51,451인 가정의 경우 최적의 가족 크기는 자녀 둘이다.

특히 유망한 방향은 둘 이상의 만족 측정치의 조합이다. 우리는 이 아이디어를 판프라흐와 플러그(1995)의 구체적인 사례로 설명할 것이다.

우리는 $\tilde{U}(y;fs)$로 나타내고 다른 변인들을 무시한 소득의 사회적 표준 함수 — 앞서 도출한 바 있는 — 를 다시 고찰하고자 한다. 우리는 이미 아이들의 수에 따라 $\tilde{U}$가 감소한다는 사실을 알고 있다. 보다 구체적으로 말하면, '추가 자녀의 복지비'의 금전적 가치를 평가할 수 있다. 전형적인 부부가 두 자녀를 두고 있고, 연간 소득이 5만 달러가 된다고 가정하면 그들의 복지는 $\tilde{U}(50;4)$가 될 것이다. 이제 그 부부가 아이를 하나 더 두고 있다고 가정해 보자. 그러면 $\tilde{U}$가 $\tilde{U}(50;5)$로 변할 것이다. 복지 감소는 다음과 같은 소득 증가에 의해 보상될 수 있다.

$$\tilde{U}(50 + \Delta_y^U; 5) = \tilde{U}(50; 4)$$

우리는 가구의 복지 수준을 동일한 수준으로 유지하는 데 필요한 화폐 액수인 추가 자녀의 잠재(그림자) 가격을 Δ^U_y라고 부른다.[15] 이것은 자녀가 몇 째인지에 따라 달라지며 잠재 가격은 소득에 따라 달라질 거라는 점에 유념해야 한다.

반면에, 우리는 여기에서도 다른 모든 변인들을 무시한 웰빙 함수, $W(y, fs)$를 산출하는 캔트릴의 질문에 기초한 웰빙 측정치 W를 가지고 있다. 앞선 표에 제시된 평가를 감안할 때, W는 fs에 따른 2차 함수 값이며, 웰빙이 처음에는 일정 지점까지 가족 크기의 증가와 함께 향상하고 그 이후에는 가족 크기의 증가와 함께 하락한다는 것을 의미한다. 이러한 비단조(非單調) 행동은 비경제적 기여를 위해서 한 자녀가 더 필요할 수도 있다는 사실을 지적한다. 복지의 측면에서 손실이 있는 동시에 웰빙의 이득이 있는 것이다. 따라서 금전적인 비용이 들지만, 자녀를 가지는 것에서 얻는 비금전적인 이득이 존재한다. W 함수는 금전적인 비용과 비금전적인 이득 모두를 포착한다. 이득이 비용보다 크면 가족 크기의 증가와 함께 W 함수 값은 커지고, 비용이 이익보다 크면 W 함수 값은 감소한다. 최적의 가족 크기에서는 균형이 존재한다.

$W(y, fs)$를 고찰하며, 우리는 다음과 같이 풀어 추가 자녀의 잠재 웰빙 가격 Δ^W_y를 계산할 수 있다.

$$W(y, fs) = W(y + \Delta^W_y, fs + \Delta fs)$$

여기에서 Δ^W_y는 차이, 'Δ^W_y = 이익 − 비용'의 금전적 등가(等價)이다.

우리는 그것을 웰빙에 대한 잠재 가격이라고 부른다. 우리가 아이를 환영한다면 플러스이고, 반대로 아이를 환영하지 않으면 마이너스이다. U에 대한 계산으로부터 우리는 비용 추정치를 얻었다.

Δ^U_y = 비용

Δ^W_y와 Δ^U_y의 합산 결과가 이익의 금전적 가치이다.

---

15   (지은이) '양육비'에는 적어도 추가 자녀에 대한 지출 비용이 포함되어 있다. 향후 연구는 양육비에 자녀에 소비되는 시간의 금전적 그림자 가치도 포함되는지 여부를 조사할 것이다.

자녀가 없는 부부가 아이를 입양하려
고 하거나 값 비싼 의료비를 기꺼이 떠
안는 사실에서 보듯이, 그 이득은 상당
할 수 있다. 1991년 네덜란드 가정을 대
상으로 계산된 자녀의 이득은 표 21.8
에 나와 있다.

우리는 첫 아이의 (비금전적) 이득의
가치가 낮은 소득 수준에서는 마이너
스라는 것을 알고 있다. 첫 아이의 이
득은 NLG 2만 이상의 소득에서 플러스
가 된다. 둘째 아이의 경우, 약 NLG 4
만의 소득이 있을 때까지 이득은 마이
너스 상태를 유지한다. 셋째와 넷째 아
이의 경우, 이득은 훨씬 더 오랫동안 마
이너스 상태를 유지한다. 비용과 관련
하여 모호성은 없다. 비용은 항상 플러
스이다. 하지만 각 추가 자녀 비용은 감

표 21.8 비금전적인 자녀 이득의 금전적 가치

| 소득* | 한 명의 생계부양자 | | | |
	첫째 자녀	둘째 자녀	셋째 자녀	넷째 자녀
20,000	−262	−838	−1,005	−1,039
30,000	1,114	−236	−748	−959
40,000	2,911	651	−279	−713
50,000	5,023	1,749	348	−341
60,000	7,383	3,018	1,100	130

| 소득* | 두 명의 생계부양자 | | | |
	첫째 자녀	둘째 자녀	셋째 자녀	넷째 자녀
20,000	−726	−1,153	−1,240	−1,223
30,000	419	−708	−1,100	−1,236
40,000	1,983	22	−747	−1,082
50,000	3,871	964	−237	−802
60,000	5,990	2,074	399	−423

출처: van Praag & Plug(1995)
*가족 소득은 네덜란드의 통화 단위인 길더(guilder)로 측정한 것
이다. (NLG2는 약 1 달러이다.)

소한다. 우리가 볼 수 있듯이, 이러한 비금전적 이득은 상당하며 소득과 함께
크게 증가한다.

이 단계에서 우리는 연구가 시작 단계에 있으며, 반복적인 연구 결과 없이
이 연구 결과나 다른 연구 결과에 너무 많은 가치를 부여해서는 안 된다는 점
을 경고하고자 한다. 하지만 이러한 연구 방향에 대한 전망은 유망하다. 향후
단계는 변인들 간의 대체와 교환을 평가하고, 건강 향상, 가족 증가, 교육, 결
혼의 질 등의 금전적 가치에 대한 계산치를 추정하는 것이다.

복지와 만족도에 관한 레이던 방법론의 다른 적용 및 확대와 관련해서는
프리터스(Frijters, 1998)를 참조 바란다.

결론

레이던 대학교에서 시작된 이 연구는 대부분의 경제 전문가들이 측정할 수 없고 너무 난해하다고 여긴 복지, 웰빙 등의 개념을 조작적 정의를 하고자 시도했다. 다소 간단하고 비용이 적게 드는 질문 방법을 이용한 대규모 조사를 통해 감정에 대한 상당한 정보를 얻었다. 적어도 복지와 웰빙에 대한 감정은 객관적으로 측정 가능한 변인들, 그리고 삶의 양상들에 대한 부분적인 만족도 측정치에 의해서 '설명'될 수 있다. 이 정보는 기억 및 예상 가중치를 수량화하는 데 도움이 된다.[16] 정책에 대한 잠재적 적용 가능성은 풍부하다. 우리는 이 방법을 이용해 가족 등가 척도를 계산하는 것에 대해서 간단히 기술했다. 최근의 발전에 따라, 등장한 복지 측정과 웰빙 측정의 결합은 다양한 선택들의 비용과 이익을 확인할 수 있게 해준다. 우리는 아이 출산의 선택지와 관련해서 그 방법을 논증했다.

지금까지 개발된 기법은 일반적으로 경제적 문제에 국한되지 않으며, 심리학자와 사회학자, 정치학자들도 사용할 수 있다. 보건 경제학에서도 이러한 기법을 이용하는 것은 수월해 보인다.

우리의 바람대로, 이와 같은 측정의 역사는 아직 끝나지 않았고 초기 단계에 불과하다. 다양한 데이터들이 산재해 있으며, 그 데이터들이 IEQ, 확실한 경제 정보(소비, 소득, 직무 특성)와 함께 캔트릴의 질문과 같은, 삶의 다양한 양상에 대한 감정에 관한 '연성' 정보를 거의 포괄하지 못하는 점은 주요한 경험적 제약이다. 연구에 많은 노력을 기울이고 있는 미국에서는 그러한 제약이 크게 줄어들고 있다.

16　(지은이) 판프라흐(1981), 캅테인(1977), 판데르사르(1991), 판데슈타트와 캅테인, 판데히어(Van de Stadt, Kapteyn and Van de Geer, 1985), 캅테인과 판프라흐, 판히어바르덴(Kapteyn, van Praag and van Heerwaarden, 1976) 그리고 판프라흐와 캅테인, 판히어바르덴(1979)의 연구에서, IEQ에 대한 답변이 사회적 참조 집단의 영향을 받기 때문에, IEQ는 사회적 참조 메커니즘에 대한 정보 추출에도 사용되었다. 이 적용은 이 장에서는 다루지 않았다.

참고문헌

Allais, M., and Hagen, O. (1979). *Expected utility hypothesis and the Allais paradox*. Dordrecht: Reidel.

Arrow, K. (1951). *Social choice and individual values*. New York: Wiley.

Atkinson, A. B. (1970). On the measurement of inequality. *Journal of Economic Theory*, *2*, 244~63.

Brickman, P., and Campbell, D. T. (1971). Hedonic relativism and planning the good society. In M. H. Appley (Ed.), *Adaptation-level theory: A Symposium* (pp. 287~304). New York: Academic Press.

Callan, T., and Nolan, B. (1991). Concepts of poverty and the poverty line. *Journal of Economic Surveys*, *5*, 243~61.

Cantril, H. (1965). *The pattern of human concerns*. New Brunswick, N. J.: Rutgers University Press.

Christensen, L. R., Jorgenson, D. W., and Lau, L. J. (1975). Transcendental logarithmic utility functions. *American Economic Review*, *65*, 367~83.

Clark, A. E. (1996). Job satisfaction in Britain. *British Journal of Industrial Relations*, *34*, 189~217.

Clark, A. E., and Oswald, A. J. (1994). Unhappiness and unemployment. *Economic Journal*, *104*, 648~59.

_____. (1996). Satisfaction and comparison income. *Journal of Public Economics*, *61*, 359~81.

Colosanto, D., Kapteyn, A., and Van der Gaag, J. (1983). Two subjective definitions of poverty: Results from the Wisconsin basic needs study. *Journal of Human Resources*, *28*, 127~38.

Debreu, G. (1959). *Theory of value*. New Haven, Conn.: Yale University Press.

Diener, E., and Suh, E. (1997). Measuring quality of life: Economic, social, and subjective indicators. *Social Indicators Research*, *40*, 189~216.

Dow, G. K., and Juster, F. T. (1985). Goods, time, and well-being: The joint dependency problem. In F. T. Juster and F. P. Stafford (Eds.), *Time, goods, and well-being*. Ann Arbor, Mich.: Institute of Social Research.

Dubnoff, S., Vaughan, D., and Lancaster, C. (1981). Income satisfaction measures in equivalence scale applications. *Proceedings of the Social Statistics Section, American Statistical Association*, 348~52.

Easterlin, R. (1974). Does economic growth improve the human lot? Some empirical evidence. In P. David and R. Reder (Eds.), *Nations and households in economic growth: Essays in honor of Moses Abramovitz* (pp. 89~125). New York: Academic Press.

_____. (1995). Will raising the incomes of all increase the happiness of all?

Journal of Economic Behavior and Organization, 27, 35~47.

Edgeworth, F. Y. (1881). *Mathematical psychics.* London: Regan Paul.

Frijters, P. (1998). Explorations of welfare and satisfaction. Ph.D. diss. University of Amsterdam.

Frijters, P., and van Praag, B. M. S. (1995). Estimates of poverty ratios and equivalence scales for Russia and parts of the former USSR. *Tinbergen Discussion Papers*, 95~149.

_____. (1998). Climate equivalence scales and the effect of climate change on Russian welfare and well-being. *Climate Change*, 39, 61~81.

Frisch, R. (1932). *New methods of measuring marginal utility.* Tubingen: Mohr.

Gershuny J., and Halpin, B. (1995). Time use, quality of life, and process benefit. In A. Offer (Ed.), *In pursuit of the quality of life* (pp. 188~210). Oxford: Clarendon Press.

Goedhart, T., Halberstadt, V., Kapteyn, A., and van Praag, B. M. S. (1977). The poverty line: Concepts and measurement. *Journal of Human Resources*, 12, 503~20.

Hagenaars, A. J. M. (1986). *The perception of poverty.* Amsterdam: North-Holland.

Heywood, J. S., Siebert, W. S., and Wei, X. (1997). Are union jobs worse? Are government jobs better? University of Birmingham. Unpublished paper.

Hirschberg, J. G., Maasoumi, E., and Slottje, D. J. (1991). Cluster analysis for measuring welfare and quality of life across countries. *Journal of Econometrics*, 50, 131~50.

Jorgenson, D. W., and Slesnick, D. T. (1984). Aggregate consumer behavior and the measurement of inequality. *Review of Economic Studies*, 166, 369~92.

Kahneman, D., Knetsch, J., and Thaler, R (1991). The endowment effect, loss aversion, and status quo bias. *Journal of Economic Perspectives*, 5, 193~206.

Kahneman, D., and Tversky, A. (1979). Prospect theory: An analysis of decision under risk. *Econometrica*, 47, 263~91.

Kahneman, D., Wakker, P. P., and Sarin, R. (1997). Back to Bentham? Explorations of experienced utility. *Quarterly Journal of Economics* (May) 375~405.

Kapteyn, A. (1977). A theory of preference formation. Ph.D. diss., Leyden University.

_____. (1994). The measurement of household cost functions: Revealed preference versus subjective measures. *Journal of Population Economics*, 7, 333~50.

Kapteyn, A., and van Praag, B. M. S. (1976). A new approach to the construction of equivalence scales. *European Economic Review*, 7, 313~35.

Kapteyn, A., van Praag, B. M. S., and Van Heerwaarden, F. G. (1976).

Individual welfare functions and social reference spaces. Report 76.01. Economic Institute, Leyden University.

Kurian, G. T. (1984). *The new book of world rankings*. London: Macmillan.

Levy-Garboua, L., and Montmarquette, L. C. (1997). Reported job satisfaction: What does it mean? Cahier de Recherche 1. University of Paris.

Maasoumi, E. (1989). Composite indices of income and other developmental indicators: A general approach. *Research on Economic Inequality*, *1*, 269~86.

Markowitz, H. M. (1952). The utility of wealth. *Journal of Political Economy*, *60*, 51~58.

Ng, Y. K. (1997). A case for happiness, cardinalism, and interpersonal comparability. *Economic Journal*, *107*, 1848~58.

Nussbaum, M., and Sen, A. K. (Eds.). (1992). *The quality of life*. Oxford: Clarendon Press.

Parducci, A. (1995). *Happiness, pleasure, and judgment: The contextual theory and its applications*. Mahwah, N. J.: Erlbaum.

Pareto, V. (1904). *Manuel d'economic politique*. Paris: Girard.

Pigou, A. C. (1948). *The economics of welfare*. 4th ed. London: Macmillan.

Plug, E. J. S. (1997). Leyden welfare and beyond. Ph. D. diss. University of Amsterdam.

Plug, E. J. S., Krause, P., van Praag, B. M. S., and Wagner, G. G. (1996). The measurement of poverty: Exemplified by the German case. In N. Ott and G. G. Wagner (Eds.), *Income inequality and poverty in Eastern and Western Europe* (pp. 69~90). Heidelberg: Springer.

Plug, E. J. S., and van Praag, B. M. S. (1995). Family equivalence scales within a narrow and broad welfare context. *Journal of Income Distribution*, *4*, 171~86.

Pradhan, M., and Ravallion, M. (1998). Measuring poverty using qualitative perceptions of welfare. *World Bank Policy Research Working Paper*, *NR* 20~11.

Pratt, J. W. (1964). Risk aversion in the small and in the large. *Econometrica*, *32*, 122~26.

Rainwater, L. (1971). Interim report on explorations of social status, living standards, and family life styles. Cambridge Mass.: Joint Center for Urban Studies of the Massachusetts Institute of Technology and Harvard University. Unpublished paper.

Ravallion, M. (1994). *Poverty comparisons*. Fundamentals in Pure and Applied Economics 56. Chur, Switzerland: Harwood Academic Press.

Robbins, K. (1932). *An essay on the nature and significance of economic science*. London: Macmillan.

Samuelson, P. A. (1945). *Foundations of economic science*. Cambridge Mass.:
Harvard University Press.

Savage, L. J. (1954). *The foundations of statistics*. New York: Wiley.

Seidl, C. (1994). How sensible is the Leyden individual welfare function of
income? *European Economic Review, 38*, 1633~59.

Sen, A. K. (1987). *The standard of living*. Tanner Lectures. Cambridge:
Cambridge University Press.

Stanovnik, T. (1992). Perception of poverty and income satisfaction. *Journal of
Economic Psychology, 13*, 57~69.

Tinbergen, J. (1991). On the measurement of welfare. *Journal of Econometrics,
50*, 7~13.

Townsend, P. (1979). *Poverty in the United Kingdom*. Harmondsworth: Penguin.

_____. (1993). *The analysis of poverty.* London: Harvester/Wheatsheaf.

Van der Sar, N. L. (1991). Applied utility analysis. Ph. D. diss. Erasmus
University, Rotterdam, Haveka (Alblasserdam).

Van de Stadt, H., Kapteyn, A., and Van de Geer, S. (1985). The relativity of utility:
Evidence from panel data. *Review of Economics and Statistics, 67*, 179~87.

van Herwaarden, F. G., and Kapteyn, A. (1981). Empirical comparison of the
shape of welfare functions. *European Economic Review, 15*, 261~86.

van Praag, B. M. S. (1968). Individual welfare functions and consumer behavior:
A theory of rational irrationality. Ph.D. diss. University of Amsterdam.

_____. (1971). The welfare function of income in Belgium: An empirical
investigation. *European Economic Review, 2*, 337~69.

_____. (1977). The perception of welfare inequality. *European Economic
Review, 10*, 189~207.

_____. (1981). Reflections on the theory of individual welfare functions.
Report 81.14. Center *for* Research in Public Economics, Leyden University.
Proceedings of the American Statistical Association.

_____. (1988). Climate equivalence scales: An application of a general method.
European Economic Review,32(4), 1019~24.

_____. (1991). Ordinal and cardinal utility: An integration of the two dimensions
of the welfare concept. *Journal of Econometrics, 50*, 69~89.

van Praag, B. M. S., Dubnoff, S., and Van der Sar, N. L. (1988). On the
measurement and explanation of standards with respect to income, age, and
education. *Journal of Economic Psychology, 9*, 481~98.

van Praag, B. M. S., and Flik, R. J. (1992). Poverty lines and equivalence
scales: A theoretical and empirical investigation. Poverty Measurement
for Economies in Transition in Eastern Europe, International Scientific
Conference, Warsaw, October 7~9. Polish Statistical Association, Central
Statistical Office.

van Praag, B. M. S., Hagenaars, A., and Van Weeren, J. (1982). Poverty in Europe. *Review of Income and Wealth*, 28, 345~59.

van Praag, B. M. S., and Kapteyn, A. (1973). Further evidence on the individual welfare function of income: An empirical investigation in the Netherlands. *European Economic Review*, 4, 33~62.

_____. (1994). How sensible is the Leyden individual welfare function of income? A reply. *European Economic Review*, 38, 1817~25.

van Praag, B. M. S., Kapteyn, A., and Van Herwaarden, F. G. (1979). The definition and measurement of social reference spaces. *Netherlands Journal of Sociology*, 15, 13~25.

van Praag, B. M. S., and Plug, E. J. S. (1995). New developments in the measurement of welfare and well-being. Tinbergen Discussion Paper 95~60. University of Amsterdam.

van Praag, B. M. S., and Van der Sar, N. L. (1988). Household cost functions and equivalence scales. *Journal of Human Resources*, 23, 193~210.

van Praag, B. M. S., and Van Weeren, J. (1983). Some panel-data evidence on the time-discounting mechanism in the formation of value judgments on income with applications to social security and income policy. Report 83.22. Center for Research in Public Economics, Leyden University.

_____. (1988). Memory and anticipation processes and their significance for social security and income inequality. In S. Maital (Ed.), *Applied behavioral economics* (pp. 731~51). Brighton: Wheatsheaf Books.

van Praag, B. M. S., and Warnaar, M. (1997). The cost of children and the effect of demographic variables on consumer demand. In M. R. Rosenzweig and O. Stark (Eds.), *The handbook of population and family economics* (pp. 241~72). Amsterdam: North Holland.

Veenhoven, R. (1996). Happy life expectancy: A comprehensive measure of quality of life in nations. *Social Indicators Research*, 39, 1~58.

Wakker, P. R, and Tversky, A. (1993). An axiomatization of cumulative prospect theory. *Journal of Risk and Uncertainty*, 7, 147~76.

Wansbeek, T., and Kapteyn, A. (1983). Tackling hard questions by means of soft methods: The use of individual welfare functions in socioeconomic policy. *Kyklos*, 36, 249~69.

국가별 주관적 웰빙의 차이

에드 디너 · 서은국

보고된 주관적 웰빙(subjective well-being: SWB)은 국가들 간에 실질적인 차이가 존재한다. 주관적 웰빙에 대한 설문 조사는 방법론적 도전에 직면하지만, 현재의 데이터는 측정치가 타당도를 지니며 국가 간 차이가 상당히 있음을 시사한다. 부유한 나라의 사람들은 가난한 나라의 사람들보다 더 큰 SWB를 보고하는 경향이 있다. 그러나 부와 웰빙을 연관시키는 인과적 요인은 아직 파악되지 않았다. 국가의 부는 인권, 사람들 사이의 평등, 기본적인 생물학적 욕구 충족, 개인주의와 강하게 상관관계가 있다. 이러한 예측 변인들과 부의 높은 상호 상관관계 때문에 SWB에 미치는 그 각각의 영향은 아직 분리되지 않았다. 상대적으로 높은 국가적 SWB와 상관관계를 지니는 또 다른 변인으로는 정치적 안정성과 관련 변인인 개인 간의 신뢰가 있다. 개인주의는 다양한 국가에 걸쳐 상대적으로 높은 SWB와 높은 자살률 둘 다와 상관관계가 있는 문화적 변인이다. 이 장에서는 이처럼 개인주의의 상이한 결과들이 일어날 수 있는 이유들을 논할 것이다. 개인주의자들은 '조화'와 '존중'과 같은 다른 가치들을 강조하는 집단주의자들에 비해 행복을 더 중요하다고 믿는다. 또한, SWB에 대한 보고는 SWB를 중요시 여기는 국가들에서 가장 높다. 흥미롭게도, 삶의 만족도를 판단할 때, 개인주의자들은 집단주의자들에 비해 기분과 정서에 비중을 둘 가능성이 더 높고, 만족의 적절성 규범을 염두에 둘 가능성이 낮다. 또한 라틴 문화의 사람들은 유쾌한 감정을 높이 평가하고 불쾌한 감정을 경시하는 반면에, 환태평양 지역의 유교 문화권 사람들은 유쾌한 감정에 비중을 덜 두고 불쾌한 정서를 더 잘 수용하는 것으로 보인다. 사회들 간의 SWB의 차이에 대한 심리학적 이해에 대한 주요한 접근법으로는 선천적 욕구 접근법, 목표 추구 이론, 정서 사회화 모델, 그리고 유전적 설명이 있다. 국가 간 SWB의 차이에 대한 정책적 함의와 관련해 간략하게 논의할 것이다.

천 년 동안 사상가들은 인간 존재의 질, 즉 바람직한 사회와 바람직한 개인의 삶을 만드는 것에 대해 논의해 왔다. 토마스 아퀴나스와 같은 철학자들은 개인에 주의를 집중하고 미덕, 신과의 접근성, 기타 개인적 자질 측면에서 인간 삶의 질을 정의했다. 공자와 같은 다른 학자들은 사회의 삶의 질에 중점을 두면서 사람들 사이의 관계를 강조했다. 현대의 과학자들은 삶의 질을 측정하고 여러 방향에서 이 작업에 접근한다. 경제학자들은 사회가 생산한 재화와 서비스의 양을 삶의 질을 반영한 것으로 평가한다. 또한 경제학자들은 사회가 풍부한 재화와 서비스를 생산하면 사람들이 가장 원하는 것을 선택하고 따라서 바람직한 삶을 창출할 가능성이 높다고 가정한다. 인간의 욕구는 많은 재화와 서비스를 생산하는 사회에서 충족될 가능성이 가장 높다. 따라서 생산성이 높은 국가에서는 웰빙이나 효용이 향상될 것이다. 다른 연구자들, 특히 사회적 지표 전통 내에서 연구하는 학자들은 재화와 서비스를 넘어 사회의 다른 적절한 특성들을 열거하고 그것들을 측정하는 방법을 고안했다. 예를 들어, 상품과 서비스 외에도 좋은 사회는 낮은 범죄, 긴 기대 수명, 인권 존중, 공평한 자원 분배를 갖춰야 한다. 이 접근법으로 학자들은 중요한 사회적 지표들을 요약하는 다양한 지수들에 근거하여 사회들을 비교하고자 한다(예컨대, Diener, 1995를 참조).

삶의 질을 정의하고 측정하는 세 번째 접근법은 주관적 웰빙(SWB)의 관점이다. 이는 만족도 판단의 측면에서, 감정 반응(기분과 정서)의 측면에서, 개인들이 자신들의 삶을 평가하는 방법이다. 이 전통에서 바람직한 삶을 사는 개인은 만족하며, 유쾌한 감정을 자주 경험하고 불쾌한 감정을 드물게 경험한다. 이상적인 사회는 모든 사람들이 행복하고 만족하며 풍부한 즐거움을 경험하는 사회로 정의된다. 또한, 신뢰, 자존감, 고통의 부재, 자신의 일과 결혼생활에 대한 만족 등과 같은 더 구체적인 변인들도 주관적 지표 목록에 추가될 수 있다.

이러한 접근법들의 장단점은 보완적이므로, 한 사회의 전체적인 범위의 삶의 질을 평가하기 위해서는 주관적, 경제적, 사회적 지표들이 필요하다

(Diener and Suh, 1997). 그러나 이 장은 국가들의 삶의 질을 비교하는 데 있어서 주관적인 웰빙의 측정치에 초점을 맞추고 있다. 이 분야의 측정의 타당도는 몇 가지 광범위한 추론을 도출하기에 충분하지만 우리가 강력한 결론을 얻기 전에 방법론의 개선이 필요하다.

SWB의 측정치는 다른 방법으로도 얻을 수 있지만, 설문 응답자들의 자기보고 응답 방법이 대부분의 연구자들이 데이터를 얻는 방법이다. 국가의 SWB의 확률 표본 측정은 1946년에 시작되었다. 그 이후로 많은 국가에서 확률 표본을 얻은 여러 연구들이 있었다(예컨대, Cantril, 1965; World Values Study Group, 1994; Eurobarometer, 1991). 또한 대학생들(예컨대, Suh et al., 저널에 실릴 예정인 논문; Michalos, 1991)과 같은 좀 더 작은 표본에 기초한 연구들이 수행되었다. 마지막으로 비교 가능한 측정치를 이용할 경우, 각 국가에서 시행된 설문 조사 결과를 국가별로 비교할 수 있다. 페인호번(1993)은 916개의 국가적인 설문 조사 결과를 활용했다.

표 22.1은 세계 가치 조사 II(World Values Study Group, 1994)에 대한 응답을 근거로 41개국에서 보고된 SWB의 평균 수준을 제시한다. SWB의 세 가지 구성 요인은 삶의 만족도, 유쾌한 감정, 불쾌한 감정이다. 삶의 만족도 점수는 "모든 것을 고려할 때, 당신은 요즘 전체적인 삶에 얼마나 만족합니까?"라는 질문에 대한 응답자들의 응답 ─ 1(불만족한)~10(만족한)의 숫자를 사용한 ─ 을 기반으로 한다. 디너와 동료들의 삶의 만족도 조사(Pavot and Diener, 1993b)와 같은 소규모 연구에서 삶의 만족도 측정은 종종 다항목 척도에 기반을 두지만, 대규모 조사로 이루어지는 일반적인 삶의 만족도 측정은 편의상 단일 항목에만 기반을 둔다. 브래드번(Bradburn, 1969)의 감정 균형 척도는 유쾌한 정서를 평가하는 다섯 개의 질문과 불쾌한 기분을 평가하는 다섯 개의 질문을 가지고 있다. 예를 들어, 응답자들은 지난 몇 주 동안 '천하를 얻은 듯한 기분/인생이 멋지다는 기분'을 느꼈는지, 아니면 '우울하거나 매우 불행하다'고 느꼈는지 응답한다. 긍정적인 감정 점수는 응답자가 긍정적으로 응답하는 0에서 5까지의 항목 수를 기반으로 하며, 부정적인 감정 척도는 동일한 방식으로 점수가 매겨진다.

SWB의 주요한 세 가지 구성 요인은 삶의 만족도, 빈번한 유쾌한 감정의 존재, 드문 불쾌한 감정이다. 표 22.1에서 볼 수 있듯이, SWB의 세 유형의 평균 수준은 국가들마다 크게 달랐다. 예를 들어, 평균 삶의 만족도 수준은 불가리아의 약 5.0에서 스위스의 약 8.4에 이르기까지 다양했다. 마찬가지로 쾌락의 균형(유쾌한 감정 – 불쾌한 감정)도 사회마다 상당히 다양했다. 예를 들어, 응답자들은 러시아에서 거의 같은 수의 유쾌한 정서 경험과 불쾌한 정서 경험을 보고한 반면에, 스웨덴에서는 참가자들이 불쾌한 감정 항목에 비해 더 많은 유쾌한 감정 항목에 긍정 반응을 보였다. 일상적 대화체 말을 보면, 스웨덴 시민들은 러시아 시민들보다 더 행복한 것처럼 보인다. 왜냐하면 러시아 사회의 응답자들은 유쾌한 정서를 상대적으로 풍부하게 경험하지 않기 때문이다.

또한 일부 국가들은 다른 국가들에 비해 더 정서적인 성향을 보이는 것으로 나타났다. 그러한 국가의 시민들은 두 가지 유형의 감정을 높은 수준으로 보고했다. 예를 들어 터키와 일본의 시민들은 거의 같은 삶의 만족도와 쾌락의 균형 점수를 가지고 있었지만 터키인들은 유쾌한 감정과 불쾌한 감정을 모두 훨씬 더 높은 수준으로 보고했다. 마지막으로, 평균 수준의 삶의 만족도는 다양한 국가들에 걸쳐 쾌락의 균형과 상관관계가 있는 경향이 있었지만, 두 가지 유형의 측정치들은 서로 상관관계($r = .73$)가 완벽하지는 않기 때문에 어느 정도 보완적인 정보를 제공하는 것으로 보였다. 지금까지 우리는 한 유형의 SWB에 영향을 미칠 수 있는 요인들에 대한 몇 가지 통찰력만 가지고 있을 뿐, 다른 유형의 SWB에 대한 통찰력은 가지고 있지 않다. 우리는 나중에 SWB의 국가들 간의 차이를 일으킬 수 있는 원인으로 다시 시선을 돌릴 것이다.

마지막으로 표 22.1의 모든 평균은 척도의 중립점 위라는 사실에 유의해야 한다. 즉, 평균적인 행복 수준은 국가마다 다르지만, 중립 수준에서 시작하는 경향이 있다. 예를 들어, 브래드번(1969)의 감정 균형 척도에서 모든 국가는 부정적인 감정보다 긍정적인 감정을 더 많이 보고한다. 「대부분의 사람들은 행복하다」라는 제목의 논문에서, 디너와 C. 디너(Diener and C. Diener, 1996a)는 대부분의 국가는 물론이고, 심지어 매우 취약성을 지닌 집단에서도 비록 가장 높은 점수는 드물지만, 대다수의 사람들이 SWB를 적당히 긍정적인 범위의 점수로 보고한다고 지적한다. 그러나 디너와 디너는 예전의 조사에서는 매우 가난한 몇몇 사회에서 중립점 미만의 값이 나왔다는 사실에 주목했다. 또한 디너와 M. 디너(Diener and M. Diener, 1995)의 연구 결과에 의하면, 거의 모든 나라의 응답자의 대다수가 삶의 만족도와 행복 척도상에서 중간점을

표 22.1 국가별 주관적 웰빙 값

국가	삶의 만족도	쾌락의 균형	긍정적인 감정	부정적인 감정
불가리아	5.03	.91	1.93	1.01
러시아	5.37	.29	1.69	1.41
벨라루스	5.52	.77	2.12	1.35
라트비아	5.70	.92	2.00	1.08
루마니아	5.88	.71	2.34	1.63
에스토니아	6.00	.76	2.05	1.28
리투아니아	6.01	.60	1.86	1.26
헝가리	6.03	.85	1.96	1.11
인도	6.21	.33	1.41	1.09
남아프리카	6.22	1.15	2.59	1.44
슬로베니아	6.29	1.53	2.33	.80
체코	6.30	.76	1.84	1.08
나이지리아	6.40	1.56	2.92	1.36
터키	6.41	.59	3.09	2.50
일본	6.53	.39	1.12	.72
폴란드	6.64	1.24	2.45	1.21
한국	6.69			
동독	6.72	1.25	3.05	1.80
프랑스	6.76	1.33	2.34	1.01
중국	7.05	1.26	2.34	1.08
포르투갈	7.10	1.33	2.27	.94
스페인	7.13	.70	1.59	.89
서독	7.22	1.43	3.23	1.79
이탈리아	7.24	1.21	2.04	.84
아르헨티나	7.25	1.26	2.45	1.19
브라질	7.39	1.18	2.85	1.68
멕시코	7.41	1.38	2.68	1.30
영국	7.48	1.64	2.89	1.25
칠레	7.55	1.03	2.78	1.75
벨기에	7.67	1.54	2.46	.93
핀란드	7.68	1.18	2.33	1.15
노르웨이	7.68	1.59	2.54	.95
미국	7.71	2.21	3.49	1.27
오스트리아	7.74	1.77	2.90	1.13
네덜란드	7.84	1.81	2.91	1.10
아일랜드	7.87	1.99	2.89	.90
캐나다	7.88	2.31	3.47	1.15
스웨덴	7.97	2.90	3.63	.73
아이슬란드	8.02	2.50	3.29	.78
덴마크	8.16	1.90	2.83	.93
스위스	8.39	1.14	1.39	.24

출처: World Values Study Group(1994).
참고: 국가의 확률 표본을 얻기 위해 값에 가중치가 부여되며, 명백한 데이터 오류가 있는 응답자들은 분석 전에 탈락되었다.

넘는 것으로 나타났다. 또한 그들의 연구 결과에 의하면, 모든 국가에서 응답자들이 친구와 가족에 대한 만족도에 대해서 긍정적인 범위의 점수를 부여했지만, 일부 사회의 응답자들은 재정적 만족도에 대해서는 척도의 중립점 미만 점수를 부여했다.

방법론적 문제들

측정

설문 조사 결과를 분석하기 전에 몇 가지 방법론적인 문제를 우선 논의해야 한다. 첫째, 가장 분명한 방법론적인 문제는 SWB 조사가 타당한지 여부이다. 연구자가 응답자들에게 삶의 만족도에 대해 질문하는 상황은 측정의 인위성의 가능성이 아주 커 보일 수 있다. SWB 측정에 대한 철저한 논의는 이 장의 범위를 넘어서지만, 앤드루스와 로빈슨(Andrews and Robinson, 1992), 디너(1994), 디너와 동료들(1997), 라슨과 디너, 에몬스(Larsen, Diener and Emmons, 1985), 샌드빅과 디너, 세이들리츠(Sandvik, Diener and Seidlitz, 1993), 슈바르츠와 슈트랙(Schwarz and Strack, 이 책)의 연구에서 더 많은 논의를 찾을 수 있다.

웰빙에 대한 자기보고는 다른 측정 방법과 상관관계가 있을 경우에 충분한 수렴 타당도를 보인다. 웰빙에 대한 자기보고는 가족과 친구들이 내린 평가, 면접관의 평가, 면접 시의 웃는 정도, 사람들이 회상하는 긍정적 기억과 부정적인 기억의 수와 함께 공변한다(예컨대, Sandvik et al., 1993을 참조). 몇몇 국제적인 연구에서, 국가들 간의 SWB 차이를 조사하는 데 이용할 수 있는 방법으로는 자기보고 말고도 다른 여러 방법이 존재한다. 예를 들어, 발라츠키와 디너(Balatsky and Diener, 1993)의 연구 결과에 의하면, 러시아 학생들이 미국의 응답자들보다 훨씬 낮은 수준의 웰빙을 보고했을 뿐만 아니라, SWB에 대한 사건 기억 측정에서 낮은 점수를 받았다. 이러한 측정에서 참가자들은 규정된 기간에 가능한 한 많은 긍정적인 사건을 회상한 다음에 별개의 기간에 가능한 한 많은 부정적인 사건을 회상해야 했다. 러시아 학생들은 유쾌한 사건들을 상대적으로 적게 회상해, 결과적으로 그 연구의 자기보고 결론을 뒷받침해 주었고, 결과에 대한 인위적인 설명에 의문을 제기했다.

외팅겐과 셀리그만(Oettingen and Seligman, 1990)은 과거 서베를린과 동베를린이었던 지역에서 시행된 한 연구에서, 신문에 실린 사건들에 대한 낙관적 설명과 비관적인 설명뿐만 아니라 행복과 불행을 나타내는 얼굴 표정과 태도의 관계를 검사했다. 평가자들은 술집에서 노동자 계층의 얼굴 표정(미소 대 찡그림), 자세(구부정한 자세 대 똑바른 자세), 웃음과 제스처를 부호화했다. 그들은 서베를린 사람들이 더 자주 미소를 짓고 더 많이 웃고 더 자주 의도적인 몸짓을 하는 것을 발견했다. 이러한 차이와 일치하는 두 연구자의 연구 결과에 의하면, 좋은 사건과 나쁜 사건들에 대한 신문의 설명이 두 지역 간에 크게 달랐다. 서베를린 신문은 동베를린 신문에 비해 좋은 사건의 원인을 더 총체적이고 안정적인 용어로 설명한 반면에, 동독의 출판물은 부정적인 사건을 더 총체적인 용어로 설명했다. 표 22.1에서 볼 수 있듯이 외팅겐과 셀리그만이 기술한 행동적, 인지적 차이는 서독과 동독의 자기보고된 SWB에 반영되어 있다.

SWB 보고의 타당도는 SWB에 대한 자기보고가 다른 예측 측정치들, 예컨대, 자존감, 낙관주의, 자기 효능감, 우울 등의 측정치와 상관관계가 있다는 사실로도 증명된다. 또한, 예상대로 시간이 지남에 따라 SWB에 약간의 변화가 생기는 것은 분명하지만, SWB 측정치는 몇 년 동안에도 시간적 신뢰도를 보여준다. 또한 국제적인 데이터를 보면, 서로 다른 여러 설문 조사들이 국가의 SWB에 대한 결론 측면에서 수렴한다. 예를 들어, 디너와 디너, 디너(Diener, Diener and Diener, 1995)의 연구 결과에 의하면, 세 가지 다른 국제적인 조사에서 국가들의 보고된 SWB의 평균 수준들 간의 평균 피어슨 상관관계가 .71인 것으로 나타났다.

마지막으로, SWB의 측정치는 종종 사람들의 현재 기분, 척도에 대한 응답 시의 습관적인 숫자 사용, 겸손한 성향, 또는 척도에서 극단을 피하는 경향의 영향을 크게 받지 않는다(Diener et al., 1991; Diener, Suh, et al., 1995; Oishi et al., 1996; Pavot and Diener, 1993a). 페인호번(1993)과 잉글하트와 라비에(Inglehart and Rabier, 1986), 샤오(Shao, 1993)는 언어의 번역이 측정치에 큰 영향을 미치지 않을 것이라는 증거를 제시한다. 또한 페인호번이 재고찰한 연구 결과가 시사하는 바에 의하면, SWB 개념들의 바람직함이나 친숙함의 차이가 보고된 국간들 간의 차이의 원인이 아닌 것으로 보인다. 따라서 SWB

에 대한 자기보고 측정치는 어느 정도 타당도를 지니며, 이 결론은 나중에 우리가 검토할 SWB 보고의 국제적 차이들의 신뢰할 수 있는 상관관계에 의해 뒷받침된다.

타당도에 대한 증거에도 불구하고, SWB 측정은 단점이 없는 것은 아니다. 예를 들어, 슈바르츠와 클로어(Schwarz and Clore, 1983)는 응답자들의 현재 기분은 가끔 비교적 긴 그들의 삶에 대한 평가에 영향을 미칠 수 있다는 사실을 보여주었다. 슈바르츠와 슈트랙(이 책)의 연구 결과에 의하면, 질문을 어떻게 받는지에 따라, 현재 응답자에게 현저히 존재하는 요인들에 따라 삶의 만족도를 판단하는 데 상이한 정보의 가중치가 부여될 수 있다. 또한 일부 연구자들(예컨대, Cutler, Bunce and Larsen, 1996; Levine, 1997; Thomas and Diener, 1990)은 사람들이 장기간에 걸쳐 자신의 기분을 회상할 때 체계적인 기억 편향을 경험한다는 사실을 발견했다. 따라서 순간적인 상황적 요인들은 장기간의 SWB 측정에 오류를 더할 수 있다. 실제로, 삶의 만족도 판단에는 즉각적인 상황적 영향으로 인한 약간의 가변성이 항상 있기 마련이다.

또한 사람들이 높은 SWB 보고로 호의적인 인상을 주려고 할 수 있는 잠재적인 문제도 있다. 우리는 개인들이 인터뷰 상황을 통한 응답과 익명의 설문지 방법을 통한 응답을 보고하도록 무작위로 배정한 그들의 응답을 서로 비교함으로써 이 인위성 문제를 검토했다. 킹과 부흐발트(King and Buchwald, 1982)의 연구를 반복한 결과, 우리는 대학생의 여러 표본들에서 응답 보고 방법이 보고된 SWB의 평균 수준에 영향을 미친다는 사실을 발견했다. 그러나 수드만과 그릴리, 핀토(Sudman, Greeley and Pinto, 1967)의 연구 결과에 의하면 사람들은 자기 기입식 질문지를 이용할 때보다 개인 인터뷰 시에 행복감을 더 크게 보고했다. 모움(Moum, 1996)의 연구 결과에 의하면, 젊은 사람들은 자기 기입식 질문지에 비해 인터뷰로 우울감을 덜 보고한 반면에, 비교적 나이가 많은 응답자들은 이러한 편향을 보이지 않았다. 따라서 일부 집단의 사람들은 상황의 사회적 압력에 의존해 행복하거나 덜 행복하다고 보고할 수도 있는 것으로 보인다. 이러한 인상 관리[1]는 평균적인 웰빙 수준들에 있어서의 허위적 차이를 일으킬 수 있다.

---

1   사람, 물체, 사건에 대한 다른 이들의 지각에 영향을 주려고 시도하는 의식적이거나 무의식적인 목표 지향적인 과정.

SWB 평가에 대한 우리의 광범위한 결론은 SWB 측정치가 타당도를 가지고 있고 종종 대중적인 지식이 시사하는 바처럼 오염되어 있지는 않지만, 측정 인위성과 순간적인 상황 요인의 영향을 받을 수 있다는 것이다. 따라서 측정 인위성이 평가되고 통제될 뿐만 아니라, 여러 상이한 유형의 측정 방법을 이용해 동일한 결론에 이를 때만 명확한 결론을 얻을 수 있다. 불행히도, SWB를 측정하는 강력한 다중 방법 데이터베이스가 모든 국가에 존재하는 것은 아니다. SWB의 비(非)자기보고 측정치를 이용한 국제 데이터 세트는 수적으로 상당히 제한되어 있어, 향후 확장될 필요가 있다. 또한, 사람들이 어느 순간이든 신호를 받을 때마다 자신들의 기분을 기록하는 실시간 측정법을 이용해야 한다. 이 방법론의 주요한 장점은 기억 편향을 줄이고, 연구자로 하여금 사람들이 더 행복하고 덜 행복한 상황을 결정할 수 있게 한다는 사실이다. 따라서 국제적 연구들의 실시간 기분 측정치들은 SWB의 국가 간 차이와 상황적 차이에 대해 좀 더 확고하게 진술할 수 있게 해줄 것이다. 이 장의 후반부에서 도출한 결론은 아직까지는 가장 강력한 측정 수준이 웰빙의 국제적인 비교에 이용될 수 없다는 사실 때문에 제한적일 수밖에 없다.

최종 방법론적 요점은 이 장에서 SWB의 국가 간 차이에 대한 논의의 대부분은 SWB 측정치의 국가 평균 점수에 기초한다는 것이다. 개인적 수준에서 증명된 SWB 측정치의 타당도는 SWB의 집계된 평균적인 국가 간 차이 연구를 위한 도약대를 제공하지만, 국가적 수준에서 관찰된 SWB 차이와 개인적 수준에서 관찰된 SWB 차이의 근본적인 이유는 경우에 따라 다를 수 있다는 점에 유의해야 한다. 국제적 수준에서 중요한 설명 요인들이 반드시 국내에서 관찰된 결과의 가장 중요한 결정 요인은 아닐 수 있다. 마찬가지로 개인적 수준에서 SWB 측정치의 타당도를 뒷받침하는 데이터는 교차 국가 간 비교를 할 때는 그 측정치가 타당도가 있다는 것을 결정적으로 입증하지는 못한다. 그러나 이용할 수 있는 국가 간 데이터의 제한된 양 때문에, 우리는 이 장에서 국가 간 SWB 차이를 이해하는 데 있어서 국가적 수준과 개인적 수준 모두로부터 얻은 연구 결과들을 통합하고자 한다.

분석 단위로서의 국가

또 다른 방법론적 문제는 특정한 국가들 간에 명백한 유사성이 있을 뿐만 아니라 국내 사람들 사이에 큰 차이가 있다는 사실에 비추어 볼 때 국가가 의미 있는 분석 수준인지의 여부이다. 어떤 나라들은 상당히 이질적이다. 사실, 국내에서의 개인차가 국가들 간의 차이보다 더 큰 경우가 종종 있다. 따라서 국가가 의미 있는 분석 단위인지에 대한 의문이 제기된다.

국가들이 SWB의 차이를 조사하는 하나의 타당한 방법을 제공해 준다고 믿을 만한 몇 가지 이유가 있다. 잉글하트와 라비에(Inglehart and Rabier, 1986)는 무엇보다도, 국적은 SWB에 대한 강력한 예측 변인이라고 지적했다. 이는 국적이 SWB에 중대한 영향을 미친다는 것을 시사한다. 또한, 그들은 시간의 흐름에 따른 국가들의 상대 순위에 '놀라운 연속성이 있다'고 지적하면서 국적이 함축하는 영향이 안정적임을 시사했다.

SWB 분석에 있어서 국가가 의미 있는 단위인지에 대한 질문에 답하는 또 하나의 방법은 다양한 하위 집단화를 국가 간 비교할 때 국가가 동일한 상대적 위치를 유지하는지의 여부를 조사하는 것이다. 따라서 우리는 각 국가별로 남성과 여성의 각각의 평균을 계산했는데, 이들 수치 간의 상관관계는 .97이었다. 다시 말해, 남성의 국가적 평균은 여성의 평균으로부터 거의 완벽하게 예측할 수 있다. 마찬가지로 우리는 각 나라의 상이한 연령대별(네 개의 세대별, 즉, 20~39세, 40~59세, 60~79세, 89~99세) 평균 SWB를 계산했다. 국가 평균에 근거한 이 상이한 연령대별 상관 행렬을 조사하면, 어떤 두 연령대의 가장 낮은 상관관계는 $r = .65$이다. (이는 가장 젊은 연령대와 가장 높은 연령대 사이의 상관관계이다.) 모든 연령대 간의 평균 상관관계는 .93이다. 이러한 분석이 제시하는 점은 국가를 정당한 분석 단위로 만드는 국내의 SWB의 동질성이 어느 정도 존재한다는 것이다. 국내에서 상이한 연령과 성별을 가진 사람들은 유사한 수준의 SWB를 보고하는 경향이 있으며, 이는 SWB에 대한 전국적으로 공통적인 영향이 존재함을 시사한다.

물론 국가의 평균은 국내의 하위문화와 기타 집단에 대한 의미 있는 정보를 평균화한다. 우리는 평균처럼 단순화한 수치를 사용할 때 정보를 잃는다. 더 좁은 하위 집단화들이 조직적으로 다르다는 점에서, 인류학자들은 종종 그것들을 설명하는 문화적 분석을 지지한다. 따라서 우리는 SWB의 국가 간 차이와 국내 사람들 간의 차이를 분석할 것이다. 그 두 가지 유형의 분석이 중요한 정보를 알려줄 수 있기 때문이다. 그러나 국가 평균에 대한 분석은 특정한 요인들이 국가 내의 대다수 사람들에게 어느 정도 영향을 미친다는 사실에 근거하여 정당화된다. 국가 내 문화적 하위 집단화에 대한 분석도 바람직하지만, 그러한 분석은 이 장의 범위를 넘어서는 것이다.

척도 구조 불변성

세 번째 방법론적인 문제는 다양한 문화에 걸쳐 SWB 측정의 구조적 불변성과 관련이 있다. 즉, SWB 척도의 점수들을 의미 있게 비교할 수 있기 위해서는 그에 앞서 다른 국가들에서도 척도의 항목들이 동일한 방식으로 일관성이 있어야 한다. 다양한 국가 간의 구조적 불변성이 없다면, 척도는 상이한 국가들마다 상이한 의미를 가질 수 있을 것이다. 국제적 연구에서 사용되는 측정과 관련한 제한된 작업은 유망하다. 예를 들어, 발라츠키와 디너(Balatsky and Diener, 1993)의 연구 결과에 의하면, 소련에서의 삶의 만족도 척도는 미국이나 중화인민공화국에서와 마찬가지로 단일한 요인을 갖추고 있었다(Shao, 1993). 마찬가지로 왓슨과 클라크, 텔레겐(Watson, Clark and Tellegen, 1988)의 '긍정적 감정 부정적 감정 스케줄(Positive Affect Negative Affect Schedule: PANAS)'의 감정 형용사는 일본과 중국, 미국에서 두 가지 분명한 요인을 형성하는 유쾌한 감정과 불쾌한 감정을 각각 측정하기 위해 고안되었다. 실제로, 다양한 연구에서 가장 반복적으로 나오는 결과들 중 하나는 유쾌한 감정과 불쾌한 감정이 두 가지 개별적인 요인을 형성한다는 것이다. 이 연구 결과는 두 신경계가 두 가지 유형의 감정의 기저가 될 수 있음을 시사하며, 쾌락과 고통을 독립적으로 측정해야 할 필요성을 강하게 나타낸다. 유쾌한 감정과 불쾌한 감정의 개별성은 두 가지 유형의 감정 모두의 측면에서 국가 간 비교를 해야 하며, 그 두 가지 유형은 일반적으로 두 가지 차원이 하나의 차원으로 결합되어서는 안 된다는 것을 나타낸다. 불행히도, 많은 국제적인 연구자들은 전 세계적인 하나의 웰빙 척도만을 사용하며 유쾌한 감정과 불쾌한 감정을 각각 평가하지는 않는다.

국가의 SWB 상관관계 대상

부와 경제 개발

가장 반복적인 예측성을 지닌, 국가의 SWB 예측 변인 중 하나가 경제적 부이다. 디너와 디너, 디너(Diener, Diener and Diener, 1995)의 연구 결과에 의하면, 55개 국가의 1인당 국내총생산과 그 국가들의 SWB 수준 사이에 .58의 상관관계가 있는 것으로 나타났다. 국가의 1인당 구매력 평가(생활비 차이를 통제함)와 SWB 간의 상관관계는 $r = .61$이었다. 페인호번(1991)은 국가의 부와 보고된 웰빙 간에 훨씬 더 높은 .84의 상관관계가 있음을 보고했으며, 이스털린(Easterlin, 1974)이 보고한 소득과 SWB 간의 낮은 상관관계는 오류였다는 점을 제시했다. 갤럽(Gallup, 1976)과 잉글하트(1990)도 국가의 부와 삶의 만족도의 상관관계가 상대적으로 높다는 사실을 보고했다.

그림 22.1은 '세계 가치 조사 II(World Value Survey II)'의 41개국 데이터를 기반으로 국가의 1인당 구매력과 여러 유형의 SWB 간의 상관관계를 보여준다. 구매력 평가 수치는 미국 국민의 소비력과 비교해 한 국가의 시민이 가진 소비력의 비율을 반영한 것이다. 이 데이터 세트에서 다양한 국가에 걸쳐 평균 삶의 만족도 수준과 평균 구매력 간의 영차 상관관계는 .69로 나타났으며, 구매력과 유쾌한 기분의 영차 상관관계는 .28로 나타났고, 구매력과 불쾌한 기분의 영차 상관관계는 −.41로 나타났다. 그림에서 볼 수 있듯이, 세 번째 집단과 가장 높은 소득의 4분위 집단 사이에는 증가가 없지만, SWB는 소득에 따라 증가한다. 그림 22.1에서 보이는 데이터와 일치하는 바대로, 페인호번(1991)은 SWB가 소득과 곡선 관계를 보이며, 이는 고소득 국가들도 다르지 않다고 제시했다. 이와는 대조적으로 디너와 디너, 디너(1995)는 가장 부유한 국가들에서 SWB의 평준화를 발견하지 못했다. 따라서 부는 상대적으로 빈곤한 국가들에서 가장 커다란 영향력이 있으며, 상대적으로 부유한 국가들에서는 영향력이 줄어들고 있지만 이 점과 관련한 증거는 일관성이 없다.

왜 비교적 높은 국민 소득은 SWB와 관련이 있을까? 디너와 디너(1996b)는 소수의 예외를 제외하고는 사실상 모든 사회적 지표들이 상대적으로 더 부유한 국가들에서 더 긍정적인 양상을 띤다는 사실을 발견했다. 예를 들어 부유한 나라에서는 교육 수준이 더 높고 음식과 깨끗한 식수가 더 풍부하고, 인권

그림 22.1 국민의 소득과 평균 주관적 웰빙

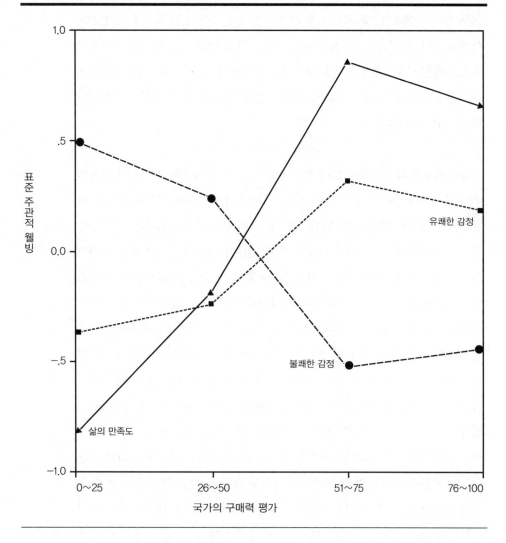

에 대한 존중 수준이 더 높고, 1인당 의사 수가 더 많고, 소득 평등 수준이 더 높고, 성 평등 수준이 더 높으며, 수명이 더 긴 경향이 있다. 이러한 기타 요인들과 SWB의 관계를 살펴보면, 강한 정적 상관관계가 나타난다. 예를 들어, 캔트릴(1965)은 1인당 GNP뿐만 아니라 읽고 쓰는 능력, 도시화, 에너지 소비, 신문 발행 부수 등과 같은 11개의 측정치를 집계했으며, 이 지표가 14개국에 걸쳐 보고된 현재 삶에 대한 만족도 수준과 .67의 상관관계를 가지는 것을 발견했다. 55개국의 더 큰 표본을 대상으로 한 디너와 디너, 디너(1995)의 연구 결과에 의하면 인권 지표는 보고된 SWB의 평균 수준과 .48의 상관관계를 보였고, 평등 지표는 SWB와 .48의 상관관계를 보였다. 또한 페인호번(1996)의 연구 결과에 의하면, 평등과 SWB 간에 강한 연관성이 있는 것으로 나타났다. 디너와 디너, 디너는 (수명, 낮은 유아 사망률, 섭취 가능한 칼로리, 위생 시설의 가용성, 깨끗한 식수 사용 인구 비율 등을 통해 평가되는) 국가가 기본적인 생물학적 욕구를 충족시킬 수 있는 정도가 국가의 평균 SWB와 .52의 상관관계를 지니고 있다고 보고했다.

경제 발전은 왜 SWB와 상관관계가 있을까 많은 바람직한 특징들이 국가의 부와 함께 변한다는 사실을 감안할 때, 국가의 국민 소득이 웰빙과 강하게 상관관계가 있다는 것은 놀랄 일이 아니다. 그러나 이것은 우리에게 부가 웰빙감을 향상시킬 수 있는 인과 경로에 대한 질문을 남긴다. 더 큰 웰빙을 가져다주는 것은 사치품과 서비스, 인권, 더 높은 평등, 혹은 기본적인 욕구 충족일까? 불행히도, 우리는 사용 가능한 데이터로부터 SWB를 야기하는 다양한 잠재적인 국가적 요인들을 분리해 낼 수 없다. 예측 변인들은 서로 너무 높은 상관관계를 지니며 국가들의 표본 크기는 너무 작아서 다른 변인들의 예측력을 조사할 때 의미 있는 하나의 변인을 통제할 수 없다. 예를 들어, 디너와 디너, 디너(1995)는 소득이 인권, 국가 내 평등과 각각 .80과 .84의 상관관계가 있다고 보고했다. 40개국을 거의 초과하지 않은 표본을 대상으로 한 경우, 그러한 중복 변인들의 효과는 통계적으로 분리될 수 없다. 따라서 국가의 부는 그것이 제공하는 더 풍부한 제품과 서비스를 통해서, 혹은 인권과 더 높은 수준의 평등과 같은 부의 기타 상관관계 대상들을 통해서 SWB를 증가시키는지 여부를 우리는 이용할 수 있는 데이터로부터 확신할 수 없다. 실제로 더 높은 수준의 SWB가 더 많은 부를 가져올 수도 있다. 상관관계는 인과 방향을 나타내지 않는다. 향후 연구자들에게 중요한 과정은 산업 발달 중에 함께 변화하는 경향이 있는 변인들이 SWB에 미치는 인과적 영향들을 각각 분리해 내고, 더 큰 표본과 종단 연구 설계를 사용하는 것이다.

부유한 국가와 빈곤한 국가의 상이한 삶의 영역에 대한 만족도를 검토함으로써 국가의 부와 웰빙을 연관시키는 과정에 대한 단서를 얻을 수 있다. '세계 가치 조사 II'에서 우리는 부유한 국가의 사람들이 자신들의 가정생활과 직무에 훨씬 더 만족한다는 사실을 발견했다. 국제적 학생 표본을 대상으로 한 연구에서, 우리는 상대적으로 부유한 국가의 응답자들이 느끼는 자유와 친구에 대한 만족도가 상대적으로 더 크다는 점을 발견했다. 따라서 경제 발전은 물질적인 삶을 넘어서는 광범위한 영향을 미치는 것으로 보인다. 그러나 이러한 연구 결과는 부유한 국가에서의 삶이 미치는 긍정적인 효과에 대한 두 가지 흥미로운 대안적인 설명을 열어 놓는다. (1) 사람들은 물질적 삶에 대한 만족이 유발하는 확산 효과로 인해 다른 영역들에 더 만족한다. 혹은 (2) 부유한 국가들은 비물질적 영역의 고차원적인 만족을 직접 야기하는 평등과 같은 추가적인 특성을 지닌다. 이 시점에서 우리는 이러한 설명 중 어느 것이 정확한지 결정할 충분한 데이터가 없다.

국가들 간 차이에 대한 연구 결과와는 달리, 고도로 산업화된 많은 국가들에서는 부가 급격하게 증가한 사실에도 불구하고 시간이 흘러도 SWB가 크게 변하지 않았다. 미국은 이러한 흥미로운 경향의 전형적인 예를 보여준다. 사무엘슨(Samuelson, 1995)은 제2차 세계 대전 이후 미국의 부의 엄청난 증가를 묘사한 바 있다. 하지만 SWB는 증가하지 않았다(Diener and Suh, 1997). 사무엘슨은 사람들이 점점 더 많은 것을 기대하게 되었고, 따라서 물질적 조건의 향상이 더 큰 웰빙 감각을 가져다주지 않았다고 주장한다. 마찬가지로 일본과 프랑스와 같은 국가의 급속한 경제 성장에 동반한 SWB는 사실상 직선에 가까웠다.

국제적 수준에서는 소득과 SWB 간에 강한 상관관계가 있음에도 불구하고, 많은 부유한 국가에서 부의 변화가 SWB의 변화를 동반하지 않았다는 사실은 여러 가지 방법으로 해석될 수 있다. 첫째, 기본적인 생물학적 욕구가 충족되면 상대적으로 부유한 국가에서의 부의 증가는 웰빙을 증진시키지 못할 수 있다. 또 하나의 가능성은 평등, 개인의 자유, 인권 등과 같은 국민 소득의 수반 요인들이 SWB의 주요한 근본적인 원인이라는 것이다. 이러한 사회적 특성들은 가난한 국가와 부유한 국가 간에 크게 다를 수 있지만, 이러한 조건은 최근 가장 부유한 국가들의 역사에서 크게 개선되지 않았을 수 있다. 부유한 국가들은 가난한 국가들이 비교할 수 있는 기준을 설정해 놓기 때문에 가장 행복할 수도 있지만, 가장 부유한 나라들의 시민 입장에서는 소득 증가와 함께 그 기준이 지속적으로 상승하기 때문에, 가장 부유한 국가들의 소득 증가는 행복의 순증가를 산출하지 못한다.

개인주의 대 집단주의

국가의 부와 높은 상관관계가 있는 또 다른 요인은 '개인주의'라고 하는 문화적 변인이다. 홉스테드(Hofstede, 1980)는 개인주의-집단주의라는 명칭이 붙은 광범위한 문화적 차원을 제시했다. 그리고 다른 연구자들도 독립-상호의존성과 관련이 있는 이 차원을 깊이 있게 설명해 왔다(예컨대, Markus and Kitayama, 1991; Triandis, 1995). 문화는 개인을 우선시 하느냐, 집단을 우선시 하느냐에 따라 다르다. 미국과 같은 개인주의 문화에서는 개인의 내적 감정과 사고에 중점을 두며, 개인은 상대적으로 더 많은 자유를 부여받는다. 집단주의 문화는 내집단(일반적으로 개인의 가족과 친구들)을 우선시하며, 내집단과 타 집단을 선명하게 구분하는 경향이 있다. 또한, 개인의 역할과 다른 사람들과의 관계는 그 사람이 어떤 사람인지 정의하는 데 핵심적인 것으로 여겨진다. 따라서 집단주의자들에게는 표현의 자유가 비교적 적고 흔히 자신들의 개인적인 감정을 집단에 종속시키는 경향이 있다. 개인주의와 집단주의는 중요한 문화적 차원으로 보이기 때문에, 우리는 그러한 연속체에 서 있는 국가의 위치에 근거하여 국가의 웰빙을 조사했다.

디너와 디너, 디너(Diener, Diener and Diener, 1995)의 연구 결과에 의하면, 국가의 개인주의와 국가의 SWB 간에 $r = .77$의 강한 상관관계가 있는 것으로 나타났다. '세계 가치 조사 II'와 우리의 국제적인 대학생 자료 세트를 살펴본 결과, 국가의 개인주의와 평균 삶의 만족도의 상관관계는 각각 .55와 .54로 나타났다. SWB와의 상호 관계에서 우선 개인주의를 통제한 다음 소득을 통제했을 때, 우리는 변인이 더 나은 예측 변인으로 간주되는 급격하게 변화된 조건의 상이한 표본들에서 상이한 결과를 얻었다. 개인주의와 국가의 부는 .80(Diener, Diener and Diener, 1995)의 상관관계가 있기 때문에, 그것들의 영향력을 구분하기가 어렵다는 것은 놀랄 일이 아니다. 따라서 현재의 자료로 어떤 요인이 더 중요한지에 대한 확고한 통계적 결론을 내리는 것은 불가능해 보인다.

또 하나의 흥미로운 연구 결과는 SWB가 개인주의자들에게 좀 더 중요한 개념으로 보인다는 것이다. 예를 들어, '세계 가치 조사 II'에서 자신들이 행복했는지, 혹은 만족했는지에 대해 생각해 본 적이 없다고 말한 사람들의 비율을 조사한 경우, 그 비율은 집단주의적인 국가들에서 더 높게 나타난다. 마찬가지로, 우리의 국제적 대학생 표본에서 개인주의자들은 집단주의자들에 비해, SWB가 자신에게 훨씬 더 중요하다고 보고했다. 집단주의자들 그룹은 개인적인 '행복'보다는 의무와 책임을 강조할 수 있다. 따라서 SWB에 두는 가치는 문화마다 다르다(Triandis, 1995).

개인주의자들과 집단주의자들이 생각하는 SWB의 중요성은 서로 다를 뿐만 아니라 다른 문화권의 사람들은 삶의 만족도를 다른 방식으로 판단할 가능성이 높다(Suh et al., 1998). 개인주의자들은 개인적인 정서 경험을 크게 중요시하는 경향이 있는 반면에, 집단주의자들은 삶의 만족도 판단을 구성할 때 대인 관계적 요인을 강조한다. 예를 들어, SWB의 정확하고 적절한 수준을 좌우하는 문화적 규범은 집단주의 문화에서는 개인의 삶의 만족도 판단에 영향을 미치지만 개인주의 문화에서는 영향을 미치지 않는다. 따라서 삶의 만족도 판단을 할 때 사람들은 결혼이나 일과 같은 다양한 영역의 비중을 다르게 둘 뿐만 아니라, 자신들의 반응 구성에 있어 내적이거나 외적인 정보에 더 치중하는 경향이 있다.

(사적인 정서와 같은) 개인적 속성에 대한 상대적인 강조와 (예컨대, 사회적 연대와 같은) 집단적 관심사에 대한 상대적인 강조에서 보이는 그러한 문화적 차이는 언뜻 보면 역설적으로 보이는 SWB 보고를 유발할 수 있다. 예를 들어, 개인주의적인 국가들이 집단주의적인 국가들보다 높은 수준의 SWB를 보고하지만, 자살은 흔히 개인주의적인 사회에서 더 많이 일어난다. 결과적으로 보고된 SWB와 자살은 다양한 국가들에 걸쳐 정적인 상관관계를 지닌다! 결혼을 조사할 경우, 비슷한 패턴이 나올 것이다. 개인주의자들은 집단주의자들에 비해 가정생활에 더 만족한다고 보고하지만, 그들의 이혼율은 집단주의자들에 비해 훨씬 더 높다.

이러한 역설은 개인의 자유에 수반되는 비용과 이익으로 설명할 수 있을 것이다. 집단주의 국가에서는 대가족이 지배적이기 때문에 사회적 지원(지지)이 더 크다. 이러한 사회적 지원(지지)은 스트레스가 있을 때 완충 역할을 해주기 때문에 자살률이 낮다. 집단주의 문화에서 지원을 해주는 바로 그 대가족은 개인의 자유를 제한하는 역할을 하기도 한다. 따라서 집단주의자는 어려운 시기에는 제공받는 큰 사회적 지원(지지)에 대한 대가로, 자신의 개인적인 욕구를 낮게 추구할 수밖에 없으며, 좋은 시기에는 높은 삶의 만족도를 경험할 가능성이 상대적으로 낮다. 그리고 개인주의 국가에 사는 사람들은 행복을 중요한 목표로 여기기 때문에 행복하지 않으면 자살할 가능성이 더 높다고도 볼 수 있다. 이에 반해, 집단주의 사회에 사는 사람들은 개인의 행복보다 가족에 대한 의무가 더 중요하다고 믿기 때문에 자살률이 낮을 수 있다. 따라서 우울증이나 다른 불쾌한 주관적 정신 상태는 충분히 타당한 자살의 원인으로 보이지 않을 수 있다.

마찬가지로 이혼율이 높은 곳에서 결혼 만족도가 높다는 역설은 개인주의 사회에서 자유가 더 많다는 사실로 설명할 수 있다. 결혼이 보상을 주지 않을 경우에, 개인주의자들이 이혼을 할 가능성이 상대적으로 더 높다. 따라서 개인주의 국가에서 결혼 생활을 계속 영위하는 사람들이 결혼 생활에 만족할 가능성이 더 크다. 이와 대조적으로, 집단주의 사회에서는 결혼 생활을 유지해야 한다는 강한 압박감이 있기 때문에 결혼 생활을 영위하는 사람들은 평균적으로 그 관계에 만족할 가능성이 낮다. 사실 부부 관계에서 나타나는 감정적 보상(사랑)의 상실은 개인주의 문화에서보다 집단주의 문화에서 이혼을 정당화할 이유로 훨씬 더 약하다(Levine et al., 1995).

요컨대, 개인주의와 집단주의는 여러 가지 면에서 SWB와 관련이 있는 흥미로운 문화적 차원으로 보인다. 첫째, 개인주의자들은 개인주의 문화의 자유로움 때문에 항상 자신의 의견과 감정에 더 많은 관심을 기울인다. 따라서 SWB는 개인주의자들에게 더 중요시 된다. 그들은 삶의 결정을 내릴 때 자신의 SWB에 대한 평가를 이용할 수 있다. 문화적 대본과 다른 사람들의 결정에 의해 인생이 크게 좌우될 수 있는 집단주의자들에게는 삶의 선택이 적기 때문에 개인의 SWB에 대한 의식적인 평가가 관련이 없을 수 있다. 집단주의자들에게는 대인 관계의 조화, 의무, 존중 등과 같은 다른 가치들이 개인의 행복보다 더 중요할 가능성이 높다.

개인주의와 집단주의 차원이 매혹적인 두 번째 이유는 개인주의자들이 더 큰 웰빙을 보고한다는 점이다. 개인주의 국가의 더 높은 SWB 보고는 경제적 이유와 문화적 이유 모두로부터 기인할 수 있다. 국가 수준에서 소득과 개인주의 간의 높은 상관관계는 개인주의 국가의 객관적인 삶의 질 조건이 집단주의 사회의 그 조건보다 좋다는 것을 나타낸다. 따라서 개인주의 문화의 구성원들은 평균적으로 집단주의 국가의 시민들보다 더 행복할 수 있다. 이에 대한 부분적인 이유로는 그 사회의 생활 조건이 상대적으로 더 풍요롭기 때문이다. 심리적인 수준에서 개인주의 문화의 가치는 개인적인 자유를 더 많이 제공하며, 그에 따라 삶이 평탄할 때 SWB가 비교적 더 높을 수 있다. 그러나 개인주의 사회에서는 확장된 집단과의 강한 연대가 부족하기 때문에, 불운한 생활 경험은 (자살과 같은) 더 심각한 부정적인 결과를 초래할 수도 있다. 또한, 사회 병리 현상은 개인의 행동을 제약하는 가족의 압력이 적은 개인주의 국가들에서 더 많을 수 있다.

개인 수준의 연구가 우리에게 가르쳐 주듯이, 최적의 심리적 웰빙은 개인의 자기 지향과 타자 지향 간의 균형을 필요로 한다(예컨대, Helgeson, 1994). 개인주의와 집단주의에 대한 연구의 향후 과제는 두 가지 대조적인 문화 체계 내에서 자신이나 집단을 지나치게 중시하는 경향으로 인해서 SWB에 초래되는 부정적인 결과를 기술하고 예방하는 것이다.

다른 문화적 요인들

한 나라의 경제 발전이 그 나라의 평균 SWB를 알려주는 좋은 예측 변인이지만, 그러한 요인으로 유일한 것은 아님이 분명하다. 일본을 살펴보면, 소득과 그에 수반되는 것 말고도 여러 변인들이 웰빙에 반드시 영향을 미친다는 것은 분명한 사실이다. 왜냐하면 일본에서 보고된 평균 SWB는 부가 예측하는 양상에 비해 낮기 때문이다. 일본은 소득의 예측치에 비해 SWB가 낮은 경향에 속하는 국가이며, 칠레는 소득이 예측하는 양상보다 보고된 SWB가 높은 국가이다. 어떤 추가적인 국가의 특성이 SWB에 영향을 미칠 수 있을까?

잉글하트와 라비에(Inglehart and Rabier, 1986)는 다양한 국가들 전반에 걸쳐 SWB가 대인 관계의 신뢰와 함께 변하는 것으로 보인다고 지적한다. 그들은 프랑스인들과 이탈리아인들이 낮은 수준의 신뢰를 보고하며, 소득에 근거한 예측보다 낮은 수준의 SWB를 보고한다고 지적한다. 잉글하트(1990)는 대인 관계의 신뢰와 삶의 만족은 국가를 안정된 형태의 정부로 만드는 관련 문화적 변인이라고 주장한다. "삶의 만족, 정치적 만족, 대인 관계 신뢰, 높은 비율의 정치적 토론, 현존 질서에 대한 지지는 모두 공존하는 경향이 있다"(41). 게다가 "민주적 제도는 정치적 만족처럼 비교적 변동이 심한 변수보다는 삶의 만족도와 대인 관계 신뢰처럼 지속적인 문화적 특성에 의존하는 것으로 보인다"(33). 표 22.1의 삶의 만족도 데이터를 살펴보면, 동유럽의 옛 공산주의 국가들은 국가의 소득 수준에 비해 낮은 삶의 만족 수준이 눈에 띈다. 아마도 이 국가들의 불안정이 낮은 수준의 SWB를 야기했을 것이다. 하지만 상대적으로 더딘 경제 발전이 낮은 수준의 SWB를 유발했기 때문에 정치적 불안정이 초래됐을 수도 있다. 엄청난 정치적 격변의 시기에(독재자 트루히요 암살과 헌정 전복 이전 사이인 1962년에) 도미니카 공화국의 삶의 만족도가 가장 낮은 수준(0~10점 척도의 1.6)이었다는 점에 주목해 보면 흥미롭다. 따라서 SWB와 정치적 안정은 밀접한 관련이 있는 것으로 보이지만, 둘 간의 인과 방향은 어느 쪽이든 한 방향으로 향할 수도 있고, 혹은 양방향으로 향할 수도 있다.

문화적 규범은 특정한 정서의 바람직성을 어느 정도 좌우한다. 이를테면 어떤 문화의 시민들은 삶의 만족과 유쾌한 기분이 다른 문화의 사람들보다 더 바람직하다고 믿는 반면에 다른 문화의 시민들은 불쾌한 정서의 상대적 적절성을 강조한다. 표 22.2는 우리의 국제적 대학생 표본을 바탕으로, 유쾌한 정서와 불쾌한 정서를 경험하는 것이 얼마나 바람직하고 적절한지에 대한 규범을 보여준다. 그 표를 보면 알 수 있듯이, 이러한 다양한 형태의 SWB를 얼마나 적절하다고 생각하는지는 국가마다 상당히 다르다.

콜롬비아와 같은 라틴 국가들에서는 유쾌한 정서를 바람직한 것으로 보는

표 22.2 주관적 웰빙 경험의 규범

국가	삶의 만족도	유쾌한 감정	불쾌한 감정
중국	4.00	4.47	4.00
탄자니아	4.43	5.07	3.83
바레인	4.74	5.66	3.87
네팔	4.78	5.06	3.81
짐바브웨	4.80	5.76	3.33
태국	4.92	5.44	3.13
한국	4.98	5.91	4.10
홍콩	5.07	4.99	3.23
가나	5.11	5.14	2.88
나이지리아	5.11	5.50	3.06
일본	5.14	6.10	4.11
인도	5.15	5.37	3.38
괌	5.28	5.04	3.71
터키	5.29	6.03	4.04
인도네시아	5.33	5.94	4.24
파키스탄	5.49	5.68	3.34
리투아니아	5.54	5.66	3.04
아르헨티나	5.55	6.10	2.95
에스토니아	5.59	5.91	3.15
남아프리카	5.69	5.91	3.37
싱가포르	5.72	5.83	3.48
슬로베니아	5.76	6.22	3.92
페루	5.77	5.96	2.83
미국	5.77	6.15	3.52
그리스	5.80	6.38	3.15
독일	5.81	6.06	3.88
브라질	5.82	5.93	2.60
덴마크	5.82	6.06	4.17
대만	5.83	5.60	3.65
이탈리아	5.89	5.98	3.38
포르투갈	5.91	6.10	2.75
오스트리아	5.92	5.91	3.76
핀란드	5.93	6.20	4.01
헝가리	5.97	6.21	4.32
네덜란드	6.00	5.97	3.67
푸에르토리코	6.12	6.24	2.30
노르웨이	6.12	6.11	3.18
이집트	6.14	5.26	2.84
스페인	6.20	5.96	2.94
콜롬비아	6.20	6.30	2.52
호주	6.23	6.25	3.71

출처: International College Student Data(1995).
참고: 삶의 만족도는 삶에 대한 만족도 척도(7점 척도)의 이상 수준의 다섯 항목에 대한 평균 응답이다. 감정값은 1점(매우 부절)에서 4점(중립), 7점(매우 적절)에 이른다.

경향이 있고, 불쾌한 정서를 상대적으로 부적절하다고 보는 경향이 있는 것으로 보인다. 반면에 중국과 같은 유교 문화에서는 불쾌한 정서를 수용하는 데 상대적으로 더 적극적인 경향이 있고, 유쾌한 정서를 수용하는 데 상대적으로 더 소극적인 경향이 있다. 이와 같은 규범적 차이는 삶의 만족도에서도 명백하게 드러난다. 삶의 만족도와 관련해, 응답자들은 이상적인 사람이 다섯 개 항목에 대해서 7점 척도로 어떻게 반응할 것인지에 대한 질문을 받았다. 중국에서 이상적인 삶의 만족 수준은 만족 상태도 불만족 상태도 아닌 중립 수준으로 간주되었다. 이와는 대조적으로 스페인과 콜롬비아, 호주의 응답자들은 이상적인 삶의 만족 수준을 삶에 대한 강한 만족으로 보았다.

규범의 차이는 보고된 유쾌한 감정 경험의 차이에 해당된다. 그러나 불쾌한 감정 규범과 보고된 경험은 상관관계가 없었다(Diener et al., 1996). 또한 우리는 삶의 만족도의 평균 이상적 수준은 다양한 국가들에 걸친 평균 보고된 삶의 만족도와 .73의 상관관계를 지니고 있는 것으로 나타났다. 소득의 효과를 규범과 보고된 삶의 만족도 상관관계 내에서 통제했을 때, 그 수치는 r = .68에서 대단히 유의미하게 유지되었다. 따라서 규범과 웰빙의 인과적 방향은 불확실하지만, 보고된 규범과 유쾌한 감정 및 삶의 만족도에 대한 보고 간에는 높은 상관관계가 있었다. 결론적으로 보면, 문화적 규범은 부 이상으로 SWB에 영향을 미치는 요인의 유력한 후보로 보인다.

비(非)상관관계의 대상들

어떤 다른 변인들은 국가의 SWB와 상관관계가 없다. 예를 들어 디너와 디너, 디너(1995)는 동질 국가들의 사람들이 종교, 정치, 가치 등과 관련해 다른 사람들과 갈등을 겪을 가능성이 낮다는 사실에도 불구하고, (민족성, 종교, 언어 등의 측면에서의) 국가들의 동질성은 웰빙에 대한 보고와 상관관계가 없다고 보고했다. 인종 다양성과 분리주의 운동(인구 중의 일부가 자국을 형성하기를 원하는 정도)의 측정치는 SWB와 반상관관계를 보였지만, 그리 유의미한 정도는 아니었다. 미발표된 연구 결과에 의하면, 인구밀도 역시 SWB와 상관관계가 없었다. 하지만 대부분의 국가에서 인구가 매우 고르지 않게 펴져 있기 때문에, 오직 도시 지역 내의 인구밀도만을 조사하는 연구는 우리가 이용한 전체적인 밀도 수치보다 더 의미 있는 분석을 제공할 수 있다.

결론

　다양한 국가들에 걸쳐 SWB와 가장 분명한 상관관계가 있는 변인들은 산업 발달과 관련이 있다. 기본 욕구 충족, 개인주의, 인권, 평등, 1인당 소득 등은 모두 SWB와 상관관계가 있을 뿐만 아니라 서로 간에 강한 상관관계가 있는 변인들이다. 사람들이 다른 사람들을 신뢰하고, 따뜻한 마음과 사교성을 지니고, 지나친 우려심을 가지지 않도록 사회화되어 있는 나라에서는 SWB의 수준도 상대적으로 더 높다. 지금까지 이러한 변인들의 상호 관계를 탐구하기 위한 연구는 거의 이루어지지 않았다. 삶의 만족 및 정서 경험을 지배하는 문화적 규범은 소득 효과는 물론이고, 보고된 삶의 만족 수준과 유쾌한 감정 수준과도 상관관계가 있다. 관련 연구 결과에 의하면, 다양한 문화는 SWB를 가치 있게 여기는 정도 면에서 다르다. 마지막으로, 상대적으로 부유한 나라들이 더 행복한 경향이 있지만, 가장 부유한 나라들의 소득 증가는 SWB의 증가를 동반하지 않았다.

국가 내 연구 결과

　다양한 국가들의 상이한 집단의 웰빙에 일치성이 존재한다는 사실에도 불구하고, 국가 내 집단 간에 보이는 차이도 유용한 정보를 제공해 준다(이 책, Argyle도 참조). 몰러(Moller, 1996)가 남아프리카 대학생들을 대상으로 한 연구 결과에 의하면, 삶의 만족도 척도의 중간점 이상을 평가한 학생은 흑인의 경우엔 27퍼센트에 불과했지만, 백인의 경우에는 58퍼센트에 달했다. 캔트릴(1965)은 14개국의 확률 표본에서 보이는 교육, 소득, 도시/지방의 차이를 체계적으로 연구하였다. 대부분의 국가에서, 교육 수준이 높은 사람들에 비해 교육수준이 낮은 사람들의 만족감이 낮듯이, 가난한 사람들은 소득이 높은 개인들에 비해 낮은 만족감을 보였다. 평균적으로, 연령 간 차이와 성차는 국가 내에서 작았다. 그러나 젊은 성인 집단에 비해 노년층의 만족감이 더 높은 나이지리아처럼 예외적인 국가들도 있다. 미국에서는 평균적으로 부유한 사람들이 가난한 사람들보다 더 높은 SWB를 보고했지만, 그 차이는 크지 않았다. 그러나 브라질, 도미니카 공화국, 이스라엘, 그리고 필리핀의 부자들과 가난한 사람들 간의 SWB 차이는 다른 나라들에 비해 훨씬 더 컸다. 디너와 서(Diener and Suh, 1999)는 많은 국가들의 상이한 연령대의 웰빙을 보고했다. 그들의 연구 결과에 의하면, 많은 나라의 노년층에서 사별 후 혼자 사는 비율이 높고 소득이 낮음에도 불구하고 연령 증가에 따라 삶의 만족도가 약간 상승하는 경향을 보였다. 그러나 디너와 서는 대부분의 나라에서 나이가 들수록 유쾌한 감정이 줄어든다는 점도 발견했다.

국내의 집단들이 평균 SWB 수준에서 서로 다를 수 있을 뿐만 아니라, 상이한 국가들에서 상이한 요인들이 SWB를 예측할 수도 있다. 잉글하트와 라비에(1986)는 국가 간 가치 차이가 사람들이 행복을 추구하는 방식의 차이를 초래하고 따라서 행복과 관련된 변인들을 바꿀 수 있다고 지적한다. 예를 들어, 캔트릴의 획기적인 연구에서 나온 한 가지 결과에 의하면, 국가적인 이슈에 대한 만족이 어떤 국가들에서는 SWB를 예측해 주었지만 다른 국가에서는 예측해 주지 못했다. 앤드루스와 위디(Andrews and Withey, 1976)는 미국에서 국정에 대한 만족이 사실상 개인의 삶의 만족과 무관하다는 캔트릴의 연구를 재현해서 같은 결과를 얻었다. 이와 대조적으로, 나이지리아와 쿠바에서는 국정에 대한 만족도와 개인 사정에 대한 만족도 간의 상관관계가 약 .40이었다. 따라서 미국에서는 국민들이 자신의 삶에 만족할 수 있으면서도 여전히 정부와 기타 기관들에 불만을 가질 수 있는 반면에, 최근에 독립을 달성한 국가들에서는 개인적인 만족이 국가에 대한 자신의 견해와 더 관련이 있는 경향을 보인다.

디너와 디너(1995)는 자존감이 집단주의 국가에 비해 개인주의 국가에서 삶의 만족도를 더 강하게 예측해 주는 예측 변인이라는 사실을 밝혔다. 분명히 개인주의자들은 우선 자존감이 높아야 만족할 수 있는 반면에, 집단주의자들의 입장에서는 자신에 대한 긍정적인 감정이 SWB에 크게 중요해 보이지 않는다. 결론적으로 보자면, SWB의 상관관계 대상은 문화에 따라 어느 정도 다르다. 이러한 연구 결과는 SWB의 원인이 적어도 사람들의 목표와 가치에 어느 정도 의존한다는 사실을 시사한다.

심리적 과정

국가들 간 SWB 차이의 원인이 되는 심리적 과정은 무엇일까? 국가 간 SWB의 유사점과 차이점을 설명할 수 있는 몇 가지 견해가 있다. 한 견해는 선천적인 욕구 충족을 강조하고, 다른 한 견해는 목표 달성에 근거를 두고 있다. 한 견해는 쾌락 및 고통과 관련한 정서와 규범의 사회화에 기초하고, 다른 한 견해는 집단 간의 유전적 차이에 초점을 맞추고 있다.

선천적인 욕구 접근법

페인호번(1996)은 SWB가 "인간의 생존에 좋거나 나쁜 상황에 대한 선천적인 반응"(25)에 달려 있다고 주장한다. 사람들은 본질적이고 사회적이며 자기실현적인 욕구를 지니고 있다. 페인호번은 이러한 욕구들이 충족되면 행복할 것이라고 주장한다. 페인호번은 가장 가난한 국가들에서는 배고픔과 갈증과 같은 생물학적인 충동과 관련이 있는 선천적인 욕구들이 충족될 수 없다는 주된 이유에서, 모든 가난한 국가들에 걸쳐 소득이 SWB와 상관관계가 있다고 주장한다. 반면에 가장 부유한 나라에서는 시간의 흐름과 함께 더 증가한 부는 이미 충분히 충족한 선천적인 충동의 충족을 높이지 않기 때문에 부가 더 증가하더라도 SWB는 향상되지 않는다. 페인호번의 접근법에 따르면, 모든 선천적인 욕구가 부유한 사회에서 완전히 충족되는 것이기보다는 돈으로 살 수 있는 물질적 욕구가 대부분의 사람들에게 충족된다는 것이다. 이러한 사회에서는 사회적 관계나 자기실현과 같은 다른 방향으로의 발전만이 SWB를 더욱 향상시킬 수 있다.

페인호번(1996)의 접근법은 어떤 활동들은 사람들에게 내적인 보상을 준다고 주장한 데시와 라이언과 동료들(Deci, Ryan et al., 1996)이 개발한 접근법과 유사하다. 자율성과 능력, 관계성의 욕구와 관련이 있는, 내적으로 만족스러운 활동은 장기적인 웰빙감을 야기할 가능성이 높다. 이와는 대조적으로, 외적으로 동기화되는 활동은 다른 사람들에 의해서 개인에게 부과되거나 다른 목적을 위한 수단으로 추구된다. 데시와 캐서와 동료들에 따르면, 돈, 명성, 그리고 신체적 매력에 대한 추구는 흔히 외적인 동기에 의해서 유발된다 (Kasser and Ryan, 1993). 페인호번과 마찬가지로, 데시와 라이언과 동료들은

SWB를 내적인 보상 행동 수행과 연관시킨다. 선천적 욕구 접근법에 따르면, 부의 차이로 인해 나타나는 SWB의 국가적 편차는 기본적 욕구 충족의 차이와 내적인 관심 추구에 기인한다.

그러나 욕구 이론의 전통에 속하는 세 번째 이론가는 스키토프스키(Scitovsky, 1976)로, 웰빙감은 편안함과 '고통의 부재'와 최적의 자극 모두에서 기인한다고 주장했다. 그는 우리가 편안함에 적응하기 때문에, 삶을 계속 즐기기 위해서는 어느 정도의 박탈감이 필요하다고 주장했다. 스키토프스키에 따르면, 우리는 우선 어떤 욕구를 경험할 때만 쾌락을 경험할 수 있다. 이러한 관점에서 보면, 부유한 사회는 욕구를 과도하게 만족시키고, 박탈감의 발생을 용인하지 않는다는 점으로 볼 때 의도치 않게 사람들에게서 쾌락을 빼앗을 수 있다. 또한, 스키토프스키에 따르면, 사람들은 최적 수준을 필요로 한다. 사람들은 최대의 웰빙을 위해서는 적정치의 정신적, 육체적 자극이 필요하며, 자극이 너무 많거나 너무 적으면 불행을 야기할 수 있다. 따라서 이상적인 사회는 박탈감과 편안함이 잘 균형을 이루며 각성을 일으키는 자극이 최적의 수준에 있는 사회이다.

마지막으로 홉폴과 릴리, 잭슨(Hobfoll, Lilly and Jackson, 1992)의 주장에 의하면, 기분은 개인에게 부과되는 요구와 관련한, 그 사람의 자원을 반영하는 것이다. 자원은 본질적으로 흔히 물질적인 것이지만, 사회적 관계와 지능과 같은 개인적 특성에 근거할 수도 있다. 자신의 환경적 요구를 충족시킬 수 있는 자원이 개인에게 불충분할 경우에는 스트레스와 부정적인 감정이 발생할 것이다. 자원이 풍부하고 더 증가하면 개인은 긍정적인 감정을 경험하게 될 것이다. 전망 이론(Kahneman and Tversky, 1984)에서와 마찬가지로, 홉폴과 동료들의 관점에서 자원 손실은 자원의 이득보다 더 강력해 보인다. 그들은 자원을 환경 요구의 측면에서 설명한다. 따라서 행복은 물질적, 사회적 환경의 요구를 충족하기에 적절한 자원의 보유에서 비롯될 것이며, 좋은 사회는 요구와 자원이 주도면밀하게 균형을 이루는 사회일 것이다. 디너와 후지타(Diener and Fujita, 1995)가 밝힌 자원의 보완적 관점에서 보면, 개인은 자원이 필요한 목표를 선택하는 것으로 더 적극적인 역할을 한다.

선천적인 욕구 접근법은 SWB의 보편적인 원인이 있다는 가정을 공유한다. 욕구 충족이 구체적인 수준에서는 다를 수 있지만, 좀 더 추상적인 수준에서는 보편적일 수 있다. 예를 들어, 80세의 여성은 가족과 즐겁게 지낼 수 있지만, 십대는 그렇지 않을 수도 있다. 그러나 둘 다 행복하기 위해서는 사회적 관계가 필요할 수 있다.

어떤 면에서 선천적인 욕구 접근법과 반대되는 견해를 에저턴(Edgerton, 1992)이 제시했다. 그의 주장에 따르면, 사람들이 인간의 본능을 제한하지 않고 사회화하지 않으면 병든 사회가 초래될 수 있다. 예컨대, 남성들은 성적 본능 추구를 제한받지 않을 경우에는 성적 매력이 있는 여성들을 놓고 끊임없이 싸울 거라는 것이다. 에저턴에 따르면, 욕구가 제한받지 않을 경우, 그러한 욕구가 갈등이 지배하는 불행한 사회를 초래할 것이다. 이러한 관점에서 볼 때, 웰빙이 높은 사회는 선천적인 인간의 욕구를 일정한 방향으로 돌려 사회화하는 사회이다.

선천적 욕구 접근법에서 보면, 선천적 욕구를 충족시키는 정도에 따라 국가들의 행복은 다르다. 만일 과학자가 선천적인 욕구 접근법을 고수한다면, 모든 조건과 문화에 걸쳐 공통적으로 존재하는 그러한 욕구들을 밝혀내는 것이 과제다. 다음에서 설명할 목표 접근법은 선천적인 욕구 접근법과는 대조적으로, 행복의 원인이 사람마다 다르다는 점을 제시할 것이다.

목표 접근법

목표 접근법은 사람들이 목표 지향과 목표 성취로부터 쾌락을 얻으며, 목표를 향해 전진하지 못할 때 고통을 받는다고 본다. 목표 접근법에 따르면, 개인이 자신의 중요한 목표에 도달하는 것이 불가능하다는 것을 깨닫거나 목표로부터 더 멀어져 가고 있다는 것을 알게 될 때 극심한 불쾌감이 일어날 수 있다.

목표 접근법은 생물학적인 욕구가 사람들의 목표에 빈번히 영향을 미치기 때문에 선천적인 욕구가 SWB에 영향을 미칠 수 있다고 인식한다. 인간은 음식과 피난처 확보, 사랑하는 사람들과의 소통, 안전한 소득원의 발견 등과 관련된 목표를 가질 가능성이 높다. 또한 사람들이 중요하게 여기는 가치는 자신들의 목표에 영향을 미칠 가능성이 높다. 예를 들어, 어떤 사람들은 다른 사람들보다 신체적 매력을 더 중요하게 여길 수 있으며, 그런 사람들에게는 예쁜 용모의 소유가 SWB와 관련이 있을 가능성이 더 높다. 또한 목표 접근법은 상대적인 기준의 중요성을 인식한다. 예컨대, 다른 사람들이 소유한 것이 자신의 목표에 영향을 미칠 수 있으며, 이미 자신이 가지고 있는 것이 자신의 목표에 영향을 미칠 가능성이 있다. 그러나 목표 접근법이 시사하는 바에 의하면, 사회적 비교와 같은 요인들은 사람들이 스스로 설정한 목표에 영향을 미치지 않는 한 SWB에 영향을 미치지 않을 것이다.

일단 목표가 성취되면, 사람들은 새로운 목표를 설정할 가능성이 높으며, 지난 목표는 성취되면 SWB를 향상시킬 수 있는 힘을 잃게 된다. 게다가 사람들은 자신들의 삶의 조건이 변할 때 자신들의 목표를 바꿀 가능성이 높다. 예를 들어, 하반신 마비 환자가 되면 개인은 올림픽 체조 선수가 되는 목표를 포기하고 그 대신에 비운동 목표를 추구할 수 있을 것이다. 그 선수는 스스로 새로운 목표를 세울 정도까지만 장애에 적응할 것이다. 만약 그 개인이 계속해서 운동선수의 명성에 대한 꿈을 품는다면, 행복은 그 사람을 피해 갈 것이다.

목표 접근법은 사람들이 다른 방식으로 삶의 만족을 성취한다는 사실을 설명한다. 목표 접근법에 따르면, SWB는 보편적인 욕구뿐만 아니라 개인의 특정한 목표에 달려 있다. 그리고 개인이 선택한 목표는 생물학적 욕구, 문화적 필요성, 개인의 생애 주기(이 책, Cantor and Sanderson을 참조), 그 사람의 학력에 달려 있다.

디너와 후지타(1995)는 다양한 자원들이 상이한 사람들의 특정한 목표에 따라 그들의 SWB를 예측해 준다는 사실을 증명했다. 이러한 연구 결과는 신체적인 매력이나 물질적인 재화와 같은 요인들이 그러한 자산들을 획득하려고 애쓰는 개인들의 SWB와 가장 관련이 있을 것임을 시사한다. 마찬가지로 우리는 모든 국가들에 걸쳐 SWB의 상관관계 대상들이 다르다는 사실을 발견했다. 디너와 M. 디너(1995)의 연구 결과에 의하면, 재정적 만족은 부유한 국가에서의 삶의 만족도보다 가난한 국가에서의 삶의 만족도를 더 강하게 예측하는 예측 변인이며, 자존감은 집단주의 국가보다 개인주의 국가에서 삶의 만족도를 더 강하게 예측하는 예측 변인이었다. 목표 접근법은 부유한 국가들이 더 행복하다고 추정한다. 왜냐하면 전 세계에 걸쳐 소득이 높은 지역 사람들이 흔히 물질적 목표를 가장 잘 충족하고 있기 때문이다. 마찬가지로 개인주의 국가들은 사람들이 자신들의 목표를 추구하는 데 더 자유롭기 때문에 더 높은 SWB를 가질 수 있다.

목표 접근법은 선천적인 욕구 접근법과 반드시 상반되는 것은 아니다. 예를 들어, 목표 접근법 관점을 가진 사람은 배고픔과 섹스와 같은 선천적인 충동이 종종 사람들의 목표에 영향을 미친다고 가정할 수 있다. 그러나 목표 접근법에 따르면, 어떤 개인들은 선천적인 욕구를 거역하는 목표를 개발할 수도 있다. 이러한 개인들에게 정서적 행복을 결정하는 것은 욕구보다는 목표의 성취일 것이다. 목표 접근법은 사람들이 지향하고 성취할 수 있는 목표를 창출하는 사회에서 살고 있다면 더 행복할 것이라는 점을 제시한다. 또한 목표 접근법은 양립할 수 없는 목표들을 조장하는 문화가 지배하는 곳, 즉 어떤 목표에 도달하는 한, 그와 동시에 다른 목표에는 도달할 수 없는 곳에서는 사람들이 불행할 것이라고 명시하고 있다. 마찬가지로 문화가 사람들에게서 쾌락을 빼앗거나 고통을 주는 목표를 조장할 경우에는 서로 모순되는 동기들 사이에서 갈등이 발생할 가능성이 높다.

정서 사회화 접근법

사회화 가설은 사람들의 SWB 수준에 영향을 미치는 정서, 쾌락, 고통 등의 경험에 미치는 문화적 영향이 있다고 말한다. 유쾌한 감정과 불쾌한 감정은 문화 전반에 걸쳐 두 가지 개별적인 요인을 지속적으로 형성하지만, 그러한 정서들에 따라붙는 상대적 중요성과 가치는 부분적으로 사회화 과정을 통해 형성될 수 있다. 예를 들어, 특정한 문화에서는 분노와 같은 불쾌한 감정을 피하기 위해 사람들이 사교적인 모습을 보일 수 있다. 사람들은 분노를 유발하는 상황을 계속해서 피한다면, 분노를 일으키게 하는 방식으로 상황을 해석할 가능성이 낮을 것이다. 그 결과, 분노의 경험과 표현이 약해지고 그 빈도가 줄어들 수도 있다. 따라서 부정적인 감정을 지양하는 국가에서는 개인들이 생애 초기부터 그런 감정을 피하고자 하는 전략을 배울 수 있다. 이미 언급했듯이 라틴 국가들은 부정적인 정서를 중립적인 것으로 여기는 환태평양 지역의 유교 국가들에 비해 그런 정서에 대해 비판적인 경향을 보인다. 마찬가지로, 상이한 종교 문화 전통은 고통을 피해야 할 것이거나 구원해 주고 변화시켜 주는 가치를 지닌 것으로 가르친다(Glicksman, 1995).

어떤 문화에서는 유쾌한 감정을 더 장려하는 것으로 보인다. 아이들에게는 미소 짓고, 웃고 재미있는 상황을 추구하도록 장려할 수도 있다. 개인은 즐거운 상황을 추구하는 것이 좋은 일이라고 배울 수 있으며, 각성된 기분을 긍정적으로 인식하도록 배울 수 있다. 우리의 국제적인 데이터를 살펴보면, 사람들이 행복에 두는 가치에 상당한 차이가 있을 수 있으며, 그러한 차이는 쾌락을 얼마나 경험할지에 영향을 미치는, 뿌리 깊이 간직한 가치를 반영할 수 있다.

정서 사회화 접근법에 따르면, 국가와 문화 간의 SWB 차이는 적어도 부분적으로는 문화가 다양한 불쾌한 정서 및 유쾌한 정서에, 그리고 쾌락과 고통에 두는 가치에서 발생할 수 있다. 그리고 이러한 가치들은 개인들이 사회화되는 방식, 즉 그들의 SWB 수준에 영향을 미치는 과정에 영향을 미친다. 사람들은 쾌락을 중요시하고 그것을 추구할 수도 있다. 혹은 고통이 가치 있는 것이라고 믿으며 그것을 회피하려고 하지 않을 수도 있다. 사회화 접근법에 의하면, SWB의 편차는 상이한 문화에서 SWB에 부여하는 차별적인 중요성에서 비롯될 수 있다.

유전적 차이 접근법

마지막으로, 인종 집단 간의 유전적 차이가 SWB의 차이를 설명할 수 있다. 예를 들어, 동아시아와 나바호족의 유아들은 유럽과 미국의 유아들보다 반응성이 낮으며(Edgerton, 1992), 이는 집단 간에 기질 차이가 있음을 시사한다. 유전적 특질이 국가 간의 SWB 차이를 설명해 줄 있지만 문화적, 경제적 차이도 동일한 데이터에 대한 합리적인 설명을 제공할 수 있다. 따라서 유전적 특질은 SWB의 국가 간의 다양성 중 일부에 대한 나름의 설명을 제공해 주지만, 그러한 설명을 받아들이기에는 시기상조이다. 문화 내 특유의 차이가 주로 유전될 수 있다면, 집단 간의 차이가 적어도 부분적으로는 집단 개체군 간의 유전적 차이에서 기인할 수 있을 것이다.

결론

네 가지 이론적 접근법은 지금까지 엄격하게 검증된 적은 없다. 예를 들어, (잇따른 이주자 세대들을 포함한) 한 지역에서 다른 지역으로 이동하는 이주자 집단에 대한 연구는 유전적 가설을 밝혀줄 수 있을 테지만, 그러한 연구는 지금까지 시행되지 않았다. 정서의 사회화가 SWB와 어떤 상관관계가 있는지는 경험적으로 거의 탐구되지 않았다. 선천적인 욕구 접근법과 목표 접근법에 대한 체계적인 비교는 이루어지지 않았다. 따라서 이 영역에 대한 향후 연구는 SWB의 국가적 차이의 심리적, 생물학적 원인을 탐색하는 데 초점을 맞춰야 할 것이다.

정책적 함의

경제적 지표와 범죄, 유아 사망률과 같은 사회적 지표만 측정할 때는 삶의 질을 향상시키기 위한 정책 입안자들의 노력이 제대로 이루어지지 않는다. 객관적 지표만 수집한다면, 사람들이 자신의 삶의 조건을 평가하고 비중을 두는 방법에 대한 귀중한 정보는 손실될 것이다. 주관적 지표들은 사람들이 자신의 삶의 다양한 측면들 — 이 요인들이 자신에게 얼마나 중요한지에 따라 비중이 달라지는 — 에 대해 어떻게 느끼는지 개괄할 수 있다. 주관적 지표는 외부 조건의 척도를 대체해서는 안 되지만, 사회의 삶의 질을 평가하고 향상시키는 데 유용한 보완책 역할을 한다.

SWB 지표들을 효과적으로 사용한다면 정책 입안자들은 다양한 지표들의 도움을 최고 수준으로 받을 수 있을 것이다. GNP와 유사한 SWB의 총체적 지표도 유용하지만, 더 구체적인 지표들이 현실적으로 큰 도움이 된다. 확실히 한 국가의 전체적인 감정 경향을 평가하기 위해서는 긍정적 지표와 부정적 지표가 모두 필요하다. 그런데 많은 상이한 요인들이 총체적 SWB에 영향을 미치기 때문에, 총체적 측정치들은 정책 입안자들의 요구를 충족시킬 수 없을 것 같다. 따라서 사람들의 직무에 대한 만족도, 실업에 대한 불안 빈도, 범죄에 대한 두려움 등과 같은 더 구체적인 지표들이 정책 입안자들에게, 특히 그러한 데이터를 종단적으로 수집할 경우에 한층 더 유용할 것이다.

실증적인 연구 결과를 보면, 물질적인 웰빙은 시민의 SWB와 상관관계가 있음이 분명하다. 우리는 그러한 상관관계성이 부유한 사회가 시민들의 선천적인 물질적 욕구를 충족시킬 수 있기 때문인지, 아니면 전 세계 사람들이 높은 수준의 물질적 부를 욕망하게 되었으며 부유한 국가에 살면 그러한 목적을 더 잘 충족할 수 있기 때문인지에 대해서는 완전히 이해하지는 못한다. 또한 우리는 부가 신체적인 안락함을 통해서보다는 향상된 인권, 민주주의, 평등 등과 같은 무형의 것들을 통해서 그 영향을 미치는지에 대해서도 알지 못한다.

거듭 언급하는 흥미로운 관념은 민주주의의 번영을 위해서는 광범위한 웰빙감이 필요하다는 잉글하트(1990)의 가설이다. 따라서 안정적이고 민주적인 정부는 시민들이 행복할 때 가장 잘 번영할 수 있다. 고통과 불행의 시기에는 사람들이 자신의 고난을 해결해 줄 독재자에 의지할 가능성이 더 높다.

사회 전반의 발전을 도모하고자 하는 정책 입안자들은 적응과 기대의 영향을 인식해야 한다. 사람들이 개선된 조건에서 살면 더 행복할 수 있지만, 처음에는 그 영향력이 크다가 점차 줄어들 가능성이 높다. 경제가 급격히 성장하고 있을 때도 SWB의 순손실과 함께 경험은 현실을 능가할 수 있다. 따라서 정책 입안자들이 추구하는 구체적인 생활 조건은 목적 그 자체로 바람직해야 한다. 그러한 생활 조건이 항상 행복의 향상을 유발하지는 않을 수 있기 때문이다. 주관적 웰빙은 바람직하지만, 다른 가치들도 존중되어야 한다. 그러나 SWB에 대한 연구 결과를 보면, 경제 발전이 불행을 야기한다는 개념을 뒷받침할 만한 근거는 부족하다.

참고문헌

Andrews, F. M., and Robinson, J. P. (1992). Measures of subjective well-being. In J. P. Robinson, P. R. Shaver, and L. S. Wrightsman (Eds.), *Measures of personality and social psychological attitudes* (pp. 61~114). San Diego: Academic Press.

Andrews, F. M., and Withey, S. B. (1976). *Social indicators of well-being: America's perception of life quality.* New York: Plenum.

Balatsky, G., and Diener, E. (1993). Subjective well-being among Russian students. *Social Indicators Research*, *28*, 225~43.

Bradburn, N. M. (1969). *The structure of psychological well-being.* Chicago: Aldine.

Cantril, H. (1965). *The pattern of human concerns.* New Brunswick, N. J.: Rutgers University Press.

Cutler, S. E., Bunce, S. C., and Larsen, R. J. (1996). Repressive coping style and its relation to daily emotional experience and remembered emotional experience. *Journal of Personality*, *64*, 379~405.

Diener, E. (1994). Assessing subjective well-being: Progress and opportunities.

Social Indicators Research, 31, 103~57.

_____. (1995). A value-based index for measuring national quality of life. Social Indicators Research, 36, 107~27.

Diener, E., and Diener, C. (1996a). Most people are happy. Psychological Science, 7, 181~85.

_____. (1996b). The wealth of nations revisited: Income and quality of life. Social Indicators Research, 36, 275~86.

Diener, E., and Diener, M. (1995). Cross-cultural correlates of life satisfaction and self-esteem. Journal of Personality and Social Psychology, 68, 653~63.

Diener, E., Diener, M. and Diener, C. (1995). Factors predicting the subjective well-being of nations. Journal of Personality and Social Psychology, 69, 851~64.

Diener, E., and Fujita, F. (1995). Resources, personal strivings, and subjective well-being: A nomothetic and ideographic approach. Journal of Personality and Social Psychology, 68, 926~35.

Diener, E., Sandvik, E., Pavot, W., and Gallagher, D. (1991). Response artifacts in the measurement of subjective well-being. Social Indicators Research, 24, 35~56.

Diener, E., and Suh, E. (1997). Measuring quality of life: Economic, social, and subjective indicators. Social Indicators Research, 40, 189~216.

Diener, E., and Suh, E. (1999). Subjective well-being and age: An international analysis. In K. W. Schaie and M. P. Lawton (Eds.), Annual Review of Gerontology and Geriatrics, 17.

Diener, E., Suh, E., Lucas, R, and Smith, H. (1997). Subjective well-being: Three decades of progress—1967 to 1997. University of Illinois at Urbana-Champaign. Unpublished paper.

Diener, E., Suh, E., Shao, L., and Oishi, S. (1996). Norms for affect: National comparisons. Paper presented at the ninth conference of the International Society for Research on Emotions, Toronto (August 13~17).

Diener, E., Suh, E., Smith, H., and Shao, L. (1995). National differences in reported subjective well-being: Why do they occur? Social Indicators Research, 34, 7~32.

Easterljn, R. A. (1974). Does economic growth improve the human lot?: Some empirical evidence. In P. A. David and W. R. Levin (Eds.), Nations and households in economic growth (pp. 98~125). Stanford, Calif.: Stanford University Press.

Edgerton, R. (1992). Sick societies: Challenging the myth of primitive harmony. New York: Free Press.

Eurobarometer. (1991). Trends 74~90 Bl: The public opinion in the E. C. Brussels: Commission of the European Community.

Gallup, G. H. (1976). Human needs and satisfactions: A global survey. *Public Opinion Quarterly, 40,* 459~67.

Glicksman, A. (1995). Cultural issues in aging. Paper presented at the National Academy of Elder Law Attorneys, Symposium on Elder Law, New York (May).

Helgeson, V. S. (1994). Relation of agency and communion to well-being: Evidence and potential explanations. *Psychological Bulletin, 116,* 412~28.

Hobfoll, S. E., Lilly, R. S., and Jackson, A. P. (1992). Conservation of social resources and the self. In H. O. F. Veiel and U. Baumann (Eds.), *The meaning and measurement of social support.* Washington, D.C.: Hemisphere.

Hofstede, G. (1980). *Culture's consequences: International differences in work-related values.* Beverly Hills: Sage.

Inglehart, R. (1990). *Culture shift in advanced industrial society.* Princeton, N. J.: Princeton University Press.

Inglehart, R., and Rabier, J. R. (1986). Aspirations adapt to situations—but why are the Belgians so much happier than the French? In F. M. Andrews (Ed.), *Research on the quality of life* (pp. 1~56). Ann Arbor: Institute for Social Research, University of Michigan.

Kahneman, D., and Tversky, A. (1984). Choices, values, and frames. *American Psychologist, 39,* 341~50.

Kasser, T., and Ryan, R. M. (1993). A dark side of the American dream: Correlates of financial success as a central life aspiration. *Journal of Personality and Social Psychology, 65,* 410~22.

King, D. A., and Buchwald, A. M. (1982). Sex differences in subclinical depression: Administration of the Beck Depression Inventory in public and private disclosure situations. *Journal of Personality and Social Psychology, 42,* 963~69.

Larsen, R. J., Diener, E., and Emmons, R. A. (1985). An evaluation of subjective well-being measures. *Social Indicators Research, 17,* 1~18.

Levine, L. (1997). Reconstructing memory for emotions. *Journal of Experimental Psychology: General, 126,* 165~77.

Levine, R, Sato, S., Hashimoto, T., and Verma, J. (1995). Love and marriage in eleven cultures. *Journal of Cross-cultural Psychology, 26,* 554~71.

Markus, H. R, and Kitayama, S. (1991). Culture and the self: Implications for cognition, emotion, and motivation. *Psychological Review, 98,* 224~53.

Michalos, A. C. (1991). *Global report on student well-being. New* York: Springer-Verlag.

Moller, V. (1996). Life satisfaction and expectations for the future in a sample of university students: A research note. *South African Journal of Sociology, 27,* 16~26.

Mourn, T. (1996). Mode of administration and interviewer effects in self-reported symptoms of anxiety and depression. University of Norway, Oslo. Unpublished paper.

Oettingen, G., and Seligman, M. E. P. (1990). Pessimism and behavioral signs of depression in East versus West Berlin. *European Journal of Social Psychology*, *20*, 207~20.

Oishi, S., Diener, E., Eid, M., and Suh, E. (1996). An analysis of response artifacts across nations: The case of subjective well-being. University of Illinois at Urbana-Champaign. Unpublished paper.

Pavot, W., and Diener, E. (1993a). The affective and cognitive context of self-reported measures of subjective well-being. *Social Indicators Research*, *28*, 1~20.

_____. (1993b). Review of the Satisfaction with Life Scale. *Psychological Assessment*, *5*, 164~72.

Ryan, R M., Sheldon, K. M., Kasser, T., and Deci, E. L. (1996). All goals are not created equal: An organismic perspective on the nature of goals and their regulation. In P. M. Gollwitzer and J. A. Bargh (Eds.), *The psychology of action: Linking cognition and motivation to behavior* (pp. 1~26). New York: Guilford.

Samuelson, R. J. (1995). *The good life and its discontents*. New York: Random House.

Sandvik, E., Diener, E., and Seidlitz, L. (1993). Subjective well-being: The convergence and stability of self-report and non-self-report measures. *Journal of Personality*, *61*, 317~42.

Schwarz, N., and Clore, G. L. (1983). Mood, misattribution, and judgments of well-being: Informative and directive functions of affective states. *Journal of Personality and Social Psychology*, *45*, 513~23.

Scitovsky, T. (1976). *The joyless economy.* Oxford: Oxford University Press.

Shao, L. (1993). Multilanguage comparability of life satisfaction and happiness measures in mainland Chinese and American students. Master's thesis, University of Illinois at Urbana-Champaign.

Sudman, S., Greeley, A. M., and Pinto, L. J. (1967). The use of self-administered questionnaires. In S. Sudman (Ed.), *Reducing the cost of surveys* (pp. 46~57). Chicago: Aldine.

Suh, E., Diener, E., Oishi, S., and Triandis, H. C. (1998). The shifting basis of life satisfaction judgments across cultures: Emotions versus norms. *Journal of Personality and Social Psychology*, *74*, 482~93.

Thomas, D., and Diener, E. (1990). Memory accuracy in the recall of emotions. *Journal of Personality and Social Psychology*, *59*, 291~97.

Triandis, H. C. (1995). *Individualism and collectivism.* Boulder, Colo.: Westview

Press.

Veenhoven, R. (1991). Is happiness relative? *Social Indicators Research, 24,* 1~34.

_____. (1993). *Happiness in nations: Subjective appreciation of life in fifty-six nations, 1946~1992.* Rotterdam: Risbo.

_____. (1996). The study of life satisfaction. In W. Saris, R Veenhoven, A. C. Scherpenzeel, and B. Bunting. (Eds.), *A comparative study of satisfaction with life in Europe* (pp. 11~48). Budapest: Eotvos University Press.

Watson, D., Clark, L. A., and Tellegen, A. (1984). Cross-cultural convergence in the structure of mood: A Japanese replication and a comparison with U. S. findings. *Journal of Personality and Social Psychology, 47,* 127~44.

_____. (1988). Development and validation of brief measures of positive and negative affect: The PANAS scale. Journal of Personality and Social Psychology, 54, 1063~70.

World Values Study Group (1994). *World Values Survey, 1981~1984 and 1990~1993.* Inter-University Consortium for Political and Social Research (ICPSR) version (computer file). Ann Arbor: Institute for Social Research, University of Michigan.

5부

생물학적
관점

23장

불행의 생리학 및 병리생리학

로버트 M. 새폴스키

스트레스 생리학은 평균적인 척추동물에 적용되는 것으로, 육체적 도전 — 부상당한 상황에서 포식자에게 쫓기는 일이나 굶주린 상황에서 먹잇감을 향해 전력 질주하는 일 — 에 대한 반응으로 신체가 동원하는 방어에 대한 연구이다. 이와는 대조적으로 인간은 순수하게 심리적 또는 사회적인 이유 — 대출금, 관계, 얇아지는 오존층 등에 대한 걱정 — 로 습관적으로 동일한 스트레스 반응을 활성화시키는 인지적 정교화를 갖추고 있다. 스트레스 반응의 활성화는 사자의 생존 추구에 필수적인 것이지만, 만성적으로 동원될 경우에는 병원(病原)이 된다. 그리고 많은 서구적인 질병들은 과민성 스트레스 반응으로 인해 발생하거나 악화된다. 불행과 같은 심리적, 사회적 요인들이 스트레스 반응을 어떻게 활성화할까? 대체로 같은 신체적 스트레스 요인에 직면한 상황에서, 유기체는 욕구불만의 배출구, 사회적 지원, 통제력 또는 예측력이 없다면, 스트레스 반응을 보일 가능성이 더 높다. 사회적 지위 또한 스트레스 반응을 조정한다. 사회적 영장류에 대한 많은 연구들은 하위 계급의 개체들이 만성적으로 스트레스 반응을 활성화시키며 스트레스 관련 질병에 더 취약하다는 사실을 제시한다. 이러한 경향은 하위 계급의 개체들이 지배 계급의 개체들보다 신체적 스트레스 요인과 심리적 스트레스 요인에 노출되는 비율이 더 높다는 사실을 반영하는 것일 수도 있다. 그러나 영장류의 사회적 종속성은 그러한 부적응 생리와 항상 연관이 있는 것은 아니다. 사회적 종속성은 생리에 영향을 미치는 계급뿐만 아니라 계급이 발생하는 사회의 종류, 그리고 계급과 사회에 대한 개체의 경험이기도 하다. 이와 같은 원칙은 인간의 사회적 지위와 질병 패턴을 해석하는 데 적용될 수 있다. 이 장은 특히 낮은 사회 경제적 지위(socioeconomic status: SES)의 건강 위험성 — 낮은 SES와 관련된 심리적 스트레스 요인들의 맥락에서 해석되는 — 을 보여주는 광범위한 문헌에 중점을 두고 있다. 성격과 기질 또한 스트레스 반응을 조정한다. 예를 들어, '격한 반응자' 기질을 가진 영장류 동물들은 주요한 우울증, 불안 장애, A형 성격 또는 억압적인 성격을 가진 인간과 마찬가지로 과도하게 활성화된 스트레스 반응을 보인다. 마지막으로, 사회적 지위와 성격은 필연적으로 상호작용할 수 있다. 특히, 내적 통제소재(統制所在)[1]는 한편으로는 적응에 큰 도움이 될 수 있는 반면에, 다른 한편으로는 심장 혈관 질환을 예고하는 확연한 전조가 될 수 있다.

정신생물학 박사 과정 초기에, 성실한 젊은 누[2]가 마침내 논문 프로젝트를 선택했다고 상상해 보자. 야심찬 유제류는 영장류인 호모 사피엔스의 사회적 행동의 생리적인 상관관계 대상을 연구할 계획이다. 화살을 이용해서, 사바나를 자주 찾는 여러 집단의 관광객들에게 마취제를 투약한 덕분에, 연구 모집단에 원격 측정 장치와 원격 혈액 채취 시스템과 이동성 EKG 모니터를 장착할 수 있었다. 모든 것이 잘 진행 중이며, 이 박학한 누는 설명할 수 없는 일련의 자료가 나타날 때면 벌어지는 상황을 어느 정도 상상할 수 있는 듯 보인다. 어떤 경우, 특히 오후에, 인간들이 캠프 그늘에서 어슬렁거릴 때, 그들 중 몇 쌍이 이상한 행동을 벌인다. 예를 들어 두 남성이 그처럼 기묘하고 의식(儀式)화된 상호작용을 시작할 수도 있고, 그리함에 따라 혈압이 빠르게 치솟고, 심박수가 급격히 증가하고, 근육의 긴장이 상승하고, 칼로리 소비가 증가하면서 안드로겐 스테로이드 호르몬이 빠르게 순환한다. 누는 그러한 생리 기능이 무엇을 의미하는지 정확히 알고 있다. 즉 남성과 남성의 격렬한 논쟁이 벌어지고 있는 것이다. 그 생리적 프로파일은 두 마리의 수컷 누가 서로에게 덤벼들며, 발정 난 암컷을 차지하려고 싸우는 상황과 동일하다. 그러나 두 인간은 오로지 서로 가까이 앉아 말수를 줄이고 서로의 시선을 마주치는 일을 피하고, 때로는 작은 나무 조각을 움직이는 것 이상의 육체적인 혹사는 하

---

1   개인의 느낌, 성공이나 실패 또는 행동 결과를 설명하는 데 가장 많이 사용하는 인과적 기제로서, 자신의 행동이나 감정을 지배하는 원인을 자신의 내부에 두는지, 외부에 두는지에 대해서 결정하는 경향.

2   아프리카에 분포하는 영양의 한 종.

지 않는다.

이것은 인간의 정신생물학의 놀라운 측면이다. 그런 일들에 신경을 쓰는 사람들은 체스 경기 중에 생리적으로 흥분한다. 그들은 영역 다툼을 하는 동물과 다를 바가 없는 방식으로 흥분한다(Leedy and DuBeck, 1971). 그 가엾은 누는 인간에 관한 놀라운 사실을 방금 발견했는데, 다른 동물들(특히 논문 위원회를 구성하고 있는 동물들)에게는 이치에 맞지 않는 사실이다. 즉, 인간은 여느 다른 동물과 같은 생리 기능을 동원하지만, 그 동원 이유는 신체적인 요구와는 무관하다는 것이다.

이 장은 인간들이 공통적인 일련의 생리적 반응을 동원하지만, 다른 동물들과는 다른 이유들로 동원하게 되는 또 다른 상황에 대해 논의할 것이다. 대부분의 종에게 이 생리적 반응 시스템은 물리적 상해나 임박한 위협을 신호한다. 이와는 대조적으로 인간에게 그러한 시스템은 훨씬 더 자주 불행 상태, 심리적이거나 사회적인 불안 상태를 신호한다.

'스트레스 반응'은 척추동물들에게 매우 정형화된 일련의 사건, 즉 호르몬과 신경이 일으키는 사건이다. 이러한 계통발생 보존은 생리 기능, 즉 위기 시에 하는 생명 보호의 중요한 역할을 의미한다. 대부분의 종의 경우, 스트레스 반응은 '항상성'에 대한 위협에 적응하는 것을 매개한다. 20세기 초 생리학자 월터 캐넌(Walter Cannon)이 만든 항상성이라는 용어는 미국의 9학년 생물학 교육의 초석으로, 체온, 산성, 혈당 수치 등이 모두 균형과 이상적인 상태에 있는 생리적 평형감을 가리킨다. 스트레스 요인은 항상성 균형을 저해하는 환경에 존재하는 것일 수 있으며, 스트레스 반응은 항상성 재설정을 돕는 적응을 나타낸다. 대부분의 종들에게 그러한 저해는 기아, 손상, 포식자의 공격, 동종과의 전투 등의 무자비한 자연이며, 결코 포착하기 힘든 것이 아니다. 그런 맥락에서 스트레스 반응은 생명을 구하는 데 도움이 되는 적응을 나타낸다.[3]

---

3   (지은이) '항상성'은 전통적으로 사용되듯이, 일반적으로 특정한 생리학적 기준을 균형 있게 유지하는 데 필요한 신체의 지속적인 작은 조정을 말한다. 점점 변화하는 환경에 직면하여 광범위한 상호 관련 생리 시스템의 통합된 균형을 가리키는 새로운 용어인 '알로스타시스(allostasis)'가 도입되었다(Sterling and Eyer, 1988). 보통 말하는 '항상성'은 신체가 어떻게 유지되는지를, 예컨대, 주어진 5분 동안 동일한 혈압의 유지를 이해하는 데 가장 관련이 있는 용어이다. 이와는 대조적으로, '알로스타시스'는 정오에 맨 정신으로 활동할 때와 비교해 한밤중에 깊이 잠을 자고 있을 때 신체 내 모든 종류의 것들의 설정점이 얼마나

또한 어떤 경우에, 스트레스 요인은 개인이 곧 균형을 상실한다는 사실을 나타내는 예측자일 수 있다. 따라서 사자가 자신을 향해 돌진해 오는 광경을 본 누는 아직 갈기갈기 찢기지 않은 상황임에도 불구하고 스트레스 반응을 즉시 동원해, 심장 박동수와 혈압을 높여 에너지를 근육으로 보낼 수 있다. 그리고 마찬가지로, 사자는 먹잇감을 쫓아 전력 질주하는 것과 같은, 알로스타시스에 대한 위협을 예상하여 스트레스 반응을 동원할 수 있다. 스트레스 반응은 신체적 스트레스 요인의 즉시성을 예상한 상태에서, 유기체에게 생리학적으로 대처하는 데 유리함을 부여한다는 점에서 확실히 적응적인 것이다.

그러나 인간들의 경우에는 스트레스 반응이 다른 동물의 왕국에서 상상할 수 없는 방식으로 동원된다. 개발도상국의 한 자급자족 농민은 가뭄 동안에 구름 한 점 없는 하늘과 메마른 흙을 살펴볼 때, 현재 자식들의 영양 상태가 아주 양호하더라도 몇 달 후에 자식들이 굶주리게 될 거라는 걸 인식하고는 스트레스 반응을 동원할 수도 있다. 지나치게 많은 부채를 진 미국인은 달력을 보고 4월 15일이 코앞에 와 있다는 것을 깨닫고는 그 순간에 육식동물의 위협을 받고 있지 않음에도 스트레스 반응을 동원할 수 있다. 그리고 밤에 잠을 못 이루는 어느 시점에 있는 사실상 모든 인간들은 이 지구상에서 자신의 시간이 너무나 짧다는 사실을 인식한 후에는 스트레스 반응을 동원하게 될 것이다. 인간은 조만간 급변하는 물리적인 스트레스 요인을 예상하고는 전형적인 척추동물 특유의 스트레스 반응을 활성화시킬 수 있다. 이러한 현상은 누에게 빠르게 접근하는 사자를 보고 경각심을 갖고 반응할 수 있게 해주는 인지 기술의 방대한 확장으로 가능한 일이다. 그 대신에 이는 우리에게는 미래에 있을 도전에 대해 오랫동안 초조감을 갖게 만든다. 게다가, 인간은 있을 법한 신체적 도전이 없을 때도 순전히 심리적이거나 사회적인 이유로 동일한 스트레스 반응을 쉽게 활성화할 수 있다. 이와 같은 경향은 소수의 다른 종들과만 공유되는 사고와 정서의 특징들 — 그 다른 종들은 훨씬 적은 범위에서만 소유하고 있는 — 을 필요로 한다. 순전히 심리적 조작에 의해 쥐의 스트레스 반응을 촉발하는 실험과 사회에서 자신의 역할에 대한 자신의 인지적

크게 다른지에 대한 이해와 더 관련이 있는 용어이다. 쉽게 말해, 사자의 공격을 받아, 내장이 찢긴 채 먼지 속에서 끌려가는 누는 항상성 측면에서 도전을 받은 것이기보다는 알로스타시스 측면에서 도전을 받은 것으로 볼 수 있다. (이 또한 식별 가능한 구별이다.)

평가를 반영하는 영장류의 내분비 프로파일 실험을 논의할 수 있을 것이다. 그럼에도 불구하고, 쥐나 영장류는 왜 이 사람들이 소개팅, 승진, 연설, 혹은 교통 체증으로 스트레스를 받는지 결코 이해하지 못할 것이다.

스트레스 생리학의 핵심은 심리적이거나 사회적인 이유로 시스템을 동원할 수 있는 우리 인간의 능력이다. 스트레스 병리생리학의 핵심은 만성적인 스트레스 반응의 동원으로 인해 대부분의 인간 영역에서 증가된 질병 가능성이다. 대부분의 동물의 스트레스 요인은 일반적으로 단기적이고 육체적인 것이다. 동물에게 닥친 위기가 곧 끝나거나 해당 동물이 곧 죽음을 맞이하기 때문이다. 누들은 사자들에게 쫓겨 30년간 전력으로 도망치는 일은 없지만, 우리는 30년간 담보 대출로 인해 스트레스를 받을 수 있다. 그것은 (나중에 설명할 수 있는 이유로) 질병의 위험을 증가시키는 스트레스 반응의 만성성이다. 이 장은 인간과 인간의 심리적 스트레스 요인들을 이해하는 데 가장 중요한 특징에 중점을 두고 스트레스 반응의 생리학과 병리생리학을 재고찰할 것이다. 왜 굳이 그러려는 걸까? 아마도 스트레스 반응을 모니터링하는 것은 개인의 정서 상태를 탐지하는 데 특히 정확한 방법일 것이다. 실은 이것이 바로 인간이 아닌 영장류를 대상으로 한 연구에서 시행되고 있는 것이다. 동물보호법은 훌륭하게도 실험실 영장류의 '심리적 웰빙'에 주의를 기울이도록 규정한다. 이는 그러한 심리적 웰빙 상태가 언제 성취되었는지를 결정해야 하는 중대한 과제를 야기한다. 각 동물에게 필요한 광범위한 관찰이 없는 경우, 스트레스 반응 호르몬의 순환 수준을 높인 동물이 아마도 심리적인 웰빙감을 가지지 못할 것이라고 판단을 내리는 것이 합리적인 해결책이다. 하지만 이 접근법은 인간에게는 특히 불필요하다. 일반적으로 어떤 사람이 불행하다는 사실을 알기 위해서 그 사람의 혈류에서 찾을 수 있는 열두 개의 상이한 호르몬을 모니터할 필요는 없다. (나중에 논의하겠지만, 설사 그런다고 해도 실제로 많은 사실을 알 수 있을 것 같지도 않다.)

스트레스 생리 기능을 연구하는 중요한 이유는 그 기능의 질병과의 관련성 때문이다. 우리 중 페스트나 영양실조, 뎅기열로 죽는 사람은 거의 없을 것이다. 전염병과 영양실조나 열악한 위생으로 인한 질병은 서구 사회에서는 대부분 사라졌다. 그 대신에, 우리는 심장 질환이나 뇌혈관 질환을 일으킬 수 있는 혈관의 점진적인 폐쇄, 성인기 발증형(發症型) 당뇨병의 점진적인 신진대사 혼란, 암의 면역 방어 체계에 대한 반복적인 공격과 면역 방어 체계의 궁극적인 패배 등처럼 느리게 축적되는 손상의 질병으로 죽는다. 생활양식과 정서 기질과 심리적 요인들은 신체가 콜레라와 같이 대량으로 급속히 전염되는 질병에 어떻게 노출될 수 있는지와는 사실상 아무런 상관이 없지만, 공통적인 대부분의 서양 질병의 진행과는 많은 관련성이 있다. 만성적인 불행과 불안, 우울증은 지속적인 스트레스 반응의 과도한 활성화를 일으킬 수 있는 한, 앞서 언급한 서양의 질병 중 어느 것이든 그 위험성을 증가시킨다. 인간은 지속적이고 심리적인 이유로 스트레스 반응을 동원할 수 있는 정도 면에서 유일한 존재이며, 서구화된 인간들은 대가를 치를 만큼 꽤 오래, 잘 산다는 점에서 독특하다.

이 장의 첫 번째 부분에서는 스트레스 반응의 생리 기능과 스트레스 관련 질병이 어떻게 발생하는지 재고찰할 것이다. 나는 독자들이 생리학자가 아닐 뿐만 아니라, 생리학자가 되기를 원하지도 않는다는 사실을 잘 알고 있다. 여기서는 독자에게 부담되지 않도록 하기 위해서 말미에 요약해서 정리를 해놓았으니, 다 읽기에 마음이 내키지 않는 사람은 즉시 그 부분을 읽을 수도 있다. 게다가, 나는 이 주제에 대해 재고찰한 참고문헌을 따로 폭넓게 제시해놓았다. 그다음으로는 심리적, 사회적 요인 및 성격 요인이 어떻게 스트레스 반응을 조정하거나 유발할 수 있는지에 대해서 재고찰할 것이다.

스트레스 반응의 생리 기능과 스트레스 관련 질병의 발생

앞서 언급했듯이, 다양한 스트레스 요인들은 스트레스 반응으로 알려진 아주 일반적인 내분비 및 신경 반응을 유발한다. 이러한 스트레스 반응의 중심에는 교감신경계(자율신경계 혹은 불수의적 신경계의 한 축)의 활성화가 있다. 스트레스 반응은 전형적인 '투쟁이나 도피' 증후군을 중재하는 (에피네프린과 노르에피네프린으로도 알려진) 아드레날린과 노르아드레날린 호르몬의 혈류로 세로토닌의 분비를 일으킨다. 스트레스 동안에 글루코코르티코이드라고 불리는 다른 호르몬의 분비도 똑같이 중요하다. 이 스테로이드들은 부신에서 생성되며, 인간의 경우에는 (히드로코르티손이라고도 불리는) 코르티솔이 있다. 스트레스는 베타엔도르핀, 글루카곤, 프로락틴, 바소프레신 등과 같은 다른 호르몬의 분비를 자극하기도 한다(Sapolsky, 1998, 2장에서도 재고찰함).

스트레스 반응은 다른 내분비계와 신경계를 억제한다. 또한 스트레스 반응은 부교감신경계를 억제할 뿐만 아니라, 인슐린 분비와 성행위, 생식, 성장, 조직 복구 등과 관련된 호르몬들의 분비를 감소시킨다. 교감 신경의 활성화는 각성을 매개하는 반면에, 부교감 신경의 활성화는 반대 작용을 하여 진정시키는 안정화 효과를 일으킨다(Sapolsky, 1998, 2장을 참조).

놀랍게도, 이 일련의 억제 호르몬들의 활동은 포식자를 필사적으로 피하려는 피식자 종의 생리적 욕구나 먹잇감을 필사적으로 손에 넣으려는 포식자의 생리적 욕구를 고려할 때 의미가 있다. 쫓고 쫓기는 두 동물 모두에게 그 순간의 위기는 혈류에 에너지를 즉시 동원하고 뒤이어 그 에너지를 근육 운동으로 전환할 것을 요구한다. 이 순간은 내년 봄 계획을 위해서 지방 세포에 에너지를 비축하는 일의 관점에서 볼 때는 아주 불운한 시간이 될 것이다. 그리하여 스트레스가 일어나는 동안에 에너지의 저장이 차단되고 이전에 저장된 에너지는 혈류로 방출되어 근육으로 전용된다. 이러한 단계들은 인슐린 분비의 억제와 부교감계 작용의 억제, 그리고 (포도당의 순환 수준을 증가시켜 에너지를 동원하는 능력으로 명명되는) 교감신경계와 글루코코르티코이드, 글루카곤의 활성화에 의해 이루어진다(Munck, Guyre and Holbrook, 1984). 또한 가능한 한 빨리 근육에 그러한 영양분을 전달하는 것은 적응 현상이다. 그리고 교감신경계 호르몬과 글루코코르티코이드가 결합하면, 심박동수와 혈압이 높아진다.

위기 시기에는 불필요하게 자원을 낭비적으로 유출하는 생리적 과정을 억제하는 것도 유용하다. 이처럼 스트레스 반응에는 다양한 기능들에 대한 선별적 분배도 포함된다. 이 위기 시기에는 (우리가 긴장할 때면, 입안이 건조해지는 현상을 설명해 주는 침 분비 억제의 예처럼) 소화 작용은 억제된다. 굶주린 포식자의 경우에 소화 작용과는 관련이 없지만, 피식자의 경우 동원되는 에너지는 (내장 내의 글루코오스에서보다는) 간에 저장된 글리코겐에서 생성된다. 그리고 이 위기의 순간은 느리고 손실이 큰 소화 과정이 필요한 때가 아니다. 성장, 염증, 조직 복구도 나중으로 연기된다. 또한 생식 생리 기능도 억제된다. 사바나를 필사적으로 가로지르는 순간은 배란할 때가 아니다. 스트레스 반응의 또 하나의 특징으로는, 스트레스 요인이 일어나는 동안에 (자가 면역질환이 발생하는 수준까지의) 면역의 과도한 활성화 위험성 때문에 면역 기능이 억제된다는 것이다. (이와 같은 관념은 뭉크(Munck)를 비롯한 여러 연구자들(1984)이 맨 처음 가설을 세웠으며, 실험 데이터와 임상 데이터의 실증적인 뒷받침을 크게 받고 있다.) 마지막으로, 특정 유형의 스트레스 요인이 발생하는 동안에 통증 지각은 둔화된다. (터먼과 동료들(Terman et al., 1984)이 재고찰한 바 있는 이러한 현상은 스트레스로 인해 발생한 통각 상실 현상으로, 예컨대, 한창 전투 중에 있는 사람은 부상을 당하고도 그것을 전혀 인식하지 못할 수 있다.)

총체적으로 말하자면, 이러한 단계들은 스트레스 반응의 구성 요인들이 제 기능을 못하는 소수의 희귀 질환들이 입증한 바와 같이 물리적 스트레스 요인을 극복하는 데 필수적인 것이다. 예를 들어 애디슨병[4] 환자는 글루코코르티코이드가 고갈되는 반면에, 샤이 드레거 증후군[5] 환자는 교감신경계가 손상된다. 두 경우 모두 치료하지 않으면 환자는 극도로 약해지며 다양한 신체적 스트레스 요인이 치명적인 결과를 낳을 수 있다.

그러나 (대체로 심리적인 이유로 발생하는) 이 동일한 스트레스 반응의 지속적인 과도한 활성화는 병원성이 있을 수 있다. 더 정확히 말하면, 스트레스가 사람을 아프게 만드는 것이 아니라, 사람을 아프게 하는 질병에 걸릴 가능성을 증가시킨다.

스트레스의 병원성 잠재성이 1930년대에 처음 인식되었을 때(Selye, 1936) 지금은 오류로 인식되고 있는 설명이 제시되었다. 단기간의 스트레스 요인에 직면했을 때, 앞서 기술했듯이, 스트레스 반응이 동원되고 적응 상태, 즉 알로스타시스 균형의 재설정이 성취될 수 있다. 그 당시의 개념화대로라면, 장기간의 스트레스는 소진 상태를 일으킨다. 말 그대로, 신체는 글루코코르티코이드, 에피네프린, 노르에피네프린 등과 같은 호르몬이 고갈되고, 그 순간부터 외부 스트레스 요인이 저항이 없는 신체를 공격하기 때문에 질병이 발생한다(Selye, 1971을 참조). 이 시나리오대로라면, 스트레스 반응 방어군의 탄약이 바닥나기 때문에 스트레스 관련 질병이 발생한다.

이러한 견해가 스트레스 병리생리를 제대로 설명해 줄 수 없다는 첫 번째 증명으로는 순전히 심리적 스트레스 요인들 — (신체를 공격하는 외부의 상해가 없는 상황에서 방어를 할 수 없는) — 이 장기화될 경우에는 심리적 스트레스 요

---

4   부신피질에서 생산되는 스테로이드 호르몬인 코르티솔과 알도스테론의 생산에 이상이 생겨 발생하는 질환.

5   고도의 기립성 저혈압 증상과 함께, 배뇨 장애, 무한증, 동공 이상, 발기 부전증 등의 자율신경 증상을 보이는 변성 질환.

인들 그 자체가 병원성이라는 점이다. 게다가, 어떤 종류의 만성적인 스트레스든 비축된 스트레스 호르몬이 고갈되는 가설적인 소진 단계로 이어지는 일은 매우 드물다. 일반적으로 손실이 많고 비효율적이지만, 방금 간략히 설명한 스트레스 반응의 양상은 심각한 위기 상황을 극복하는 데 반드시 필요한 것이다. 그와 같은 양상이 만성적으로 활성화되면 그 양상은 대가를 치른다. 사실상 방어군의 탄약이 바닥나기 때문이 아니라 방어 예산 규모로 다른 모든 경제 부분이 파산하기 때문에 스트레스 관련 질병이 발생하는 것이다. 이 원리는 수많은 유기체의 시스템에 적용된다. 간략히 설명한 대로, 물리적 스트레스 요인이 발생하는 동안 전속력으로 달릴 때, 에너지를 근육으로 전용하는 것은 적응 현상이다. 그러나 누군가가 오존층에 대해 걱정할 때마다 만성적으로 동일한 대사 스트레스 반응을 동원한다면, 저장 조직의 위축, 피로, 성인기 발증형 당뇨병의 위험성 증가, (혹은 기존 병증의 악화)가 일어날 것이다(Surwit, Ross and Feingloss, 1991을 참조). 또한, 포식자로부터 전력을 다해 도주하기 위해서 혈압을 높이는 것은 적응적인 것이지만, 매일 교통 체증에 직면해서 반복적으로 혈압이 상승하는 현상은 혈관을 상당히 마모시켜 터지게 만든다.

불필요한 과제들의 선별적 분배도 장기화되면 해가 된다. 위(胃)로 향하는 혈류를 반복적으로 억제하는 것(소화 억제의 일부)은 (아마도 최근에 발견된 궤양 유발성 박테리아와 관련이 없을) 특정한 유형의 궤양 위험성을 증가시킨다(Yabana and Yachi, 1988을 참조). 또한 장기간의 스트레스는 생식 능력을 파괴한다. 장기간 스트레스를 받으면 여성의 경우 월경 주기가 불규칙해지거나 완전히 중단되고, 자궁 내벽이 얇아지면서 수정란의 착상 가능성이 낮아지고 유산의 위험성이 증가한다. 남성의 경우 장기간의 스트레스는 테스토스테론의 농도를 감소시키고, 훨씬 더 기능적인 의미에서 (새폴스키(1991)가 재고찰한 바 있는) 발기 부전이나 조루증을 일으킨다.

이 주제를 이어가자면, 우리는 대가를 치르지 않고서는 우리 신체의 장기적인 구축과 복구를 계속 미룰 수는 없다. 젊은 유기체의 경우, 만성적인 스트레스는 성장을 파괴한다. 극단적인 경우에는 적절한 음식 섭취에도 불구하고 성장이 완전히 멈출 수도 있다. 그러한 경우에는 성장 장애, 스트레스 왜소증, 혹은 심인성(心因性) 왜소증이나 심리사회적 왜소증을 포함한 많은 꼬리표가 붙기 마련이다(Green, Campbell and David, 1984를 참조). 놀랍게도, 스트레스가 많은 환경에서 벗어나면 아이는 일반적으로 성장을 회복한다.

마지막으로, 스트레스가 면역을 억제시킬 수 있다는 점에서, 만성적인 스트레스가 전염병과 암에 대한 취약성을 증가시킬 수 있는 가능성에 엄청난 관심이 일었다. 이러한 현상이 초기 정신신경면역학 분야의 초석을 이룬다(Ader, Felten and Cohen, 1991). 스트레스는 실제로 상대적으로 경미한 일부 전염병(예컨대, 일반적인 감기)의 위험성을 증가시키는 것으로 보인다. 그러나 만성 스트레스와 암의 연관 가능성에 훨씬 더 많은 관심이 집중되었다. 문헌을 주의 깊게 읽으면 그러한 연관성이 상당히 약하며, (많이 부풀려져 있다는) 사실을 알 수 있다(이를 재고찰한 Sapolsky, 1994, ch. 8을 참조). 마지막으로 만성 스트레스와 자가면역질환의 매우 복잡한 관계는 이 장의 범위를 넘어선다.

요약하자면, 다양한 신체적, 심리적 스트레스 요인은 글루코코르티코이드라고 불리는 부신 스테로이드 호르몬의 분비, (에피네프린과 노르에피네프린의 분비를 야기하는) '투쟁 또는 도피' 교감신경계의 활성화, 성장과 성과 관련된 호르몬의 분비 억제 등을 비롯한 매우 정형화된 스트레스 반응을 유발한다. 종합적으로 보면, 이러한 반응은 전력을 다해 사바나를 가로지르는 일과 같은 심각한 물리적(신체적) 위기가 일어나고 있는 동안에는 적응적 현상이다. 에너지는 저장소에서 동원되어 운동 근육으로 전달되고, 심혈관 기능은 그러한 영양분 전달을 가속화하기 위해 강화되며, 당장의 위기를 모면하는 데 반드시 필요한 것이 아닌 것, 이를테면, 소화, 생식, 성장, 조직 복구, 면역 등의 활동은 보다 안전한 상황이 되기 전까지 연기된다. 그러나 이와 같은 동일한 반응이 길어지면 질병의 위험성이 증가하거나 기존 질병이 악화될 수 있다. 이는 주로 이러한 반응 자체가 결국 스스로를 손상시키기에 충분한 대가를 치르기 때문이다. 따라서 스트레스가 장기화되면, (에너지 비축분의 만성적인 동원으로 인한) 성인기 발증형 당뇨병, (스트레스 반응의 심혈관 효과로 인한) 고혈압, (소화 활동 억제로 인한) 특정한 유형의 궤양, (생식 억제로 인한) 월경 불순 및 발기 부전, (성장 억제로 인한) 스트레스 왜소증 등과 같은 대사 질환이 빈번히 악화되며, 면역력이 크게 억제되어 일부 전염병의 위험성이 증가한다.

심각한 물리적(신체적) 도전을 하는 중에 유기체가 스트레스 반응을 동원할 수 없다면 매우 부적응적인 것인 반면에, 시스템이 너무 오랫동안 활성화되면, 인간의 삶에서 심리적 스트레스 요인의 경우도 종종 그렇듯이, 해로울 수 있다. 생리학적 관점에서 보면, 가장 일반적으로 받아들여지고 있는, 그러한 과도한 활성화의 지표로는 휴식기의 높은 글루코코르티코이드의 수치나 교감신경계 호르몬(에피네프린과 노르에피네프린)의 수치가 있다.

스트레스 반응의 심리적 조정자

이 장의 두 가지 핵심 개념은 (1) 대부분의 동물들이 생리적 평형 상태에 대한 심각한 물리적 도전이나 임박한 그러한 도전의 위협 때문에 스트레스 반응을 활성화시키는 반면에, 인간은 순수하게 심리적이거나 사회적인 이유 때문에 스트레스 반응을 활성화하는 경향이 있으며, (2) (심리적이거나 사회적인 이유와 같은 비물리적인 이유로 인간에게서 흔히 일어나는) 만성적인 스트레스 반응의 활성화는 특정한 질병의 위험성을 증가시키거나, 특정한 기존 질병을 악화시킬 수 있다는 것이다. 앞에서는 단기간의 스트레스 반응의 적응적 특징이 만성적일 때 부적응적인 병리생리로 어떻게 변하는지를 자세히 기술했다. 다음에서 나는 이 장에서 가장 중요한 질문 — 어떤 특징이 심리적 스트레스 요인을 스트레스로 만드는가? — 이라 할 수 있는 것에 초점을 맞출 것이다. 우리는 처음에 이 질문에 답하는 것이 다소 부정확하고 비정량적인 심리적 접근법을 수반한다고 가정할 수 있었다. (그리고 혈액량 손실, 저체온, 저혈당 등과 같은 손상 정도가 얼마나 스트레스 반응을 유발하는지 정확하게 측정하는 일로 밥벌이를 하는 대부분의 스트레스 생리학자들이 '심리적'이라는 용어를 사용하는 것은 아주 명백히 경멸스러운 짓이다.) 그러나 엄밀하고 명확한 패러다임이 등장했다(Levine, Coe and Wiener, 1989; Weiss, 1968이 재고찰한 바 있다). 다소 단순하고 도식적인 형식으로라도, 여기서 그 패러다임들을 재고찰하는 것은 의미 있는 일일 것이다.

하나의 시나리오로는, 예컨대 두 마리의 쥐가 각각 인접한 우리 안에 있으면서 전기 배선이 깔린 바닥을 통해 가벼운 전기 충격을 받는 상황을 생각할 수 있다. 비판(비평)적으로 살펴보면, 두 동물은 정확히 같은 시간에 동일한 강도의 동일한 충격을 받는다. 현재 고전적 스트레스 생리학의 모든 규칙에 따라, 두 동물의 신체는 동일한 범위의 도전을 받았다. 유일한 차이라면, 그 쥐들 중 한 마리에게 조작된 어떤 심리적 변인이 있다는 점이다. 그다음에는 마지막으로 스트레스 반응의 측정치(예컨대, 혈압, 심박동수, 혈류 내 글루코코르티코이드 또는 에피네프린 수치)나 (스트레스성 궤양 발생과 같은) 스트레스 관련 질병의 측정치를 얻게 될 것이다. 이 접근법은 스트레스 반응을 조정하는 심리적 변인을 아주 명확히 입증해 준다.

첫 번째 중요한 변인은 유기체가 물리적(신체적) 스트레스 요인으로 인한 욕구불만을 해소할 수 있는 출구를 가지고 있는지 여부이다. 두 마리의 쥐를 동일한 충격에 노출시키면, 쳇바퀴나 갉아 댈 수 있는 나무 막대에 접근할 수 있는 쥐의 스트레스 반응이 적고 스트레스 관련 질병의 위험성이 적을 것이다. 이 현상은 다른 상황과 종으로 일반화될 수 있으며, 개인이 스트레스의 배출구나 전환처가 없을 경우에는 물리적 스트레스 요인이 훨씬 더 쉽게 병원성이 될 수 있다는 일반적인 관찰 결과로 이어진다. 이러한 연구는 취미나 운동과 같은 스트레스 배출구가 갖는 스트레스의 관리적 중요성에 대한 과학적 근거를 이룬다.

이 연구들은 많은 인간들에게서 보이는 또 하나의 비교적 낮은 적응적 대처 반응에 대한 통찰력을 제공했다. 전기 충격을 받은 쥐는 물이나 음식을 마음대로 먹고 마실 수 있으면 스트레스 반응이 완화된다. 결국 스트레스가 과식 또는 다량의 물 섭취를 유발할 수 있다는 것이다. 마지막으로, 이러한 연구들은 또 다른, 훨씬 더 불안한 대처 반응을 보여주었다. 즉 전기 충격에 노출된 쥐는 다른 쥐를 공격할 수 있는 경우에는 스트레스 반응이 적은 것으로 나타났다. 다른 개체에게 공격성을 보임으로써 스트레스를 줄이는 유기체의 경향은 다른 사람에게 궤양을 주는 방식으로 자기가 궤양에 걸리는 걸 피해서는 안 된다는 스트레스 관리 경고의 핵심이다. 그리고 그러한 경향은 우리에게 (레닝턴(Lenington, 1981)이 논의한 바 있는) 사회 경제적 스트레스와 배우자나 아동 학대 비율의 증가 사이의 연관성에 대한 통찰력을 줄 수도 있다.

전형적인 멍에 통제[6]된 쥐 조건은 두 번째 심리적 변인을 드러냈다. 두 마리의 쥐를 일정한 패턴의 전기 충격에 노출시킨다. 그러나 한 우리 안에는 각각의 전기 충격 10초 전에 임박한 스트레스 요인을 알리는 경고등이 존재한다. 예측 정보를 받은 쥐는 스트레스 반응을 보일 확률이나 스트레스 관련 질

---

6   실험 집단과 통제 집단이 '멍에'처럼 연결되어 있어서 실험 집단의 피험자들이 강화나 처벌을 받을 경우, 통제 집단의 피험자들도 동시에 강화나 처벌을 받도록 해서 실험 집단과 통제 집단 모두 전체 강화수나 처벌수가 동일하도록 처치하는 실험 통제의 한 방법.

병에 걸릴 확률이 상대적으로 낮았다. 이 연구 결과는 모든 조건과 (사전 경고가 있든 없든 큰 소음에 노출된 인간을 포함한) 모든 종에 걸쳐 일반화되었다(예컨대, Brier et al., 1987을 참조). 그리고 특정한 불가피한 스트레스 요인에 노출된 상황에서 스트레스 요인이 얼마나 나쁘고 오래 지속될지, 언제 시작될지 알면 방어할 수 있다는 사실을 보여준다. 치과 의사에게 고통스러운 드릴링 시술이 거의 끝났느냐고 물었을 때, 우리 모두는 "음, 정확히 말할 수는 없지만, 몇 초 더 걸릴 수도 있고, 몇 시간 더 걸릴 수도 있어요. 내가 기억하기로, 한 환자의 경우는…"라는 대답보다는 "X를 몇 번만 더 뚫으면 끝나요"라는 대답을 들을 때, 더 편안함을 느낀다.

예측성은 두 가지 이유로 방어적 능력을 갖는다. 첫째, 예측성은 스트레스 요인이 언제 발생하는지, 얼마나 나쁜 것일지 알려줌으로써 동원된 대처 반응 유형을 구체화하는 데 도움을 준다. 이 점은 예측 정보가 스트레스 요인의 발생 중에 스트레스 반응의 크기를 감소시킨다는 사실을 증명해 주는 생리학적 측정치로 탐지할 수 있다. 예를 들어, 한 개인은 외과 수술을 받고서, 수술 후 첫날은 상당한 통증이 따르고, 둘째 날은 약간의 불편함이 따를 것이라는 예측 정보를 제공받는다. 대부분의 사람들은 통증에 대처 수단을 계획하는 데 도움이 되는 정보를 강구할 것이다. 이를테면, 첫날에는 주의를 딴 데로 돌릴 수 있는 액션 영화 비디오를 네 편 볼 계획을 강구하고, 다음 날에는 섬세한 하이쿠 시집을 읽고자 계획할 것이다.

예측 정보가 도움이 되는 두 번째 이유는 아마도 훨씬 더 중요할 것이다. 예측 정보는 스트레스 요인이 임박한 때를 신호해 줌으로써, 그 신호가 없을 때는 유기체가 편하게 있어도 된다는 사실을 알려준다. (셀리그만(1975)은 이를 '안전 신호 가설'이라고 칭했다). 경고등이 없는 우리 안의 쥐는 전기 충격으로부터 거의 늘 벗어나 있지 못할 수 있다. 이 점은 예측 정보가 스트레스 요인의 소멸 후 스트레스 반응을 더 빠르게 회복시키는 데 도움이 된다는 사실을 증명하는 생리적 측정치로 탐지될 수 있다. 즉, 유기체는 다음 경고까지는 스트레스 요인이 없다는 것을 알고 있다.

인간의 스트레스 요인의 패턴을 설명하는 데 있어서 예측력의 관련성은 명백하다. 가장 간단한 논증은 학생들이 즉석 시험을 싫어한다는 것이다. 이보다 더 중요한 논증 영역은 훨씬 더 복잡하다. 나중에 논하겠지만, 예측력은 특정한 환경에서만 기능한다. 또 다른 심리적 변인도 아주 중요하다. 다시 한

번, 동일한 전기 충격에 노출된 두 마리 쥐를 고려해 보자. 한 마리 쥐는 적극적인 회피 과제 훈련을 받았다. 구체적으로 말하면, 그 쥐는 전기 충격을 받을 가능성을 줄이기 위해서 레버를 반복적으로 누르는 방법을 배웠다. 설사 그 레버가 연결되어 있지 않아, 그 쥐가 몇에 통제를 받는 이웃한 쥐와 동일한 수의 전기 충격을 받는다고 해도, 그 쥐는 더 적은 스트레스 반응을 보인다. 개인이 통제력을 의식할 때, 동일한 물리적 스트레스 요인은 병원성이 될 가능성이 낮다. (위장) 레버에 접근할 수 있거나 없는 조건에서 혐오적인 소음에 노출된 인간들을 대상으로 한 동일한 연구가 이루어졌다. 이 통제력 변인과 현실 상황과의 관련성은 명백히 존재하며 스트레스가 많은 상황에서 통제력의 기반을 찾는 데 도움이 되는 스트레스 관리 조언의 기초가 된다. 이 인상적인 사례는 파견직 비서로 일하는 사람에게서 볼 수 있는데, 그 사람은 계속 새로운 환경에 놓이게 되어 종종 까다롭고 힘든 개인들을 다뤄야 하는 일에 스트레스를 받지 않느냐는 질문을 받자, "전혀 스트레스를 받지 않아요. 그 일이 정말 지겹다면, 그만둘 거예요"라고 대답한다. 사실상 이 사람이 실제로 직장을 그만둘 가능성은 거의 없을 것이다.

통제력과 예측력이 밀접하게 관련이 있는 개념이라는 것은 분명한 사실이다. (그리고 나중에 논의하겠지만, 통제 의식이 높다고 해서 항상 스트레스로부터 보호받는 것은 아니다.) 어떤 연구자들은 낯설음의 영향력 아래 통제력과 예측력을 개념화했다. 그들에 의하면, 사건이 예상과 불일치하는 것으로 밝혀짐에 따라, 유기체 측이 어떤 새로운 규칙이 적용되는지 분별하고 숙달하려고 할 때 유기체 측에 요구되는 경계 수준이 높아질 경우에, 통제력이나 예측력이 부족하면, 스트레스 반응이 증가한다(Levine et al., 1989).

골드만과 쿠버, 레빈(Goldman, Coover and Levine, 1973)은 매우 유익한 연구로 스트레스 요인으로서의 낯선 경험의 힘을 밝혔다. 실험에서 쥐는 지속적인 간격 강화 계획에 놓여 있으면서, 먹이를 얻기 위해서는 레버를 눌러야 한다. 10분 동안, 한 개의 먹이를 얻는 데 레버를 평균 20번 눌러야 한다. 그리고 필요에 따라선 무작위적으로 15번~25번 레버를 눌러야 한다. 변화가 생기면 이 동물은 이 강화 계획에 익숙해졌다. 구체적으로 말하면, 한 개의 먹이당 레버를 평균 20번 눌러야 하지만, 가변성이 커짐에 따라 이제 레버를 10번~30번 눌러야 한다. 그 동물은 이전과 동일한 양을 먹지만, 이전과 비교해 그저 그 동물의 예측력이나 통제력이 낮을 뿐이다. 하지만 이 조건은 생리적인 스트레스 반응을 유발한다. 이 연구의 핵심은 그러한 생리적인 스트레스 반응이 혐오적인 전기 충격보다는 음식 보상의 맥락에서 일어난다는 것이다. 선행 연구 결과에 의하면, 심리적 요인이 물리적 스트레스 요인에 대한 반응을 조정할 수 있는 것으로 나타났다. 이 연구는 심지어 쥐의 경우에도, 어떠한 물리적 스트레스 요인이 없는 상황에서 심리적 요인이 스트레스 반응을 일으킬 수 있음을 보여준다. 비교적 더 새로우나, 실제적인 물리적 도전은 낮은 상황에서 스트레스 반응이 증가했다는 증거도 확인할 수 있다. 런던 대공습 기간 동안, 매일 밤 규칙적으로 일정하게 폭격을 당했던 도심 속의 쥐들보다 간헐적으로만 폭격을 당했던 교외의 쥐들에게서 궤양 발생 비율이 더 높았다(Stewart and Winser, 1942).

또 다른 중요한 심리적 변인은 사건을 개선 또는 악화로 지각하는 것이다. 이 예는 두 마리 쥐에서 찾아볼 수 있다. 어느 날, 한 마리 쥐는 50번의 충격을 받고, 다른 쥐는 10번의 충격을 받는다. 다음 날 두 쥐는 모두 25번의 충격을 받는다. 이번에도, 고전적인 스트레스 생리학의 규칙에 의하면, 이 쥐들의 몸은 이제 동일한 물리적 도전에 노출되고 있으며, 동일한 스트레스 반응을 동원해야 한다. 그러나 10번의 충격에서 25번의 충격으로 변동된 쥐가 훨씬 더 격한 반응을 보였다. 그 쥐의 삶은 멍에 통제된 동종의 다른 쥐와는 대조적으로 더 악화되어가고 있다.

동아프리카에서 수컷 개코원숭이들을 대상으로 한 나의 연구에서도 비슷한 결과가 나왔다(Sapolsky, 1992). 이 동물들은 종종 꽤 안정적이고 변하지 않는 수직적인 지배 계급 구조 속에서 산다. (예를 들어 그들 계급의 5번은 지속적으로 6번을 지배하고 4번에게 지속적으로 종속되어 있다.) 불안정한 기간(예컨대, 5번은 여전히 6번을 지배하지만 가까스로 그리하며, 그들 간 상호작용에서는 평소대로 95퍼센트가 아니라 51퍼센트만을 이길 뿐이다)은 예측 불가능성 때문에 스트레스를 받아야 할 것이다. 그러나 나는 개코원숭이들의 글루코코르티코이드 농도가 계급 구조상에서 자신들보다 낮은 계급의 동물과의 불안정성이 발생하느냐, 아니면 자신들보다 높은 계급의 동물과의 불안정성이 발생하느냐에 따라 매우 다른 사실을 관찰했다. 이것은 논리적이다. 하위 계급의 동물들과의 불안정한 상호작용은 해당 개코원숭이에게 자신의 지위가 계급 구조에서 떨어지려고 한다는 신호를 보냈고, 이는 글루코코르티코이드 수치의 상승과 관련이 있었다. 이와는 대조적으로, 지위가 높은 개코원숭이와의 동등한 비율의 불안정한 상호작용은 신호로 스트레스 요인을 알리기보다는 지위의 승격을 알렸다. 이는 글루코코르티코이드 수치의 상승과는 관련이 없었다. 따라서 스트레스 반응을 조절하는 것은 단순한 외부 스트레스 요인이 아니라 그 요인을 이해하는 해석이다. 우리는 동일한 원칙을 인간에게서도 볼 수 있다. 우편실 직원이 뛰어난 업무 능력을 인정받아, 최저임금에서 연간 5만 달러로 인상된 봉급을 받는 반면에, 상무는 부진한 업무 능력으로 기존보다 대폭 삭감된, 앞서의 우편실 직원과 같은 봉급을 받고 있는 기업을 상상해 보자. 둘 다 알로스타시스의 도전으로부터 자신들을 보호해 줄 수 있는 물품을 살 수 있는 동등한 능력을 가지고 있다. 하지만 우리는 누가 BMW를 타고 가며, 휴대폰에 대고 새 직무에 대해 화를 낼지 알고 있다.

마지막 심리적 변인 또한 스트레스 반응을 조정하며, 영장류를 대상으로 아주 수월하게 입증된다. 원숭이 한 마리를 낯선 텅 빈 우리에 넣으면 스트레스 반응을 보일 것이다. 그 원숭이를 넣은 우리 안에 낯선 원숭이들을 넣으면, 스트레스 반응은 악화될 것이다. 반면에 그 안에 친한 친구들과 함께 넣으면 스트레스 반응은 둔감해질 것이다(Levine et al., 1989). 게다가 그 동물들에게 서로 접촉하거나 몸치장을 하도록 허용하면, 스트레스 반응은 한층 더 완화된다. 이러한 연구 결과는 다양한 상황과 종에 걸쳐 일반화되어 있다. 기댈 누군가가 있는 것이 자신을 보호해 준다.

사회성이 인간이 아닌 영장류에게서도 보호적 성격을 가지는 이유는 복잡하며, 앞서 제시된 변인들 중 일부와 통합되는 것으로 보인다. 사회성의 한 가지 기능은 상황의 낯설음을 조정하는 것이다. 알고 있는 개체들과 함께 있으면, 새 우리의 낯설음은 줄어든다. 또한 사회성은 누군가를 몸단장해 주는 일처럼, 욕구불만의 고통을 배출하는 작용을 한다. 또한 이는 이 새 낯선 우리 안에도 적어도 몸단장하는 데 의지할 수 있는 친구가 있다는 점에서 삶이 개선되고 있음을 보여주는 신호일 수 있다.

이러한 문제들은 행동 의학에서 볼 수 있는 가장 중요한 관찰들 중 하나에 기여한다. 다양한 질병들로 인한 사망률과 이환율(罹患率)을 고려할 때, 인간의 엄청난 위험 요소는 사회적 고립이다(House, Landis and Umberson, 1988). 예컨대, 성인 자녀를 잃고 나서 (흔히 이혼하거나 배우자를 여의고 혼자가 된) 사회적으로 고립된 부모는 다음 해에 사망할 위험성이 현저히 높다(Levav et al., 1988). 이러한 관계성은 단순히 어떤 혼란에 기인하는 걸까? 예를 들어, 사회적으로 고립된 개인은 매일 약을 먹어야 하는 일을 잊거나 설익은 영양가가 없는 캔 음식으로 끼니를 때울 가능성이 더 높다. 신중한 연구는 이러한 요인들을 통제한 후에도 이러한 관계가 유지된다는 사실을 보여주었다(Berkman, 1983; House et al.,1988). 우리와 같은 사회적 영장류들에게 고립은 못 견딜 만큼 강력한 스트레스 요인으로 보인다.

종합적으로 보면, 이러한 연구들은 동일한 물리적 스트레스 요인의 경우, 개인의 욕구불만의 배출구가 부족하고, 통제감이나 예측력이 낮고, 개인이 사건을 악화되어 가고 있다고 지각하며, 사회적 협력 관계가 부족하면 스트레스 반응과 스트레스 관련 질병이 일어날 가능성이 더 높아진다는 사실을 입증한다. 또한 이러한 심리적 요인들은 물리적 스트레스 요인이 없는 경우에도 스트레스 반응을 일으킬 수 있다. 앞서 언급했듯이, 많은 스트레스 관리 기술에는 이러한 일부 심리적 변인들을 조작하는 것도 있다. 다음 절에서는 그러한 접근법의 상당히 복잡한 양상을 간략하게 재고찰하고자 한다.

스트레스 반응의 심리적 수정자를 이해하는 데 몇 가지 주의사항

누군가는 심리적 스트레스를 줄이기 위한 최적의 전략은 예측력, 통제력, 배출구 등에 대한 의식을 극대화하는 것이라고 결론지은 앞의 내용과 거리를 둘 수도 있을 것이다. 심리적 스트레스와 예측력, 통제력, 배출구 등의 변인들과의 관계는 앞서 언급한 결론보다 훨씬 더 미묘한 측면이 있으며, 그 변인들은 잘못 조작되면 실제로 스트레스 반응을 악화시킬 수 있다.

첫 번째 예는 독신자들을 위한 술집의 손님들에게 해당되는 이야기이다. 사회적 지원(지지)과 협력은 실질적인 것인 한에서 도움이 된다. 특히 이 유력한 예는 정신면역학에서 비롯된다. 결혼은 일종의 보호적 차원의 협력을 만들어 내지만 나쁜 결혼은 면역 억제와 연관된다(Kiecolt-Glaser et al., 1987).

이러한 문제들은 예측력의 변인과 관련해 좀 더 미묘한 측면이 있다. 스트레스 요인을 피할 수 없는 상황을 생각해 보자. 그런 상황이 일어날 것이라는 사실을 언제 듣는 것이 보호적 차원에서 도움이 되는가? 중요한 매개 변인은 시간 경과이다(Natelson, Dubois and Sodetz, 1977; Weiss, 1972를 참조). 전기 충격 10초 전에 쥐에게 경고 신호를 주는 것은 보호에 도움이 된다. 이에 반해 전기 충격 4분의 1초 전에 경고 신호를 주는 것은 도움이 안 된다. 이때는 스트레스 요인을 사전에 준비하거나 임박한 스트레스 요인이 없다는 암시적인 신호에 따라 긴장을 풀고 있을 기회가 없다. 훨씬 더 심각한 것은 스트레스 반응 30분 전에 신호를 보내는 것으로 이는 스트레스 반응을 더욱 악화시킨다. 이는 상당히 이치에 맞다. 예를 들어, 자신이 12년 후에 끔찍한 사고로 사지를 잃게 될 것이라는 사실을 알고 있는 것이 스트레스를 줄여 줄 거라고 생각할 수 있을까?

예측 정보는 신호와 스트레스 요인 간에 중간 정도의 시차가 있을 때만 도움이 된다. 또한 예측 정보는 적당한 수준의 일반적인 스트레스 요인의 시작을 알리는 신호를 보낼 때만 도움이 된다. 어쨌든 아무도 걱정하지 않는 희박한 (그리고 잊을 수 없고, 피할 수 없는) 스트레스 요인에 대한 예측은 거의 도움이 되지 않는다. 우리 중에 운석이 우리 차고에 언제 충돌할 것인지에 대한 정보를 정확히 들어서 위안을 얻을 사람은 거의 없을 것이다. 반대로, 극도로 일반적인 스트레스 요인에 대한 정보도 거의 도움이 되지 않는다. 우리는 이미 그러한 스트레스 요인들의 발생을 당연하게 여기고 있다.

앞에서는 예측 정보가 개인이 대처 전략을 계획하는 데 도움을 준다는 부분적인 이유 때문에 도움이 된다고 강조했다. 따라서 개인이 대처할 수 있는 입장에 있지 않을 경우에는 정보가 도움이 되지 않을 것이다. 예를 들어, 대부분의 보건 전문가들은 사고 피해자가 여전히 중환자실에서 간신히 목숨을 유지하고 있을 때, 그 사람에게 다른 가족들이 전부 살아남지 못했다는 사실을 알리는 것은 현명하지 않다는 점에 동의할 것이다. 이 예는 나중에 고찰하게 될 부정의 이용에 관한 스트레스 관리상의 미묘한 관념을 활용한다 (Lazarus, 1983 또한 참조).

앞에서 제시한 연구들은 어떤 경우에는 개인이 실제로 통제력을 가지고 있는지의 여부와는 무관하게 통제력을 지니고 있다는 의식이 보호에 도움이 된다는 점을 증명했다. 하지만 그러한 현상이 항상 그와 같지는 않다. 진짜 재난이 닥쳤을 경우에 우리의 가장 큰 연민 행위 중 하나는 개인의 통제감을 축소시키는 것이다. 이를테면 이런 일이 있을 수 있다. "그녀가 뛰어들었기 때문에 누구라도 제때에 차를 멈출 수 없었을 거야" 또한 "두 달 전에만 그를 병원에 데려갔더라도 별 문제가 없었을 텐데." 그리고 가장 잔인한 행위 중 하나는 희생자들이 희생에 대한 책임을 지도록 일부러 그들의 통제감을 높이는 것이다. 이를테면 이런 얘기가 있을 수 있다. "그녀는 뭘 기대하기에, 그딴 식으로 옷을 입으려는 걸까?", "그들은 동화하기를 거부하면 당연히 박해를 받을 거야." 일반적으로 통제감은 개인에게 자신이 책임지지 않았더라면, 상황이 얼마나 더 나빠졌을지 집중하도록 촉구함으로써 경미하거나 웬만한 스트레스 요인을 대처하는 데 도움을 준다. 이와는 대조적으로, 스트레스 요인이 중대한 것일 때는 통제감은 결과를 악화시킨다. 이 경우에 개인은 상황이 얼마나 더 나아질 수도 있었는지, 그리고 초래된 상황이 어찌해서 자신의 잘못인지에 집중하기 마련이다. 누구든 개인이 통제할 수 없는 상황을 마치 통제할 수 있었다고 느끼기를 바라지 않는다.

따라서 예측력과 통제력은 특정한 좁은 매개 변인 내에서만 도움이 되며 그 범위를 벗어나면 결과를 악화시킬 수 있다. 다음에서 볼 수 있듯이, 이러한 관념은 사회적 지위와 성격의 맥락에서 스트레스 반응 및 스트레스 관련 질병을 고려할 때 매우 적절하다.

스트레스 반응의 개인차와 사회적 지위

사회적 지위는 스트레스 반응 및 스트레스 관련 질병 발생 성향과 어떤 관련성이 있을까? 사회적 지위가 스트레스 시스템의 물리적(신체적) 구성 요인과 심리적 구성 요인 모두에서 나타나는 개인차에 대한 이해와 연관성이 있다는 충분한 증거가 있다.

이 영역의 대부분의 연구는 동물을 대상으로 이루어졌다. 닭의 서열을 인식한 이후로 과학자들은 많은 종에서 보이는 지배 계급 구조의 역할을 인식했다. 가장 흔하고 단순화된 그러한 시스템은 초기에 공격성을 통해 상위 계급을 성취하고 그 후로는 위협으로 그 지위를 유지하는 매우 수직적인 계급 구조이다. 이 시나리오에서 지배는 경쟁 자원과 사회적 지원의 원천에 대한 우선적인 접근, 욕구불만 시에 하위 계급에게 전위[7]적 공격성을 보일 수 있는 능력을 비롯하여 수많은 특권을 가진다. 앞으로도 보겠지만, 이 체계는 지배 체계의 한 가지 유형에 불과하지만, 쥐 세계와 더 자주 연구되는 구세계 영장

---

7   내적인 충동이나 욕망을, 관련된 대상이 아닌 다른 대상에게 분출하는 자기방어 기제.

류의 수컷 사이에서 볼 수 있는 현상이기 때문에 이 주제와 관련해서 초기 사고를 독점한 유형이다.

이와 같은 지배 체계를 고려할 때 누가 가장 적극적으로 스트레스 반응을 보이고 누가 가장 스트레스 관련 질병에 걸릴 가능성이 높은지 쉽게 예측할 수 있다. 하위 계급일 것이다. 가장 이상적인 생태학적 상황에서, 이들은 칼로리를 얻기 위해 가장 많은 시간과 노력을 소비하는 동물이며, 기근 시기에 가장 먼저 굶주리는 동물이다. 많은 사회 체계에서, 집단 내 상위 개체의 전위적 공격성 때문에 포식이나 공격의 대상이 되는 존재는 하위 계급의 개체이다.

하위 계급의 개체는 상당한 심리적 스트레스를 동반하기도 한다. 자원에 대한 접근을 예측하거나 통제할 수 없는 낮은 지위에 있는 동물의 상습적인 무능력은 심리적 스트레스를 유발하고 신체적인 희생이 따른다. 무작위적인 전위 공격성으로 인해 발생할 수 있는 신체적 손상 외에도 예측력의 결핍에 대한 심리적 스트레스도 존재한다. 마지막으로, 하위 계급의 동물은 종종 사회적 지원(예를 들어, 몸치장을 받는 일)에 접근하거나 (전위 공격과 같은) 욕구불만의 배출구에 접근하는 것이 제한된다.

이와 상당히 일관성을 지닌 문헌의 실증적인 설명에 의하면, (쥐, 짧은꼬리원숭이, 개코원숭이, 기타 많은 종들에서 볼 수 있는) 안정적 유형의 지배 계급 구조에서 앞서 언급한 예측이 입증되었다(Sapolsky, 1993a). 지배 계급의 개체와 비교했을 때, 하위 계급의 개체는 (1) 스트레스가 없는 근본적인 상황에서 높은 수준의 글루코코르티코이드를 분비하고 교감신경계를 과도하게 활성화하고, (2) 상대적으로 심혈관 질환에 더 취약하고, (3) 암컷인 경우에는 무배란 월경 주기의 비율이 상당히 높고 에스트라디올 수치가 현저히 낮으며, 수컷의 경우는 스트레스 상황에서 상대적으로 더 쉽게 위축되는 고환 체계를 가지고 있다. 그리고 (4) 면역력이 억제되어 전염성 질병에 더 쉽게 걸릴 수 있다. 이러한 결과는 야생 세계뿐만 아니라 반자연적인 야외의 울타리를 친 공간에서 동물을 대상으로 한 연구들로부터도 도출한 것으로, 상당히 논리적으로 타당성이 있어 보이며, 사회적 지위가 스트레스 반응과 스트레스 관련 질병에 대한 취약성의 중요한 결정 요인임을 시사한다. 그러나 스트레스 생리 현상과 인간의 사회적 지위를 고려하기 전에 고찰해야 할 수많은 복잡한 문제들이 있다.

첫 번째 중요한 제한 조건은 단지 한 사람의 지위가 아니라 그러한 지위가 존재하는 사회 유형이 중요하다는 것이다. 나는 앞서 한 가지 예를 언급하며, 공격적인 성취를 통해서 상위 지위를 차지하고 지배 계급이 된 개체들이 허세와 위협으로 안정적이고 수직적인 지배 구조를 다스리며 지위의 특권을 누리는 지배 체계가 모든 종에 걸쳐 있는 것은 아니라는 사실을 제시했다. 이러한 수직적 지배 체계의 한 가지 예외적 현상은 계급 구조가 불안정할 때 같은 종(예컨대, 수컷 개코원숭이나 붉은털원숭이)에서 발생한다. 야생에서 그러한 현상은 드문 일로 어떤 중요한 개체의 죽음이나 이주 후에 발생한다. 사육 상태의 개체 사이에서는 동물들이 하나의 집단을 형성하고, 양자 지배 관계를 확립해야 하는 첫 몇 달 동안에는 규범이 불안정하다. 야생 상태에서든 사육 상태에서든 불안정한 시기에는 높은 비율의 공격성, 빈번하게 지배의 방향이 바뀌는 양자 관계의 역전 현상, 신속한 연합의 형성 및 와해, 사회성 감소 등의 특징이 나타난다. 즉, 이때는 변동 계급 구조 내에서 가장 치열한 경쟁의 중심에 있는 상위 동물이 거의 통제할 수 없거나 예측할 수 없는 유난히 높은 비율의 신체적(물리적) 스트레스 요인 — 배출구나 지원의 원천이 거의 없는 — 을 겪는 시기다. 그런 시기에는, 기초 글루코코르티코이드 수치가 가장 높은 동물은 일반적인 하위 지위의 동물보다는 지배적 지위의 동물이다 (Sapolsky, 1993b). 따라서 사회적 지배는 지배가 안정의 심리적 이점과 연관이 있을 때만 최적의 스트레스 반응과 연관이 있다. 지위뿐만 아니라 그것이 존재하는 사회 유형의 중요성과 관련된 주제는 매우 다른 유형의 지배 체제에서도 볼 수 있다. (마모셋 원숭이와 타마린 원숭이와 같은) 수많은 신세계 원숭이와 몽구스는 '협력적 번식가들'로, 그들의 사회적 단위는 대가족이자 협동 가족이다. 짧은꼬리원숭이들 사회에서는 공격성과 괴롭힘을 매개로 종속성이 발생한다. 이와 대조적으로, 종속적 지위의 마모셋 암컷은 일반적으로 새끼를 둔 어른 원숭이들의 비교적 어린 친족으로 그들을 돌보며, 언젠가 자기 차례가 오기를 기다린다. 이 종들에게 종속성은 높은 비율의 전위 공격 대상이 되는 것과는 관련이 없다. 중요한 것은, 이 동물들 사회에서 종속성은 글루코코르티코이드 수치 상승과 관련이 없다는 것이다(Abbott et al., 저널에 실릴 예정인 논문).

또한 지위와 생리 기능의 관계는 특정한 (짧은꼬리원숭이, 개코원숭이, 마모셋 원숭이, 몽구스) 집단 내에서 지배적인 개체나 종속적인 개체가 되는 일에 대한 특정한 경험에 민감하다. 예를 들어, 붉은털원숭이와 개코원숭이 사회의 경우, 비정형적으로 높은 비율의 화해 행동을 보이는 무리나 지배적 지위의 수컷의 전위 공격성 비율이 낮은 무리에서 살게 된다면, 상승한 글루코코르티코이드의 수치의 일반적 패턴은 종속 지위의 동물들에게서 덜 뚜렷할 것이다(Gust et al., 1993; Sapolsky, 1986). 개코원숭이 사례는 세렝게티에 사는 수컷 개코원숭이에 대한 나의 연구에 바탕을 두고 있었다. 이 동물들 중에서, 종속 지위의 동물들은 가장 높은 비율의 전위 공격을 받으며 가장 높은 농도의 기초 글루코코르티코이드를 지닌다. 그런데 1984년 동아프리카에서 가뭄이 이어지던 시기에 이 개코원숭이들은 굶지 않았지만 온종일 먹이를 구하는 일에 전념했다. 이때 종속 지위의 개코원숭이들에게서 코르티솔 과다 분비증이 감소하는 현상과 함께 전위 공격을 받는 비율이 현저하게 감소하는 현상이 나타났다. 이런 점에서 볼 때, 아이러니하게도, 생태학적 스트레스 요인은 낮은 지위의 동물을 더 큰 사회적 스트레스 요인으로부터 보호해 주었다.

좀 더 미묘한 동물 연구에서 도출된 두 번째 주의사항은 스트레스 관련 생리 현상이 지위와 그 지위가 발생하는 사회의 영향뿐만 아니라 그 두 요인 모두에 대한 사적인 경험의 영향도 받는다는 것이다. 나는 이미 그러한 현상의 한 가지 예를 논의했다. 개코원숭이 수컷들에게 닥친 사회적 불안정의 시기는 그들이 참여하는 예측할 수 없는 우위 상호작용의 수와는 무관하게 그 소란 시기 동안 계급 구조에서 상승하는 동물들에게는 특별히 스트레스를 주지 않는다.

또 하나의 예로, 암컷 짧은꼬리원숭이들 사이에서 볼 수 있는, 기초 코르티솔 과다 분비증의 심각성 정도는 동물들이 우위 상호작용이나 공격적 상호작용의 지배를 받는 빈도 및 그들이 친화적 지원을 받는 빈도의 함수로서 다양하다(Gust et al., 1993). 공격의 대상이 되는 비율과 순환하는 백혈구 수치의 억제 정도의 유사한 관계가 암컷 개코원숭이들에게서 관찰되었다(Alberts, Sapolsky and Altmann, 1992). 또한, 어미와 분리된 후 또래 집단에 배정된 어린 짧은꼬리원숭이들 중에서, 사회적 접촉률이 가장 높은 동물의 항체 수치가 가장 적게 감소했다(Laudenslager, 1994). 사적인 경험의 중요성에 대한 또 다른 예를 들면, 늑대 집단과 짧은꼬리원숭이 집단의 경우, 가장 높은 글루코코르티코이드 농도는 지위가 가장 불안정한 동물들(늑대 중 베타 수컷[8]들과 최근에 이주한 짧은꼬리원숭이들)에게서 나타났다(McLeod et al., 1996; Van Schaik,

1991). 또 다른 예는 오랑우탄에게서 나온 것으로, 그들 중 지배적인 지위에 있는 수컷들은 (인상적인 볼 플랜지[9]와 같은) 눈에 띄는 2차 성징을 가진 체구가 큰 근육질의 짐승이다. 이와는 대조적으로, 종속 지위의 수컷은 (2차 성징이 결핍된) 가냘픈 체구의 개체이거나, 그러한 가냘픈 체구와 더 튼튼한 체구 사이의 과도기 상태에 있다. 이 두 종류의 종속 지위의 수컷은 모두 생식적으로 활동적이다. 즉, 가냘픈 개체는 몰래 짝짓기를 하고, 과도기 상태의 동물은 암컷에 접근하기 위해서 지배적 지위의 수컷에게 더 공공연하게 도전한다. 놀랄 것도 없이 만성적으로 스트레스 호르몬 수치가 높은 쪽은 과도기 상태에 있는 종속 지위의 개체이다(Maggioncalda, 1995).

이러한 연구들은 사회적 지위와 스트레스 반응의 병원성 간에 단일한 관계가 없다는 사실을 보여준다. 그 대신에, 지위의 사회적, 개인적 맥락에 따라 지위와 상관이 있는 생리적 상관물이 발생할 수 있다.

이런 미묘한 요인들이 인간의 '지위'와 스트레스 반응에 필히 적용될 거라는 점을 누구든 쉽게 예측할 수 있다. 어떤 연구자들은 일부 종의 동물들 간의 지위 차이가 종종 공격적 상호작용에서 비롯된다는 사실로부터 영감을 받고는, 운동 경기의 승자와 패자 간의 생리적 차이를 검사했다(예컨대, Elias, 1981을 참조). 난 그러한 연구 결과가 별 도움이 되지 않는다고 생각한다. 공격성은 동물의 지배력을 확립하고 유지하는 역할을 하는 많은 요인들 중 하나에 불과하다. 나는 우리가 흔치 않으며 매우 상징적인 공격적 상호작용에 대한 연구를 통해서는 인간에 대해 배울 게 별로 없으리라는 생각이 든다. (예컨대, 주말 테니스 시합이 개인의 충분한 칼로리 섭취를 결정하는 일은 흔하지 않다.)

다른 연구들은 군대의 상이한 계급이나 위계적인 직장의 상이한 지위와 같은 더 보편적인 인간의 지위 체계에 초점을 맞추고 있다. 어떤 연구자들은 동물의 차별적인 지위의 가장 현저한 특징을 경쟁 자원에 대한 차별적인 접근성으로 간주했으며 '그러한 경쟁 자원에 대한 차별적인 접근성'과 '인간의 직무상의 지위에 따른 차별적 소득'의 유사점을 도출했다. 다시 말하지만, 나는

---

8   위험과 도전을 피하고 알파 수컷 ― 도전적이고 지배적인 성향의 ― 의 카리스마에 순응하는 수컷.
9   오랑우탄 수컷이 성체가 되면서 성호르몬의 영향으로 볼 주변에 생기는 두툼한 혹.

이러한 연구 결과의 가치에 의문을 제기한다. 왜냐하면 기업의 위계 구조에서 나타나는 개인의 지위 차가 대형 텔레비전을 얻을 수 있는 능력에는 영향을 미칠 수 있지만, 충분한 칼로리를 얻는 능력에는 영향을 미치지 않기 때문이다.

다른 연구자들은 동물 사회의 상이한 지위와 관련해 가장 중요한 것은 상이한 지위의 동물들이 상이한 심리적 의미를 가지고 있는 점이라는 관념을 강조했다. 이 연구자들(예컨대, Rose and Fogg, 1993을 참조)은 (항공 교통 관제사, 중간 관리, 버스 운전사 등과 같은) 특정한 직무군에서 나타나는 스트레스 관련 질병의 높은 비율 중 일부를 자율성이 거의 없는 높은 수준의 요건과 책임이 따르는 심리적 환경의 탓으로 돌렸다. 이 관점은 인간이 여러 위계 구조들에 동시에 속할 수 있는 능력 ― 다른 능력에 비해 심리적으로 더 의미가 있는 ― 을 하나의 변인으로 고려하는 한, 꽤 타당해 보인다. 이렇다면, 직장에서 '낮은 지위에 있는' 한 개인은 그런 지위에도 불구하고 자신이 교회의 장로라는 사실로부터 자신의 위계적 신분에 대한 전반적인 인식을 갖게 될 수도 있다. 또한 합리화, 기준의 내면화 등등에 대한 인간의 능력은 어떠한 지위 체계의 영향이든 크게 무력화시킬 수 있다.

여러모로, 서구화된 인간이 '낮은 지위'에 있을 수 있다는 사실의 가장 의미 있는 점은 사회 경제적 지위(socioeconomic status: SES)가 낮다는 데 있다. 그러한 상황이 만성적으로 스트레스를 받는 가장 분명한 이유 중 하나라고 누구든 가정할 것이다. 낮은 SES는 더 많은 육체노동의 요구, 직장에서 발생하는 손상의 더 큰 위험성에서부터, 불평등한 우리 사회가 낳은 더욱더 극심한 우울 상태에서 겪는, 적절한 영양 섭취를 할 수 있는 능력의 감소에 이르기까지 다양한 물리적(신체적) 스트레스 요인에 대한 노출 증가를 수반한다. 또한, 낮은 SES는 심리적 스트레스 요인에 대한 노출을 크게 증가시키는 경향이 있다. 즉, 고용, 주택 등에 대한 낮은 수준의 통제력과 예측력을 수반하고, 보호 차원의 배출구(취미, 휴가)에 드는 시간과 자금을 제한하고, 사회적 지원의 많은 원천에 접근하는 길을 줄인다. (이는 제2의 직무 시간 요구를 반영한다.)

이러한 현상은 낮은 SES의 개인들이 만성적으로 스트레스 반응을 높일 수밖에 없다고 예측한다. 내가 알기로는, 이러한 예측은 어떤 체계적인 방법으로도 검증되지 않았다. 그러나 낮은 SES의 또 다른 결과에 관한 문헌이 있다. 즉, 낮은 SES와 나쁜 건강 사이에 매우 강한 연관성이 있다는 것이다. 이 결과는 부분적으로 물리적(신체적) 스트레스 요인 및 심리적 스트레스 요인을 반영하는 것으로 해석될 수 있다.

　다수의 서양 국가들에서 이루어진 많은 연구들은 (소득, 직무, 주거 또는 가장 신뢰할 수 있는 교육 수준으로 측정한) SES가 다양한 질병의 위험성, 예후, 성공적인 노년의 가능성, 기대 수명 등을 유력하게 예측한다는 점을 증명했다(예컨대, Kitagawa and Huaser, 1973; Marmot, Kogevinas and Elston, 1987을 참조). 이러한 예측은 분명 건강 심리학에서 찾아볼 수 있는 가장 일관된 연구 결과이다. 놀랄 것도 없이, 많은 연구자들은 그 근거를 이해하려고 노력했다. 가장 직접적인 설명은 동물의 스트레스, 생리 현상, 그리고 사회적 지위, 즉 의료에 대한 차별적인 접근에 대한 논의에서 매우 독특한 요인이다. 정기 검진을 받거나 예방 조치를 하거나 병이 났을 때 최고의 치료를 받을 여유가 없는 개인들은 뒤늦게 발견되어 효과적인 치료를 받기 어려운 질병을 얻게 될 것이 분명하다. 그러나 차별적인 접근이 건강상의 SES 차등에 대한 유일한 설명이나 심지어 주요한 설명일 수는 없다. (사실 그것은 비교적 작은 요인이다). 첫째, 개선된 의학적 접근성으로 발병률을 줄일 수 없는 질병(예컨대, 당뇨병)과 관련해서도 SES의 차등이 강하다(Pincus and Callahan, 1995). 더욱 놀라운 사실은, 그런 SES의 차등이 보편적인 건강 보험과, 의료에 대한 동등한 접근성을 갖춘 국가들에서 발생한다는 것이다(Diderichsen, 1990; Kunst and Mackenbach, 1994).

　다른 연구자들은 낮은 SES가 흡연, 알코올 남용 또는 지방과 콜레스테롤 섭취 증가와 같은 질병 위험 요인의 높은 비율과 관련이 있다고 하는, 또 다른 비교적 독특한 인간의 특징을 강조했다. 그러나 다변량 분석은 이러한 요인들을 통제한 후에도 뚜렷한 건강 차등이 지속적으로 나타난다는 사실을 입증했다(Adler et al., 1993; Feldman, 1989).

　어떤 연구자들은 동물 연구와 더 관련이 있는 변인들, 즉 영양 섭취와 적당한 은신처를 중심으로 되풀이되는 물리적(신체적) 스트레스 요인들에 대한 차별적인 노출의 영향을 탐구했다. 놀랍게도, SES의 차등은 그러한 요인들을 통제한 후에도 (종종 그 폭이 상당히 줄어들기는 했지만) 여전히 존재한다. 한 가지 주목할 만한 예에서, 반세기 동안 개입을 통해, 모든 피험자들이 식이 요법, 건강관리, 생활환경을 공유했음에도 불구하고, 노인 수녀들의 건강과 기대 수명은 청소년기의 SES의 차이에 의해서 명확히 예측되었다(Snowdon,

Ostwald and Kane, 1989).

이러한 연구 결과 때문에 일부 연구자들은 SES 차등의 상당 부분이 스트레스와 관련된 많은 심리적 요인들에 기인한다고 믿는다(Adler et al., 1993; Antonovsky, 1968; Pincus and Callahan, 1995). (앞서 논했듯이 암처럼) 스트레스와 특별히 관련이 없는 질병이 가장 작은 SES 차등을 보여주는 반면에, (정신 질환처럼) 스트레스와 가장 관련이 있는 질병은 가장 확연한 SES의 차등을 보여주는 연구 결과는 앞서 언급한 연구자들의 믿음을 강화한다(Pincus, Callahan and Burkhauser, 1987). 여기서는 다소 아이러니하게 보이는 한 가지 결론을 내릴 것이다. 동물의 지배 위계 구조에 관한 초기 관찰이 제시하는 바에 의하면, 사회적 종속성은 과도하게 활성화된 스트레스 반응 및 증가한 특정한 스트레스 관련 질병의 위험성과 관련이 있다. 후속 연구들은 이와 같은 관찰 결과를 뒷받침하는 증거를 어느 정도 보여주었지만, 당초 예상했던 것보다 (특히 영장류의 경우에) 훨씬 더 큰 제한성이 존재했다. 이는 사회 유형과 사회 및 지위 모두에 대한 개인적 경험의 중요성을 반영한다. 이 결과는 인간 이외의 영장류의 사회적, 심리적 복잡성에 대한 증거인 셈이다. 마찬가지로, 서구 사회에서 SES의 본질은 낮은 SES가 특정한 스트레스 관련 질병의 위험성 증가와 관련이 있음을 시사했다. 그러한 경향은 획기적으로 입증되었다. 가장 중요한 점은 그 경향이 사회 유형의 변화와 사회 및 낮은 SES에 대한 개인적인 경험의 변화에도 불구하고 일관성이 있다는 것이다. 인간은 관련 종보다 덜 복잡하다는 생각이 든다. 그게 아니면, 사회 계층화의 발명으로 인간은 영장류 세계에서는 전례 없는 영향을 미치는 일종의 종속 관계를 창안했다는 생각이 든다.

스트레스 반응과 성격의 개인차

지위에 대한 이해와 그것이 발생하는 사회, 그리고 그 둘에 대한 개인적인 경험은 개인이 어떤 물리적(신체적) 스트레스 요인 및 심리적 스트레스 요인에 노출되어 있는지에 대한 상당한 정보를 제공해 준다. 개인이 스트레스 요인과 대처의 원천을 정확하게 인식하느냐가 중요한 것이다. 이와 관련하여 기질과 성격의 개인차는 인간과 영장류의 스트레스 반응에서 나타나는 차이를 이해하는 데 중요하다.

영장류의 한 기질 유형은 기초 글루코코르티코이드 분비 증가 및 스트레스 관련 질병(예컨대, 동맥 경화증)의 위험성 증가와 관련이 있다. 짧은꼬리원숭이 중에서 이 기질 유형은 낯선 것에 가장 행동적이고, 생리적인 반응을 하는 동물에게서 찾아볼 수 있다(Suomi, 1987). 개코원숭이 수컷 사이에서, 지위를 통제한 후에도 그런 기질을 가진 이들은 경쟁자들과의 위협적인 상호작용과 단순히 중립적인 상호작용을 구분하는 데 가장 능숙하지 못한 개체들이다. 그들에게는 모든 것이 도발의 성격을 지니고 있다(Ray and Sapolsky, 1992; Sapolsky and Ray, 1989). 이 동물 유형은 A형 문헌에 사용된 많은 용어들과 비슷한 용어인 '뜨거운 반응 체질'이라고 불렸다(이 장의 후반부 논의를 참조). 나는 이러한 기질 유형은 예측력(예측 가능성)의 맥락에서도 이해할 수 있다고 생각한다. 이 동물들은 스트레스가 많은 상황과 스트레스가 없는 상황을 구분해야 하는 예측 정보를 인식하는 데 특히 서투르며, 그렇기 때문에 이례적으로 부단히 경계하고 각성되어 있을 수밖에 없다.

두 번째 집단의 기질 특성도 지위를 통제한 후에 그러한 기질의 개코원숭이 사이에서 글루코코르티코이드 수치가 높게 나타나는 것을 예측해 준다. 이들은 스트레스 요인이 일어나는 중에 어느 정도의 통제력을 발휘하는 데 가장 능숙하지 않은 동물이며(예를 들어 경쟁자의 노골적인 위협을 받을 때 필연적인 싸움을 개시할 동물일 가능성이 가장 작다), 싸움의 좋은 결과와 나쁜 결과를 행동적으로 구분할 수 있는 능력이 가장 적은 동물이다(Ray and Sapolsky, 1992; Sapolsky and Ray, 1989). 다시 말하지만, 이러한 경향을 심리학적으로 나타낼 수 있다. 이 동물들은 자신에게 통제력을 줄 대처 반응을 시도하지 않거나, 통제력이 생길 때 대처 반응의 유효성을 인식할 수 없거나, 상황이 개선되고 있는지 악화되고 있는지 결정할 수 없다.

마지막으로, 글루코코르티코이드 수치의 상승은 가장 낮은 수준의 친화적 행동 ― 다른 개코원숭이 곁에 앉아 몸치장을 하는 행동이나 어린 개코원숭이와 노는 행동과 같은 ― 을 보이는 수컷 개코원숭이에게서 발생한다(Ray and Sapolsky, 1992). 다시 말하지만, 이러한 현상은 사회적 지위를 통제한 후에도 일어난다.

이와 유사한 주제가 특정한 인간 성격 유형을 과도하게 활동적인 스트레스 반응과 연결시키는 연구들에서 도출되었다. 한 가지 예로 과도하게 활성화된 방어적 대처 반응의 시도로 볼 수 있는 불안 장애를 가진 개인들을 들 수 있다. 그들은 세상이 안전 탐색을 요하는 끊임없는 도전들로 가득 차 있다고 인식한다. 이와는 대조적으로, 주요한 우울 장애는 '학습된 무력감'을 반영하는 것으로 개념화되었다. 여기에서 개인은 세계를 스트레스가 많은 도전들로 가득 차 있다고 인식하지만 대처 반응을 관리할 수 없다고 느낀다(Seligman, 1975). 두 장애 모두 스트레스 요인과 불일치하는 스트레스 반응의 사례로 볼 수 있다. 중요한 것은 둘 다 만성적인 스트레스 반응의 과도한 활성화를 수반한다는 것이다. 불안은 적당히 상승한 교감 신경 활성도와 가장 밀접하게 관련이 있으며, 우울증은 기초 글루코코르티코이드 수치의 상승과 가장 밀접하게 관련이 있다(APA Taskforce, 1987; Gulley and Nemeroff, 1993; Lundberg and Frankenhaeuser, 1980; Sapolsky and Plotsky, 1990).

좀 더 세심하게 연구된 성격과 스트레스 관련 질병 간의 연관성 중 하나는 A형 성격과 심혈관 질환과 관련이 있다. 처음 개념화했듯이, A형 개인들은 경쟁적이고, 성취욕이 강하고, 시간 압박을 받고, 성마르며 적개심이 강하다. 현재 심혈관 질환 위험의 가장 결정적인 요인이 그 장애가 지닌 적개심이라는 특징인지 아니면 시간 압박감이라는 특징인지에 대해서는 상당한 논쟁거리이다(Matthews and Haynes, 1986; Williams, 1991). 이러한 유형의 사람들은 마치 사소한 사회적 자극들이 결코 사소한 것이 아닌 것처럼 그것들에 반응하는 개인들이다. 그들은 일반적으로 좌절감(욕구불만)을 개인적으로 동기 부여 받은 것으로 해석한다. 이는 '뜨거운 반응'의 전형이며, 실험실 연구에 의하면 동일한 작은 좌절감(욕구불만)에 대해 A형의 개인들이 가장 크고 가장 오랫동안 교감신경계의 각성을 보이는 것으로 나타난다. 평생 동안, 다른 사람들은 대수롭지 않게 여기는 상황에서 스트레스 반응을 동원할 경우에 심장병 위험 측면에서 큰 대가를 치르기 마련이다.

최근 일부 연구는 글루코코르티코이드 수치의 증가, 즉 억압적인 성격과 연관성이 있는 특별한 놀라운 성격 유형을 밝혀냈다(Brown et al., 1996). 정의상, 이러한 사람들은 우울하지도 불안하지도 않다. 대신에 그들은 정서적으로 통제된 양상을 보인다. 놀랄 것도 없이 그들은 매사에 빈틈이 없고, 조직적이고 예측 가능한 삶을 살려고 노력하며, 상대적으로 정서적인 표현을 잘하지 않는다. 성격 검사 결과에 의하면, 억압적인 성격의 개인들은 사회적 순응에 강한 욕구를 지니고, 모호한 것에 불편함을 느끼고(예컨대, 그들은 질문지상의 진술들에 대해 '절대'나 '항상'과 같은 단어로 일방적인 의사를 표한다), 부정적인 정서를 억압하는 경향을 보인다. 연구 결과에 의하면, 건강한 실험 참가자들이 스트레스 자극에 대한 정서 반응 표현을 억압하도록 강요받을 경우에 생리적 반응을 과도하게 보인다(Gross and Levenson, 1997). 이는 이러한 현상이 억압적인 개인들에게서 만성적으로 나타난다는 사실을 시사한다. 우울증 환자들과 불안증이 있는 개인들과 A형 개인들이 주는 교훈은 스트레스 요인의 중대성과 일치하지 않는 스트레스 반응의 위험성이 존재하는 것으로 보인다는 점이다. 만족과 높은 수준의 기능이 요구되는 상황에 놓인, 억압적 성향이 있는 사람들이 주는 교훈이라면, 스트레스 요인이 없는 세상을 만들고자 하는 것이 때로는 상당히 스트레스를 줄 수 있다는 점을 들 수 있다.

이 장의 목적상 마지막 요점은 상당히 중요하다. 성격과 생리 현상 사이의 연관성에는 상당한 개인차가 있다. 예를 들어, 불안증이 있는 개인들이 모두 교감 신경 활성도를 높이는 것은 아니며, A형 개인들이 모두 고혈압 환자인 것은 아니다. 가장 면밀히 증명된 예로서, 글루코코르티코이드 수치의 상승은 우울증 환자의 절반에서만 나타나며, 그러한 징후는 종종 포착하기 아주 힘들다. 따라서 불행해지는 길(예컨대, 극도로 경계하고 불안해하거나, 무력한 우울증에 시달리는 일)은 많지만, 그런 길이 항상 신뢰할 수 있는 생리적 지표로 나타나는 것은 아니다. 다시 말하지만, 어떤 연구자도 누군가가 불행하다는 점을 증명할 수 있는 더 과학적인 방법을 개발하고자 불행과 생리 현상 간의 이와 같은 연관성을 연구하지는 않는다. 그것은 불필요할 뿐만 아니라 아마도 효과가 없을 것이다. 그보다는, (불행을 포함한) 정서 상태들이 병적인 결과를 가져올 수 있는 메커니즘에 대한 통찰력을 얻고자 그러한 연관성을 연구한다.

사회적 지위와 성격의 상호작용, 그리고 몇 가지 최종적인 주의사항

스트레스 반응 조정자에 관한 부분에서 나는 통제력과 예측력과 같은 기본적인 심리적 요인들의 중요성을 강조했다. 그다음으로 기본적인 심리적 요인들이 작용하는 한정된 매개 변인들과 그것들의 단순한 적용이 지닌 잠재적인 위험성을 강조했다. 사회적 지위, 기질, 성격 등의 스트레스 반응과의 관련성을 다룬 부분에서, 나는 기본적인 심리적 요인의 맥락에서 그러한 관련성 영역의 연구 결과를 엄중하게 해석했다. 이제 이러한 연구 결과를 그러한 심리적 요인들이 작용하는 한정된 매개 변인의 맥락에서 좀 더 해석하는 것이 중요하다. 한 인상적인 예가 이 점을 강조할 것이다.

단 하나의 스트레스 요인에 직면해서 통제감은 어떤 때 스트레스를 예방할까? 앞서 논했듯이, 스트레스 요인이 경미한 고통 수준일 경우에는 통제감을 강조하거나 부풀리는 것은 도움이 되지만, 스트레스 요인이 비참한 수준일 경우에 그리하는 것은 오히려 해가 된다.

마찬가지로, 습관적으로 자신이 통제력을 지니고 있다고 해석하는 귀인 양식을 갖는 것은 개인에게 어떤 때 도움이 될까? 그와 같은 귀인 양식을 갖는다는 단정적인 견해를 명확히 확대해 보면, 그러한 양식은 주변 세계가 일반적으로 양호한 개인에게만 효과가 있다고 볼 수 있다. 안락한 중산층에 속한 개인들의 양호한 세계를 감안할 때, 그러한 경향은 '내적 통제 소재'로 불리며 성공을 잘 예측할 수 있고, 야심가, 자발적인 행동가, 소위 키를 쥐고 있는 자신의 운명의 선장과 동일시된다. 이러한 개인은 자신의 성공을 대체로 자신의 노력의 힘과 능력에서 비롯된 것으로 여긴다.

그러나 같은 귀인 양식은 다른 환경에서는 적응성이 부족하기 때문에 자체 병리학적 명칭을 가지고 있다. '존 헨리이즘(John Henryism)'은 산에 터널을 뚫는 시합에서 증기 드릴을 앞지르려 했던 민중의 영웅을 말한다. 6피트(약 183센티미터) 길이의 강철 드릴을 해머로 후려치는 노동으로 존 헨리(John Henry)는 기계를 이기는 불가능한 일을 해냈지만, 그 진력 끝에 쓰러져 죽고 말았다. 정의된 바와 같이, 존 헨리이즘은 최대한의 개인적인 노력을 다해 스트레스가 많은 상황에 접근하려는 경향이다. 존 헨리 유형의 사람들은 "상황이 내가 원하는 대로 되지 않을 때, 그것은 나를 더 열심히 노력하게 할 뿐이다" 또는 "뭔가를 하기로 결심하면, 나는 완전히 끝내기 전까지는 그 일을 절대 멈추지 않는다"와 같은 설문지상의 진술들에 동의를 표한다. 충분한 노력과 결단력으로, 그들은 모든 결과를 자신들이 조절할 수 있는 것으로, 즉 내적 통제 소재의 전형인 듯이 느낀다.

특권이 지배하는 능력주의 세계에서, 이러한 경향은 이상적인 특성들이다. 그러나 그러한 경향이 기회가 제한된 가난한 사람들에게서, 편견이 지배하는 환경에서 발생할 때는 병리적 특성을 보인다. 더 열심히 일했더라면 극복할 수 없는 확률을 극복할 수 있었을 것이라고 습관적으로 생각하게 하는 그러한 환경, 즉 내적 통제 소재는 적응할 수 없는 것이다. 존 헨리이즘은 노동자 계급의 아프리카계 미국인들 사이에서 나타날 때는 고혈압과 심혈관 질환에 걸릴 확률을 높게 예측해 주지만, 노동자 계급의 백인이나 중산층 아프리카계 미국인들 사이에서 나타날 때는 그리 높은 예측력을 보이지 않는다(James, 1994). 낮은 SES는 대단히 넓은 범위의 환경에 걸쳐 스트레스와 관련된 질병에 취약해 보인다. 부분적으로 어떤 사회의 상대적으로 더 잔인한 측면 때문에 낮은 SES 상태에 있으면서도 그 원인을 모두 자신의 부족한 의지의 문제로만 돌리는 일부 개인들의 경우에 특히 그처럼 스트레스 관련 질병에 취약성을 보인다. '사회적 지위나 성격'과 '생리 현상이나 병리생리의 패턴' 간의 연관성은 단일하지 않으며 미묘하고 상황 의존적인 상호작용을 반영한다. 따라서 스트레스 관리 기법의 적용도 단일화할 수 없으며, 실제로 잘못 적용하면 그러한 기법은 재앙이 될 수 있다. 이것은 고(故) 아론 안토노브스키(Aaron Antonovsky)가 '웰빙' 운동에 대한 비평에서 강조했듯이 과학적 함의뿐만 아니라 도덕적 함의를 가진 결론이다(Antonovsky, 1994). 정신과 신체의 인터페이스가 스트레스 관리 기법의 영역, 웰빙 운동, 전인적 의료 등 건강에 적용됨에 따라, 그것에 대한 탐구는 스트레스 요인을 바라보는 방식의 재구성이 매우 유익할 수 있음을 시사하는 인상적인 결과를 내놓았다. 이것은 천국과 지옥의 차이에 대한 오래된 비유를 떠올리게 한다. 천국에서는 이야기가 진행됨에 따라, 영원한 시간은 모두 집중적인 성서 연구에만 소비된다. 이와는 대조적으로, 지옥은 집중적인 성서 연구에 소비된 모든 영원한 시간들로 이루어져 있다. 우리의 성격과 우리가 동원하는 대처 기법이 세상에 대한 우리의 지각을 바꾸어 동일한 사건이 천국인지 지옥인지를 결정한다.

　그러나 안토노브스키는 이러한 정신과 신체의 관계를 더 큰 사회적 맥락 밖에서 고찰하는 것은 도덕적인 실패라고 지적했다. 우리가 천국으로 여길 수도 있는 많은 지옥은 사회에서 비교적 부유한 사람들을 괴롭히는 사소한 스트레스 요인들이다. 우리가 대단히 심각한 스트레스 요인들에 시달리는 사람들에게도 태평스럽게 동일한 낙관적인 결론을 권하면 어떨까? 말기 질환에 대해 쓴 자신의 저작에서 "불치병은 없고 불치병에 걸린 사람들만이 있다"(Siegel, 1986, p. 99)라고 한 예일대 외과의사 버니 시겔(Bernie Siegel)과 같은 웰빙 운동 권위자들의 생각은 어떨까? 또한 노숙자들을 대상으로 한 연구에서 심리 치료의 표준 중산층 접근법을 적용한 임상의의 생각은 어떨까? 이러한 결론과 견해는 개인이 겪는 고난의 고통을 부정하는 일일 뿐만 아니라 최악의 현 상황을 지지하는 꼴이다. 개인이 모든 지옥을 천국으로 바꿀 지각적 잠재력을 지니고 있더라도 세상을 바꿀 의무는 없으며, 누군가는 가마에 앉아 있는 동안에 깐 포도를 먹다가 정신을 차리고는 희생자들에게 그들이 불행하다면, 그것은 그들의 잘못이란 점을 지적하면 그만인 셈이다. 불행에 우리가 어떻게 반응하는지에 관해 생리 기능(현상)을 연구하면서 우리는 많은 일상생활을 차지하고 있을 수 있는, 지옥 같은 수많은 유형의 심리적 스트레스 요인들을 조정하는 많은 수단을 배웠다. 그러나 어떤 사람들이 인생에 몹시 불균형적으로 들이닥치는 아주 모진 스트레스 요인들에 직면했을 때, 외부인의 입장에서 지옥을 천국으로 바꾸는 기술에 대해서 설교하는 것은 나쁜 과학이자 도덕적으로도 용납할 수 없는 일이다. 실상 외부인이 그런 비참한 상황에 처한 사람들을 위해 할 수 있는 일이라고는 그들의 상황의 비극성을 인정하고 그들이 현실을 부정하려는 일을 돕는 것 외에는 거의 없을 것이다.

참고문헌

Abbott, D., Saltzman, W., Schultz–Darken, N., and Smith, T. (in press). Specific neuroendocrine mechanisms not involving generalized stress mediate social regulation of female reproduction in cooperatively breeding marmoset monkeys. In C. Carter, B. Kirkpatrick, and I. Lederhendler (Eds.), *The integrative neurobiology of affiliation. Annual Proceedings of the New York Academy of Science.*

Ader, R, Felten, D., and Cohen, N. (1991). *Psychoneuroimmunology.* 2nd ed. San Diego: Academic Press.

Adler, N., Boyce, T., Chesney, M., Folkman, S., Syme, S. (1993). Socioeconomic inequalities in health: No easy solution. *Journal of the American Medical Association, 269,* 3140~54.

Alberts, S., Altmann, J., and Sapolsky, R. (1992). Behavioral, endocrine, and immunological correlates of immigration by an aggressive male into a natural primate group. *Hormonal Behavior, 26,* 167~73.

Antonovsky, A. (1968). Social class and the major cardiovascular diseases. *Journal of Chronic Diseases, 21,* 65~89.

_____. (1994). A sociological critique of the "well–being" movement. *Advances,*

10, 6~21.

APA Task Force on Laboratory Tests in Psychiatry. (1987). The dexamethasone suppression test: An overview of its current status in psychiatry. *American Journal of Psychiatry, 144,* 1253~68.

Berkman, L. (1983). *Health and ways of living: Findings from the Alameda County study.* New York: Oxford University Press.

Brier, A., Albus, M., Pickar, D., Zahn, T., Wolkowitz, O., and Paul, S. (1987). Controllable and uncontrollable stress in humans: Alterations in mood and neuroendocrine and psychophysiological function. *American Journal of Psychiatry, 144,* 11~16.

Brown, L., Tomarken, A., Orth, D., Loosen, P, Kalin, N., and Davidson, R. (1996). Individual differences in repressive−defensiveness predict basal salivary cortisol levels. *Journal of Personality and Social Psychology, 70,* 362~68.

Diderichsen, F. (1990). Health and social inequities in Sweden. *Social Science Medicine, 31,* 359~67.

Elias, M. (1981). Cortisol, testosterone, and testosterone−binding globulin responses to competitive fighting in human males. *Aggressive Behavior, 215,* 7~15.

Feldman, J. (1989). National trends in education differentials in mortality. *American Journal of Epidemiology,* 729, 919~25.

Goldman, L., Coover, G., and Levine, S. (1973). Bidirectional effects of reinforcement shifts on pituitary−adrenal activity. *Physiology and Behavior,* 10, 209~18.

Green, W., Campbell, M., and David, R. (1984). Psychosocial dwarfism: A critical review of the evidence. *Journal of the American Academy of Child Psychiatry,* 23, 1~11.

Gross, J., and Levenson, R. (1997). Hiding feelings: The acute effects of inhibiting negative and positive emotion. *Journal of Abnormal Psychology, 106,* 95~103.

Gulley, L., and Nemeroff, C. (1993). The neurobiological basis of mixed depression−anxiety states. *Journal of Clinic Psychiatry, 54,* 16~21.

Gust, D., Gordon, T., Hambright, K., and Wilson, M. (1993). Relationship between social factors and pituitary−adrenocortical activity in female rhesus monkeys (Macaca mulatta). *Hormones and Behavior, 27,* 318~27.

House, J., Landis, K., and Umberson, D. (1988). Social relationships and health. *Science, 241,* 540~45.

James, S. (1994). John Henryism and the health of African−Americans. *Culture, Medicine, and Psychiatry, 18,* 163~88.

Kiecolt−Glaser, J., Fisher, L., Ogrocki, P., Stout, J., Speicher, C., and Glaser, R. (1987). Marital quality, marital disruption, and immune function.

Psychosomatic Medicine, 49, 13~22.

Kitagawa, E., and Hauser, P. (1973). *Differential mortality in the United States: A study of socioeconomic epidemiology.* Cambridge, Mass.: Harvard University Press.

Kunst, A., and Mackenbach, J. (1994). Size of mortality differences associated with educational level in nine industrialized countries. *American Journal of Public Health, 84,* 932~53.

Laudenslager, M. (1994). Research perspectives in psychoimmunology. *Psychoneuroendocrinology, 19,* 751~63.

Lazarus, R. (1983). The costs and benefits of denial. In S. Breznitz (Ed.), *The denial of stress* (pp. 1~18). New York: International Universities Press.

Leedy, C., and DuBeck, L. (1971). Physiological changes during tournament chess. *Chess Life and Review, 1,* 708~12.

Lenington, S. (1981). Child abuse: The limits of sociobiology. *Ethology and Sociobiology, 2,* 17~28.

Levav, I., Friedlander, Y., Kark, J., and Peritz, E. (1988). An epidemiological study of mortality among bereaved parents. *New England Journal of Medicine,* 319,457~63.

Levine, S., Coe, C., and Wiener, S. (1989). The psychoneuroendocrinology of stress: A psychobiological perspective. In S. Levine and R. Brush (Eds.), *Psychoendocrinology.* New York: Academic Press.

Lundberg, U., and Frankenhaeuser, M. (1980). Pituitary−adrenal and sympathetic−adrenal correlates of distress and effort. *Journal of Psychosomatic Research, 24,* 125~35.

Maggioncalda, A. (1995). Testicular hormone and gonadotropin profiles of developing and developmentally arrested adolescent male orangutans. *American Journal of Physical Anthropology Supplement, 20,* 140.

Marmot, M., Kogevinas, M., and Elston, M. (1987). Social/economic status and disease. *Annual Review of Public Health, 8,* 111~32.

Matthews, K., and Haynes, S. (1986). Type A behavior pattern and coronary disease risk. *American Journal of Epidemiology, 123,* 923~36.

McLeod, P., Moger, W., Ryon, J., Gadbois, S., and Fentress, J. (1996). The relation between urinary cortisol levels and social behaviour in captive timber wolves. *Canadian Journal of Zoology, 74,* 209~16.

Munck, A., Guyre, P., and Holbrook, N. (1984). Physiological actions of glucocorticoids in stress and their relation to pharmacological actions. *Endocrine Reviews, 5,* 25~40.

Natelson, B., Dubois, A., and Sodetz, F. (1977). Effect of multiple stress procedures on monkey gastro−duodenal mucosa, serum gastrin and hydrogen ion kinetics. *American Journal of Digestive Diseases, 22,* 888~96.

Pincus, T., and Callahan, L. (1995). What explains the association between socioeconomic status and health: Primarily medical access of mind—body variables? *Advances, 11,* 4~23.

Pincus, T., Callahan, L., and Burkhauser, R. (1987). Most chronic diseases are reported more frequently by individuals with fewer than 12 years of formal education in the age 18~64 United States population. *Journal of Chronic Diseases, 40,* 865~73.

Ray, J., and Sapolsky, R. (1992). Styles of male social behavior and their endocrine correlates among high—ranking baboons. *American Journal of Primatology, 28,* 231~38.

Rose, R., and Fogg, L. (1993). Definition of a responder: Analysis of behavior, cardiovascular, and endocrine responses to varied workload in air traffic controllers. *Psychosomatic Medicine, 55,* 325~31.

Sapolsky, R. (1986). Endocrine and behavioral correlates of drought in the wild baboon. *American Journal of Primatology, 11,* 217.

_____. (1991). Testicular function, social rank and personality among wild baboons. *Psychoneuroendocrinology, 16,* 281~86.

_____. (1992). Cortisol concentrations and the social significance of rank instability among wild baboons. *Psychoneuroendocrinology, 17,* 701~7.

_____. (1993a). Endocrinology alfresco: Psychoendocrine studies of wild baboons. *Recent Progress in Hormone Research, 48,* 437~59.

_____. (1993b). The physiology of dominance in stable versus unstable social hierarchies. In W. Mason and S. Mendoza (Eds.), *Primate social conflict* (pp. 171~204). Albany: State University of New York Press.

_____. (1994). *Why zebras don't get ulcers: A guide to stress, stress—related diseases, and coping.* 2d. ed. New York: W. H. Freeman.

_____. (1998). The physiological and pathophysiological implications of social stress in mammals. In B. McEwen (Ed.), *Handbook of physiology: Endocrinology.* Washington: American Physiological Society.

Sapolsky, R., and Plotsky, P. (1990). Hypercortisolism and its possible neural bases. *Biological Psychiatry, 27,* 937~46.

Sapolsky, R., and Ray, J. (1989). Styles of dominance and their physiological correlates among wild baboons. *American Journal of Primatology, 18,* 1~11.

Seligman, M. (1975). *Helplessness: On depression, development, and death.* San Francisco: W. H. Freeman.

Selye, H. (1936). A syndrome produced by diverse nocuous agents. *Nature, 138,* 32~35.

_____. (1971). *Hormones and resistance.* New York: Springer—Verlag.

Siegel, B. (1986). Love, medicine, and miracles. New York: Harper and Row.

Snowdon, D., Ostwald, S., and Kane, R. (1989). Education, survival, and independence in elderly Catholic sisters 1936~1988. *American Journal of Epidemiology, 120,* 999~1005.

Sterling, P., and Eyer, J. (1988). Allostasis: A new paradigm to explain arousal pathology. In S. Fisher and J. Reason (Ed.), *Handbook of life stress, cognition, and health* (pp. 21~40). New York: Wiley.

Stewart, D., and Winser, D. (1942). Incidence of perforated peptic ulcer: Effect of heavy air-raids. *The Lancet,* February 28, 259~60.

Suomi, S. (1987). Genetic and maternal contributions to individual differences in rhesus monkey biobehavioral development. In N. Krasnegor, E. Blass, M. Hofer, and W. Smotherman (Eds.), *Perinatal development: A psychobiological perspective* (pp. 118~41). New York: Academic Press.

Surwit, R., Ross, S., and Feingloss, M. (1991). Stress, behavior, and glucose control in diabetes mellitus. In P. McCabe, N. Schneidermann, T. Field, and J. Skyler (Eds.), *Stress, coping, and disease* (pp. 37~48). Hillsdale, N. J.: Erlbaum.

Terman, G., Shavit, Y., Lewis, J., Cannon, J., and Liebeskind, J. (1984). Intrinsic mechanisms of pain inhibition: Activation by stress. *Science, 226,* 1270~75.

Van Schaik, C. (1991). A pilot study of the social correlates of levels of urinary cortisol, prolactin, and testosterone in wild long-tailed macaques (Macaca fascicularis). *Primates, 32,* 345~50.

Weiss, J. (1968). Effects of coping response on stress. *Journal of Comparative Physiological Psychology, 65,* 251~64.

_____. (1972). Psychological factors in stress and disease. *Scientific American, 226,* 104~10.

Williams, R. (1991). A relook at personality types and coronary heart disease. *Progress in Cardiology, 4* (October): 683~94.

Yabana, T., and Yachi, A. (1988). Stress-induced vascular damage and ulcer. *Digestive Disease Science, 33,* 751~59.

24장

효용 평가의 정신생리학

티파니 A. 이토 · 존 T. 카치오포

효용에 대한 정신생리학적 증거는 여러 가지 함의가 있다. 사건 관련 뇌 전위(event–related brain potentials: ERPs)[1]의 공간 지형은 효용 계산이 변별 평가(예컨대, 자극 확인)의 기반이 되는 원천으로부터 적어도 부분적으로는 독립적인 신경계 원천에 의해 수행된다는 사실을 암시한다. ERP와 피질의 비대칭 데이터는 특유의 긍정성 통용화 함수와 부정성 통용화 함수를 제안한다. 이러한 통용화 함수들은 공통 척도를 바탕으로 각각 다양한 욕구 입력과 혐오 입력을 나타낸다. 또한 연구는 이러한 통용화 함수의 긍정 상쇄와 부정 편향을 제시한다. 긍정적 평가 과정과 부정적 평가 과정을 한결같이 전부 연속적으로 상호 관련이 있는 것으로 여기는 양극성 모델은 평가 공간의 이변량(긍정성 x 부정성) 모델처럼 인색한 양의 데이터를 제공하지는 않는다. 긍정성과 부정성의 상호 활성화를 관찰할 수 있는 가능성은 뇌척수간을 따라 하향 이동함에 따라 증가한다. 따라서 긍정과 부정의 상호 활성화는 놀람 눈 깜박임 조정과 안면 근전도에서 관찰될 가능성이 더 높다. 부정적 자극이 긍정적 자극에 비해 더 활성적인 경향이 있을 수 있다는 점을 제외하면, 자율신경계 활동은 정서의 유의성 수준보다는 활성화 수준의 함수로서 더 다양할 것으로 보인다. 효용 계산에서 효용 평가에 근거한 행동으로 이동함에 따라 긍정성과 부정성 간의 상호 관계가 더 클 가능성은 이가(二價) 행동(접근–철수)의 행위적 표현에 대한 신체적(물리적) 제약과 그와 같은

---

1 뇌에서 어떤 자극에 대한 반응의 결과로 나타나는 전위차.

행동을 달성하기 위해 효용 계산의 결과를 실행하는 데 체성신경계 및 자율신경계의 역할에 대한 신체적 제약과 일치한다.

생존하기 위해서 모든 종들은 유해한 자극과 이로운 자극을 적절히 구별하고 그것들에 적절히 반응할 수 있어야 한다. 그러므로 인간의 뇌와 몸은 효용을 계산하고 그에 적절히 반응할 수 있도록 자연선택에 의해 형성되었다. 평가 결정과 평가 반응은 매우 중요하기 때문에 유기체는 특정한 종류의 자극을 분류하고 그것에 접근하거나 그것으로부터 물러나고 그러한 행동들에 신진대사 지원을 제공하고자 기본적인 반사 작용을 한다. 인간의 주목할 만한 특징으로는 학습과 인지에 의해서 웰빙 관련 평가가 형성되는 범위가 있다(유사한 관점을 알고 싶다면, 이 책에 실린 새폴스키의 글을 참조).

생리적 과정이기도 한 효용 평가를 보조하는 과정은 물리적 기질의 구조적 측면과 기능적 측면을 고려하지 않고는 완전히 이해할 수 없다. 평가 과정과 연합된 생리 작용에 대한 비침습적인 조사는 생리 작용을 방해하지 않고도 관찰할 수 있는 중요한 창을 제공한다. 이 장의 목적은 이러한 평가 과정의 본질에 대한 정신생리학적 증거를 재고찰하는 것이다. 우리는 시즈갈(Shizgal, 이 책)이 제시한 뇌 자극의 데이터 — 자극의 효용에 대한 계산(평가 처리)과 관련된 신경 회로가 확인 및 변별(비(非)평가 처리)과 관련된 신경 회로와 다르다는 사실을 보여주는 — 와 일치하는 정신생리학적인 증거로부터 이 고찰을 시작하고자 한다.

사건 관련 뇌 전위

개인이 자극을 평가할 때, 관련 신경 단위는 두피에서 기록할 수 있는 전위를 생성한다. 이러한 사건 관련 뇌 전위(ERPs)는 일반적으로 일어나는 뇌파(electroencephalographic: EEG) 활동과 비교하여 작기 때문에 어떤 측정 시험에서든 단 한 번만으로는 뚜렷하게 확인되지 않는다. 디지털 필터링 및 앙상블 평균화와 같은 신호 처리 절차는 시간적 제약 없이 익숙한 자극의 제시에 따라 나타나는 자발적인 EEG 활동에서 이러한 ERPs를 추출할 수 있게 해주었다. ERPs의 지형적 특징을 구성 성분이라고 한다. 구성 성분의 분류는 일반적으로 파형의 최고치 및 골, 최고치 및 골의 특유의 잠복기, 최고치 및 골의 공간적 분포에 대한 확인이 수반된다. 이러한 구성 성분들은 하나 이상의 정보 처리 작용을 반영한 것으로 추정되며, 한 구성 성분의 진폭은 특정한 작용이 수행되는 정도를 반영한 것으로 보인다(재고찰하고자 한다면, Coles, Gratton and Fabiani, 1990; Coles et al., 1986을 참조).

많은 문헌에 따르면, 자극의 제시 약 300밀리초 후에 최고치에 이르는 양 전위이기 때문에 일반적으로 P300이라고 불리는 한 구성 성분은 (물리적이거나 의미론적인 분류와 같은) 비평가 분류 과정을 검토하는 데 이용될 수 있다. 전형적인 연구에서는 고음과 저음과 같은 적어도 두 가지 상이한 종류의 간단한 자극들이 길게 이어지는 조건에 실험 참가자들을 노출시키고 ERPs를 기록한다. 실험 참가자들은 두 종류 세트 중 하나로부터 제시된 자극의 수를 계산할 필요가 있을 수 있으며, 흔히 한 종류 세트에서 제시되는 자극의 빈도는 다른 종류 세트에서 제시되는 자극의 빈도보다 훨씬 더 적을 수 있다. 연구 결과에 의하면, 특이한 자극이 흔한 자극보다 더 양의 전위를 불러일으키고, P300은 중앙선 중심부와 두정부의 두피 부위에서 더 크게 나타나는 경향이 있다(Donchin and Coles, 1988; Donchin et al., 1986; Gehring et al., 1992; Johnson, 1993). 분류 과정(예컨대, 특정한 종류의 자극이 나타날 확률, 자극의 과제 관련성 또는 단순한 변별 대 어려운 변별)에 영향을 미치는 요인들도 P300에 영향을 미치는 반면에, 개인이 자극에 대한 반응을 선택하거나 실행하는 능력에 영향을 미치는 요인들(예컨대, 개인이 오른손이나 왼손으로 화면의 왼쪽에 나타난 자극에 반응하라는 지시를 받는지의 여부)은 행동 반응에 영향을 미치지만 P300에는 훨씬 적게 영향을 미친다(McCarthy and Donchin, 1981). 따라서 P300은 행동 반응과는 별개로 비평가 분류를 조사하는 데 사용되어 왔다.

이 문헌을 바탕으로 우리는 행동 반응과는 무관한 평가 과정을 조사하기 위해서 ERPs를 이용한 패러다임을 개발하였다(Cacioppo, Crites and Gardner, 1996; Crites and Cacioppo, 1996). 첫 번째 그러한 연구에서 카치오포와 크리테스, 베른트슨, 콜스(Cacioppo, Crites, Berntson and Coles, 1993)는 참가자들을 일련의 긍정적 자극과 부정적인 자극(예컨대, 여러 음식)에 노출시키고는 그들의 ERPs를 기록했다. 참가자들이 평가 차원에 따라 자극을 분류할 가능성을 가장 높이기 위해 여섯 개로 이루어진 세트별로 자극을 제시했고, 참가자들은 각 세트에서 나타나는 긍정적 자극 (또는 부정적 자극이나 중립적인 자극)

의 수를 조용히 세도록 요청받았다. 각 세트 내 일련의 자극 대부분은 단일 평가 범주(예컨대, 모든 긍정적 자극이나 모든 부정적 자극)에서 선택한 것이었다. 어떤 세트들에서는 여섯 개 자극 모두가 같은 평가 범주에서 나온 것이었지만, 다른 세트에서는 여섯 개 자극 중 하나가 다른 평가 범주에서 나온 것(예컨대, 부정적인 음식 세트 안에 끼워져 있던 하나의 긍정적인 음식)이었다. 이렇게 해서 평가적으로 일치하는 표적 자극과 평가적으로 일치하지 않는 표적 자극에 대한 평가와 관련된 ERPs를 기록할 수 있었다. 우리는 평가적으로 일치하는 자극(예컨대, 긍정적인 자극 세트 안에 있던 하나의 긍정적인 자극)의 경우에 비해 진폭이 더 큰, 평균 잠복기가 약 650ms인 후기 양 전위(late positive potential: LPP — P300과 유사한 구성 성분)를 평가적으로 일치하지 않는 자극(예컨대, 긍정적인 자극 세트 안에 끼워져 있던 하나의 부정적인 자극)에서 발견했다. 평가적으로 일치하지 않는 자극이 긍정적인 것이든 부정적인 것이든 LPP가 그처럼 상승하는 것으로 밝혀졌다. 또한, 대상(예컨대, 음식, 대학[연구 1])에 대한 각 참가자 특유의 태도 평정을 이용하여 대상들의 평가 범주를 결정하고, 사전 규범 평정(긍정적 성격 특성과 부정적 성격 특성[연구 2])을 이용하여 대상들의 평가 범주를 결정했을 때 LPP가 상승하는 것으로 나타났다. 후속 연구들이 입증했듯이, 평가 과정과 연합된 LPP 진폭은 중앙-두정 부위상에서 최대치를 보인다. 또한 그와 같은 LPP 진폭은 평가 불일치 정도의 함수로서 다양하며(예컨대, 긍정적인 자극 세트에 끼워져 있는 적당히 부정적인 자극이 제시될 경우보다 매우 부정적인 자극이 제시될 경우에 LPP 진폭이 더 크게 나타난다), 반응 선택이나 반응 실행보다 평가 분류의 함수로서 더욱더 다양하다(Cacioppo et al., 1994; Crites et al., 1995).

따라서 ERPs는 행동 반응과 무관하게 평가 과정 및 비평가 과정을 조사하는 데 사용되어 왔다. 우리의 사례에서 평가적 판단이 유발하는 LPP 구성 성분은 범주상 일치하지 않는 자극이 제시될 때 가장 크고, 중앙-두정 두피 부위에서 최대치이며, 반응 작용에 상대적으로 민감하다. 이는 유별난 사례의 비평가적 과정에 대한 연구에서 P300 구성 성분의 경우에 발견된 것과 동일한 특성이다. 자극의 효용 계산과 관련된 신경 회로가 확인 및 변별과 관련된 신경 회로와 다르다는 가설과 일치하는 바대로, 평가 및 비평가적 판단 시에 관찰되는 ERPs에서도 차이가 발견되었다(Cacioppo et al., 1996; Crites and Cacioppo, 1996). 특히, 두피 전체에 걸친 LPP 진폭의 공간 분포에 대한 연구 결과에 의하면, 평가 분류는 우반구 편재화(偏在化)²를 보였다(Cacioppo et al., 1996). 예를 들어, 실험 참가자들이 자극의 효용에 주의를 기울일 때(예컨대, 한 자극이 긍정적인 것인지 부정적인 것인지 판단할 때) 우반구의 두피 부위(F4, C4, P4)에서 기록된 LPP는 좌반구(F3, C3, P3)의 두피 부위에 기록된 LPP보다 더 컸다.³ 이와는 대조적으로, 비평가 분류와 연합된 LPP의 공간 분포는 더 대칭적인 양상을 보인다. 한 예시적인 연구에서, 단어 '유쾌한'과 '불쾌한'은 다른 긍정적 형용사 세트와 부정적인 형용사 세트에 포함되어 있다(Cacioppo et al., 1996, Study 5). 실험 참가자들에게는 단어 '유쾌한'이나 '불쾌한'이 제시됐는지를 결정하는 비평가적인 과제가 주어졌다. 이와 같은 과제의 지시와 함께, 측면 두피 부위를 대상으로 표준화된 LPP 진폭을 분석한 결과, 대칭 분포가 나타났다.

이 연구가 입증하듯이, 우반구 편재화는 이 실험에 사용된 자극의 인위적인 패러다임이나 인위적인 감정적 본질은 아닐 것이다. 오히려, 우반구 편재화는 신경 생성자들의 우반구 지향성 또는 우반구의 평가 분류 관여를 시사한다. 크리테스와 카치오포(Crites and Cacioppo, 1996)는 평가 과정의 우반구 편재화의 특수성을 보다 직접적으로 다루고자, 같은 연구 내에서 과제 유형(평가적 분류 또는 비평가적 분류)을 조작했다. 두 연구자는 실험 참가자들이 평가적(긍정적이거나 부정적인) 차원과 비평가적(채소나 비(非)채소) 차원 측면에서 분류할 수 있는 단어들을 판단할 때, ERPs를 기록했다. 연구원들은 실험 참가자들에게 각각의 음식을 긍정적이거나 부정적인 것으로 분류하거나 채소나 비채소로 분류하라고 지시했다. 측면 두피 부위에 대한 표준화된 LPP 진폭 분석을 한 결과, 평가 판단을 이행하는 사람들에게서 우반구 편재화가 나타났지만, 비평가적 판단을 이행하는 사람들에게서는 우반구 편재화가 나타나지 않았다. 따라서 동일한 자극을 관찰하고 동일한 과제를 수행할 때에도 평가적 분류와 연합된 신경 활동은 비평가적 분류와 연합된 신경 활동과

---

2   특정한 정신 기능이 대뇌의 좌반구와 우반구 중 어느 한쪽에 치우쳐 있는 경향성.

3   (지은이) 이러한 지형 분석은 모든 실험 조건에 걸친 P300의 절대 진폭의 차이를 없애기 위해서 표준화된 진폭을 바탕으로 수행된다(McCarthy and Wood, 1985). 이러한 표준화에 따라, 두피 지형의 변화는 신호를 생성하는 신경원들의 위치나 조합의 변화를 반영한 것으로 해석될 수 있다. 그리고 그런 표준화는 지형의 변화가 모든 조건에 따른 활동 강도의 차이를 단순히 반영할 가능성을 배제한다(Johnson, 1993; Ruchkin et al., 1995).

구별될 수 있다.

이러한 결과는 두 과정의 기초를 이루는 신경 과정과 심리적 과정이 완전히 다르다는 것을 의미하지는 않는다. 실제로 크리테스와 카치오포(1996)가 중앙선 부위를 분석한 결과에 의하면, 두 가지 과제 유형에서 분류상의 불일치의 주요한 효과가 나타났다. 사람들이 평가 과제를 수행하는 실험을 한 결과, 평가적으로 불일치하는 음식들은 평가적으로 일치하는 음식들에 비해 LPP를 상승시킨 것으로 나타났다. 마찬가지로, 사람들이 비평가적 과제를 이행할 때, 분류상 일치하지 않는 음식 사진들(예컨대, 비채소 세트 내에 속해 있는 채소)은 분류상 일치하는 음식 사진들(예컨대, 비채소들 세트 내에 속한 비채소)에 비해 LPP를 상승시킨 것으로 나타났다. 또한 두 과제 조건 모두에서 LPP는 중앙-두정 부위에 걸쳐 분포했다. 카치오포와 동료들(Cacioppo et al., 1996)의 연구에서도 유사한 결과가 나왔다. 이 유사한 연구 결과들은 평가 판단과 비평가 판단이 여러 가지 공통적인 정보 처리 작용에 의존한다는 개념을 뒷받침한다. 또한 평가적 분류와 연합된 LPP의 비대칭 분포는 효용 계산이 우반구에 편재되어 있거나 우반구로 향하는 추가적인 신경 생성자의 활성화와 관련이 있음을 시사한다.

평가 과정: 평가 공간의 이변량 모델

인간의 평가적 변별은 전통적으로 양극성(적대적-호의적)으로 개념화되었으며, 자극에 대한 순 감정적 성향을 평가하고자 양극성 척도를 이용하여 측정되었다. 그러한 접근방식은 긍정적인 평가 과정과 부정적인 평가 과정 (그리고 그 결과 발생하는 감정 상태와, 효용에 대한 판단)을 동등하고, 상호 활성화되며 상호 교환 가능한 것으로 취급한다. 물리적 제약이 효용 계산의 행동 표현을 2가 행동(접근-철수)으로 제한할 수 있지만, 초기 행동 이론가들은 접근과 철수가 구별 가능한 동기 기질에서 나올 수 있는 행동 표현이라는 것을 인식했다(Miller, 1951, 1961). 갈등 이론은 접근과 철수를 개별적으로 개념화하고, 그것들의 독특한 선행 요인과 결과를 조사하고, 전형적으로 접근 경향과 철수 경향의 상호 활성화를 야기하는 심리적 제약을 검토함으로써 질적으로 향상되었다(Berntson, Boysen and Cacioppo, 1993; Lang, Bradley and Cuthbert,

1992). 마찬가지로 효용성 평가는 구별되는 긍정적인 평가 과정의 활성화와 부정적인 평가 과정의 활성화, 그러한 과정들의 독특한 선행 요인과 결과에 대한 조사, 그리고 그 과정들의 상호 활성화를 일으키는 심리적, 생리적 제약에 대한 검토를 수용하기 위해 상호 평가 활성화의 원칙을 확대함으로써 이익을 얻을 수 있다.

우리는 자극이 야기하는 긍정적인 평가 활성화의 강도(긍정성)와 부정적인 평가 활성화의 강도(부정성) 측면에서 자극이 다양할 수 있는 평가 과정의 진화 모델을 제시했다(Cacioppo and Berntson, 1994; Cacioppo, Gardner and Berntson, 1997). 이 모델이 구체적으로 제시하는 가정에 따르면, 긍정적인 평가 과정과 부정적인 평가 과정은 서로 구별되고(확률적으로, 기능적으로 독자적이며), 뚜렷한 활성화 함수의 특징(긍정 상쇄와 부정 편향 원칙)을 지니고, 양가성(양가적인 비대칭성의 결과)과 상이하게 관련되고, 변별 가능한 선행 요인들[이분산(異分散) 원칙]을 지니며, 근본적인 신념이 숙고의 대상이거나 행동 지침(동기 확실성 원칙)일 때 이변량(二變量) 구조에서 양극성 구조로 이끌리는 경향이 있다. 또한 이 모델은 평가 활성화의 여러 양상들이나 평가 활성화의 다양한 조합이 존재한다고 가정한다(Cacioppo et al., 1997).

평가 활성화 모델 양극성 모델은 긍정성과 부정성 간의 상호 활성화만을 허용하는 반면에, 이변량 모델은 여러 가지 동기 기질의 활성화 양상들을 가정한다. (1) 자극이 긍정성과 부정성의 활성화에 상반되는 영향을 미칠 때 상호 활성화가 발생하고, (2) 자극이 긍정적 평가 활성화나 부정적 평가 활성화에만 영향을 미칠 때 독립적인 활성화가 발생하며, (3) 자극이 긍정성과 부정성의 활성화를 모두 증가(또는 감소)시킬 때 비(非)상호 활성화가 발생한다(Cacioppo and Berntson, 1994). 따라서 평가 공간의 이변량 모델은 상호 활성화를 거부하는 것이 아니라 그것을 세 가지 가능한 활성화 양상들 중 하나로 여기고 각각의 평가 활성화 양상의 선행 요인을 탐구한다.

다양한 평가 활성화 양상들이 존재함을 뒷받침하는 증거는 모든 분석 수준에서 관찰되었다(Cacioppo and Berntson, 1994를 참조). 예를 들어, 회벨(Hoebel, 이 책)은 음식 제한이 독립적인 방식으로 접근 행동의 기초가 되는 신경화학 효과를 변화시키는 반면에 모르핀은 접근과 철수 행동의 기초가 되는 신경화학 과정에 상호적 영향을 미친다는 사실을 뒷받침하는 증거를 재고찰한다. 3회에 걸친 연속적인 수업 기간의 시작과 종료 시점에 학생들로부터 자기보고식으로 긍정적 감정 및 부정적 감정을 수집한 골드스타인과 스트루브(Goldstein and Strube, 1994)의 연구 결과에 의하면, 언어적 수준에서 긍정성과 부정성의 개별적 활성화가 뚜렷하게 나타난다. 양극성 모델은 긍정적 감정과 부정적 감정의 상호 활성화를 예측할 테지만, 특정한 날의 긍정적 반응의 강도와 부정적 반응의 강도 간의 참가자 내 부적 상관관계가 입증하듯이, 그 반응들은 사실 상관관계가 없었다. 또한, 시험 피드백은 긍정성과 부정성을 다르게 활성화시켰다. 평균 이상의 시험 점수를 받은 학생들의 경우에 긍정적 감정 수준은 수업 초기에 비해서 증가한 반면에 부정적인 감정 수준은 수업 기간 내내 변하지 않았다. 마찬가지로, 평균 이하의 시험 점수를 받은 학생들의 경우에 부정적인 감정은 증가하였지만, 긍정적인 감정은 수업 기간 내내 변하지 않았다.

긍정성 및 부정성 활성화 함수 시즈갈(이 책)이 제시한 바와 같이, 겉보기에는 비교가 안 될 것 같지만, 실은 세상에 존재하는 복잡한 자극들과 사건들은 공통적인 동기 척도로 표현된다. 이변량 모델에 따르면, 접근/철수를 지배하는 공통 척도는 두 개의 매개 척도, 즉 긍정성(욕구) 활성화 함수와 부정성(혐오) 활성화 함수의 결과이다. 긍정성 및 부정성 활성화 함수는 통용화 함수(시즈갈, 이 책)로 볼 수 있다. 개별적인 다양한 욕구 입력 값은 긍정성의 공통 척도로 표현되고, 다양한 혐오 입력 값은 부정성의 공통 척도로 표현된다. 자극에 의한 긍정성과 부정성의 낮은 활성화는 중립성이나 무관심을 반영하는 반면에, 긍정성과 부정성의 높은 활성화는 갈등이나 양가성을 반영한다.

뜨거운 것과 차가운 것과 같은 진정한 양극성 구조의 통용화 함수는 본질적으로 형태상 동일하다. 한 요인이 냉각되는 정도는 본질적으로 열이 소멸되는 정도와 동일하다. 뜨거운 것과 차가운 것은 양극 연속체의 끝점이며, 긍정성 끝점의 함수와 부정성 끝점의 함수는 몇 가지 주목할 만한 측면에서 서로 다른 것으로 보인다.

긍정 상쇄 접근과 철수의 갈등에 대한 연구는 우리가 '긍정 상쇄'라고 칭한 현상에 대한 초기 증거를 제공했다. 그림 24.1에서 설명한 바와 같이, 긍정 상쇄는 0 입력에서 약한 긍정적 (접근) 동기 출력(즉, 절편 차이)이 존재하는 경향이다. 긍정 상쇄의 결과로, 접근 동기는 목표로부터 멀리(즉, 낮은 평가 활성화 수준으로) 회피하고자 하는 동기보다 더 강하다. 긍정 상쇄는 진화적으로 어떤 중요성이 있을까? 긍정 상쇄가 없다면, 유기체는 중립적인 환경에서 새로운 대상이나 자극, 맥락에 접근하게 하는 동기를 부여받지 못할 수 있다. 대부분의 종을 특징짓는, 외부 자극에 대한 네오포빅(neophobic)[4] 반응은 초기 관찰 기간을 허용한다. 그러나 중립적이거나 생소한 자극에 직면한 유기체는 긍정 상쇄를 통해 약하게나마 접근 동기 부여를 받을 것이고, 초기 공포 반응의 신속한 습관화(외부 자극이나 놀라운 사건으로 인해 야기된 부정성의 감소)로 탐색적 행동에 나서도록 동기 부여를 받을 것이다. 그러한 경향은 적어도 종의 수준에서는 중요한 생존 가치를 지닐 수 있다.

부정 편향 회피 기울기는 밀러(Miller, 1951, 1961)의 갈등 행동 연구에서 보이는 접근 기울기보다 더 가파른 것으로 나타났다. 이 차이는 긍정성 통용화 함수와 부정성 통용화 함수의 두 번째 차이인 부정 편향을 설명해 준다. 각 활성화 단위에 따른 부정적인 동기의 출력 변화는 긍정적인 동기의 출력 변화보다 더 크다(그림 24.1을 참조). 따라서 긍정 상쇄는 어떠한 쾌락의 입력이 없는 상황에서도 나타나는 긍정성의 상대적 활성화라 할 수 있으며, 부정 편향은 활성화 퀀텀당 동기 출력의 증가가 긍정성보다 부정성에서 더 큰 경향을 보이는 결과를 말한다. 탐색 행동은 유기체의 환경에 대한 유용한 정보를 제공할 수 있지만, 유기체를 적대적인 자극에 가까이 둘 수도 있다. 해롭거나 치명적인 공격의 결과를 뒤집는 것이 추구되지 않은 기회의 결과를 뒤집는 것보다 더 어렵기 때문에, 자연 선택의 과정은 긍정적인 자극보다 부정적인 자극에 더 강하게 반응하는 경향성을 지닌, 구분되는 긍정성 동기 부여 체제와 부정성 동기 부여 체제를 야기했을 수도 있다. 따라서 근접한 긍정적이거나 중립적인 사건에 비해 근접한 부정적인 사건에 더 강한 반응을 보이는 현상의 기저가 되는 부정 편향은 긍정 상쇄를 보완하는 보완적이고 적응적인 동기 체제일 수 있다. 긍정 상쇄와 부정 편향을 가진 종들은 탐색 행동의 이점과 위협적인 사건들을 피하거나 그런 사건들로부터 물러나는 성향의 자기 보존적 이점을 누린다. 부정 편향은 특히 손실 회피라는 현상을 설명해

4 새로운 것이나 낯선 것을 싫어하거나 두려워하는 경향.

준다는 면에서 효용 평가에 대한 이해와 관련이 있을 수 있다(Kahneman and Tversky, 1984). 손실이 이득보다 더 커 보이는 양상을 관찰한 카너먼과 트버스키는 부정적인 사건을 주관적 가치와 관련시키는 가치 함수의 기울기가 긍정적인 사건을 주관적 가치와 관련시키는 가치 함수의 기울기보다 더 가파르다고 주장했다. 즉, 그들은 긍정적인 입력의 통용화 함수의 기울기에 비해 부정적 입력의 통용화 함수의 기울기가 더 가파르다고 가정했다.

통용화 함수에 대한 ERP 연구들 또한 LPP 구성 성분은 긍정적 평가 분류 과정과 부정적 평가 분류 과정의 통용화 함수를 고찰하는 데 사용되어 왔다. 부정 편향의 작용을 평가하기 위해 이토와 라슨, 스미스, 카치오포(Ito, Larsen, Smith and Cacioppo, 1998)는 실험 참가자들에게 중립적인 그림, 긍정적인 그림, 부정적인 그림을 제시했다. 연구자들은 연속적으로 제시되는 모든 세트의 일련의 그림들 중에서 중립적인 그림을 가장 자주 보여주었다. 어떤 세트에서는, 하나의 긍정적인 그림이나 부정적인 그림이 제시되었다. 따라서 긍정적인 그림과 부정적인 그림은 주변 자극들과 평가적으로 일치하지 않았다. 선행연구 결과와 마찬가지로 이 연구에서도 평가적으로 일치하지 않는 자극은 더 큰 LPP와 관련이 있었다. 즉, 긍정적인 그림과 부정적인 그림 모두 중립적인 그림보다 더 큰 LPP와 관련이 있었다. 또한, 이 데이터는 그럴듯하고 평가적으로 극단적이며 자극적인. 긍정적인 그림보다 똑같이 그러한 느낌을 주는 부정적인 그림을 제시받을 때 LPPs가 더 크게 나타나는 부정 편향을 뒷받침하는 증거를 보여준다. 이와 마찬가지로 크리테스와 동료들(Crites et al., 1995)이 조자 자료를 재검토한 결과에 의하면, 일련의 부정적인 자극들에 속해 있는 긍정적인 자극(M=6.70 밀리볼트)에 비해서 일련의 긍정적인 자극들에 속해 있는 부정적인 자극(M=8.93 밀리볼트)의 경우에 더 큰 LPP 진폭을 보였다. 평가 일치성과 불일치의 정도는 크리테스와 동료들이 제시한 긍정적인 대상과 부정적인 대상에 동등하게 적용되었기 때문에, 부정적인 자극이 유발한 더 큰 LPPs는 부정성의 통용화 함수의 기울기가 긍정성의 통용화 함수의 기울기보다 더 가파르다는 개념과 일치한다.

그림 24.1 이변량 평가 평면과 그 관련 선호도 표면

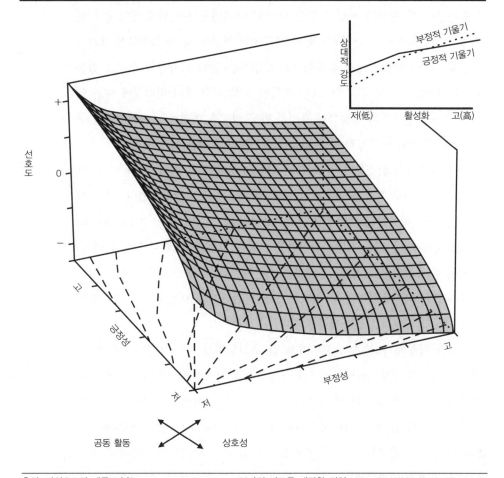

출처: 카치오포와 베른트슨(Cacioppo and Berntson, 1994)의 자료를 개작한 것임. Copyright 1994 by the American Psychological Association.
참고: 표면은 한 개인의 표적 자극에 대한 접근(+) 회피(−)의 행동적 성향을 나타낸다. 선호도는 상대적 단위로 표현된다. 왼쪽 축 교차점 위에 있는 표면의 지점은 표적 자극에 의해서 야기된 최대한의 긍정적 성향을 나타내며, 오른쪽 축 교차점 위에 있는 표면의 지점은 표적 자극에 대한 최대한의 부정적인 성향을 나타낸다. 삽입된 오른쪽 위에 있는 그림은 공동 활동 사선에 따른 변동의 함수로서 긍정적인 동기적 힘과 부정적인 동기적 힘의 활성화 강도를 겹쳐 놓은 것이다. 이 삽입 그림에서 묘사된 예측은 밀러의 갈등 이론에서 나타나는 접근과 회피의 갈등에 대한 예측을 반영한다(Miller, 1959, 그림 5를 참조)는 사실을 유념해야 한다.

EEG 비대칭

이변량 모델은 긍정적 동기 기질과 부정적 동기 기질, 긍정적 통용화 함수와 부정적 통용화 함수, 그리고 평가 활성화 양상들 간의 구분 외에도, 동기 체계들이 부분적으로 중복되는 뇌 메커니즘들에서만 예시적으로 설명된다고 가정한다(Cacioppo et al., 1997). 회벨(이 책)이 논한 바와 같이, 긍정성과 부

정성은 주로 각각 관련된 신경전달물질 측면에서 구별될 수 있다. 측좌핵[5]의 도파민은 보상 행동과 관련이 있는 반면에 아세틸콜린은 혐오 상태와 관련이 있다. 마찬가지로 시즈갈(이 책)이 재고찰한 연구는 뇌 자극의 보상 효과와 관련해 복측피개영역[6]에서 측좌핵으로 투입하는 중뇌 도파민의 경로가 있음을 시사한다. 정신생리학 분야에서 시행된 휴식 시의 대뇌 비대칭에 대한 연구는 우반구 전두엽의 활성화가 부정적 반응 성향을 반영하는 반면에 좌반구 전두엽의 활성화는 긍정적 반응 성향을 반영한다는 점을 시사한다.

반구 비대칭과 감정적 반응의 연관성에 관한 추정은 원래 우울증의 종합적 증상과 좌반구 손상을 연관시킨 임상 관찰을 통해서 촉진되었다. 특히 강력한 증거를 제시했던 로빈슨과 동료들(Robinson et al., 1984; Robinson and Downhill, 1995)은 컴퓨터 단층촬영법을 이용해, 뇌졸중 관련 손상 부위를 감정적 종합 증상의 심각성 및 유의성과 연관시켰다. 뇌졸중 이후에 겪는 심각한 우울증은 좌전두엽의 손상 정도와 정적 상관관계를 보였으나, 우전두엽의 손상 정도와는 부적 상관관계를 보였다.

이러한 임상적 관찰은 좌전두피질 및 우전두피질 영역의 활성화의 안정적인 개인차가 각각 접근과 관련된 긍정적인 감정 상태와 철수와 관련된 부정적인 감정 상태를 경험하는 성향을 일으킨다는 사실을 제시한 실험 연구에 의해 뒷받침된다. 데이비드슨과 동료들(Davidson, 1992; Davidson and Tomarken, 1989)은 이러한 연구 결과를 전두엽 피질 비대칭의 개인차를 기질적 감정 성향과 연관시키는 소인-스트레스 모델로 통합했다. 이 모델의 중요한 특징은 감정 유도 인자의 필요조건이다. 즉, 대뇌 비대칭성의 함수로서 차이는 '스트레스'나 감정적 도전이 경험될 때만 나타나는 것으로 예측된다는 것이다.

이러한 본질적인 조사를 예시한 여러 연구들에서, 정서적으로 환기시키는 영화 장면들은 감정적 도전 역할을 했으며, 영화에 대한 자기보고된 반응들은 영화 노출 전에 측정한 전두 피질 활동과 관련이 있었다(Wheeler, Davidson and Tomarken, 1993; Tomarken, Davidson and Henriques, 1990). 같은 분야의 많은 연구에서와 마찬가지로 이 연구에서, 피질 비대칭은 두피 EEG 기록을 사용하여 정량화했다. 이 연구들과 기타 연구에서 흥미도 종속 측정치는 반구 활성화와 반비례하는 알파파 대역(8~13헤르츠)의 세기였다(Shagass, 1972). 중앙전두부 및 전방측두부의 알파파 세기 측정치는 .81~.94 범위의 알파 계수로 나타남에 따라 (1분간 기록하는 동안 8회에 걸쳐) 높은 내적 일치성을 보인다(Tomarken et al., 1992). 이러한 영역들의 개별적 비대칭의 패턴도 3주 동안에 (점수가 높을수록 좌반구의 활성화가 큰 사실을 나타내는 좌우반구의 로그 알파 세기로 계산된 비대칭을 지니는) .66과 .72 사이의 검사−재검사 상관관계에 의해 증명되었듯이 오랜 시간에 걸쳐 비교적 안정성을 보인다. 소인 스트레스 모델의 결과와 일치하는, 휴식기 EEG의 상대적인 좌전두 피질 비대칭은 긍정적인 영화 장면들에 대해서 보고한 긍정적 반응의 강도와 정적 상관관계를 보였으나, 부정적인 영화 장면들에 대해서 보고한 부정적인 반응의 강도와는 부적 상관관계를 보였다. 중요한 것은 비대칭과 감정적 반응 간의 이러한 관계는 유의성 의존적이며, 단순히 한 반구나 다른 반구와 연합된 더 큰 감정적 반응성의 함수가 아니라는 것이다. 즉, 긍정적인 영화에 대한 긍정적인 반응과 부정적인 영화에 대한 부정적인 반응의 합으로 계산된 종합적 반응성은 대뇌의 비대칭과 상관관계가 없다.

피질 비대칭의 함수로서 기질의 차이는 아이들에게서도 뚜렷이 나타난다. 예를 들어, 행동적으로 억제된 영아는 상대적으로 우측 중앙전두부의 활성화를 보이는 경향이 있는 반면에, 행동적으로 억제되지 않은 영아는 상대적인 좌측 중앙전두부의 활성화를 보인다(Davidson, 1993). 이 연구의 참여자들은 생후 31개월 된 또래 유아들의 놀이 시간에 나타난 행동들을 기준으로 분류되었다. 휴식기의 EEG는 5개월 후에 평가되었다.[7] 행동 억제를 결정하는 데 사용되는 기준 중에는 어머니와 가까이서 보낸 시간, 첫 번째 장난감을 만지기 전까지의 기간, 최초의 발화를 하기 전까지의 기간, 그리고 새로운 환경에서의 탐험과 관련된 기타 행동들이 있다. 모성 분리가 감정적 도전으로 작용하는 10개월 된 유아들에게서도 전두 피질의 비대칭과 아동 기질 간에 유사한 관계(Davidson and Fox, 1989)가 관찰되었다. 60초 분리 기간 동안 울었던

---

[7] (지은이) 저주파 대역의 세기(예컨대, 12헤르츠 미만)는 영아와 유아에게 있어, 성인 알파파 활동의 전조로 보이며(Davidson, 1993; Davidson and Fox, 1989) 아이들을 대상으로 한 연구에서 피질 비대칭의 역(逆)지표로 이용된다.

유아들은 분리 전 휴식기의 EEG 기간에 우반구의 활성화가 상대적으로 더 높았던 반면에, 울지 않은 유아들은 좌반구의 활성화가 상대적으로 더 높은 양상을 보였다.

지금까지 재고찰한 연구들은 피질의 비대칭을 접근 또는 철수 관련 동기를 활성화하는 경향의 국면 차이와 관련시키고자 했다. 또한 이러한 체계들 중 하나의 저활성화로 인한 결과로 감정 상태들을 분류하는 것도 가능하다. 특히 우울증은 접근 관련 동기의 저활성화에서 비롯될 수 있다. 이러한 우울증의 특성화는 임상적 우울증 환자들과 통제 집단의 참가자들로부터 기록된 휴식기의 EEG 비대칭 차이에 의해서 입증된다(Henriques and Davidson, 1991). 두 집단은 우측 중앙전두부의 활성화에서는 차이가 없었으나, 임상적인 우울증 환자들인 참가자들은 통제 집단의 참가자들과 달리, 좌측 중앙전두부의 활성화가 감소하는 경향을 보였다. 우울증 이력을 가진 현재 정상적인 기분 상태에 있는 참가자들에게서도 통제 집단과 비슷한 결과가 나왔다(Henriques and Davidson, 1990). 이 후자의 연구에서 우울증 이력을 가진 참가자들과 통제 집단의 참가자들이 현재의 자기보고된 기분에서 차이가 없다는 점에 유념해야 하는 것이 중요하다. 그 점은 결과적으로 좌반구의 저활성화가 개인을 우울한 에피소드에 취약하게 만든다는 의미로 해석될 수 있다. 마찬가지로, 우울하지 않은 사람들의 집단을 대상으로 정서적으로 환기시키는 영화가 일으킨 반응과 휴식기의 EEG 비대칭을 비교한 연구들은 기준 기분 효과를 통계적으로 제거한 조건에서도 좌반구 활성화가 긍정적 감정 상태와 관계가 있고 우반구의 활성화가 부정적인 감정 상태와 관계가 있음을 보여준다(Tomarken et al., 1990; Wheeler et al., 1993).

피질 비대칭의 국면 변화도 감정 반응을 실제로 경험하는 동안에 관찰되었다. 데이비드슨과 동료들(Davidson et al., 1990)은 접근과 관련된 긍정적인 즐거움과 행복의 상태와 철수와 관련된 혐오 상태를 유도해 내고자 선택한 영화 장면들을 상영하는 동안 EEG를 기록했다. 실험 참가자들이 영화를 보고 있는 모습을 비밀리에 비디오 녹화를 했고, 이 녹화물로 그들의 얼굴 표정을 오프라인 방식으로 부호화할 수 있었다. 그리고 행복이나 혐오의 얼굴 표정에 해당하는 EEG 시기를 계속 분석했다. 결과적으로 행복한 표정과 비교했을 때 혐오 표정은 우측 중앙전두부와 전방 측두부의 높은 활성화, 좌측 중앙전두부의 유사한 활성화, 좌측 전방 측두부의 낮은 활성화와 관련이 있었다.

(특별한 얼굴 표정이 나타나지 않는 시기를 포함한) 인위성이 없는 모든 EEG 데이터에 걸쳐 실시한 분석은 긍정적인 영화 장면 및 부정적인 영화 장면과 대뇌 비대칭 간의 어떠한 관련성을 밝히지 못했다. 따라서 확연히 드러나는 얼굴 표정을 짓게 만들 만큼 강한 정서 경험만이 그에 따른 피질 비대칭과 연관성이 있는 것으로 보인다.

이 분야의 초기 연구는 긍정성과 부정성이 상호 활성화되었다고 암묵적으로 가정했다. 이론상으로, 긍정적인 감정과 부정적인 감정은 전두 피질의 활성화가 편재화된 단일 연속체로 개념화되었다(Davidson et al., 1990). 방법론상 대뇌 비대칭은 단일한 활성화 연속체를 의미하는 계산 결과인 우반구와 좌반구의 로그 알파파 세기의 차이로 측정되었다(예컨대, Wheeler et al., 1993을 참조). 개별적인 동기 체계들이 대뇌 비대칭 연구(Sutton and Davidson, 1997) 및 기타 신경생리학 영역(예컨대, Gray, 1982, 1987; Hoebel, 이 책)에서 성장했음을 시사하는 증거로서, 대뇌 비대칭에 대한 이론적 설명들은 유사하게 발전했으며, 현재는 개별적인 체계들을 명시적으로 통합하고 있다. 서턴과 데이비드슨(Sutton and Davidson, 1997)의 최근 연구는 개별적인 동기 체계들에 대한 가정을 데이비드슨의 소인 스트레스 모델과 훌륭히 통합하고 있다. 이 연구는 휴식기의 EEG 비대칭과 카버와 화이트(Carver and White, 1994)의 '행동 접근 체계'/'행동 억제 체계' 척도 점수와 비교하였다. 후자는 각각 접근하거나 물러나는 경향의 개인차와 그와 같은 접근과 철수에 따르는 감정 상태 경험의 개인차를 평가하기 위해 고안한 자기보고 도구이다(Gray, 1982도 참조). 긍정성과 부정성은 각각 좌반구 및 우반구 활성화와 상이하게 연관된 개별적인 체계라는 개념과 일치하는, 중앙전두부의 전극 위치에서 보이는 상대적으로 큰 좌측 비대칭은 행동 활성화 체계의 점수와 정적 상관관계를 보였고 행동 억제 체계의 점수와는 부적 상관관계를 보였다.

피질 비대칭의 이론적 개념화는 순전히 양극성 및 상호성 모델에서 이변량 모델과 일치하는 모델로 이동한 것인 반면에, 차이 점수(우반구의 로그 알파파 세기−좌반구의 로그 알파파 세기)로 피질 비대칭을 측정하는 암묵적인 양극성 관행은 방법론적 고려 때문에 여전히 존속되고 있다. 특히, 해당 부위의 두개골 두께와 볼륨 전도[8]에 대한 우려 때문에, 부위 특유의 휴식기 EEG

8   한 신호원이 동시에 두 개 이상의 다른 전극에서 측정되는 현상.

24장

1011

활성화(예컨대, 원 에너지 또는 에너지 밀도)보다는 차이 점수를 선호하는 편이다(Wheeler et al., 1993). 이처럼 비신경적 발생원 때문에 공통 변량을 제거하는 가장 좋은 방법으로 차이 점수가 채택되었다. 불행하게도, 여러 가지 평가 활성화 양상들은 동일한 비대칭 차이 점수로 나타날 수 있다. 예를 들어, 상대적으로 높은 좌측 활성화를 나타내는 비대칭 점수는 (긍정 체계의 독립적인 활성화로 인한 것과 같은) 좌반구의 과도한 활성화, (부정 체계의 분리된 활성화로 인한 것과 같은) 우반구의 과도한 활성화 또는 (긍정 체계와 부정 체계의 상호 활성화로 인한 것과 같은) 우반구의 과도한 활성화와 좌반구의 과도한 활성화의 일부 조합에 의해 생성될 수 있다. 마찬가지로, 긍정 체계와 부정 체계 내에서 활성화 수준이 낮은 개인은 두 체계의 활성화가 매우 높은 개인과 동일한 차이 점수를 산출할 수 있다. 전자의 경우 활성화 패턴은 중립성을 나타내지만 후자의 경우 활성화 패턴은 양가성을 나타낸다. (이변량 동기 체계를 측정할 때 존재하는 양극성 척도의 단점에 대한 더 일반적인 논의를 살펴보고자 한다면, Cacioppo and Berntson, 1994를 참조).

상응하는 부위에서 두개골 두께와 볼륨 전도의 효과를 제거하는 방법들이 개발되었지만 아직 널리 사용되지는 않는다. 그러한 방법들은 이용되었을 때, 이변량 모델이 구체화한 여러 평가 활성화 양상들에 의해서 해석될 수 있는 증거를 드러낸다. 휠러와 데이비드슨, 토마켄(Wheeler, Davidson and Tomarken, 1993)은 특정한 부위에서 전체 두뇌 전력과 그 부위만의 고유 전력을 통계적으로 제거하기 위해서 회귀 기법을 사용했다. 그리하여 계산된 전력 점수와 긍정적인 영화에 대한 긍정적인 반응의 평점 및 부정적인 영화에 대한 부정적인 반응의 평점 간의 상관관계를 얻었다. EEG 점수는 영화에 노출되기 전에 기록된 휴식기의 EEG 기간에서 얻은 것이었다. 부정적인 영화 장면들에 대한 반응으로 보인 부정적인 감정의 평점에 대해서는 우측 전두부 활성화 관측을 통해서만 예측할 수 있었지만, 긍정적인 영화 장면들에 대한 반응으로 보인 긍정적인 감정의 평점에 대해서는 좌측 전두부 활성화뿐만 아니라 반대로 우측 전두부 활성화 관측을 통해서도 예측할 수 있었다. 이러한 결과에 대해서 가능한 한 가지 해석을 들자면, 이 연구에서 제시한 부정적인 영화 장면들은 부정적인 동기 체계의 상대적으로 독립적인 활성화를 유발했지만, 긍정적인 영화 장면들은 긍정적인 동기 체계와 부정적인 동기 체계의 상호 활성화를 생성했다는 것이다.

요컨대, 피질 비대칭에 대한 연구는 두 개의 개별적인 동기 체계의 제시와 관련해서 이변량 모델과 일치한다. 비대칭이 어떻게 측정되는지에 대한 논의에서 언급했듯이, 두 뇌반구 간의 상대적 활성화를 표현하기 위해 본질적인 양극성 차이 점수를 사용하는 데는 이론적 한계가 있다. 한 뇌반구 내의 휴식기 EEG를 정량화하는 새로운 방법이 개발됨에 따라, 평가 활성화의 상이한 양상들(상호 활성화, 독립적 활성화, 공동 활성화)이 어떻게 그리고 언제 관찰되는지와 관련된 질문들을 평가하는 것이 흥미로울 것이다. 흥미롭게도, 여기에서 고찰한 전두부 피질의 비대칭과 앞에서 고찰한 우반구 전두부에 편재된 ERPs는 감정의 상이한 양상들을 나타내는 것으로 보인다(Cacioppo et al., 1996을 참조). 예를 들어, 대뇌의 EEG의 비대칭은 긍정적이거나 부정적으로 반응하는 성향과 관련이 있는 반면에, 편재화된 ERPs는 감정적 정보의 인식과 분류와 관련이 있다.

우리는 이 장을 시작할 때 인간의 뇌와 신체가 효용성을 계산하고 그에 따라 반응하기 위해서 자연선택에 의해 형성되었다는 점을 제시했다. 지금까지 우리는 효용 계산의 기초가 되거나 그것과 관련된 과정에 초점을 맞추었다. 다음에서 우리는 기본적인 보호 반사, 즉 놀람-눈 깜박임 반사에 대한 연구로 시선을 돌릴 것이다.

놀람 눈 깜박임 조정

여러분이 방금 아주 무서운 영화를 보고 극장을 떠날 때, 쾅 하는 커다란 소리를 들었다고 상상해 보라. 그러한 상황에서 보이는 일반적인 반응은 놀람 반응이다. 여러분의 심장이 쿵쿵 뛰고, 두 눈이 싹 감기고, 양 어깨가 보호 자세로 앞으로 구부러진다. 이제 여러분이 무서운 영화가 아닌 아주 웃긴 영화를 봤다고 상상해 보자. 그렇다면, 쾅 하는 커다란 소리는 이번에도 놀람 반응을 야기하지만, 그 강도는 앞서의 상황보다 약할 가능성이 높다. 이 놀람 반응의 가장 확실한 구성 요인 중 하나는 눈 깜빡임이다. 잠재적인 위해로부터 눈을 보호하는 수단으로 기여하는 이러한 놀람 반응의 구성 요인은 주의력 및 감정 과정에 민감하다(Anthony, 1985). 그것은 우리가 여기서 초점을 맞추고자 하는 연구의 후반부 영역이다. 특히 중립 상태에 비해 부정적인 상태는 놀람 눈 깜빡임을 강화하는 경향이 있는 반면에 긍정적인 상태는 그것을 억제하는 경향이 있다(Lang, Bradley and Cuthbert, 1990).

놀람 조정은 감정 상태를 유도하기 위해 컬러 사진을, 그리고 놀람 반사를 일으키기 위해 짧고 강렬하며 예상치 못한 음향 사건을 매우 빈번히 사용하여 연구되었다. 예컨대, 한 연구에서 브라나와 스펜스, 랭(Vrana, Spence and Lang, 1988)은 참가자들에게 각각 6,000밀리초 동안 일련의 긍정적, 부정적, 중립적인 사진의 슬라이드를 보여주었다. 슬라이드는 일반적으로 정서 연구에, 특히, 놀람 반사 연구에 널리 사용되어 온 500여 개의 컬러 이미지 세트인 국제 감정 사진 시스템(International Affective Picture System: IAPS) ─ (정서 및 주의력 연구 센터(Center for the Study of Emotion and Attention, 1995)) ─ 에서 선정하였다. 자기보고된 양극 유의성과 각성에 대한 대학생 표본의 표준 평점은 IAPS 이미지에 해당하는 것이며, 브라나와 동료들이 시행한 연구에서 슬라이드를 선택하는 데 이용되었다. 긍정적인 슬라이드와 부정적인 슬라이드는 평균 각성에 있어 동등하며, 두 유의성 범주는 모두 중립적인 슬라이드보다 더 각성을 일으켰다. 슬라이드 상영이 시작된 이후, 500, 2,500 또는 4,500밀리초가 흐른 시점에서, 부분 세트의 슬라이드들을 제시하는 동안에 헤드폰을 통해 아무런 신호 없이 갑자기 95데시벨의 백색 소음을 50밀리초 동안 들려주었다. 실험 참가자들은 슬라이드에 주의하고 헤드폰에서 들리는 소음을 무시하라는 지시를 받았다. 한쪽 눈 밑 주변 근육(눈둘레근) 위에 장착한 소형 전극에 의해 측정된 눈 깜빡임 반응의 크기는 눈 깜빡임 크기와 감정 전경(前景)의 유의성 간의 유의미한 역관계를 보여주었다. 특히, 부정적인 슬라이드를 제시하는 동안에 유도된 눈 깜빡임은 중립적인 슬라이드를 제시하는 동안에 유도된 눈 깜박임에 비해 증가했다. 이와는 대조적으로, 긍정적인 슬라이드를 제시하는 동안에 유도된 눈 깜빡임은 중립적 슬라이드를 제시하는 동안에 유도된 눈 깜박임에 비해 억제되었다.

놀람 눈 깜빡임 조정은 영화(Jansen and Frijda, 1994), 쾌락적 향기(Ehrlichman et al., 1995를 참조), 쾌락과 관련 있는 고전적 조건화 자극(Lipp, Sheridan and Siddle, 1994), 얼굴 표정(Balaban, 1995), 그리고 슬라이드뿐만 아니라 심상(Cook et al., 1991) 등을 비롯한 광범위한 다양한 자극에 의해서 감정의 전경이 유도될 때 얻어졌다. 또한 감정 조정은 음향 놀람 탐침 이외의 것으로도 일반화되며, 촉각 탐침(Hawk and Cook, 1997)과 시각 탐침(Bradley, Cuthbert and

Lang, 1990)을 이용하여 얻는다. 랭과 동료들(Lang et al., 1990, 1992; Lang, 1995)은 동기 점화의 관점에서 감정 전경의 함수로서 놀람 눈 깜박임 조정을 설명했다. 이 개념은 두 가지 동기 체계, 즉 결국 우리가 긍정성이라고 부르는 통용화 함수가 되는 보상 자극과 연관이 있는 욕구 체계와 결국 우리가 부정성이라고 부르는 통용화 함수가 되는 방어 반응과 연관이 있는 혐오 체계를 가정한다. 감정 자극은 욕구 체계나 혐오 체계와 연관이 있는 연합과 표상과 행동 프로그램을 점화하는 것으로 보인다. 이러한 점화는 활성화된 체계의 가능성과 잠재적 강도를 증가시키는 동시에 비관여 체계상의 반응 가능성과 반응 잠재적 강도(즉, 상호 활성화)를 감소시키는 것으로 여겨진다. 이리하여, 놀람 탐침에 선행하는 부정적인 자극은 혐오 체계를 활성화시키는 것으로 여겨진다. 이미 점화된 혐오 체계와 방어적인 놀람 반사 간의 뒤이은 맞대응은 놀람 눈 깜박임의 강화 작용을 일으킨다. 이와는 대조적으로, 긍정적인 감정 전경은 감정 전경의 유의성과 반사적 반응 간의 불일치를 초래하여 결국에는 놀람 눈 깜빡임을 억제한다.

동기 일치 가설은 이변량 모델과 마찬가지로 두 개의 개별적인 유의성 체계(Lang, 1995)를 가정하지만, 긍정적인 감정 상태가 약화되는 경향이 있고 부정적인 감정 상태가 강해지는 경향이 있기 때문에, 놀람 눈 깜박임의 진폭, 놀람 눈 깜빡임의 조정은 감정의 양극성 체제가 사실임을 뒷받침하는 증거로 해석되어 왔다(Lang et al., 1992). 그러나 이러한 결과는 이변량 모델과도 일치한다. 예를 들어, 긍정성과 부정성은 각각 놀람 눈 깜박임에 정반대의 효과를 발휘하는 독립적이고 개별적인 방식으로 작용할 수도 있을 것이다. 이는 설사 상호적인 긍정성과 부정성의 활성화보다는 놀람 눈 깜박임에 미치는 효과라고 하더라도 행동 수준에서는 상호 활성화의 모습을 보일 것이다. 그 대신에, 위트블리엣과 브라나(Witvliet and Vrana, 1995)는 놀람 눈 깜빡임 조정이 유의성(긍정성-부정성)보다는 그 자체로 부정성의 함수로서 다양성을 지닌다고 주장했다. 이러한 설명은 척추 반사 수준과 같이 비교적 낮은 수준의 뇌척수간에서 관찰되는 긍정성과 부정성의 상호성 경향과 일치한다(Berntson et al., 1993).

또한, 이변량 모델은 상호 활성화를 포괄하지만, 추가적으로 접근의 기울기보다 철수의 기울기가 더 가파르다고 단정하기도 한다. 정신생리학적 반응에 부정 편향이 있는 경우, 부정적인 전경은 긍정적인 전경보다 놀람 눈 깜빡임을 더 강하게 조정할 수 있다. 이러한 추론에 동의하는 몇몇 연구자들은 부정적인 전경이 놀람 눈 깜빡임을 증가시키는 반면에, 긍정적인 전경은 중립적인 전경과 연합된 눈 깜박임의 진폭과 유사한 눈 깜빡임을 일으킨다고 보고했다(Bradley, Cuthbert and Lang, 1996; Cuthbert, Bradley and Lang, 1996; Ehrlichman et al., 1995; Hawk and Cook, 1997; Jansen and Frijda, 1994; Miltner et al., 1994; Vrana, 1995). 이러한 결과는 부정적인 동기 체계의 활성화가 방어적인 놀람 반응을 확실하게 강화시키는 반면에, 긍정적인 동기 체계의 활성화는 놀람 반사를 덜 일관적으로 억제한다는 점을 시사한다.

흥미롭게도, 자극적이지 않거나 약한 감정 반응을 일으키는 자극은 놀람 눈 깜박임의 진폭을 확실하게 조정하지 못한다(Lang et al., 1992). 그러나 이러한 자극은 안면 근전도 검사(EMG)에서 보듯이, 초기 표현 운동에 영향을 미치는 것으로 밝혀졌다. 이 연구를 다음 절에서 살펴볼 것이다.

안면 근전도

얼굴 표정을 정서 지표로 바라보는 관점의 현대적인 발전의 기원은 톰킨스(Tomkins, 1962)가 정서 경험에서 나타나는 얼굴 움직임과 피드백을 도구적 역할로 여긴 일과 얼굴 표정과 정서에 대한 현미경 수준의 관찰 분석을 위해 고속 촬영을 사용할 것을 제시한 것에서 찾을 수 있다. 이러한 제안들은 얼굴 표정들의 부호화에 중요한 방법론적 진보를 가져왔다(Ekman and Friesen, 1978; Izard, 1971, 1977). 이 토대를 발판 삼아 연구자들은 지난 30년 동안 다음과 같은 도발적인 증거를 제시했다. 즉, 적어도 개별적인 부분 감정들은 뚜렷하고 명백한 얼굴 표정과 관련이 있고, 개인이 긍정적인 감정과 부정적인 감정을 보고하는 상태를 유발하는 것은 독특한 얼굴 움직임과 관련이 있으며, 성인의 표현과 유사한 표현이 신생아와 선천적인 시각장애인에게서 발견될 수 있다(Ekman, 1973, 1982, 1994; Ekman and Friesen, 1978; Ekman et al., 1987; Izard, 1971, 1977, 1994; Steiner, 1979). 그러나 많은 정서적인 정보 과정과 감정이 실린 정보 과정은 시각적으로 지각할 수 있는 얼굴 움직임을 동반하지 않으며, 이는 정서상의 얼굴 움직임에 대한 분석의 효용성을 제한해 왔다. 또한 문화 전반에 걸친 관찰자들은 행복, 슬픔, 공포, 분노, 놀람, 혐오 등의 표현에 동일한 정서적 의미를 부여하지만 이러한 귀인은 완벽하지 않다(Russell, 1994). 그리고 자극이 유발하는 특정한 정서(또는 자극이 유발하는 잇따른 여러 정서나 혼합 정서)가 개인과 문화에 따라 다를 수 있다는 점은 이 분야의 연구를 복잡하게 만든다. 마지막으로, 개인들은 자신들이 느끼고 있는 정서를 저지하거나 숨기고자 하는 표현 규칙을 행사할 수 있으며, 관찰자는 표현의 의미를 잘못 이해할 수 있다(예컨대, 공포와 놀람과 관련해서는 Ekman 1973; Cacippo, Bush and Tassinary, 1992를 참조). 이러한 이유들 때문에 뚜렷한 얼굴 표정의 코딩이 감정 상태를 완벽하게 측정하는 방법일 수는 없는 것이다(Cacioppo et al., 1988).

감정 조사에 안면 근전도 검사를 사용한 것은 1970년대에 시작되었다. 린(Rinn, 1984)이 지적했듯이, 명확한 얼굴 표정은 얼굴 근육의 수축으로 인한 얼굴 피부와 결합 조직의 다양하고 구체적인 움직임의 결과물이다. 이러한 움직임은 피부에 기복과 선과 주름을 만들고, 눈썹과 입 꼬리와 같은 안면 랜드마크의 움직임을 만든다. 이러한 얼굴의 움직임이 이루어지려면, 근육이 활성화되어야 하지만, 근육의 활성화가 약하거나 매우 일시적이거나 명확한 반응이 얼굴 움직임의 초기에 완전히 중단될 경우에는 얼굴의 근육 활동 전위는 명확한 얼굴 움직임 없이 발생할 수 있다. 따라서 안면 EMG 활동은 안면 움직임의 부호화가 인식되지 않을 정도로 약한 정서나 정서 과정에 대한 연구에서 특히 유용했다(Cacioppo and Petty 1982; Cacioppo, Tassinary and Fridlund 1990; Schwartz et al., 1976).

슈바르츠와 동료들은 정서적 심상 연구에서 눈썹(눈썹주름근), 볼(큰광대근), 입 주위(입꼬리내림근) 등의 근육 부위에서 일어나는 EMG 활동에 대한 모니터링의 유용성을 입증한다. 예를 들어, 슈바르츠와 동료들(Schwartz et al., 1976)은 실험 참가자들에게 자신의 삶에서 긍정적이거나 부정적인 사건을 상상해 보라고 요구했다. 그 결과, 행복한 사건을 상상할 때와 비교해 슬픈 사건을 상상을 할 때 사람들은 눈썹 부위에서 더 높은 근전도 활동을 보였고, 볼과 입 주위에서 낮은 근전도 활동을 보였다. 카치오포와 페티(Cacioppo and Petty, 1979)의 연구 결과에 의하면, 볼과 눈썹 근육 부위에서 나타나는 EMG 활동의 측정치도 마찬가지로 지지 태도의 의사소통 및 부정적 태도의 의사소통을 예상하는 개인들과 그 후에 그러한 의사소통에 노출된 개인들 간에 달랐다. 그렇지만 그에 따른 명확한 얼굴 표정은 드물었고, 그러한 얼굴 표정으로 개인들의 두 조건을 구별할 수는 없었다. 결국 분석에 앞서 그러한 얼굴 표정은 제외되었다.

안면 EMG에 대한 후속 연구는 다음과 같은 점들을 확증했다. (1) 가벼운 부정적인 정서가 일어날 때보다 가벼운 긍정적인 정서가 일어날 때 눈썹 근육(눈썹주름근) 부위의 EMG 활동은 상대적으로 낮고, 볼 근육(큰광대근)과 눈 주위 근육(눈둘레근) 부위의 EMG 활동은 상대적으로 높다. 반면에 (2) 이마 근육(내전두근, 측전두근)과 입 주위 근육(입둘레근, 입꼬리내림근) 부위의 EMG 활동은 가벼운 긍정적인 감정과 가벼운 부정적인 감정에 따라 일관되게 다르지는 않았다(Bush et al., 1989; Cacioppo et al., 1992; Cacioppo et al., 1986; Cacioppo et al., 1988; Lang 1995; Dimberg, 1986, 1988; Englis, Vaughan and Lanzetta, 1982; Greenwald, Cook and Lang 1989; McCanne and Anderson, 1987; McHugo et al., 1985). 안면 EMG에 대한 연구에서도 긍정적인 자극과 부정적인 자극은 볼과 눈썹 부위의 안면 EMG 활동에 상반되는 효과를 미치는 경향이 있으며, 이러한 상반되는 효과는 개인(개별 사례적인) 분석 수준보다 집단(일반 법칙) 분석 수준에서 더 뚜렷하다.

개별적인 정서들이 안면 EMG 활동에 미치는 효과에 대한 연구는 초기 표현 행동이 부정적인 상태와 긍정적인 상태에 따라서만 다르다는 사실을 시사한다. 특히 개별적인 감정들에서 나타나는 EMG 활동에 대한 포괄적인 연구에서 브라운과 슈바르츠(Brown and Schwartz, 1980)는 눈썹, 볼, 이마, 턱 등의 근육 부위에서 EMG 활동이 기록되는 동안 세 가지 강도 수준에서 행복과 슬픔, 공포, 분노를 유도해 내기 위해 고안된 48가지 심상 조건을 통해 60명의 참가자들의 정서 리듬을 조정했다. 그 결과에 의하면, 공포와 분노, 슬픔의 심상이 행복의 심상에 비해 눈썹 근육 부위에서 EMG 활동이 더 높은 현상과 연관이 있었다. 볼 부위의 EMG 활동은 행복 심상을 떠올리는 동안에 가장 높았지만, 공포 심상을 떠올리는 동안에도 높았고, 분노 심상을 떠올리는 동안에는 상대적으로 낮았다. 그처럼 공포 심상을 떠올리는 동안에도 볼 부위의 EMG 활동이 높은 현상이 어떤 실험 참가자들이 비참하거나 고통스러운 미소를 지은 행동(Ekman, Friesen and Ancoli, 1980)을 반영하는 것인지, 중하부 안면 부위의 다른 근육들로부터 생기는 혼선을 반영하는 것인지, 아니면, 원시적인 호전성의 과시에서 나타나는 미소와 웃음의 추정상의 계통 발생적 기원(Andrew 1963; van Hooff, 1972)을 반영하는 것인지 명확하지 않다. 슬픔, 분노, 공포 심상을 떠올리는 동안에 정서 강도가 증가할 경우, 특히 눈썹 근육 부위의 EMG 활동이 증가했고, 행복 심상을 떠올리는 동안에 정서 강도가 증가할 경우, 특히 볼 근육 부위의 EMG 활동이 증가했다. 다시 한 번 말하자면, 턱과 이마 근육 부위의 EMG 활동은 크게 다르지 않았다(Brown and Schwartz, 1980; Hess et al., 1992; Schwartz et al., 1976; Cacioppo et al., 저널에 실릴 예정인 논문). 따라서 저강도 정서가 일어나는 동안에 나타나는 안면 EMG 활동은 개별적인 감정들의 활성화보다 긍정성과 부정성의 활성화와 더 밀접한 관련이 있는 것으로 보인다.

또한 안면 EMG 반응으로는 대화상의 개별적인 감정 경험 정도보다 긍정성이나 부정성의 정도를 더 잘 예측할 수 있는 것으로 밝혀졌다. 예를 들어, 카치오포와 동료들(1988)은 15명의 여대생들을 대상으로 인터뷰하는 동안에 안면 EMG와 시청각 녹음 자료를 얻었다. 그 후, 참가자들에게 얼굴의 다른 부위에서 나타나는 활동 수준이 지속적이면서도 안정적인 상황에서 눈썹 근육(눈썹주름근) 부위에서 독특한 EMG 반응이 나타나는 특징을 보이는, 특정한 부분의 인터뷰 중에 무슨 생각을 하고 있었는지 설명하도록 요구했다. 비디오테이프 분석 결과, 관찰자들은 상이한 감정과 관련이 있는 기록된 인터뷰 부분들을 구별할 수 없는 것으로 나타났다. 그럼에도 불구하고 눈썹 근육 부위에 보이는 비교적 낮은 수준의 EMG 활동은 즐거움과 온정의 감정을 특징짓는 반면에, 그 부위에서 보이는 비교적 높은 수준의 EMG 활동은 공포, 슬픔, 혐오, 긴장, 초조감, 경멸 등의 감정을 특징지었다. 즉, 눈썹 근육 부위에서 보이는 EMG 활동의 증가는 긍정적인 정서의 낮은 보고와 부정적인 정서의 높은 보고와 연관이 있었다. 눈썹 근육 부위에서 보이는 안면 EMG 활동에 근거한 추가적인 차이는 신뢰할 수 없었다.

자율신경계 활동

평가 과정 및 감정 과정의 정신생리학에 대한 우리의 재고찰이 보여주듯이, 전뇌의 전방 영역에 대한 연구는 긍정성과 부정성의 이변량 체제를 제시한다. 낮은 수준의 뇌척수간으로 주의를 돌린, 놀람 눈 깜박임 및 안면 EMG에 대한 연구는 긍정성과 부정성 간의 상호성이 더 큰 경향성을 가짐을 시사한다. 이러한 패턴화는 효용 계산의 행동적 표현을 2가 행동(접근-철수)으로 제한하는 물리적 제약을 인식할 때와 그러한 행동을 성취하기 위해 효용 계산 결과를 수행하는 데 있어서 체성신경계가 하는 역할을 인식할 때 이치에 맞는다. 자율신경계는 결국 항상성을 유지하고 접근과 철수에 대한 대사 지원을 제공하는 역할을 한다. 즉 자율신경계는 인간이 자유롭고 독립적인 실존을 누리도록 필요한 생리적 조절과 적응 능력을 제공한다. 따라서 우리가 여기서 재고찰하는 마지막 연구 영역인 자율신경계 활동은 자율신경계가 주로 정서적 도전에 대응하여, 연관 있거나 예상되는 대사 요구에 반응한다는 견해를 입증한다(Cacioppo et al., 저널에 실릴 예정인 논문).

자율신경계 활동과 감정 반응에 대한 많은 연구들은 말초 생리적 변화가 정서 경험에 대한 지각의 결과라기보다는 선행 요인이라고 제안한 윌리엄 제임스(Wiliam James, 1884)의 영향을 받았다. 제임스의 이론화는 체성 내장 반응이 정서 경험보다 선행하는지 여부뿐만 아니라 개별적인 정서가 생리적 활동의 독특한 패턴과 연관이 있는지를 확정하는 데 많은 관심을 불러일으켰다. 자율신경계는 많은 연구자들이 정서 특유의 패턴화를 찾는 데 주력한 분야였다.

불행하게도 자율신경계 활동과 감정 반응에 대한 초기 연구는 특징상 반복 가능성과 일관성이 결여되어 있었다. 예를 들어, 심박동수 반응은 유쾌한 자극과 불쾌한 자극에 따라 달랐지만, 그 효과의 방향은 일관되지 않았다. 불쾌한 그림 자극을 볼 때와 비교해, 유쾌한 그림 자극을 볼 때 심박동수가 현저하게 감소하는 것으로 보고되었다(Cacioppo and Sandman, 1978; Greenwald, Cook and Lang, 1989; Hubert and de Jong-Meyer, 1991; Winton, Putnam and Krauss, 1984). 이와는 대조적으로, 부정적인 유의성 소재에 대한 심상은 더 빠른 심박동수 증가와 관련이 있다(Jones and Johnson, 1980; Vrana, Cuthbert and Lang, 1989; Vrana and Lang, 1990). 동공 반응에 대한 연구들도 처음에는 유망했다. 초기 보고에서는 유쾌한 시각 자극에 대해서는 동공이 확대되고(Hess and Polt, 1960) 불쾌한 시각 자극에 대해서는 동공이 수축하는 반응을 보이는 것(Hess and Polt, 1960)으로 나타났다. 이러한 효과를 반복 실험해 보려는 시도는 종종 실패했는데, 특히 휘도 차와 시각적 고정의 차이와 같은 방법론적 인위성 문제 그리고 지향성과 정신적 노력, 피로, 각성과 같은 잠재적인 혼란스러운 심리적 변인들을 통제하기 위해 예방 조치를 취했을 때 더 빈번히 실패했다(Stern and Dunham, 1990). 또한, 차후에 헤스와 폴트(Hess and Polt)의 원자료를 재검토한 결과에 의하면, 가설을 뒷받침하는 많은 증거들이 특정한 참가자의 이례적인 반응에 기인한 것이었다(Skinner, 1980). 또한 문제가 되는 것은 청각 자극, 후각 자극, 또는 촉각 자극을 사용할 때 동공 반응과 감정 상태 간의 중요한 관계를 얻지 못한다는 것이다(Goldwater, 1972). 따라서 축적된 증거에 의하면, 심박동수의 경우와 마찬가지로, 동공 반응으로 정서 상태를 명확히 구별하지는 못하는 것으로 나타났다.

또한 에크만과 레벤슨과 동료들(Ekman, Levenson and Friesen, 1983; Levenson, 1988)은 예전 결과들의 많은 불일치의 원인을, '정서 상태의 유발을 (예를 들어, 자기보고나 행동 관찰을 통해) 독립적으로 검증하지 못한 것', 그리고 정서의 발생 및 정서의 상쇄 훨씬 전이나 후에 측정한 생리적 측정치 기록을 비롯한 다양한 방법학적 문제들에서 찾았다. 그들은 또한 특정한 정서의 각성 및 그 각성의 지속 기간에 대한 부주의와 같은 개념적 단점에 주목했다. 더욱이 그들은 정서 상태의 차이를 확인하기 위해서는 자율신경계 활동의 여러 지표를 동시에 검사해야 한다고 주장했다. 에크만과 레벤슨과 동료들은 이러한 방법론적 결점을 제거하면, 정서 특유의 자율신경계 활동의 차이를 얻을 수 있다고 주장했다. 그들은 1983년에 한 영향력 있는 논문에서 이러한 주장을 뒷받침하는 증거를 처음 제시했다(Ekman et al., 1983). 조작을 통해 분노, 공포, 슬픔, 행복, 놀람, 혐오 등의 정서 상태를 유발시키고, 심박동수, 왼손과 오른손 손가락의 온도, 피부 저항, 전완 굴곡근의 긴장도를 기록했다. 정서를 불러일으키는 한 가지 방법은 실험 참가자에게 정서 상태에 대한 언급을 생략한 근육별 수축 지침을 통해 개별적인 정서와 연관된 얼굴 표정을 짓도록 유도하는, '유도 안면 움직임 과제'를 요했다. 예를 들어, 실험 참가자는 눈썹을 아래로 당기는 동시에 윗눈꺼풀을 올리고, 아랫입술을 위로 밀어 올리는 동시에 입술을 짓누르라는 말을 들었다. 이러한 지시 사항은 분노와 연관된 얼굴 표정에 해당한다. 연구자들은 정서 표현(표정)이 위축되는 동안 기록된 자율신경계 반응을 통제 조건의(비정서적) 표현을 한 시기와 비교하였다. 표출한 정서 표현(표정)에서 얻은 생리적 데이터는 비디오 녹화 자료를 검사한 결과, 원하는 표현을 성취했을 경우에만 분석되었다. 에크만과 레벤슨, 프리센(Ekman, Levenson and Friesen, 1983)은 '유도 안면 움직임 과제'를 이용하여 다음과 같은 연구 결과를 보고했다. (1) 심박동수는 행복과 혐오와 놀람보다 분노와 공포와 슬픔에서 더 높았고, (2) 분노 시에는 상대적으로 손가락 온도가 높아진다는 점에서 분노가 공포와 슬픔과 더 차별화될 수 있었다.

또한 이 실험에서 참가자들에게 30초 동안 과거의 정서 경험을 회상해 보도록 요구하는 심상 과제로 정서를 불러일으켰다. 참가자들은 심상이 떠오르는 동안에 야기되는 감정의 강도를 보고했고, 표적 정서의 강도가 (9점 척도의) 척도 중간점 이상일 경우에만 분석을 위해 데이터가 보존되었으며, 유사한 강도의 다른 정서는 보고되지 않았다. 경감된 정서 기간 동안에 보인 생리적 반응은 비(非)심상 휴식기의 기준선과 비교해, 공포나 분노, 혐오감을 느끼는 동안보다 슬픔을 느끼는 동안에 더 높은 피부 저항을 나타낸다. 이와 함께, 두 가지 정서 유도 기법의 결과는 특히 (분노, 공포와 같은) 동일한 유의성의 정서가 구별할 수 있는 것으로 보이기 때문에 정서 특유의 자율신경계의 패턴화에 대한 견해에 상당한 열의를 불러일으켰다. 에크만과 레벤슨, 프리센(Levenson, Ekman and Friesen, 1990)은 유도 안면 움직임 과제를 이용하여 그와 유사한 결과를 얻었으며, 결과적으로 각각의 개별적인 정서가 유기체의 생물학적 상태의 변화를 조정하는 역할을 하는 선천적인 감정 프로그램과 연관이 있다는 점을 제시했다. 이러한 유기체의 생물학적 상태의 변화는 (공포의 경우의 도피와 같은) 특정한 정서와 관련이 있을 가능성이 가장 높은 행동 적응 및 운동 프로그램을 입증하는 데 초점이 맞춰져 있으며, 자율신경계 활동의 정서 특유의 변화로 기록될 수 있다(Levenson et al., 1990).

현재 이 가설과 관련된 많은 연구가 있으며, 이 가설에 대한 몇 가지 포괄적인 재고찰이 이루어져 왔다(Cacioppo, Klein, Berntson and Hatfield, 1993; Cacioppo et al., 저널에 실릴 예정인 논문; Zajonc and McIntosh, 1992). 우리는 여기서 그러한 재고찰을 되풀이하기보다는, 주요한 연구 결과들을 요약할 것이다. 좀 더 자세히 알고 싶은 관심 있는 독자들이라면, 이러한 재고찰 문헌들을 참조하기를 권한다. 이러한 재고찰 결과에 의하면, 다양한 연구들에 걸쳐 신뢰할 만한 자율신경계 활동의 차이가 존재한다는 사실이 밝혀졌지만, 그 결과는 정서 특유의 자율신경계 패턴의 존재를 의미하는 특수성과는 거리가 멀었다. 카치오포와 동료들(Cacioppo et al., 저널에 실릴 예정인 논문)은 정서 특유의 자율신경계 패턴이 존재하는지 여부에 대한 문제와 관련된 데이터를 제공하는 17개의 개별 연구들을 메타 분석했다. 연구는 적어도 두 개의 개별적인 정서가 두 개 이상의 자율신경계 활동의 측정치에 미치는 영향을 대조한 경우에만 재고찰의 대상이 되었다. 이와 같은 기준은 20가지 측정치를 포함하는 거의 800개의 개별적인 효과 크기를 산출했다. (분석에는 참가자들의 연령도 조절 변인으로 포함되었지만, 여기서는 그러한 효과들에 대해서는 논의하지 않을 것이다.)

메타 분석 결과에 의하면, 심박동수는 몇 가지 정서에 따라 달랐다. 사실, 심박동수는 정서 특수성에 대한 가장 강력한 증거를 제공했다. 이는 에크만과 레벤슨, 프리센(1983)의 연구 결과와 일치하는 결과였다. 즉, 혐오감에 비해 분노와 공포, 슬픔을 느낄 때 더 심박동수가 빨라졌다. 또한 행복이 혐오감보다 더 빨라지는 심박동수와 연관이 있는 경향이 있었다. 그러나 혐오감은 통제 조건과 동일한 심박동수 반응과 연관이 있었다. 실제로 혐오감은 자율신경계 측정치에 있어서, 통제 조건과 다르지 않았다. 메타 분석에서, 심박동수 반응의 결과는 다음과 같았다. 심박동수 반응은 (1) 행복보다 분노에서 더 컸고, (2) 행복보다 공포에서 더 컸고(손가락 맥박수에서도 달랐다), (3) 슬픔보다 공포에서 더 컸고(호흡수에서도 달랐다), (4) 놀람보다 분노에서 더 컸고, (5) 놀람보다 슬픔에서 더 컸으며, (6) 놀람보다 행복에서 더 컸다.

심박동수 이외의 측정치와 관련한 정서 특수성은 메타 분석에서 신뢰도가 상대적으로 낮았다. 이완기 혈압의 경우, 분노는 슬픔 및 행복과 달랐고, 슬픔은 행복과 달랐지만(수축기 혈압의 측정치에서도 달랐다) 공포는 슬픔이나 행복과 다르지 않았다. 피부 전도성 수준은 혐오감보다 행복감에서 덜 증가했고 혐오감보다 놀람에서 덜 증가했지만 앞서 언급했듯이 혐오감은 자율신경계 반응의 측면에서 통제 조건과 다르지 않았다. 메타 분석에서 공포는 놀람보다 피부 전도성 수준의 더 큰 증가와 관련이 있으며, 슬픔보다 비특이적인 피부 전도성 반응의 더 큰 증가 및 피부 전도성 수준의 더 작은 증가와 관련이 있었다. 신체 긴장도, 안면 온도, 호흡 진폭, 들숨 양 또는 심장의 일회 박출량 등의 측정치와 관련한 정서들의 쌍별 비교에서 반복적으로 나온 같은 결과인 자율신경계 활동의 차이를 뒷받침하는 증거가 거의 없었고, 심장의 수축기 시간 간격, 손가락 맥박수, 맥박 전달 시간, 신체 움직임 등과 같은 다른 여러 가지 측정치에 대한 데이터가 너무 적어서 강력한 결론을 내릴 수 없었다(Cacioppo et al., 저널에 실릴 예정인 논문; Zajonc and McIntosh, 1992 또한 참조).

요컨대, 관련 연구를 재고찰한 결과, 정서 특유의 자율신경계 특수성을 뒷받침하는 증거는 명확하지 않은 것으로 나타났다. 또한 보이텐(Boiten, 1996)의 연구 결과에 따르면, 정서들에 따른 자율신경계 활동 차이 중 일부는 인위적인 노력과 관련이 있는 호흡 변화인 것으로 나타났다. 보이텐은 유도 안면 움직임 과제를 이용하여 비정서적인 통제 조건의 표정뿐만 아니라, 분노, 공포, 슬픔, 혐오감, 행복 등의 얼굴 표정을 유도해 냈다. 심박동수 결과는 에크만과 레벤슨, 프리센의 연구(1983)와 레벤슨과 에크만, 프리센의 연구(1990)가 밝힌 패턴이 반복해서 나왔다. 특히, 혐오감과 놀람에 비해 분노와 공포와 슬픔으로 인해 심박동수가 더 크게 증가하는 현상이 관찰되었다. 그러나 중요한 점은 호흡의 변화, 그리고 정서 표정 짓기의 어려움에 대한 자기보고 평점은 모두 심박동수 변화와 함께 변했다는 사실이다. 실험 참가자들은 분노와 공포, 슬픔이 가장 짓기에 어려운 표정이라고 보고했다. 이와 같은 표정들은 쉽게 지을 수 있는 정서 표정 및 비정서적 표정에 비해 더 큰 호흡 변화와 관련이 있었다. 따라서 얼굴 표정을 짓고 있는 동안에 일어나는 정서 특유의 심박동수 특수성이 실제로 선천적인 정서 특유의 감정 프로그램을 보여주는 것인지는 분명하지 않다(Levenson et al., 1990 참조).

다른 몇 가지 재고찰도 심상이 차이성을 확실하게 일으키지 못하는 점에 주목했다(Cacioppo et al., 저널에 실릴 예정인 논문; Zajonc and McIntosh, 1992). 이 점은 정서 특유의 패턴화에 대한 견해가 가진 문제이기도 하다. 대신에 심상 데이터는 자율신경 활동이 주로, 정서적 도전과 연관이 있거나 정서적 도전에 대한 반응으로 예상되는 대사 요구에 반응한다는 사실을 시사한다(Cacioppo et al., 저널에 실릴 예정인 논문; Lang et al., 1990). 심상은 그러한 요구를 거의 산출하지 못할 것으로 예상되며, 이는 이러한 정서 유발 과정과 연합된 자율신경계 반응성의 일반적인 부족을 설명해 준다. 자율신경계 활동이 지각되거나 예상되는 대사 요구에 대한 반응으로 동원된다는 관념은 랭과 동료들(Lang et al., 1990)이 제시한 정서의 전략적 측면과 전술적 측면의 구별과 일치한다. 전략은 광범위한 목표를 추구할 때 행동을 지시하는 기본 체제로 간주된다. 랭은 (욕구나 혐오) 유의성 차원과 강도의 차원을 정서의 전략적 측면으로 간주했다. 반면에 전술은 상황에 제한된 특수한 행동 패턴이다. 감정 반응은 한정된 개별적인 일련의 정서들로 구성될 수 있지만 전술적 요구는 상황에 따라 다르므로 동일한 정서가 다양한 행동과 연합될 수 있다. 예를 들어, 랭과 동료들(Lang et al., 1990)은 공포와 연합된 행동은 꼼짝 못 하는 상태에서 경계와 도주에 이르기까지 다양할 수 있다고 지적한다. 이러한 전술의 변화성은 명확한 정서 특유의 자율신경 패턴화의 부재를 설명할 수 있다. 종합적으로 말하자면, 심상이 자율신경의 특수성을 일으키지 못한다는 점, 대부분의 자율신경계 활동 측정치에 대한 정서 특유의 패턴화의 신뢰도가 부족한 점, 그리고 유도 안면 움직임 과제를 시행하는 동안 노력의 차이가 심박동수 차이의 원인일 가능성이 모두 자율신경계 활동이 정서의 전략적 측면을 반영한다는 점을 시사한다.

결론

이 책에서 제시한 다양한 관점이 시사하듯이, 효용에 대한 연구는 광범위한 관점에서 파악할 수 있다. 이 장에서는 심리생리학적 연구가 효용성에 대해서 다음과 같은 결론을 제시한다. 첫째, 효용 계산은 (자극 확인과 같은) 변별 결정과 연합된 원천으로부터 적어도 부분적으로는 독립적인 신경계 원천에 의해 수행되는 것으로 보인다. 평가적 분류와 연합되지만 비평가적 분류와는 연합되지 않는 ERPs의 우반구 편재화는 그와 같은 결론을 뒷받침한다. 시즈갈(이 책)은 비슷한 입장을 제시했다. 효용 평가의 중요성을 고려할 때, 전문화된 신경 기질이 진화해서 효용 평가를 수행한다는 것은 전혀 놀라운 일이 아니다. 부정 편향을 입증한 ERP 연구도 개별적인 긍정성 통용화 함수와 부정성 통용화 함수의 존재를 암시한다. 이러한 통용화 함수는 효용 계산에 사용될 수 있는 공통 척도를 바탕으로 각각 다양한 욕구 입력과 혐오 입력을 나타내는 역할을 한다. 손실 회피 현상(Kahneman and Tversky, 1984)은 통용화 함수가 효용에 대한 결정에 어떻게 영향을 미칠 수 있는지를 보여주는 하나의 증거이다. 부정 편향은 어떤 한 상황의 부정적인 특징이 다른 사정이 같다면, 똑같은 강도의 긍정적인 특징보다 더 큰 영향을 미칠 것이라고 예측한다.

피질 비대칭과 감정 반응성 간의 연관성은 개별적인 긍정적 통용화 함수와 부정적 통용화 함수의 개념과 유사하게 일치한다. 특히, 뇌의 좌반구 활성화와 우반구의 활성화가 각각 긍정적 반응 성향 또는 부정적 반응 성향과 연관

24장
·
1025

성이 있는 경향은 자극의 긍정적 의미와 부정적 의미를 계산하는 것과 연관된 신경 기질들이 적어도 부분적으로는 개별적인 뇌 메커니즘에서 예시된다는 점을 시사한다. 우리는 EEG와 ERP 연구가 각각 긍정적인 동기 기질과 부정적인 동기 기질의 개별성과 일치하지만, 그 두 가지 연구 방향은 감정 과정과 평가 과정의 상이한 측면을 평가할 가능성이 높다는 점에 유의해야 한다. 전자 쪽 연구는 휴식기에 두 뇌반구에서 자연스럽게 일어나는 알파파 활동의 상대적인 양에 관한 것으로, 그 상대적인 양을 특정한 감정 상태에 대한 경험이나 그런 상태를 경험하려는 성향과 관련시킨다. 이러한 EEG와 감정 반응성 간의 관계는 주로 전두부와 측두부에서 얻어졌다. 반면에, 우반구에 편재된 LPP는 EEG의 사건 관련 구성 요인이며 전두부뿐만 아니라 중앙부와 두정부에서도 관찰되었다. LPP는 특정한 감정 상태를 경험하는 성향을 반영하기보다는 순간순간 사람들, 대상, 기회, 사건 등에 대한 평가적 분류를 반영한다.

우리는 재고찰을 통해 다음과 같은 세 가지 결론을 제시했다. (1) 방어 반사인 놀람 눈 깜빡임의 정도는 부정적인 감정 상태에 의해 강화되고, 아마도 비교적 작은 정도로 긍정적인 감정 상태에 의해 감소될 것이다. (2) 볼 근육(큰광대근)과 눈 주위 근육(눈둘레근) 부위에서 나타나는 안면 EMG 활동은 긍정성 함수로서 다양한 반면에, 눈썹 근육(눈썹주름근) 부위에서 나타나는 안면 EMG 활동은 부정성 함수로서 다양하다. 그리고 (3) 자율신경계 활성화는 주로 정서적 상태의 (대사, 행동과 같은) 에너지 구성 요인의 함수로서 다양하다. 따라서 비교적 높은 수준의 뇌척수간에서 일어나는 평가 과정을 반영한 ERPs와 EEG에 대한 연구는 긍정성과 부정성의 이변량 체제를 제시한 반면에, 반응 과정을 반영한 놀람 눈 깜박임과 안면 EMG에 대한 연구는 상대적으로 더 큰, 긍정성과 부정성 간의 상호성 경향을 시사한다. 효용 계산에서 효용 평가에 기초한 행동으로 이동함에 따라 긍정성과 부정성 사이의 상호 관계가 더 클 가능성은 행동 표현을 2가 행동(접근-철수)으로 제한하는 물리적 제약, 그리고 이러한 행동을 성취하기 위해 효용 계산 결과를 실행하는 데 있어서 체성신경계가 하는 역할과 일치한다. 자율신경계는 결과적으로 항상성을 유지하고 접근과 철수에 대한 대사 지원을 제공하는 역할을 한다. 따라서 자율신경계는 주로 정서적 도전에 대한 반응으로 연관성이 있거나 예상되는 대사 요구에 반응한다.

이러한 연구 결과는 긍정적인 평가 과정과 부정적인 평가 과정이 반드시 상호 관련성이 있을 것이라고 가정하는 양극성 모델이 현존하는 연구를 수용하기에는 불충분하다는 점을 분명히 입증하기도 한다. 그 대신에, 감정 과정과 평가 과정에 대한 정신생리학적 연구는 평가 활성화의 이변량 모델 내에서 이해할 수 있다(Cacioppo and Berntson, 1994). 평가 활성화의 이변량 모델은 긍정적 동기 기질과 부정적 동기 기질의 개별성, 그리고 긍정성과 부정성에 해당되는 개별적인 활성화 함수(예컨대, 긍정 상쇄와 부정 편향)의 특정화를 가정한다. 우리가 재고찰한 ERP와 EEG 연구는 이변량 모델의 여러 측면들과 일치한다. 이 모델의 추가적인 특징으로는 정신생리학적인 연구에서 관찰된 평가 활성화의 모든 양상들을 수용할 수 있는 능력을 들 수 있다. 이변량 모델에 따르면, 세 가지 평가 활성화 양상, 즉, (1) 자극이 긍정성과 부정성의 활성화에 상반되는 영향을 미치는 상호 활성화, (2) 자극이 긍정적 평가 활성화나 부정적 평가 활성화에만 영향을 미치는 독립적인 활성화, (3) 자극이 긍정성과 부정성의 활성화를 모두 증가(또는 감소)시키는 비(非)상호 활성화가 있을 수 있다. 따라서 낮은 수준의 뇌척수간으로 이동함에 따라, 긍정성과 부정성의 개별성에서 상호성으로 이동하는 경향은 이변량 모델 내에서 이해할 수 있다. 앞에서 언급했듯이, 물리적(신체적) 제약은 행동적 표현을 2가 행동(접근-철수)으로 제한할 수 있지만, 우리는 효용 평가가 긍정성과 부정성의 개별성을 인식하고, 그것들의 독특한 선행 요인과 결과를 검사하고, 다양한 평가 활성화 양상들이 관찰되는 시기와 이유를 이해하는 것에서 이득을 얻을 것이라고 믿는다.

참고문헌

Andrew, R. J. (1963). The origin and evolution of the calls and facial expressions of the primates. *Behavior*, *20*, 1~109.

Anthony, B. J. (1985). In the blink of the eye: Implications of reflex modification for information processes. In P. K. Ackles, J. R. Jennings, and M. G. H. Coles (Eds.), *Advances in psychophysiology* (vol. 1, pp. 167~218). Greenwich, Conn.: JAI Press.

Balaban, M. T. (1995). Affective influences on startle in five-month-old infants: Reactions to facial expressions of emotions. *Child Development*, *66*, 28~36.

Berntson, G. G., Boysen, S. T., and Cacioppo, J. T. (1993). Neurobehavioral organization and the cardinal principle of evaluative bivalence. *Annals of the New York Academy of Sciences, 702,* 75~102.

Boiten, F. (1996). Autonomic response patterns during voluntary facial action. *Psychophysiology, 33,* 123~31.

Bradley, M. M., Cuthbert, B. N., and Lang, P. J. (1990). Startle reflex modification: Emotion or attention? *Psychophysiology, 27,* 513~22.

_____. (1996). Lateralized startle probes in the study of emotion. *Psychophysiology, 33,* 156~61.

Brown, S. L., and Schwartz, G. E. (1980). Relationships between facial electromyography and subjective experience during affective imagery. *Biological Psychology,* 11,49~62.

Bush, L. K., Barr, C. L., McHugo, G. J., and Lanzetta, J. T. (1989). The effects of facial control and facial mimicry on subjective reactions to comedy routines. *Motivation and Emotion, 13,* 31~52.

Cacioppo, J. T., and Bemtson, G. G. (1994). Relationship between attitudes and evaluative space: A critical review, with emphasis on the separability of positive and negative substrates. *Psychological Bulletin, 115,* 401~23.

Cacioppo, J. T., Bemtson, G. G., Klein, D. J., and Poehlmann, K. M. (in press). The psychophysiology of emotion across the lifespan. *Annual Review of Gerontology and Geriatrics, 17.*

Cacioppo, J. T., Bush, L. K., and Tassinary, L. G. (1992). Microexpressive facial actions as a function of affective stimuli: Replication and extension. *Personality and Social Psychology Bulletin, 18,* 515~26.

Cacioppo, J. T., Crites, S. L., Jr., Bemtson, G. G., and Coles, M. G. H. (1993). If attitudes affect how stimuli are processed, should they not affect the eventrelated brain potential? *Psychological Science, 4,* 108~12.

Cacioppo, J. T., Crites, S. L., Jr., and Gardner, W. L. (1996). Attitudes to the right: Evaluative processing is associated with lateralized late positive event-related brain potentials. *Personality and Social Psychology Bulletin, 22,* 1205~19.

Cacioppo, J. T., Crites, S. L., Jr., Gardner, W. L., and Berntson, G. G. (1994). Bioelectrical echoes from evaluative categorizations: I. A late positive brain potential that varies as a function of trait negativity and extremity. *Journal of Personality and Social Psychology, 67,* 115~25.

Cacioppo, J. T., Gardner, W. L., and Bemtson, G. G. (1997). Beyond bipolar conceptualizations and measures: The case of attitudes and evaluative space. *Personality and Social Psychology Review, 1,* 3~25.

Cacioppo, J. T., Klein, D. J., Bemtson, G. G., and Hatfield, E. (1993). The psychophysiology of emotion. In R. Lewis and J. M. Haviland (Eds.), *The handbook of emotion* (pp. 119~42). New York: Guilford.

Cacioppo, J. T., Martzke, J. S., Petty, R. E., and Tassinary, L. G. (1988). Specific forms of facial EMG response index emotions during an interview: From Darwin to the continuous flow hypothesis of affect–laden information processing. *Journal of Personality and Social Psychology, 54*, 592~604.

Cacioppo, J. T., and Petty, R. E. (1979). Attitudes and cognitive response: An electrophysiological approach. *Journal of Personality and Social Psychology, 37*, 2181~99.

_____. (1982). A biosocial model of attitude change: Signs, symptoms, and undetected physiological responses. In J. T. Cacioppo and R. E. Petty (Eds.), *Perspectives in cardiovascular psychophysiology* (pp. 151~88). New York: Guilford.

Cacioppo, J. T., Petty, R. E., Losch, M. E., and Kim, H. S. (1986). Electro-myographic activity over facial muscle regions can differentiate the valence and intensity of affective reactions. *Journal of Personality and Social Psychology, 50*, 260~68.

Cacioppo, J. T., and Sandman, C. A. (1978). Physiological differentiation of sensory and cognitive tasks as a function of warning, processing demands, and reported unpleasantness. *Biological Psychology, 6*, 181~92.

Cacioppo, J. T., Tassinary, L. G., and Fridlund, A. J. (1990). The skeletomotor system. In J. T. Cacioppo and L. G. Tassinary (Eds.), *Principles of psychophysiology: Physical, social, and inferential elements* (pp. 325~84). New York: Cambridge University Press.

Carver, C. S., and White, T. L. (1994). Behavioral inhibition, behavioral activation, and affective responses to impending reward and punishment: The BIS/BAS Scales. *Journal of Personality and Social Psychology, 67*, 319~33.

Center for the Study of Emotion and Attention. (1995). *The International Affective Picture System: Photographic slides.* Gainesville, Fla.: Center for Research in Psychophysiology, University of Florida.

Coles, M. G. H., Gratton, G., and Fabiani, M. (1990). Event–related brain potentials. In J. T. Cacioppo and L. G. Tassinary (Eds.), *Principles of psychophysiology: Physical, social, and inferential elements* (pp. 413~55). Cambridge: Cambridge University Press.

Coles, M. G. H., Gratton, G., Kramer, A. F., and Miller, G. A. (1986). Principles of signal acquisition and analysis. In M. G. H. Coles, E. Donchin, and S. W. Porges (Eds.), *Psychophysiology: Systems, processes, and applications* (pp. 183~226). New York: Guilford.

Cook, E. W., Hawk, L. W., Jr., Davis, T. L., and Stevenson, V. E. (1991). Affective individual differences and startle reflex modulation. *Journal of*

Abnormal Psychology, 100, 5~13.

Crites, S. L., Jr., and Cacioppo, J. T. (1996). Electrocortical differentiation of evaluative and nonevaluative categorizations. *Psychological Science, 7*, 318~21.

Crites, S. L., Jr., Cacioppo, J. T., Gardner, W. L., and Bemtson, G. G. (1995). Bioelectrical echoes from evaluative categorizations: II. A late positive brain potential that varies as a function of attitude registration rather than attitude report. *Journal of Personality and Social Psychology, 68*, 997~1013.

Cuthbert, B. N., Bradley, M. M., and Lang, P. J. (1996). Probing picture perception: Activation and emotion. *Psychophysiology, 33*, 103~11.

Davidson, R. J. (1992). Anterior cerebral asymmetry and the nature of emotion. *Brain and Cognition, 20*, 125~51.

_____. (1993). Childhood temperament and cerebral asymmetry: A neuro-biological substrate of behavioral inhibition. In K. H. Rubin and J. B. Asendorpf (Eds.), *Social withdrawal, inhibition, and shyness in childhood* (pp. 31~48). Hillsdale, N. J.: Erlbaum.

Davidson, R. J., Ekman, P., Saron, C. D., Senulis, J. A., and Friesen, W. V. (1990). Approach-withdrawal and cerebral asymmetry: I. Emotional expression and brain physiology *Journal of Personality and Social Psychology, 58*, 330~41.

Davidson, R. J., and Fox, N. A. (1989). Frontal brain asymmetry predicts infants' response to maternal separation. *Journal of Abnormal Psychology, 98*, 127~31.

Davidson, R. J., and Tomarken, A. J. (1989). Laterality and emotion: An electrophysiological approach. In F. Boiler and J. Grafman (Eds.), *Handbook of neuropsychology* (vol. 3, pp. 419~41). New York: Elsevier.

Dimberg, U. (1986). Facial reactions to fear-relevant and fear-irrelevant stimuli. *Biological Psychology, 23*, 153~61.

_____. (1988). Facial electromyography and the experience of emotion. *Journal of Psychophysiology, 2*, 277~82.

Donchin, E., and Coles, M. G. H. (1988). Is the P300 component a manifestation of context updating? *Behavioral and Brain Sciences, 11*, 357~74.

Donchin, E., Karis, D., Bashore, T. R., Coles, M. G. H., and Gratton, G. (1986). Cognitive psychophysiology and human information processing. In M. G. H. Coles, E. Donchin, and S. W. Porges (Eds.), *Psychophysiology: Systems, processes, and applications* (pp. 244~67). New York: Guilford.

Ehrlichman, H., Brown, S., Zhu, J., and Warrenburg, S. (1995). Startle reflex modulation during exposure to pleasant and unpleasant odors. *Psychophysiology, 32*, 150~54.

Ekman, P. (1973). Cross-cultural studies of facial expression. *Darwin and facial expression: A century of research in review.* New York: Academic Press.

_____. (1982). *Emotion in the human face.* (2d ed.) New York: Cambridge University Press.

_____. (1994). Strong evidence for universals in facial expressions: A reply to Russell's mistaken critique. *Psychological Bulletin, 115,* 268~87.

Ekman, P., and Friesen, W. V. (1978). *The facial action coding system: A technique for the measurement of facial movement.* Palo Alto, Calif.: Consulting Psychologists Press.

Ekman, P., Friesen, W. V., and Ancoli, S. (1980). Facial signs of emotional experience. *Journal of Personality and Social Psychology, 39,* 1125~34.

Ekman, P., Friesen, W. V., O'Sullivan, M., Chan, A., Diacoyanni-Tarlatzis, I., Heider, K., Krause, R., LeCompte, W. A., Pitcairn, T., Ricci-Bitti, P. E., Scherer, K., Tomita, M., and Tzavaras, A. (1987). Universals and cultural differences in the judgments of facial expressions of emotion. *Journal of Personality and Social Psychology, 53,* 712~17.

Ekman, P., Levenson, R. W., and Friesen, W. V. (1983). Autonomic nervous system activity distinguishes among emotions. *Science, 221,* 1208~10.

Englis, B. G., Vaughan, K. B., and Lanzetta, J. T. (1982). Conditioning of counterempathetic emotional responses. *Journal of Experimental Social Psychology, 38,* 375~91.

Gehring, W. J., Gratton, G., Coles, M. G. H., and Donchin, E. (1992). Probability effects on stimulus evaluation and response processes. *Journal of Experimental Psychology: Human Perception and Performance, 18,* 198~216.

Goldstein, M. D., and Strube, M. J. (1994). Independence revisited: The relation between positive and negative affect in a naturalistic setting. *Journal of Personality and Social Psychology, 20,* 57~64.

Goldwater, B. C. (1972). Psychological significance of pupillary movements. *Psychological Bulletin, 77,* 340~55.

Gray, J. A. (1982). *The neuropsychology of anxiety: An inquiry into the functions of the septo-hippocampal systems.* Oxford: Oxford University Press.

_____. (1987). *The psychology of fear and stress.* 2nd ed. Cambridge: Cambridge University Press.

Greenwald, M. K., Cook, E. W., Ill, and Lang, P. J. (1989). Affective judgment and psychophysiological response: Dimensional covariation in the evaluation of pictorial stimuli. *Journal of Psychophysiology, 3,* 51~64.

Hawk, L. W., and Cook, E. W. (1997). Affective modulation of tactile startle. *Psychophysiology, 34,* 23~31.

Henriques, J. B., and Davidson, R. J. (1990). Regional brain electrical asymmetries discriminate between previously depressed and healthy controls. *Journal of Abnormal Psychology, 99,* 22~31.

_____. (1991). Left frontal hypoactivation in depression. *Journal of Abnormal Psychology*, *100*, 535~45.

Hess, E. H. (1965). Attitude and pupil size. *Scientific American*, *212*, 46~54.

Hess, E. H., and Polt, J. M. (1960). Pupil size as related to interest value of visual stimuli. *Science*, *132*, 349~50.

Hess, U., Kappas, A., McHugo, G. J., Lanzetta, J. T., and Kleck, R. E. (1992). The facilitative effect of facial expression on the self-generation of emotion. *International Journal of Psychophysiology*, *12*, 251~65.

Hubert, W., and de Jong-Meyer, R. (1991). Autonomic, neuroendocrine, and subjective responses to emotion-inducing film stimuli. *International Journal of Psychophysiology*, *11*, 131~40.

Ito, T. A., Larsen, J. T., Smith, N. K., and Cacioppo, J. T. (1998). Negative information weighs more heavily on the brain: The negativity bias in evaluative categorizations. *Journal of Personality and Social Psychology*, *75*, 887~900.

Izard, C. E. (1971). *The face of emotion*. New York: Appleton-Century-Crofts.

_____. (1977). *Human emotions*. New York: Academic Press.

_____. (1994). Innate and universal facial expressions: Evidence from developmental and cross-cultural research. *Psychological Bulletin*, *115*, 288~99.

James, W. (1884). What is an emotion? *Mind*, *9*, 188~205.

Jansen, D. M., and Frijda, N. H. (1994). Modulation of the acoustic startle response by film-induced fear and sexual arousal. *Psychophysiology*, *31*, 565~71.

Johnson, R, Jr. (1993). On the neural generators of the P300 component of the event-related potential. *Psychophysiology*, *30*, 90~97.

Jones, G. E., and Johnson, H. J. (1980). Heart rate and somatic concomitants of mental imagery. *Psychophysiology*, *17*, 339~47.

Kahneman, D., and Tversky, A. (1984). Choices, values, and frames. *American Psychologist*, *39*, 341~50.

Lang, P. J. (1995). The emotion probe: Studies of motivation and attention. *American Psychologist*, *50*, 372~85.

Lang, P. J., Bradley, M. M., and Cuthbert, B. N. (1990). Emotion, attention, and the startie reflex. *Psychological Review*, *97*, 377~95.

_____. (1992). A motivational analysis of emotion: Reflex-cortex connections. *Psychological Science*, *3*, 44~49.

Levenson, R. W. (1988). Emotion and the autonomic nervous system: A prospectus for research on autonomic specificity. In H. L. Wagner (Ed.), *Social psychophysiology and emotion: Theory and clinical applications* (pp. 17~42). London: Wiley.

Levenson, R. W., Ekman, P., and Friesen, W. V. (1990). Voluntary facial action generates emotion-specific autonomic nervous system activity. *Psychophysiology, 27,* 363~84.

Lipp, O. V., Sheridan, J., and Siddle, D. A. T. (1994). Human blink startie during aversive and nonaversive Pavlovian conditioning. *Journal of Experimental Psychology: Animal Behavior Processes, 20,* 380~89.

McCanne, T. R, and Anderson, J. A. (1987). Emotional responding following experimental manipulation of facial electromyographic activity. *Journal of Personality and Social Psychology, 52,* 759~68.

McCarthy, G., and Donchin, E. (1981). A metric for thought: A comparison of P300 latency and reaction time. *Science, 211,* 77~80.

McCarthy, G., and Wood, C. C. (1985). Scalp distributions of event-related potentials: An ambiguity associated with analysis of variance models. *Electroencephalography and Clinical Neurophysiology, 62,* 203~8.

McHugo, G., Lanzetta, J. T., Sullivan, D. G., Masters, R. D., and Englis, B. G. (1985). Emotional reactions to a political leader's expressive displays. *Journal of Personality and Social Psychology, 49,* 1513~29.

Miller, N. E. (1951). Comments on theoretical methods illustrated by the development of a theory of conflict theory. *Journal of Personality, 20,* 82~100.

_____. (1959). Liberalization of basic S-R concepts: Extensions to conflict behavior, motivation, and social learning. In S. Koch (Ed.), *Psychology: A study of science,* study 1 (pp. 198~292). New York: McGraw-Hill.

_____. (1961). Some recent studies on conflict behavior and drugs. *American Psychologist, 16,* 12~24.

Miltner, W., Matjak, M. Braun, C., Diekman, H., and Brody, S. (1994). Emotional qualities of odors and their influence on the startle reflex in humans. *Psychophysiology, 31,* 107~10.

Rinn, W. E. (1984). The neuropsychology of facial expression: A review of the neurological and psychological mechanisms for producing facial expressions. *Psychological Bulletin, 95,* 52~77.

Robinson, R. G., and Downhill, J. E. (1995). Lateralization of psychopathology in response to focal brain injury. In R. J. Davidson and K. Hugdahl (Eds.), *Brain asymmetry* (pp. 693~711). Cambridge, Mass.: MIT Press.

Robinson, R. G., Kubos, K. L., Starr, L. B., Rao, K., and Price, T. R. (1984). Mood disorders in stroke patients. *Brain, 107,* 81~93.

Ruchkin, D. S., Canoune, H. L., Johnson, R., Jr., and Ritter, W. (1995). Working memory and preparation elicit different patterns of slow wave event-related brain potentials. *Psychophysiology, 32,* 399~410.

Russell, J. A. (1994). Is there universal recognition of emotion from facial expressions? A review of the cross-cultural studies. *Psychological Bulletin,*

115, 102~41.

Schwartz, G. E., Fair, P. L., Salt, P., Mandel, M. R., and Kierman, G. L. (1976). Facial muscle patterning to affective imagery in depressed and nondepressed subjects. *Science, 192*, 489~91.

Shagass, C. (1972). Electrical activity of the brain. In N. S. Greenfield and R. A. Sternbach (Eds.), *Handbook of psychophysiology* (pp. 263~328). New York: Holt, Rinehart and Winston.

Skinner, N. F. (1980). The Hess et al. study of pupillary activity in heterosexual and homosexual males: A reevaluation. *Perceptual and Motor Skills, 51*, 844.

Steiner, J. E. (1979). Human facial expression in response to taste and smell stimulation. *Advances in Child Development and Behavior, 13*, 237~95.

Stern, J. A., and Dunham, D. N. (1990). The ocular system. In J. T. Cacioppo and L. G. Tassinary (Eds.), *Principles of psychophysiology: Physical, social, and inferential elements* (pp. 513~53). Cambridge: Cambridge University Press.

Sutton, S. K., and Davidson, R. J. (1997). Prefrontal brain asymmetry: A biological substrate of the behavioral approach and inhibition systems. *Psychological Science, 8*, 204~10.

Tomarken, A. J., Davidson, R. J., and Henriques, J. B. (1990). Resting frontal asymmetry predicts affective responses to films. *Journal of Personality and Social Psychology, 59*, 791~801.

Tomarken, A. J., Davidson, R. J., Wheeler, R. E., and Kinney, L. (1992). Psychometric properties of resting anterior EEG asymmetry: Temporal stability and internal consistency. *Psychophysiology, 29*, 576~92.

Tomkins, S. S. (1962). *Affect, imagery, and consciousness*, vol. 1, *The positive affects*. New York: Springer-Verlag.

van Hooff, J. A. R. A. M. (1972). A comparative approach to the phylogeny of laughter and smiling. In R. Hinde (Ed.), *Non-verbal communication* (pp. 129~79). London: Cambridge University Press.

Vrana, S. R. (1995). Emotional modulation of skin conductance and eyeblink responses to a startle probe. *Psychophysiology, 32*, 351~57.

Vrana, S. R., Cuthbert, B. N., and Lang, P. J. (1989). Processing fearful and and neutral sentences: Memory and hear rate change. *Cognition and Emotion, 3*, 179~95.

Vrana, S. R., and Lang, P. J. (1990). Fear imagery an the startle-probe reflex. *Journal of Abnormal Psychology, 99*, 181~89.

Vrana, S. R., Spence, E. L., and Lang, P. J. (1988). The startle probe response: A new measure of emotion? *Journal of Abnormal Psychology, 97*, 487~91.

Wheeler, R. E., Davidson, R. J., and Tomarken, A. J. (1993). Frontal brain asymmetry and emotional reactivity: A biological substrate of affective style.

Psychophysiology, 30, 82~89.

Winton, W. M., Putnam, L. E., Krauss, R. M. (1984). Facial and autonomic manifestations of the dimensional structure of emotion. *Journal of Experimental Social Psychology, 20*, 195~216.

Witvliet, C. V, and Vrana, S. R. (1995). Psychophysiological responses as indices of affective dimensions. *Psychophysiology, 32*, 436~43.

Zajonc, R. B., and McIntosh, D. N. (1992). Emotions research: Some promising questions and some questionable promises. *Psychological Science, 3*, 70~74.

25장

신경생물학은 인간의 감정에 대해
뭔가 알려줄 수 있을까?

조지프 르두 · 호르헤 아모니

정서의 뇌 메커니즘에 대한 연구는 일반적으로 실험동물의 정서 행동 및 관련 생리적 반응의 표현에 초점을 맞추고 있다. 하지만 심리학자들은 인간의 주관적인 경험으로서의 정서에 관심을 갖는 경향이 있다. 그렇다면 동물에 대한 신경생물학적 연구가 인간의 정서에 대해 우리에게 무엇을 말해 줄 수 있을까? 이 장에서 우리는 정서 공포의 신경적 기저에 대한 지식을 개괄하고, 그러한 정보에서 공포가 어떻게 표현되는지를 이해하는 것뿐만 아니라 공포와 다른 정서 경험을 이해하는 것과도 어떻게 관련이 있는지를 제시할 것이다.

정서의 본질만큼 흥미롭고 중요한 인간의 정신에 관한 주제는 거의 없다. 제대로 이해하지 못할 사람은 거의 없다. 왜 그런 걸까?

정서에 대한 연구는 전통적으로 정서가 고조된 주관적 상태, 즉 감정에 대한 문제에 초점을 맞춰왔다. 감정이 무엇인지, 상이한 감정들을 서로 어떻게 구별할 수 있는지, 감정과 비정서적 주관적 상태를 어떻게 구별할 수 있는지 설명하는 일은 진정 힘든 과제이다. 그러나 감정은 해명해야 할 문제이기보다는 정서에 대한 이해를 가로막아 온 문제일 수도 있다.

그동안 감정보다 정서에 더 많은 것이 있다고 인식해 온 이론가들은 그러한 인식에도 불구하고 일반적으로 감정을 대부분 설명이 필요한 정서 경험의 측면으로 간주했다. 제임스(James, 1884)의 곰에 대한 유명한 질문은 적어도 어느 정도는 비판받을 만하다. 물론 그는 우리가 곰을 보고 무서워서 도망치는 것인지, 도망치기 때문에 무서운 것인지 물었다. 공포에 대한 설명으로 도피를 선택함으로써 그는 100년이 지난 후에도 여전히 격렬한 논란을 불러일으키고 있다. 공포와 같은 감정은 어디에서 비롯되는 것일까? 대부분의 학자들은 감정에 대한 설명으로 신체 활동으로부터의 피드백을 내세우는 제임스의 편을 들지 않았지만, 대안적인 해결책은 설득력이 없거나 똑같이 논란의 여지가 있었다.

감정이 주관적인 상태, 즉 의식적인 경험인 한, 감정의 문제는 의식의 문제와 같다. 따라서 정서 연구를 감정 연구로 정의함에 있어 정서 과학자들은 연구의 진전이 정신과 신체 문제에 대한 성공적인 해결책에 달려 있는 방식으로 자신의 분야를 설정했다. 그러나 심리학과 인지 과학의 다른 분야에서는 연구자들이 다른 접근법을 적용해 상당한 진전을 이루었다. 하지만 예컨대, 뇌가 색 정보를 처리하는 방법에 관해서는 많은 것을 알게 되었지만, 뇌가 색을 어떻게 경험하는지에 대한 문제의 해결책은 없었다. 정서 연구를 위한 상응 전략은 무엇이 있을까?

제임스의 유명한 질문은 사실상 두 가지 문제이다. 즉, (1) 무엇이 우리로 하여금 위험한 대상들로부터 도망치게 할까? 그리고 (2) 위험한 대상을 볼 때 무엇이 우리로 하여금 두려움을 느끼게 할까? 제임스의 물음 이래 줄곧 심리학자들의 관심을 사로잡은 질문은 두 번째 질문이다. 그것은 특정한 종류의 주관적인 경험, 즉 정서적 경험이 어떻게 발생하는가에 대한 질문이다. 그러나 의식적 경험에 대한 질문은 엄청나게 복잡하고 쉽게 연구될 수 있는 것이 아니다. 제임스의 첫 번째 질문에는 훨씬 덜 관심이 갔는데, 정보 처리 관점에서 접근할 수 있는 훨씬 더 다루기 쉬운 문제가 포함되어 있는 것으로 밝혀졌다. 즉, "우리가 위험을 감지하고 그것에 반응할 때 뇌에서 어떤 과정이 일어나는가?"와 같은 질문에 답할 수 있으리라 기대하는 것은 결코 비합리적인 게 아니다. 그와 동시에, 우리는 이 접근법을 택하는 것에 추가적인 이점이 있을 수 있다고 믿는다. 위험 감지(평가)와 관련된 과정들이 위험을 감지할 때 경험하는 공포감을 불러일으키는 바로 그 과정일 가능성이 전적으로, 정말로 있을 수 있다. 그렇다면 뇌의 위험 감지와 위험에 대한 반응 방법을 연구하면, 뇌의 과정으로부터 감정이 어떻게 발생하는지에 대해서 많은 것을 알 수 있을 것이다.

신경과학자들은 뇌가 위험 신호를 어떻게 처리하고 위험에 적절한 반응을 일으키는지 이해하고자 꽤 오랫동안 연구를 진행했다. 앞으로 우리는 그러한 영역에서 이루어진 진행 상황을 검토할 것이다. 그러고 나서 뇌에서 감정이 어떻게 발생하는지 이해하기 위해 그러한 연구의 의미를 고찰할 것이다. 감정에 대한 기본적인 관념은 공포에 대한 연구에서 파생되었지만, 다른 정서에도 똑같이 적용된다.

공포를 어떻게 연구할까

공포는 위험에 대한 정상적인 반응이며, 일상생활에서 자주 발생한다. 표현된 공포의 정도가 특정한 상황이 요구하는 정도보다 크거나, 부적절한 상황에서 공포 반응이 자주 발생할 경우에 공포 장애나 불안 장애가 존재한다(예컨대, Marks, 1987; Ohman, 1992를 참조). 약물 남용을 제외하면, 소위 불안 장애는 매년 보고되는 정신 질환의 약 절반을 차지한다(Manderscheid and Sonnenschein, 1994). 뇌의 공포 시스템은 적어도 일부 불안 장애에 관여할 가능성이 높다. 여기에서 중요한 것은 공포 시스템이 어떻게 작동하는지 가능한 한 상세히 이해하는 것이다. 그러한 정보는 불안 장애가 어떻게 발생하고 불안 장애를 어떻게 예방하거나 통제할 수 있는지에 대해서 더 잘 이해할 수 있게 해준다. 공포에 대한 연구를 통해 공포와 관련된 과정들에 대해서만 배웠더라면 우리는 꽤 많은 것을 알아냈을 것이다.

(사람을 포함한) 동물의 공포와 불안을 연구하기 위한 실험 도구는 많지만, 가장 간단하고 가장 확실한 것 중 하나는 공포 조건화이다. 이 공포 조건화 과정을 통해, 의미 없는 자극은 생물학적으로 의미 있는 사건과 함께 발생할 경우에 감정의 속성을 획득한다. 전자의 중립적인 자극은 조건 자극(conditioned stimulus: CS)이라고 하고 생물학적으로 의미 있는 자극은 무조건 자극(unconditioned stimulus: US)이라고 한다. CS와 US의 연합을 통해서, 선천적인 생리적, 행동적 반응은 CS의 통제를 받게 된다(그림 25.1). 예를 들어, 쥐에게 CS인 소리를 들려주고 나서 직후에 US인 전기 충격을 가하면, 소리와 전기 충격이 몇 번에 걸쳐 짝지어진 후에 그 쥐는 소리에 복잡한 일련의 조건화된 공포 반응을 보일 것이다(Blanchard and Blanchard, 1969; Bolles and

그림 25.1 고전적 공포 조건화

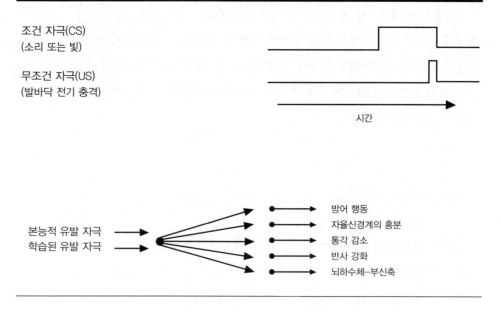

Fanselow, 1980; Bouton and Bolles, 1980; Estes and Skinner, 1941; LeDoux, 1996; McAllister and McAllister, 1971). 그러한 조건화 반응으로는 자율신경계(예컨대, 심박동수, 혈압)와 내분비선계(호르몬 분비)와 골격계(조건화된 부동성 또는 '동결')의 활성화의 급격한 변화뿐만 아니라, 통증 민감도 조절의 급격한 변화(통각 상실)와 체성 반사 조절의 급격한 변화(공포 놀람 강화 반응, 공포 눈 깜박임 강화 반응)도 들 수 있다. 문(門)[1] 전체에 걸쳐 작용하는 이와 같은 형식의 조건화는 파리, 벌레, 달팽이, 물고기, 비둘기, 토끼, 쥐, 고양이, 개, 원숭이, 개코원숭이, 인간 등을 대상으로 한 실험을 통해 연구되었다(LeDoux, 1994를 참조).

공포 조건화는 매우 효율적인 유형의 학습이다. 미래에 포식자의 모습이나 소리나 냄새가 감지되는 상황에 처했을 때, 행동 유도에 유용한, 오랫동안 지속되는 기억을 만들기 위해서 포식자와 여러 번 마주칠 필요는 없다. 하지만 조건화의 효율성에 지불해야 하는 대가는 상당하다. 우리는 종종 그리 유용하지 않은 공포와 불안을 발현시킨다. 그리고 그러한 공포와 불안은 더 유익한 상반되는 것들과 마찬가지로, 없애기 매우 어렵다. 소리와 전기 충격을

1   강(綱)의 위이고 계(界)의 아래인 생물 분류.

짝지을 때, 우리는 인간 행동의 적응적 측면과 부적응적 측면의 기저가 되는, 진화론적으로 오래된 학습 시스템을 활용하고 있다.

공포 조건화는 공포 장애나 불안 장애의 모든 측면과 관련해 우리가 알아야 하는 지식을 전부 알려주지는 못하겠지만, 그것은 훌륭한 출발점이다. 또한 다양한 유형의 회피 조건화와 같은 다른 많은 공포 평가 과정은 결정적으로 공포 조건화의 초기 단계를 수반한다. 그리고 이 공포 조건화는 도구적 회피 학습의 후기 단계에 동기 자극을 제공한다(예컨대, Dollard and Miller, 1950; Mowrer, 1939를 참조). 어떤 공포 평가 과정은 학습(예컨대, 드넓은 평야, 고차원 미로, 또는 빛 회피 과제)이 필요하지 않지만, 주로 그런 과정에서는 자극 상황이 종종 잘 정의되지 않는다는 사실 때문에 공포 조건화에 비해 신경계 분석에는 다소 덜 적합하다.

공포 조건화에 관여하는 기본 신경계

지난 20년 동안 공포 조건화의 기저가 되는 신경 회로를 밝히는 데 상당한 진전이 있었다(이에 대해 재고찰을 하고 싶으면, Davis, 1992; Kapp et al., 1992; LeDoux, 1995, 1996; Maren and Fanselow, 1996을 참조). 대부분의 이러한 연구는 쥐를 대상으로 이루어졌으며, 발에 가하는 가벼운 전기 충격으로 구성된 US와 짝지어진 단순 음(단일 주파수 음향 신호)과 같은 간단한 청각 CS의 처리에 초점을 맞추고 있다. 이런 이유로, 여기에서 우리는 청각 공포 조건화와 관련된 쥐의 뇌 회로에 초점을 맞추고자 한다. 그럼에도 불구하고, 많은 청각 공포 조건화의 연구 결과는 다른 감각 양상에도 적용되며, 쥐 연구 결과들은 조류, 개, 고양이, 설치류, 원숭이, 인간 등을 포함한 다른 동물들에게도 적용된다(이에 대한 개괄적인 내용을 알고 싶으면 LeDoux, 1996을 참조). 따라서 기본 회로와 메커니즘은 척추동물의 진화 역사 대부분에 걸쳐 보존된 것으로 보인다.

공포 조건화 시스템의 중심부는 측두엽에 위치한 작은 영역인 편도체이다. 편도체는 본능적인 공포 반응 및 학습된 공포 반응의 표현뿐만 아니라 조건화된 공포의 획득에도 핵심적인 영역이다(Blanchard and Blanchard, 1972; Davis, 1992; Kapp et al., 1992; LeDoux, 1996을 참조). 일반적으로 알려진 사실에 의하면, 조건화 과정을 통해 CS는 본능적인 연쇄 방어 반응을 유발하는 편도체 및 그것의 뇌간과의 출력 연결에 의해서 조직된 고정화된 공포 반응 네트워크에 접근하고 그 네트워크의 작동을 촉발할 수 있는 능력을 획득한다. 따라서 CS에 대한 정보가 편도체에 어떻게 전달되고 그 정보를 편도체가 어떻게 처리하는지를 이해하고, 학습 과정상 처리 변화의 기저가 되는 편도체의 세포 메커니즘을 밝히는 것이 중요하다.

청각 CS 정보는 귀에서 뇌간 청각 경로를 통해 시상(視床)의 청각 전달 세포핵인 내측슬상체(medial geniculate body: MGB)로 전송된다(LeDoux, Sakaguchi and Reis, 1984). 그러고 나서 그 청각 신호는 두 개의 병렬 경로를 통해 편도체로 전달된다(그림 25.2). 직접 단일시냅스 투사는 청각 시상 신경핵의 특정한 일부 영역에서 비롯된다(LeDoux, Farb and Ruggiero, 1990). 두 번째 간접 경로는 청각 시상의 모든 영역에서 청각 피질로 정보를 전달한다. 그러고 나면 몇 개의 대뇌피질 경로는 청각 정보를 편도체로 전송한다(Mascagni, McDonald and Coleman, 1993; Romanski and LeDoux, 1993). 직접 경로와 간접 경로는 모두 편도체의 외측핵(lateral nucleus of the amygdala: LA)에서 종료되면서(LeDoux, Cicchetti et al., 1990; Mascagni et al., 1993; Romanski and LeDoux, 1993; Turner and Herkenham, 1991), 흔히 단일 뉴런들로 모인다(Li, Stutzmann and LeDoux, 1996). 편도체의 외측핵의 영구적인 손상(LeDoux, Cicchetti et al., 1990)이나 일시적인 비활성화(Helmstetter and Bellgowan, 1994; Muller et al., 1997), 혹은 흥분성 아미노산 수용체의 약리학적 차단(Fanselow and Kim, 1994; Gerwitz and Davis, 1997; Maren, Aharonov et al., 1996; Miserendino et., 1990)과 같은 편도체 외측핵의 정상적인 기능을 방해하는 실험적 조작은 공포 조건화를 저해한다.

청각 피질은 단순한 청각 자극에 대한 조건화된 공포를 획득하는 데는 필요하지 않지만(Armony, Servan-Schreiber, Romanski et al., 1997; Romanski and LeDoux 1992), 청각 피질 세포들에 의한 CS 처리는 CS가 US와 짝을 이룬 결과로서 수정된다(Quirk, Armony and LeDoux, 1997; Weinberger, 1995). 구별하고 인식하고 분류해야만 하는/구별하거나 인식하거나 분류해야 하는 더 복잡한 자극과 관련된 상황에서는 청각 피질이 편도체와 연결된 필수적인 연결고리일 수 있다(예컨대, Cranford and Igarashi, 1977; Whitfield, 1980을 참조).

이 시스템의 병렬 처리 능력에는 어떤 장점이 있을까? 첫째, 피질하(皮質下)

경로가 존재하기 때문에 편도체는 굳이 시간을 많이 들여 자극을 완벽하게 분석하는 일 없이 환경 내의 위협적인 자극을 빠르게 감지할 수 있다. 오류가 있을 수 있으나 빠른 이 처리 경로는 종에게 진화적 이점을 줄 수 있다. 둘째, 빠른 피질하 경로는 피질 경로를 따라 수신된 후속 정보를 평가하도록 편도체를 '미리 준비시키는' 기능을 할 수 있다(LeDoux, 1996; Li et al., 1996). 예를 들어, 큰 소음은 근처에 숨어 있는 위험한 포식자에 반응할 준비를 하도록 세포 수준에서 편

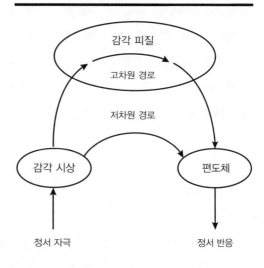

그림 25.2 공포 조건화 과정에서 편도체로 향하는 두 가지 경로

도체에게 경보를 발하기에 족할 수 있지만, 청각 피질이 소음의 위치와 주파수 및 강도를 분석하여 잠재적으로 위험한 청각 신호의 본질과 정도를 구체적으로 결정할 때까지는 방어 반응이 완전히 동원되지는 않을 수 있다. 피질하 경로와 피질 경로가 외측핵의 단일 뉴런으로 수렴하는 일(Li et al., 1996)은 통합을 일으킬 수 있는 수단을 제공한다. 셋째, 최근의 계산 모델링 연구에 따르면, 피질하 경로는 피질이 편도체-피질 투사를 통해 주의의 초점 영역 밖에서 발생하는 위험한 자극으로 주의를 전환할 수 있게 해주는 차단 장치로 기능할 수 있다(Armony, Servan-Schreiber, Cohen et al., 1997을 참조).

이때 외측핵이 처리한 정보는 편도체 내의 연결 회로들을 통해(Pitkanen et al., 1995; Pitkanen, Savander and LeDoux, 1997; Savander, LeDoux and Pitkanen, 1996, 1997) 기저핵과 부기저핵으로 전송되며, 이 영역들에서 그 정보는 다른 입력 정보와 통합되어 중앙핵으로 전송된다(그림 25.2). 중앙핵은 편도체의 주된 출력 시스템이다. 중앙 편도체의 손상은 모든 조건 반응의 획득과 표현을 방해하는 반면에, 중앙 편도체가 투사하는 영역의 손상은 혈압 변화나 동결 행동이나 호르몬 분비와 같은 개별적인 반응을 방해하지만, 그 모든 것을 방해하지는 않는다(예컨대, LeDoux et al., 1988; van der Kar et al., 1991을 참조).

지금까지 설명한 대부분의 연구는 설치류를 대상으로 이루어졌다. 그러나 최근 연구 결과에 의하면, 인간의 편도체 손상이 공포 조건화를 방해하

고(Bechara et al., 1995; LaBar et al., 1995), 기능적 자기 공명 영상(functional magnetic resonance imaging: fMRI)이 입증했듯이, 조건화 과정 중에 인간의 편도체가 활성화되는 것으로 나타났다(LaBar et al., 1998).

따라서 편도체는 공포 조건화 시스템의 열쇠다. 편도체는 우리 인간을 포함한 매우 다양한 종에 걸쳐 외부 자극에 대한 정보를 수용하고 자극의 의미를 해석하고 방어 반응을 일으키는 영역이다.

공포 상황

자극이 위험을 신호로 알려, 공포 반응을 일으키는지는 공포 반응이 일어나는 상황(맥락)에 달려 있다. 예를 들어 동물원에서 곰을 보는 일은 우리에게 거의 위협이 되지 않지만, 숲속을 걷다가 곰을 목격하면 우리는 공포에 질려 도망칠 수 있다. 더 나아가, 맥락 자체가 이전의 경험을 통해 혐오적 가치를 획득할 수 있다. 이를테면 강도를 당한 경우에 우리는 범행 현장으로 돌아가면 불안감을 느낄 가능성이 아주 높다.

환경 상황과 공포 반응 간의 관계는 맥락 공포 조건화를 통해 실험실에서 연구될 수 있다. 쥐가 CS인 소리가 들리면 곧 발에 전기 충격이 가해질 것이라고 예상하도록 조건화된다면, 쥐는 CS가 없는 경우에도 조건화가 일어난 방에 대해 공포 반응을 보일 것이다(Kim and Fanselow, 1992; Phillips and LeDoux, 1992). 최근의 여러 연구 결과에 의하면, 맥락적인 공포 연합의 형성과 강화가 해마에 달려 있는 것으로 나타났다. 훈련 전에 가해진 해마의 손상은 CS에 대한 조건화에 아무런 영향도 주지 않으면서, 맥락에 대한 조건 반응의 획득을 방해한다(Phillips and LeDoux, 1992, 1994; Selden et al., 1991). 또한, 훈련 후에 가해진 해마 손상은 맥락적인 공포 연합의 유지를 방해한다(Kim and Fanselow, 1992). 그러나 맥락적 공포에 대한 이러한 선택적 퇴행성 기억상실은 시간 경과에 따라 약해질 수 있다. 예컨대, 조건화 이후 2주가 지나서 생긴 손상은 아무런 영향을 미치지 않는다(Kim and Fanselow, 1992). 이러한 연구 결과는 명시적 기억[2]을 형성하고 강화하는 데 있어, 해마의 시간

2   의식적으로 인식할 수 있고 회상할 수 있는 기억으로 외현적, 선언적 기억이라고도 한다.

제한적인 기여를 제시한 인간에 대한 연구들(Squire, Slater and Chace, 1975)과 계산 모델(Alvarez and Squire, 1994; Gluck and Myers, 1993; McClelland, McNaughton and O'Reilly, 1995)의 견해와 일치한다. 공포 조건화에서 맥락적 단서를 평가하는 데 있어 해마가 하는 역할은 해마의 공간적, 구성적 및 관계적 처리에 대한 현재의 이론들(Cohen and Eichenbaum, 1993; O'Keefe and Nadel, 1978; Sutherland and Rudy, 1989)과도 일치한다.

해마의 코드화된 맥락적인 정보가 정서 시스템과 상호 작용하는 정확한 방법은 여전히 불분명하다. 해마체와 편도체 간의 양방향 투사는 해부학적 채널(Amaral et al., 1992; Canteras and Swanson, 1992; Ottersen, 1981)을 제공하며, 그 채널을 통해 맥락에 정서적 가치 부여가 일어날 수 있다. 해마에서 편도체로 이어지는 섬유들은 기저핵과 부기저핵에서 광범위하게 종결되고 외측핵에서 훨씬 적은 정도로 종결된다. 아마도 이러한 현상 때문에 외측핵의 손상은 맥락 조건화에 거의 영향을 미치지 않지만, 기저핵 및/또는 부기저핵의 손상은 맥락 조건화에 파괴적인 영향을 미치는 것으로 보인다(Majidishad, Pelli and LeDoux, 1996; Maren, Aharonov and Fanselow, 1996).

공포 소거

공포 반응은 매우 영속적인 경향이 있다. 이러한 경향은 생존에 매우 도움이 될 수 있다. 왜냐하면 그러한 경향으로 인해, 예전에 직면한 모든 위협적인 경험들을 기록에 남기고, 그 결과 미래에 직면하게 될 유사한 상황에 신속하게 반응할 수 있기 때문이다. 그럼에도 불구하고, 자극이 더 이상 위험을 나타내지 않는다는 사실을 터득할 수 있는 것도 중요하다. 그렇지 않으면, 해가 없는 자극의 유도에 따라 불필요한 공포 반응이 일어나, 부담감을 주며 다른 중요한 일상적인 일들을 방해할 것이다. 인간의 경우, 근거 없는 공포 반응을 억제하지 못하면, 공포증, 외상 후 스트레스 장애, 일반화된 불안 장애, 그리고 기타 불안 장애에서 볼 수 있듯이, 파괴적인 결과가 초래될 수 있다.

실험실 실험에서, US 없이 CS를 반복적으로 제시하는 것으로 학습된 공포 반응을 감소(소거)시킬 수 있다. 그러나 조건화된 공포 반응의 소거는 CS와 US의 연합을 수동적으로 잊는 것이 아니라 새로운 학습을 수반하는 능동적인 과정이라는 점에 유의해야 한다(Bouton and Swartzentruber, 1991). 사실, CS가 유발한 반응은 관련 없는 정신적 외상 경험 이후에 자발적으로 복원될 수 있다(Jacobs and Nadel, 1985; Pavlov, 1927; Rescorla and Heth, 1975).

공포 조건화 연구에서의 실험적 관찰은 신피질 영역, 특히 전전두엽 피질이 소거 과정에 관여한다는 점을 시사한다. 복내측 전전두엽 피질과 내측안와 전전두엽 피질의 손상은 CS에 대한 행동 반응의 소거를 지연시킨다(Morgan, Romanski and LeDoux, 1993; Morgan and LeDoux, 1995; but see Gerwitz and Davis, 1997). 이러한 연구 결과는 안와전두피질 내의 뉴런들이 자극과 보상 연합의 변화에 특히 민감하다는 사실을 밝힌 전기생리학적 연구 결과를 보완한다(Rolls, 1996; Thorpe, Rolls and Maddison, 1983). 피질의 감각 영역의 손상도 소거를 지연시키고(LeDoux, Romanski and Xagoraris, 1989; Teich et al., 1989), 청각 피질의 뉴런들은 청각 CS에 대해 소거 저항성 변화를 보인다(Quirk et al., 1997). 따라서 아마도 다른 신피질 영역과 함께, 내측 전전두 피질은 현재의 감정적 가치에 근거하여 자극에 대한 편도체 반응을 조절하는 데 관여할 수 있다. 이러한 연구 결과에 의하면, 환자로 하여금 자신들이 획득한 공포를 소거하는 것을 어렵게 만드는 전전두 피질의 기능부전이 공포 장애와 관련이 있을 수 있다(Armony and LeDoux, 1997; LeDoux, 1996; Morgan et al., 1993; Morgan and LeDoux, 1995). 최근의 연구 결과에 의하면, 스트레스가 내측 전전두 피질의 손상과 같은 효과(과도한 공포 반응)(Conrad et al., 1997; Corodimas et al., 1994)를 보이는 것으로 나타났다. 스트레스가 정신질환자들에게 흔히 일어나는 일이며, 스트레스가 전전두 피질의 기능적 변화를 유도할 수 있다는 점을 감안할 때, 불안 장애에서 나타나는 과도한 공포 반응은 스트레스로 인한 내측 전전두 부위의 변화 때문에 발생하는 것일 수 있다.

정서의 중심

편도체를 공포 수레바퀴의 중심으로 생각할 수 있다. 공포 시스템의 중심부인 편도체는 많은 피질 및 피질하 영역들로부터 입력 정보를 받는다. 편도체는 이처럼 다양한 연결을 통해 많은 피질 및 피질하 영역들 중 어느 곳에

그림 25.3 편도체: 공포 수레바퀴의 중심

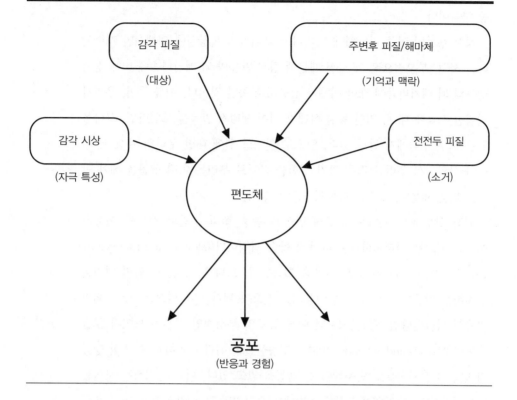

감각 피질
(대상)

주변후 피질/해마체
(기억과 맥락)

감각 시상
(자극 특성)

전전두 피질
(소거)

편도체

공포
(반응과 경험)

든 발생하는 과정에 의해서 활성화될 수 있다. 그림 25.3은 관련 경로들의 일부를 예시적으로 보여주고 있다. 그러나 다른 많은 경로들, 특히 편도체에서 피질로 돌아가는 경로들은 보이지 않는다. 그처럼 돌아가는 경로들은 실제로 피질에서 편도체로의 투사보다 수적으로 많으며, 편도체가 피질을 통제하는 것이 피질이 편도체를 통제하는 것보다 더 쉬울 수 있음을 시사한다. 이 점이 공포증과 불안증을 줄이는 심리 치료가 매우 어렵고 긴 과정인 이유일 것이다.

정서 행동

지금까지 우리가 고찰한 방어 반응은 위험 신호에 구조화된 반응이다. 진화의 선물은 우리에게 위험에 대한 첫 번째 방어선을 제공한다. 어떤 동물들은 주로 이러한 반응에 의존한다. 그러나 포유류, 특히 인간은 반응에서 행동으로 전환할 수 있다. 이것은 포유류의 진화를 특징짓는 전뇌 확장의 이점들 중 하나이다.

정서 행동이 아주 다양하게 나타나고 행위자의 독창성에 의해서만 제한된다는 사실, 부분적으로 그 사실 때문에 정서 반응의 뇌 메커니즘에 비해 정서 행동의 뇌 메커니즘에 대한 이해가 상당히 부족한 것이다. 예를 들어, 우리가 위험한 자극에 대해, 일단 동결 상태가 되어 생리적 반응을 보인다면, 그다음 일은 모두 우리에게 달려 있다. 앞으로 일어날 일에 대한 우리의 예상과, 비슷한 상황에서 우리가 겪은 과거 경험을 근거로 우리는 어떤 행동을 해야 할지 계획을 세운다. 우리는 행동의 도구가 된다.

위험 상황에서 보이는 도구적 반응은 종종 회피 조건화 절차를 이용하여 연구되고는 한다. 회피는 다단계 학습 과정이다((Mowrer and Lamoreaux, 1946). 첫째, 조건화된 공포 반응을 획득한다. 그다음, CS는 US와의 대면을 방지하는 반응을 일으키는 데 이용되는 신호가 된다. 마지막으로, 일단 회피 반응이 학습된다면, 동물들은 더 이상 공포의 특징적인 징후를 보이지 않을 것이다(Rescorla and Solomon, 1967). 그 동물들은 위험을 피하기 위해 할 행동과 단순히 습관적으로 반응해야 할 행동을 알고 있다. 이와 일치하는 사실은 편도체가 회피 학습(공포 조건화 측면)에 필요하지만 잘 훈련된 회피 반응 표현(도구적 반응 측면)에는 필요하지 않다는 것이다(Parent, Tomaz and McGaugh, 1992). 어떤 혐오 학습 과제에서 보이는 도구적 요인의 관여는 그러한 학습 과제가 장기 저장을 하는 데 편도체에 의존하지 않는 이유를 설명할 수 있다(McGaugh et al., 1995; Packard et al., 1995).

회피 학습은 적어도 처음에는 공포 조건화를 필요로 하기 때문에, 공포 조건화와 조건화된 공포 반응에 영향을 미치는 모든 요인들의 영향을 받는다. 그러나 회피 학습은 단순한 공포 조건화 이상의 것을 필요로 하기 때문에 회피는 조건화된 공포에 거의 또는 전혀 영향을 미치지 않는 영향력 아래 있을 것으로 예상된다. 공포와 회피가 어떻게 상호작용하는지, 따라서 정서 반응으로부터 정서 행동이 어떻게 나타나는지 이해하기 위해서는 훨씬 더 많은 연구들이 필요하다. 지금까지 우리가 알고 있는 바로는, 다른 습관 시스템들과 마찬가지로 편도체와 기저핵, 신피질 간의 상호작용이 회피 과정에서 중요한 역할을 하는 것으로 보인다(Everitt and Robbins, 1992; Gray, 1987; Killcross, Robbins and Everitt, 1997)(그림 25.4를 참조).

그림 25.4 정서 행동 대 정서 반응

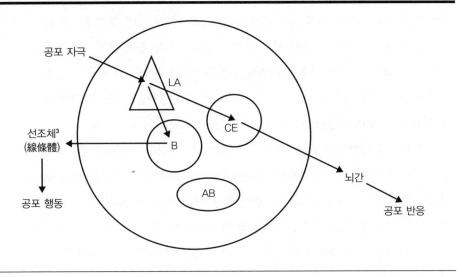

그럼 감정은 어떨까

의식은 정서와 기타 정신적 과정에 대한 연구의 중요한 부분이다. 우리의 가설은 의식의 메커니즘이 정서적인 주관적 상태의 경우와 비정서적인 주관적 상태의 경우에 동일하며 그 두 주관적 상태를 구별 짓는 것은 의식이 당시에 인식하고 있는 뇌 시스템이라는 것이다.

우리는 의식이 무엇인지 밝히지 못하고 있지만, 많은 이론가들은 의식이 작업 기억, 즉 사물들이 비교, 대조되고 정신적으로 조작될 수 있는, 연속성을 지닌 조직화된 정신의 작업 공간과 관련이 있다고 제시했다(Johnson-Laird, 1988; Kihlstrom, 1984; Schacter, 1989; Shallice, 1988). 예를 들어 작업 기억은 '즉각적인 현재의 시각적 자극'과 '유사한 모양과 색상을 지닌 자극이나 유사한 장소들에서 발견된 자극에 대한 장기(명시적) 기억에 저장된 정보'를 비교할 수 있게 해준다.

인간과 인간 이외의 영장류에 대한 다양한 연구들은 전전두 피질, 특히 배외측 전전두 영역이 작업 기억 과정에 관여한다고 지적한다(Baddeley and Della Sala, 1996; Fuster, 1989; Goldman-Rakic, 1987). 즉각적인 현재의 자극

---

3 미상핵과 피각을 통합해서 부르는 영역으로 기저핵에서 주로 정보를 받아들이는 역할을 한다.

과 저장된 표상들은 전전두 영역들, 즉 '(지각 처리기뿐만 아니라 단기 기억 완충 장치 역할을 하는) 감각 처리 시스템'과 '해마와 측두엽의 관련 영역들을 포함하는 장기 명시적(선언적) 기억 시스템' 간의 상호작용을 통해 작업 기억에서 통합된다. 최근에, 작업 기억은 배외측 전전두 피질뿐만 아니라 전측 대상회 영역과 안와 피질 영역까지도 포함하는 여러 전전두 영역들 간의 상호작용을 수반한다는 관념이 생겼다(D'Esposito et al., 1996; Gaffan et al., 1993).

이제 자극을 감정이 고조된 상태, 즉 공포의 방아쇠라고 가정해 보자. 정서적인 의미가 없는 자극에 대해서도 동일한 종류의 과정이 요구되지만, 덧붙이자면 작업 기억은 뇌의 공포 시스템이 활성화되었다는 사실을 인식하게 된다. 우리는 이러한 추가적인 정보가 대상이나 사건에 대한 지각 및 기억 정보에 추가될 경우에, 그것은 공포의 정서 상태에 대한 주관적인 경험을 위한 조건임을 제시한다.

하지만 공포 시스템이 활성화될 때 작업 기억에 어떤 정보가 추가될까? 앞서 언급했듯이 편도체는 많은 피질 영역으로, 심지어 입력 정보를 받지 못하는 일부 피질 영역으로도 투사를 한다. 따라서 편도체는 고차원 영역에서의 과정뿐만 아니라 지각 과정과 단기 기억 과정의 작용에도 영향을 미칠 수 있다. 편도체는 배외측 전전두 피질과 광범위한 연결 회로를 가지고 있지 않지만, 작업 기억 네트워크의 다른 두 구성 요소인 전측 대상회 및 안와 피질과 연결되어 있다. 그러나 편도체는 피질 각성의 조절에 관여하는 비특이적 시스템들로도 투사한다. 그리고 편도체는 피질 정보처리에 간접적으로 영향을 미칠 수 있는 피드백을 제공하는 신체 반응(행동 반응, 자율신경계 반응, 내분비계 반응)을 통제한다. 따라서 작업 기억은 다른 자극에 비해 정서 자극이 있을 때 훨씬 더 많은 수의 입력 정보를 수용하고 훨씬 더 다양한 입력 정보를 수용한다. 이러한 추가 입력 정보는 작업 기억의 표상에 감정의 짐을 추가해서 주관적 경험을 정서 경험으로 전환시키는 데 필요한 것일 수 있다(그림 25.5를 참조).

공포 시스템의 관점에서 설명했지만, 감정에 대한 현재의 가설은 어떠한 감정에든 적용될 수 있는 일반적인 가설이다. 즉, 뇌의 정서 시스템이 활동적이라는 사실에 작업 기억이 지배될 때, 정서적 감정이 발생한다. 그렇다면 정서 상태와 다른 의식 상태의 차이는 질적으로 다른 주관적 경험을 일으키는 상이한 근본적인 메커니즘에 기인하는 것이 아니다. 그 대신에 의식의 메커니즘이 하나 존재하는데, 일상적인 사건이나 정서가 고조된 사건이 그것을 지배할 수 있다. 이 견해가 옳다면, 우리는 사람들이 그런 상태에 있을 때 어떤 뇌 시스템이 작업 기억에 에너지를 공급하고 있는지 이해함으로써 기쁨과 고통이라고 부르는 주관적 상태의 기저를 이해하는 데 진전을 이룰 수 있을 것이다. 신경생물학은 감정 문제를 해결하지는 못했지만, 적어도 우리의 가장

그림 25.5 감정이 발생하는 방법

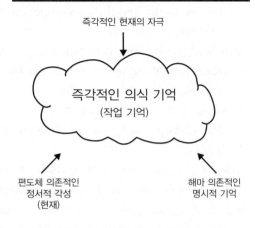

개인적인 상태가 뇌의 시냅스 경로 체제에서 어떻게 발생할 수 있는지에 대해서 생각할 수 있는 방법을 우리에게 제공해 왔다.

참고문헌

Alvarez, P., and Squire, L. R. (1994). Memory consolidation and the medial temporal lobe: A simple network model. *Proceedings of the National Academy of Sciences, USA, 91*, 7041~45.

Amaral, D. G., Price, J. L., Pitkanen, A., and Carmichael, S. T. (1992). Anatomical organization of the primate amygdaloid complex. In J. P. Aggleton (Ed.), *The amygdala: Neurobiological aspects of emotion, memory, and mental dysfunction* (pp. 1~66). New York: Wiley–Liss.

Armony, J. L., and LeDoux, J. E. (1997). How the brain processes emotional information. *Annals of the New York Academy of Sciences, 821*, 259~70.

Armony, J. L., Servan–Schreiber, D., Cohen, J. D., and LeDoux, J. E. (1997). Computational modeling of emotion: Explorations through the anatomy and physiology of fear conditioning. *Trends in Cognitive Sciences, 1*, 28~34.

Armony, J. L., Servan–Schreiber, D., Romanski, L. M., Cohen, J. D., and LeDoux, J. E. (1997). Stimulus generalization of fear responses: Effects of auditory cortex lesions in a computational model and in rats. *Cerebral Cortex, 7*, 157~65.

Baddeley, A., and Della Sala, S. (1996). Working memory and executive control. *Philosophical Transactions of the Royal Society B, 351*, 1397~1404.

Bechara, A., Tranel, D., Damasio, H., Adolphs, R., Rockland, C., and Damasio,

A. R. (1995). Double dissociation of conditioning and declarative knowledge relative to the amygdala and hippocampus in humans. *Science, 269*, 1115~18.

Blanchard, C. D., and Blanchard, R. J. (1972). Innate and conditioned reactions to threat in rats with amygdaloid lesions. *Journal of Comparative Physiological Psychology, 81*, 281~90.

Blanchard, R. J., and Blanchard, D. C. (1969). Passive and active reactions to fear−eliciting stimuli. *Journal of Comparative Physiological Psychology, 68*, 129~35.

Bolles, R. C., and Fanselow, M. S. (1980). A perceptual−defensive−recuperative model of fear and pain. *Behavioral and Brain Sciences, 3*, 291~323.

Bouton, M. E., and Bolles, R. C. (1980). Conditioned fear assessed by freezing and by the suppression of three different baselines. *Animal Learning and Behavior, 8*, 429~34.

Bouton, M. E., and Swartzentruber, D. (1991). Sources of relapse after extinction in Pavlovian and instrumental learning. *Clinical Psychology Review, 11*, 123~40.

Canteras, N. S., and Swanson, L. W. (1992). Projections of the ventral subiculum to the amygdala, septum, and hypothalamus: A PHAL anterograde tract−tracing study in the rat. *Journal of Comparative Neurology, 324*, 180~94.

Cohen, N. J., and Eichenbaum, H. (1993). *Memory, amnesia, and the hippocampal system.* Cambridge, Mass.: MIT Press.

Conrad, C. D., Magarinos, A. M., LeDoux, J. E., and McEwen, B. S. (1997). Chronic restraint stress enhanced contextual and cued fear conditioning in rats. *Society for Neuroscience Abstracts, 718*(4), 718.

Corodimas,: K. P., LeDoux, J. E., Gold, P. W., and Schulkin,. J. (1994). Corticosterone potentiation of learned fear. *Annals of the New York Academy of Sciences, 746,.*392~93.

Cranford, J. L., and Igarashi, M. (1977). Effects of auditory cortex lesions on temporal summation in cats. *Brain Research, 136*, 559~64.

Davis, M. (1992). The role of the amygdala in conditioned fear. In J. P. Aggleton (Ed.), *The amygdala: Neurobiological aspects of emotion, memory, and mental dysfunction* (pp. 255~306). New York: Wiley−Liss.

D'Esposito, M., Detre, J. A., et al. (1996). The neural basis of the central executive system of working memory. *Nature, 378*, 279~81.

Dollard, J. C., and Miller, N. E. (1950). *Personality and psychotherapy.* New York: McGraw−Hill.

Estes, W. K., and Skinner, B. F. (1941). Some quantitative properties of anxiety. *Journal of Experimental Psychology, 29*, 390~400.

Everitt, B. J., and Robbins, T. W. (1992). Amygdalaventral striatal interactions and reward—related processes. In J. P. Aggleton (Ed.), *The amygdala: Neurobiological aspects of emotion, memory, and mental dysfunction* (pp. 401~29). New York: Wiley—Liss.

Fanselow, M. S., and Kim, J. J. (1994). Acquisition of contextual Pavlovian fear conditioning is blocked by application of an NMDA receptor antagonist D,L~2—amino~5—phosphonovaleric acid to the basolateral amygdala. *Behavioral Neuroscience, 108*, 210~12.

Fuster, J. M. (1989). *The prefrontal cortex.* New York: Raven.

Gaffan, D., Murray, E. A., et al. (1993). Interaction of the amygdala with the frontal lobe in reward memory. *European Journal of Neuroscience, 5*, 968~75.

Gerwitz, J. C., and Davis, M. (1997). Second—order fear conditioning prevented by blocking NMDA receptors in amygdala. *Nature, 388*, 471~73.

Gluck, M. A., and Myers, C. E. (1993). Hippocampal mediation of stimulus representation: A computational theory. *Hippocampus, 3*, 491~516.

Goldman—Rakic, P. S. (1987). Circuitry of primate prefrontal cortex and regulation of behavior by representational memory. In F. Plum (Ed.), *Handbook of physiology: The nervous system* (vol. 5, pp. 373~417). Bethesda, Md.: American Physiological Society. Gray, J. A. (1987). *The psychology of fear and stress.* Vol. 2. New York: Cambridge University Press.

Helmstetter, F. J., and Bellgowan, P. S. (1994). Effects of muscimol applied to the basolateral amygdala on acquisition and expression of contextual fear conditioning in rats. *Behavioral Neuroscience, 108*, 1005~9.

Jacobs, W. J., and Nadel, L. (1985). Stress—induced recovery of fears and phobias. *Psychological Review, 92*, 512~31.

James, W. (1884). What is emotion? *Mind, 9*, 188~205. Johnson—Laird, P. N. (1988). *The computer and the mind: An introduction to cognitive science.* Cambridge, Mass.: Harvard University Press.

Kapp, B. S., Whalen, P. J., Supple, W. F., and Pascoe, J. P. (1992). Amygdaloid contributions to conditioned arousal and sensory information processing. In J. P. Aggleton (Ed.), *The amygdala: Neurobiological aspects of emotion, memory, and mental dysfunction* (pp. 229~54). New York: Wiley—Liss.

Kihlstrom, J. F. (1984). Conscious, subconscious, unconscious: A cognitive perspective. In K. S. Bowers and D. Meichenbaum (Eds.), *The unconscious reconsidered* (pp. 149~211). New York: Wiley.

Killcross, S., Robbins, T. W., and Everitt, B. J. (1997). Different types of fear—conditioned behavior mediated by separate nuclei within amygdala. *Nature, 388*, 377~80.

Kim, J. J., and Fanselow, M. S. (1992). Modality—specific retrograde amnesia of fear. *Science, 256*, 675~77.

LaBar, K. S., Gatenby, J. C., Gore, J. C., LeDoux, J. E., Phelps, E. A. (1998). Human amygdala activation during conditioned fear acquisition and extinction: a mixed-trial 1MRI study. *Neuron, 20,* 937~45.

LaBar, K. S., LeDoux, J. E., Spencer, D. D., and Phelps, E. A. (1995). Impaired fear conditioning following unilateral temporal lobectomy in humans. *Journal of Neuroscience, 15,* 6846~55.

LeDoux, J. E.(1994). Emotion, memory, and the brain. *Scientific American, 270,* 32~39.

_____. (1995). Emotion: Clues from the brain. *Annual Review of Psychology, 46,* 209~35.

_____. (1996). *The emotional brain.* New York: Simon & Schuster.

LeDoux, J. E., Cicchetti, P., Xagoraris, A., and Romanski, L. M. (1990). The lateral amygdaloid nucleus: Sensory interface of the amygdala in fear conditioning. *Journal of Neuroscience, 10,* 1062~69.

LeDoux, J. E., Farb, C. F., and Ruggiero, D. A. (1990). Topographic organization of neurons in the acoustic thalamus that project to the amygdala. *Journal of Neuroscience, 10,* 1043~54.

LeDoux, J. E., Iwata, J., Cicchetti, P., and Reis, D. J. (1988). Different projections of the central amygdaloid nucleus mediate autonomic and behavioral correlates of conditioned fear. *Journal of Neuroscience, 8,* 2517~29.

LeDoux, J. E., Romanski, L. M., and Xagoraris, A. E. (1989). Indelibility of subcortical emotional memories. *Journal of Cognitive Neuroscience, 1,* 238~43.

LeDoux, J. E., Sakaguchi, A., and Reis, D. J. (1984). Subcortical efferent projections of the medial geniculate nucleus mediate emotional responses conditioned by acoustic stimuli. *Journal of Neuroscience, 4,* 683~98.

Li, X. F., Stutzmann, G. E., and LeDoux, J. L. (1996). Convergent but temporally separated inputs to lateral amygdala neurons from the auditory thalamus and auditory cortex use different postsynaptic receptors: *In vivo* intracellular and extracellular recordings in fear conditioning pathways. *Learning and Memory, 3,* 229~42.

Majidishad, P., Pelli, D. G., and LeDoux, J. E. (1996). Disruption of fear conditioning to contextual stimuli but not to a tone by lesions of the accessory basal nucleus of the amygdala. *Society for Neuroscience Abstracts, 22,* 1116.

Manderscheid, R. W., and Sonnenschein, M. A. (1994). *Mental health, United States, 1994.* Rockville, Md.: U. S. Department of Public Health and Human Services.

Maren, S., Aharonov, G., and Fanselow, M. S. (1996). Retrograde abolition of conditional fear after excitotoxic lesions in the basolateral amygdala of rats.

Behavioral Neuroscience, 110, 718~26.

Maren, S., Aharonov, G., Stote, D. L., and Fanselow, M. S. (1996). N—methyl—d—aspartate receptors in the basolateral amygdala are required for both acquisition and expression of the conditional fear in rats. *Behavioral Neuroscience, 110,* 1365~74.

Maren, S., and Fanselow, M. S. (1996). The amygdala and fear conditioning: Has the nut been cracked? *Neuron, 16,* 237~40.

Marks, I. (1987). *Tears, phobias, and rituals: Panic, anxiety, and their disorders.* New York: Oxford University Press.

Mascagni, F., McDonald, A. J., and Coleman, J. R. (1993). Corticoamygdaloid and corticocortical projections of the rat temporal cortex: A phaseolus vulgaris leucoagglutinin study. *Neuroscience, 57,* 697~715.

McAllister, W. R., and McAllister, D. E. (1971). Behavioral measurement of conditioned fear. In F. R. Brush (Ed.), *Aversive conditioning and learning* (pp. 105~79). New York: Academic Press.

McClelland, J. L., McNaughton, B. L., and O'Reilly, R. C. (1995). Why there are complementary learning systems in the hippocampus and neocortex: Insights from the successes and failures of connectionist models of learning and memory. *Psychological Review, 102,* 419~57.

McGaugh, J. L., Mesches, M. H., Cahill, L., Parent, M. B., Coleman—Mesches, K., and Salinas, J. A. (1995). Involvement of the amygdala in the regulation of memory storage. In J. L. McGaugh, F. Bermudez—Rattoni, and R A. Prado—Alcala (Eds.), *Plasticity in the central nervous system* (pp. 18~39). Mahwah, N. J.: Erlbaum.

Miserendino, M. J. D., Sananes, C. B., Melia, K. R., and Davis, M. (1990). Blocking of acquisition but not expression of conditioned fear—potentiated startle by NMDA antagonists in the amygdala. *Nature, 345,* 716~18.

Mishkin, M., Malamut, B., and Bachevalier, J. (1984). Memories and habits: Two neural systems. In J. L. McGaugh, G. Lynch, and N. M. Weinberger (Eds.), *The neurobiology of learning and memory.* New York: Guilford.

Morgan, M., and LeDoux, J. E. (1995). Differential contribution of dorsal and ventral medial prefrontal cortex to the acquisition and extinction of conditioned fear. *Behavioral Neuroscience, 109,* 681~88.

Morgan, M. A., Romanski, L. M., and LeDoux, J. E. (1993). Extinction of emotional learning: Contribution of medial prefrontal cortex. *Neuroscience Letters, 163,* 109~13.

Mowrer, O. H. (1939). A stimulus—response analysis of anxiety and its role as a reinforcing agent. *Psychological Review, 46,* 553~65.

Mowrer, O. H., and Lamoreaux, R R (1946). Fear as an intervening variable in avoidance conditioning. *Journal of Comparative Psychology, 39,* 29~50.

Muller, J., Corodimas, K. P., Fridel, Z., and LeDoux, J. E. (1997). Functional inactivation of the lateral and basal nuclei of the amygdala by muscimol infusion prevents fear conditioning to an explicit CS and to contextual stimuli. *Behavioral Neuroscience, 111,* 683~91.

Ohman, A. (1992). Fear and anxiety as emotional phenomena: Clinical, phenomenological, and evolutionary perspectives, and information−processing mechanisms. In M. Lewis and J. M. Haviland (Eds.), *Handbook of the emotions* (pp. 511~36). New York: Guilford.

O'Keefe, J., and Nadel, L. (1978). *The hippocampus as a cognitive map.* Oxford: Clarendon Press.

Ottersen, O. P. (1981). The afferent connections of the amygdala of the rat as studied with retrograde transport of horseradish peroxidase. In Y. Ben−Ari (Ed.), *The amygdaloid complex* (pp. 91~104). New York: Elsevier/North− Holland Biomedical Press.

Packard, M. G., Williams, C. L., Cahill, L., and McGaugh, J. L. (1995). The anatomy of a memory modulatory system: From periphery to brain. In N. E. Spear, L. P. Spear, and M. L. Woodruff (Eds.), *Neurobehavioral plasticity: Learning, development, and response to brain insults* (pp. 149~50). Hillsdale, N. J.: Erlbaum.

Parent, M. B., Tomaz, C., and McGaugh, J. L. (1992). Increased training in an aversively motivated task attenuates the memory−impairing effects of post− training N−methyl−D−aspartate−induced amygdala lesions. *Behavioral Neuroscience, 106*(5), 789~98.

Pavlov, I. P. (1927). *Conditioned reflexes.* New York: Dover.

Phillips, R. G., and LeDoux, J. E. (1992). Differential contribution of amygdala and hippocampus to cued and contextual fear conditioning. *Behavioral Neuroscience, 106,* 274~85.

_____. (1994). Lesions of the dorsal hippocampal formation interfere with background but not foreground contextual fear conditioning. *Learning and Memory, 1,* 34~44.

Pitkänen, A., Savander, V., and LeDoux, J. L. (1997). Organization of intra− amygdaloid circuitries: An emerging .framework for understanding functions of the amygdala. *Trends in Neuroscience, 20,* 517~23.

Pitkänen, A., Stefanacci, L., Farb, C. R., Go, C.−G., LeDoux, J. E., and Amaral, D. G. (1995). Intrinsic connections of the rat amygdaloid complex: Projections originating in the lateral nucleus. *Journal of Comparative Neurology, 356,* 288~310.

Quirk, G. J., Armony, J. L., and LeDoux, J. E. (1997). Fear conditioning enhances different temporal components of toned−evoked spike trains in auditory cortex and lateral amygdala. *Neuron, 19,* 613~24.

Rescorla, R. A., and Heth, C. D. (1975). Reinstatement of fear to an extinguished conditioned stimulus. *Journal of Experimental Psychology: Animal Behavior Processes, 104,* 88~96.

Rescorla, R. A., and Solomon, R. L. (1967). Two process learning theory: Relationships between Pavlovian conditioning and instrumental learning. *Psychological Review, 74,* 151~82.

Rolls, E. T. (1996). The orbitofrontal cortex. *Philosophical Transactions of the Royal Society B, 351,* 1433~44.

Romanski, L. M., and LeDoux, J. E. (1992). Equipotentiality of thalamo–amygdala and thalamo–cortico–amygdala projections as auditory conditioned sitmulus pathways. *Journal of Neuroscience, 12,* 4501~9.

_____. (1993). Information cascade from primary auditory cortex to the amygdala: Corticocortical and corticoamygdaloid projections of temporal cortex in the rat. *Cerebral Cortex, 3,* 515~32.

Savander, V., LeDoux, J. E., and Pitkanen, A. (1996). Interamygdala projections of the basal and accessory basal nucleus of the rat amygdaloid complex. *Neuroscience, 76,* 725~35.

_____. (1997). Lateral nucleus of the rat amygdala is reciprocally connected with basal and accessory basal nuclei: A light and electron microscopic study. *Neuroscience, 77*(3), 767~81.

Schacter, D. L. (1989). On the relation between memory and consciousness: Dissociable interactions and conscious experience. In H. L. I. Roediger and F. I. M. Craik (Eds.), *Varieties of memory and consciousness: Essays in honor of Endel Tulving* (pp. 355~89). Hills–dale, N. J.: Erlbaum.

Selden, N. R. W., Everitt, B. J., Jarrard, L. E., and Robbins, T. W. (1991). Complementary roles for the amygdala and hippocampus in aversive conditioning to explicit and contextual cues. *Neuroscience, 42,* 335~50.

Shallice, T. (1988). Information processing models of consciousness. In A. Marcel and E. Bisiach (Eds.), *Consciousness in contemporary science* (pp. 305~33). Oxford: Oxford University Press.

Simon, H. A. (1967). Motivational and emotional controls of cognition. *Psychological Review, 74,* 29~39.

Squire, L. K, Slater, P. C., and Chace, P. M. (1975). Retrograde amnesia: Temporal gradient in very long–term memory following electroconvulsive therapy. *Science, 187,* 77~79.

Sutherland, R. J., and Rudy, J. W. (1989). Configural association theory: The role of the hippocampal formation in learning, memory, and amnesia. *Psychobiology, 17,* 129~44.

Teich, A. H., McCabe, P. M., Gentile, C. C., Schneiderman, L. S., Winters, R. W., Liskowsky, D. R., and Schneiderman, N. (1989). Auditory cortex lesions prevent the extinction of Pavlovian differential heart rate conditioning to tonal stimuli in rabbits. *Brain Research, 480*, 210~18.

Thorpe, S. J., Rolls, E. T., and Maddison, S. (1983). The orbitofrontal cortex: Neuronal activity in the behaving monkey. *Experimental Brain Research, 49*, 93~115.

Turner, B., and Herkenham, M. (1991). Thalamoamygdaloid projections in the rat: A test of the amygdala's role in sensory processing. *Journal of Comparative Neurology, 313*, 295~325.

Van der Kar, L. D., Piechowski, R. A., Rittenhouse, P. A., and Gray, T. S. (1991). Amygdaloid lesions: Differential effect on conditioned stress and immobilization−induced increases in corticosterone and renin secretion. *Neuroendocrinology, 54*, 89~95.

Weinberger, N. M. (1995). Retuning the brain by fear conditioning. In M. S. Gazzaniga (Ed.), *The cognitive neurosciences* (pp. 1071~90). Cambridge, Mass.: MIT Press.

Whitfield, I. C. (1980). Auditory cortex and the pitch of complex tones. *Journal of the Acoustical Society of America, 67*, 644~47.

신경의 효용 계산에 관하여

뇌 자극 보상 연구 결과

피터 시즈갈

금붕어에서 인간에 이르기까지 다른 척추동물들과 마찬가지로 쥐도 특정한 뇌 부위로 전기 자극을 전달할 수 있는 행동을 취할 것이다. 그 자극은 뚜렷한 생리적 이점을 만들어 내지는 않지만, 생물학적으로 중요한 자원인 듯이 그것을 열정적으로 추구했다. 따라서 보상 자극이 목표 평가와 선택에 관여하는 신경 회로를 활성화시킨다고 오랫동안 여겨졌다. 목표 대상의 효용을 계산하는 일은 엄밀히 통합된 일련의 지각과 인지, 동기의 메커니즘을 수반한다. 나는 전기적 뇌 자극 보상이 이러한 메커니즘의 일부에만 관여한다고 주장하고자 한다. 그렇다면 전기적 뇌 자극의 효용과 자연 강화물의 효용을 계산하는 각각의 방법을 비교하는 것이 계산 메커니즘의 작동 원리를 강조하고 그 계산 메커니즘의 구성 요인들을 분리할 수 있다. 이 장에서 제시한 관점에서 보면, 목표 대상과 완료 행동에 대한 정보는 병렬적으로 존재하는 세 가지 다른 채널로 처리된다. (1) 지각 정보처리는 목표 대상의 정체와 출처를 알리고, (2) 스톱워치와 같은 시간격 타이머는 목표 대상을 언제 또는 얼마나 자주 이용할 수 있는지 예측하고, (3) 현재의 생리적 상태에 대한 정보의 영향 아래, 평가 채널은 자당 용액의 농도나 기류의 온도와 같은 강도 변인의 주관적 가중치를 산출한다. 이 세 채널의 출력 정보는 양과 종류(예컨대, 음식, 물 또는 소금)에 대한 지각적 기원 정보, 타이머로부터의 속도와 지연에 대한 정보, 그리고 평가 채널이 제공하는 강도의 주관적 평가를 포괄하는 다차원 기록 상태로 기록된다. 이 장은 뇌 자극 보상(brain stimulation reward: BSR), 지각 채널, 간격 타이밍 채널, 평가 채널 등과 카너먼과 동료들이 인간 피험자들을 대상으로 한 평가와 선택에 대한 연구를 바탕으로 제시한 상이한 유형의 효용들 간의 관계를 다룰 것이다. 평가 채널의 출력은 쾌락이나 고통 경험에서 나타날 수 있지만 이 신호가 행동에 영향을 미치는 데는 의식이 필요하지 않다고 주장하고자 한다. 전기적 보상 자극으로 주입된 신경 신호는 비율과 지연, 강도에 대한 의미 있는 정보를 제공하지만 양이나 종류에 대해서는 제공하지 않는 것으로 설명될 것이다. 이 견해는 BSR와 자연 보상의 경쟁과 가중(加重),[1] 생리적 피드백이 BSR의 효용과 자연 보상의 효용에 미치는 차별적인 영향, BSR의 상대적인 비율 및 강도와 행동 할당의 매칭, 폐쇄 경제 측면에서 BSR와 음식에 대한 수요의 탄력성 차이, 개방 경제 측면에서 BSR가 음식과 물을 대체할 수 있는 높은 가능성 등에 대해 설명하는 데 이용된다. 추가 자극을 얻으려는 노력을 강화하는 BSR의 강력한 잔효(殘效)는 기대와 관련이 있다.

쥐 한 마리가 아크릴 판으로 막은 6피트의 좁은 길로 통하는 입구인 통로의 출발 상자 안에 조용히 앉아 있다. 그 쥐는 발을 핥고, 그 발로 코를 문지르며 몸치장을 하기 시작한다. 성미가 까다로운 이 생물은 정수리를 손질할 때면 두개골에 단단히 고정된 소형 전기 커넥터를 접촉한다. 쥐의 발은 리듬을 깨지 않으면서 규칙적으로 이제는 친숙해진 부속 장치를 쓰다듬는다. 이제 그 쥐는 커넥터와 자극기를 연결하는 부드러운 케이블에 방해받지 않으면서 머리를 돌려 옆머리를 손질한다.

자극기가 커넥터에 부착된 전극을 통해 작은 서지 전류를 보내면, 쥐의 머리 손질은 짧게 끝난다. 뇌 깊숙한 곳에서 발생하는 이러한 자극 펄스[2]는 전극 팁을 스치는 신경 섬유들에 일제히 충동을 일으킨다. 쥐는 고개를 들고 매우 경계한다. 쥐는 앞으로 몸을 쭉 뻗더니 출발 상자를 탐색하면서, 코를 킁킁거리며 바닥의 냄새를 맡고 자기 머리를 이리저리 살핀다. 보상 자극을 받으면 쥐는 아크릴 판에 접근하여 앞발로 그 꼭대기를 잡고는 장벽을 뛰어넘으려는 듯 껑충 뛰어오른다. 그 직후 솔레노이드가 판을 끌어내려 없앤다. 그러자 쥐는 스타팅 블록을 박차고 나가는 스프린터처럼 좁은 길로 폭풍 질주한다. 그 쥐는 목표 상자로 달려가서, 지체 없이 앞선 시험에서 자극 펄스의

---

1   단독 자극의 효과보다 둘 이상의 자극을 주어 보다 큰 효과를 나타내는 현상.
2   수 밀리세컨드의 전기 자극으로 시냅스 세포에 활동 전위를 발생시킬 수 있다.

전달을 일으킨 레버를 누른다.

이번 시험에서는 쥐가 실망한다. 실험자가 목표 상자의 자극을 미리 꺼 놓았던 것이다. 이처럼 기대에 반하는 결과에 익숙해진 쥐는 몇 번의 시험 끝에 새로운 조건에 적응한다. 출발 상자의 자극은 변하지 않았지만, 이제 쥐의 행동을 자극하지 못한다. 목표 상자에서 자극을 받을 수 있을 거라는 기대를 더 이상 하지 않는 쥐는 장벽이 제거된 후에도 출발 상자 안에 남아 있으면서, 장벽이 사라진 긴 홈을 별 생각 없이 냄새를 맡은 후에는 바닥에 누워 하품을 한다.

이 짧은 사건에서 쥐는 자극을 제한된 가용성 기간 동안의 음식이나 추운 환경에서의 따뜻한 둥지 상자와 같이 생물학적으로 중요한 자원인 듯이 취급한다. 이러한 천연자원이 학습과 수행을 위한 매우 효과적인 보상 역할을 한다는 점을 고려해, 쥐가 회복하고자 하는 자극의 효과를 뇌 자극 보상(BSR)이라고 부른다.

BSR 현상은 금붕어에서 인간에 이르기까지 다양한 척추동물에게서 관찰되었다(Bishop, Elder and Heath, 1963; Boyd and Gardiner, 1962; Distel, 1978; Lilly and Miller, 1962; Olds and Milner, 1954; Porter, Conrad and Brady, 1959; Roberts, 1958). 자연 강화물의 경우와 달리, 전기적 뇌 자극의 보상 효과는 최근의 '소비'로 인해 약해지지 않으며, 활발한 수행을 유도하고 유지하기 위해 필수 생리적 자원의 사전 박탈이 필요하지 않다. 쥐가 보상 자극을 얻기 위해 수행하게 될 위업들 중에는 경사지를 달리는 일이 있는가 하면, 장애물을 뛰어넘는 일(Edmonds and Gallistel, 1974)과 전기가 흐르는 격자를 건너는 일(Olds, 1958)도 있다. 짧고 강한 일련의 외측시상하부(lateral hypothalamic: LH) 자극을 지속적으로 받을 수 있는 경우, 쥐는 하루 중에 먹을 수 있는 유일한 기회를 단념하는 대가를 치르면서도 보상 자극을 얻기 위해 행동을 취할 것이고(Frank and Stutz, 1984; Routtenberg and Lindy, 1965), 장기간 수분 박탈이 수반됨에도 불구하고 물보다 그러한 자극을 선호할 것이다(Morgan and Mogenson, 1966). 코카인, 암페타민, 헤로인, 대마초, 니코틴 등과 같은 많은 남용 약물은 자극의 보상 효과를 강화한다(Wise, 1996).

전기적 뇌 자극의 보상 효과는 이 책의 주제인 즐거움과 고통에 대한 과학적 연구와 오랫동안 연관되어 왔다. 저널에 실린 BSR에 대한 첫 보고서(Macfarlane, 1954)는 실제로 뇌의 '쾌락 영역'의 발견을 예고했고, 초기 과학

출판물들(Olds, 1956)에서도 비슷한 문구가 사용되었다. 그러나 이후 BSR에 대한 연구와 쾌락 경험과 선택의 관계에 대한 연구가 발전하면서 더욱더 풍부하고 미묘한 특성화가 지지를 받게 되었다.

뇌 자극 보상에 대한 새로운 관점을 향하여

이 장에서 나는 보상 자극이 모방한 신경 신호(Shizgal, 1997; Shizgal and Conover, 1996)에 대한 새로운 견해를 개괄하고 좀 더 진전시킬 것이다. 이 견해는 동물이 목표 대상과 마주칠 때 다수의 정보처리 양식들이 병렬적으로 활성화된다는 오랫동안 지속된 관념에 뿌리를 두고 있다(예컨대, Pfaffmann, Norgren and Grill, 1977; Zajonc, 1980을 참조). 지각 처리는 목표 대상의 정체와 위치, 물리적 성질을 결정하는 반면에, 평가 처리에서 획득한 정보는 목표 대상이 어떤 가치가 있는지 결정하는 데 사용된다. 스톱워치 타이머 역할을 하는 세 번째 처리기는 목표 대상을 언제 또는 얼마나 자주 이용할 수 있는지와 관련이 있다(Gibbon, 1977; Gibbon, Church, Fairhurst and Kacelnik, 1988). 켄트 코노버(Kent Conover)와 나는 평가 시스템의 활성화에서 BSR가 발생한다고 제안했다(Shizgal, 1997; Shizgal and Conover, 1996). 우리의 관점에서 보면, 자극은 이 평가 시스템에서 의미 있는 신호를 모방하고 타이머에 해석 가능한 입력 정보를 제공하기도 한다. 평가 시스템과 타이밍 시스템은 보상을 계산하기에 충분한 정보를 제공한다. 따라서 쥐는 이전에 자극이 전달된 장소로 다시 돌아가서 자극을 일으키는 행동을 반복한다. 이와는 대조적으로, 자극 유발 신호는 지각 시스템에 의해 해석될 수 없다. 그렇다면 보상 자극은 자연적인 목표 대상과의 접촉으로 인해 생성되는 지각 경험을 재현할 수 없다. 사실상 쥐는 레버가 귀중한 것을 전달해 준다는 사실을 알고 있지만, 그것이 무엇인지는 확정할 수 없다.

여기서 전개하고자 하는 설명은 코노버와 내가 효용 계산 방법의 더 광범위한 개념 내에서 쥐의 BSR와 미각적 보상에 대한 연구를 통해 도출해 낸 견해를 담고 있으며, 이러한 견해를 인간의 쾌락 경험에 대한 연구에서 나온 개념과 관련시킨다. 이러한 관점에서 BSR에 대한 분석이 즐거움에 대한 과학적 연구를 진전시킬 수 있는 몇 가지 방법이 있다.

1. 즐거움을 유발하는 자연 자극은 지각 시스템과 평가 시스템, 타이밍 시스템에 작용한다. 만약 뇌 자극의 보상이 실제로 이러한 효과의 일부만을 모방한다면, 그것은 보통 엄밀히 통합된 반응들의 복합체인 것을 분리하는 도구 역할을 하여, 개별적인 구성 요인들을 나눠 그 특성을 설명하고 이해하도록 도울 수 있을 것이다.

2. 여기서 제시된 관점에서 보면, BSR가 모방한 신경 신호는 피험자로 하여금 일방적으로 쾌락적 활동의 중단에 저항하고 과거에 유쾌한 결과를 야기한 행동을 반복하도록 이끈다. 그렇다면 BSR의 기저가 되는 과정들에 대한 완벽한 이해는 평가 시스템이 어떻게 현행 행동을 조정하고 미래에 경험할 즐거움의 양과 종류에 영향을 미치는지 설명하는 데 도움이 될 것이다.

3. BSR의 기저가 되는 신경 신호는 중추 신경계의 알려진 위치에서 유발된 관찰 가능한 신경 충격의 일제 발화에서 발생한다. 따라서 BSR 현상은 확인된 신경 회로의 활동 측면에서 평가 처리를 이해하고자 하는 시도에 특히 적절할 것이다. (BSR를 촉진하는 신경 회로를 밝히고자 한 연구를 재고찰하고자 한다면, Shizgal, 1997; Shizgal and Murray, 1989; Yeomans, 1988을 참조.)

상이한 유형의 효용

최근 몇 년 동안 카너먼과 동료들은 평가 시스템의 선택과 작용의 관계를 연구하여, 여러 가지 유형의 효용을 설명했다(Kahneman, 1994; Kahneman, Wakker and Sarin, 1997). BSR에 대한 연구는 거의 전적으로 쥐와 다른 실험실 동물들을 대상으로 실행되었지만, 커너먼과 동료들의 연구는 인간 피험자들을 대상으로 실행되었다. 결국 상이한 유형의 효용들에 대한 카너먼과 동료들의 구분과 상이한 유형의 효용들이 어떻게 상호 관련이 있는지에 대한 그들의 제시는 BSR에 대한 연구를 더 일반적인 선택 개념과 쾌락 경험과 연관시키는 데 매우 유용한 체계를 제공한다.

순간 효용

우리는 감각 경험의 흐름을 지속적으로 평가하고 그에 따라 우리의 행동을 조정한다. 카너먼과 와커, 사린(Kahneman, Wakker and, Sarin, 1997)은 이러한 현행 평가의 산물을 '순간 효용(instant utility)'이라고 부르는데, 이는 부호와 크기가 다를 수 있는 양(量)이다. 그들은 순간 효용이라는 용어에 두 가지 의미를 부여하는데, 하나는 쾌락적 반응과 관련하여 정의되고 다른 하나는 행동과 관련하여 정의된다. 이 견해에 따르면, 순간 효용은 대립적인 쾌락 차원('좋은/나쁜')에서 경험되는 반면에, 개인에게는 현재의 행동 과정을 지속하거나 종료하도록 편향시킨다. 순간 효용의 긍정적인 가치를 생성하는 상태와 자극은 유쾌한 것으로 경험되면서, 우리가 하고 있는 일을 지속하도록 강요한다. 부정적인 가치를 생성하는 상태와 자극은 그와 반대의 효과를 보인다. 특정한 시점의 시각적 자극의 밝기처럼(Schreiber and Kahneman, 1997), 순간 효용은 순간의 한 속성이다. 나는 이 양을 '순간 효용(instantaneous utility)'이라고 말하고자 한다.

기억 효용

훌륭한 음식점에서 좋은 음식을 먹거나 극장에서 영화를 보는 일과 같은 경험을 하는 동안에 순간 효용은 시간이 지남에 따라 변한다. 결과적인 시간적 프로파일의 복잡성에도 불구하고, 우리는 '별점 5개 중 4개'와 같은 평가처럼 경험에 단일 평가를 적용하거나, 우리가 돈의 가치에 상응하는 가치를 얻었는지 다른 사람들에게 보고하는 데 어려움이 거의 없다. 카너먼과 와커, 사린(1997)은 시간적으로 확장된 경험에 대한 단일 평가를 '기억 효용'이라고 칭한다. 그들의 관점에 따르면, 순간 효용의 시간적 프로파일을 기억 효용으로 압축할 때 우리는 과제를 단순화하고 과제의 실행 속도를 높이며 필요한 연상 및 계산 자원을 최소화시키는 휴리스틱을 적용한다.

결정 효용

기억 효용은 추가 계산, 즉 능동적인 사고 아래, 상이한 결정 결과들에 적용되는 가중치 계산을 통해 행동에 영향을 미친다. 카너먼과 동료들은 그러한 가중치를 '결정 효용'이라고 부른다(Kahneman, 1994; Kahneman et al., 1997). 그들의 용어로 보면, 출발 상자를 떠날지 여부를 결정하는 쥐의 선택은 목표 상자에서 부가적 자극을 얻거나 제자리에서 누워 휴식을 취하거나 하는 두 가지 결과의 결정 효용에 달려 있다고 할 수 있다.

예측 효용

카너먼과 와커, 사린(1997)은 결정 효용 계산이 기억 효용뿐만 아니라 결과에 대한 '예측 효용'과 같은 추가 요인들도 반영할 수 있다고 지적한다. 기억 효용은 우리가 특정한 음식점에서 마지막으로 먹은 음식의 전반적인 '우수성'을 소환하는 것인 반면에, 예측 효용은 우리가 오늘 그 음식점에 가서 음식을 얼마나 맛있게 즐길 수 있을지에 대한 우리의 기대감을 반영한다.

BSR와 상이한 유형의 효용의 관계

순간 효용과 관련된 전기적 자극의 보상은 현재 계속 일어나고 있는 신경 활동을 어떻게 추동할까? 코노버와 시즈갈(Conover and Shizgal, 1994a)이 제시한 제안에 따르면, 보상 자극은 평가 시스템에 미치는 자연 보상의 실시간 효과를 모방함으로써, 즉 순간 효용을 긍정적 가치로 유도함으로써 현재 일어나는 행동에 대한 지배력을 성취한다. 나는 그러한 자극의 보상 신호가 의식성이 없는 상황에서 행동을 조종할 수 있지만 항상 그렇게 하지는 못한다는 점을 제시하고자 한다. 주의력 자원의 할당을 통해, 순간 효용 신호는 작업 기억에 접근할 수 있으며 인간 경험에서 쾌락이나 고통으로 나타날 수 있다. 따라서 카너먼과 와커, 사린(1997)이 순간 효용에 부여한 이중적 의미는 유지되었지만, 행동 요인이 더 근본적인 것으로 여겨지기 때문에, 행동 요인과 쾌락 요인 간의 관련성은 약화된다. 의식에 순간 효용 신호가 미치는 영향을 허용하는 것이 지닌 몇 가지 이점에 대해서는 나중에 논의할 것이다.

이 장 앞부분에서 짧게 소개된 쥐의 행동은 선행 시험의 목표 상자에서 보상 자극을 충분히 받았는지 여부에 달려 있다. 그런 점에서 쥐는 이전에 받은 자극의 효용을 기록한 것으로 보인다. 우리는 곧 쥐에게서 볼 수 있는 BSR의 순간 효용과 인간의 시간적으로 광범위한 특정한 경험이 기억 효용으로 해석되는 방식에 놀라운 정도의 유사성이 있음을 알게 될 것이다.

보상에 대한 기록은 본질적으로 다차원적이며 여러 가지 정보처리 방식에서 기원할 수 있을 것이다. 나는 나중에 카너먼과 와커, 사린(1997)이 기억 효용이라고 한 것이 그러한 보상에 대한 기록의 몇 가지 요인들 중 하나에 불과한 강화물의 주관적인 '강도'를 포착한다고 주장할 것이다. 강도를 평가하는 평가 채널은 접촉 비율과 지연에 대한 평가를 전달하는 스톱워치 타이머, 그리고 양(예컨대, 도토리의 질량)과 종류(예컨대, 음식 대 물)에 대한 평가에 응답할 수 있는 지각 메커니즘에 의해 보완된다. 종류에 대한 정보는 한 강화물이 다른 강화물을 대체할 수 있는 정도를 결정하는 데 이용될 수 있다. 행동 경제학의 핵심 원칙은 대체 가능성이 '가격 변동에 직면하여 한 강화물에서 다른 강화물로 행동 할당이 바뀔지의 여부와 얼마나 많은 행동 할당이 그렇게 바뀔지를' 결정한다는 것이다. 또한 특정한 종류의 자원에 대한 수요의 탄력성은 지각의 원천 — 환경에서 그러한 자원의 환경적 분포 — 에 대한 추가 정보에 달려 있다고 주장할 수 있다.

이 관점에서 보면, 결정 효용은 지각 데이터와 타이밍 데이터와 평가 데이터의 조합에서 비롯된다. 의미 있는 지각 정보가 없는 상황에서 BSR가 평가 시스템과 타이밍 시스템에서 의미 있는 신호를 실제로 반영한다면, BSR의 성과는 자연 강화물의 성과와는 다르게 경제적 제약에 반응해야 할 것이다. 여기에서 재고찰한 문헌은 이러한 주장을 뒷받침하며, BSR의 성과와 자연 강화물의 성과 간의 비교가 결정 효용 계산과 관련된 심리적 자원을 밝혀준다고 시사하는 것으로 해석될 수 있다.

이 장을 시작하면서 예로 든 짧은 사건에서, 출발 상자의 자극은 추가 보상을 획득하고자 하는 행동을 강화하는 잔효를 생성한다. 시험을 시작할 때 쥐에게 자극의 자유로운 '맛보기 경험'을 제공하면, 장벽을 제거하기 전에 더 뚜렷한 예상 행동을 보일 것이고, 일단 좁은 통로로 들어갈 수 있게 되면 더 빠르게 그 통로를 내달릴 것이다. 이것은 축하 연회에서 특별히 맛있는 오르되브르를 맛본 경험이 이리저리 두리번거리며 웨이터의 모습을 찾고 그가 다시 나타나면 재빨리 뒤쫓도록 자극하는 방식을 연상시킨다. 웨이터에 대한 예상 탐색과 추적은 오르되브르가 아직 남아 있을 거라는 기대에 달려 있는 것처럼, 출발 상자 속 쥐의 예상 행동은 목표 상자에서 자극을 얻을 수 있을 거라는 기대에 달려 있다. 미래의 사건에 대한 기대가 현재의 선택에 영향을 미친다는 점에서 그러한 기대감은 카너먼과 와커, 사린(1997)이 거론한 예측 효용과 관련이 있을 수 있다.

결정 효용을 행동으로 나타내기 위해서는 선택 규칙에 의거해 처리해야 한다. "가장 큰 것을 선택하라." 이것을 규칙으로 볼 수 있을 것이다. 결과적 결정이 어떻게 실행될지의 문제는 이 장의 범위를 넘어선다. 이 주제에 대한 훌륭한 입문을 원하는 독자라면, 갈리스텔(Gallistel)의 『행동 조직(*Organization of Action*)』(1980)을 참조하기 바란다.

다음에서는 BSR와 카너먼과 와커, 사린(1997)이 제시한 상이한 유형의 효용 간의 관계를 상세히 거론할 것이다. 이러한 관계에 대한 탐색은 BSR 데이터를 새로운 시각에서 바라보게 하고 향후 연구의 새로운 방향을 제시한다.

BSR의 기초

BSR와 상이한 유형의 효용의 관계에 대한 논거를 전개하기에 앞서 전기적 자극과 그것의 보상 효과를 담당하고 있는 신경 회로의 몇 가지 기본 특성을 설명할 필요가 있다. 대부분의 현대 BSR 실험에서 사용되는 자극은 일련의 단기간 전류 펄스들로 이루어져 있다. 펄스 지속 시간이 일정하게 유지될 경우, 한 차례의 자극의 세기는 펄스 진폭(전류)과 주파수에 의해 결정된다. 전류가 강할수록 전극이 직접 자극하는 뉴런의 수가 많아진다. 대부분의 연구에서 이용되는 여러 주파수의 범위에 걸쳐, 직접 자극받은 각각의 뉴런은 펄스당 한 번 발화하는 것으로 가정할 수 있다. 따라서 그림 26.1에서 묘사한 바와 같이, 각 펄스는 보상 효과를 일으키는 직접 자극받은 세포 개체군에서 일제히 신경 충격(활동 전위)의 동시 발화를 일으키며, 이 개체군의 총 발화율[3]은 자극 전류와 주파수에 의해 결정된다. 이 뉴런 개체군이 어떠한 자연적 자극에 그처럼 동시적으로 반응하는 것은 거의 불가능하지만, 인위적인 자극은 자연적 강화물의 일부 속성을 모방한다. 나중에 논의하겠지만, 이것은 보상 효과의 기저가 되는 신경계에서 정보가 어떻게 표상되는지에 대한 단서를 제공한다.

---

3 활동 전위의 생성 비율.

그림 26.1 뇌 자극 보상을 촉진하는 신경 회로의 시공간 통합 대응 모델

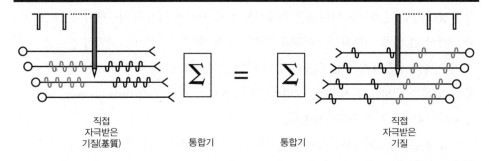

직접
자극받은
기질(基質)   통합기   통합기   직접
자극받은
기질

참고: BSR를 담당하고 있는 직접 활성화된 뉴런들에서 일어나는 활동 전위는 다양한 시공간에 걸쳐 활동 전위의 효과들을 통합하는 신경 회로에 영향을 미친다. 이 통합기의 출력은 고정된 시간대 동안의 총 발화율에 의해 결정된다. 따라서 두 개의 뉴런을 각각 네 번 발화하면 네 개의 뉴런을 각각 두 번 발화하는 것과 동일한 출력이 생성된다. 자극은 시냅스 말단으로 전해지는 활동 전위를 일으키는 것뿐만 아니라, '반대 방향'인 세포체로 전해지는 활동 전위를 일으키기도 한다. 회색으로 표시된 이러한 '역방향성' 활동 전위는 다른 축삭돌기 가지를 침범하지 않는 한 행동 효과를 보이지 않는다.

대응 모델

직접 자극받은 뉴런들의 발화는 아주 간단히 보상 효과로 변환되는 것으로 보인다. 한 차례 자극의 지속 시간이 일정하게 유지됨에 따라, 보상 효과의 세기는 직접 자극받은 세포 개체군의 총 발화율에만 달려 있는 것으로 보인다. 이 '대응 모델'(Gallistel, 1978; Gallistel, Shizgal and Yeomans, 1981; Simmons and Gallistel, 1994)에 따르면, 특정한 시간대에, 직접 자극받은 100개의 뉴런이 각각 10번씩 발화하든, 아니면 20개의 뉴런이 각각 50번씩 발화하든, 그것은 중요하지 않다. 총 충격 흐름이 일정하다면 자극의 보상 영향은 동일할 것이다. 자연적 자극이 유발한 이러한 뉴런들의 활동이 같은 방식으로 통합된다면 인위적 자극이 일으킨 동시적 발화는 자연적 자극이 일으킨 같은 수의 비동시적인 발화와 동일한 효과를 낳을 것이다.

대응 모델은 그림 26.1에 나와 있다. 보상 효과를 담당하고 있는 직접 자극받은 뉴런들이 다양한 시공간에 걸쳐 유입되는 활동 전위의 효과들을 결합하는 '통합기'에 입력 정보를 제공하는 것으로 묘사되어 있다. 통합기의 출력은 입력 시의 총 발화율에 의해 결정된다. 여기서 이 출력은 자극의 순간 효용의 유일한 결정 요인이며, 자극의 기억 효용은 자극의 순간 효용의 특정한 '전형적 가치'(Schreiber and Kahneman, 1997)에서 비롯된다고 본다.

순간 효용, 중단에 대한 저항, BSR

많은 뇌 부위에서 BSR는 혐오적인 부작용을 동반하는데, 이는 보상 효과를 담당하는 뉴런 이외의 다른 뉴런들이 활성화되기 때문이다(Bielajew and Shizgal, 1980; Bower and Miller, 1958; Shizgal and Matthews, 1977). 자극 부위, 전류, 주파수, 시간 패턴 등을 현명하게 선택함으로써 혐오적인 부작용을 최소화할 수 있다. 그러한 예방 조치를 취할 경우, 쥐는 한 차례 연속적인 장시간의 자극을 전해주는 레버를 기꺼이 누르지만, 자극을 정지시키는 두 번째 레버는 누르지 않을 것이다(Shizgal and Matthews, 1977). 실험자가 그러한 연속적인 자극을 정지시키면, 쥐는 즉시 레버로 달려가 레버를 눌러 자극을 다시 받기 시작할 것이다. 이것은 기회가 주어지면 쥐가 그러한 자극의 중단을 막고자 노력할 거라는 사실을 시사한다. 그렇다면, 쥐가 계속 전류가 흐르게 하는 일에 몰두하는 행위를 평가함으로써 순간 효용의 행동 요인을 실시간으로 측정할 수 있을 것이다.

내가 알기로는 그런 실험은 아직 이루어지지 않았다. 그와 같은 실험을 실행하는 유망한 방법은 현행 자극에 대한 쥐의 몰두 행위를 평가하기 위해 대체 보상을 통한 유혹을 이용하는 것이다. 상이한 여러 시기에 오랫동안 지속되는 자극을 전달하는 동안에, 둘 중 하나를 고를 수 있는 선택안 ― 지속되고 있는 현 자극의 지속, 또는 지속되고 있는 현 자극의 즉각적인 중단과 함께 대체 보상의 전달 ― 을 제공한다. 오랫동안 지속되는 자극을 끝내도록 쥐를 유혹하는 데 필요한 대체 보상의 세기는 선택의 순간에 현행 자극의 순간 효용 측정치를 제공해 줄 것이다. 원칙적으로 이러한 측정치는 자극의 기억 효용과 순간 효용이 동일한 통합기의 출력에서 비롯된다는 예측을 직접 검증해 줄 것이다.

순간 효용, 쾌락 경험, BSR

우리는 쾌락과 고통을 우리의 행동에 미치는 강력하고 적응적인 영향으로 경험한다. 벤담이 아주 인상적으로 지적했듯이(1789/1996), "자연은 인류를 고통과 쾌락이라는 두 군주의 지배 아래 두었다. 우리가 무엇을 할 것인지를 결정하는 존재도, 우리가 무엇을 해야 할지를 지적해 주는 존재도 오로지 고통과 쾌락뿐이다"(11). 쾌락과 고통이 행동을 지휘한다는 벤담의 주장은 우리의 경험상 아주 명쾌한 진실처럼 들리며, 우리를 역관점 — 행동은 쾌락 상태를 반영한다 — 으로 이끌지도 모른다. 쾌락과 고통이 우리로 하여금 유쾌한 자극과의 접촉을 추구하거나 유지하고 고통스러운 자극과의 접촉을 피하거나 막도록 유도한다면, 쾌락과 고통이 일으키는 행위에 대한 관찰로부터 그러한 경험을 추론하는 것은 정당하지 않을까? 이런 의미에서 BSR 위치를 '쾌락 영역'으로 묘사하는 것은 많은 사람들에게 직관적인 호소력을 지녔다. 그럼, 쥐가 전기적 자극을 일으키기 위해서 그토록 열심히 노력하는 경우에, 자극은 쾌락적인 것일 필요가 없을까?

내 견해로는, 두 질문에 대한 대답은 꼭 그렇지는 않다는 것이다. 나는 순간 효용의 두 요인이 일치할 수 있지만, 항상 그럴 필요는 없다고 주장하고자 한다. 따라서 벤담의 원래 공식이나 벤담의 입장을 현대적 발전에서 내세우는 견해(Cabanac, 1992)에 비하면, 여기에 제시된 설명에 근거한 쾌락적 경험과 행동 통제 간의 연관성은 덜 직접적인 양상을 보인다. 나는 쾌락적 반응으로 순간 효용의 행동 지향적 요인을 보완함으로써 얻을 수 있는 것에 대해서 나중에 추정해 볼 것이다.

벤담의 공식을 뒤집고 행동에서 쾌락과 고통을 추론하는 것은 자극의 중단에 대한 저항이나 자극으로부터 벗어나려는 시도와 같은 행동은 쾌락 반응이 없는 상황에서는, 다시 말해, '군주'("우리가 무엇을 할 것인지를 결정하는 존재도 … 오로지 고통과 쾌락뿐이다")의 명확한 동의 없이는 유발될 수 없다는 점을 강하게 추론하는 것이다. 우리는 어떤 상태에 유쾌하거나 고통스러운 상황이라는 라벨을 붙임으로써, 그 상태를 인식하고 있음을 암시한다. '무의식적인 쾌락'과 '무의식적인 고통'은 모순이란 것이다. 그렇다면 쾌락 반응이 자극의 중단에 대한 저항이나 자극으로부터 도피하기 위한 필요조건이라는 주장은 그러한 행동들은 인식의 부재 상황에서는 나올 수 없다고 말하는 것과 같다.

지각, 사고, 정서, 행동 등의 많은 기저를 인식으로부터 숨겨져 있는 것으로 취급하는 수많은 심리학적 연구와 이론들 앞에서 벤담의 입장은 이젠 그리 유효하지 못하다(Baars, 1988; LeDoux, 1996; Nisbett and Wilson, 1977). 이러한 관점에서 보면, 인식은 제한된 수용 능력 과정의 직렬 조작에 달려 있다. 행동 통제 다툼을 벌이는 모든 신호들을 이와 같은 정보처리의 병목을 억지로 통과시키기보다는 실시간 통제의 많은 과제가 한 무리의 전문화된 하위 수준의 처리기들 — 인식의 부재 상황에서 병렬로 작동하고 있는 — 에 할당되는 것이다(Baars, 1988). 만약 그렇다면 순간 효용의 쾌락적, 행동 지향적 요인들은 분리할 수 있으며, 우리는 행동 관찰의 근거만으로 경험의 쾌락적 내용을 반드시 추론할 수는 없다.

인간 피험자들을 대상으로, 우리는 자기 평가와 행동의 동시 측정 방법을 이용해, 쾌락 경험과 행동 통제의 관계를 경험적으로 다룰 수 있다. 예를 들어, 피험자가 자극과의 접촉을 유지하는지, 아니면 중단하는지를 관찰하면서, 쾌락 경험의 징후와 강도를 수집할 수 있다. 이러한 연구들에서 주관적인 쾌락 평가와 선택 측정치 간에 강한 상관관계가 나타났다는 사실은 그리 놀라운 일이 아니다(Cabanac and LeBlanc, 1983). 그러나 해리도 주목받아 왔다. 예를 들어, 헤로인 중독자의 모르핀 자가 투여에 대한 연구에서, 낮은 용량의 이 약물은 금전적 가치 척도와 리커트 선호 척도 모두에서 주관적인 평가 0점을 받았음에도 불구하고 적극적인 자가 투여가 이루어졌다. 반면에 식염수는 유사한 주관적 평가 점수를 받았지만 자가 투여가 일어나지 않았다(Lamb et al., 1991). 주목할 만한 흥미로운 사실은 모르핀의 용량이 늘어나면, 주관적인 평가 점수와 행동 측정치가 일치하게 된다는 점이다. 이런 점에서 볼 때, 쾌락 반응에 대한 자기 평가는 행동과 일치할 수 있지만 항상 그렇지는 않다는 것을 알 수 있다. (이 데이터에 대한 대안적인 해석을 원하는 독자라면, 이 책에 실린 베리지(Berridge)의 논문을 참조할 수 있을 것이다.)

인간의 쾌락 경험과 행동의 관계를 연구하는 데 사용할 수 있는 도구와는 달리, 인간 이외의 동물들이 경험하는 즐거움과 고통을 측정하는 데 매우 적합하고 일반적인 수단이 우리에게는 없다. 앞서 제시한 바와 같이 쥐의 자극 중단에 대한 저항을 측정하는 것이 가능하다는 점을 입증해야 하지만, 우리는 쥐가 전류가 흐르는 동안 어떻게 느끼는지 확신할 수 없다. 그럼에도 불구하고, 나는 인간 이외의 동물 피험자들의 신경생물학적 수단을 이용해서 인간의 인식에 기여하는 현행 행동의 통제와 과정 간의 관계를 연구할 수 있다는 사실을 제시할 것이다.

여기에서 상세히 설명한 관점, 즉 르두(Ledoux, 1996)의 제안을 차용한 관점에서 보면, 행동을 계속할 것인지 종료할 것인지('지속/정지 신호' — 순간 효용의 행동 지향적 구성 요인)를 결정하는 신경 과정의 출력 정보는 쾌락이나 고통과 같은 구조는 아니지만, 지속/정지 신호가 작업 기억에 접근하게 되면 쾌락 반응으로 인식에 드러날 것이다. 그러한 접근은 게이트 역할을 하는 주의의 통제를 받으며, 행동 지향적 신호와 관련 자극이 높은 값을 얻을 때 접근 가능성이 가장 높을 것이다. 그럼에도 불구하고 충분한 주의 할당으로 인해, 비교적 약한 신호가 쾌락 반응을 일으킬 수 있는가 하면, 주의가 부재한 상황에서 예컨대, 사건의 예측 가능성이 매우 높고 행동 반응의 실행력이 매우 높은 경우에, 강한 신호가 쾌락 반응을 일으키지 못할 수도 있다. 지속/정지 신호는 인식의 흡수선을 돌파하는 데 성공하면, 의식적인 경험의 한계를 넘어 작용하는 과정의 활동을 조정하면서 주의력 자원을 좀 더 많이 확보하고 계획을 감독할 수 있다.

이러한 논거를 발전시키기 위해서, 우리는 쥐의 행동을 모방한 로봇을 설계하는 과제를 받았다고 가정해 보자. 현행 행동은 외부 자극에 대한 실시간 정보 및 내부 환경 상태에서 비롯된 지속/중지 신호에 의해 통제된다. 예를 들어, 체온이 낮은 상태에서, 따뜻한 미세 환경과 접하면, 지속/정지 신호는 양의 값을 가지며, 열원(熱源)과의 지속적인 접촉과 열 항상성으로의 회귀를 조장할 것이다. 반면에 내부 온도가 너무 높으면 동일한 열 자극이 지속/정지 신호를 음의 값으로 이동시키고 접촉을 종료할 것이다. 내적 상태의 함수로서 중립점의 조정은 카바낙의 감각의 전도 개념(Cabanac, 1971)을 반영한다.

지속/정지 신호를 생성하는 감각 메커니즘과 평가 메커니즘은 로봇이 현행 감각 자극에 대한 쥐의 특정한 적응 반응을 모방할 수 있게 해야 한다. 그러나 로봇은 주의력의 선택적 할당, 저장된 표상들을 이용한 공간 항해, 현재 상태에서 상대적으로 더 높은 가치 상태로 이어지는 경로 계획 등을 이용해 다중 목표 관련 자극들 간의 갈등을 해결하는 일과 같은 목표 지향 행동에 대한 인지 지향적 설명에서 대단히 중요한 부분을 차지하는 능력을 모방하기 위해서는 추가적인 회로가 필요할 것이다. 동물의 항법을 다룬 영향력 있는 한 논문(Gallistel, 1990)을 보면, 현재 환경의 자기중심적 공간 표상은 연속적으로 마주치는 자극들로부터 구성되며, 그런 다음에는 유리한 지점의 위치와 시야각 상태에 대한 저장된 정보를 사용하는 지심 좌표로 변환된다. 이러한 작업에는 중요한 정보가 실시간으로 유지되는, 쉽게 접근할 수 있는 ('작업') 기억 저장소가 반드시 필요하다. 작업 기억은 목표를 향한 효율적인 경로를 찾는 모델에서도 필수적인 역할을 한다(Gallistel, 1990; Johnson-Laird, 1988;

Miller, Galanter and Pribram, 1960). 이 제한된 수용 능력을 지닌 저장소에 대한 접근은 게이트 역할을 하는 주의의 통제를 받는다. 만약 우리가 주의와 작업 기억과 경로 탐색 메커니즘을 로봇에 결합시킨다면, 지속/정지 신호가 그것들과 상호작용하게 하는 것이 이로울까? 만약 그렇다면 어떻게 그리 할 수 있을까?

이 질문에 대한 해결책을 찾는 데 현명한 행동 연구가였던 소설가 조지프 헬러(Joseph Heller)의 도움을 받아 보자. 『캐치-22(Catch-22)』에서 헬러는 순간 효용과 행동 통제의 관계를 탐구한다. 헬러의 안티히어로, 요사리안(Yossarian)은 제2차 세계 대전 당시에 고통과 죽음, 파괴의 한복판에 있던 전투기 조종사이다. 군복무 중에 필사적으로 살아남으려는 요사리안은 상황이 마땅히 그래야 할 그대로라는 것을 받아들이기를 거부한다. 신의 태만에 대해서 철학적인 논쟁을 하던 중에 요사리안은 불평을 늘어놓는다. "신은 도대체 왜 고통을 창조했을까? … 왜 고통을 주는 대신에 초인종을 누르거나 천국의 성가대를 동원해서 우리들에게 경고해 주지 않았던 거야? 아니면 사람들 각자의 이마 한가운데에 빨갛고 파란 불빛 네온사인 경고등을 달지 않았냐고. 주크박스 제조업자라도 밥값 할 줄만 알면 다 그리할 수 있었을 텐데. 신은 왜 그리할 수 없었던 걸까?"(184)

요사리안은 고통의 보호 기능이 그저 정보를 주는 경고 신호를 통해 실현될 수 있다고 믿고 싶어 한다. 그러나 그러한 신호에 주의를 사로잡고, 계획에 대한 통제권을 쟁취하고, 행동을 통제하는 다양한 과정들을 조정할 수 있는 능력을 부여하는 것은 무엇일까? 슬픈 일이지만, 요사리안과 격렬한 대공포화 공격을 받은 전투기 조종사 전우들에게 끈질기게 따라붙는 고통의 불쾌감은 그러한 능력을 갖추고자 하는 목적의 성취에 매우 효과적인 수단이다. 그리고 나머지 우리들로서는 다행스럽게도, 강렬한 쾌락의 충격 역시 그 목적 성취에 매우 효과적인 수단이다.

요사리안에 대한 우리의 반응을 염두에 두고, 다시 로봇 쥐로 돌아가서 핵심적인 개선을 실행해 보자. 우리는 이제 지속/정지 신호가 작업 기억에 접근하고 주의의 할당에 영향을 미칠 수 있도록 상황을 조정할 것이다. 지속/정지 신호는 일어나고 있거나 임박한 조직 손상에 대한 반응으로 큰 음의 값을 얻을 것이다. 그러한 신호에 주의를 집중하는 것은 그 신호를 계획 안건의 최상위로 올려 경쟁 자극들이 유해한 입력을 종료시키는 작업에서 부족한 인지 자원을 전용할 가능성을 줄이는 경향을 보일 것이다. 이와는 대조적으로, 지속/정지 신호는 식량원이나, 열 중립 상태의 유지를 촉진하는 장소처럼 잠재적으로 유익한 자극과의 접촉에 대한 반응으로 큰 양의 값을 등록할 것이다. 유익한 입력과의 접촉 중단 가능성은 그 입력으로 하여금 경쟁 자극들로부터 주의를 거두게 함으로써 감소될 것이다. 일시적인 계획 억제는 지속/정지 신호를 큰 양의 값으로 이동시키는 입력과의 접촉을 '제약'하는 데 도움이 될 수도 있다.

작업 기억과, 그것의 입력에 대한 주의의 통제는 인간의 인식의 토대를 이루는 핵심적인 구성 요인으로 간주된다(Baars, 1988; Johnson-Laird, 1988; LeDoux, 1996). 따라서 이 개요가 로봇 쥐에서 우리 자신에게로 일반화된다면, 우리는 순간 효용의 극단(강력한 지속/정지 신호)이 우리의 행동뿐만 아니라 우리의 경험에도 반영되는 경향이 있을 것이라고 예측할 수 있다. 그럼에도 불구하고, 순간 효용의 비교적 약한 탈선을 일으키는 자극은 행동 통제를 행사할 수 있지만, 중독자들이 자가 투여하는 모르핀의 낮은 용량의 경우와 마찬가지로, 그러한 자극은 인식에서 드러날 가능성이 낮다.

의식은 인지 구조 전반에 걸쳐, 의식의 한계를 넘어 작동하는 많은 전문화된 처리기들로 정보를 '전파'할 수 있게 한다고 주장되었다(Baars, 1988). 그렇다면, 지속/정지 신호를 인식에 쾌락이나 고통으로 표현하는 것은 자극 유발에 대해 고도로 통합된 반응을 취할 때 다양한 인지 과정의 활동을 정리하고 조정하는 데 도움이 될 것이다.

나는 나중에 특정한 뇌 영역에 대한 직접적인 전기적 자극이 자연적으로 발생하는 자극이 순간 효용을 계산하는 신경 회로에 미치는 영향을 모방할 수 있다는 점을 제시할 것이다. 만약 그렇다면, 앞서 전개한 주장은 그러한 전기적 자극이 인간의 인식에 영향을 미칠 수 있는 수준까지 순간 효용을 이끌어 낼 수 있다고 예측할 것이다. 실제로, BSR를 얻는 쥐의 뇌 부위와 일치하는 인간의 특정한 뇌 영역에 직접적인 전기적 자극을 전달했을 때, 인간 피험자도 그 자극의 효과를 기분 좋은 느낌이라고 설명했다(Heath, 1964).

전기 생리학적 기록을 이용해서 인간 이외의 동물들을 대상으로 작업 기억에 관여하는 뉴런의 활동을 일상적으로 모니터링하고(Goldman-Rakic, 1996; Watanabe, 1996) 주의의 조절 효과를 관찰할 수 있다(Treue and Maunsell, 1996). 그렇기 때문에 기존의 신경생물학적 수단을 이용해, 순간 효용 신호가 주의 자원을 포착하고 작업 기억에 접근할 수 있는지를 판정하는 것이 가능해졌다. BSR에 대한 연구는 순간 효용을 촉진하는 신경 회로를 밝히고, 그것을 통제하는 강력한 수단을 제시함으로써 순간 효용 관련 실험에서 중요한 역할을 할 수 있었다.

순간 효용은 순간의 속성이며, 따라서 이 논의는 실시간 처리 과정에 초점을 맞추었다. 이제 현재와 미래를 연결하는 과정, 즉 순간 효용을 저장 기록으로 전환하는 과정으로 시선을 돌려 보자. BSR에 대한 연구의 대부분은 그러한 기록들을 정밀 검사했다.

순간 효용의 기억 효용으로의 변환

카너먼과 동료들의 설명에 따르면, 순간 효용의 시간적 프로파일로부터 기억 효용을 추론할 수 있다(Kahneman, Wakker and Sarin, 1997). 시간적으로 연장된 경험을 하는 동안에 순간 효용의 지속적 변동 가치는 미래의 결정 가중치의 기반이 될 수 있는 단일한 기억 효용으로 압축된다. 예를 들어, 목표 상자의 레버를 누르면 약물 투여에 따라 혈류의 약물 수준이 오르다가 떨어지는 만큼, 쥐는 몇 분 동안 세기가 커지다가 줄어드는 지속적인 자극(예컨대, Lepore and Franklin, 1992를 참조)를 받는다고 상상해 보자. 쥐는 미래의 선택에 가중치를 둘 수 있는 단일한 결정 효용을 도출하기 위해서 시간의 흐름에 따라 시간적으로 연장된 경험을 어떻게 압축할까?

시간적으로 연장된 경험에서 단일한 기억 효용을 도출하는 한 가지 방법은 전체적인 일련의 순간 효용들의 시간적 총계나 평균을 계산하는 것이다. 하지만 카너먼과 동료들은 매우 다르고 훨씬 더 간단한 전략을 제시한다. 그들의 피험자들은 시간적 프로파일에서 두 가지 핵심적인 값, 즉 경험의 정점 순간 효용과 경험의 종점 순간 효용을 추출하는 것으로 보인다. 그리고는 정점 값과 종점 값의 평균과 같은 어떤 중간 값을 기억 효용으로 사용한다(Kahneman, Fredrickson, Schreiber and Redelmeier, 1993; Redelmeier and Kahneman, 1996). 특이한 상황에서만 정점 및 종점 법칙은 시간 통합의 결과와는 본질적으로 다른 결과를 낳을 것으로 예상된다. 그러나 정점과 종점의 평균과 같은 단순한 경험 법칙은 회고적인 시간 통합에 비해 더 빨리 실행되는 반면에 기억 및 계산 자원을 더 적게 소비할 것이다.

정점 및 종점 휴리스틱을 사용할 경우, 기억 효용은 시간적으로 연장된 경험의 지속 시간의 변화에 무감각할 수밖에 없다. 이러한 예측은 인간 피험자들을 대상으로 한 실험 연구와 관찰 연구 모두에서 확인되었다(Fredrickson and Kahneman, 1993; Kahneman et al., 1993; Redelmeier and Kahneman, 1996). 예를 들어, 4분에서 67분에 걸쳐 지속 시간이 상이한 대장내시경 검사 과정에 대한 회고적 평가에서 혐오감은 지속 시간과 상관관계가 없었지만, 검사 과정 중에 겪은 정점의 통증과 종점 시의 통증에 대한 실시간 평가와 강한 상관관계가 있었다(Redelmeier and Kahneman, 1996). 이처럼 지속 시간에 대한 무감각성을 '지속 시간 무시'라고 부른다(Fredrickson and Kahneman, 1993).

BSR의 경우에서도 지속 시간 무시가 관찰되었다(Gallistel, 1978; Mark and Gallistel, 1993; Shizgal and Matthews, 1977). 그림 26.2는 이용 가능한 데이터를 근거로 1회 연속 자극이 지속됨에 따라 시뮬레이션화한 순간 효용이 증대하는 현상을 묘사하고 있다. 3차원 그래프의 x축은 보상 효과를 담당하는 뉴런들의 자극이 생성하는 총 발화율을 나타낸다. 전류나 주파수가 높을수록 총 발화율이 높아진다. 연속 자극의 지속 시간이 증가함에 따라 각 발화율에서 순간 효용의 수준이 상승하여 결국 점근선에 접근한다. 이 포화(飽和)는 높은 발화율에서 빠르게 발생하며 낮은 발화율에서는 더 느리게 발생한다(Mason and Milner, 1986). 세기는 동일하나 지속 시간이 다른 두 연속 자극(동일한 총 발화율을 생성하는 연속 자극들) 사이에서 아무렇게나 택한 선택을 통해 지속 시간 무시가 나타날 것이다. 이것은 묘사된 지면의 '고원'에 놓여 있는 값의 경우일 것이다. 실제로, 동일한 통합기의 출력이 자극의 순간 효용과 기억 효용을 담당한다면, 그림 26.2의 지면은 총 발화율과 지속 시간의 선택 측정치에 대한 기여뿐만 아니라 총 발화율과 지속 시간의 현행 자극의 중단에 대한 저항 측정치에 대한 기여도 설명하고 있다.

자극이 유발한 신호의 순간 값의 기억 효용으로의 변환은 이전에 정점 값의 기록(그림 26.2에서 고원의 높이 측정)으로 모델링된 바 있다(Gallistel, 1978; Gallistel et al., 1981). 하지만 카너먼의 정점 및 종점 모델은 변함없이 오래 지속되는 입력에 대한 반응으로, 정점 모델과 동일한 예측을 한다. (정점의 높이는 종점의 높이와 같기 때문이다). 따라서 BSR의 경우에는 어떤 모델이 가장 효

그림 26.2 BSR: 순간 효용 계산

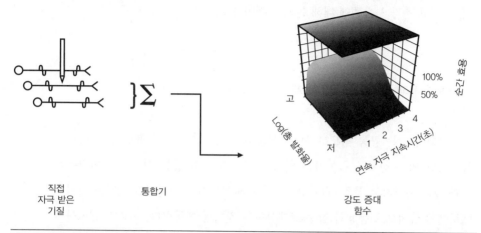

참고: 이 그림은 자극의 세기와 지속 시간의 함수로서 순간 효용의 증대를 보여준다. 자극의 세기가 강할수록 보상 효과를 담당하는 직접 자극받은 뉴런들의 총 발화율이 높아진다. 그림은 3차원 그래프로 세 가지 관계를 묘사하고 있다. 총 발화율이 일정하게 유지되면 입력의 지속 시간이 연장되면서 순간 효용이 상승하다가, 결국 수평이 된다. 이 수평화가 BSR 실험에서 보고된 '지속 시간 무시'의 원인이다(Gallistel, 1978; Mark and Gallistel, 1993; Shizgal and Matthews, 1977). 지속 시간이 일정하게 유지되면, 총 발화율이 증가함에 따라 순간 효용이 가파르게 상승하다가 수평이 된다. 이러한 효과를 시뮬레이션하는 데 로지스틱 증대 함수가 사용되었다. 제3의 관계는 투영된 등고선 지도로 묘사되어 있다. 3차원 구조를 통한 연속적인 수평 단면의 윤곽이 이 평면에 투영되었다. 각 등고선은 특정한 '고도'로 순간 효용을 높이는 총 발화율과 연속 자극의 지속 시간의 조합을 제공한다. 등고선은 갈리스텔(Gallistel, 1978)이 맨 처음 기술한 쌍곡선 형태를 따른다. 횡단면이 자리한 고도가 변하면, 발화율의 로그를 나타내는 축을 따라 곡선이 변동하지만 곡률은 변하지 않는다. 총 발화율과 연속 자극의 지속 시간의 함수로서 순간 효용의 증대를 좌표로 나타낸 것은 등고선의 평행성의 중요한 결과 — 총 발화율의 함수로서 연속 자극의 지속 시간의 증가에 따른 순간 효용의 증가율 — 를 보여준다. 총 발화율이 높을 때, 순간 효용은 점근선에 매우 빠르게 접근한다. 발화율이 낮을 때는, 순간 효용이 수평이 되기 위해서는 훨씬 더 많은 시간이 필요하다. 메이슨과 밀너(Mason and Milner, 1986)는 이러한 관계와 일치하는 결과를 보고한 바 있다.

과가 있는지 알아보기 위한 추가 연구가 필요하다. 실제로 경험의 종점의 순간 효용이 개인이 끝내고자 하는 혐오적인 상태를 평가하는 데 특히 중요하다면, 시초의 값은 개인이 시작하고자 하는 상태에 대한 평가와 큰 관련이 있을 수 있다. 시초와 종점의 상대적 기여와 상관없이, 이용 가능한 데이터는 BSR의 결정 효용이 카너먼과 동료들이 제시한 제안의 뜻에 근거해서 계산된다는 점을 시사한다(Kahneman et al., 1993; Kahneman, Wakker and Sarin, 1997). 쥐는 순간 효용의 시간적 총계를 계산하기보다는 단일한 전형적인 값이나 그 정도의 한계 설정값에 간단한 법칙을 적용하여, 지속 시간을 아주 무시하는 것으로 보인다. 상태가 상이한 시기에 순간 효용의 전형들이라 할 만한 값과 이러한 전형들을 통합하는 데 사용되는 법칙을 결정하는 일은 향후 연구의 중요한 목적이다.

　그림 26.2에서 BSR를 담당하는 신호는 총 발화율과 지속 시간의 함수로서 시간에 따라 강도가 변동하는 1차원의 양(量)으로 묘사된다. 다음에서는 1차

26장
·
1077

원의 신호가 BSR를 담당한다는 견해를 전개하고 이 신호와 미각 보상의 관계, 그리고 평가 시스템에 대해 논의할 것이다.

BSR 효용과 미각 보상의 관계

통용화 함수는 공통 척도로 서로 다른 입력 정보의 가치를 표현한다. 동물들은 둥지의 은신처로 돌아가는 일이나 평소의 먹이 활동 장소를 찾아가는 일과 같은 복잡하고 상호 배타적인 대안들 사이에서 질서정연한 선택을 하기 때문에 일상적으로 통용화 함수를 계산하는 것처럼 행동한다. 이러한 대안들은 각각 생리적 제한 및 위험과 밀접한 관계가 있는 여러 가지 속성들을 지니고 있다. 예를 들어, 이 두 가지 선택지는 음식과 물의 발견, 체온 상실, 포식자와의 대면 등의 확률에 있어 서로 다르다. 더 가치 있는 선택지를 택하려면, 다차원적인 표상들이 하나의 공통 차원(McFarland and Sibley, 1975), 즉 공통 효용 척도로 '압축되어야' 한다.

재고찰한 여러 실험들에서 다양한 강화물을 제공받은 쥐가 한 선택은 기록되었다. 당연한 일이지만, 이러한 선택은 유용한 결과의 결정 효용을 반영한다. 나중에 나는 기억 효용의 결정 효용으로의 변환에 대해서 논할 것이다. 현재로서는 기억 효용이 고찰해 볼 실험에서 다양한 결정 효용의 유일한 결정 요인이라고 가정해 보자. 이제 우리는 변환 과정을 '관찰'할 수 있을 것이다. 이러한 가정과 앞서 제시한 기억 효용이 순간 효용으로부터 어떻게 계산되는지에 대한 묘사를 고려해 볼 때, 관찰 대상인 쥐의 선택은 순간 효용의 근본적인 변화를 반영한 것으로 볼 수 있다.

쥐가 LH[4] 보상 자극과 자당 용액을 평가하는 데 공통 통용화를 이용하는지 여부를 확정하고자 코노버와 나는 두 가지 유형의 실험을 실행했다. 첫째, 우리는 피험자들에게 LH 보상 자극과 자당 사이에서 하나를 강제적으로 선택하게 함으로써 두 자극을 경쟁시켰다(Conover and Shizgal, 1994a). BSR의 세기는 시험에 따라 달랐다. 놀랄 것도 없이, 쥐는 전기적 자극의 세기가 자당이

---

4   황체형성호르몬(luteinizing hormone). 동물의 뇌하수체 전엽에서 분비되어 성호르몬을 조절, 생식세포를 성숙시키는 단백질 호르몬이다.

없는 상황에서 반응 지원에 필요한 역치 수준보다 낮을 경우에 BSR보다는 자당을 선택했다. LH 자극의 세기가 그러한 역치 수준보다 다소 높게 설정되었을 경우에도 쥐들은 계속 자당을 선호했다. 즉, 자당의 존재는 쥐들로 하여금 미각 자극이 없는 상황에서 꽤 열심히 노력해서 얻었던 연속적인 BSR를 포기하게 만들었다. 그러나 전기적 자극이 충분히 강하면 쥐들은 자당보다는 BSR를 독점적으로 선택했다. 따라서 쥐들은 마치 공통 척도로 평가한 두 가지 보상 중 더 큰 보상을 선택한 것처럼 행동했다.

후속 실험에서, 우리는 쥐들로 하여금 단독 BSR와, '자당의 구강 내 주입'과 '똑같이 선호하는 연속적 BSR'로 구성된 복합 보상 중 하나를 선택하도록 만들었다. 그 결과 여섯 마리의 쥐 중 다섯 마리는 단독의 전기적 자극 보상보다는 복합 보상을 선호했다. 따라서 효용 계산에서 LH 자극의 효과와 자당의 효과가 합산된다. 합산은 입력 정보가 측정 시스템을 통해서 등록된 공통 속성을 공유할 때만 가능하다. 앞서 제기한 주장과 가정을 고려해 볼 때, 우리의 측정 시스템에 의해 등록된 공통 속성, 즉 행동 선택은 순간 효용을 양의 값으로 이끌어 내는 능력이다.

경쟁과 합산 실험은 회벨과 동료들(Hoebel, et al., 1969)의 제안과 마찬가지로 LH 자극과 자당이 뭔가 중요한 공통점을 지닌다는 점을 입증한다. 그러나 두 개의 후속 실험은 미각 보상과 전기적 보상 간에 중요한 차이가 있음을 입증한다.

한 실험(Conover, Woodside and Shizgal, 1994)에서, 우리는 피험자들을 대상으로 나트륨을 고갈시키는 처치를 통해, 미각 자극인 염화나트륨 용액의 효용을 증가시켰다. 두 번째 실험(Conover and Shizgal, 1994b)에서 우리는 또 다른 미각 자극인 자당 용액을 내장에 다량 축적하는 것을 허용함으로써 그 용액의 효용을 감소시켰다. 우리는 LH 자극이, 일반적으로 보상 미각 자극 물질이 일으키는 경험을 재현한다면, 미각 자극 물질의 효용을 변화시키는 조작은 BSR에 유사한 영향을 미칠 것이라고 추론했다. 연구 결과는 그러한 가설을 입증하지 못했다. 쥐에게 이뇨제를 투약해서 나트륨을 고갈시키자, BSR의 효용에는 관찰 가능한 변화가 일어나지 않았지만, 식염수의 효용은 크게 증가했다. 내장에 많은 양의 자당 용액이 축적되는 걸 허용할 경우에는 그 용액의 효용이 크게 감소하여 어떤 경우에는 혐오감이 일었다. 그러나 동일한 조작은 BSR를 변화시키지 못했거나 미각 보상의 효용보다 전기적 보상의 효

그림 26.3 LH 자극과 미각 자극의 보상 효과를 계산하는 두 가지 도식

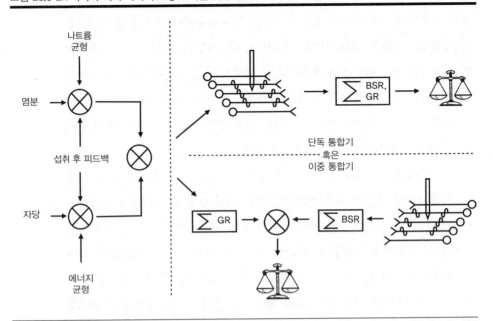

참고: 코노버와 동료들(Conover and Shizgal, 1994b; Conover et al., 1994)의 실험에 근거해서 보면, 미각 보상을 일으키는 신호는 BSR를 일으키는 신호와 결합하기 전에 생리적 피드백에 의해 가중된다. 오른쪽 상단 구획에서 두 가지 보상은 자극 전극의 샘플이 생성되는 뉴런의 개체군을 통해 미각 보상을 전달하는 과정에 의해 결합된다. 따라서 미각 보상과 전기적 보상의 시냅스 후 효과는 공통 회로에 의해서 통합된다. 하단 구획에서 미각 보상 신호와 전기적 보상 신호는 우선 개별적으로 통합된 이후에 결합되어, 선택 메커니즘으로 전해진다(Shizgal andd Conover, 1996의 개작). 케임브리지 대학교 출판부(Cambridge University Press)의 허가 아래 전재.

용을 훨씬 더 적게 감소시켰다.

우리의 연구 결과에 의하면, 공통 신호가 미각 보상과 전기적 보상의 순간 효용을 나타내지만, LH 전극은 생리적 피드백에 의해 미각 자극이 가중되는 지점에서 하향하는 그 신호를 계산하는 신경 회로에 접근하는 것으로 보인다. 이 현상의 과정의 배열을 나타낸 두 가지 모델이 그림 26.3에 나와 있다. 통용화를 계산하는 회로로, 입력 시에 작용하는 생리적 피드백을 보내기 때문에 행동은 조절의 특이성에 기여할 수 있다. 이는 대안, 즉 통용화 함수가 공통 척도로 자당과 식염수의 상대적 효용들을 산출하고, 생리적 피드백이 출력 값에 고유하게 작용하는 시스템을 고찰하는 것을 통해 파악할 수 있다. 이러한 시스템에서 나트륨 균형의 변화는 자당 부하의 축적 이후에 일어나는 내장으로부터의 피드백과 마찬가지로 식염수와 자당 용액의 효용을 변화시킬 것이다. 이와는 대조적으로, 생리적 피드백이 통용화 함수에 입력을 가중시킨다면, 식염수와 자당 용액의 상대적 효용이 독립적으로 조정될 수 있으

며, 그 결과 생리적 요구에 반응하여 소비를 편향시킬 수 있다.

1차원 부호화 대 다차원 부호화

전형적인 BSR 실험에서, 전극 팁을 둘러싸고 있는 비교적 큰 영역 내에서 뉴런들이 흥분한다(Yeomans, 1990). 시즈갈과 코노버(Shizgal and Conover, 1996)는 BSR의 보상 효과가 통용화 함수의 출력과 연관된다고 본다. 이러한 견해의 논거는 큰 세포 개체군의 전기적 자극이 자연적으로 발생하는 신호를 어떻게 모방할 수 있는지에 대한 문제를 다룬다. 자극의 질에 대한 정보를 포착하려면 복합적인 부호화 차원이 필요하다. 단 하나의 차원만 사용할 수 있다면 질 변화는 강도의 변화와 구별할 수 없을 것이다. 이것이 우리가 단 한 종류의 광수용체만 활성화되는 희미한 조명 아래에서 세계를 단색으로 보는 이유이다. 정보의 다양한 차원을 표상하기 위해서는 어떠한 유형의 시공간 부호화가 필요하다. 예를 들어, 자극으로 인해 활성화된 세포들은 각각 특유의 질('특정한 경로 부호화')에 민감한 다양한 하위 개체군으로 나뉠 수 있다. 혹은 단일 개체군은 상이한 자극의 질에 반응하여 서로 다른 시간적 활동 패턴을 생성할 수 있다. 극단적인 경우나 극단적인 경우의 혼재 상황에서, 총 전기적 자극이 다차원 부호를 모방할 가능성은 낮다. 일반적으로 일제히 발화하지 않는 뉴런들은 동시에 활성화될 것이며, 직접 자극받은 모든 세포들은 동일하고 엄밀한, 자극이 유발한 주파수로 발화할 것이다.

이와는 대조적으로, 자극받은 시스템의 활동이 1차원 정보만을 표상한다면, 전기적 자극은 자연적으로 발생하는 자극의 효과를 모방할 수 있을 것이다. 이러한 시스템에서 총 비율 부호는 충분하다. 그러한 부호에서 어떤 뉴런이 발화하는지, 언제 발화하는지는 중요하지 않고 전체 개체군이 얼마나 많은 발화를 일으키는지만 중요하다. 전극에 의해 유발되는, 공간적으로 인접해 있고 시간적으로 동시적인 발화는 자연적인 자극에 의해 유발될 수 있는 공간적으로 단절되어 있고 시간적으로 비동시적인 발화와 같은 수의 발화를 총 비율 부호를 사용한 시스템에서 생성할 수 있다. 따라서 자극이 유발한 활동은 자연적인 자극의 효과를 모방할 것이다. 실제로, 마취되지 않은 원숭이의 운동 지각에 대한 연구에서, 시각 운동의 방향인 단일 지각 차원을 부호화하는 데 총 발화율을 사용하는 것으로 보이는 뉴런 개체군의 미세 자극은 시각적 자극의 요소들에 관련된 운동을 추가하는 효과를 모방할 수 있다 (Newsome and Salzman, 1993).

앞서 논의한 바와 같이('BSR의 기초' 부분을 참조) BSR의 결정 효용, 그리고 추론상, 기억 효용과 순간 효용이 총 발화율에서 비롯된다는 사실을 뒷받침하는 강력한 증거가 있다. 총 부호는 공통 통용화의 값을 나타내기에 적합하다. 당연히 그러한 값들은 단일 차원을 따라 배열되기 때문이다. 따라서 총 부호에서 비롯된 값은 자당 액, 식염수 또는 연속 BSR의 순간 효용에 대한 기여도를 비교하고 결합하는 데 사용될 수 있다.

평가 채널, 지각 채널, 타이밍 채널

통용화 값을 얻고자 자극의 다차원적 표상을 압축할 때 불가피하게 정보가 소실된다. 예를 들어, 개인은 각각의 순간 효용을 나타내는 통용화 값으로부터 미각 자극의 온도, 단맛 또는 질감을 회복할 수 없다. 그러나 다차원의 붕괴로 인해 소실된 정보는 자극을 밝히고 다른 자극들과 구별하는 데 필수적인 것이다. 따라서 순간 효용을 계산하는 회로는 확인과 구별을 촉진하는 지각 회로에서 분리되어야 한다. 이와 같은 분리로 인해서 동일한 효용을 공유할 수 있는 많은 상이한 대상물과 결과들을 구별할 수 있다. 마찬가지로, 다음에 강화물을 취득할 수 있는 시기를 예측하기 위해서는 강화물과 접촉하게 될 때에 관한 정보와 지각 채널 및 평가 채널의 정보를 분리하는 것이 중요하다. 따라서 그림 26.4에서 묘사한 바와 같이 강화물에 대한 정보는 적어도 세 가지 방법으로 처리되어야 한다.

이러한 관점에서 보면, 지각 채널은 동물에게 자극이 무엇인지, 어디에 있는지 알려주고, 평가 채널은 자극의 순간 효용을 산출하며, 타이머는 다음에 강화물을 언제 취득할 수 있을지 예측한다. 내가 주장했듯이, 정보가 총 발화율에 의해 자극받는 단계에서 부호화된다면, 평가 채널의 총 전기 자극은 의미 있는 신호를 생성할 수 있다. 이와는 대조적으로, 총 전기적 자극은 필요한 부호화의 특성 때문에 지각 채널에서는 의미 있고 다차원적인 신호를 생성하지 못할 것이다. 타이머의 반응은 어떨까? 많은 상이한 채널 상태에서의

그림 26.4 목표 대상들에 대한 정보를 실시간으로 처리하는 병렬 채널

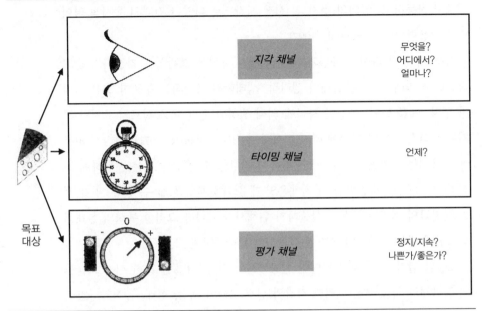

참고: 지각 채널은 목표 대상의 정체, 위치, 양을 산출하는 반면에, 스톱워치와 같은 채널은 목표 대상과 접촉한 시간을 나타낸다. 평가 채널은 목표 대상과의 접촉을 유지하거나 종료하기 위해서 현재 일어나고 있는 행동을 조종한다. 주의와 작업 기억의 충분한 할당을 고려할 때, 평가 채널의 출력 정보는 쾌락(hedonic) 경험에서 쾌락이나 고통으로 나타날 수 있다.

전환이 '사건'으로서 타이머에 쉽게 접근하리라는 점은 합리적이다. 그렇다면, BSR의 원인이 되는, 자극이 유발한 섭동과 같은 평가 채널 활동의 갑작스러운 변화는 시간 간격의 측정을 지원하기에 충분한 입력을 제공할 수 있다.

지각 채널은 세상에 대한 사실들을 산출하기 위해 구성된다. 따라서 지각 채널은 외부 상태나 내부 상태의 변화가 확인 및 구별에 미치는 영향을 최소화하는 항상성과 표준화 절차를 갖추고 있다. 물론 이러한 항상성과 표준화 절차는 불완전하며 대역폭 제한으로 인해 지각이 정확할 수는 없다. 예를 들어, 주관적 반응은 감각 자극의 강도 변화에 따라 비선형적으로 다르며 지각 시스템을 속여 환상을 생성할 수도 있다. 그럼에도 불구하고, 이 시스템은 크기, 모양, 거리, 반사율 등과 같은 객관적인 물리적 특성을 추정하는 데 매우 훌륭한 역할을 한다.

또한 시간 간격 타이머는 객관적인 사건에 대한 데이터를 포착하도록 설계된 것으로 보인다. 스칼라[5] 기대 이론(Gibbon, 1977)의 관점에서 볼 때, 주관적인 시간 간격 측정은 객관적 간격의 부정확한 스칼라 변환이다. 생체 일주

기 시계에 비해 정확하지 않은 시간 간격 타이머는 매우 유연하며, 큰 시간 범위에서 작동하고, 임의의 정지 및 시작 시간으로 다양한 간격의 동시적 타이밍을 수용한다(Gibbon et al., 1997).

지각 채널 및 타이밍 채널과는 달리 평가 채널은 객관성을 가장하지 않고 작동한다. 외부 대상은 현재의 생리적, 생태학적 조건과는 무관한 고유 가치가 없다. 예를 들어, 특정한 자극에 의해 생성된 순간 효용 신호의 표지와 크기는 생리적 상태의 함수에 따라 변화할 수 있다(Cabanac, 1971). 따라서 피부에 적용되는 차가운 자극은 개인의 몸에 지나치게 열이 날 때는 시원하게 느껴질 수 있으며, 개인의 몸이 저체온일 때 불쾌하게 느껴질 수 있다. 평가 채널은 자극의 객관적 특성을 산출하기 위해서가 아니라 그러한 특성의 현재적 중요성에 대한 주관적인 평가를 산출하기 위해 구성된다.

오늘날 감각 정보 처리에 대한 설명에서는 지각 '채널'을 흔히 신경 모듈들의 집합체로 취급하며, 그러한 각각의 신경 모듈이 색상, 형태, 움직임, 깊이, 구조 등과 같은 특정한 종류의 정보를 추출하는 데 전문화되어 있다고 본다. 평가 채널은 감각의 흐름에서 또 하나의 좀 더 주관적인 종류의 정보를 얻는 일을 담당하는 전문 신경 모듈로 간주될 수도 있다. 이 모듈이 특정한 양식이나 그런 것들의 조합에 각각 연결된 일련의 전문 처리기들로 구성되어 있는지의 여부는 명확하지 않다. 그렇다면, 현재 일어나고 있는 행동의 과정에 영향을 미치는 모든 평가 처리기의 출력 정보는 순간 효용 계산을 위해서 결합되어야 할 것이다. (지속/정지 신호는 1 자유도만 가진다.) 따라서 평가 시스템의 출력은 여기서 단일화된다.

시간 간격 타이밍을 담당하는 회로는 또 하나의 모듈을 구성하고 있는 것처럼 보일 것이다. 이 스톱워치와 같은 장치의 공식 모델은 행동 연구들에서 광범위하게 개발되고 검증되었다. 타이밍의 스칼라 기대 이론에 근거한 이러한 한 모델의 구성 요인들은 약리학적, 해부학적인 특징을 지닌 신경 개체군의 활동과 연관되어 있는 것으로 간주되었다(Gibbon et al., 1997; Meck, 1996).

자연 강화물은 지각 채널과 평가 채널, 타이밍 채널에 의해 처리된다. 다음

---

5   크기와 방향을 가지는 벡터와 대비되는 개념으로, 크기만 있고 방향을 가지지 않는 양을 말한다.

에서는 이처럼 강화물에 대한 정보를 병렬 처리하는 것을 반영하는 일반화된 기억 효용 개념과 상이한 차원의 보상을 계산하는 데 이러한 채널들이 하는 역할에 대해 논의할 것이다.

주관적인 보상 차원

이 절에서 전개한 관점에 따르면, BSR 실험에서 전달되는 자극의 강도의 변화(예컨대, 주파수나 전류의 변화)는 순간 효용을 낳는 뉴런의 총 발화율을 변화시킨다. 그림 26.5에서 보듯이 자극 강도의 변화에 대한 이러한 반응의 저장 기록은 정점 및 종점 법칙과 같은 휴리스틱을 초기와 정점, 종점과 같은 순간 효용의 전형적인 값에 적용하는 것에서 비롯된다. 자당 용액의 농도 또는 기류의 온도와 같은 자연 강화물의 강도를 통제하는 변인들은 이 변인들의 영향이 생리적 상태에 의해 가중된다는 점을 제외하면 유사하게 작용하는 것으로 여겨진다. 카너먼과 동료들(Kahneman et al., 1997; Schreiber and Kahneman, 1997)은 순간 효용의 전형적인 값에서 비롯된 저장 기록을 가리키기 위해서 '기억 효용'이라는 용어를 사용했다. 나머지 논의에서 나는 자극의 강도에 기여하는 변인들에 대한 축적된 평가에 명칭을 붙이는 데 있어서 기억 효용을 대신해서 '보상의 주관적 강도'라는 용어를 사용할 것이다.

그런데 왜 또 다른 용어를 도입할까? 그 이유는 결정 효용이 순간 효용을 촉진하는 평가 채널의 출력 정보뿐만 아니라 타이밍 채널과 지각 채널의 출력 정보도 반영하기 때문이다. 따라서 강화물이 미래의 선택에 미치는 영향은 그것의 강도뿐만 아니라 비율, 지연, 양, 종류에 따라서도 달라진다. 카너먼과 와커, 사린(1997)이 제시하고 슈라이버와 카너먼(Schreiber and Kahneman, 1997)이 발전시킨 기억 효용의 개념은 강도 차원과만 관련이 있다. 결정 효용에 대한 강화물의 다차원적인 기여를 포착하려면 기록된 보상을 설명할 수 있는 더 일반적인 수단이 필요하다.

강화물의 다차원적인 논의의 필요성을 설명하기 위해서는 강화물의 비율과 강도의 상호 작용을 고찰해 볼 필요가 있다. 우리는 선호도 검사를 통해 쥐가 저농축 용액보다 고농축 용액을 더 선호한다는 사실을 알 수 있다(Young, 1967). 이러한 보상 강도의 차이는 그 비율의 보충적 변화에 의해 상

26장
·
1085

그림 26.5 BSR: 주관적 강도 계산

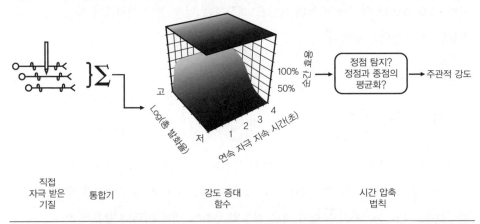

참고: 여기에 제시된 것은 BSR의 주관적 강도의 계산 과정을 나타낸 '전형적인 표상'(Schreiber and Kahneman, 1997)이다. 기억에 기록된 양(주관적인 강도)은 정점(Gallistel, 1978; Gallistel et al., 1981) 혹은 정점 및 종점(Kahneman et al., 1993; Redelmeier and Kahneman, 1996)과 같은 순간 효용의 전형적인 값에서 도출된다. 이러한 전형적인 값은 순간 효용의 시간적 총계와는 무관하다. 따라서 BSR을 얻고자 노력하는 피험자들은 지속 시간 무시를 보인다. 순간 효용이 구획된 지면의 고원에 도달하면 지속 시간의 증가가 더 이상 기억된 주관적 강도를 증가시키지 않는다.

쇄될 수 있다(Heyman and Monaghan, 1994). 이를테면, 고농축 용액보다 저농축 용액을 더 자주 섭취할 수 있게 함으로써 두 용액에 대한 시간 할당이나 반응을 동등하게 만들 수 있다. 행동 할당을 결정할 때 자극 강도와 강화 비율의 동일한 관계는 자연적인 목표 대상보다는 BSR가 강화물 역할을 할 때 유지되는 것으로 보인다(Hamilton, Stellar and Hart, 1985). 마찬가지로, 약한 연속 자극을 접할 수 있는 비율이 충분히 높을 경우에는 약한 연속 자극을 강한 연속 자극과 똑같이 선호하는 경향을 보인다(Gallistel, 1991).

강화물의 비율과 강도가 모두 보상에 기여한다는 사실은 강화물에 대한 저장된 기록이 다차원적이라는 것을 시사한다. 지각 채널과 타이밍 채널, 평가 채널은 강화물에 대한 정보를 병렬로 처리할 뿐만 아니라 그 해당 채널의 출력 정보를 병렬로 기록한다. 그다음에 다차원적인 기록의 내용들을 결합하여 보상을 계산한다. 그림 26.6에 설명되어 있는 이 관점에서 보면, 주관적 강도는 평가 채널의 출력에서 비롯된 저장된 기록의 차원이다. 타이밍 차원의 출력은 제2차원을 구성한다. 이 저장된 양의 본질은 논란의 여지가 있다. 잘 정립된 하나의 제안에 따르면, 그러한 저장된 기록의 시간적 차원은 강화물 간 간격에 대한 부정확한 측정치(강화 비율의 전도)(Gibbon, 1995)를 포함한다. 표현의 편의를 위해서 나는 '보상의 주관적인 비율'이란 용어를 사용해 이러한

그림 26.6 병렬 정보처리 채널의 출력 기록

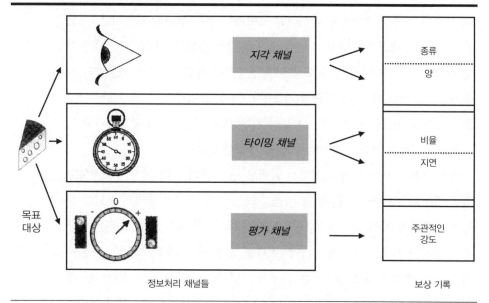

정보처리 채널들   보상 기록

참고: 세 개의 채널 모두로부터 저장된 정보는 보상에 기여한다. 지각 채널에서 비롯된 정보는 양뿐만 아니라 종류(목표 대상은 음식의 원천인가, 물의 원천인가, 아니면 소금의 원천인가?)도 나타낸다. 강화물에 대한 성공적인 반응과 강화물의 전달 간의 충돌 비율 및 지연에 대한 평가는 스톱워치 타이머의 출력에서 비롯된다. 평가 채널은 보상 기록에 주관적인 강도에 대한 평가(그림 26.4를 참조)를 제공한다.

저장된 기록의 차원을 언급하며, 저장된 양이 그 자체로 비율이기보다는 강화 간 간격과 같이 하나의 비율이 도출될 수 있는 측정치일 가능성을 열어둘 것이다.

타이머는 주관적인 비율 외에도 주관적인 보상 문제에 기여하는 또 하나의 양, 즉 강화 반응과 강화물의 전달 간의 지연을 제공한다. 강화물의 제시가 지연될 경우에는 보상이 크게 감소하는 것으로 보인다(Commons, Mazur, Nevin and Rachlin, 1987; Mazur, 1986; Myerson and Green, 1995). 이와 같은 관계는 자연 강화물뿐만 아니라 BSR의 경우에도 유지되는 것으로 보인다(Mazur, Stellar and Waraczynski, 1987).

이 글에서 제시한 BSR에 대한 설명 해법은 주관적 강도와, 비율 및 지연의 주관적인 가중치로 구성된 기록이 결정 효용의 기초가 될 수 있는 보상을 계산하기에 충분하다는 사실을 의미한다. 그러나 자연적인 자극의 경우 추가적인 차원들이 보상 체계에 기여한다. 예를 들어, 알갱이 음식과 같은 강화물들은 질량 면에서 다를 수 있다. 자연적인 강화물의 양은 크기와 중량과 같은

26장
·
1087

지각 정보로부터 알아낼 것이며, 강도의 경우와 달리 양에 대한 평가는 생리적 상태의 변화에 직면하여 안정적일 것이라는 것은 당연한 사실이다. 예를 들어, 개인은 배고픔이 나무의 열매 크기에 대한 자신의 판단을 바꾸지 않기를 바랄 것이다. 따라서 기억 보상에 대한 추가적 차원, 즉 주관적인 양의 가중치는 지각 채널에 의해 산출될 가능성이 높다. BSR가 지각 채널에서 의미 있는 신호를 동반하지 않으면, 그 보상 기록 세포에는 정보가 부재하거나 그 세포에 존재하는 정보를 해독할 수 없을 가능성이 높다.

결정 효용에 대한 보상의 기여는 적어도 두 단계의 처리 과정을 포함하고 있는 것으로 보인다. 첫째, 강도, 비율, 지연, 양 등과 같은 물리적 차원을 상응하는 주관적 차원으로 매핑하여 저장된 기록을 얻는다. 결정 효용은 저장된 보상 기록의 양들을 조합 연산한 결과를 반영하는 것으로 보인다. 다음에서 논의할 매칭에 대한 설명안은 문제의 조합 연산을 곱셈으로 취급하는 경향이 있다(Baum and Rachlin, 1969; Davison and McCarthy, 1988). 그림 26.7은 일련의 연속 자극이 제공하는 주관적 보상을 계산할 때의 강도와 비율의 곱셈 조합을 묘사하고 있다.

매칭: 주관적 보상의 결정 효용으로의 변환

섬세하면서도 특이하게 관리되는 두 개의 음식점을 상상해 보자. 요리의 질은 정말로 아주 훌륭하다고 할 수 있고, 자선 사업을 하는 사장은 식사하는 사람들에게 시간 소비 외에는 어떤 보상도 요구하지 않는다. 각 음식점은 매월 평균적으로 일정한 횟수로 개장하고 있다. 이 개장 횟수는 경쟁 음식점에 대한 접근성과 다를 수도 있고 다르지 않을 수도 있는 비율이다. 각 음식점의 평균 개장 비율은 시간의 흐름에 따라 일정하지만 개장 간격은 무작위로 다르다. 개장을 예고하지 않기 때문에 단골손님은 문을 여는 날짜와 시간을 추측할 수밖에 없다. 선택한 음식점을 찾아왔을 때 고객은 때로는 이미 열려 있는 상황을 보기도 하고, 때로는 문이 닫혀 있는 상황을 보고는 문이 열릴 때까지 기다리거나 그냥 떠나기도 한다. 일단 테이블 좌석을 확보하면, 식사할 사람들은 두 음식점 간에 다를 수 있는 첫 번째 요리가 차려질 때까지 기다려야 한다. 마지막으로, 두 음식점의 요리사가 상이한 1회분 음식 제공량으로

그림 26.7 BSR: 주관적인 보상 계산

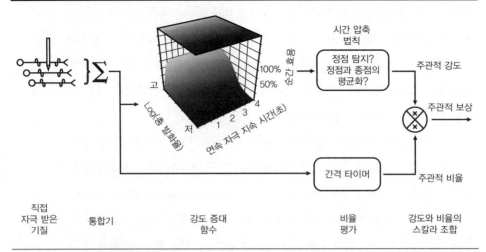

참고: 그림 26.1과 26.2에서 재현된 그림의 왼쪽 부분은 보상 자극의 순간 효용이 직접 자극받은 기초 신경 회로 단계의 총 발화 율에서 어떻게 비롯되는지를 보여준다. 전형적인 표상의 원리를 통해, 순간 효용은 저장된 주관적 보상 기록 차원 중 하나인 주 관적 보상 강도로 변환된다. 이러한 변환을 실행하는 데 두 가지 가능한 법칙, 즉 정점과 종점의 평균화와 정점 탐지가 등장한다. 저장된 기록의 제2차원, 즉 주관적인 보상 비율은 간격 타이머에 의해 제공된다. 조작적 매칭에 대한 연구에 근거해, 이 두 개의 차원을 결합하기 위한 조합 연산은 곱셈으로 나타난다.

실험을 하고 있다. 현재, 한쪽은 '쿼진 맹쇠르'[6]로 쏠리고, 다른 쪽은 시카고 스테이크 하우스식 요리로 쏠린다.

매칭 법칙은 경쟁 음식점과 대략 비슷한 실험 환경에서 행동의 할당을 설 명하기 위해 고안되었다. 독자가 예측할 수 없는 일정을 진지하게 받아들이 기엔 너무 기괴하다고 생각하지 않도록, 나는 예측할 수 없는 강화물의 유효 성이 우리 조상들의 방식으로 사는 사람들에게는 더 현실적으로 보일 수도 있다는 점을 지적하고자 한다. 전통적인 이뉴잇족 사냥꾼은 바다표범이 어떤 지정된 시간에 얼음에 난 특정한 호흡 구멍을 찾아오리라 기대하지 않았지 만, 바다표범의 평균 방문 빈도를 추정하고 그에 따라 자신이 들일 시간을 할 당했다.

조작적 조건 형성이라는 전문 용어 관점에서 보면, 앞서 든 예에서 식사하 는 사람들은 동시 변동 간격 강화 계획을 제시받았다. 엄격한 형식의 매칭 법 칙에 따르면(Davison and McCarthy, 1988; de Villiers, 1977; Herrnstein, 1961; Herrnstein, 1970; Williams, 1988), 식사하는 사람들은 두 음식점이 제공하는 상대적 보상에 비례하여 시간과 방문 횟수를 할당할 것이다. 이러한 보상은 주관적 강도(음식의 '우수한 질')와 음식점 개장 비율, 음식 제공의 지연 시간, 1회분 제공량 등에 대한 주관적 가중치의 곱셈 조합을 통해 계산된다. 여기서 사용되는 용어로 보면, 매칭 법칙은 주관적 보상에 대한 다차원적인 기록을 결정 효용으로 변환한다. 엄격한 형식의 매칭 법칙하에서 상대적인 결정 효용은 상대적인 주관적 보상에 비례한다.

동시 변동 간격 계획을 이행하는 피험자는 편향된 동전을 반복적으로 던지고 있는 것으로 묘사될 수 있는데, 편향은 두 강화물이 제공하는 상대적인 보상을 반영한다(Gibbon, 1995; Heyman, 1988; Heyman and Goodman, 1998). 그렇다면 상대적 보상은 두 계획에 대한 상대적 시간 할당에 반영될 것이다. 주관적 강도와 비율의 엄격한 매칭과 곱셈 조합을 고려할 때, 두 강화물의 주관적 강도 비율은 강화 비율 및 시간 할당의 관찰된 비율로부터 계산할 수 있다. 이러한 논리를 이용해 밀러(Miller, 1976)는 비둘기를 대상으로 세 가지 상이한 유형의 씨앗이 제공하는 보상의 상대적 강도를 측정했고, 갈리스텔과 그의 학생들(Gallistel, 1991; Leon and Gallistel, 1992; Simmons and Gallistel, 1994)은 그러한 논리를 이용해서 쥐를 대상으로 BSR의 주관적 강도가 전기적 자극 강도의 함수로서 어떻게 증대하는지 측정했다. 갈리스텔의 연구팀은 자극 강도가 역치 수준 이상으로 증가함에 따라, 보상의 주관적인 강도가 가파르게 증가하며, 처음에는 멱함수와 가까운 양상을 보인다는 사실을 밝혔다. 그러나 자극의 강도가 한층 더 높은 수준까지 증가하자, 결국 보상의 주관적 강도의 증대는 느려지고 마침내 평준화되는 것으로 나타났다. 그림 26.2, 26.5, 26.7, 26.8에서 자극이 유발한 총 발화 비율의 함수에 따른 BSR의 증대는 초기에 가파른 상승을 보인 이후에 감속해서 결국에는 평준화되는 현상을 보이는 로지스틱 모델을 따른다.

강도 증대 함수의 유형 및 매개 변인에 대한 인식은 신경 활동의 기록을 해석하는 데 강력한 제약이 될 수 있다. 예를 들어, 누군가가 특정한 뉴런 개체군이 보상 자극에 의해서 생성된 보상의 강도를 부호화한다고 주장하고자 한다면, 그 뉴런 개체군의 활동의 어떤 속성이 강도 증대 함수의 유형 및 매개 변인에 해당한다는 것을 증명해야 할 것이다.

그림 26.8 행동 할당 계산

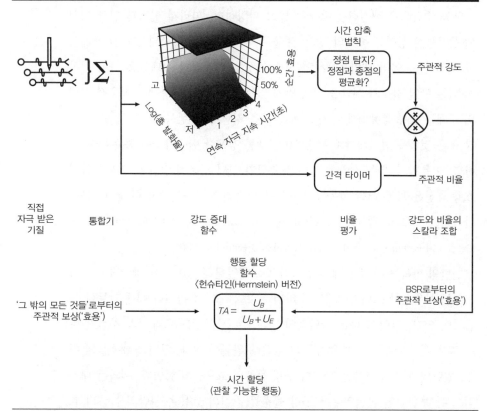

참고: 헌슈타인(Herrnstein, 1970)의 단일 실험자 통제 강화물에 대한 조작적 수행 처리에 따르면, 실험자 통제 강화물을 획득하고자 노력하여 얻은 보상은 몸단장, 탐색, 휴식 등('그 밖의 모든 것들')과 같은 경쟁 활동에서 얻은 보상과 비교된다. 실험자 통제 강화물에 대한 행동 할당은 그 강화물이 테스트 환경에서 얻을 수 있는 모든 보상들의 합계 비율로 제공하는 보상에 의해 결정된다. 이러한 행동 할당에 대한 견해는 피험 대상이 테스트 환경 밖에서는 얻을 수 없는 필수 자연적인 강화물을 획득하고자 노력하는 경우거나 피험 대상이 상이한 종류의 두 자연적 강화물 중에서 선택할 경우에 난관에 처한다. 그러나 이러한 제약들은 BSR의 경우는 적용되지 않는다.

엄격한 매칭을 넘어서: 결정 효용에 대한 경제적 제약의 기여

매칭에 대한 논의는 두 경쟁 강화물이 같은 종류(예컨대, 음식)이고, 테스트 환경 밖에서 얻을 수 있는 경우에만 국한되었다. 선택 실험에서 상이한 종류의 강화물들이 서로 경쟁하는 경우이거나, 테스트 환경에서 자연적인 강화물만을 얻을 수 있는 경우에, 엄격한 형식의 매칭 법칙은 주관적 보상의 결정효용으로의 변환을 더 이상 명쾌하게 설명할 수 없다. 두 가지 추가 정보, 즉, 강화물의 범주(종류)와 강화물의 환경 분포가 결정 효용 계산에 기여하는 것으로 보인다. 이러한 정보의 제공 시에 지각 채널이 하는 역할은 BSR가 자연적인 강화물과 경쟁하는 실험에서 두드러지게 나타난다.

행동 수단으로 해결하는 욕구는 많고 다양하다. 따라서 인간과 인간 이외의 동물들은 상이한 종류의 '좋은 것'을 추구한다. 충분히 폭넓은 시간 프레임을 채택하면, 여러 대안들에서의 선택은 상호 배타적인 선택안들 사이에 하게 되는 단일 결정의 제약을 거의 받지 않는다. 이러한 상황에서 적응적 선택의 문제는 공통 통용화에서 가장 높은 값을 지닌 단일 항목보다는 '일단'의 가장 좋은 것들을 선택해야 하는 것이다. 행동 경제학 연구가 제시하는 바에 의하면, 이용할 수 있는 물품들이 같은 종류가 아닐 경우에 일단의 그 대상들의 효용 계산은 보통 개별 항목들의 효용을 단순히 합산하는 것보다 좀 더 복잡한 연산을 필요로 할 것이다(Kagel, Battalio and Green, 1995; Rachlin, Green, Kagel and Battalio, 1976; Rachlin, Kagel and Battalio, 1980).

일단의 항목들 간의 관계는 연속적으로 배열될 수 있다. 한 극단적인 항목으로는 무관심한 소비자에게는 콜라의 두 브랜드처럼 완전히 대체 가능한 물품들이 있다. 그리고 다른 극단적인 항목으로는 자전거 프레임과 자전거 바퀴 혹은 왼쪽 구두와 오른쪽 구두와 같은 보완물이 있다. 완벽한 대용물의 경우, 일단의 물품의 효용은 단순히 구성 물품의 효용들의 합이다. 이와는 대조적으로, 보완적인 물품일수록 구성 물품들 각각의 효용은 일단의 물품의 효용에 비해 개별적인 가치가 적다.

대용물과 보완물의 구별은 깊은 행동적 의미를 지닌다. 예를 들어, 두 개의 매우 대용 가능성이 높은 물품의 상대적인 가격이 변동되고, 그에 따라 예전 가격으로 구입한 것과 같은 양을 구입할 수 있도록 소비자가 예산을 조정한다면, 소비는 더 싼 물품으로 이동할 것이다. 이와는 대조적으로 보완재는 고정비율로 소비되는 경향이 있다. 상대적인 가격의 변동에 무감각한 것이다.

대용 가능성을 고려해 볼 때, 단순한 형식의 매칭 법칙은 더 이상 충분하지 않다. 예를 들어, 매칭 법칙의 예측대로라면, 하나의 완벽한 대용품에 대한 계획이 나빠지면('대용품의 가격이 상승'하면), 두 가지 계획 중 더 값비싼 쪽의 강화물에 대한 반응이 증가할 것이다. 그러나 완벽한 보완물에 대한 계획이 나빠지면, 더 값비싼 쪽의 계획에 대한 반응은 감소할 것이다. 라클린과 카겔, 바탈리오(Rachlin, Kagel and Battalio, 1980)는 어떻게 단순한 형식의 매칭 법칙의 일반화가 대용 가능성을 수용하는 것으로 해석될 수 있는지를 보여주었다. 비율, 지연, 양, 강도의 주관적 가중치를 반영하는 각각의 비율은 스칼라 조합 전에 우선 지수로 나타내진다. 완벽한 대용물의 경우 지수는 하나이 며 방정식은 단순한 형식의 매칭 법칙으로 환원된다. 이러한 매칭 법칙의 수 정안에 따르면, 주관적인 보상의 결정 효용으로의 변환은 강화물의 대용 가 능성에 달려 있다.

BSR와 자연적 강화물의 대용 가능성

LH 보상 자극과 음식과 물의 대용 가능성을 측정하기 위해 그린과 라클린 (Green and Rachlin, 1991)이 수행한 실험의 결과는 결정 효용을 계산하는 데 있어 지각 채널이 하는 역할 측면에서 해석할 수 있다. 예상대로 그들의 연구 결과는 음식과 물이 대용 가능성이 낮은 것으로 나타났다. 그러나 BSR는 음 식과 물을 대용할 수 있는 가능성이 높았다.

아마도 건조식품(고형 식품, 건량)과 물은 다른 욕구와 공통성이 없는 생리 적 요구를 충족시키기 때문에 대용 가능성이 낮을 것이다. 그렇다면, BSR가 음식과 물을 대체할 수 있는 높은 가능성은 전극에 의해 주입된 신호가 에너 지 균형과 액체 균형 특유의 신호를 모방한다는 것을 의미할까? 만약 그렇다 면 BSR는 그 자체에 대한 대체에 비해서 음식과 물을 대체할 수 있는 가능성 이 더 낮다고 누구든 예상할 것이다. 하지만 그린과 라클린이 밝힌 연구 결 과는 그렇지 않았다. 한 레버를 눌러 일으킨 BSR를 다른 레버를 눌러 일으킨 BSR로 대체할 수 있는 정도는 BSR가 음식이나 물을 대체할 수 있는 정도와 거의 같았다.

그린과 라클린이 제시한 한 가지 해석은 BSR가 '일반' 강화물 역할을 한다 는 것이다. 이는 시즈갈과 코노버(Shizgal and Conover, 1996)가 내세운 부호 화 주장을 떠올리게 한다. 우리는 지각 체계에서 보상 자극이 일으킨 모든 활 동이 '불완전한' 경향이 있으며, 자연적으로 발생하는 목표 대상의 특징을 모 방하지 못할 것이라고 제안했다. 또한 우리의 연구 결과에 의하면, 보상 자극 은 생리적 피드백이 미각 보상을 가중시키는 지점에서 하향으로 작용하는 것 으로 나타났다. 따라서 쥐가 조절 시스템이나 자극과 밀접한 관계가 있는 목 표 대상의 종류를 결정할 방법이 없을 수도 있다. 그러나 우리의 자료를 보 면, 평가 채널이 보상 뇌 자극과 자당 용액과 식염수에 대한 반응으로 단일 차원의 통용화 신호를 생성한다는 것을 이해할 수 있다. 만약 이 상황이 자당 용액과 식염수 대신에 그린과 라클린이 이용한 물의 경우와 음식의 경우라도 그 물질들은 BSR를 적절히 대체했을 것이다. 이와는 대조적으로, 음식과 물은 지각 채널에 뚜렷한 신호를 등록하며, 그 결과, 지각 채널은 이 두 물질을 산출하는 활동의 상대적 결정 효용을 계산할 때 두 강화물의 정체와 낮은 대용 가능성을 수용할 수 있을 것이다.

BSR 및 자연적 강화물 수요의 탄력성

음식 강화를 이용한 대부분의 실험들은 '개방 경제'의 조건하에서 수행된다. 음식은 비교적 짧은 시험(테스트) 기간 동안에 얻을 수 있다. 또한 음식은 피험 동물이 생활공간인 우리에서 보내는 훨씬 더 긴 기간 중에 적어도 일부 기간 동안 얻을 수 있다. 종종, 피험 동물의 체중은 자유로운 섭식 값의 어떤 비율로 유지된다. 따라서 생활공간인 우리의 환경에서 피험 동물에게 주어지는 보조 식품은 시험 환경에서 받는 음식에 추가될 때 총 섭취량을 일정 수준으로 끌어올릴 수 있다. 이러한 상황에서 '수요'(시험 환경에서 얻은 강화물의 수)는 '대가(가격)'의 변동에 대한 반응(단일 강화를 얻는 데 필요한 반응 수)에서 급격하게 변하는 높은 '탄력성'을 보인다고 한다. 예를 들어, 실험 상황에서 음식에 드는 비용(대가)이 클수록 동물이 얻는 음식은 적다(Hursh, 1980). 이와는 대조적으로, 경제가 '폐쇄적'이고, 오로지 시험 환경에서만 강화물을 얻을 수 있을 경우에 음식 수요는 상당한 대가 범위에 걸쳐 매우 비탄력적인 양상을 보이게 된다(Collier, Johnson, Hill and Kaufman, 1986; Hursh, 1980). 피험 동물이 보충 음식의 혜택 없이, 스스로 알아서 제 몸을 건사해야 할 경우에는 대가의 변동과 함께 반응률이 증가하는 경향이 있으며, 결국에는 크게 방어적인 소비가 나타난다.

폐쇄적 경제에서 관찰되는 비탄력적인 수요가 박탈의 누적 효과에 기인한다고 보는 것이 그럴듯해 보이지만, 데이터는 그런 가설과 정확히 일치하지는 않는다. 그러한 실험에서 매우 비탄력적인 수요가 유지되는 대가 범위 내에서, 피험 동물들은 체중을 유지하거나 심지어 체중을 증가시킬 수 있다(Collier, 1983). 그렇다면 경제 상황의 어떤 측면이 주관적 보상의 결정 효용으로의 변환을 변화시키고 있는 것으로 보인다.

매칭 법칙의 단일 조작형(Herrnstein, 1970)에 따르면, 단일 실험자 제공 강화물을 제시받는 피험 동물들은 그 강화물을 얻고자 노력하는 활동과 몸단장을 하거나 휴식을 취하거나, 탐험할 수 있는 기회와 같은 대안적인 활동 수행 중 하나를 선택한다. 헌슈타인의 공식이 예측하는 바에 의하면, 실험자 제공 강화물의 대가가 커지면, 그 강화물에 할당된 행동이 '그 밖의 모든 것들'로 이동하게 된다. 폐쇄적 경제에서 음식을 얻기 위해 실행하는 일에 대가가 미치는 영향은 이러한 유형의 매칭 법칙에 위배된다. 예측과는 달리 자연적 강화물들에 대한 행동의 상대적 할당은 더 이상 상대적인 보상에 비례하지 않는다.

BSR의 경우 상황은 다르다. 대부분의 BSR 실험에서 경제는 폐쇄적이다. 실험실 동물이 생활공간인 우리에서 얻을 수 있는 자극이 없다. 그러나 BSR에 대한 수요는 매우 탄력적이다. 강화를 얻는 데 필요한 반응의 수가 많을수록 또는 단위 시간당 최대 소비 제한이 엄격할수록 BSR를 얻고자 하는 반응에 들이는 행동 할당이 적어진다(Druhan, Levy and Shizgal, 1993; Fouriezos, Emdin and Beaudoin, 1996; Hamilton et al., 1985). 따라서 허시와 나텔슨(Hursh and Natelson, 1981)이 증명했듯이, 경제 폐쇄는 BSR와 음식을 얻고자 수행하는 일에 매우 상이한 변화를 일으킨다. BSR에 대한 수요는 매우 탄력적인 반면, 음식에 대한 수요는 매우 비탄력적이다.

경제 폐쇄가 음식과 물 강화물을 획득하고자 하는 반응에 미치는 영향은 최적 섭식[7] 이론가들이 전제했듯이(Charnov, 1976; Stephens and Krebs, 1986), 피험 동물이 노출되어 있는 상이한 환경에서 강화물의 상대적 획득 가능성을 학습한다는 사실을 시사하는 것으로 해석되었다(Collier, 1983). 이러한 표상은 지각 채널로부터 얻는 정보를 공간적 또는 시공간적 맥락(예컨대, 음식은 실험실에서는 획득 가능하지만 생활공간인 우리에서는 획득할 수 없다)으로 저장하고, 비율, 지연, 양, 강도의 주관적 가중치에 따라 결정 효용을 결정하는 데 기여하는 것으로 보인다. BSR 관련 상황은 훨씬 단순해 보인다. BSR에 대한 수요는 경제가 개방되어 있는지 여부에 영향을 받지 않는 것으로 보인다. (그러나 그러한 예측에 대한 직접적인 실험적 확증은 부족하다.) 아마도 이는 지각 채널에서 보상 뇌 자극이 생성한 '불완전한' 신호가 특정한 자연적 강화물에 기인하

---

7   최적 섭식 이론은 동물들이 먹이를 찾을 때 어떻게 행동할지를 예측하는 모델로, 동물들이
     어떤 양의 최대치나 최저치에 따라 최대한 효율적으로 먹이를 섭식한다고 본다.

는 것으로 볼 수 없기 때문일 것이다.

기대

앞서 설명한 가상의 시나리오에서 장래에 식사를 하려는 사람들은 두 음식점이 다음에 문을 열 시간을 예측할 수 없었다. 자연계에서 존재하는 자원의 이용 가능성 또한 예측할 수 없지만, 사건들이 신뢰할 수 있는 순서로 발생하는 상황이 존재한다. 예를 들어, 벌새에게 꿀을 빼앗긴 후에 꽃은 특유의 속도로 꿀을 축적하는 경향이 있으며, 그에 따라 벌새는 그 꽃을 다시 찾는 시점을 조정할 것이다(Gallistel, 1990). 실험실 실험에서 고정 간격 강화 계획에 따라 활동하는 피험 대상들은 강화물을 전달받은 이후에 반응 정지를 보인다. 그 후, 다음의 계획된 강화 전달 시기가 다가오면, 반응을 재개한다(Gibbon, 1977). 이러한 상황에서, 결정 효용은 강화 일정 관리와 관련해서 간격 타이머가 제공하는 정보를 반영하기 위해 역동적으로 조정된다. 동물이 목표를 향해 행동을 옮길 확률은 예상되는 강화 시간이 다가옴에 따라 낮은 수준에서 높은 수준으로 변동한다. 이러한 행동 조정은 선행적인 것이며, 따라서 동물은 미래의 보상에 대한 기대를 형성했다고 말할 수 있다.

스칼라 기대 이론 관점에서 보면, 평균 기대 수준은 최근에 얻은 큰 보상에 의해 증가한다(Gibbon, 1977). 이처럼 평균 기대 수준의 증가가 최근에 얻은 큰 보상과 같은 종류의 보상을 미래에 얻을 수 있으리라는 기대에서 특별히 비롯될 수 있다는 사실은 당연해 보인다. 이 관점은 큰 순간 효용을 가진 감각과 상태가 일으키는 초점 효과를 다룬 로웬스타인(Loewenstein, 1996)의 견해에 속한다. 그러한 감각과 상태는 대안 강화물의 '구축(驅逐)' 중시로 묘사된다.

이 기대 관점을 염두에 두고, 이 장을 시작할 때 제시한 짧은 사건으로 되돌아가 보자. 출발 상자 안에 갇혀 있는 쥐가 맞은편 좁은 길로의 접근을 막고 있는 장벽으로 다가간다. 그러한 행동은 자극이 출발 상자에서 전달되지 않을 때의 시험보다 출발 상자에서 전달될 때의 시험에서 훨씬 더 뚜렷이 나타난다. 선행 자극을 받은 시험에서 쥐는 장벽에 접근할 뿐만 아니라 그 장벽을 넘으려는 시도를 미친 듯이 해댄다. 이러한 기대 행위 강화 작용은 단순히 자극이 유발하는 각성에 기인한다고 볼 수 없다. 왜냐하면 쥐가 목표 상자에서 추가 자극을 더는 얻을 수 없다는 것을 학습했을 때는 동일한 출발 상자의 자극이 행동을 유발시키지 못하기 때문이다. 그런 점에서 기대 행위 강화 작용이 자극이 유발하는 각성에 기인하기보다는 오히려, 최근의 큰 보상에 대한 경험이 기대감을 재조정하여(Sax and Gallistel, 1990), 좁은 길에 접근할 시간의 지연이 길어지는 사이에, 각 시점에서 그 기대감의 크기를 높이는 것으로 보인다. 그러나 목표 상자에서 더는 강화를 얻을 수 없다는 것을 쥐가 학습했을 경우에는 사실상 재조정할 출발 상자의 자극에 대한 기대치가 없으며, 따라서 출발 상자 안에서 쥐의 행동은 태연해진다.

결정 효용에 최근의 큰 보상이 미치는 효과는 갈증을 느끼는 쥐들이 BSR와 물 중에서 하나를 선택했던 두 가지 실험으로 설명될 수 있다(Deutsch, Adams and Metzner, 1964; Wasserman, Gomita and Gallistel, 1982). 시험 전 자극을 전달받은 직후, 쥐들은 물보다 BSR를 선택했다. 시험 전 자극을 받지 않을 경우에는 선호도가 역전되어 쥐들은 BSR 대신에 물을 선택했다. 시험 전 자극은 보상으로 제공되는 자극과 매우 유사했다. 이와는 대조적으로 물이 일으킨 지각 경험을 자극이 모방했을 가능성은 없어 보인다('1차원 부호화 대 다차원 부호화' 부분을 참조). 앞서 개괄적으로 설명한 주장에 따르면, 시험 전에 받은 큰 보상이 증가시킨 기대치는 시험 전에 받은 자극의 신경적 표지자와 가장 유사한 신경적 표지자를 가진 보상을 지향하게 될 것이다. 이러한 증가된 기대치는 BSR의 결정 효용을 증가시켜 선택을 편향시킬 것이다. 시험 전에 물에 노출된 경험이 보충 효과를 일으킬지 여부를 판정하는 것은 흥미로울 것이다. 더 일반적으로는, 보상 경험과 보상에 대한 기대, 보상 기록 사이의 상호작용에 대한 결정 효용의 의존성은 특히 더 주목할 만하다. 뇌 보상 자극은 그러한 상호작용을 검사하는 데 귀중한 도구가 될 수 있다.

결론

BSR를 담당하는 신경 회로의 구성 요인들을 밝히기 위한 노력이 활발히 이루어지고 있다. 비록 그 신경 회로를 구성하는 요소의 원천은 오랫동안 파악하기 어려운 것으로 판명되었지만, 후보 뉴런들을 시각화하는 새로운 방법 (Arvanitogiannis, Flores, Pfaus and Shizgal, 1996a; Arvanitogiannis, Flores and

26장

1097

Shizgal, 1997; Flores, Arvanitogiannis and Shizgal, 1997)과 약물 및 손상의 행동적 효과를 측정하는 새로운 방법(Arvanitogiannis, Waraczynski and Shizgal, 1996b; Shizgal, Conover and Arvanitogiannis, 1996)은 더 향상된 탐구에 대한 희망을 주고 있다. 일단 BSR를 담당하는 신경 회로의 세포들이 발견되면, 우리는 실험동물을 대상으로 BSR와 자연적 강화물에 대한 연구에서 도출한 효용 개념을 인간의 평가와 선택에 대한 연구에서 도출한 견해와 비교해 맞춰보는 시도의 결과로 그러한 세포들에 새로운 문제들을 제기할 것이다. 보상의 주관적 강도로 기록되는 신호를 담당하는 뉴런들이 자극의 순간 효용을 일으킨다는 가설을 시험하는 일은 특히 흥미로울 것이다. 결국에는 깨어 있고 행동하고 있는 피험 대상의 그러한 뉴런들로부터 필요한 정보를 기록함으로써, 해당 세포들이 효용 계산에서 하는 역할에 관해 여기서 논의한 많은 가설들을 검증할 수 있어야만 한다. 이러한 가설 중에는 BSR의 기저를 이루는 직접 활성화된 뉴런들의 출력이 주의 통제하에서 작업 기억에 접근할 수 있다는 제안이 있다. 이 가설에 대한 연구를 통해서, 쾌락 경험의 기저를 이루고 있는 신호가 어떻게 인식에 접근하는지를 밝힐 수 있을 것이다.

유용한 논평을 해주신 안드레아스 아르바니토지아니스(Andreas Arvanitogiannis), 켄트 베리지(Kent Berridge), 켄트 코노버(Kent Conover), 랜디 갈리스텔(Randy Gallistel), 바트 회벨(Bart Hoebel), 대니얼 카너먼(Daniel Kahneman), 로이 와이즈(Roy Wise)에게 감사를 드린다. 또한 연구 지원을 해준 '퀘벡의 연구자 양성 및 연구 보조 기금'과 '캐나다 의학 연구 위원회'와 '캐나다 자연과학 및 공학연구 위원회'에도 감사드린다.

참고문헌

Arvanitogiannis, A., Flores, C., Pfaus, J. G., and Shizgal, R. (1996). Increased ipsilateral expression of Fos following lateral hypothalamic self-stimulation. *Brain Research*, 720, 148~54.

Arvanitogiannis, A., Flores, C., and Shizgal, P. (1997). Fos-like immunoreactivity in the caudal diencephalon and brain stem following lateral hypothalamic self-stimulation. *Behavioural Brain Research*, 88(2), 275~79.

Arvanitogiannis, A., Waraczynski, M., and Shizgal, P. (1996). *Effects of* excitotoxic lesions of the basal forebrain on MFB self-stimulation. *Physiology and*

Behavior, 59(4/5), 795~806.

Baars, B. J. (1988). *A cognitive theory of consciousness.* Cambridge: Cambridge University Press.

Baum, W. M., and Rachlin, H. (1969). Choice as time allocation. *Journal of the Experimental Analysis of Behavior, 12,* 861~74.

Bentham, J. (1996). *An introduction to the principles of morals and legislation.* Oxford: Clarendon Press. (Originally published in 1789)

Bielajew, C., and Shizgal, P. (1980). Dissociation of the substrates for medial forebrain bundle self-stimulation and stimulation-escape using a two-electrode stimulation technique. *Physiology and Behavior, 25,* 707~11.

Bishop, M. P., Elder, S. T., and Heath, R. G. (1963). Intracranial self-stimulation in man. *Science, 140,* 394~96.

Bower, G. H., and Miller, N. E. (1958). Rewarding and punishing effects from stimulating the same place in the rat's brain. *Journal of Comparative and Physiological Psychology, 51,* 669~74.

Boyd, E. S., and Gardiner, L. C. (1962). Positive and negative reinforcement from intracranial stimulation of a teleost. *Science, 136,* 648~49.

Cabanac, M. (1971). Physiological role of pleasure. *Science, 173,* 1103~7.

_____. (1992). Pleasure: The common currency. *Journal of Theoretical Biology, 155,* 173~200.

Cabanac, M., and LeBlanc, J. (1983). Physiological conflict in humans: Fatigue versus cold discomfort. *American Journal of Physiology, 244,* R621~28.

Chamov, E. L. (1976). Optimal foraging: The marginal value theorem. *Theoretical Population Biology, 9,* 129~36.

Church, R. M. (1984). Properties of the internal clock. In J. Gibbon and L. Allan (Eds.), *Timing and time perception* (vol. 423, pp. 566~82). New York: New York Academy of Sciences.

Collier, G. H. (1983). Life in a closed economy; The ecology of learning and motivation. In M. D. Zeller and P. Harzem (Eds.), *Advances in analysis of behaviour* (vol. 3, pp. 223~74). New York: Wiley.

Collier, G. H., Johnson, D. F., Hill, W. L., and Kaufman, L. W. (1986). The economics of the law of effect. *Journal of the Experimental Analysis of Behavior, 46,* 113~36.

Commons, M. L., Mazur, J. E., Nevin, J. A., and Rachlin, H. (Eds.). (1987). *Quantitative analysis of behavior: The effects of delay.* Vol. 5. Cambridge, Mass.: Ballinger.

Conover, K. L., and Shizgal, P. (1994a). Competition and summation between rewarding effects of sucrose and lateral hypothalamic stimulation in the rat. *Behavioral Neuroscience, 108*(3), 537~48.

_____. (1994b). Differential effects of post-ingestive feedback on the reward value of sucrose and lateral hypothalamic stimulation in the rat. *Behavioral Neuroscience, 108*(3), 559~72.

Conover, K. L., Woodside, B., and Shizgal, P. (1994). Effects of sodium depletion on competition and summation between rewarding effects of salt and lateral hypothalamic stimulation in the rat. *Behavioral Neuroscience, 108*(3), 549~58.

Davison, M., and McCarthy, D. (1988). *The matching law.* Hillsdale, N. J.: Erlbaum.

De Villiers, P. (1977). Choice in concurrent schedules and a quantitative formulation of the law of effect. In W. K. Honig and J. E. R. Staddon (Eds.), *Handbook of operant behavior* (pp. 233~87). Englewood Cliffs, N. J.: Prentice-Hall.

Deutsch, J. A., Adams, D. W., and Metzner, R. J. (1964). Choice of intracranial stimulation as a function of delay between stimulations and strength of competing drive. *Journal of Comparative and Physiological Psychology, 57*, 241~43.

Distel, H. (1978). Behavior and electrical brain stimulation in the green iguana *(Iguana iguana L.):* II. Stimulation effects. *Experimental Brain Research, 31(3)*, 353~67.

Druhan, J. P., Levy, M., and Shizgal, P. (1993). Effects of varying reinforcement schedule, reward current, and pretrial priming stimulation on discrete-trial performance for brain stimulation reward. *Psychobiology, 21(1)*, 37~42.

Edmonds, D. E., and Gallistel, C. R. (1974). Parametric analysis of brain stimulation reward in the rat: III. Effect of performance variables on the reward summation function. *Journal of Comparative and Physiological Psychology, 87*, 876~83.

Flores, C., Arvanitogiannis, A., and Shizgal, P. (1997). Fos-like immunoreactivity in forebrain regions following self-stimulation of the lateral hypothalamus and the ventral tegmental area. *Behavioural Brain Research, 87*(2), 239~51.

Fouriezos, G., Emdin, K., and Beaudoin, L. (1996). Intermittent rewards raise self-stimulation thresholds. *Behavioural Brain Research, 74*, 57~64.

Frank, R. A., and Stutz, R. M. (1984). Self-deprivation: A review. *Psychological Bulletin, 96(2)*, 384~93.

Fredrickson, B. L., and Kahneman, D. (1993). Duration neglect in retrospective evaluations of affective episodes. *Journal of Personality and Social Psychology,* 65(1), 45~55.

Gallistel, C. R. (1978). Self-stimulation in the rat: Quantitative characteristics of the reward pathway. *Journal of Comparative and Physiological Psychology, 92*, 977~98.

_____. (1980). *The organization of action: A new synthesis.* Hillsdale, N. J.:

Erlbaum.

_____. (1990). *The organization of learning*. Cambridge, Mass.: MIT Press.

_____. (1991). Measuring the subjective magnitude of brain stimulation reward by titration with rate of reward. *Behavioral Neuroscience, 105*(6), 913~25.

Gallistel, C. R, Shizgal, P., and Yeomans, J. S. (1981). A portrait of the substrate for self-stimulation. *Psychological Review, 88,* 228~73.

Gibbon, J. (1977). Scalar expectancy theory and Weber's law in animal timing. *Psychological Review, 84*(3), 279~325.

_____. (1995). Dynamics of time matching: Arousal makes better seem worse. *Psychonomic Bulletin and Review, 2*(2), 208~15.

Gibbon, J., Church, R. M., Fairhurst, S., and Kacelnik, A. (1988). Scalar expectancy theory and choice between delayed rewards. *Psychological Review, 95*(1), 102~14.

Gibbon, J., Malapani, C., Dale, C. L., and Gallistel, C. (1997). Towards a neurobiology of temporal cognition: Advances and challenges. *Current Opinion in Neurobiology, 7*(2), 170~84.

Goldman-Rakic, P. S. (1996). Regional and cellular fractionation of working memory. *Proceedings of the National Academy of Sciences, USA, 93,* 13473~80.

Green, L., and Rachlin, H. (1991). Economic substitutability of electrical brain stimulation, food, and water. *Journal of the Experimental Analysis of Behavior, 55,* 133~43.

Hamilton, A.L., Stellar, J. R., and Hart, E. B. (1985). Reward, performance, and the response strength method in self-stimulating rats: Validation and neuroleptics. *Physiology and Behavior, 35,* 897~904.

Heath, R. G.,(1964). Pleasure response of human subjects to direct stimulation of the brain: Physiologic and psychodynamic considerations. In R G. Heath (Ed.), *The role of pleasure in behavior* (pp. 219~43). New York: Harper & Row.

Heller, J. (1961). *Catch-22* (17th printing, 1966). New York: Dell.

Hermstein, R. J. (1961). Relative and absolute strength of response as a function of frequency of reinforcement. *Journal of the Experimental Analysis of Behavior, 4,* 267~72.

_____. (1970). On the law of effect. *Journal of the Experimental Analysis of Behavior, 13*(2), 243~66.

Heyman, G. (1988). How drugs affect cells and reinforcement affects behavior: Formal analogies. In M. L. Commons, R. M. Church, J. R. Stellar, and A. R. Wagner (Eds.), *Biological determinants of reinforcement* (vol. 7, pp. 157~82). Hillsdale, N. J.: Erlbaum.

Heyman, G. H., and Goodman, J. B. (1998). Matching as an elementary behavioral principle: A Markov analysis of preference in concurrent choice procedures. Harvard University. Unpublished paper.

Heyman, G. M., and Monaghan, M. M. (1994). Reinforcer magnitude (sucrose concentration) and the matching law theory of response strength. *Journal of the Experimental Analysis of Behavior, 61*, 505~16.

Hoebel, B. G. (1969). Feeding and self-stimulation. *Annals of the New York Academy of Sciences, 157*, 758~78.

Hursh, S. R. (1980). Economic concepts for the analysis of behavior. *Journal of the Experimental Analysis of Behavior, 34*, 219~38.

Hursh, S. R., and Natelson, B. H. (1981). Electrical brain stimulation and food reinforcement dissociated by demand elasticity. *Physiology and Behavior, 26*, 509~15.

Johnson-Laird, P. N. (1988). *The computer and the mind.* Cambridge, Mass.: Harvard University Press.

Kagel, J. K., Battalio, R. C., and Green, L. (1995). *Economic choice theory: An experimental model of animal behavior.* Cambridge: Cambridge University Press.

Kahneman, D. (1994). New challenges to the rationality assumption. *Journal of Institutional and Theoretical Economics, 150*(1), 18~36.

Kahneman, D., Fredrickson, B. L., Schreiber, C. A., and Redelmeier, D. A. (1993). When more pain is preferred to less: Adding a better end. *Psychological Science, 4*(6), 401~5.

Kahneman, D., Wakker, P. P., and Sarin, R. (1997). Back to Bentham? Explorations of experienced utility. *Quarterly Journal of Economics, 112*(2), 375~405.

Lamb, R. J., Preston, K. L., Schindler, C. W., Meisch, R. A., Davis, F., Katz, J. L., Henningfield, J. E., and Goldberg, S. R. (1991). The reinforcing and subjective effects of morphine in post-addicts: A dose-response study. *Journal of Pharmacology and Experimental Therapeutics, 259*(3), 1165~73.

LeDoux, J. (1996). *The emotional brain.* New York: Simon & Schuster.

Leon, M., and Gallistel, C. R. (1992). The function relating the subjective magnitude of brain stimulation reward to stimulation strength varies with site of stimulation. *Behavioural Brain Research, 52*, 183~93.

Lepore, M., and Franklin, K. B. J. (1992). Modelling drug kinetics with brain stimulation: Dopamine antagonists increase self-stimulation. *Pharmacology, Biochemistry, and Behavior, 41*, 489~96.

Lilly, J. C., and Miller, A. M. (1962). Operant conditioning of the bottlenose dolphin with electrical stimulation of the brain. *Journal of Comparative and Physiological Psychology, 55*, 73~79.

Loewenstein, G. (1996). Out of control: Visceral influences on behavior.

Organizational Behavior and Human Decision Processes, 65(3), 272~92.

Macfarlane, D. B. (1954). McGill opens vast new research field with brain "pleasure area" discovery. *Montreal Star*, March 12, 1~2.

Mark, T. A., and Gallistel, C. R. (1993). Subjective reward magnitude of medial forebrain stimulation as a function of train duration and pulse frequency. *Behavioral Neuroscience*, 107(2), 389~401.

Mason, P., and Milner, P. (1986). Temporal characteristics of electrical self-stimulation reward: Fatigue rather than adaptation. *Physiology and Behavior*, 36, 857~60.

Mazur, J. E. (1986). Choice between single and multiple delayed reinforcers. *Journal of the Experimental Analysis of Behavior*, 46, 67~78.

Mazur, J. E., Stellar, J. R., and Waraczynski, M. (1987). Self-control choice with electrical stimulation of the brain. *Behavioural Processes*, 15, 143~53.

McFarland, D. J., and Sibley, R. M. (1975). The behavioural final common path. *Philosophical Transactions of the Royal Society of London B*, 270, 265~93.

Meek, W. H. (1996). Neuropharmacology of timing and time perception. *Cognitive Brain Research*, 3, 227~42.

Miller, G. A., Galanter, E., and Pribram, K. H. (1960). *Plans and the structure of behavior.* New York: Holt, Rinehart and Winston.

Miller, H. L. (1976). Matching-based hedonic scaling in the pigeon. *Journal of the Experimental Analysis of Behavior*, 26, 335~47.

Morgan, C. W., and Mogenson, G. J. (1966). Preference of water-deprived rats for stimulation of the lateral hypothalamus and water. *Psychonomic Science*, 6, 337~38.

Myerson, J., and Green, L. (1995). Discounting of delayed rewards: Models of individual choice. *Journal of the Experimental Analysis of Behavior*, 64, 263~76.

Newsome, W. T., and Salzman, C. D. (1993). The neuronal basis of motion perception. *Ciba Foundation Symposium*, 174, 217~46.

Nisbett, R. E., and Wilson, T. D. (1977). Telling more than we can know: Verbal reports on mental processes. *Psychological Review*, 84(3), 231~59.

Olds, J. (1956). Pleasure centers in the brain. *Scientific American*, 195, 105~16.

_____. (1958). Self-stimulation of the brain. *Science*, 127, 315~24.

Olds, J., and Milner, P. M. (1954). Positive reinforcement produced by electrical stimulation of septal area and other regions of rat brain. *Journal of Comparative and Physiological Psychology*, 47, 419~27.

Pfaffmann, C., Norgren, R., and Grill, H. J. (1977). Sensory affect and motivation. *Annals of the New York Academy of Sciences*, 290, 18~34.

Porter, R. W., Conrad, D. G., and Brady, J. V. (1959). Some neural and behavioral correlates of electrical self-stimulation of the limbic system.

Journal of the Experimental Analysis of Behavior, 2, 43~55.

Rachlin, H., Green, L., Kagel, J. H., and Battalio, R. C. (1976). Economic demand theory and psychological studies of choice. In G. H. Bower (Ed.), *The psychology of learning and motivation* (vol. 10, pp. 129~54). New York: Academic Press.

Rachlin, H., Kagel, J. H., and Battalio, R. C. (1980). Substitutability in time allocation. *Psychological Review, 87*, 355~74.

Redelmeier, D. A., and Kahneman, D. (1996). Patients' memories of painful medical procedures: Real−time and retrospective evaluations of two minimally invasive treatments. *Pain, 66*, 3~8.

Roberts, W. W. (1958). Both rewarding and punishing effects from stimulation of posterior hypothalamus of cat with same electrode at same intensity. *Journal of Comparative and Physiological Psychology, 51*, 400~7.

Routtenberg, A., and Lindy, J. (1965). Effects of the availability of rewarding septal and hypothalamic stimulation on bar pressing for food under conditions of deprivation. *Journal of Comparative and Physiological Psychology, 60(2)*, 158~61.

Sax, L., and Gallistel, C. R. (1990). Characteristics of spatiotemporal integration in the priming and rewarding effects of medial forebrain bundle stimulation. *Behavioral Neuroscience, 105*, 884~900.

Schreiber, C. A., and Kahneman, D. (1997). Determinants of the remembered utility of aversive sounds. University of California, Berkeley. Unpublished paper.

Shizgal, P. (1997). Neural basis of utility estimation. *Current Opinion in Neurobiology, 7(2)*, 198~208.

Shizgal, P., and Conover, K. (1996). On the neural computation of utility. *Current Directions in Psychological Science, 5(2)*, 37~43.

Shizgal, P., Conover, K., and Arvanitogiannis, A. (1996). Performance for brain stimulation reward as a function of the rate and magnitude of reinforcement. *Society for Neuroscience Abstracts, 22*(1), 686.

Shizgal, P., and Matthews, G. (1977). Electrical stimulation of the rat diencephalon: Differential effects of interrupted stimulation on on− and off− responding. *Brain Research, 129*, 319~33.

Shizgal, P., and Murray, B. (1989). Neuronal basis of intracranial self−stimulation. In J. M. Liebman and S. J. Cooper (Eds.), *The neuropharmacological basis of reward* (pp. 106~63). Oxford: Oxford University Press.

Simmons, J. M., and Gallistel, C. R. (1994). Saturation of subjective reward magnitude as a function of current and pulse frequency. *Behavioral Neuroscience, 108*, 151~60.

Stephens, D. W., and Krebs, J. R. (1986). *Foraging theory.* Princeton, N. J.:

Princeton University Press.

Treue, S., and Maunsell, J. H. R. (1996). Attentional modulation of visual motion processing in cortical areas MT and MST. *Nature, 382*, 539~41.

Wasserman, E. M., Gomita, Y., and Gallistel, C. R. (1982). Pimozide blocks reinforcement but not priming from MFB stimulation in the rat. *Pharmacology Biochemistry and Behavior, 17*, 783~87.

Watanabe, M. (1996). Reward expectancy in primate prefrontal neurons. *Nature, 382*, 629~32.

Williams, B. A. (1988). Reinforcement, choice, and response strength. In R. C. Atkinson, R. J. Hermstein, G. Lindzey, and R. D. Luce (Eds.), *Stevens's handbook of experimental psychology: Learning and cognition* (2nd ed., vol. 2, pp. 167~244). New York: Wiley.

Wise, R. A. (1996). Addictive drugs and brain stimulation reward. *Annual Review of Neuroscience, 19*, 319~40.

Yeomans, J. S. (1988). Mechanisms of brain–stimulation reward. In A. E. Epstein and A. R. Morrison (Eds.), *Progress in psychobiology and physiological psychology* (vol. 13, pp. 227~65). New York: Academic Press.

_____. (1990). *Principles of brain stimulation.* New York: Oxford University Press.

Young, P. T. (1967). Palatability: The hedonic response to foodstuffs. In Code, C. F., Heidel, W., et al. (Eds.), *Handbook of physiology* (vol. 1, pp. 353~66). Washington D. C.: American Physiological Society.

Zajonc, R. B. (1980). Feeling and thinking: Preferences need no inference. *American Psychologist, 35*(2), 151~75.

쾌락, 고통, 욕망, 그리고 불안

정서의 숨어 있는 핵심 과정

켄트 C. 베리지

단순한 쾌락, 고통, 욕망, 공포 등과 같은 기본적인 정서 상태는 환원 불가능한 것 같지만 그렇지 않다. 각각의 정서는 분리할 수 있는 심리적 요인들이나 핵심 과정들을 포함하고 있다. 이 장에서는 기본 정서 내의 구성 요인들의 해리, 구성 요인들 간의 관계, 그리고 그 구성 요인들이 뇌 시스템에서 구체화되어 있는 현상에 대해서 탐구할 것이다. 정서와 동기 부여의 핵심 과정은 본질적으로 무의식적인 것이며 주관적인 정서적 감정으로 직접 표현되지는 않는다. 예를 들어, 정서 자체에 대한 주관적 경험은 다양한 상황에서 구분할 수 있는 주관적 요인들로 나눠질 수 있다. 주관적 경험의 기저를 이루는 정서의 핵심 과정들은 주관적인 정서적 감정들로부터 한층 더 분리될 수 있으며, 제한된 조건에서는 의식적인 인식 없이도 발생할 수 있다. 긍정적인 정서 상태의 경우, '선호(좋아함)'의 핵심 과정과 '욕망(원함)'의 핵심 과정은 심리적으로 서로 구분될 수 있다. '선호'는 기본적인 감각적 쾌락이나 쾌락의 활성화에 해당한다. '욕망'은 유인적 현저성'을 자극이나 사건에 귀인시키는 것으로, '선호'와는 다른 핵심 과정에 해당한다. '선호'와 '욕망'의 핵심 과정은 뇌의 상이한 신경 시스템에 의해 매개된다. '선호'는 뇌 조작을 통해 '욕망' 없이도 활성화될 수 있다. 반대로 '욕망'은 '선호' 없이도 활성화될 수 있다. '선호'가 없는 '욕망' 현상은 중독의 원인에 대한 이해와 특별히 관련이 있다. 공포와 고통을 수반하는 부정적인 정서도 서로 상이한 핵심 과

---

1   보상적 자극에 대한 동기와 욕망.

정으로 분리될 수 있다. 공포와 불안의 핵심 과정 중 일부는 긍정적인 욕망의 핵심 과정과 일치할 수 있다. 즉, 긍정적인 정서와 부정적인 정서는 최종 정서가 정반대로 경험됨에도 불구하고, (유인적 현저성과 같은) 심리적인 구성 요인들을 공유할 수 있다.

삶의 질은 부분적으로, 개인적인 목표나 관계와 같은 삶의 의미라고 하는 문화적 주제에 대한 충족에 달려 있다는 주장은 설득력 있어 보인다(Cantor, Acker and Cook-Flannagan, 1992; Cantor et al., 1991; Ellsworth, 1994; Roney, Higgins and Shah, 1995). 삶의 질은 더 많은 양의 쾌락과 고통으로 환원될 수는 없는 데 반해, 목적이 있고 미적이며 도덕적인 고려 대상도 포괄한다. 그러나 삶은 여전히 크고 작은 쾌락과 고통의 연속이지만, 쾌락 상태(hedonic states)는 적어도 삶의 질의 한 중요한 측면을 결정한다. 삶의 질에 대한 어떠한 평가도 그것의 정서적인 톤을 고려해야 한다. 삶의 의미에 대한 문화적 평가는 생리심리학적 분석에 비교적 저항적이기 때문에, 나는 여기서 다루고자 하는 바를 기본 정서에 대한 쾌락적 분석(hedonic analysis)에 제한하고자 한다.

나는 우리가 경험하듯이, 가장 단순한 정서조차도 생각만큼 본질적인 것이거나 환원 불가능한 것이 아니라고 주장하고자 한다. 가장 단순한 정서도 여러 가지 핵심 과정들을 포함하고 있다. 이러한 정서의 핵심 과정의 본질은 의식적인 인식에 있어서 명확하지 않으며 전통적인 심리적 범주에 맞지 않을 수 있다. 이러한 제안에 대한 증거는 주관적 정서를 연구한 인지심리학 및 사회심리학(Fischman and Foltin, 1992; Hilgard, 1986; Kahneman et al., 1993; Murphy and Zajonc, 1993; Zajonc, 1980)과 뇌에 일어나는 정서 과정을 다룬 감정 신경과학(Berridge, 1996; Davidson and Sutton, 1995; LeDoux, 1996; Pankesepp, 1991)에서 도출된다.

정서의 무의식적 핵심 요인들로의 해리

정서에 대한 우리의 의식적인 경험은 연못의 반짝이는 표면에 비유될 수 있을 것이다. 우리는 우리 자신의 정서의 표면만을 본다. 표면 아래 연못 속에는 물체들과 생물들 — 핵심 정서 과정들과 그 선례들 — 이 존재한다. 의식적 지각의 인지 메커니즘은 연못의 표면이 그 밑에 있는 것들을 표상하듯이, 사건을 주관적으로 지각하여 표상하기 위해서는 그 사건을 활동적인 서술적 표상으로 변환해야 한다. 우리가 연못에 대해 알고 있는 것은 위에서 보는 것이다. 하지만 위에서 바라본 관점은 표면에 이는 잔물결, 즉 변환 과정의 미묘한 차이와 위에서 반사된 빛, 즉 인지적 기대 및 평가의 변조적 영향에 의해서 왜곡된다. 그렇다면 삶의 질에 대한 우리의 경험의 표면 밑에는 무엇이 존재할까?

많은 심리학자들뿐만 아니라 다른 대부분의 사람들에게도 정서를 규정하는 것은 정서의 의식적인 감정이다. 다른 방법으로 정서를 생각하기란 거의 불가능하다. 대부분의 사람들은 심리학자 피비 엘즈워스(Phoebe Ellsworth)가 표현한 견해에 동의할 것이다. "나는 항상 무의식적인 정서 관념을 생각하기란 매우 어렵다는 것을 알게 되었다 … 대부분의 정서의 정의에서 보듯이 … 주관적인 감정 경험은 필수적인 요인이다"(1995: 214).

우리가 감정에 대한 주관적 경험을 필수적인 요인으로 판단할 정도로 정서는 심리적 범주들 가운데 거의 유일한 것이다. 무의식적인 동기, 기억, 심지어 지각조차도 가능한 일이지만 무의식적인 정서를 상상하기란 한층 더 어렵다. 기억의 경우, 우리는 다른 때에 상기될 수도 있는 광범위한 일련의 서술 기억을 의식하지 못하며, 내성(內省)에 저항하는 절차 기억을 가지고 있다. 무의식적인 지각은 좀 더 불확실하며, 그것의 존재는 한때 심리학계에서 논쟁의 요점이었다(Eriksen, 1960). 그러나 의식적으로 지각하기에는 너무 짧은 사건들이 후속적인 정서 평가에 미치는 심리적 영향을 포함해 여러 명확한 심리적 영향을 미칠 수 있다는 사실을 입증한 많은 증명들이 있다(Kunst-Wilson and Zajonic, 1980; Lazarus and McCleary, 1951; Moreland and Zajonc, 1977; Murphy and Zajonc, 1993; Winkielman, Zajonic and Schwarz, 1997; Zajonc, 1980). 신경이 손상된 환자들은 무의식적 지각에 대한 인상적인 증거를 제시했다. 예를 들어, '맹시(盲視)' 현상을 경험하는 사람은 후두 피질의 시각 영역에 손상을 입은 후에 시각적 공간의 일부에 대해 의식적인 시감각(視感覺)을 보고하지 못한다. 그러나 바로 그 사람은 제시된 시각 대상물의 정체를 '추정'할 수 있다(Gazzaniga, Fendrich and Wessinger, 1994; Weiskrantz, 1986, 1996). 정상적인 피험자들도 시각 자극의 간단한 표상을 이용하여 유사한 현상을 재현할 수 있다(Kolb and Braun, 1995). 하지만 무의식적인 정서는 받아들이기가 그리 쉽지 않다. 이것은 무슨 의미일까? 어떤 과정을 느낄 수 없다면 그것이 어떻게 정서적인 것일 수 있을까?

무의식적 정서보다 무의식적 인지를 받아들이기가 더 쉽다고 우리가 생각하는 한 가지 이유는 단순히 무의식적 기억이나 지각을 단정 지을 수밖에 없게 하는 경험적 증거가 압도적으로 많기 때문이다. 무의식적인 정서의 경우에는 유사한 현상이 희박하거나 아예 없다. 수많은 증거로 보건대, 우리는 무의식적인 심리적 과정을 신뢰할 수밖에 없으며 기억과 지각과 관련한 증거도 풍부하게 가지고 있다.

무의식적인 정서에 대한 증거는 그리 많지 않으며 비교적 설득력이 약하기 때문에 그것에 쉽게 동의할 수 없다. 정서의 무의식적인 과정에 대한 증거의 대부분은 사람들이 정서 자체를 알지 못하기보다는 정서를 유발한 사건을 알지 못할 수도 있음을 보여주는 데 초점을 맞추고 있다(Murphy and Zajonc, 1993; Nisbett and Wilson, 1977; Wilson and Schooler, 1991; Winkielman et al., 1997; Zajonc, 1980). 그러나 무의식적인 정서 과정에 대한 증거는 존재한다. 이에 대해서는 이 장의 뒷부분에서 검토할 것이다.

해리

심리적 요인들 중에서 '해리' 개념은 정서를 사유하는 데 유용한 도구가 되어준다(Hilgard, 1986). 하나의 개념으로서 해리는 아주 오래전에 생겼지만, 1960년대와 1970년대에 힐가드(Hilgard)와 동료들의 연구가 그 개념을 주류 심리학계에 되살렸다고 말할 수 있다(이 점을 재고찰하고자 한다면, Hilgard, 1986을 참조). 이처럼 주류 심리학계에서 되살아난 현실의 맥락에서 해리는 분리할 수 없는 완전체로 보이는 것을 특수한 조건에서 나뉘는 요인들로 분리하는 것을 의미한다.

최면은 힐가드의 해리 사례들 중에서 가장 인상적인 사례를 제공한다. 그와 동료들은 해리 사례를 가리켜 최면이 쉽게 되는 개인들 중 약 5퍼센트에서 재현될 수 있는 '숨은 관찰자' 현상이라고 불렀다(Hilgard, 1986). '숨은 관찰자'는 한 개인이 어떤 사건 — (흔히 그 사건을 지각하지 말라는 최면 지시를 받는다) — 을 주관적으로 알지 못하더라도 깊은 최면 상태에서 '은밀히' 보고하는 것을 말한다. 그러한 사건에서 한 개인은 그 사건을 (그 개인과 숨은 관찰자가 의식적인 등록을 거부하는 정도까지) 완전히 모를 수 있으며, (그들이 상세히 기술할 수 있는 정도까지) 인지적으로 평가했다고 말할 수 있다. 예를 들어, 일례로, 사전 암시가 '최면성 난청'을 유도했다. 그러나 최면성 난청 상태에서 "아마도 당신의 일부는 듣고 있을 것이다"라는 말을 듣고 그것이 사실인지 대답해 달라는 요청을 받자, 피험자는 손을 들었다. 나중에 그 피험자는 그러한 자신의 행동을 기억했지만 요청을 듣지 못했다고 보고했고, 자신의 행동을 설명할 수 없었다(Hilgard, 1986). 다른 사례로는, 일반적으로 심한 통증을 일으킬 수 있는 치과 시술이나 의학 시술에 앞서 최면성 통각 상실을 유도하는 경우가 있다. 그런 시술 시에 마취된 척했다고 보기는 어렵다. 그러나 피험자들은 주관적인 통증이 거의 없거나 전혀 없다고 보고했지만, 숨은 관찰자 접근법을 이용한 은밀한 행동 측정은 정상적인 통증 평가를 보였다. 누군가는 피험자들의 보고가 믿음에 반하는 크기의 기억 결손이나, 의식에 도달하지 못하는 인지적으로 처리된 통증의 사례로 인해 크게 왜곡되고 훼손되었다고 결론지을 수밖에 없을 것만 같다. 상상하기 아무리 어렵다고 하더라도, 무의식적인 정서 선택은 다른 대안들보다 더 타당할 수 있다.

이 정도의 해리는 당연히 우리의 일상적인 경험과는 크게 다른 것이다. 그러나 그와 같은 증거는 종종 놀랄 만큼 직관에 반하는 것이지만, 결함이 없는 출처에서 나온 것으로 반드시 고려되어야 한다. 그 증거는 사실이라면, 심리적 해리의 영역에서 가능한 것을 보여주는 데 도움이 될 것이다.

정서 경험과 기억 및 예측 정서의 해리

카너먼과 동료들은 질적인 결과를 서술하고자, 벤담에 의지해 '효용'이라는 용어를 이용하였다(Kahneman, 1994; Kahneman et al., 1993; Kahneman and Snell, 1992). 그리고 그 효용 개념은 보상에 대한 행동신경과학 연구에서도 유익하게 이용되었다(Shizgal and Conover, 1996; Shizgal, 이 책). 효용은 여러 유형이 있다. 예를 들어, 카너먼(1994)은 순간 경험 효용, 결정 효용, 예측 효용, 회상 효용을 구분한다(그림 27.1). 경험 효용은 결과의 쾌락적 가치, 즉 결과가 좋거나 싫은 정도이다.[2] 결정 효용은 원하거나 원하지 않은 결과의 정도, 결

2   (지은이) 현재 카너먼과 동료들의 생각대로라면, 순간 경험 효용은 내가 여기에서 제시한 것

과를 얻거나, 잃어버리거나, 유지하거나, 피하려는 결정에 그 결과가 나타나는 정도이다. 예측 효용과 회상 효용은 다른 시기에 발생하게 될 결과나 발생했던 결과의 가치에 대한 기대나 기억이다.

일관성 있고 이성적인 사고 측면에서 보면, 세 가지 유형의 효용은 밀접하게 관련이 있을 것이라 예상할 수 있다. 어떤 사건이 즐거웠다면, 그것은 즐거운 것으로 기억되고, 즐거운 것이리라 예측되며, 다시 바라는 것이 되어야 할 것이다. 그러나 세 가지 유형의 효용은 종종 실제 삶에서 나타나는 결과에 따라 달라지는 것으로 보인다(Kahneman, 1994; Tversky and Kahneman, 1986). 개인이 특정한 결과를 원하는 정도인 결정 효용은 결과 자체(경험 효용)의 변화 없이 증가하거나 감소할 수 있다. 예를 들어, 무료 선물인 머그잔과 같은 약간 좋은 결과를 얻는 것만으로도 그러한 결과에 할당된 결정 효용이 증가한다. 동일한 대상의 경우에도, 손실이 이득에 비해 결정 효용에 더 많은 영향을 미친다(Kahneman, Knetsch and Thaler, 1990). 그럼에도 불구하고, 이러한 현상이 반드시 욕망과 선호(결정 효용과 경험 효용) 사이의 해리는 아니라고 주장할 수도 있을 것이다. 어쩌면 손에 든 머그잔은 선반 위에 있는 머그잔보

보다 좀 더 복잡하다(Kahneman, 이 책; Kahneman, Wakker and Sarin, 1997). 카너먼에게 순간 경험 효용은 자극에 대한 쾌락적 경험뿐만 아니라 즉각적으로 유용한 자극을 얻고 그러한 목표 지향적인 행동에 대한 방해를 저지하고자 하는 행동으로 나타나는 행동 경향을 포괄한다. 이와 대조적으로 결정 효용은 행동 결정이나 즉각 존재하지 않는 비교적 거리가 먼 자극들 중에서 선택하는 결정을 수반한다. 그리고 순간 경험 효용의 경우, 중단에 대한 저항과 쾌락적 경험, 이 둘의 함축은 동일한 기본적인 과정의 다른 표현으로 추정된다. 시즈갈(Shizgal, 1997; Shizgal, 이 책)은 뇌 자극 보상에 대한 생리심리학적 분석을 위해 이러한 순간 효용의 이원적 특성 감각을 채택했다. 그는 쥐의 자가 투여 중단에 대한 저항을 뇌 자극 보상의 쾌락적 강도의 중단에 대한 저항으로 본다.

나는 카너먼과 시즈갈이 포함시킨 행동 경향이나 중단에 대한 저항의 함축보다는 순간 경험 효용의 쾌락적 가치 요인에 초점을 맞추고 있는데, 그 이유는 증거로 볼 때, 자극 지향적 행동의 지속성으로부터 자극에 대한 쾌락적 평가가 뇌 조작에 의해 해리될 수 있기 때문이다. 이러한 해리는 순간 경험 효용의 쾌락적 경험 함축이 행동 지속 함축과 동일한 과정을 반영하지 않을 수 있음을 시사한다. 이 경우 경험 효용에 대한 쾌락적 평가는 내가 '선호'라고 부르는 것과 상당히 일치하는 반면에, 카너먼과 시즈갈이 포함시킨 행동 지속성은 결정 효용과 공통된 몇 가지 속성을 공유하는 '욕망'과 좀 더 정확히 일치한다.

혼란을 피하기 위해, 나는 '경험 효용'을 자극에 대한 쾌락적 평가('선호')를 언급하는 데만 사용하고, '결정 효용'을 자극을 획득하고, 선택하고, 지속적으로 추구하고자 한 결정('욕망')을 언급하는 데만 사용한다. 이는 두 구조 간의 전환을 허용하기 위한 것이다. 저자들이 제시한 이러한 효용 용어에 대한 정의를 존중하지만, 심리학의 개념들이 일반적으로 그러하듯이 효용 용어들은 계속 진화할 것이라고 가정하는 것이 타당해 보인다.

그림 27.1 보상 가치

예측 효용/ 기억 효용	결정 효용	순간 경험 효용
가치에 대한 믿음	욕망(원하는 것)	선호(좋아하는 것)

참고: 가치에 대한 믿음, 가치에 근거한 욕망, 실제 경험의 쾌락적 가치에 상응하는 세 가지 효용. 특정한 결과와 관련해, 이 세 가지 유형의 효용은 결과를 경험한 합리적인 개인에게는 공변할 것으로 예상될 수 있다.

다 더 원하는 것일 뿐만 아니라 더 좋은 것일 수도 있지 않을까?

욕망/선호로부터 믿음의 해리

다른 해리는 그와 같은 방식으로 설명할 수 없다. 어떤 해리는 예측되는 쾌락과 기억되는 고통에 대한 실험 — 경험 쾌락 효용을 평가하여 미래의 결정 효용 평가 및 과거의 결정 효용 평가와 비교하는 — 에서 나온다. 예를 들어, 카너먼과 스넬(Kahneman and Snell, 1992)은 피험자들에게 일주일 동안 매일 맛있는 아이스크림을 적은 양씩 먹는다면, 그 아이스크림에 대한 자신들의 선호 및 욕망 평가에 어떤 일이 생길지 예측해 보라고 요청했다. 그 후 피험자들은 일주일 넘게 아이스크림을 먹고 매일 그것을 평가했다. 대부분의 피험자들은 자신들의 선호/욕망 평가가 일주일에 걸쳐 감소할 것이라고 예측했고, 실제로 그랬다. 그러나 피험자들은 그 감소의 크기를 현저하게 과대평가하여 실제의 두 배로 예측했다(Kahneman and Snell, 1992). 아무리 맛 좋은 음식이라도 매일 먹으면 그 선호도가 떨어질 거라는 순수한 믿음이 그들의 예측을 야기한 것으로 보인다(LeMagnen, 1967; Rolls et al., 1981). 그러나 그들의 인지적 믿음은 사실 자체보다 분명히 더 강했고, 그들은 변화의 크기를 잘못 판단했다. 두 번째 연구에서 카너먼과 스넬은 피험자들에게 약간 맛이 있는, 풍미 없는 요구르트 한 스푼을 맛보고, 그것에 대한 선호를 평가하고, 다음 날에, 그리고 일주일 이후에도 매일 그것을 얼마나 선호할지, 그리고 그와 같은 시기 동안 집에서 보통 크기의 1인분을 먹기를 얼마나 원할지에 대해 예

그림 27.2 해리된 보상 가치

참고: 차후의 실제 효용(아이스크림이나 요구르트에 대한 선호 평가, Kahneman and Snell, 1992에 근거함)으로부터의 예측 효용(미래의 정서에 대한 믿음)의 해리.

측해 보라고 요구했다. 그 결과, 다시 말하지만, 대부분의 피험자들은 일주일에 걸쳐 장기적으로 감소할 것이라고 예측했다. 그들은 또한 '한 스푼 양의 맛 테스트'에서 부여한 것과 동일한 선호/욕망 수준에서 한 주(다음 날)를 시작할 것이라고 예측했다. 그들은 두 가지 다 틀렸다. 그들은 매번 보통 크기의 1인분을 먹는 것을 한 스푼 먹는 것보다 더 불쾌할 것으로 평가했고, 시간이 지남에 따라 감소하는 것은 맛없는 요구르트에 대한 혐오였다. 그들의 예측의 부정확성은 비교적 평범한 경험, 즉 새로운 음식에 익숙해지는 것에서 보였다는 점에서 매우 인상적이다(그림 27.2).

쾌락과 고통에 대한 기억은 예측만큼 왜곡되기 쉽다. 예를 들어, 토머스와 디너(Thomas and Diener, 1990)의 연구 결과에 의하면, 피험자들의 지난 몇 주 동안의 정서에 대한 기억은 정서적 사건 자체에 대한 당시의 일일 보고와 비교했을 때 그 정서적 사건의 강도를 과대평가하는 경향이 있었다. 또한, 그들은 기억에서 정서 빈도가 정서 강도와 혼동되는 경향이 있음을 발견했다. 한 유형의 정서에 대한 회상 강도 평가는 흔히 그 정서의 빈도 측면에서 편향되었다. 부정적인 정서의 경우 특히 그랬다.

결정으로부터의 반감의 해리

결정 효용(욕망)과 예측 효용(믿음)은 기억 왜곡에 근거하여 경험 효용(선호)에서 분리될 수 있다. 한 극적인 예에서, 피험자들은 차가운 물에 손을 넣어 고통을 유발하는 두 가지 고통 절차를 평가하라는 요청을 받았다(Kahneman

그림 27.3 해리된 고통

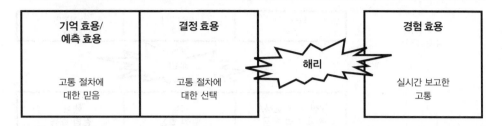

참고: 실제 경험 자체로부터 고통스러운 경험에 대한 선택과 믿음의 해리는 고통에 대한 기억의 왜곡에 기인한다(Kahneman et al., 1993에 근거함). 감각의 전도(포만과 재경험의 함수로서 음식 맛의 변화)는 쾌락에 유사한 해리를 제공한다(Mook and Votaw, 1992에 근거함).

et al., 1993). 나중에 피험자들은 각각의 고통 절차에 대한 기억을 근거로 다시 경험할 경우 '혐오감이 가장 적은' 절차를 선택했다. 매우 흥미롭게도, (피험자 스스로가 실시간 평가로 측정한) 상대적으로 더 큰 고통 절차라고 하더라도 종점에 고통이 감소한 현상을 포함하고 있다면, 피험자들은 그 절차를 선택하는 경향을 보였다(그림 27.3). 실시간 보고된 고통과 나중에 기억된 고통 사이의 해리와 유사한 현상이 고통스러운 실제 생활 의료 처치에서도 발견되었다(Redelmeier and Kahneman, 1996).

사람들은 고통에 대한 기억보다 쾌락에 대한 기억에서 더 정확하지 않을 수도 있다. 만약 피험자들에게 음식을 먹는 동안 배고픈 상황에서 배부른 상황에 이르기까지 쾌락적 평가를 보고하라고 요구한다면, 그들은 음식 맛이 점점 더 떨어진다고 보고한다. 생리적 요인들로 인한 이러한 쾌락 경험의 변화는 '감각의 전도'(Cabanac, 1971)라고 명명되었다. 맛에 대한 감정 표현의 전기생리학적, 행동적 측정을 사용하여 동물을 대상으로 한 연구를 보면, 동물들에게서도 음식을 먹은 후에 유사한 맛의 감소가 감지된다. 이는 모든 종이 감각의 전도를 공유하고 있음을 나타낸다(Berridge, 1991; Cabanac and Lafrance, 1990; Rolls et al., 1986). 그러나 이러한 현상의 본질에도 불구하고, 사람들은 왜 일반적으로 식사 마무리 단계에서 음식 섭취를 중단하는지 기억해 보라는 요구를 받을 때, 사실상 그 이유로 감소된 입맛을 보고하지 않으며, 그것이 가능한 설명으로 제시된다면 그것을 부인할 수도 있다(Mook and Votaw, 1992). 쾌락의 감소는 실시간 주관적 평가에서 매우 뚜렷하지만, 명시적으로 회상하는 기억에서는 그리 뚜렷하게 나타나지 않는 것으로 보인다.

그림 27.4 최면 상태에서의 고통스러운 사건

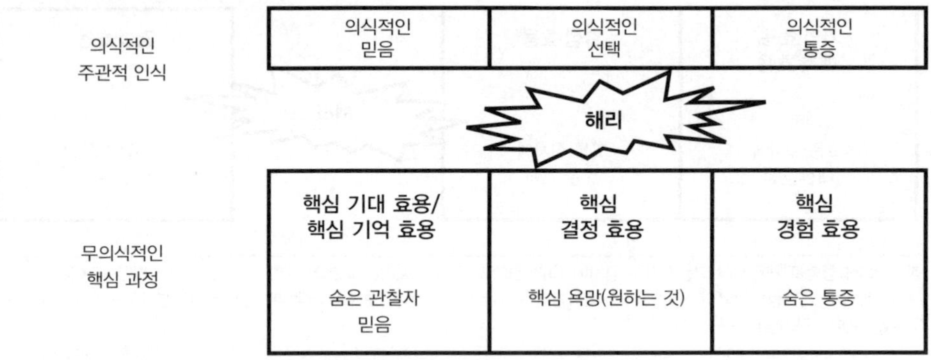

참고: 모든 유형의 효용에 있어, 정서의 근본적인 핵심 과정으로부터 의식적인 통증 인식의 최면성 해리. 최면 통각 상실은 경험한 사건으로서의 통증에 대한 주관적인 인식을 감소시키고, 따라서 주관적인 통증에 근거한 결정과 믿음을 감소시킨다. 그러나 숨은 관찰자의 측정에 의해 감지된 근본적인 통증 과정은 지속된다(Hilgard, 1986에 근거한 최면성 통각 상실에 대한 설명임).

핵심 과정으로부터의 의식의 해리

앞서 제시한 연구들은 사건들이 일어날 때 사건들에 대한 실제 정서적 경험으로부터 사람들이 갖는 욕망(원하는 것)과 선호(좋아하는 것)에 대한 믿음들(예측과 기억) ― 그러한 믿음에 근거한 결정과 함께 ― 간의 해리를 반영한다. 이러한 해리에 관한 일반적인 규칙으로서, 순간 경험 효용(쾌락과 고통)은 기억 효용(쾌락과 고통의 기억), 기대 효용(미래의 쾌락이나 고통에 대한 예측), 결정 효용(쾌락이나 고통을 야기할 결과들 사이에서의 결정)으로부터 쉽게 해리될 것으로 보인다. 일반적으로 기억 효용과 기대 효용, 결정 효용은 모두 함께 긴밀히 연결되어 있지만(결정은 일반적으로 특정한 결과에 대한 과거의 기억과 미래의 기대와 일치한다), 경험 효용(결과 자체에 대한 실제 경험)으로부터 개별적으로, 집단적으로 해리될 수 있다.[3] 그러나 우리는 한 걸음 더 나아가서 실제로

3   (지은이) 미래의 결과들 사이에서의 선택(결정 효용)이 미래의 쾌락적 가치에 대한 예측(기대 효용)에서 분리되는 경우도 있다. 예를 들어, 사람들은 때가 왔을 때 하게 될 선택과는 다른 미래의 소비를 위해서 다양한 음식을 선택할 수 있다. 그러나 선택을 하기 전에 미래의 선호 음식을 명시적으로 예측해 보라는 요구를 받으면, 사람들의 선택들은 더 가깝게 수렴될 수 있다(Kahneman, 1994; Simonson, 1990). 선택과 예측 사이의 이러한 해리의 사례는 아마도 미래의 가치에 대한 예측을 고려하지 않고서 선택할 때나 쾌락의 극대화를 초과하는 기준에 의거해 미래를 위한 선택을 할 때에만 일어날 수 있을 것이다(Kahneman, 이 책). 두 상황 모두 여기서 논의된 유형의 해리 ― 발생한 여러 형태의 쾌락 효용들(경험 효용, 결정 효용, 기

특정한 결과의 순간 경험 효용을 해리된 요인들로 분해할 수 있다. 한 사건에 대한 주관적 경험을 그 당면한 사건에 대한 욕망과 선호를 구성하는 근본적인 핵심 과정으로부터 해리시키는 것이 가능하다. 앞서 기술한 힐가드의 최면 상태의 숨은 통증 예는 무의식적 정서의 핵심 과정을 보여주는 좋은 실례이다. 숨은 통증은 어떤 의미에서는 '통증'이지만, 의식적인 느낌의 일반적인 의미에서는 통증이 아니다.

보통 사람들은 최면 없이도 정서의 무의식적인 측면을 확인할 수 있다. (무의식적인 정서 강도 증가의 순서에 따라) 몇 가지 수준의 증거 — 무의식적 지각이 일으키는 정서, 정서의 무의식적인 변화, 그리고 정서 자체가 무의식적인 경우 — 가 있다. 첫 번째 단계는 웃거나 찌푸린 얼굴을 4밀리초 동안 순간 노출하는 제시 방법과 같이 의식적으로 지각하기에는 너무 짧은 사건에 사전 노출함으로써 의식적인 자극에 대한 의식적인 심미적 평가를 조작할 수 있다는 증거들로 구성된다(Murphy, Monahan and Zajonc, 1995; Murphy and Zajonc, 1993; Winkielman et al., 1997). 이러한 증거들은 적어도 피험자들이 자신의 감정 평가를 일으킨 원인을 알지 못한다는 의미에서 무의식적인 감정 처리를 입증한다. 그러나 그러한 경우에 피험자들이 정서 자체를 전혀 알지 못하는지 아니면 단순히 사건 조작을 알지 못하는지는 명확하지 않다. 진정한 무의식적 정서를 입증하고자 했던 윈키엘먼과 자욘스, 슈바르츠(Winkielman, Zajonc and Schwarz, 1997)의 연구 결과에 의하면, 얼굴 표정을 역치 아래 수준에서 사전에 제시받은 결과로 인해 피험자들의 감정 평가에 변화가 생겼을 경우조차도, 피험자들은 이후에 역치 아래 수준의 얼굴 표정을 제시받았을 때에 정서적인 경험을 했다는 사실을 부정하였다. 그러나 그들의 생각과 달리 의식적인 정서가 발생했지만 기억되지 않은 것이라고 볼 수 있다.

두 번째, 약간 더 강한 수준의 증거로는 의식적인 정서가 변화하는 사례들로 구성되지만, 그러한 정서 상태의 변화는 의식적으로는 지각되지 않을 수 있다는 것이다. 예를 들어, 공포에 대한 한 연구에서 안츠(Arntz, 1993)는 거미 공포증을 가진 여성들에게 점진적으로 더 어려운 일련의 행동 — 거미가 들어 있는 단지에 접근, 그 단지를 만지기, 그 단지를 열기, 연필을 이용해 거

대 효용/기억 효용)이 동일한 사건에 대해 서로 다른 가치를 가지는 — 와는 다르다.

미를 건드리기, 개방된 싱크대로 거미를 끌어내기, 손으로 거미를 만지기, 손 위에서 걷게 하기 — 을 수행해 보라고 요구했다. 그 여성들은 언제든 거부할 수 있었다. 그들은 각 단계에서 주관적인 공포나 불안을 보고하라는 요구를 받았다. 이 여성들은 테스트 전에 날트렉손(엔도르핀 신경전달물질과 엔케팔린 신경전달물질의 뇌수용체를 차단하는 오피오이드 길항제) 또는 위약을 복용했지만, 어떤 약을 복용했는지는 듣지 못했다. 많은 양의 날트렉손 복용은 거미에 대한 접근을 현저하게 억제했다. 날트렉손을 복용한 후에 여성들은 (일반적으로 연필로 거미를 건드린 후에) 위약을 복용한 경우에 비해, (일반적으로 연필로 거미를 건드리기 전인) 초기 단계에서 해당 단계의 행동을 거부했다. 그러나 어느 단계에서도 날트렉손 복용으로 인해서 공포에 대한 주관적인 보고가 유의미하게 증가하는 일은 없었다. (그저 평균적으로 유의미하지 않은 증가 추세가 있었을 뿐이다). 그러나 이 결과가 전적으로 확실한 것은 아니다. 안츠가 지적했듯이, 주관적인 공포에 대한 다른 측정이 오피오이드 차단제가 주관적인 공포에 미치는 영향을 탐지했을 수도 있고, 행동 측정치와 주관적인 측정치가 상이한 집단들에서 나왔다는 점도 고려해야 하기 때문이다. 그러나 구술 보고는 합리적인 측정법이다. 구술 보고에서 이 여성들은 날트렉손이 공포의 변화를 유발한다는 사실을 전혀 알지 못했다.

무의식적인 정서와 동기 부여

무의식적인 정서 과정에 대한 가장 강력한 수준의 증거는 단지 정서의 변화가 아니라 정서 자체가 주관적인 인식에 접근할 수 없다는 실례에서 비롯된다. 무의식적인 정서는 개념적으로 정의하기 어려울 뿐만 아니라 경험적으로 간파하기도 어렵다. 우리는 많은 실례를 찾을 수 있을 거라고 기대할 수는 없다. 하지만 면밀한 조사를 통해 검증된 실례들을 발견한다면, 우리는 그것들을 매우 중요한 현상으로 인식해야 한다. 실례들은 그 존재로 인해, 정서 이론들에서 고려해야 하는 심리적 실체의 범위를 근본적으로 변화시킬 것이다.

무의식적인 정서 반응에 대한 EEG 증거

무의식적인 정서 반응에 대한 증거의 한 원천은 식역하(識閾下)의 단어에 대한 반응을 연구한 EEG 연구에서 나올 수 있다. 예를 들어, 셰브린과 동료들(Wong, Shevrin and Williams, 1994)은 한순간에 식역하로 제시한 그림과 전기 충격을 짝지어서 생성한 고전적 조건화된 공포를 조사했다. 그들은 조건 자극을 식역하로 제시하는 것이 피험자가 어떤 것이 제시됐는지 전혀 간파하지 못했을 때조차 특유의 뇌파 요인을 유발시킨다는 사실을 밝혔고, 그 연구 결과를 조건화된 공포 반응이 전적으로 의식적인 인식의 외부에서 유발될 수 있다는 의미로 해석했다. 한 관련 연구에서 셰브린과 동료들(1992)은 공포증 환자들에게 다양한 범주의 정서 단어 목록을 제시했다. 그 단어들은 순간 노출기로 제시되었는데, 의식적으로 지각하기에는 너무 짧거나(1밀리초), 의식에 나타날 수 있을 만큼 충분히 길었다(30~40밀리초). 한 범주의 정서 단어들은 의식에 나타날 수 있을 만큼 오랫동안 화면에 노출될 때보다 식역하의 순간 노출로 제시될 때 더 빠른 고주파 EEG 반응을 일으켰다. 다시 말해, 이 매우 정서적인 범주의 단어들은 공포증 환자가 무엇이 제시됐는지 여전히 모르는 상황에서 정서적인 EEG 반응을 일으키는 데 더 효과적인 것으로 나타났다.

마약(약물)에 대한 무의식적인 선호와 욕망에 대한 행동적 증거

무의식적인 정서 과정에 대한 증거는 순간 노출 방법을 사용하지 않고도 인간의 행동에서 찾을 수 있다. 한 인상적인 예는 마약(약물) 중독자들의 무의식적인 자가 투여에 대한 연구에서 나왔다(Fischman and Foltin, 1992; Lamb et al., 1991). 예를 들어, 피시먼과 동료들의 한 연구에서, 회복 중에 있는 중독자들은 연구실로 초대되어, 그곳에서 편안하게 앉아 있었다(Fischman, 1989; Fischman and Foltin, 1992). 그러자 정맥 주사선이 정맥에 삽입되었다. 피험자들은 두 개의 버튼 중 어느 쪽을 누르느냐에 따라 두 개 중 어느 한쪽의 정맥 내 주입을 받을 수 있었다. 특정한 날, 한 정맥 내 주입액에는 높은 수치의 코카인이 함유되어 있는 반면에, 다른 정맥 내 주입액에는 낮은 수치의 코카인이 함유되어 있을 수 있었다. 또 다른 날에는, 한 정맥 내 주입액에는 마약 성분이 없는 식염수일 수 있고, 다른 정맥 내 주입액에는 코카인을 함유하고 있을 수 있었다. 혹은 피험자들이 알기로는 양쪽 정맥 주사선 다 식염수만을 함유하고 있을 수 있었다. 중독자가 버튼 중 하나를 누를 때마다, 불이 켜지면서 그것은 주입되는 특정한 용액을 얼마간 전달했다. 피험자들은 그러한 용액들을 자유롭게 시용할 수 있었고, 자신들의 선택에 따라 매번 스스로에게 자유롭게 투여할 수 있었다.

적당량에서 높은 용량(8~50밀리그램의 코카인)까지, 피험자들은 주관적인 효과를 유쾌하고, 코카인 특유의 전형적인 양상으로 묘사했고, 가장 높은 용량을 얻을 수 있는 버튼을 주저 없이 눌렀다. 그러나 가장 낮은 양의 코카인(4밀리그램)이 검출된 용액의 경우에서는 '자가 투여'와 주관적인 효과 사이에 주목할 만한 해리가 일어났다. 이 매우 낮은 코카인 용량을 투여했을 때, 피험자들은 식염수만 받았으며 그 용액에는 코카인이 들어 있지 않다고 보고했다. 실제로 심장혈관 반응은 관찰되지 않았으며, 이는 주입물에 마약 성분이 없다는 피험자들의 그릇된 주장을 뒷받침했다. 그러나 4밀리그램의 양은 결코 역치 아래 수준이 아니었다. 2~4시간 사이에 버튼을 누른 누적 기록에 따르면, 중독자들은 두 주입액의 차이를 의식적으로 감지할 수 없는 동안에도 식염수를 전달하는 버튼보다 4밀리그램의 코카인을 전달하는 버튼을 훨씬 더 자주 선택해 눌렀다. 이 현상에 대해 피시먼(1992)은 다음과 같이 언급했다. "피험자들이 이러한 저용량의 자가 투여에 대해 어떻게 말하는지 들려주자면, 그들은 위약에 비해서 코카인을 더 많이 선택하지 않았다고 말한다. 그들은 흔히 두 가지 선택안 각각에 대해 똑같이 샘플 투여해 보았으며 둘 다 위약이었다고 주장하고는 한다. 반면에, 그 테스트 기간의 데이터를 보면, 그들이 [식염수보다는] 저용량의 코카인이 함유되어 있는 용액을 선택하고 있었다는 사실을 알 수 있다"(179).

만약 카너먼과 동료들의 용어를 적용한다면, 피시먼의 피험자들인 마약 상용자들의 주관적인 보고를 따를 경우, 가장 낮은 양의 코카인의 효용(경험 효용, 결정 효용, 예측 효용)은 전혀 없었다. 일반 용어로 말하자면, 그들은 가장 낮은 양의 코카인을 좋아하지 않았고 원하지 않았으며, 코카인을 주입할 수 있다는 사실조차 믿지 않았다. 그러나 그들의 행동에 나타나는 또 다른 감각이 있었다. 그 감각 속에서 그들은 용액에 희석되어 있는 마약 보상을 '원하는' 동시에 '좋아했을' 것이다. 그들은 그것을 얻고자 행동했고 그것을 얻기 위해 선택적으로 노력했다.

이처럼 인식과 행동의 극명한 해리는 드물지만, 이 연구 결과가 어쩌다 들어맞은 유일한 예외적인 사례는 아니다. 버튼을 누른 대가로 모르핀 주사를 맞은 입원 중독자들에 대한 램과 동료들(Lamb et al., 1991)의 또 다른 연구에서도 비슷한 결과가 나타났다. 이 연구에서 헤로인 중독자들은 월요일부터 금요일까지 매일 같은 양의 모르핀이나 식염수 주사를 맞았다. 매주 주입량은 예측할 수 없는 정도로 바뀌었다. 매주 월요일마다 스스로 알아서 주입량을 결정했다. 그리고 주사를 맞을 때마다 피험자들은 주관적인 약물 경험을 보고했다. 그들은 그것을 좋아했을까? 그들은 얼마나 많은 약물을 주입받았을까? 만약 그 약물이 거리에서 팔린다면 그들은 그것에 대한 대가로 얼마를 지불할까? 중독자들이 며칠 간 특정한 주사를 맞은 이후, 램과 동료들은 목요일과 금요일에 일어난 일에 대해서 특별히 관심을 가졌다. 목요일과 금요일에 주사를 맞기 원한다면, 피험자들은 45분 안에 레버를 3,000번 밀어서 주입'받아야' 했다. 피험자들은 모르핀이 조금이라도 들어 있는 주사의 주입을 전부 받기 위해서 정말 열심히 레버를 밀었다. 식염수 주사에 대해서는 그들은 그리 확실하게 레버를 밀지 않았다. 주관적인 보고에서 그들은 가장 적은 양(3.75밀리그램)의 모르핀을 제외하고 모든 모르핀 주사를 '매우 좋은', '마약 성분이 함유되어 있는', '비용을 지불할 가치가 있는' 등으로 묘사했다. 그리고 가장 적은 양의 모르핀 주사를 맞고자 할 때도 다른 주사량의 모르핀을 맞고자 할 때처럼 똑같이 열심히 레버를 밀었는데도 그들은 가장 적은 양의 모르핀에 대해서는 식염수에 대한 묘사 ― '가치 없는', '마약 성분이 전혀 없는' 등과 같은 ― 와 동일하게 묘사했다.

자신들이 역치 수준의 용량을 우선적으로 선택했다는 사실을 모른 채, 주관적으로 감지할 수 없는 그러한 용량을 얻고자 노력하는 마약 중독자들이나, 스스로 '가치 없는' 것으로 평가한 경험을 다시 경험하고자 레버를 반복적으로 민 마약 중독자들은 힐가드의 최면 상태에 있는 피험자들과 뭔가 공통점을 지니고 있다. 최면 상태에 있는 피험자들의 숨은 관찰자들은 숨은 통증을 보고한 반면에, 피험자 자신은 주관적인 통증을 느끼지 않는다고 보고했다. 두 사례 모두 자의식이 있는 개인들로부터 그 지각이 부정되는 정서/동기부여 상태의 존재에 대한 행동적인 증거를 제공해 준다(그림 27.5).

무의식적인 정서 과정을 연구할 사람들에게는 불행하게도, 지금까지 주관적 경험과 객관적인 정서 반응 간의 극명한 해리는 최면 상태, 식역하의 짧은 사건, 그리고 역치 수준의 마약에 노출된 중독자와 같은 특별한 사례에만 국한되었다. 이러한 사례들조차도 제공하는 정보는 빈약하다. 흔히 연구자들

그림 27.5 무의식적인 마약 보상

의식적인 주관적 인식	의식적인 믿음: 마약 성분 없음	의식적인 선호 없음	의식적인 쾌락 없음

해리

무의식적인 핵심 과정	핵심 예측 효용	핵심 결정 효용	핵심 경험 효용
	마약과 레버의 관계성 탐지	마약을 얻고자 레버를 밈 ('욕망')	무의식적인 마약 보상 ('선호')

참고: 피시먼과 폴틴(Fischman and Foltin, 1992), 그리고 램과 동료들(Lamb et al., 1991)의 설명에 근거한 '선호'와 '욕망'의 근본적인 무의식적 핵심 과정으로부터의 의식적인 마약 관련 정서의 해리. 핵심 과정으로부터의 인식의 해리는 세 가지 유형의 효용에 모두 적용되며 코카인이나 모르핀의 '역치 수준 아래의' 용량을 추구하는 중독자의 행동에서 드러난다. 비록 마약을 주관적으로 인식하지 못할 수 있지만, 그들은 그것을 '좋아하고', 그것을 '원한다'는 행동적인 증거를 보일 수 있으며, 그것을 얻는 방법에 대한 자신들의 믿음에 따라 행동한다.

은 주관적인 보고와 정서의 행동적 표현 사이에서 발견되는 해리를 이론적으로 해결할 준비가 되어 있지 않기 때문이다. 향후에 더 많은 연구가 필요하다. 하지만 많지는 않지만, 지금까지 수집된 무의식적인 정서 반응의 사례들은 우리가 그것들을 사실로 인정한다면 심리학 이론에 중요한 결과를 가져올 것이다. 그 사례들은 정서가 반드시 의식적인 상태라는 관념을 부정한다.

요약

사람들은 종종 미래에 무엇을 좋아하거나 원할지, 또는 과거에 무엇을 좋아했거나 원했는지 정확히 알지 못한다. 심지어 자신들이 '좋아하는 것들', '싫어하는 것들', '원하는 것들'을 모르는 특별한 순간들이 있을 수도 있다. 이러한 해리는 정서의 핵심 과정이 우리가 일반적으로 전반적인 정서라고 생각하는 의식적인 경험과 분리될 수 있음을 나타낸다. 정서는 당연히 의식적인 것이라고 믿는 사람들조차도 이러한 예들이 정서를 이해하는 데 뭔가 중요한 점을 보여준다는 사실을 받아들일 것이다. 그러나 이러한 해리의 사례는 무의식적인 정서 과정이 존재한다는 사실을 시사하지만, 그러한 과정의 본질에 대해서는 아무것도 말해주지 않는다.

말을 못 하는 생물의 '선호'와 '욕망' 측정

의식적 인식에 접근하지 못하는 정서의 핵심 과정을 어떻게 연구할 수 있을까? 심리학자들은 일반적으로 사람들에게 어떻게 느끼는지 말해 보라고 요구하는 방법으로 정서를 측정한다. 그러나 감정에 대한 구두 보고는 우리가 조사하고자 하는 바로 그 핵심 과정을 놓칠 수도 있다. 구두 보고에 드러나지 않는 심리적 과정을 조사하기 위해서 우리는 내성(內省)에 의존하지 않는 측정이 필요하다. 이러한 측정법들은 생리적인 것이거나 행동적인 것일 수 있다. 필요한 것은 우리가 선택한 어떤 측정과 근본적인 정서 과정 사이의 뚜렷한 관계이다.

정서에 대한 전통적인 심리학 연구는 자신의 정서를 묘사할 수 있는 성인 피험자들에게 초점을 맞춰 왔다. 언어를 배우기 전인 유아나 말을 하지 못하는 동물들은 감정을 말로 표현할 수 없기 때문에 많은 연구자들에게 정확하게 정서를 연구하기에는 취약한 연구 대상으로 여겨질 것이다. 그러나 우리의 관심 대상을 정서의 핵심 과정으로 바꾸면 그러한 단점은 사라진다. 관심의 과정이 본질적으로 주관적인 내성과 구두 보고와 별개인 경우 언어 결핍은 문제가 되지 않는다. 유아와 동물은 사실 성인의 정서 반응의 구성이나 표현, 억제에 영향을 미치는 많은 문화적 요인으로부터 상대적으로 자유롭기 때문에 정서의 핵심 과정의 몇 가지 기본적인 측면을 정확하게 연구하기 위한 목적으로는, 최고의 연구 대상이 될 수 있다(Ellsworth, 1994; Markus and Kitayama, 1991; Ortony and Turner, 1990).

유아의 정서 측정은 심리학자에게 까다로운 문제를 제기하지만, 아마도 적어도 어떤 면에서는 수많은 세대의 부모들에게는 훨씬 더 수월한 일로 여겨져 왔을 것이다. 정서 과정은 구두적인 감정 반응과 행동적인 감정 반응으로 표현된다. 울음과 웃음, 그리고 얼굴과 신체 반응의 뚜렷한 패턴을 수반하는 다른 감정 반응은 종종 근본적인 심리적 상태에 대한 통찰력을 줄 수 있다(Ekman, 1992; James, 1884). 기분 좋은 단맛이나 불쾌한 강한 쓴맛이나 짠맛과 같은 가벼운 정서적 사건도 유아에게 특유의 감정 반응을 일으킨다(Steiner, 1973, 1974; Steiner, 1979, 그림 27.6).

정서는 주관적인 보고뿐만 아니라 행동적인 감정 반응에서도 나타난다는 관념은 결코 새로운 것이 아니다. 리봇(Ribot, 1897)은 1세기 전에 이렇게 기

그림 27.6 쾌락적 충격의 얼굴 표현

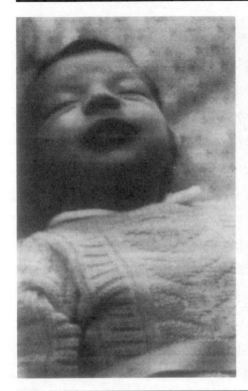

참고: 3주 된 유아의 단맛(왼쪽)과 강한 짠맛(오른쪽)에 해당되는 감정 표현. 해리스와 부스, 베리지(Harris, Booth and Berridge)가 수집한 관찰 사진으로, 이 사진의 원출처는 스타이너(Steiner, 1973)이고, 인용 출처는 베리지(Berridge, 1996)이다.

록했다. "모든 종류의 정서를 다음과 같이 고려해야 한다. 얼굴과 몸의 움직임, 그리고 혈관 운동 장애와 호흡 장애와 분비 장애를 통해서 객관적으로 표현되는 정서는 모두 특성에 따라 외적인 관찰에 의해 분류된 의식의 상관적 상태에 의해 주관적으로 표현된다. 정서는 두 언어로 표현되는 단일한 사건이다"(112). 아마도 독자는 결국 정서가 반드시 단일한 심리적 과정은 아니라는 결론을 내릴 것이다. 그러나 객관적인 감정적 움직임/생리적 반응과 주관적인 상태/구두 보고라는 두 언어는 여전히 근본적인 정서 과정에 대해 중요한 것을 표현한다(LeDoux, 1997; Panksepp, 1991, 1992).

　정서 과정 연구에서 감정 반응의 유용성을 보여주기 위해 든 사례의 한계를 강조하는 것이 중요하다. 경험적 사건으로서 감정 표현과 정서의 일대일 관계의 함의는 없다. 특히 인간의 경우에는 감정 표현이 가장되거나 억제될 수 있다. 문화에 따라 정서 반응의 형태가 다를 수 있다. 많은 정서들은 특유의 비언어적 표현을 가지고 있지 않을 수 있다. 하나의 정서적 반응은 하나 이상의 정서적 맥락에서 일어날 수 있다. 그러나 이러한 제한들은 단지 감정 반응 연구의 해석적 틀의 경계를 정의할 뿐이다. 그런 제한들은 정서의 핵심 과정을 연구하는 데 있어, 행동 반응의 유용성을 배제하지 않는다.

동물의 감정 반응과 정서

우리가 동물에게 정서를 부여하는 한, 그 근거는 유아에게 정서를 부여한 것과 정확히 일치할 것이다. 동물의 감정 반응은 여러모로 우리 자신과 비슷하다는 점에서 놀랍다(Darwin, 1872; James, 1884). 인간의 정서가 주로 사회적, 문화적 구조에서 형성된다고 믿는 이론가들조차 사건들에 대한 동물들의 안면 반응과 기타 감정 반응을 근거로, 적어도 우리와 일부 공통적인 정서를 공유한다는 점을 여전히 인정하고 있다. "그렇기에, 예컨대, 누구든 침팬지, 고양이, 개, 심지어 쥐에게도 분노와 공포의 정서가 있다고 확신할 수 있는 것이다"(Ortony and Turner, 1990: 321). 사회 구성 이론가에게 문제는 어떤 정서를 공유하고 있고 어떤 정서를 공유하고 있지 않은가 하는 점이다.

'정서의 하위 구성 요소'의 관점에서 볼 때, 진짜 문제는 우리가 동물들과 어떤 정서를 공유하고 있느냐가 아니다. 공포 그 자체는 단순히 존재하거나 부재하는 것으로 간주될 수 있는 단일한 현상이 아닐 수 있다. 단순한 고통 이나 단순한 쾌락조차도 모든 종에 걸쳐 다를 수 있고 사람마다 다를 수 있으며, 심지어 한 사람의 경우에도 상이한 상황에 따라 다를 수 있다. 이는 정서가 균형상 다를 수 있는 다양한 핵심 요소들을 포함하고 있기 때문이다. 진짜 의문은 이렇다. 하위 구성 요소들로 여겨지는 어떤 정서의 핵심 과정들이 동물에게 존재할까? 그리고 그 핵심 과정들은 우리 자신의 정서의 핵심 과정과 얼마나 비슷할까? 그 핵심 과정들의 심리적인 본성은 무엇일까? 그 핵심 과정들의 신경 기질과 원인은 무엇일까? 비록 복합적인 사건이나 주관적인 경험으로서, 말을 못 하는 생물들, 즉 유아와 동물들의 최종 정서가 우리와는 상당히 다르더라도, 정서의 핵심 과정들은 우리와 그들이 공유할 수 있다.

어떻게 정서의 핵심 과정이 인식될 수 있을까? 정서의 핵심 과정은 주로 그것이 일반적인 의식적 정서를 공유하는 특징들을 통해 인식된다. 무의식적 이라 하더라도 정서의 핵심 과정은 어떤 것이 좋은 것인지 나쁜 것인지를 평가해야 한다. 정서의 핵심 과정은 사건의 긍정적인 본질이나 부정적인 본질에 질적으로 반응해야 한다. 정서의 핵심 과정은 공포와 같은 특정한 정서 범주 특유의 것이거나 사랑하는 자손이나 고통스러운 상해나 원하는 음식과 대면한 상황처럼 특정한 유형의 직면 상황 특유의 것이다. 우리가 우선 시작할 것은 정서의 핵심 과정에 대한 최소 정의뿐이다. 그 이상으로, 정서의 핵심 과정의 특징을 규명하는 것은 증거에 근거하여 확립되어야 한다. 우리는 선험적인 정의를 주장하기보다는 정서의 핵심 과정의 특징 규정에 대한 더 상세한 실험 결과에 주의를 기울여야 한다. 그것이 이 장의 남은 부분들의 목표이다.

의식적인 정서 대 '정서'의 핵심 과정

공통된 특징들이 있음에도 불구하고 '주관적인 사건으로서의 정서'와 '주관적인 인식과는 무관하게 발생할 수 있으며 행동적이거나 생리적인 측정치를 통해 나타나는 정서의 핵심 과정' 간에는 중요한 차이가 있다. 한쪽은 의식적인 정서이고, 다른 쪽은 의식적인 정서가 아니다. 무의식적인 정서의 핵심 과정과 의식적인 정서 경험을 구분하고 둘을 같은 이름으로 부르지 않는 것이 합리적이다. 아마도 우리는 주관적인 정서 감정을 나타내기 위해 욕망, 선호, 고통, 공포 등과 같은 한정되지 않은 단어를 사용하는 것에 동의할 수 있을 것이다. 우리는 욕망, 선호, 고통, 공포 등을 따옴표가 있는 '욕망', '선호', '고통', '공포' 및 기타 무의식적인 핵심 정서 과정 — 비록 행동에서 그 존재가 드러나고 주관적인 상태와 여러 특징을 공유하지만 전통적인 이름에는 전혀 맞지 않는 — 과 구별하고자 한다(Berridge and Robinson, 1995; Berridge, 1996).

동물의 긍정적인 정서의 핵심 과정

우리는 의식적인 실체로서 보상이 무엇을 의미하는지 알고 있다. 즉, 그것은 좋아하고 원하는 것이다. 긍정적인 정서에 대한 의식적인 경험에서 우리는 우리가 좋아하는 것을 원하고, 우리가 원하는 것을 좋아한다. 좋아함(선호)과 원함(욕망)은 너무 밀접하게 엮여 있는 것으로 보이기 때문에 우리는 두 단어를 거의 같은 기본적인 정서를 가리키는 것으로 간주할 수도 있다. 그러나 긍정적인 정서의 근본적인 핵심 과정들은 이 익숙한 심리적 보상 범주에 들지 않을 수도 있다. 오히려 감정의 신경과학 연구는 이 핵심 과정들이 해리될 수 있는 구성 요소들로 분리될 수 있음을 보여준다. 우선 추정해 보자면, 이러한 핵심 과정들은 '좋아함(선호)' 대 '원함(욕망)'으로 불릴 수 있다. 물론 실제 과정들이 이러한 친숙한 단어들의 일반적인 의미에서 벗어날 수 있음을 우리는 알게 될 것이다.

쥐가 뇌의 '쾌락 중추'에 이식된 전극을 전기적으로 자극하는 법을 배우게 된다는 사실이 밝혀진 이후로, 쾌락과 보상의 뇌 기질에 대한 동물 연구는 우리처럼 동물들이 종종 쾌락적인 사건을 반복하고자 한다는 가정에 근거했다 (Olds, 1956; Olds and Milner, 1954). 동물들이 자극을 추구했다는 관찰로부터 정확하든 정확하지 않든 쾌락이 추론되었다. 주로 정서 상태의 '결정 효용' 과 관련한 문제를 동물들에게 제시하는 것으로 긍정적인 정서의 뇌 메커니즘을 연구했다. 즉, 주로 동물이 보상을 '원하는지'의 여부 — 동물이 보상을 얻기 위한 행동을 취할지의 여부 — 와 관련한 질문에 답하는 형식을 통해서 뇌 시스템이 동물의 보상에 대한 '선호'를 매개하는지 여부에 접근했다. 이 접근법은 음식이나 섹스와 같은 자연적인 보상의 가치를 매개하고 활성화 그 자체만으로 보상이 되는 뇌 시스템에 대한 많은 통찰력을 보여주었다(Fibiger, Phillips and Brown, 1992; Gallistel, 1994; Hoebel, 1988; Olds, 1977; Panksepp, 1991; Phillips et al., 1992; Shizgal, 1997, 이 책; Shizgal and Conover, 1996; Smith, 1995; Valenstein, 1976; Wise, 1989, 1996; Yeomans, 1989). 그러나 이 접근법은 '욕망'에서 '선호'를 간접적으로 추론하는 것에 달려 있다.

'정서'의 감정적 표현

'선호'와 같은 '정서'에 대한 더 직접적인 측정치는 감정 반응 패턴을 통해서 얻어진다. 동물의 감정 반응은 흔히 우리 자신에 비해 직관적으로 덜 명확해 보인다. 하지만 많은 동물들의 감정 반응을 인정할 수 있다. 예를 들어 침팬지와 다른 영장류들은 기분 좋은 단맛이나 불쾌한 쓴맛에 대해 유아의 감정 표현과 유사한 감정 표현을 보인다(Steiner and Glaser, 1995; Steiner et al., 1999). 단 설탕 음료를 마신 침팬지는 입맛을 다시고, 더 달라고 손을 내민다.

쓴 음료를 마셨을 때 침팬지는 얼굴을 찌푸리며 입을 크게 벌린다. 영장류 이외의 동물들의 감정 표현은 우리의 감정 표현과의 유사성이 비교적 낮다. 하지만 잡식성 동물인 쥐처럼 겉으로 보기에 열등해 보이는 피험 동물도 달고 지방이 많은 음식을 선호하고 쓴 음식을 싫어하는 우리처럼, 맛에 따른 인간과 영장류의 감정 반응을 반영하는 특유의 얼굴과 신체의 감정 표현을 보인다(Grill and Berridge, 1985; Grill and Norgren, 1978b). 단맛은 일종의 입술 핥는 행위인 혀 내밀기, 발 핥기, 기타 관련 움직임 등과 같은 쾌락 반응 패턴을 유발한다(그림 27.7). 반면에 쓴맛은 입을 크게 벌리기, 머리를 가로젓기, 미친 듯이 입을 닦는 행위 등처럼 다른 표현의 혐오 패턴을 유발한다.

음식에 대한 쥐의 감정 반응이 인간의 쾌락과 불쾌감에 대한 감정 반응과 유사한 정서의 핵심 과정을 반영한다고 믿을 만한 몇 가지 이유가 있다(Berridge, 1996). 한 이유는 (쓴맛에 입을 크게 벌리는 행위처럼) 쥐의 일부 표현적 움직임과 그에 상응하는 인간의 정서 표현이 공통성을 갖는다는 것이다. 또 하나의 이유로는 쥐들도 상황의 변화에 따라 인간의 주관적인 쾌락과 비슷한 방식으로 변한다는 것이다. 음식 쾌락이나 불쾌감에 대한 인간의 정서적 평가는 허기나 포만감과 같은 생리적 요인과 학습된 혐오감이나 음식 선호와 같은 심리적 요인에 따라 변할 수 있다(Cabanac, 1979; Rozin and Schulkin, 1990). 맛에 대한 쥐의 감정 반응도 동일한 생리적 요인과 심리적 요인으로 인해 변할 수 있다. 동물의 행동 변화는 인간의 주관적인 쾌락에 대한 보고의 변화와 일치한다(Berridge, 1996; Grill and Berridge, 1985).

예를 들어, 바닷물처럼 극도로 짠맛은 일반적으로 인간에게 불쾌한 것으로 지각되며, 쥐에게 혐오 패턴을 유발시킨다. 그러나 쥐가 나트륨이 결핍된 생리적 상태 — 인간 또한 더 유쾌해지고자 소금을 찾게 될 상태 — 에서 소금 식욕을 느낀다면, 소금은 쾌락 패턴을 유발할 것이다(Beauchamp et al., 1990). 약간의 음식 맛 향상은 일반적인 허기를 유사하게 동반하며, 인간의 보고와 동물의 감정 반응에서 확연히 드러난다(Berridge, 1991; Cabanac, 1979; Cabanac and Lafrance, 1990). 역으로, 쾌락은 혐오로 바뀔 수 있다. 예를 들어, 인간은 종종 내장 질환이 뒤따랐던 새로운 음식의 맛에 혐오감을 보인다(Rozin and Schulkin, 1990). 인간은 예전에 좋아했던 음식임에도 불구하고 나중에는 그 음식을 주관적으로 맛이 없다고 여기는 것이다. 마찬가지로, 새로운 단맛에 쾌락 패턴을 보였던 쥐가 뒤따른 내장 질환을 겪은 후에는 미래

그림 27.7 동물의 쾌락적 충격 표현

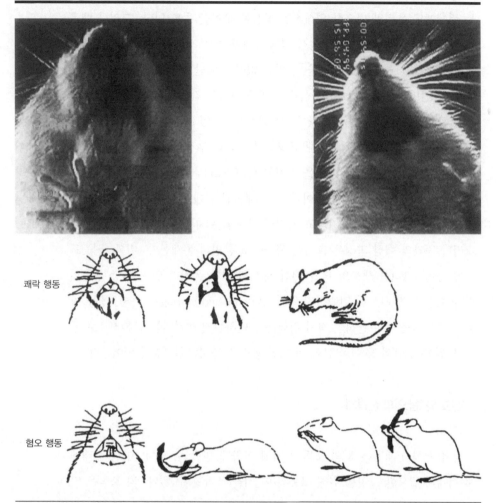

쾌락 행동

혐오 행동

참고: 단맛과 쓴맛에 대한 쥐의 감정 표현. 쾌락적인 '선호(좋아함)' 패턴으로는 단맛에 혀 내밀기(왼쪽 사진), 옆으로 혀 내밀기, 발 핥기(그림) 등이 있다. 혐오적인 '반감(싫어함)' 패턴에는 입을 크게 벌리기(오른 쪽 사진), 머리를 가로젓기, 얼굴 닦기, 앞다리를 위아래로 흔들기(그림) 등이 있다. 그림은 그릴과 노르그렌의 논문(Grill and Norgren, 1978a)에 수록된 그림을 본뜬 그림임.

에 제시된 그 단맛에 전과는 반대로 혐오스러운 표현을 보일 것이다(Grill and Norgren, 1978a).

인간의 주관적 쾌락이나 불쾌감과 동물/유아의 정서 반응 간의 일치는 그들이 쾌락이나 혐오 평가의 핵심 과정을 공유한다는 것을 시사한다(Berridge, 1996). 이러한 일치성은 정서의 의식적 경험도 동일하다는 것을 의미할 필요는 없다. 물론 때로는 인간과 동물의 의식적 경험이 일치하는 것이 타당해 보일 수도 있다. 많은 관찰자들은 보통의 유아나 성숙한 침팬지에게 우리 자신과 비슷한 의식적인 정서를 기꺼이 부여할지도 모른다. 또한 어떤 관찰자는 쥐에게도 우리와 비슷한 의식적인 정서를 부여할 수도 있다. 그러나 때로는 감정 반응에 반영된 핵심 정서 과정에 동반하는 것으로 의식을 단정하는 것은 받아들일 수 없다. 예를 들어, 전뇌 없이 태어난 무뇌증 유아도 짧은 생애 동안 단맛과 쓴맛이 나는 음식에 대해 긍정적인 감정과 부정적인 감정 반응을 보인다(Steiner, 1973). 이와 유사하게 뇌간만 있고 전뇌가 없는, 뇌가 제거된 쥐들은 단맛과 쓴맛에 대해 긍정적인 반응과 부정적인 반응을 적절하게 보여줄 수 있는 기본적인 능력을 가지고 있다.(Grill and Norgren, 1978a; Grill and Norgren, 1978c). 무뇌증 유아나 뇌가 제거된 쥐에게 우리가 인식할 수 있는 의식적인 경험이 있을 거라고 기꺼이 단정하는 사람은 거의 없을 것이다. 그러나 평가의 핵심 과정은 그러한 생물에도 분명히 존재한다. 비록 행동 표현에 있어, 그러한 생물의 평가 핵심 과정은 뇌가 온전히 있는 해당 생물의 평가 핵심 과정보다 더 간단하지만 말이다(Grill and Berridge, 1985). 행동 반응은 핵심 과정이 주관적인 정서 경험을 동반하는지 여부와는 근본적으로 무관한 '원함(욕망)'과 '좋아함(선호)'의 핵심 과정을 볼 수 있는 창이 되어준다.

'선호'와 '혐오'의 신경계

정서의 핵심 과정은 뇌의 조작에 의해 심하게 변할 수 있다. 마취 상태에서 쥐에게 필요한 조치를 취해 고통 없이 뇌를 조작할 수 있다. 뇌 조작은 일반적으로 보상의 '선호' 핵심 과정과 '욕망' 핵심 과정을 함께 변화시킨다(그림 27.8). 한 가지 예는 음식물을 삼키지 못하는 증상인 '연하 불능증'을 일으키는 뇌 손상에서 나왔다. 식욕과 음식 보상과 관련이 있는 가장 유명한 뇌 영역은 외측 시상하부와 그 인접 영역인데, 그 영역이 손상을 입으면, 정상적인 섭식 활동을 못 하는 것으로 오랫동안 알려져 왔다(Teitelbaum and Epstein, 1962). 연하 불능증은 개체가 인위적으로 먹이를 공급받지 않는 한 기아를 일으킬 수 있다. (현재 이와 같은 연구가 계속 진행되고 있다.)

그처럼 뇌가 손상된 후에 음식은 단순히 '원하지 않는' 대상이 되어 버리는 것에 그치지 않고 '혐오' 대상이 되기도 한다. 연하 불능증은 급격한 정서의 변화로 인해 발생한다. 맛있는 보통의 단 음식을 연하 불능증이 있는 쥐의 입에 넣으면, 그 음식은 일반적으로 쓴맛에 보일 혐오 반응들을 모조리 일으

그림 27.8 음식 '선호'의 뇌 기질

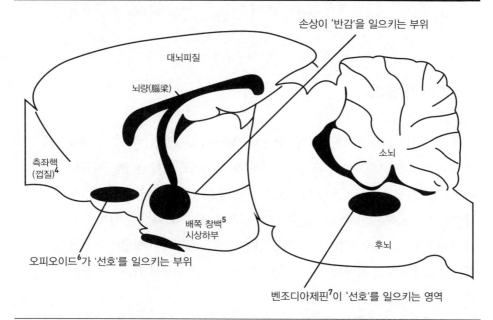

참고: 음식 '선호'의 뇌 기질. 이와 같은 뇌 기질로는 배쪽 창백 부위가 있으며, 그 부위가 손상될 경우에는 단맛에도 '반감'이나 혐오감이 발생한다. 또한 모르핀이 활성화시키는 오피오이드 자극이 음식 '선호'를 높이는 부위인 측좌핵의 껍질과, 벤조디아제핀/GABA 자극이 음식 선호를 높이는 부위인 뇌간 영역이 있다. 각각의 '선호' 조작은 부차적으로 음식 '욕망'을 변화시킨다. 재고찰하고자 한다면 베리지(Berridge, 1996)를 참고하기 바란다. 뇌 도해는 팍시노스와 왓슨의 논문(Paxinos and Watson, 1996)에 수록된 그림을 근거로 삼았다.

킨다(Cromwell and Berridge, 1993; Schaller and Whishaw, 1978; Stellar, Brooks and Mills, 1979; Teitelbaum and Epstein, 1962). 전에 내 제자였던 하워드 크롬웰(Howard Cromwell)은 관련 뇌 영역을 지도화함으로써 뉴런의 파괴가 정서 변화를 일으키는 위치는 실제로 시상하부 바깥쪽, 즉 시상하부의 바로 위와 앞쪽에 있는 배쪽 창백이라고 불리는 구조 내에 존재한다는 사실을 밝혔다(Cromwell and Berridge, 1993). 내가 아는 한, 그 부위는 작은 손상이 한 사건에 대한 정서 반응을 '선호'에서 '혐오'로 전환시킬 수 있는 유일한 뇌 부위이

---

4   동기 및 보상과 관련된 정보를 처리하는 뇌의 보상체계인 측좌핵은 하부구조인 핵(core)과 껍질(shell)로 구성되어 있다.
5   동기, 행동 및 감정을 조절하는 대뇌 변연계의 구성 요소.
6   선호(좋아함)와 관련된 신경전달물질. 또는 모르핀과 아편류처럼 오피오이드수용체와 결합해 발현하는 마약성 진통제.
7   신경안정제에 속하는 향정신성 의약품의 하나.

다. 쥐의 그 뇌 부위는 대략 마른 완두콩 크기와 모양을 갖추고 있다. 반면에 인간의 그 뇌 부위의 크기는 아마도 더 큰 신선한 완두콩 크기에 가까울 것 이다.

'선호' 신경전달물질

약물(마약)은 강한 정서적 자극일 수 있다. 뇌 신경전달물질 시스템을 자극 하는 기분 전환 약물(코카인, 헤로인 등)의 복용은 아마도 상당한 수의 사람들 이 스스로 실행하고자 하는 직접적인 생리적 뇌 조작으로는 유일한 것이다. 약리적인 뇌 조작은 뇌 손상이 할 수 있는 것처럼 '선호'와 '욕망'을 함께 변화 시킬 수 있다. 그러나 어떤 약물들의 특별한 특징은 긍정적인 방향으로 정서 를 전환하면서 보상 자체의 '선호'와 '욕망' 요인을 활성화하고 다른 사건들에 대한 쾌락적 영향력을 강화한다.

뇌에 직접 투여하거나 전신에 체계적으로 투여하는 많은 약물들은 식욕, 즉 음식에 대한 '욕망'을 높일 수 있다. 예를 들어, 모르핀과 같은, 오피오이드 신경전달물질 수용체를 활성화시키는 약물은 음식 섭취를 자극한다(Gosnell, 1987; Stanley, Lanthier and Leibowitz, 1989). 또한 GABA 수용체에 부착된 벤 조디아제핀 수용체를 활성화시켜 감마-아미노-부티르산(gamma-amino-butyric-acid: GABA) 신경 전달을 촉진하는 디아제팜(바륨)과 같은 약물도 음 식 섭취를 자극한다(Berridge and Pecina, 1995; Cooper, Higgs and Clifton, 1995). 그 효과는 동물 연구로 가장 잘 증명되었지만, 인간에게서도 나타나는 것으로 보인다(Drewnowski et al., 1995; Kelly et al., 1992).

오피오이드와 벤조디아제핀 약물도 음식에 대한 쾌락적 '선호'를 촉진할 수 있다. 동물의 경우, 오피오이드와 벤조디아제핀 약물은 단맛에 대한 쾌락적 반응 패턴을 강하게 향상시킨다(Berridge and Treit, 1986; Doyle, Berridge and Gosnell, 1993; Gray and Cooper, 1995; Parker, 1995; Parker et al., 1992). 오피 오이드 신경전달물질 수용체와 관련이 있는 약물들은 인간의 주관적인 좋은 맛 평가를 변화시키기도 한다(Drewnowski et al., 1995).

미세 주입으로 쥐의 뇌에 오피오이드나 벤조디아제핀 약물을 직접 전달 하더라도, 쾌락적 '선호'의 증가 현상이 일어난다(Berridge and Pecina, 1995; Pecina and Berridge, 1995, 1996a). 그러한 연구에서, 약물은 육안으로 볼 수 없을 정도로 작은 물방울에 용해되고, 그 작은 물방울은 고통의 유발 없이 뇌의 욕망 구조로 흘러든다. 이 물방울은 전날에 쥐가 마취 상태에 있는 동안에 이식된 영구적인 미세 주입 캐뉼러[8]를 통해 전달된다. 미세 주입 몇 분 후, 단맛이나 그 밖의 다른 맛을 내는 용액을 대략 1분 동안 쥐의 입에 주입하면 쾌락 반응이 증가한다. 나중에 슬로우 모션 분석을 위해 그 현상을 비디오테이프로 녹화할 수 있다(Berridge and Pecina, 1995).

미세 주입 '지도화' 연구는 벤조디아제핀과 오피오이드 약물이 음식에 대한 정서 반응을 증가시키는 뇌의 특정한 쾌락 영역을 밝히는 데 기여했다(그림 27.8). 그러한 연구는 쾌락 처리의 신경계가 전뇌에서 후뇌에 이르기까지 뇌의 전 범위에 걸쳐 분포되어 있다는 사실을 보여주었다. 예를 들어, 모르핀과 같은 오피오이드 약물은 전뇌의 기부 가까이 있는 작은 한 쌍의 영역에서 음식 '선호'와 '욕망'을 증가시키는 데 가장 효과가 있는 것으로 보인다(Pecina and Berridge, 1996b). 이 한 쌍 부위의 왼쪽 부분과 오른쪽 부분은 짧은 셀러리 줄기와 약간 비슷하게 생긴 모양새로 뇌 전체(전뇌에서 후뇌까지)에 세로로 길게 뻗어 있고, 그 안쪽 오목한 표면은 서로를 마주보고 있다. 그 부위로 모르핀을 미세 주입하면 단맛에 대한 쾌락 반응이 증가하고 음식 섭취를 유발하는 반면에, 주변 영역에 모르핀을 미세 주입하면 그러한 현상이 일어나지 않는다(Pecina and Berridge, 1996b).

이와는 대조적으로, 벤조디아제핀 약물이 일으키는 '선호'의 증가와 그에 따른 '욕망'의 증가를 담당하는 신경계는 후부 후뇌에 있다. 뇌 제거로 전뇌 시스템들이 끊겨, 뇌간이 스스로 기본적인 평가를 하게 되더라도, 벤조디아제핀 약물은 여전히, 뇌가 제거된 쥐의 단맛에 대한 긍정적인 반응을 강화한다(Berridge, 1988). 또한, 벤조디아제핀 약물을 일반 쥐의 뇌에 미세 주입할 경우, 전뇌보다 뇌간 부위에 주입할 때 더 활발한 먹이 활동을 보이며, 맛에 대한 쾌락 반응이 더 효과적으로 증가한다(Higgs and Cooper, 1994; Pecina and Berridge, 1996a).

따라서 음식 '선호'의 뇌 시스템은 아마도 수직으로 배열된 일련의 여러 층으로 뇌 전 길이에 걸쳐 분포할 것이다. 일반적으로 그러한 여러 층들은 계층 방식의 단일 시스템으로 함께 기능한다(Grill and Berridge, 1985). 상부 층이

8　체내로 약물을 주입하거나 체액을 뽑아 내기 위해 꽂는 관.

손상되더라도 하부 층은 적어도 어느 정도는 계속 작동한다. 유리된 하부 기질(基質)들의 핵심 과정은 비록 모든 층이 존재할 때에 비해서는 일반적인 정서의 평가적 특징들이 줄어들고 상대적으로 유연하지 않지만, 여전히 그 정서의 일부 평가적 특징들을 공유한다. 물론 그 핵심 과정이 의식을 포함하지 못하는 것은 거의 확실하다. 특정한 하나의 대상에 원인이 있지 않는 쾌락으로서 감정이 '유동성'을 지닐 수 있다면, 그것은 부분적으로는 '선호'의 신경 인스턴스화[9]가 사건을 목표로 표상할 수 없는 뇌간 시스템을 포함하여 폭넓게 분포되어 있기 때문일 수 있다. 이와는 대조적으로, '욕망'은 항상 바람의 대상을 가지고 있을 수 있다. 그리고 '욕망'은 대상과 사건에 대한 표상과 관련이 있는 전뇌 시스템을 통해서 매개된다.

'선호' 없는 '욕망'

'선호'와 '욕망'을 함께 변화시키는 뇌 조작과는 달리, '욕망'에만 선택적으로 영향을 미치는 다른 뇌 조작 그룹이 있다(그림 27.9와 27.10). 그러한 뇌 조작은 도구적 목표 지향적 행동과 자발적인 섭식으로 측정되는 '욕망'을 변화시킨다. 또한 개체들로 하여금 음식과 다른 보상들을 열심히 찾고 소비하게 하거나, 보상이 따르는 일을 포기하고 주는 음식을 거부하게 만들기도 한다. 그러나 같은 개체들을 대상으로, 쾌락의 표현이나 혐오의 표현을 통해 측정해 보면, 그러한 뇌 조작은 그 음식 보상에 대한 '선호'를 변화시키지는 않는다. 이 뇌 조작 그룹에는 시상하부 자극, 도파민 수용체나 도파민 분비에 영향을 미치는 약물, 그리고 흔히 중변연계 도파민 시스템 혹은 메소어컴벤스(mesoaccumbens) 도파민 시스템으로 불리는 중뇌에서 전뇌까지 뻗어 있는 뉴런들을 선택적으로 파괴시키는 6-히드록시도파민 손상이 있다(Hoebel, 이 책; Shizgal, 이 책을 참조). 이 신경계는 '선호'를 변화시키지 않고 '욕망'을 변화시키는 대부분의 조작이 공통적으로 공유하는 신경 공통 요소 또는 기질인 것으로 보인다.

강력한 동기 유발 요인인 시상하부 자극조차도 부분적으로 이 같은 상행 신경계를 통해 작용한다. 짧은 펄스의 시상하부 자극은 강한 보상이 될 수 있다. 동물과 사람들은 그 자극을 얻고자 노력할 것이다(Hoebel, 1976; Olds and

---

9 추상적인 것을 구체적인 예를 통해서 표현하는 것.

그림 27.9 도파민 뇌 시스템 조작에 의한 경험 효용으로부터의 결정 효용의 개념적 해리

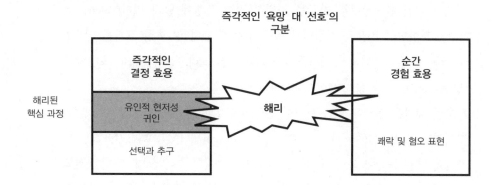

그림 27. 10 '욕망'의 뇌 기질들

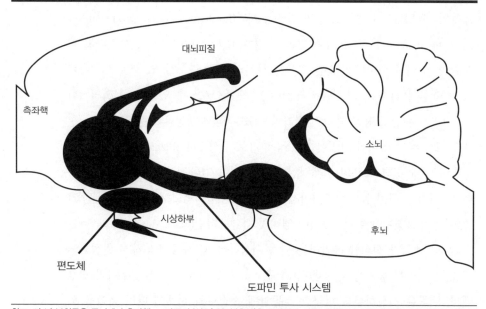

참고: 이 뇌 부위들은 중뇌에서 측좌핵 — 자극이 '선호' 없이 '욕망'을 유발하고, 경험 효용이나 예측 효용을 손상시키지 않고 결정 효용을 배제하는 영역인 — 과 편도핵 — 손상될 경우에는 특정한 자극에 의한 공포나 보상의 유발에 장애가 생기는 영역인 — 으로 상행하는 도파민 투사를 나타내고 있다(Berridge, 1996을 참조).

Milner, 1954; Sem-Jacobsen, 1976; Shizgal and Conover, 1996; Shizgal, 이 책). 특히 지속적인 일련의 자극을 자유롭게 받을 경우에 자극은 동기 부여 속성도 지닌다. 자유롭게 받을 수 있는 외측 시상하부의 자극은 동물들이나 사람들에게 섭식을 유도하거나 섹스나 공격, 기타 행동을 유발하게 할 수 있다(Glickman and Schiff, 1967; Sem-Jacobsen, 1976; Valenstein, 1976). 어떤 행동이 유발되는지는 부분적으로 개체의 기존 특성에 달려 있고, 부분적으로 삽

입된 전극의 위치 및 기타 자극의 매개 변인들에 달려 있고, 부분적으로는 개체가 이전에 시상하부 자극을 경험한 경험 유형에 달려 있다(Valenstein, 1976). 도파민 뉴런들은 시상하부 자극의 동기 부여 및 보상 효과를 일으킬 수 있는 연쇄적인 인과적 사건들의 중요한 연결 고리로 보인다(Hoebel, 1988; Valenstein, 1976; Wise, 1996; Yeomans, 1989).

초기 해석은 전극에 의한 보상이 전극이 유발한 동기를 설명할 수 있다는 것이었다(Hoebel, 1988; Olds, 1977; Olds and Milner, 1954; Wise, 1982a). 즉, 자극을 받는 동안에 음식, 섹스 등의 쾌락이 증가할 수 있으며, 그러한 쾌락은 자극을 받는 동안에 동기 부여된 행동을 보이는 이유일 수 있다는 것이다. 현대적으로 변형된 이 가설을 통해 시즈갈(이 책)은 보상 전극이 카너먼과 동료들이 개발한 순간 경험 효용의 심리적 개념(Kahneman, 1994; Kahneman, 이 책; Kahneman et al., 1997)과 동일한 '순간 효용'의 상승을 불러일으킨다고 제시한다. 이러한 의미에서 순간 효용은 사건의 쾌락 강도를 의미할 뿐만 아니라, 사건을 유발하고 (그 중단에 저항하는) 행동을 낳을 수 있는 능력도 의미한다. 따라서 순간 효용은 쾌락적 평가와 목표 지향적 행동을 모두 포괄하는 현재의 보상 강도에 대한 단일한 전체적 평가로 구성된다(Shizgal, 이 책).

만약 순간 경험 효용의 전체적인 향상이 이야기의 전부였다면, 전극을 통한 뇌 자극은 아편제와 벤조디아제핀의 미세 주입처럼 보상에 대한 '욕망'과 '선호'를 유발했어야 한다. 그러나 엘리엇 발렌슈타인(Elliot Valenstein)과 나는 '욕망'과 '선호'가 섭식을 유발하는 외측 시상하부 뇌 자극에 의해서 활성화되지 않을 거라는 증거를 발견했다(Berridge and Valenstein, 1991). 우리의 연구에서, 쥐들은 시상하부를 자극받는 동안에 스스로의 선택에 따라 음식을 먹거나 먹지 않을 수 있었다. 자극이 유발한 동기는 경험을 반복함에 따라 점점 더 강해지고, 며칠에 걸쳐 매일 30분 동안 자극을 받은 이후에는, 많은 쥐들이 '확실한 자극에 구속된 식객'이 되었다. 이제 이 쥐들은 시상하부 전극이 켜지자마자 먹기 시작했고, 자극이 중단되자 먹는 것을 멈췄다. 자극이 쥐들로 하여금 음식을 '욕망하게' 만들었다는 것이 분명해지자, 자극이 쥐들로 하여금 음식을 더 '선호하게'도 만들었는지 여부를 알아보기 위해 테스트를 시행했다. 이 목적을 위해서 쥐들의 입 안으로 설탕 용액이 주입되는 사이에 그 쥐들의 감정 반응을 비디오로 녹화했다. 쥐들이 설탕 용액을 계속 주입함에 따라, 시상하부의 자극은 한 번에 15초 동안 켜져 있었으며, 중간 중간에 자극이 꺼지면 쥐들은 설탕 용액 주입을 멈추었다. 자극이 켜져 있든 꺼져 있든 설탕 주입은 일정하게 유지되었다(그렇지 않았다면 쥐들은 자극이 켜져 있을 때 더 많이 소비했을 것이기 때문에 두 조건에서 '선호'를 비교하기가 어려웠을 것이다). 우리의 실험 결과는 놀랍게도 시상하부 자극이 쥐들로 하여금 음식을 더 '선호하게' 만듦으로써 그것을 '욕망하게' 만들었다는 가설과 모순되었다. 시상하부 자극은 쥐로 하여금 탐욕스럽게 먹게 만들었음에도 불구하고 바로 그 쥐의 단맛에 대한 쾌락적 반응을 높이지는 않았다. 반대로, 시상하부 자극은 단맛이 나는 용액에 대한 혐오 반응을 높였다. 시상하부 자극은 쥐들로 하여금 단맛을 더 '좋아하게' 만들기보다는 다소 '싫어하게' 만드는 것처럼 보였지만, 높아진 '혐오' 수준에도 불구하고 여전히 먹길 '원하게' 만들었다. 시상하부를 전기적으로 자극하기보다는 차갑게 하는 것도 음식을 '선호'하지 않으면서 '욕망하는' 비슷한 현상을 유도할 수 있다(Berridge and Zajonc, 1991; 이는 국소 뇌 온도 변화는 긍정적인 정서 양상의 변화를 일으킬 수 있다는 자욘스의 가설을 부수적으로 뒷받침한다. 예컨대, Zajonc, Murphy and Inglehart, 1989를 참조).

약물의 '욕망'에 대한 선택적 억제

'선호' 없는 '욕망'의 거울 이미지, 즉 '욕망' 없는 '선호'는 뇌 도파민 시스템의 억제를 통해 얻을 수 있다. 할로페리돌이나 피모지드 같은, 도파민 수용체를 차단하는 약물은 많은 보상의 인센티브 가치를 억제한다(Smith, 1995; Wise 1982b, 1994; Yeomans, 1989). 그러한 약물들은 보상이 음식이든 시상하부 자극이든 코카인이든, 그 밖의 다른 어떤 것이든 동물들이 보상을 얻고자 하는 활동을 거부하게 만든다. 비록 이 약물들은 운동 장애를 일으키지만, 많은 연구자들은 보상을 얻고자 하는 활동 의지의 감소는 뚜렷한 동기의 결손을 반영한다고 믿는다. 즉, 그러한 약물들은 앞서 언급한 보상들에 대한 결정 효용이나 '욕망'을 약화시킨다.

그러나 놀랍게도, 그러한 약물들은 그와 같은 보상들에 대한 '선호'를 변화시키지는 않는 것으로 보인다. 입맛에 맞는 맛에 대한 '선호' 측정에 목적을 둔 감정적인 맛 반응성에 대한 연구들은 도파민 차단 약물이 쾌락 과정을 변화시키지 않는다는 결론에 수렴되었다(Pecina, Berridge and Parker, 1997; Treit and Berridge, 1990). 도파민 수용체 차단제들은 먹고자 하는 동기를 감소시키지만, 단 음식에 대한 쾌락적 표현을 변화시키거나 혐오적인 반응으로 대체하지는 못한다.

여전히 '선호되는' 보상에 대한 '욕망' 제거

'선호'로부터 '욕망'의 가장 극명한 해리는 다른 쪽을 보존하면서 한쪽을 제거하는 것이다. 도파민 시스템을 파괴하는 선택적인 신경화학적 손상으로 인해 경험 효용('선호')은 변함없이 보존되는 반면에, 결정 효용('욕망')은 단순히 감소하는 것이 아니라 제거될 수 있다. 외측 시상하부 손상의 연하 불능증 및 무갈증(無渴症) 증상의 대부분은 신경 독소인 6-히드록시도파민의 미세 주입에 의해 재현될 수 있다. 이 실험에서 화학적 신경 독소는 쥐가 마취되어 있는 동안에 도파민 뉴런들로 직접 전달된다. 특정한 절차를 따른다면, 신경 독소는 신경전달물질을 통해 도파민을 분비하는 뉴런을 파괴하지만, 다른 모든 뉴런들은 건강한 상태로 놓아둔다. 이러한 손상은 운동 결손을 야기하지만, 도파민 중단으로 인한 연하 불능증은 손상된 운동에만 근거해서는 충분히 설명할 수 없다(Smith, 1995). 수술에서 회복된 후, 6-히드록시도파민 병변을 가진 쥐들은 음식, 물, 또는 그 밖의 어떤 다른 보상들에 대해서도 관심이 없는 것처럼 보인다. 산더미처럼 쌓인 맛있는 음식에 둘러싸여 있더라도, 그 쥐들은 먹는 데 필요한 제한적인 움직임은 가능할 수 있을 듯 보이지만, 누군가가 정기적으로 삽관을 이용해 먹이지 않는 한 자진해서 굶어 죽을 것이다.

신경독소가 뇌가 보상 경험을 하지 못하게 만든 것이라면, 즉 뇌를 완전한 쾌감 상실에 빠지게 한 것이라면, 보상에 대한 절대적인 무관심은 설명될 수 있을 것이다. 하지만 앞서 예로 든 쥐들은 쾌감 상실을 겪고 있는 것으로 보이지 않는다. 6-히드록시도파민 병변을 가진 쥐는 어떤 것도 '욕망하지' 않는 것처럼 보임에도 불구하고, 정상적인 '선호'를 가지고 있는 것으로 보인다. 우리는 그 쥐들의 입에 음료를 주입하면, 쥐들은 단맛에 대한 정상적인 쾌락적 반응과 쓴맛에 대한 정상적인 혐오 반응을 보인다는 사실을 발견했다(Berridge and Robinson, 1998; Berridge, Venier and Robinson, 1989). 심지어 이 쥐들은 맛의 결과를 학습해서, 특정한 음식에 대한 기대 효용 가치를 조정할 수도 있다. 즉, 그 쥐들은 새로운 '선호'와 '혐오'를 터득할 수 있다. 예를 들어, 새로운 맛이 내장 질환을 예측해 줄 때, 정상적으로 맛 혐오를 학습한다.

만약 새로운 단맛이 제시된다면, 이 쥐들은 보통 쥐들처럼 쾌락적인 반응을 보인다. 그러나 처음에 접한 단맛 이후, 주입된 염화리튬이 유도한 내장 질환이 여러 차례 연합적으로 뒤따른다면, 도파민 병변을 가진 쥐는 미래에 그 단맛을 접할 경우에는 그것에 혐오 반응을 보인다(Berridge and Robinson, 1998). 맛 혐오 조건화는 과거의 연합 학습에서 비롯된 기대 효용이나 예측 가치의 변화를 통해서, 맛에 대한 경험 효용('선호')을 감정 표현에 반영되어 나타나는 혐오감으로 전환한다. 경험 효용과 기대 효용 모두 도파민 손실 이후에도 정상으로 유지되는 것이 분명해 보인다. 정상적인 섭취, 애호, 보상과의 도구적 교환 등에 반영되어 나타나는 도파민 병변은 결정 효용 혹은 '욕망'만을 파괴하는 것으로 보인다. 반면에 '선호'는 완벽하게 정상적이고 온전한 상태 그대로 존재한다.

'욕망'의 본성: 유인적 현저성 귀인

나는 '선호'의 핵심 과정과 '욕망'의 핵심 과정 사이에는 분리의 균열선이 있다고 주장해 왔다. 우리의 의식적인 삶에서 선호와 욕망이 밀접하게 연관되어 있다고 하더라도, 그것들은 본질적으로 서로 상이한 신경 기질을 가진 상이한 핵심 과정이다. 그러나 '욕망'과 같은 무의식적인 핵심 과정의 본질은 무엇인가? '욕망'이라는 단어는 해리를 강조하는 데 편리한 명칭이지만, 속성을 정의하는 것과 관련해서는 많은 것을 말해 주지 않는다.

동료들과 나는 '욕망'이 동기 부여적 특징과 연합적 특징, 지각적 특징을 결합한 일종의 혼성 핵심 과정으로 볼 수 있다고 제안했다. 이 과정은 뇌 내에서 외부 자극과 사건에 대한 표상을 변형시킨다. 도파민 조작에 의해 변화된 변형은 대상과 사건에 대한 전뇌의 표상에 유인적 현저성을 불어넣는다. 유인적 현저성 귀인은 사건을 관심을 끌 수 있고 매력적인 것으로 지각될 수 있게 만들어, 그 사건 자체를 원하는 인센티브로 만든다(Berridge, 1989, 1996; Berridge and Valenstein, 1991; Robinson and Berridge, 1993).

우리는 유인적 현저성 귀인을 '쾌락 활성화'와 '외부 사건의 쾌락 활성화와의 연합' 다음에 나타나는, 보상의 3단계 과정(그림 27.11)의 한 단계로 가정한다(Berridge, 1996; Berridge and Valenstein, 1991; Robinson and Berridge, 1993). 유인적 현저성 귀인은 부분적으로 도파민-측좌핵 뇌 시스템에서의 신

그림 27.11 정상적인 보상-유인적 현저성 모델의 3단계

1단계: 무조건 자극에 의한 쾌락 활성화

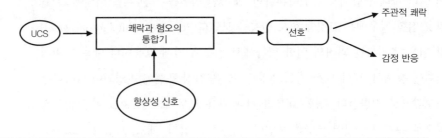

2단계: 연합 학습 (조건 자극-무조건 자극 흔적)

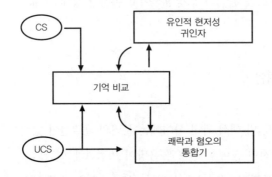

3단계: 조건 자극에 귀인되는 유인적 현저성

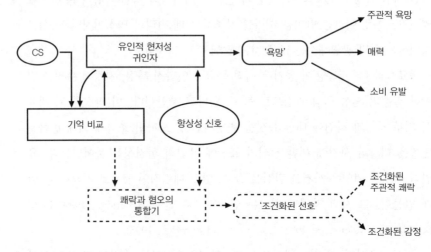

참고: (1) 쾌락적 만족('선호')은 보상의 정상적인 방아쇠 역할을 한다. 쾌락 신경 체계(Hedonic neural systems)는 연합 단계와 유인적 현저성 단계를 활성화시킨다. '선호'는 그 자체로는 매우 유동적이어서, 목표 지향적인 행동을 유발하기에 충분하지 않다. (2) 외부 대상과 사건(조건 자극)에 대한 표상과 쾌락적 활성화를 상관시키기 위해서는 연합 학습 체계가 필요하다. 연합 신경 체계는 '선호' 신경 체계와 '욕망' 신경 체계와는 별개이다. (3) 이후 유인적 현저성은 도파민 관련 시스템을 통한 조건 자극이나 그 표상에 귀인(歸因)되며, 그러한 자극을 매력적이고 '원하는 것'으로 만든다. 그 귀인 자극은 행동을 유발하고 동기 부여된 행동을 이끄는 인센티브 역할을 한다.

경 활동, 즉 유인적 자극과의 후속 접촉이나 그 접촉의 인지적 표상이 촉발하는 활동에 의해 매개된다. 유인적 현저성은 자극과 연관되어 있지만, 단순히 감각적인 현저성이 아니다. 유인적 현저성은 귀인 자극이나 그 표상이 접근을 유도할 수 있게 하기도 하고 욕망과 목표 지향 전략의 표적이 될 수 있게 하기도 한다. 의식적인 인식으로 변환될 때, 유인적 현저성은 원하거나 갈망하는 주관적 경험을 유발할 수 있다. 그러나 앞에서 설명한 무의식적으로 마약을 추구하는 중독자들의 예에서 알 수 있듯이 핵심 과정은 의식과는 독립적으로 일어날 수 있다(Berridge, 1996; Fischman and Foltin, 1992; Lamb et al., 1991). 이는 어떤 면에서는 행동적, 신경생리학적 측정치를 통해서 핵심 과정의 속성을 가장 직접적으로 연구할 수 있다는 것을 의미한다(Berridge, 1996; Phillips et al., 1992; Robinson and Berridge, 1993).

유인적 현저성의 지각적 변형 양상

유인적 현저성 귀인과 가장 강하게 연관된 뇌 구조는 신선조체, 측좌핵, 편도체, 전두엽 피질 등 폭넓은 도파민 투사를 받는 구조들이다. 이러한 뇌 구조들은 일차적인 '감각' 뇌 구조는 아니지만, 그럼에도 불구하고 피질과 다른 원천들로부터 많은 감각 입력을 받는다(Lidsky, Manetto and Schneider, 1985). 뉴런들을 통해 부분적으로 작용하는 시상하부 자극의 동기 부여 효과(Yeomans, 1989)는 이용 가능한 목표 대상의 감각적 특성에 강하게 의존한다(Valenstein, 1976). 자극이 유도한 동기의 감각 내재적 특성이 너무 뚜렷해서, 음식의 시각적 신호를 자극된 뇌 부위로 직접 전달하는 눈을 통해 그 음식이 보일 때는 그 시각적 신호는 행동의 동기 부여에 효과적일 수 있지만, 다른 쪽 눈을 통해 보일 때는 효과적이지 않다(Beagley and Holley, 1977).

신경 활성화를 모니터하는 신경생리학적 기법을 사용해 관찰해 보면, 측좌핵과 신선조체의 많은 뉴런들뿐만 아니라, 그것들에 투사하는 일부 도파민 뉴런들도 감각 자극에 의해 활성화된다. 특히 자극이 동물이 받으리라 기대하는 맛있는 음식에 대한 목격과 같은 중요한 동기적 의미를 지닌 경우에는 더욱 그렇다(Aosaki, Graybiel and Kimural, 1994; Phillips et al., 1993; Schultz, Dayan and Montague, 1997). 나는 측좌핵과, 관련 부위들에서 일어나는 이러한 뉴런들의 작은 집합적인 활성화가 유인적 현저성의 지각된 자극으로의 귀인을 반영한다고 믿는다. 아마도 유인적 사건에 대한 기억이나 인지적 표상은 신체적 자극이 없는 경우에도 동일한 뉴런의 활성화를 성취할 수 있을 것이다. 따라서 '욕망'의 심리적 핵심 과정은 인식 가능한 신경 사건에서 구현될 수 있다(신경의 유인적 현저성 매개에 대한 좀 더 자세한 논의와 관련해서는 Berridge and Robinson, 1998을 참조).

이 핵심 '욕망' 과정의 본질이 정서와 지각과 같은 전통적인 심리적 범주는 물론이고 아마도 다른 범주에도 적용된다는 점은 주목할 가치가 있다. 유인적 현저성은 기존의 정서 이론이나 동기 이론으로는 그 정체를 예측할 수 없는 '심리적인 요인'이다. 유인적 현저성의 심리적 중요성은 생리심리학적 뇌 조작, 그리고 그와 같은 조작이 행동에 미치는 영향에 대한 관찰을 통해서 밝혀졌다.

중독과 민감화: 미친 듯이 날뛰는 해리된 욕망

'선호'는 별개이며, 부분적으로 도파민 신경 투사에 의해 매개되는 유인적 현저성이나 '욕망'에 대한 가설은 약물 중독을 이해하는 데 특별히 적용된다(Berridge and Robinson, 1995; Robinson and Berridge, 1993). 중독자에게 있어, 남용 약물(마약)은 엄청난 결정 효용을 지닌다. 중독자는 약물을 강하게 욕망하고 추구한다. 그 과정에서 종종 큰 위험이 따르며, 큰 비용을 부담해야 한다. 문제는 '왜 그럴까?'이다. 물론 마약은 과거에는 중독자에게 쾌감을 줄 수 있었고, 금단 증상을 완화시킬 수도 있다. 그러나 마약의 쾌감과 금단 증상은 아마도 중독에 대한 충분한 설명이 될 수 없을 것이다. 이용할 수 있는 희열감을 주는 약물(마약)의 질이 낮거나 너무 형편없어 큰 쾌감을 기대할 수 없는 경우에도 중독자들은 그것을 찾는다. 니코틴과 같은 일부 중독성 약물은 중독된 사람들에게도 특별히 쾌감을 주지 않는다. 마약(약물)을 복용할 수 있는 경우에도 중독자의 삶을 일련의 강렬한 쾌락으로 묘사할 수는 없다. 따라서 흔히 쾌락으로 중독을 설득력 있게 설명할 수는 없다.

마찬가지로 고통스러운 금단 회피는 중독을 완전히 설명하지 못한다. 중독자가 성공적으로 금단 현상에서 벗어난 이후에도 중독은 종종 문제로 남는다. 재발은 해독 프로그램을 마친 사람들에게 흔한 운명이며, 약물을 단념한 중독자들은 그 투쟁이 마지막 금단의 고통으로 끝나지 않았다는 것을 증명할 수도 있다. 쾌락 추구도 고통 회피도 중독에 대한 만족스러운 설명을 제공하지 못한다. 쾌락 추구와 고통 회피 설명 방식을 결합하더라도 마찬가지이다(이러한 설명의 불충분성에 대한 논의를 좀 더 고찰하고 싶다면, Robinson and Berridge, 1993을 참조). 즉, 중독자에게 약물의 결정 효용은 약물의 경험 효용이나 예측 효용 이상의 힘을 가질 수 있다. 그 이유는 무엇일까?

그 이유는 의외로 간단할 수 있다. 코카인, 암페타민, 헤로인, 그것들의 합성 유도체 등과 같은 많은 중독성 약물은 반복적으로 복용할 경우에 뇌 도파민 시스템에 '신경 민감화'를 일으킨다(Robinson and Becker, 1986). 민감해진 신경계의 기준 활동률은 정상일 수 있지만 뉴런들은 유발 자극에 대해 과민 반응을 보인다. 그처럼 민감화된 과민 반응은 약물을 또다시 복용하는 것으로 유발되지만, 약물과 짝을 이룬 자극 및 상황(맥락)에 대한 연합 학습도 관련이 있는 것으로 보인다(Anagnostaras and Robinson, 1996; Robinson and Berridge, 1993). 중독자의 강렬한 '욕망'이 특별히 약물로 향하는 이유는 약물 자극에 대한 민감화된 유인적 현저성과 약물 복용 행위의 연합적 초점 때문일 수 있다. 일단 유발되면, 신경 민감화는 오랫동안 지속된다. 금단 증상보다 훨씬 더 길며, 어쩌면 평생 지속될 수도 있다(Paulson, Camp and Robinson, 1991).

동료인 테리 로빈슨(Terry Robinson)과 나는 이러한 점들을 통합해 중독에 대한 유인적 민감화 이론을 제시했다. 이 이론은 도파민 관련 시스템의 신경 민감화가 중독자에게서 발생하며, 중독에 있어 약물 사용의 강박적인 성질이 나타나는 원인이라고 가정한다(Berridge and Robinson, 1995; Robinson and Berridge, 1993). 유인적 현저성 시스템의 신경 민감화 — 그 표현에 대한 연합적 통제와 결부된 — 는 유인적 현저성을 약물 복용 행위와 약물 관련 자극 및 상황(맥락)에 과도하게 귀인시킨다. 약물(마약)에 대한 '선호' 여부와 상관없이, 금단 현상의 발생 여부와 상관없이, 약물을 강박적으로 과도하게 '욕망하게' 된다. 이 견해에 따르면, 중독자들은 시상하부를 자극받고 있는 쥐와 매우 비슷하다. 그들은 마약을 '좋아하든', 좋아하지 않든, '원하도록' 강요당한다. 역설적으로, 중독에 대한 유인적 민감화 이론이 사실이라면, 이는 심리적 치료법이 중독을 치료하는 가장 효과적인 방법으로 당분간 남아 있을 가능성이 높다는 것을 의미한다. 신경 민감화는 알려져 있는 생리학적 또는 약리학적 수단에 의해서 정상으로 회복될 수 없기 때문에 적어도 현재로서는 약물 치료에 대한 희망은 낮은 편이다.

요약

행동적 감정 반응은 주관적인 보고로는 접근할 수 없는 정서의 핵심 과정에 대한 연구 수단을 제공한다. 우리의 생리심리학적인 연구는 단순한 긍정적인 정서가 분리 가능한 '선호' 핵심 과정과 '욕망' 핵심 과정을 가지고 있음을 보여준다. 이러한 심리적 요인들은 상이한 뇌 시스템에 의해 매개되는 것으로 보인다. '욕망'과 '선호'의 핵심 과정은 일반적으로는 일치하지만, 어떤 조건하에서는 의식적인 인식으로부터 해리될 수 있을 뿐만 아니라 서로에게서도 해리될 수 있다. 중독에서 보이는 약물에 대한 강박적인 갈망은 유인적 현저성의 해리된 '욕망' 요인의 신경 민감화에 의해 야기될 수 있다. 그러한 신경 민감화는 중독자들에게 약물(마약)의 쾌락이나 금단 현상과는 독립적으로 약물(마약)에 대한 갈망을 일으킬 수 있다. 따라서 '욕망'은 스스로 생명력을 갖고 약물(마약)에 집중하게 된다. 이러한 약물 중독에 대한 설명이 다른 유형의 중독에도 적용되는지 여부는 현재 미결 문제이자 탐구되지 않은 문제로 남아 있다.

부정적 정서의 핵심 과정의 해리: 고통, 공포, 불안

고통과 공포와 같은 부정적인 상태는 긍정적인 선호와 욕망의 의식적인 인식과는 완전히 다른 것으로 보인다. 그러나 이처럼 심리적으로 정반대인 것들은 사람들의 예상보다 더 많은 공통점을 공유한다. 예를 들어, 우리가 긍정적인 '욕망'에서 상행 도파민 시스템이 하는 역할에 초점을 맞추었지만, 도파민 시스템은 조건화된 공포가 야기하는 적어도 일부 유형의 회피 행동에도 필요하다(Salamone, 1994).

가장 추상적인 수준에서, 선호와 욕망은 즉각적인 감정과 그것에 대해 뭔가 취하는 행위 (그리고 예상 행위에 수반하는 감정) 간의 구분에 상응할 수 있다. 볼레스와 팬슬로(Bolles and Fanselow, 1980)는 고통과 공포의 관계도 그와 비슷하다고 제시한 적이 있었다. 고통은 감정 상태, 무조건적 반응, 즉 일종의 경험 효용이다. 공포나 불안은 부분적으로 고통에 대한 조건 반응이나 예상 반응, 즉 욕망의 선호와의 관계와 유사한 일종의 결정 효용으로 볼 수 있다.

이 장의 마지막 부분에서는 긍정적인 정서와 부정적인 정서를 직접 비교해 보고자 한다. 나의 목적은 긍정적인 정서와 부정적인 정서의 두 가지 유사점을 입증하는 것이다. 첫째, 공포와 같은 단순한 부정적인 정서는 긍정적인 정서와 마찬가지로 해리된 심리적 핵심 과정들로 나뉠 수 있다는 것이다. 이것은 뇌 조작 이후에 가장 명확하게 드러난다. 둘째, 부정적인 정서의 구성 핵심 과정 중 하나는 긍정적인 정서에서의 '욕망'의 핵심 과정과 놀랄 만큼 일치할 수 있다.

공포와 불안 해부

쥐에게서 나타나는 일련의 공포 감정 반응은 놀람이나 긴장 동결이나 심박 동수 및 혈압 상승과 같은 고통스러운 사건을 예보하는 소리나 기타 자극을 제시받을 때 일어난다(Davis, 1992; LeDoux, 1992, 이 책; Maren and Fanselow, 1996). 조건화된 공포 반응은 여러 유형의 뇌 손상으로 인해서 사라진다. 일부 뇌 손상은 단순히 청각 처리 부위, 즉 중뇌 뇌간의 하구 또는 시상의 내측 슬상핵을 제거한 결과이기 때문에 정서적 관점에서 보면 상대적으로 흥미롭지 않다. 손상되면 조건화된 공포를 차단하는 다른 부위들은 심리학적으로 훨씬 더 흥미롭고, 그중 가장 중요한 부위는 편도체이다.

소리에 대한 신경 신호는 뇌에서 시상의 청각 중계핵으로부터 공포와 관련된 두 방향으로 상승한다. 하나는 청각 대뇌 피질로 향하고, 다른 하나는 기저측 편도체로 향한다. 청각 신피질이 손상되면, 손상되기 전에 소리에 조건화된 '이전의' 공포가 차단된다(LeDoux, 1992). 그러나 소리에 조건화되는 새로운 공포 반응은 여전히 새로운 학습에 근거해서 얻을 수 있다. 이와 같은 관찰 결과에 대한 한 가지 해석으로는 일반적으로 공포는 신피질 경로를 통해 학습되지만 뇌 손상 이후에는 2차 경로로 전환될 수 있다는 것이다. 다른 해석으로는 피질 감각 손상이 뇌의 자극에 대한 부호화와 지각을 변화시켜 손상 이전에 경험한 소리에 대한 인식을 막는다는 것이다. 어느 경우든, 감각 피질 손상 이후에도 여전히 공포 반응을 획득할 수 있다.

편도체 손상은 예전에 학습된 소리나 장소에 대한 '옛' 공포뿐만 아니라 새로운 공포를 습득하는 것도 방해한다(Davis, 1992; Killcross, Robbins and Everitt, 1997; LeDoux, 1996, 이 책; Maren and Fanselow, 1996). 신피질이 완벽한 상태로 존재하더라도 편도체 손상은 앞서 언급한 현상을 일으킨다. 편도체의 일부, 즉 (앞서 언급한 시상의 내측 슬상핵으로부터 청각 입력 정보의 대부분을 수용하는) 기저외측 부위 또는 (기저외측핵이 보내는 정보를 받는) 편도체의 중심핵만 비교적 작게 손상되더라도 동일한 장애가 발생할 수 있다. 어느 쪽 손상이든 두 뇌 손상은 양쪽 모두의 손상만큼이나 공포 조건화를 막는다. 또한 편도체가 손상되면, 동물과 인간의 경우, 많은 종류의 공포 조건화가 방해받는다(Bechara et al., 1995; LeDoux, 1996, 이 책; Scott et al., 1997). 따라서 그냥 딱 봐도 편도체는 공포 정서를 매개한다고 볼 수 있을 것이다.

불안

낯선 상황은 흔히 공포와 유사해 보이지만 훨씬 더 보편적이며, 편도체와도 연관이 있는 불안을 불러일으킬 수 있다. 예를 들어, 보통 쥐와 생쥐는 높고 노출된 장소를 피하는 경향으로 표현되듯이, 낯선 장소를 꺼리는 경향이 있다. 이러한 회피 경향은 종종 편도체 손상으로 인해 감소된다(Davis, 1992). 많은 유아도 낯선 상황을 꺼린다. 낯선 상황이 유아들에게 불안과 억압을 불러일으키는 정도에 있어 개인차가 뚜렷하며, 이러한 차이는 이후의 삶에서도 지속될 수 있다(Kagan and Snidman, 1991; Schwartz, Snidman and Kagan, 1996). 인생 초기 몇 달에서 수십 년 이후의 삶에 이르기까지 특히 스트레스가 많은 상황에 대한 전체적인 반응에서 나타나는 지속적인 인간의 개인차에 주목한 케이건(Kagan)과 동료들은 그러한 개인차가 아이들 사이에서 나타나는 (편도체와 관련된) 안정된 기초 신경생물학적 차이를 반영할 수 있다는 점을 제시했다.

불안을 동반하는 초조성 우울증이나 멜랑콜리아형 우울증은 종종 비슷한 뇌 기능 장애를 수반한다고 주장되었다. 제이 슐킨(Jay Schulkin)은 그러한 우울증 환자의 경우 편도체가 만성적으로 과도하게 활성화된다고 가정하는 설명을 제시했다. 이는 편도체를 자극하는 글루코코르티코이드 스트레스 호르몬의 상승 때문이다(Schulkin, 1994). 동물 실험 결과에 의하면, 편도체에서 코르티코트로핀 분비 인자가 공포 반응을 증가시킨다(Schulkin, McEwen and Gold, 1994). 슐킨은 (아직 명확하지 않은 이유로 인해) 멜랑콜리아형 우울증에 걸리기 쉬운 인간의 경우, 이 편도체 시스템의 지속적인 자극이 끊임없는 경계와 불안, 공포의 수준을 높일 수 있다고 가정한다.

공포의 해리: 공포는 단일 정서가 아닌가

앞에서 논의한 고찰을 액면 그대로 보면, 편도체가 기본 정서인 공포 상태를 발생시킨다는 결론을 내릴 수 있다. 그러나 편도체의 활성화를 공포와 동일시하는 것은 너무나 단순한 생각일 것이다. 좀 더 엄밀히 살펴보면, 편도체가 손상되어도, 단일 상태로서의 공포는 소거되지 않는 것을 알 수 있다. 그 대신에 그 정서는 분리되면서 어떤 상황에서는 나타나지만 다른 어떤 상황에서는 나타나지 않는다.

예를 들어, 양쪽 편도체 손상 이후, 많은 무서운 사건들에 공포 반응을 보이지 못하는 원숭이들은 유독 강한 자극에 대해서는 여전히 공포 반응을 보인다(Kling and Brothers, 1992). 쥐의 조건화된 공포는 편도체 손상으로 인해 '소거'된 후에도, 여전히 추가적 재교육을 통해 복원될 수 있다(Kim and Davis, 1993). 일련의 인상적인 해리와 관련해서, 트레이트(Treit)와 동료들의 연구 결과에 의하면, 편도체 손상은 쥐의 충격과 연합된 대상 회피를 억제했지만 노출되어 있는 높은 단(壇) 회피를 억제하지는 못했다(Treit, Pesold and Rotzinger, 1993). 후자를 억제하기 위해서는 다른 전뇌 구조인 중격(中隔)이 손상되어야 했다. 편도체의 특정한 아핵에 벤조디아제핀 계열의 신경안정제인 미다졸람을 미세 주입했을 때, 공포의 하위 유형들 간에 해리가 나타나는 현상이 추가적으로 발견되었다. 편도체 중심핵에 국한된 미세 주입은 대상 회피를 억제했지만 높은 단 회피를 억제하지는 않은 반면에, 외측기저핵 미세 주입은 정반대의 억제 패턴을 일으켰다(Pesold and Treit, 1995).

왜 공포와 불안이 어떤 상황에서는 억제되지만 다른 어떤 상황에서는 억제되지 않을까? 한 가지 가능성은 질적으로 뚜렷한 하위 유형의 공포와 불안이 있으며, 각각은 고유의 신경 체계에 의해 매개된다는 것이다. 여러 저자들은 그러한 해리가 어떤 유형의 공포의 소거를 반영하지만 다른 유형의 공포의 소거는 반영하지 않는다는 점을 제시한다. 혹은 그러한 해리는 위험에 대한 상대적으로 정교한 인지적 반응이나 행동적 반응을 남겨 둔 채 본질적인 공포를 소거할 수 있다고 본다(Kagan and Schulkin, 1995; Killcross et al., 1997; LeDoux, 1996). 그러나 (뇌 손상 이후에 공포 반응이 일어나거나 일어나지 않는 상황을 기술하는 일뿐만 아니라) 상이한 공포의 하위 유형들의 심리적 특징을 구체적으로 밝히는 일도 쉽지 않다. 또한 예컨대, 공포의 동결이나 놀람 반응이 두려운 도피나 회피 조치보다 본질적으로 '진정한 공포'를 반영하는 것이라고 봐야 하는 이유를 말하기도 어렵다. 여러 가지 하위 유형의 공포에 대한 가정과 뇌 손상 이후 손실되는 것을 정의하려는 시도에 대한 대안은 편도체 핵의 손상이 뚜렷한 심리적 범주에 속한 어떤 하위 유형의 공포도 상실시키지 않을 가능성을 고려하는 것이다. 그 대신에 편도체 핵의 손상은 공포가 아닌 보통의 특정한 상황에서 공포를 일으키는 데 기여하는 다른 심리적 핵심 과정을 변화시킬 수도 있다. 물론 이러한 심리적 과정의 본질은 아직 밝혀지지 않았지만, 기존의 증거에는 그 과정의 특징에 대한 단서가 있다.

편도체 손상 후의 공포에 대한 인간 사례 연구

이러한 심리적 과정의 본질을 엿보는 일은 뇌 손상을 입은 인간 환자들에 대한 연구에서 비롯된다. 예를 들어 아돌프스와 트란넬, 다마시오, 다마시오(Adolphs, Tranel, Damasio and Damasio, 1995)는 뇌 조직의 석회화를 유발하는 유전병으로 인해 좌우 편도체의 대부분을 잃은 여성의 사례를 설명한다. 얼굴 초상화의 정서 표현을 밝히라는 요구를 받았을 때 그녀는 공포 표정을 지은 초상화를 '두려워하는' 표정으로 기술하지 못했다. 그녀는 행복, 분노, 역겨움, 슬픔 등의 표정을 성공적으로 밝혔고, 놀란 표정을 어느 정도 성공적으로 밝혔다. 통제 집단의 일반 피험자들이 두려워하는 표정이라고 여긴 얼굴 표정을 이 여성은 놀라거나 화가 난 표정으로 묘사했다. 그 여성은 어떤 얼굴에도 형용사 '두려워하는'의 평가 점수를 높게 부여하지 않았다. (그녀는 '두려워하는' 범주 가운데 가장 높은 평가 점수를 적합한 공포 표정에 주었지만, 그녀의 공포 평가 점수는 정상인보다 훨씬 낮았다.)

만화 캐릭터를 그리는 그녀의 솜씨는 그녀의 정신 상태에 대해 더 많은 통찰력을 제공해 주었다. 행복, 슬픔, 놀람, 역겨움, 분노 등의 얼굴 표정에 대한 그녀의 표현은 꽤나 진짜 같았다. 그처럼 잘 표현했기에 대부분의 독자들은 아마도 의도된 상태를 각 만화에 정확하게 지정할 수 있을 것이다(그림 27.12). 이와는 대조적으로 두려워하는 사람을 그려 달라는 요구에 그녀는 처음에는 응하지 않았다. 반복해서 요구하자 그녀는 심리적 공포 상태가 거의 느껴지지 않는 모습을 그렸다. 그 그림은 두 손과 두 다리로 기어 다니는 어린아이 같은 모습이었다. 공포 심리 상태를 유사하게 나타낸 유일한 부분은 아이의 끝이 선 뻣뻣한 머리칼뿐이었다. 그 그림이 상대적으로 조악하다는 물음에 그녀는 **"두려워하는 얼굴이 어떻게 생겼는지 몰랐다"**(5887, 원본이 이탤릭체임)라고 대답했다.

그녀가 자신은 공포가 무엇인지 몰랐다고 말하지 않은 점에 주목할 필요가 있어 보인다. 공포에 대해서 말할 수 있을 만큼 공포는 그녀에게 정서의 구성 범주로서 여전히 의미 있는 것이었다. 그녀는 자신이 공포를 잘 표현했다고 주장하지도 않았다. 그녀는 자신의 결함을 망각하지 않았다. 분명히, 이러한 결함은 어떤 면에서는 특히 공포의 인식과 표현과 관련이 있었다. 그러나 저자들이 제시한 것처럼 환자가 "정상적으로 공포를 경험하지 못할 가능성"(5887)은 공포의 범주적 결핍에 상응하는 것이 아닐 수 있다. 그 가능성은 확실히 정서 평가의 전체적 범주로서 공포의 구성 개념의 결핍이 아니다. 오히려 그녀의 결함은 공포와 외부 세계 사이의 접점 — 다른 사람들이 무서운 것으로 지각할 특정한 사건에 대한 정서적 인식, 표정 반응과 기타 감정 반응을 통한 공포의 표현, 그리고 다른 사람들이 보이는 공포 감정에 대한 인식 — 에 명확히 적용된다.

관련 사례로는 간질 수술로 양쪽 편도체를 잃은 여성의 사례가 있다(Scott et al., 1997). 양쪽 편도체를 잃은 후, 그녀는 일부러 공포, 분노, 행복, 슬픔, 역겨움 등의 정서가 전해지도록 의도된 회화에서 음성 정서를 인식하는 데 현저하게 장애를 겪었다. 이 환자는 특히 두렵거나 화난 목소리 톤을 인식하는 데 서툴렀지만, 행복한 억양이나 슬픈 억양을 인식하는 데는 약간의 장애가 있었다. 겁에 질린 비명, 행복한 웃음, 슬픈 흐느낌, 역겨운 구역질, 혹은 분노한 으르렁거림 등과 같은 정서의 비언어적인 음성 표현을 밝히라는 요구를 받았을 때, 그녀는 종종 공포나 분노를 의도적으로 전달하는 소리에 대해서만 틀렸다. 그러나 그 환자가 음성에서 정보를 추출하는 데 겪는 어려움은 정서에 엄격히 국한되지는 않았다. 그녀는 목소리의 정체를 인식하는 데도 어려움을 겪으며, 정서 이외로 확장된 지각적 인식 장애를 보였다. 따라서 그

그림 27.12 편도체 손상 이후의 정서 묘사

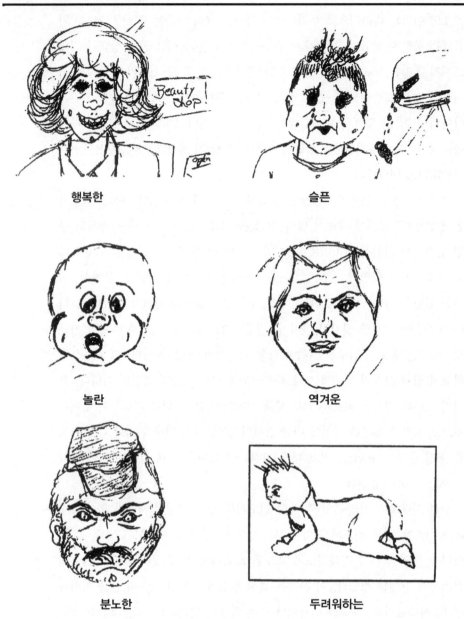

행복한   슬픈

놀란   역겨운

분노한   두려워하는

출처: 아돌프스와 트란넬, 다마시오, 다마시오(Adolphs, Tranel, Damasio and Damasio, 1995: 5888)의 허가 아래 전재.
참고: 질병으로 인해 양쪽 편도체 손상을 입은 여성이 그린 정서 표현. '두려워하는' 정서를 제외하고는 모든 정서를 상당히 잘 묘사하고 있음을 주목하기 바란다.

녀의 결함이 공포, 혹은 단순히 정서에만 국한된 것이라고 결론짓기는 어려울 것이다.

요약

상황에 대한 공포 정서 반응과 불안 정서 반응은 의심할 여지없이 편도체 기능을 필요로 한다. 그러나 편도체는 '공포'도 '불안'도 순수한 심리적 범주로는 매개하지 않는 것으로 보인다. 편도체의 손상 후에도 공포와 불안의 일부 측면은 지속된다. 또한, 공포와 관련된 결점 중 일부는 정서 범주로서의 공포 상실보다 특정한 지각 측면이나 표상 측면과 더 밀접하게 연관되어 있는 것으로 보인다.

공포 너머: 관련 핵심 과정의 긍정적인 정서 참여

뇌 손상 후에도 공포가 단일한 정서 범주로서 완전히 상실되지는 않으나 다소 왜곡될 수 있는 것처럼, 다른 정서들도 종종 비슷하게 왜곡된다. 편도체 손상은 정서적으로 긍정적인 사건들에 대한 많은 반응을 변화시킨다. 실제로, 본래의 클리버부시 증후군(Kluver-Bucy syndrome)은 원숭이의 편도체와 다른 측두엽 구조를 상실한 결과로 인해 생기는 장애들 중에서 '과도한 구순애(口脣愛)'(비정형적인 대상들을 먹으려는 시도)와 '성욕과다증'(비정형적인 대상과 짝짓기하려는 시도)을 포괄한다(Kluver and Bucy, 1939). 편도체 손상 후에 동물들은 때로는 정반대의 장애를 겪는다. 예를 들어, 온전한 쥐라면 수행했을 성적으로 동기 부여된 행위를 이행하지 못한다(Everitt, 1990). 또한 그와 같은 동물들은 체내 나트륨이 부족할 때 필요한 소금과 같이, 특정한 상황에서 자신들에게 좋을 특정한 영양물을 선택하지 못한다(Schulkin, Marini and Epstein, 1989). 보통 쥐들은 약 때문에 생리적인 나트륨이 고갈된 후에는 매우 짠 용액을 게걸스럽게 마실 것이다. (지나치게 많은 양의 나트륨을 땀으로 잃었거나 소금이 전혀 없는 음식물을 오랫동안 먹어 온 인간에게도 비슷한 소금 식욕이 발생할 수 있다)(Schulkin, 1991). 중앙 편도체가 손상되면, 나트륨이 부족할 때 소금을 섭취하려는 쥐들의 의지가 차단된다(Seeley et al., 1993). 그 쥐들은 여전히 음식과 물을 찾더라도 소금은 섭취하지 못한다. 심지어 소금을 맛보고 그 맛을 '좋아'하더라도(증가된 쾌락 반응을 보이더라도) 소금을 섭취하지 못한다(Galaverna et al., 1993). 이와 같은 관찰 결과에 의하면, 나트륨 식욕을 느끼는 중에 소금 맛과 같은 긍정적인 '핵심 자극'에 대한 비교적 '생득적인' 정서 반응조차도 공포를 해리시키는 같은 유형의 편도체 손상에 취약하다.

명시적인 학습이 필요한 정서 반응은 편도체 손상에 훨씬 더 취약해 보인다. 예를 들어, 측면 편도체가 손상되면, 쥐는 이전에 약물 보상을 받은 곳으로 돌아가는 것을 학습하지 못한다(Hiroi and White, 1991). '조건 강화' 과제에서, 기저외측 편도체의 손상은 학습된 보상의 가치를 소실한다. 보통 쥐는 음식이나 성적 파트너와 짝을 이룬 조건 자극(빛이나 소리)에 활동을 보일 테지만, 편도체가 손상되면 그러한 조건 강화가 일어나지 않는다(Everitt, 1990; Everitt and Robbins, 1992). 그 쥐들은 여전히 무조건적인 보상(음식이나 섹스 자체)을 얻고자 하는 활동을 보일 테지만, 더 이상 학습된 보상을 얻고자 하는 활동을 보이지는 않을 것이다. 이러한 현상에 대한 한 가지 해석은 편도체 손상이 보상 학습의 한 측면을 중단시킨다는 것이다(Everitt and Robbins, 1992). 보상 학습은 공포 학습과 함께 일반적인 정서 학습의 범주로 확장될 수 있다(Davidson and Sutton, 1995).

심리적 범주로서의 정서 학습이 이러한 뇌 시스템과 특별한 관련성이 있는 것처럼 보이지만, 그 관련성이 여전히 완벽하게 들어맞지는 않는다. 내 주장의 요점은 익숙한 범주가 들어맞지 않을 것이라는 점이다. 인간이 얼굴 표정, 음성 억양, 음성 정체성을 인식하지 못하는 현상(그러나 기능 장애만큼이나, 분명히 학습에 의존하는 정서를 논할 수 있는 능력을 지니고 있는 상황), 또는 쥐가 나트륨 고갈 상태에서 소금을 섭취하지 못한 현상(그러나 정상적인 음식과 물을 섭취할 수 있는 능력과 심지어 소금의 감각 전도를 지니고 있는 상황)은 억지를 부리지 않고는 정서 학습의 범주에 맞지 않을 것이다. 물론 편도체 핵은 의심할 여지없이 많은 기능을 조정하며, 어떤 결과는 정서 학습 외에 다른 기능들의 상실로 설명될 수 있다. 그러나 정서 학습 가설의 가장 큰 문제는 편도체 손상이 사실상 학습된 정서 능력을 전혀 제거하지 못한다는 관찰 결과이다. 이러한 결과에 대한 몇몇 증거들은 이미 논의되었다. 또한 조건 보상이 중단될 때와 같이 정서 학습의 일부 측면이 손실되는 실험에서도 동물들은 보상과의 연합에 대한 학습의 다른 측면을 여전히 보여줄 수 있다. 예를 들어, 음식 보

그림 27.13 편도체 손상으로 인한 공포의 해리

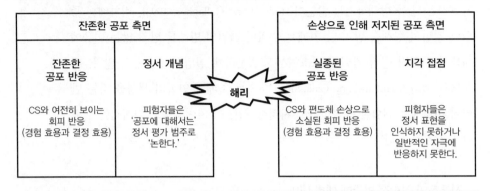

잔존한 공포 측면			손상으로 인해 저지된 공포 측면	
잔존한 공포 반응	정서 개념	해리	실종된 공포 반응	지각 접점
CS와 여전히 보이는 회피 반응 (경험 효용과 결정 효용)	피험자들은 '공포에 대해서는' 정서 평가 범주로 '논한다.'		CS와 편도체 손상으로 소실된 회피 반응 (경험 효용과 결정 효용)	피험자들은 정서 표현을 인식하지 못하거나 일반적인 자극에 반응하지 못한다.

참고: 편도체 손상으로 인한 공포의 해리. 동물들의 두려워하는 많은 행동과 자율신경계 반응은 저지되지만, 다른 행동과 반응들은 (긍정적인 정서 반응과 마찬가지로) 지속된다. 이와 마찬가지로 인간은 편도체 손상 이후에는 공포 자극이나 표현을 인식하지 못하지만 여전히 공포에 대해서는 정서 범주로 일관성 있게 말할 수 있다.

상과 짝지어진 소리가 기저외측 편도체 손상을 가진 쥐에게 제시될 경우에, 그 쥐들은 보통 쥐들이 그러하듯이 즉시 빈 음식 접시로 달려든다(Everitt and Robbins, 1992; Hatfield et al., 1996). 소리와 음식 접시 모두 단순한 조건 자극이다. 실제 음식이 없는 상황에서 쥐가 두 조건 자극에 반응하는 것은 학습된 자극이 여전히 어떤 종류의 보상 연합을 유발한다는 점을 암시한다.

동물들이 보상 학습을 계속 유지하지만 조건 자극에 적절한 행동을 보이지 않는 이유를 설명하기 위해서 편도체의 기능이라 할 수 있는, 또 하나의 전통적인 심리적 범주인 주의가 제시되었다(Gallagher and Holland, 1994). 이 견해는 편도체의 중심핵 손상이 보상을 얻기 위해서 조건 자극에 대한 반응을 지향하거나 그러한 반응에 힘을 쏟는 걸 차단하는 반면에 다른 보상 관련 학습을 유지한다는 연구 결과에 근거한다. 보통 쥐들은 보상과 짝지어진 조건자극, 즉 빛이나 소리를 보거나 듣기 위해 돌아설 테지만, 중앙 편도체가 손상된 쥐들은 돌아서지 않는다(Gallgher, Graham and Holland, 1990; Hatfield et al., 1996). 동일한 손상은 '비(非)차폐', 즉 짝지어진 무조건 자극의 변화로 인해 예측 값이 갑자기 향상된 조건 자극에 대한 학습을 증가시키는 정상적인 경향을 방해한다(Holland and Gallagher, 1993). 이러한 실패는 자극 관계에 주의를 기울이지 못하는 것으로 해석되었다. 그러나 주의력 결핍 가설로는 많은 현상들을 설명하기 어렵다. 예를 들어, 편도체 손상이 고전적 조건화의 비차폐를 방해하지만, 차폐[10](무조건 자극이 이미 예측된 경우에 조건 자극을 학습하지 못하는 일)를 방해하지는 않는다(Holland and Gallagher, 1993). 비차폐는 주의력 결핍의 방해를 받지만, 차폐는 주의력 결핍의 방해를 받지 않는 이유에 대해서 주의력 결핍 가설에 기초해서 그럴듯하게 설명하기란 쉽지 않다. 홀랜드와 갤러거(Holland and Gallagher, 1993)는 차폐가 연합의 생성을 막는 반면에 비차폐는 연합을 생성한다고 지적하지만, 이 차이조차도 직접적인 설명력을 갖지는 못한다.

전통적인 심리적 범주에 대한 대안

앞서 재고찰한 증거는 편도체 핵이 결국엔 '공포', '보상', '정서', '정서 학습', 혹은 '주의'를 뚜렷한 심리적 범주로, 또는 이것들 중 어떠한 그룹도 전통적인 심리적 범주로 매개하지 않을 수 있다는 점을 시사한다. 이는 우리에게 중요한 것을 말해 줄 수도 있다. 우리는 그러한 현상을 더 잘 설명할 수 있는 새로운 심리적 핵심 과정을 고안할 필요가 있다. 아마도 이 논의에서 도출해야 할 일반적인 결론은 뇌와 행동의 관계에 대한 생리심리학적 연구가 밝힌 정서의 실제 핵심 과정이 전통적인 심리적 범주에 맞지 않을 것이라는 사실일 것이다. 다시 말하지만, 다행히도 그 현상들은 실제 핵심 과정의 특성에 대한 단서를 제공해 준다.

공포 및 불안 핵심 과정과 '욕망'의 접점

내 생각에 좀 더 검토해 볼 만한 가치가 있는 한 가지 가능성은 편도체 손상과 관련이 있는 일부 정서 결핍이 앞서 논의한 '욕망'의 유인적 현저성 귀인 체계와의 상호작용을 반영할 수도 있다는 것이다. 편도체는 상향 도파민 투사를 받고, 편도체 손상의 행동 효과는 측좌핵의 도파민 조작에 의해 조절된다. 예를 들어 편도체 손상으로 인해 생긴 보상 학습 결손들 중 일부는 측좌핵에 암페타민을 미세 주입할 경우 정반대 현상으로 바뀐다(Cador et al.,

---

10 고전적 조건화 과정에서 무조건 자극과 연합되어 있던 기존의 조건 자극에 새로운 조건 자극이 연합될 때, 기존의 조건 자극이 새로운 조건 자극에 대한 조건화를 방해하는 현상.

1991). 편도체 손상의 일부 결과로 유인적 현저성을 자극에 귀인하는 현상에 변화가 있을 수 있을까? 그 변화 방식이 도파민 손상과 같지는 않다. 도파민/측좌핵 시스템과는 달리, 편도체는 유인적 현저성 귀인의 발생에 필요하지 않은 것은 분명하다. 편도체 손상이 도파민 신경전달의 억제에 뒤따르는 '욕망'의 전체적 결핍을 발생시키지는 않는다. 편도체 손상 후에 인간과 쥐 모두 계속 먹고 마시고 많은 인센티브를 추구하면서, 아마도 정상적일 때보다 더 많은 것을 찾을 것이다. 그러나 편도체는 다른 자극들에 비해 특정한 자극을 유인적 현저성 귀인의 표적 초점 대상으로 삼는 데 여전히 관여할 수 있다. 그러한 기능의 상실은 편도체 손상이 보여주듯이, 정서적, 동기적, 연합적 학습과 지각적 측면을 결합한 행동상의 결손을 야기할 것이다. 예를 들어, 나트륨 결핍이 있을 때 소금을 섭취하지 못하지만, 그런 상황이 아닐 때는 정상적으로 먹고 마시는 쥐들은 적절한 조건에서 소금 관련 자극에 유인적 현저성의 초점을 명확히 맞추지 못할 수도 있다.

'욕망' 대 '공포'

유인적 현저성은 그 이름으로 보아 긍정적인 상태를 수반한다. 인센티브 과정이 편도체나 도파민/측좌핵이 공포에서 하는 역할과 어떻게 조화를 이룰 수 있을까? '욕망'의 핵심 과정과 '공포'의 핵심 과정은 서로 간 차이에도 불구하고 접점이 있다. 심리적인 관점에서 볼 때, 둘 다 결정 효용의 한 형태이다. 두 핵심 과정은 한 사건의 쾌락이나 고통 가능성에 근거하여 참여하거나 회피하기로 하는 결정을 도출한다. 신경의 관점에서 보면, 긍정적인 인센티브에 대한 '욕망'을 변화시키는 도파민/측좌핵 시스템의 뇌 조작은 편도체의 조작과 마찬가지로 공포 반응이나 위험 회피를 변화시킬 수도 있다(Robinson and Berridge, 1993; Salamone, 1994).

긍정적인 인센티브와 부정적인 공포가 동일한 뇌 시스템에 의해 매개되는 유사한 심리적 핵심 과정을 이용할 수 있다는 점은 생리심리학적 가설의 구축에 도전을 제기한다. 어떤 종류의 핵심 과정이 욕망과 두려움 모두와 관련이 있을 수 있을까? '욕망'과 '공포'를 동일한 도파민/편도체 시스템에 통합할 수 있는 여러 가능성이 존재한다(Robinson and Berridge, 1993). 어떤 경우에는 긍정적인 인센티브가 회피 과제로 가장할 수 있다. 공포 상황에 처한 개인들은 안전한 상황으로 벗어나고 '싶어'할 수도 있다. 그러나 동기가 전적으로 회피인 상황에서도 유인적 현저성과 관련이 있는 과정이 작용할 수 있다. 예를 들어, 상이한 도파민/측좌핵/편도체 하위 시스템들은 '욕망'과 '공포'를 뚜렷한 과정인 '유인적 현저성'과 '회피적 현저성'으로 매개할 수 있다. 다른 대안으로는, 두 가지 심리적 기능을 도파민/측좌핵/편도체 시스템에서 기인하는 단일한 '포괄적' 동기 현저성에 통합할 수 있는 반면에, 긍정적/부정적 유의성을 다른 요인들이 결정할 수 있다. 예를 들어, 동기적 현저성이 보상일지, 두려운 것일지에 대한 결정은 도파민 활성화의 강도(예컨대, 매력을 유발하는 적당한 수준의 활성화, 이에 반하는 공포감을 조성하는 매우 높은 수준의 활성화)와 같은 도파민/좌측핵/편도체 시스템 자체 내부에서 비롯되거나 아니면 개별적인 신경 체계들의 공동 활성화에 의해서 외부로부터 비롯될 수 있다. 이 가능성은 억제 성향 아이들과 추정상 과다 활동성 편도체 시스템으로 인해 많은 종류의 사건들에 과민 반응하는 불안성 우울증 환자들에 대한 케이건과 슐킨의 견해와 거의 일치한다(Kagan and Snidman, 1991; Schulkin, 1994).

긍정적인 정서와 부정적인 정서의 잠재적 상호작용에 대한 나의 추측은 완성된 가설로 의도된 것이 아니라 단순히 관련된 여러 종류의 이슈들을 강조하기 위한 출발점으로 의도된 것이다. 진짜 목표는 정서적 현상 및 뇌 조작 결과와 합리적으로 연결될 수 있는 적절한 핵심 심리적 과정을 밝히는 것이다.

요약

편도체 손상은 아마도 공유하는 근원적인 핵심 과정의 분열을 나타내는 공포와 불안 측면을 해리시키는 현상과 같은 방식으로 긍정적인 정서 측면을 해리시킨다. 각각의 정서의 경우에, 정서의 일부 측면은 왜곡되는 반면에 다른 측면은 보존된다. 뇌 도파민 시스템 조작이 예기치 않게 정서적 보상을 '선호' 범주와 '욕망' 범주로 해리시키는 것처럼, 편도체 손상의 결과는 정서, 동기, 학습, 지각, 주의 등의 전통적인 심리적 경계들을 넘나들며 나타나는 것처럼 보이지만, 지금까지 제안된 심리적 하위 범주들 중 어느 것도 완전히 무너뜨리지는 않고 있다. 우리의 심리적 구성 범주를 재고하는 일은 그러한 범주에서 일어나는 현상들을 그 원인들과 맞춰보는 데 도움이 될 것이다.

결론

이 장에서 논의한 정서 과정들의 해리는 겉보기에는 단순한 긍정적인 정서와 부정적인 정서의 복합적인 성격을 구체적으로 보여준다. 핵심 심리적 요인들을 해리시키는 균열선은 일상생활에서 분명하지 않으며, 그러한 핵심 심리적 요인들의 본질은 의식적인 인식에 있어서 명확하지 않다. 심리적 핵심 과정에 대한 정보는 무의식적인 정서 반응에 대한 연구들과 뇌와 행동의 관계에 대한 연구들에서 나왔다. 이 연구들은 가장 단순한 정서 경험조차도 구성 요인들로 해리될 수 있음을 시사한다. 일부 구성 요인들은 본질적으로 무의식적인 것이다. 그것들은 일반적으로 주관적인 정서 감정을 일으키는 데 도움이 될 수 있지만 직접 인식에는 접근할 수 없는 '정서'의 핵심 과정들이다. 긍정적인 정서 상태의 경우, 그러한 정서의 핵심 과정은 상이한 뇌 시스템들에 의해 매개되는 '욕망'과 '선호'의 분리 가능한 핵심 과정을 포괄할 것으로 보인다. '욕망'으로 나타나는 유인적 현저성 귀인 과정과 같은 긍정적인 정서의 특정한 핵심 과정은 '공포'와 '불안'의 구성 요인들일 수도 있다.

의식적인 정서 감정과 무의식적인 정서의 핵심 과정 간의 해리는 특별한 상황에서만 명확해진다. 설득력 있는 논증을 제시하기 위해서는 그러한 해리를 보여주는 최면, 중독, 순간 노출 제시, 또는 뇌 조작이 필요하다. 그 이유는 정서에 대한 우리의 의식적인 경험과 그것을 구성하는 핵심 과정들은 일반적으로 일상생활에서는 통합되어 있기 때문이다. 경험 효용과 결정 효용, 예측/기억 효용은 일반적으로 함께 변한다. 마찬가지로 쾌락이나 고통의 쾌락적(hedonic) 속성과 행동 유발적 속성(카너먼[이 책]과 시즈갈[이 책]이 고안한 순간 경험 효용)은 일반적으로 결합되어 있다. 좋아하는 보상의 대부분은 원하는 것이기도 하다. 대부분의 고통은 두려운 것이다. 이러한 구성 요인들이 삶의 목표를 이루고자 긴밀하게 협력하는 것은 적응적인 것이었다. 그러나 구성 요인들로서 그 정체는 특정한 조건에서는 해리되는 것을 허용한다. 쾌락적 삶의 질의 기초가 되는 과정과 구조를 이해하고자 하는 심리학자들에게는, 발생할 수 있는 핵심 구성 요인들의 해리는 일반적으로 발생하는 연합만큼이나 중요하다.

우리는 다른 심리적 과정과 마찬가지로 정서들이 실제로는 개별적인 요인들로 이루어져 있으며, 그중 많은 요인들이 의식적인 경험에서 배제된다는 사실을 점점 더 많이 배우고 있다. 정서적 사건의 지각적 통일성은 의식적인 경험을 생성하는 시스템에 의한 통합에서 비롯된다. 그리고 의식적 경험의 핵심 과정에 대한 표상은 왜곡과 생략을 수반하기 마련이다. 심리적 현상을 진화된 구성 요인들의 본질을 반영하는 의미 있는 범주들로 분석할 때가 되면, 그리고 구성 요인들을 서로 관련시키고 의식적인 경험과 연관시키는 법칙을 터득할 때가 되면, 확실히 우리의 이해 폭은 훨씬 더 커질 것이다.

나는 이 장의 초본에 대해서 유용한 논평을 해준 피비 엘즈워스, 대니얼 카너먼, 스티븐 마렌(Stephen Maren), 수사나 페시나, 제이 슐킨, 피터 시즈갈, 테리 로빈슨(Terry Robinson), 제이콥 스타이너(Jacob Steiner), 그리고 엘리엇 발렌슈타인에게 감사를 드린다. 또한 자신들의 환자들이 그린 그림을 전재할 수 있도록 허락해 준 랄프 아돌프스(Ralph Adolphs)와 동료들, 그리고 신경과학 저널 측에도 감사를 드린다.

참고문헌

Adolphs, R., Tranel, D., Damasio, H., and Damasio, A. R. (1995). Fear and the human amygdala. *Journal of Neuroscience*, *15*, 5879~91.

Anagnostaras, S. G., and Robinson, T. E. (1996). Sensitization to the psychomotor stimulant effects of amphetamine: Modulation by associative learning. *Behavioral Neuroscience*, *110*(6), 1397~1414.

Aosaki, T., Graybiel, A. M., and Kimura, M. (1994). Effect of the nigrostriatal dopamine system on acquired neural responses in the striatum of behaving monkeys. *Science*, *265*(5170), 412~15.

Arntz, A. (1993). Endorphins stimulate approach behaviour, but do not reduce subjective fear: A pilot study. *Behaviour Research and Therapy*, *31*(4), 403~5.

Beagley, W. K., and Holley, T. L. (1977). Hypothalamic stimulation facilitates contralateral visual control of a learned response. *Science*, *196*(4287), 321~23.

Beauchamp, G. K., Bertino, M., Burke, D., and Engelman, K. (1990). Experimental sodium depletion and salt taste in normal human volunteers. *American Journal of Clinical Nutrition*, 57(5), 881~89.

Bechara, A., Tranel, D., Damasio, H., Adolphs, R., Rockland, C., and Damasio, A. R. (1995). Double dissociation of conditioning and declarative knowledge relative to the amygdala and hippocampus in humans. *Science, 269*, 1115~18.

Berridge, K. C. (1988). Brainstem systems mediate the enhancement of palatability by chlordiazepoxide. *Brain Research, 447*(2), 262~68.

_____. (1989). Substantia nigra 6-OHDA lesions mimic striatopallidal disruption of syntactic grooming chains: A neural systems analysis of sequence control. *Psychobiology, 17*, 377~85.

_____. (1991). Modulation of taste affect by hunger, caloric satiety, and sensory-specific satiety in the rat. *Appetite, 16*(2), 103~20.

_____. (1996). Food reward: Brain substrates of wanting and liking. *Neuroscience and Biobehavioral Reviews, 20*(1), 1~25.

Berridge, K. C., Flynn, F. W., Schulkin, J., and Grill, H. J. (1984). Sodium depletion enhances salt palatability in rats. *Behavioral Neuroscience 98*(4), 652~60.

Berridge, K. C., and Pecina, S. (1995). Benzodiazepines, appetite, and taste palatability. *Neuroscience and Biobehavioral Reviews, 19*, 121~31.

Berridge, K. C., and Robinson, T. F. (1995). The mind of an addicted brain: Sensitization of wanting versus liking. *Current Directions in Psychological Science, 4*, 71~76.

_____. (1998). The role of dopamine in reward: Hedonics, reward learning, or incentive salience? *Brain Research Reviews, 28*, 309~69.

Berridge, K. C., and Treit, D. (1986). Chlordiazepoxide direcdy enhances positive digestive reactions in rats. *Pharmacology, Biochemistry, and Behavior, 24*(2), 217~21.

Berridge, K. C., and Valenstein, E. S. (1991). What psychological process mediates feeding evoked by electrical stimulation of the lateral hypothalamus? *Behavioral Neuroscience, 105*(1), 3~14.

Berridge, K. C., Venier, I. L., and Robinson, T. E. (1989). Taste reactivity analysis of 6-hydroxydopamine-induced aphagia: Implications for arousal and anhedonia hypotheses of dopamine function. *Behavioral Neuroscience, 103*(1), 36~45.

Berridge, K. C., and Zajonc, R. B. (1991). Hypothalamic cooling elicits eating: Differential effects on motivation and emotion. *Psychological Science, 2*, 184~89.

Bolles, R. C., and Fanselow, M. S. (1980). A perceptual-defensive-recuperative model of fear and pain. *Behavioral and Brain Sciences, 3*, 291~323.

Cabanac, M. (1971). Physiological role of pleasure. *Science, 173*(2), 1103~7.

_____. (1979). Sensory pleasure. *Quarterly Review of Biology, 54*(1), 1~29.

Cabanac, M., and Lafrance, L. (1990). Postingestive alliesthesia: The rat tells the same story. *Physiology and Behavior, 47*(3), 539~43.

Cador, M., Robbins, T. W., Everitt, B. J., Simon, H., LeMoal, M., and Stinus, L. (1991). Limbic-striatal interactions in reward-related processes: Modulation by the dopaminergic system. In P. Willner and J. ScheelKruger (Eds.), *The mesolimbic dopamine system: From motivation to action* (pp. 225~50). New York: Wiley.

Cantor, N., Acker, M., and Cook-Flannagan, C. (1992). Conflict and preoccupation in the intimacy life task. *Journal of Personality and Social Psychology, 63,* 644~55.

Cantor, N., Norem, J., Langston, C., and Zirkel, S. (1991). Life tasks and daily life experience. *Journal of Personality, 59,* 425~51.

Cooper, S. J., Higgs, S., and Clifton, P. G. (1995). Behavioral and neural mechanisms for benzodiazepine-induced hyperphagia. *Appetite, 24*(1), 78~79.

Cromwell, H. C., and Berridge, K. C. (1993). Where does damage lead to enhanced food aversion: The ventral pallidum/substantia innominata or lateral hypothalamus? *Brain Research, 624*(1~2), 1~10. (Published erratum appears in *Brain Research, 642*(1~2): 355)

Darwin, C. (1872). *The expression of the emotions in man and animals.* London: J. Murray.

Davidson, R. J., and Sutton, S. K. (1995). Affective neuroscience: The emergence of a discipline. *Current Opinions in Neurobiology, 5*(2), 217~24.

Davis, M. (1992). The amygdala and conditioned fear. In J. P. Aggleton (Ed.), *The amygdala: Neurobiological aspects of emotion, memory, and mental dysfunction* (pp. 255~306). New York: Wiley.

Doyle, T. G., Berridge, K. C., and Gosnell, B. A. (1993). Morphine enhances hedonic taste palatability in rats. *Pharmacology, Biochemistry, and Behavior, 46,* 745~49.

Drewnowski, A., Krahn, D. D., Demitrack, M. A., Naim, K., and Gosnell, B. A. (1995). Naloxone, an opiate blocker, reduces the consumption of sweet high-fat foods in obese and lean female binge eaters. *American Journal of Clinical Nutrition, 61*(6), 1206~12.

Ekman, P. (1992). An argument for basic emotions. *Cognition and Emotion, 6,* 169~200.

Ellsworth, P. C. (1994). Sense, culture, and sensibility. In H. Markus and S. Kitayama (Eds.), *Emotion and culture: Empirical studies of mutual influence* (pp. 23~50). Washington, D. C.: American Psychological Association.

_____. (1995). The right way to study emotion. *Psychological Inquiry, 6,* 213~16.

Eriksen, C. W. (1960). Discrimination and learning without awareness: A methodological survey and evaluation. *Psychological Review, 67,* 279~300.

Everitt, B. J. (1990). Sexual motivation: A neural and behavioural analysis of the mechanisms underlying appetitive and copulatory responses of male rats. *Neuroscience and Biobehavioral Reviews*, *14*(2), 217~32.

Everitt, B. J., and Robbins, T. W. (1992). Amygdala-ventral striatal interactions and reward-related processes. In J. P. Aggleton (Ed.), *The amygdala: Neurobiological aspects of emotion, memory, and mental dysfunction* (pp. 401~29). New York: Wiley.

Fibiger, H. C., Phillips, A. G., and Brown, E. E. (1992). The neurobiology of cocaine-induced reinforcement. *Ciba Foundation Symposium*, *166*, 96~111 (discussion 111~24).

Fischman, M. W. (1989). Relationship between self-reported drug effects and their reinforcing effects: Studies with stimulant drugs. *NIDA Research Monographs*, *92*, 211~30.

Fischman, M. W., and Foltin, R. W. (1992). Self-administration of cocaine by humans: A laboratory perspective. In G. R. Bock and J. Whelan (Eds.), *Cocaine: Scientific and social dimensions* (vol. 166, pp. 165~80). Chichester, Eng.: Wiley.

Galaverna, O. G., Seeley, R. J., Berridge, K. C., Grill, H. J., Epstein, A. N., and Schulkin, J. (1993). Lesions of the central nucleus of the amygdala: I. Effects on taste reactivity, taste aversion learning, and sodium appetite. *Behavioral Brain Research*, *59*(1~2), 11~17.

Gallagher, M., Graham, P. W., and Holland, P. C. (1990). The amygdala central nucleus and appetitive Pavlovian conditioning: Lesions impair one class of conditioned behavior. *Journal of Neuroscience*, *10*(6), 1906~11.

Gallagher, M., and Holland, P. C. (1994). The amygdala complex: Multiple roles in associative learning and attention. *Proceedings of the National Academy of Science, USA*, *91*(25), 11771~76.

Gallistel, C. R. (1994). Foraging for brain stimulation: Toward a neurobiology of computation. *Cognition*, *SO* (1~3), 151~70.

Gazzaniga, M. S., Fendrich, R., and Wessinger, C. M. (1994). Blindsight reconsidered. *Current Directions in Psychological Science*, *3*, 93~96.

Glickman, S. E., and Schiff, B. B. (1967). A biological theory of reinforcement. *Psychological Review*, *74*, 81~109.

Gosnell, B. A. (1987). Central structures involved in opioid-induced feeding. *Federation Proceedings*, *46* (1), 163~67.

Gray, R. W., and Cooper, S. J. (1995). Benzodiazepines and palatability: Taste reactivity in normal ingestion. *Physiology and Behavior*, *58*(5), 853~59.

Grill, H. J., and Berridge, K. C. (1985). Taste reactivity as a measure of the neural control of palatability. In J. M. Sprague and A. N. Epstein (Eds.), *Progress in psychobiology and physiological psychology* (vol. 11, pp. 1~61).

Orlando, Fla.: Academic Press.

Grill, H. J., and Norgren, R. (1978a). Chronically decerebrate rats demonstrate satiation but not bait shyness. *Science*, *201*(4352), 267~69.

_____. (1978b). The taste reactivity test: I. Mimetic responses to gustatory stimuli in neurologically normal rats. *Brain Research*, *143*(2), 263~79.

_____. (1978c). The taste reactivity test: II. Mimetic responses to gustatory stimuli in chronic thalamic and chronic decerebrate rats. *Brain Research*, *143*(2), 281~97.

Hatfield, T., Han, J. S., Conley, M., Gallagher, M., and Holland, P. (1996). Neurotoxic lesions of basolateral, but not central, amygdala interfere with Pavlovian second-order conditioning and reinforcer devaluation effects. *Journal of Neuroscience*, *16*(16), 5256~65.

Higgs, S., and Cooper, S. J. (1994). Microinjection of the benzodiazepine agonist midazolam into the parabrachial nucleus of the rat results in a hyperphagia. *Appetite*, *23*(3), 307~8.

Hilgard, E. R. (1986). *Divided consciousness: Multiple controls in human thought and action.* New York: Wiley.

Hiroi, N., and White, N. M. (1991). The lateral nucleus of the amygdala mediates expression of the amphetamine-produced conditioned place preference. *Journal of Neuroscience*, *11*(7), 2107~16.

Hoebel, B. G. (1976). Brain-stimulation reward in relation to behavior. In A. Waquier and E. T. Rolls (Eds.), *Brain-stimulation reward* (pp. 335~72). New York: Elsevier.

_____. (1988). Neuroscience and motivation: Pathways and peptides that define motivational systems. In R. C. Atkinson, R. J. Hermstein, G. Lindzey, and R. D. Luce (Eds.), *Stevense's handbook of experimental psychology* (2nd ed., vol. 1, pp. 547~626). New York: Wiley.

Holland, P. C., and Gallagher, M. (1993). Effects of amygdala central nucleus lesions on blocking and unblocking. *Behavioral Neuroscience*, *107*(2), 235~45.

James, W. (1884). What is an emotion? *Mind*, *9*, 188~205.

Kagan, J., and Schulkin, J. (1995). On the concepts of fear. *Harvard Review of Psychiatry*, *3*, 231~34.

Kagan, J., and Snidman, N. (1991). Infant predictors of uninhibited profiles. *Psychological Science*, *2*, 40~44.

Kahneman, D. (1994). New challenges to the rationality assumption. *Journal of Institutional and Theoretical Economics*, *150*, 18~36.

Kahneman, D., Fredrickson, B. L., Schreiber, C. A., and Redelmeier, D. A. (1993). When more pain is preferred to less: Adding a better end. *Psychological Science*, *4*, 401~5.

Kahneman, D., Knetsch, J., and Thaler, R. (1990). Experimental tests of the endowment effect and the Coase theorem. *Journal of Political Economy, 98,* 1325~48.

Kahneman, D., and Snell, J. (1992). Predicting a changing taste. *Journal of Behavioral Decision Making, 5,* 187~200.

Kahneman, D., Wakker, P. P., and Sarin, R. (1997). Back to Bentham? Explorations of experienced utility. *Quarterly Journal of Economics, 112,* 375~405.

Kelly, T. H., Foltin, R W., King, L., and Fischman, M. W. (1992). Behavioral response to diazepam in a residential laboratory. *Biological Psychiatry, 31*(8), 808~22.

Killcross, S., Robbins, T. W., and Everitt, B. J. (1997). Different types of fear–conditioned behaviour mediated by separate nuclei within amygdala. *Nature, 388* (6640), 377~80.

Kim, M., and Davis, M. (1993). Electrolytic lesions of the amygdala block acquisition and expression of fear–potentiated startle even with extensive training but do not prevent reacquisition. *Behavioral Neuroscience, 107*(4), 580~95.

Kling, A. S., and Brothers, L. A. (1992). The amygdala and social behavior. In J. P. Aggleton (Ed.), *The amygdala: Neurobiological aspects of emotion, memory, and mental dysfunction* (pp. 353~77). New York: Wiley.

Kluver, H., and Bucy, P. C. (1939). Preliminary analysis of the temporal lobes in monkeys. *Archives of Neurology and Psychiatry, 42,* 979~1000.

Kolb, F. C., and Braun, J. (1995). Blindsight in normal observers. *Nature, 377*(6547), 336~38 (see comments).

Kunst–Wilson, W. R., and Zajonc, R. B. (1980). Affective discrimination of stimuli that cannot be recognized. *Science, 207*(4430), 557~58.

Lamb, R. J., Preston, K. L., Schindler, C. W., Meisch, R. A., Davis, F., Katz, J. L., Henningfield, J. E., and Goldberg, S. R. (1991). The reinforcing and subjective effects of morphine in post–addicts: A dose–response study. *Journal of Pharmacology and Experimental Therapies, 259*(3), 1165~73.

Lazarus, R., and McCleary, R. (1951). Autonomic discrimination without awareness: A study of subception. *Psychological Review, 58,* 113~22.

LeDoux, J. E. (1992). Emotion and the amygdala. In J. P. Aggleton (Ed.), *The amygdala: Neurobiological aspects of emotion, memory, and mental dysfunction* (pp. 339~51). New York: Wiley–Liss.

_____. (1996). *The emotional brain: The mysterious underpinnings of emotional life.* New York: Simon & Schuster.

LeMagnen, J. (1967). Habits and food intake. In C. F. Code (Ed.), *Alimentary canal* (vol. 1, pp. 11~30). Washington, D. C.: American Physiological

Society.

Lidsky, T. I., Manetto, C., and Schneider, J. S. (1985). A consideration of sensory factors involved in motor functions of the basal ganglia. *Brain Research, 356*(2), 133~46.

Maren, S., and Fanselow, M. S. (1996). The amygdala and fear conditioning: Has the nut been cracked? *Neuron, 16*, 237~40.

Markus, H. R., and Kitayama, S. (1991). Culture and the self: Implications for cognition, emotion, and motivation. *Psychological Review, 98*, 224~53.

Mook, D. G., and Votaw, M. C. (1992). How important is hedonism? Reasons given by college students for ending a meal. *Appetite, 18*(1), 69~75.

Moreland, R. L., and Zajonc, R. B. (1977). Is stimulus recognition a necessary condition for the occurrence of exposure effects? *Journal of Personality and Social Psychology, 35*(4), 191~99.

Murphy, S. T., Monahan, J. L., and Zajonc, R. B. (1995). Additivity of nonconscious affect: Combined effects of priming and exposure. *Journal of Personality and Social Psychology, 69*(4), 589~602.

Murphy, S. T., and Zajonc, R. B. (1993). Affect, cognition, and awareness: Affective priming with optimal and suboptimal stimulus exposures. *Journal of Personality and Social Psychology, 64*(5), 723~39.

Nisbett, R. E., and Wilson, T. D. (1977). Telling more than we can know: Verbal reports on mental processes. *Psychological Review, 84*, 231~59.

Olds, J. (1956). Pleasure centers in the brain. *Scientific American, 195*, 105~16.

_____. (1977). *Drives and reinforcements: Behavioral studies of hypothalamic functions.* New York: Raven Press.

Olds, J., and Milner, P. (1954). Positive reinforcement produced by electrical stimulation of septal area and other regions of rat brain. *Journal of Comparative and Physiological Psychology, 47*, 419~27.

Ortony, A., and Turner, T. J. (1990). What's basic about basic emotions? *Psychological Review, 97*, 315~31.

Panksepp, J. (1991). Affective neuroscience: A conceptual framework for the study of emotions. In K. Strongman (Ed.), *International reviews of studies in emotions* (vol. 1, pp. 59~99). Chichester, Eng.: Wiley.

_____. (1992). A critical role for "affective neuroscience" in resolving what is basic about basic emotions. *Psychological Review, 99*, 454~60.

Parker, L. A. (1995). Chlordiazepoxide enhances the palatability of lithium−, amphetamine−, and saline−paired saccharin solution. *Pharmacology, Biochemistry, and Behavior, 50*(3), 345~49.

Parker, L. A., Maier, S., Rennie, M., and Crebolder, J. (1992). Morphine~ and naltrexone−induced modification of palatability: Analysis by the taste reactivity test. *Behavioral Neuroscience, 106*(6), 999~1010.

Paulson, P. E., Camp, D. M., and Robinson, T. E. (1991). Time course of transient behavioral depression and persistent behavioral sensitization in relation to regional brain monoamine concentrations during amphetamine withdrawal in rats. *Psychopharmacology (Berl)*, *103*(4), 480~92.

Paxinos, G., and Watson, C. (1996). *The rat brain in stereotaxic coordinates.* Vol. 3. New York: Academic Press.

Pecina, S., and Berridge, K. C. (1995). Central enhancement of taste pleasure by intraventricular morphine. *Neurobiology*, *3*(3~4), 269~80.

_____. (1996a). Brainstem mediates benzodiazepine enhancement of taste palatability: Comparison of diazepam microinjections into fourth versus lateral ventricles. *Brain Research*, *727*, 22~30.

_____. (1996b). Morphine microinjections enhance feeding and palatability in the shell but not core of nucleus accumbens. *Neuroscience Abstracts*, *22*, *979*.

Pecina, S., Berridge, K. C., and Parker, L. A. (in press). Pimozide does not shift palatability: Separation of anhedonia from sensorimotor effects. *Pharmacology, Biochemistry, and Behavior.*

Pesold, C., and Treit, D. (1995). The central and basolateral amygdala differentially mediate the anxiolytic effects of benzodiazepines. *Brain Research*, *671*(2), 213~21.

Phillips, A. G., Atkinson, L. J., Blackbum, J. R., and Blaha, C. D. (1993). Increased extracellular dopamine in the nucleus accumbens of the rat elicited by a conditional stimulus for food: An electrochemical study. *Canadian Journal of Physiology and Pharmacology*, *71*(5~6), 387~93.

Phillips, A. G., Blaha, C. D., Pfaus, J. G., and Blackburn, J. R. (1992). Neurobiological correlates of positive emotional states: Dopamine, anticipation, and reward. In K. T. Strongman (Ed.), *International review of studies on emotion* (vol. 2, pp. 31~50). New York: Wiley.

Redelmeier, D. A., and Kahneman, D. (1996). Patients' memories of painful medical treatments: Real-time and retrospective evaluations of two minimally invasive procedures. *Pain*, *66*(1), 3~8.

Ribot, T. (1897). *The psychology of the emotions.* London: Walter Scott, Ltd.

Robinson, T. E., and Becker, J. B. (1986). Enduring changes in brain and behavior produced by chronic amphetamine administration: A review and evaluation of animal models of amphetamine psychosis. *Brain Research*, *396*(2), 157~98.

Robinson, T. E., and Berridge, K. C. (1993). The neural basis of drug craving: An incentive-sensitization theory of addiction. *Brain Research Reviews*, *18*(3), 247~91.

Rolls, B. J., Rolls, E. T., Rowe, E. A., and Sweeney, K. (1981). Sensory specific satiety in man. *Physiology and Behavior*, 27(1), 137~42.

Rolls, E. T., Murzi, E., Yaxley, S., Thorpe, S. J., and Simpson, S. J. (1986). Sensory-specific satiety: Food-specific reduction in responsiveness of ventral forebrain neurons after feeding in the monkey. *Brain Research*, *368*(1), 79~86.

Roney, C. J. R., Higgins, E. T., and Shah, J. (1995). Goals and framing: How outcome focus influences motivation and emotion. *Personality and Social Psychology*, *21*, 1151~60.

Rozin, P. N., and Schulkin, J. (1990). Food selection. In E. M. Stricker (Ed.), *Neurobiology of food and fluid intake* (vol. 10, pp. 297~328). New York: Plenum.

Salamone, J. D. (1994). The involvement of nucleus accumbens dopamine in appetitive and aversive motivation. *Behavioral Brain Research*, *61*, 117~33.

Schallert, T., and Whishaw, I. Q. (1978). Two types of aphagia and two types of sensorimotor impairment after lateral hypothalamic lesions: Observations in normal weight, dieted, and fattened rats. *Journal of Comparative and Physiological Psychology*, *92*(4), 720~41.

Schulkin, J. (1991). *Sodium hunger: The search for a salty taste*. New York: Cambridge University Press.

_____. (1994), Melancholic depression and the hormones of adversity: A role for the amygdala. *Current Directions in Psychological Science*, *3*, 41~44.

Schulkin, J., Marini, J., and Epstein, A. N. (1989). A role for the medial region of the amygdala in mineralocorticoid-induced salt hunger. *Behavioral Neuroscience*, *103*(1), 179~85.

Schulkin, J., McEwen, B. S., and Gold, P. W. (1994). Allostasis, amygdala, and anticipatory angst. *Neuroscience and Biobehavioral Reviews*, *18*, 385~96.

Schultz, W., Dayan, P., and Montague, P. R. (1997). A neural substrate of prediction and reward. *Science*, *275*, 1593~99.

Schwartz, C. E., Snidman, N., and Kagan, J. (1996). Early childhood temperament as a determinant of externalizing behavior in adolescence. *Development and Psychopathology*, *8*, 527~37.

Scott, S. K., Young, A. W., Calder, A. J., Hellawell, D. J., Aggleton, J. P., and Johnson, M. (1997). Impaired auditory recognition of fear and anger following bilateral amygdala lesions. *Nature*, *385*, 254~57.

Seeley, R. J., Galaverna, O., Schulkin, J., Epstein, A. N., and Grill, H. J. (1993). Lesions of the central nucleus of the amygdala: II. Effects on intraoral NaCl intake. *Behavioral Brain Research*, *59*(1~2), 19~25.

Sem-Jacobsen, C. W. (1976). Electrical stimulation and self-stimulation with chronic implanted electrodes: Interpretation and pitfalls of results. In A. Wauquier and E. T. Rolls (Eds.), *Brain-stimulation reward* (pp. 505~20).

Amsterdam: Elsevier—North Holland.

Shevrin, H., Williams, W. J., Marshall, R. E., Hertel, R. K., Bond, J. A., and Brakel, L. A. (1992). Event—related potential indicators of the dynamic unconscious. *Consciousness and Cognition, 1*, 340~66.

Shizgal, P. (1997). Neural basis of utility estimation. *Current Opinion in Neurobiology, 7*, 198~208.

Shizgal, P., and Conover, K. (1996). On the neural computation of utility. *Current Directions in Psychological Science, 5*, 37~43.

Simonson, I. (1990). The effect of purchase quantity and timing on variety—seeking behavior. *Journal of Marketing Research, 27*, 150~62.

Smith, G. P. (1995). Dopamine and food reward. In A. M. Morrison and S. J. Fluharty (Eds.), *Progress in psychobiology and physiological psychology* (vol. 15, pp. 83~144). New York: Academic Press.

Stanley, B. G., Lanthier, D., and Leibowitz, S. F. (1989). Multiple brain sites sensitive to feeding stimulation by opioid agonists: A cannula mapping study. *Pharmacology, Biochemistry, and Behavior, 31*, 825~32.

Steiner, J. E. (1973). The gustofacial response: Observation on normal and anencephalic newborn infants. *Symposium on Oral Sensation and Perception, 4*, 254~78.

_____. (1974). Discussion paper: Innate, discriminative human facial expressions to taste and smell stimulation. *Annals of the New York Academy of Science, 237*(0), 229~33.

_____. (1979). Human facial expressions in response to taste and smell stimulation. *Advances in Child Development and Behavior, 13*, 257~95.

Steiner, J. E., and Glaser, D. (1995). Taste—induced facial expressions in apes and humans. *Human Evolution, 10*, 97~105.

Steiner, J. E., Glaser, D., Hawilo, M. E., and Berridge, K. C. (1999). Evolution of emotional expression: Reaction to pleasant and unpleasant tastes by human infants, great apes, and monkeys. University of Michigan. Unpublished paper.

Stellar, J. R., Brooks, F. H., and Mills, L. E. (1979). Approach and withdrawal analysis of the effects of hypothalamic stimulation and lesions in rats. *Journal of Comparative and Physiological Psychology, 93(3)*, 446~66.

Teitelbaum, P., and Epstein, A. N. (1962). The lateral hypothalamic syndrome: Recovery of feeding and drinking after lateral hypothalamic lesions. *Psychological Review, 69*, 74~90.

Thomas, D. L., and Diener, E. (1990). Memory accuracy in the recall of emotions. *Journal of Personality and Social Psychology, 59*, 291~97.

Treit, D., and Berridge, K. C. (1990). A comparison of benzodiazepine, serotonin, and dopamine agents in the taste—reactivity paradigm.

Pharmacology, Biochemistry, and Behavior, 37(3), 451~56.

Treit, D., Pesold, C., and Rotzinger, S. (1993). Dissociating the anti—fear effects of septal and amygdaloid lesions using two pharmacologically validated models of rat anxiety. *Behavioral Neuroscience, 107*(5), 770~85.

Tversky, A., and Kahneman, D. (1986). Rational choice and the framing of decisions. *Journal of Business, 59*, 251~78.

Valenstein, E. S. (1976). The interpretation of behavior evoked by brain stimulation. In A. Wauquier and E. T. Rolls (Eds.), *Brain—stimulation reward*, (pp. 557~75). New York: Elsevier.

Weiskrantz, L. (1986). *Blindsight: A case study and implications*. Oxford: Oxford University Press.

_____ (1996). Blindsight revisited. *Current Opinions in Neurobiology*, 6(2), 215~20.

Wilson, T. D., and Schooler, J. W. (1991). Thinking too much: Introspection can reduce the quality of preferences and decisions. *Journal of Personality and Social Psychology, 60*(2), 181~92.

Winkielman, P., Zajonc, R. B., and Schwarz, N. (1997). Subliminal affective priming resists attributional interventions. *Cognition and Emotion, 11*, 433~65.

Wise, R A. (1982a). Common neural basis for brain stimulation reward, drug reward, and food reward. In B. G. Hoebel and D. Novin (Eds.), *The neural basis of feeding and reward* (pp. 445~54). Brunswick, Maine: Haer Institute for Electrophysiological Research.

_____. (1982b). Neuroleptics and operant behavior: The anhedonia hypothesis. *Behavioral and Brain Sciences, 5*, 39~87.

_____. (1989). The brain and reward. In J. M. Liebman and S. J. Cooper (Eds.), *The neuropharmacological basis of reward* (pp. 377~424). Oxford: Clarendon Press.

_____. (1994). A brief history of the anhedonia hypothesis. In C. R Legg and D. Booth (Eds.), *Appetite: Neural and behavioural bases* (pp. 243~63). New York: Oxford University Press.

_____. (1996). Addictive drugs and brain stimulation reward. *Annual Review of Neuroscience, 19*, 319~40.

Wong, P. S., Shevrin, H., and Williams, W. J. (1994). Conscious and non-conscious processes: An ERP index of an anticipatory response in a conditioning paradigm using visually masked stimuli. *Psychophysiology, 31*(1), 87~101.

Yeomans, J. S. (1989). Two substrates for medial forebrain bundle self-stimulation: Myelinated axons and dopamine axons. *Neuroscience and Biobehavioral Reviews, 13*(2~3), 91~98.

Zajonc, R. B. (1980). Feeling and thinking: Preferences need no inferences. *American Psychologist, 35,* 151~75.

Zajonc, R. B., Murphy, S. T., and Inglehart, M. (1989). Feeling and facial efference: Implications of the vascular theory of emotion. *Psychological Review, 96*(3), 395~416.

28장

행동 강화 및 억제의 신경 체계
섭식, 중독, 우울증과의 관련성

바틀리 G. 회벨 · 페드로 V. 라다 · 그레고리 P. 마크 · 이매뉴얼 N. 포토스

이 장은 우리의 첫 번째 버전의 신경화학적, 신경해부학적 동기 부여 이론을 제시할 것이다. 이 이론은 욕구 행동(섭식과 짝짓기)과 중독성 행동(약물 남용), 행동 억제(우울증)를 다룬다. 이것은 행동을 시작하고 멈추는 신경 메커니즘의 한 부분에 대한 간단한 설명이다. 우리는 전뇌(측좌핵)의 뉴런에서 분비된 도파민이 인지 입력과 행동 출력 간의 성공적인 연결을 강화하는 데 기여하며, 그에 따라, 동물이 성공적인 행동을 학습하고 반복한다는 사실을 보여주는 실험을 재고찰할 것이다. 동물들은 특히 도파민이 '결핍되어 있을' 때(예컨대, 섭식 결핍으로 저체중일 때) 도파민을 분비하는 활동을 하는 경향이 있는 것으로 보인다. 이러한 도파민의 성공 강화 체계는 약물로 인해 과도하게 활성화될 수 있으며, 이는 약물 남용과 약물 의존을 야기할 수 있다. 우리는 심지어 매우 단 음식도 의존성 증상을 일으킬 수 있다는 증거를 발견했는데, 이것은 가벼운 중독이 자연스러운 과정이라는 것을 암시한다. 이 재고찰의 또 한 측면은 동일한 뇌 영역에서 신경전달물질인 아세틸콜린이 하는 반작용 역할에 초점을 맞추고 있다. 아세틸콜린은 도파민에 대립하고 행동을 멈출 수 있다. 아세틸콜린은 동물들이 섭식과 짝짓기를 늦추고 멈추는 경우에 분비된다. 아세틸콜린은 아편 금단, 조건화된 맛 혐오, 혐오스러운 뇌 자극, 혹은 동물이 불가피한 상황에서 수영하다가 포기하는 경우와 같은 혐오적인 상황에서도 분비된다. 이러한 현상을 감안할 때, 우리는 우울증의 행동적 측면에서 아세틸콜린의 역할을 가정할 수밖에 없다. 이 이론을 뒷받침하는 증거로는, 신경전달물질인 세로토닌의 기능을 높이기 위해 측좌핵에 플루옥세틴

(프로작)을 주입하면 아세틸콜린 분비가 즉각적으로 감소하고 성공을 위한 행동적 노력이 회복된다는 사실을 들 수 있다. 요약하자면, 우리는 도파민이 측좌핵에서 감각과 운동의 성공적인 결합을 강화하는 데 기여하며, 그러한 강화는 행동 출력의 증가로 나타난다고 가정한다. 아세틸콜린이 도파민에 반작용하며, 두 신경전달물질은 함께 포만감과 행동의 중단으로 나타나는 만족감을 생성한다. 그러나 상대적으로 높은 수치의 아세틸콜린과 결합한 낮은 수치의 도파민은 혐오 상태로 기능할 수 있으며 행동 우울증을 유발할 수 있다. 적절한 연구 결과로 보건대, 약리학적, 행동적, 인지적 또는 사회적 치료법은 한 상태에서 다른 상태로 개인을 변화시켜 이 동기 부여 체계에서 보이는 유해한 불균형을 교정하는 데 기여하는 일에 유용할 것이다.

사람들은 무엇 때문에 일을 할까? 이 질문은 경제학과 심리학의 근간이다. 질문에 대한 한 가지 답변은 보상이다. 그러나 보상이 사람들의 일에 대한 보상으로 정의된다면, 그것은 순환론적인 정의(사람들은 자신들이 일하는 것에 대한 보상 … 때문에 일한다)일 것이다. 보상을 연구하고 진정으로 이해하기 위해 우리는 주관적으로 보고된 보상의 정서적 근거를 연구하거나, 객관적으로 측정 가능한 용어로 보상을 정의한 다음에 행동 측면에서 연구할 수 있다. 객관적인 접근법은 실험동물들을 상대로 보상을 연구할 수 있는 이점을 제공한다. 주관적 반응 연구와 객관적 반응 연구 중에서 연구자가 선택하는 일에 대해서는 르두가 주관적인 공포와 객관적인 공포와 관련된 정서에 관한 장에서 설명한 바 있다. 이 장에서 우리는 유사한 선택을 할 것이다. 우리는 일의 근본 원인에 이르기를 희망하며, 행동 측면에서 보상을 측정하기로 결정했다.

측정은 섭식을 위한 활동의 수행 상황에서 이루어진다. 아마도 에너지 조절만큼 생존에 필수적인 것은 없을 것이다. 에너지 조절은 음식을 구하는 일, 섭식, 그리고 뇌와 신체에서의 영양 조절을 수반한다. 따라서 뇌는 음식이 성공적인 계획과 행동을 강화하는 중요한 체계와 함께 진화했다. 행동을 강화하는 것은 그것의 빈도를 증가시키는 것을 의미한다. 이 장에서는 동물이 선택한 행동과 그 행동의 실행 빈도를 결정하는 뇌-신체 체계 또는 섭식의 '신경-경제학'을 검토할 것이다. 그러한 문제는 한 개인이 음식을 얻으려고 할 때 정말로 원하거나 좋아한다는 사실은 무엇인가로 귀결된다. 답은 뇌의 특정한 부위에서 일어나는 신경 활동이다. 우리는 쥐의 뇌를 살펴봄으로써 먹이 활동과 섭식의 경제의 기초가 되는 신경 회로를 찾을 수 있다.

이 뇌 체계는 단 음식이나 강력한 약물로 인해 과도하게 활성화될 경우, 남용과 심지어 중독으로까지 이어질 수 있다. 이 뇌 체계가 과소 활성화될 경우에는 우울증 징후가 나타난다. 내가 기술할 신경 체계는 정상적인 일(활동)의 원인일 수 있을 뿐만 아니라 중독에서 볼 수 있듯이 과도한 기쁨과 비정상적인 고통의 순환으로 빠져들 수도 있다. 이러한 극단적인 현상들은 건강과 경제에 엄청난 영향을 미치고 있다.

쾌락과 강화 법칙

벤담에서 스키너에 이르기까지, 보상은 경제학자와 심리학자들에게 기본 주제였다. 벤담은 사람들이 쾌락을 극대화한다고 말하는 쾌락 원칙인 '감정의 법칙'에 행동을 귀인시키기를 끝까지 고수했다(Bentham, 1789). 스키너는 우리에게 '설명적 가설'로서 쾌락과 같은 용어를 피하라고 권했다. 그는 강화 원칙인 손다이크(Thorndike)의 효과 법칙 — 행동이 행동의 효과에 의해 형성된다고 하는 — 에 따라 인간의 행동을 이해할 것을 주창했다(Skinner, 1953). 벤담의 쾌락 연구는 사람들이 섭식, 성행위, 이익 실현 등의 일을 할 때 경험하는 쾌락과 행복, 기쁨 그리고 그 밖의 좋은 감정 표현에 대한 연구이다. 고통과 고난의 경감에도 쾌락이 존재한다. 반면에 강화 연구는 개인이 또다시 반응을 보일 확률을 높이는 자극이 뒤따르는 반응에 대한 연구이다. 행동 측면에서의 강화 측정은 언어에 의존하지 않으므로 인간뿐만 아니라 동물도 연구할 수 있다. 우리는 동물들에게 선택권이 있을 때 선호도를 측정하고, 동물들이 활동할 때 그들의 반응 빈도의 변화를 기록한다.

쾌락과 강화의 신경 상관관계: 시작/중지 결정

쾌락을 연구하기 위해 현대 신경과학은 즐거운 감정을 경험하는 동안 강한 신경 활동이 일어나는 영역을 밝히는 데 사용할 수 있는 MRI와 PET와 같은 뇌 영상 기법을 개발했다. 예를 들어, 코카인 중독자는 PET 스캐너에 머리를 넣은 채 누워 애용하는 파이프로 코카인 계열의 마약 크랙을 피우는 생각을 할 경우에는 마약이 유발하는 도취감과 코카인이 일으키는 황홀한 갈망에 대한 기억인 열망의 감정을 느낀다. 동시에 그는 편도체와 측좌핵으로 알려진 적어도 두 개의 중요한 뇌 영역에서 신경 활동의 상당한 변화를 드러낸다(Grant et al., 1996; Volkow, Wang and Fowler, 1997). 편도체는 무서운 기억(LeDoux, 이 책)과 연관이 있는 영역이며, 뇌 영상 연구에 의하면, 유쾌한 기억에 관여하기도 한다. 측좌핵(nucleus accumbens: NAc)은 공포를 줄이고 쾌락을 얻는 행동을 강화함으로써 정서를 행동으로 옮기는 편도체의 연장 영역이다. 이 현상은 단순화한 뇌의 측면 모습으로 그림 28.1에 스케치되어 있다.

이 장은 시작/중지의 중요한 뇌 영역인 측좌핵에 초점을 맞추고, 그 영역의 역할을 한 극단인 약물 의존과 또 하나의 상반된 극단인 우울증으로 확장하고 있다. 행동 강화 메커니즘을 탐구하는 한 가지 방법은 원숭이가 보상 음식을 맛볼 때 그 원숭이의 단일 뉴런들의 전기적 활동을 기록하는 것이다. 예를 들어 원숭이가 단맛이 나는 과일 주스를 맛보거나 친숙한 주스 용기를 볼 때 편도체에서 뉴런들이 활동한다(Rolls, 1995). 뉴런은 또한 오렌지, 자몽, 망고, 바나나 등의 맛을 인식하는 피질 부위에서 반응한다. 가장 흥미로운 것은 가장 고차원적이고 가장 최근에 진화된 뇌 영역인 전전두엽 피질의 뉴런이다. 그 영역의 일부 뉴런들은 입에 맞는 맛에 반응하지만 원숭이의 배고픔이나 과일 주스에 대한 욕구에 비례하여 그렇게 반응한다. 전전두엽 피질은 혈당 활용, 지방 저장, 단백질 충분성, 체온 등을 모니터하는 뇌 영역으로부터 유발하는 신경 입력을 통해 그 원숭이의 욕구(대사 상태)에 대한 정보를 받는다. 영양 공급이 필요하지 않을 경우에는 과일 맛이 일으키는 전전두엽 피질의 활동 수준이 비교적 낮고 원숭이는 주스를 향해 손을 내밀지 않는다. 따라서 손을 내밀어 주스를 잡을지 말지에 대한 원숭이의 결정은 부분적으로 전전두엽 피질에 부호화된다. 이처럼 섭식에 대한 피질의 결정은 행동을 시작하고 강화할 수 있는 측좌핵으로 전달된다. (그림 28.1에서 자극-반응 강화 영역으로 투사된 피질의 선택 결정에 주목하기 바란다.) 우리가 연구하고 있는 측좌핵 부분은 정서 기억(편도체)과 맛 인식(감각 피질), 인지 지도의 장소 기억(해마)으로부터 입력 정보를 받는다. 따라서 측좌핵은 감각 인식과 욕구 결정을 정서 기억과 통합한 다음에 반응 출력 — 기본적으로 '시작' 혹은 '중지' 결정 — 을 활성화하는 중요한 감각-운동 인터페이스이다(Hoebel, 1988, 1997; Mogenson et al., 1980; Robbins and Everitt, 1996; Rolls, 1995).

그림 28.1 뇌의 측면도

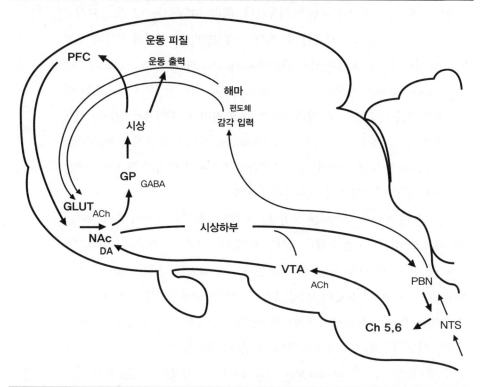

참고: 그림의 오른쪽 하단 모퉁이에서 시작하는, 시상하부, 혀, 내장으로부터 받는 맛과 기타 화학적 감각 신호들은 뇌간의 핵인 고립로핵(nucleus tractus solitarius: NTS)과 부완핵(parabrachial nucleus: PBN)으로 들어간다. 뇌간 출력의 정보는 미각 피질과 전전두엽 피질(prefrontal cortex: PFC)에 간접적으로 투사된다. 편도체와 해마에서 미각 정보는 다른 감각 양식들(안전한 영양 대 독소 식품에 대한 시각, 소리, 위치, 부호)과 결합된다. 해마(예컨대, 장소 기억)와 편도체(예컨대, 정서 기억), 전전두엽 피질(예컨대, 복잡한 선택 기억)로부터의 화살표는 측좌핵(NAc)으로 향하는 고차원적으로 처리된 감각 정보를 나타낸다. NAc는 운동 피질로 나눠지는 명령들에 따라, PFC에서 NAc까지, 그리고 다시 PFC로 굵은 선들을 끌어들이는 루프 내의 감각–운동 인터페이스이다. NAc의 아세틸콜린(ACh) 뉴런들은 감각 신호와 운동 행동 출력 사이의 게이트 역할을 할 수 있다. 이 '게이트들'은 (그림에는 나와 있지 않지만, 텍스트에서 논의하게 될) 노르에피네프린, 세로토닌, 오피오이드 펩티드와 함께 도파민(DA)에 의해 조절된다. 내측 및 외측 시상하부는 그림에 보이는 루프(NAc로 향한 시상하부)를 통해 NAc를 통제하는 데 기여한다. 이 경로로 섭식 신호는 '자발적인' 도구 행동을 강화하거나 억제하기 위해 NAc의 DA/ACh의 균형을 통제한다. 최근의 한 재고찰에서는 이 그림보다 더 상세히 설명한 버전이 제시되기도 했다(Leibowitz and Hoebel, 1998). GLUT는 NAc로 감각 입력을 하는 데 요구되는 신경전달물질인 글루타메이트(glutamate)를 말한다. 그리고 GABA는 NAc 출력에 요구되는 신경전달물질이다.

신경 강화 체계: '다시 해 봐'라고 말하는 긍정적 피드백

행동을 강화하려면, 즉 행동이 반복되게 하려면, 결과가 좋은지 여부를 체계가 알아야 한다. 성공적인 반응을 강화하기 위해서는 측좌핵에 특별한 입력이 요구된다. 이 과정은 성공할 경우에 활동하는 자극과 반응의 연결(시냅스)을 문자 그대로 강화하는 것이라고 생각할 수 있다. 따라서 반응이 음식, 성행위, 또는 이익과 연합된 자극을 야기할 경우, 현재 활동적인 연결은 흔히 보상 체계라고 불리는 입력에 의해 강화된다. 그러한 보상 체계는 측좌핵 내에서 신경전달물질로 도파민을 이용한다. 베리지(Berridge, 이 책)는 보상을 욕망과 선호의 개념으로 세분할 수 있다고 지적한다. 도파민이 욕망과 선호 둘 다에 관여한다는 증거가 있기 때문에(Koob and Blood, 1998; Philips et al., 1992; Salamone and Snyder, 1997; Vaccarino, 1996; Wise et al., 1995), 나는 이 도파민 체계를 단순히 '강화 체계'라고 언급할 것이다. 여기에서 강화를 선행 반응의 세기나 빈도를 증가시키는 기능(Skinner, 1953)으로 조작적 정의를 할 수 있다. 도파민 뉴런이 언제 신경 충격을 일으키는지 밝히기 위해서 우리는 다시 한번 인간 이외의 영장류에 의지할 수 있다.

원숭이들이 음식을 집어먹는 동안에, 전극을 이용해서 그들의 중뇌 도파민 세포에서 일어나는 신경 충격을 기록할 수 있다. (그림 28.1에 표시된 중뇌 도파민 세포를 참조.) 이 신경 세포들은 새로운 음식을 섭취할 때 활동성을 보인다. 이때, 그림 28.1에서 보듯이, 신경 충격은 신경의 축색돌기로 이어져서 많은 전뇌 부위, 특히 측좌핵에서 도파민을 분비한다. 영장류의 이 세포들에서 나타나는 신경 충격을 기록하면 무엇이 세포들의 발화를 일으키는지 정확히 밝힐 수 있다(Schultz, Dayan and Montague, 1997). 그 세포들은 원숭이가 처음 음식을 맛볼 때 반응할 뿐만 아니라, 원숭이가 음식을 먹을 수 있다는 신호를 인식한 순간에도 곧바로 반응한다. 아마도 분비되는 도파민은 예측 신호와 손을 내밀어 음식을 집는 동작 간의 신경적 연결을 강화시킬 것이다. 따라서 신호(환경적 신호와 상징)는 음식과 같은 일차 강화물과의 연합을 통해서 의미를 지니게 된다.

먹이 활동을 하는 원숭이들로부터 쇼핑을 하러 가는 사람들에게로 시선을 돌린 우리는 이제 쇼핑을 하러 가는 도중에 보이는 간판들이 중뇌의 도파민 뉴런을 활성화시키는 학습된 자극이 된다고 가정할 수 있다. '코카콜라'라고 쓰여 있는 간판이나 그것을 살 수 있는 돈은 음식과 연합되고, 그다음에는 접근 반응을 유발하고 도파민을 분비할 수 있다. 이러한 학습된 자극은 일차 강화물을 획득하는 연쇄적 행동 중에 반응의 빈도를 증가시킨다. 이 예에서, 보상은 하와이산 정제 설탕과 콜롬비아에서 수입된 카페인을 포함하고 있다는 점에서 특별하다. 부유한 나라 사람들은 우리의 조상인 영장류들이 일반적으로 이용할 수 있는 것들에 비해서 특별한 강화물을 구할 수 있다. 이것은 여러 문제를 일으킬 수 있다. 나는 그러한 문제를 좀 더 논의할 것이다.

깜짝 놀란 모든 목격자를 매료시킨 '보상' 또는 강화 체계를 연구하는 또 다른 기법이 있다. 이것은 뇌의 전기적 자기 자극이다(Hoebel, 1988; Olds and Milner, 1954). 사람, 원숭이, 혹은 쥐는 정확한 뇌의 위치에 영구적으로 이식된 전극으로 스스로를 자극할 것이다. 예를 들어, 실험용 쥐는 시상하부에 이식된 전극으로 0.5초간 뇌 자극을 격발하는 자기 자극 행동을 1시간당 3,000번에 걸쳐 이행할 것이다. 이것은 앞서 기술한 욕구 통제 체계의 일부이다. 쥐들은 성욕 체계를 자기 자극하는 행동도 할 것이다. 또한 섭식 체계에서, 1분간 계속 켜진 전기 자극은 입에 맞는 음식이 근처에 있을 때 즉시 먹는 행동에서 볼 수 있듯이 식욕을 유발할 수 있다. 마음에 드는 짝이 근처에 있다면 성욕 체계는 즉각적인 교미를 유발한다. 그리고 두 경우 모두 신경 충격을 일으키는 전류를 (1분이 아닌) 0.5초 동안만 전달받으면, 해당 동물은 음식과 짝을 무시하고 자극을 더 얻기 위해서 이미 학습된 일을 무엇이든 할 것이다. 따라서 쥐는 빠르고 경쾌하게 춤을 추거나 한 시간당 3,000번 스위치를 누를 것이다. 왜 그럴까? 자기 자극의 신경 효과는 확실히 음식이나 섹스와 같다. 자기 자극이 강화 체계를 직접 활성화시킨다는 점에서 그것을 '전기적 음식'이나 '전기적 섹스'로 생각할 수 있다. 누구든 짐작할 수 있겠지만, 시상하부의 전기적 자기 자극은 도파민을 분비하는 경로를 활성화시킨다(Yeomans, Mathur and Tampakeras, 1993). (그림 28.1에서 보이는 시상하부에서 측좌핵에 이르는 경로를 참조.)

섭식 보상 전극을 이용한 자기 자극의 빈도는 동물이 많은 음식을 먹어 식욕이 감소하면 줄어들 것이다(Hoebel, 1979). 교미 전극을 이용한 사정은 자기 자극에 대한 욕구를 감소시킨다. 하지만 자연적인 형태의 억제 피드백이 없는 상황에서는, 해당 동물은 뇌 자극을 계속 즐긴다. 누구든 예상할 수 있을 테지만, 쥐는 결코 만족감을 충분히 느끼지 못하고 밤낮으로 자기 자극 행동을 할 것이다.

이러한 연구 결과는 자연적인 섭식과 짝짓기의 기초가 되는 일반적인 신경 강화 체계가 있는지에 대한 의문을 제기한다. 아마도 신경 강화 체계는 비자연적인 자기 자극과 약물 남용, 강박적 행동의 근원이기도 할 것이다. 만일 그렇다면 음식 구입, 짝 찾기, 향정신성 약물의 입수 등의 경제는 자극과 반응의 강화를 목적으로 해당 신경 회로의 다양한 부분들에 가하는 자극의 경제에 기초할 것이다(Shizgal, 이 책).

극단적인 사례는 일반적인 사례를 이해하는 데 종종 유용하다. 심리학에서 극단은 하나의 현상을 삶보다 더 크게 만드는 확대경과 같다. 중독은 경제학과 심리학 측면에서 '확대경'의 좋은 예이다. 중독 사례를 통해서 우리는 작동하는 강화 과정을 볼 수 있다. 그러나 현상을 확대하면 현상이 놓인 상황을 놓치기 쉽다. 따라서 우리는 약물중독을 면밀히 살펴본 후, 한 발 뒤로 물러나서 중독이 자연적인 섭식과 동일한 체계로 작동하는지 살펴볼 것이다. 우리의 가설은 섭식과 중독이 하나의 동일한 행동 강화 체계 내에서 신경 활동을 수반한다는 것이다.

음식을 살 돈을 마련하기 위해 일하는 사람들은 걷기의 중력 메커니즘을 알 필요가 없는 것과 마찬가지로 이러한 강화 메커니즘에 대해서 알 필요가 없다. 하지만 강화 메커니즘은 항상 작동한다. 만약 그 메커니즘을 안다면, 우리는 효용에 대한 판단을 설명할 수 있고, 비논리적인 행동을 설명할 수 있고, 정신 질환을 밝힐 수 있고, 정신 질환자들을 치료할 수 있고, 어떤 보상들이 상호 교환 가능한 이유를 밝힐 수 있고, 중립적인 자극이 보상과 어떻게 연합되는지 알아낼 수 있을 것이다. 강화 메커니즘은 중력 메커니즘이 물리학자에게 중요한 만큼이나 경제학과 심리학에 중요하다. 반응 강화의 기본을 분석하는 것은 이러한 분야의 본질에 속한다. 우리는 우리를 안내해 줄 측정 도구와 과학 이론의 발견만을 기다린다. 새로운 방법들과 하나의 이론의 도래가 가능해지고 있다. 그 결과는 심리학과 경제학뿐만 아니라 법체계 측면에서도 흥미를 불러일으키고 있다.

도파민이 고갈된 동물: 돛이 없는 범선

중뇌에서 측좌핵까지의 도파민 경로가 기본적 강화 체계의 일부라면 이 체계의 손상은 동기 부여된 행동을 손상시킬 수밖에 없을 것이다. 그러나 중뇌에서 나오는 서로 밀접하게 관련이 있는 두 개의 도파민 경로가 있기 때문에 그러한 현상을 입증하기는 어려울 수 있다. 파킨슨병 환자들은 예를 들어 걷는 데 사용되는 정형화된 움직임을 시작하는 데 필요한 경로에서 도파민 뉴런이 결핍되어 있다. 도파민이 고갈되면 사람들은 자극이 매우 강하거나 (영화, 사랑의 기적(Awakenings, 1990)에서처럼) 누군가가 시작하는 걸 도와주지 않는 한 감각 입력을 무시하고 아무것도 하지 않는 경향이 있다. 그들은 감각성 무시와 운동 결여를 겪는다. 음식을 얻기 위해 막대를 누르는 일과 같은 새롭고 복잡한 움직임을 시작하기 위해서는 가까운 측좌핵으로 이어진 경로에서 도파민이 필요하다. 분명히 도파민은 두 체계의 감각 입력에서 운동 출력으로 신경 정보를 전달하는 것을 촉진한다. 여러 증상들은 정확히 두 도파민 체계 중 어느 쪽이 손상되었는지에 따라 달라진다.

쥐를 상대로, 다양한 도파민 말단 부위들에서 도파민을 개별적으로 고갈시켜 도파민이 무슨 역할을 하는지 알아낼 수 있다. 도파민 뉴런을 죽이는 약물을 국소적으로 측좌핵에 주입할 수 있다. 도파민이 측좌핵에서만 선택적으로 고갈된 경우, 그 쥐는 여전히 걷고, 먹고, 막대를 누르는 반응을 이미 잘 학습한 경우라면, 심지어 음식을 얻기 위해 막대를 누를 수도 있을 테지만, 음식을 얻기 위해서, 열심히 활동하지도, 장애물을 극복하지도 못할 것이다(Cousins and Salamone, 1994; Maldonado-Irizarry and Kelley, 1995). 부분적인 이유로 코카인이 도파민 신경 말단에 직접 작용하기 때문에, 그 쥐는 정맥 내에 코카인을 스스로 주입하는 것을 거부한다. 이런 점에서 볼 때, 측좌핵의 도파민 신경이 사라지면, 코카인은 더 이상 강화되지 않을 것이다(Caine and Koob, 1994).

또 다른 기법은 도파민을 차단하는 것이다. 도파민은 정상적으로 분비되면 신경 연접 부위(시냅스)의 유체를 통해서 인접한 뇌 영역 전체로 확산된다. 도파민은 이웃 뉴런에서 도파민 수용체 역할을 하는 전문 단백질 분자와 결합한다. 도파민은 수용체를 활성화시키고 회로의 다음 뉴런에서 반응을 일으킬 수 있다. 수용체를 활성화시키지 않고 수용체와 결합하는 약물의 국소 주입은 도파민의 결합을 막는다. 이와 같은 도파민 차단은 기능적으로 도파민의 선택적 고갈과 유사하지만 그 효과가 일시적인 것이라는 큰 장점을 지닌다. 그 효과는 약물의 주입 양에 따라 차이가 있으며, 상이한 하위 유형의 수용체들에 대해 선택적으로 작용할 수 있다. 도파민 차단제는 일시적으로 도파민 체계를 파괴한다. 이에 따라 도파민 기능 장애가 있는 동물들은 민감성 검사에서 비정상적인 동기화를 보인다(Ettenberg, 1989; Wise, 1982). 예컨대, 그 동물들은 설탕을 평소보다 덜 단 것으로 취급한다(Smith, 1995). 도파민 수용체가 차단되면서, 삶에서 경험했던 좋은 것들은 그 효과를 거의 잃는다. 그처럼 도파민 기능 장애를 겪는 동물은 일반적으로 삶을 헤쳐 나가게 해주는 강화물에 반응하지 않으며, 결국 "바다 한가운데에서 길을 잃고 만다."

도파민이 너무 많은 동물: 과잉 충동

정신 자극제는 시냅스의 도파민을 증가시키는 약물이다. 가장 강력한 정신 자극제는 메타암페타민(일명 '스피드')과 크랙 코카인과 펜시클리딘(일명 '천사 먼지')과 같이 남용되고 있는 약물이다. 이러한 약물을 과다 복용한 사람들은 과잉 행동, 비정상적인 인지, 어디에서 오는지 모르는 감각 입력(이는 그들을 편집증에 빠지게 만들기에 충분하다), 조현병에서 전형적으로 나타나는 전반적인 정신 이상 행동 등을 포함한 도파민의 과잉 효과를 보인다. 스피드를 투여받은 쥐들은 우리 안에서 뛰어다니고, 그저 소리를 듣기 위해 음식 레버를 반복해서 누르고, 다른 쥐들을 불신한다(Ellison and Eison, 1983). 그 쥐들은 일반적으로 도파민이 고갈된 쥐와 정반대의 행동을 한다. 도파민이 지나치게 많으면 모든 것이 강화된다. 정신 자극제의 투여량에 따라 사람이나 동물은 원기 왕성한 존재에서 조증 환자로, 정신병 환자로 변한다.

다음 질문은 이렇다. 정상적인 사람과 정상적인 동물에게서 정상적으로 분비되는 정상적인 도파민의 양은 얼마인가? 증거는 일에 대한 보상을 생성하는 신경 회로에서 도파민이 최고치를 보인다는 것을 시사한다. 그걸 이해하려면 어떻게 해야 할까?

뇌의 도파민을 측정하는 미세 투석법

정상적인 행동을 하는 중에 도파민을 측정하기 위해서는, 셀룰로오스 투석막을 갖춘 피하 주사 바늘관을 준비해, 측좌핵으로 침입할 수 있는 미세 투석 탐침을 갖춰야 한다. 동물이 마취된 상태에서 수술이 진행된다. 일단 탐침이 갖춰지고 동물이 완전히 회복되면, 생성 부위 인근의 유체를 통해 확산되는 도파민은 곧바로 다공성 셀룰로오스를 통하여 되는 대로 천천히 이동하여 작은 유체 흐름에 의해 탐침 내부로 부드럽게 흘러든다. 탐침으로 빠져나가는 도파민의 양은 뇌에서 인근으로 분비된 양에 비례한다. 도파민의 정확한 양은 분석 화학으로 측정된다. 동물은 미세 투석 탐침을 느낄 수 없고 정상적으로 행동한다. 우리는 20분 간격으로 생성되는 도파민을 모니터한다.

정상적인 쥐를 상대로 한 미세 투석법은 이 쥐가 음식을 먹을 때 측좌핵에서 도파민이 분비된다는 사실을 입증한다(Hoebel et al., 1989; Hoebel, Leibowitz and Hernandez, 1992). 어떤 상황에서는, 앞서 원숭이를 상대로 한 실험에서 언급한, 예측 도파민 세포의 활동처럼(Schultz, Daylan and Montague, 1997), 그 동물이 먹기 전에 곧 음식을 먹게 될 것이라고 알려주는 신호만으로도 도파민이 분비된다(Phillips et al., 1992). 측좌핵의 상이한 부분들에서 탐침을 이용해 시행한 미세 투석에 따라 측좌핵은 하위 영역들로 구분되었다(Maldonado-Irizarry, Swanson and Kelley, 1995). 음식을 섭취하면 특정한 측좌핵 영역에서 도파민이 분비된다. 그 영역에서는 정상적인 일련의 사건들이 다음과 현상을 일으킬 것이다. 첫째, 음식과 관련된 감각 자극은 편도체와 해마, 피질과 같은 고차원적인 처리 센터에서 측좌핵으로 들어간다(그림 28.1을 참조). 이 정보는 신경전달물질인 글루타메이트를 분비하는 뉴런을 통해 도착한다. 측좌핵의 출력은 동물로 하여금 음식을 집거나 음식이 있는 곳으로 향하거나 음식 레버를 누르는 등의 반응을 하게 만든다(Kelly and Delfs, 1991). 그 결과로 얻은 음식을 먹고 추가적인 도파민을 분비한다. 이것은 이론적으로 섭식을 야기하는 감각 운동 연결을 강화한다. 따라서 그 동물은 다시 먹기 위해 살 것이다.

측좌핵에서 도파민을 얻는 또 하나의 자연적인 방법은 성행위이다. 통제 테스트는 도파민을 얻는 자연적인 방법으로 운동뿐만 아니라 예측 자극과 성교도 있음을 보여준다. 오르가슴이 아닌 전희가 가장 많은 도파민을 분비한다(Damsma et al., 1992; Pfaus et al., 1995).

우리는 섭식이 도파민을 분비할 수 있다는 것을 알지만, 도파민이 도구적 행동을 강화한다는 것을 어떻게 알 수 있을까? 놀랍게 들리겠지만, 막대를 누르는 행위에 대한 강화물로 도파민이 주입되면, 동물은 도파민을 직접 측좌핵에 자가 주입하기 위해서 막대를 누를 것이다. 쥐들은 또한 암페타민이 도파민을 분비했기 때문에 암페타민을 자신들의 측좌핵에 자가 주입할 것이다(Guerin et al., 1984; Hoebel et al., 1983).

앞에서 논의했듯이 시상하부에 이식된 전극은 강화 회로를 활성화하고, 측좌핵에서 도파민을 방출시키는 전기적 자기 자극을 지원할 수 있다. 앞선 논의는 음식 섭취와 관련된 뇌 부위와 성행위와 관련된 뇌 부위에 대한 자기 자극이 섭식과 성교 자체와 유사하다는 점을 암시한다(Hoebel, 1976). 도파민은 시상하부를 통해 강화 회로를 자극하는 본질적으로 성공적인 다양한 행동을 강화하는 것으로 보인다(Shizgal, 이 책; Wise, 1982).

고통에서 벗어나는 일도 강화된다는 점에서, 그 행동도 도파민을 방출하는지 궁금해 할 수 있을 것이다. 의문시되는 이 문제를 검증하기 위해 우리는 혐오와 관련이 있는 시상하부의 일부를 자극했다(Rada, Mark and Hobel, 1998). 혐오 자극은 도파민을 약간 감소시켰다. 그러나 쥐가 레버를 눌러 한 번에 5초 동안 혐오 자극을 끌 수 있었을 때, 도파민은 급격히 증가했다. 학습된 도피는 스키너(1953)가 부적 강화의 증거로 여긴 것이다. 학습된 도피는 음식이나 섹스 또는 자기 자극을 통한 정적 강화만큼이나 도파민 분비를 잘 일으켰다. 이러한 연구 결과로 볼 때 도파민은 접근뿐만 아니라 도피의 반복도 촉진하는 것으로 보인다.

사람들은 도파민을 분비하는 법을 학습할 수 있을까

마약 크랙의 흡입에 대한 기억이 중독자의 측좌핵과 다른 뇌 부위에서 신경 활동을 일으켰다는 사실을 기억하기 바란다(Volkow et al., 1997). 분명, 중독된 사람은 쾌락적인 상황을 상상하는 것만으로 측좌핵을 활성화할 수 있다. 어떤 의미에서 그는 측좌핵을 활성화시키는 법을 학습했다. 이와 유사한 방식으로 우리는 쥐를 이용해 보았다. 우선 위 내 섭식을 새로운 향신료의 맛과 연합시키도록 쥐들을 훈련시켰다. 그러고 나서 우리는 그 쥐들의 혀에 그 향신료를 뿌려 해당 음식을 떠올리게 했다. 결국 음식을 떠올린 쥐는 측좌핵으로부터 도파민을 분비시켰다(Mark et al., 1996). 바로 이러한 과정이 사람들이 학습된 음식 선호와 문화적 요리를 발전시키는 방법임에 틀림없다.

반대로 우리는 사카린 맛과 독 물질이 유발하는 메스꺼움을 짝지어 주었다. 그러고는 나중에, 그 동물에게 메스꺼움을 상기시키도록 혀에 사카린을 뿌렸다. 그 결과, 사카린 맛은 도파민의 분비를 감소시켰다(Mark, Blander and Hoebel, 1991). 분명 이 현상은 조건화된 맛 혐오의 기초가 되는 신경 메커니즘의 일부이다. 평생 지속될 수 있는 이러한 혐오는 우리가 독살당하지 않는 데 도움이 된다(Garcial, Ervin and Koelling, 1966).

다른 예들은 학습이 도파민의 분비를 변화시킬 수 있다는 사실을 증명해준다(Kelley and Delfs, 1991). 가장 극적인 예는 이번에도 원숭이 실험이다. 도파민 세포들은 신경 활동을 기록할 때는, 음식 섭취 중에 맨 처음 발화하지만, 소리(식사를 알리는 그 유명한 벨소리)가 음식을 예측해 준다는 점을 원숭이가 발견했을 때는 음식 섭취 전에 그리고 음식을 향해 손을 뻗기 전에 발화하기 시작했다(Schultz, Dylan and Montague, 1997). 소리가 들리자 도파민 세포가 발화했다. 파블로프의 고전적인 연구로부터, 우리는 원숭이가 아마도 음식을 잡기 위해 손을 뻗었을 뿐만 아니라 침을 흘리기 시작했으리라는 사실을 알고 있다. 쥐와 원숭이의 도파민 세포가 활동하도록 조건화될 수 있다는 증거를 고려할 때, 우리는 그러한 조건화가 사람들에게서도 작동할 것이라고 확신할 수 있다. 그러므로 사람들은 도파민을 분비하는 법을 학습할 수 있다. 그리고 도파민은 우리가 학습한 것을 기억하고 반복하게 만드는 것과 관련이 있다.

측좌핵의 아세틸콜린: 행동 억제에 대한 증거

우리는 측좌핵 내에서 아세틸콜린 뉴런들이 행동의 정지에 중요한 역할을 한다고 가정한다. 그 뉴런들은 들어오는 감각 신호가 반응 메커니즘에 도달하지 못하게 막는 게이트 역할을 할 수 있다. 이 견해를 뒷받침하는 증거는 조건화된 맛 혐오 실험에서 나온다. 메스꺼움을 상기시키는 맛은 아세틸콜린의 분비를 증가시켰다(Mark et al., 1996). 이와 같은 반응은 도파민과 관련해 일어나는 현상과 정반대이다.

쥐가 메스꺼움을 떠올릴 때, 아세틸콜린이 분비되는 현상은 결코 우연의 일치가 아니다. 아세틸콜린을 효소 파괴로부터 보호하기 위해서 화학 물질이 측좌핵으로 주입되었고, 그에 따라 시냅스에서 아세틸콜린이 증가했다. 이와 같은 절차는 쥐들이 사카린을 섭취하는 동안에 그들을 상대로 실행되었다. 일반적으로 쥐들은 많은 양의 사카린 용액을 마시지만, 맛이 측좌핵에서 분비되는 높은 수치의 아세틸콜린과 짝을 이룬 이후에는 그 용액을 선호하지 않았다(Taylor et al., 1992). 그 쥐들은 사카린을 회피했다. 이는 측좌핵의 아세틸콜린이 혐오를 일으킬 수 있음을 시사한다. 이 현상은 메스꺼움이 유발하는 혐오와 유사하거나 심지어 동일할 수도 있다.

정상적인 한 끼 식사는 한 차례 먹기 시작하고 멈추는 것으로 정의된다. 도파민은 접근 반응을 증가시켜 음식 섭취의 시작에 기여하는 것으로 보인다. 이에 반해, 아세틸콜린은 음식 섭취의 종료에 기여할 수 있다. 미세 투석이 보여주듯이, 먹는 속도가 느려지는 경우에 아세틸콜린의 분비가 증가한다 (Mark et al., 1992). 다시 말하자면, 상관관계와 원인이 모두 증명되었다. 아세틸콜린을 실험적으로 증가시켰을 때, 진행 중인 음식 섭취가 억제되었다. 통제 집단의 쥐들은 음식 섭취를 중단했음에도 불구하고 물을 계속 마셨다. 우리는 약간의 아세틸콜린은 단순히 먹는 것을 지연시키고 점차적으로 음식 섭취를 중단시키지만 많은 양의 아세틸콜린은 지속적인 맛 혐오를 일으킬 수 있다고 추측한다. 따라서 포만과 맛 혐오를 우리의 모델로 삼으면, "행동을 멈추는 것은 무엇인가?"라는 질문에 일정 부분 답할 수 있다. 그 대답은 측좌핵의 아세틸콜린이다.

시상하부: 도파민/아세틸콜린의 균형 조절

다음 연구 문제는 도파민과 아세틸콜린을 통제하는 동떨어진 부위의 발견에 초점을 맞췄다. 우리가 섭식 전문 영역인 측좌핵의 하위 영역을 다루고 있기 때문에 식욕을 통제하는 부위가 도파민과 아세틸콜린을 통제한다는 것이 논리적이다. 섭식이 시상하부의 신경 화학 물질에 의해서 시작되고 종료된다는 것은 잘 알려진 사실이다. 예를 들어, 탄수화물 식욕은 탄수화물 사용을 촉진하는 노르에피네프린과 기타 인자들과 함께 작용하는 '뉴로펩타이드 Y'에 의해 시작된다. 또 하나의 펩타이드인 갈라닌(galanin)은 노르에피네프린과 함께 작용해 쥐가 선호하는 음식, 특히 지방을 먹게 만든다. 결론적으로 말하자면, 성장을 촉진하는 펩타이드가 단백질 섭취를 일으킨다(Leibowitz and Hoebel, 1998). 탄수화물과 지방, 단백질은 모든 음식물의 세 가지 주성분이다. 시상하부에 갈라닌이나 노르에피네프린을 주입할 경우에, 음식 섭취가 발생뿐만 아니라 측좌핵에서 도파민과 아세틸콜린의 예측 가능한 변화가 일어나는 것을 볼 수 있다(Hoebel, 1997; Hoebel et al., 1996). 도파민의 분비가 증가하고 아세틸콜린의 분비가 감소한다. 우리의 이론에 따르면, 도파민은 음식에 대한 반응을 촉진하고 강화하며, 아세틸콜린의 감소는 그런 반응 행동을 탈억제한다. 따라서 시상하부는 부분적으로 측좌핵의 도파민과 아세틸콜린을 조절함으로써 행동을 통제한다.

약물에 의한 인위적인 도파민 통제

'도파민 경제'라는 측면에서 도파민을 분비시키는 약물을 복용하는 것은 타당성이 있다. 선택지는 많다. 암페타민, 코카인, 펜시클리딘 등과 같은 정신 자극제는 이미 언급한 바 있다. 다른 약물로는 중뇌의 도파민 세포 영역과 측좌핵의 도파민 말단 영역에서 모두 작용하는 아편제와 헤로인, 모르핀이 있다. 도파민을 얻는 또 다른 방법은 담배의 니코틴을 통해서이다. 니코틴은 도파민 뉴런의 세포와 말단을 자극한다. 이 이중 작용은 '두 배 용량'의 도파민을 제공한다. 마리화나는 간접적으로 오피오이드 체계를 활성화시키고, 그 체계는 이번에는 도파민 체계를 활성화시킨다. 술의 알코올과 커피의 카페인도 측좌핵에서 도파민을 생성한다(Hoebel et al., 1989; Tanda, Pontieri and Di Chiara, 1997). 우리는 그러한 약물들을 복용함으로써 섭식 활동의 수고를 덜 수 있다. 그 약물들은 종종 음식보다 더 비싸지만, 확실히 효과가 더 큰 도파민을 신속하게 제공한다.

약물은 여러 가지 이유로 더 효과적일 수 있다. 약물들은 많은 뇌 부위에서 동시에 작용한다. 일부 약물은 둘 이상의 신경 화학적 체계에 작용하기도 한다. 예를 들어, 코카인은 도파민 강화 효과와 세로토닌 항우울 효과를 모두 제공한다. 여러 부위들에서의 작용과 복합적인 여러 작용은 원하는 부작용이나 원치 않는 부작용을 일으킬 수 있다. 정신 자극제의 한 가지 부작용은 시상하부를 통한 식욕 억제이다(Leibowitz and Hoebel, 1998). 반면에 아편제는 섭식을 늘리는 경향이 있다. 그러므로 체중 변화가 뒤따를 수 있고, 이것은 약물 복용에 영향을 미칠 수 있다. 체중과 약물 남용 간의 상호작용은 매우 흥미롭다.

체중 감소와 도파민 고갈

다이어트나 불충분한 음식 섭취가 체중 감소로 이어져 섭식을 촉진한다는 것은 누구나 다 아는 사실이다. 그리고 체중 감소는 전기적 자기 자극을 높인다(Carr, 1996; McClelland and Hoebel, 1991). 심지어 표준 체중에 못 미치는 쥐와 원숭이, 사람들에게서 약물 자가 투여가 증가하는 현상이 나타난다(Carroll, France and Meisch, 1979). 이처럼 섭취와 자기 자극, 약물 남용이 증가하는 '경제적인' 이유는 도파민의 수치가 낮기 때문일 수 있다. 시냅스의 도파민이 부족하면, 동물들은 그것을 얻으려는 활동을 하는 것으로 보인다.

쥐의 체중 감소는 도파민의 분비를 감소시킨다. 이 현상은 정상적인 체중의 약 80 퍼센트에 이를 때까지 제한된 음식을 받은 쥐들의 측좌핵에서 추출한 미세 투석 샘플에서 얻은 낮은 기초 도파민으로 확인되었다(Pothos, Creese and Hoebel, 1995). 도파민 수치는 보통 검출되는 수치의 절반까지 떨어졌다. 우리는 표준 체중에 못 미치는 동물들과 사람들이 저장된 도파민을 분비하고 나서는 시냅스의 도파민 수치를 평상시의 수준까지 회복하기 위해서 더 많이 먹을 수 있을 거라고 추측한다. 남용 약물은 도파민을 더 빠르게 회복시킬 것이다. 이러한 현상이 사람들이 때때로 살을 뺄 때면 그러한 약물을 더 많이 복용하게 되는 한 가지 이유일 수 있다. 따라서 도파민 분비 행동은 체중이 비교적 낮을 때 강화될 수 있다. 이것은 폭식, 폭음, 다이어트를 해 온 사람들이 빠르게 작용하는 크랙 코카인을 선호하는 이유를 설명하는 데 도움이 될 것이다. 게다가 단 음식 섭취는 약물 획득 행동의 경제를 변화시킬 수 있다(Rodefer and Caroll, 1996).

약물 남용을 삼가면 도파민이 급격히 감소할 수 있다(Pothos et al., 1991; Rossetti et al., 1992). 따라서 약물 금단 현상은 도파민에 대한 욕구, 즉 약물을 더 많이 복용함으로써 충족될 수 있는 욕구를 유발할 수 있다. 실제로 정맥 내 주입되는 코카인을 얻고자 막대를 누르는 쥐들은 도파민 수치가 유발점까지 떨어질 때마다 도파민을 회복함으로써 높은 수치 상태를 유지하는 패턴에 따라 그 약물을 주입받는다(Wise et al., 1995). 따라서 동물들은 도파민이 비교적 부족하고 매우 효과적일 때 도파민을 얻고자 막대를 누르는 행동을 한다.

약물 금단 현상의 초기 '콜드 터키(cold turkey)'[1] 시기 동안에 도파민을 얻고자 하는 행동 경향은 아세틸콜린 분비의 증가로 방해받을 수 있다. 우리는 쥐들에게 일주일 동안 매일 모르핀을 주입하고 나서, 뇌의 아편제 수용체를 차단하는 약물로 금단 현상을 촉진했다. 그러자 그 동물들은 육체적인 금단 증상을 보였다. 모르핀 중독자들은 그와 같은 금단 증상이 매우 불행하고 불쾌한 상태라고 말한다. 측좌핵은 금단 증상의 혐오 상태에 관여한다(Koob, Wall and Bloom, 1989). 쥐에게서 금단 현상이 일어나는 동안에 도파민이 감소했을 뿐만 아니라 아세틸콜린 분비가 증가하기도 했다(Rada et al., 1991b). 조건화된 혐오 연구는 이처럼 높은 수치의 아세틸콜린이 정지 행동, 그리고 아마도 약물 금단 증상의 혐오적인 측면과 관련이 있음을 시사한다. 금단 증상을 없애고자 개인은 어떤 다른 약물이나 도파민 공급원으로 주의를 돌릴 수도 있다.

도파민은 어떻게 중독될까

문헌을 재고찰한 결과에 의하면, 간헐적인 과도한 약물(마약) 복용은 너무 많은 도파민 분비를 일으키며 중독에 어떻게든 기여한다(Koob and Le Moal, 1997). 중독의 실제 메커니즘은 충분히 알려져 있지 않다(Nestler and Aghajanian, 1997). 중독 효과는 중독성 장애 기질 가족력을 가진 사람들과 동물에게서 더 두드러지게 나타난다. 연구자들은 연구 목적으로 알코올을 선호하는 여러 종류의 쥐들을 선택적으로 길렀다(Overstreet, Rezvani and Janowsky, 1992). 연구자들은 그 쥐들의 뇌의 특이성을 밝히려고 노력하고 있다. 우선, 그 쥐들은 유전적으로 낮은 도파민 수치와 세로토닌 수치를 지니고 있을 수 있다. 이는 우울증에 걸리기 쉽고 과도한 알코올 섭취를 하기 쉽게 만드는 경향이 있다.

'관문 이론(gateway theory)'의 주장에 따르면, 한 중독성 약물 이용은 다른 중독성 약물 이용으로 이어진다고 한다. 쥐들은 코카인의 맛을 좋아하지 않는다. 그러나 우리가 알코올을 선호하는 쥐들에게 알코올이나 니코틴(합법적

---

1   갑작스러운 약물 중단에 의한 신체적 불쾌감.

28장
·
1187

인 약물) 섭취 경험을 주자, 그들은 그때서야 코카인(불법적인 약물) 섭취를 단념했다.

중독에는 세 가지 주요한 단계가 있다. 첫 번째 단계는 행동 증가이다. 사람이나 동물은 약물 섭취의 증가를 보인다. 이 현상은 혐오스러운 부작용에 대한 적응과 강화 효과 변화의 결합을 통해 일어날 수 있다. 두 번째 단계는 약물 섭취를 금하는 것이 사람들에게 매우 불쾌한 증상을 일으키는 것은 물론이고 심지어 쥐들에게도 육체적으로 명백한 증상을 일으킬 수 있는 금단 증상 단계이다. 세 번째 단계는 수년간 지속될 수 있는 갈망 단계로, 이 단계의 특징으로는 통제력 상실을 야기하고 다시 더 많은 약물 복용에 빠져들 수밖에 없는 약물에 대한 강한 욕구를 들 수 있다. 중독의 특징인 통제력 상실을 일으키는 장기적인 신경 변화가 있음이 분명하다. 그 변화는 강화 회로의 어딘가에서 일어난다. 이 변화는 중독 과정에서 발생하는 몇 가지 일들로 나타난다.

1. 거의 모든 남용 약물들은 측좌핵의 도파민을 증가시킨다(Hoebel et al., 1992; Tanda et al., 1997).
2. 쥐는 연속적으로 주입되는 모르핀에 민감해짐에 따라, 측좌핵에서 아세틸콜린 반응이 감소하고 다른 신경 화학적 변화가 발생한다(Rada et al., 1991b).
3. 금단 증상이 일어나는 동안에 측좌핵에서 도파민이 감소하고 아세틸콜린이 증가한다(Rada et al., 1991b).
4. 갈망 단계에서는 기억이 일으키는 학습된 도파민 분비의 유인적인 동기 부여 측면이 그 동물을 추동할 것이다(Robinson and Berridge, 1993).

섭식 활동의 중독성

섭식 활동에서 도파민이 하는 역할에 대한 연구, 그다음으로 약물(마약) 복용 행동에서 도파민이 하는 역할에 대한 연구와 그 뒤이은 중독에서 도파민이 하는 역할에 대한 연구 이후에, 우리는 음식이 중독성 그 자체일 수도 있다는 사실을 깨닫게 되었다. 음식과 약물은 다소 상호 교환이 가능하고 도파민 기능에 공통적인 기반을 두고 있다는 점이 밝혀짐에 따라, 중독을 설명할 수 있는 두 가지 주요한 가능성이 생겼다. 약물(마약)이 도파민 체계를 자극하고, 섭식과 아무런 관련이 없는 이상 현상으로 중독을 일으키기 위해 강력하고 비정상적으로 작용하거나, 도파민 체계가 자연에서 진화하여 음식을 포함한 천연 산물에 중독을 일으켰다. 두 가능성은 서로 배타적이지 않다. 코카인 중독은 고산 지대에 사는 페루의 인디언들에게 선택적 이점을 줄 수 있다. 커피를 마시는 것은 장거리 트럭 운전사들에게는 생존가(生存價)를 지닐 수 있다. 헤로인과 마리화나, 알코올과 같은 진정제의 남용은 약리학적 일탈로 보는 것 말고는 설명하기 어려울 수 있다. 그러나 오피오이드 체계가 일반적으로 섭식에 의해 활성화되고, 섭식이 중독으로 진화했다고 가정해 보자.

이를 입증하기 위해 우리는 문헌 조사를 하면서, 단맛이나 모르핀이 섭식을 늘리고, 이 효과는 날록손과 같은 아편 길항제에 의해 차단된다는 점(Gosnell and Levine, 1996; Nader and van der Kooy, 1994)에 주목했다. 맛있는 음식 섭취는 내인성 오피오이드 분비를 통해 진통제가 될 수 있다(Kanarek et al., 1991). 또한 반복적인 체중 감소는 동물을 민감하게 만들고 아편제를 유발하는 섭식을 증가시킨다(Hagan and Moss, 1991; Specker, Lac and Carroll, 1994). 그리고 체중 감소는 오피오이드를 통해 자기 자극을 증가시킨다(Carr, 1996). 섭식과 '뇌의 자체 모르핀' 간의 이 모든 연관성은 오피오이드를 분비하는 음식에 사람들이 중독될 수 있는지 궁금하게 만든다. 만약 그렇게 음식에 중독될 수 있다면, 이 메커니즘은 일반적으로 섭식에 관여하는 오피오이드 체계를 통해 헤로인과 마리화나, 알코올의 중독성을 설명해 줄 것이다.

음식 중독에 대한 탐색의 첫 번째 단계는 쥐들이 설탕을 폭식하게 만드는 것이었다. 이를 위해서 쥐들은 아침 식사 시간 4시간을 포함해 12시간 동안 음식을 박탈당했다. 그리고 나서 그 쥐들은 눈금 실린더에 25퍼센트 양의 맛있는 포도당과 함께 담긴 음식물을 받았고, 그것을 게걸스럽게 소비했다. 이 폭식 주기는 일주일 동안 계속되었고, 그동안 쥐들의 섭취는 증가했다. 금단 증상 테스트로 하루 동안 음식과 포도당을 박탈했다. 그러자 그 쥐들은 치아를 딱딱 부딪치고 발로 부채질을 하고 머리를 흔드는 신체적 증상을 보였다. 날록손은 그 증상을 더 악화시켰고, 모르핀이나 설탕은 그 증상을 호전시켰다. 폭식은 특정한 뇌 부위, 특히 측좌핵에서 오피오이드 수용체 결합에 상당한 변화를 일으켰다(Colantuoni et al, 1997). 우리는 폭식이 중독과 관련이 있다는 사실을 더 잘 보여주는 징후를 계속 찾고 있다. 갈망의 경우는 쥐들을 상대로 측정하기 어렵지만, 폭식 장애가 있는 여성들을 상대로 평가할 수 있었다. 폭식하는 사람들은 통제력 상실감의 평가 점수가 높은 편이다(Stunkard et al., 1996). 폭식 장애나 식욕 이상 항진증을 앓고 있는 일부 사람들은 우울증에 걸리는 경향이 있다.

우울증과 중독의 관계

동물들은 모르핀 사용을 중지할 경우에 우울증 징후 행동을 보인다. 이는 실험용 물 탱크에서 빠져나갈 길을 찾으려는 노력이 상대적으로 부족한 경향으로 나타난다. 그 동물들은 쉽게 포기하고 그냥 선헤엄만 친다. 이는 측좌핵의 도파민 분비 감소와 관련이 있다(Rossetti et al., 1993). 중독이 사람들을 '기분이 축 처지고', 우울하고, 불행하게 만드는 만큼, 그들은 약물이나, 아이스크림과 케이크와 같은 맛있는 음식을 더 많이 먹는 것으로 스스로 치유한다는 것은 논리적으로 맞다. 또한, 그들은 몇 달 후 '기분이 고양된 상황'을 상상할 때 약물이나 음식을 갈망할 수도 있다. 중독은 두 가지 방법, 즉 (1) 혐오나 우울의 후유증으로부터의 탈출 추구와, (2) 긍정적 효과 추구를 통해 영속된다(Koob and Le Moal, 1997; Rada et al., 1991a, 1991b). 따라서 중독은 앞서 설명한 바와 같이 도파민을 분비할 수 있는 정적 강화와 부적 강화에 의해서 영속된다.

우울증 치료

세로토닌성 약물은 사람들을 우울증에서 벗어날 수 있게 해주는 기능으로 유명하다. 프로작이 가장 잘 알려진 세로토닌성 약물이다. 통제력 상실과 같은 폭식 증상도 세로토닌성 약물로 치료할 수 있다(Stunkard et al., 1996). 이 약물들은 어떤 효과가 있을까? 그 답은 복잡하지만 그중 한 부분은 사람들이 왜 (섭식) 활동을 하는지에 대한 우리의 연구와 관련이 있다. 아세틸콜린은 모르핀 투여를 중지하는 동안 측좌핵에서 분비된다는 사실과 아세틸콜린은 행동을 억제할 수 있다는 점을 기억하기 바란다. 측좌핵에 직접 주입된 프로작

(플루옥세틴)은 정상적인 쥐의 아세틸콜린 수치를 낮추었고(Rada, Mark and Hoebel, 1993), 수영 테스트에서 보이는 행동 우울증을 예방했다. 프로작의 효과는 아세틸콜린 분비 억제나 도파민 체계의 강화 작용에 기인하거나 둘 다에 기인할 수 있다.

우울증을 치료하는 또 다른 방법은 카페인에 중독될 가능성을 개의치 않는 다면 카페인과 같은 가벼운 약물로 도파민을 분비하는 것이다. 동기 부여를 하지만 중독성이 있는 니코틴도 마찬가지이다. 암페타민이나 코카인과 같은 다른 약물들도 일시적으로 우울증을 전환시킬 수 있지만 나중에 복용을 중지 하면, 우울증이 악화되어 불법적인 물질에 대한 중독으로 이어질 수 있다. 이 론적으로는 펜터민과 같은 순하고 합법적인 도파민성 약물과 프로작과 같은 세로토닌성 약물을 제대로 결합시킬 수 있을 것이다. 우리는 현재 이 결합을 시험하고 있는데, 그것은 쥐의 코카인 자가 투여를 줄일 수 있는 것으로 나타 났다

동기 부여의 일반 이론

이 장에서 인용한 연구들은 행동 강화와 동기 부여에 대한 일반 이론을 제 시한다. 다음의 이론적 구성은 사람들이 왜 (섭식) 활동을 하는가 하는 질문에 대한 부분적인 답이다. 측좌핵의 해당 부위에서의 도파민 분비는 섭식을 일 으키는 신경 입력에 대한 반응을 촉진한다. 편도체와 해마, 피질에서 글루타 메이트 뉴런을 통해 측좌핵으로 들어오는 자극이 그러한 신경 입력을 일으킨 다. 동물이 필요한 칼로리나 특정한 영양소를 제공하는 새로운 음식을 먹을 경우, 그러한 섭취는 도파민을 분비하고 그 성공과 연합된 자극 입력 및 반응 출력을 강화한다. 이 과정은 그 동물이 포만감을 느끼거나, 너무 많이 먹었거 나, 메스꺼움을 느끼거나, 질릴 때 나타나는 아세틸콜린의 분비에 의해서 정 지될 수 있다. 도파민과 관련된 긍정적인 피드백과 아세틸콜린과 관련된 부 정적인 피드백의 균형이 우리가 언제 섭식 활동을 하고 우리가 얼마나 먹을 지를 결정한다. 그리고 이러한 균형은 체중 조절에 기여한다(Hoebel, 1997).

시상하부는 주로 에너지 요구와 관련된 환경적 자극과 생리적 자극을 통합 하는 역할을 맡고 있다. 시상하부는 이 정보를 호르몬과 행동, 인지에 영향을

주기 위해 사용한다. 호르몬 측면에서 시상하부는 에너지가 풍부한 칼로리의 활용 및 저장을 목적으로, 췌장 인슐린과 부신 글루코코르티코이드의 분비를 조절하기 위해 그 통합된 정보를 사용한다. 행동 측면에서 시상하부는 뇌간에서 식이 반사를 통제하고, 측좌핵에서 도파민과 아세틸콜린의 균형에 영향을 미치는 것으로 섭식을 조절하는 데 기여한다. 인지와 관련해, 시상하부는 동물의 요구 상태에 대해서 전전두엽 피질에 알려주며, 그것으로 맛과 먹이 활동 계획에 대한 피질의 반응에 영향을 미친다(Leibowitz and Hoebel, 1998; Rolls, 1996).

이 장은 사람이 해야 하는 경제적 결정에 대한 시상하부의 통제 과정을 개략적으로 설명했다. 갈라닌, 뉴로펩타이드 Y(neuropeptide Y: NPY), 성장호르몬 분비 펩타이드 등처럼 아주 오래전에 진화한 펩타이드는 뇌 시스템을 통해 지방과 탄수화물, 단백질 섭취를 조절하는 시상하부 체계의 기능을 부호화했다. 행동적으로 부호화된 이러한 펩타이드는 호르몬 체계를 통해 신진대사를 통제한다. 인슐린과 렙틴과 같은 호르몬은 체지방을 반영하며, 시상하부에 들어가 갈라닌과 NYP의 발현을 조절할 수 있다. 예를 들어, 체지방의 부족은 낮은 인슐린과 낮은 렙틴으로 이어질 것이다. 그리고 이러한 결손은 갈라닌의 발현을 촉진할 것이다. 이후 측좌핵에서 도파민의 분비와 아세틸콜린 감소는 동물에게 섭식을 유도한다. 또한 지방 섭취는 갈라닌을 분비할 수 있고, 그에 따라 더 많은 섭식을 강화하기 위해 측좌핵에서 도파민을 분비할 수 있다. 이러한 긍정적인 피드백은 단기 포만감 신호나 장기 포만감 신호가 인슐린의 순환을 증가시키고, 렙틴이 점차 갈라닌의 생산을 억제하고 부정적인 피드백에 따라 섭식률을 줄일 때까지 계속될 것이다(Leibowitz and Hobel, 1998).

동물은 표준체중 이하 상태에 있는 동안에 입맛에 맞는 오피오이드 분비 음식과 남용 약물을 포함한 도파민 기능을 강화시키는 어떤 것에도 유독 민감하다. 오피오이드 펩타이드는 부분적으로 고통을 억제하고 사냥과 먹이 활동을 위한 접근 행동을 촉진하도록 진화했다. 맛있는 음식은 불편함을 억제하고 섭식을 늘리는 오피오이드를 분비한다. 많은 남용 약물들이 시냅스의 도파민을 직접 증가시키거나 오피오이드 수용체를 통해 증가시키는 방식으로 작용한다. 이 약물들은 본질적으로 시상하부의 부정적 피드백 시스템을 우회하거나 무시한다. 이런 일이 일어날 경우에, 특히 표준 체중 이하일 때, 동물의 행동은 정상적인 포만감 없이 강화된다(Gosnell and Levine, 1996; Pothos, Creese and Hoebel, 1995).

우리는 맛있는 음식을 폭식하는 것이 중독될 수 있다는 점을 제시했다. 이러한 자연적인 형태의 중독은 약물 중독의 신경적 기초를 형성한다. 심지어 모유의 도파민과 오피오이드 분비 특성 때문에 유아들이 모유에 중독된다는 것을 상상해 볼 수도 있다. 유아들은 다른 모성 자극을 수유와 연합시키는 법을 학습할 수 있고, 그에 따라 모유와 어머니 모두에 대한 중독 — 말하자면 사랑 — 을 발전시킬 수 있다. 모유 자체에는 그 과정을 촉진하는 오피오이드 펩타이드가 함유되어 있다.

중독된 사람이나 심지어 중독된 쥐가 겪는 금단 증상은 행동 우울증에 대한 증거를 제공해 준다. 우울한 행동과 함께 우울한 기분이 나타날 수도 있다. 우리의 이론에 따르면, 이러한 우울증 증상은 측좌핵에서 높은 수치의 아세틸콜린 분비와 결합된 낮은 수치의 도파민과 관련이 있다. 우울증을 치료하기 위해서는 인지 요법의 도움을 받거나, 도파민 수치를 높이고 아세틸콜린 분비를 억제하는 약물을 사용할 수 있다.

중독을 치유하는 다양한 약리학적 치료법이 있다. 예를 들어, 메타돈은 헤로인이나 모르핀을 대체할 수 있는 지속적 작용성 진정제이다. 날트렉손은 알코올 중독 치료에도 유용한 지속적 작용성 아편 차단제이다(O'Brien, Volpicelli and Volpicelli, 1996). 그리고 프로작은 쥐의 코카인 섭취를 줄일 수 있는 세로토닌성 약물(Carroll et al., 1990)이지만 사람들이 복용할 경우에는 그다지 효과가 없다. 클로니딘과 같은 노르아드레날린성 약물은 도파민과 아세틸콜린이 균형을 이루게 하는 데 도움이 될 수 있다(Pothos et al., 1991). 이 외에 많은 도파민성 약품들이 시험되고 있다. 아마도 시상하부의 펩타이드를 기반으로 한 새로운 세대의 치료약이 더 좋은 결과를 가져올 것이다. 이러한 펩타이드는 섭식 조절 면에서 진화를 했고, 약물 남용은 부분적으로 섭식 체계를 통해 작용하기 때문에, '포만 펩타이드' 또는 '섭식 펩타이드의 길항제'가 언젠가는 중독성 물질에 대한 갈망을 사람들이 통제하는 데 효과가 있을 것이라고 제안하는 것은 타당하다.

심리학적, 경제학적, 법적 의미

손쉽게 사용할 수 있는 합법적인 도파민 분비 공급 제품으로는 초당(超糖) 유제품, 카페인 함유 식품, 알코올 함유 음료, 담배가 있다. 불행히도, 모든 직장의 식당과 자판기의 풍부한 음식과 카페인 음료들은 지방과 설탕을 지나치게 많이 섭취하도록 사람들을 유혹하고, 과식은 비만이나 섭식 장애로 이어진다. 비만은 심혈관 질환과 당뇨병의 위험을 증가시키고, 알코올은 뇌와 간을 손상시키고 치명적인 사고를 야기할 수 있다. 담배는 폐암을 유발한다. 그리고 불법 약물들은 헤아릴 수 없을 만큼 막대한 비용의 문제도 안고 있다. 따라서 이런저런 종류의 중독을 관리하는 데 사회적인 많은 노력과 세금이 소비된다.

이 장에서 언급한 증거로 볼 때 약물 남용은 특별한 종류의 질병이라고 할 수 있다. 나는 약물 남용이 자연적인 중독 과정의 산물이라고 주장해 왔다. 그것은 성인의 행동 강화 체계를 과도하게 자극하는 물질들을 구입할 수 있는 데서 비롯된다. 사람들이 폭식하고 마약을 남용하기 위해 스스로 위험에 빠진다는 사실은 그 중독 과정의 위력이 얼마 센지를 증명해 준다. 도파민 강화 물질들의 호환성에 기반해 합법 약물들에서 불법 약물로 향하는 관문을 거치며 문제는 더욱 심각해진다. 매우 날씬해야 한다는 사회적 압력도 중독에 기여하는 또 하나의 요인이다.

약물(마약)을 얻고자 법을 위반하는 것이 약물 남용이라는 질병의 한 증상이다. 사회는 법을 위반하는 사람들을 구속하거나 그들의 질병을 치료하거나, 아니면 그 둘 다를 할 것을 선택할 수 있다. 쉽게 재발할 가능성은 평생 지속될 수 있다. 어떤 '회복된' 알코올 중독자든 그처럼 다시 재발할 가능성은 분명히 존재한다. 폭식을 하는 사람들은 자신들의 문제가 최악이라고 말한다. 그들은 누군가가 마약에 대해 절대 '안 한다'라고 말하는 법과 똑같이 음식에 대해서 맹세할 수 없다. 전체 사회로 볼 때, 마약법의 시행과 중독자들의 구속은 엄청난 비용을 초래한다. 이러한 이유들 때문에, 결국에 병원에 입원하거나 수감되기 전에 어려움에 처한 이들을 치료할 방법을 강구하거나 치료해 주는 것이 타당하다. 재발을 막기 위해서는 후속 치료도 중요하다.

이 장에서 설명한 행동 강화 체계는 건강한 반응과 건강하지 못한 반응의 신경 기질이다. 이것이 사람들이 (섭식) 활동을 하는 이유이다. 이 체계가 어뗳게 기능하는지 이해하기 위한 연구는 중독성 질병에 대한 효과적인 심리적, 의학적 치료에 기여할 것이고, 따라서 효과적인 건강 시스템 및 경제 질서에도 기여할 것이다. 그것이 아니면, 다른 길로 과도한 부담의 건강 시스템, 과도한 부담의 형벌 체계, 그리고 저류에 흐르는 경제 혼란밖에 없다. 뇌에서 일어나는 중독을 뇌측면에서 이해하고 치료하기 전까지는 경제 자체가 계속해서 '질병'을 앓을 것이라고 말할 수 있을 것이다.

치료법이 강구되더라도 많은 사람들은 중독되기를 선호할 것이다. 어떤 사람들은 중독을 조절할 수 있는 반면에, 어떤 사람들은 우울증을 스스로 치료하고자 남용 약물을 사용한다. 사실 모든 중독이 나쁜 것만은 아니다. 그러나 통제력을 상실한 사람들은 약리적 치료와 인지 치료, 행동 치료를 이용할 수 있어야 한다.

이 장은 환자와 동물 모델을 모두 연구한 접근법을 설명했다. 우울증 치료에 대한 이 접근법 덕분에 우리는 효과적인 인지 치료법을 갖게 되었고 프로작을 발견했다. 처음부터 학생들에게 건설적인 사고를 갖는 방법을 교육시키기에 앞서, 장기적인 성공을 거두고 있는 우울증 예방 조처들이 교실에서 시행되고 있다(Gillham et al., 1995). 경제적 이득도 상당할 것이다. 약물 남용의 치료를 위해서 이용하는, 이와 같은 심리학과 신경과학에 대한 복합적 접근법은 결국 심리 치료, 약리적 치료, 조기 예방 등의 발견으로 이어질 것이다.

결론

뇌에는 환경 자극과 체내에서 생성된 계획이 행동으로 전환되는 곳인 감각과 운동의 인터페이스가 존재한다. 이러한 행동 패턴은 (섭식) 활동을 구성한다. 우리는 먹이 활동과 섭식과 관련된 활동을 통제하는 에너지 조절 체계를 예로 들었다. 측좌핵에서 분비되는 도파민은 좋은 음식을 얻는 데 성공한 반응을 강화하는 데 기여한다. 도파민 체계가 손상되면 활동 능력이 약화된다. 반대로, 과도한 도파민 기능은 과잉 활동과 조증의 원인이 될 수 있다. 도파민을 분비하는 법을 학습하는 것은 활동 학습의 본질이다.

측좌핵의 아세틸콜린은 반응 출력을 억제함으로써 도파민과 반대되는 활동을 할 수 있다. 이러한 반응 출력의 과도한 억제는 병적인 강화 손실과 행동 우울증을 야기할 수 있다. 시상하부의 에너지 통제 네트워크는 부호화된 뇌/신체 펩타이드를 사용하여, 측좌핵에서의 도파민과 아세틸콜린 분비를 부분적으로 관리함으로써 식욕과 섭식을 조절하는 회로를 가지고 있다. 암페타민, 코카인, 니코틴 등 도파민을 직접 강화하는 약물들이나 헤로인, 알코올, 마리화나 등 도파민을 간접적으로 강화하는 약물들은 도파민과 아세틸콜린의 균형을 인위적으로 조작하는 효과가 있다.

약물 남용은 폭식(폭음)과 금단 증상, 갈망의 순환을 동반하는 중독을 야기할 수 있다. 이 체계에 영향을 미칠 수 있는 수단이 절실히 필요하다. 이 상황은 공정한 보상 경제 체계, 치료 및 교육에 대한 건전한 심리적 원칙, 그리고 선천성 이상이나 후천성 이상을 교정할 수 있는 의약을 필요로 한다. 이러한 접근법들은 행동 강화의 신경 기질의 건강한 균형을 유지하는 데 함께 사용될 수 있다.

이 장에 실린 최근 연구는 미국 공중 보건국의 보조금 NS 30697과 DA 10608의 후원을 받았다.

참고문헌

Bentham, J. (1948). *An introduction to the principles of morals and legislations.* Oxford: Blackwell. (Originally published 1789)

Caine, S. B., and Koob, G. F. (1994). Effects of mesolimbic dopamine depletion on responding maintained by cocaine and food. *Journal of Experimental Analysis of Behavior, 61,* 213~221.

Carr, K. D. (1996). Opioid receptor subtypes and stimulation-induced feeding. In S. J. Cooper and P. G. Clifton (Eds.), *Drug receptor subtypes and ingestive behavior* (pp. 167~92). San Diego: Academic Press.

Carroll, M. E., France, C. P., and Meisch, R. A. (1979). Food deprivation increases oral and intravenous drug intake in rats. *Science, 205,* 319~21.

Carroll, M. E., Lac, S. T., Asencio, M., and Kragh, R. (1990). Fluoxetine reduces intravenous cocaine self-administration in rats. *Pharmacology, Biochemistry, and Behavior, 35,* 237~44.

Colantuoni, C., McCarthy, J., Gibbs, G., Searls, E., Alisharan, S., and Hoebel, B.

G. (1997). Repeatedly restricted food access combined with highly palatable diet leads to opiate-like withdrawal symptoms during food deprivation in rats. *Society for Neuroscience Abstracts, 23,* 517.

Cousins, M. S., and Salamone, J. D. (1994). Nucleus accumbens dopamine depletions in rats affect relative response allocation in a novel cost/benefit procedure. *Pharmacology, Biochemistry, and Behavior, 49,* 85~91.

Damsma, G., Wenkstem, D., Pfaus, J. G., Phillips, A. G., and Fibiger, H. C. (1992). Sexual behavior increases dopamine transmission in the nucleus accumbens and striatum of male rats: Comparison with novelty and locomotion. *Behavioral Neuroscience, 1,* 181~91.

Ellison, G. D., and Eison, M. S. (1983). Continuous amphetamine intoxication: An animal model of the acute psychotic episode. *Psychological Medicine, 13,* 751~61.

Ettenberg, A. (1989). Dopamine, neuroleptics, and reinforced behavior. *Neuroscience and Biobehavioral Reviews, 13,* 105~11.

Garcia, J., Ervin, R., and Koelling, R. (1966). Learning with prolonged delay of reinforcement. *Psychonomic Science, 5,* 121~22.

Gillham, J. E., Revich, K. J., Jaycox, L. H., and Seligman, M. E. P. (1995). Prevention depression in schoolchildren: Two-year follow-up. *Psychological Science, 6,* 342~51.

Gosnell, B. A., and Levine, A. S. (1996). Stimulation of ingestive behaviour by preferential and selective opioid agonists. In S. J. Cooper and P. G. Clifton (Eds.), *Drug receptor subtypes and ingestive behavior* (pp. 147~66). San Diego: Academic Press.

Grant, S., London, E. D., Newlin, D. B., Villemagne, V. L., Xiang, L., Contoreggi, C., Phillips, R. L., Kimes, A. S., and Margolin, A. (1996). Activation of memory circuits during cue-elicited cocaine craving. *Proceedings of the National Academy of Science, 93,* 12040~45.

Guerin, B., Goeders, N. E., Dworkin, S. I., and Smith, J. E. (1984). Intracranial self-administration of dopamine into the nucleus accumbens. *Society for Neuroscience Abstracts, 10,* 1072.

Hagan, M. M., and Moss, D. E. (1991). An animal model of bulimia nervosa: Opioid sensitivity to fasting episodes. *Pharmacology Biochemistry and Behavior, 39*(2), 421~22.

Hoebel, B. G. (1976). Brain-stimulation reward and aversion in relation to behavior. In A. Wauquier and E. T. Rolls (Eds.), *Brain-stimulation reward* (pp. 335~72). Amsterdam: Elsevier/North-Holland.

_____. (1979). Hypothalamic self-stimulation and stimulation escape in relation to feeding and mating. *Federation Proceedings, 38,* 2454~61.

_____. (1988). Neuroscience and motivations: Pathways and peptides that define motivation. In R. C. Atkinson, R. J. Hermstein, G. Lindzey, and R. D. Luce (Eds.), *Stevens' handbook of experimental psychology* (pp. 547~625). New York: Wiley.

_____. (1997). Neuroscience and appetitive behavior research: Twenty-five years. *Appetite, 29,* 119~33.

Hoebel, B. G., Hernandez, L., Mark, G. P., and Pothos, E. (1992). Microdialysis in the study of psychostimulants and the neural substrate for reinforcement: Focus on dopamine and serotonin. In J. Frascella and R. Brown (Eds.), *Neurobiological approaches to brainbehavior interaction, NIDA Research Monograph, 124,* 1~34.

Hoebel, B. G., Hernandez, L., Schwartz, D. H., Mark, G. P., Hunter, G. A. (1989). Microdialysis studies of brain norepinephrine, serotonin, and dopamine release during ingestive behavior: Theoretical and clinical implications. In L. H. Schneider, S. J. Cooper, and K. A. Halmi (Eds.), *The psychobiology of human eating disorders* (pp. 171~93). New York: New York Academy of Sciences.

Hoebel, B. G., Leibowitz, S. F., and Hernandez, L. (1992). Neurochemistry of anorexia and bulimia. In H. Anderson (Ed.), *The biology of feast and famine: Relevance to eating disorders* (pp. 21~45). London: Oxford University Press.

Hoebel, B. G., Monaco, A. P., and Hernandez, L., Aulisi, E. F., Stanley, B. G., and Lenard, L. (1983). Self-injection of amphetamine directly into the brain. *Psychopharmacology, 81,* 158~63.

Hoebel, B. G., Rada, P., Mark, G. P., Parada, M., Puig De Parada, M., Pothos, E., and Hernandez, L. (1996). Hypothalamic control of accumbens dopamine: A system for feeding reinforcement. In G. Gray and D. Ryan (Eds.), *Molecular and genetic aspects of obesity* (pp. 263~80). Baton Rouge: Louisiana State University Press.

Kanarek, R. B., White, E. S., Biegen, M. T., Marks-Kaufman, R. (1991). Dietary influences on morphine-induced analgesia in rats. *Pharmacology Biochemistry and Behavior, 38,* 681~84.

Kelley, A. E., and Delfs, J. M. (1991). Dopamine and conditioned reinforcement. *Psychopharmacology, 103,* 187~96.

Koob, G. F., and Bloom, F. E. (1998). Cellular and molecular mechanisms of drug dependence. *Science, 242,* 715~21.

Koob, G. F., and Le Moal, M. (1997). Drug abuse: Hedonic homeostatic dysregulation. *Science, 278,* 52~58.

Koob, G. F., Wall, T. L., and Bloom, F. E. (1989). Nucleus accumbens as a substrate for the aversive stimulus effects of opiate withdrawal. *Psychopharmacology, 98,* 530~34.

Leibowitz, S. F., and Hoebel, B. G. (1998). Behavioral neuroscience of obesity.

In G. A. Bray, C. Bouchard, and W. P. T. James (Eds.), *Handbook of obesity* (pp. 315~58). New York: Marcel Dekker.

Maldonado−Irizarry, C. S., and Kelley, A. E. (1995). Excitotoxic lesions of the core and shell subregions of the nucleus accumbens differentially disrupt body weight regulation and motor activity in rats. *Brain Research Bulletin, 38*(6), 551~59.

Maldonado−Irizarry, C. S., Swanson, C. J., and Kelley, A. E. (1995). Glutamate receptors in the nucleus accumbens shell control feeding behavior via the lateral hypothalamus. *Journal of Neuroscience, 15,* 6779~88.

Mark, G. P., Blander, D. S., and Hoebel, B. G. (1991). A conditioned stimulus decreases extracellular dopamine in the nucleus accumbens after the development of a learned taste aversion. *Brain Research, 551,* 308~10.

Mark, G. P., Rada, P., Pothos, E., and Hoebel, B. G (1992). Effects of feeding and drinking on acetylcholine release in the nucleus accumbens, striatum, and hippocampus of freely behaving rats. *Journal of Neurochemistry, 58,* 2269~74.

Mark, G. P., Smith, S. E., Mark, G. P., Rada, P. V., and Hoebel, B. G. (1996). An appetitively conditioned taste elicits a preferential increase in mesolimbic dopamine release. *Pharmacology, Biochemistry, and Behavior, 48,* 461~60.

Mark, G. P., Weinberg, J. B., Rada, P., and Hoebel, B. G. (1995). Extracellular acetylcholine is increased in the nucleus accumbens following the presentation of an aversively conditioned taste stimulus. *Brain Research, 688,* 184~88.

McClelland, R. C., and Hoebel, B. G. (1991). d−Fenfluramine and self−stimulation: Loss of fenfluramine effect on underweight rats. *Brain Research Bulletin, 27,* 341~45.

Mogenson, G. J., Jones, D. L., and Yim, C. Y. (1980). From motivation to action: Fundamental interface between the limbic system and the motor system. *Progress in Neurobiology, 14,* 69~97.

Nader, K. and van der Kooy, D. (1994). The motivation produced by morphine and food is isomorphic: Approaches to specific motivational stimuli are learned. *Psychobiology, 22,* 68~76.

Nestler, E. J., and Aghajanian, G. K. (1997). Molecular and cellular basis of addiction. *Science, 278,* 58~63.

O'Brien, C. P., Volpicelli, L. A., and Volpicelli, J. R. (1996). Naltrexone in the treatment of alcoholism: A clinical review. *Alcohol 13*(1), 35~39.

Olds, J. and Milner, P. (1954). Positive reinforcement produced by electrical stimulation of septal area and others regions of rat brain. *Journal of Comparative and Physiological Psychology, 47,* 419~27.

Overstreet, D. H., Rezvani, A. H., and Janowsky, D. S. (1992). Genetic animal models of depression and ethanol preference provide support for cholinergic and serotonergic involvement in depression and alcoholism. *Biological Psychiatry, 31*, 919~36.

Pfaus, J. G., Damsma, G., Wenkstem, D. Fibiger, H. C. (1995). Sexual activity increases dopamine transmission in the nucleus accumbens and striatum of female rats. *Brain Research, 693*, 21~30.

Phillips, A. G., Blaha, C. D., Pfaus, J. G., and Blackbum, J. R. (1992). Neurobiological correlates of positive emotional states: Dopamine, anticipation, and reward. In *International review of studies on emotions* (pp. 31~50). New York: Wiley.

Pothos, E., Rada, P. Mark, G. P., and Hoebel, B. G. (1991). Dopamine microdialysis in the nucleus accumbens during acute and chronic morphine, naloxone-precipitated withdrawal and clonidine treatment. *Brain Research, 466*, 348~50.

Pothos, E., Creese, I., and Hoebel, B. G. (1995). Restructureed eating with weight loss selectively decreases extracellular dopamine in the nucleus accumbens and alters dopamine response to amphetamine, morphine, and food intake. *Journal of Neuroscience, 15*, 6640~50.

Rada, P., Mark, G., and Hoebel, B. G. (1993). In vivo modulation of acetylcholine in the nucleus accumbens of freely moving rats: I. Inhibition by serotonin. *Brain Research, 619*, 98~104.

_____. (1998). Dopamine release in the nucleus accumbens by hypothalamic stimulation-escape behavior. *Brain Research, 782*, 228~34.

Rada, P., Mark, G., Pothos, E., and Hoebel, B. G. (1991a). Systemic morphine simultaneously decreases extracellular acetylcholine and increases dopamine in the nucleus accumbens of freely moving rats. *Neuropharmacology, 30*, 1133~36.

Rada, P., Pothos, E., Mark, G., and Hoebel, B. G. (1991b). Microdialysis evidence that acetylcholine in the nucleus accumbens is involved in morphine withdrawal and its treatment with clonidine. *Brain Research, 561*, 354~56.

Robbins, T., Everitt, B. (1996). Neurobehavioural mechanisms of reward and motivation. *Current Opinion in Neurobiology, 6*, 228~36.

Robinson, T. E., and Berridge, K. C. (1993). The neural basis of drug craving: An incentive-sensitization theory of addiction. *Brain Research Reviews, 18*, 247~91.

Rodefer, J. S., and Carroll, M. E. (1996). Progressive ratio and behavioral economic evaluation of the reinforcing efficiency of orally delivered phencyclidine and ethanol in monkeys: Effects of feeding conditions. *Psychopharmacology, 128*, 265~73.

Rolls, E. T. (1995). Central taste anatomy and neurophysiology. In R. L. Doty (Ed.), *Handbook of olfaction and gustation* (pp. 549~73). New York: Marcel Dekker.

_____. (1996). The orbitofrontal cortex. *Philosophical Transactions of the Royal Society of London B Biological Science*, 351(1346), 1433~43.

Rossetti, Z. L., Lai, M., Hmaidan, Y., and Gessa, G. L. (1993). Depletion of mesolimbic dopamine during behavioral despair: Partial reversal by chronic imipramine. *European Journal of Pharmacology 242*(3), 313~15.

Rossetti, Z. L., Melis, F., Carboni, S., Diana, M., and Gessa, G. L. (1992). Alcohol withdrawal in rats is associated with a marked fall in extraneuronal dopamine. *Alcoholism: Clinical and Experimental Research*, 16, 529~32.

Salamone, J. D., and Snyder, B. J. (1997). Behavioral functions of nucleus accumbens dopamine: Empirical and conceptual problems with the anhedonia hypothesis. *Neuroscience and Behavioral Reviews*, 21, 341~59.

Schultz, W., Dayan, P., and Montague, P. R. (1997). A neural substrate of prediction and reward. *Science*, 275, 1593~99.

Skinner, B. G. (1953). *Science and human behavior.* New York: Macmillan.

Smith, G. P. (1995). Dopamine and food reward. In S. Fluharty and A. M. Morrison (Eds.), *Progress in psychobiology and physiological psychology* (pp. 83~144). New York: Academic Press.

Specker, S. M., Lac, S. T., and Carroll, M. E. (1994). Food deprivation history and cocaine self-administration: An animal model of binge eating. *Pharmacology, Biochemistry, and Behavior*, 48, 1025~29.

Stunkard, A. J., Berkowitz, R. J., Tanrikut, C., Reiss, E., and Young, L. (1996). d-Fenfluramine treatment of binge eating disorder. *Obesity Research 3(suppl. 3)*, 341s.

Tanda, G., Pontieri, F. E., and Di Chiara, G. (1997). Cannabinoid and heroin activation of mesolimbic dopamine transmission by a common mu~1 opioid receptor mechanism. *Science*, 276, 2048~50.

Taylor, K. M., Davidson, K., Mark, G. P., Rada, P., and Hoebel, B. G. (1992). Conditioned taste aversion induced by increased acetylcholine in the nucleus accumbens. *Society for Neuroscience Abstracts*, 18, 1066.

Vaccarino, F. J. (1996). Dopamine-opioid mechanisms in ingestion. In S. J. Cooper and P. G. Clifton (Eds.), *Drug receptor subtypes and ingestive behavior* (pp. 219~32). San Diego: Academic Press.

Volkow, N. D., Wang, G. J., Fowler, J. S. (1997). Imaging studies of cocaine in the human brain and studies of the cocaine addict. *Annals of the New York Academy of Sciences*, 820, 41~45.

Wise, R. A. (1982). Common neural basis of brain stimulation reward, drug reward, and food reward. In B. G. Hoebel and D. Novin (Eds.), *The neural basis of feeding and reward* (pp. 445~54). Brunswick, Maine: Haer Institute.

_____. (1996). Neurobiology of addiction. *Current Opinion in Neurobiology*, 6(2), 243~51.

Wise, R. A., Newton, P., Leeb, K., Burnette, B., Pocock, D., and Justice, J. B., Jr. (1995). Fluctuations in nucleus accumbens dopamine concentration during intravenous cocaine self-administration in rats. *Psychopharmacology*, 120(1), 10~20.

Yeomans, J. S., Mathur, A., and Tampakeras, M. (1993). Rewarding brain stimulation: Role of tegmental cholinergic neurons that activate dopamine neurons. *Behavioral Neuroscience, 107*, 1077~87.

대니얼 카너먼(Daniel Kahneman)

프린스턴 대학교 유진 히긴스 심리학 교수이자 우드로 윌슨 국제 및 공공정책대학원 명예 교수. 예루살렘 히브리 대학교 합리성 연구센터의 펠로. 2002년 노벨 경제학상 수상.

에드 디너(Ed Diener)

일리노이 대학교(UIUC) 심리학과 명예 교수이자 유타 대학교와 버지니아 대학교의 심리학과 교수. 미국심리학회의 과학공로상, 심리과협회의 윌리엄 제임스 펠로상 등을 수상.

노르베르트 슈바르츠(Norbert Schwarz)

서던캘리포니아 대학교(USC) 돈사이프 대학 심리학과와 마셜 경영대학교 마케팅학과 학장 교수. 돈사이프 정신 · 사회 센터의 공동설립이사. 미국과 독일, 유럽 학술원 회원.

마이클 아가일(Michael Argyle)

옥스퍼드 브룩스 대학교 심리학과 명예 교수이자 옥스퍼드 대학교 사회심리학과 명예 부교수. 2002년 별세.

호르헤 아모니(Jorge Armony)

런던, 웰컴 신경학연구소 인지신경학부 내 인지신경과학 부문의 킨로스 펠로. 현재는 맥길 대학교 심리학과 부교수이자 더글러스 연구센터 연구자.

하워드 베렌바움(Howard Berenbaum)

일리노이 대학교 심리학과와 정신의학과 교수.

켄트 C. 베리지(Kent C. Berridge)

미시간 대학교 심리학과 교수. 현재는 같은 학교의 석좌 교수.

이언 A. 브로드킨(Ian A. Brodkin)

브리티시컬럼비아 대학교 마취학과 임상 조교수.

존 T. 카치오포(John T. Cacioppo)

시카고 대학교 심리학과 교수. 2008년 별세.

낸시 캔터(Nancy Cantor)

미시간 대학교 학장 및 부총장이자 심리학과 교수. 현재는 러트거스 대학교 뉴어크 캠퍼스 총장.

아누라다 F. 차울라(Anuradha F. Chawla)
궬프 대학교 산업 및 조직 심리학 박사 과정. 현재는 캐나다의 경영심리학자.

마르텐 W. 드브리스(Marten W. DeVries)
네덜란드 마스트리히트 대학교 사회 정신의학과 교수이자 국제심리사회학 및 사회 생태학 조사연구소의 과학부 책임자. 현재는 같은 학교의 명예 교수.

에릭 아이크(Eric Eich)
브리티시컬럼비아 대학교 인지심리학과 교수.

셰인 프레더릭(Shane Frederick)
카네기 멜론 대학교 사회와 결정 과학 박사학위 후보. 현재는 예일 대학교 경영대학원 마케팅학과 교수.

바바라 L. 프레드릭슨(Barbara L. Fredrickson)
미시간 대학교 심리학과 조교수. 현재는 노스캐롤라이나 대학교 채플힐 심리학, 뇌과학, 사회 심리학 석좌교수이자 긍정 감정과 사회생리학 연구실 책임자. 같은 학교 케난-플래글러 경영 대학원의 경영학 겸임 교수.

니코 H. 프리자(Nico H. Frijda)
암스테르담 대학교 교수. 2015년 별세.

폴 프리지터스(Paul Frijters)
암스테르담 자유 대학교 경제학 수석 연구원. 현재는 런던 정경대학 교수. IZA 노동 경제학 연구소 협력 연구자.

호세 고메즈(Jose Gomez)
일리노이 대학교 심리학 박사학위 후보.

하이디 그랜트(Heidi Grant)
컬럼비아 대학교 심리학과 박사학위 후보. 현재는 같은 학교 동기부여 과학센터의 부책임자.

E. 토리 히긴스(E. Tory Higgins)
컬럼비아 대학교 심리학과 교수.

바틀리 G. 회벨(Bartley G. Hoebel)
프린스턴 대학교 심리학과 교수. 2011년 별세.

티파니 A. 이토(Tiffany A. Ito)
콜로라도 대학교 심리학과 조교수. 현재는 같은 학교 심리학 및 뇌과학 교수.

마이클 쿠보비(Michael Kubovy)
버지니아 대학교 심리학과 교수.

랜디 J. 라슨(Randy J. Larsen)
세인트루이스 워싱턴 대학교 심리학과 인간의 가치와 도덕적 발달 스터켄버그 교수
(Stuckenberg Professor).

후인-느 리(Huynh-Nhu Le)
샌프란시스코 캘리포니아 대학교 정신의학과 박사후 연구원. 현재는 조지 워싱턴
대학교 심리학과 뇌과학 교수.

조지프 르두(Joseph LeDoux)
뉴욕 대학교 신경과학센터 및 심리학과의 헨리와 루시 모세 교수(Henry and Lucy
Moses Professor). 현재는 같은 학교 심리학, 뇌과학, 정신의학 교수이자 감정뇌 연
구소 책임자.

조지 로웬스타인(George Loewenstein)
카네기 멜론 대학교 경제학 및 심리학과 교수. 같은 학교의 행동 결정 연구 센터의
공동 책임자이자 펜실베이니아 대학교 레오나르드 데이비스 연구소의 건강 증진 센
터 행동 경제학 책임자.

리처드 E. 루카스(Richard E. Lucas)
일리노이 대학교 심리학 박사학위 후보. 현재는 미시간 주립 대학교 심리학과 교수.

그레고리 P. 마크(Gregory P. Mark)
포틀랜드 오리건 보건과학 대학교 행동신경과학과 조교수. 현재는 같은 학교 명예 교수.

윌리엄 N. 모리스(William N. Morris)
다트머스 칼리지 심리학과 교수.

데이비드 G. 마이어스(David G. Myers)
호프 칼리지 심리학과 존 더크 베르크먼 교수(John Dirk Werkman Professor).

수전 놀런-혹스마(Susan Nolen-Hoeksema)
미시간 대학교 심리학과 교수이자 젠더 및 정신건강프로그램 책임자. 예일 대학교
심리학 교수를 지내고 2012년 별세.

크리스토퍼 피터슨(Christopher Peterson)
미시간 대학교 심리학과 교수이자 임상 교육 책임자. 2012년 별세.

이매뉴얼 N. 포토스(Emmanuel N. Pothos)
컬럼비아 대학교 신경학과 부연구자. 현재는 터프츠 대학교 면역학과 부교수.

페드로 V. 라다.(Pedro V. Rada)
베네수엘라 메리다 로스 안데스 대학교 의과대학 심리학과 교수.

치트라 라가반(Chitra Raghavan)
예일 대학교 정신의학과 박사후 연구원. 현재는 뉴욕 시립대학교 존 제이 형사 사법
대학 심리학과 교수.

존 L. 리브스(John L. Reeves)
로스앤젤레스 시더 사이나이 병원 통증센터의 행동의료서비스 책임자.

폴 로진(Paul Rozin)
펜실베이니아 대학교 심리학과 에드먼드 J.와 루이스 W. 칸 교수(Edmund J. and
Louise W. Kahn Professor).

셰릴 L. 러스팅(Cheryl L. Rusting)
뉴욕주립 대학교 버펄로 캠퍼스 심리학과 조교수.

캐서린 A. 샌더슨(Catherine A. Sanderson)
애머스트 칼리지 심리학과 조교수. 현재는 같은 학교 석좌 교수.

로버트 M. 새폴스키(Robert M. Sapolsky)
스탠퍼드 대학교 생물과학 및 신경과학과 교수이자 케냐국립박물관 영장류연구소의
연구원.

데이비드 슈케이드(David Schkade)
텍사스 대학교 오스틴 캠퍼스 경영학과 교수이자 윌리엄 T. 스프리겔 펠로. 현재는
캘리포니아 샌디에이고 대학교 래디 매니지먼트스쿨 경영학 교수이자 부학장 그리
고 제롬 S. 카트진(Jerome S. Katzin) 석좌 교수.

제임스 샤(James Shah)
위스콘신 대학교 매디슨 캠퍼스 심리학과 조교수. 현재는 듀크 대학교 심리학과 뇌
과학 부교수.

사울 S. 시프먼(Saul S. Shiffman)
피츠버그 대학교 심리학과 교수.

피터 시즈갈(Peter Shizgal)
콩코르디아 대학교 정신의학과 교수이자 행동신경생물학 연구센터 책임자. 현재는

같은 학교 명예 교수.

아서 A. 스톤(Arthur A. Stone)
뉴욕 주립대학교 스토니브룩 캠퍼스 정신의학과 교수이자 정신의학과 연구 부학과장.
현재는 서던캘리포니아 대학교 돈사이프 대학 심리학, 경제학, 보건 정책 및 경영학
교수.

프리츠 슈트랙(Fritz Strack)
뷔르츠부르크 대학교 심리학과 교수.

서은국(Eunkook Mark Suh)
일리노이 대학교 심리학 박사학위 후보. 현재는 연세대학교 심리학과 교수.

베르나르드 M. S. 판프라흐(Bernard M. S. van Praag)
암스테르담 대학교 응용 경제연구과 교수이자 암스테르담 대학교 경제연구재단의
관리책임자. 현재는 같은 학교 명예 교수.

로라 버논(Laura Vernon)
일리노이 대학교 심리학 박사 후보. 현재는 플로리다 애틀랜틱 대학교(FAU) 해리엇
L. 윌크스 어너스 칼리지 심리학과 교수.

피터 워(Peter Warr)
영국 셰필드 대학교 직업심리연구소의 연구 교수. 현재는 같은 학교 명예 교수.

개념 및 용어

인명

머피(D. L. Murphy) 375~376

멀란(J. T. Mullan) 677~678

메드벡(V. Medvec) 160, 225, 420, 434, 690

메이어(J. D. Mayer) 132, 134, 374, 376, 429, 505, 513

메이어(J. Meyer) 112

메탈스키(G. I. Metalsky) 584, 627

메히너트(T. Mehnert) 474

멜라메드(S. Melamed) 847, 849, 862

멜작(R. Melzack) 35~37, 203, 337~340, 342~350, 356

모라웨츠(D. Morawetz) 170

모러(O. H. Mowrer) 58, 416~418, 524, 527, 549, 1041, 1048

모레티(M. M. Moretti) 380, 477

모리스, 윌리엄 N.(William N. Morris) 29, 102, 175, 343~344, 365, 367, 369~371, 373, 377, 382, 384, 386~387, 392~393, 402, 428, 442, 572

모버그(D. O. Moberg) 776

모스코비츠, 하워드(Howard Moskowitz) 264, 476

모움(T. Moum) 930

모토위들로(S. J. Motowidlo) 861, 864

몬테이로(K. Monteiro) 375~376

몰리(S. Morley) 203, 228, 354, 356

몰튼(J. M. Moulton) 682

무어(K. Moore) 307, 310

뮐러(Johannes Peter Müller) 342~343

뮤위센(I. Meuwissen) 674

뮤친스키(P. M. Muchinsky) 860

뮬렌(P. E. Mullen) 579

미네카(S. Mineka) 575, 580, 584

미첼(R. Mitchell) 325

미첼(T. R. Mitchell) 218, 226

미칼로스(A. C. Michalos) 174, 760~761

미쿨린서(M. Mikulincer) 558

밀그램(S. Milgram) 215, 228, 689

밀러, D. T.(D. T. Miller) 43~44, 159, 166~167, 686

밀러, G. A.(G. A. Miller) 526, 578, 591, 1073

밀러, 진 베이커(Jean Baker Miller) 813

ㅂ

바거(Steben B. Barger) 804

바그(J. A. Bargh) 31, 420, 422, 503, 527

바돌로매(Kim Bartholomew) 801

바문도(P. J. Bamundo) 841

바바커스(E. Babakus) 219

바숑(M. L. S. Vachon) 678

바스바움, 앨런(Allan Basbaum) 338

바스케스(C. Vazquez) 373~374

바스포드(P. Basford) 773

바우마이스터(Roy F. Baumeister) 401, 429, 443, 496, 796, 798, 819

바우어(Gordon H. Bower) 175, 369~370, 373, 375~376, 378, 400, 653, 1069

바이스(R. S. Weiss) 678~679

바인가르트너(H. Weingartner) 375~376

바크먼(J. G. Bachman) 170, 768

바틀슨(C. J. Bartleson) 355

반 헤르와덴(Van Herwaarden) 894

반두라(A. Bandura) 524, 531, 534, 639

반포센(B. E. Vanfossen) 721, 766

발라츠키(G. Balatsky) 928, 933, 953

발라허(R. R. Vallacher) 500

발렌슈타인, 엘리엇(Elliot Valenstein) 1127, 1135~1136, 1139, 1141, 1158

배럿(L. C. Barret) 635

밴케(M. Wänke) 152, 161~162

뱃슨(C. D. Batson) 367, 370~371, 494

뱅크스(M. H. Banks) 771

버넘(M. A. Burnam) 726

버논, 로라(Laura Vernon) 571

버디(K. S. Birdi) 839, 858, 865

엮은이

대니얼 카너먼(Daniel Kahneman)

프린스턴 대학교 유진 히긴스 심리학과 교수이자 우드로 윌슨 국제 및 공공정책대
학원 명예 교수. 예루살렘 히브리 대학교 합리성 연구센터의 펠로. 2002년 노벨 경
제학상 수상.

에드 디너(Ed Diener)

일리노이 대학교(UIUC) 심리학과 명예 교수이자 유타 대학교와 버지니아 대학교의
심리학과 교수. 미국심리학회의 과학공로상, 심리과학회의 제임스 펠로상 등을 수상.

노르베르트 슈바르츠(Norbert Schwarz)

서던캘리포니아 대학교(USC) 돈사이프 대학 심리학과와 마셜 경영대학교 마케팅학
과 학장 교수. 돈사이프 정신·사회 센터의 공동설립이사. 미국과 독일, 유럽 학술
원 회원.

옮긴이

임종기

서강대학교 대학원에서 사회학을 전공했으며, 현재는 전문번역가로 활동하고 있다.
니콜라스 카의 『빅 스위치』, 다니엘 G. 에이멘의 『뷰티풀 브레인』, 샹커 베단텀의
『히든 브레인』, 재닛 브라운의 『찰스 다윈 평전』, 소스타인 베블런의 『유한계급론』
등을 우리말로 옮겼으며, 지은 책으로 『SF부족들의 새로운 문학 혁명, SF의 탄생과
비상』이 있다.

인사이트총서 03

행복의 과학
웰빙: 쾌락심리학 핸드북

1판 1쇄 찍음   2020년 11월 13일
1판 1쇄 펴냄   2020년 11월 30일

엮은이   대니얼 카너먼·에드 디너·노르베르트 슈바르츠
옮긴이   임종기
펴낸이   김정호
펴낸곳   아카넷

출판등록   2000년 1월 24일(제406-2000-000012호)
주소   10881 경기도 파주시 회동길 445-3 2층
전화   031-955-9511(편집)·031-955-9514(주문)
팩스   031-955-9519
www.acanet.co.kr

한국어판 © 아카넷, 2020
Printed in Paju, Korea.

ISBN 978-89-5733-707-3 (93180)

도서의 국립중앙도서관 출판예정도서목록(CIP)은 서지정보유통지원시스템 홈페이지(http://seoji.nl.go.kr)와
국가자료공동목록시스템(http://www.nl.go.kr/kolisnet)에서 이용하실 수 있습니다.
(CIP제어번호:CIP2020045992)

『행복의 과학』은 대우재단의 지원을 받아 아카넷이 기획하고 제작했습니다.